Klaus Koch

Geschichte der ägyptischen Religion

Von den Pyramiden bis zu den Mysterien der Isis

Verlag W. Kohlhammer
Stuttgart Berlin Köln

Die Deutsche Bibliothek – CIP-Einheitsaufnahme

Koch, Klaus:
Geschichte der ägyptischen Religion : von den Pyramiden bis zu den Mysterien der Isis / Klaus Koch. – Stuttgart ; Berlin ; Köln : Kohlhammer, 1993
ISBN 3-17-009808-X

Umschlagbild: Nächtliche Vereinigung des Sonnengottes Re und des Totengottes Osiris in einer widderköpfigen Ba-Seele

Frontispiz: Hymne an Osiris-Wennofer, den großen Herrn von Abydos

Alle Rechte vorbehalten
© 1993 W. Kohlhammer GmbH
Stuttgart Berlin Köln
Verlagsort: Stuttgart
Umschlag: Studio 23
Gesamtherstellung:
W. Kohlhammer Druckerei GmbH + Co. Stuttgart
Printed in Germany

Wolfhart Pannenberg gewidmet

In Erinnerung an ein gemeinsames Seminar
1960 in Wuppertal über altorientalische
Religionsgeschichte,
bei dem die Idee zu diesem Buch entstand.

Inhalt

Vorwort 13
0. Warum eine Geschichte der ägyptischen Religion? 15
1. Ägypten, das Geschenk des Nils. Landschaft, Geschichte, Kultur ... 21
   1.1 Herausforderung durch das Niltal 21
   1.2 Staatsbildung und Pharaonentum 22
   1.3 Schriftsystem und Kunstformen 26
2. Der mythische Hintergrund der ägyptischen Sprache 32
   2.1 Zeitvorstellungen 32
   2.2 Dualitäten als Seinskonstituenten 34
   2.3 Die Rolle von Namen und der Mangel an Individualisation bei Menschen und Göttern 36
   2.4 Göttereinigung und -trennung als Sprachphänomen und der Mangel an Personalitätsbewußtsein 39
   2.5 Strahlkräfte und Wirkgrößen im Umkreis menschlicher und göttlicher Wesen 43
   2.6 Folgerungen für die Beschreibung ägyptischer Religion 45

Altes Reich

3. Pharao als vollkommener Gott auf Erden und der göttliche Falkengott 49
   3.1 Pansakralität und Sakralabsolutismus 49
   3.2 Der Feldzug als Ritual: Die Narmer-Palette 54
   3.3 Machterfüllte Embleme und die Strahlkräfte der Majestät 55
   3.4 Königsgötter und ihre Bezugsebenen 60
   3.5 Thronbesteigung, Krönung, neue Namen 66
   3.6 Das Sed-Fest und die Erneuerung königlicher Mächtigkeit 67
   3.7 Maat, das Elixier der Ordnungswelt 68
   3.8 Göttlichkeit des Pharao und Allmachtswahn? 71
4. Das Ringen um die Unsterblichkeit des Leibes 77
   4.1 Grab, Sarg und Mumie als Garanten ewiger Dauer 77
   4.2 Beisetzungsrituale und Verklärung 83
   4.3 Fortgesetzter Totendienst 85
   4.4 Potentielle Unsterblichkeit des Leibes 87
   4.5 Königliche Doppelgräber und die Pyramiden 89
   4.6 Die älteste Schicht der Pyramidensprüche und die königliche Himmelfahrt 94
   4.7 Magische Autarkie und Wirken der Götter 102
5. Niltal und Götterwelt. Das Weltbild 107
   5.1 Oberschicht und Volksfrömmigkeit 107
   5.2 Landschaftsgebundene göttliche Wesen 107

5.3	Tiergestalt der Götter und Vermenschlichung der Mächte	108
5.4	Überschwemmung und Kosmogonie	111
5.5	Kosmogonie und Kratogonie nach der Mythologie von On	114
5.6	Die acht Urwesen und die Flammeninsel in Schmun	120
5.7	Das Defizit an Mythen und die dennoch vorhandene Mythologie	121
5.8	Der kultische Verkehr mit den Mächten. Das Opfer als Befriedigung der Götter und Befriedung durch die Götter	123

6. Der Aufstieg des Sonnengottes ... 129
   - 6.1 Einzug des Gottes Re in On-Heliopolis ... 129
   - 6.2 Himmelsgöttin und Sonnenbarken ... 132
   - 6.3 Sonnenheiligtümer außerhalb von On ... 134
   - 6.4 Horus, Sonnenflügel und Sonnenauge, Hathor ... 135
   - 6.5 Der Pharao als Sohn und irdischer Stellvertreter des Sonnengottes ... 137
   - 6.6 Der Aufstieg des abgeschiedenen Königs ins himmlische Sonnenreich ... 139
   - 6.7 Mutmaßliche Gründe für die Ausweitung des religiösen Horizonts ... 143
   - 6.8 Eigenarten der Ontologie ägyptischer Sprache und die Wandlungsfähigkeiten des Sonnengottes ... 145

7. Osiris verleibt sich den toten König ein. Umgestaltung von Begräbnis und Mythologie ... 151
   - 7.1 Ein neues Ziel religiöser Sehnsucht ... 151
   - 7.2 Herkunft und Aufgabenbereich ... 153
   - 7.3 Die Osirianisierung der Texte ... 155
   - 7.4 Zweck der Niederschrift in den Pyramiden ... 159
   - 7.5 Mythisierung der Rituale und Ausbildung einer Osirismythe ... 160
   - 7.6 Isis und Osiris am Himmel ... 163
   - 7.7 Mutmaßungen zur Heraufkunft des Osiris ... 164
   - 7.8 Mythische Wiederkehr des Gleichen und Bewußtsein geschichtlicher Abfolge ... 166
   - 7.9 Die Entstehung eines grundlegenden Antagonismus in der ägyptischen Religion: Osiris versus Re ... 167

8. Verschränkung von Anthropologie und Theologie im ägyptischen Denken ... 174
   - 8.1 Innen- und Außenseelen ... 174
   - 8.2 Unsichtbare Strahlkräfte und Wirkgrößen ... 180
   - 8.3 Entgrenzte Leiblichkeit ... 182
   - 8.4 Der Mensch als grundsätzlich zusammengesetztes Wesen ... 184
   - 8.5 "Psychologie" der Gottheit ... 186
   - 8.6 Übergänge von königlicher zu göttlicher Seelen- und Leibhaftigkeit ... 188

Erste Zwischenzeit und Mittleres Reich

9. Ein geheimnisvoller Zusammenbruch und der Gott der weisen Schreiber ... 194
   - 9.1 Auflösung der Zentralgewalt ... 194
   - 9.2 Weisheitslehre als Mittel zum Erfolg in Beamtenlaufbahn und Staatsführung. Ptahhotep und Merikare ... 196
   - 9.3 Maat als Vorgabe für den weisen Menschen, als sein nachfolgendes Erzeugnis und sein heilsames Ergehen ... 198
   - 9.4 Anthropologische Strukturen ... 201
   - 9.5 Der göttliche Hintergrund von Welt und Mensch ... 203

Inhaltsverzeichnis

10. Demokratisierung des Jenseitslebens. Abydosstelen und Sargtexte ... 209
    10.1 Anschluß an Abydos als Gewähr für das selige Nachleben 209
    10.2 Das geheimnisvolle Jahresfest 212
    10.3 Osirishymnen und die Wende in der Jenseitserwartung 214
    10.4 Die Verklärung des Privatmanns zu königlichem Dasein durch die Sargtexte 217
    10.5 Der Bezug zu einzelnen Göttern und die Einung mit Re und Osiris . 221
    10.6 Totengericht? 223
    10.7 Der Atemgott als Lebensgarantie 224
    10.8 Der Sonnengott als Schöpfer des menschlichen Herzens 226
    10.9 Wachsende Kluft zwischen Diesseits und Jenseits 228

11. Wiederherstellung des Reiches und Heraufkunft des Amon 233
    11.1 Die wiedererschienene Maat und das selbstbewußte, polymorphe und göttliche Pharaonentum 233
    11.2 Menschliches Dasein und göttliches Königtum nach den weisheitlichen Lehren 238
    11.3 Aufstieg der Fruchtbarkeitsgötter Sobek und Min 240
    11.4 Amons und Thebens Emporkommen 243

12. Entsetzen über die ungerechten Zustände im Land. Auseinandersetzungsliteratur 252
    12.1 Neuartige Klagen 252
    12.2 Krise des persönlichen Geschicks. Klage des Bauern, Zwiegespräch des Lebensmüden 253
    12.3 Klagen über die zerstörte Welt. Ipuwer 256
    12.4 Profetie in Ägypten? 260

Neues Reich

13. Ägyptens und Amons Wiederaufstieg 262
    13.1 Zweite Zwischenzeit, Hyksos und Aufkommen der 18. Dynastie 262
    13.2 Der Pharao als offenbares Ebenbild verborgener Sonnenmacht. Der Mythos von der göttlichen Geburt 264
    13.3 Göttliche Designation, Thronbesteigung und Regierung als Gottesdienst 269
    13.4 Hymnen für Re. Sonnenphasengesänge 273
    13.5 Lieder auf den allbelebenden Welt- und Zeitgrund Amon-Re 277
    13.6 Maat als Sonnentochter und Sonnenspeise und der Weisheitsgott Thot 282
    13.7 Der Tempel von Karnak. Amon und seine Begleitgötter 285
    13.8 Die kultische Praxis in Karnak und Luxor 292

14. Der Sonnengott als Lebenskraft der Toten. Königsgräber, Totentempel, Amduat und Totenbuch 299
    14.1 Das Reich der Toten im Gegenüber zum Amontempel 299
    14.2 Königliche Totentempel und das Schöne Fest vom Wüstental 302
    14.3 Amduat als königliches Unterweltsbuch 304
    14.4 Frühthebanisches Totenbuch 313
    14.5 Das Totengericht im Totenbuch 321
    14.6 Einseitiges Osirislob 327

15. Zwei Jahrzehnte Monotheismus. Der Reformator Echnaton und sein Scheitern 332
    15.1 Abschied von Amon und Theben 332
    15.2 Der Strahlenaton und der königliche Sonnensohn in der Hymnik ... 336
    15.3 Das Ausmaß der mythologischen und kultischen Umwälzung 340
    15.4 Ursachen des religiösen Umsturzes 341
    15.5 Neuägyptische Grenzen des Monotheismus 342
    15.6 Der Rückschlag und Amons Wiederkehr 347
    15.7 Echnaton, Mose und Jerusalem 348

16. Der Eine, der sich zu Millionen machte. Das ramessidische Zeitalter der persönlichen Frömmigkeit 353
    16.1 Amon als alldurchdringende Lebensmacht 353
    16.2 Gott ins Herz nehmen 357
    16.3 Das Herz als Mitte der Gottesbeziehung in der Lehre des Amenemope 359
    16.4 Herabkunft und Aufsteigen der Maat 362
    16.5 Die ägyptologische Auseinandersetzung über die transzendente Allgottheit 364

17. Ramessidischer Polytheismus. Königtum und Bezug zu Ptah, Seth und den großen Göttinnen 369
    17.1 Die Auffassung vom König und seinem göttlichen Hintergrund 369
    17.2 Ptah-Tatenen als erdverbundener Weltgott 374
    17.3 Erschaffung der Welt durch das göttliche Wort. Das Denkmal memphitischer Theologie 377
    17.4 Seth als Gott der Gewalt 382
    17.5 Hathor als Macht der Musik, des Rausches, der Liebe und der Wut . 384
    17.6 Göttertriaden 390

18. Zunehmendes Auseinandertreten zwischen Diesseits und Jenseits. Weitere königliche Jenseitsbücher und das ramessidische Totenbuch 396
    18.1 Wiederauftauchen von Re und Osiris in Unterwelts- und Himmelsbüchern 396
    18.2 Die beiden konträren Götter von Theben-West und Abydos 404
    18.3 Das Privatgrab als neue Stätte der Anbetung der Götter 407
    18.4 Ramessidische Redaktionen des Totenbuchs 410
    18.5 Zweifel am Jenseitsleben? Das Harfnerlied des Antef 413

Das letzte vorchristliche Jahrtausend

19. Der Gottesstaat von Theben und das Königtum in Tanis 417
    19.1 Der Zusammenbruch des Großreichs und die Entstehung von zwei Machtzentren 417
    19.2 Staatslenkung durch Orakel 420
    19.3 Theokratie 422
    19.4 Die allumfassende Sonnengottheit und die von ihm unlösliche Maat . 424
    19.5 Das Königsgrab im Tempelhof 427
    19.6 Die Entwertung des Privatgrabes und die solar ausgerichtete postmortale Existenz 429
    19.7 Bewertung der Spätzeit 432

20. Kusch — das andere Ägypten 436
   20.1 Das mittlere Niltal als frühere ägyptische Kolonie 436
   20.2 Die kuschitischen Könige der 25. Dynastie 438
   20.3 Eine Gottesgemahlin für Amon in Theben 442
   20.4 Thebanische nichtkönigliche Grabpaläste 444
   20.5 Das napatäische Reich und Meroë 445

21. Verlagerung des staatlichen und kultischen Schwergewichts nach Unterägypten. Die Saitenzeit 450
   21.1 Der Assyrereinfall und seine Folgen 450
   21.2 Memphis statt Theben 451
   21.3 Der Vorrang der kriegerischen Göttermutter Neith und die wachsende Bedeutung von Urgöttern 452
   21.4 Imhotep und Amenophis als Nothelfer des Volkes 455
   21.5 Der Vormarsch der heilgen Tiere 455
   21.6 Die saïtische Endfassung des Totenbuchs 461

22. Amon-Re als Beschützer der Fremdherrscher. Von der Perserzeit bis zu Alexander dem Großen 466
   22.1 Persische Großkönige vor den Göttern Ägyptens 466
   22.2 Alleingeltung Amons im Westland 472
   22.3 Wendung zu göttlichen Müttern. 28. bis 30. Dynastie 477
   22.4 Die letzten großen ägyptischen Gräber 479
   22.5 Amon offenbart sich als Vater Alexanders des Großen 480

23. Verbeugung griechisch-makedonischer Könige vor den Göttern Ägyptens. Die Ptolemäerzeit 488
   23.1 Alexandrien und das Ägyptenbild der Griechen 488
   23.2 Sarapis und Aion 490
   23.3 Ptolemäischer Herrscherkult 497
   23.4 Die welterhaltende Rolle des ägyptischen Tempels 500
   23.5 Gottesauffassung und Mythologie 506
   23.6 Apokalyptisierende Opposition gegen die Fremdherrschaft ... 510
   23.7 Neige der Weisheit: Papyrus Insinger 512

24. Die Entdeckung des in der Sternenwelt gründenden Schicksals. Die ägyptische Astrologie 519
   24.1 Astrologische Offenbarungsliteratur 519
   24.2 Gestirnsverehrung in vorpersischer Zeit 522
   24.3 Stunden- oder Dekansterne 525
   24.4 Gestirnsdeutung in Babylonien 526
   24.5 Vom Mythos zur Metaphysik 535

25. Von Verklärung und Amulettgebrauch zum Magismus 539
   25.1 Wachsende Wertschätzung des Zaubers in hellenistisch-römischer Zeit 539
   25.2 Die herkömmliche Rolle der Magie und ihre Erweiterung 542
   25.3 Zauberpraxis um die Zeitenwende 547
   25.4 Alchemie 548
   25.5 Theoretische Grundlagen des Magismus 549

26. Isis und Osiris als Mächte über Himmel und Erde, Leben und Tod. Das Ende des religiösen Antagonismus 556
    26.1 Veränderungen der kultischen Landkarte 556
    26.2 Vorrücken der Osirisbegehungen. Chojakfest und Stundenwachen ... 560
    26.3 Osiris und Isis am Ursprung der Nilüberschwemmung. Bigge und Philä 563
    26.4 Ende der Grabkultur und Bemühung um postmortale Teilhabe am Tempelkult 570
    26.5 Relativierung der Magie in der Totensorge. Die ausschlaggebende Bedeutung des irdischen Lebenswandels 576
    26.6 Individuelle Fortexistenz und Eingang in das Osirisleben 581

27. Die Römer in Ägypten und die römische Göttin im Römerreich. Ausbreitung der Isismysterien 589
    27.1 Ägypten unter den Cäsaren 589
    27.2 Isis und Serapis in der Hauptstadt 591
    27.3 Ausbreitung der Isis als Allgöttin. Die Aretalogien 593
    27.4 Mysterienfeiern 603
    27.5 Erlösung zur Unsterblichkeit in Osirismysterien? 605

28. Geheimlehren des Dreimal Großen Thot. Corpus Hermeticum und die Anfänge des ägyptischen Gnostizismus 610
    28.1 Der Gott des Lebenshauses und seine heiligen Schriften 610
    28.2 Erlösung der Seele aus den Zwängen der Materie: Poimandres und Kore Kosmu 613
    28.3 Der philosophische Weg zur Erlösung. Der Neuplatonismus 619

29. Ende und Neubeginn. Der Ausgang ägyptischer Religion und das Aufkommen koptischen Christentums 623
    29.1 Christianisierung des Niltals 623
    29.2 Kulturbruch 625
    29.3 Fortwirken ägyptischer Motive in Kirchenbau und christlichem Dogma 628
    29.4 Häretischer christlicher Dualismus. Gnostizismus 633
    29.5 Nichtreligiöse und religiöse Ursachen für den Untergang der alten Religion 635
    29.6 Ägyptische und christliche Unsterblichkeitshoffnung 638
    29.7 Die Trennung des koptischen Christentums von der Großkirche 641

Schlußbetrachtung 644

Abkürzungsverzeichnis 654

Verzeichnis abgekürzt zitierter Standardwerke 656

Abbildungsverzeichnis und Bildnachweis 658

Register 664

Vorwort

Das Buch kann nicht hinausgehen ohne Ausdruck des Dankes an die vielen, ohne deren Mithilfe es nie zustande gekommen wäre. Das gilt zunächst einmal Elmar Edel in Heidelberg, der mich die ersten Schritte im Ägyptischen gelehrt hat, dann meinem hiesigen Kollegen Wolfgang Helck, der mich nicht nur in die Sprache der Pyramidentexte, sondern auf einer unvergeßlichen Forschungsfahrt auch in das Land Ägypten einführte. Andere Ägyptologen haben mir bei der Abfassung dieses Werkes mit Geduld und ihrem profunden Sachverstand beigestanden. Große Teile des Manuskripts gelesen und mit mir diskutiert haben die Professoren Erik Hornung, Jan Assmann sowie aus der hiesigen Universität Hartwig Altenmüller und Dieter Kurth. Ihrem Rat bin ich an zahlreichen Stellen gefolgt, an einigen anderen freilich nicht, so daß Fehler und Versehen selbstverständlich mir allein zur Last fallen. Die Bereitschaft zu Gespräch und Austausch, die ich als theologischer Religionshistoriker in der ägyptologischen Nachbardisziplin gefunden habe, und das Interesse an religiösen Erscheinungen, das man dort zeigt, hat mich tief beeindruckt, ist das doch bisweilen theologischen Fachgenossen nicht selbstverständlich.

Neben solcher fachlichen Beratung ist mir bereitwillig technische Hilfe bei Niederschrift und Druckgestaltung zuteil geworden. Bei der Niederschrift zuerst in der Schreibmaschine, dann im Computer sowie bei den Korrekturen haben sich in einer Weise, die durch keine Vergütung abzudecken ist und von Engagement geprägt war, als studentische Hilfskräfte eingesetzt Silke Clausen, Olaf Dahlmann, Kirsten Holert, Burkhard Meyer-Najda, Kerstin Möller, Christiane Zink. Nicht vergessen soll meine langjährige, vor kurzem jäh verstorbene Sekretärin Susanne Spenner sein, die einige der ersten Fassungen in Reinschrift getippt hatte.

Um die Herstellung einer kopierfähigen Druckvorlage und die Beschaffung und Einfügung der Bildbeigaben haben sich mit erheblichem Zeitaufwand und großer Umsicht mein wissenschaftlicher Mitarbeiter Martin Rösel und Burkhard Meyer-Najda gekümmert, die Hieroglyphenzeichen hat M. Rösel gemeinsam mit Dwight R. Daniels gestaltet. Mein früherer Assistent Uwe Gleßmer hat mit bewundernswerter Sachkenntnis die Sonderzeichen entworfen, die für dieses Werk notwendig waren. Für das Anfertigen vieler Skizzen und Zeichnungen bin ich Frau Herma Berner und meiner Frau Eva-Maria Koch zu besonderem Dank verpflichtet. Annette Rösel hat als Germanistin den Text auf Stil und Grammatik durchgesehen und mir dennoch die Freiheit zugestanden, die ich hinsichtlich der deutschen Orthografie in gewissen Fällen wahrzunehmen pflege. Gedankt sei auch dem Lektor des Verlags Kohlhammer, Herrn Jürgen Schneider, der jahrelang auf die Ablieferung eines versprochenen Manuskripts gewartet hat.

Das Manuskript war bereits vor zwei Jahren abgeschlossen. Nicht mehr berücksichtigt werden konnten leider die Thesen von E. Brunner-Traut, Frühformen des Erkennens am Beispiel Altägyptens 1990, J.P. Allen, Religion and Philosophy in Ancient Egypt 1989, V.A. Tobin, Theological Principles of Egyptian Religion 1989.

Wenn das Buch nun auch äußerlich abgeschlossen hinausgeht, bleibt sich der Verfasser dennoch bewußt, daß es der Sache nach alles andere als abgeschlossen und "fertig" sein kann. Angesichts einer so reichen, über drei Jahrtausende währenden und durch zahllose Texte und Denkmäler bezeugten Geschichte kann jede Beschreibung nur vorläufig sein. *Dies diem docet.*

0. Warum eine Geschichte der ägyptischen Religion ?

Die ägyptische Religion hebt sich aus allen anderen Religionen der Erde durch ihr erstaunliches Beharrungsvermögen heraus. Über die drei Jahrtausende der uns bekannten geschichtlichen Zeit hindurch werden an denselben Kultstätten die großen Götter in gleicher Sprache verehrt. "Noch immer steht, zur Römerzeit wie auf den Denkmälern der ersten Dynastie, der Falke des Gottes Horus auf der Palastfassade, die den 'Horusnamen' des Königs ... enthält; noch immer schwebt dieser Falke oder der Geier der Göttin von Elkâb schützend über dem König, und schwebt diese Königin an den Decken der Tempelräume, noch immer säugt die Hathorkuh den jungen König in den Tempelbildern"[1]. Eine derartige Konstanz über so weite Zeiträume hin ist sonst nirgends in der Religionsgeschichte nachgewiesen. Die altägyptische Religion hat sich in einer Fülle imposanter Kunstdenkmäler Ausdruck verschafft, die den Betrachter noch heute in ihren Bann schlagen. Sie war zudem, wie schon die alten Griechen erstaunt bemerkt haben, enger als bei anderen Völkern mit den alltäglichen Lebensbereichen verschränkt. Es ist deshalb eine reizvolle Aufgabe, gerade diese vorchristliche Religion in ihrer Gesamtheit zu erfassen und die Eigenart des Umgangs mit den numinosen Mächten im Niltal des Altertums herauszuarbeiten.

Seit der Entzifferung der Hieroglyphen vor 170 Jahren hat sich die Ägyptologie intensiv mit der Erforschung der religiösen Phänomene befaßt. In den letzten 50 Jahren sind gründliche Gesamtdarstellungen erschienen, aus denen vor allem die Bücher von Erman (1934) und Morenz (1960, [2]1977), aber auch eine ganze Anzahl kurzgefaßter Monografien, unter diesen besonders Frankfort (1948) und Brunner (1983), hervorzuheben sind. Grundsätzliche hermeneutische Probleme haben in den letzten Jahren E. Hornung (Der Eine und die Vielen, 1971) und J. Assmann (Ägypten, 1984) umfassend erörtert[2]. Es gibt wohl keinen Bereich der Altertumswissenschaft, dessen Religion so eingehend untersucht worden wäre wie der des vorchristlichen Ägypten. Mit den eben genannten, von führenden Fachgelehrten verfaßten Werken kann und will sich das vorliegende Buch an Detailkenntnissen nicht messen. Wozu dann die neue Darstellung?

Absicht ist eine andere Orientierung als die bisher übliche. Was bislang an umfassenden Monografien zur ägyptischen Religion erschienen ist, stellt sie als eine in sich mehr oder minder geschlossene, Epochen übergreifende Erscheinung dar. Unter dem Eindruck der erstaunlich beharrenden Züge im

Niltal des Altertums wird fast durchweg der Weg einer phänomenologischen Beschreibung gewählt, indem Texte und Denkmäler aus über drei Jahrtausenden synchron-systematisch zusammengeordnet werden. Zwar wird, vor allem im Blick auf die Vor- und Frühgeschichte und die Zeit der berühmten kultischen Revolution des Pharao Echnaton samt ihrer Vor- und Nachgeschichte, mehrfach vom phänomenologischen Prinzip abgewichen und ein diachrones Kapitel eingeblendet. Doch eine grundsätzlich sukzessiv angelegte *Geschichte* der ägyptischen Religion – grob gesprochen von den Pyramiden bis zu den Mysterien der Isis – ist bislang nicht geschrieben worden. Eben dies wird hier versucht. Denn die von Jahr zu Jahr zahlreicher werdenden Einzeluntersuchungen zu Denkmälern der Religion des Niltals lassen immer stärkere Unterschiede der Epochen hervortreten. Die eingangs erwähnte Konstanz von Götterfiguren und Bildmotiven entspricht zwar dem Selbstbewußtsein vieler alter Ägypter, betrifft aber bei genauerer Untersuchung nur eine Oberfläche und nicht die mythologische und kultische Tiefenschicht. Der theologische Religionshistoriker hofft, da er nicht mit der Detailforschung befaßt ist, aus einer gewissen Distanz den Wandel ägyptischer religiöser Phänomene an der einen oder andern Stelle leichter als der Fachgelehrte gewahr zu werden.

Die Rechtfertigung zum Versuch eines *durchgängig historischen* Vorgehens liegt also in der Beobachtung, daß wesentliche Elemente in Kult und Götterlehre des Niltals weder von Anfang an vorhanden waren noch sich bis zum Ende im ersten nachchristlichen Jahrtausend durchgehalten haben. Die Hochschätzung des Sonnengottes z.B. als Götterkönig und Reichsgott bricht sich erst während der 5. Dynastie Bahn. Das Zutrauen zum Totengott Osiris als tragender Kraft für das postmortale Dasein, die dann unzählige Male auf Särgen und in Gräbern abgebildet wird, läßt sich erst ab dem Ende der 5. Dynastie nachweisen. Das "hunderttorige" Theben, im 2. Jt. v. Chr. großartiges Kultzentrum des verborgen-übermächtigen Götterkönigs Amon-Re, noch heute in den Ruinen von Karnak und Luxor von eindrucksvoller Großartigkeit, wird erst in eben diesem Jahrtausend bedeutsam, um dann in der zweiten Hälfte des 1. Jt. wieder in eine Randexistenz zu versinken. Spürt man den Prozessen von Aufsteigen und Untergehen bei Kultstätten, Ritualen und Götternamen nach, so ergibt sich, daß sich nicht nur an den Außenseiten, sondern auch an den Brennpunkten religiöser Spekulation, ständig Wandlungen vollzogen haben. Die Geschichte der ägyptischen Religion spiegelt das spannende Ringen eines führenden Kulturvolks des Altertums um Eigenart und Sinn von Sein und Welt ab.

Denn die unterschiedlichen geistigen Strömungen, die oft von Königshof und Schreiberschulen, manchmal auch von Priestern und gelegentlich von der

Frömmigkeit der Masse getragen und getrieben werden, stehen zwar mit den politischen, ökonomischen, militärischen und sozialen Verhältnissen der jeweiligen Periode in Wechselwirkung, werden aber keineswegs nur durch diese hervorgerufen. Einzuräumen ist, daß über weite Strecken ägyptischer Geschichte meist nur das Wie des geschichtlichen Verlaufs, nicht aber sein Warum erkennbar wird. Dennoch ist beispielsweise der für die ägyptische Religion so zentrale Bereich von Totensorge und Jenseitserwartung, mit der Konzentration auf das Osirisgeschick, schwerlich aus einem nicht religiös bestimmten Unterbau überzeugend ableitbar. Schon griechische Reisende haben im ersten vorchristlichen Jahrtausend die Ägypter als das gottesfürchtigste Volk auf Erden bewundert (oder getadelt). Die moderne Forschung bestätigt dieses Bild. Eine *geschichtliche* Darstellung der ägyptischen Religion vermag, so will es scheinen, besser als eine bloß phänomenologische, das über Jahrhunderte hin und her wogende Für und Wider, das Auf und Ab um die zutreffende Bestimmung der Rolle von Riten, Heiligtümern, Gottheiten durchsichtig zu machen. Letztes Ziel einer wissenschaftlichen Religionsgeschichte bleibt, fremde Religionen, auch solche des Altertums, nicht nur als exotische Absonderlichkeiten zu beschreiben, sondern der speziellen Besonderheit numinoser Erfahrungen auf die Spur zu kommen und ihnen den Respekt und die Ehrfurcht zu zollen, die sie auch dann verdienen, wenn wir unsererseits nicht mehr diese Formen nachzuerleben vermögen.

Was uns aufgeklärten Westlern, ob religiös gebunden oder nicht, den Zugang zu vor- und außerchristlichen Religionen versperrt, läßt sich mit den zwei Begriffen *Magie* und *polytheistische Mythologie* umreißen. Beides erscheint modernen Zeitgenossen nicht nur als naiv, sondern als schreckliche Verirrung der Einbildungskraft. In der Tat ist die ägyptische Religion von alters her untrennbar mit Magie verschwistert. Das erweisen schon die Pyramidentexte, die älteste religiöse Literatur. Der Polytheismus findet zwar, wie sich ergeben wird, im Niltal eine eigentümlich elastische Ausprägung, die seinen Gegensatz zu einer monotheistischen Gottesauffassung relativiert; aber mythologisch ist das ägyptische Bild von Himmel und Unterwelt, den beiden primär für Götter reservierten Bereichen, stets geblieben. Es genügt, auf die noch erhaltenen Bildfolgen in den Königsgräbern oder den Reliefs auf den Tempelwänden hinzuweisen. Doch disqualifizierende Begriffe wie Magie und Mythologie, aus abendländischen Denkvoraussetzungen geboren, verstellen eher den Zugang zu vergangenem Menschentum, als daß sie ihn erleichtern.

Warum der Ägypter der Kraft bestimmter feierlich geäußerter Worte und der Kraft ritueller Handlungen felsenfest vertraut, warum er die sich überkreuzenden, widerspruchsvollen Daseinserfahrungen auf mehrere, sich gegebenenfalls befehdende göttliche Mächte zurückgeführt hat, läßt sich ein

Stück weit begreifen, wenn das Selbstverständnis des ägyptischen Menschen, die *in der ägyptischen Sprache implizit vorgegebene Anthropologie*, sowie die Einschätzung von Himmel und Erde und ihren Konstituenten, also die ebenfalls durch Sprache und Überlieferung geprägte *Weltansicht*, zur Erläuterung herangezogen werden. Eben das wird auf den folgenden Seiten an mehreren Stellen unternommen. Dadurch werden freilich Erörterungen nötig, die mit einer dem Leser, auch dem Religionswissenschaftler und Ägyptologen, unvertrauten Begrifflichkeit arbeiten müssen. Was der ägyptischen Mythologie an Denkgewohnheiten zugrunde liegt, unterscheidet sich nämlich in vieler Hinsicht von den Grundsätzen abendländischer Ontologie, die Philosophie und Theologie, aber auch die Sprache allgemein, in unserem Kulturkreis geprägt haben. Der Zugang zu einer grundsätzlich anderen Welt- und Lebensansicht läßt sich bislang nur durch vorsichtiges Abtasten anderer als der uns selbstverständlich erscheinenden Möglichkeiten bewerkstelligen. Unterzieht man sich solcher Mühe, bietet Ägypten eine interessante Alternative zu eingefahrenen westlichen Denkmustern, nicht nur, aber auch zu den Denkmustern christlicher Theologie.

Doch Ägyptens Religion kommt nicht nur als Alternative zu unserem Kulturkreis ins Spiel. Sie gehört, was meist übersehen wird, auch ein Stück weit zur *Vorgeschichte unserer Kultur und Religion*. Die biblische Religion, Grundlage der gegenwärtigen monotheistischen Weltreligionen, ist nicht nur in geografischer Nachbarschaft zum Niltal entstanden, sondern berührt sich in einigen alttestamentlichen Texten, wie dem 104. Psalm und Teilen der Sprüche Salomos, so eng mit ägyptischen Quellen, wie dem Sonnenhymnus des Echnaton und der Weisheitslehre des Amenemope, daß Abhängigkeit auf Seiten der biblischen Schriftsteller wahrscheinlich ist, wenngleich damit keine Ableitung der biblischen Religion insgesamt aus der ägyptischen zu verbinden ist. Doch erhebt sich nicht nur bei diesen bekannten Beispielen, sondern selbst noch bei den Anfängen der christlichen Dogmenbildung im Blick auf das Trinitätsdogma die Frage, ob nicht, trotz aller Unterschiedenheit der Gottesauffassung, Ägypten zu dem christlichen Erbe unserer Religion einen erheblichen Beitrag geleistet hat.

Es ist vielleicht nicht überflüssig zu betonen, daß die vorliegende Darstellung als Werk eines Theologen und Religionshistorikers auf den Ergebnissen der Fachwissenschaft aufbaut und nicht den Anspruch erhebt, aus einer selbständigen Erforschung der Primärquellen herzurühren. Textnachweise werden deshalb in der Regel nach gängigen Sammelwerken oder Übersetzungen gegeben, aus denen der Kundige leicht den Ort der Erstveröffentlichung entnehmen kann.

Zwei *hermeneutische Voraussetzungen* verdienen Erwähnung, die von einem Gutteil der Fachliteratur nicht geteilt werden, aber der folgenden Beschreibung zugrunde liegen. Das eine ist die Vorordnung der *Synchronie vor der Diachronie* bei jeder Textinterpretation, wie es von der modernen Linguistik durchweg gefordert wird. Eine sprachliche Äußerung ist demnach aus ihrem unmittelbaren syntagmatischen und makrosyntaktischen Kontext heraus zu entschlüsseln. Überlieferungsgeschichtliche Rückfragen sind dann angemessen, wenn sie sich aus eklatanten "Narben" in den Texten aufdrängen und sich aus der Herkunft seiner Gattung und seines Sitzes im Leben rekonstruieren lassen[3]. Historisch unangemessen ist es hingegen, wenn Schwierigkeiten beim Erklären von Aussagen, die westlicher "Logik" fremd erscheinen oder auf komplizierte Gedankengebilde schließen lassen, auf mehrere völlig "einfache" Motive und Bräuche einer frühen Menschheit zurückgeführt werden, die später bei der Verschriftung mehr oder minder gedankenlos zusammengewürfelt wurden. In der ersten Hälfte unseres Jahrhunderts haben manche Ägyptologen für die vorgeschichtliche Bevölkerung des Niltals einen "gesunden Menschenverstand" und eine Art von Psyche und Bewußtsein postuliert, die unserem modernen Selbstverständnis gleichkomme; erst die schriftlichen Quellen hätten daraus ein seltsames religiöses Kauderwelsch produziert. Dieses Vorurteil ist historisch durch nichts gerechtfertigt. Auf eine Rekonstruktion vorgeschichtlicher Religion wird deshalb in dieser Darstellung verzichtet.

Eine weitere Voraussetzung ist die semantische Priorität des gegebenen *Wortlauts vor einer bildhaften Ausdeutung*. Metaphorisch darf ein Lexem oder eine sprachliche Äußerung überhaupt nur dann interpretiert werden, wenn ein strikt wörtliches Verständnis auch unter der Voraussetzung eines allenfalls von modernen abendländischen Sprachen abweichenden Bedeutungssystems ausgeschlossen werden kann. In diesem Zusammenhang ist weiter von Belang, daß in altorientalischen Kulturen Poesie nicht Ausdruck einer spielerischen Phantasie, sondern eine feierliche und performative Redeweise bedeutet; insofern kann auch hier nur bedingt mit metaphorischer Sprache gerechnet werden. Das vorgängige Bestehen auf dem Wortlaut ist deshalb wichtig, weil dadurch m.E. bestimmte Züge des ägyptischen Polytheismus begreiflicher werden, die sonst unverständlich blieben.

Einige Hinweise zur benutzten *Literatur*. In den Anmerkungen werden häufig herangezogene Werke mit einem Kürzel (z.B. ANET) oder mit Verfassername und Abkürzung (z.B. Brunner, Rel) angeführt; im Anhang werden solche abgekürzt zitierten Standardwerke aufgeschlüsselt. Monografien und Aufsätze, die nur zu einzelnen Kapiteln einschlägig sind, werden jeweils am Ende des betreffenden Kapitels alphabetisch aufgeführt und in der Regel in den Anmerkungen mit Verfasser und Jahreszahl (z.B. Assmann 1977) herangezogen.

Für die Wiedergabe ägyptischer Orts-, Personen- und Götternamen hat sich leider kein einheitliches Schema eingebürgert. In der Regel wird die in Deutschland gebräuchliche Form benutzt (z.B. Echnaton). Doch wurde die weithin übliche Verwendung griechischer Umbenennungen aus der ägyptischen Spätzeit vermieden, wenn eine einfache, dem Ägyptischen angepaßte Fassung (nach dem Koptischen oder Hebräischen) zur Verfügung steht; deshalb wird etwa On bevorzugt gegenüber Heliopolis (zumal in diesem Fall die Kultstätte keineswegs von Anfang an die Stadt des Sonnengottes war); Schmun gegenüber Hermopolis; andererseits aber werden die ebenfalls griechischen Sekundärnamen Theben und Memphis beibehalten, weil sie auf ägyptische Bezeichnungen zurückgehen. Moderne arabische Namen werden in der gebräuchlichen Weise vereinfacht (z.B. Kairo, Amarna).

Anmerkungen:

1 K.Sethe, Urgeschichte und älteste Religion der Ägypter 1930, 28
2 Zu genauerem Nachweis siehe das Verzeichnis "Abgekürzt zitierte(r) Standardwerke" im Anhang und meinen Forschungsüberblick: "Das Wesen der altägyptischen Religion im Spiegel ägyptologischer Forschung", 1989
3 Zur Methode K.Koch, Was ist Formgeschichte? ^{5}1989.

1. Ägypten, das Geschenk des Nils.
Landschaft, Geschichte, Kultur

1.1 Herausforderung durch das Niltal

Um eine historisch gewachsene Religion zu begreifen, ist die Kenntnis der naturhaften und gesellschaftlichen Voraussetzungen unerläßlich, unter denen sie entstanden ist – ohne daß irgendeine Religion sich aus solchen Voraussetzungen einlinig ableiten ließe.

Ägypten umfaßt in geschichtlicher Zeit die Uferstreifen des Nil von Assuan im Süden bis zur Mündung in das Mittelmeer im Norden. Da Regen im gesamten Land selten fällt, hangt alle Vegetation vom Strom ab. Wo die Nilwasser hingelangen oder hingeleitet werden, grünt, blüht und reift es mit üppiger Fruchtbarkeit; wo die Bewässerung aufhört, beginnt fast messerscharf abgegrenzt die Wüste, nach Osten und Westen sich bis zum Horizont dehnend. Der vielzitierte Satz Herodots von Ägypten als dem Geschenk des Nil leuchtet noch heute jedem Besucher des Landes unmittelbar ein.

Die Natur gibt eine Zweiteilung des Landes vor. In Oberägypten, auf den ersten 700 km von Assuan flußabwärts bis etwa zum heutigen Kairo, begrenzen rechts und links nackte Gebirgszüge die Ufersäume, die bisweilen auf einige hundert Meter zusammenschrumpfen, sich aber auch bis 20 km weit ausbreiten können. In den beidseitig angrenzenden Wüsten hausen nur zahlenmäßig geringe Nomadenstämme, die in historischer Zeit in die Geschichte des Niltals nie entscheidend eingegriffen haben.

Unterhalb von Kairo beginnt Unterägypten, ein verzweigtes Deltagebiet ohne sichtbare Randgebirge. Von hier führen uralte Verkehrs- und Kriegswege durch die Wüsten in Richtung Westen nach Libyen und in Richtung Osten nach Syrien-Palästina. Von beiden Seiten her haben wiederholt Wanderungsbewegungen in das Niltal eingesetzt, welche bisweilen die politischen Verhältnisse im Lande umgestürzt, die einheimische Religion aber in geschichtlicher Zeit bis zur Zeitenwende nur wenig verändert haben. Viel stärker war in umgekehrter Richtung die Ausstrahlung ägyptischer Kultur und Religion auf die Nachbarvölker in Ost und West.

Flußauf von Assuan, oberhalb des ersten Katarakts und weiter aufwärts im heutigen Sudan, erstreckte sich im Altertum am mittleren Nil eine ähnliche Flußoasenlandschaft wie in Ägypten. Der erste Katarakt stellt kein unüberwindliches Verkehrshindernis dar. Nach den Ausgrabungen waren gegen

Ausgang des 4. Jt. v. Chr. die ökonomischen, politischen und kulturellen Verhältnisse weiter im Süden denen des vorgeschichtlichen Ägyptens durchaus ähnlich. Aus nicht mehr durchsichtigen Gründen beginnt kurz vor 3000 v. Chr. das untere Niltal nördlich von Assuan sich gegen jenen Süden abzusondern, und eigenständig eine Hochkultur zu entwickeln, während das später Kusch oder Nubien genannte, weiter südlich gelegene Niltal kulturell zurückfällt und politisch bedeutungslos wird. Die Kataraktgrenze wird bald auch mythologisch als eine Sperre gedeutet; für die Ägypter des Altertums regieren die mächtigen Gottheiten im wesentlichen nur nördlich davon. Und die Nilüberschwemmung entspringt nach ägyptischer Meinung – gegen die offensichtliche Wahrnehmung – bei den heiligen Stätten am ersten Katarakt. Diese Abschließung gegen den Süden, der die naturgegebenen Grenzen durch die Wüsten im Osten und Westen und das Meer im Norden entsprechen, läßt Ägypten sich einer *splendid isolation* erfreuen und seine Eigenart sprachlich, religiös, politisch, ökonomisch mit einer Beharrlichkeit durch Jahrtausende hindurch festhalten, die sonst in der Weltgeschichte ohne Beispiel ist.

Der Rhythmus der Jahreszeiten wird im Altertum durch die sommerliche Nilüberschwemmung geprägt. Dann steigen die Wasser meterhoch über das Ufer; nur einige Hügel, als Stätten menschlichen Wohnens genutzt oder als Stätten göttlichen Wohnens verehrt, ragen noch hervor. Zieht sich die Flut zurück, hinterläßt sie Schlamm und Verwüstung. Nur wenn die Kanäle wiederhergestellt und die Felder neu angelegt werden, wird die Ernährung einer größeren Menschenzahl gewährleistet. Solche Unternehmungen werden erfolgreicher, wenn sie nicht von jeder Familie oder Dorfgemeinschaft auf eigene Faust betrieben, sondern von einer zentralen Instanz geleitet werden. Von da aus begreift sich, daß es im Niltal in verhältnismäßig früher Zeit zu einem geordneten Staatswesen gekommen ist. Selbstverständlich ist das freilich nicht. Die geografischen Voraussetzungen mag es damals an manchen Stellen der Erde ähnlich gegeben haben. Doch die Ägypter nehmen zu Beginn des 3. Jahrtausends – etwa gleichzeitig wie die Sumerer im Zweistromland – die Herausforderung ihrer Landschaft schnell und tatkräftig an. In mancher Hinsicht, etwa beim Kalender, zehren wir selbst im Westen noch heute von ihren Errungenschaften.

1.2 Staatsbildung und Pharaonentum

Als die Schrift erfunden worden war und die ersten uns erhaltenen Texte geschrieben wurden, bildete Ägypten schon ein Einheitsreich. Doch schimmert in den frühen Zeugnissen durch, daß diese Art von Staat eine junge

Erscheinung ist. Über die Vorstufen der Reichseinigung besteht in der Forschung jedoch keine Einhelligkeit.

Nach älterer Auffassung gab es im 4. Jt. im Niltal eine Vielzahl autonomer Zentren unter jeweiligen Kleinfürsten, bis es in Oberägypten den Herren von Nechen-Hierakonpolis und in Unterägypten denjenigen von Pe-Buto gelang, einen Großteil der umgebenden Landschaft unter ihre Kontrolle zu bringen. Denn in der Königsliste des Palermosteins tauchen "zur Biene Gehörige" (*bjtj*) unterägyptische Könige vor den gesamtägyptischen auf; in Pe wie in Nechen wird in der geschichtlichen Zeit ein Königsgott Horus verehrt, was gewiß lange Tradition hinter sich hat. Um die Wende zum 3. Jt. gelang es dann den oberägyptischen Königen von Nechen, in mehreren Anläufen Unterägypten und damit das gesamte Land zu erobern. An der Grenze von Ober- und Unterägypten wird Memphis begründet. In Saqqara bei Memphis gefundene Gräber der 1. Dynastie bestätigen das neue Zentrum; daneben bauen diese Könige Zweitgräber als Kenotaph (Scheingrab ohne Leichenbeisetzung) in Abydos.

Die entgegengesetzte Erklärung geht von den Überlieferungen griechischer Zeit aus, nach der die ersten Könige aus This in Mittelägypten stammen, und sieht sie dadurch bestätigt, daß Königsgräber der 1. Dynastie im benachbarten Abydos entdeckt wurden. Die Saqqara-Gräber derselben Zeit sind dennoch als Beamten- und nicht als Königsgräber zu erklären[1]. Demnach erfolgte die Reichseinigung von This-Abydos aus und zwar durch Herrscher, die von Häuptlingen oberägyptischer Nomaden abstammten und die seßhafte unterägyptische Bauernbevölkerung unterjochten[2]. Die Entscheidung zwischen beiden Erklärungsmodellen wird gegenwärtig von vielen offengelassen[3].

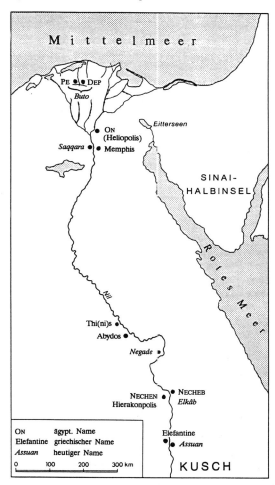

Abb. 1 Frühgeschichtliches Ägypten

Dem politischen Sieg mit der Reichseinigung folgt der ideologische. Bald wird es jedem Ägypter selbstverständlich, daß das Schwarze Land, wie er seine Heimat nennt, eine von den Göttern vorgegebene Einheit und die von ihnen ausgezeichnete Mitte der Erde darstellt. Gleichermaßen gilt es ihm für gewiß, daß es einer monarchischen Spitze bedarf, die über Landbesitz und Arbeitsorganisation ebenso zu befinden hat wie über die heilvolle Beziehung der Gesellschaft zu den überirdischen Mächten. Durch den Titel Pharao (an sich erst im Neuen Reich für den König gebräuchlich) hat sich der einzigartige Rang dieses Königtums der Nachwelt unauslöschlich eingeprägt. Obwohl hernach die Reichseinheit mehrere Male für Jahrhunderte auseinanderbricht, bleiben die Ägypter überzeugt, daß Frevel und Unheil im Lande vorwalten, solange nicht wieder ein einheitliches Königtum hergestellt ist. Selbst Usurpatoren, die es in der ägyptischen Geschichte wie anderwärts gegeben hat, sind bestrebt, sich in die lange Reihe der Pharaonen einzugliedern, die vor ihnen geherrscht hatte.

Das Einheitsbewußtsein wird dadurch gestützt, daß es dem Königtum gelingt, eine *einheitliche Schriftsprache* durchzusetzen, die sich mit verhältnismäßig geringen Veränderungen und nur wenig regionalen Abwandlungen durch Jahrtausende behauptet. Hand in Hand damit wird die Hieroglyphenschrift erfunden und eingeführt, ebenso eine Anzahl künstlerisch verbindlicher Ausdrucksmittel, wiederum mit einem erstaunlichen Beharrungsvermögen.

Gottesverehrung und Mythologie haben sich nicht mit gleicher Geschwindigkeit vereinheitlichen lassen. Immerhin setzt sich ein *Reichskult* durch, der für die gesamte Oberschicht belangreich wird, und der einmal in Memphis sein Zentrum hat, der alten Königshauptstadt, dann aber auch in On (griechisch Heliopolis), wo ein reichsumspannendes System der höchsten Gottheiten entworfen wird. On hatte weder in vorgeschichtlicher noch in geschichtlicher Zeit eine politische Rolle gespielt. Dennoch gelingt es den dortigen Priestern, sich zu Wegbereitern einer mythologischen Vereinheitlichung des Weltbildes und des darin inbegriffenen Staates zu machen (Kap. 5). Dazu tritt bald eine bewußte Gleichsetzung von Namen der lokalen oder naturbezogenen Gottheiten Ober- und Unterägyptens, die dadurch gesamtägyptische Bedeutung erhalten. In die verschiedenartigen Weisen der Gottesverehrung kommt aber vor allem dadurch ein verbindender Zug, daß der ägyptische König ein Opfermonopol erhält. Jedes im Niltal dargebrachte Opfer, und seien es Gaben, welche ein hinterbliebener Sohn irgendwo im Lande seinem toten Vater vor dessen Grab legt, gilt nur dann als wirksam und hilfreich, wenn es als ein "Opfer, das der König gibt" präsentiert wird.

Trotz seiner überraschenden Konstanz hat auch das Reich der Pharaonen Höhen und Tiefen, Katastrophen und Restaurationen erlebt. Dessen waren sich auch die Ägypter bewußt. Seit Beginn des Einheitsreiches legt man bei Hof auf Königslisten Wert, welche die Folge der Pharaonen, ihre Regierungszeiten samt herausragenden Ereignissen vermerken und nach Dynastien abgeteilt werden. Bis zur Invasion der griechisch-makedonischen Heere unter

Alexander dem Großen zählt der Priester Manetho 30 oder 31 Dynastien. Dreimal hat das Niltal im Altertum eine Großmacht dargestellt, nämlich zur Zeit des Alten Reiches im 3.Jahrtausend, des Mittleren zu Beginn des zweiten und des Neuen Reiches ab der Mitte des 2.Jahrtausends. Ein kurzes Aufflackern ägyptischer Königsmacht gibt es in der sogenannten Saïtenzeit um die Mitte des 1.Jahrtausends. Dazwischen liegen jeweils für zwei- bis dreihundert Jahre Zwischenzeiten, wie der moderne Historiker zu sagen pflegt, während derer rivalisierende Gaufürsten und Könige um den Vorrang streiten. Dennoch fehlen auch solchen Perioden wirklich separatistische oder auch nur föderalistische Ideen. Die Auffassung, daß das Königtum einheitlich, absolut, ja göttlich sein müsse (Kap. 3), bleibt in der Theorie unbestritten, wie weit auch immer die Praxis abweicht.

Das Pharaonentum mit seinem Königszeremoniell hat noch nach seinem Untergang die Nachwelt so fasziniert, daß sich die persischen Eroberer in Ägypten nach pharaonischem Ritus krönen und in entsprechenden Inschriften feiern lassen. Die stolzen und aufgeklärten Griechen aber, die danach mit den Ptolemäern für 200 Jahre in Ägypten das Königtum stellen, haben sich in einer Weise mit dem Ägyptertum, seinen Kultur- und Kultformen assimiliert, wie es die Griechen sonst nirgends außer Landes getan haben. Als mit der berühmt-berüchtigten Kleopatra VII. die letzten Reste politischer Selbständigkeit Ägyptens dahinsinken und das Land römische Provinz wird, unterlassen es die römischen Kaiser von Augustus bis Diokletian nicht, sich in ägyptischen Tempeln als Verehrer der Landesgötter im Königsornat eines Pharaos abbilden zu lassen. Mit dem Auftreten der Fremdherrschaften ab dem 6. Jh.v.Chr. gelangt also die ägyptische Religion keineswegs ans Ende. Die Ausstattung der Tempel wird eher üppiger, und die tiefe Weisheit ägyptischen Priestertums entfaltet eine erstaunliche Anziehungskraft über den gesamten Mittelmeerraum. Erst das Christentum versetzt der ägyptischen Religion den Todesstoß, als es sich vom Ende des 2. Jh.n.Chr. an im Niltal überraschend schnell durchsetzt.

Wie sich ergeben wird, sind die Epochen der politischen weithin auch die Epochen der religiösen Geschichte. Die Chronologie läßt sich auf Grund überlieferter Sothis- und Monddaten in unsere Zeitrechnung übertragen, allerdings mit gelegentlichen Alternativlösungen[4]:

Sog. Thinitenzeit	1. – 2. Dyn.	3050/2960 – 2695/2640
Altes Reich	3. – 8. Dyn.	2695/2640 – 2160/2134
1. Zwischenzeit	9. – 11. Dyn.	2160/2134 – 1991
Mittleres Reich	12. Dyn.	1991 – 1785
2. Zwischenzeit (einschließlich der Fremdherrschaft der Hyksos)	13. – 17. Dyn.	1785 – 1560/1551
Neues Reich	18. – 20. Dyn.	1560/1551 – 1085/1070
3. Zwischenzeit	21. – 24. Dyn.	1085/1070 – 714/ 711
Spätzeit (einschließlich der Perserherrschaft	25. – 26. Dyn. 27. + 31. Dyn.)	714/ 711 – 332
Ptolemäerzeit	–	332 – 30

Ab 30 v. Chr. römische Provinz

1.3 Schriftsystem und Kunstformen

Quellen für die Beschreibung ägyptischer Religion sind vornehmlich Texte und Bilder. Dabei sind neben den inhaltlichen Aussagen schon die formalen Gestaltungsprinzipien aufschlußreich. Denn sie liefern Hinweise auf gewisse anthropologische und ontologische Vorgegebenheiten, die dem Ägypter mehr oder weniger unbewußt und für uns dennoch unverkennbar Schrift und Bildern zugrundeliegen. Sie lassen bestimmte Voraussetzungen der konkreten Ausprägungen ägyptischer Religion erahnen. Schrift- wie Kunstgebrauch entspringen nämlich einem Abstraktionsvermögen, dessen spezifische Art für ägyptische Weltansicht überhaupt bezeichnend sein dürfte.

Mit der Schrifterfindung beginnt in der Regel ein Volk aus dem vorgeschichtlichen in das geschichtliche Zeitalter überzuwechseln. In Ägypten entsteht die Kunst des Schreibens um die Wende vom 4. zum 3. Jt. v. Chr., wird binnen weniger Jahrzehnte zu einem fertigen System des sprachlichen Ausdrucks entwickelt und von da an eifrig benutzt. Entstanden aus den Bedürfnissen der Verwaltung, findet die Schrift im Kult bald vielfältige Anwendung; der Stand der Vorlesepriester spielt in fast allen Bereichen religiöser Praxis eine unentbehrliche Rolle.

Die Schriftzeichen, von den Griechen *Hieroglyphen* genannt, bieten dem Kundigen bis zu ihrem Verschwinden in christlicher Zeit ein durchschaubares Bildsystem an.[5] Der Abbildcharakter reizt zu Gestaltungen von unvergleichlicher Schönheit, die so kein anderes Schriftsystem auf Erden erreicht hat. (Von bestimmten kursiven Vereinfachungen vornehmlich für den Alltagsgebrauch wie Hieratisch und Demotisch wird hier abgesehen).

Ägypten, das Geschenk des Nils 27

Die Bildhaftigkeit der zur Wiedergabe der Sprache verwendeten Zeichen zielt nicht auf naturalistische Treue, sondern auf Hervorkehrung einer charakteristischen Eigenschaft der gemeinten Sache oder auf eine Eingruppierung in Arten und Gattungen oder auf einen als bedeutsam gewerteten Lautanklang. So wird z.B. "Haus" nicht eine Frontalansicht geboten – wie es Kinder tun würden – sondern ein vereinfachter Grundriß ⌷, wobei die einschließende Geborgenheit ebenso zum Ausdruck gebracht wird wie der mögliche Ausgang ins Freie. Wo derart ihr Bild für die betreffende Sache in der Schrift steht, reden wir von einem *Ideogramm*. Doch mit Abbildern allein läßt sich noch nicht eine Sprache verschriften.

Um die Zahl der Bildzeichen nicht ins Uferlose steigen zu lassen, kann die dadurch ein festgehaltene Silbe auch für die Schreibung von Wörtern andersartiger Bedeutung, aber gleichen Wortlautes verwendet werden. Dabei setzt das Ägyptische wie die verwandten semitischen Sprachen voraus, daß allein die Konsonaten das Gerüst einer Sprache ausmachen und also "Selbstlaute" sind, während Vokale nur beiher spielen und deshalb in der Schrift übergangen werden können. (Um dem modernen Leser die Aussprache zu ermöglichen, wird deshalb von den Ägyptologen bei der Umschrift äyptischer Vokabeln jeweils ein "e" als Hilfsvokal eingeführt, in bestimmten Fällen auch "a", "u" oder "i"; dieser Brauch wird im Folgenden befolgt.) Die Vernachlässigung der Vokale erlaubt, ursprüngliche Bildzeichen auf Wörter mit gleichlautender Konsonantenfolge zu übertragen. So mag das durch das oben gezeigte Ideogramm bedeutete Lexem "Haus" *par(u)* ausgesprochen worden sein (es ist im Titel Phar-ao enthalten); die Silbenstruktur wird für Ägypter durch die Phoneme p und r getragen. Das macht möglich, das Zeichen ⌷ auch für das Verb "herausgehen" zu verwenden, das ebenfalls *pr(j)* als Stammkonsonanten besitzt, aber sprachgeschichtlich vielleicht nichts mit Haus zu tun hatte. ⌷ wird in diesem Falle also nicht als Ideogramm, sondern als *Phonogramm* benutzt. Für das ägyptische Bewußtsein vollzieht sich dabei keine rein mechanische Übertragung. Vielmehr gilt als selbstverständlich, daß ein Gleichklang im Konsonatenbestand von Wörtern einer geheimnisvollen Wesensbeziehung zwischen den dadurch bezeichneten referenziellen Gegenständen entsprechen muß, auch wenn eine solche weder sinnlich wahrnehmbar noch kausal abzuleiten ist. Denn es ist ein wichtiger Grundsatz ägyptischer – übrigens auch altorientalischer und biblischer – Mythologie, daß die Sprache ihre Gegenstände nie bloß zufällig-konventionell benennt, sondern der jeweilige Wortlaut in den Gegenständen gleichsam "drinsteckt", und einmal zur Sprache gebracht, den Wesenskern der betreffenden Größe, auf die verwiesen wird, weiterhin in sich birgt. Wer deshalb das zutreffende Appellativ für einen Gegenstand oder dessen Gattung kennt, weiß um ihren "Namen" und kann dadurch Macht über sie ausüben. Innerhalb der Götterverehrung hat dieser Grundsatz bei Opfer und Gebet weitreichende Folgen. Ohne eine solche mythologische Voraussetzung von einer letzten Identität zwischen Wortlaut und gemeinter Sache wäre es wohl nie zur nötigen Generalisierung in der Ausbildung der Hieroglyphenschrift gekommen. Schon dieses Beispiel läßt vermuten, daß Mythologie im Bereich ägyptischer Kultur nicht etwas zur Alltagserfahrung zusätzlich Hinzukommendes, kein entbehrliches Phantasieprodukt darstellt, sondern zu den Wurzeln der Sprache und zu ihrem Gebrauch in der Schrift untrennbar hinzugehört.

Neben dem Gebrauch von Schriftzeichen als Ideogramme (im weitesten Sinne) oder Phonogramme ist eine dritte Art für die Einstellung des ägyptischen Geistes zur Erfahrungswelt aufschlußreich, nämlich der Gebrauch von *generischen Determinativen*. In diesem Fall tritt hinter eine phono- oder ideographische Schreibung ein zusätzliches, für unsere Vorstellung überflüssiges Zeichen, das den sprachlichen Ausdruck einer bestimmten übergreifenden Art oder Gattung zuweist. So erscheint ⌷ auch hinter Wörtern, die Heiligtum, Palast, Grab, Zimmer bedeuten und ihrerseits schon durch Ideo- oder Phonogramme erfaßt worden waren. Das nachgestellte Hauszeichen verweist auf eine Art von paradigmatischem Wortfeld (oder Worthof), was allein in der Schrift beachtet und nicht mit vorgelesen wird. In der gesprochenen Sprache mag es dafür bisweilen gar keinen ausdrücklichen Oberbegriff gegeben haben. In unserem Falle handelt es sich um die Vorstellung von so etwas wie "Wohnraum überhaupt". In der gleichen Art werden z.B. männliche Gottheiten durch eine sitzende Figur mit Götterbart charakterisiert. Durch Determinative wird bei Menschen zwischen Mann und Frau, Kind und Greis, König und verehrungswürdigen Personen (einschließlich seliger Toten) unterschieden. Determinative gibt es auch für Verben, die nach ägyptischen Begriffen zusammengehörige Handlungen betreffen, so etwa den sitzenden Mann mit der Hand am Mund für dürsten, trinken, hungern, essen, sprechen, denken, fühlen. Die Determinationen bringen in die verwirrende Fülle von Einzelwahrnehmungen und -ausdrücken also durch Klassifikationen Ordnung, sie verweisen auf übergreifende Typen, denen anscheinend für Welt- und Menschenverständnis eine tragende Rolle zukommt.

Religionsgeschichtlich ist die Benutzung von Hieroglyphen zur generischen Determination – zusätzlich zur Benutzung anderer Zeichen für die Wiedergabe des Wortlauts – deshalb aufschlußreich, weil sie erkennen läßt, daß für ägyptisches Denken andere Selbstverständlichkeiten im Blick auf die grundlegenden Kategorien des Seins vorausgesetzt werden als im abendländischen Denken. Leben und Tod, Materielles und Ideelles, Abstraktes und Konkretes fallen ausweislich der Determinative nicht in der gleichen Weise auseinander wie bei Menschen westlicher Sprache. Für innere, unsichtbare Mächtigkeiten und Eigenschaften wird ein gestalthafter "Kern" vorausgesetzt. So stellt sich "Leben" durch eine Lebensschleife in Form eines "Henkelkreuzes" dar, Herrschaftsweisen in bestimmten Zeptern, das Göttliche in einem umwickelten Fetisch. Nicht, daß keine generellen Unterscheidungen oder Abstraktionen vollzogen würden! Aber die "Nahtstellen" liegen anderswo. Es gibt ein eigenes Determinativ, die Buchrolle, zur Klassifizierung geistig-abstrakter Qualitäten; es wird z.B. benutzt für Adjektive wie "grün, groß, neu", für Verben wie "wissen", für Substantive wie "Wahrheit-Gerechtigkeit". Dagegen wird es für Begriffe, die nach unserer Meinung deutlich abstrakt sind, wie Leben oder Beständigkeit, kaum je verwendet. Wie fließend die Übergänge empfunden werden, zeigt das Beispiel des Lexems Maat = "Wahrheit-Gerechtigkeit". Es kann, mit dem eben genannten Buchrollen-Determinativ verbunden, als abstrakt-geistige Größe, es kann aber auch, mit dem Gottesdeterminativ versehen, als Gottheit herausgestellt werden. Beides greift ineinander. Die göttliche "Person" der Wahrheit-Gerechtigkeit-Göttin faßt also eine "mythische Substanz" in sich zusammen, von der Art, wie sie K. Hübner als kennzeichnend für Mythos allgemein herausgestellt hat[6]. Obwohl zu einer numinosen Gestalt verdichtet, vermag eine solche Substanz als "feinstoffliche" Kraft in anderen Wesen, Göttern wie Menschen, vorzukommen. Die Lebenshieroglyphe wird zwar weder als Abstraktbegriff noch als Gottwesen gelesen, kann aber auf Reliefs mit Händen dargestellt werden, die dem Menschen besondere Vermögen u.ä. zureichen. Auch sie verweist also auf eine Mächtigkeit, die zwischen dinglicher und persönlicher Seinsweise schwebt oder als beides zugleich einzuordnen ist. Solche Hinweise lassen vermuten, daß die besondere mythologische Weltansicht der Ägypter tief in ihrer Sprache verwurzelt ist. Die Götterauffassung, die sich daraus ergibt, stellt also keinen religiösen Überbau dar, der sich leichthin von einem materiellen Unterbau abheben oder gar ableiten ließe.

Ähnliches läßt sich aus den Gestaltungsprinzipien der *bildenden Kunst* entnehmen. Wie jede Hieroglyphe für die Ägypter ein Bildzeichen ist, so jedes Relief und jede Plastik ein Zeichenbild. Meist gehören Schrift und Bild bei kultischem oder funerärem Gebrauch so eng zusammen, daß beide erst in ihrer Zuordnung einen sinnvollen Text ergeben. Deshalb sind festgeprägte Bildkompositionen die Regel. Über lange Strecken der ägyptischen Religionsgeschichte gehört zum Grab das Relief des Grabherrn vor einem reich gedeckten Opfertisch. Auf die Außenmauern eines Tempels gehört die Darstellung des Königs, der als Einzelkämpfer seine Feinde mit einer Keule erschlägt. Beide Motive werden von entsprechenden Beischriften umgeben. Es gibt keine Kunst zu rein ästhetischem Ergötzen, als *l'art pour l'art*, die Wahl des *sujets* ist für den Künstler nie beliebig. Auch die lebendigen Darstellungen von Alltagsgeschehnissen auf vielen Grabwänden wollen typische Lebensäußerungen festhalten und für die Toten reaktivieren.

Zwar kann es ägyptisch heißen, daß ein Bild "schön" sei. Aber was dann mit dem Lexem *nefer* zum Ausdruck gebracht wird, zielt nicht auf einen wohlgefälligen Eindruck harmonischer Proportionen, sondern meint eine Vollkommenheit, die Dauer verspricht. Deshalb tragen die ägyptischen Bilder einen idealisierenden Zug und wollen einen Ewigkeitscharakter zum Ausdruck bringen.

Wenn Personen, Gegenstände und Handlungen abgebildet werden, leitet die Handwerker weder ein naturalistisches Bestreben noch jene Gegenstandserfassung aus menschlichem Blickwinkel, die wir seit der Renaissance "Perspektive" nennen. Der Ägypter benutzt eine "objektivierende" Sichtweise, die H. Schäfer "vorstellig-geradeausichtig" und E. Brunner-Traut "Aspektive" genannt hat.[7] Dabei wird ein Ganzes nicht als geschlossene, räumlich umschreibbare organische Einheit gemalt oder gemeißelt, sondern parataktisch "auseinandergelegt" und additiv so gereiht, daß das Auge des Betrachters von einem Merkmal zum anderen wandern soll. Bei Götterbildern wird gern eine menschliche Figur mit einem Tierkopf kombiniert, so der Schreibergott Thot mit einem Ibis oder der Bildnergott Chnum mit einem Widderkopf.

Das ist additiv gemeint, verweist auf heilige Tiere, setzt nicht voraus, daß die betreffenden Gottwesen tatsächlich mit solchen Köpfen herumlaufen. Die aspektive Art läßt sich insbesondere bei Königsdarstellungen erkennen, welche neben dem Herrscher sein zweites Ich als Ka-Seele einhergehen lassen oder seinen Horusnamen in einem Palast neben ihm darstellen.

Abb. 2 Tutenchamun und sein Ka vor Osiris

Solcher Darstellungsweise liegt unausgesprochen die Überzeugung zugrunde, daß menschliche und göttliche Personen in dem, was der gewöhnliche Mensch umrißhaft wahrnimmt, gar nicht gestaltlich aufgehen, darin noch nicht einmal ihre bezeichnendsten Wesenseigenschaften erkennen lassen. Vielmehr sind höhergestellte Wesen polymorph zu denken, haben mehrere sichtbare und unsichtbare Erscheinungsformen und Wirkungsgrößen um sich. Insofern läßt sich fragen, ob die Aspektive in der ägyptischen Kunst nicht mit dem hartnäckig festgehaltenen Polytheismus in der Gottesauffassung zusammenhängt.

Sowohl den Erzeugnissen bildender Kunst wie den Schriftzeichen legt der Ägypter eine eigenartige Lebendigkeit bei. Einige Hieroglyphen, wie z.B. das Lebenszeichen, werden deshalb auch als selbständige Amulette verwendet. Was niedergeschrieben, insbesondere was in Stein gemeißelt worden ist, gewährleistet auf Dauer den Bestand dessen, von dem es kündet. Jedes Bild ist ein "magischer Gebrauchsgegenstand" (Westendorf). Das ist besonders beim Totenkult wichtig und erklärt, warum wir den ägyptischen Gräbern die herrlichsten Bilder und zahllose Aufzeichnungen verdanken. Ein mythologisches Daseinsverständnis legt also den Grund zu einer der eindrucksvollsten Erscheinungen ägyptischer Kultur.

Ägypten, das Geschenk des Nils 31

Allgemeine Einführungen:
J.Assmann, Die Macht der Bilder. Rahmenbedingungen ikonographischen Handelns im Alten Ägypten, Visible Religion 7, 1990, 1-20
B.J.Kemp, Ancient Egypt 1989
A.Eggebrecht, Das Alte Ägypten. 3000 Jahre Geschichte und Kultur des Pharaonenreiches 1984
H.Kees, Das Alte Ägypten. Eine kleine Landeskunde ^{2}1958
E.Otto, Ägypten. Der Weg des Pharonenreiches, Urban Bücher 4, 1953, ^{5}1979
W.Wolf, Das Alte Ägypten, dtv 3201, ^{2}1978

Politische Geschichte:
E.Meyer, Geschichte des Altertums I-V ^{1}1884ff., Nachdruck der letzten Auflage 1975-78
A.Scharff (A.Moortgat), Ägypten und Vorderasien im Altertum 1950 = ^{3}1962
A.H.Gardiner, Egypt of the Pharaos 1961, dt.: Geschichte des alten Ägypten 1965
W.B.Emery, Ägypten. Geschichte und Kultur der Frühzeit 3200 – 2800 vor Chr. 1964
J.Vercoutter in: Fischer-Weltgeschichte 2, 1965 Kap. 6-11
W.Helck, Geschichte des alten Ägypten, HdO I 1,3 1968
The Cambridge Ancient History (CAH) ^{3}I.II 1970ff.
J.v.Beckerath, Abriß der Geschichte des alten Ägypten 1971
E.Hornung, Grundzüge der ägyptischen Geschichte ^{3}1988
N.Grimal, Histoire de l'Egypte ancienne 1988
W.Helck, Zur Vorstellung von der Grenze in der ägyptischen Frühgeschichte, Vorträge der orientalistischen Tagung Marburg 1950, 3-15
Ders., Politische Gegensätze im Alten Ägypten, HÄB 23, 1986
W.Kaiser, Einige Bemerkungen zur ägyptischen Frühzeit III ZÄS 91 1964. 86-125

Anmerkungen zu Kapitel 1:

1 So noch Kaiser 1964; Fischer Weltgeschichte 2, 224-7.235-6; LÄ 4,27
2 Otto, Ägypten, 32.45; Helck, Beziehungen, 4ff; Helck, Geschichte, 1f
3 Hornung, Geschichte, 7ff; Fischer-Weltgeschichte 2, 236
4 Nach v. Beckerath, LÄ 1, 967-71. Niedrigere Daten für das Mittlere Reich und die 18.Dyn. bei R.Kraus, Sothis- und Monddaten, HÄB 20, 1985
5 LÄ 2, 1187-99: 'Hieratisch', 'Hieroglyphen'; 5, 713-35: 'Schrift'
6 Die Wahrheit des Mythos 1985
7 LÄ 1, 474-88, vgl. schon H.Schäfer, Von ägyptischer Kunst ^{2}1930 = ^{4}1963

2. Der mythische Hintergrund der ägyptischen Sprache

2.1 Zeitvorstellungen

Wer die ägyptische Religion begreifen will, hat zu erklären, warum es für die Bewohner des Niltals so viele Götter und so zahlreiche Arten der Symbolisierung gegeben hat. Zwar gibt es in gewissen Zeiten auch bei den Ägyptern ein Nachdenken über das, was die Götter zusammenschließt und also eine gewisse Einheit göttlichen Wesens in sich birgt; aber das sind, wie sich zeigen wird, junge Erwägungen, die nie konsequent zu Ende geführt werden. Im Vordergrund steht in Tempeln und Texten zu allen Zeiten die Göttervielfalt. Und diese läßt sich nicht einlinig auf Personifikationen von Naturgegebenheiten oder gesellschaftlichen Erscheinungen zurückführen. Zwar spielt z.B. der Sonnengott eine zentrale Rolle, doch er ist nach ägyptischer Ansicht keineswegs mit dem sichtbaren Himmelskörper identisch, und für den Mondgott liegen die Dinge noch komplexer. Wie also kommt es zu den verschiedenen Göttergestalten und ihren Symbolen? In den letzten 50 Jahren hat die Ägyptologie versucht, die Eigenart der Religion auf eine Grundeinstellung zu Leben und Wirklichkeit zurückzuführen, die sich von derjenigen charakteristisch unterscheidet, die der Abendländer gewohnt ist. So schließt Hornung[1] auf eine von der uns gewohnten binären Logik abweichende dreiwertige Logik, während andere ein besonderes "ontologisches Denkmodell" postulieren. Den folgenden Kapiteln liegt die Arbeitshypothese zugrunde, daß die altägyptische Sprache ein System von Bedeutungsfeldern mit sich gebracht hatte, das jedem, der entsprechend sozialisiert war und der Sprachgemeinschaft angehörte, gewisse Denkkategorien mit auf den Weg gegeben hat, die alle Erfahrungen präformierten und ihnen Sinnhorizonte vorgab. Angesichts unserer mangelhaften Kenntnis der altägyptischen Sprache und des Ausfalls von muttersprachlichen Informanten als Testpersonen, wie auch des Fehlens eingehenderer Untersuchungen, kann eine solche Theorie nur einen vorläufigen Versuch darstellen. Sie muß notgedrungen von historischen Differenzen absehen. Es sei vorausgeschickt, daß die nachfolgenden Kapitel auch ohne diese hier vorgetragenen Zwischenerwägungen lesbar sind. Wer also Sprachtheorien grundsätzlich abgeneigt ist, mag dieses Kapitel überschlagen.

Im Übergangsgebiet zwischen Nordafrika und Asien hat sich das Ägyptische als eine semitisch-hamitische Mischsprache ausgebildet. Der *Verbgebrauch* unterscheidet sich von dem uns geläufigen dadurch, daß es ursprünglich *keine Zeitstufen* gibt, welche Vergangenheit, Gegenwart und Zukunft voneinander sondern. Nur eine Erzählzeit wird bald (durch ein Infix *n* im Verb) zusätzlich ausgedrückt; der Sprachgebrauch wird sich also der Sonderbedeutung der Punktualität von bestimmten Ereignissen bewußter. Sonst genügen adverbielle Bestimmungen, um hier und da auf die Vergangenheit von Handlungen und Zuständen, auf die Faktizität der gegenwärtigen Stunde oder die Potentialität zukünftigen Geschehens zu verweisen. Damit legt die ägyptische Sprache denen, die sie gebrauchen, vermutlich ein *anderes Zeitverständnis* nahe als das uns selbstverständliche. In den Pyramidentexten z.B. erscheint dadurch der Übergang von der Gegenwart eines Begräbnisrituals zur Vergangenheit seines mythischen Präzedenzfalles fließend, und der moderne Forscher schwankt, mit welcher Zeitlage er konfrontiert wird, wie er zu übersetzen hat, während der ägyptische Verfasser wohl bewußt beide Ebenen zusammenschauen wollte. Freilich bildet sich im Verlauf der Sprachgeschichte mehr und mehr ein Zeitcharakter in den Sätzen mittels neu sich bildender Verbverbindungen aus, bis es schließlich gegen 20 Arten gibt, insbesondere vergangenes Geschehen zu differenzieren, als "wealth of narrative constructions"[2]. Vermutlich ist es kein Zufall, daß im allgemeinen Bewußtsein, in Königsinschriften und selbst in der Mythologie, etwa gleichlaufend die Verschiedenheit von Gegenwart und Vergangenheit zunehmend deutlicher heraustritt.

Wie die Zeitlichkeit des Daseins begriffen wird, ist in vielen Kulten für die Ausbildung von Mythologie von Belang. Für Ägypten bedeutet das Fehlen eines Tempussystems im strikten Sinne keineswegs ein Desinteresse am Zeitproblem. Vielmehr läßt sich im Gegenteil feststellen, daß "die Ägypter die kosmische Wirklichkeit nicht primär räumlich und dinglich konzeptualisiert haben, sondern zeitlich und prozessual, als einen Lebensprozeß"[3]. Das Ägyptische besitzt mehr als ein Dutzend Ausdrücke für "Zeit", wenngleich keinen abstrakten Begriff für Zeit an sich. An dessen Stelle steht ein Lexempaar, das einerseits die unübersehbare, ständigen Wandel produzierende männliche Zeitfülle *neheh*, andererseits eine homogen-dauerhafte, ebenso unabsehbar nach vorn und rückwärts sich ausdehnende weibliche Zeitfülle *dschet* voraussetzt. Beide Größen erstrecken sich miteinander virulent durch alles Seiende hindurch, ohne jedoch umgreifend gedacht zu sein. Ein Mensch oder ein Gegenstand wie ein Grab kann *neheh* und *dschet* haben oder nicht haben — im negativen Fall ist sein Ende absehbar. Bei beiden handelt es sich nicht um abstrakte Ordnungsetiketten, sondern um Substanzen, die mit der Weltentstehung begonnen haben, von Göttern gestützt werden und ihrerseits die Götter stützen. Sie unterteilen sich in Jahre, Jahreszeiten, Monate, Tage, Stunden, die weit eher als eigenständige (weibliche) Gottheiten vorgestellt werden als die beiden übergreifenden "Ewigkeits"-Begriffe, sie unterteilen sich auch in Lebenszeiten für einzelne Wesen. Zusammengenommen können *neheh* und *dschet* "den umfassendsten und schlechthinnigen Totalitätshorizont bezeichnen"[4].

Das Beispiel läßt erkennen, daß menschliche Sprachen sich nicht aus isolierten Bezeichnungen für Gegenstände und Personen zusammensetzen, denen nachträglich Umstandsbezeichnungen und Handlungsverweise, etwa Verben, zugeordnet werden. Vielmehr bildet sich jede Sprache als ein System von Bedeutungen aus, bei dem die Wörter nicht einzeln Information vermitteln, sondern von vornherein assoziativen Bedeutungsfeldern und "Worthöfen" zugeordnet sind. Einmal ausgesprochen, beinhaltet eine Vokabel in der Regel für den Hörer nicht eine isolierte Referenz auf einen außersprachlichen Gegenstand u.ä., sondern bringt auf Grund ihrer paradigmatischen Verflechtung immer auch schon ein implizites Urteil über die Rolle dieses Gegenstandes oder dieser Handlung innerhalb der Lebenswelt mit sich. Jede historisch gewachsene Sprache vermittelt Sprecher wie Hörer eine Fülle von selbstverständlichen Wertmaßstäben, Handlungsmustern, Sinnvorgaben, ja einen der Erfahrung vorgegebenen Horizont von Weltansicht. Im Altertum bringt sie immer schon eine rudimentäre Mythologie mit sich.

2.2 Dualitäten als Seinskonstituenten

In ägyptischen Texten fällt eine erstaunliche Tendenz zur Zweipoligkeit bei Aussagen über Welt und Mensch ins Auge. Wo grundlegende Vorgänge oder Verhältnisse beschrieben werden, werden die grammatischen Subjekte gern durch Paarbildungen mit einem maskulinen und einem femininen Teil zum Ausdruck gebracht wie "Mann und Frau", "Himmel (weiblich) und Erde (männlich)". Das Bestreben, alles, was wirksam und bedeutend ist, durch duale Größen auszudrücken, reicht aber über geschlechtlich differenzierte Paare weit hinaus. "Groß und Klein" oder "Mächtige und Geringe" machen die Menschheit aus. Anscheinend vermag der Ägypter die tragenden Kräfte der Wirklichkeit nur als Dualitäten zu begreifen. So gibt es für den Staat keinen Einheitsbegriff, sondern eine Wortverbindung für Oberägypten und Unterägypten; die Vereinigung "der beiden Länder" ist ein mythisches Ereignis von ungeheurer Bedeutung, das wieder und wieder vergegenwärtigt sein will. Selbst der Strom wird in zwei Nile geteilt. Der König wird doppelgestaltig vorgestellt, einerseits ist er der zur Sut-Pflanze, der Wappenpflanze von Oberägypten Gehörige, andererseits der zur Biene Gehörige (dem Sinnbild Unterägyptens). Zwei wichtige Kronen trägt er; zwei Schutzgöttinnen, die geierköpfige Nechbet und die schlangenförmige Wadschet, stehen ihm zur Seite, die in der Hieroglyphenschreibweise ineinander verschränkt werden 𓎟.
Im kosmischen Bereich herrschen gleiche Zuordnungen. So gehören Sonne und Mond als die beiden Augen eines Himmelswesens zusammen. "Das Seiende und das Nichtseiende" machen zusammen erst das All aus. Die Zweipoligkeit prägt auch die Gottesauffassung. Verehrt werden geschlechtlich unterschiedene Paare wie Isis und Osiris, Geb und Nut, Hathor und Horus, wobei die Partner selten gleichrangig gewertet werden. Doch die Zuordnung mittels eines Genusunterschiedes tritt gegenüber anderen Paarbildungen zurück. Neben Isis steht mit ähnlichen Aufgaben ihre "Schwester" Nephthys, neben Horus sein "Bruder" Seth. Eine übergreifende Dualität kann in sich wieder zwiefach gedacht werden; so gibt es einen älteren und einen jüngeren, einen oberägyptischen und einen unterägyptischen Horus. In ähnlicher Weise

werden die großen Heiligtümer doppelt im Lande eingerichtet, neben einem oberägyptischen gibt es ein unterägyptisches On oder Theben. "Jedes existierende Ganze besteht aus einander ergänzenden Gegensatzpaaren; darauf beruht das Wesen der Existenz"[5]. Nun weiß natürlich auch der Ägypter, daß Zweiheiten durch einen Oberbegriff als Einheit erfaßt werden können oder, was ihm näher liegt, daß eine Zweiheit aus einer vorangehenden Einheit hervorzugehen pflegt. Doch eine solche Einheit, wie sie duale Größen verbindet, wird in der Regel als ungegliederte und unentwickelte Vorstufe vorgestellt. Zum Grundaxiom der Weltentstehungsmythen gehört, daß aus einem Urgott sich die Vielheit des Kosmos in unzähligen Zweiheiten abgespalten hat, daß aus einem präexistenten Einauge sich die beiden Sonnenaugen entwickelt haben, daß aus einem Ei Mann und Frau entspringen. "Ehe zwei Dinge entstanden waren" verweist auf das Chaos vor jeder Weltentstehung. Doppelheit gilt in allen Fällen als höherwertig; nach einer zugrundeliegenden Einheit sehnt sich keiner zurück, der ägyptisch spricht. Man wird nicht fehlgehen, in dieser sprachlichen Gewohnheit einen bedeutsamen Hemmschuh gegen die Ausbildung eines konsequenten Monotheismus in der ägyptischen Religion zu sehen.

Aus dem auf Dualitäten ausgerichteten Sprachgefühl ergibt sich wie von selbst eine entsprechende Struktur *poetischer* Texte. Sie baut auf einem Parallelismus der Glieder in zwei zusammengehörigen Halbzeilen auf. Dem abgeschiedenen König wird z.B. in den Pyramidentexten (913 ab) zugerufen:

> Du sollst hinaufsteigen zum Himmel wie die Falken,
> deine Federn sollen sein wie die der Gänse.

Die gleiche Aussage wird also doppelt, als *parallelismus membrorum* geboten. Dem Falken in der ersten Halbzeile entsprechen als Wechselglied die Gänse in der zweiten. Dadurch, daß die Folge der Aussage, das Syntagma, gleichsam auf der Stelle tritt, wird eine geordnete Zweiheit vorgeführt und damit für ägyptische Ohren im Satzbau ein poetischer Eindruck hervorgerufen. Eine gewisse Unschärfe wird dabei in Kauf genommen, wenn nicht beabsichtigt: Gans und Falke sind ähnliche, wenngleich unterschiedene Tierarten, die aber in unserem Falle die gleiche Funktion übernehmen. Die scheinbare Widersprüchlichkeit gibt der Aussage einen gewissen schwebenden Charakter, der in der Poesie hier wie sonst wohl beabsichtigt war.

2.3 Die Rolle von Namen und der Mangel an Individualisation bei Menschen und Göttern

Wie andere Sprachen des Altertums setzt die ägyptische – im Gegensatz zum gängigen abendländischen Nominalismus – voraus, daß Wörter nicht willkürliche Zeichen sind, durch eine gesellschaftliche Konvention als brauchbare Etikette für Gegenstände und ähnliches erfunden, sondern daß jeder Ausdruck für eine Sache oder Person sich nicht zufällig ergeben hat, vielmehr sich aus dieser selbst gezeitigt und den Sprechenden gleichsam aufgedrängt hat. Deshalb besteht notwendig zwischen einem Ausdruck und dem damit bezeichneten Gegenstand eine Wesensbeziehung. Wenn ein entsprechendes Wort "geschieht", indem es laut wird, hat das Rückwirkungen auf das bedeutete Phänomen. Das wird besonders dann wichtig, wenn sprachliche Äußerungen in gemessenem Ton und feierlicher Handlung vorgetragen werden, also in Königsreden, in kultischen Zusammenhängen, aber auch im *Zauber*. Dieser gilt den Ägyptern nicht als irrationale Geheimniskrämerei, als Abrakadabra, sondern auf Grund der Verflechtung von Wort und Sache als ein selbstverständlicher, "natürlicher" Vorgang. Magie und Religion gehören deshalb zu allen Zeiten in Ägypten untrennbar zusammen. Bestätigt wird eine solche Prämisse vom wirksamen Wort, d.h. von seiner Wesensbindung an den Gegenstand und einem schöpferisch wirksamen Aussprechen, vermutlich durch die alltägliche Erfahrung, daß Menschen und Tiere auf gezieltes sprachliches Rufen unwillkürlich reagieren. Sollte für Mond und Sonne, für Nil und Grab nicht ähnliches gelten? Ein vollmächtiger Sprecher ruft zwingend herbei oder erschafft gar, was er ausspricht. So vermag der Urgott seine eigenen Bestandteile und die der anderen Götter durch Ausspruch ins Dasein zu rufen (Sargtexte sp. 335 IV 186-194; Totenbuch 17).

Ist aber die Lautfolge der Phoneme in einem Wort nicht willkürliche menschliche Erfindung, sondern durch den bedeuteten Gegenstand selbst bedingt, dann folgt aus jeder Ähnlichkeit zweier Wörter notwendig Sachverwandtschaft und das auch dann, wenn die betreffenden Gegenstände in der sichtbaren Welt keinerlei Beziehung zueinander erkennen lassen. Wenn z.B. die menschliche Aktivseele ba^3 heißt, die gleiche Konsonantenfolge b^3 aber auch "Widder" bedeutet, muß diese Tiergattung etwas Seelenhaftes an sich haben. Das ist im Kult wichtig. Infolgedessen spielen *Wortspiele* in Ägypten zu allen Zeiten eine große Rolle und werden zum produktiven Faktor für die Ausbildung von Ritualszenen und von Mythologie. Nie werden sie als belanglose Gedankenspielerei verstanden, wie es uns dünkt.

Unter der Vielzahl von Wörtern einer Sprache kommt *Namen* eine Sonderstellung zu, insbesondere den Namen von Wesen, die ansprechbar sind und reagieren, also von Menschen und Göttern. Jedes Aussprechen des Namens hat auf Grund der eben skizzierten Voraussetzung für die Ägypter eine Vergegenwärtigung der betreffenden Person am Ort des Sprechens zur Folge. Die Ägypter sehen die Namen als Träger von Lebensenergie an, als vom Subjekt in gewissem Umfang ablösbare Außenkräfte, die auf die Umgebung ausstrahlen und von dieser wo möglich gestärkt und gestützt werden, wo immer ein Aussprechen sich vollzieht. Solange ein abgeschiedener Mensch von seinen Nachfahren noch je und dann mit Namen erwähnt wird, ist er nicht endgültig tot. Wo gar der Name einer Gottheit in den Mund genommen wird, wird ihre Macht herbeigerufen. Das ist die Voraussetzung jeder Anrufung in Gebeten und Hymnen. (Die urtümliche Vorstellung wirkt noch in unserem Sprichwort nach: Wo man den Teufel nennt, kommt er gerennt!).

Unsere modernen Sprachen fassen Eigennamen als Chiffren, denen an sich kein besonderer Sinn zukommt, die jedoch eine Person in ihrem unverwechselbaren Charakter identifizieren. Altorientalischen Sprachen mangelt diese eindeutige Zuspitzung auf Individualität. Nach der Geburt pflegten damals Eltern ihr Kind nicht (nur) mit einem schön klingenden Namen, sondern mit einem aussagekräftigen zu belegen, es etwa Thutmose, "der Gott Thot hat (ihn) geboren", zu benennen. Das Kind erhält dadurch eine Sinnbestimmung seines Wesens mit auf den Weg, die es in eine bleibende Relation zu einer ihm positiv zugewandten Macht setzt. Das aber beinhaltet sehr viel weniger Absicht auf Individualisation, als es beispielsweise dort, wo jemand heute den für ihn wie für seine Umgebung unverständlichen Namen "Theodor" (eigentlich "Gottesgeschenk") erhält.

Um das je eigene Dasein stärker hervorzuheben, lieben viele Ägypter es, zwei Namen zu führen, einen "großen" und einen "geringen"; wobei der zweite eine charakteristische Besonderheit festhalten mag wie "der Haarige". Für Könige aber gilt, daß sie durch einen einzigen Namen niemals hinreichend identifiziert werden. Seit der 1. Dynastie tragen sie mindestens zwei Benennungen, bald werden daraus fünf obligatorische Thronnamen. Der Herrscher ist demnach ein so komplexes Wesen, daß ein einziger Ausdruck nicht ausreicht, ihn wesensmäßig zu umreißen.

Was vom Pharao gilt, hat erst recht Bedeutung im Blick auf die Götter. Nach Meinung der die ägyptische Sprache Gebrauchenden ist es nicht möglich, eine numinose Referenz mit einer einzigen Vokabel vollgültig auszudrücken. Geläufige Gottesbezeichnungen wie Re, Osiris, Isis sind eine Art Rufnamen, welche erste kultische Kontaktaufnahmen ermöglichen, aber nicht das Wesen hinlänglich umschreiben. In der Regel artikulieren sie einen in der ägyptischen Sprache unverständlichen Namen wie Osiris oder Anubis; insofern individualisieren Götternamen die gemeinte Person stärker als es die üblichen

Abb. 3 Die fünf Titel mit Beinamen für Ramses II. (Der hieroglyphische Text des zweiten Namens ist unvollständig.)

menschlichen Eigennamen tun. Doch für heilvolle Wirkung beim kultischen Verkehr reicht ein solcher einfacher Name nicht zu. Jede Gottheit trägt deshalb eine ganze Anzahl von bedeutsamen Namen, Beinamen und Titeln; Götter "müssen *viele* Namen haben"[6]. Für den Frommen empfiehlt es sich, möglichst mehrere zu verwenden. Das führt zur Ausbildung von sogenannten Namensformeln bei Götteranrufungen. Von Osiris heißt es beispielsweise:

> Er bringt die beiden Länder zur Ruhe (*sk*) in seinem Namen Sokaris (*skr*).
> Mächtig (*wsr*) ist sein Ansehn in seinem Namen Osiris (*wsjr*).
> Er besteht (*wnn*) bis an die Enden der Ewigkeit in seinem Namen Onnofris (*wnn-nfr*)[7].

Für viele Götter gibt es solche Namenshymnen, welche ihre Vielseitigkeit durch die Fülle der Benennungen festhalten.

Bei hochstehenden Wesen, insbesondere Königen und Göttern, scheint es einen gleitenden Übergang vom Namen zum Titel und Epitheton zu geben. Der König bedarf, um identifiziert zu werden, dessen, was wir als Titel oder Beinamen bezeichnen. Bei Göttern wird ebenso eine Vielschichtigkeit vorausgesetzt, die der menschliche Verstand nicht auf einen einzigen sprachlichen Nenner bringen kann. Die überirdischen Mächte werden trotz unableitbarer "Rufnamen" nur bedingt eindeutig in der Sprache faßbar. Eine Reihe von Titeln und Beinamen werden von mehreren göttlichen und königlichen Gestalten gleichzeitig getragen. "Besitzer von Wahrheit-Gerechtigkeit, *neb ma'at*," oder "Besitzer der unübersehbaren gefüllten Zeit, *neb dschet*," sind der jeweilige oder abgeschiedene König, aber auch Götter wie Ptah, Horus, Re, Thot, Osiris[8]. Werden solche Eigenschaften oder Wirkbereiche als

Namensbestandteile ausgedrückt, wie es bisweilen den Anschein hat, dann legt sich nahe, daß bei gleicher Prädikation auch die entsprechenden Personensphären wesensmäßig ineinandergreifen. Numinosen Wesen mangelt anscheinend eine strikte Personalität und Abgegrenztheit. Sie sind eher willensbesetzte Kraftzentren, die sich in ihren Erstreckungen überlappen, ja ineinander verschmelzen, wie gleich zu zeigen ist. Vom normalen Sprachmuster her werden also Götter und Könige weniger als Persönlichkeiten vorgestellt denn als "sets of functions and emblems"[9].

Selbst bei Privatpersonen kann der Unterschied zwischen Namen, Beinamen und Titel verschwimmen. Der eigentliche Amtstitel tritt bei den Inschriften Verstorbener vor den Geburtsnamen (vergleichbar dem Doktortitel, der in bestimmten europäischen Ländern als Bestandteil des Namens gilt), andere Titel, oft nur ehrenhalber verliehen, folgen dem Namen nach. Dennoch werden sie gewichtet, auf ihren Grabsteinen haben sich manche ägyptische Beamte "mit Titeln wie mit Amuletten behängt"[10]. Durch die Fülle von Beinamen wird für das Wesen des Verstorbenen etwas beigetragen, was der bloße Eigenname noch nicht beinhaltet, was aber für das jenseitige Heil bedeutsam ist.

Wie der Unterschied zwischen Namen und Titeln oft nicht empfunden wurde, so wohl auch nicht der zwischen Eigenname und Gegenstands- oder Gattungsausdrücken, also *Appellativen*. Ägyptisch wird für alle derartigen Nomenklassen das Lexem *ren* verwendet, gewöhnlich mit "Name" übersetzt und doch sehr viel mehr umfassend. Der Ägypter wird von den Unterscheidungsfeldern seiner Sprache her nicht angeleitet, in den Kategorien von Gattung, Art und Individuum zu denken und seine Welt entsprechend zu erfahren, wie es uns selbstverständlich ist. Ägyptische Lexeme halten hier Wirkungszentren fest, die nicht in einem sichtbaren Gegenstand als ihrer Referenz aufgehen, sondern auf hintergründige Energien verweisen, die mehr empfunden als gesehen werden.

2.4 Göttereinigung und -trennung als Sprachphänomen und der Mangel an Personalitätsbewußtsein

Der Gebrauch der Götternamen im Ägyptischen zeigt über bereits Erwähntes hinaus eine eigentümliche Instabilität, die aus anderen Sprachen des Altertums nicht bekannt ist. Die Ägypter sind nämlich wieder und wieder bestrebt, verschiedene göttliche Wesen durch identifizierende Namenskombination zu verschmelzen und wieder zu spalten, indem dann von zwei Wesen oder mehreren geredet wird, ohne je bei solchen Operationen bei einem übergreifenden Eingott anzulangen. So ist der Sonnengott Re eine Größe, die kultisch für sich verehrt wird. Beim morgendlichen Aufgang aber wird Re mit dem Falkengott Horus in dessen Erscheinungsform "im horizontischen Lichtland" identifiziert und zu Re-Horachte, d.h. Re-Horus des Horizonts, und erhält dadurch einen eigenen Akzent. Am Abend aber ist diese Verbindung wieder gelöst und der gleiche Gott wird mit dem Urgott Atum zu Re-Atum vereinigt und erscheint dadurch greisenhaft, urweltlich. Der Gott kann in anderen Zusammenhängen mit weiteren Gestalten eng zusammenrücken, so mit dem Krokodilgott Sobek zu Sobek-Re, mit dem thebanischen Mondgott zu Chons-Re usw. Die Göttin Isis wird mit der Sterngöttin Sothis oft zu Isis-Sopedet zusammengefaßt oder mit der Liebesgöttin Hathor zu Isis-Hathor; dabei werden die ikonografischen Darstellungen ebenfalls angeglichen und beide Gestalten zusammen wie jede für sich mit Kuhgehörn und einliegender Sonnenscheibe abgebildet. Der Handwerker- und Schöpfergott Ptah wird mit dem falkenköpfigen Totengott Sokar bisweilen als Ptah-Sokar in eins gesehen, oft von ihm aber auch getrennt. In Abydos wird auf derselben Tempelwand vorgeführt, wie der König sowohl vor Ptah opfert als auch – so auf dem abgebildeten Ausschnitt – vor Ptah-Sokar und vor Sokar allein.

Abb. 4 Abydos: Seti I. vor Ptah-Sokar (mit Osiriskrone) und Sokar allein (links)

Es gibt keine ägyptische Gottheit, bei der nicht die eine oder andere zeitweilige Gleichsetzung üblich gewesen wäre. Dadurch entstehen *"Bindestrich-Götter"*. Das weist auf eine eigenartige Vorstellung von zusammengesetzten Wesen, die als einheitliche Subjekte, als eine Art *Zweieinigkeit*, aufgefaßt werden, solange sie verschmolzen sind, und dann in einer einzigen Statue dargestellt und an derselben Opferstelle verehrt werden können. Zu anderen Zeiten und an anderen Orten treten sie ungezwungen wieder auseinander. Solche Verschmelzungen geschehen nicht beliebig. Gewöhnlich wird eine Sexus-Inkompatibilität beachtet, also männliche und weibliche Gottheiten nicht vereint. Auch grundsätzlich unterschiedliche Mächte wie Osiris, der Totengott, und Re, der Sonnengott, werden über Jahrhunderte hin (bis zur 21. Dynastie) nie zu einem einheitlichen Ausdruck verschmolzen. Die beiden zu einer Gestalt kombinierten Größen gelten nicht als beidseits gleichgewichtig. Vielmehr steht zumeist der am Kultort gebräuchliche Name des verehrten Wesens oder eine spezielle äußere Manifestation voran; an zweiter Stelle folgt dann ein Aspekt, der dem ersten beigelegt wird. So wird mit "Re" ein solarer Charakter oder – bei Göttinnen – mit "Hathor" eine kosmische Komponente zum Ausdruck gebracht. Gelegentlich können sogar drei oder vier Namen verkettet werden. Im Hymnus wird dann ein Gott Amon-Re-Atum-Horachte gepriesen, der in den folgenden Strophen wieder in vier Einzelsubjekte aufgeteilt wird[11].

Das unablässige Verschmelzen und Wiederauseinandertreten göttlicher Gestalten, das so in keiner anderen antiken Religion zu belegen ist, läßt sich auf unterschiedliche Weise deuten. Bonnet, der 1939 auf das Problem erstmals aufmerksam gemacht hat und es mißverständlich "*Synkretismus*" nennt, erklärt es aus der Idee einer *Einwohnung* der einen Macht in der anderen. Wie die ägyptischen Gottheiten ihrem Tempel, Kultbild, heiligen Tier einwohnen, so werde bei derartigen Namenskombinationen vorausgesetzt, daß X dem Y innewohne oder umgekehrt. Demnach folgt für ihn aus der Verbindung Amon-Re "keine Identität. Amun ist nicht gleich Re. Sie stellt fest, daß Re in Amun ist, aber nun so, daß er sich nicht in Amun verliert, sondern ebenso wie dieser er selber bleibt"[12]. Natürlich gibt es Fälle, wo eine solche Koppelung im Laufe der Zeit sich verfestigt, und dann der eine Ausdruck nur als eine besondere Erscheinungsform des anderen gilt, z.B. bei der Verschmelzung des Osiris mit dem abydenischen Totengott Chontamenti. Religionsgeschichtliche Sachkenner wie Morenz[13] und Hornung[14] haben sich der These von der Einwohnung als Deutemodell angeschlossen; andere wie Spiegel[15] haben sie entschieden abgelehnt.

Einzelne Göttergleichsetzungen oder -trennungen gibt es überall in der Religionsgeschichte. Doch mit dem ersten verbindet sich in der Regel die Behauptung tatsächlicher Wesensidentität ohne Personenunterschiedenheit. Wenn die römische Venus mit der griechischen Aphrodite in eins gesetzt wird, so gelten beide tatsächlich als eine einzige göttliche Person. Auch die 50 Namen, die der babylonische Gott Marduk am Ende des Weltschöpfungsepos[16] erhält, wollen vordem selbständige Gottheiten ihm ein für allemal unterordnen. Selbst "Jesus Christus" bietet keine Analogie zum ägyptischen Sprachgebrauch, sondern die Verschmelzung von Name und Titel einer in sich geschlossenen Person. In anderen Religionen wird bei ähnlichen Tendenzen zu genealogischer Verbindung von göttlichen Mächten gegriffen, um lokale oder funktionale Zuordnungen deutlich zu machen, doch das bleibt hinter der in Ägypten üblichen Identifikation weit zurück.

Durch den besonderen ägyptischen Sprachgebrauch kommt den Göttern nur ein *beschränkter Persönlichkeitscharakter* zu. Eine Wandlungsfähigkeit ihrer Gestalt wird grundsätzlich vorausgesetzt; "sie gehört zum Wesen jedes höheren Seins"[17]. Spätere Jahrhunderte haben theologische Erklärungen versucht, den einen Gott zur Bewegungsseele (Ba) oder zur Erhalt- und Gestaltseele (Ka) des anderen erklärt oder auch zu seinem Abbild. Doch das sind Versuche, im nachhinein zu begründen, was durch sprachliche Konvention vorgegeben war. In jedem Fall gilt: "Die Gottesvorstellung, der wir hier begegnen, hat etwas Fließendes, nie Abgeschlossenes, stets Veränderliches"[18].

Die mißverständlich "Synkretismus" benannte Sprachgewohnheit wird zumeist nur als Eigenart der Götterlehre verhandelt. Der Sprachgebrauch zeigt aber auch auf anderen Ebenen vergleichbare Bildungen. Eine ähnliche Tendenz zur Verschmelzung von zwei "Personen" scheinen die Namen ägyptischer Könige wiederzuspiegeln. Mit der Thronbesteigung wird ein Pharao zu einem Horus-NN, beispielsweise zu "Horus-Der Kämpfer aḥa". Damit wird ausgedrückt, daß er als Herrscher eine Erscheinung des göttlichen Himmelsfalken ist, also eine gewisse Verschmelzung stattgefunden hat; andererseits aber bleibt dieser eine eigene, verehrungswürdige Gestalt außerhalb der königlichen Personensphäre. Der König seinerseits wird außerdem mit der ober- und unterägyptischen Landesgöttin jeweils so identifiziert, daß er unter Übergehung der geschlechtlichen Differenz als zweiten Namen "Die beiden Herrinnen-NN" führt. Ein rituell bestatteter König wird zum "Osiris-NN", also etwa "Osiris-Unas". Wiederum lassen begleitende Texte erkennen, daß der Begrabene damit in Osiris sich eingekörpert wähnt und dennoch der Gott ein Eigendasein neben diesem Tod und über ihn hinaus behält. (Dogmatisch gesprochen gibt es also ein ägyptisches "Extracalvinisticum").

Gegenwärtig wird oft die Meinung vertreten, "daß die Erhöhung zu Osiris beim Übergang ins Jenseits" kein Verfließen der Personen einschließe, weil bei diesem "Bindestrich-Namen" manchmal der menschliche Titel beibehalten wird und es dann "Osiris-König NN" lautet[19]. Ist das aber angesichts der schillernden Übergänge von Namen zu Titeln ein durchschlagender Grund, der gleichen syntaktischen Erscheinung bei Götterwesen eine semantisch andere Bedeutung beizulegen als bei der Anwendung auf verklärte Menschen? Hat nicht der Grundsatz zu gelten: gleiche Syntax = gleiche Semantik? Selbst der Umstand, daß Osiris-NN zu Osiris als eigenständigem Wesen betet, läßt zwar eine besondere Abständigkeit innerhalb der Namensrelationierung erkennen, hat jedoch insofern Parallelen, als auch bei göttlichen Kompositwesen keine Gleichrangigkeit beider Bestandteile vorausgesetzt wird. Gelegentlich wird selbst beim Sonnengott vorausgesetzt, daß seine Namenrelationen Atum und Chepri ihn anbeten[20]. So läßt sich vermuten, daß der viel verhandelte Götter-"Synkretismus" mit gewissen Bildungsweisen von Bedeutungsfeldern in der Sprache zusammenhängt. Wie dem auch sei, die Gottheiten insgesamt lassen keine scharfe Abtrennung von Individuum und Gattung erkennen, sondern zeigen einen fließenden Übergang der Personen und Seinsarten, der den Farben des Regenbogens vergleichbar scheint.

2.5 Strahlkräfte und Wirkgrößen im Umkreis menschlicher und göttlicher Wesen

Die Ägypter verehren eine Reihe von Gottheiten, die das verkörpern, was moderne Übersetzungen mit Weisheit, Wahrheit, Überfluß o.ä. wiedergeben, also mit abstrakten Begriffen. Die Ägyptologie pflegt in solchen Fällen von "Begriffsgöttern" zu sprechen. Das mag man tun, doch sollte man daraus nicht schließen, daß eine solche Verlebendigung und Vergeistigung erst auf einer nachträglichen Stufe zustandegekommen ist. Vielmehr spricht alles dafür, daß die ägyptische Denkweise sich von jeher "abstrakte Begriffe nicht ohne eine konkrete Grundlage oder faßbaren Träger vorstellen" konnte[21]. Das heißt, ihr liegt zugrunde eine "Erlebnisweise, in der Dinge oder Vorgänge zugleich als Person und als Sache erlebt werden"[22]. Das aber zeigt eine Auffassung der Wirklichkeit, die sich auch anderwärts findet und die man mit der Kategorie von "mythischen Substanzen" zu kennzeichnen pflegt.

Die besondere Art, die Welt weithin ohne Voraussetzung abstrakter Größen zur Sprache zu bringen, zeigt sich schon im *Menschenverständnis*. Ein einzelner Mensch gilt dem Ägypter nicht als ein sich selbst regulierender Organismus. Wenn er "da" ist, dann deshalb, weil er eine Lebensmächtigkeit *anch* bei und in sich hat, die auch andere Wesen durchzieht. Sie wird durch das "Henkelkreuz" ☥ versinnbildlicht und hat kosmische Dimensionen. *anch* ist nämlich "eine Potenz, die dem Tod gegenübersteht und ihm entgegenwirkt"[23]. Leben ist demnach eine eigene Wesenheit, ohne jedoch göttlicher Art zu sein. Auch die Götter benötigen *anch* und tragen auf Abbildungen deshalb das entsprechende Symbol in der Hand. Was in solchen und ähnlichen Fällen in der Sprache erscheint, nenne ich *Wirkgröße*. Neben der Lebensenergie werden Wohlergehen, *wedscha*, und Gesundheit, *seneb*, ähnlich gedeutet; letztes meint das ungestörte Funktionieren aller Körperteile verbunden mit Appetit auf Nahrungsaufnahme und Geschlechtsverkehr. Auch Wohlergehen und Gesundheit sind dem Menschen nicht inhärent, sondern jederzeit von ihm ablösbare mythische Substanzen, die ihm wieder und wieder von außen zufließen müssen. Das wird in den älteren Texten vornehmlich auf den König bezogen. Dessen "Leben, Wohlergehen und Gesundheit" bedürfen besonderer Pflege. Das geschieht schon dadurch, daß ein Untertan beim Aussprechen des königlichen Namens ihm jedesmal "Leben, Wohlergehen und Gesundheit" wünscht und durch die Kraft solcher Worte tatsächlich diese Wirkgrößen beim König mehrt, so daß dieser sie wieder von sich auf andere ausstrahlen lassen kann.

Wie solche Wirkgrößen dem Menschen beigeordnet werden und ihnen dennoch eine gewisse Eigenständigkeit bleibt, so geschieht es bei der sprachlichen Erfassung dessen, was wir als Affekte einzuordnen pflegen. Auch sie werden als substantielle unsichtbare *Strahlkräfte*[24] vorgestellt, die von einem Personzentrum ausgehen und auf andere einwirken. Im Umkreis der Königsschilderung spielen z.B. Furcht, *senedsch*, und Liebe, *merut*, der Untertanen eine wichtige Rolle. Sie werden aber in der semantischen Zuordnung nicht als innerseelische Zustände dessen qualifiziert, der sich fürchtet oder liebt, sondern auf eine Außenverursachung dessen zurückgeführt, der nach unserer Auffassung dabei eher Objekt als Subjekt ist. Wenn z.B. der König gerühmt wird, weil die Feinde "deine Furcht" haben, dann meint das etwa das, was in indogermanischen Sprachen *genitivus objectivus* heißt, nämlich "die Furcht vor dir". Doch für den Ägypter hat das Possesivsuffix in diesem Falle durchaus "besitzanzeigenden" Sinn. Denn Furcht ist eine Macht, welche den König umgibt, und die von ihm ausstrahlt, sonst gäbe es kein Erschrecken der Feinde. Und wenn dem König erklärt wird, daß "deine Liebe" unter den Untertanen herrscht, kombiniert der ägyptische Geist wiederum, daß eine Strahlkraft wirksam ist, die von diesem Geliebten her kommt; andererseits wäre die Auswirkung bei den Liebenden unbegreiflich. Auf diese Weise werden viele andere Eigenschaften und Affekte ausgedrückt. Die gesamte Wirkmächtigkeit einer Person kann mit dem Ausdruck *weser* zusammengefaßt und durch einen Stab mit einem hundeähnlichen Kopf versinnbildlicht werden. Von daher begreift es sich, daß jemand als Besitzer, *neb*, von Furcht oder Liebenswürdigkeit, d.h. als deren bleibender Verursacher, ebenso angesprochen werden kann wie als Besitzer von Gold oder Haus. Auch die Ausdrücke für sittliches Verhalten fügen sich solchem Denkmuster. Handelt jemand gemäß den Normen der Gesellschaft, dann produziert er "Wahrheit-Gerechtigkeit", *ma'at*, als unsichtbare Wesenheit, die an ihm haften bleibt, so daß er ein "Besitzer von Maat" wird, die dann heilsam nicht nur auf ihn zurückwirkt, sondern auf seine Umgebung ausstrahlt. Entsprechendes gilt vom Gegenteil, "Sünde-Unheil", *isefet*. Selbst die Zeit, innerhalb derer ein menschliches Wesen existiert, wird als Wirkungsgröße gedacht, als Lebensfrist, *acha'u*, oder durchhaltende Lebensdauer, *scha'it*, die ihm zuteil geworden sind. Die Dauerhaftigkeit, *dsched*, läßt sich in Königsaussagen als Wirkungsgröße ohne weiteres neben Leben, Wohlergehen und Gesundheit einreihen; sie wird in einem Pfeiler zusammengefaßt, der im Königsritual ein große Rolle spielt.

Die Art und Weise, wie die entsprechenden Bedeutungsfelder geordnet und mit Verben verbunden werden, weist auf eine durch die sprachlichen Ausdrucksmittel implizit vorgegebene Anthropologie, die von der uns gewohnten weit abweicht. Sie äußert sich, wie sich Kap. 8 zeigen wird, noch ausgeprägter in der Seelenauffassung. Immer wird der Mensch in gewisser Weise impressionistisch begriffen, nicht als scharf umrissenes Einzelwesen, sondern als Kräftezentrum.

Das aber erfordert Explikation durch Wirkgrößen, die den Menschen umgeben oder durchziehen.

Solche Strahlkräfte und Wirkgrößen können unter bestimmten Voraussetzungen nicht nur als eigenständige Wesenheiten, sondern als Gottheiten oder Erscheinungsformen von solchen empfunden werden. Man pflegt dann von Personifikation oder Hypostase zu reden. In solchen Fällen werden anthropologische Erfahrungen auf unmittelbare göttliche Einwirkung zurückgeführt. Das gilt z.B. für das, was wir als Wahrheit, Weisheit oder Zauber bezeichnen im Blick auf die ägyptischen Entsprechungen. Entsprechende Mitglieder der Götterwelt werden uns erst dann begreiflich, wenn sie in einen breiteren Sprachgebrauch eingebettet werden. Ähnliches gilt übrigens auch für andere Sprachen des Altertums, die sich ebenso das als mythische Substanz vorstellen, was für uns nicht mehr als ein abstrakter Begriff ist.

Oben war vermerkt, daß der Ägypter ausweislich seiner Schrift durchaus abstrakte, also ideelle Größen von innerweltlichen Wesenheiten unterscheiden konnte. In gewissen Fällen scheint es nämlich so, als ob die gebündelte Papyrusrolle ⸗, die ursprünglich nur das Determinativ zu "Buch, Urkunde" war, bald als Abstraktdeterminativ hinter "Rede", aber auch "wissen" und ähnlichen Verben oder Adjektiven wie "groß" verwendet wurde. Bemerkenswert erscheint aber, daß dieses Determinativ bei den eben behandelten Ausdrücken für Furcht, Leben oder unendliche Dauer kaum je benutzt wird; sie werden also nicht in dieser Form als abstrakt eingestuft. Bei dem Lexem für Wahrheit-Gerechtigkeit oder für Zauberkraft kann das Determinativ gelegentlich stehen, obwohl andernorts beide Größen als Gottheiten angesehen werden. Wird mit gleitendem Übergang gerechnet? Genauere Klärungen stehen noch aus.

2.6 Folgerungen für die Beschreibung ägyptischer Religion

Aus den angeführten Hinweisen, die notwendig vorläufigen Charakter haben läßt sich entnehmen, daß der ägyptischen mythenbildenden Einbildungskraft gewisse sprachlich-begriffliche Selbstverständlichkeiten vorgegeben waren, die den Bedeutungsfeldern der Sprachen unseres Kulturkreises unbekannt sind. Differenzen zeigen sich nicht nur bei Grundkategorien wie

a) Namen, Titel und Appellativ,

b) Individuum und Kollektivität,

c) sondern auch hinsichtlich der für das Abendland gewichtigen Unterscheidung zwischen materiellen und ideell-psychischen Erscheinungen, zwischen äußerer Realität und geistigen Werten.

Für jedes Mitglied einer neuzeitlichen Sprachgemeinschaft gehört ein Lexem wie 'Gold' in eine andere Kategorie als ein Ausdruck für 'Zorn'. Im Ägyptischen kann jedoch die Entsprechung zu Gold u.U. eine numinose Mächtigkeit von gleicher Qualität bedeuten wie ein vom Träger als Strahlkraft ablösbarer, substantiell begriffener "Zorn" (beides vereint sich in der Göttin Hathor).

d) Keine Übereinstimmung zwischen modernem und ägyptischem Sprachdenken herrscht auch hinsichtlich der Abgrenzung von Lebendem gegen Unbelebtes oder Totes.

Ein modernes Lexem für "Leben" wird unwillkürlich von uns mit biologischen Assoziationen verbunden; als unbelebt gilt, was keine physiologischen Prozesse in sich hat; tot ist ein Wesen, bei dem der Exitus eingetreten ist oder Materie, die nicht zu Eigenbewegung in der Lage ist. Im Ägyptischen hingegen gilt der gestorbene Mensch keineswegs als notwendig tot und die Pyramide als ein lebendiges Wesen.

Viele Wendungen, die wir als Metaphern verstehen, waren also vom Ägypter eigentlich gemeint. Auf Grund von paradigmatischen Vorentscheidungen, die sich von unserer sprachlichen Sozialisation abheben, werden jedem, der die ägyptische Sprache gebraucht, eigentümliche Einstellungen zu Mensch und Leben und Welt mitgegeben, die seine mögliche Erfahrung präformieren. Das hat Bedeutung für die Auffassung vom Dasein und Wirken der übermenschlichen Mächte.

Von der modernen Religionsphänomenologie beeinflußt, die ihre Kategorien auf anderen Kulturgebieten ausgebildet hat, wird heutzutage in der Religionswissenschaft weitgehend von einem selbstverständlichen *Gegensatz zwischen profaner und sakraler Welt* ausgegangen und der numinose Bereich als das "ganz andere" der gewöhnlichen Alltagserfahrung entgegengesetzt. Dem entsprechend unterscheiden neuere ägyptologische Untersuchungen methodologisch zwischen Realwelt und Götterwelt bei den Ägyptern: "'Realwelt' meint dabei die gesamte tatsächliche Umgebung des Menschen, den 'Erfahrungshorizont' des 'religiösen Subjekts' in Natur und Gesellschaft ... 'Götterwelt' meint die gesamte 'symbolische Sinnwelt', die vom religiösen Subjekt zur 'Legitimierung' der Realwelt, zur Erklärung der unverständlichen Vorgänge der Wirklichkeit erschaffen worden ist, die dann aber ihrerseits – 'internalisiert' – handlungsbestimmend wird."[25] So wichtig aber eine solche Unterscheidung in anderen Kulturen auch sein mag, mit dem ägyptischen Befund läßt sie sich nur bedingt verknüpfen. Was die Ägypter über ihre Götter äußern, mögen wir Nachgeborenen als "symbolisch" einordnen und in den Gegensatz zu einer realen Erfahrung setzen, die wir auch den Ägyptern unterstellen. In deren Bewußtsein aber war ein Gott ebenso real wie das Wasser des Nils und die Gestalt eines Berges war ebenso Symbol wie das Götterbild.

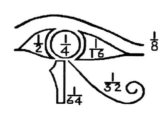

Abb. 5 Die Kornmaße als Horusauge

Ein Beispiel für die engen Zusammenhänge dürfte das im alten Ägypten benutzte Kornmaß sein. Es orientiert sich mit seinen Unterteilungen als Bruchzahlen am Auge des Horus, das nach einer mythischen Konstellation durch Seth verletzt worden war. Das Zeichen für eine halbes Maß (ungefähr zwei Liter) wurde durch den linken Augenwinkel, das Viertel durch die Pupille, ein Sechzehntel durch den rechten Augenwinkel usw. repräsentiert.

Auch die alltäglichen Geschäfte führen also sofort in mythische Zusammenhänge. Zur Erfassung einer in sich abgeschlossenen Realwelt bietet die äygptische Sprache keinen Anhalt. So werden auch Staat und Königtum nicht als soziale Einrichtungen erfahren und nachträglich mit einem götterweltlichen Sinn versehen, sondern greifen als göttlich vorgestellte Erscheinungen tagtäglich in das Leben ein, wie nunmehr auszuführen ist.

Nach solchen generellen Vorbemerkungen läßt sich von der phänomenologischen zur historischen Beschreibung übergehen.

J.Assmann, Äg IV: Die sprachliche oder mythische Dimension
J.Assmann, Zeit und Ewigkeit im alten Ägypten, AHAW 1975,1
W.Barta, Bemerkungen zur Semantik des Substantivs $ḫprw$, ZÄS 109, 1982, 81-6
H.Bonnet, Zum Verständnis des Synkretismus, ZÄS 75, 1939, 40-52
H.Brunner, Die Grenzen von Zeit und Raum bei den Ägyptern, AfO 17, 1954-56 (= 1967), 141-5
Ders., Name, Namen und Namenlosigkeit Gottes im Alten Ägypten, in: Der Name Gottes, hg. H.v.Stietencron 1975, 33-49
E.Brunner-Traut, Frühformen des Erkennens am Beispiel Altägyptens, 1990
A.H.Gardiner, Personification (Egyptian), Encyclopedia of Religion and Ethics IX, 787-92
H.Grapow, Die bildlichen Ausdrücke des Ägyptischen 1924 = 1983
Ders., Die Welt vor der Schöpfung, ZÄS 67, 1931, 34-8
E.Hornung, EuV III Götternamen und -verbindungen
J.Osing, Die Nominalbildung des Ägyptischen 1976, 550-62.882-6 ($ḫpr$)
E.Otto, Die Lehre von den beiden Ländern Ägyptens in der ägyptischen Religionsgeschichte, Studia Aegyptia I, AnOr 17, 1938, 10-35
S.Schott, Symbol und Zauber als Grundform altägyptischen Denkens, Studium Generale 6, 1953, 278-88

RÄRG 230-47 'Götterglaube'; 501-4 'Name'; 586-8 'Personifikation'.
LÄ 1, 18-23 'Abstraktionsvermögen'; 1, 1148-50 'Dualismus'; 2, 705-7 'Götterpaarbildung'; 2, 720-5 'Götterverschmelzung'; 3, 109-11. 'Hypostase'; 4, 320-37 'Name' usw.; 4, 978-87 'Personifikation'; 5, 1173-211 'Sprachbewußtsein, Sprache'; 6, 596-601 'Titel und Titulaturen'; 6, 1023-32 'Verwandlung'; 6, 1361-71 'Zeit'.

Anmerkungen zu Kapitel 2:

1 Der Eine und die Vielen 1971. Zur ägyptologischen Diskussion s. Koch, Wesen 77-90
2 Gardiner, Grammar, 383
3 Assmann, Äg, 90
4 Assmann, Äg, 91; Ders., Zeit und Ewigkeit im alten Ägypten 1975
5 LÄ 1, 1148
6 RÄRG, 502
7 RÄRG, 501; vgl. Assmann, Äg, 102-7: Die Namensformel
8 LÄ 3, 1111f
9 Frankfort, AER, 25
10 LÄ 6, 600; nach W.Helck, Untersuchungen zu den Beamtentiteln des ägyptischen Alten Reiches, ÄF 18, 1954
11 ÄHG Nr. 195; HPEA, 239ff
12 RÄRG, 238-9
13 Morenz, Rel, 146ff
14 Hornung, EuV, 83
15 J.Spiegel, Die Götter von Abydos, S. 1. Zur Auseinandersetzung Koch, Wesen 22-5
16 AOT, 125-8; ANET, 70-2
17 RÄRG, 238
18 Hornung, EuV, 90
19 Morenz, RGÄ, 206 vgl. 197
20 Hornung, UWB, 430
21 LÄ 3, 111
22 LÄ 4, 979

23 LÄ 3, 949
24 Zum Begriff Assmann, LÄ 2, 359-67; ders., Liturgische Lieder an den Sonnengott 1969, 59.64-8
25 F.Junge, Wirklichkeit und Abbild, in: Synkretismusforschung, hg. G.Wiesner, I 1978, S. 89

Altes Reich

3. Pharao als vollkommener Gott auf Erden und der göttliche Falkengott

3.1 Pansakralität und Sakralabsolutismus

Für eine Erfassung der ägytischen Religion empfiehlt es sich, dort einzusetzen, wo sie für alle Landesbewohner im 3. Jt.v.Chr. institutionell verbindlich war und ihre Alltagswelt ständig berührt hat. Überraschenderweise führt das ausweislich von Texten und Denkmälern zuerst auf das Königtum und seine Organe. Der Monarch gilt als "großer" oder "schön-vollkommener" Gott ($ntr\ ^{c3}$, $ntr\ nfr$)[1], wenigstens, wenn man das Lexem *netscher* mit "Gott" übersetzt, was heute allgemein geschieht, obwohl ihm die in modernen Sprachen selbstverständlichen Konnotationen von Unsterblichkeit oder Allwissenheit abgehen. Für "Gott" gibt es im Ägyptischen kein anderes Wort. Obgleich *netscher*, werden dem König menschliche Regungen und Schwächen zugetraut, doch derartiges wird auch überirdischen Wesen zugeschrieben. Vor dem Tod wird ihm kein Kult gewidmet; dadurch unterscheidet er sich von den meisten, aber keineswegs von allen Gottwesen. In der Hieroglyphenschrift wird er durch einen Gottesvogel auf einer Tragestandarte oder als sitzende Gottesgestalt wiedergegeben, die sich nur durch einen geraden – statt gekrümmten – Zeremonialbart und eine Uräusschlange an der Stirn von allgemeinen Zeichen für Gottwesen abhebt.

Als sich um 3000 der Einheitsstaat im unteren Niltal endgültig durchsetzt, gelingt es den Herrschern erstaunlich schnell, eine zentralistische Verwaltung und Arbeitsorganisation aufzubauen. Das Niltal, auch die darin befindlichen Kultstätten, gelten als königliches Grundeigentum. Der Herrscher allein ist es, der über die Produktionsmittel verfügt und seine Beamten in alle Landesteile entsendet. Unter den Untertanen fehlt es an einer starren ständischen Gliederung. Zwar gibt es zu Beginn der geschichtlichen Zeit noch eine besondere Schicht von Unterworfenen *rechit*, vor allem in Unterägypten, denen ein bevorrechteter Stand von *pat*-Leuten gegenübersteht. Doch die Unterschiede heben sich bald auf. Allein die Königsfamilie nimmt blutmäßig einen eigenen Rang ein. Ein König nimmt deshalb gern eine (Stief-)Schwester zur Gemahlin und betraut Prinzen mit den wichtigsten Staatsämtern und Priesterposten. Weder ein Adel noch ein eigenständiges Priestertum können daneben aufkommen. Jedem Beamten können neben administrativen auch kultische Dienste übertragen werden. So berichtet der Statthalter Oberägyptens Weni auf einer Stele in Abydos, daß er zugleich Aufseher über die heiligen Stätten Nechen und Necheb sowie Inspektor der Priesterstätten gewesen sei; sein unterägyptischer Kollege Herchuf kumuliert auf sich die Ämter des königlichen Siegelbewahrers, des Vorlesepriesters und ebenso des Aufsehers über Nechen und Necheb, zugleich präsentiert er sich in seiner staatlichen Stellung als Geehrter des Gottes Ptah-Sokar[2]. Wichtig wird für die Folgezeit der Stand der Schreiber als Rückgrat der Verwaltung und Garant religiöser Traditionen. In einem besonderen Lebenshaus neben den Tempeln befinden sich die Ausbildungs- und Arbeitsstätten. Obwohl Rekrutierung aus der eigenen Schicht vorherrscht, kann grundsätzlich jeder Ägypter zu diesem Posten aufsteigen. So sichert ein Mangel an ständischer Abschließung auf allen Ebenen königliche Machtvollkommenheit.

Wie leistungsfähig das pharaonische Regiment sein konnte, zeigen mehr als anderes die berühmten Pyramidenbauten. Nach modernen Berechnungen sind während der Überschwemmungsmonate zu diesem Zweck bis zu 100.000 Arbeitskräfte zusammengezogen worden, die bei großen Projekten täglich mehrere hundert Tonnen Stein bewegt und bearbeitet haben!

Pharaonen genießen in der modernen Welt keinen guten Ruf. Mit dem Titel verbinden sich Erinnerungen an das biblische Buch Exodus und die dort erzählte grausame Unterdrückung hebräischer Sklaven, die in der befohlenen Ermordung aller neugeborenen Knäblein ihren furchtbaren Höhepunkt erreicht. Der Pharao erscheint dadurch als willkürlicher, unbarmherziger Despot. Oder der moderne Hörer denkt, sobald er den Titel "Pharao" hört, an kostbare Kunstdenkmäler, etwa die überquellenden gold- und edelsteinbesetzten Funde aus dem Grabe Tutenchamons, und er assoziiert Vorstellungen von orientalischem Luxus und einem Leben in Saus und Braus. Beide Meinungen erweisen sich bei historischer Untersuchung als unbegründete Vorurteile. Die biblische Darstellung schießt über die tatsächlichen Vorgänge bei der Fronarbeit jener Protoisraeliten weit hinaus, um den anonymen König Ägyptens als Erztyp eines Menschen- und Gottesfeindes darzustellen. Was die Reichtümer betrifft, so haben die Pharaonen sie zwar gern angehäuft, weihten dann aber diesen Aufwand vorwiegend ihren Grabdenkmälern und wohnten zu Lebzeiten innerhalb von Palästen mit Mauern aus Schilfmatten und Lehmziegeln. Soweit sie sich dort mit Schmuck umgaben, was sie keineswegs verschmäht haben, ist das nach damaliger Auffassung nicht primär geschehen, um zu prunken, sondern um mehr oder minder zauberische Mittel zur Durchführung der Regierungsaufgaben zur Verfügung zu haben. In andern Kulturen des Altertums, etwa in Assyrien, gab es viel grausamere Despoten. Dennoch trifft zu, daß die Pharaonen von Anfang bis Ende des ägyptischen Reiches göttliche Art beansprucht und absolutistisch regiert haben. – Als Bezeichnung für Palast und König wird übrigens der Titel Pharao, wörtlich "das große Haus", erst seit dem Neuen Reich gebräuchlich. Im folgenden wird er jedoch der Einfachheit halber schon für frühere Zeiten benutzt, um die Besonderheit des ägyptischen Königtums auf einen Begriff zu bringen.

Wenn sich das monarchische System im Niltal so schnell und wirksam durchsetzen konnte, geschah das nicht zuletzt auf Grund einer religiösen Verankerung, die wohl nicht erst durch die Reichseinigung entstanden ist, sondern vorgeschichtliche Wurzeln hatte. Wo immer jemand im Staatsdienst tätig ist, geschieht das in einem letztlich überirdischen Kontext. Die Feldarbeit des niedrigsten Fellachen gewinnt deshalb einen gewissen gottesdienstlichen Charakter, auch sie geschieht um der für das Land notwendigen Maat willen, wie ein belangreicher, gleich zu untersuchender Begriff lautet.

Der Ägypter empfindet seine Arbeits- und Lebenswelt nicht als eine innerweltlich geschlossenes System, jenseits dessen erst der mythische Bereich von Göttern begänne. Vielmehr werden ihm die natürlichen und sozialen Grundlagen seines Daseins an zahllosen Stellen transparent für die Vernetzung numinoser Mächte mit dem realen Alltag; das zeigt sich an Wasser, Luft und Erde, aber auch an der hierachischen Abstufung der staatlichen Organisation bis hinauf zum König. Die Lebenswelt ist jedoch keineswegs gleichmäßig gottdurchwirkt. Vielmehr gibt es Räume gesteigerter göttlicher Energie und Heiligkeit, die dem gewöhnlichen Menschen verschlossen sind ($\underline{d}sr$). Dazu gehören Tempel, die selbst Kultfunktionäre nur nach entsprechender Vorbereitung betreten dürfen, auch Friedhöfe als "abgesondertes Land". Nicht zuletzt aber zählt dazu der Pharao. Er residiert im fernen, nach außen abgeriegelten Palast zu Memphis und bleibt für gewöhnliche Sterbliche zumeist unsichtbar. Bezeichnenderweise führt einer der großen Herrscher des Alten Reiches den Namen Dschoser, was man "der Heilige" übersetzen kann[3]. Insofern trifft also die in der Religionsphänomenologie beliebte Unterscheidung zwischen Alltagswelt und heiliger Welt zumindest für Ägypten im Alten Reich nur sehr bedingt zu[4]. Heiliges hebt sich zwar von gewöhnlichen Dingen und Personen ab, erscheint aber keineswegs als das Ganz Andere jenseits des Arbeitsalltags. Das Königtum gehört jedenfalls zum Sakralbereich. Religion bildet kein für sich bestehendes gesellschaftliches Subsystem neben anderen wie Wirtschaft und Politik, sondern bietet die Rahmenbedingungen für alles Funktionieren von Menschheit und Natur. Eine gewisse Pansakralität prägt das ägyptische Denken.

Der König ist deshalb nicht nur politisch-militärischer Anführer, sondern zugleich Garant der Nilüberschwemmung und Fruchtbarkeit. Ohne das geheime Mitwirken seiner Gestalt- und Erhaltseele, seines Ka, wird kein Kind im Land gezeugt und geboren. "Mein Ka stammt vom König" ist deshalb ein beliebter Eigenname bei Untergebenen.

Der Herrscher, der Ägypten vom ersten Katarakt beim heutigen Assuan bis hin zur Nilmündung im Norden regiert, versteht sich darüber hinaus als einziger legitimer Machthaber auf Erden. Denn das Niltal gilt als einzig lebenswerter Landstrich und seine Götter als die allein heilvollen. Insofern braucht das ägyptische Alte Reich keinen Imperialismus. Zwar haben die Pharaonen um des Rohstoffhandels willen die Südgrenze im Laufe der Zeit nilaufwärts vorgeschoben, bis sie dann am Ende des 2. Jt. am vierten Katarakt lag, und sich die Länge des von Ägypten beherrschten Niltals verdoppelt hatte. Auch das Vordringen im Norden auf die Sinaihalbinsel und nach Palästina entsprang nicht planmäßiger Expansion, sondern sicherte notwendige Handelswege[5]. Obgleich sie sich gern in Siegerpose präsentieren, dürften sich die meisten Könige des Alten Reichs nicht als Krieger verstanden haben. Der Dienst des Offiziers und Soldaten wird geringer eingeschätzt als der des Schreibers und Beamten.

Die Notwendigkeit eines pansakralen Regierungssystems war für die Landesbewohner so augenfällig, daß trotz öfteren Aufruhrs gegen die Person eines bestimmten Herrschers und trotz bisweilen Jahrhunderte andauernden Ausfalls einer Zentralgewalt die monarchische Verfassung drei Jahrtausende hindurch von keinem in Frage gestellt worden ist.

Überall auf der Welt streben royalistische Herrschaftsformen nach sakraler Überhöhung. Von vergleichbaren Erscheinungen heben sich die Könige des Niltals aber insofern ab, als sie auf kultischem Gebiet eine Monopolstellung für den Verkehr mit der göttlichen Welt beanspruchen und erhalten, die ihresgleichen sucht. Der Pharao ist nämlich — bis in die Römerzeit hinein — die einzige Person im Lande, die zu Opfer- und Kulthandlungen befähigt und berechtigt ist. Was immer an den Kultstätten, die allesamt auf königlichem Grund und Boden stehen, zugunsten von Göttern vollzogen wird, geschieht in seinem Namen. Für jede Darbringung ist eine Weiheformel notwendig, die stets beginnt "ein Opfer, das der König gibt" bzw. "der König gibt ein Opfer" (ḥtp dj nswt)[6]. Sie ist vermutlich dem Ritual entnommen, das frühere Herrscher für ihre verstorbenen Vorgänger täglich durchzuführen hatten. Der Satz wird jedoch verallgemeinert. Selbst wenn draußen in der Provinz ein hinterbliebener Sohn seinem verstorbenen Vater auf dessen Grab Speise und Trank schenkt, hebt er mit diesem Satz an. Das gleiche geschieht in allen Tempeln, wo der König durch Priester repräsentiert wird. Der Formel wird bald ein Göttername hinzugefügt: "... der König (und) der Gott N.N."; dabei bleibt unsicher, da das Ägyptische keine Kopula kennt, ob (und wann) der Gott als zweiter Opferherr gewertet oder ob er im Unterschied zum König als Empfänger gedacht wird und also dativisch zu übersetzen ist: "das gibt der König (an den) Gott N.N.". In jedem Falle herrscht die Auffassung vor, daß Kult nur von Göttern für Götter möglich ist. Und der König ist einer unter ihnen. Was Menschen beizusteuern haben, wird deshalb nur wirkungsvoll, wenn es indirekt königliche Handlung ist. Aus eben diesem Grund empfängt der König seinerseits von seiten der Untertanen keine kultische Verehrung, da sie zu einem echten Gottesdienst nicht in der Lage sind[7]. Das aber führt zu einem in der Religionsgeschichte einzigartigen königlichen *Sakralabsolutismus*.

Pharao als vollkommener Gott auf Erden und der göttliche Falkengott 53

Eine Einschränkung läßt sich freilich an dieser Stelle nicht umgehen. Die Texte, welche die Religion derart um den König zentrieren, stammen aus Hofkreisen. Was hat wohl ein Ägypter draußen in der Provinz an hintergründigen Mächten verehrt? Darüber lassen sich nur Vermutungen anstellen. Selbstverständlich haben die Bewohner des Niltals schon vor der Entstehung des Einheitsreiches am Himmel und auf Erden numinose Kräfte am Werk gesehen. Auch danach werden zahlreiche regionale Geister und Götter scheu geachtet, die für die meisten Verehrer wohl mehr mit dem jeweiligen Ort als mit der politischen Gewalt zusammenhängen (Kap. 5). Die ältere Ägyptologie hat deshalb lokale, naturhaft geprägte Gottwesen als entscheidend für die vorgeschichtlichen Menschen im Niltal angesehen. Gelegentlich wird diese Meinung noch heute vertreten: "Für einen normalen Sterblichen, dessen religiöse Anschauungen auf die Gegend, in der er lebte, beschränkt blieben, waren nur der lokale Gott und vielleicht einige wenige andere mit ihm verbundene Gottheiten wirklich von Bedeutung"[8]. Eine solche Theorie entspringt aber mehr einer Vermutung moderner Gelehrter als den Äußerungen der Dokumente. Ebensogut läßt sich behaupten, daß die schnelle Durchsetzung des Sakralabsolutismus nur möglich war, weil in vorgeschichtlicher Zeit in vielen Gegenden bereits der jeweilige Häuptling göttliche Ehren besaß, ja als der Brennpunkt angesehen wurde, in dem sich die vielfältigen göttlichen Kraftlinien geschnitten haben.

Da die göttlichen Mächte weithin mit tierischen Zügen ausgestattet waren, nimmt es nicht Wunder, daß auf zahlreichen vorgeschichtlichen Schminkpaletten ein solcher Häuptling göttlich-tiergestaltig auftritt oder von ähnlich aussehenden Wesen geschützt wird.

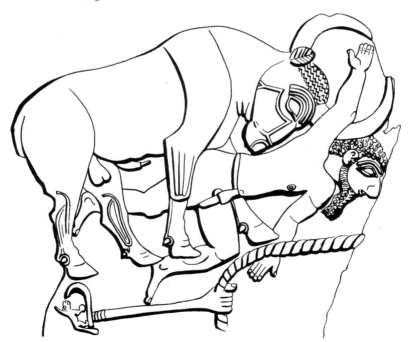

Abb. 6 Der König als siegreicher Stier (prädynastisch)

Wie sich unten (Kap. 5) ergeben wird, hatten einige angesehene Heiligtümer im Lande bereits vorgeschichtlich Theorien über mythische Göttersysteme ausgebildet, welche Weltentstehung und gegenwärtige Lebensbedingungen miteinander zu verbinden in der Lage waren. Ursprünglich regional verwurzelte Gottheiten wie z.B. Ptah von Memphis werden in geschichtlicher Zeit ohne sichtlichen Bruch mit dem Königtum in nähere Beziehung gesetzt. Sobald nichtkönigliche Personen in den Privatgräbern der 4. und 5. Dynastie sich zur Sprache melden, berufen sie sich für ihr Lebensheil auf die landesweit kompetenten und nun mit der Königsideologie verwachsenen Götter. Gleiches zeigen ihre Eigennamen mit dem für ägyptische Namensbildung bezeichnenden theophoren Element, d.h. einem Götternamen, gefolgt von einer Aussage über dessen Beziehung zum Namensträger[9], wie z.B. Ptah-hotep "Ptah ist befriedet/Friede spendend".

3.2 Der Feldzug als Ritual: Die Narmer-Palette

Wie wenig im alten Ägypten realpolitisch gedacht wurde, zeigen Schilderungen militärischer Unternehmungen. Mehr noch als bei anderen Königshandlungen werden kriegerische Ereignisse "nicht historisch getreu und wirklichkeitsnah wiedergegeben, sondern als mythische Handlung interpretiert"[10]. Ein besonders sprechendes Beispiel ist die Schminkpalette des Königs Narmer aus der 1. Dynastie.

Um 3000 war es, wie oben dargelegt, einigen tatkräftigen Königen gelungen, von ihren Sitzen in Oberägypten aus nach Unterägypten vorzustoßen und nach mehreren Anläufen ganz Ägypten zu unterwerfen. Die Siege eines dieser Reichseiniger werden auf der Palette festgehalten. Vorder- und Rückseite sind in mehreren Bändern aufgefächert, die unter verschiedenem Gesichtswinkel wohl denselben Feldzug schildern[11].

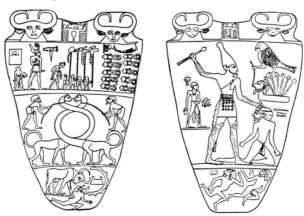

Abb. 7 Narmer-Palette

Auf beiden Seiten bildet ein schmales Band oben in einem Rechteck einen Palast ab, in den der Thronname des Königs mit den zwei dafür notwendigen

Hieroglyphen hineingesetzt ist. Rechts und links wird es vom Kuhkopf einer Göttin (Hathor oder Bat[12]?) umrahmt, die nicht nur den Palast, sondern auch die Szenen darunter sorgend umfängt. Das nächstniedere Band zeigt den kämpfenden König in menschlicher Gestalt. Auf der Vorderseite schreitet er, bekleidet mit unterägyptischer Krone, Trägerrock, Lendenschurz und Stierschwanz, in den Händen Wedel und Keule, auf zehn geschlagene Gegner zu, denen zum Zeichen der Vernichtung die Köpfe zwischen die Beine gelegt sind; dabei gehen ihm die Symbole von vier Schutzgöttern auf Standarten voran. Auf dem Band darunter werden zwei Schlangenhalspanther mit riesigen Hälsen von zwei Männern gezügelt; die Mischwesen verkörpern vielleicht Ober- und Unterägypten, deren erfolgreiche Vereinigung fortan in der Königsauffassung eine entscheidende Rolle spielt. Auf dem unteren Band zerstößt der König als Stier mit gewaltigen Hörnern eine feindliche Stadtmauer.

Das gleiche Thema des gewonnenen Krieges wandelt die Rückseite ab. In Siegerpose steht der König beherrschend in der Bildmitte. Seine Bekleidung ist die gleiche, nur daß ihn diesmal die oberägyptische Krone ziert. Die Keule schwingt er nunmehr in der Hand, um einem vor ihm knieenden Gefangenen das Haupt zu zerschmettern. Rechts oben wird der Erfolg wieder in die Tierebene übertragen. Als Falke, nämlich als Verkörperung des Gottes Horus, hat er ein Seil in den Klauen, das im Munde eines Unterworfenen befestigt ist, dessen Leib in die Hieroglyphe für (unterägyptisches) Land übergeht.

Es gibt kaum ein Bildwerk, das für die frühe Auffassung vom Königtum so bezeichnend ist wie diese Palette. Der Herrscher wird in seinen "wahren" Maßen dargestellt, welche die anderer Menschen weit überragen. Seine sichtbare menschliche Gestalt ist nur *eine* Erscheinungsform seines Wesens; er vermag zugleich als Horusfalke und riesiger Stier aufzutauchen, umgeben und begleitet von zahlreichen göttlichen Mächten. In kultischer Gewandung und mit entsprechendem Geleit betritt er den Schauplatz, der sich von jeder natürlichen Umgebung abhebt. So wird hier Geschichte als Fest dargestellt[13]. Mögen die Truppen noch so tapfer gekämpft haben, der König allein hat den Feind vernichtet! Was dadurch errungen ist, wird durch die in ein Heiligtum gestiftete Palette auf Dauer magisch festgehalten.

3.3 Machterfüllte Embleme und die Strahlkräfte der Majestät

Ein ägyptischer König nimmt sein Amt nicht primär durch ständiges Regieren wahr, sondern durch "Erscheinen" bei feierlichen Anlässen. Das geschieht etwa, wenn er je und dann den *Thron* besteigt, um endgültige Erlasse zu künden. Die Statue des Pyramidenbauers Chefren läßt anschaulich werden, welche übernatürliche Mächtigkeit sich dabei im Herrscher konzentriert.

Abb. 8 Statue des Chefren mit dem Symbol der vereinigten beiden Länder auf der Thronwange (Kairo)

Mit einem rituellen Lendenschurz bekleidet sitzt Chefren auf einem Thron mit Löwenkopflehnen, auf dessen Seiten die Hieroglyphe "Vereinigung" die Wappenpflanzen von Ober- und Unterägypten umschließt, als Wirkung eben dieses Thronsitzes. Mit Löwenkraft weiß der Pharao das Reich zu verteidigen, weil der Falke des Gottes Horus über der Thronlehne mit seinem Kopf verwachsen ist und ihm ungebrochene Göttlichkeit vermittelt. König und Gott bilden einen einzigen Leib. Aus der Stirn wächst die gefährliche Schutzschlange, der Uräus (flach anliegend, auf der Abbildung nicht sichtbar). Die Sockelinschrift rühmt den Thronenden als "schön-vollkommener Gott" ($n\underline{t}r\ nfr$).

Auf den Beschauer wirkt die Kombination von Menschenkraft, Falke, Löwen- und Schlangengestalt so überzeugend, als verstünde sich die Einheit von selbst. Solche Bildwerke lassen erahnen, wie selbstverständlich diese Königsauffassung den Ägyptern war. "Darin liegt das Geheimnis, daß sich in diesem Bild frischestes Leben mit dem Ewigkeitsgehalt zu einer untrennbaren Einheit verbindet, daß es bei aller Vitalität das Göttliche überzeugend dartut ... den fleischgewordenen Weltgott, das Unterpfand der Weltordnung, den Halt des Glaubens"[14]. Dem König stehen nicht nur menschliche und göttliche, sondern auch tierische Qualitäten zur Verfügung. Dies nicht nur bei Thronhandlungen. Löwenhaftigkeit steht ihm insbesondere dann zu Gebote, wenn er sich gegen Feinde wendet. Derselbe Chefren hat sich deshalb vor seiner Pyramide als riesige lagernde Sphinx in Stein meißeln lassen, was heute noch in Gize zu bewundern ist. (Entgegen griechischer Deutung ist in Ägypten Sphinx eine männliche Gestalt, also "der" Sphinx!).

Der königliche Thron ist also weit mehr als ein bequemes Sitzmöbel, er ist Thron des Horus selbst. Gleiches gilt vom *Palast,* in dem der König thront und wohnt, auch er ist von einer Horus-Aura durchwaltet und bietet deshalb die geeignete Kultbühne für zeremonielle Feiern und Kapellen der Götter.

Außerhalb des Palastes west der König in anderen Gestalten an, vor allem in Denkmälern, die ihn abbilden. Sie sind Manifestationen einer seiner

Außenseelen, des Ka, der Erhalt und Gestalt des Trägers in sich versammelt. Gelegentlich empfangen Königsstatuen einen eigenen Kultnamen und (später?) regelrechte Opfer, was dem "fleischlichen" König nicht zugestanden wird.

Was immer der König von Kopf bis Fuß zeigt oder in der Hand trägt, weist auf seine besondere Qualität. Aus der Vielzahl wirkungskräftiger Insignien und Kleidungsstücke läßt sich nur einiges anführen. Hierher gehören vor allem zwei *Kronen*. Bei besonderem Anlaß trägt er eine von beiden, wie die Narmer-Palette erkennen läßt. Die Doppelung gibt, ebenso wie diejenige der beiden Landespflanzen bei der Vereinigungsszene auf dem Chefren-Thron, der grundlegenden Dualität aller gefestigten Ordnung (s.o. Kap. 2) Ausdruck. Die weiße oberägyptische Krone ist eine langgestreckt-konisch auslaufende Mütze, die in einer Art Knauf endet. Die rote Krone Unterägyptens, eine am oberen Rand abgeplattete Kappe, weist nach oben hin einen spitzen Fortsatz auf und vorn einen spiralig endenden Draht. Zusammen heißen sie "die beiden Herrschaftsseelen" (*sḫm.tj*), werden also durchaus als lebendig vorgestellt. Gelegentlich werden ihnen eigene Hymnen gesungen (Pyr 196.7[15]) und ihre Strahlkräfte gerühmt:

> Ach rote Krone ... ach große Krone, ach Zauberreiche, ach Schlange!
> Laß sein Gemetzel (das des Königs) sein wie deines!
> Laß die Furcht vor ihm sein wie die Furcht vor dir!
> Laß die Liebe zu ihm sein wie die Liebe zu dir.

Außerdem trägt der König gern einen Stirnreif als Diadem, in dessen Mitte sich eine Kobra aufbäumt, ein Uräus, welcher apotropäisch die Feinde des Monarchen abwehrt.

Mit der Hand faßt Narmer eine Keule, die um diese Zeit als Waffe nicht mehr im Gebrauch ist, aber in der Königshand weiterhin die Fähigkeit zur Vernichtung symbolisiert. Auf anderen Bildern tragen Könige *Zepter* in der Hand, oder diese stehen selbständig neben ihnen (so auf dem Thronsockel des Chefren). Unter den verschiedenen Formen ist im Alten Reich besonders ein unten gegabelter Stab, der oben in einem stilisierten Tierkopf endet, Was ↑, wichtig. Er faßt die Heilskräfte in sich zusammen, die sonst von Göttern ausströmen und im kosmischen Rahmen den Himmel abstützen[16]. Eine große Rolle spielt auch das Herrschaftszepter Sechem ╬, das bisweilen als Phallossymbol gedeutet wird[17], aber primär überragende Autorität verkörpert und als Zepter die gleiche Mächtigkeit in sich zusammenfaßt, die sich auch in den Kronen findet, die sich darüber hinaus ausweislich von Königsnamen auch im Herzen des Monarchen (Sechem-Ib) oder in seinem Leib

(Sechem-Chet) verorten läßt. Weiter sei der Krummstab ⁷ angeführt, er gewährleistet Herrschaft über andere Wesen. Diese Zepter können gelegentlich auf Reliefs mit Menschenhänden oder mit Augen abgebildet werden. Für den Ägypter sind sie also keineswegs tote Gegenstände. Unter Umständen vertreten sie den König bei seiner Abwesenheit.

Die Teile des Königsornats sind Träger besonderer Mächtigkeiten, auf die hier im einzelnen nicht eingegangen werden kann. So das Kopftuch, *nemes* – für den Fall, daß keine Krone getragen wird –, der umgebundene Zeremonialbart, der Halskragen, das Armband, der Lendenschurz mit trapezförmigem Mittelstück, die Phallostasche, die das männliche Glied bei bestimmten Feiern umhüllt, der Tierschwanz, der hinten von einem Gürtel herabhängt.

Wirkungsmächtig wird die königliche Majestät mit ihrer "Sphäre des Seinigen" nicht nur durch die sichtbaren Embleme. Königliche *Aussprüche*, feierlich verkündet, verpflichten die Menschen bis hin in die letzten Winkel des Landes, entscheiden über den Neubeginn der Landwirtschaft nach der Überschwemmung, über Krieg und Frieden. Das wird auf unsichtbare Kraftfelder zurückgeführt, die sich im König selbst befinden oder von ihm ausstrahlen. Dazu gehört das Vermögen eines unwiderstehlichen Machtspruches, Ḥu, das seinerseits auf ein außergewöhnliches Erkenntnisvermögen, Sia, rückschließen läßt. Das letzte Vermögen hat seinen Sitz im Herzen, das deshalb weit mehr ist als ein Körperteil und Zentrum des Kreislaufs. Als dritte unsichtbare Wesenheit, die den König umgibt und Worte wie Handlungen prägt, gilt Ḥeka, was als "Zauber" übersetzt wird, aber ägyptisch die Kraft zu übernormalen Handlungen meint im Vergleich zum beschränkten Vermögen gewöhnlicher Bürger. Ḥeka verbindet sich mit objektbezogenen Königsworten, aber auch mit dessen amtlichem Auftreten in seiner Wirkung auf die Umgebung. Besonders haftet Ḥeka an den Kronen, die der Herrscher trägt, ebenso an der von seinem Haupt aufragenden Uräusschlange, diese wie jene werden als "Große an Zauber" (*wrt ḥk³*) gerühmt. Die drei Phänomene Zaubermacht, Machtspruch und "Überverstand" werden sonst Göttern zugeschrieben. Sie gelten der ägyptischen Sprache nicht als abstrakte Begriffe, wie wir sie zu kategorisieren pflegen, sondern als Wirkgrößen, als unsichtbare, aber raumhafte Substanzen, die bisweilen der betreffenden Person innewohnen oder sie wie ein Schutzengel begleiten und dann vergöttlicht werden. Sie können sich aber auch von ihr trennen, falls der Träger versagt oder kraftlos wird.

Nach außen hin strahlen die *Namen* durch ihren theophoren Hinweis auf eine göttliche Verankerung der Person ehrfurchtweckend auf die Umgebung aus. Was in dieser Weise den körperlichen und magischen, sichtbaren und unsichtbaren Umkreis des Herrschers ausmacht, wird in einem Ausdruck *ḥem* zusammengefaßt, der gewöhnlich "Majestät" übersetzt wird, aber vielleicht den besonderen irdischen königlichen Leib mit seinen Strahlkräften zusammenfaßt (für den toten König wird das Lexem nicht verwendet)[18]. Die Hem-Aura verwehrt es dem Ägypter, in einer Erzählung den König einfach mit seinem Namen zu nennen. Stattdessen pflegt er zu sagen: "Seine Majestät tat das und das." Der König selbst vermag sich als Person und Namensträger von seiner majestätischen Würde zu distanzieren. So heißt es bei Sesostris III.: "Mein ḥem schickt dich, weil mein Herz dessen sicher ist, daß du alles erfuhrst, um den Wunsch meines ḥem zu erfüllen" in einem Schreiben an einen Beamten[19].

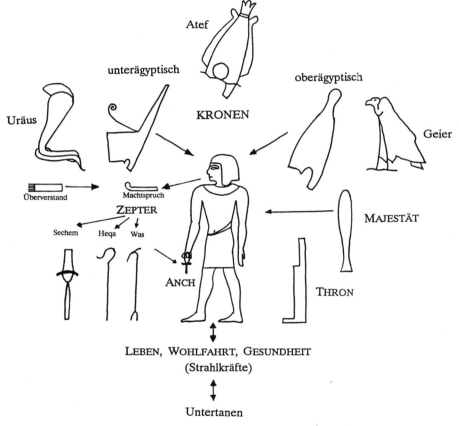

Abb. 9 Machtsphäre des Königs

Ob bildliche Repräsentation oder sprachliche Beschreibung, der ägyptische König wird nicht als eine in sich geschlossene Individualität aufgefaßt, sondern als ein Geflecht von Kräften und Mächten, die sich voneinander entfernen oder enger zusammenschließen können. Eigentlich ist er kein einzelnes Subjekt, sondern vereint deren mehrere in sich. Das gilt ähnlich für die in der ägyptischen Sprache implizierte Anthropologie überhaupt. Auch der Privatmann wird, wenngleich in minderem Maße, polymorph gesehen, wie sich noch ergeben wird (Kap. 8). Selbst die Gottheiten werden ähnlich polymorph gedacht.

Was der König seinen Untertanen weitergibt, sind neben spezifisch herrscherlichen Äußerungen das Vermögen zur Erhaltung des natürlichen Daseins und zur Verhinderung von Tod. Ägyptisch wird es in der Lebensschleife, dem "Henkelkreuz", zusammengefaßt, das der König oft in seiner Hand trägt[20]. Mit Hilfe der einschlägigen Hieroglyphen läßt sich also die Sphäre des Seinigen beim König wie in der Abbildung auf der vorigen Seite darstellen.

Neben Leben vermittelt der König auch Heil und Gesundheit. Es bedarf eines gewissen Austausches solcher Wirkgrößen und einer entsprechenden "Rücksendung". Wo immer der Untergebene vom Regenten spricht, fügt er für ihn den Wunsch "Leben, Heil, Gesundheit" hinzu und gibt damit von dem ab, was ihm geschenkt worden war. Aufgrund des ihm eigenen Kompositcharakters kann ein König sich bisweilen von seiner eigenen Lebenssphäre distanzieren und sich selbst Leben, Heil, Gesundheit wünschen.

3.4 Königsgötter und ihre Bezugsebenen

Was den König an Wirkgrößen umgibt oder durchzieht, ruht nicht in sich, sondern führt auf die göttliche Ebene hinüber. Denn Götter stehen nicht nur dem Herrscher gegenüber, sondern sind die Verlängerung jener Mächtigkeiten, die im Umkreis des königlichen Waltens erlebt werden, und zugleich deren sinnstiftender Ursprung. Palast und Thron gehören eigentlich dem Gott *Horus,* dessen Hieroglyphe einen Falkengott zeigt; jeder Pharao sitzt auf dem Horusthron. Auf der Narmer-Palette hatte der König sich selbst als Falke dargestellt, auf der Chefren-Statue verschmilzt seine Gestalt mit der des Falkengottes. Eine frühe Zeichnung auf einem Kamm läßt den König als Falken über seinem Palast aufragen, den sein Name "Schlange" ziert, und droben am Himmel einen anderen Falken über einem geschwungenen Flügelpaar in einer Barke dahingleiten.

Mehr als andere übermenschliche Wesen steht also der Herrscher dem Gott Horus nahe. Mit dem ersten Namen nennt sich jeder Regent in

Abb. 10 Frühgeschichtlicher Kamm

identifizierender Namensrelationierung Horus-N.N., begreift sich also als eine Spaltform des großen Gottes. Dieser findet als "Herr der beiden Länder" im oberägyptischen Edfu seine Hauptkultstätte, das Behedet, "Thronstätte", heißt. Dort hat Horus als Behedeti, "der von der Thronstätte", das Symbol der geflügelten Sonnenscheibe bei sich, woraus dann ein Reichssymbol wird und ein Schutzzeichen über Namen und Bildern von Göttern und Menschen bis ans Ende der ägyptischen Geschichte. Vielleicht hat es daneben schon früh ein unterägyptisches Behedet (Tell el-Belamun) als gleichrangige Horuskultstätte gegeben.

Die Herkunft des Gottes Horus ist strittig. Der Name heißt wohl "der Ferne". Sethe hatte in ihm eine ursprünglich unterägyptische, Kees hingegen eine oberägyptische Gottheit vermutet. Heutzutage ist man weithin der Auffassung, daß der falkenköpfige Landesgott von Anfang an nicht lokal festgelegt, sondern dem politischen Anführer allgemein zugeordnet war. Das schließt nicht aus, sondern ein, daß er an bestimmten Heiligtümern als machtvoll-gegenwärtig verehrt wurde. Nach der Reichseinigung nimmt Horus je nach dem Kultort eine besondere Erscheinungsform an oder verschmilzt mit einem älteren Ortsgott. Wahrscheinlich waren schon im vorgeschichtlichen Ägypten an verschiedenen Zentren falkenartige Gottheiten verehrt worden. Sie erhalten nun weithin den Namen Horus und Eigenschaften des königlichen Landesgottes.

Warum dieser Raubvogel zur vornehmsten Verkörperung des königlichen Gottes geworden ist, läßt sich nur vermuten. Waren es die scharfen Augen, die weite Strecken beobachten können? Oder die Krallen, welche den Feind nicht entrinnen lassen? Vielleicht hatten die Falkengötter um einer ins Übernatürliche erhöhten Breite der (unsichtbar) ausgebreiteten Schwingen willen eine kosmische Bedeutung, ehe sie zu Königsrepräsentanten wurden.

Durch die Bindung an unterschiedliche Kultorte teilt Horus seine Eigenschaften und Funktionen stärker auf als andere Götter. Im oberägyptischen Nechen-Hiera-

Abb. 11 Horus mit Doppelkrone und Zepter

konpolis wird er zu "dem von Nechen", zugleich wird er gerühmt als Hor-Endotes, "der seinen Vater rächt", wie man früher übersetzt hat, oder "der seinen Vater umsorgt", wie neuerdings vorgeschlagen wird[21]. Der Beiname wird aus dem Königskult stammen, in dem der Herrscher durch seine Fürsorge den Zusammenhalt mit seinem mächtigen Vorgänger über den Tod hinaus bewahren wollte. Später verlagert sich der Akzent des Prädikats mehr auf das, was Horus seinem Vater Osiris (Kap. 7) zu dessen Wiederbelebung leistet; Hor-Endotes wird deshalb vor allem in Abydos gerühmt, der heiligen Osirisstätte.

Im unterägyptischen Pe, "Thron", hat Horus nicht nur eine Kultstätte, sondern wie im oberägyptischen Nechen selbständige Halbgötter als "Aktivseelen", ba'u, um sich, die für den königlichen Totenkult wichtig werden; in der Nähe von Pe lag vermutlich eine Stätte, wo Isis den Horusknaben im Sumpfdickicht geboren haben soll. Im hochgeachteten Heiligtum von On-Heliopolis wird der Landesgott in der Form der aufgehenden Morgensonne als "Horus des Lichtlandes", Hor-achti, gefeiert. Auf dem gegenüberliegenden Nilufer in Letopolis wird Horus seltsamerweise mit einem Gott Chenti-irti ineinsgesetzt, "dessen Augen vorn sind" (?), später wird daraus durch Zusetzung einer Negation ein augenloser Gott Mechenti-en-irti. An der Westgrenze wird in Momemphis ein Horus von Libyen verehrt, der auch die nomadischen Stämme bestimmt. Überall erscheint die Gottheit in Falkenform, übernimmt aber unterschiedliche Aufgabenbereiche. Aus dieser Vielfältigkeit heraus erklärt sich wohl, daß in der Hieroglyphenschreibung der Falke auf der Tragstange zum Zeichen der Gottheit überhaupt wird. Schon im Alten Reich gilt Horus fast mehr als Appellativ denn als Eigenname[22].

Das Einheitsreich im Niltal hatte sich erst nach langjährigen Kämpfen ausgebildet. Die Ägypter erklären sich das aus mythischer Vorgeschichte. Horus hatte sich einst sein Königtum über Ägypten erstritten im Kampf mit seinem Bruder und Nebenbuhler *Seth,* der sich ebenfalls in einem Tier, einer Kanidenart (ein Wüsten- oder Fabeltier?), verkörpert . Nachdem Horus seinen Nebenbuhler besiegt hatte, hat er ihn nicht etwa verstoßen, sondern als zweiten Machtfaktor an seine Seite gestellt. Es überzeugt kaum, wenn gelegentlich die Sethgestalt des Alten Reiches als Ausdruck einer Chaoserfahrung und als Personifikation böser Mächte angesehen wird; obwohl partiell feindlich, dient Seth durchaus dem höheren Zweck des Pharaonenreiches. Während Horus die Legitimität vertritt, vertritt Seth die Gewalt, die der Herrscher ebenso benötigt wie jene[23]. Horus und Seth zusammen können deshalb als die "beiden Sechem-Seelen" gerühmt werden, als zwei Palastbewohner, vor denen Himmel und Erde zittern (Pyr Spr. 141-7). Die (abgeschiedene) Königin trägt den Titel "Die den Horus schaut und den Seth trägt"[24].

Der Schlußakt jenes urzeitlichen Dramas, die Vereinigung der beiden Länder unter Horus, vollzieht sich bei jeder Thronbesteigung aufs Neue und wird zum "heilsgeschichtlichen" Urdatum in Ägypten schlechthin. Auf dem Thron des Chefren (Abb. 8) wird es durch das Zusammenschnüren der beiden

Wappenpflanzen Binse und Papyrus auf der Seitenlehne symbolisiert. Das geschieht sonst oft durch zwei Nilgötter; im 2. Jt. werden es dann Horus und Seth selbst, welche die Schnüre festzurren[25].

Beim Streit der beiden Götter soll Seth dem Horus ein Auge ausgerissen haben. Dieses aber ist dem ursprünglichen Träger wieder zugewandt worden und wird ihm ständig neu zugewendet. Denn jede Opfergabe ist ein Horusauge, jede Darbringung unter der schon erwähnten Formel "ein Opfer, das der König gibt". So kann denn der König in den Pyramidentexten von sich behaupten, daß er das Horusauge nahm "weg vom Haupt des Seth, am Ort, wo sie gekämpft hatten" und es (dem verstorbenen) Horus selbst wieder schenkte. Wie es zu dieser Deutung der Opferhandlung gekommen ist, bleibt unklar. Die einen deuten das Motiv als Mondauge, das dem Himmelsgott regelmäßig geraubt und dann ihm wieder vervollständigt wird, oder als ein Symbol der Abendsonne im Vergleich zur unverletzten Morgensonne. Andere sehen hier ein ursprünglich königsbezogenes Symbol für sämtliche das Leben sichernde Werte, die der König, dem Horus wesensgleich, kultisch zu garantieren hat[26]. Das unverletzt gebliebene (oder das wiederhergestellte?) "heile" Auge, *wedschat*, wird oft für sich abgebildet und hat schutzbringende, später apotropäische Wirkung[27].

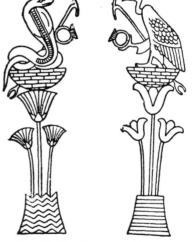

Abb. 12 Nechbet und Uto über den Wappenpflanzen mit *Was*-Zepter

Dem Ägypter widerstrebt es, ein so eindrucksvolles Phänomen wie königliche Herrschaft auf eine einzige numinose Ursache zurückzuführen. Wie Thron und Palast mit Horus zusammenhängen, so andere Akzidenzien des Königtums mit weiteren Gottheiten. Die zwei Kronen gehören zu den Göttinnen der beiden Landesteile Unter- und Oberägypten, einerseits zur schlangengestaltigen *Wadschet* (griechisch Uto), die sich allerdings auch in ein schlangenfressendes Ichneumon oder eine Löwin verwandeln kann, und andererseits zur geierförmigen *Nechbet*.

Die Tierarten wecken beim Menschen ähnliche Schauder wie das Erscheinen eines Falken. Die entsprechenden Göttinnen werden wohl schon in vorgeschichtlichen Hauptstätten mit Falkengöttern liiert; denn Wadschet wird in Dep (Buto) verehrt, dem Horusheiligtum von Pe benachbart, und Nechbet im gleichnamigen Necheb (heute Elkab), wo auf dem gegenüberliegenden Ufer der Horus von Nechen seinen Kult empfängt. Gelegentlich werden beide Göttinnen dem Königsfalken so als Schutzmächte beigegeben, daß sie drohend aus seinem Haupte wachsen. Da die Schlangenmacht als die gefährlichere gilt, wird sie oft als Uräus allein dargestellt. Aufgrund ihrer Schlangenart kommt also Wadschet in der unterägyptische Krone ebenso zum Vorschein wie im königlichen Uräus, während Nechbet nicht nur für die weiße Krone, sondern auch für das Königskopftuch und mehr noch für die Geierhaube der Königinnen zuständig ist. Weil mit dem König verwachsen, sind die Göttinnen es auch mit Horus; und so kann die eine als "feuriges Horusauge", die andere als "unversehrtes Horusauge" (Pyr 900) gefeiert werden. Zusammen bilden sie die "beiden Herrinnen" und werden mit dem König so sehr eins, daß er nicht nur Horus-N.N., sondern auch in identifizierender Namensrelationierung "Zwei Herrinnen-N.N." heißt und damit weibliche Elemente in sich birgt.

Andere Götter stehen zum Wesen des Königs im weiteren Abstand, obwohl sie ihm ebenso untrennbar verbunden sind. Hierher gehören Mächte, die als Horusgeleit (šmsw-ḥr) eingeführt werden und deren Standartenzeichen dem König bei festlichen Gelegenheiten vorangehen (so auf der Narmer-Palette, oben S. 54). Unter Ihnen spielt der mit Keule und Bogen bewaffnete "Wegeöffner" *Wepwawet* (Upuaut) die erste Rolle[28].

Abb. 13 Wepwawet-Standarte und Horusname vor dem thronenden König

Dem König schreitet er bei kriegerischen Verwicklungen voran, seine Standarte wird vor jenem aber auch aufgerichtet, wenn er den Thron einnimmt.

Auch die administrativen Landesteile, die Gaue, erhalten personifizierte Repräsentationen und werden wie die drei Jahreszeiten als Garbenträger an den Hof bildlich abgebildet. Kult- oder Herrschaftssymbole können ihr bezeichnetes Symbol werden, wie das Was-Zepter beim Gau von Theben, oder Tiere wie Krokodile, Falken, "Wilder" oder "Schwarzer" Stier[29]. Was also im neuzeitlichen Staat zweckrational konstruiert wird, ergibt sich im Niltal aus mythischen Bezügen.

Die später überragend werdende Göttin *Isis* gilt schon der 1. Dynastie als Mutter des Königs[30]. Sie trägt von Anfang an das Zeichen des Thrones auf dem Kopf, da ihr Name (jst) an das entsprechende Appellativ (st) anklingt. Doch im Alten Reich wird der Königsthron nirgends mit der Göttin direkt verbunden[31], und ihre Bedeutung für den diesseitigen König ist noch gering.

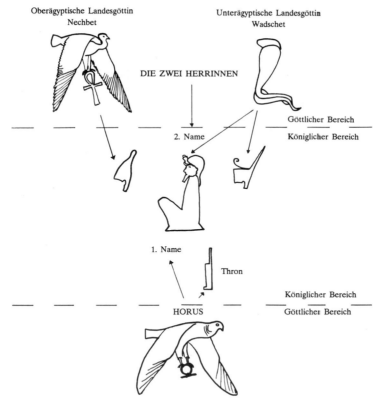

Abb. 14 Pharao inmitten göttlicher Kraftfelder

Näher scheint dem König die Göttin *Hathor* zu stehen, dem Wortlaut nach "Haus des Horus", was auf uralte Partnerschaft zum Königsgott weist. Darauf zielt auch die Hieroglyphenschrift, welche ein den Falken bergendes Gebäude zeigt . Unsicher bleibt, wo dieses Haus gesucht worden ist. Da Horus mit dem Pharao zu einer Gestalt verschmilzt, läßt sich das Haus als der königliche Palast verstehen und Hathor als Palastgöttin (Helck). Andere sehen darin eine Umschreibung des mütterlichen Schoßes und schließen auf die göttliche Mutter des Herrschers, der Sohn der Hathor heißen kann (Pyr 466[32]). Eine dritte Deutung sieht, von Horus als Himmelsfalken ausgehend, in seinem "Haus" den Himmel (Erman, vgl. Pyr 1278.1327). Vielleicht betraf der Palast, den Hathor repräsentierte, nur einen Teil des Himmels, war also an Ausdehnung nicht mit der der Himmelsgöttin Nut identisch. Auf einen himmlischen Ort könnte die Kuhgestalt verweisen, die Göttinnen am Himmel mehrfach beigelegt wird. Hathor wird meist mit Kuhohren und -gehörn abgebildet, so wohl schon auf der oben wiedergegebenen Narmer-Palette. Ist Hathor die Wildkuh, mit der sich der abgeschiedene König nach seinem

Himmelsaufstieg vereinigen (= kopulieren) will (Pyr 388)? Auch zu ihrem später wichtigen Spezialgebiet, der Musik, hat Hathor früh Beziehungen. Der tote König will mit "Lobpreis" und "Majestät" eins werden und zugleich mit einem doppelgesichtigen Bat-Symbol der Hathor (Pyr 1096).

3.5 Thronbesteigung, Krönung, neue Namen

Zu seinem unvergleichlichen Rang steigt der Pharao durch eine von Göttern gewirkte Weihehandlung auf. Im Unterschied zu andern numinosen Wesen ist er nicht von Geburt an Gott. Beschreibungen des Festaktes fehlen für das Alte Reich, doch lassen sich aus königlichen Namen und Jahresbezeichnungen in den Annalen einige Grundzüge erschließen. Als Regierungsantritt erfolgt die Thronbesteigung am Morgen nach dem Tod des Vorgängers. Die Krönung hingegen als göttliche Weihung geschieht nach dessen Bestattung, meist bei wiederkehrendem Mond.

Ort der Begehung ist Memphis, an der Grenze zwischen Ober- und Unterägypten gelegen, seit Beginn des Alten Reiches die Hauptstadt und zugleich der Ort, wo Horus und Seth ihren mythischen Kampf beendet haben. Dort "erscheint" der neue König nach dem Ableben eines Herrschers, wie Götter auf Erden zu erscheinen (ḫʿj) pflegen. Der Ausdruck bezieht sich vielleicht auf eine der Öffentlichkeit kundgegebene Thronbesteigung im Palast, vielleicht aber auch auf die Krönung im Reichsheiligtum, zuerst mit der ober-, dann mit der unterägyptischen Krone. Darauf geschieht die Vereinigung der beiden Länder, wohl dadurch, daß Priester in Vertretung der Nilgötter ein Seil um die Wappenpflanzen der beiden Landesteile schlingen.

Danach vollzieht der König einen Umzug um die Mauern – Memphis ist eine der wenigen ummauerten ägyptischen Städte – als einen Dauerlauf, der vielleicht seine physische Leistungskraft, vielleicht aber auch die Inbesitznahme der Stadt symbolisiert. Sodann wird ein Fest des Diadems begangen, bei dem vermutlich der Stirnreif mit der Uräusschlange aufgesetzt wird. Eine Prozession mit Götterstandarten zu den Tempeln der verschiedenen Götter der Hauptstadt folgt[33]. Die Feier endet, indem der Pharao nach allen vier Himmelsrichtungen einen Pfeil schießt und sie sich dadurch unterwirft, zudem vier Vögel aussendet, die seinen Machtantritt aller Welt künden.

Ein wichtiger Akt war auch die Verkündigung der neuen Namen des Königs. An welcher Stelle im Ritual dies geschah, bleibt unklar. Doch der Vorgang ist gesichert. Infolge der ägyptischer Überzeugung vom machtwirkenden Wort und vom untrennbaren Bezug zwischen Namen und Träger gelten die Thronnamen als ebenso bedeutsam wie die aufgesetzten Kronen.

Während diese aber die gleichen sind wie beim Vorgänger, gewähren die unterschiedlichen Namen dem neuen Herrscher ein Stück weit Individualität.

Mit der Krönung wird der Pharao zu einer Erstreckung des Gottes Horus, indem ihm feierlich eben dieser Name beigelegt wird; durch ein zusätzliches kriegerisches Prädikat oder einen Tiernamen wird er in "synkretistischer" Namensrelationierung dem Landesgott beigeordnet. So heißt er fortan "Horus-Kämpfer", "Horus-Schlange" o.ä. Der Pyramidenbauer Dschoser z.B. heißt seit der Krönung "Horus-Göttlich an Leib", was seine hinfort von menschlicher Art getrennte Seinsweise unterstreicht. Bei der Krönung tritt der neue Monarch zugleich in eine Wesensbeziehung zu den Schutzgöttinnen der Landeshälften und der beiden Kronen Wadschet und Nechbet. Die Titulatur hält das fest, indem sie den Gekrönten fortan als "den zur Sut-Pflanze und zur Biene Gehörigen" feiert, ihn damit mit dem entsprechenden ober- und unterägyptischen Symbol in Beziehung setzt und in der Fortsetzung seine Gestalt als besondere Erscheinungsform der "beiden Herrinnen", nämlich der genannten Göttinnen, interpretiert. Fortan heißt es von ihm "der entstanden ist als (oder: mit den) zwei Herrinnen". Gern wird die besondere Weise des Horusnamens wieder aufgenommen und hinsichtlich der beiden weiblichen Mächte wiederholt, so daß der Doppelkönigsname beim oben genannten Dschoser lautet: "Göttlich am Leib der beiden Herrinnen".

Ab dem Ende der 3. Dynastie wird der Königsname erweitert durch einen dritten "Goldfalke-N.N.", wobei die Bedeutung nicht geklärt ist, vielleicht hängt sie schon mit einer aufkommenden Hochschätzung des Sonnengestirns als grundlegender göttlicher Kraft zusammen.

Einigen Andeutungen läßt sich entnehmen, daß nach Abschluß der Feier in der Hauptstadt der neue Gottkönig von Gau zu Gau gereist ist, um sich jeweils von Göttern und Menschen huldigen zu lassen.

3.6 Das Sed-Fest und die Erneuerung königlicher Mächtigkeit

An die Thronbesteigung des Gottkönigs erinnert vermutlich jährlich ein eigenes Fest. Bedeutsamer jedoch ist das groß angelegte Jubiläumsfest, das im Generationenabstand, in der Regel nach 30 Jahren, in Memphis für den König begangen wird, falls er noch lebt. Der Ablauf des Sed-Festes ist dreimal als Bildzyklus überliefert, wobei die Einzelszenen stark voneinander abweichen (Sonnenheiligtum des Niuserre, Grab des Cheruf, Dramatischer Ramesseums-Papyrus). Die Folge der Szenen bleibt deshalb hypothetisch. Sinn der Handlung war wohl, obwohl es selten ausdrücklich wird, die übermenschlichen Fähigkeiten des Königs zu erneuern, ihn symbolisch abzusetzen und neu zu begaben, "damit er wie der Sonnengott immer lebe", wie es von Pepi II. heißt[34]. Ein älteres Ritual für Thronbesteigungen mag den Hintergrund bilden, es hebt sich aber von dem in Memphis in geschichtlicher Zeit vollzogenen Jubiläumsfest erheblich ab.

Voran geht eine Zählung des Landes, d.h. eine Erhebung außergewöhnlicher Abgaben. Die Statuen von Gottheiten aus dem ganzen Lande werden nach Memphis gebracht und in der ober- und unterägyptischen Kapelle versammelt. Nach einem der Belege wurde am Vortage des eigentlichen Festes eine Königsstatue herbeigetragen und feierlich begraben. Sie symbolisiert wahrscheinlich das Verschwinden des alt gewordenen Königs, um für den erneuerten Platz zu machen. Am nächsten Tag besteigt der König einen Thron im Festzeltpavillion und läßt sich von Würdenträgern huldigen. Danach wird ein oben mit vier Bändern umgebener Pfeiler aufgerichtet, der *dsched*, "Dauer", heißt und den künftigen Bestand der Herrschaft manifestiert. Dann vollführt der König einen Festlauf, bei dem er nacheinander die beiden Kronen trägt und zuerst vom

Abb. 15 Saqqara. Kultlauf des Dschoser

oberägyptischen Wolfsgott, dem Wegeöffner Wepwawet, und dann vom Apisstier, dem heiligen Tier des Hauptgottes Ptah von Memphis, begleitet wird.

Nach Abschluß des Laufes, der an den Umzug um die Mauern bei der Krönung erinnert, erhält der Herrscher von einer Göttin ein *mekes* genanntes Protokoll mit einer schriftlichen Bestätigung seiner erneuerten Würde. Danach setzt er sich im weißen Festmantel in eine Sänfte und wird zu verschiedenen Tempeln getragen, wo er den Gottheiten huldigt. Das Fest schließt, indem ihm Horus und Seth das Was-Zepter überreichen und damit wohl künftige heilsame Regierung vermitteln, außerdem werden, wie bei der Krönung, Pfeile in die vier Himmelsrichtungen abgeschossen.

3.7 Maat, das Elixier der Ordnungswelt

Wenn das Königtum sich so schnell in administrativer wie kultischer Hinsicht durchsetzt, dann nicht zuletzt deshalb, weil der ägyptischen Sprache ein Lexem *ma'at* zur Verfügung steht, welches die vom Herrscher geforderten

Pflichten mit dem Bestand von Leben und Land einleuchtend verklammert. Der Ausdruck wird zum Schicksalsbegriff der ägyptischen Religion wie der Staatsauffassung. Die besten Geister des Landes mühen sich über drei Jahrtausende, seine Implikation zu ergründen und konkret zu entfalten. Im Lauf der Zeit wird Maat mehr und mehr mit ihrem Ursprung und Ziel in die Götterwelt verlagert. Von Anfang an aber bildet sie einen Brennpunkt ägyptischer Königsideologie, der den Herrscher mit dem Wohl seiner Untertanen in unauflösliche Beziehung setzt. Maat gilt als heilbringende Substanz, nicht nur als abstraktes Werturteil.

Seitdem Texte verfügbar sind, gilt es als wichtigste Aufgabe des Herrschers, Maat zu erzeugen und zu erhalten. Der Ausdruck beinhaltet die zuverlässige Regelhaftigkeit des Regierens unter der Zielsetzung einer gewissen Gerechtigkeit bezüglich der Ansprüche von Göttern und Menschen, deshalb auch die korrekte Verrichtung des Kultes, aber auch die Wahrheit und Zuverlässigkeit der Aussagen. Was dem modernen Gelehrten erschwert, die Konnotationen des Lexems zu erfassen und adäquat zu übersetzen, ist der Umstand, daß Maat keine bloß ideelle Größe, nicht nur eine Eigenschaft des Königs darstellt, sondern eine feinstoffliche Wesenheit, welche der König nicht nur tatsächlich erzeugt, sondern unsichtbar bei sich trägt. Maat verbindet sich substanziell mit dem königlichen Thron.

Hieroglyphisch wird das Lexem mit den Ideogramm einer Feder ∫ geschrieben, dessen Ursprung im Dunkeln liegt (Luftsymbol?), oder mit dem Zeichen einer abgeschrägten Plattform, vermutlich das Podest unter dem Thron des Herrschers, zu dem eine Rampe hinaufführt ⊆. Der Thronsockel "macht Maat lebendig" (Pyr 1079c). Die Idee dieser Art von Gerechtigkeit als Stütze des Thrones stellte eine so eingängige Sprachgebärde dar, daß sie das Alte Testament wahrscheinlich aus Ägypten übernommen hat[35].

Mit und nach der Maat leben versteht sich nicht von selbst. Denn ihr steht eine Gegenmacht *isefet* entgegen, die Lüge, Unrecht, Abträglichkeit bedeutet. Sie versucht ständig, sich auf Erden auszubreiten und gedeihliche Ordnung zu untergraben. Zum stehenden Bekenntnis eines Königs gehört deshalb, daß er "Maat an die Stelle von Isefet" gesetzt habe, was Himmel und Erde in Entzücken versetzt (Pyr 1775, vgl. 265). Das Maß an Forderung, das in dem Ausdruck ma'at liegt, ist anfangs freilich beschränkt. Jeder König ist selbstverständlich überzeugt, nichts als Maat zu vollbringen. Seit Snofru trägt er gern den Titel "Herr von Maat".

Daraus ergibt sich ein unlöslicher Tun-Ergehen-Zusammenhang für den König selbst. Was er positiv vollbringt, wirkt umgekehrt heilvoll auf ihn zurück. Beim Übergang vom diesseitigen zum jenseitigen Dasein spielt das eine entscheidende Rolle. Die Götter empfangen den verstorbenen König und lassen ihn auf dem Thron Platz nehmen "wegen seiner Maat", die er auf Erden vollbracht hat und die "mit ihm kommt" (Pyr 319b; 323c; 1219a; 1079c; 1776b). Wahrheit-Gerechtigkeit gibt es auch als vom König abgelöste Wesenheit, die ihm beim Übergang ins Jenseits in einer Doppelgestalt gegenübertritt: "Die beiden Maat verhören ihn" und sprechen ihm dann den Thron zu (Pyr 317-8).

Obwohl der Herrscher primär das Subjekt von Maat auf Erden ist, wird sie von ihm auch den Untertanen zugewendet und von ihnen wieder abverlangt. In der Erfüllung der vom Staate befohlenen Aufgaben vollbringen die Ägypter Maat als Gabe an den König und erwarten, daß ihnen dafür in diesem und jenem Leben Belohnung zuteil wird. Das Bekenntnis, Maat stets befolgt zu haben, findet sich deshalb auf vielen Grabwänden. Es gehört zur Idealbiografie des Verstorbenen und zum Vertrauensgrund für künftige Seligkeit. So heißt es z.B. auf einem Grab der 6. Dynastie:

> Ich habe Maat getan für ihren Herrn (=den König),
> ich habe ihn befriedigt, mit dem, was er liebt,
> ich habe Maat gesprochen, ich habe Richtigkeit getan.

Es spricht für ein entwickeltes moralisches Bewußtsein, wenn Maat dann am Beistand, der sozial Schwachen zuteil wird, entfaltet wird:

> Ich richtete zwischen zwei, so daß sie befriedet wurden.
> Ich errettete den Schwachen von dem, der stärker war als er, soweit es in meiner Macht stand.
> Ich gab Brot dem Hungrigen, Kleidung dem Nackten.
> Ich brachte den, der kein Boot hatte, an Land.
> Ich begrub den, der keinen Sohn hatte ...
> Ich achtete meinen Vater, ich gefiel meiner Mutter, ich zog meine Kinder auf[36].

Im alltäglichen Miteinander kann strittig werden, wo Maat herrscht und wo ihr Gegenteil sich regt. Dann bedarf es gerichtlicher Klärung. Sie wird seit der 5. Dynastie vom Herrscher dem zweiten Mann im Staate, dem Wesir, übertragen. Seine Auszeichnung besteht darin, daß er "Diener der Gottheit Maat ist"[37]. Wo der Wesir durch seine Beamten Gericht hält, die ebenfalls "Gottesdiener der Maat" sind, urteilt nicht ein Mensch sondern eine Göttin. Deshalb braucht es keine formulierten Gesetze, die Entscheidungen werden charismatisch gefällt. Eine Urteilsverkündung läuft auf den Satz zu: "Maat ist N_1, Unrecht ist N_2", wobei N_1 und N_2 die Prozeßgegner sind. Das Urteil resultiert dann aus jener Autorität, die dem König durch seine Maat zuteil ist. Dabei gilt auch für Untertanen der verborgene Zusammenhang von Tun und Ergehen. Der gute Mensch tut nicht nur Maat, er ist Maat.

Die mit dem Lexem verbundene Komponente sozialer Verpflichtung hatte dazu geführt, daß einige Ägyptologen das Erwachen von Sittlichkeit in der Menschheitsgeschichte mit diesem ägyptischen Begriff verbunden haben. Breasted spricht von "Geburt des Gewissens"[38] und erläutert dies: "Heute läßt sich ganz klar erkennen, daß die Stufe der sozialen und organischen Reife, welche die Menschheit im Niltal 3000 Jahre vor den Hebräern erreicht hatte, wesentlich zur Entstehung jener hebräischen Literatur beigetragen hat, die wir das Alte Testament nennen ... Die Menschheit hatte sich bereits soziale Ideale geschaffen, lange vor dem von der traditionellen Theologie sogenannten 'Zeitalter der Offenbarung'. Sie waren die Frucht sozialer Erfahrungen, die der Mensch selbst machte, nicht etwas, das von außen her in die Welt hineingelegt wurde."

An einem solchen Urteil müssen einige Abstriche gemacht werden. Der Ägypter war durchaus der Meinung, Maat "von außen" zu empfangen. Vor allem aber bestehen für die Ägypter, wie sich noch ergeben wird, vielfältige Möglichkeiten einer Magie, durch die vor allem im Totenkult solche sittliche Forderung umgangen oder ersetzt werden kann.

Doch die Idee der Maat birgt einen Keim in sich, der in den folgenden Jahrhunderten wieder und wieder bedacht und reflektiert worden ist. Ägypten hatte damit in der Tat eine anthropologisch-metaphysisch zentrale Idee gefunden, die in anderen Kulturen des Altertums ihresgleichen nicht findet, auch nicht in Hellas, und die deshalb in der ägyptischen Religion ihre besonderen Auswirkungen zeitigen konnte. Ein Sachkenner wie Hornung sieht darin "das universalste und zugleich gerechteste Prinzip, das je von Menschen aufgestellt wurde"[39].

3.8 Göttlichkeit des Pharao und Allmachtswahn?

Nicht nur bei der Thronbesteigung und den Jubiläumsfesten erscheint der Pharao wie ein Gott unter Göttern, der ihnen auf Bildern auch an Aussehen und Höhe gleichgestellt wird. Aufgrund seiner übermenschlichen Seinsart regiert er selbstherrlich. Ein Feldzug bedeutet weit mehr als eine militärische Auseinandersetzung unter menschlichen Gruppen, vielmehr ein Kampf des Gottes und der Götter gegenüber menschlichen Feindmächten. Auch der Krieg ist ein Ritus und deshalb nicht strikt geschichtlich zu erfassen. Pharaonen tragen keine Scheu, Feldzugsberichte ihrer Vorgänger abzuschreiben und so zu tun, als hätten sie deren Siege errungen. Für ägyptisches Denken hat das nichts mit Täuschung, wohl aber mit löblicher Aktualisierung zu tun. Der königliche Alltag zeigt ähnliche Züge. Was der Herrscher tut, geschieht von morgens bis abends nach heiliger Regel, ob er nun aufsteht, sich badet, spazieren geht, speist – bis hin zum Beischlaf mit der eigenen Frau (so wenigstens nach Diodor I 70-1). So wird "Geschichte als Fest" (Hornung) aufgefaßt und mangelt jener Einmaligkeit, die für ein historisches Bewußtsein unabdingbar erscheint.

Dem Herrscher gewähren solche Voraussetzungen nicht nur Vorzüge. Nach unserem Gefühl wird er von Riten "eingezäunt"[40], wird zum Gefangenen des Palasts, umgeben möglichst nur von Gliedern der eigenen Familie. Von fremden Menschen hat er sich fernzuhalten[41]. Gerade weil er als Gott gilt, besitzt er keinen Handlungsspielraum, sondern unbedingte Rollenkonformität. Man mag ihn deshalb als "totally impersonal"[42] einstufen oder im Gegenteil urteilen, er sei "die einzige Person, der einzige Träger einer Ich-Identität in der altägyptischen Gesellschaft"[43]. Die widersprüchlichen Bestimmungen lassen ahnen, welche Schwierigkeiten die sachgemäße Darstellung ägyptischer Ideen in moderner Wiedergabe macht.

Als "großer Gott, der die Fremdländer unterwirft", lassen sich Pharaonen der 4. Dyn. in Inschriften der Sinaihalbinsel feiern[44]. Einen Menschen oder gar sich selbst in dieser Weise als Gott vorzustellen, erscheint dem modernen Betrachter als krankhafter Auswuchs eines übersteigerten Selbstwertgefühl oder einer raffiniert ausgedachten Herrschaftsideologie. Der Ägypter jedoch sieht die Sache auf Grund seines Wirklichkeitsverständnisses anders. Deshalb beharrt er nicht nur zu allen Zeiten darauf, daß der Pharao ein Gott wie andere ist, sondern preist ihn gelegentlich als das mächtigste Wesen schlechthin. Zuweilen erscheint er als der im irdischen Bereich allein zuständige Gott, neben dem die anderen fast überflüssig erscheinen.

Das Bittschreiben eines Höflings Sinuhe an seinen Herrn aus dem Mittleren Reich spiegelt anschaulich wieder, was schon im Alten Reich Überzeugung war[45]:

> Von deiner Fürchterlichkeit erzählt man in den Ländern und Fremdländern; was die Sonne umzieht, hast du bezwungen ...
> Deine Majestät ist der siegreiche Horus, und deine Arme sind stark gegen alle Länder ...
> Ob ich in der Residenz bin oder ob ich an diesem Ort bin, (immer) bist du es, der diesen Horizont verhüllt, und die Sonne geht nach deinem Belieben auf, das Wasser im Flusse, man trinkt es, wenn du willst, und die Luft vom Himmel, man atmet sie, wenn du es sagst.

Höher läßt sich göttliches Königtum kaum erheben: "Die Sonne geht nach deinem Belieben auf." Gelegentlich wird einem (allerdings toten) König wie Pepi sogar Präexistenz zugesprochen (Pyr 1466): "Als noch nicht der Himmel entstanden war, als noch nicht die Erde entstanden war, als noch nicht die Menschen entstanden waren, als noch nicht die Götter geboren waren, als noch nicht das Sterben entstanden war", damals soll Pepi schon gewesen sein. Vor solchem Omnipotenzbewußtsein versagen andere altorientalische Analogien. Der Historiker steht vor einem Rätsel, das noch nicht zureichend geklärt worden ist.

In den letzten Jahrzehnten haben sich französische und deutschsprachige Ägyptologen bemüht, die Göttlichkeit des ägyptischen Königs zu relativieren. Sie weisen auf Schilderungen menschlicher Schwäche in Erzählungen über den Pharao und das Fehlen kultischer Verehrung für den lebenden König hin. Außerdem werde er erst durch die Thronbesteigung, nicht schon durch die Geburt vergöttlicht. Göttlich sei demnach die Institution, nicht aber der jeweilige Repräsentant[46]. Häufig wird deshalb zwischen Amt und Person unterschieden: "Das Amt war göttlichen Ursprungs ... Die Person freilich, die das Amt innehatte, war sterblich, fehlbar, menschlich-irrend, und die Volkserzählungen nehmen in dieser Hinsicht oft kein Blatt vor den Mund"[47]. Bietet jedoch die neuzeitliche Unterscheidung von Amt und Person ein angemessenes Mittel, um der Vielförmigkeit des Pharao, wie sie sich Ägyptern darstellt, und seiner Verkörperung in mehreren möglichen Seinsarten, gerecht zu werden? Wird hier nicht ein abendländischer Gottesbegriff an ägyptische Texte angelegt? Auch über den höchsten Gott vermögen sich ägyptische Erzählungen bisweilen lustig zu machen[48]. Was bei der Thronbesteigung und Namensverleihung an Veränderung des Wesens geschieht, ist nach ägyptischer Auffassung doch wirkliche Verwandlung und nicht bloß Fiktion. Deshalb gibt es in ägyptischen Texten nirgends eine Bezweiflung königlicher *netscher*-Qualität. Allerdings gilt es, sich einer unüberbrückbaren semantischen Kluft bewußt zu bleiben. Wo in modernen Sprachen von Gott, god, dieu geredet wird, verbinden sich damit die Konnotationen einer weltüberlegenen, unkörperlichen Person, unsterblich, allmächtig, mit unendlichem Bewußtsein, transzendent. In einem polytheistischen Religionssystem wie dem ägyptischen sind jedoch alle Götter endlich, an Macht beschränkt, schon durch die Zuständigkeit anderer göttlicher Kollegen. Jeder *netscher* bedarf der Nahrung, existiert körperhaft und bleibt vom Tod bedroht. Wenn im Zusammenhang ägyptischer Religion im Folgenden der Begriff Gott verwendet wird, dann in dem weiten Sinne einer willensbesetzten, übermenschlichen, auf Sprachkommunikation und kultische Verehrung ausgerichteten Macht.

In diesem Sinne ist der Pharao göttlich. Das äußert sich in seiner zentralen Aufgabe, Lebendigkeit zu erzeugen und zu verbreiten. Das Symbol der metabiologischen Lebensmacht, Anch, trägt der König ebenso oft in den Händen wie die Götter. Nur Gottwesen vermögen, die Strahlkraft dieses Anch hervorzubringen und zu erhalten, jedoch so, daß keines darin autark ist, sondern jedes des Kraftfeldes aller zusammenwirkenden göttlichen Tätigkeiten bedarf.

Mit Beginn der geschichtlichen Zeit wird also der sakralabsolutistische Pharao zur "Zentralfigur im Weltbild der Ägypter"[49] und zur "brennpunktartigen Zusammenfassung und Personalisierung göttlicher Macht"[50]. Wie wäre das möglich gewesen ohne eine jahrhundertelange Vorgeschichte, die bereits

Sprache und Denken geprägt hatte? Anscheinend gründet ägyptisches Göttererleben auf weite Strecken in einer Betroffenheit durch numinose herrscherliche Autorität. Die Erfahrung, die selbst in unserem demokratischen Zeitalter noch gelegentlich zu finden ist, daß nämlich die Menge dem Charisma eines Menschen spontan gehorcht, ohne lange zu überlegen, und einem anderen jeden Gehorsam verweigert, scheint für die alten Ägypter ein ausschlaggebender Faktor bei der Ausbildung der Gottesidee gewesen zu sein. Zugleich spricht bei den Untergebenen wohl das Bedürfnis nach Identifikation in einer überlegenen Größe mit. "Permanent occupation and working of the same tract of land give rise to a powerful sense of territorial rights which come to express in mystic, symbolic terms which in turn create apeculiar sense of self-confidence within the community concerned. The legacy of this in the modern world is the magic word 'sovereignty'"[51]. Aus kühlen Manipulationen eines machthungrigen Regenten oder einer berechnenden allein Oberschicht läßt sich der hohe Stellenwert von Herrschaft und Autorität im frühem Ägypten kaum ableiten.

J.Assmann, Politik zwischen Ritual und Dogma, Saeculum 35, 1984, 97-114
Ders., Maat 1990
W.Barta, Untersuchungen zur Göttlichkeit des regierenden Königs, MÄS 32, 1975
Ders., Thronbesteigung und Krönungsfest als unterschiedliche Zeugnisse königlicher Herrschaftsübernahme, SAK 8, 1980, 33-55
H.Brunner, Seth und Apophis — Gegengötter im ägyptischen Pantheon?, Saeculum 34, 1983, 226-33 = Das hörende Herz, OBO 80, 1988, 121-9
H.Frankfort, Kingship and the Gods 1948
A.H.Gardiner, Horus the Behdetite, JEA 30, 1944, 23-60
H.Goedicke, Die Stellung des Königs im Alten Reich 1960
J.G.Griffiths, Remarks on the Mythology of the Eyes of Horus, CdE 33, 1958, 182-93
Ders., The Conflict of Horus and Seth 1960
E.Hornung, Geschichte als Fest 1966
Ders., Maat-Gerechtigkeit für alle? Eranos-Jahrbuch 1987, 385-427
H.Kees, Horus und Seth als Götterpaar, MVÄG 28,1, 1923
M.Metzger, Königsthron und Gottesthron. Alter Orient und Altes Testament 15, 1985
G.Posener, Le divinité du pharao 1960 (dazu *Kees*, OLZ 57, 1962, 476f.)
S.Schott, Ritual und Mythe im altägyptischen Kult, Studium Generale 8, 1955, 285-93
H.te Velde, Seth. God of Confusion 1967 = ²1977
W.Westendorf, Ursprung und Wesen der Maat, der altägyptischen Göttin des Rechts, der Gerechtigkeit und der Weltordnung. Festgabe für W. Will, hg. S. Laufer, 1966, 201-25

Zum Sedfest:
W.Barta, Der dramatische Ramesseumpapyrus als Festrolle beim Hebsed-Ritual, SAK 4, 1976, 31-43
W.Helck, Bemerkungen zum Ritual des Dramatischen Ramesseumspapyrus, Or 23, 1954, 383-411
E.Hornung/E.Staehelin, Studien zum Sedfest, Aegyptiaca Helvetica 1, 1974

RÄRG 158-60 'Dreißigjahrfest'; 307-14 'Horus'; 380-8 'König'; 395-400 'Kronen, Krönung'; 430-4 'Maat'; 507f. 'Nechbet'; 702-15 'Seth'; 840f. 'Uaszepter'; 842f. 'Upuaut'; 853f. 'Uto'.
LÄ 3, 14-59 'Horus' usw.; 3, 461-63 'König, König-Gottes-Verhältnis'; 3, 485-94 'Königsdogma'; 3, 526-34 'Königsideologie, -krönung, -kult'; 3, 540-56 'Königsnamen'; 3, 1110-9 'Maat'; 4, 366f. 'Nechbet'; 5, 782-90 'Sedfest'; 6, 523-9 'Thron'; 6, 862f. 'Upuaut'; 6, 906-11 'Uto'; 6, 1373-89 'Zepter'.

Anmerkungen zu Kapitel 3:

1 Wb 2, 361
2 AEL I 18-23. 23-7
3 J.K.Hoffmeier, 'Sacred' in the Vocabulary of Ancient Egypt, OBO 59, 1985, 15
4 Anders LÄ I, 138-44
5 W.Helck, Die Beziehungen Ägyptens zu Vorderasien im 3. und 2. Jahrt.v.Chr., 1971
6 LÄ IV, 584-6; RÄRG 550-3; Gardiner, Gram 170-3
7 Assmann, Saec. 103f
8 J.Malek/W.Forman, Die Ägypter 1987, 103
9 B.L.Begelsbacher-Fischer, Untersuchungen zur Götterwelt des Alten Reiches, OBO 37, 1981
10 Altenmüller, PKG 273
11 ANEP 296-7; LH Abb. 4-5
12 LÄ I, 631
13 E.Hornung, Geschichte als Fest, 1966

14 Lange-Hirmer 58 nach Wolff
15 Erman, Lit 35f
16 RÄRG 840f; LÄ VI, 1152-4
17 LÄ V, 772-6 vgl. RÄRG 692-3
18 Morenz, Rel 38
19 Roeder, UR 29
20 RÄRG 418-20
21 LÄ II, 964-5
22 LÄ II, 957
23 Brunner 1983
24 Barta 1975, 20
25 Metzger §§ 9.11
26 LÄ III, 48-51
27 LÄ VI, 824-6
28 RÄRG 842-4
29 LHAEE 61-3
30 Bergman, Ich bin Isis 1968, 135
31 LÄ III, 187 zu Pyr 1153-4; s.u. Kap. 5.4
32 RÄRG 277
33 Barta 1975, 47-9
34 LHAEE S. 69
35 Psalm 89_{15}; 97_2; H.Brunner, Vetus Testamentum 8, 1958, 426-8 = ders., Das hörende Herz, OBO 80, 1988, 393-5
36 Nefer-Seschem-Re, AEL I 17; LHAEE § 120
37 Helck, Beamtentitel 74
38 Deutscher Titel (1950) von The Dawn of Conscience, 1933
39 E.Hornung 1987, 405
40 Brunner, Rel 70
41 Lehre des Amenemhet, Erman, Lit 106ff; AEL I 136ff; ANET 418
42 Frankfort, AER 46
43 Assmann, Saec 103f
44 ANET 227
45 Erman, Lit 51-2; AEL I 230-1
46 Barta 1975, 61
47 Brunner, Rel 64-5
48 Mythe von der Himmelskuh, ANET 10-1; AEL II 197-9
49 LÄ III, 461
50 Assmann, Primat und Transzendenz, in: Aspekte der spätägyptischen Religion, GOF IV 9, 1979, 19
51 Kamp 1989, 32

4. Das Ringen um die Unsterblichkeit des Leibes

4.1 Grab, Sarg und Mumie als Garanten ewiger Dauer

Neben dem Königsdienst gibt es einen zweiten Bereich, wo numinose Mächte für alle Niltalbewohner belangreich werden, und das ist die Totensorge, wie zusammenfassend sowohl das Bemühen des Einzelnen um ein künftiges angemessenes Begräbnis wie der Kult der Nachwelt für einen Verstorbenen heißen soll. So weit erkennbar, hat die Ausrichtung auf das postmortale Dasein in vorgeschichtlicher Zeit mit dem Königtum keine direkten Zusammenhang. Seit der Staatenbildung wird er aber zunehmend hergestellt.

Nirgends in der Menschheitsgeschichte hat das gemutmaßte Weiterleben des Menschen über den irdischen Tod hinaus eine so überragende Rolle gespielt wie im Niltal. Keine andere Kultur hat für die individuelle Fortexistenz einen solchen Aufwand betrieben wie die ägyptische. "Wenn es eine Seite gibt, in der sich das ägyptische Volk von anderen unterscheidet, so ist es die Fürsorge, die es seinen Toten zuwendet"[1]. Als Überbleibsel solcher Totensorge liegen heute in den Museen aller Welt Hunderte von Mumien. Aber auch die sonst dort zur Schau gestellten ägyptischen Denkmäler wie Statuen, Hausrat, Schmuck oder Amulette, stammen zu 80 bis 90% aus dem Umkreis der Totenversorgung. "Das meiste, was wir vom Leben der alten Ägypter kennen, stammt aus dem Reich der Toten"[2]. Schon der Grieche Herodot (2,123) zog aus solcher Jenseitsorientierung den Schluß, die Ägypter hätten als erste den Satz gesprochen, "daß die Seele des Menschen unsterblich sei". Das ist zwar ein Mißverständnis; denn um eine unsterbliche Seele, für sich genommen, ging es dem Ägypter nicht. Doch seit dem Beginn der geschichtlichen Zeit haben die Bewohner des Niltals das "Sein zum Tode" in einer einmaligen Weise sich unablässig im Bewußtsein gehalten. Freilich so, daß sie die biologische Todesschranke nicht als endgültig akzeptiert haben. Die Schwelle des Ablebens eröffnet ihrer Meinung nach einen Bereich, in dem andere numinose Mächte als im Diesseits dem Menschen begegnen. Sie markiert zugleich, obgleich der Dienstleistung durch königlich angestellte Priester unterworfen und unter die Herrschaft eines jenseitigen Königs führend, eine gewisse Einschränkung der Macht des Pharao als des großen Gottes, der über das Diesseits unumschränkt zu walten scheint.

Vorgeschichtliche Funde im Niltal lassen hinsichtlich der Todes- und Totensorge nicht mehr erkennen als Beispiele anderer früherer Kulturen. Die Toten werden in einer Weise bestattet und mit Grabbeigaben versehen, welche die Überzeugung von ihrer Fortexistenz (wie seit der Steinzeit bei den meisten Völkern der Erde) deutlich erkennen läßt. Aber der Aufwand überschreitet nicht das Übliche. Die Leichen, bisweilen in Matten oder Felle eingewickelt, werden am westlichen, seltener am östlichen Wüstenrand beigesetzt, um vom Überschwemmungswasser nicht erreicht zu werden. Unter einem Erdhügel ruhen sie in Hockerstellung, also mit angezogenen Armen und Knien, in Embryonenlage oder eher Schlafstellung, da der Kopf höhergelegt wird. Das Gesicht richtet sich meist nach Westen, was der späteren Auffassung von einem Lichtland im Westen als Heimat der Seligen entspricht. Vermutlich ist diese Idee aus der Erfahrung des abendlichen Sonnenuntergangs entsprungen, bei dem im Niltal noch lange ein heller Widerschein hinter dem westlichen Gebirgsrand aufleuchtet. Die Pyramidentexte setzen eine fortgesetzte Verköstigung des Toten an seiner Grabstelle durch den (ältesten) Sohn voraus; das ist gewiß ein uralter Brauch im Lande.

Schon vorgeschichtlich wird vorausgesetzt, daß göttliche Mächte den Toten schützen. Von den Göttern für Bestattung und Begräbnis der nachmaligen Überlieferung werden besonders diejenigen, die sich in der Gestalt von Hund oder Schakal auskörpern können, ein altes Erbe sein. Dazu gehört der mittelägyptische Anubis, der mit Beginn des Alten Reiches zum wichtigsten Gott des Totenrituals wird, aber auch der in Abydos beheimatete "Erste der Westlichen", Chontamenti, der später mit Osiris verschmelzen wird. Den räuberischen Tieren der Wüste, die den Leichnam auszuscharren und zu vernichten drohen, wird ein übermächtiges Gegenbild aus ihrer eigenen Gattung gegenübergestellt, um solchen Angriffen zu wehren. Diese Mächte sind von Haus aus wohl lokale Friedhofsgötter; mit einem für alle selig Verstorbenen zuständigen göttlichen Wesen wird erst viel später gerechnet.

Seit dem Aufkommen des Alten Reiches schlägt Ägypten eine Bahn ein, die über alle religionsgeschichtlichen Parallelen weit hinausführt. Die Dreiheit von Mumie, Sarg und Grab wird so gestaltet, daß sie die unendliche Dauer des Abgeschiedenen nicht nur zu gewährleisten scheint, sondern ihm zugleich einen höheren Rang als zu Lebzeiten verleiht. Der dafür nötige Aufwand hat die Struktur der ägyptischen Gesellschaft und Ökonomie drei Jahrtausende lang geprägt.

Das älteste Beispiel einer mumifizierten Leiche stammt aus der Zeit der 3. Dynastie. Schon vorher bemüht man sich um Erhaltung des Knochenskeletts. Dazu wird das Fleisch vom Knochen abgeschabt, die einzelnen Knochen werden gesondert umwickelt, möglichst unter Nachahmung der Muskelstränge[3]. Bald jedoch wird solche Leichenzerstückelung aufgegeben, weil man gelernt hat, durch ein Bad in Natron auch Fleischteile zu konservieren. Die inneren Organe werden durch einen Schnitt aus dem Unterleib entfernt (später auch das Gehirn durch einen von der Nase aufwärts eingeführten Haken) und in einem vierteiligen Eingeweidekasten oder in vier Krügen, Kanopen genannt, besonders beigesetzt. Das Herz jedoch wird nach eingehender Präparierung wieder in den Leib eingesetzt. Nach Behandlung mit Natron und Lauge wird der Leichnam als ganzes in Binden gewickelt, die mit Harz oder Gips getränkt und so geformt werden, daß es gelingt, die Formen des menschlichen Körpers beizubehalten. Über den Kopf wird zusätzlich eine Mumienmaske mit menschlichem Gesicht gestülpt. Ein so umkleideter Toter ist zum "Edlen", zum *Sach*, aufgestiegen[4], auch wenn er zu Lebzeiten diesem Stand nicht angehört haben mag.

Ein Sarg aus Holz oder Ton als Behälter für eine Leiche läßt sich im mittelägyptischen Tarchan seit der Frühgeschichte nachweisen. Vermutlich aus praktischen Gründen zum Schutz gegen Tierfraß erfunden, reicht sein Zweck bald über die einfache Zielsetzung hinaus. Bei jedem, der es finanziell erschwingen kann, wird der Doppelsarg Brauch. Neben einer inneren, glattwandigen hölzernen Kiste wird ein äußerer Sarkophag angefertigt, der in der 4. Dynastie einer Hausfassade nachgebildet ist, oft mit gewölbtem Dach und Nischen in den Wänden. Im späteren Alten Reich tritt eine Scheintür hinzu, wie sie die Grabkammer (s. unten) ebenso aufweist; dazu ein Augenpaar, mit dem der Tote vermutlich auf die draußen ihm dargebrachten Opfer blicken soll. Ein Schriftband quer über dem Sarkophag hält Name und Titel des Eigentümers fest, gelegentlich auch ein Gebet für ihn. Obwohl es im Alten Reich schon kunstvoll gestaltete (Doppel-)Särge von beträchtlichen Ausmaßen gibt, bleibt ihre Bedeutung gegenüber Mumie und Grab noch zweitrangig.

Das eigentliche "Haus der Ewigkeit", in das der Abgeschiedene einzieht, ist nämlich das Grab. Seit Beginn der Schrift pflegen Besitzende über den Beisetzungshügel einen Grabstein mit einer kurzen Inschrift zu setzen. Der dadurch bleibend gesicherte Name verbürgt, ähnlich wie die Mumie, eine individuelle Fortdauer. An die Stelle des Erdhügels über dem Begrabenen tritt bald ein massives rechteckiges Gebäude. Wie bedeutsam diese Anlage wird, läßt sich daran erkennen, daß ein Ägypter schon zu Lebzeiten möglichst früh mit dem Bau eines solchen Grabes beginnt. Zwei Haupttypen bilden sich aus. In Oberägypten (Abydos) wird eine unterirdische Ziegelkammer angelegt und darüber ein Hügel gehäuft. Der unterägyptische Grabbau wird hingegen oberirdisch angelegt; die Mastaba, "Bankgrab", genannte Form zeigt ein flaches Dach und senkrechte oder leicht geböschte Wände (vgl. Abb. 16).

In anderen Gegenden finden sich in das Gebirge getriebene Felsengräber. In jedem Falle bildet eine rechteckige Sargkammer den zentralen Raum, der nicht nur die Mumie und die Särge aufnimmt, sondern oft auch Hausrat und Beigaben; entsprechende Abbildungen finden sich gern auf den Wänden. Nach der Beisetzung wird die Sargkammer zugemauert. An ihrer Außenseite ist eine

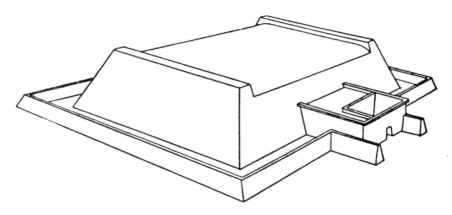

Abb. 16 Mastaba des Schepses-Kaf (4.Dyn.)

genischte Scheintür eingemeißelt, durch die kein Menschenleib eintreten, wohl aber die Bewegungsseele des Toten, sein Ba, heraus- und hereingehen kann, um die Essenz der Speise- und Trankopfer der Mumie zu vermitteln. Die Form einer Tür zeigt an, daß Diesseits und Jenseits ineinander übergehen, daß aber der Überschritt den Irdischen verwehrt ist.

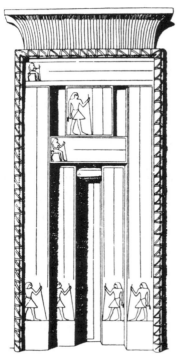

Abb. 17 Scheintür mit Grabherr (unter Fortlassung der Inschriften, Berlin 1108)

Die Scheintür stellt den "geistige Mittelpunkt des Grabes" dar[5]. Sie ermöglicht den Kontakt zur opfernden Nachwelt, ohne den der Abgeschiedene selbst bei unversehrter Mumie zugrunde ginge. Auf dem unteren Rahmen der Scheintür wird rechts und links der Tote beim Heraus- und Hereingehen gezeigt. Draußen bieten außerdem steinerne Wiedergaben der Ernährung Ersatz für den Fall, daß die Naturalspenden aufhören. Auf dem Türsturz wird der Tote vor einem reich beladenen Opfertisch abgebildet. Hinzugefügt wird gern eine bildliche Opferliste. Bis zum Ende der 4. Dynastie verzeichnet sie Stoffe, Speisen, Geräte, die in materieller Form dem Toten mit ins Grab gegeben waren. Allmählich treten auch Bestandteile der täglichen Grabdarbringung hinzu, die dann ab der 5. Dynastie zum einzigen Inhalt der Opferliste werden. Was da abgebildet wird, reicht aber über die tatsächlich zu erwartenden Darbringungen hinaus, gibt z.B. fünf Sorten Wein, vierzehn Sorten Kuchen oder zehn Arten von Fleisch wieder. Kraft einer dem geweihten Bild nach äygptischem Denken innewohnenden Realpräsenz des abgebildeten Gegenstandes vermag sich der im Grab Liegende notfalls von den Bildinhalten zu ernähren. Vor solchen Listen wird die Formel eingemeißelt: "Ein Opfer, das der König gibt."

Davor befindet sich auf einem kleinen Podest eine horizontale rechteckige Opferplatte mit einer Ausbuchtung in Richtung des Toten, so daß das Hieroglyphenzeichen *hetep* entsteht, das Wohlbefinden, Friede, Seligkeit, Besänftigung bedeutet und so zum Ausdruck bringt, was die darauf abgelegten oder abgebildeten Speisen und Getränke dem Grabinhaber vermitteln.

Abb. 18 Opferstein aus dem Neuen Reich. Unten in der Mitte die Matte mit dem Brotnapf, darüber gehäuft Brote, Wasserkrüge, Fruchtkorb, Gänsebraten u.a. (Berlin 2273)

Nicht nur die Naturalabgabe, nicht nur das steinerne Abbild, auch gesprochene Worte sichern Weiterleben für den Verewigten. Seit der 5. Dynastie wird auf der äußeren Grabwand ein Anruf an die Lebenden angebracht, eine Aufforderung, eine Spende niederzulegen oder wenigstens eine Wunschformel auszusprechen:

> O ihr Lebenden auf Erden, die vorübergehen werden an diesem Grab! Wenn ihr wollt, daß euch der König liebt und eure Ehrung beim großen Gott stattfindet, möget ihr sagen: Tausende an Brot und Bier für den NN![6].

Im Grab läßt ein vermögender Ägypter außerdem eine oder mehrere Statuen seiner Person aufstellen. Das Rundbild verkörpert eine besondere seelische Kraft des Menschen, den Ka, der für Ernährung sowie für Erhalt der Gestalt sorgt und insofern als nahe Außenseele für die Unversehrtheit der Mumie unentbehrlich ist. Die Ka-Statue, die in einem eigenen, unzugänglich gemachten Raum, modern Serdab, alt "Haus des Ka" genannt, untergebracht wird, vermag sogar die Mumie zu ersetzen, falls sie beschädigt wird, und so das leibliche

Fortbestehen des Toten zu sichern, weil eben die Gestalt erhalten bleibt. Die Grabausstattung insgesamt sichert also nicht nur die Bewahrung der Mumie, sondern gibt dem Abgeschiedenen einen Teil der diesseitigen Umwelt mit in das Nachleben. "So vermittelt das Grab beide Bereiche: es markiert einen Ort im J(enseits), so daß der Mensch weiß, wohin er zu gehen hat, wenn ihn der Todesbote aus dem D(iesseit)s ruft, und einen Ort im D(iesseits), wo der Grabherr vor die Nachwelt tritt, in deren Gedächtnis er als 'Name' weiterlebt"[7].

Seit der 4. Dynastie pflegen Höhergestellte außer ihrem Namen auch ihre Biografie auf dem Grabstein der Statue oder der Sargkammerwand festzuhalten. Dadurch entsteht eine literarische Gattung, die sich bis in die Spätzeit durchhält[8]. Sie findet sich nur bei Privaten, nie bei einem König. Ihre Absicht ist, den eigenen "Charakter" möglichst genau über den Tod hinaus zu erhalten. Aufgezeichnet werden aber überraschenderweise nicht nur Tatsachen, die wirklich geschehen sind. Vielmehr wird der Lebenslauf idealisiert und der Anschein eines untadeligen Wandels entworfen, um als besserer Mensch künftig fortzuexistieren. Maßstab ist vor allem der Dienst für den König, der treu und einwandfrei durchgeführt worden sei, wie häufig behauptet wird. Die Laufbahn in staatlichen Ämtern spielt eine wichtige Rolle. Daneben aber wird eine Idealbiografie geboten, die den Toten als Ausbund an Tugend zeigt. Jeden Hungrigen hat er gesättigt, jeden Nackten bekleidet. (Ein berühmtes Beispiel bietet die Inschrift des Gouverneurs von Oberägypten Herchuf[9]). Das Aufkommen der Biografien zeigt, wie um die Mitte des Alten Reiches zur bislang allein ausschlaggebenden materiell-magischen Totensorge ein moralisches Element hinzutritt.

Auch im jenseitigen Dasein bleibt der Mensch gesellschaftlich eingebunden. Vom Land im Westen, in das der Abgeschiedene überwechselt, erwartet er eine ähnlich agrarische Verfassung wie vom Niltal, nur größere Fruchtbarkeit und reichlichere Genußmöglichkeiten. Es gilt als selbstverständlich, daß er dort unter königlichem Befehl an Arbeiten und Feiern teilnehmen wird. Szenen des Landlebens auf den Grabwänden nehmen solche Ereignisse vorweg, zeigen Pflügen und Ernten, Fischfang und Jagd. Dazu bedarf der Hausherr natürlich einer Familie. Frau und Kinder, gelegentlich sogar Lieblingstiere wie Hund oder Esel, werden deshalb im selben Grab beigesetzt und die Dienerschaft wenigstens durch Holzmodelle repräsentiert.

Im Verband von Mumie, Sarg und Grab ist die unendliche Dauer der eigenen Person gesichert, vorausgesetzt, daß diese Größen rituell sorgfältig angefertigt und die Beisetzung nach geheiligtem Brauch vollzogen worden ist. Sie überführt den Abgeschiedenen in die Nekropole, die ein Gottesbesitz ist, ein *cheret-netscher*, und versichert ihn des bleibenden Beistands überirdischer Mächte.

4.2 Beisetzungsrituale und Verklärung

Nach dem Ableben wird ein Ägypter aus seinem Haus in den Friedhofsbezirk zu einer "Halle des Anubis" gebracht. Dort arbeitet der Balsamierer, Ut genannt. Sachkundig reinigt er die Leiche, entfernt die Eingeweide und legt den Leib für 35 Tage in eine Natronpackung. Danach füllt er den Unterleib mit Stoff auf und umwickelt den Körper nach geometrischen Mustern mit Binden, die bis zu 1000 Meter lang sein können. Um dem Abgeschiedenen eine ideale Form zu geben, werden verstümmelte Gliedmaßen durch Protesen ersetzt, der Frauenkopf durch künstliche Haare verschönt, der Phallos durch eine dauerhafte künstliche Nachbildung verbessert. Bei den siebzigtägigen Verrichtungen in der Halle wird der Balsamierer vom Vorlesepriester, dem Cheriheb, durch Rezitation von Ritualsprüchen unterstützt, damit der Leichnam auf immer unvergänglich wird.

Die Überführung zur Grabstätte wird nach Ablauf dieser Frist nicht minder umständlich vollzogen. Die Abfolge der Riten wird auf zahlreichen Grabwänden dargestellt, wenngleich uns ihr Zweck weithin unbekannt bleibt. Im Sarg wird die Mumie zuerst zum Rand des Kulturlandes zurückgetragen oder gefahren, hin zu einer "Halle der Vereinigung" oder "reinen Stätte", *wabet*, wo ihr zum ersten Male Speise zugewendet und ein Schlachtopfer dargebracht wird. Wichtig ist weiter, daß der Sarg auf ein Boot verladen und über einen Kanal getreidelt wird. Im Boot sitzen zwei Klagefrauen, die die "zwei Weihen" (als Vogelart) genannt werden.

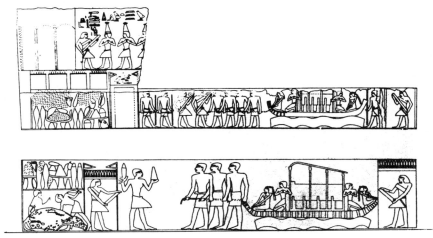

Abb. 19 Grabbild aus Daschur mit Bootsfahrt des Sarges (6.Dyn.)

Das Boot landet an mehreren Stellen an. So an einem Platz, der mit dem Namen der unterägyptischen Stadt Saïs benannt ist. Dort begrüßt ein Vorlesepriester den Zug: "In Frieden (*ḥetep*) beim großen Gott!". Die Szene greift gewiß auf ein uraltes saïtisches Begräbnisritual zurück, dessen Verlauf jedoch so unklar bleibt wie der Gott, der hier angerufen wird; denn Saïs ist eigentlich der Hauptkultort einer Göttin Neith. Danach gelangt der Sarg zu einer Stätte, die Buto heißt und ebenfalls den Namen einer unterägyptischen Stadt trägt, in der eine Göttin beheimatet ist, nämlich die Kronengöttin Wadschet (griech. Uto). Nachdem vor dem Prozessionszug Milch auf den Weg gesprengt war und Priester geräuchert hatten, wird der Sarg in "Buto" von tanzenden, mit einer Pflanzenkrone geschmückten Männern, den Muu, begrüßt. In ihnen hat man die Geister verstorbener Könige vermutet oder die Abbilder mythischer Fährleute, die den Abgeschiedenen über den Himmelsstrom zu setzen haben. Jedenfalls wird von Buto aus der Verklärte in die Lage versetzt, ins "himmlische Opfergefilde" überzusetzen[10]. Schließlich wird der Sarg durch eine Gruppe von neun Freunden in das fertiggestellte Grab gebracht, unter dem Zuruf der Umstehenden: "Es kommt der Gott!". Nachdem die Sargkammer verschlossen und wieder Gaben dargebracht sind, werden in einem "Haus der Zeltstangen" Schutzriten für den Abgeschiedenen durchgeführt, dann im Fruchtland Schlachtopfer dargebracht, die vielleicht mit einem Totenmahl für die Angehörigen verbunden sind.

Das ausgedehnte Beisetzungsritual ist zuerst bei Königen nachweisbar. Auf besondere herrscherliche Begehungen verweisen Namen wie Saïs und Buto, von denen zumindest der letzte eine vorgeschichtliche Residenz bezeichnet. Doch sind die entsprechenden Riten seit der 5. Dynastie schon für nichtkönigliche Personen bezeugt. An der Todesschwelle verschwinden die sozialen Rangstufen nicht, aber verschieben sich anscheinend. Wie die Mumifizierung Aufnahme in den Stand der "Edlen" zur Folge hat, so macht die rite vollzogene Beisetzung zum "wohlversorgten Ehrwürdigen", *imachu*, beim verklärten König. Eine Zuordnung zum königlichen Bereich bleibt also auch nach dem Tod erhalten, wie denn auch die für den Übergang zuständigen Totenpriester königliche Funktionäre sind. Dennoch gehen ältere königliche Prärogative auf jeden rituell bestatteten Ägypter über.

Dem königlichen Begräbnis bleiben freilich weiterhin besondere Riten vorbehalten. Dazu gehört nach Ankunft des Sarges in Buto anscheinend das Umladen auf ein Schreinboot, das zu Stätten fährt, die dem Sonnengott in On gewidmet sind. Wichtiger noch ist ein Akt der Wiederbelebung der königlichen Statue vor dem Grab durch eine vom Priester vollzogene Mundöffnung. Außerdem wird eine Tekenu genannte sitzende Figur auf einem Schlitten herbeigezogen, die bisweilen von einem Fell umhüllt ist und deren weitere Behandlung unklar bleibt. Man hat vermutet, daß die Gestalt beseitigt wird und dabei den Toten hinsichtlich seiner üblen Charakterseiten charakterisiert. Andere vermuten ein symbolisches Menschenopfer. Auch diese Riten werden dann seit dem Mittleren Reich in den Totenkult nichtköniglicher Personen überführt. Das hatte dann zur Folge, daß für die königliche Bestattung zusätzliche Handlungen erfunden werden, die dann im Laufe der Zeit wieder von Privatpersonen nachgeahmt werden.

Was in der Balsamierungshalle und in der Grabkammer geschieht, bewirkt Verklärung ($s^3\underline{h}$) des Toten und dadurch eine Veränderung seiner Seinsart. Durch die Riten werden die Körperglieder wieder zusammengebunden und ihre Funktion erneut geweckt, darüber hinaus aber eine Verwandlung in ein höheres, leidfreies und unsterbliches Dasein bewirkt sowie zugleich eine soziale Eingliederung in die hierarchische Ordnung der Jenseitswelt. Durch das schöpferische Wort des Vorlesepriesters tritt eine Verklärungsseele, Ach genannt, aus dem Abgeschiedenen heraus, die zum Himmel aufsteigt und dennoch mit dem unten verbleibenden Leichnam in Lebensgemeinschaft bleibt. So zielen die Beisetzungsriten nicht nur auf Wiederbelebung, sondern auf "Aufhebung des Todes als der absoluten Desintegration"[11].

Bedenkt man, daß während der langen Beisetzungszeit eine Fülle von Riten anscheinend dem gleichen Zweck dienen, sie dazu noch von den Sprüchen des Vorlesepriesters begleitet werden, die ihrerseits das Überwechseln vom vergänglichen Diesseits in das ewige Jenseits hervorrufen, so wird die Beisetzung eines Toten zu einem bezeichnenden Beispiel, was man mythische Kumulation nennen mag. Jeder Gedanke an eine Eingrenzung der zureichenden Mittel und einen zweckgerechten Aufwand fällt dahin. Der beabsichtigte Endzweck wird vielmehr durch eine Fülle von Handlungen hervorgerufen, von denen jede, für sich genommen, schon hinreichend zu sein scheint. Insofern herrscht hier keine strikt kausale Betrachtung des Geschehens vor, sondern die Überzeugung von einer nötigen Vielfalt der Zugangsweisen, und das nicht nur für die Sprüche, sondern auch für die dazugehörigen Riten.

4.3 Fortgesetzter Totendienst

Da die Weiterexistenz nicht bloß geistig-seelischer Art sein soll, bedarf der Abgeschiedene über den Begräbnistag hinaus regelmäßiger Verköstigung. "Der Abscheu dieses NN ist der Hunger ... sein Abscheu ist der Durst" heißt es in den Pyramidentexten. Dort tritt mehrfach die Angst zutage, wegen Mangel an Speise und Trank den eigenen Kot essen und Harn trinken zu müssen[12]. Sich allein durch das Anblicken der steinernen Abbildungen von Speise und Trank in und am Grab zu ernähren, kann nur ein letzter Notbehelf sein. Echtes Brot und frisches Wasser bleiben die wahren Lebensmittel auch für den im Grab Befindlichen. Deshalb ist es Pflicht des Sohnes, täglich auf der Opferplatte vor der Scheintür des verstorbenen Vaters eine Spende darzubringen und sie an Feiertagen besonders reichlich auszustatten. Dem im Grab Liegenden ruft er zu:

"Stehe auf und empfange von mir dieses Brot" (Pyr 217). Vermag auch die Mumie selbst nicht aufzustehen, so wacht doch ihre "Bewegungsseele" bei solchem Anruf auf und wandert durch die Scheintür nach draußen. Vielleicht leitet dieser Anruf ursprünglich das häufig zugunsten der Toten geforderte Anrufungsopfer, *peret heru*, wörtlich "das Heraussenden der (wirkungskräftigen) Stimme" (oder: das Herauskommen (des Toten) auf die Stimme (des Opfernden) hin?) ein, das durch eine Hieroglyphenkombination der Zeichen für Hervorgehen + Stimme + Brot + Bier festgehalten wird[13].

Nicht immer ist ein Sohn regelmäßig anwesend. Sicherer ist es deshalb, einen Totenpriester anzustellen, der in Stellvertretung des Sohnes sich um die verschiedenartigen Seelen des Verstorbenen kümmert; in ältester Zeit heißt er "der die Verklärungsseele (Ach) umfängt", später "Diener der Erhaltungsseele (Ka)". Wer zu Lebzeiten dazu imstande ist, sichert sich durch einen juristischen Vertrag die Versorgung durch Totenpriester auf unbegrenzte Dauer. Auch die täglichen Opfergaben bewirken Verklärung, der Zustand ist also nicht ein für allemal endgültig erreicht.

Die Nachkommen führen den Totenkult nicht völlig uneigennützig durch, sondern sind darauf angewiesen, den Abgeschiedenen weiterhin günstig zu stimmen. Der im Grab Liegende vermag auf seine Umgebung einzuwirken, unreine Besucher des Friedhofs zu schädigen, reine aber zu unterstützen[14]. Die Hinterbliebenen wenden sich bisweilen sogar in Briefen an den Verstorbenen und bitten ihn um sein Eingreifen bei irdischen Rechtsstreitigkeiten[15], sie setzen also seine Präsenz weit über den Nekropolenbereich hinaus voraus. So west der Verklärte nicht nur im Jenseits, sondern gehört weiterhin unsichtbar zur diesseitigen Wirklichkeit.

Der ewige Totendienst bleibt natürlich ein Wunschtraum. Zu allen Zeiten gab es im Niltal vergessene, verfallene, zerstörte Grabstätten. Das muß jedem Ägypter bewußt gewesen sein. Könige sehen sich bisweilen sogar aus wirtschaftlichen Gründen gezwungen, per Dekret die priesterliche Totensorge am Grabe eines Vorfahren einzustellen und die entsprechenden Stiftungen für ein jüngst verstorbenes Familienglied umzuwidmen. Im Laufe der Zeit stoßen solche Übertragungen immer weniger auf Bedenken. Statuen und Grabausrüstungen werden nach Tilgung des früheren Namens mit einer neuen Inschrift einem anderen Eigentümer zugewendet. (Kein Wunder, wenn zwielichtiges Gesindel oder hungrige Landesbewohner das Beispiel der Großen sich auf ihre Weise zueigen machen und die Gräber ausrauben, um Gold und anderen Schmuck dann höchst profan zu veräußern). Trotzdem wird Jahrhundert um Jahrhundert der für uns nahezu unvorstellbare Aufwand für die Totensorge fortgesetzt und von Verklärungsriten Ewigkeit erwartet. Steht eine Überzeugung im Hintergrund, daß Abgeschiedene, die jahrzehntelang wohlversorgt waren, allmählich immun gegen Hunger und Durst geworden sind? Oder rechnet man mit einer allmählichen Verschmelzung der verstorbenen Generationen, so daß ein Ahn im kultisch versorgten Nachkommen aufgehoben sein kann? Könige wenigstens sehen sich später imstande, den Vorgängern als Vorfahren global zu opfern, abseits von deren jeweiliger Grabstätte, die zum Teil verfallen ist. Das halten Reliefs in der Festhalle Thutmoses III. in Karnak und Seti I. in Abydos fest.

4.4 Potentielle Unsterblichkeit des Leibes

Der gewaltige zeitliche und ökonomische Aufwand für Mumifizierung und Grabausstattung übersteigt, wie schon erwähnt, was aus anderen Religionen an Totensorge bekannt ist. Wozu solche Mühe um die Postexistenz? Sie erklärt sich aus einer mit der geschichtlichen Zeit entstandenen und dann durch Jahrtausende festgehaltenen ägyptischen Überzeugung, daß Menschen nicht nur mit einem Seelenteil, sondern mit einem Leib grundsätzlich ewig bestehen können, daß zudem irgendein seelisches Weiterleben ohne körperliche Basis sinnlos und unmöglich ist. Zwar rechnen die meisten Völker der Erde seit unvordenklichen Zeiten mit einem Weiterleben des Menschen über den biologischen Tod hinaus. Gemeinhin wird aber nur eine Seelen- oder Geisteskraft als Medium der Fortexistenz vorausgesetzt, da der Körper sichtlich der Verwesung anheimfällt. Mit dem Pochen auf eine potenzielle Unsterblichkeit des Leibes stehen die Ägypter einzig da. Über die Voraussetzung einer solchen Auffassung lassen sich nur Mutmaßungen anstellen. Dem trockenen Wüstenklima entsprechend werden die Menschen der Frühzeit wieder und wieder im Sand ausgedörrte Leichname von Menschen und Tieren vorgefunden haben, die zwar eingeschrumpft, aber in den Umrissen unverändert geblieben waren. Das hat vermutlich dazu gereizt, aus der Not eine Tugend zu machen und die Leiber der Toten künstlich über das hinaus zu konservieren, was der Wüstenboden bewirkte.

Unterstützend tritt eine ganzheitliche Auffassung vom Menschen hinzu, wonach ohne leibliche Bindung ein menschliches Dasein sinnlos erscheint. Was sich also dem Auge darbietet als Erfahrung im Wüstensand, wird anthropologisch verarbeitet. "Die Wüste mit ihrer natürlichen Konservierungskraft war dabei die beste Lehrmeisterin des Ägypters"[16]. Zwar besteht auch für ägyptisches Denken der Mensch nie allein aus Leib, sondern bedarf der Seelen- und Geisteskräfte, auch und gerade für die Weiterexistenz. Aber diese dauern nur an, wenn ein Körper als Ruhestätte vorhanden bleibt.

Die für uns scheinbar eindeutige antithetische Entgegensetzung von Leben und Tod wird vom Ägypter auf einer anderen Ebene gesucht als bei uns. Tot

Abb. 20 Vertrocknete "natürliche" Mumie aus Gebelen, um 3200 v.Chr

im ägyptischen Sinn (*mut*) ist schon derjenige, der im fremden Land fern vom lebensspendenden Niltal weilt, oder der sich im Niltal befindet, aber von Krankheit befallen oder durch Verunreinigung von der Gesellschaft isoliert ist. Hingegen leben, ᶜ*anch*, selbstverständlich auch die Abgeschiedenen, sofern sie rituell bestattet und solange sie durch Totenkult versorgt sind. Freilich droht ihnen ein zweiter Tod, und der ist der eigentliche, wenn ihre Versorgung abbricht, das Grab aufgebrochen und nicht allein die Mumie, sondern auch die Statue zerstört wird. Insofern fürchten die Ägypter den Tod letztlich nicht weniger als andere Menschen, nur droht er ihnen aus anderen Dimensionen.

Unsterblichkeit des Leibes ergibt sich keineswegs automatisch. Wer im feuchten Kulturland oder gar im Ausland beerdigt wird, verwest und verschwindet auf immer. Selbst die Verwandlung in eine Mumie und das Begräbnis am Wüstenrand bieten keine völlige Sicherheit. Tiere können das Grab heimsuchen, Räuber es ausplündern. Deshalb bedarf es des aufwendigen Rituals, um den Leib wirklich unsterblich zu erhalten. Ohne zureichendes Ritual ist für die Mehrheit der Menschen der irdische zugleich auch der endgültige Tod. Gerade weil aber potentiell Ewigkeit möglich ist, wird der Tod als Feind (Zandee) gefürchtet.

Der Begriff Leib erscheint insofern nicht angemessen, als die Ägypter weder eine grundsätzliche dichotomische Trennung von materiellen und ideellen Bestandteilen im Menschen kennen, noch auch den Körper als ein in sich geschlossenes, sich selbst regulierendes System auffassen. Ihre Sprache besitzt kein eigentliches Wort für 'Leib'; bei Bedarf wird meist ein Plural "Glieder" verwendet. Jede Person besteht aus mehr oder minder locker zusammengefügten körperlichen und seelischen Komponenten, deren Rolle für das Leben bisweilen bei Körperteilen wie dem Herz sowohl physiologisch wie geistiger Art ist. Ein Mensch wird nicht als geschlossene Persönlichkeit gedacht, sondern als ein Geflecht verschiedenartiger "Menschenteile". Deshalb erwecken Sterben und Leichenstarre nicht den Eindruck eines unbedingten Endes. Beim biologischen Tod geschieht vielmehr eine Umorientierung innerhalb der menschlichen Bestandteile, wenn entsprechende magische Hilfe zur Verfügung steht. Die Bewegungsfähigkeit etwa hangt hinfort nicht mehr an den Extremitäten, sondern überträgt sich auf eine Ba genannte und vogelartig vorgestellte unsichtbare Substanz, die hinfort als Außenseele aus dem Körper heraustritt, mit ihm aber unlöslich verbunden bleibt. Doch nur, wenn die leibliche Gestalt fortbesteht, vermag die Bewegungsseele existent zu bleiben – und umgekehrt. Deshalb hält Ägypten zäh an der Unsterblichkeit der leiblichen Gestalt fest.

4.5 Königliche Doppelgräber und die Pyramiden

Die ältesten Königsgräber sind in Abydos gefunden worden. Sie werden als eine unterirdische Anlage errichtet, bald mit zwei Kammern, dem dualen Ordnungsprinzip entsprechend, das ein König mehr als alle anderen Phänomene der Wirklichkeit repräsentiert. Oberirdisch werden zwei Stelen mit dem Horusnamen des Verstorbenen aufgestellt. Als Horus lebt er also weiter. Mit dem auf einem Hügel angelegten Grab wird ein Bau im Niltal verbunden, dessen – gewiß kultischer – Zweck nicht mehr deutlich ist.

Das Bedürfnis, Zweiheit als Grundlage heilvoller Einrichtungen zu demonstrieren, führt dazu, für denselben König sowohl im oberägyptischen Abydos, wo der gewaltige Totengott Chontamenti zu Hause ist, wie im unterägyptischen Saqqara, wo der Erdgott Sokar für die Abgeschiedenen sorgt, ein Grab anzulegen. Nur an einem Platz findet natürlich das wirkliche Begräbnis statt; an dem anderen steht ein Kenotaph, bei dem aber durchaus mit einer Präsenz des Abgeschiedenen gerechnet wird. Der Bautyp ist in Saqqara ein anderer, eine oberirdische Mastaba mit einer nischenartigen Umfassungsmauer, die wohl den Palast des irdischen Herrschers nachahmt.

Das königliche Grab wird von letzten Ruhestätten für die Familie und das Gefolge des Herrschers umgeben. Ausweislich vorgeschichtlicher Funde sind Angehörige und Diener anläßlich der Bestattung umgebracht worden, um dem Herrn sofort in den Tod zu folgen. In geschichtlicher Zeit ist jedoch die Sitte solcher Menschenopfer bald verschwunden.

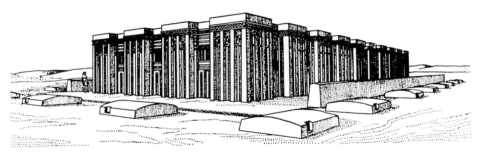

Abb. 21 Nischengrab der 1. Dyn.

Eine einschneidende Änderung vollzieht sich um 2650 v. Chr., als der Pharao Dschoser seinen genialen Baumeister Imhotep beauftragt, über einer bereits angefangenen flachdeckigen Mastaba in Saqqara einige weitere Mastabas mit je geringeren Seitenmaßen aufzumauern und so das ganze in sechzig Meter Höhe mit einer Spitze zu krönen. Die so entstandene Stufenpyramide ist noch heute als das erste monumentale Steinbauwerk der Weltgeschichte zu bewundern. Sie wird alsbald zum beherrschenden Typ eines Königsgrabes für fast ein Jahrtausend. Um das mächtige Grabdenkmal gruppieren sich jeweils eine Fülle von Kapellen und Magazinen sowie mehrere Höfe und Gräber für die Angehörigen des Königshauses und hohe Beamte.

An die Dschoserpyramide reiht sich unmittelbar nördlich ein Totentempel an, um die fortlaufende Versorgung des Abgeschiedenen zu gewährleisten. An ihn grenzt ein Hof mit einer kleinen Kapelle, Serdab genannt, an, in welcher eine Statue Dschosers in der Kleidung des Sedfestes aufgestellt war.

Der große Hof südlich der Pyramide mit den angrenzenden Kapellen war wahrscheinlich nach dem Muster eines Geländes für königliche Jubiläumsfeste angelegt. Demnach bedarf auch der abgeschiedene König in gewissen zeitlichen Abständen der Erneuerung seiner Würde und Kraft. An diesen Hof grenzt ein Südgrab an, das aber für die Aufnahme einer Leiche zu klein war. Vermutlich hat es diejenige Statue aufgenommen, welche die Ka-Seele des Königs repräsentierte. An die Stelle dieses Zweitgrabes tritt bei den Nachfolgern Dschosers eine zweite kleine Pyramide. So ist die Dualität des Grabes dokumentiert, das Zweitgrab in Abydos wird deshalb seit der 3. Dynastie aufgegeben.

Welchen Sinn hat die Anlage insgesamt? In dem großräumigen ummauerten Bezirk sieht man oft die versteinerte Nachbildung der Palastanlage des irdischen Herrschers, die im Niltal aus Lehmwänden und Matten ausgeführt war. Doch gibt es auch Stimmen, die im Dschoserbezirk nur eine riesige Kultanlage für die Bestattungsfeiern und nachfolgende jenseitige Kulthandlungen sehen, an denen der abgeschiedene König sich beteiligen soll (Stadelmann).

Das Ringen um die Unsterblichkeit des Leibes 91

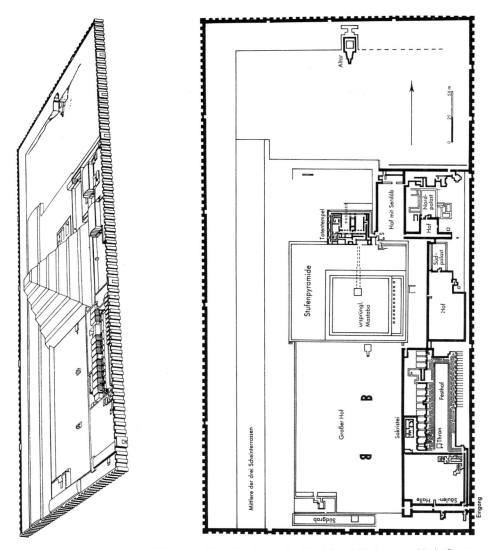

Abb. 22 Rekonstruktion und Plan von König Dschosers Grabbezirk mit Stufenpyramide in Saqqara

Dschosers Nachfolger greifen die neue Art der Pyramide für ihre eigenen Begräbnisse auf und heben dadurch ihre eigenen Gräber in eindrucksvoller Weise von denjenigen des gemeinen Volkes ab. Nur die gestufte Form wird bald aufgegeben und die Seitenflächen durchgängig abgeschrägt, so daß die uns geläufige Pyramidenform entsteht. Sie ahmt eine Bergform nach, die sich im Westgebirge findet, und will wohl eine Rampe für den Aufstieg des Toten zu den Sternen ebenso versinnbildlichen wie seine bleibende Herrschaft über die Bewohner des Landes, das sein Denkmal sichtbar überragt. Westlich von Kairo finden sich heute auf über 100 km am Wüstenrand von Nord nach Süd die Überreste zahlreicher Pyramiden. Die riesigen Denkmäler bezeugen nicht bloß die Inbrunst königlichen Totenkultes, sondern stellen eine imposante architektonische und ökonomische Leistung dar, die im Altertum ihresgleichen sucht. Rund hundert Jahre nach Dschoser entstehen bei Gize die drei berühmten Pyramiden des Cheops, Chefren und Mykerinos. Die erste erreicht die Höhe von 147 Metern, ein Maß, das erst im nachchristlichen 19. Jahrhundert von einem menschlichen Bauwerk (dem Ulmer Münster) wieder erreicht wurde. Der notwendige Aufwand wirkt für die Frühgeschichte der Menschheit schier unbegreiflich. Kein Wunder, daß jeder Herrscher alsbald nach Regierungsantritt mit Planung und Ausführung seiner Grablege beginnt. Für nicht wenige unter ihnen wird das Pyramidenprojekt der Mittelpunkt ihrer Regierungstätigkeit überhaupt gewesen sein.

Warum die eigenartige pyramidale Gestalt gewählt wurde, ist bislang unerklärt. Die Regelmäßigkeit der Anlage erweckt immer wieder die Vermutung, daß geheimnisvolle Zahlenverhältnisse zugrunde lägen. Doch alle versuchten Rekonstruktionen haben sich als unhaltbar erwiesen. Zu unterschiedlich sind die Seiten- und Höhenmaße, auch die Neigungswinkel. Natürlich spielt die Absicht mit, Särgen und Mumien den höchst möglichen Schutz zu gewähren. Sie werden in einer Kammer beigesetzt, die nur durch ein Gewirr von verwinkelten Gängen unter dem riesigen Steinbau zu erreichen ist. Für den Bestattungsvollzug werden diese Gänge durch Balken und Bretter vor darüberliegenden losen Gesteinsmassen abgeschirmt. Indem danach die Priester beim Herausgehen die Stützbalken durch Seile zum Einsturz bringen, fällt das Gestein herab und der Zugang wird verschüttet. Solche Vorsichtsmaßnahmen haben freilich auf Dauer nichts genützt. Grabräuber späterer Jahrhunderte haben sämtliche Pyramiden aufgebrochen und alle Grabkammern entdeckt und beraubt. Ein anderer Zweck des hochragenden Baues mag darin bestehen, daß die Nachwelt sich des Abgeschiedenen bewußt bleiben soll. Da die Spitzen der Pyramiden über dem Niltal weithin sichtbar sind, machen sie den Lebenden anschaulich, daß auch der verstorbene Herrscher weiterhin Ägypten beschützt.

Obwohl aus Stein, gilt die Pyramide als lebendiges Wesen. Jede von ihnen trägt einen individuellen Namen, der ihre Mächtigkeit und ihr übermenschliches Vermögen ausdrückt. "Göttlich ist Mykerinos" – "Es bleibt die Vollendung des Pepi" (Ausgang für den Stadtnamen Memphis) – oder "Bleibend ist das Leben des Neferkare" lauten etwa die Bezeichnungen. Im Denkmal konzentriert sich also Lebenskraft und dauernde Mächtigkeit des Verewigten.

Für die Versorgung des Toten wird bald die Kapelle, die ursprünglich an der Nordseite errichtet war, nicht mehr als ausreichend angesehen. Seit Snofru wird die Opferstätte an die Ostseite, also in Richtung der Landesbewohner verlegt, und zu einem umfänglichen Gebäudesystem mit Verbindungsweg zum Kulturland umgestaltet. Unmittelbar östlich vor der Pyramide befindet sich nun der reich gegliederte Totentempel. Direkt an der Pyramidenmauer erstreckt sich das schmale Allerheiligste, die eigentliche Stätte für Totenopfer, mit der wichtigen Scheintür (S). Davor liegt, baulich eng damit verbunden, in Richtung Niltal ein ausgedehnter Verehrungstempel, wo dem Dahingegangenen weiterhin als Herrscher gehuldigt und an seine Jubiläumsfeste magisch erinnert wird. Dieser Trakt wird Sakralräumen für Feste des lebenden Königs nachgebaut sein. Zu ihm gehören ein großer Schlachthof (H), und westlich davon fünf Nischen für Königsstatuen in verschiedenen Positionen, als ober-und unterägyptischer Herrscher und als thronender Osiris beispielsweise (K). An den Wänden werden in den vorderen Räumen königliche Taten, in den hinteren die Aufnahme des Königs durch die Totengötter dargestellt.

Mit dem Totentempel verbunden wird unten am Rand des Kulturlands ein Taltempel (TT) errichtet. Es ist umstritten, ob er speziell für die Beisetzungsfeierlichkeiten nötig war, sein Zweck geht später darin jedenfalls nicht auf. Mit dem oberen Komplex ist er durch einen meist

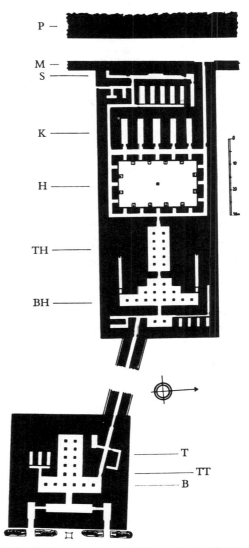

Abb. 23 Totentempel und Taltempel des Königs Chefren

mehrere hundert Meter langen Aufweg verbunden. Seine Wände zeigen Göttinnen, die den König säugen, wohl ein Zeichen seiner ewigen Wiedergeburt. – Um den Taltempel herum breitet sich die Pyramidenstadt aus, in der alle Menschen leben, die mit Bau und Versorgung der Anlage beschäftigt sind. Vielleicht war hier schon die Residenz des Königs, solange er auf Erden lebte. Jedenfalls wird eher eine Hauptstadt nach einer herausragenden Pyramide genannt (so Memphis) als umgekehrt.

Um den Pyramidenbezirk herum lassen sich Angehörige des Königshauses und Beamte ihr Grab anweisen. Königinnen wird eine eigene, wenngleich im Maßstab kleinere Pyramide zugewiesen. Wer in solcher Königsnähe begraben wird, hat "Ehrwürdigkeit, *imachu*, bei seinem Herrn" erreicht, und das ist das höchste Maß an Seligkeit, das ein Nichtkönig erreichen kann[17]. Anschluß an die Königsmacht erlangen auch andere im Lande Ägypten rituell bestattete Personen. Für treue Diener draußen im Lande stiftet der König einen Beitrag zur Grabausstattung oder sogar die regelmäßigen Totenopfer. Darüber hinaus aber weist jede Gabe an einen Toten überhaupt auf den König als eigentlichen Spender zurück. Speise und Trank, die am Grabe vom Sohn oder Totenpriester geopfert werden, werden konstant mit der Formel eingeleitet: "Ein Opfer, das der König gibt". Erst an zweiter Stelle mag daneben genannt werden "und (oder: an) Anubis, Herr der Nekropole". Dann erst wird fortgefahren "Tausende an Brot und Krügen Bier usw. für NN". So ist der König, in diesem Falle der derzeit lebende, jedem Toten im Niltal allgegenwärtig. Selbst bei der Beisetzung ist der Herrscher präsent, insofern meist ein mit Pantherfell bekleideter Sempriester mitwirkt, der die königliche Person zu vertreten scheint[18].

Einige der abgeschiedenen Könige galten der Nachwelt als Gottheiten, die für die Lebenden besonders heilvoll und wichtig geblieben sind. Ihnen wird deshalb ein Kult zuteil, der weit über die Totensorge hinausgeht und allgemeines Interesse dokumentiert, so für Snofru in Dachschur und für Unas in Saqqara.

4.6   Die älteste Schicht der Pyramidensprüche und die königliche Himmelfahrt

Als das Alte Reich sich seinem Ende zuneigt und die wirtschaftliche Kraft abnimmt, werden die Pyramiden in ihren Ausmaßen bescheidener. Doch der Rückgang äußerer Pracht wird aufgewogen durch eine innere Ausschmückung der Korridore und Sargkammern mit Texten. Rund 300 Jahre nach Dschoser tauchen unter dem letzten König der 5. Dynastie, Wenis (Unas), im Pyramideninneren Textkompositionen auf, die zur wichtigsten religiösen Literatur Ägyptens zählen. Rund 500 Sprüche hat man gezählt. In ihnen redet der abgeschiedene König entweder selbst zu den Mächten und Göttern und beschwört sie. Oder der königliche Nachfolger als Horus und Opferer wendet sich durch den Mund des beauftragten Priesters sowohl an die Götter wie an den Toten, um die Verklärung des Vaters voranzutreiben. Bisweilen und immer mehr wird das selige Geschick des Toten in dritter Person geschildert und durch solche feststellende Beschreibung wirksam hervorgerufen; die magische Redemächtigkeit des Toten selbst wird allmählich zurückgedrängt.

Die Sprüche gehen gewiß auf alte, mündlich überlieferte Vorstufen zurück. Die Uneinheitlichkeit der Texte schon in der ersten Niederschrift bei Wenis läßt eine lange Überlieferungsgeschichte vermuten. In den jüngeren Pyramiden werden Sprüche verändert, viele weggelassen, mehr noch hinzugefügt. Auf Grund einschlägiger Studien lassen sich drei zeitlich aufeinander folgende Schichten voneinander abheben. Zugrunde liegen Sprüche, in denen der Verstorbene und sein lebender Nachfolger im autarken Vollgefühl, Horus zu sein, die Materialien verwandeln und Mächte zur Verklärung des Menschen auffordern, ja zwingen; dabei sind wohl uralte Zaubersprüche mit verarbeitet; von Göttern ist selten ausdrücklich die Rede. Eine mittlere Schicht schreibt Re und damit der Sonne die entscheidende Kompetenz bei der Umwandlung des Herrschers vom diesseitigen zum jenseitigen Leben zu. Schließlich gibt es eine junge Schicht, wo der Gott Osiris ins Zentrum gerückt ist, der den Abgeschiedenen in sich aufnimmt. Die Unterscheidung solcher Schichten ist vor allem durch Sethe und Kees wahrscheinlich gemacht worden. Eingehende überlieferungsgeschichtliche Analysen stehen aber noch aus; insofern bleibt vieles hypothetisch.

Auf die Re- und Osirisstufe wird in Kap. 6 und 7 einzugehen sein. Hier, wo es um die Wurzeln ägyptischer Jenseitserwartung geht, interessiert einzig die älteste Schicht, die aus dem jetzigen Bestand zu erschließen ist und in eine Periode lange vor der Niederschrift, also vor der 5. Dynastie, zurückreichen dürfte. Zu dieser Stufe gehören Sprüche zu Ritualhandlungen, die deren Wirkung unterstreichen, indem sie sie zugleich deuten. An zentraler Stelle, in der Sargkammer der Pyramide, wird ein Opferritual festgehalten (Pyr 9-117), das die einmalig beim Begräbnis oder täglich beim Totenkult beigebrachten Gaben allesamt als "Auge des Horus" bezeichnet, welches dem Toten übereignet wird. Ob Wasser, Weihrauch, Kuchen, Brot, Bier, Wein, Obst oder Salbe und Schminke, Kleidungsstücke und Insignien wie Bogen, Tierschwanz, Dolch, Zepter – all das wird durch das Ritual zum Horusauge. Begleitend tritt gerne ein Präsentationsspruch dazu: "O Horus (bzw. jünger: O Osiris)! Nimm das Auge des Horus an dich" (Pyr 19 u.ö.) oder "Ich gebe dir das Horusauge. Ich habe es dir zugeteilt ... o NN, empfange dieses Brot von meiner Hand" (Pyr 216-7). Nach der Materie gilt dieses Auge als süß (bei Darbringung von Süßigkeiten), weiß oder schwarz bei der Farbe entsprechender Krüge, "ausgepreßt" bei Wasserspenden. Wie die Stoffe des Auges vielfältig sind, so auch seine Wirkungen. Es reinigt den Abgeschiedenen, öffnet seinen Mund, wendet ihm Schutz, Stärke und andere Vermögen zu (Pyr 72;312;63;93;320), macht aber auch sein Gesicht heil und schenkt ihm das Sehvermögen wieder (Pyr 55). Das göttliche Auge ist also für den Sprecher weit mehr als ein Körperteil, ist Inbegriff aller Fähigkeiten, die den Toten zum Weiterleben tüchtig machen. Nach der vorauszusetzenden Überzeugung kann sich das Auge von seinem Träger, dem Priester, der den König als irdischen Horus oder auch den Gott Thot als Vermittler zwischen Horus und Thot vertritt, entfernen oder an die

Opferstätte gebracht werden, um von da aus durch die Steinmauer zur Mumie zu gelangen.

An den Präsentationsspruch wird häufig eine mythische Reminiszenz angefügt, die durch ein Wortspiel begründet wird. Sie bezieht sich im Opferritual stets auf den oben (Kap. 3) erwähnten Streit zwischen den Göttern Horus und Seth, lautet etwa: "Nimm das Auge des Horus, was er herausgerissen hat" oder "was er (Horus) herausgefischt (aus dem Nil)" (Pyr 60;84;93). Dem entspricht ein Ausruf an späterer Stelle: " 'O weh!' sagt Horus wegen seines Auges; 'O weh!' sagt Seth wegen seiner Hoden" (Pyr 594). Die Darbringung gilt auch als *udschat*, als heilgewordenes oder (beim Kampf) heil gebliebenes Auge (Pyr 20-1;55)[19].

Die seltsame Rede über ein von einem Körper zum anderen wanderndes, dabei nicht nur unbeschädigt bleibendes, sondern in vielerlei Stoffen sich auskörperndes Gottesauge hat unterschiedliche Erklärungen hervorgerufen. Da Horus als Königs- und Landesgott oft als Himmelsherr eingestuft wird, haben Kees und andere Gelehrte vermutet, daß diesem Gott von Anfang an Sonne und Mond als zwei Augen beigelegt waren und die wechselnden Formen des Mondes zur Vorstellung vom verletzten und wiederhergestellten Auge geführt hätten. Darüber hinaus "kann nicht übersehen werden, daß die periodische Wiederkehr der Gestirne ... so wie die wundersame Auffüllung des Mondes ganz offensichtlich die verheißungsvollsten Garanten für den ägyptischen Jenseitsglauben waren". Das läßt also auf die Verwendung eines naturmythologischen Astralmotivs schließen. "Kraft seiner Fähigkeit, Untergang und Tod zu überwinden und in unwandelbarer Strahlkraft ständig neu zu erstehen, wurde es (das Horusauge) in Wort und Bild (Udschatauge) Symbol für alles, was der Regeneration, kurzum der Sicherung des Lebens dient"[20]. Die Schwäche solcher Erklärung besteht darin, daß im Opferritual nirgends ein kosmischer Bezug deutlich wird, dieser zudem zur oft erwähnten Konstellation des Bruderstreits zwischen Horus und Seth nicht passen will. Zwar gibt es später in Ägypten Aussagen über Sonnen- und Mondaugen, doch sie scheinen eher mit den dann aufkommenden Interessen am Lauf der Himmelskörper als mit dem alten Horusmythos zusammenzuhängen (vgl. Pyr 1981-2).

Eine andere, seltener vertretene Erklärung leitet das Augenmotiv aus der Königssymbolik ab. Was an der numinos wirkenden Erscheinung des Königs beeindruckt, besonders sein Kopfschmuck, werde als Auge eines Gottes verallgemeinert. Dafür lassen sich Pyramidenbelege anführen wie:

> O König, dein Schrecken ($š^ct$) ist das heile Auge des Horus, die weiße Krone, die Schlangengöttin in Necheb, möge sie deinen Schrecken legen ...
> in die Augen von allem, was dich sehen und deinen Namen hören wird.

> O König, ich versorge dich mit dem Auge des Horus, der roten Krone, reich an Herrschermacht ... möge sie die Kräfte deiner Aktivseele (b^3w) an die Spitze der zwei Schlangengöttinnen bringen, die auf deiner Augenbraue sind (Pyr 900).

Von da aus haben Schott und Antes auf die mythische Überhöhung eines "Zubehör(s) des irdischen Königs" geschlossen[21]. Doch bleibt kritisch zu bedenken, ob solche Assoziation nicht nur dort im Text gegeben wird, wo Kronen und ähnliche Insignien dem Toten zugewandt werden. Läßt sich das verallgemeinern? Das gewaltsame Entreißen und Wiederbringen will nicht zur Königserscheinung passen. Ausweislich des Opferrituals ist aber gerade die Einbindung in die mythische Konstellation des Streites zwischen zwei Königsgöttern und dem Auftreten eines schlichtenden dritten Gottes, der dem rechtmäßigen Herrscher zum Sieg verhilft, das durchgängige Motiv.

Wenn beim Ringen dem einen ein Auge "ausgerissen" wird, so ist das freilich, anders als das Beschädigen der Hoden, anatomisch wohl wenig naheliegend; denn ein Auge wird bei einem solchen Vorgang eher ausgedrückt als ausgerissen. Erst recht ist die Wiedereinsetzung eines heilen Auges ein wunderhaftes Motiv, das zum Vorgang des Konfliktes nicht unbedingt hinzugehört, wo eher eine direkte Heilung angebracht erschiene. Insofern bleibt zu bedenken, ob das Augenmotiv nicht aus dem Totenritual selbst zu erklären ist und aus der Eigenheit ägyptischer Sprache, die Körperteile von Menschen und Göttern als selbständige Wesenheiten anzusetzen. "Das Horusauge ist die götterweltliche Ausdeutung der Gabe, die der lebende Sohn und Nachfolger seinem toten Vater und Vorgänger darbringt, um ihm über die Diesseits und Jenseits trennende Todesschwelle hinweg die verlorene Lebenskraft zurückzugeben"[22].

Um die empfangenen Güter in Nahrung umzuwandeln, welche die Gestalt des Abgeschiedenen in sich aufnehmen kann, hat dieser eine eigene Außenseele bei sich, den Ka. Dieser sorgt dafür, daß in alle Ewigkeit es an Lebensmitteln nicht mangelt (Pyr 789c). Schon zu Lebzeiten hatte der König einen solchen Ka als unsichtbaren Doppelgänger seines Ichs in seiner Nähe. Doch beim Sterben hat er sich vom Körper getrennt. So sorgen nun Riten wie Weihrauchopfer dafür, daß der König "zu seinem Ka geht" (Pyr 17-8; 826) und mit ihm für immer eins wird.

Der Abgeschiedene bedarf wie seine Erhalt- und Gestaltseele für den Übergang in die postmortale Existenz einer umfassenden Reinigung. Dazu lautet ein Feststellungsspruch: "Horus (der lebende König) ... reinigt den (verstorbenen) NN im Schakalsee, läutert den Ka des NN im See des Jenseits (d^3t)" (Pyr 372bc). Nötig ist weiter die Wiederherstellung einer leiblichen Einheit durch Zusammenbinden der Glieder (Pyr 572):

> Wohlan NN, knüpfe dir deinen Kopf an die Knochen
> und knüpfe dir deine Knochen an den Kopf;
> Geöffnet werden dir die Türflügel des Himmels,
> zerbrochen werden dir die großen Riegel.

Dazu tritt die Wiederbelebung durch eine an der Statue vorgenommene sinnbildliche Mundöffnung. Auch die königliche Ausrüstung mit ihren Strahlkräften wird ihm neu zugewandt. Das wird teilweise durch dramatische Zwiegespräche hervorgehoben. Um die unterägyptische Krone wieder dem Träger zuzuwenden, wird diese zuerst vom Totenpriester aufgefordert: "Er (der Abgeschiedene) ist zu dir gekommen, O Net-Krone, er ist zu dir gekommen feurige Schlange ... gewaltig an Zauber ... mögest du ihm friedlich zugeneigt sein (ḥetep)". Dann nimmt der Tote selbst das Wort zum Gebet: "O Net-Krone ... veranlasse, daß der von NN ausstrahlende Schrecken (šat) sei wie der Schrecken vor dir! Laß mein Aba-Zepter an der Spitze der Lebenden, mein Sechem-Zepter an der Spitze der verklärten Geister, achu, sein!". Darauf antwortet gnädig die Krone: "Ichet-die-Schlange hat dich geboren, Ichet-die-Schlange ehrt dich, weil du ein Horus bist, umgeben vom Schutz seines Auges" (Pyr 194-8). Zur weißen oberägyptischen Krone wendet sich der Verstorbene als an seine Mutter: "Gib mir deine Brust, daß ich sauge". Sie gewährt es ihm: "O mein Sohn, nimm meine Brust und sauge, daß du lebst ... du wirst aufsteigen zum Himmel wie ein Falke" (Pyr 910-3). Es ist denkbar, daß solchen Aussagen eine sinnbildliche Krönung des Toten parallel lief. Doch ist nicht völlig ausgeschlossen, daß Sprüche ohne begleitende Ritualhandlung gesprochen bzw. geschrieben und als wirksam angesehen wurden; das gilt wohl für die Abwehrformeln gegen Schlangen und andere schädliche Wesen, die auch im Jenseits drohen (Pyr 225-9).

Im Mittelpunkt der ältesten rekonstruierbaren Vorstufe der Pyramidensprüche stand nicht die Unsterblichkeit des Leibes, sondern die Erwartung, daß sich aus dem Abgeschiedenen eine Verklärungsseele, Ach, absondern und zum Himmel fahren werde. Sie stellt sein eigentlich erfülltes und ewiges Leben dar. Durch eine Neugeburt wird nicht nur die erste Geburt wiederholt und der Tote wiederbelebt, sondern eine höhere Seinsweise erreicht (Pyr 1771-2):

> NN ist eine wohlversehene Ach-Seele, die Gestalt (ḫpr) verlangt.
> Der Himmel, er heult, die Erde, sie regt sich ...
> NN ist am zweiten Monatstag (Neumond) geboren.

Von den herunten bleibenden leiblichen und seelischen Bestandteilen, darunter auch die Ka-Seele, löst sich die Ach-Seele und fährt zum Himmel auf. Dort gesellt sie sich als Lichtergeist den unvergänglichen Sternen, den Zirkumpolarsternen im Norden zu, die ebenfalls Verklärungsseelen sind und als "die

Unvergänglichen" gelten, weil sie im Unterschied zur Masse der Fixsterne jede Nacht im Jahr sichtbar werden. Die Verklärung, die den Toten zum Ach macht, beschäftigt die Pyramidensprüche weit mehr als das Schicksal der auf Erden bleibenden Mumie. Zu Lebzeiten stand hinter dem König unsichtbar der göttliche Falke. Zum Himmel fährt er nach seinem Tode ebenfalls vogelartig, aber nicht mehr primär als Falke. Vielmehr wird der Ach in den Hieroglyphen nach Art eines Schopfibis gezeichnet , und so wird wohl auch die Auffahrt vorgestellt sein. Freilich läßt sich der verklärte König gestaltlich nicht festlegen. Angesichts von Gefahren, die auf dem Wege zum Sternenhimmel drohen, bedarf es eines allezeit möglichen Wandels von Erscheinungsformen. "Er stürmt zum Himmel wie der Kranich, er küßt den Himmel wie der Falke, er springt zum Himmel wie die Heuschrecke" (Pyr 891). Hilfreich stehen ihm halbgöttliche Aktivseelen, die *ba'u*, der irdischen Horuskultstätten von Pe und Nechen zur Seite; ihre Fürsorge für den Herrscher endet also nicht mit dessen irdischem Tod. Sie werden für ihn zur Himmelsleiter, werden seine Zähne und Unterschenkel (Pyr 478-9; 1307; 1314c) und verleihen ihm übermenschliche Vermögen, die er für den Wechsel seines Standes braucht. Unterstützt wird er von oben durch die Himmelsgöttin Nut, die ihn wie die Sterne gebiert (Pyr 820-2):

> Mit dir war der Himmel schwanger zusammen mit Orion,
> Dich gebar die Frühe zusammen mit Orion.
> Es lebt, wer lebt auf Befehl der Götter, darum lebst du.
> Du sollst mit Orion emporsteigen auf der Osthälfte des Himmels,
> du sollst niedersteigen mit Orion auf der Westhälfte des Himmels.
> Euer Dritter ist die Sothis, die mit reinen Stätten,
> sie ist es, die euch zu den schönen Wegen führt im Binsengefilde.

Neben der Eigenkraft des Abgeschiedenen und seinen göttlichen Helfern stehen ihm Naturkräfte bei; Wind und Wolken, um ihn nach oben zu transportieren, aber auch die aufsteigenden Wolken des Weihrauchopfers. An so entscheidender Stelle bedarf es also gemäß ägyptischem Denken einer mythischen Kumulation von Handlungen, die alle den selben Zweck erfüllen, einer Vielfalt der Zugangsweisen.

Dort oben, wo die Sterne um den Himmel kreisen, befindet sich ein Earu genanntes Land, wo gute Speisen reifen und der Trank nie ausgeht, wo schon das Getreide höher wächst als je auf Erden, ein Land des Hetep, wie es heißt, der Fülle von Opfergaben und Zufriedenheit. Um dorthin zu gelangen, muß der Verklärte freilich in einem Boot den Himmel (wohl nach Norden hin) überqueren. Entsprechende Modellboote werden schon den Gräbern der Thinitenzeit beigegeben, mit gewaltigen Ausmaßen finden sie sich dann bei den Pyramiden von Gize. Um zum Feld der Zufriedenheit zu gelangen, bedarf es eines

Fährmanns, der "Hintersichschauer" heißt, da sein Gesicht in Gegenrichtung zur Fahrt blickt. Dem Fährmann gilt eine Reihe von Sprüchen. Er läßt sich nicht einfach befehlen, sondern prüft das Recht zum Übersetzen, was von der genauen Einhaltung der Riten auf Erden abhängt. Erst wenn das gegeben ist, kann der abgeschiedene König in die ewige Seligkeit eingehen.

Die Überzeugung, daß beim Tode des Menschen sich einer seiner Wesensbestandteile von ihm löst und zum Himmel schwebt, ist vielen Religionen eigen; ebenso die andere, daß die Sterne, welche nachts geheimnisvoll und ohne Schwere über das Firmament schweben, mit den Geistern von Toten identisch sind. Während des Alten Reiches haben die Ägypter solche Zusammenhänge freilich nur für den König gelten lassen.

Der Raum zwischen Himmel und Erde ist schon von zahllosen Mächten besetzt. Nicht alle begrüßen den Neuling, viele treten ihm feindlich gegenüber. Damit er sich durchsetzen kann, schreiben ihm die Sprüche eine Omnipotenz zu, die über alles hinausgeht, was schon der irdische König von sich selbst an Allmacht behauptet hatte (s. Kap. 3). Die gewaltsame Art, mit der der Anwärter auf Sternenschaft sich Bahn bricht, schildert der berühmte Kannibalenspruch so (Pyr 393-414):

> Der Himmel ist bewölkt, die Sterne sind verdunkelt.
> Die Bogen beugen sich, die Knochen der Erdgötter zittern.
> Die Bewegungen hören auf, nachdem sie den König gesehen haben,
>   erschienen und aktiv (b^3),
> als der Gott, der von seinen Vätern lebt und sich von seinen Müttern nährt.

Der erscheinende unwiderstehliche Herrscher wird bei seiner Auffahrt zum Himmel von einer Reihe hilfreicher Geister begleitet, die ihm schon auf Erden zugehört haben:

> Die Erhaltseelen, *ka'u*, des Königs sind hinter ihm,
> Seine Geburtsgeister, *hemusut*, sind unter seinen Füßen.
> Seine Götter (der Falkengott? die geflügelte Sonnenscheibe?) sind
>   über ihm, seine Uräusschlangen sind im Scheitel vor ihm.

So ausgerüstet, vermag der König sich der im Himmel befindlichen Götter zu bemächtigen und jeden Widerstand zu brechen:

> NN ist es, der ihre Zauberseele ißt und ihre Lichtgeister, *achu*, verschluckt.
> Die Großen unter ihnen sind da für sein Morgenmahl.
> Die Mittleren unter ihnen sind da für sein Abendmahl.
> Die Kleinen unter ihnen sind da für sein Nachtmahl.
> Die Greise unter ihnen und die Greisinnen unter ihnen sind da für seine Räucherung.

Dem Abgeschiedenen wird also die Fähigkeit zugeschrieben, sich auch an Göttern zu vergreifen, um seinen Hunger zu stillen. Ein so befremdliches Benehmen erklärt sich vielleicht aus dem Bemühen, den vergotteten Herrscher vom Totenkult auf Erden, der eines Tages aufhören könnte, unabhängig werden zu lassen. Doch materielle Speisung ist nicht das einzige Ziel. Ebenso wichtig ist das Einverleiben von Seelenkräften der Götter, von denen die Zauberseele und die Verklärungsgeister gerade genannt waren. Ähnliche Größen erscheinen gegen Ende des Spruchkomplexes:

> Ihre Aktivseele, *ba*, ist im Leib des Königs, ihre Verklärungsgeister, *achu*, im Besitz des Königs.
> Ihre Aktivseele ist im Besitz des Königs, ihre Schattenseelen, *šutut*, sind (weggenommen) von denen, die dazu gehören.

Eine Verschmelzung von göttlichen und königlichen Außenseelen geschieht also. Der König wird zwar mit den Göttern gänzlich eins, aber repräsentiert doch fortan deren Seelenkräfte, hat also an ihrem inneren Wesen Anteil. Der Erfolg solcher Bemächtigung hebt den Neuankömmling über alle hinaus, die bisher sich in der himmlischen Welt aufgehalten hatten:

> Der König ist ein Gott, der älter ist als die Ältesten ...
> Er wird aufs Neue am Himmel gekrönt und trägt die Krone als Herr des Lichtlandes.
> Er hat die rote Krone gegessen und die grüne verschluckt.
> Die Lebenszeit des Königs ist die Ewigkeit,
> seine Grenze ist die unendliche Dauer,
> In dieser seiner Würde eines 'will er, so tut er,
> will er nicht, so tut er nicht';
> Der im Bereich des Lichtlandes ist bis in Ewigkeit.

Der abgeschiedene König gehört also nicht primär wie ein anderer, rituell begrabener Ägypter zum seligen Land im Westen, sondern zu einer himmlischen Göttergemeinschaft. Die königlichen Wesensbestandteile teilen sich nach dem Tod. Mumie und Ka-Seelenteil bleiben auf Erden und wirken hier weiter. Ein anderer Teil west fortan am Himmel, ohne daß die Einheit der königlichen Person dadurch aufhört. Dem entspricht die Anlage der frühen Pyramiden insofern, als dort ein Lichtschacht nach Norden hin freigehalten wird, zur Richtung der Polarsterne. Dadurch bleibt für die unten verbliebenen Wesensteile die Verbindung zur himmlisch-königlichen Lichtseele gewahrt. Auf der Nordseite befindet sich auch der Tempel für das Totenopfer, für die weitere Versorgung des Verklärten. Auch hierfür wird wohl mit himmlischem Beistand gerechnet.

4.7 Magische Autarkie und Wirken der Götter

Falls die angeführte Rekonstruktion zutrifft, sind die ältesten Vorstufen der Pyramidentexte noch arm an Göttern, d.h. reden kaum von personhaften göttlichen Gestalten, abgesehen von den Horusqualitäten des abgeschiedenen und des hinterbliebenen Königs. Für das Weiterleben scheinen weithin zauberische Formeln auszureichen, aber auch die Voraussetzung von eigenwirksamen Größen, die man als Fetische einordnen mag, wie Kronen und Zepter oder Opfermaterien wie Weihrauch, der äygptisch "Göttlichmacher" (sn$t̠$r) heißt. Auch die hilfreichen wie die feindlichen Mächte in diesen Sprüchen sind eher Geister als Götter, so die Gruppe der "Aktivseelen" von Pe und Nechen oder die Schlangenwesen auf dem Weg zum Jenseits. Der Sprecher solcher wirkmächtigen Sprüche bleibt anonym, auch wenn er sich gegenüber dem Toten gelegentlich als sein Sohn bezeichnet; seine Vollmacht wird nicht begründet. Vermutlich sind Vorlesepriester gemeint; haben sie aber ihre Kraft aus magischer Schulung oder von einer Gottheit im Hintergrund, etwa dem Gott der Schrift, Thot, der relativ häufig erwähnt wird? Wie dem auch sei, die Rituale sind überraschend mythenfrei. Allerdings sind sie nicht gänzlich unmythologisch, sofern man unter mythologisch eine Denkweise begreift, welche innerweltliche Kausalitäten für relativ und unwichtig für den Sinn des Lebens ansieht. Vorstellungen wie das Opfer als Horusauge oder die Schlangenart der Königskrone setzen zwar nicht mythische Erzählungen, aber so etwas wie mythologische Konstellationen voraus.

Auch für den Privatmann und sein Jenseitsleben bieten die Texte Verwandlungssprüche, die keine Gottheit ausdrücklich erwähnen. Immerhin wird hier − wenigstens seit Ende des Alten Reiches − deutlich, daß zwei oder drei Gottheiten für den Übergang ins Fortleben unentbehrlich sind. Entscheidend für das Gelingen ist das rituell einwandfreie Handeln zweier priesterlicher Amtsträger, des Ut, "Einwickler", der die Mumifizierung vornimmt, und des Cheriheb, des Vorlesepriesters, der an geeigneter Stelle wirksame Sprüche rezitiert. In ihrem Zusammenwirken verklären sie den Toten. Sie erscheinen dazu aber fähig, weil sie Werkzeuge göttlicher Mächte sind. Der Ut ist eine sichtbare Erstreckung des schakalköpfigen Anubis, der "an der Spitze der Gotteshalle" steht, wo die Verklärung geschieht, und dessen Imi-ut, ein Stock mit einem herabhängenden (ausgestopften?) Tierbalg "der sich in der Umwicklung befindet", den Vorgang magisch unterstützt. Anubis gewährleistet jedoch nicht nur gelungene Bestattung, er waltet auch fortan in der Nekropole und im Westland über den Toten, steht "an der Spitze des abgegrenzt-heiligen ($d̠šr$) Landes". Der Tote möchte Anubis ähnlich werden, dessen Gesicht annehmen und das Herz von ihm mächtig machen lassen (Pyr 135.157). Mit Anubis zusammen hilft seine Tochter Kebehut, die Göttin des Reinigungs- und Wiederbelebungswassers (Pyr 468.1180), bei der Verklärung. Der Vorlesepriester aber erhält, wie schon erwähnt, die Kraft seiner Aussprüche vom Schreibergott Thot, der ebensosehr für die Lebenden wichtig ist wie für die Toten. Als dritte göttliche Macht gewährt der regierende König die Überwindung der Todesschranke. Er stellt die Grabstätte zur Verfügung und ist laut der Opferformel bei jeder Gabe an den Verstorbenen der eigentliche Spender. Unklar bleibt, wie der mit einem Pantherfell bekleidete (und wohl als Vertreter des Königs amtierende) Sempriester im privaten Totenkult mitwirkt. Der wohlversorgte Tote erreicht den Stand eines "Ehrwürdigen (*imachu*) beim ober- und unterägyptischen König"[23]. Wer mit dem König zu Lebzeiten verbunden war, bleibt es auch nach dem Tod. Deshalb besteht ein allgemeines Interesse, umgekehrt die königliche Ewigkeit zu erhalten, Pyramiden und Königsgräber zu bauen. "Hier hat wirklich der Glaube Berge versetzt"[24].

Der Überblick über die Jenseitserwartungen des Alten Reiches läßt erkennen, daß die Totensorge wie der Dienst für den göttlichen König als religiöse Aufgabe und Hoffnung in den Alltag des Ägypters tief eingreifen. Die beiden Lebensbereiche, Arbeitswelt und Nekropole, stehen aber, abgesehen von der verbindenden Klammer des regierenden Königs, erstaunlich getrennt nebeneinander. Jeder hat seine eigenen Hintergrundsmächte, und diejenigen der Totensorge sind im 3. Jt. weithin keine göttlichen Gestalten. Mit Namen belegte und kultisch zu verehrende Mächte walten vornehmlich im irdischen Leben. Die nachfolgenden Jahrhunderte führen zu einer zunehmenden Verschränkung beider Bereiche und einer wachsenden Einbeziehung der großen Götter auch in den Totenkult. Dadurch ergeben sich freilich auch Komplikationen, ja Widersprüche, wie sich noch zeigen wird.

Grabdenkmäler und Totentexte lassen also erkennen, daß die Sorge für eine postmortale Existenz die Ägypter mehr umgetrieben hat als jedes andere bekannte Volk. Damit rücken sie in einen gewaltigen Abstand vor allem zur abendländischen Neuzeit. In unserem Jahrhundert hat die westliche Kultur den Tod weitgehend tabuisiert und das Nachdenken darüber verdrängt. Es ist nützlich, sich daran zu erinnern, um den ungeheuren Abstand zum ägyptischen Alltag zu ermessen, wo die Menschen ihr Leben lang durch die Sorge um ein verklärtes Fortleben umgetrieben worden sind. Gewaltige kultische und ökonomische Anstrengungen sind unternommen worden, um den biologischen Tod nicht als letzte Grenze zu akzeptieren. Noch am Ausgang der ägyptischen Geschichte wird der Priester Petharpokrates von sich rühmen: "Ich war ein Vorausschauender ... zur Zeit, da er stark war, der sich sein Sterben gegenwärtig hielt ... zur Zeit, da er kräftig war"[25]. Man kann solches Bemühen als jahrhundertelangen, unsinnigen ökonomischen Leerlauf belächeln, der aus purem Aberglauben entstanden ist. Man kann darin aber auch den "großartigsten Versuch, den Tod zu überwinden" bewundern, den je Menschen unternommen haben[26]. Wieweit ist er freilich gelungen? Seit dem Alten Reich hebt ein mehrere Jahrtausende langes Ringen um die rechte Weise der Verewigung an. Das läßt darauf schließen, daß auch die Ägypter eine letzte Sicherheit nicht erreicht haben.

So wichtig Königtum und Grab auch für das religiöse Leben im Niltal waren, die Wirklichkeit der Götter reichte über beide Bereiche hinaus und prägte ein Weltbild von umfassenderen kosmischen Ausmaßen. Darauf ist nunmehr einzugehen.

Texte: Die altägyptischen Pyramidentexte I-IV. hg. K. Sethe, 1908-1922 = 1960
K.Sethe, Übersetzung und Kommentar zu den altägyptischen Pyramidentexten I-IV, 1935-62 = 1969-87
S.A.B.Mercer, The Pyramid Texts in Translation and Commentary I-IV 1952
R.O.Faulkner, The Ancient Egyptian Pyramid Texts. Translated into English, 1969
Grabinschriften des Alten Reichs: AEL I 15-27; LHAEE Nr. 13-53

H.Altenmüller, Die Texte zum Begräbnisritual in den Pyramiden des Alten Reichs, ÄA 24,1972
Ders., Zur Vergöttlichung des Königs Unas im Alten Reich, SAK 1, 1974, 1-18
Ders., Bemerkungen zum Kannibalenspruch, in: Fragen an die altägyptische Literatur, hg. J.Assmann/E.Feucht/R.Grieshammer 1977, 19-39
Ders., Aspekte des Sonnenlaufs in den Pyramidentexten, Hommages à F.Daumas, 1986, 1-15
Ders., Zum möglichen religiösen Gehalt von Grabdarstellungen des Alten Reiches, in: Ernten, was man sät, Fs. K.Koch 1991, 21-36
C.Andrews, Egyptian Mummies, British Museum Publications, 1984
D.Arnold, Rituale und Pyramidentempel, MDAIK 33, 1977, 1-14
W.Barta, Die altägyptische Opferliste von der Frühzeit bis zur griechisch-römischen Epoche, MÄS 3, 1963
Ders., Aufbau und Bedeutung der altägyptischen Opferformel, ÄF 24, 1968
Ders., Die Bedeutung der Pyramidentexte für den verstorbenen König, MÄS 39, 1981
W.M.Davies, The Ascension Myth in the Pyramid Texts, JNES 36, 1977, 161ff.
E.Edel, Das Akazienhaus und seine Rolle in den Begräbnisriten, MÄS 24, 1970
J.G.Griffiths, Remarks on the Mythology of the Eyes of Horus, CdE 33, 1958, 182-93
E.Hornung, Vom Sinn der Mumifizierung, WdO 14, 1983, 167-75
W.Kaiser, Zu den königlichen Talbezirken der 1. und 2. Dynastie in Abydos und zur Baugeschichte des Djoser-Grabmals, MDAIK 25, 1969, 1-21
H.Kees, Totenglaube und Jenseitsvorstellung der alten Ägypter, 1956 = 1983
G.Lapp, Die Opferformel des Alten Reiches, 1986
J.P.Lauer, Saqqara – The Royal Cemetery of Memphis 1976 = dt.: Die Totengräber von Memphis 1988
G.Rudnitzki, Die Aussage über 'Das Auge des Horus', 1956
A.Rusch, Die Entwicklung der Himmelsgöttin Nut zu einer Totengottheit, MVAG 27, 1922,1
J.Settgast, Untersuchungen zu altägyptischen Bestattungsdarstellungen 1963
R.Stadelmann, Die ägyptischen Pyramiden, 1985
S.Wiebach, Die ägyptische Scheintür 1981
D.Wildung, Die Rolle ägyptischer Könige im Bewußtsein ihrer Nachwelt I, MÄS 17, 1969
J.Zandee, Death as an Enemy, 1960

RÄRG 95-100 'Beisetzung'; 257-62 'Grab'; 341-55 usw. 'Jenseitsglaube'; 480-7 'Mumienhülle usw.' usw.; 655-70 'Sarg'; 768-9 'Taricheut'.
LÄ 1, 327-33 'Anubis'; 1, 610-7 'Balsamierung'; 1, 743-65 'Bestattung' usw.; 1, 964-5 'Chontamenti'; 2, 826-57 'Grab' usw.; 3, 496-514 'Königsgrab'; 4, 1205-72 'Pyramiden'; 5, 1-23 'Pyramidenbau, -namen, -stadt, -texte'; 6, 659-76 'Totenkult, -glauben'; 6, 694-706 'Totentempel I.II'; 6, 998-1006 'Verklärung'.

Anmerkungen zu Kapitel 4:

1 Erman, Rel 207
2 Kees, TJ 1
3 RÄRG 421-3.482
4 Wb 4,51
5 RÄRG 678
6 LÄ 1, 294
7 LÄ 1, 1085-6
8 LÄ 1, 815
9 AEL I, 23-7; LHAEE Nr. 200-7
10 Kees, TJ 112f
11 LÄ 6, 1000
12 Pyr 130f; 122f
13 Gardiner, Gram 172; W.Barta 1968, 298-300
14 LHAEE § 133
15 LHAEE Nr. 67
16 Kees, TJ 20
17 vgl. LHAEE Nr. 15-21
18 RÄRG 697f
19 dazu Griffiths 182-86
20 Kees, GG 241-2; ähnlich RÄRG 314; LÄ 3,50
21 R.Antes, Das Sonnenauge ..., ZÄS 86, 1961, 1-21; S.Schott, Mythe und Mythenbildung (vgl. die Literatur zu Kap. 5), 71ff
22 Assmann, Ägypten 61
23 LHAEE Nr. 70-2
24 W.Helck, Politische Gegensätze ... 1986, 19
25 Morenz, Rel 202
26 Morenz, Rel 207 nach Kaschnitz-Weinberg

5. Niltal und Götterwelt. Das Weltbild

5.1 Oberschicht und Volksfrömmigkeit

Was der Forschung von der Religion des Niltals im Alten Reich zugänglich ist, betrifft das Denken und Handeln jener Schicht, die über die Mittel verfügt, sich in Stein und Papyrus zu artikulieren. Die Masse der Bevölkerung war dazu nicht in der Lage. Über ihre Anschauungen und Riten läßt sich nichts Sicheres ausmachen. Wie haben z.B. die Tausende von Fellachen, die sich kein rituelles Begräbnis leisten konnten, ihrem Lebensende entgegengeblickt? Zu Lebzeiten werden sie vermutlich an vielen Orten außerhalb des staatlich beaufsichtigten Kults Geistern und niederen Gottheiten ihre Gabe dargebracht haben. Doch die Spuren sind verwischt. Selbst die Eigennamen von Mitgliedern der Unterschicht, sofern sie erwähnt werden, geben wenig Aufschluß. Rückschlüsse aus späteren Jahrhunderten bleiben fragwürdig. Oft wird aus dem Aufkommen einer intensiven Tierverehrung und einer zunehmenden Zauberpraxis in der letzten vorchristlichen Zeit im Niltal auf das Wiederaufleben einer uralten, unterschwelligen Volksreligion geschlossen und daraus dann das religiöse Verhalten niederer Schichten in den früheren Jahrtausenden rekonstruiert. Doch Sicherheit gibt es in dieser Hinsicht nicht. Im Blick auf das, was bisher beschrieben wurde, wie auf die folgenden Kapitel gilt es also, sich bewußt zu bleiben, daß die von uns erhebbare Geschichte der ägyptischen Religion nur einen Ausschnitt aus dem wiedergibt, was in der Masse des Volkes lebendig gewesen ist.

5.2 Landschaftsgebundene göttliche Wesen

Mit numinosen Mächten sehen sich die Ägypter nicht nur beim Königsdienst und der Totensorge konfrontiert. In den einzelnen Landesteilen sind seit unvordenklichen Zeiten herausragende natürliche und gesellschaftliche Phänomene als Gottheiten verehrt worden. Das bleibt auch nach der Reichsbildung Brauch. So gibt es in Memphis z.B. einen Kult der südlichen Sykomore und einer darin behausten Baumgöttin. Als Fruchtbarkeitsgaranten werden lebende Stiere, genannt Apis in Memphis oder Mnevis in On, oder der Bock von Mendes am Heiligtum gehegt. Am Eingang von Wadis, die in die Wüste hineinführen, hausen Löwengottheiten. An Stromschnellen werden göttliche Krokodile aufgesucht. Beim 1. Nilkatarakt ist nach ägyptischer Ansicht ein widderartiger Gott Chnum tätig, zusammen mit zwei weiblichen Wesen, nämlich Anuket mit Federkrone und Satet mit Antilopengehörn. Berufsspezifische

Gottheiten mit lokalem Haftpunkt sind die mit Pfeil und Bogen ausgerüstete Kriegsgöttin Neith von Saïs oder der Handwerkergott Ptah in Memphis. Auch Kultembleme werden ausweislich von Städtenamen mit übermenschlichen Mächtigkeiten verbunden. Vom Kultpfeiler *jun* 〖 leiten berühmte Kultstätten wie Dendera (*jwn*), On (*jwnw*), Hermonthis (*jwnj*) und Esna (*jwnjt*) ihre Namen her, vom Dschedpfeiler 𐅉 Busiris (*ḏdw*) wie Mendes (*ḏdt*).

Nach der Bildung des Zentralreichs werden diese Lokalgrößen in den Kreis um den König einbegriffen und seinem Sakralabsolutismus untergeordnet. Jedes städtische Zentrum erhält nunmehr seinen besonderen Stadtgott, jeder Gau wird durch eine Gottheit, oft durch eine weibliche, vertreten. So entsteht eine "Übereinstimmung der Vielgliedrigkeit der Götterwelt und der Vielgliedrigkeit des Landes"[1]. Im Heiligtum des Stadtgottes befindet sich das Zentrum der Arbeitsorganisation, die Verwaltung, ohne daß die Stätte dadurch profan wird. "Die ägyptische Stadt ist immer die Stadt eines Gottes"[2]. Einige vordem landschaftlich gebundene Mächte steigen wie die Königsgötter zu gesamtägyptischem Rang auf. Dazu gehört der oben genannte Chnum, der zum Bildner des königlichen Leibes und seiner Gestaltseele wird, weiter der Berufsgott Ptah. Er wird zur Quelle königlicher Planung und Regierung; zugleich aber auch für viele Privatpersonen zu einer Art Schutzgott, ausweislich der Eigennamen dieser Zeit, die häufig mit Ptah als theophorem Element gebildet sind, und das vom Wesir bis hinunter zum einfachen Diener[3]. Die Vereinheitlichung der Landesgötter wird jedoch nicht mit letzter Konsequenz betrieben. Es bleiben vielfältige Überschneidungen der Zuständigkeiten. Aus der Götterwelt wird kein organisiertes Staatswesen, die irdische Gesellschaftsstruktur wird nicht einfach nach oben projiziert (wie das im gleichzeitigen mesopotamischen Sumer geschieht). Um Horus, den Königsgott, scharen sich die Götter des Landes, aber ständig fluktuierend und ohne festes System.

5.3 Tiergestalt der Götter und Vermenschlichung der Mächte

Aus der ägyptischen Kunst sind jedermann menschlich-tierische Mischformen als Repräsentation göttlicher Mächte vertraut. Bei den oben beschriebenen Königsgöttern erscheint Horus entweder falkengestaltig oder wenigstens mit Vogelantlitz auf einem Menschenkörper, die Göttinnen der beiden Landes-teile verkörpern sich in Schlange und Geier. Im Begräbnisritual wird der zuständige Gott Anubis als liegender Schakal oder mindestens mit einem Schakalskopf versehen dargestellt. Hathor und selbst die so fraulich wirkende Isis werden mit Rindergehörn und bisweilen auch dem Gesicht einer Kuh gezeichnet. In der Hieroglyphenschrift werden der Raubvogel auf einer Tragestandarte 𓊹 zum

Determinativ für männliche, und die Kobra über einem Korb 🜚 zu dem für weibliche Gottheiten. Ein alternatives Gottesdeterminativ einer sitzenden menschenartigen Gestalt mit Götterbart 🜚 wird erst am Ende des Alten Reiches eingeführt.

Der stark theriomorphe Einschlag der Gottesauffassung hat schon im klassischen Altertum Befremden und Ablehnung hervorgerufen. Griechen und Römer haben deshalb die ägyptische Religion als roh und unterentwickelt verurteilt. Für christliche Theologen wird sie hernach zum abschreckenden Beispiel heidnischer Gedankenverirrung. Noch ein Goethe verhehlt seinen Widerwillen nicht:

> Nun soll ich mir am Nil gefallen, hundsköpfige Götter heißen groß:
> Oh wär' ich doch aus meinen Hallen auch Isis und Osiris los[4].

Warum haben die Ägypter mehr als jedes andere Kulturvolk des Altertums auf die Koppelung von Gottheit und Tierheit Wert gelegt? Bei Funden aus vorgeschichtlicher Zeit überwiegen die tierischen Merkmale so sehr, daß göttliche Wesen meist vollständig als Tier oder Fabeltier abgebildet sind. Zwar haben sich auch einige menschliche Figuren aus Ton gefunden, bei ihnen aber liegt näher, auf die Repräsentation echter Menschen zu schließen. Das älteste menschengestaltige Gottesbild, wohl ein Stadtgott, läßt sich erst in der 1. Dynastie nachweisen[5]. Auf den frühgeschichtlichen Paletten werden Menschen in menschlicher Gestalt, numinose Wesen durchweg tiergestaltig dargeboten, nur der König kann in der einen oder anderen Form erscheinen[6].

Einen rein zoolatrischen Kult hat es freilich auch in vorgeschichtlicher Zeit nie gegeben. Denn schon zu Beginn des Alten Reiches spielen rein menschengestaltig vorgestellte Götter wie Ptah im Memphis, der Wüstengott Ha oder die Neith von Saïs eine so große Rolle, daß ihre Verehrung schon für das 4. Jahrtausend vorauszusetzen ist. Dennoch zögern die vorgeschichtlichen Bewohner des Niltals offensichtlich, Gottheiten nach menschlichem Bild zu entwerfen. "Noch ist das Tier ... der mächtigste Träger von Wirkungen auf die Welt, dem Menschen in allen Fähigkeiten weit überlegen"[7].

Wie lassen sich so beherrschend hervortretende tierische Merkmale bei Göttern erklären? In manchen Religionen Innerafrikas dominieren sie bis in die Gegenwart hinein. Meldet sich hier urafrikanisches Erbe? Das erscheint durchaus möglich. Eine evolutionistisch ausgerichtete Religionswissenschaft hatte im 19. Jh. in diesen Erscheinungen den Beweis dafür erblickt, daß alle menschliche Religion aus Totemismus entstanden sei. Unter Totem verstehen amerikanische Indianer eine Tierart, die mit einer Sippe oder einem Stamm geheimnisvoll verwandt ist; deshalb ist ihnen verboten, solche Tiere zu töten, es sei denn bei Opferhandlungen. Doch eine Gleichsetzung menschlicher Verbände mit den als göttlich verehrten tierischen Arten lassen ägyptische Texte nirgends erkennen.

Auch werden keineswegs ganze Tierklassen für heilig erklärt (das geschieht erst in der ägyptischen Spätzeit). Von Totemismus kann also kaum die Rede sein[8].

Eher leuchtet eine psychologische Deutung ein, nach der die Menschen des Niltals sich bestimmten Tieren gegenüber unterlegen fühlten. Gegenüber gefährlichen Raubtieren wie Löwe, Krokodil und Schlange entsteht Ehrfurcht, aber auch gegenüber Wesen mit Eigenschaften, die menschliche Fähigkeit übersteigen, wie Stier oder Falke. Allerdings reicht auch die Hypothese eines solch tief eingewurzelten Unterlegenheitsgefühls nicht zu, um göttliche Erscheinungen in Form von Ibis, Reiher und vielen anderen Vögeln, Kuh, Gans, Mistkäfer, ja Tausendfuß zu erklären, also Tieren, bei denen zu Furcht keinerlei Anlaß besteht.

So sind die Gründe für den Tierbezug ägyptischer Götter nicht mehr völlig aufzuhellen. Festzuhalten bleib, daß sich um die Wende vom 3. zum 4. vorchristlichen Jahrtausend eine tiefgreifende Akzentverlagerung vollzieht. Zunehmend treten menschliche Züge in der Gottesauffassung hervor, die Anthropomorphie überwiegt bald die Zoomorphie. Die aufkommende Vermenschlichung der Mächte wird gern als Wende vom "Dynamismus zum Personalismus"[9] gedeutet. Fortan ist keine Gottheit exklusiv an einen Tierkörper gebunden. Die nun üblich werdende künstlerische Repräsentation mit Menschenleib und Tierkopf spiegelt die Ambivalenz göttlicher Möglichkeiten. Die meisten Götter finden fortan in mehr als einer Tierart eine geeignete Erscheinungsform. Der Sonnengott z.B. trägt nicht nur am Morgen einen Falkenkopf wie Horus, sondern taucht ebenso als Mistkäfer auf. Der Gott der Gelehrsamkeit, Thot, verkörpert sich ebenso im Ibis wie im Pavian. Die Gattung Kuh bildet mindestens sieben Göttinnen eine mögliche Erscheinungsform. Auch Schlangenarten sind bei überirdischen Mächten für die Verkörperung beliebt. Eine ständige Auswahl unter verschiedenen tierischen und menschlichen Seinsarten gehört zum Wesen eines ägyptischen Gottes, aber auch des einheimischen Königs.

Nicht nur in Tieren, sondern auch in künstlich angefertigten Emblemen wird konzentrierte Anwesenheit göttlicher Mächte verehrt. Ein umwickelter Stab mit einer zur Seite wehenden rituellen Fahne (oder einem Schild) wird zum hieroglyphischen Determinativ für Gottheiten ⸲, alternativ zum oben erwähnten Vogel auf einer Standarte. Diese verweist auf Tragestangen, mit denen Gottheiten bei Prozessionen dargestellt werden. Darüber hinaus befinden sich im Allerheiligsten der Tempel Gottesstäbe, die dort ihren eigenen Kult empfangen. Auf die wichtige Rolle von Zeptern wie Was ⸲ und Sechem ⸲ war oben verwiesen worden. Ähnliches gilt für die Sakralpfeiler, die beim Namen großer Heiligtümer eine Rolle spielen. Die Hervorhebung solcher Kultgegenstände hat manche Forscher zur Annahme eines vorgeschichtlichen Fetischismus geführt[10].

Unter Fetisch wird ein machthaltiger Gegenstand verstanden, in dem eine Konzentration numinoser Kräfte verehrt wird und zwar so, daß die Macht in diesem Gegenstand völlig aufgeht und nicht noch anderwärts vorhanden ist. Doch eine Reduktion auf solche Emblemverehrung dürfte für das vorgeschichtliche Ägypten ebenso wenig zu erweisen sein wie die oft behauptet Reduktion auf Tierdienst. Die Vermenschlichung der Mächte zu Beginn der geschichtlichen Zeit vermindert vermutlich bei Kultgegenständen ebenso wie bei Tieren die frühere Hochschätzung, obwohl die Überzeugung von der Einwohnung der Gottheit in solchen Gegenständen nie völlig dahinsinkt.

5.4 Überschwemmung und Kosmogonie

Die Nilüberschwemmung kommt jeden Sommer und läßt Äcker und Wiesen verschwinden. Verläuft sich das Wasser wieder, hinterläßt es eine Menge von Schlamm und Kleingetier. Danach beginnt wieder geordnetes Leben. Bald sproßt das erste Grün hervor. Außerhalb der Anbaufläche bleiben freilich am Ufersaum, anders als in der Gegenwart, ausgedehnte Sümpfe zurück, belebt von Krokodilen und anderen gefährlichen Tieren. Die Urerfahrung der regelmäßig überschwemmten Erde und des danach aus feuchtem Grund aufkeimenden Lebens prägt das ägyptische Weltbild, in das auch der göttliche König und die in die Ewigkeit überwechselnden Toten eingeordnet werden.

Überraschenderweise werden allerdings weder Nil noch fruchtbare Erde als belangreiche Gottheiten angesehen. Der Nil, genauer das Überschwemmungswasser, gilt zwar als ein göttlicher Mann *Hapi*, der sich über den weiblich vorgestellten Ackerboden legt wie der Mann über die Frau. Er bleibt jedoch eine kultisch zweitrangige Figur, von häßlichem Aussehen, mit Hängebrüsten und -bauch.

Kein Tempel wird ihm geweiht, und er gehört "nicht zu den Großen" des Pantheons[11]. Opfer empfängt er kaum, wird aber oft opferbringend dargestellt. Erst mit dem Mittleren Reich wird Hapi höher eingestuft und in Hymnen gepriesen. Der dualen Neigung ägyptischer Sprache entsprechend wird gern mit zwei Nilgöttern, einem ober- und einem unterägyptischen, gerechnet, die auf Abbildungen jeweils die Wappenpflanze ihres Gebietes auf dem Haupt tragen. Ihnen treten nach der Überlieferung zwei Nilquellen zur Seite, aus denen das Überschwemmungswasser herrühren soll, und die bei Assuan im Süden und einem später Babylon genannten Ort beim heutigen Kairo liegen. Die Nilmächte lassen sich weiter aufteilen, so daß schließlich jeder Gau seinen eigenen Hapi bekommt.

Woher der Fluß eigentlich stammt, interessiert nicht. Noch der Grieche Herodot, der sich danach erkundigt, erfährt von den ägyptischen Priestern über

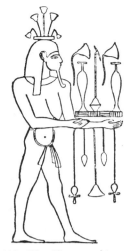

Abb. 24 Unterägyptischer Hapi

die eigentlichen Nilquellen nichts. Auf die Idee, in dieser Richtung eine Reise zu unternehmen, ist kein Ägypter verfallen. Für den Ursprung des Nils gibt es vielmehr eine für uns mythologische, für den Ägypter hingegen selbstverständliche Auskunft. Sein Wasser stammt aus dem *Nun,* einem männlich vorgestellten schlammigen Urgewässer, das sich unter der Erde erstreckt und als eine Art Weltmeer die Erde, aber – wegen des Regens – ebenso den Himmel umspannt. Auch hinsichtlich Nuns hält sich die Verehrung in Grenzen. Er erhält ebensowenig wie Hapi einen eigenen Kult. Erst in jüngeren Zeiten wird er zum "Vater der Götter" erhoben, doch auch dann nicht als aktiv wirksam vorgestellt. Alles Wasser bleibt zu ungestalt, als daß ihm echtes Erzeugen und eigenes Wollen zugetraut werden könnte. *Nun* stellt eine teils bedrohliche, teils positive Größe dar. Von ihm stammt die zum Leben und zur kultischen Reinigung notwendige Wassermenge. Dennoch wird er häufig mit einem Verb "müde sein, matt sein" (*nnj*) in Verbindung gebracht, was seine mangelnde Initiative unterstreicht. Auch Nun kann dual begriffen werden; dann steht ihm eine weibliche Naunet (als Wasser unter der Erde?) zur Seite.

Etwas höher wird die numinose Qualität des Erdbodens eingestuft. Nach jeder Überschwemmung heben sich zuerst Hügel aus den verlaufenden Fluten empor; auf ihnen beginnt Vegetation sich zu regen. Also wohnt, so der naheliegende Schluß, den Hügeln eine Potenz von Fruchtbarkeit und Lebensursprung inne. Die Tempel im Lande werden deshalb auf ihnen erbaut. Als Anfangsstätte der Weltentstehung wird ein solcher Hügel in On (?) gezeigt und in Schmun-Hermopolis, in Memphis und wohl auch anderswo, wenngleich uns für die älteste Zeit Erwähnungen fehlen. Später weist jeder Gau stolz einen solcher Urhügel auf. Auch diese Erhebungen werden nicht wirklich personifiziert. Eher denkt man sich das Fruchtland als Ganzes von göttlichen Mächten erfüllt. Mit einem Fest des Erdhackens (*ḥbs tꜣ*), bei dem der König selbst das Werkzeug ergreift und die Scholle bearbeitet, hat wohl jedes Jahr in einer hochfeierlichen Begehung die Feldbestellung begonnen[12]. Dabei besteht ursprünglich kein Bezug zu einer bestimmten Gottheit. Doch schon die Pyramidentexte (Pyr 796) kennen einen Gott *Aker*, der in der Form eines ebenen Landes mit Doppelhaupt an beiden Enden (Ost und West?) dargestellt wird. Neben ihm steht (oder liegt auf seinem Rücken) der wichtige Gott *Geb*, der als "Herr des ganzen Landes" gilt und vielleicht die ägyptische Erde repräsentiert. In der Mythologie von On, auf die noch einzugehen ist, spielt Geb eine wichtige Rolle. Weder Aker noch Geb haben jedoch mit der Fruchtbarkeit der Erde unmittelbar zu tun[13], wenngleich das Erdhacken später zu einem Fest für Geb wird. Aker erhält dann zunehmende Bedeutung als Schutzmacht für die Toten. (Erst im 2. Jahrtausend taucht ein Gott "Das sich (aus der Überschwemmung) erhebende Land", *Tatenen*, als verehrungswürdige Macht auf.)

So beschäftigt die Überschwemmungserfahrung die religiöse Phantasie, führt aber nicht zu einer primitiven direkten Vergötterung der sichtbaren Naturphänomene. Diese werden vielmehr mythologischen Hintergrundsmächten zugewiesen, so daß sie nur untergeordnete Wesen im Dienste mächtiger, unsichtbarer Götter darstellen. Weder Nilwasser noch Erde gelten darum als letzte Ursache des Lebens. Wichtiger, ohne doch schon diese letzte Ursache zu sein, scheint ein Urgott, *pa'uti*, zu sein, der als Welterstling aus sich selbst entstand und entweder vom Wasser an einen Urhügel angeschwemmt wurde oder aus diesem entstiegen war. Bruchstückhafte Angaben lassen z.B. für Schmun einen ersten "großen Schnatterer" erschließen, der im Sumpfdickicht ein Ei niedergelegt hat, aus dem die nachfolgenden Generationen von Lebewesen sukzessiv entstanden sind; war er ein solcher Erstling? Andernorts erzählt man von einem Vogel, der sich auf eine Stange setzt und von dort ein Ei herabfallen läßt, mit ähnlichen Folgen. Darf man aus jüngeren Texten überlieferungsgeschichtliche Rückschlüsse ziehen, gab es auch mythische Motive von einer Urschlange, die aus dem Schlamm auftauchte, *kematef*, oder einer Urkuh, die im Nun schwimmend anlandete, *mehet-weret* (= *griech. methyer*). Auch die Rede vom göttlichen Töpfer Chnum, der ein erstes Ei auf seiner Scheibe formte, gehört vielleicht in diesen Zusammenhang. Später thronen die meisten Stadtgötter über einem Urhügel[14]. Der Gott des Anfangs hat sich in jeder dieser Varianten rasch vervielfältigt und die Vielfalt der Lebenswelt aus sich entstehen lassen. Im Fortgang urzeitlichen Geschehens erfolgt eine steigende Ausgrenzung der Arten von Göttern, Menschen, Tieren. Das – im Gegensatz zum Nilwasser und Erdgott – über die unmittelbare Erfahrung hinausgehende Postulat eines Urgottes als Lebensursprung setzt bei diesem noch keinen planenden Willen, sondern eher einen biogenetischen Prozeß voraus. Von "Schöpfung" im strengen Sinne läßt sich also noch nicht reden, erst recht nicht von einer Schöpfung aus dem Nichts. Theogonie und Kosmogonie sind daher identisch.

Was vor dem Auftauchen des Urgottes da war, läßt sich durch Negativaussagen indirekt etwa so beschreiben:

> Als der Himmel noch nicht entstanden war,
> als die Erde noch nicht entstanden war,
> als noch nichts errichtet worden war,
> als selbst das Unheil (*isefet*) noch nicht entstanden war (Pyr 1040).

Gelegentlich heißt es sogar, daß auch das Urgewässer wie Himmel und Erde noch nicht vorhanden waren; *Nun* gehört in solchen Stellen zu den positiven Erscheinungen der Weltentstehung.

Bei Ägyptologen ist es üblich, das, was in dieser negativen Weise als "Nicht-Sein" beschrieben wird, mit dem Begriff Chaos zu umreißen. Geschieht das, sind Konnotationen von schöpfungsfeindlichen Mächten auszuklammern. "Dem ägyptischen Begriff einer Vor-Welt fehlt jeder negative Aspekt des Chaotischen"; das Nicht-Sein ist einerseits Quelle fortwährender Regeneration, andererseits aber auch eine Art Trägheitsmoment, das Stillstand und Zerfall bedingt[15]. Wirklich bedrohlich-negative Kräfte wie Unheil und Tod (Pyr 1466b) gab es in jenem Vorzustand noch nicht.

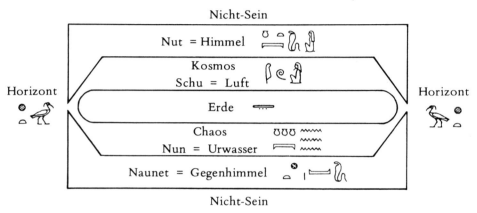

Abb. 25 Rekonstruiertes Weltbild

In diesen, freilich nur in isolierten Anspielungen belegbaren Aussagen zeigt sich das frühe Bedürfnis nach Zusammenschluß alltäglicher Erfahrungen zu einem einheitlichen Sinnhorizont. Zumindest für die eigene Landschaft wird ein urzeitlicher Grund allen Lebens vorausgesetzt, weil man das Leben selbst als Einheit empfindet. Das ergibt noch keine ausgebaute Theorie von Welt, aber immerhin ein mythologisches Weltbild mit festem Platz für Himmel und Erde, für Himmelswasser und unterirdische Gewässer und für regelmäßige Lebenserneuerung.

5.5 Kosmogonie und Kratogonie nach der Mythologie von On

Als sich die staatliche Einheit von Memphis aus durchgesetzt hat, wird im Heiligtum von On ein auf Ägypten und seine großen Götter zugeschnittenes Weltbild ausgebildet, das für gut zwei Jahrtausende zum Rückgrat der Wirklichkeitsauffassung im Lande wird. On hat weder politisch noch ökonomisch je eine belangreiche Rolle gespielt[16]. Den dortigen Gelehrten gelingt es jedoch, ein so überzeugendes Bild der Götter- und Weltentstehung zu entwerfen, daß es sich im ganzen Land ausbreitet und an vielen Orten der lokalen Götterwelt angepaßt wird.

Das heute zur Vorstadt von Kairo gewordene On wird von den Griechen später Heliopolis, "Sonnenstadt", genannt; doch der Sonnengott ist nachträglich eingezogen. Zwar verbinden ihn schon die Pyramidensprüche mit der Stadt, lassen jedoch zugleich eine überlieferungsgeschichtliche Vorstufe durchscheinen, nach der eine Neunheit von Göttern – ohne den Sonnengott – die grundlegenden Kräfte in On repräsentiert hat.

Wie sonst in Ägypten geht man in On davon aus, daß aus dem Urgewässer Nun am Anfang ein Erstgott *Atum* entstiegen sei in der Form eines *Benben* genannten Steinmals (mit dazugehörigem Hügel; Pyr 1652). Jener Name ist merkwürdig, weil das entsprechende verbale Lexem sowohl "nicht sein" wie "vollständig sein" beinhaltet. Von da aus wird Atum gelegentlich als Begriffsgott eingestuft, als verhältnismäßig junges, wenngleich vorgeschichtliches Produkt spekulativen Denkens. Die Übersetzer schwanken zwischen "der noch nicht Vorhandene"[17], "der eine Gesamtheit ist"[18], "der Undifferenzierte"[19], "der nicht mehr Vollständige" oder gar "das sich in das Weltall verkehrende Nichts"[20]. Wem dies zu abstrakt dünkt, der kann auf Grund der Hieroglyphe 𓏏𓍃 an die Bezeichnung des Schlitten alten anonymen Gottheit denken[21].

Seit alters wird Atum mit einem Skarabäusgott *Chepri* gleichgesetzt. Die Wortwurzel *cheper* spielt im ägyptischen Denken eine große Rolle. Sie beinhaltet sowohl "entstehen" wie "Gestalt annehmen" oder "die Gestalt wandeln". Als "der von selbst Entstandene" (*ḫpr ḏs.f* Pyr 1587b) ist Atum-Chepri Inbegriff des Werdens überhaupt.

Eine zweite Erscheinungsform Atums ist ein *Benu*, "Aufgehender", genannter heiliger Vogel; ursprünglich wohl eine Bachstelze, später ein Reiher, der aus ungeklärten Gründen zum Sinnbild des sich wieder und wieder erneuernden Lebens wird; die Griechen haben seinen Namen zu Phoinix verballhornt.

Solange der Urgott allein steht, stellt er noch keine heilsame, lebensspendende Größe dar. Deshalb läuft die Weltentstehung weiter, indem aus ihm eine Dualität entsteht, ein männliches Kind *Schu*, "die Leere", das später auf die zwischen Himmel und Erde befindliche Luft gedeutet wird, und eine weibliche Entsprechung *Tefnut*, in der man die "Feuchte" vermutet, obwohl ägyptische Texte in dieser Hinsicht wortkarg bleiben. Der erste Schritt zu geordnetem dualem Dasein kann drastisch in einer mythischen Konstellation so beschrieben werden:

> Atum, der zum Selbstbefriediger geworden ist in On, er nahm seinen Phallos in seine Faust, indem er damit Lust erregte. Ein Geschwisterpaar ward erzeugt, Schu und Tefnut (Pyr 1248).

Für Schu und Tefnut wird die Gestalt eines Löwenpärchens vorausgesetzt, dem in Chem-Letopolis in der Nähe von On ein eigenes Heiligtum gewidmet ist. Da die Ägypter bei grundlegenden Vorgängen eindeutigen Aussagen aus dem Weg gehen und eine Vielfalt der Zugangsweisen bevorzugen, wird dieselbe Entwicklung mit Hilfe eines Wortspieles auch abgemildert so ausgedrückt, daß Schu durch Ausspeien (*jšš*) und Tefnut durch Husten (*tf*) entsprungen sind:

> Du kamst hoch als Hügel, du quollst auf als Benben im Phönixhaus zu On. Du spucktest aus den Schu, du hustetest aus die Tefnut, du legtest deine Arme um sie als Arme der Ka-Seele, damit dein Ka in ihnen sei (Pyr 1652).

Nicht nur eine unwillkürliche materielle Abspaltung aus dem Urgott ereignet sich also, sondern zugleich ein zielgerichteter geistiger Akt. Atum umgibt seine Kinder mit (einer) seiner Außenseele(n), nämlich der Erhalt- und Gestaltseele Ka und übermittelt ihnen damit diese Seelenkraft, was vielleicht die Bildung eines männlichen und weiblichen Geschlechtsglieds und die Fähigkeit, weitere Paare zu erzeugen, in ihnen hervorruft[22].

Die Neigung, sinnstiftende Mächte grundsätzlich als Zweiheit zu denken, führt dazu, daß die Einsamkeit des Urgottes aufgesprengt und seine Hand als eigene Partnerin *Jusa'as* aufgefaßt wird, vielleicht "(als) sie kam, war sie groß" (Pyr 1210)[23]. Als personifiziertes weibliches Geschlechtsteil erhält sie einen Kultplatz bei On und wird später mit Hathor verbunden[24].

Doch Atum stellt nicht nur die elementare Naturmacht dar. Seit alters wird er mit der ober- und unterägyptischen Doppelkrone dargestellt und hat als Begleiter das schöpfungskräftige Wort, *Ḥu*, und eine außerordentliche Weisheit, *Sia*, neben sich. Die königliche Art streicht heraus, daß der Anfang der Welt zugleich der Beginn einer willensmäßig geordneten Gesellschaft gewesen ist.

Bedeutsamer wird die dritte Generation. Schu und Tefnut begatten sich. Daraus entstehen ein Erdgott *Geb* und eine Himmelsgöttin *Nut*. Beide repräsentieren nicht Erde und Himmel schlechthin, für die das Ägyptische andere Bezeichnungen wählt, sondern eher Mächte, die über der Erdentiefe und unter dem Himmel die entprechenden kosmischen Kräfte in sich versammeln. Geb ist keine Vegetationskraft, sondern mehr noch als Atum mit herrscherlichen Qualitäten ausgestattet. Er ist Erbprinz (*r.p³t*) sämtlicher Götter, Haupt der Neunheit (Pyr 895), ihm hat Atum die Herrschaft über die Götter überwiesen (Pyr 1616-21). So wird der Thron des Geb eine Quelle königlicher Autorität, die jeder Pharao benötigt[25]. Wichtiger ist die weibliche Partnerin. *Nut* ist eine schlanke, schön gestaltete Frau, die nach jüngeren Abbildungen sich mit Händen und Fußspitzen auf die Erde aufstützt und ihren Rumpf darüber am Himmel wölbt. Zwischen ihren Schenkeln gebiert sie täglich neu die Gestirne, um sie morgens

Niltal und Götterwelt. Das Weltbild   117

mit ihrem Mund wieder zu verschlingen, nachdem sie an ihrem Leib entlang gewandert sind. Die Himmelskörper sind ihre nach außen tretenden Aktivseelen, ihre tausend Bas.

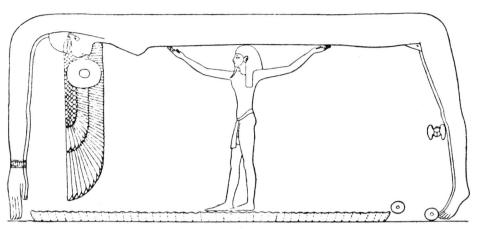

Abb. 26 Der Himmel als Frau von Schu getragen, daran die Sonne als Käfer und Scheibe (Grab Ramses' IV.)

Im System der Neunheit ist Nut diejenige Gestalt, die für den abgeschiedenen König früh bedeutsam wird. Dieser strebt danach, eine Verklärungsseele wie die Sterne am Himmel zu werden. Dazu gehört, daß er wie diese eine morgendliche Neugeburt zwischen den Schenkeln der Nut erlebt. Die Pyramidentexte rufen deshalb Nut häufig an.

> So sagt Geb: O Nut! Strahlend ($^3\!h$) bist du!
> Eine Machtseele war dir eigen schon im Leib deiner Mutter Tefnut, bevor du geboren wurdest, damit du diesen NN beschützen kannst, denn er ist nicht gestorben ...
> Mache den NN zu einem Ach-Geist in dir selbst, denn er ist nicht gestorben ...
> Die ganze Erde gehört dir. Nimm sie in Besitz, denn du hast einbeschlossen die Erde und alle Dinge in ihr in deine Umarmung. Und du hast diesen König als einen unvergänglichen Stern eingesetzt, der in dir ist (Pyr 779-82).

Vielfach wird Nut in der modernen Literatur als Muttergöttin eingestuft. Das führt insoweit irre, als die Göttin zwar wieder und wieder Millionen gebiert und jeder tote König ihr Kind werden will, sie jedoch keinerlei persönliche Zuneigungen zeigt und ihre Kinder unbedenklich wieder verschlingt. So läßt sie sich kaum als Projektion dessen nehmen, was Ägypter als mütterlich empfunden haben. Zwar gibt es in On eine Kultstätte für sie wie für Geb, doch von Opfern an sie und von Priestern wird kaum etwas vermeldet.

Aus Geb und Nun entspringt eine vierte Generation, die nun aus zwei männlichen und zwei weiblichen Gliedern besteht. Zu ihr gehören *Osiris*, der später zum Totenherrscher wird, auf älterer Stufe aber vielleicht das Kulturland repräsentierte, sowie sein Bruder *Seth*, der mit einem Wüstentier (einem Fabelwesen?) verbunden wird und wohl für die unfruchtbaren Landstriche zuständig ist. Daneben steht *Isis*, die vielleicht aus einem älteren Deltakultort übernommen ist. Ihr Name hat noch keine einhellige Deutung gefunden. Da ihre Hieroglyphe ein Thronzeichen zeigt 𓊨 und das Appellativ für Thron *set* an ihren ägyptischen Namen *Iset* anklingt, wird sie oft als personifizierter Königsthron gedeutet[26]. Dafür läßt sich für das Alte Reich nur eine einzige Pyramideninschrift anführen:

> (Die Kuhgöttin) führt König NN zum hohen Sitz, der die Götter gemacht hat, der Horus gemacht und Thot erzeugt hat.
> Isis empfängt mich, Nephthys gebiert mich, und ich setze mich auf den hohen Thron (Pyr 1153).

Leider läßt sich hier nicht eindeutig ausmachen, ob Isis mit dem Thronsitz (*st*) gleichbedeutend ist oder ob sie neben ihm eine Rolle spielt[27]. Klarer lauten Aussagen von der Göttin, daß sie den jungen Horus in einem Versteck im Sumpfdickicht von Chemmis geboren hat (Pyr 1703. 1214. 2190). Bei Isis zeigen sich schon eher mütterliche Züge, wenngleich sie allein auf den König bezogen werden. Von ihrer Schwester Nephthys kann ebenso gesagt werden, daß sie den König gebiert, wie das Zitat zeigt. Mit Isis zusammen klagt sie um den toten Osiris; sonst bleibt sie eine blasse Figur. Ihr Name besagt "Herrin des Hauses", was wohl auf den königlichen Palast zu beziehen ist.

So entsteht aus der Lehre von On ein Schema von vier Generationen und neun Gestalten als grundlegende Ordnungskräfte in Welt und Menschheit:

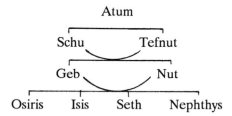

Die Neunheit soll möglicherweise als drei mal drei die Pluralität in der Potenz versinnbildlichen; das würde das Auftauchen von Gestalten ohne eigentliche Funktion wie Tefnut und Nephthys erklären; freilich wäre dann zu erwarten, daß die Generationen zu Dreierpaaren geordnet wären[28]. Die einzelnen Gestalten stehen teilweise als Individuen nebeneinander, können in anderen Texten aber auch als ein einziger Körper (*ḥt*) aufgefaßt (Pyr 1041a) und im Verschmelzen der Individualitäten kultisch gemeinsam verehrt werden. Der tote König wird als

Stier der ganzen Neunheit gerühmt (Pyr 717a), wie denn diese insgesamt für die Dauer von Königtum und Pyramide sorgt (Pyr 1660).

Die Generationenfolge hat weniger zeitlichen als qualitativen Sinn. Vom unbestimmten Anfangsgott verläuft die Theogonie zu konkreteren Gestaltungen weiter. Es ist deshalb begreiflich, daß — wir wissen nicht, wann — der Königsgott *Horus* als Kind des Paars Osiris-Isis mit der Neunheit verbunden und als weiteres Glied bei Aufzählungen ihr angefügt wurde (Pyr 167-177). Vielleicht wird Horus aus der Neunzahl herausgehalten, um den regierenden Herrscher als lebenden Horus (Kap. 3.4) von der stiftenden Urzeit abzuheben; Horus würde dann das Ende einer jenseits von Gut und Böse verlaufenden Urzeit markieren. Mit seiner Gestalt verbindet sich ein Streit mit Seth, der ihm das Auge verletzt, und damit die erste tiefgreifende Störung in der Welt: "Die Furcht entstand um das Auge des Horus" (Pyr 1640). Indem die Horusfigur mit der Neunheit zusammengestellt wird, erhält diese die Aufgabe, in der Gerichtshalle zu On unter Vorsitz des Geb über die rivalisierenden Ansprüche von Horus und Seth auf die Thronfolge zu entscheiden, was zugunsten des Horus, d.h. des regierenden Pharao, ausgehen wird.

Das System einer solchen Neunheit entspricht keinem freien Spiel der Phantasie, sondern gründet zunächst in Naturerfahrung. Das alljährliche Auftauchen von Hügel und Leben aus der Nilflut und der Wiederbeginn alltäglicher Arbeit stehen Pate. So mag denn auch in On dieses Geschehen als zyklische Wiederholung der Weltentstehung jährlich gefeiert worden sein. Frühere Forschergenerationen haben in der Idee der Neunheit allein Naturmythologie gesehen. On habe die "Naturmythen zu einem geschlossenen System ausgebaut ... Damit erhielt sein Götterkreis eine ungeheure Weite anderen Kulten gegenüber. An die Stelle wirkungsbeschränkter Naturmythen rückte Heliopolis entscheidend die Weltenumspannung des Himmels und des Bereichs seiner Gestirne"[29]. Doch es geht keineswegs nur um Naturmythologie. Das Königtum tritt nicht erst mit dem nachgeborenen Horus in Erscheinung, sondern knüpft bereits an Atum mit seiner Doppelkrone und an den Thron des Geb an. Das System von On stellt Kosmogonie und Kratogonie schon ab der Anfangsstufe als Einheit dar. Der regierende Monarch hat nicht nur einen Direktbezug zu Horus, bildet nicht nur einen Teil von dessen Wesen, sondern sitzt auf dem Thron des Geb und trägt die Krone des Atum! Das Weltentstehungsmodell insgesamt begründet also die bestehende Herrschaftsform im Lande, umfaßt eine Kratogonie. Andererseits garantiert diese den heilvollen Rhythmus des Naturgeschehens. Natur und Gesellschaft gehen bruchlos ineinander über.

Die Beziehungen der Konzeption der Neunheit zum zweiten großen Bereich ägyptischer Religion, zur Totensorge, sind in der älteren Überlieferung noch gering. Nur die Himmelsgöttin Nut nimmt da, wie geschildert, einen wichtigen

Rang ein. Die Sprüche zur Gliedervergottung des abgeschiedenen Königs bezwecken darüber hinaus, seine Körperteile (außer dem Haupt) mit dem Urgott Atum verschmelzen zu lassen oder aber mit dessen Zwillingskindern Schu und Tefnut (Pyr 135.148). Doch solche Bemühungen treten verhältnismäßig selten zutage. Als Osiris später zum Totengott wird (Kap. 7), in den jeder tote König eingeht, erhält dieser Gott eine überragende Stellung in Verbindung mit Isis und Nephthys, aber nicht primär als Glied der Neunheit von On.

Der ägyptische Hang zur dualen Sicht bei allen grundlegenden Erscheinungen des Lebens hat dazu geführt, daß in On bald von einer zweiten Neunheit geredet wird, die sich dann um Horus gruppieren kann (Pyr 177f.; 1044f.). Von dieser Idee angeregt, stellen auch andere große Heiligtümer Neunheiten zusammen, oft ohne Rücksicht darauf, ob es neun oder auch mehr oder weniger Gestalten sind, die in der entsprechenden Landschaft als maßgeblich verehrt werden.

5.6 Die acht Urwesen und die Flammeninsel in Schmun

Neben dem System der Neunheit, das sich von On aus in Ägypten ausbreitet, gibt es nur einen anderen Kultort, der sich mit seiner Mythologie allgemeines Ansehen verschaffen konnte, wenngleich in geringerem Maße, nämlich die "Achtstadt" Schmun (ḫmnw), die von den Griechen Hermopolis genannt wird. Für diese mythologische Variante fehlen Texte aus dem Alten Reich; doch der Stadtname ist bezeugt und läßt entsprechende Überlieferung erschließen. Er verweist auf vier Paare von urzeitlichen Mächten, deren männliche Mitglieder frosch- und weibliche schlangenköpfig vorgestellt werden. Sie sind also mit Tierarten verbunden, die sich im Schlamm nach der Nilflut regen. Wo einzelne Namen angeführt werden, bezeichnen sie chaotisch klingende Vorzustände. In Sargtexten des Mittleren Reiches (CT sp. 76-81 II 1-44) wird eine ungestaltete Endlosigkeit *Heh* angeführt, dann das Urgewässer *Nun*, das Verschwinden (oder Abirren) *Tenemu* und schließlich die undurchdringliche Finsternis *Kek*. Eine weibliche Entsprechung ist je zu ergänzen. Später rücken *Nun* und sein weibliches Gegenbild *Naunet* an den Anfang, dann folgen *Heh* und *Hehet*, *Kek* und *Keket*. Die letzte Stelle variiert; sie wird entweder von der Verneinung *Niu-Nenet*, von *Gerech-Gerechet* "Mangel", oder von der "Verborgenheit" *Amon-Amaunet* eingenommen. Aus den Benennungen spricht ein Versuch, den Vorzustand vor der Weltentstehung und zugleich die Erstreckungen des Nichtseins, vor denen alles Seiende sich noch gegenwärtig hüten muß, auf einen Nenner zu bringen. Stärker als in On wird ein duales Grundprinzip hervorgekehrt. Mehr noch als dort beschäftigt man sich mit der Frage, was vor dem Welterstling da war, begreift das aber infolge seiner Doppelheit schon in die dual gestaltete Welt ein. Einige Forscher sehen hier nicht ohne Grund Parallelen zum Anfang der biblischen Genesis (1,2), wo der Vorzustand als Irrnis, Leere, Finsternis und Urflut gezeichnet wird[30].

Die erhaltenen Texte lassen nicht erkennen, was diese Urwesen hervorgebracht haben. In den Sargtexten (s.o.) wird die Achtheit mit Schu zusammengestellt, jenem Gott der Neunheit von On, der "Leere" bedeutet und deshalb schon vom Wortsinn her in die Nähe der acht Namen rückt. Das geschieht aber in den Sargtexten so, daß Schu die Achtheit aus seinem Ausfluß hat hervorgehen lassen, also ursprünglicher als diese ist! Freilich wird ihnen andererseits die Aufgabe zugewiesen, dem sich als Schu vorstellenden König bei der Himmelfahrt zur Seite zu stehen. Sobald sie also in Texten erwähnt werden, haben die acht Wesen eine kosmische Funktion und vertreten nicht mehr das Chaos vor jeglicher Entstehung.

Zu den Überlieferungen von Schmun über die Weltentstehung gehört auch der Hinweis auf eine am Ort befindliche, mythologische Flammeninsel, die statt eines Urhügels den Beginn des Daseins markiert. Befremdlicherweise wird sie mit der Achtheit nicht unmittelbar in Beziehung gesetzt. Aus der Insel soll eine Lotosblume und aus dieser ein junger Gott herausgewachsen sein, der mit (dem memphitischen) Nefertem "an der Nase" des Sonnengottes (Pyr 265-6) gleichgesetzt wird. An anderen Stellen wird aber, um die Verwirrung voll zu machen, stattdessen vom "Ei des großen Gackerers" im Zusammenhang mit Insel und Weltentstehung geschrieben. Aus dem Ei entspringt ein Wächter, der Himmel und Erde voneinander trennt (CT sp 223 III 208-10). Wer das Ei gelegt hat, und warum der Enterich es nach Schmun transportiert, wird nicht erklärt. Nach jüngeren Texten hat die Achtheit das Ei erschaffen[31].

Wie immer die Weltentstehungsspekulationen in Schmun im einzelnen lauten, innerhalb der religiösen Konzeption der Priester haben sie nicht den Rang eingenommen, den die Parallele in On besitzt. Denn der Hauptgott von Schmun, von dem immer wieder die Rede ist, ist Thot, zuständig für den Mond, die Zeitmessung, die Schreiber und das wirksame Wort. Thot wird aber weder mit der Achtheit noch mit der Insel in ein erkennbares Verhältnis gesetzt.

5.7 Das Defizit an Mythen und die dennoch vorhandene Mythologie

Die ägyptische Sprache des Alten Reiches läßt also mehrere mythologische Entwürfe erkennen, gibt aber keine Mythen wieder. Unter Mythos versteht man gemeinhin eine Erzählung über das Handeln und Ergehen von Göttern; durch seinen unverzichtbaren narrativen Charakter unterscheidet sich ein Mythos von philosophischer oder theologischer Rationalität. Überraschenderweise hat Ägypten eine reiche religiöse Literatur hinterlassen, jedoch kaum eine zusammenhängend erzählte Göttergeschichte. Das erste wirklich ausgeführte Beispiel, bezogen auf Tod und Wiederbelebung des Osiris, findet sich erst bei dem Griechen Plutarch im 1. Jh.n.Chr. Einige Texte des Neuen Reiches, auf die unten einzugehen ist, kommen der Gattung Mythe nahe. Doch das bleiben bis in die Spätzeit hinein Ausnahmen. In dieser Hinsicht unterscheidet sich Ägypten von allen Kulturen des Altertums, ausgenommen vielleicht den Römern. Nicht, daß Götterhandlungen fehlen! Auf zahlreichen Bildern agieren Götter oder göttliche Könige. In unzähligen Texten wird der Sonnenaufgang als Neugeburt oder das Opfer als Wiederherstellung des durch einen Anschlag des Seth verletzten Horusauges gefeiert! Doch verlautet dabei weder etwas von einer Exposition, welche den Ablauf in Gang setzt, noch wird am Ende eine befriedigende Lösung geboten. Daß Seth vernichtet wird, heißt es an vielen Stellen; dennoch wird überall vorausgesetzt, daß er weiter existiert und als Gott bedeutsam bleibt. So lieben die Ägypter mythische Anspielungen, meiden aber narrative Entfaltung. Der begrenzte Geschehensausschnitt hat es in der Regel mit einem für Kult oder Zauberpraktik wichtigen Präzedenzfall oder mit einem für den verklärten Toten belangreichen Herrschaftswissen zu tun.

Das eigenartige Mythendefizit hat unterschiedliche Deutungen hervorgerufen[32]. Nach herkömmlicher Ansicht erklärt es sich aus der nur bruchstückhaft erhaltenen Überlieferung. Deshalb, so meint man, hat der Forscher einen fortlaufenden Erzählzusammenhang "aus tausend Anspielungen" zu rekonstruieren[33]. Andere (wie Schott und Otto) rechnet mit einer ritualistischen, in der Vorgeschichte ausgebildeten Grundtendenz der Religion, wonach Begehungen hauptsächlich durch Analogiezwang die gewünschte Wirkung magisch herbeiführen, ohne daß göttliche Personen notwendig vorausgesetzt werden müssen. Das gilt etwa für die oft abgebildete Geste des Niederschlags der Feinde durch den König oder für die Maßnahmen zur Mumifizierung und Grablegung. Wo mythische Motive bei Ritualbeschreibungen erwähnt werden, wird oft eine in sich zusammenhängende Begehung durch mehrere göttliche Bezüge erläutert, die in sich keinen Zusammenhang aufweisen. Demnach scheinen mythische Elemente nachträglich und nur ansatzweise ausgebildet worden zu sein. Dem entspricht, daß ein und dasselbe mythische Motiv zur Erläuterung unterschiedlicher Riten herangezogen wird; Ritus und Mythe haben anscheinend unabhängig voneinander existiert. Eine neue Erklärung hat Assmann vorgetragen. Für ihn gehört es zur Eigenart ägyptischer Religion, daß es mythische Ikone und Konstellationen in Fülle gibt, aber keine fortlaufenden Geschichten. Unter Ikon versteht Assmann die "sakramentale Ausdeutung" eines Vorgangs "der sichtbaren Wirklichkeit, des Kultus oder des Kosmos als ein Ereignis der Götterwelt"[34]. Dazu gehört ein Zusammenspiel von Göttern mit geprägten Rollen und Konstellationen, aber kein expositioneller Beginn und kein lösendes Ergebnis am Ende. So spielen bei der Opferdarbringung am Grab ein göttlicher toter Vater, sein Sohn als Nachfolger auf Erden und ein besiegter Feind eine unabdingbare Rolle. Derlei mythische Ikone können gelegentlich zu erzählenden Mythen zusammengeordnet werden, können aber auch wieder zu in sich isolierten Szenendarstellungen sich zurückbilden.

Trotz des festzustellenden Mythendefizits spiegelt die ägyptische Sprache durchaus Mythologie im Sinne eines Weltbildes, das nicht auf wissenschaftlichem Messen und Berechnen gründet, wie es das neuzeitliche Weltbild von sich behauptet, sondern mit numinosen Kräften rechnet, die mit 1000 unsichtbaren

Fäden mit der Alltagswelt verwoben sind und in sich ein gewisses System bilden. Dazu gehört z.B. die positive Wertung dessen, was oben und hell und luftig, und eine negative Einschätzung dessen, was unten und dunkel ist. Aus diesem, allen vorwissenschaftlichen Kulturen gemeinsamen, Ausgang von hintergründigen Ursachen alltäglicher Phänomene haben die Ägypter die oben geschilderten eigentümlichen Weltentstehungsmodelle abgeleitet. Was sich daraus an Mythologie ergeben hat, entspringt nicht einer Zusammenordnung und Harmonisierung von vorgegebenen Mythen, sondern einer eigenständigen Art von Spekulation, die sich auf dem Grund einer unverstellten, naiven Welterfahrung im Kontext ägyptischer Sprache entwickelt.

5.8 Der kultische Verkehr mit den Mächten. Das Opfer als Befriedigung der Götter und Befriedung durch die Götter

Im Altertum ist Religion keine Sache des Glaubens, sondern der allgemeinen Selbstverständlichkeit. Den Ägypter beschäftigen deshalb die Probleme der Erkenntnis von Welt und Gottheit, denen wir in diesem Kapitel bisher nachgegangen sind, nur in sekundärer Hinsicht. Im Vordergrund steht für ihn die Sorge, sich die die übermenschlichen Wesen geneigt zu machen, mit ihnen in Verkehr zu treten und ihren Segen zu gewinnen. Religion ist deshalb in erster Linie Ritual und nicht Mythologie. Zu solchen Ritualen gehören neben gesprochenen Teilen, Darbringungssprüchen, Gebeten, Hymnen, vor allem symbolische Handlungen und Opferspenden. Für das 3.Jahrtausend liegen genauere Nachrichten einzig über die Begehungen bei einer königlichen Bestattung vor; um die Weise des kultischen Verkehrs mit den Mächten in den Heiligtümern des Kulturlandes zu veranschaulichen, steht nur ein Rückschluß aus dem Totenritual offen.

Nach einer treffenden Formulierung von J. Assmann ist für die Ägypter die wahrnehmbare Natur "das manifeste Ende der Interaktionsketten, mit denen die Götter aufeinander bezogen sind". An diesem Ende sind Menschen gefordert, in eine Unterstützung des Göttergeschehens einzutreten. Kult wird notwendig, weil die Welt nicht unabänderlich fest gefügt ist, sondern "die Wirklichkeit fortwährend auf dem Spiel" steht[35]. Wie oben erwähnt, ist der Privatmann zu eigenem Kontakt mit Gottheiten nicht imstande. Begehung und Opfer kann allein der Pharao, der Gott unter Göttern, durchführen, andere Menschen sind nur seine Handlanger. Dazu aber sind sie notwendig.

Die Tempelpriester gehören zu anderen Kategorien als die mit der Totensorge beschäftigten Kollegen. An den Heiligtümern bildet die Gruppe der Wab genannten "Heiligungspriester" die größte Gruppe, neben steht steht ein "Gottesvater" (*jt nṯr*), unter ihnen der Stand der Gottesdiener (*ḥm nṯr*)[36].

Was als Gaben den Toten wie den Göttern zugewendet wird, heißt gemeinhin *hetep*. Hieroglyphisch wird der Ausdruck mit einer stilisierten Opfermatte und einer daraufliegenden Brotgabe geschrieben. Umgekehrt wird darauf geachtet, daß die im Kult verwendete Matte oder die ersetzende steinerne Opferplatte in der Form von einem oder mehreren hetep-Zeichen gestaltet wird.

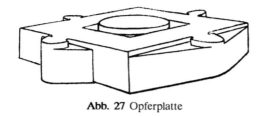

Abb. 27 Opferplatte

Das Lexem *hetep* wird meist mit "Opfer" wiedergegeben; der Bedeutungskern beinhaltet "Ruhe, Friede, Glück". Gemeint ist damit nicht nur ein äußerer wie innerseelischer Zustand, sondern zugleich die Vorgänge, die zu solchen Zustände führen oder von ihnen dynamisch ausstrahlen. Das dazugehörige Verb *htp* beinhaltet sowohl "zufrieden gestellt sein" als "mit jemand zufrieden sein" und "jemand zufrieden machen", ist also transitiv und intransitiv zugleich[37]. Daß *hetep* im rituellen Gebrauch nicht einfach eine technische Bezeichnung ist, machen Sprüche klar, welche die Darbringung als königlich-göttlich *hetep* mit einem *hetep*-Werden der Toten verknüpfen:

ein *hetep*, das der König gibt
ein *hetep*, das Geb gibt >Gegeben ist dir jede Darbringung, die du wünschst...

Geb hat dir deine Augen gegeben, nämlich die *hetep*-tafel ... Nimm die Augen dieses Großen, nämlich zwei Brotlaibe, und sei *hetep* mit ihnen (Pyr 101-3).

Für den Götterkult abgesehen von der Totensorge gibt es nur knappe Angaben, daß den großen Götter täglich *hetep* dargebracht wird[38]. Vermutlich darf man die entsprechenden Begehungen mit dem morgendlichen Aufruf an Gottheiten zusammenstellen: "Erwache in *hetep*" (vgl Pyr 383). Als Wesen mit begrenztem Vermögen haben die ägyptischen Götter wie die Toten das Bedürfnis nach regelmäßiger Ernährung. Deshalb müssen ihnen großenteils vegetabilische Gaben dargebracht werden, roh oder zubereitet; auch Tiere werden geschlachtet, meist aber nur Schenkel und Herz der Gottheit geopfert. Die königliche Opfergabe verhilft der angesprochenen Macht, friedevoll und dem Opfernden geneigt zu sein. Die Götter verschaffen sich überdies untereinander *hetep*, indem sie etwa den Streit zwischen Horus und Seth durch ein Gerichtsverfahren beenden (Pyr 1521-3). Durch kultische Akte werden also Gottheiten befriedigt, u.U. zugleich befriedet, wenn sie zornig waren; von ihnen wird dann erwartet, daß sie ihrerseits König und Land befrieden. Dennoch stellt das ägyptische Opfer kein Tauschgeschäft im Sinne eines *do-ut-des* dar, weil die angebotenen Gabe mit der zu erwartenden Gunstbezeichnung zumeist in keinem berechenbaren Verhältnis steht.

Hinzu treten Ausgießopfer und Räucherungen als begleitende Handlungen. Der Weihrauch, *senetscher* genannt und damit an das Wort für "Gott", *netscher*, anklingend, gilt als Gottesschweiß oder Tau vom Wohlgeruch, der Göttern wesensmäßig eignet. Der Kult wendet also den Überirdischen zu, was aus ihnen stammt. Zugleich wirkt die Räucherung auf die menschliche Umgebung, reinigt von Befleckung und verzehrt unsichtbare Schadensstoffe. Das Räuchergefäß heißt *sehetepi*, weil es dem *hetep*-Machen dient. Die Weihrauchwolke umfängt anwesende Menschen, reißt Ka-Seelen der Toten zum Himmel empor (Pyr 18). Auch Libation gilt als unentbehrlich. Das Ausgießen von Wasser, aber auch von Milch und Bier vermittelt eine Lebenskraft, die aus göttlichem Bereich herkommt und wieder zurückstrebt. Im Wasser ist das Auge des Horus ausgepreßt gegenwärtig (Pyr 88). Über das Herz eines Toten ausgegossen, löst Wasser dessen Todesstarre. Am Abschluß eines Opferaktes wird Wasser über alle Gaben ausgegossen, was sie für die Gottheiten schmackhaft macht.

Die Götter verspeisen das geopferte Brot nicht in seinem materiellen Gehalt und das Fleisch nicht eigentlich als Fleisch wie Menschen. Vielmehr genießen sie die in den Opfergaben enthaltenen Kraftsubstanzen. So vermitteln zum Beispiel Tierschenkel und Herz Beweglichkeit und Geisteskraft, deren auch Götter bedürfen. Haben die angerufenen Gottheiten ihren Appetit gestillt, wandern die Gaben an andere Empfänger weiter. In einem Opferumlauf wird das zuerst einem Gott geweihte Opfer an eine Statue im Tempel und dann an das Grab eines Toten weitergeleitet. Hat es dort seinen Zweck erfüllt, ist ihm weitere immaterielle Kraft entzogen, dürfen dann den materiellen Rest die Priester verspeisen, zu deren Lebensunterhalt Opfer gehören.

Ein Opfer vermittelt nicht nur innere Wohlgestimmtheit. Vielmehr läßt sich *hetep* oder die feminine Nebenform *hetepet* als Heilssphäre überhaupt begreifen, welche gelungenes Leben möglich macht. So heißt es bei der Darbringung eines Kuchens an den verklärten toten König:

hetepet ist dir gebracht, *hetepet* ist, was du siehst, *hetepet* was du hörst.
hetepet ist vor dir, *hetepet* ist hinter dir, *hetepet* ist dein Anteil (Pyr 34).

Oben am Himmel gibt es ein *hetep*-Gefilde, meist "Opfergefilde" übersetzt, obwohl es gewiß nicht erst durch Opfer entsteht. Nahe einem Binsengefilde droben, das mit paradiesischer Fruchtbarkeit ausgestattet ist, ermöglicht das *hetep*-Gefilde dem verklärten König eine Himmelsüberquerung zur endgültigen Wohnung unter den unvergänglichen Sternen und zu den Göttern, die dort ihre Erhalt- und Gestaltseelen bei sich haben (Pyr 749.1164-5). Weil *hetep* mehr ist als individuelle Befindlichkeit, wird jeweils die Umgebung davon erfaßt. Der

Sonnengott macht die zwei göttlichen Herren zugunsten des toten Königs *ḥetep* und damit diesen selbst (Pyr 34). Der König seinerseits verschafft zu Lebzeiten seinen beiden Ländern *ḥetep* und er verschafft es jedem Untergebenen nach dem Tode durch das "*ḥetep*, das der König gibt".

In den letzten drei Kapiteln wurden mit Königtum, Totenkult und mythologischen Konzeptionen die Schwergewichte religiöser Praxis und des entsprechenden Denkens aus der Blütezeit des Alten Reiches skizziert. Die zutage getretenen Züge in Gottesauffassung und Gottesverehrung halten sich in den folgenden Jahrtausenden durch. Doch treten bald andere Schwerpunkte hinzu. Schon das Ende des Alten Reiches wird durch zwei gewaltige mythologische Umwälzungen gekennzeichnet, die weittragende kultische Folgen zeitigen, nämlich das Aufkommen der Re-Verehrung und die Entstehung des Osiris-Kultes. Das nötigt dazu, an dieser Stelle von einer mehr synchronen zu einer diachronen Darstellung überzugehen.

J.P.Allen, Genesis in Egypt, Yale Egyptological Studies 2, 1988
R.Anthes, Ägyptische Theologie im 3.Jahrt.v.Chr., Studia Aegyptiaca 9, 1983
J.Assmann, Die Verborgenheit des Mythos in Ägypten, GM 25, 1977, 7-43
Ders., Die Zeugung des Sohnes, in: J.Assmann/W.Burkert/F.Stolz, Funktionen und Leistungen des Mythos, OBO 48, 1982, 13-61
J.Baines, Egyptian Myth and Discourse: Myth, Gods and the Early Written and Iconographic Records, JNES 50, 1991, 81-105
W.Barta, Untersuchungen zum Götterkreis der Neunheit, MÄS 28, 1973
B.Begelsbacher-Fischer, Untersuchungen zur Götterwelt des Alten Reiches, OBO 37, 1981
H.Brunner, Die Grenzen von Raum und Zeit bei den Ägyptern, AfO 17, 1954-6, 141-5
Ders., Chaotische Bereiche in der geschaffenen Welt, ZÄS 81, 1956, 28-32
E.Brunner-Traut, Gelebte Mythen, [2]1981
A.de Buck, De Egyptische voorstellingen betreffende den oerheuvel, 1922
H.Grapow, Die Welt vor der Schöpfung, ZÄS 67, 1931, 34-8
E.Hornung, EuV Kap. IV
Ders., Verfall und Regeneration der Schöpfung, Eranos-Jahrbuch 46, 1977 (1981), 411-49
H.Junker, Pyramidenzeit, 1949
H.Kees, GG 187-299: Die Göttersysteme der Aufbauzeit
M.Münster, Untersuchungen zur Göttin Isis vom Alten Reich bis zum Ende des Neuen Reiches, MÄS 11, 1968
K.Mysliwiec, Studien zum Gott Atum I. Die heiligen Tiere des Atum, 1978
E.Otto, Das Verhältnis von Rite und Mythus im Ägyptischen, SHAW 1958, 1
A.A.Saleh, The so-called 'Primeval Hill' and other Related Elevations in Ancient Egyptian Mythology, MDAIK 25, 1969, 110-20
S.Sauneron/J.Yoyote, La naissance du monde selon l'Egypte ancienne, Sources Orientales I, 1959, 17-91 = dt. Quellen des Alten Orients. Die Schöpfungsmythen, 1964, 37-99
H.Schäfer, Weltgebäude der alten Ägypter, 1928
S.Schott, Mythe und Mythenbildung im alten Ägypten, UGAÄ 15, 1945 = 1964
Ders., Ritual und Mythe im altägyptischen Kult, Studium Generale 8, 1955, 285-93
K.Sethe, Amun und die acht Urgötter von Hermopolis, APAW 1929,4

RÄRG 71-4 'Atum'; 167-8 'Erde, Erdhacken'; 201-3 'Geb'; 293-4 'Hermopolis magna'; 326-32 'Isis'; 356-7 'Jusas'; 536-9 'Nut'; 543-5 'On'; 547-53 'Opfer, Opferformel'; 594-6 'Phönix'; 812-24 'Tierkult'; 847-8 'Urhügel'.
LÄ 1, 550-2 'Atum'; 2, 258-9 'Flammeninsel'; 2, 427-9 'Geb'; 2, 1137-47 'Hermopolis magna'; 3, 186-203 'Isis'; 3, 747-56 'Kosmogonie'; 4, 277-86 'Mythos'; 4, 457-60 'Nephthys'; 4, 473-9 'Neunheit'; 4, 485-500 'Nilgott, Nilopfer'; 4, 534-5 'Nun'; 5, 677-90 'Schöpfung'; 6, 873-6 'Urhügel'.

Anmerkungen zu Kapitel 5:

1 Otto, Saeculum 14, 1963, 261
2 Assmann, Äg 27
3 Begelsbacher-Fischer 1981, 144
4 Dazu S.Morenz, Die Begegnung Europas mit Ägypten, [2]1969, 140f
5 PKG Abb. 114a mit S. 217
6 vgl. die Narmer-Palette oben S. 54
7 Hornung, EuV 96

8 Kees, GG 1f
9 Hornung, EuV 96 nach Bertholet
10 z.B. PKG 114.
11 LÄ 4, 485
12 RÄRG 167
13 RÄRG 201-2
14 Assmann, Äg 35f
15 LÄ 5, 685
16 Anders Sethe, Urgeschichte §§ 104-38
17 Kees, GG 215
18 Morenz, Rel 24 nach Anthes; LÄ 1, 550
19 Hornung, EuV 56
20 LÄ 3, 752; 4, 474
21 Schott in: Studium generale 8, 292
22 Barta, 191
23 Kees, GG 223
24 RÄRG 298
25 Kees, GG 227
26 Kees, GG 201; RÄRG 326; Morenz, Rel 23.279
27 LÄ 3, 187
28 LÄ 4, 474
29 Kees, GG 222
30 R.Kilian, Gen I 2 und die Urgötter von Hermopolis, Vetus Testamentum 16, 1966, 420-38
31 Quellen des Alten Orients 76.82
32 K.Koch, Wesen 28-34
33 Erman, Rel 60; vgl. Brunner, Rel 47
34 Assmann, Äg 135
35 Assmann, Äg 80.85
36 RÄRG 256
37 Gardiner, Grammar 210-1
38 Palermostein LHAEE 46

6. Der Aufstieg des Sonnengottes

6.1 Einzug des Gottes Re in On-Heliopolis

Zu Beginn des Alten Reiches hatte der Falkengott Horus als Königs- und Landesgott, wie oben geschildert, eine ausschlaggebende Stellung eingenommen. Ab der Mitte des 3. Jahrtausends v. Chr. vollzieht sich jedoch in Mythologie und Kult Ägyptens eine tiefgreifende Umschichtung. Zur beherrschenden Stellung im Pantheon und zur ausschlaggebenden Rolle für Staat und Lebenswelt rückt der Sonnengott Re auf, um dann im Mittleren Reich als König der Götter gefeiert zu werden. Damit erhält eine in Ägypten jederzeit als übermächtig wahrnehmbare Naturkraft das entscheidende Gewicht im religiösen Denken; ist doch von der strahlenden Sonne über dem Niltal noch heute jeder Ägyptenreisende gefesselt! Es überrascht, daß die überragende Rolle der Sonne erst seit einer bestimmten Epoche der geschichtlichen Zeit gefeiert wird, obwohl das Tagesgestirn seit unvordenklichen Zeiten mit täglicher Regelmäßigkeit über das Niltal dahinzieht und nur selten von Wolken verdunkelt wird. Der Name Re für das Gestirn war zwar seit langem gebräuchlich, und seine Einschätzung war gewiß von je eine mythologisch-ehrfürchtige. Doch anfangs war Re eine ferne kosmische Größe, zu deren besonderer Verehrung kein Anlaß bestand.

Nun rückt jedoch der Sonnengott mehr und mehr in das Zentrum des religiösen Interesses. Von seinem Erscheinen wird die Lebensenergie *anch* abgeleitet. Das läßt sich an den Königsnamen ablesen. Als theophores Element im Geburtsnamen taucht die Sonne vereinzelt in der 2. Dynastie vielleicht bei Raneb (oder Nebra?) auf, dann in der 4. Dynastie im Namen der Pyramidenbauer Chefren (Chaf-Re) und Mykerinos (Men-Kau-Re); aus dieser Dynastie nennt sich Dschedefre zum ersten Mal "Sohn der Sonne". Ab der 5. Dynastie tritt der Re-Bezug in den königlichen Thronnamen ständig hervor.

Das Lexem Re bedeutet nicht einfach die am Himmel sichtbare Sonnenscheibe, für die es eine eigene Benennung *aton* (gesprochen wohl *jati*) gibt, welche später für den eigenartigen Kult Echnatons ausschlaggebend werden sollte. Unter Re wird vielmehr die Macht verstanden, die sich hinter der Sonne verbirgt, gleichsam die Sonnenenergie, die den sichtbaren Himmelskörper mit unsichtbarer, größerer Gestalt umgibt. Meist wird deshalb Re menschenartig dargestellt, mit goldener Haut, eine Scheibe mit einem Uräus auf seinem Kopf ; seltener so, daß er innerhalb der leuchtenden Scheibe thront. Oder es wird gesagt, daß das Tagesgestirn sein Auge oder sein Gesicht bildet. Doch der nunmehr so hoch gerühmte Re besteht und wirkt nicht für sich allein. Vielmehr wird der Sonnenlauf als "götterweltliches ... Geflecht kommunikativer Handlungen" empfunden, in dem Re der erste unter vielen Faktoren ist[1]. Überquert er tagsüber den Himmel, hat er sein unsichtbares Gefolge (*šmsw*) bei sich, das für ihn unentbehrlich ist.

Heimat der neuen Sonnenverehrung wird On, das die Griechen später Heliopolis nennen und das heute ein Vorort von Kairo ist. In dem hier ausgebildeten frühgeschichtlichen System einer Neunheit von entscheidenden Göttern, welche die Seinsstufen von der Weltentstehung bis zur Ausbildung des für Ägypten gültigen Herrschaftssystems verkörpern (vgl. das vorige Kapitel), fehlte noch eine Repräsentanz der Sonne. Nun aber wird On nicht nur zu einer Stätte, an der Re wie der älteren Neunheit ein Kult gewidmet wird, sondern zum Heiligtum, an dem vor allem dieser Gott im Mittelpunkt steht. Den Priestern von On gelingt es, die aufbrechende überwältigende Sonnenerfahrung mit ihrer älteren Lehre so zu verknüpfen, daß ein mythologisches System entsteht, welches nicht nur die althergebrachten Gottheiten des eigenen Ortes sinnvoll mit der Funktion der Sonnenmacht in Beziehung setzt, sondern offen bleibt für die Zuordnung anderer großer Götter des Landes.

Re, der, wie gesagt, nicht nur das Gestirn, sondern die dahinter verborgene Energie verkörpert, verschmilzt in der Theorie von On auf typisch ägyptische Weise mit anderen Gottheiten und bleibt dennoch für sich. Das betrifft zunächst den Urgott *Atum*, das Haupt der Neunheit, der aus dem Urwasser am Anfang herausgewachsen war und durch Selbstbegattung eine differenzierte Welt in Bewegung gebracht hatte. Mit ihm wird durch identifizierende Namensrelationierung die Sonnenmacht fortan verbunden und als Re-Atum (Pyr 1694) verehrt, wenngleich die beiden Gestalten ihre eigenen Tempel in On behalten und also nicht restlos ineinander verfließen. Das überwältigende Sonnenerlebnis zwingt offenbar dazu, den entsprechenden Gott ganz an den Anfang zu setzen, ihn Himmel und Erde vorzuordnen. Von jeher war Re demnach Atum. Wie dieser gilt er als "Selbsterstandener", ist er dem Urwasser Nun entstiegen, als sonst noch nichts vorhanden war (Pyr 1040a).

Der Benben-Stein auf dem hohen Sand in On, das Atum-Symbol auf dem dortigen Urhügel (?), wird nunmehr als "Aufglänzender" von einer entsprechenden Wurzel *wbn* abgeleitet und zum Sonnensymbol erklärt. Er wird zum Prototyp der *Obelisken*, jener nach oben sich verjüngenden Steinpfeiler, die zum charakteristischen Merkmal ägyptischer Tempel werden. Oben schließen sie mit einem Pyramidion ab, das mit Elektron verkleidet wird und in aller Frühe die ersten Strahlen des Tages in sich aufnimmt, denen eine besonders lebenskräftige Wirkung zugeschrieben wird. Ebenso wird der heilige Benu-Reiher von On der Sonnentheorie einverleibt und nimmt fortan darin als sich ständig verjüngender *Phoenix* eine wichtige Rolle ein. Durch die Beziehung zu Re verändert Atum allerdings seinen Platz in der Mythologie. Er, dessen Namen sich auch übersetzen läßt "der nicht mehr Vollständige" (s. oben S. 115), wird mehr und mehr als Greis verstanden, der die Abendsonne repräsentiert, und weniger als der schlechthinnige Anfang, den er von Haus aus verkörpert hatte.

Die morgendliche Sonne hingegen wird mit einem Gott *Chepri* gleichgestzt, der käferartig wie der Skarabäus (ägyptisch *cheprer*, zoologisch *ateuchus sacer*) vorgestellt wird und wie dieser als einer gilt, "der von selbst entstand". Die Verbindung zur Käferart hat für den Ägypter Evidenz. Denn dieser Käfer schiebt seine Eier, ohne daß sie als solche kenntlich sind, in einem runden Dreckkügelchen vor sich her. Schlüpft der Nachwuchs aus, entsteht der Eindruck, daß er aus Erde, ohne Zeugung und Geburt,

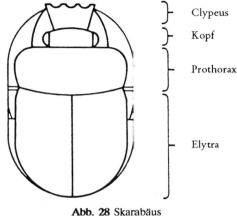

Abb. 28 Skarabäus

auf Grund eigener Willensbekundung herausgewachsen ist. Welches geeignetere Sinnbild für göttlich-autonomes Werden könnte es geben? Der Skarabäus, der in solcher Weise die Entstehungsmacht im ausgezeichneten Sinn veranschaulicht, wird in steinerner (oder metallener) Nachbildung mit einer Inschrift auf der Bauchseite, die meist einen Königsnamen enthält, später zu einem begehrten Amulett. (Kein Gegenstand aus dem pharaonischen Ägypten wird in den Andenkenläden heute so häufig feilgeboten.)

Der entsprechende Gott Chepri bildet sich nach ägyptischer Auffassung jede Nacht im Erdinnern neu aus, schiebt dann als überdimensionaler Käfer die neu entstandene Sonnenkugel über den Horizont, damit sie als Teil seines Selbst sich entfalte und dahinziehe und am Tageshimmel zum eigentlichen Re werde. Für die Lehre von On eignet dem Sonnengott eine Dreigestaltigkeit gemäß dreier zeitlicher Phasen, "in seinem Namen als Chepri (morgens) ... in seinem Namen als Re (mittags) ... in seinem Namen als Atum (abends)" (Pyr 1695). Als Atum-Chepri (Pyr 1652) war Chepri vielleicht schon vor Re in On mit dem Urgott in Beziehung gesetzt worden. Das Zweierverhältnis wird nun dreiphasig ausgeweitet.

6.2 Himmelsgöttin und Sonnenbarken

In On gelten seit alters die hinter Himmel und Erde stehenden Energien als die bedeutsamen Götter Nut und Geb. Dem Auge erscheint es so, als ob die Sonne allmorgendlich aus dem Himmel heraus und abends wieder in ihn eintritt. Die Wahrnehmung führt dazu, daß Re in On nicht nur als Urgott Atum und damit als Großvater von Himmel und Erde gilt, sondern zugleich auch – für uns widersprüchlich – als Kind dieses Paares. Der Ägypter empfindet den sichtbaren Himmel als ein weibliches Wesen und als ein bergendes Dach für die darunterliegende Erde. Als nackte Frau erhebt sich Nut in akrobatischer Haltung über der Erde, indem sie sich am Osthorizont auf ihren Zehen und im Westen auf ihren Fingerspitzen hochstemmt, unterstützt vom Luftgott Schu, der ihren Leib mit seinen weiten Armen trägt. Der weibliche Charakter macht vorstellbar, daß Nut einerseits täglich Sonne, Mond und Sterne nacheinander mit ihrem Munde verschlingt und sie andererseits allmorgendlich bzw. allabendlich aus ihrer Scheide wieder gebärend heraustreten läßt, damit sie erneut an ihrem Leibe nach Westen in den nächsten Untergang gleiten.

Abb. 29 Schu hebt Nut hoch, unten liegt Geb. Über Nut nunmehr die Barken der Sonne (Berlin 8)

Einer alten Auffassung zufolge vollführt die Sonne ihren täglichen Lauf in einem Floß oder einer unsichtbaren *Barke* über einem himmlischen Gewässer, dessen blaue Farbe wahrnehmbar ist. Die Vorstellung hält sich in On durch und dringt von da aus in den memphitischen Totenkult ein. Die Pyramiden reden von einer goldenen Barke, ungefähr 385 m lang, die vom Gott täglich benutzt wird (Pyr 602; 1209). Eine so zielstrebige Fortbewegung wie die des Gestirns kennt der Ägypter von seinem gängigen Verkehrsmittel, dem Nilschiff. Auf einem solchen Fahrzeug bewegt sich der König über Land, um seine Herrschaft in den einzelnen Landesteilen wahrzunehmen[2]. Dementsprechend gilt die Sonnenbarke nicht nur als Fortbewegungsmittel, sondern auch als Herrschaftsinstrument. Eine Barke bietet Platz für eine Mannschaft. Das legt nahe, der himmlischen Sonnenfahrt Gottheiten beizugesellen, welche das wohltätige Walten Res verstärken. Dabei wird eine Anleihe bei der älteren Königsauffassung vorgenommen. Die unsichtbaren, aber dinghaft-räumlich vorgestellten und deshalb im Umkreis des Königs vorhandenen Wirkgrößen wie Ḥu, der wirksame Ausspruch, und Sia, die erfolgversprechende Einsicht, sowie Heka, die Zauberkraft, und schließlich Maat, als Wahrheit-Gerechtigkeit, werden in die Sonnenbarke gesetzt und greifen nun von oben herab in ein Geflecht himmlischer Mächte ein und wirken auf das irdische Geschehen. Zur Barkenbesatzung zählt häufig auch der Weisheitsgott Thot.

Abb. 30 Ost- und Westgöttin lassen auf ihren Armen den widderköpfigen Re von einer Barke zur anderen gleiten

Wo bleibt die Sonne während der Nacht? Zwar läßt sich notfalls voraussetzen, daß Nut nicht nur den Sonnenball verschlingt, sondern das gesamte Schiff mit Besatzung und diese nachts in ihrem Leib oder auf ihrem Rücken in umgekehrter Richtung entlangsteuert. Einfacher erscheint es, unter dem Himmel

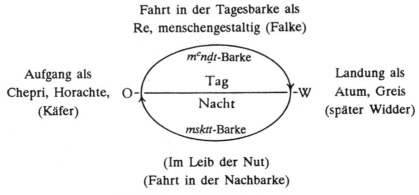

Abb. 31 Tag- und Nachtfahrt der Sonne

einen Gegenhimmel mit ähnlichen Gewässern und eine entsprechende Nachtbarke für Re zu postulieren, in die er nach Sonnenuntergang umsteigt. Der Wechsel geschieht bisweilen auf Schiffbündelflöße, die von Fährleuten gelenkt werden. Für die ägyptische Auffassung einer in sich nicht räumlich geschlossenen Leiblichkeit ist bezeichnend, daß die beiden Barken mit den beiden Augen der Sonne, über die noch zu reden ist, gleichgesetzt werden können. So stellt sich die Bahn des Sonnengottes schematisch so dar, wie in der obigen Abbildung[3].

6.3 Sonnenheiligtümer außerhalb von On

Als die Pharaonen der 5. Dynastie, die vielleicht aus der Nähe von On stammen, ihre Herrschaft antreten, wird der Re-Kult "zur Staatsreligion erhoben"[4]. Die Könige bauen darüber hinaus zum Zwecke persönlicher Verehrung in ihrem Nekropolenbereich je ein Sonnenheiligtum. Dazu gehört jeweils ein offener Hof

Abb. 32 Das Sonnenheiligtum von Abu Gurab (Rekonstruktion)

mit einem auf vier Seiten behauenen, bis 60 Meter hohen Stein, der oben mit einer Pyramide abschließt. Vielleicht soll er ein Abbild des alten Steinmals aus On, des Benben, sein.

Überraschenderweise werden die Sonnenheiligtümer nach dem Muster eines königlichen Totentempels angelegt: Mit einem Taltempel am Rande des Kulturlandes und einem überdachten Aufweg, auch einem Schiff für die Überfahrt ins Jenseits auf der südlichen Außenseite des eigentlichen Tempelbezirks. Die Könige verehren dadurch auf der Westseite des Nils die Sonne bei ihrem Untergang, weil ihr "Sterben" am Abend für den eigenen Tod vorbildlich werden soll.

Auch abseits von On dringt Re in das mythologische System großer Heiligtümer ein. In Schmun-Hermopolis erschaffen die acht Urgötter (dazu oben S. 120) fortan das Sonnenkind auf einer Lotusblüte, und damit beginnt erst die Kosmogonie. Oder man redet von einem Gott Nefertem, der aus der ersten Lotusblüte auf dem Urhügel entstanden ist, ein Spender von kultischen Wohlgerüchen, Salben und Ölen; er wird im Zuge der verwandelten Anschauung zum "Lotos an der Nase des Re" (Pyr 266).

6.4 Horus, Sonnenflügel und Sonnenauge, Hathor

Um Res Rang angemessen zur Geltung zu bringen, genügt es in On nicht, ihn in die Neunheit einzubinden. Zugleich wird er in ein enges Verhältnis zum bisher ersten Gott, dem falkenköpfigen Landes- und Königsherrn Horus, gesetzt. Wieder reizen sinnliche Wahrnehmungen zu mythologischen Schlüssen. Ist die Sonne nämlich am Morgen über den Horizont gekrochen, scheint sie auf unsichtbaren Flügeln dann weiterzuschweben. Das führt dazu, sie als Falke mit weiten Schwingen aufzufassen und also als eine Art Horus. Die Stellung des alten Königsgottes bleibt jedoch so stark, daß er nicht völlig zu einem Re-Horus verschmilzt. Vielmehr wird nur eine seiner Erscheinungsformen am Osthimmel mit Re eins, der "Horus des horizontischen Lichtlandes", *Hor-achti*. In älteren Pyramidentexten wird diese wie andere Horusgestalten noch neben Re gestellt (Pyr 337;526). Ab dem König Niuserre verschmelzen beide jedoch so sehr, daß von einem selbständigen Hor-achti kaum mehr die Rede ist, sondern nur noch von Re-Horachte. Dieser wird so sehr ein Bestandteil Res, daß sein Zusammenhang mit einem eigenständigen Gott Horus belanglos wird.

Auch andere Eigentümlichkeiten des Horus gehen auf Re über. Als schützender Gott, der seine Flügel über das Land breitet, war Horus seit der Staatsbildung im oberägyptischen Edfu (Behdet) und vielleicht im entsprechenden unterägyptischen Damanhur verehrt worden als *Behedeti*, "der vom Thronsitz", mit näherer Erläuterung: "der herausgeht aus dem horizontischen Lichtland". Da solches Herausgehen vom Sonnengott augenfälliger demonstriert wird als vom falkenartigen Königsgott, wird Behedeti zum Beinamen Res. Als passendes Bild werden die entsprechenden Flügel seit der 5. Dynastie mit der Sonnenscheibe verbunden. Dadurch bildet sich ein Symbol, das sich durch

Abb. 33 Flügelsonne

Jahrtausende behauptet hat und von Ägypten auf die Nachbarkulturen bis hinein nach Kleinasien und den Iran abgefärbt hat. Vom Königsfalken wechselt auch die mit ihm verbundene Uräusschlange an die Stirn des Re. (Spätere Reflexionen erklären den Zusammenhang daraus, daß Horus die Aktivseele, Ba, der Sonne sei oder deren Sohn oder Abbild).

Mit der überkommenen Mythologie von On wird der neu verehrte Sonnengott also auf mehreren Ebenen verbunden. Man kann sich den neuen Zusammenhang durch folgendes Schema anschaulich machen:

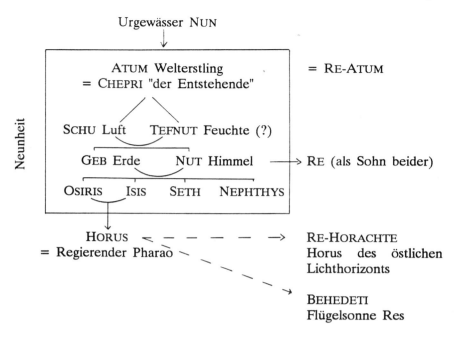

Das ausgehende Alte Reich erklärt sich die Bahn der Sonne nicht nur durch zwei sich für unser Begreifen ausschließende Anschauungen, nämlich die einer Barke und die eines geflügelten Wesens, sondern stellt, um den Widerspruch voll zu machen, als dritte diejenige von der Sonne als wanderndes *Auge* des Re daneben. Allnächtlich wird dieses Auge in der Unterwelt geboren (Pyr 698). Von den Bewegungen des Auges kann aber auch abseits vom täglichen Sonnenlauf die Rede sein. So wird überliefert, daß sich die Götter Schu und Tefnut einst von ihrem Vater Re-Atum entfernt hatten. Dieser hatte daraufhin sein Auge ausgesandt und die beiden zurückgeholt. Inzwischen war Re ein neues Auge nachgewachsen, und das wiederkehrende erhielt deshalb einen außerordentlichen Platz auf der Stirn als Uräusschlange (CT IV 238-240 sp 335; Pyr 2206e). Eine Verwandtschaft zu Horus ergibt sich wieder von selbst, da dessen Auge, im Kampf mit Seth verletzt und durch kultisches Handeln wieder "voll" gemacht, eine ähnlich wechselnde Beziehung zwischen dem Gott und seinem Auge voraussetzt. Zudem war das Horusauge längst mit der Sonnenscheibe auf kosmischer Ebene in eins gesetzt. Die Motive vom Re-Auge und Horus-Auge verschlingen sich deshalb seit der Pyramidenzeit unentwirrbar ineinander.

Entgegen dem äygptischen Hang zu dualen Zuordnungen bei konstitutiven Größen der Wirklichkeit läßt man Re in der Regel ohne gleichrangige Entsprechung am Himmel dahinziehen. Gelegentlich wird ihm in On die mit Atum verbundene *Jusaʿas* beigestellt. Häufiger noch wird *Hathor*, die Partnerin des Horus, mit der Sonne in Beziehung gesetzt. Dann preist man sie als "Geliebte des Horus am Hals des Re" (Pyr 534), oder es heißt, daß sich Res Auge auf ihr Gehörn gesetzt habe (als Siriusstern? Pyr 703-5). In den Sonnenheiligtümern wird jeweils eine Opferstätte für Hathor errichtet. Ab dem Mittleren Reich wird sie am Bug des Sonnenschiffes stehen, wenn es am Himmel entlang oder durch die Unterwelt zieht. Seitdem wird sie auch als "die Goldene" schlechthin gefeiert. Ihr Leib besteht aus lebendigem Gold, leuchtender noch als das goldene Fleisch, das den Körper des Sonnengottes bildet. Kein Wunder also, daß dieser nach mehreren Texten von ihrer Schönheit berückt wird. Zum Kuhgehörn als ihrem Zeichen gehört fortan auch eine Sonnenscheibe. Schließlich wird Hathor zum Sonnenauge selbst; um sie herum gruppieren sich dann die "Göttinnen um das Sonnenauge" als Stirnschlange, Geier, Löwin, mit einer Vielzahl von Namen wie Tefnut, Bastet, Sachmet, Pachet, Mafdet, Selket, Seschat u.ä.[5].

6.5 Der Pharao als Sohn und irdischer Stellvertreter des Sonnengottes

Die überragend werdende Stellung des Re prägt die Königsauffassung tiefgreifend um. Zwar bleibt der Herrscher in seinem und seiner Untergebenen Bewußtsein eine Erscheinung des Landesgottes Horus. Doch seit der 4. Dynastie tritt er zugleich als der einzige irdische Sohn des Sonnengottes auf, und dieser Bezug wird mehr und mehr für die Königsauffassung entscheidend. Daraus ergibt sich eine Umgestaltung der Königstitulatur, die sich von da an über zweieinhalb Jahrtausende behauptet. Schon beim Geburtsnamen werden Prinzen jetzt gern mit Re verbunden, so etwa die späteren Pyramidenbauer Chef-ren und Mykerinos. Der Eigenname wird dann bei der Thronbesteigung zu einem Titel erklärt, der dem König als "Sohn des Re" beigelegt war. Das genügt jedoch nicht. Bei der Königsweihe wird im sogenannten Königsprotokoll zwar zunächst nach altem Brauch ein auf Horus und dann ein auf die beiden Landesgöttinnen bezogener Name aufgeführt. Dazu tritt aber jetzt als drittes ein Goldname, der den künftigen König als "Falken des Goldes" und damit wohl als Abglanz des sonnendurchglühten Himmelsdaches präsentiert. Deutlicher wird der Zusammenhang mit dem Sonnengott noch im vierten Namen, dem verbindlich werden Doppelkönigsnamen "Der zur (oberägyptischen) Binse und zur (unterägyptischen) Biene Gehörige", der fortan stets einer Re-Beziehung Ausdruck gibt; er gilt als der eigentliche Thronname und wird allein benutzt, wenn abgekürzt vom König die Rede ist. Als fünftes und letztes folgt schließlich der besondere Sohn-des-Re-Titel. So heißt z.B. Pepi (Phiops) II. nach der Inthronisation:

Horus: Göttlich die Erscheinung.
Zwei Herrinnen: Göttlich die Erscheinung der beiden Herrinnen.
Gold: Mächtig ist der (oder: Machtseele des) Falke(n) des Goldes.

Doppelkönig: Vollkommen-schön ist die Gestaltseele (Ka) des Re.
Sohn des Re: Pepi.

Die umständliche Länge der Namen mit ihren unterschiedlichen göttlichen Bezugsfeldern spiegelt die Königsauffassung der Zeit angemessener wider als Herrscherstatuen, welche beim modernen Betrachter die Vorstellung eindrucksvoller Geschlossenheit wecken, die aber für den Ägypter jeweils nur einen Aspekt von mehreren abbilden.

Der König versteht sich sowohl genealogisch abkünftig vom Sonnengott, was in späteren Jahrhunderten zu mythischen Erzählungen über seine Zeugung führt, wie auch als (Teil von) dessen Ka-Seele, was seit der Zeugung die Erhaltung seiner Gestalt und seine Ernährung gewährleistet. Sind es in der 4. Dynastie vier Könige, die mit ihren Thronnamen auf den Ka (oder die Kas) des Re verweisen, so sind es in der 7. und 8. Dynastie deren zwölf (vgl. den oben genannten Mykerinos und den Doppelkönigsnamen des Pepi). Auch die Ausstattung des Königs, Kleidung, Uräus auf dem Haupt, ebenso die Kronen, gelten jetzt als Ausweis des Bezuges zu Re. Tritt er in der Öffentlichkeit auf, wird von einer "Erscheinung" wie beim Sonnengott geredet. Die Pyramide, unter der der abgeschiedene Herrscher bestattet wird, trägt eine goldene Spitze wie die Obelisken und empfängt die Strahlen der Morgensonne, so daß jedermann ahnt, daß der König mit dem verschmilzt, der ihn gemacht hat. In ihrer Nähe werden zudem jene Sonnenheiligtümer errichtet, welche die Pharaonen der 5. Dynastie bauen, um einen exklusiven Bezug zum himmlischen Vater zu gewinnen.

Als Sohn tritt der Herrscher in einen gewissen Abstand zum himmlischen Vater. Wie in einer guten ägyptischen Familie wird er zur Botmäßigkeit verpflichtet, was bei der Identität mit dem Gott Horus für die früheren Pharaonen nicht vorauszusetzen war. Der Sohn hat den göttlichen Erzeuger jeden Morgen zu begrüßen und ihm laufend zu opfern. Je mehr das Re-Verhältnis betont wird, um so stärker treten Menschenart und Verantwortlichkeit der Könige hervor, was ihre Göttlichkeit mindert[6]. Der Titel "Großer Gott", in der 4. Dynastie auf den König gemünzt, wird ab der 5. Dynastie zu einem Prädikat Res[7]. Ob man daraus freilich folgern sollte, seit der 4. Dynastie scheide hinsichtlich des Königs eine "regelrechte Zweinaturenlehre" zwischen göttlichem Amt und menschlichem Träger[8], bleibt zweifelhaft.

Die Re-Eigenschaft des Königs zeigt sich auch darin, daß er seinen Untertanen so umfassend Leben vermittelt, wie die Sonne es im All tut. Nicht von ungefähr heißt die Residenz Memphis "Leben der beiden Länder" (ʿnḫ t³wj). Doch wird die Sonnensohnschaft während des Alten Reiches nicht zur einzigen Quelle von Königtum und Autorität. Es dauert noch einige Jahrhunderte, bis dem Sonnengott selbst eine ausdrückliche herrscherliche Stellung zugesprochen wird, er zum Götterkönig erhoben und deshalb das irdische Königtum eine Abspiegelung seiner Herrschaft wird. Die Pyramidentexte vergleichen Re einmal mit einem König (Pyr 1343b = 2169b), sehen sonst in ihm aber nur das Oberhaupt der beiden Götterneunheiten (Pyr 483 vgl. 1174a-d).

Indem der König nicht nur eng auf Re — wie vordem auf Horus — bezogen ist, sondern ausweislich seiner Thronnamen auch andere göttliche Mächte in seinem Körper, seinen Seelen und seinen Insignien repräsentiert, stellt die Figur des Herrschers mehr noch als früher als ein Geflecht von Kraftfeldern dar. Selbst wenn nur ein Königsname angeführt wird, steht dem Sprecher nicht eine in sich geschlossene Persönlichkeit vor Augen. Vor anderen Wesen wird der König polymorph gedacht. Sein Menschentum erscheint ebenso vielschichtig wie seine Göttlichkeit.

6.6 Der Aufstieg des abgeschiedenen Königs ins himmlische Sonnenreich

Wie sich die Auffassung vom regierenden König durch die aufkommende Re-Verehrung wandelt, so auch die Anschauung von seiner Existenz nach dem Tod. Hatte das frühe Alte Reich den König als Lichtgeist, Ach, zum Himmel schweben und sich unter die Zirkumpolarsterne gesellen sehen, so wird jetzt selbstverständlich, daß er zum Sonnenherrn emporschwebt, zur mächtigsten Gestalt am Himmel. Auch postmortal behält er als Sohn ein enges Verhältnis zum Vater. Alte zauberkräftige Verklärungssprüche werden in jüngerer Fassung so abgeändert, daß Re zum entscheidenden Helfer des Toten wird:

> Re hat NN zum Himmel genommen, damit er lebt;
> wie der lebt, der Eintritt hat in den Westen des Himmels und herausgeht
> im Osten des Himmels (= Re; Pyr 1469).

Hieß es früher: "Er ist zum Himmel gesprungen als Heuschrecke", so setzt die Pepi-Pyramide stattdessen ein "als Horachte", also als Morgensonnengott (Pyr 891d). War es zunächst die leibhaft gewordene Krone, die als Mutter den wiedergeborenen König säugen soll, so reicht ihm jetzt die Uräusschlange an der Stirn des himmlischen Re die Brust (Pyr 1108-9). Eine Fülle neuer, auf Re bezogener Texte wird dem alten Bestand hinzugefügt. Aus der bislang vorausgesetzten *Himmelfahrt* des Verklärten als Vogel o.ä. macht die Sonnenmythologie einen *Himmelsaufstieg*. Die Strahlen der Sonne, die sich vom Himmel herunterstrecken, weisen auf eine Gottesleiter, die von der Erde zum Himmel hinaufführt und die dem Lichtgeist des abgeschiedenen Re-Sohnes erlaubt, hinaufzuklettern:

> Ich habe mir jenen deinen Strahlenschein als Lampe unter meine Füße
> getreten, woraufhin ich zu jener meiner Mutter, der lebenden Uräusschlange
> am Haupte des Re, emporsteige (Pyr 1008).

Zahlreiche Gottheiten müssen ihn unterstützen. Wer sich ihm versagt, wird verflucht und soll kein Opferbrot und keinen Schatten mehr bekommen (Pyr 1321-4). Re selbst hat die Leiter angefertigt, auf der ihn Horus und Seth nach oben ziehen zur Dat, dem Sternenreich (Pyr 390). Neben Horus unterstützt Thot den Aufstieg (Pyr 1570-1). Es kann auch heißen, daß halbgöttliche Mächte, die Tatseelen (Bas) des alten unterägyptischen Heiligtums von Pe oder des oberägyptischen von Nechen sich sammeln, um den Aufstieg möglich zu machen (Pyr 1090). Der Sonnenschein läßt sich auch als schiefe Ebene und deshalb als Rampe vorstellen. Dann gelten die Bas von On als diejenigen, welche die Fläche stampfen und begehbar machen (Pyr 1253). Selbst die zurückbleibenden Menschen helfen mit, schieben oder leisten Fürbitte (Pyr 1101). Mit dem König steigen Wirkgrößen wie seine Tatseele (Ba), seine Schreckens- und Zaubermacht hinauf (Pyr 476-9 vgl. 1472-4). Wie es scheint, rechnen die von Re bestimmten Sprüche damit, daß nicht nur der Lichtgeist des Abgeschiedenen nach oben gelangt, sondern auch andere Wesensbestandteile, vor allem seine Erhalt- und Gestaltseele, Ka, die nach früherer Auffassung an die Statue im Grabmal gebunden war. Beim Aufstieg vereinigt der König darüber hinaus die Gestalten der großen Götter in sich, da er ja der Sohn des Götterherren ist:

> Das Haupt des NN ist ein(e) Geier(gottheit),
> er steigt auf und erhebt sich zum Himmel.
> Die Seiten des Kopfes des NN sind der Gestirnshimmel Gottes, er steigt
> auf und erhebt sich zum Himmel.
> Das Gesicht des NN ist der "Wegeöffner",
> er steigt auf und erhebt sich zum Himmel.
> Die Augen des NN sind die Großen am Kopf der Tatseelen (Bas) von On,
> er steigt auf ...
> Die Nase des NN ist Thot, er steigt auf ...
> Der Mund des NN ist Chenes, der Große,
> er steigt auf ...
> Die Zunge des NN ist der Steuermann in der Barke der Maat, er steigt
> auf ...

So lauten 26 Gleichsetzungen; sie schließen die Gesäßbacken als die beiden Sonnenbarken ein, den Phallos, der als Apis gepriesen wird, bis hin zu den Zehen, welche durch die Tatseelen von On gebildet werden (Pyr 1303-15). Das alles vollzieht sich, weil Re es so will:

> Ich bin der Lieblingssohn Res ... Ich wurde gezeugt für Re ... empfangen
> für Re ... geboren für Re (Pyr 1316-9).

Die Bindung an Re, dessen Sohn der tote König bleibt, bedeutet also nicht, daß damit ein einziger Gottesbezug bestimmend wird. Stärker noch als in seiner irdischen Lebenszeit, wo der König außerdem mit Horus und den zwei Landesgöttern verschmolzen war, wird der Abgeschiedene im Jenseits auf vielfältige Weise mit göttlichen Kräften verwoben. Die Einarbeitung der Re-Mythologie in die Totenauffassung, die wahrscheinlich auf Priester von On zurückgeht, strebt noch keine Exklusivität dieses Gottes an.

Oben angelangt, tritt der Ankömmling – durch Herolde angekündigt, von Torhütern ehrerbietig begrüßt – in den Palast Res ein und wird von ihm selbst begrüßt: "Der Sonnenherr läßt nicht zu, daß sich sein Sohn zu Boden wirft, denn er weiß ja, daß NN größer ist als er selbst" (Pyr 812-3 vgl. 520-1). Selbstbewußt stellt dieser sich vor: "Hier bin ich Re, ich bin dein Sohn ... ich scheine im Osten wie Re, ich reise im Westen wie Cheprer" (Pyr 887-8). Die Götter feiern seinen Regierungsantritt, bei dem er den Thron Re-Atums besteigt, "Damit du die himmlische Menschheit leitest ... denn du bist ja Re" (Pyr 1686-8).

Häufiger noch als von der Inthronisation sprechen die Pyramidensprüche vom Himmelsfloß des Re oder seinen Sonnenbarken, wo der abgeschiedene König hinfort mitfährt. Re macht ihm gewaltsam einen Platz in der Barke frei und vertreibt einen anderen (Pyr 995). Es heißt sogar, daß Re den eigenen Platz in der Barke für den Ankömmling räumt (Pyr 274c; 366b-368c), oder daß der Thron in der Barke schon leer für ihn ist (Pyr 366). Der Verklärte ergreift das Ruder und wird Anführer der Ruderleute. Mit den Barken quert er nicht nur den Himmel bei Tag, sondern auch den Gegenhimmel unter der Erde bei Nacht. Im Westen untergegangen, geht er im Osten wieder auf und läßt die Bewohner der Unterwelt nachfolgen (Pyr 257).

Fortan teilt der Verklärte also das Geschick des Re. Er wird wie dieser täglich neu geboren (Pyr 1688). Oder Re zeugt ihn regelmäßig mit Nut (Pyr 532ab; 990a). Abends nach der Tagesfahrt wird der Abgeschiedene wie die Sonne von Nut verschluckt (Pyr 1469c), was nicht hindert, daß er den Sonnengott auf der Nachtfahrt durch die Unterwelt begleitet und mit ihm und für ihn gegen feindliche Wolken kämpft (Pyr 1687b; 520b; 1449a).

Bei Aussagen über das künftige Verhältnis zu Re wird also eine Vielfalt von Zugangsweisen angewandt. Der verklärte König betätigt sich einmal im Dienste des Sonnengottes als Schreiber, dann als Matrose, aber auch als gestalthafte Einsicht, Sia, welche das Gottesbuch bei sich trägt (Pyr 267), oder als Kopfschmuck an Res Haupt (Pyr 546). Andererseits aber geht er in Re auf:

> O Re, du bist (König) Teti und Teti ist du ...
> Du strahlst als Teti und Teti strahlt als du.
> Der du den Teti gesund sein läßt, dich läßt auch Teti gesund sein, der du den Teti gedeihen läßt, dich läßt auch Teti gedeihen. Denn Teti ist dies dein Auge oben am Scheitel der Hathor ... denn Teti wird bei Nacht in

Schwangerschaft getragen und alltäglich (wieder)geboren (Pyr 703-4 nach Kees).

Wie Re an jedem Morgen in Zufriedenheit, Ḥetep, erwacht, so der König (Pyr 1518). Als Erscheinungsform des Sonnengottes entpuppt sich der König als präexistent, vom Urgott geboren, ehe Himmel, Erde, Götter und Tod existierten (Pyr 1466); ja er wird selbst als Urgott gerühmt, älter als die Großen (Pyr 257; 273-4). Der jeweilige Kontext läßt allerdings erkennen, daß es sich nur um Teilidentität handelt. Von einer wirklichen Verschmelzung des Abgeschiedenen mit dem Sonnengott, wie sie dann jüngere Schichten für Osiris voraussetzen, läßt sich nicht reden. Immerhin können die Sprüche rühmen, daß der König größer sei als Re. Die Himmelsflügel stehen nur ihm offen, "weil du keinen Vater und keine Mutter unter den Menschen hast" (Pyr 659). Anscheinend wird Nut zur Königsmutter in der Re-Redaktion; sie gibt Leben, Dauer, Macht und Gesundheit, der Sarg selbst ist ihre Aktivseele auf Erden (Pyr 8).

Im Rahmen der Sonnenmythologie melden sich also jene seltsamen Omnipotenzaussagen wieder, auf die hinsichtlich des Königs schon oben verwiesen war. Nicht nur Übermensch, Übergott will er werden. Hinfort soll er die Spitze der Geister und Götter verkörpern. Aggressiv und siegessicher tritt er jedem gegenüber, der ihn hindern will:

> Jeder Ach, jeder Gott, der seinen Arm dem NN in den Weg strecken wird, wenn er zum Himmel aufsteigt auf der Leiter des Gottes, ihm soll die Erde nicht gehackt werden, ihm soll die Darbringung nicht gebracht werden.
> Nicht soll er überfahren zur Abendmahlszeit in On,
> nicht soll er überfahren zur Morgenmahlszeit in On (Pyr 978).

Als oberstes Wesen wird der König hinfort göttliche Wesen nach seinem Belieben eben oder sterben lassen (Pyr 153-60). Bei Widerstand droht er, selbst den täglichen Gang der Sonne zu unterbrechen (Pyr 1739). Um seine sexuellen Bedürfnisse zu erfüllen, vergewaltigt er himmlische Frauen, die er ihren Männern entreißt (Pyr 510).

J. H. Breasted[9] hat solche kühne Haltung bewundert und das stolze Zutrauen zur königlichen Macht "voll epischer Größe", das alle Götter zu übertrumpfen behauptet. Doch bleibt zu bedenken, daß solche Aussagen nur auf dem Boden eines ungetrübten Zutrauens zur Magie des Wortes und des Ritus möglich sind. Wo Zweifel an solcher Wirksamkeit des Zaubers auftauchen, wird das Selbstbewußtsein in sich zusammenfallen und stattdessen eher ein Grausen aufkommen.

Die Re-Redaktion der Pyramidentexte hat es verstanden, die verwandelte Auffassung vom Aufstieg des abgeschiedenen Königs zu seinem Vater auf eine Weise mit der früheren Auffassung von einer Himmelfahrt zu den Zirkumpolarsternen zu verbinden, daß der Bruch in den verschiedenen Traditionen kaum bemerkbar wird. Es kommt ein "bemerkenswert geschlossene(s) und solare(s) Jenseitsbild"[10] zustande.

Der neue Geist der Jenseitshoffnung unter den Schutz des Re erweitert nicht nur die Theorie, sondern führt auch zu einer Ausdehnung der Riten und einer Umgestaltung der Grabdenkmäler für den toten König. Seine Leiche wird von der Balsamierungsstätte künftigt zu einem Platz gebracht, der On heißt und jenes Heiligtum am Eingang des Deltas nachahmt, wo der Sonnengott seinen eigentlichen Wohnsitz auf Erden gefunden hat. An dieser Stätte wird die Mumie senkrecht aufgestellt, kultisch gereinigt und die Mundöffnung, d.h. die Wiederbelebung im Namen des Re, an ihr vollzogen. Dann bringen vier Horussöhne die Kanopen, die Krüge mit den Eingeweideteilen, und zelebrieren im Lichte der Sonne die Wiedervereinigung des Leibes. Danach erst folgt die Beisetzung im Grabe nach dem alten Ritus.

Die Sargkammer und der Sarg selbst werden fortan zu einem Abbild des Alls. Der Deckel zeigt die Himmelsgöttin mit den Gestirnen. Die Pyramiden werden jetzt als Aufstiegsrampen zu Re verstanden. Nach dem Re-Stein Benben in On werden sie mit einer entsprechenden Femininbildung als Benbenet bezeichnet. Ihre Spitzen werden vergoldet. Der Verehrungstempel wandert von der Nordseite, der Richtung zu den Zirkumpolarsternen, zur Ostseite der Pyramide, wird also auf die aufgehende Sonne hin ausgerichtet. Vom beginnenden Mittleren Reich ab wird die Pyramide oben mit zwei nach Osten blickenden Augen über einer Sonnenscheibe geschmückt. Die Pyramidennamen bezeugen eine neue Sinngebung, lauten jetzt etwa "König Amen-emhet schaut die Vollkommenheit der Sonne"[11]. So prägt die Re-Mythologie nicht nur die Textfassung, sondern auch die Praxis des Totenkultes, und ermöglicht, den Schrecken des Todes durch ein eindrucksvolles Sinngebäude zu überwinden.

6.7 Mutmaßliche Gründe für die Ausweitung des religiösen Horizonts

Nicht nur der räumliche Horizont weitet sich durch die neue Sonnenerfahrung aus, sondern auch der zeitliche. Re läßt nicht nur Lebenskräfte vom Himmel strahlen; er wird zugleich zu dem, der Zeiten regiert und Zeiten zuteilt. Das zeigt sich am Kalender. Dieser ist in Ägypten seit frühen Zeiten ungemein stabil, indem der Jahresanfang mit dem Eintritt der Nilschwemme zusammengelegt worden war. Beides wird seit 2772 v.Chr. mit dem Aufgang der Sothis, der Göttin des Hundssterns (Sirius), verbunden. Um die Mitte des Jahrtausends aber rückt Re an die Stelle der Kraft, die das neue Jahr hervorruft. In der Weltenkammer des Sonnenheiligtums des Pharao Niuserre wird anschaulich abgebildet, wie der Reigen ägyptischer Jahreszeiten durch Re gelenkt wird. Der Eintritt der Überschwemmung wird fortan als Geburtstag des Re gefeiert. Was sich in der Folge des Jahres im größeren Rahmen abspielt, nämlich die Erneuerung dieses Gottes, vollzieht sich jeden Tag im kleinen als Neugeburt, Altern und Untergang des Sonnenlichtes. Jeder Morgen wird zu einer kleinen Kosmogonie. Aber auch größere Zeiteinheiten entspringen dem Walten des Sonnengottes. Er mißt dem König die Regierungszeit zu und verleiht dem abgeschiedenen König unendliche Dauer (Pyr 762a).

Indem der Sonnengott zum Mittelpunkt des offiziellen Kultes wird und ihm eine Macht bis zur (letzten) Grenze zugelegt wird (Pyr 1442b), weitet sich das Weltgefühl des Ägypters und der Horizont seines Denkens gewaltig aus. Nicht mehr nur die riesigen Schwingen des Horus über dem Nilland, sondern Vorgänge am fernen Himmel werden bedacht und als überragend verehrt. Die Kraft zum Leben wird mit dem Tageslicht in seinen kosmischen Weiten verbunden. Wer heute als Europäer in Ägypten sich aufhält, wird im Niltal der sengenden, verderblichen Wirkung des Sonnenlichts ebenso gewahr wie seiner belebenden Natur. Doch die Ägypter rühmen Res Helligkeit und Wärme und führen die Dürre der Wüste nicht auf ihn, sondern auf andere Mächte zurück. Negative Wirkungen der Sonneneinstrahlung bleiben in der Regel außer Betracht. Zwar gibt es später das Motiv vom zürnenden Sonnenauge, das Res Feinde zu Boden wirft. Doch dem ihm ergebenen Menschen ist Re durchweg freundlich zugetan.

Diese Idee von der Sonne als oberster göttlicher Kraft breitet sich in der zweiten Hälfte des 3. Jt.v.Chr. überraschend schnell über das ganze Land aus und bestimmt von da an für zwei Jahrtausende die Mitte des religiösen Denkens. Was hat zum Wandel des Blickwinkels geführt? Nach einer gängigen Ableitung waren dafür die Priesterschaft von On und die von dort stammenden Herrscher der 5. Dynastie verantwortlich, welche die Bedeutung ihres Heiligtums steigern wollten. Doch das verlagert nur die Frage nach den Gründen. Wie kommt es zur Hochschätzung Res in On? "Re als Sonnengott paßte nicht in das heliopolitanische System"[12].

Mit der Heraufkunft des Sonnengottes als kosmischem Machtzentrum könnte sich eine Minderung der Omnipotenz des irdischen Königs verbunden haben. Die steigende Hochschätzung der Sonnenmacht relativiert die Alleingeltung des irdischen Königs. Spricht sich darin das Bedürfnis aus, jenseits gefährdeter irdischer Institutionen sich in einer übermenschlichen Wirklichkeit zu bergen, auf deren zeitübergreifenden Bestand evidentermaßen mehr Verlaß ist? Gegen eine solche Ableitung spricht allerdings, daß der Sonnengott erst im Mittleren Reich das Königsprädikat erhält und nur allmählich mit der bislang vom Pharao reproduzierten, für das Leben unentbehrlichen Wahrheit-Gerechtigkeit, ägyptisch Maat, in Beziehung gesetzt wird. Nur gelegentlich taucht schon im Alten Reich der Gedanke auf, daß Re auf einer Barke der "doppelten Maat" über den

Himmel fährt[13]. Im Laufe der Zeit wird Maat dann immer enger mit Re verkoppelt.

Zur Ausweitung des religiösen Interesses wird nicht zuletzt ein anthropologisches Bedürfnis beigetragen haben. Da nach ägyptischer Auffassung die Lebenssubstanz Anch nicht eine biologische Größe darstellt, sondern eine geheimnisvolle Mächtigkeit im Auf und Ab von Lebendigkeit, liegt die Anbindung dieser Größe an das Sonnenlicht nahe. Bringt dieses doch jeden Morgen aufs Neue die Lebewesen zur Aktivität und zum Tätigsein. Jedenfalls entspricht es der Alltagserfahrung eher, den Anch primär auf die Sonnenenergie zurückzuführen als allein auf den Pharao und den hinter ihm stehenden falkenköpfigen Landesgott, wie es frühere Generationen getan hatten. Natürlich verweist auch eine solche Erklärung nur auf einen von mehreren Anstößen und bietet keinen zureichenden Grund für das Aufkommen der Re-Verehrung. Der historische Forscher wird nicht umhin können, die Umbruchssituation mit E. Otto auf ein "grundsätzlich neugeartetes religiöses Erlebnis" zurückzuführen, das letztlich unerklärbar bleibt[14]. Es hat dann über den religiös-kultischen Bereich hinaus seine Wirkung gehabt und nicht nur die Geistesgeschichte Ägyptens, sondern vielleicht sogar auf verschlungenen Pfaden die abendländisch-christliche beeinflußt, wie unten (anläßlich der Reform Echnatons) zu erwägen sein wird.

6.8 Eigenarten der Ontologie ägyptischer Sprache und die Wandlungsfähigkeiten des Sonnengottes

Was die Ägypter über Re äußern, hebt mit konkreten Wahrnehmungen in der Alltagswelt und mit einfachen Fragen über die Möglichkeit der Bewegung eines runden Körpers am Himmel an. Doch die Rede verläßt den Bereich der sichtbaren und wahrnehmbaren Kausalitäten, transzendiert auf der Suche nach Gründen zu einem mythologisch-bildhaften Denken, das sich jenseits der Sinnenkontrolle bewegt. Die Beschreibungen des Sonnengottes lassen Grundzüge ägyptischen Denkens und Erlebens heraustreten, in denen sich der mythische Charakter dieser Sprache von den uns selbstverständlichen Denkmustern in unserer modernen Sprache deutlich abheben. Wenn Re angerufen wird, steht dahinter nicht die Einschätzung vom Sonnenball als einem physikalisch bestimmbaren, mechanisch bewegten Phänomen. Vielmehr bedeutet die Sprache ihn als überbordenden Lebensquell, als lebendiges, willensgesteuertes Wesen, als Brennpunkt eines göttlich besetzten Beziehungsfeldes und zugleich als Antrieb für Wollen und Tun des ägyptischen Herrschers. (Selbst dem aufgeklärten Westler unserer Tage sind solche Weisen, die Sonne zu erleben, nicht völlig entschwunden; man denke nur an das Rühmen der Sonne in vielen Liebesliedern; doch vermögen wir nicht mehr, solche Empfindungen in ein rationales Weltbild einzubauen.)

Die Re-Konzeption läßt den der ägyptischen Sprache eigenen Mangel an Individualisation und Herausstellung von Personalität, von dem schon im Blick auf das Königtum zu reden war, anschaulich werden. Denn Re ist eine Art personales Willenszentrum und greift doch darüber hinaus. Er verschmilzt mit der Neunheit von On insgesamt, aber auch nur mit einzelnen ihrer Glieder. Durch identifizierende Namensrelationierung wird er mit Atum eins und bleibt als Sohn der Nut doch dessen Enkel. Darüber hinaus verschmilzt er in anderer Abstufung mit Horus (Horachti). Als die Sonnenverehrung sich über On hinaus im Lande Bahn bricht, wird Re mit weiteren Göttern in eins gesehen, so mit dem Fruchtbarkeitsgott von Koptos als Min-Re oder dem krokodilförmigen Gott des Fajjum als Sobek-Re. Über jene "Zweieinigkeiten" hinaus gehört zu Re ein weiterer Umkreis als "Sphäre des Seinigen" wesensmäßig hinzu. Dazu zählen seine beiden Barken, die als Lebewesen gelten, samt ihrer Besatzung; so die Macht der Planung und Weisheit Sia, des wirksamen Wortes Hu, auch Thot als Wesir und Hathor als weibliches Gegenstück, darüber hinaus die Sterne und der abgeschiedene König.

Dem Ägypter genügt jedoch nicht, Re als ein derart konzentrisch aufgefächertes Wesen zu begreifen, als ein Sonnenkraftfeld, das mit anderen numinosen Mächten ganz oder teilweise sich mischt. Unterschiedliche Erscheinungsformen des Gottes werden gleichzeitig als nebeneinander bestehend so vorgestellt, daß sich beim modernen Leser der Anschein schierer Unvernunft einstellt. Re fährt nicht nur unablässig als eine Art Kapitän tags und nachts mit seinen Barken dahin. Er stirbt zugleich jede Nacht und wird morgens neu geboren. Neben Barkendasein und Götterkind steht die Aussage vom Riesenkäfer, der morgens über den Horizont kriecht, außerdem vom Falken, der mit ausgebreiteten Schwingen über den Himmel schwebt. Lassen sich die Antriebe zu solchem Widerspruchsreichtum, der auch ägyptischem Geist nicht verborgen geblieben sein kann, noch ergründen?

Die gedanklichen Voraussetzungen für die vielfältigen Überschneidungen in der Rede vom Sonnengott lassen sich ein Stück weit begreifen, wenn man die ägyptische Auffassung vom Sein und Werden berücksichtigt, wie sie in einem häufig gebrauchten Lexem *cheper* zum Ausdruck kommt, das häufig im Zusammenhang der Rede über den Sonnengott benutzt wird. Für Lebensgefühl und Seinsverständnis einer Kultur ist es oft aufschlußreich, wie das, was da ist, und das, was sich ändert, durch allgemeine Ausdrücke sprachlich erfaßt wird. So hat die abendländische Philosophie seit den Tagen der Vorsokratiker wieder und wieder zu definieren versucht, was "das Sein" eigentlich ist. Dabei wird immer vorausgesetzt, daß alles Vorhandene einer bestimmten Seinsklasse mit klar umrissenen Merkmalen zugehört, angefangen von Grundunterscheidungen wie belebt-unbelebt, menschlich-tierisch, männlich-weiblich. Von diesem Grundaxiom scheint die ägyptische Sprache eine Ausnahme zu machen. Eine solche Vermutung drängt sich jedenfalls bei der Beschäftigung mit dem Lexem *cheper* auf.

Es umfaßt nach dem Wörterbuch[15]:
a) werden, entstehen (auch zu etwas anderem werden, sich verwandeln),
b) geschehen, sich ereignen,
c) eintreten von Zeitabschnitten (Tag, Jahr usw.),
d) sein, existieren (von Personen, Sachen, Abstrakten),
e) künftig sein/geschehen.

Gekoppelt mit Verben wie "zeugen, gebären" begreift *cheper* die Zusammenwirkung eines männlichen und weiblichen Elements als sinnstiftende Dualität, ohne daß dabei biologische Begattung notwendig einbegriffen ist. Doch *cheper* geschieht auch einlinig-ungeschlechtlich. Der Urgott als Welterstling ist "aus sich selbst entstanden", und das als Re (*ḫpr ds.f*; CT IV 270m).

Ähnlich vielseitig umfaßt das Nomen *cheperu*:
a) Gewordenes, Entstandenes,
b) Wesen, Gestalt,
c) zusammen mit einem Lexem für "machen": Verwandlung oder Metamorphose (von einer Gestalt in eine andere).

cheperu bedeutet also einerseits ein gestalthaftes Wesen als solches, insbesondere bei niederen Seinsarten. Andererseits läßt sich *cheperu* auch von der Person unterscheiden, auf die es bezogen ist, und wird dann zu einer ihrer Erscheinungsformen. Im lebendigen Sprachgebrauch werden die oben gelisteten Einzelbedeutungen nicht getrennt voneinander angewendet, sondern gehen meist ineinander über.

Die ägyptische Mythologie setzt vor der Weltentstehung eine Leere voraus, "als noch keine *cheperu*-Wesen entstanden (*ḫpr*) waren". Damals "entstand von selbst" der Welterstling, der als Gott Cheprer oder Chepri heißen kann, auf der ersten Gestalt (*ḫprw tpj*), dem Urhügel, was "weitgehend als eine Übertragung der spezifischen Eigenschaften des Skarabaeus Sacer ... auf die Ebene des Göttlichen"[16] beschrieben werden kann. Aus jenem Urgott gingen alle nachfolgenden Gestaltungen hervor. Wie wichtig dem Ägypter solche Vorstellungskomplexe waren, läßt sich daran erkennen, daß noch im 4. Jh.v.Chr. im Apophis-Buch lange metaphysische Erörterungen über *cheper* und Urgott angestellt werden, die uns nur zum Teil verständlich sind[17]. Der Sprachgebrauch dieses wichtigen Lexems ist noch nicht eingehender historisch untersucht worden. "Nur eine bessere Kenntnis des tieferen Sinnes der Wurzel *cheper* ... wird uns ermöglichen, die wahren metaphysischen Vorstellungen der Ägypter in bezug auf die Entstehung des Schöpfers (und der Geschöpfe) zu bestimmen"[18].

Für ihre Gegenwart gilt den Ägyptern das zeitweise oder partielle Überwechseln einer Gottheit in eine Tiergestalt oder ein Kultbild als ein *cheper* zu einer von vielen Auskörperungen, *cheperu*, ihres Wesens. Als später in der Sonnenlitanei die Stationen der Nachtfahrt des Re geschildert werden, sind es 74 *cheperu*, die der Sonnengott in einer Nacht aus sich heraussetzt[19]. Auch die

Einwohnung des Sonnengottes im König wird auf diese Weise gedeutet. Zu dem Namen Sesostris I. gehört z.B. "verkörpert/verwandelt in ihn hat sich die Ka-Seele des Re". Sesostris II. heißt "erschienen ist eine Gestalt (*ḫpr*) des Re". Selbst Privatpersonen rechnen nach ihrem Tod mit einer Verwandlung in mehrere göttliche *cheperu*.

Das Wechseln aus einer Seinsart in eine andere ist also bei höhergestellten Personen, insbesondere bei Göttern, ein durchaus üblicher Vorgang. Wie sehr das über den göttlichen Bereich hinaus verallgemeinert wird, zeigen Redeweisen, die bei den Zugvögeln voraussetzen, daß sie in dunklen Nordgegenden als menschengesichtige Flugwesen entstehen und erst bei der Ankunft in Ägypten sich in reale Vögel wandeln. Selbst die Affen, die im östlichen Horizont die aufgehende Sonnen begrüßen, nehmen allmorgendlich diese ihre Gestalt erst wieder an[20].

Für das Verständnis der die ägyptische Religion tragenden Vorstellungswelt und für die besondere Art des ägyptischen Polytheismus ist solcher semantische Befund von hohem Belang. Er entspricht dem, was sich bei der Königs- und Jenseitsauffassung an eigentümlichen Konzeptionen gezeigt hatte. Das ägyptische Nomen zielt mit seinem Referenzbezug nicht auf fest umschriebene Klassen von Seiendem, sondern umfaßt in impressionistischer Weise Kraftfelder, markiert deshalb mehr die Ausstrahlungskraft von Dingen und Personen als ihre räumlich oder begrifflich umgrenzte Ausdehnung. Diese Sprache "definiert" nicht.

<small>In den letzten Jahren hat vor allem E. Hornung die Notwendigkeit herausgestellt, die eigentümliche Ontologie des ägyptischen Denkens zu erforschen: "Jede Anwendung der zweiwertigen, auf Ja/Nein-Entscheidungen und auf dem Satz vom ausgeschlossenen Dritten beruhende Logik führt im philosophischen und theologischen Denken der Ägypter sogleich zu unlösbaren Widersprüchen. Das ist eine Tatsache, an der wir nicht vorbeigehen können, da hilft uns auch kein 'gesunder Menschenverstand'". Hornung fährt fort, daß dennoch diesem "Denksystem eine eigene 'Stimmigkeit' innewohnt, die uns oft gefühlsmäßig überzeugt, ohne daß wir sie mit unseren Kriterien widerspruchsfrei analysieren und formal bestimmen können"[21].</small>

Für den uns hier beschäftigenden Zusammenhang hat J. Wilson die interessante These aufgestellt, daß das ägyptische Denken im Gegensatz zum abendländischen eine selbstverständliche und grundsätzliche *Austauschbarkeit der Seinsarten (free interchange of beings)* voraussetzt[22]. Ein Pharao ist in seinen privaten Lebensregungen ein Mensch, zugleich aber ist er Horus und damit voller Gott. Als Kämpfer gegen Feinde entpuppt er sich als Löwe und damit als tierhaft. In seiner Statue und seinem Sarkophag aber ist er im Stein lebendig. Wilson schließt daraus, daß die Ägypter keine grundsätzliche Klasseneinteilung der Erscheinungswelt mit Gattungen, Arten, Individuen anerkennen. Ein Begriff der christlichen Dogmengeschichte aufgreifend, spricht er von ägyptischem Monophysitismus. Das meint in seinem Zusammenhang nicht nur die mögliche Verschmelzung von göttlichen und menschlichen Wesen, wie bei der nicht zufällig in Ägypten aufgekommenen entsprechenden christologischen Theorie (s. Kap. 29), sondern die Überzeugung von einer gemeinsamen Grundsubstanz aller Dinge, die sich in höchst verschiedenartigen Ausformungen präsentiert. Solche Austauschbarkeit der Seinsarten läßt erahnen, warum der berühmte Satz vom Widerspruch aus der aristotelischen Logik, wonach ein gegebenes X nicht zugleich A und Nicht-A sein kann, für ägyptisches Denken nicht vorauszusetzen ist. Denn dafür ist die Überzeugung notwendig, daß die Klassen- und Gattungsgrenzen unübersteigbar sind; eben diese ontologische Vorgabe erkennt der Ägypter nicht an. Deshalb unterstellt er vor allem den Göttern ein "Fluktuationsvermögen", eine "immer lösbare Verbindung zwischen Gott und seiner Gestalt"[23].

Doch die Behauptung einer grundsätzlichen Austauschbarkeit aller Seinsarten schießt über's Ziel hinaus. Eine Konsubstantialität aller Dinge – so Wilson – wird in den Texten nicht erkennbar. Enstehungsprozesse und Verwandlungen verlaufen nicht ins Beliebige. Horus verkörpert sich im Falken, in der Schlange, doch nie im Fisch oder in der Maus. Die geschlechtlichen Differenzierungen werden – abgesehen vom Urgott – nicht übersprungen. Hathor kann sich in einer Kuh verkörpern, nicht aber in einem Stier. "Die Zahl der Erscheinungsformen ist begrenzt"[24].

Der für ägyptisches Denken letztlich fließende Charakter aller Erscheinungen läßt begreifen, warum mit der Heraufkunft Res in Kult und Mythologie von On die ägyptische Auffassung von der Sonnenmacht und ihrer Verehrung keineswegs schon vollendet dasteht. Gerade bei der Sonne, für uns Abendländer eine klar umrissene Größe, zerbricht sich der Ägypter den Kopf über Vielfalt von Wesen und Erscheinung. Ein jahrhundertelanges Ringen hebt an, wie der Gott Re, sein Umkreis, sein Lauf bei Tag und Nacht, seine Wirkung auf Kosmos und Menschheit genauer zu bestimmen seien.

S.Allam, Beiträge zum Hathorkult, MÄS 4, 1963

H.Altenmüller, Aspekte des Sonnenlaufes in den Pyramidentexten, Hommages à F.Daumas, 1986, 1-15

R.Anthes, Sonnenboote in den Pyramidentexten, ZÄS 82, 1957, 77-89

Ders., Das Verhältnis des Königs zu Re in den Pyramidentexten, ZÄS 111, 1984, 1-13

C.J.Bleeker, Hathor and Thot. Studies in the History of Religion 26, 1973

E.Edel, Zu den Inschriften auf den Jahreszeitenreliefs der 'Weltkammer' aus dem Sonnenheiligtum des Niuserre, 1961-63

E.Edel/S.Wenig, Die Jahreszeitenreliefs aus dem Heiligtum des Königs Neuser-Re, 1974

H.G.Fisher, Dendera in the third Millenium B.C. down to the Theban Domination of Upper Egypt, 1968 (zur Göttin Hathor)

J.J.Griffith, Remarks on the Mythology of the Eyes of Horus, CdE 33, 1958, 182-6

W.Kaiser, Zu den Sonnenheiligtümern der 5. Dynastie, MDAIK 14, 1956, 104-16

H.Kees, GG 230ff.: Der Sonnengott in Heliopolis

S.Morenz, Die Heraufkunft des transzendenten Gottes in Ägypten, SSAW 109,2, 1964 = Morenz, RGÄ 77-119

H.Ricke, Das Sonnenheiligtum des Königs Userkaf, 2 Bde, 1965-9

RÄRG 88-90 'Behedti'; 134f 'Chepre'; 277-82 'Hathor'; 626-30 'Re'; 735-8 'Sonnenheiligtum'; 738-40 'Sonnenschiff'.

LÄ 1, 562-7 'Augensagen'; 1, 683 'Behedeti'; 1, 934-40 'Chepre'; 2, 956-61 'Harachte'; 2, 1024-33 'Hathor'; 5, 156-80 'Re'; 5, 968-81 'Skarabäus'; 5, 1087-99 'Sonnengott, -heiligtum'.

Anmerkungen zu Kapitel 6:

1 LÄ 5, 1088
2 Assmann, RuA 71
3 vgl. LÄ 5, 1088 und Altenmüller 1986
4 LÄ 5, 165
5 B.Altenmüller, Synkretismus in den Sargtexten, S. 9
6 Morenz, RGÄ 85
7 Kees, TJ 28
8 Morenz, Rel 38
9 The Dawn of Conscience, 1933, 115; dt. Die Geburt des Gewissens, 1950, 89
10 RÄRG 344.
11 Brunner, Rel 128
12 Kees, GG 230
13 LÄ 5, 1096
14 Otto, Rel 51
15 Wb 3, 260-6
16 LÄ 1, 934
17 Roeder, UR 98ff; QAO 69f
18 QAO 46
19 E.Hornung, Das Buch von der Anbetung des Re im Westen 1975/6
20 Assmann, Äg 77f
21 E.Hornung, EuV 235f
22 In: The intellectual adventure of ancient men 1946, dt. "Frühlicht des Geistes", Urban Bücher 9, 1954 = Neudruck "Alter Orient – Mythos und Wirklichkeit" 1974 = 1981, 37ff
23 E.Otto, Saeculum 14, 1963, 275
24 Hornung, EuV 116f

7. Osiris verleibt sich den toten König ein. Umgestaltung von Begräbnis und Mythologie

7.1 Ein neues Ziel religiöser Sehnsucht

Die Pyramidensprüche sind, wie in Kapitel 6 geschildert, mit einer gewaltig aufflammenden Begeisterung für den am Himmel dahinziehenden Sonnengott geschrieben. Doch schon in der frühesten Pyramide mit Inschriften, der des Unas (Wenis), taucht darüber hinaus eine jüngste Überlieferungsschicht auf, welche den Toten mit einer Re gegenüberstehenden unterirdischen Macht, nämlich dem Gott Osiris, gleichsetzt und ihn durch dessen Begleiterinnen Isis und Nephthys geschützt werden läßt. Der dem toten Vater opfernde lebende Pharao, der sich seit je als Horus fühlt, leitet nach dieser Schicht sein Horus-Sein davon ab, daß Osiris sein Vater und ehedem König gewesen sei. Beim Opfer spricht er den Abgeschiedenen fortan gern mit einem Doppelnamen Osiris-NN an.

Auf Osiris bezogene Texte stehen in den Pyramiden weithin unverbunden neben älteren Re-Sprüchen. So handeln z.B. die unter den Nummern 20-43 gezählten Sprüche ausschließlich von Osiris und Horus, Spruch 44 hingegen von Re, Sprüche 45-49 und 51-102 vom Osiris-Kreis, dazwischen Spruch 50 allein von Re. Der Bestand an Osiristexten nimmt im Lauf der Zeit zu. Lassen sich in der Unaspyramide 45 solche Einheiten entdecken, so sind es bei Pepi II. schon 175[1]. Später übliche Anrufungen des Osiris in den Sprüchen 356-7; 366-72 u.a. fehlen noch bei Unas. Innerhalb derselben Spruch einheit zeigt sich bisweilen die Verlagerung des Interesses. Eine alte Fassung hieß (Pyr 476): "Wie lieblich zu sehen, wie heilsam (*ḥtp*) zu schauen, sagen sie, die Götter, wenn dieser Gott zum Himmel aufsteigt". Eine überarbeitete Lesart bietet dafür (Pyr 939): "Wie lieblich zu sehen ... sagt sie, Isis, wie heilsam zu schauen ... sagt sie, Nephthys, zu meinem Vater Osiris-NN wenn er zum Himmel aufsteigt". Hinfort gilt der Aufstieg in das Sonnenreich nicht mehr als das einzige und vielleicht nicht einmal als das vordringliche Ziel der Verklärung. Unter der Erde weilt Osiris und dort suchen die auf ihn bezogenen Texte Leben und Seligkeit. Seine Gottesmacht umfaßt und durchdringt heilvoll Grab und Nekropole, ohne daß er damit zu einem Erdgott wird.

Die Darbringung der Opfergaben an den königlichen Toten, angefangen mit Brot und Wasser, war seit je als Bringen des Horusauges an seinen Besitzer, also vom lebenden Sohn an den toten Horus, gefeiert worden (Kap. 4). Nun vollzieht sich eine Verschiebung, indem Horus nur noch im lebenden König anwest. Dieser stiftet ein Horusauge seinem Vater und damit einem anderen Gott. "O, Osiris-NN, nimm das Horusauge" heben zahlreiche Formeln an (ab Pyr 15). Setzte sich der Abgeschiedene nach früherer Auffassung auf den Thron des himmlischen Re, so setzt er sich nun auch auf den Thron des Osiris (Pyr 134a.573.757). Der Abgeschiedene erhält die Osirisgattinnen Isis und Nephthys zu Schwestern, diese setzen ihm sein Herz wieder in den verklärten Leib ein (Pyr 3b-e). Innerhalb der Bestattungsriten wird zusätzlich ein symbolischer Abstecher zu Schiff nach Abydos, der Hauptkultstätte des Osiris, eingeschoben. Dorthin begibt sich die Verklärungsseele, ehe der Königsleib in die Pyramide gebettet wird (Pyr 1710-23).

Mit Osiris und seiner Partnerin Isis tauchen zwei Namen auf, die im Abendland zum Inbegriff ägyptischer Gottheiten schlechthin geworden und mit dem Nimbus mystischer Geheimnisse umwoben sind. Noch im Endstadium ägyptischer Religion um die Zeitenwende sind Griechen und Römer dem Zauber des göttlichen Paars erlegen; er hat weitergewirkt bis hinein in die europäische Aufklärung und bis zu Mozarts Zauberflöte. Die Ahnung einer besonderen Tiefgründigkeit gerade dieses Götterkreises spricht bereits aus jüngeren ägyptischen Bekenntnissen wie dem des Pharaos Ramses IV., der Osiris als "geheimnisvoller als andere Götter" preist[2].

Innerhalb der ägyptischen Religionsgeschichte jedoch erscheint Osiris als ein Spätling. Erst gegen Ende der 5. Dynastie ist der Name zu belegen, angerufen in Beamtengräbern. Dann aber nimmt sein Ansehen rapide zu. Als Herr des Dat, eines nunmehr unterirdischen Jenseitsreiches[3], begreift er den abgeschiedenen König so sehr in sich, daß dieser einen Namen erhält, welcher das Element Osiris mit seinem Geburtsnamen verbindet. Dadurch wird der Tote enger mit Osiris als mit Re verbunden. Dem lebenden Herrscher wird nun eine doppelte Abstammung zugeschrieben. Einerseits gilt er als Sohn des Sonnengottes und andererseits als Sohn des Totenherrschers; von beiden begünstigt, hat er sich in zweierlei Hinsicht zu bewähren. Der Unterschied besteht darin, daß die Sohnschaft zu Re auf Grund von Geburt und irdischen Herrscherpflichten vorausgesetzt wird, er Sohn des Osiris aber allein um der erhofften Zukunft willen ist. Bezeichnenderweise wird in die Thronnamen der irdischen Könige kein Hinweis auf einen Osirisbezug aufgenommen.

Nach der Zeit des Alten Reiches greift die Osirisinterpretation des Totengeschicks über ein Privileg des Pharao hinaus und dringt in die private Totensorge ein; jeder vermögende Ägypter hofft dann, nach seinem Ableben zu Osiris zu werden (Kap. 10). Die wachsende Hochschätzung des neu entdeckten Totenbeschützers steht der um ein oder zwei Jahrhunderte vorher anzusetzenden Heraufkunft des Sonnengottes kaum nach. Mit der Osirianisierung der jüngsten

Schicht der Pyramidentexte meldet sich im religiösen Denken ein Gegenpol zu der vorher beherrschend gewordenen Stellung des Tagesgestirns. Innerhalb der ägyptischen Mythologie entsteht eine Spannung, die fortan zu einem "nicht aufhebbaren Gegensatz der Weltanschauung" führen wird[4].

7.2 Herkunft und Aufgabenbereich

Woher stammt die Osirisverehrung und wie konnte sie so schnell in das Zentrum königlicher Totensorge vordringen? Als Osiris in Pyramidentexten genannt wird, ist er schon mit den Kultstätten von Dschedu-Busiris im Norden und Abydos in Oberägypten verbunden, gilt außerdem als Glied der Neunheit von On. Doch die erstgenannten Orte stehen im Vordergrund. Deshalb sind sowohl Busiris wie Abydos als Herkunftsorte der göttlichen Gestalt vorgeschlagen worden. Der Titel "Herr von Busiris" scheint gewichtiger zu sein, wird der Entsprechung "Herr von Abydos" meist vorangesetzt; zudem gilt der Gott als "Oberhaupt der östlichen Gaue" (Pyr 182.200).

Kees hat deshalb in Osiris den Ortsgott von Busiris gesehen, der zum Gaugott und dann zu gesamtägyptischer Bedeutung aufgestiegen ist. Doch war nach ihm in Busiris anfänglich ein anderer Gott maßgeblich, Anedschti, mit Krummstab und Fliegenwedel (Geißel?), was Osiris zugewachsen ist, als er nach Busiris überwechselte. Ursprünglich liege die Verehrung eines unterägyptischen Häuptlings zugrunde, der im Kampf gegen Wüstenbewohner gefallen war (ähnlich E. Otto). Gegen unterägyptische Herkunft spricht aber die Osiris stets beigelegte oberägyptische Krone.

In Abydos war schon vorgeschichtlich ein hundeartig vorgestellter Gott Chentamenti, "Erster der Westlichen", d.h. der in der angrenzenden Wüste beigesetzten Toten, wichtig gewesen. Die Pyramidentexte sehen in diesem Nekropolengott eine Erscheinungsform des Osiris (Pyr 1666; 2021). Deshalb vermutet Helck Abydos als die Stätte, wo ein vergöttlichter, im Kampf ursprünglich gegen wilde Tiere umgekommener unterägyptischer Hirt mit einem hier begrabenen König und danach mit Chontamenti gleichgesetzt und so zum maßgeblichen Totengott für die Könige wurde. Andere Forscher sehen in Osiris eine seit je ortsungebundene Gottheit, entweder eine chthonische Fruchtbarkeitsmacht, die sich unter der schwarzen Erde Ägyptens befunden hat (Scharff), oder eine mythische Verkörperung des oberägyptischen Königtums (Griffiths). Eine allgemein anerkannte Lösung gibt es also nicht. Beachtlich bleibt, daß in den uns greifbaren Überlieferungen stets das Weilen des Osiris im postmortalen Jenseits beherrschend heraustritt, als desjenigen, der den Tod ein für allemal überwunden hat. Seine irdische Herrschaft bleibt demgegenüber in den Nachrichten blaß und konstruiert (Otto).

Auch der *Name* gibt keinen hinlänglichen Aufschluß über den Ursprung. Hieroglyphisch wird der Name mit den Zeichen Thron und Auge (plus Götterdeterminativ) geschrieben . Daraus läßt sich auf "Thron/Sitz des Auges" (*[w]st jrt*, Sethe) schließen, was dann auf den leuchtenden Königsthron oder auf die Sonne bezogen wird (Westendorf). Etymologisch ist eine Ableitung von *wsr* "mächtig sein" möglich, was auf "der Mächtige" führen würde (Griffiths, ähnlich Osing). Deutet man das zweite Element in *ws jr* verbal, ergibt sich "der den Thron macht" (Erman). Oder handelt es sich um einen unägyptischen, aus dem an Asien angrenzenden Delta stammenden Namen (Helck)?

Es spricht also vieles dafür, daß Osiris von Haus aus keine Macht war, die in Beziehung zum verstorbenen König stand. Das aber erscheint als ein vornehmlicher Aufgabenbereich, sobald er im Umkreis der Hauptstadt Memphis, das heißt in den Pyramidentexten, auftaucht. Dort wird der neue Totenbeherrscher mit dem Gott Sokar, ursprünglich entweder ein Handwerker- oder ein Nekropolengott, und seiner Henu-Barke zusammengestellt; in ihr unternimmt der wieder erweckte Osiris seine Fahrt (zum Himmel?) "in seinem Namen" Sokar (Pyr 620.1824-6). Sokars Nekropolen- und Jenseitsgebiet Ro-Setau, zu dem auch das Pyramidenfeld von Gize zählt — jener Name meint vielleicht die "Mündung des Treidelns" für das Gottesschiff[5] — fällt Osiris als sein Grundeigentum zu (Pyr 445b). Das Fest des Erdaufhackens für Sokar, ursprünglich wohl bei Beginn der Feldaussaat gefeiert, wird zu einem Begräbnisfest für den neu bekannt werdenden Gott. Ab Ende der 5. Dynastie dringt also der plötzlich aufsteigende Gott nicht nur in die Texte, sondern auch in Kult und Fest ein.

Ob etymologisch gerechtfertigt oder nicht, die Schreibung des Namens mit dem Thronzeichen legt sich den Schrifterfindern deshalb nahe, weil Osiris in den Pyramidentexten — weit mehr als Re — als thronender und göttlicher König gilt. Seine typische Abbildung, die allerdings für das Alte Reich noch nicht belegt ist, läßt im jüngeren Muster die königlichen Embleme deutlich hervortreten:

Osiris wird — eine seltene Ausnahme bei Götterbildern — stets in voller menschlicher Gestalt abgebildet, mit grüner oder schwarzer Haut. Auf dem Kopf trägt er die oberägyptische weiße Krone oder ihre um zwei Federn erweiterte Atef-Form. Die Hände werden meist über der Brust verschränkt und halten Herrschaftskrummstab und einen Wedel (oder eine Geißel). Das Beinpaar erscheint ungegliedert wie bei einer Mumie, auch das weiße Gewand erinnert an den einbalsamierten Toten. Mit Tieren wird er kaum je verbunden. Ihm eignet also keine ähnliche Verwandlungsfähigkeit wie dem Sonnengott, um so leichter vermag er mit Menschen zu verschmelzen. Unter der Erdoberfläche weilend steht er als verklärte Seele (Ach) an der Spitze aller derartigen Seelen (Pyr 215b) und übt dort königliche Macht aus, die Herrschaft über die irdisch Lebenden einschließt, ihn bisweilen sogar an der Spitze der Götter thronen läßt (Pyr 576).

Abb. 34 Thronender Osiris

Als machtvolle Gestalt der Unterwelt, deren Ausmaß die eines Menschen weit überschreitet, ja, die vielleicht so groß vorgestellt wird, wie Ägypten reicht, wirkt Osiris auch auf Wasser und damit auf die Grundlagen der Landwirtschaft ein. Einer seiner Namen lautet "Frisches Wasser" (Pyr 589a). Seine Reinigung und seine Sättigung mit Lebenswasser rühren letztlich aus einem eigenen Ausfluß.

Der Strom Ägyptens quillt aus seiner Leiche; in seinem Mund sind die zwei Knoten beim ersten Katarakt, welche als Quelle der Nilüberschwemmung gelten (Pyr 234). "Du bist aber auch der Nil ... Götter und Menschen leben von deinen Ausflüssen", heißt es in einem späteren Hymnus[6]. Selbst das Meer, das als Ozean die Erdscheibe umschließt, ägyptisch: der große Grüne, wird zu einem Namen des Osiris (Pyr 628-9; 1630-1). Damit wird Osiris jedoch nicht zu einem Wassergott. Vom lebenden König wird ebenfalls gerühmt, daß er für das Herbeikommen der Überschwemmung sorgt; in beiden Fällen bleibt der Bezug zum Wasser aber zweitrangig.

7.3 Die Osirianisierung der Texte

Die Re-Redaktion der Pyramidensprüche dürfte das Werk von Priestern aus On gewesen sein. Steht der gleiche Kreis hinter der Einführung der Osirisverehrung? In der Mythologie von On hatte Osiris früh einen Platz gefunden, ehe er mit dem Totenkult verbunden war. Dort gehörte er zur Vierergruppe der vierten Generation nach der Weltentstehung, mit Isis, Nephthys und Seth (Kap. 5). Der in On hochgeschätzten Neunheit hat Osiris vermutlich früher zugehört als Re; denn der Sonnengott ist, wie oben ausgeführt, nicht wie Osiris unter die grundlegende Zahl der großen Götter einbegriffen worden. Was war die Rolle des Osiris im frühen On? In einem vermutlich alten Spruch gelten Seth und Nephthys als Boten des Sonnengottes an die Götter von Oberägypten, Osiris und Isis als diejenigen, die zu den Göttern von Unterägypten geschickt werden (Pyr 152-5); Osiris steht also für einen bestimmten oberirdischen Landesteil. Das könnte der Grund für seine Aufnahme in die Neunheit gewesen sein.

Die meisten Pyramidentexte jedoch rechnen mit Osiris als demjenigen Teil der Neunheit, der mit dem verklärten König eins geworden ist und diesem die Lebensbeziehung zu den anderen Göttern eröffnet. Sie setzen voraus, daß Osiris als König (ursprünglich eines Landesteils?) einst umgekommen, aber in veränderter, unterirdischer Form dann für immer neu belebt worden war. Jeder sterbende König geht fortan in diesem Osiris ein. Deshalb bezieht eine durchgängige mythologische Interpretation die verschiedenen Handlungen im Totenritual auf eine fortschreitende Verwandlung in Osiris. Der am Grabe opfernde König wird künftig allein als Horus eingeführt; sein toter Vater heißt nunmehr Osiris. Neben jenen tritt der Vorlesepriester als Vertreter des Weisheitsgottes Thot. Der neue Herrscher oder der ihn vertretende Priester sprechen nunmehr zum toten Vorgänger:

    O NN, ich komme, dich zu suchen, denn ich bin Horus ...
    O Osiris, ich öffne deinen Mund mit einer Gabe (Pyr 20).

Treten sie zu zweit herbei, heißt es:

> Horus kommt, Thot erscheint, daß sie Osiris aufrichten (Pyr 956).

Die beiden Klageweiber, die seit alters während der Nachtwachen in der Balsamierungshalle dem Schmerz lauthals Ausdruck geben und als Verkörperung zweier göttlicher Schreivögel gelten, werden zu Schwestern des Osiris:

> Der Schreivogel kommt, der Klagevogel kommt; das sind Isis und Nephthys, sie sind auf der Suche nach ihrem Bruder Osiris, diesem König NN! (Pyr 1281-2).

Was immer an Gaben dem Toten zugewendet wird, seien es Brot, Bier, Weihrauch, Salböl, Zepter, Kronen und andere Herrschaftsinsignien, alles das wird zu einem Horusauge, das nun an Osiris weitergegeben wird und eine enge, geradezu leibliche Verbindung zwischen dem jetzigen und dem früheren Herrscher herstellt. Das Auge reißt Horus sich nicht selbst aus, das hatte Seth im Kampf ihm angetan. Doch Horus vermag es zu entbehren. Er besitzt Ersatz, hat schon eine neues Auge. Möge also Osiris für alle Zeiten die Wunderkraft des Auges behalten! (Pyr 846).

Die Mythologisierung greift weiter. Was an flüssigen Gaben dargebracht wird, stammt letztlich aus den Leichensekreten des Osiris, wird ihm also nur wieder zurückgeleitet. Die festen Gaben oder die Orte, an denen Handlungen tatsächlich oder fiktiv stattfinden, tragen Namen, die dem Osiris beigeordnet werden und ihn als polymorph und polydimensional ausweisen. Bei der Darbietung wird das durch eine Namensformel festgehalten, die mit Wortspielen operiert, z.B.:

> Horus hat die Götter sich mit dir vereinen lassen, so daß sie sich mit dir verbrüdern (*snsn*) in deinem Namen *senut*-Schreine; sie sollen dich nicht zurückweisen (*twr*) in deinem Namen *jeteret*-Heiligtum (Pyr 577).

Das Verb "sich verbrüdern" und der Name des Schreines haben etymologisch nichts miteinander zu tun, ebenso wenig wie "zurückweisen" und die Bezeichnung der Landeskapelle. Doch aus der Überzeugung, daß bei ähnlich lautenden Ausdrücken die damit gemeinten Sachen sich insgeheim ähneln und zusammengehören (Kap. 2), werden heiliger Gegenstand und mythische Reminiszenz in Beziehung gesetzt.

Gegenstände, Orte und Handlungen tragen ihre magisch-mythische Bedeutung nicht mehr automatisch in sich. Die numinose Aura wird erst durch das verklärende Wort der heiligen Handlung bewirkt.

Als bevollmächtigter Vertreter des Königs und damit als Horus ruft der Priester andere übermenschliche Wesen zugunsten des neuen Osiris an:

> O Osiris-König Teti, steh auf, erhebe dich!
> Deine Mutter Nut hat dich geboren, Geb hat dir den Mund ausgefegt.

Die große Neunheit schützt dich, sie haben dir deinen Feind unter dich gelegt ...
Deine beiden Schwestern, Isis und Nephthys, kommen zu dir, um dich heil zu machen.
Du bist vollständig (*km*) und groß (*wr*) in deinem Namen "Bittersee" (*km wr*).
Du bist grün (*w³d*) und groß (*wr*) in deinem Namen "Meer" (*w³d wr*). ...
Deine Schwester Isis kommt zu dir, jauchzend aus Liebe zu dir.
Sie setzt sich auf deinen Phallos, so daß dein Same eingeht in sie, scharf (*spd*) als "Sothis" (*spdt*).
Horus-Sopdu ist aus dir herausgekommen als Horus, der in Sothis ist (Pyr 626-32)[7].

Ein feierliches Sprachgeschehen erlaubt es, Beisetzung und Verwandlung des toten Königs mit einem kosmischen Rahmen zu versehen. Im Spruch werden die Himmelsgöttin Nut als Mutter und der Erdgott Geb als Vater angerufen. Die Gewässer bis hin zum Ozean gelten als Ausfluß des Osiris und damit als Teil seiner Person. Daß der Sohn gezeugt wird, ist aber eigentlich das Werk der Isis.

Der Anruf "Erhebe dich" erscheint rund 100mal in den Pyramidentexten[8] und weist auf eine durch den Kult regelmäßig wiederholte "Auferweckung" des Gottes hin, dessen Wirken also einem Auf und Ab unterliegt. Osiris erscheint in den Texten, wie das Beispiel zeigt, weit weniger aktiv als Re in entsprechenden Sprüchen. Zu Verklärung und Königsherrschaft bedarf Osiris nicht nur der Hilfe des Horus und Thot, sondern vor allem auch von Göttinnen. Dazu zählt zuerst die Himmelsgöttin Nut, die in der Neunheit von On schon leibliche Mutter des Osiris gewesen war. Auf der Stufe der Re-Redaktion hatte Nut bekanntlich auch eine bedeutende Rolle gespielt, hatte sie doch, wie oben erwähnt, täglich Re neu zu gebären (Pyr 1688). Für die Sicht der Osirisverehrer reicht das Walten der Nut über den himmlischen und solaren Bereich hinaus. Als mächtige Beschützerin vereint sie von oben her die Gebeine des Verstorbenen, setzt sein Herz wieder in den Leib und gibt ihm Autorität über die Dienerschaft (Pyr 827-9). Der Sarg selbst, in dem der Tote nun als Osiris liegt, ist im Grunde eine Ba-Seele der Himmelsgöttin, die ihm dadurch Leben, Dauer, Herrschaft und Gesundheit vermittelt (Pyr 8).

Nach dem Untergang des Alten Reiches wird diese weitreichende Kompetenz der Himmelsgöttin zum Gegenstand der Sehnsucht für jeden, der sich ein Grab erbaut. Durch die Sterne an der Decke der Sargkammer oder durch eine schlanke Figur der Göttin auf dem Deckel des Sarges wird Nut gekennzeichnet als Garantin des Bestandes für einen Mikrokosmos des Abgeschiedenen in der gleichen Weise, wie sie es alltäglich im Makrokosmos ist.

Enger mit Osiris verbunden und gefühlsmäßig ihm stärker zugewandt sind seine Geschwister Isis und Nephthys, von der die eine als seine Gattin und die andere als deren ständige Helferin gilt. Herkunft und älteste Eigenart bleiben bei beiden Göttinnen undeutlich. Obwohl Isis mit dem Thronzeichen 𓊨 wiedergegeben wird und Nephthys als "Herrin des Hauses (des Palastes)" mit einer entsprechenden Kombination 𓏌, haben sie mit der Herrschaft des jeweils regierenden Königs anfänglich wenig zu tun. Sie gehören vornehmlich zum Todesbereich und zu dessen König.

Durch das Aufkommen des Osiris-Themas vollzieht sich eine tiefgreifende Umwandlung des alten Königsmythos vom Streit zwischen Horus und Seth über die rechtmäßige Herrschaft im Land (Kap. 3). Entsprechend der Lehre von On gilt von jetzt an Seth als Bruder des Osiris und nicht mehr wie früher als der des Horus. Deshalb wird jetzt erzählt, der urzeitliche Kampf sei zwischen Seth und Osiris ausgetragen worden; Horus aber, der zweiten Generation zugehörig, werde erst nachträglich hineinverstrickt. Der Ausgang des Bruderstreites wird zugespitzt; Seth hat nicht nur den Gegner schwer verletzt, um sein Horusauge gebracht, sondern ihn regelrecht umgebracht. Die Bestimmung der Todesart bleibt schillernd. Hat er ihn im Nil ertränkt oder zerstückelt? Beides wird ausgesagt. Deutlich ist nur, daß die Leichenteile versteckt waren. Von Isis und Nephthys werden sie nach langem, klagendem Suchen gefunden und durch Wunderkräfte wieder belebt:

> Ich bin deine Schwester, die dich liebt, sagen Isis und Nephthys.
> Sie beweinen dich, sie erheben dich (Pyr 2192; 1998).

Im Ritual wird diese Szene von Klageweibern eindrucksvoll vorgeführt worden sein. Die Nähe zwischen dem toten Osiris und den Frauen kann so eng sein, daß jener sich rühmt, Sohn und nicht bloß Gatte zu sein:

> Isis empfängt mich, Nephthys gebiert mich. Ich sitze auf dem großen
> Thron (Wortspiel mit Isis?), den die Götter gemacht haben (Pyr 1153).

Die Männlichkeit des Osiris ist nicht exklusiv. Jedenfalls ist auch für abgeschiedene Königinnen die Identität mit ihm erreichbar. In den Pyramiden für die drei Gattinnen Pepis II. finden sich die gleichen Sprüche wie beim König selbst. Da kann es heißen: "(Königin) Wedschbeten kopuliert mit seiner (maskulin!) Geliebten" (Pyr 123a).

Neben Sprüchen, welche den abgeschiedenen König und Osiris in eins setzen, finden sich allerdings andere, welche beide Subjekte auseinanderhalten. Osiris wird dann als überlegene Macht gepriesen, die mit dem als Horus verklärten König über den Himmel zieht oder ihn dort als Entsprechung zu Horus, also von diesem abgehoben, herrlich erscheinen läßt (Pyr 464-7). Oder der tote

König erscheint als Nachfolger des Osiris: "Du bist auf dem Thron des Osiris ... Du hast seine Macht ergriffen und seine Krone empfangen ... Er hat dir den Thron überlassen" (Pyr 20-23). Es hat den Anschein, daß auf einer ersten Stufe der Osirianisierung der tote König wohl der Obhut des göttlichen Totenherrschers unterstellt, aber noch nicht mit ihm identifiziert worden war (Helck, Griffiths). Bei der Komposition der Sprüche wird das Nebeneinander kaum mehr als störend empfunden worden sein, da Schreiber wie Vorlesepriester gewiß mit der Vielfalt der Zugangsweisen bei solchen schwerwiegenden Problemen vertraut waren und um das verschmelzende Hinüber und Herüber bei göttlich-königlichen Personen wissen.

7.4 Zweck der Niederschrift in den Pyramiden

Angesichts so verschiedenartiger Interpretationen des Verklärungsgeschehens um den toten König, wie es die drei hypothetisch zu erschließenden überlieferungsgeschichtlichen Stufen der Texte erkennen lassen, stellt sich die Frage nach dem Grund für die Niederschrift auf Pyramidenwänden. Das Bedürfnis, sie auf den Wänden dieser Grabdenkmäler einzuschreiben, entstand erst nach der osirianischen Redaktion des Materials. Die früheren Spruchsammlungen ohne Osirisbezug waren wohl auf Papyrusrollen mindestens zum Teil festgehalten gewesen und zur Rezitation bei bestimmten Ritualen verwendet worden, aber wohl außerhalb der Grabräume. Nunmehr werden die Sprüche im Innern von Gängen und Kammern angebracht, wo sie kein Sterblicher mehr erblickt. Wozu der Aufwand? Er erklärt sich einerseits aus der Überzeugung von der magischen Wirkung des geschriebenen Wortes, das Tatbestände, die es schildert, existent erhält. Darüber hinaus wird wenigstens von den Texten in der Grabkammer erwartet worden sein, daß der abgeschiedene König sie bei Bedarf liest und anwendet, ist er doch ein lebendiger Osiris.

An vielen Stellen finden sich Verweise auf dargebrachte Gaben oder vorgenommene Riten. Die diesbezüglichen Sprüche 134-193 finden sich nicht nur in allen Pyramiden, sondern auch auf den Särgen des Mittleren Reiches. Diese Texte passen zu Totenritualen, bei denen die göttlichen Personen von Priestern vertreten werden.

Schott und Altenmüller haben darüber hinaus versucht, aus den Spruchkomplexen und ihrer Folge innerhalb der Pyramiden eine fortlaufende königliche Beisetzungsfeier zu rekonstruieren, was an manchen Stellen sich nur hypothetisch behaupten läßt, weil die Texte dunkel bleiben. Barta will in ihnen Verklärungstexte sehen, die von Vorlesepriestern unabhängig von ritueller Begleithandlung formuliert worden sind und die bezwecken, den Toten in den Status der Verklärungsseele, des Ach, zu überführen und zugleich sein künftiges Leben so zu schildern, daß es Bestand und Dauer gewinnt. Da jede einzelne Pyramide unterschiedliches Spruchgut aus einem anscheinend weitaus größeren bekannten Bestand auswählt, bleiben viele Fragen offen. Was an den Wänden eingeschrieben wird, läßt bisweilen das Bestreben vermuten, die unmittelbare kultische Situation zu transzendieren. Denn viele "Ich-Reden" des lebenden Horus-Königs oder des verklärten Osiris-Königs in den älteren Pyramiden werden später in die dritte Person umgesetzt, so daß aus der Handlung eine Beschreibung wird. Das aber ist nicht mehr Rezitation von Worten aus einem Ritual, sondern eher reflektierte Feststellung dessen, was damit geschehen ist.

7.5 Mythisierung der Rituale und Ausbildung einer Osirismythe

Mit Aufkommen der Osiris-Idee wird das Geschick dieses Gottes zum "Hauptkommentar"[9] der Bestattungsriten. Der Balsamierungsgott Anubis, bisweilen mit Chontamenti gleichgesetzt, erscheint nunmehr als Gehilfe des Osiris; oder er wird wie auch Sokar als besonderer Name zu einem Teil des übergreifenden Totengottes (Pyr 1256-7). Das Opfer wird als Horusauge, wie erwähnt, zu einer Gabe an den verletzten Vater. Das Getreidedreschen zur Vorbereitung des Opfermahls wird transparent für die urzeitliche Zerstückelung des Osiris; jedes geschlachtete Opfertier stellt Seth mit seiner verdienten Strafe dar (Pyr 535). Wo immer bei den Bestattungsfeierlichkeiten ein Gegenstand auf den anderen gesetzt wird, tritt der gerächte Osiris auf den besiegten Seth. "So wird also jedes Ritual zu einer irdischen Darstellung jenes Grundmysteriums des Todes und des endlichen Sieges des Osiris"[10].

Stätten im Land, die bisher als heilvoll für Bestattungen galten, werden mit dem neuen Gott dadurch verbunden, daß sie zu Begräbnisplätzen für seine zerstreuten Körperteile erklärt werden, so Busiris, Buto, On, Schmun (Pyr 181-192). Osiris' Rückgrat sucht man jetzt in Memphis, sein linkes Bein am ersten Katarakt. Doch die Anwesenheit, sein Wohnen, heftet sich vor allem an das oberägyptische Abydos, das dadurch "zum heiligsten Ort Ägyptens"[11] wird. Der Platz war seit unvordenklichen Zeiten dem Totenkult geweiht (Kap. 4). Seit Ende des Alten Reiches aber wird er und der dazugehörige thinitische Gau zum Ort, wo Osiris seine Ruhe gefunden und deshalb seine Ach-Seele oder seine Machtseele auf Dauer sich befinden (Pyr 1716; 754). Die Könige, die sich im Norden in Pyramiden bestatten lassen, legen seit dem Mittleren Reich wieder einen Kenotaph in Abydos an. Denn der Ort gilt als geeigneter Eingang in das Land der Seligkeit. Hier befindet sich ein geographisch-mythischer Landstrich Poker, wo Osiris selbst seinen heilvollen Friedenszustand, *hetep*, gefunden hatte, an dem die Nachgeborenen teilhaben wollen. Auf einer eigenen Neschmet-Barke war er über den Nil gefahren und weiter in das unterirdische Jenseitsland (Pyr 1716). Um für tote Könige die heilsamen Kräfte von Abydos wirksam zu machen, wird wohl schon im Alten Reich bei Bestattungsriten an der Residenz ein Umweg über eine (symbolische?) Abydosanlandung hinzugefügt[12]. Später werden Privatleute diesen Brauch nachahmen.

Die Osiris-Mythologie hat bald über den Bereich des Bestattungsrituals hinaus gegriffen und ist in Feiern für den lebenden Herrscher eingedrungen. Ein Beleg dafür liefert der *Dramatische Ramesseumspapyrus*. Er bietet das Ritual zu einer Thronbesteigung (oder einem Sedfest) des Mittleren Reiches, geht aber auf Vorstufen des Alten Reiches zurück[13]. In einem Bildstreifen wird jeweils Ritualgeschehen und in einem parallel verlaufenden Textstreifen das entsprechende "Drehbuch" dargestellt. Dabei werden wie in den Pyramidensprüchen die Rituale durch eine Vielzahl von Osirisbezügen gedeutet. Stellt der Bildstreifen etwa einen Mann dar mit der Erklärung "Vorlesepriester" und einer Art Sprechblase "Ich habe den Qeni-Latz dargebracht", so heißt es im Textstreifen dazu:

Es geschah, daß der Qeni-Latz dargebracht wurde durch den Vorlesepriester. – Das bedeutet: Horus, indem er seinen Vater umarmt (*qeni*) und sich Geb (seinem Großvater) zuwendet. Horus spricht zu Geb: Ich habe diesen meinen Vater umarmt, der ermattet ist, bis er wieder gesunden wird.

Eine Unterschrift gibt die Regieanweisung: Osiris. Qeni-Latz. Buto (symbolischer Schauplatz)[14].

Abb. 35 Der Vorlesepriester sagt: "Bringen von 12 Qeni-Lätzen" (Dramatischer Ramesseumspapyrus, Bild 22)

Bei der Regierungsfeier hat der Thronfolger seines toten Vaters zu gedenken und seine Kraft zu erneuern. Indem dies in eine Horus-Osiris-Relation eingestellt wird, wird sehr viel anschaulicher als vorher, daß nun der Vater seinerseits auf den gegenwärtigen König und seine Herrschaft zurückwirkt.

Im Dramatischen Ramesseumspapyrus spielt wohl der Osiris-, nicht aber der Re-Bezug des Königs eine Rolle. Das fällt auf, da der lebende König sonst vorzugsweise mit Re verbunden wird. Schott hat daraus gefolgert, daß entgegen der verbreiteten (auch in diesem Buch vertretenen) Auffassung die Osirisredaktion der Pyramidentexte vor der Reredaktion erfolgt sei und nicht umgekehrt. Doch Osiris wird nun einmal erst ab Ende der 5. Dynastie erwähnt. Der Befund im Ramesseumspapyrus erklärt sich eher daraus, daß die Reverehrung keine so systematische Durchdringung der Rituale angestrebt hat wie die nachfolgende Osirisverehrung. Auch in dem berühmten Denkmal memphitischer Theologie[15], das wohl lange nach dem Alten Reich entstanden ist, bleibt der Osirisbezug memphitischer Kulttraditionen klar erkennbar, während jeder Hinweis auf Re fehlt.

Wie oben (Kap. 5.6) dargelegt, zeigt sich bei den Ägyptern in früher Zeit kein Bedürfnis nach ausgeführten Göttergeschichten, also nach erzählten Mythen, vielmehr begnügen sie sich mit dem Verweis auf Konstellationen, in denen die

Götter rollenhaft zueinander stehen und typisch miteinander agieren. Als jedoch für den Toten eine Einverleibung in den wiederbelebten Osiris angestrebt wird, scheint man in Ägypten begonnen zu haben, für jenen Gott ein gleichlaufendes Diesseits-Jenseits-Geschick auszuspinnen. Eine fortlaufend geschilderte Osirismythe liefert zwar erst der Grieche Plutarch nach der Zeitenwende. Doch schon die jüngste Schicht der Pyramidensprüche erweckt den Eindruck, daß die Totenpriesterschaft, welcher die Osirianisierung der Jenseitserwartung zuzuschreiben ist, von diesem Gott fortlaufende Erzählungen gekannt hat. Gewiß folgt das Begräbnisritual weiterhin seinem hergebrachten Ablauf. Zwar werden zunehmend Einzelakte durch Namensformen u.ä. auf das Osirisschicksal bezogen, doch im Rahmen der Begehung bleiben das unzusammenhängende Mythensplitter. Dennoch schält sich bei einer Zusammenschau der Pyramidensprüche so etwas wie ein roter Faden heraus.

Zur Königsauffassung hatte einst die Konstellation der streitenden Brüder Horus und Seth gehört (oben 3.6). Horus hatte demnach seinen Bruder und Rivalen besiegt. Wenn nun gegen Ende des Alten Reiches dieses Motiv nicht nur mit dem System der Götter-Neunheit von On, sondern auch mit der Konstellation des Osiris als Bruder des Seth verbunden wird, so daß Horus fortan als Neffe des Seth erscheint, also als Glied einer jüngeren Generation außerhalb des Systems, werden die Konstellationen komplexer. Das Auseinandersetzungsmotiv verlagert sich. Der Kampf findet nunmehr zwischen Osiris und Seth statt; Horus greift erst nachträglich als Rächer und Erbe des Vaters ein. Osiris wird nicht wie Horus in der älteren Fassung nur verletzt, sondern geht am Ufer von Nedit zugrunde. Dort geschieht dann aber auch seine Auffindung und Wiederbelebung durch die Klagefrauen Isis und Nephthys (Pyr 1008.1256).

Der Kampf der beiden Brüder wird jetzt zur Vorstufe für eine gerichtliche Auseinandersetzung, die unter juristischen Gesichtspunkten in der Fürstenhalle zu On erfolgt und mit einem Urteil zugunsten des Horus als einzigem Thronfolger endet. Der Vorlesepriester kann sich dabei in ein dramatisches Geschehen mitten hineinstellen:

> Erinnere dich, Seth, und nimm die Worte zu Herzen, die Geb gesprochen, diese Drohung, welche die Götter gegen dich machten im Fürstenhaus von On, weil du Osiris niedergeworfen hattest, als du sagtest: Ich habe ihm das nicht angetan! ...
> Erhebe dich, Osiris, denn Seth hat sich erhoben. Er hat die Drohung der Götter gehört, die sie über den Vater des Gottes (des Horus) gesprochen haben. Und Isis hat deinen Arm, Osiris, Nephthys hat deine Hand, gehe zwischen ihnen! Der Himmel ist dir gegeben, die Erde ist dir gegeben ... die Gaue hat Atum für dich gesammelt. Der darüber spricht, ist Geb (Pyr 956-61).

Stellt man neben diese Aussagen den (oben angeführten) Spruch von der posthumen Begattung der Isis (Pyr 632) und andere von einer verborgenen Geburt des Horus-Knaben und seinem Aufwachsen im Deltadickicht (Pyr 1703), so ergeben sich wie von selbst Bausteine einer fortlaufenden Göttergeschichte. Vielleicht haben die Erzählungen der Priester darauf verzichtet, einen einlinigen Ablauf zu schildern; vielleicht waren also Variationen eingeblendet, etwa von der Art: "Man kann es aber auch so erzählen, daß ..." z.B. Horus nicht Neffe, sondern Bruder des Seth gewesen war, Osiris nicht ertränkt, sondern grausam zerstückelt wurde. Dann wäre im Bewußtsein der Überlieferer eine Vielfalt der Zugangsweisen gewahrt gewesen. Doch Texte liegen uns leider nicht vor.

7.6 Isis und Osiris am Himmel

Der Jenseitsbereich der Könige, Dat genannt und mit einem Sternzeichen geschrieben ⊗, war ursprünglich am Himmel gesucht worden (Pyr 390). Jüngere Texte kennen daneben eine Dat unter der Erde, wohin die Gestirne hinabsteigen und wo Osiris der Herr ist (Pyr 5; 882). Im Gegensatz zu den himmlischen Gefilden wird diese Dat nicht anschaulich und verlockend ausgemalt. Dennoch zieht sie das Jenseitsinteresse so sehr auf sich, daß Dat bald nur in der Unterwelt gesucht wird.

Ältere Texte von einer Himmelfahrt des toten Königs werden nicht ausgeschieden. Um die unterschiedlichen Erwartungen über die postmortale Existenz auszugleichen und um Osiris zu einem möglichst hohen Rang zu erheben, werden Isis und Osiris stattdessen auch himmlische Erstreckungen zugewiesen. Von einer Himmelfahrt des Osiris wird gesprochen und seinem Aufenthalt mit begleitenden Horusgestalten im Binsengefilde des Re (Pyr 549-50.986-9). Die unvergänglichen Sterne werden zum Gefolge des Osiris (Pyr 749).

Eine Brücke für die aufkommende himmlische Verortung des Götterpaares bietet die ältere Lehre von On insofern, als beide von der Himmelsgöttin Nut abstammen. Nun wird schon der Sarg auf Erden zu einer Aktivseele der Nut, die sich herabneigt und ihren Sohn schützend umfängt (Pyr 8). Die alte Lehre vom Sternenaufstieg des Toten und die neue seiner Gleichsetzung mit Osiris kombinierend, heißt es nun, daß Osiris zum Himmel aufsteigt und sich zu seiner Mutter Nut gesellt (Pyr 756). Nach bleibenden himmlischen Repräsentanten des Paares wird Ausschau gehalten und Osiris mit Orion, dem ansehnlichsten Sternbild am Südhimmel gleichgesetzt (Pyr 819-20), Isis hingegen mit dem benachbarten Sirius, ägyptisch Sopedet (feminin). Isis-Sopedet läßt den Verklärten als Schwester oder Mutter zum Himmel fliegen (Pyr 458-9). Bisweilen erscheinen der Stern und Isis noch getrennt, und diese wird mit der Tages-, Nephthys mit der Nachtbarke der Sonne identifiziert (Pyr 210). Auch Osiris wird bisweilen Orion nur nahegerückt und nicht voll mit ihm identifiziert (Pyr 882). Auf der jüngsten Stufe der Überlieferung heißt es dann aber: "Siehe, Osiris ist als Orion gekommen" (Pyr 819) oder: "Du sollst den Himmel erreichen als Orion, deine Ba-Seele soll wirksam werden als Sothis" (Pyr 723). Als Sopedet-Stern empfängt Isis posthum ihr Söhnchen vom verstorbenen Osiris (Pyr 632).

Durch die himmlische Ansetzung werden Osiris und seine Schwester für den Kalender wichtig. Der himmlische Ausgang des Sirius markiert am Anfang der geschichtlichen Zeit die Nilschwemme und damit den Beginn des neuen Jahres, die Wiederkehr heilvoller Ordnung. Dem wird Osiris beigeordnet. "Osiris erscheint, rein ist die Machtseele, (*sechem*), hoch ist der Herr der Maat, der zum ersten Tag des Jahres gehört, der Herr des Jahres" (Pyr 1520). Mit Sopedet (griechisch Sothis) zusammen führt er den Reigen der Dekansterne an, jener Gestirne, deren heliakischer Aufgang je eine Einheit von zehn Tagen des Jahres anzeigt. Unter ihnen ist der erste der Horusstern: "Damit war das beginnende Königtum des Horus-Königs in Nachfolge seiner Eltern ... sozusagen in den Sternen festgelegt"[16]. Schon vorher war Osiris mit den ihm verbundenen Göttern Horus, Seth, Isis und Nephthys zu den Patronen der vorzeichenträchtigen fünf Schalttage (Epagomenen) am Ende des Jahres geworden (Pyr 1961). Dadurch hatte sich für die Ägypter eine erstaunlich genaue Jahreszählung von 365 Tagen ergeben, die dem Siriuslauf in ähnlicher Weise entsprochen hat wie dem Sonnenlauf. Kein anderes Volk des Altertums kannte vor der Römerzeit einen so genauen Kalender.

7.7 Mutmaßungen zur Heraufkunft des Osiris

Im Lichte der Osiris-Auffassung geraten nicht nur der verstorbene König, sondern auch seine Umgebung mit Brot und Bier und Schiff und Grab in eine mythische Beleuchtung. Aus dem in früheren Zeiten von bevollmächtigten Menschen durch magische Kraft zelebrierten Beisetzungsritual wird ein göttliches Drama, bei dem alle Mitwirkenden im Grunde göttlicher Art sind und menschlich nur ihre äußere Form ist. Die Gleichsetzung des Toten mit Osiris erlaubt, den abgeschiedenen König nicht mehr als eine isoliert für sich existierende, wenn auch in mancher Hinsicht omnipotente göttliche Gestalt aufzufassen, sondern ihn mit allen Fasern seines Wesens einem göttlichen Kreis einzugliedern. Der Verstorbene ist nicht mehr eine primär auf sich gestellte Lichtseele, die ihre Bahn am Himmel zieht, sondern Körper-und Seelenteil eines großen Gottes. Deshalb kommt ihm kein isolierter Eigenname mehr zu, sondern eine Osirisbezeichnung. Osiris wird zur großen Ach-Seele, dem alle Ach-Seelen der Toten beigeordnet sind. Was also bei der Verklärung geschieht, gehört von Anfang bis Ende in einen göttlichen Bereich. Die mitwirkenden Priester sind

Erstreckungen des Anubis oder Thot, die Klageweiber von Isis und Nephthys. Für die Totensorge zeichnet nicht mehr der menschliche Sohn verantwortlich, sondern Horus. So wird der Übertritt in die Postexistenz dem irdischen Ursache-Wirkungs-Zusammenhang ein ganzes Stück weit mehr entnommen als vorher.

Nachdem die Pharaonen vor der 5. Dynastie durch Einbeziehung der Re-Mythologie sich die Hoffnung auf ihre postmortale Existenz verschönt und der Hoffnung anheimgegeben hatten, künftig als tägliche Fahrgäste mit der Sonnenbarke den Himmel zu überqueren, haben ihre Nachfolger ab dem Ende der 5. Dynastie sich mehr und mehr einer Osiris-Mythologie zugewendet, um ihre Fortexistenz primär an eine Gestalt unter der Erde zu koppeln. Dabei weitet sich nicht nur die mythologische Spekulation aus, es steigert sich auch der für die Grablegung nötige ökonomische Aufwand. So muß von der Gleichsetzung mit Osiris eine Verlockung ausgegangen sein, welche die Annehmlichkeiten des Weiterlebens als Sonnensohn in himmlischen Höhen übertroffen hat. Das verwundert, weil in der Osiris-Schicht der Pyramidentexte das Unterweltsglück lange nicht so farbig veranschaulicht wird wie das Himmelsglück bei Re. Einzig das Leben für immer scheint jetzt besser gesichert. Wie erklärt sich ein so tiefgreifender Wandel der Gottesauffassung?

Im Gegensatz zur Re-Bearbeitung erhält die Osirianisierung der Pyramidentexte in der Forschung keine gute Note. Für Erman hat sich die Totenliteratur "durch die Verbreitung des Osirisglaubens nicht gerade verbessert"[17]. Selbst ein so besonnener Kenner der ägyptischen Religion wie Bonnet beklagt: "ein bemerkenswert geschlossene solare(s) Jenseitsbild" werde "durch die fortschreitende Einschaltung osirianischer Gedanken mehr und mehr zersetzt"[18].

Was hat die Osiris-Interpretation der königlichen Totensorge veranlaßt? Bislang läßt sich nur einiges mutmaßen. Einmal erhält durch die Osiris-Gleichung der behandelte Leichnam schon während der Balsamierungs- und Bestattungsprozedur ein eigenständiges göttliches Dasein, was ihm vorher nicht zugekommen war und was die Zuversicht in die Wirkung des Rituals bestärkt. Zum andern paßt ein heilvoller Zustand der Leiche in der Unterwelt zu dem, was das Auge als Grab und Nekropole wahrnimmt, weitaus eher als das gemutmaßte Schweben der Verklärungsseele am Himmel; der große räumliche Abstand zwischen Ach und Mumie fällt nun nicht mehr so ins Gewicht. Drittens wird von der Osiris-Gestalt her die Erfüllung des Abgeschiedenen mit göttlicher Mächtigkeit inniger als bei der Verbindung mit Re; denn der Totenherrscher wechselt nicht wie der Sonnengott immerfort in eine Vielzahl von Seinsarten über, sondern bleibt eine Einzelperson; zwar verschmilzt Osiris mit einigen Göttern wie Chontamenti und Sokar, aber eben vor allem mit dem königlichen Toten, während dieser dem Sonnengott stets neben- und untergeordnet bleibt. Zu Osiris allein läßt sich rufen: "Dein Körper ist der Körper dieses Königs. Dein Fleisch ist das Fleisch dieses Königs. Deine Knochen sind die Knochen dieses Königs. Wenn du gehst, geht dieser König. Wenn der König geht, gehst auch du" (Pyr 193). Schließlich bringt die Osiris-Mythe die Beziehung zu den Hinterbliebenen, insbesondere zum versorgenden Sohn, mit einer Sprachgebärde zum Ausdruck, welche ein Vorbild menschlicher Pietät anschaulich herausstellt. Dieses also mögen Gründe gewesen sein, welche bei der Wandlung der Auffassung Pate gestanden haben.

7.8 Mythische Wiederkehr des Gleichen und Bewußtsein geschichtlicher Abfolge

In den Pyramidensprüchen taucht stets nur der in der betreffenden Pyramide bestattete Herrscher als verklärter Osiris auf, wenngleich unter seinem besonderen Eigennamen wie "König-Unas". Als sein Vater wird dieser oder jener Gott genannt, nie ein menschlicher Vorfahr. Der Nachfolger, der für die Sukzession in der Königsherrschaft wie für die Versorgung des Abgeschiedenen verantwortlich ist, wird nie mit seinem Eigennamen präsentiert, sondern heißt nur allgemein Horus wie der Landesgott, nicht einmal Horus-NN, obgleich das im alltäglichen Leben sein Titel ist. Das weist auf die Vorstellung von einer ständigen Wiederkehr des Osiris im Horus und umgekehrt. Das jeweilige monarchische Individuum taucht nur vorübergehend aus einem fortgesetzten Kreislauf auf. Jeder Pharao ist zwar virtuell Horus, aber resultativ Osiris[19]. Insofern meldet sich in den Pyramiden ein Zeitverständnis, das als typisch mythisch angesehen zu werden pflegt und nichts vom unumkehrbaren Lauf geschichtlicher Geschehensketten weiß.

Allerdings wird schon im Totentempel des Cheops mehrfach eine Erstmaligkeitsformel benutzt: "Niemals ist Ähnliches geschehen [unter den Königen] früher seit der Urzeit"[20]. Danach hat es auch im Umkreis des Totendienstes doch ein gewisses Bewußtsein fortschreitender, von der Urzeit abständiger Jetztzeit gegeben.

Deutlicher tritt das bei zwei jüngeren Dokumenten zutage, die auf Vorlagen der Verwaltung des Alten Reiches zurückgehen und ein ausgeprägtes Sukzessionsbewußtsein im Blick auf die Könige erkennen lassen. Auf einem (aus Memphis stammenden?) in Palermo aufbewahrten Stein[21] sind die Namen der vorgeschichtlichen Könige Unter- und Oberägyptens sowie der 1. bis 5. Dynastie der Reihe nach mit den Jahresnamen ihrer Regierungstätigkeit aufgezählt. Die Benennung von Jahren, die wohl ursprünglich aus wirtschaftlichen und rechtlichen Gründen vorgenommen wurde, orientiert sich an Staats- und Kultfesten, Anfertigung von Götterbarken und anderen kultischen Stiftungen, aber auch an Siegen über die Feinde. Vermerkt wird die Nilhöhe bei der jährlichen Überschwemmung. Die angeführten Ereignisse beschränken sich zwar auf typische, rituell verstandene Vorgänge und nicht auf geschichtlich einmalige Vorkommnisse. Dennoch bedeutet die Erinnerung an eine Folge von namentlich bekannten Königen mit verschiedenartigen Tätigkeiten den Ansatz zu einem geschichtlichen Denken. Dafür spricht ebenso das festgehaltene Gedächtnis an die Jahreszahlen der Regierung der einzelnen Herrscher, das sich im Turiner Königskanon erhalten hat[22], zumal es hier unter Auswahl derjenigen Regenten geschieht, die später für legitim erachtet werden.

7.9 Die Entstehung eines grundlegenden Antagonismus in der ägyptischen Religion: Osiris versus Re

Im Blick auf die Jenseitserwartung haben sich am Ende des Alten Reiches zwei charakteristische Brennpunkte der Gottesverehrung herausgebildet. Sie betreffen zunächst das Königsgeschick, werden aber bald für die ägyptischen Menschen überhaupt bedeutsam. Einmal richtet sich das Interesse von den Erfahrungen des irdischen Lebens her auf den Sonnengott und die Sphäre des Seinigen, die jeden Tag das Leben hervorruft. Dazu zählen die Wandlungen Res im Tagesgeschehen als Chepri, Horachte, Atum, aber auch die ihn begleitenden kosmischen Größen wie die Himmelsgöttin Nut und ihr Gegenüber, der Erdgott Geb. Das Wunder des regelmäßigen Sonnenaufgangs und der mühelosen Überquerung des Himmels beweisen augenfällig den hohen Rang der Sonnenmacht, lassen Re als Oberhaupt der Götter feiern und als Inbegriff göttlicher Erscheinung insgesamt. Es wundert nicht, daß diese Überzeugung sich auf die Jenseitserwartung alsbald auswirkt. Die Teilhabe des abgeschiedenen Königs als verklärter Lichtgeist an Res Fahrt über den Himmel wird zum Inbegriff postmortaler Seligkeit. Durch die Mitfahrt in der Sonnenbarke und die Teilhabe an der Sonnenherrlichkeit erfüllt sich das Leben im Jenseits.

Einige Jahrzehnte nach der Heraufkunft des Sonnengottes wird der Kreis um Osiris, den unterirdischen Totengott, für die ägyptische Mythologie ebenso bedeutsam. Ausstrahlungen dieser numinosen Macht sind von irdischen Menschen nur bedingt erlebbar; vielleicht wird Osiris deshalb weniger Aktivität und Dynamik beigelegt als der Sonnenmacht. Doch mit Osiris läßt sich das leibhafte Wiederbelebt-Werden nach dem irdischen Tod anschaulich verbinden, und darauf legen die Ägypter oft mehr Wert als auf ungestörtes irdisches Leben. Die Einheit des verklärten Toten mit Osiris läßt sich viel enger vorstellen als eine Verbindung zur Sonnenmacht. In Osiris geht er so sehr ein, daß er mit ihm namensgleich wird. Außerdem lassen sich mit dem Gott anthropologische Bestimmungen verknüpfen, die ihn als Kraftquelle für die verschiedenen menschlichen Außenseelen zu erkennen geben. Osiris hat nicht nur eine Herrschaftsseele wie der König auch, sondern *ist sechem* und steht über allen jenseitigen Sechem-Seelen, west zudem als Sechem im Gau von Abydos an (Pyr

895.754). Als verklärte Seele von seiner Todesstätte Nedit herkommend, präsidiert er allen Ach-Seelen (Pyr 754.1232). Ganz entsprechend vermag ein abgeschiedener König künftig als Ach und Sechem auf dem Thron des Osiris Platz zu nehmen (Pyr 752-3). Von diesen Seelenkräften wird hinsichtlich Res nicht geredet, dem höchstens Aktivseelen zugeordnet werden (am Osthimmel; Pyr 1478), die keinen unmittelbaren Bezug zum Ba des Abgeschiedenen haben. Als menschenähnlicher Gott wird Osiris deshalb besonders attraktiv. Auch die Gottheiten, die Osiris zugeordnet werden, sind ihm enger verbunden als das Gefolge des Re mit letztlich einsam dahinziehendem Sonnengott. Zum Umkreis des Osiris gehören der Sohn Horus, die Schwester-Gemahlin Isis und ihre Begleiterin Nephthys, aber auch Anubis, der gelegentlich als ein Name des Osiris gilt (Pyr 1537), Seth als Widersacher und der Gott wirksamer Worte Thot sowie die vier Horussöhne, welche über den Kanopen wachen. Auch Nut als der Macht über dem Himmel und Geb als Herr der Erde gehören nahe zu Osiris. Zum Vater des regierenden Pharao wird dieser Gott ebenso erhoben wie Re. Doch von Osiris stammen dann nicht Herrschertugenden und -vermögen, sondern unbegrenzte Dauer und Unsterblichkeit des Leibes. Diese Vaterschaft ist also futurisch ausgerichtet, nimmt vorweg, was sich nach dem Tod als relevant erweisen wird. Gegenwärtig ist der Gott abseits vom König in Kräften des Boten wirksam, vor allem dem fruchtbringenden Wasser. Seine Erdverhaftung zeigt sich auch in fester Bindung an Heiligtümer im Lande wie Busiris und Abydos, Bindungen, die Re selbst im Blick auf seine "Sonnenstadt" On nicht zugeschrieben werden. Was das Erleben der täglichen Sonnenkraft für die Re-Verehrung bedeutet, wird im Fall des Osiriskultes durch die Überzeugungskraft der Mythe, durch die Strahlkraft ihrer Sprache (Assmann) ersetzt: "So wahr Osiris lebt, lebst auch du, so wahr er nicht stirbt, stirbst auch du nicht" (Pyr 1181-190).

Wo Re und Osiris nebeneinander auftauchen und in Beziehung gesetzt werden, erscheint der Sonnengott als der stärkere. Re richtet das Haupt des entkräfteten Kollegen auf, greift ihn bei den Händen (Pyr 721.819.1500) und baut die Himmelleiter für ihn (Pyr 472). Nur beim Gebrauch der Namensformel kann gelegentlich der Eindruck entstehen, als sei Osiris überlegen: wenn er z.B. den Platz von Horachte beim Sonnenaufgang einnimmt: "In deinem Namen Lichtland, aus dem Re hervorgeht" (Pyr 585.621.636). In der Regel herrscht ein schiedlich-friedliches Nebeneinander. Während Re im Himmel oder in der Barke auf seinem Thron sitzt, befindet sich Osiris "an der Spitze der Götter auf dem Thron des (Erdgottes) Geb" (Pyr 1538.1992). Eine Verschmelzung beider wird nirgends vorgenommen. Vereint sind sie einzig im ägyptischen König, von dem gerühmt werden kann: "NN ist dein Same, Osiris ... NN ist dein Name, Re" (Pyr 1505.1508). Gelegentlich bemühen sich Osirisanhänger, ihrem Gott die

Krone zuzuweisen: "O Osiris-NN, du bist ein mächtiger Gott und es gibt keinen Gott wie dich" (Pyr 619). Doch das bleiben Rühmungen, denen keine Letztgeltung zukommt. Die Begeisterung der Osirisanhänger vermag nicht, Osiris mit Re zu identifizieren: "Ein Sonnengott ist jedenfalls Osiris nie geworden"[23]. Die Re-Verehrer können im Gegenzug die Hochschätzung des Osiris zurückweisen: "Re-Atum übergib dich nicht dem Osiris" (Pyr 145.350). Re bewahrt danach den Toten vor der unheimlichen Macht des unterirdischen Gottes.

Die beiden Zentren der Gottesverehrung, die sich durch die sehnsüchtige Ausrichtung auf eine postmortale Jenseitsexistenz herausgebildet haben, der solare Kreis um Re und der chthonische um Osiris, werden in den Pyramidensprüchen also nicht in der gleichen Weise harmonisch ausgeglichen, wie es beim Einzug der Re-Interpretation in die ältere Spruchliteratur geschehen war (Kap. 6). Vielmehr wird von beiden Göttern, ausweislich der ihnen zugelegten Prädikate, durchaus gleiches erwartet im Blick auf ein letztendlich gelingendes Jenseitsleben. Doch ihr Einfluß äußert sich auf unterschiedliche Weise. Beide Götter tragen königliche Züge, haben es mit Thron und Krone zu tun, regieren die Maat-Ordnung (so vor allem Osiris Pyr 1520), fahren mit Barken als Herrschaftsinstrument einher, verströmen Lebenskraft und sind je für sich Vater des regierenden Königs. Um solcher Parellalität willen wird bei nachdenklichen Ägyptern das Problem aufgetaucht sein, wer von beiden nun den eigentlichen Schwerpunkt göttlicher Macht und das letzte Heil für den Menschen darstelle. Ist für das sinnvolle Nachleben die Sonnenmacht am Himmel oder die Osirismacht unter der Erde ausschlaggebend? Die aufkommende Hochschätzung des Osiris läßt vermuten, daß "der Sonnenglaube seine Kraft verloren zu haben" scheint[24]. Ein überzeugender Ausgleich beider Überlieferungsstränge findet sich in den Pyramidentexten nicht. Hernach ist er lange Zeit ebensowenig nachzuweisen; es ist "eine wirkliche Gleichsetzung des Osiris mit dem Sonnengott Re als Tagesgestirn kaum je, wenigstens in der älteren Zeit nicht, versucht worden"[25]. Ein Sachkenner wie E. Otto hat deshalb mehrfach auf den grundlegenden *Antagonismus in Kult und Mythologie* hingewiesen, der sich am Ende des Alten Reiches ausgebildet hat und zu einem jahrhundertelangen Ringen um die Suprematie im religiösen Denken führt. Es entsteht eine "Gegensätzlichkeit beider Religionskreise, die auch eine jahrhundertelange Entwicklung kaum überbrücken konnte"[26]. Einige Jahrhunderte lang will es scheinen, als gelte die Sonne als unbestrittener Herrscher, zumal sie mit dem regierenden Pharao besonders eng verbunden ist. Dennoch siegt am Ende der ägyptischen Religionsgeschichte Osiris und mehr noch die mit ihm verbundene Partnerin Isis. Zwischenzeitlich gibt es unterschiedliche, teilweise beachtenswerte Ausgleichsversuche wie etwa die Zuordnung der beiden führenden Götter zu einem dichotomischen Zeitverständnis im Neuen Reich, auf die Assmann verwiesen hat[27]. Während des Alten und Mittleren Reiches heben sich die Re-Aussagen von den Osiris-Aussagen so sehr ab, daß der Begriff Antagonismus durchaus angemessen erscheint.

Zwar war schon mehrfach, etwa im Blick auf die Sonnenmythologie (Kapitel 6), auf eine ägyptische Neigung zur "Vielfalt der Zugangsweisen" bei grundsätzlichen Seinsproblemen hingewiesen worden. Sie hat in vielen Fällen erlaubt, in der Götterlehre Widersprüche stehen zu lassen, die sich für unser Begreifen ausschließen, etwa ein Nebeneinander von älterem Horus als Bruder des Seth und jüngerem Horus als dessen Neffe und Sohn der Isis, wobei die beiden dann noch in einer Person zusammengeschaut werden können. Doch die Zweipoligkeit vom Sonnengott mit der Sphäre des Seinigen auf der einen Seite und von einem mit Osiris verbundenen Unterweltsbereich auf der anderen stellt auch für ägyptisches Denken, wie die nachfolgende Geschichte lehrt, ein problematisches Widereinander dar. Bezeichnenderweise kommt es zu einer "synkretistischen" identifizierenden Namensrelationierung Osiris-Re oder Re-Osiris erst in der Spätzeit und auch dann noch selten. An dieser Stelle zeigt sich die Grenze der *multiplicity of approaches* im ägyptischen Denken. Trotz einer erstaunlichen Bandbreite, mit der die Ägypter in Kult und Mythos Widersprüche in Kauf nehmen, gibt es dennoch Bereiche, wo ein Entweder-Oder störend sich aufdrängt. Bis zu einer endgültigen Lösung hat es freilich in unserem Falle über zwei Jahrtausende gedauert.

Nach der Zeit der 6. Dynastie, welche die Osiris-Verehrung heraufgeführt hatte, bricht das Alte Reich bald in sich zusammen. Die nachfolgenden Wirren der ersten Zwischenzeit und die Wiederherstellung eines Einheitsstaates im Neuen Reich führen dazu, daß sich sowohl innerhalb der Re- wie der Osiris-Mythologie einschneidende Veränderungen ergeben werden.

Umgestaltung von Begräbnis und Mythologie

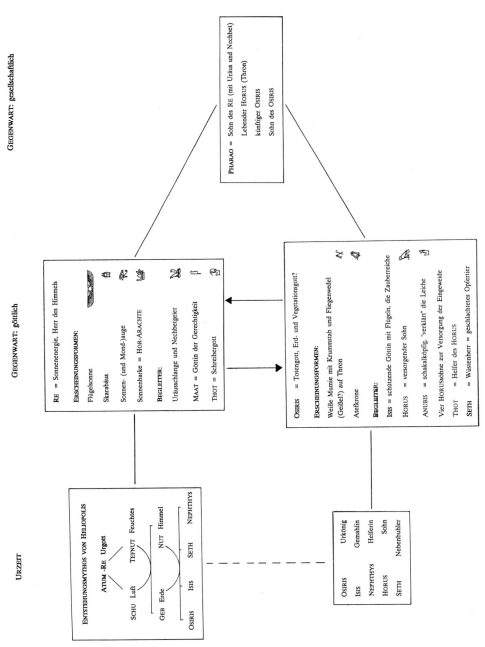

Abb. 36 Götterkreise am Ende des Alten Reiches

H.Altenmüller, Bemerkungen zur frühen und späten Bauphase des Djoserbezirkes in Saqqara, MDAIK 28, 1972, 1-12

J.G.Griffiths, The Origins of Osiris and His Cult, Studies in the History of Religions 40, 1980

Ders., Plutarch's De Iside et Osiride, 1970

W.Helck, Die Herkunft des abydenischen Osirisrituals, ArOr 20, 1952, 72-85

Ders., Untersuchungen zu Manetho und den ägyptischen Königslisten, 1956

Ders., Osiris, PRE.S 9, 1962, 469-513

Ders., Zu Klaus Kuhlmann: Zur Etymologie des Götternamens Osiris, SAK 4, 1976, 121-4

H.Kees, Das Eindringen des Osiris in die Pyramidentexte, in: Mercer, The Pyramid Texts IV (s. Kap. 4) 123-39

M.Münster, Untersuchungen zur Göttin Isis vom Alten Reich bis zum Ende des Neuen Reiches, MÄS 11, 1968

E.Otto, Osiris und Amun, 1966

A.Scharff, Die Ausbreitung des Osiriskultes in der Frühzeit und während des Alten Reiches, SBAW 1947

S.Schott, Mythe und Mythenbildung im Alten Ägypten, UGAÄ 15, 1945

K.Sethe, Dramatische Texte zu altägyptischen Mysterienspielen. II. Der Dramatische Ramesseumspapyrus, 1928 = 1964

J.Spiegel, Die Götter von Abydos, GOF IV 1, 1973

H.v.Voss, De oudste Versie van Dodenboek 17a (Coffin Texts Spreuk 335a), 1963

W.Westendorf, Zur Etymologie des Namens Osiris, Fs G. Fecht 1987, 456-61.

RÄRG 2-4 'Abydos'; 326-32 'Isis'; 568-76 'Osiris'.

LÄ 1, 28-41 'Adydos'; 3, 186-203 'Isis'; 4, 623-33 'Osiris'

Anmerkungen zu Kapitel 7:

1 Griffiths 1980, 18[58]
2 Otto 1966, 22
3 Griffiths 1980, 40
4 Otto 1966, 24
5 LÄ 5, 304
6 ÄHG S. 461 Nr. 220
7 Nach Assmann, Äg 105
8 Assmann, Äg 155
9 Helck, PRE.S 9, 496
10 ebd. 489
11 ebd. 496
12 LÄ 1, 46
13 LÄ 1, 1132ff
14 Assmann, Äg 109 vgl. Sethe 1928, 211f.256 und Taf. 20; Assmann, GM 25, 1977, 16-8
15 AEL I 51-7 vgl. LÄ 1, 1065-9
16 Kees, TJ 144
17 Erman, Rel 221
18 RÄRG 344-5
19 J.Assmann, Das Doppelgesicht der Zeit im altägyptischen Denken, in: Die Zeit ... hg. A. Preisl 1983 (189-223) 210
20 Morenz, RGÄ 132
21 LHAEE Nr. 2
22 LHAEE Nr. 1
23 Kees, TJ 157

24 Helck, PRE.S 480
25 Kees, GG 264-5
26 Kees, TJ 155
27 Assmann, Äg 96, vgl. Assmann, RuA 90

8. Verschränkung von Anthropologie und Theologie im ägyptischen Denken

8.1 Innen- und Außenseelen

Nachdem die Religion des Alten Reiches in ihren Grundzügen beschrieben ist, empfiehlt es sich, ein Kapitel über das Selbstverständnis des ägyptischen Menschen einzublenden. Denn was sich bisher an Vielfalt und Vielgestaltigkeit der Götterwelt insgesamt, aber auch der einzelnen Götterfiguren ergeben hat, muß den modernen Betrachter verwirren. Wozu diese Art von Polytheismus, wenn dabei den vielen überirdischen Wesen häufig gleiche Aufgaben zugewiesen werden, bis hin zu so gegensätzlichen Mächten wie Re und Osiris? Zwar fehlen zu einer adäquaten Erfassung einer Religion des Altertums den Sprachen der Neuzeit die begrifflichen Mittel. Die durch unterschiedliche Denk- und Zugangsweisen gezogene Grenze läßt sich nur ein Stück weit überwinden. Zu sehr haben Lebensgefühl, Weltbild und Denkbahnen sich gewandelt. Doch der Religionshistoriker hat nicht nur zu beschreiben, sondern zu erklären, womöglich zu verstehen. Wie ist dann ägyptischen Aussagen der frühen geschichtlichen Zeit näherzukommen? Da uns die ägyptischen Götter als Gottheiten nicht mehr erfahrbar sind, bietet sich der Versuch an, über das menschliche Selbstverständnis eine Brücke zu suchen.

Eine zusammenhängende Lehre vom Menschlichen haben die Ägypter ebensowenig ausgebildet wie eine solche vom Göttlichen. Doch in zahlreichen Äußerungen zeigen sich versteckte Verweise auf vorausgesetzte Strukturen des Daseins, so daß es des Versuches wert ist, Belege solcher *impliziten Anthropologie* zu sammeln und zu prüfen, wie weit die besondere ägyptische Art der Mensch-Gott-Relation, also der ägyptische Polytheismus, sich von da aus begrifflich machen läßt.

Während des Alten (und Mittleren) Reichs sind genauere Angaben über die Personenbestandteile des gewöhnlichen Menschen selten. Dagegen wird häufig vom Wesen des Königs gesprochen. Die Königsauffassung läßt ahnen, wie der Mensch ägyptischer Sprache sich selbst verstehen möchte; obgleich für ihn der Pharao mehr ist als ein Mensch und in vieler Hinsicht den Göttern gleichgesetzt wird. Nicht jeder Zug seines Wesens kann deshalb als beispielhaft für menschliches Dasein genommen werden; doch was über ihn ausgesagt wird, wird im Laufe der Zeit, wie sich ergeben wird, mehr und mehr auch auf die Allgemeinheit ausgedehnt. Eine Basis für die Untersuchung liefern vor allem die Pyramidentexte.

In den Pyramidentexten werden wir über Grundbefindlichkeiten menschlich-königlichen Daseins vor allem angesichts des Übergangs in die postmortale Existenz unterrichtet. (Ähnlich äußern sich später sie Sargtexte – s. Kap. 10.4. – über den Privatmann.) Mit dem irdischen Tod, so erfährt es der Ägypter wie alle Welt, bricht ein menschliches Leben ab. Die Fähigkeiten zur Bewegung, zur Atmung, zur Sprache und überhaupt zur Kommunikation hören auf. Wie viele Völker setzten die Ägypter voraus, daß sich unsichtbare Bestandteile vom Leichnam gelöst haben und davongeschwebt sind. Was sich da von der sichtbaren Körperhülle trennt, gilt ihnen aber nicht als eine einzige zusammenhängende Größe. Der Mensch hat nach dem Tode – wie schon vorher – nicht eine, sondern *mehrere Seelen* in und bei sich.

1. Sobald die umständlichen Bestattungsriten korrekt durchgeführt sind, löst sich ein *Ach* genannter Verklärungsgeist oder eine -seele – je nachdem, welchen unserer unzulänglichen Begriffe man bei der Übersetzung benutzen will – von der erstarrten Gestalt und fliegt zum Himmel. Als Hieroglyphe wird dafür das Bild des Schopfibis verwendet. Droben wird der Ach fortan glückselig unter anderen Achs weilen, die sich vornehmlich in den Zirkumpolarsternen zu manifestieren scheinen. Das Wort hangt mit einem Nomen "Glanz, Herrlichkeit" zusammen. Der Ach wird also als eine glänzende, schwebende, sternenförmige Größe vorgestellt. "O Re-Atum, dieser NN kommt zu dir als ein nie (mehr) untergehender Ach" wird dem Sonnengott zugerufen (Pyr 152f.). Die Vorstellung ähnelt der im christlichen Bereich lange gehegten Überzeugung, daß nach dem Tod die Seele den Körper verläßt. Doch vor allzu naher Parallelisierung ist zu warnen. Es fehlen einige Züge, welche für die abendländische Seelenauffassung selbstverständlich sind:
- Unklar bleibt, wie weit es im König schon zu Lebzeiten einen Ach gegeben hat.
- Beide Wesensbestandteile, Leiche und Ach, trennen sich nicht endgültig, sondern bleiben geheimnisvoll verbunden.
- Der Ach ist keineswegs als die einzige seelische Mächtigkeit anzusehen, die den Körper verläßt. Immerhin ist er im Alten Reich die wichtigste.

Der Zweck der Bestattungsriten läuft darauf hinaus, jemand zum Ach zu machen ($s^3\underline{h}$). Die verklärenden Sprüche heißen *achu* um der wirkungskräftigen "Strahlkraft" der Sprache willen. Sind sie vollzogen, gilt der Tote als ein wohlversehener (*ʿpr*) oder vortrefflicher (*jqr*) Ach. Droben ragt er dann hervor und wird zum Anführer der dort wesenden Achs (Pyr 899). Unten sorgt für ihn ein besonderer Priester, "der den Ach sucht" ($z\underline{h}n\ ^3\underline{h}$).

2. Der Ägypter rechnet, wie gesagt, mit einer Vielzahl von Seelen bei jedem Menschen. Der lebende Pharao wird schon, wie bald jeder Mensch im Niltal, von einem unsichtbaren Doppelgänger begleitet wie von einem Schutzengel. Diese Seelenkraft, *Ka* genannt, hat es mit der Erzeugung, der Ernährung und der Erhaltung der Gestalt des betreffenden Menschen zu tun, ist "die wirkende Ursache und die schützende Kraft" hinter dem einzelnen[1]. Deshalb geht diese Seele vom Vater auf den Sohn über; dieser erhält bisweilen Namen wie "Mein Ka hat sich wiederholt/bleibt"; so vom Vater bei der Geburt gesprochen. Vielleicht war zu Beginn der geschichtlichen Zeit nur dem König eine Ka-Seele zugesprochen[2], doch schon im Alten Reich wird sie für jedermann vorausgesetzt. Die Ka-Seele der Landesbewohner erscheint bisweilen wie eine Spaltform des königlichen Ka. Dieser prägt nämlich nicht nur dessen eigene Gestalt und die seiner Kinder, sondern auch die der Untertanen. Manches Neugeborene erhält deshalb den Namen "Mein Ka ist der (=stammt vom) König".

Da das ägyptische Wort für "Stier" ebenso eine Konsonantenfolge k^3 aufweist und die Stierhieroglyphe mehrfach als Determinativ zum Zeichen für die Ka-Seele hinzutritt, hat man öfter vermutet, daß mit Ka vornehmlich die Zeugungskraft gemeint gewesen sei, was sich aus den Texten aber nicht schlüssig belegen läßt. Sicher aber ist, daß der Ka nicht nur mit Erzeugung und Identität von Vater und Sohn, sondern auch mit Ernährung zu tun hat. Das Wort wird bisweilen geradezu mit "Nahrung" identisch. Dabei scheint aber nicht die Kraft gemeint zu sein, welche die Nahrung besorgt, sondern eher diejenige, welche ihre Verwertung für den einzelnen heilvoll werden läßt.

Die Ka-Hieroglyphe zeigt zwei nach oben ausgestreckte offene Arme ⎵, will vielleicht Umarmung[3] oder Erhöhung durch den "Schutzgeist" zur (nicht abgebildeten) Person verdeutlichen. Beim König überschneidet sich die Rolle dieser Art von Erhalt- und Gestaltseele mit derjenigen seines Horusnamens, der deshalb mehrfach auf einer Standarte mit der Ka-Hieroglyphe verbunden abgebildet wird.

Beim Ableben trennt sich der Ka wie der Ach vom Namensträger. Die Verklärungsriten bezwecken für den ersten eine Wiedervereinigung mit der Person selbst, die beim Ach nicht angestrebt wird. Der rituell Begrabene geht wieder "zu seinem Ka"[4]. Der Ka sorgt dann weiterhin für den Bestand der Gestalt beim Abgeschiedenen. Vor allem tut er es dadurch, daß er die Nahrungsspenden für ihn von den Nachlebenden entgegennimmt und sie dem Abgeschiedenen selbst zuleitet. Die Opferformel nennen durchweg die Ka-Seele des Toten als Empfänger. Einen bevorzugten Sitz findet der Ka in der Statue des Toten. Die Statuenkammer im Grab oder Totentempel heißt "Haus des Ka". Ein berühmter Fund ist die Abbildung dieses Doppelgängers des Königs Hor aus Dahschur, wo der Abgeschiedene mit dem Ka-Zeichen auf dem Kopf, in idealer Gestalt als Erhalt- und Gestaltseele erscheint.

Ka und Mumie werden gelegentlich in verschiedenen Räumen bestattet. Dennoch bleiben sie nah beieinander, besonders dann, wenn sich der Abgeschiedene zeitweise aus dem Grabe herausbegibt:

> O NN: der Arm des Ka ist vor dir (wenn dein Arm nach vorne bewegt wird)!
> O NN: der Arm deines Ka ist hinter dir (bei der umgekehrten Bewegung)!
> Der Fuß deines Ka ist vor dir!
> O NN: der Fuß deines Ka ist hinter dir! (Pyr 18).

Der Ka teilt also die kennzeichnenden Bewegungen mit dem Namensträger und bleibt auf Distanz mit ihm verbunden. Er gleicht ihm im Aussehen, doch zeigt eine ideale Form, nicht entstellt von Krankheiten und Behinderung. Die Ka-Seele des verklärten Königs wird so hoch eingestuft, daß sie im Jenseits über alle dort befindlichen Gestalt- und Erhaltseelen herausragt (Pyr 267).

Ab der 4.Dyn. scheint die Ka-Vorstellung an Bedeutung gewonnen zu haben. Jedenfalls tritt an die Stelle des "Ach-

Abb. 37 Ka des Hor (Mittleres Reich)

suchers" als Totenpriester ab dem Mittleren Reich diejenige des "Dieners (ḥm) des Ka"[5].

Neben die männlich vorgestellte Ka-Seele tritt bisweilen eine analoge weibliche Seelenkraft *hemuset*, die freilich in den Pyramidentexten selten genannt wird (Pyr 396a). Vielleicht handelt es sich um die Seele, die primär die weibliche Gestalt bildet und erhält.

3. Neben Ach und Ka tritt eine *Bewegungs- und Handlungsseele*, der *Ba*, in vielen Aussagen hervor. Beim lebenden König weilt er innerhalb seines Leibes, beim Ableben aber tritt er in Gestalt eines storchenartigen Vogels 𓅽 aus dem Menschen heraus und bewegt sich nach der Verklärung in dessen Umkreis. Er befindet sich nicht ständig am Himmel wie der Ach, sondern gewöhnlich auf der Erde, aber mit erheblich größerem Bewegungsradius als der Ka und betrifft "die

Fähigkeit zu freier Bewegung und zur Verwandlung in beliebige Gestalten"[6]. Die Ba-Seele tritt "aus dem Ausfluß seines Fleisches und dem Schweiß seines Kopfes" hervor, wie es später in den Sargtexten (CT sp 99 II 95[7]) heißt. Sie regt sich kräftig nach außen hin, wehrt Feinde ab und zwingt andere Menschen zur Gefolgschaft (Pyr 1144a). Ist sie "scharf" (*spd*), dann zeigt sie Durchsetzungskraft (Pyr 763). Beim Aufsteigen des Königs in den Himmel sind Zähne, Unterschenkel und Zehen Formen von Ba (Pyr 1314-1315). Daraus hat man ableiten wollen, daß Ba kein Personenbestandteil unter anderem sei, sondern "the totality of ... physical and psychic capacities"[8]. Doch das ist zu modern gedacht. Die Pyramidentexte reihen den Ba neben anderen "Außenseelen" des Abgeschiedenen ein und können etwa davon sprechen, daß der Ka den Ba reinigt (Pyr 789). Ausweislich von Pyramidennamen wie "Der Ba des Sahure geht auf" oder "Göttlich ist der Ba des Neferefre"[9] wird die Pyramide gelegentlich als Sitz dieser Seelenart angesehen. Sie manifestiert sich also auch *in* einzelnen Körperteilen, vermag sich zusätzlich zur Bezugsperson auch in weiteren Gegenständen "auszukörpern". Schon zu Lebzeiten eines Herrschers tragen Domänen Namen wie "Groß sind die Bas des Chefren" oder "Vorn ist der Ba des Unas". Solche Anlagen dienen also primär der Bewegungs- und Aktivseele des Regenten. Gleichzeitig findet sie sich auch bei ihm direkt, so daß Ba Innen- und Außenseele nebeneinander sein kann. Freilich vermag sie außerdem den Verklärten zum Himmel zu geleiten und zu gewährleisten, daß sich dessen verschlossene Türen öffnen und die Himmelsbewohner vor dem Ankömmling erzittern (Pyr 603; 393-394). Den königlichen Menschen befähigt diese Seelenart, zu Lebzeiten erfolgreiche Vorsorge für das Nachleben zu treffen. Eine volkstümliche Erzählung vom König Cheops und einem Zauberer läßt diesen einen Königssohn begrüßen[10]:

> Sei in Zufriedenheit! Möge dein Vater deinen Sitz zuvorderst machen unter den Alten!
> Möge deine Erhaltseele (Ka) den Feind umzingeln! Möge deine Tatseele (Ba) den Weg zum Tor des Mattigkeitsverhüllers (=Unterweltpförtners) kennen!

Zur Voraussetzung gelungenen Prinzenlebens gehört also nicht nur eine angemessene Ehrenstellung in den Ratsgremien, sondern auch eine Begleitung seiner Ka-Seele als eines unsichtbaren Doppelgängers, der notfalls Feinde abwehrt, darüber hinaus ein Ba-Vermögen, das für das postmortale Dasein schon zu Lebzeiten sorgt. Dem Menschen, zumindest demjenigen königlichen Geblüts, eignen also mehrere unsichtbare, wenngleich raumhaft beschränkte Seelen.

Nach der Pyramidenzeit wächst die Bedeutung des Ba mehr noch als die des Ka in der ägyptischen Anthropologie. Er wird dann zum Vermittler für die Opfergaben an die Mumie, tritt durch die steinerne Scheintür nach draußen, holt sie herein und bringt deren immaterielle Kraft zur Mumie.

4. Mit drei Seelen nicht genug. Ein König ist darüberhinaus durch eine Herrschaftsseele, den *Sechem*, ausgezeichnet. Sie ist "Machtausstrahlung der königlichen Person, de(r) Nimbus, der sie umgibt"[11]. Manifestiert ist sie zunächst in einem bestimmten Zepter, das dem Toten noch vom Jenseits her Macht über die Lebenden gibt (Pyr 134b). Daneben verkörpert sich die Sechem-Macht bereits beim lebenden König in der Doppelkrone von Ober- und Unterägypten, die seit alters als "die beiden Herrschaftsseelen" (*sḫmtj*) angerufen wird (Pyr 815c.797b). (In jüngeren Zeiten wird der Sechem mit dem Kultbild des Königs verbunden[12]). In den Pyramidentexten werden die vier Seelenkräfte mehrfach nebeneinander angeführt (z.B. Pyr 839 vgl. 753f[13]):

> O NN, du bist rein, dein Ka ist rein.
> Dein Sechem, der unter den Achs ist, ist rein.
> Dein Ba, der unter den Göttern ist, ist rein.

Die steigernd gemeinte Beifügung "unter Achs, unter Göttern (*nṯrw*)" weist auf eine Hierarchie der Kräfte, bei der das "Gottwesen" natürlich am höchsten steht.

5. Ein weiteres Seelenvermögen, das mehr als die anderen sichtbar und unsichtbar zugleich ist, bildet die Schattenseele, *Schut*, als wedelartiger Schirm empfunden und dargestellt. Sie begleitet schützend und kräftigend jeden Menschen, kann sich aber – besonders bei Göttern –, auch vom Träger entfernen und selbständig umherschweifen. Selbst die Abgeschiedenen bedürfen einer solchen Begleitung; wird der Schatten verschlungen, verschwinden auch sie für immer (Pyr 413).

6. In den Zusammenhang vogelartig vorgestellter Seelenbestandteile gehört auch eine falkenartige Bildseele *Achem*, die nach der Verklärung des Toten in bestimmten seiner Statuen anwest und ihm von da aus göttliche Macht verleiht.

7. Schließlich ist zu fragen, ob das, was der Ägypter *netscher* nennt und gemeinhin "Gott" übersetzt wird, nicht nur eine Erstreckung, ein seelischer Wesensbestandteil innerhalb umfänglicherer Wesenskonglomerate meint. Jedenfalls reihen die Pyramidentexte die *netscher*-Fähigkeit unter den anderen Seelen des Königs als eine von vielen ein:

> Seine Kas sind über ihm, seine Hemusets unter seinen Füßen.
> Seine Netschers sind über ihm, seine Uräen sind auf den Kronen seines Hauptes.
> Die Schutzschlange des Königs ist auf seiner Braue (Pyr 396).

Auch im göttlichen Bereich berühren sich Netscher-Wesen und Ba-Seelen. So sind für die Himmelsrichtungen Nord, Süd und West *netscheru* zuständig, für den Osten hingegen *ba'u* (Pyr 152-159).

Netscher bedeutet offenbar die Fähigkeit, so zu erscheinen, daß ein numinoser Eindruck bei den Betroffenen hervorgerufen wird. "Göttlich-Sein ist somit keine Frage der Definition, der Festlegung durch einen abstrakten Lehrsatz, sondern ausstrahlende Wirkung, die unmittelbar wahrgenommen wird und nicht nur den Göttern selbst zueigen ist, sondern auch ihren Abbildern und Manifestationen"[14].

8.2 Unsichtbare Strahlkräfte und Wirkgrößen

Im König und um ihn herum wesen nicht nur mehrere Seelenarten mit unterschiedlichen, aber nicht strikt voneinander gesonderten Zuständigkeiten, sondern noch andere Kräfte, die von ihm her auf seine Umgebung ausstrahlen. Die Gegenwart des Herrschers zeitigt bei anderen Menschen Wirkungen, die sie anscheinend nicht bloß als Eigenschaften oder Akzidenzien der Regierungstätigkeit, sondern als eigenständige Substanz empfinden, die vom König ausgehen und den Raum zwischen ihm und den Untergebenen erfüllen. Solche Strahlkräfte, wie J. Assmann es genannt hat, waren schon mit Herrschaftszeichen und Emblemen verbunden, mit Kronen, Thron, Zepter (s.o. 3.5, S. 55). Sie tauchen jedoch auch abgelöst von sichtbaren Erscheinungen auf.

1. Ein wirksames Fluidum um den König, aber auch um sachverständige Menschen, bildet die Zauberkraft *heka* und damit ein Vermögen zu wunderwirkendem Spruch und Ritus. Nach der Erzählung von dem König Cheops und dem Zauberer[15] vermag dieser einen abgeschnittenen Tierkopf wieder anzusetzen oder aus einem Krokodil aus Wachs durch seinen Ruf ein tatsächlich fressendes Krokodil zu machen. Eine entsprechende Mächtigkeit heftet sich vornehmlich an die Krone, genauer an die Kronengöttin "groß an Zauberkräften", ohne daß jedoch der König selbst zu zaubern vermöchte. Nach der Verklärung durchdringt Heka den Leib des toten Königs so sehr, daß er kraft dessen zum Himmel vorzudringen vermag (Pyr 1318).

Bei Königen und anderen Menschen steht die Zaubermächtigkeit nicht als jeweils individuelle Begabung für sich, sondern gehört zu einer unsichtbar verbreiteten mythischen Substanz[16], die ihre Zuspitzung in einem Gott Heka findet. Der verklärte König verschmilzt so sehr mit diesem Gott, daß er mehr dem Zaubergott gleicht als dem früheren irdischen Herrscher (Pyr 1324).

> Nicht König Pepi ist es, der dies zu euch sagt, Götter. Es ist Heka, der es zu euch sagt, Götter.

Als verkörperter Ḥeka wird er mächtiger als die anderen Götter und vermag, Osiris an ihre Spitze zu stellen und den Göttern ihre Throne zuzuweisen (Pyr 924-925).

Mit dem Zauber zusammen wirkt mehrfach eine die Feinde hinmetzelnde Schreckensmacht, *schat* genannt, welche vom König ausstrahlt und seine Feinde ohnmächtig vor ihm niederfallen läßt:

> Sein Ba ist über ihm, sein Ḥeka ihm zur Seite, seine Schat zu seinen Füßen (Pyr 992c vgl. 1472).

Schat wird aber nicht wie Ḥeka zu einer göttlichen Person erhoben, sondern bleibt eher eine Strahlkraft in der Umgebung des Königs.

2. Anders verhält es sich mit Wahrheit-Gerechtigkeit, *ma'at*. Sie ist eine beim König weilende Wirkgröße und zugleich eine ihm gegenüberstehende eigene Göttin. Der abgeschiedene König kommt mit Maat daher, hat also die Frucht seines Tuns als Anspruch auf entsprechendes Ergehen bei sich (Pyr 319. 323). Er setzt, was ein besonderes Verdienst ist, Maat an die mythische Feuerinsel und vertreibt dort den Frevel (Pyr 265). Zugleich begegnet ihm aber beim Übergang ins Jenseits die Doppel-Maat und spricht ihm den Thron des Gottes Geb zu (Pyr 317).

3. Schon oben war darauf verwiesen, daß der königliche Machtspruch *ḥu* als dingähnliche, unsichtbare Strahlungskraft gilt, die aus seinem Munde hervorgeht. Da ein wirksames Wort auf entsprechende Gedanken zurückweist, ist mit diesem Ḥu eng die königliche Weisheits- und Erkenntniskraft *sia* verbunden. Auch diese beiden Größen sind mehr als Strahlkräfte des Königs, sondern weisen eigenständige göttliche Art auf. Ḥu neigt sich dem droben ankommenden König zu, Sia steht zur Rechten des Sonnengottes (Pyr 697; 267). Zugleich aber sind sie Besitz des Königs. Vom verklärten König wird erwartet, daß er nach seinem Hinaufstieg Ḥu ergreift und sich Sias bemächtigt, um wieder vollmächtig zu herrschen (Pyr 300). Anders als die Seelenformen Ach, Ba, Ka, Sechem und Schut sind Wirkgrößen wie Ḥu, Sia, Maat, Ḥeka nicht strikt personengebunden. Persönlichkeitsgrenzen verschwimmen. Dem König zwar eigen, gehören sie letztlich doch einer göttlichen Zentralperson zu und verkörpern sich in ihr.

Neben den angeführten Lexemen gibt es eine ganze Reihe weiterer Wirkgrößen oder Strahlkräfte, welche eine "Sphäre des Seinigen" um den König breiten. Der Umkreis variiert beim irdischen und beim abgeschiedenen König. In beiden Fällen aber spielt auch der *Name* eine gewichtige Rolle, worauf schon in anderem Zusammenhang (s.o. 2.3, S. 36) verwiesen war. Da der Name mit Erhalt und Gestalt des Menschen zu tun hat, rückt er der Ka-Seele nahe (Pyr 338-339). Das menschliche Dasein findet im Namen gleichsam eine Art Außenkern. Für die verschiedenen Thronnamen eines Königs gibt es in den Totentempeln unter Umständen je eine eigene Statue.

Die angeführten Begriffe haben allesamt für den ägyptischen Sprecher die Vorstellung von unsichtbaren, gleichwohl aber räumlich bestimmbaren und dingähnlich verdichteten Substanzen bei sich, denen eine gewisse Selbsttätigkeit zukommt. Die Menschen, der König zumal, handeln dort, wo sie leiblich präsent sind, nicht aus einem eindeutig festgelegten Zentrum heraus. Auf die Umwelt wirken sie mittels einer Vielzahl von Außenkräften, aber auch durch ihre körperliche Erscheinung.

8.3   Entgrenzte Leiblichkeit

Während in den abendländischen Sprachen der Körper mit seiner sichtbaren Umgrenzung als unverwechselbarer, endlicher Ort einer Person angesehen wird, zugleich aber auch als geschlossener Organismus, dem alle geistigen und seelischen Äußerungen innewohnen, führt die ägyptische Relativierung der Sichtbarkeit zu einem *anderen Leibesverständnis*. Da die seelischen und geistigen Vermögen bis hin zur Bewegungsfähigkeit oder dem Machtspruch nicht primär als innerpsychische Größen, sondern weithin als gestalthaft-substantielle Außenkräfte vorgestellt werden, werden umgekehrt der materielle Leib und seine Glieder als relativ selbständige Strahlungszentren verstanden, die mehr darstellen, als sich sinnlich wahrnehmen läßt. Der Körper gilt nicht als fest umrissener, einheitlicher Organismus. Zwar gibt es einige Lexeme, die sich als "Leib" übersetzen lassen. Die beiden gängigsten Begriffe *haᶜ* und *dschet* (*ḏt*) bedeuten eine Konzentration sichtbarer Lebensäußerung. Doch der (seltene) Singular *haᶜ* bedeutet eigentlich das einzelne Glied, allein der Plural entspricht unserem "Leib, Körper" und kann mit einem entsprechenden Personalpronomen "(ich, du, er) selbst" bedeuten. Ein dritter Ausdruck, *chet,* meint vor allem den Bauch von Menschen und Tieren, aber auch von göttlichen Körperschaften, und trifft damit zugleich den Sitz der Affekte. In der Fabel können Kopf und Bauch wie Selbständige Wesen miteinander streiten.[17]

Zumindest die königliche Gestalt gilt nicht als unabänderlich. Gemäß der Austauschbarkeit der Seinsarten im ägyptischen Denken vermag der Leib des irdischen Herrschers bisweilen zusätzlich wie ein Löwe oder ein Stier einherzugehen, auch wenn es das gewöhnliche Menschenauge nicht wahrnimmt; es sei denn, daß die Statue den König als Sphinx ausweist. Erst recht ist der Leib des abgeschiedenen Königs austauschbar. Einerseits vermag er etwa mit einem Vogelleib zum Himmel zu fliegen, andererseits erscheint er sogar kreisrund in einem Namen "Meer":

Siehe du bist groß rund als das große Runde (=Mittelmeer). Siehe du bist kreisgebogen ... als Kreisbogen, der um die schwimmenden Inseln (der Ägäis) läuft (Pyr 629).

Selbstverständlich bleibt die vorherrschende Form für Personen die anthropomorphe. Doch gilt das für den König ebenso wenig wie für die Götter ausschließlich. Kraft seiner Omnipotenz kann ein verklärter König zudem von sich behaupten, daß er in seinem Leibe die Leiber aller Götter vereinige (Pyr 1406.1461).

Was vom Leib als ganzem gilt, gilt ebenso von den Gliedern. Die in den Kanopenkrügen aufbewahrten Organe sind jeweils "einselbständiger Teil des Menschen"[18]. Zunge, Mund und Lippen sind Organe wirksamer Sprache und demnach, so scheint es dem Ägypter, nach außen hin sich unterschiedlich weit erstreckend. An Statuen von Toten wird eigens eine Mundöffnung durchgeführt, um die Fähigkeiten dieses Organs wiederzuwecken. Die Nase gilt als Aufnahmestelle für die Lebenskraft Anch, die sich durch den Atem in den Menschen hineinbegibt: "Atemluft ist in meiner Nase, Samen in meinem Phallos" bekennt ein wohlversorgter Toter (Pyr 1061). Eine wichtigere Rolle spielt das *Auge*. Es bildet nicht nur die Kontaktstelle zu anderen Personen, sondern strahlt eigene Kräfte aus, die den Begegnenden mit Lust und Zuversicht oder mit Angst und Schrecken erfüllen. Auf Reliefs werden stets beide Augen von vorn wiedergegeben, obgleich das Gesicht in Seitenansicht geboten wird. Auch der Tote bedarf noch der Augen, um der Dinge gewahr zu werden. Auf der Außenwand des Sargs werden deshalb dort Augen gemalt, wo der Kopf liegt, und erwartet, daß der Abgeschiedene von hier aus tatsächlich nach draußen blickt. Bei Gottheiten ist die Rolle der Augen natürlich noch größer. Die Verletzung des Horusauges durch Seth und dessen Rückgewinnung und Genesung war ein so fundamentaler urzeitlicher Akt, daß er immer wieder in Opferhandlungen aktualisiert werden muß. Jedes Opfer wird nur dadurch heilsam, daß es als Horusauge wirkt.

Das *Herz* wird von keinem anderen Organ an Bedeutung übertroffen. Wenn im Totenkult der Balsamierer das Herz sorgfältig aus dem Leib herausoperiert, für sich behandelt und wieder einsetzt, wird solcher hoher Rang deutlich. Schon beim Lebenden gilt das Organ als "Zentrum des Menschen, für den Körper wie für Geist, Seele und Willen, für die Persönlichkeit wie die Verbindung zu Gott"[19]. In das Herz geben Gott oder Könige ihren Ausspruch, ein hörendes Herz nimmt es auf und handelt dann gemäß der Maat. Der Weise mahnt seine Schüler, dem eigenen Herzen zu folgen. Bei Göttern befindet sich das Herz u.U. außerhalb ihrerselbst. Das aber ist ihnen abträglich und gefährlich. Horus bringt deshalb seiner Mutter Isis sein Herz zurück und die bringt ihm das ihrige

(Pyr 1639-1640). So steuert das Herz den Namensträger und bildet sein Innenzentrum, mit dem Ka bisweilen auf einer Stufe stehend (Pyr 267).

Die verschiedenen leiblichen Erstreckungen des Königs werden nicht nur von seinen Strahlkräften und Seelenarten umgeben, sondern auch von zeitlichen Rahmensubstanzen. Dem Ägypter erscheint die *Zeit* nämlich nicht als eine abstrakte, chronometrische Kategorie des menschlichen Verstandes, sondern als eine real vorhandene unsichtbare Wirkgröße. Wie jeder Mensch eine Lebenskraft Anch bei sich hat, so ein festes Kapital von Lebenszeit, *acha'u*. Das zugrundeliegende Verb ꜥḥꜥ heißt "sich aufrichten, Bestand haben". Acha'u ist also eine von Leben gefüllte Spanne irdischen Bestehens. Über den vielen einzelnen Lebenszeiten stehen aber zwei seit der Weltenstehung das gesamte Dasein umfassende und es mit Zeit ausstattende Wirkgrößen. Gemäß ägyptischer Neigung, für konstitutive Größen ständig eine Zweiheit vorauszusetzen, wird mit einer männlichen unabsehbaren Zeitganzheit *neheh* gerechnet, die sich rythmisch bewegt und die Jahre aus sich entläßt, und mit einer sich gleichmäßig durchhaltenden weiblichen Zeitunendlichkeit *dschet*. Wie die beiden Zeitgrößen unter sich und mit den Göttern zu verbinden sind, hat späteres ägyptisches Denken intensiv beschäftigt.

Dem vorgeführten sprachlichen Befund im Blick auf die Anthropologie entspricht die ägyptische *Kunst*. Ihre "vorstelligen" Bilder entspringen dem innern, nicht dem äußern Auge[20], zielen nicht auf maßstabgerechte Naturtreue, sondern um die Herausstellung von Wesenszügen. Auf den zahlreichen Grabreliefs werden deshalb Menschen in schreitender Stellung abgebildet, doch mit anatomisch unmöglich gedrehtem Oberkörper in Frontstellung, das Gesicht im Profil, die Augen wieder frontal. Gegenstände, die man normalerweise nicht sieht, erscheinen gestalthaft wie etwa der Horusfalke hinter dem König Chefren auf der oben beschriebenen Statue[21] oder die Ba-Seele am Grabeingang oder die Ka-Seele, die neben dem Toten einherschreitet. Da es nicht auf eine einzige organisierende Mitte des menschlichen Daseins ankommt, stören Doppelungen derselben Figur nicht[22].

8.4 Der Mensch als grundsätzlich zusammengesetztes Wesen

Mit hinreichender Deutlichkeit hat sich ergeben, daß die geläufige abendländische Dichotomie von Leib und Seele dem Ägypter unbekannt war[23]. Darüber hinaus fehlt jede Unterscheidung zwischen Materie und Geist, zwischen Raum und Zeit, Natur und Gesellschaft, auch die biologisch fundierte Entgegensetzung von Leben und Tod, wie sie uns geläufig ist. Für westliches Bewußtsein tut sich ein "Widerspruch zwischen begrifflicher Abstraktion und vorstellbarer

Gestalthaftigkeit"auf[24]. Dennoch hat der ägyptische Mensch sich selbst zu verstehen und seine Umwelt sprachlich zu bewältigen gewußt.

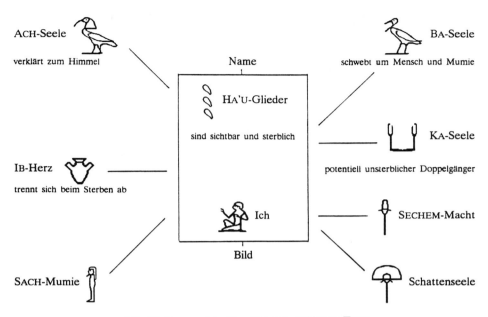

Abb. 38 Personenkonstituenten des verklärten Toten

Während moderne Sprachen den Menschen als eine organische Einheit ansehen, die sich primär in der sichtbaren räumlichen Erstreckung des Körpers manifestiert und alle anderen Wesensäußerungen dem zugeordnet werden, leitet den Ägypter seine Sprache an, sich als eine Bündelung von Gliedern und Wirkgrößen zu begreifen, die zwar in einem engen Zusammenhang stehen, aber nicht von einem einzigen räumlich-endlich festgelegten Mittelpunkt her zu begreifen sind[25]. Jedes Wesen bewegt sich in einer Sphäre des Seinigen, die aber mehr ein Kraftfeld aus sichtbaren und unsichtbaren Strahlungskräften, Wirkgrößen und (Außen-)Seelen bildet als ein räumlich umschriebener Körper. Der sichtbaren und greifbaren alltäglichen Gestalt wird keine Priorität beigelegt. "Vielheit der Personenkonstituenten (wenn man so will: 'innere Vielheit') und Vielheit dinglicher Attribute (Kronen, Zepter etc.) und sozialer Bindungen (oder 'äußere Vielheit') lassen sich nicht ... auseinanderhalten. Genauer gesagt: 'innen' und 'außen' sind in diesen Texten auf die gleiche Stufe der 'Sphäre des Seinigen' gestellt"[26]. Diese Sprache gewinnt ihre Bedeutungsfelder gleichsam aus impressionistischen Ansätzen, von Ausstrahlungen der Wesen her, die man sinnlich-übersinnlich zu empfinden meint. Das führt zu einer Vielschichtigkeit anthropologischer Strukturen, die sich nicht an Überlappungen stört, vielmehr eine *multiplicity of approaches* notwendig einschließt. Wirkungen, die an der einen Stelle dem Namen zugeschrieben werden, werden andernorts der Erhaltseele beigelegt. Ein erfolgreicher Befehl kann einerseits aus dem Herz, andererseits aus dem wirksamen Wort, dem Ḥu, hergeleitet werden.

8.5 "Psychologie" der Gottheit

Wie die Menschen, allen voran der König, als ein Geflecht von Willens- und Strahlkräften aufgefaßt werden, von denen jede relativ selbständig zu agieren vermag, so verhält es sich mit den Göttern. wie diese verschiedene Gestalten besitzen – vgl. die Kombination von Tier und Mensch bei Götterstatuen – so werden ihnen mehrere Außenseelen und Wirkgrößen beigelegt, freilich mit bezeichnenden Unterschieden zum menschlichen Dasein hinsichtlich der Gebundenheit an einen Träger, an Sichtbarkeit und Durchsetzungskraft.

Die Himmelsgöttin Nut spricht zum König als eine weibliche Verklärungsseele, *achet* (Pyr 1). Den himmlischen Göttern pflegen eine Aktivseele, also ein *Ba*, und (mehrere) Verklärungs- und Schattenseelen zueigen zu sein (Pyr 413a-c). Was den Sonnengott *Re* anbetrifft, so trägt er ein königliches Ornat und einen Kopfschmuck mit Uräusschlangen, besitzt einen Thron und spricht, wie oben vermerkt (Kap. 5), aus der Kraft seines Herzens und also aus einer ihm eigenen tiefgründigen Weisheit, *Sia*, und einem wirksamen Wort, *Ḥu*, heraus. Beide Kräfte fahren als eigene Gestalten, vom Sonnengott getrennt und doch mit ihm unablöslich verbunden, in seiner Barke mit. Ebenso gehört die Zaubermacht, *Ḥeka*, in diesen Umkreis. Eine Verklärungs- wie auch eine Schattenseele werden, soweit ich sehe, in den Pyramidentexten dem Sonnengott nicht zugeschrieben, vielleicht deshalb, weil die Leuchtkraft seines Gestirns die jedes Ach bei weitem übertrifft und keinen Schatten wirft. Doch eine Aktivseele kommt ihm zu. Einerseits hat Re beim morgendlichen Aufgang einen Ba "in seinem Blut" bei sich, wohl die Sonnenscheibe (Pyr 854). Andererseits befinden sich in seiner Hauptkultstätte On mehrere Aktivseelen "unter seinem Haupt" (Pyr 460a). Eine Erhalt- und Gestaltseele hingegen wird Re in den Pyramidentexten noch nicht zugeschrieben.

Eine solche *Ka*-Seele wird anscheinend mit einer göttlichen Vater-Sohn-Beziehung im Sinne direkter Zeugung und leiblicher Abstammung verbunden. Der Urgott Atum hat, nachdem er seine Kinder Schu und Tefnut geschaffen hatte, seine Arme um sie gelegt und damit ihnen seine Ka-Seele eingeflößt; so erhofft es der verklärte Tote wieder von Atum (Pyr 63). Weiter wird der Erdgott Geb als derjenige gerühmt, der die Ka-Seele aller Götter bei sich hat (Pyr 1623a). Von da scheint die Vorstellung auf Osiris übertragen worden zu sein, der ebenfalls – weil mit der Erde verbunden? – Ka aller Götter heißt (Pyr 1609ab; 1831d). Überhaupt werden gerne göttliche Wesen, die für das postmortale menschliche Dasein von Belang sind, mit einem Ka verbunden. Droben am Himmel weilen Herren des Ka (Pyr 769d), und der verklärte König trifft jenseits des irdischen Bereichs auf "Götter, die zu ihrer Ka-Seele gegangen sind" (Pyr 648b; 975b), was vermutlich auf Horus und Seth und darüber hinaus auf die früheren Könige zielt. Eine besondere Rolle beim Übergang von diesem zu jenem Leben spielt für den Menschen die schlangenförmige Gottheit *Neheb-Ka'u*, Vereiniger (?)[27] der Ka-Seelen, welcher Speise und einen Namen dem König aufs neue verleiht (Pyr 346a; 361a).

Weil Osiris unter allen Göttern am menschenähnlichsten ist und weil sein Wesen das Wesen des abgeschiedenen Menschen in sich aufnehmen soll, deshalb wird dieser Gott vor allem mit Seelenkräften in Verbindung gebracht. Wie die übrigen Götter seines Kreises, Horus, Seth, Thot, hat er seinen Ka als Doppelgänger bei sich (Pyr 17). Daneben ist er als Vater die Erhalt- und Gestaltseele des Horus (582d; 610d). Als Aktivseele, Ba, hingegen west er in jedem seiner Heiligtümer an (Pyr 1361c), aber auch im Stern Orion (Pyr 215b) und an dem Ort seiner Ermordung, in Nedit (Pyr 2108). Häufiger jedoch wird an der letzten Stelle seine Ach-Seele gesucht (Pyr 260b; 754c). Als solche Verklärungsseelen des Osiris lassen sich auch Ha, Min und Sokar, die sonst als eigenständige Gottheiten gelten, betrachten (Pyr 1712a). Erwacht Osiris vom Todesschlaf, erwachen eine Mehrzahl von Sechem-Seelen mit ihm (Pyr 894). Auch in seinem Zepter west ein Sechem; damit stellt er sich am Neujahr als Herr der Maat vor (Pyr 1520). Mit seiner Machtseele herrscht er über die Neunheit (Pyr 1815b). Als Sechem weilt er auch in seinem Hauptkultort Abydos (Pyr 754c). Auch Schattenseelen stehen ihm zur Seite (Pyr 1487).

Kaum weniger vielfältig wird sein Sohn Horus beschrieben. Als Mundschenk hat er den "Großen seines Ka" neben sich (560a; 566a-c). Seine Verklärungsseele befindet sich in der kultischen Dschenderu-Barke (Pyr 633a), aber auch in einer Schakalsgestalt, die er an den Toten weitergibt (Pyr 1294a). Als Aktivseelen gelten seine Kinder (Pyr 2101ab).

Im göttlichen Bereich gibt es darüberhinaus *freischwebende Außenseelen* ohne Bindung an personale Träger, also als eigene Seinsklassen. Eigenständige Verklärungsseelen sind in den Zirkumpolarsternen (Pyr 656), Achs befinden sich aber auch im Nilwasser und im heiligen Bezirk von On (Pyr 467a). Aktivseelen hingegen gehören zu den alten Heiligtümern des ober- und unterägyptischen Landesteils, aber auch zur Sonnenstadt On; hier stehen ihnen zwei übergeordnete Bas vor, die ihrerseits Re unterstehen (Pyr 460). Erhaltseelen, Kas, ohne feste Bezugsperson werden seltener erwähnt, immerhin gibt es sie rotfarben in Pe (Pyr 561). Am Himmel ziehen unabhängige Herrschaftsseelen, Sechems, mit den Stundensternen der Nacht ihre Bahn (Pyr 565b). Unter diesen Mächten gibt es erkennbare Vor-und Nachordnung. So stehen die Ba-Mächte über den Ach-Mächten, aber unterhalb der eigentlichen Götter (n_trw; Pyr 1549c; 159a).

Die vielfältigen, aber offenbar wohl überlegten Verflechtungen von Seelenformen und Wirkgrößen im Blick auf die einzelnen Gottheiten sind bislang noch nicht untersucht worden. Sie dürften aber wichtige Einblicke in Ausbildung und Eigenart des ägyptischen Polytheismus geben. Die an das auffächernde Menschenverständnis gebundene, geradezu "polyanthropische" Erfassung göttlicher Wesenskreise gestattet es dem Ägypter, nicht nur kultische Embleme und Heiligtümer den verschiedenen Göttern auf unterschiedliche Weise zuzuordnen, sondern auch die einzelnen Gottheiten durch abweichende Über- und Unterordnungen miteinander in Beziehung zu setzen. So gilt Horus einerseits als Sohn des Osiris und damit diesem als Vater unterworfen. Andererseits aber besitzt er, wie auch Seth, eine größere Ba- und Sechem-Macht als der Vater (Pyr 144a). Die polymorphe Auffächerung göttlicher Wesen, die auf uns höchst sonderbar wirkt, dient aber vor allem dazu, die Beziehung des königlichen Menschen zu den einzelnen Göttern auf mehreren Ebenen wirksam zu erachten. Der Mensch, der sich selbst als ein Geflecht verschiedenartiger Vermögen empfindet, läßt jede dieser seiner Spaltformen auf eigene Weise mit der Kraft des Numinosen verknüpft sein.

8.6 Übergänge von königlicher zu göttlicher Seelen- und Leibhaftigkeit

Der Kontakt des Königs zu den überirdischen Mächten spielt sich auf verschiedenen Ebenen ab. Die Rede von der Ka-Seele eignet sich besonders, den Bezug zu Osiris und dessen Sohn Horus auszudrücken. Osiris als Vater stellt sich im Ka des Königs dar, besetzt also mit seiner besonderen Göttlichkeit dessen Ka-Vermögen (Pyr 63). Vor allem aber ist der König in seiner Erscheinung ein Ka von dessen Sohn Horus (Pyr 582). Der Horusname jedes lebenden Pharao drückt schon sein besonderes Ka-Wesen aus. Der verstorbene König jedoch kann als einer gefeiert werden, der zum Ka aller Götter geworden ist (Pyr 1831d). Das nicht ausgeglichene Nebeneinander von Osiris- und Sonnenverehrung führt auch hier zur Doppelung der mythischen Aussage, indem der Ka des Königs anderswärts als Ka Res angesprochen wird (Pyr 136b).

Auch aus dem königlichen Ba, der Bewegungsseele, ergibt sich spezifischer Kontakt zu den Überirdischen. Die Aktivseele des Königs gilt als Erscheinungsform des Horus, wenngleich nicht von dessen Ba, und erringt deshalb das Königtum über die Götter (Pyr 723c; 767). Zugleich entspricht der königliche Ba dem mythischen Auge des Horus, oder es heißt, daß Ba und Sechem des Königs durch das Horusauge hervorgerufen werden (Pyr 139; 758; 2074-75). Der königliche Ba setzt sich also in bestimmten Ausformungen des Horus gleichsam fest und bezieht von daher seinen Bestand. Darüber hinaus bilden die selbständigen Ba-Wesen von Pe, Nechen und On nicht nur eine Himmelsleiter für den Verklärten (Pyr 460a), sondern gehen in ihn ein und werden zu seinen Zehen, Unterschenkeln, Zähnen (Pyr 1307a; 1314c; 1315c).

Was die dritte Seelenform, den verklärten Ach, betrifft, so fehlen Gleichsetzungen des königlichen mit dem göttlichen Vermögen. In diesem Falle bleibt also die Ausprägung auf ein Individuum bezogen. Die Erwartung, daß die Verklärungsseele nach dem Tod zum Himmel aufsteigt, verknüpft sich nach der Solarisierung der Mythologie mit der verklärenden Kraft der Sonne. Denn Re besitzt zwar keinen Ach, aber er besitzt einen Lichtglanz *jachu*, der auf dieselbe Wortwurzel zurückführt. So heißt es (Pyr 1231-32):

> Möge der Himmel den Lichtglanz stark machen für dich, mögest du zum Himmel gelangen als Auge des Re, mögest du stehen beim linken Horusauge, durch das die Rede der Götter gehört wird.
> Du wirst dann stehen an der Spitze der Verklärungsseelen, wie Horus an der Spitze der Lebenden steht.
> Du wirst dann stehen an der Spitze der Verklärungsseelen, wie Osiris an der Spitze der Verklärungsseelen steht.

Der Gleichklang von *ach* und *jachu* legt nahe, den Sonnenglanz bzw. dessen Strahlen als dessen Aufstiegsrampe zur himmlischen Seligkeit zu begreifen. Im gleichen Spruch wird betont, daß der nach oben Beförderte dann wie Osiris an der Spitze aller Verklärungsseelen steht. Aber solcher Bezug zum Totengott bleibt blaß, besitzt nicht die gleiche Eindrücklichkeit wie der Sonnenverweis. Der königliche Ach gesellt sich im Jenseits unter die dort bereits wesenden Achs, aber verschmilzt nicht mit ihnen, sondern tritt an deren Spitze (Pyr 53a; 57cd).

Auch die sichtbaren Bestandteile des Menschen werden zu "Verlängerungen" göttlicher Größen. Die einzelnen Körperteile beim abgeschiedenen König werden als Spaltformen einer je besonderen Gottheit angesehen, was listenartig vorgeführt wird (Pyr 1303-1315). Die *Gliedervergottung* beginnt mit dem Kopf und endet bei den Füßen:

> Das Haupt des NN ist ein Geier.
> Die Seiten des Kopfes des NN sind der Sternenhimmel des Gottes ...
> Das Gesicht des NN ist (der Wegeöffner) Wepwawet.
> Die Augen des NN sind die Große an der Spitze der Bas von On.
> Die Nase des NN ist Thot.
> Der Mund ist Chenes, der Große.
> Die Zunge ist der Steuermann in der Barke der Maat.
> Seine Zähne sind die Bas (von Pe?) ...
> Seine Gesäßbacken sind die Nacht- und Tagesbarke (des Re).

Sein Phallos ist Apis.
Seine Schenkel sind Neith und Selkis.
Die Waden seiner Beine sind die beiden Bas, die den Gefilden von Dscher vorstehen.
Seine Fußsohlen sind die beiden Barken der Maat.
Seine Zehen sind die Bas von On.

Jedes Gliedmaß erhält also von einer Gottheit eine außerordentliche Fähigkeit. Gemäß der Vielfalt der Zugangsweisen werden an anderen Stellen andere göttliche Mächte mit den Körperteilen gleichgesetzt (Pyr 135; 148-49). Die Texte lassen deutlich werden, wie wenig selbst Leib und Glieder in der ägyptischen Sprache als räumlich festgelegt vorausgesetzt werden. Das Individuum wird bis in die leibliche Erscheinung hinein als "eine Ballung göttlicher Einzelmächte" empfunden[28].

Nicht nur auf den einzelnen Leibes- und Seelenebenen verschmilzt der König mit besonderen Gottheiten und deren Spaltformen. Auch die *Strahlkräfte*, die er um sich herum verbreitet, weisen auf göttliche Ursprünge. Das gilt für den Namen. Der König trägt zu Lebzeiten einen Horusnamen und erweist sich damit als eine Erstreckung dieses Gottes. Wenn der abgeschiedene Herrscher einen Osirisnamen erhält, wird er mit einer Macht dieses Gottes begabt. Darüber hinaus werden ihm andere Titel des Gottes und die damit verbundenen Vermögen beigelegt. Das führt bis hin zum Namen "Gott", um dessentwillen ihn Isis und Nephthys schützen (Pyr 630). Ähnliches ließe sich von anderen Wirkgrößen aufweisen. Selbst die Schreckensmacht, *Schat*, welche der König auf seine Feinde ausstrahlt, wird auf das intakte Horusauge zurückgeführt, das dem König geschenkt worden ist (Pyr 900a).

Für neuzeitliches Denken gehört zum Begriff des Menschen selbstverständlich die Einheit der Person, die sich im Ich-Bewußtsein artikuliert. Menschliche Personen mögen in sich gespalten erscheinen, wenn sie ihre eigentliche Identität nicht erreicht haben, doch das tut der Ganzheit des Individuums keinen Abbruch. Im Horizont moderner Sprachen erscheint ein Mensch selbstverständlich als ein nach außen abgeschlossener, sich selbst regulierender, räumlich wie zeitlich festgelegter Organismus.

Von solchen Selbstverständlichkeiten gilt es sich gedanklich zu lösen, wenn das Denken der alten Ägypter begriffen werden soll. Sie haben den Menschen kaum als geschlossene Persönlichkeit, geschweige denn als Individuum erlebt. Obwohl das Lexem für "Ich" häufig gebraucht wird, weckt es anscheinend nicht die gleichen Assoziationen wie die Entsprechung in modernen Ohren. Vielmehr wird hier der Mensch als ein Bündel von Einzelgliedern, Strahlungskräften, Hypostasen aufgefaßt, die zeitlich und örtlich auseinanderlaufen können und sich doch in der Regel zusammen vorfinden. Jeder Mensch hat eine "Sphäre des

Seinigen" um sich, die nicht eindeutig abzugrenzen ist und sich stellenweise mit der Sphäre anderer Wesen deckt. Menschen werden also polyhypostatisch eingestuft; für ägyptische Erfahrung zerlegt sich jeder Einzelne gleichsam in mehrere Formen von Menschsein, erscheint gleichsam polyanthropisch. Gleiches kennzeichnet Götter. Auch sie sind nicht nur dieser Re, dieser Osiris, sondern haben eine Unzahl von Spaltformen bei sich, die zu ihrem Wesen hinzugehören und doch dieses Wesen als ein einheitliches auflösen.

Die Grundstrukturen von Göttern und Menschen sind also die gleichen. In beiden Seinsarten lassen sich die einzelnen Vertreter nie strikt individuell eingrenzen. Es gibt weder im Himmel noch auf Erden Wesen, deren Selbigkeit nicht die Durchdringung durch andere Wesen einschlösse. Ein Gott wie ein Mensch ist nie nur er selbst. Deshalb verfließen Göttliches und Menschliches, Inneres und Äußeres, auf Schritt und Tritt, insbesondere beim Pharao. *Deshalb stellt der Polytheismus die Kehrseite einer Polymorphie des Menschen dar.* Zum Polytheismus griechischer Art, wie ihn die Götter Homers abspiegeln, besteht ein weiter Abstand; dort sind Zeus und Hera und die anderen wirkliche Individuen und Charaktere; hier in Ägypten sind das Götter nicht, selbst wenn es sich um den Sonnengott als deren Spitze handelt.

Angesichts solcher vielfachen Verflechtung scheint es müßig, darüber zu streiten, ob die ägyptische Religion der Frühzeit immanent oder transzendent orientiert war. Das würde klare Grenzen für Raum und Zeit (Immanenz) und den Gedanken von bewußter Überschreitung (Transzendenz) voraussetzen. Wo aber wie im ägyptischen Denken solche Grenzen verschwimmen, fällt die Alternative dahin. (Es führt deshalb irre, wenn Frankfort ein Kapitel seiner altägyptischen Religion überschreibt "The Immanence of the Gods and the Limitations of the Egyptian Religiosity", aber auch wenn Morenz schon für das Alte Reich "Die Heraufkunft des transzendenten Gottes" beweisen will[29]).

J.Assmann, Zeit und Ewigkeit im alten Ägypten, AHAW 1975, 1
E.Brunner-Traut, Frühformen des Erkennens am Beispiel Altägyptens 1990
H.Brunner, Das hörende Herz, OBO 80, 1988, 3-44
G.Englund, Akh — Une notion religieuse dans l'Égypte pharaonique, AUU 11, 1978
B.George, Zu den altägyptischen Vorstellungen vom Schatten als Seele 1970
L.Greven, Der Ka in Theologie und Königskult der Ägypter, ÄF 17, 1952
W.Helck, Zu den theophoren Eigennamen des Alten Reichs, ZÄS 79, 1954, 27-33
E.Hornung, Geist der Pharaonenzeit 1989 Kap XI: Der Mensch-Fisch und Vogel.
H.Kees, TJ Kap III: Die ewigen Kräfte in Göttern und Menschen
K.Koch, Erwägungen zu den Vorstellungen über Seelen und Geister in den Pyramidentexten, SAK 11, 1984, 425-54 = Studien zur alttestamentlichen und altorientalischen Religionsgeschichte 1988, 215-42
U.Schweitzer, Das Wesen des Kas im Diesseits und Jenseits der Alten Ägypter, ÄF 19, 1956
E.M.Wolf-Brinkmann, Versuch einer Deutung des Begriffes 'b^3' anhand der Überlieferung der Frühzeit und des Alten Reiches 1968
L.V.Žabkar, A Study of the Ba Concept in Ancient Egyptian Texts, SAOC 34, 1968.

RÄRG 4 'Ach'; 74-77 'Ba'; 118-120 'Bild'; 286 'Hemsut'; 301f. 'Heka'; 357-362 'Ka'; 692f. 'Sechem'.

LÄ 1, 49-52 'Ach'; 1, 303-311 'Anthropologie'; 1, 588-590 'Ba'; 1, 793-795 'Bild'; 2, 1117-1119 'Hemset'; 3, 275-287 'Ka' usw.; 4, 963-978 'Persönlichkeitsbegriff und -bewußtsein'; 5, 772-776 'Sechem'; 5, 804-806 'Seelen'.

Anmerkungen zu Kapitel 8:

1 Hornung, Geist 199
2 WMy 371
3 Gardiner, Grammar 453 Nr. D 28); Hornung, Geist 191
4 AEL I 16; Pyr passim
5 LÄ 3, 282
6 Hornung, Geist 199
7 Otto 1941, 151ff
8 Žabkar 3; LÄ 1, 590
9 LÄ 5, 5f
10 Pap. Westcar 24f.; AEL I 218; Erman, Lit 71
11 K. Sethe, Kommentar zu den Pyramidentexten, 398
12 LÄ 2, 765
13 Hornung, EuV 122
14 Hornung, EuV 54
15 Erman, Lit 64-72; AEL I 215-9; Brunner-Traut, Märchen 11-24
16 Der Begriff nach K.Hübner, Die Wahrheit des Mythos 1985, 111-3
17 Brunner-Traut, Märchen Nr. 18
18 Hornung, Geist 185
19 LÄ 2, 1159
20 Brunner-Traut, Frühformen 11-2
21 s.o. S. 56
22 LÄ 1, 477-488
23 LÄ 1, 308; 4, 965
24 LÄ 1, 21
25 "Both in life and in death an individual man might assume different forms"; Gardiner, Gram 173
26 Assmann, Liturgische Lieder 346

27 Gardiner, Gram 453
28 Kees, TJ 57
29 Frankfort, Rel 23; Morenz, RGÄ 77ff

Erste Zwischenzeit und Mittleres Reich

9. Ein geheimnisvoller Zusammenbruch und der Gott der weisen Schreiber

9.1 Auflösung der Zentralgewalt

Der Pharaonenstaat des Alten Reiches schien für Ewigkeiten errichtet. In *splendid isolation* gelegen, wirtschaftlich gesichert, militärisch jedem Eindringling überlegen, zentralistisch organisiert, ideologisch durch die Herrschaft des Sonnengottes und seine irdische Abspiegelung im Sohn des Re, dem Pharao, legitimiert, fehlen anscheinend alle Voraussetzungen für eine ernsthafte Bedrohung. Dennoch löst sich seit 2250 v.Chr. das Staatswesen mehr und mehr auf. Zwar gibt es weiterhin Könige, welche nominell die Oberherrschaft beanspruchen, doch von ihnen wissen wir kaum mehr als die Namen. Größere Inschriften und Baudenkmäler fehlen, nennenswerte Pyramiden werden nicht mehr gebaut. Kunst und Schrift nehmen insbesondere in Oberägypten ungelenke und rohe Formen an. Gegen Ende des 3. Jt. konkurriert die 9. und 10. Dynastie von Echnas-Herakleopolis mit der 11. Dynastie aus Theben. Zumindest an diesen beiden Orten gibt es einander widerstreitende Königsansprüche, wobei sich Theben schließlich als siegreich erweist. Zwischenzeitlich werden die Gaufürsten im Lande zu bestimmenden Machtfaktoren, teilweise einflußreicher als es die Könige sind. Seit Ende der 6. Dynastie gibt es nämlich in vielen Landesteilen das erbliche Amt des "Oberherren des Gaues X", was erst nach Erstarken der Zentralgewalt in der 12. Dynastie wieder verschwindet. Die Ägyptologen pflegen diese Epoche nach dem Ende des Alten Reiches die *Erste Zwischenzeit* zu nennen. Die Gründe für die Schwäche der Zentralgewalt bleibt verborgen. Zwar ist mehrfach in diesen zwei Jahrhunderten von Hungersnöten die Rede. Doch das hat es in Ägypten zu allen Zeiten gegeben; vielleicht haben sie sich erst in Folge des Ausfalles einer zentralen Organisation für einzelne Landstriche verhängnisvoll ausgewirkt.

Die ältere Ägyptologie hat literarischen Werken, die nachmals im Mittleren Reich als sogenannte Auseinandersetzungsliteratur entstehen, ein düsteres Bild der vorangegangenen Zwischenzeit entnommen, in die man die Aussagen der jüngeren Texte zurückdatiert hat. Danach hätten nicht nur Bewässerung und Ackerbau ungenügend funktioniert, sondern Asiaten seien ins Delta eingedrungen, soziale und politische Unruhen hätten das Gefüge der Gesellschaft völlig aus den Angeln geraten lassen, so daß es zur Zersetzung aller staatlichen, gesellschaftlichen und religiösen Bindungen[1], zumindest aber zu einem "Zusammenbruch des alten, bis dahin gültigen Weltbildes"[2] gekommen sei. Gegenwärtig schlägt bisweilen das Pendel nach der anderen Seite aus, indem betont wird, daß in dieser Zeit schlechterdings nirgends ein sozialer Aufruhr oder gesellschaftlicher Zusammenbruch nachweisbar sei[3].

Am selbstherrlichsten gebärdet sich der Gaufürst Anchtifi von Nechen und Edfu. Seine Inschriften lassen sich am ehesten als Belege für Horrorzustände während der Zwischenzeit heranziehen. Denn er brüstet sich: "Während der ganze Süden vor Hunger starb und jedermann seine Kinder aß, ließ ich nicht zu, daß ein Hungriger in diesem Gau starb"[4]. Darf man jedoch solche propagandistischen Behauptungen wörtlich nehmen? Zwar nennt sich Anchtifi noch "königlicher Siegelbewahrer" und erkennt formell einen Herrscher über sich an. Praktisch aber beansprucht er nicht nur eine nahezu königliche Autorität, sondern auch einen bisher nur Herrschern zustehenden, einzigartigen Bezug zu mächtigen Göttern. So preist er sich als "Ein Apis, der Herr von Stieren, eine Hesat, die Herrin der Kühe, ein Nepre, den Herrn des Getreides, eine Tait, die Herrin von Kleidern"[5]. Daraus entspringt ein Omnipotenzbewußtsein, daß dem großer Pyramidenbauer nicht nachsteht[6]:

> Ich bin der Anfang und das Ende der Menschen;
> Denn ein mir Gleicher ist nicht entstanden und wird niemals entstehen;
> Ein mir Gleicher ist nicht geboren und wird nicht geboren werden.
> Ich habe übertroffen die Taten der Vorfahren und keiner nach mir wird erreichen, was ich getan habe in diesen Millionen Jahren.

Trotz teilweise bürgerkriegsähnlicher Verhältnisse und wiederholter Hungerszeiten hat der ägyptische Geist in diesen Jahrhunderten nicht resigniert. Der Stand der Schreiber bleibt bestehen und mit ihm weithin Brauchtum und Überlieferung. Die Grabinschriften privater Leute übernehmen Stil und Inhalt der Idealbiografien aus dem Alten Reich, bauen darüber hinaus aber das Lob der eigenen Untadeligkeit noch weiter aus[7]. Zugleich entstehen in diesen unruhigen Zeiten die ersten literarischen Werke von Rang in ägyptischer Sprache. Zu ihnen gehört wohl noch nicht − obwohl das oft angenommen wird − die erst für das Mittlere Reich belegte Auseinandersetzungsliteratur, auf die hernach einzugehen ist, wahrscheinlich aber einige religiös bedeutsame Weisheitslehren. Die ersten Zeugen dieser Gattung reichen vielleicht in das Alte Reich zurück. Was vermutlich am Ende des Alten Reiches und in der ersten Zwischenzeit entsteht, bringt sehr viel grundsätzlichere Ausführungen. Die Kultur der ägyptischen Schreiber hat sich demnach nicht nur ohne größeren Bruch durchgehalten, sondern sich weiterentwickelt und mit ihr ein in diesem

Berufsstand gepflegtes besonderes religiös wie gesellschaftlich ausgerichtetes Weltbild.

9.2 Weisheitslehre als Mittel zum Erfolg in Beamtenlaufbahn und Staatsführung. Ptahhotep und Merikare

Die literarische Gattung der Lehre, *sebajet*, begleitet die gesamte ägyptische Geistesgeschichte. Sie bietet wichtige Einblicke in die Ethik und Staatstreue von Beamten und Schreibern, aber auch in die anthropologischen Implikationen ägyptischer Sprache. In einprägsamen, poetischen Sentenzen werden Lebensregeln niedergelegt, welche die für die Laufbahn im Staat wichtigen Tugenden konkretisieren, das Verhältnis zum König, zum Vorgesetzten, zum Untergebenen und ähnliches.

In gehobener Sprache abgefaßt, gibt sich die *sebajet* oft als Vermächtnis eines weisen Vaters an seinen noch unerfahrenen Sohn. Ausgangspunkt mag ein Unterricht im Haus des Vorgesetzten sein, in einer Art Famulus-System[8]. Die Niederschrift zielt aber wohl schon auf ein Lehrbuch für die Erziehung der Schreiber, die zu allen Zeiten das Rückgrat von Staat und Bürokratie gebildet haben. Aus der sonst anonymen ägyptischen Literatur ragen die Weisheitslehren dadurch heraus, daß sie einen Verfassernamen tragen. Im Alten Reich werden sie auf einen Wesir oder Königssohn zurückgeführt, ab der ersten Zwischenzeit erscheinen Könige

Abb. 39 Schreiber (5. Dynastie)

selbst als Verfasser, und seit dem Mittleren Reich werden auch einfache Beamte an dieser Stelle eingeführt. Nur im letzten Fall sind die Angaben wahrscheinlich authentisch, in den früheren hingegen fiktiv. Die Gattung weist innerhalb der späteren alttestamentlichen Literatur Parallelen auf, vor allem im Buch der Sprüche Salomos. Da der einschlägige hebräische Begriff (*chokma*) traditionell mit "Weisheit" übersetzt wird, verwenden wir ihn auch für die ägyptische Entsprechung. Gemeint ist aber nicht abgeklärte Einsicht aus dem Blickwinkel eines auf Spontaneität verzichtenden Betrachters, wie es der deutsche Ausdruck der deutsche Ausdruck nahelegt, sondern die Anleitung zu sinnvollem politischen, wirtschaftlichen, religiösen und zwischenmenschlichen Verhalten.

In der Weisheitslehre wird eine Lebenserfahrung dahingehend zusammmengefaßt, daß das Leben zum Erfolg führt, wenn es die Spielregeln der vom Königtum geprägten Gesellschaft beachtet. Deshalb wird vom Benehmen gegenüber Vorgesetzten, von der Sorge für den eigenen Hausstand, der Behandlung der Untergebenen, aber auch von Fürsorge für die rechtsschwachen Glieder der Gesellschaft und von sorgsamer Planung und Arbeit bis hin zu Tempel- und Festungsbau gehandelt. Gelobt werden Selbstbeherrschung, Wahrhaftigkeit, Höflichkeit, Verschwiegenheit, verabscheut Zornausbrüche, Machtmißbrauch, Eß- und Habgier. Kriegerische Tugenden werden nicht erwähnt, was sich aus dem sozialen Bezugsfeld dieser Schriften erklärt. Der kenntnisreiche Weise gilt als Idealbild des Schreibers schlechthin. Im Umgang mit anderen zeigt er sich vornehmlich als der Schweigsame, sein Gegenbild ist der "Heißherzige", was sowohl den Habgierigen wie den unbesonnenen Heißsporn meint. In der Darstellung der menschlichen Gemeinschaft herrscht unter dem Aspekt der Lehre eine einfache Zweiteilung. Die Menschen sind entweder Weise, Schweigsame, Rechtschaffene, oder sie sind Toren, Heißherzige, Sünder.

Religionsgeschichtlich bedeutsam wird die Gattung, seitdem sie am Ende des Alten Reiches oder während der ersten Zwischenzeit sich so etwas wie eine Gesamtschau menschlichen Lebens zum Ziel setzt. Insbesondere sind zwei Werke bedeutsam, die Lehre des Wesirs *Ptahhotep* (hinfort P bei Zitaten) und diejenigen eines königlichen Vaters für den König *Merikare* (hinfort M). Ein Wesir mit dem ersten Namen hat es zwar in der sechsten Dynastie gegeben, doch die Sprache der Schrift ist diejenige des Mittleren Reiches; so mag der Grundbestand in die erste Zwischenzeit zurückreichen und damals einem berühmten Wesir des Alten Reiches in den Mund gelegt worden sein. Die Merikare-Lehre ist zwar erst aus dem Neuen Reich handschriftlich belegt, setzt aber deutlich politische Verhältnisse um 2000 voraus.

In den Weisheitslehren der ersten anderthalb Jahrtausende ägyptischer Geschichte nimmt das Verhalten zum Königtum eine ausschlaggebende Stellung ein. Für Ptahhotep gelten Treue und Gehorsam als unabdingbar, aber auch Belohnung des tüchtigen Beamten durch den König als selbstverständlich. (Dieser Zug verstärkt sich noch in den loyalistischen Lehren des Mittleren Reiches). Indem die Merikare-Schrift die Gattung der Beamtenunterweisung abwandelt, einen (abgeschiedenen) König als (fiktiven?) Verfasser anführt und einen neuantretenden König als Adressaten bestimmt, wird die Bahn frei für eine begrenzte, bis dahin aber in Ägypten unerhörte Kritik am königlichen Verhalten; vorgelegt wird ein "Fürstenspiegel" als Mahnung für erfolgreiche Regierung.

Die Lehren geben sich durchweg lebensnah, nehmen einzelne wirtschaftliche und staatliche Verhältnisse unter die Lupe. Überraschend wenig kommt der kultisch-mythologische Hintergrund ägyptischer Wirklichkeit zur Sprache. Zwar werden Opfergaben und Versorgung der Tempel gelegentlich eingeschärft. Doch kann es im Blick auf die Gottheit auch einmal heißen (M 127):

> Angenommen wird das Wesen des Rechtschaffenen eher als das Rind des Sünders.

Auf bestimmte Heiligtümer und einzelne Begehungen, auf die verschiedenartigen Götter und ihre Wirkweisen wird aber kaum verwiesen, von den urzeitlichen Grundlegungen des Landes und des Lebens verlautet nichts.

Ebenso verwundert, daß das Weiterleben nach dem Tod in himmlischen oder unterirdischen Bereichen kaum behandelt wird. Zwar wird Vorsorge für Bestattung und Einrichtung des Grabes angemahnt. Ausschlaggebend für das gelingende Dasein nach dem irdischen Tod, das durchweg vorausgesetzt wird, sind nach den Lehren aber nicht letztlich Bestattungsritus und magischer Automatismus[9], sondern ein irdisches Leben in treuer Befolgung der vorgetragenen Lehre.

Der Geist, der aus diesen Lehren spricht, distanziert sich also ein Stück weit von dem, was sonst hinsichtlich Tempel und Grab in ägyptischen Quellen im Vordergrund steht. Von einem Antagonismus zwischen Sonnenverehrung und Osirisdienst, wie er aus kultisch-priesterlichen Texten des Alten Reiches spricht (s.o. Kap. 7.9, S. 167), wird nichts spürbar.

H. Brunner, der sich wie kein anderer jahrzehntelang mit der Weisheitsliteratur beschäftigt hat, erblickt in ihr den "wohl reinste(n) Ausdruck des ägyptischen Welt- und Menschenbildes"[10]. Wie immer man den Stellenwert der *sebajet* im Blick auf das religiöse Gesamtleben der Zeit einstufen mag, in jedem Fall hat die Weltanschauung der Schreiberschulen während der ersten Zwischenzeit eine maßgebliche Rolle für das ungebrochene Weiterleben ägyptischer Kultur und Religion wie für das völkische Selbstbewußtsein gespielt; sie hat zur Erhaltung von Standesethik und Gesellschaftsstruktur wesentlich beigetragen. Dadurch, daß diese Stoffe im Unterricht wieder und wieder abgeschrieben wurden, haben sie durch Jahrhunderte bewußtseinsbildend gewirkt. Deshalb sind sie in einer Religionsgeschichte zu berücksichtigen, auch wenn sie nur einen begrenzten standesbezogenen Ausschnitt aus der jeweiligen zeitgenössischen Religion abspiegeln.

9.3 Maat als Vorgabe für den weisen Menschen, als sein nachfolgendes Erzeugnis und sein heilsames Ergehen

In der ersten Hälfte unseres Jahrhunderts wurden die Weisheitslehren als platte utilitaristische Ratgeber zum innerweltlichen Erfolg betrachtet. Inzwischen hat die Ägyptologie die tragende Rolle entdeckt, die in diesen Kräften unter dem Namen Maat dem funktionierenden Zusammenleben der menschlich-göttlichen Gesellschaft in ihren maßgeblichen Institutionen und dessen numinosen Ursprung zugeschrieben wird. Das führt die Lehren über den Horizont individueller Nützlichkeitserwägung hinaus.

Je nachdem, ob der Adressat solche Mahnungen hört oder nicht hört, schlägt er sich auf die eine oder andere Seite innerhalb der menschlichen Gemeinschaft, gliedert sich in die Front der Weisen, der Schweiger, der Maat-Verbundenen oder aber in diejenige der Törichten, Unbeherrschten, Sünder ein. In jedem Falle schafft er sich durch sein eigenes Verhalten ein entsprechendes Geschick, das sich im Laufe der Zeit an ihm auswirkt. Es bezieht sich nicht auf seelische Zufriedenheit und gutes Gewissen – dergleichen spielt keine Rolle – sondern auf leibliche Gesundheit und unangefochtene Stellung in der Gesellschaft.

> Tue die Maat, und du wirst lange auf Erden weilen (M 46).
> Wer Maat tut, ist frei von Unheil (P 533).

Für abendländisches Denken richtet sich das moralisch-sittliche Urteil über menschliche Taten nach dem, was beim Objekt der Tat, vor allem beim menschlichen Gegenüber, verursacht wird oder – soweit es sich um vorbereitende Gesinnung handelt – verursacht werden soll. Wer anderen Gutes tut, tut keineswegs notwendig sich selbst zugleich etwas Gutes, wenngleich er nach geltenden Werturteilen Gutes zu empfangen verdient, was jedoch nicht automatisch und keineswegs immer geschieht. Diese Diastase zwischen Tun und entsprechendem Ergehen besteht für diese Weisen nicht. Wer Maat gegenüber einem anderen tut, behält sie auf verborgene Weise zugleich bei sich; er erzeugt um sich herum eine unsichtbare "mythische" Substanz, die sich im Laufe der Zeit an ihm heilvoll auswirkt und auf ihn zurückschlägt.

> "Mein Lohn erwuchs aus dem, was ich getan hatte; ein Schlag wird mit einem ebensolchen vergolten. Das ist die Verschränkung aller Taten" (M 120-122).

Diese Regel gilt also auch für negatives Verhalten und seine Folgen. Die Wirkungssphäre eines Maat-Menschen strahlt freilich auch auf seine Umgebung aus und erfaßt noch heilvoll seine Nachkommen (P 598). Auch jede Übeltat straft sich im Laufe der Zeit selbst, weil sie als Wirkgröße am Täter hangen bleibt und ihm Unheil bereitet. Sie erreicht nicht das eigentlich beabsichtigte Ziel, sondern bewirkt das Gegenteil (P 97). Ein Streitsüchtiger trifft letzten Endes sich selbst (P 77). Der königliche Vater des Merikare, der als Verfasser der Lehre gilt, hatte einst den Gau von This verwüsten lassen und die Folgen bitter tragen müssen. In diesem Fall wird von einer Ausstrahlung auf die Nachkommen glücklicherweise nicht gesprochen.

Vergeltung vollzieht sich auch und zunächst auf amtlichem Wege und durch königliche Maßnahmen. Doch diese werden von den Lehren nicht als innerweltliche Reaktion begriffen. Das zeigt sich zum Beispiel darin, daß selbst ein hohes Lebensalter auf die Kraft der vollbrachten Maat und die königliche Belohnung zurückgeführt wird:

> Ich habe 110 Lebensjahre bekommen als Gabe des Königs und Ehren,
> mehr als die Vorfahren,
> dadurch, daß ich für den König Maat getan habe (P 637ff.).

Gewiß ist nicht gemeint, daß der König durch irgendein Dekret Lebenslänge verfügt hat. Vielmehr hatte der Tätige durch sein positives Verhalten die im Lande waltende königliche Maat internalisiert, sie sich so zueigen gemacht, daß er dadurch die königliche Maat in ihrer Kraft bestärkt hat. Das wirkt auf ihn selbst (u.U. in entsprechenden staatlichen Reaktionen) heilsam zurück. Ein König seinerseits gliedert sich durch ein entsprechendes Verhalten in eine Generationen umspannende Maat-Kontinuität ein, "handelt zugunsten eines, der vor ihm gelebt hat, auf daß, was er geschaffen hat, erhalten werde durch einen, der nach ihm kommt" (M 117f.). Damit die Lebenswelt Bestand erhält, hat ein König ständig Maat zu reproduzieren. An dieser gewaltigen Aufgabe nehmen aber auch alle seine Untergebenen teil und das nicht umsonst.

Auch ein Ägypter weiß, daß im Alltag oft der Schlechte erfolgreich und der Anständige benachteiligt wird. Dennoch vertraut er der Maat als Triebkraft eines positiven *Tun-Ergehen-Zusammenhangs* und das deshalb, weil er die eigentliche Frucht seines Tuns erst in einem postmortalen Dasein erwartet. Wenn Ptahhotep loyale Behandlung von Untergebenen einschärft, dann mit der Maßgabe (P 88-98 vgl. die 19. Maxime):

> Die Maat leuchtet (oder: ist groß), ihre Wirksamkeit dauert an.
> Sie war nie verwirrt (oder: verändert) seit der Zeit dessen, der sie geschaffen hat (oder: des Osiris).
> Immer wird der gestraft, der ihre Gesetze übertritt ...
> Wenn das Ende da ist, bleibt allein die Maat, so daß ein Mann sagen kann: "Das ist die Habe meines Vaters".

Das Bündel der Guttaten, die ein Mensch zu Lebzeiten unsichtbar bei sich gespeichert hat, bietet also die Basis für sein Fortleben. Der Satz läßt sich auch so auslegen, daß an die Weitergabe eines unversehrten Erbes für die Nachkommen gedacht ist[11]. Dann geschieht auch dies durch die dem Erbe anhaftende Maatkraft; Ptahhotep denkt wohl kaum an eine staatliche Instanz, die als eine Art Erbschaftsgericht zwischen Vater und Kindern nach moralischen Richtlinien vermittelt. Maat aber ist zugleich eine Vorgabe, die den Weisen allererst zur Guttat befähigt hat, er ist durch seinen Vater (oder Weisheitslehrer?) bereits zur Maat-Gesinnung "sozialisiert" worden.

Im Blick auf den, der sich dem Anspruch auf Maat versagt, hatte schon die ältere Weisheitslehre des Dschedefhor (oder Hordschedef) gelehrt, daß, wenn jemand am Tage seiner Sünde stirbt, "summiert sich, was er früher getan hat, dann wird er verachtet im Friedhof beigesetzt werden"[12]. Auch die Übeltat wirkt sich also verhängnisvoll am Lebensende aus.

Dschedefhor hatte außerdem eine Sentenz zur Jenseitsvorsorge enthalten, die bis in die Römerzeit hinein "geradezu ein Motto geworden"[13] ist und noch von jedem Tun-Ergehen-Zusammenhang abgesehen hat:

> Statte dein Haus in der Nekropole gut aus und richte deinen Platz im Westen wirkkräftig her[14].

Bezeichnenderweise wird dieser Satz von Merikare aufgegriffen und zitiert, aber mit dem Zusatz versehen: "Durch Rechtschaffenheit und Maat-Tun!" (M 127 vgl. P 97).

Worin aber die Regeln der Maat bestehen, wird nicht aus Gesetzen erkennbar, sondern wird durch die Weisheitslehren entfaltet. Der Lernende nimmt bei seinen Studium Maat "durchgeseiht" auf, vorgeprägt in den Sprüchen der Vorfahren, und dadurch wird er zum Tun des Guten befähigt (M 34). Für Ptahhotep "geht die Maat durch das Medium der Sprache vom aufbewahrenden Geist des Vaters durch Mund und Ohr in den aufnehmenden Geist des Sohnes über"[15]. Dieses Schrifttum ist deshalb von hohem Sendungsbewußtsein getragen. Die Regeln der Maat "bilden die 'Heile Welt', die Götter wie Menschen gemeinsam gegen das Chaos verteidigen"[16].

9.4 Anthropologische Strukturen

Die sprachlich vermittelte Maat wird durch das *Herz* verinnerlicht und zum aktiven Befolgen umgewandelt. Dieser Teil des Menschen tritt in beiden Lehren beherrschend als Bewußtseins- und Willenszentrum heraus. Die Unterweisung schlägt im Herz Wurzeln und wird in ihm gespeichert für Planung und Entscheidung. Das Herz ist das "Organ, das die Lebensführung eines Menschen bestimmt"[17]. Mehrmals ergeht deshalb der Aufruf: "Folge deinem Herz" (P 11; M 80f.). Herz und Zunge dürfen nicht getrennt werden, indem anders geredet als gedacht wird (P 446). Dem Herzen wird so sehr die Leitung zugeschrieben, daß der Mensch selbst von ihm zum Hörer oder Nichthörer gemacht wird und das Herz ihn Maat tun läßt (P 636). In diesem Körperteil konzentriert sich die Essenz guter Taten und damit Leben, Heil und Gesundheit (P 550ff.). Wessen Herz aber dem Bauch folgt, also niederen Gelüsten, der endet böse (P 241ff.). Leider gibt es das verkehrte Herz; ägyptisch wird dann vom heißen Herzen gesprochen, von Unbeherrschtheit und Habgier, die zum sicheren Untergang führen, oder vom "großen" Herz, das sich als überheblich erweist und zu Fall kommt. Wer dagegen ein "hohes" Herz hat, ist edel gesinnt[18].

Neben dem Herzen ist der *Name* wichtig und steht in Relation zur Maat. "Nicht klein wird der Name eines Mannes durch das, was er getan hat"

(M 107f.). Gemeint ist, daß eine gute Tat den Namen kräftigt. Das mag man interpretieren: "Nicht ein Gott, sondern die Mit- und Nachwelt sorgt für Lohn/Strafe"[19]. Doch das geschieht nicht auf Grund von deren guten Willen, sondern in Folge einer zwingenden Kraft, die sich durch die Maathaftigkeit des Trägers mit seinem Namen verbindet.

Hinter Herz und Namen stehen hintergründigere Seelenkräfte. Den Weisheitslehrern gelten Ka-Seele und Ba-Seele als wichtige Spaltformen einer Menschenperson. Dabei tritt im (älteren) Ptahhotep mehr die erste, im (jüngeren) Merikare mehr die zweite bestimmend hervor.

Die *Erhalt- und Gestaltseele* Ka, mit der ein Vater unter göttlicher Mitwirkung seinen Sohn zeugt (P 198-202), nimmt wie ein begleitender Schutzengel am Verhalten des Trägers regen Anteil. Der Ka erhält diesen nicht nur, mit Göttern zusammenwirkend, sondern liebt es, wenn er auf Lehren hört (P 391f.; 414). Der Ka eines Vorgesetzten läßt dessen Hand freigebig werden gegenüber einem Untergebenen (P 139f.), so daß dieser gemäß göttlichem Willen beschenkt wird. "Der Ka ist ein Organ des Gastgebers, das transzendentem Einfluß offensteht"[20]. Ein selbstsüchtig entarteter Ka unterstützt die Freunde seines Trägers nicht mehr (P 339-342). Ist der Ka jedoch gesund, verabscheut er Übeltaten. Einem anderen Übles anzutun, gilt als Abscheu (*bwt*) für den Ka, den schon ein gieriges Zugreifen beim Tisch eines Vorgesetzten beleidigt (P 339-342; 119-125).

In der Lehre für Merikare wird die Bewegungs- und Aktivseele zum Träger des Geschicks, während der Ka nicht erwähnt wird. Das hangt wohl damit zusammen, daß der Übergang vom Sterben zum Weiterleben für diese Schrift problematischer wird und damit der Wunsch nach einem Vermögen zu postmortaler Bewegung stärker sich in den Vordergrund schiebt. Befolgt der Weise kultische Bräuche sorgfältig, wirkt das auf seinen Ba vorteilhaft (M 64f.). Handlungsziel wird, daß diese Seele, ohne Hindernisse befürchten zu müssen, an den Platz gelangt, den sie kennt, wo Bewegungsseele und Leib sich wieder vereinen, ohne daß ein Zauber es hindern kann (M 50ff.; 125ff.). So tragen die seelischen Vermögen dazu bei, daß das Hören auf die Lehren und das Tun der Maat zu einem ewigen Weiterleben führt.

So bestimmend Spaltformen wie Herz, Name, Ka und Ba auch hervortreten, sie unterliegen nach beiden Schriften einer Steuerung durch eine höhere göttliche Kraft.

9.5 Der göttliche Hintergrund von Welt und Mensch

In beiden Lehren wird Wahrheit-Gerechtigkeit zwar als bürgerliche und königliche Tugend, als Kraft, die Natur wie Gesellschaft zusammenhält, zugleich auch als transsubjektive mythische Substanz, aber nicht wie in jüngeren ägyptischen Quellen als eigenständige Gottheit vorgestellt. Die großen und kleinen Götter des Pantheons werden nicht beachtet. Von Re und Osiris und ihrem Kreis verlautet kaum etwas; es sei denn, daß auf die Urzeit zurückgeschaut wird und es von den Regeln der Maat heißt, daß sie seit der Zeit des Osiris oder des Horus gelten (P 99ff.; M 93). Daraus folgt aber keineswegs, daß die Weisen nicht mit göttlichen Mächten rechnen. Oft und gern reden sie von dem Gott, *netscher*, ohne Name oder Gestalt zu präzisieren. Es fördert diesseitiges und jenseitiges Leben, den Gott kultisch zu ehren (M 63-68; 125-130). Ohne Beistand der Gottheit kann menschliches Leben weder entstehen noch gelingen. Göttliche Gnade befähigt einen Mann, wie schon erwähnt, mittels seiner Ka-Seele einen Sohn zu erzeugen, ja sie schenkt ihm Freude und Erfolg (P 198ff.; 339f.; 230). Nach des Gottes Ratschluß ißt der Mensch sein Brot, gibt der Acker Gedeihen, gewinnt einer seine Stellung innerhalb der Gesellschaft (P Spruch 7; 9; 10). Was der *netscher* befiehlt, verwirklicht sich im Leben − und nicht das, was der Mensch selbst plant (P 113f.). Der unlösbare Zusammenhang zwischen Tun und Ergehen wird durch *netscher* verstärkt. Wer Schrecken verbreitet, wird von ihm bestraft (P 99, vgl. M 50), dagegen gedenkt er dessen, der für ihn gehandelt hat, und liebt die, welche die Lehre befolgen (P 129-30.545).

Im Blick auf den Ursprung menschlichen Daseins tut sich für Ptahhotep ein prädestinatianisch anmutender Abgrund auf. Die Erfahrung jedes Erziehers, daß der eine Schüler die Belehrung aufnimmt und lernt, der andere aber dumm oder verbohrt ist, wird mit einer vom *netscher* gesteuerten Veranlagung erklärt. Wer in die Irre geht und Ermahnung nicht annimmt, den hat "Gott schon im Mutterleib geschlagen" (P 217ff.). Die Fähigkeit zum Hören oder ihr Mangel wird auf Liebe oder Verwerfung des Individuums durch den Gott zurückgeführt; freilich wird mit einer ägyptischen Vielfalt der Zugangsweisen bezeichnenderweise fortgefahren: "Es ist das Herz, das seinen Besitzer werden läßt zu einem Hörenden oder zu einem, der nicht hört" (P 549f.).

Für die Merikare-Lehre steht nicht der Anfang, sondern das Ende des Menschenlebens mehr im Mittelpunkt und zwar so, daß die Idee eines postmortalen Gerichtes über jeden (königlichen) Toten durch anonyme überirdische Richter vorausgesetzt wird. Die später so bedeutsame Erwartung eines Jenseitsgerichts als Prüfung individueller Rechtschaffenheit taucht zum ersten Mal hier auf (M 53-56).

> Die Richter, die dem Bedrängten das Urteil sprechen –
> Du weißt, daß sie nicht milde sind.
> An jenem Tage, da sie den Hilflosen richten,
> in der Stunde, da sie die Vorschriften vollziehen.
> Schlimm ist es, wenn der Ankläger (all)wissend ist. Verlaß dich nicht auf
> die Länge der Jahre, sie überschauen die Lebenszeit in einer Stunde.
> Der Mensch bleibt übrig nach dem Sterben,
> wenn seine Taten auf einen Haufen neben ihn gelegt sind.
> Das Dortsein währt ewig ...
> Wer aber zu ihnen kommt, ohne Unrecht getan zu haben, der wird dort
> sein wie ein Gott, frei schreitend wie die Herren der Ewigkeit.

Die Auffassung, daß menschliche Taten dingähnlich-raumhafter Art sind, so daß sie sich nach dem Tode vom Menschen lösen, aber dann wie ein Haufen[21] neben ihm liegen, und die Überzeugung von einer göttlichen Instanz, welche die Lebenszeit genau durchmustert, stehen also dicht nebeneinander, ohne sich für den Verfasser auszuschließen. Wo solcher Haufen von Taten positiv geladen ist, wird er offenbar durch den Gerichtsakt mit dem Täter wieder verbunden und vermittelt ihm die Kraft zur ewigen Bewegungsfähigkeit.

Was alles die Gottheit an zielgerichtetem Walten für die Menschen hervorruft, beschreibt ein hymnenartiger Abschnitt am Ende der Merikare-Lehre (131ff.):

> Wohl versorgt sind die Menschen, das Vieh Gottes!
> Gemacht hat er Himmel und Erde für ihr Herz; abgewehrt das (uranfäng-
> liche) Wasser-Ungeheuer.
> Gemacht hat er die Luft zum Leben für ihre Nase; seine Abbilder (*znn*)
> sind sie, aus seinen Gliedern hervorgegangen.
> Aufgeht er am Himmel für ihr Herz.
> Gemacht hat er für sie Kraut, Vieh, Vögel und Fische zur Ernährung.
> Er tötet seine Feinde und vermindert (sogar) seine Kinder, weil sie sich
> aufzulehnen gedachten.
> Er macht das Licht für ihr Herz, segelt (selbst) dahin, damit sie (oder:
> um sie zu) sehen.
> Gefügt hat er einen Götterschrein um sie, damit er hört, wenn sie weinen.
> Gemacht hat er ihnen den Herrscher vom Ei an als Machthaber zur
> Stützung des Schwachen.
> Gemacht hat er den Zauber als Waffe; um abzuwehren den Schlag der
> Ereignisse, wacht er darüber bei Tag und bei Nacht.
> Getötet hat er die Empörer, wie ein Mann seinen Sohn schlägt zugunsten
> dessen Bruder, (denn) Gott kennt jeden Namen.

Was der *netscher* bewirkt, hat also die Welt entstehen lassen und hält sie zusammen. Sie funktioniert um des Menschen, genauer um seines geistigen Zentrums, des Herzens, willen. Nicht nur, daß alle Kreatur vom Himmel droben bis zum Fisch im Meer nur deshalb entstanden ist, um menschliches Dasein angenehm zu machen. Selbst die höchste Macht in der Götterwelt, die Sonne, vollführt ihren Lauf und produziert Luft und Licht, läßt Heiligtümer im Lande entstehen und wehrt Feinde ab, um die Lebenswelt für das irdische Geschlecht zu sichern. In dieses Vorsehungswalten gehört auch das Königtum hinein. Trotz des Zerfalls eines einheitlichen Staatswesens in der ersten Zwischenzeit gilt die Institution nach wie vor als eines der höchsten Schöpfungswerke. Überraschend ist die vorgenommene Zweckbestimmung. Die Einrichtung des Königtums gilt nicht als Selbstzweck, sondern dient vornehmlich den Schwachen und Unterdrückten, die ansonsten der Willkür ausgesetzt wären. Ebenso erstaunlich ist der Ruhm, daß die Gottheit den Menschen den Zauber zur Verfügung gestellt hat als eine ihrer wesentlichen Gaben; allein durch wirkungskräftige Worte aber läßt sich dem entgegentreten, was es an Kräften des Bösen in der Welt gibt. Was mit solchen rühmenden Worten als Folge göttlichen Machens beschrieben wird, ist gewiß mit dem gegenwärtigen Wirken der Maat identisch, das sonst in der Lehre vorausgesetzt wird; sie wird also hier zu einer bewußt gestalteten und gestaltenden Weltordnung.

Die Vorzugsstellung im Kosmos gebührt den Menschen, weil sie Bilder Gottes sind. Die Stelle hat biblischen Klang. (Es ist nicht auszuschließen, daß die Schöpfungsaussagen in Genesis 1 von ägyptischer Überlieferung beeinflußt sind[22]). Die Aussage, daß die Menschen aus Gottes Leib hervorgegangen sind und ihrem göttlichen Vater im Aussehen entsprechen, wird sonst nur von Königen gemacht. Insofern dringt die Merikare-Lehre zu einer Verallgemeinerung vor, zu einer Demokratisierung, die auf Jahrhunderte hinaus singulär bleibt. Indem freilich die Menschen als Abbilder gelten, erhält ihre so grandios gezeichnete Rolle eine letzte Einschränkung. Denn das Urbild, der Leib, aus dem sie hervorgegangen sind, also die Gottheit, behält eine überragende Stellung.

Worauf zielt die seltsame Rede vom *anonym bleibenden Gott*? In der Gattung der Weisheitslehre hält sich die eigenartige Redeweise durch Jahrtausende bis hin zum Untergang der altägyptischen Kultur.
- Früher hat man an solchen Stellen den Durchbruch einer monotheistischen Gotteslehre gemutmaßt. Denken die Weisen tatsächlich an eine verborgene einheitliche göttliche Wesenheit jenseits aller durch den Kult bedingten polytheistischen Verschiedenheit? So noch Drioton und Vergote.
- Hat man die Aussagen auf den Gott zu beziehen, der einem ägyptischen Beamten am nächsten steht, nämlich den königlichen Oberherrn? Vor allem bei Ptahhotep scheint an vielen Stellen *netscher* und König in eins gesetzt zu werden, etwa wenn der *netscher* für die Beförderung sorgt (P 230). Bei Merikare scheint sich diese Bindung zu lösen[23]. Freilich finden sich schon bei Ptahhotep Stellen, die nicht ganz zum jeweiligen Herrscher passen, etwa die Gabe reicher Feldfrüchte durch den *netscher* (P 161).

- Ist der Urgott und Weltschöpfer, also der Sonnengott, gemeint. Das legt bei Merikare der Hymnus am Ende nahe. So Brunner und Assmann[24].
- Die meisten Gelehrten denken heute an den jeweils einschlägigen Gott, der je nach Lebensumständen und Landschaft für den Hörer bedeutsam wird, so Kees, Frankfort, Morenz, Hornung[25]. Auf jeden Fall wird das allgemein angeführte göttliche Wesen zu einer sittlich bestimmenden Kraft, gehört eng mit Maat zusammen und läßt sie im diesseitigen wie jenseitigen Leben sich entscheidend auswirken.

Das Bemühen um die geistigen Voraussetzungen einer erfolgreichen Stellung im Staat führt die Schreiber also zur Annahme einer Maatmächtigkeit im Lebens- und Weltlauf, damit zugleich zum Nachdenken über die Grundstrukturen menschlichen Daseins und deren göttlichen Hintergrund. Ihre Anthropologie — wie die ägyptische überhaupt — ist zu einer letzten Wirklichkeit hin offen und führt deshalb mit logischer Notwendigkeit zu den Anfangsgründen einer Theologie; wenngleich die Weisheitslehre dort aufhört, wo eigentlich priesterliche Rede anzuheben hat. Der Zusammenhang zwischen Tugend und Glückseligkeit, um es philosophisch auszudrücken, läßt sich — damals wie heute — nur unter der Annahme einer postmortalen Existenz und einer verborgenen göttlichen Steuerung des menschlichen Daseins zur Sprache bringen.

Ptahhotep-Lehre: *ANET* 412-4, *AEL* I 61-80, *Brunner,* AW 104-32
Lehre für Merikare: *ANET* 414-8, *AEL* I 97-109, *Brunner,* AW 137-54.

J.Assmann, Vergeltung und Erinnerung, in: Studien zur Sprache und Religion Ägyptens, Fs. W.Westendorf 2, 1984, 687-701

Ders., Ma'at. Gerechtigkeit und Unsterblichkeit im Alten Ägypten 1990

H.Brunner, Die Lehren, HdO I1,2 ²1970, 113-39

Ders., Das hörende Herz OBO 80, 1988

E.Drioton, Le monothéisme de l'ancienne Égypte, Cahiers d'histoire égyptienne I 2, 1949, 149-68

G.Fecht,, Der Habgierige und die Maat in der Lehre des Ptahhotep, ADAIK 1, 1958

M.V.Fox, Two Decades of Research in Egyptian Wisdom Literature, ZÄS 107, 1980, 120-35

H.Gese, Lehre und Wirklichkeit in der alten Weisheit 1958, 5-28

W.Helck, Maat – Ideologie und Machtwerkzeug, in: Ernten, was man sät, Fs K.Koch 1991, 11-20

E.Hornung, Maat – Gerechtigkeit für alle? Eranos-Jahrbuch 1987, 385-427

E.Hornung/O.Keel, Studien zu altägyptischen Lebenslehren OBO 28, 1979

Les Sagesses du Proche-Orient Ancien, Bibliotheque des Centres d'Études supérieurs spécialisés 1963. Darin *A.Volten,* Der Begriff Maat in den ägyptischen Weisheitstexten, 73-101, *J.Vergote,* La notion de Dieu dans les Livres de sagesse égyptiens, 159-90

H.H.Schmid, Wesen und Geschichte der Weisheit, Beiheft zur Zeitschrift für Alttestamentliche Wissenschaft 101, 1966, 8-84

R.J. Williams, The Sages of Ancient Egypt in the Light of Recent Scholarship, JAOS 101, 1981, 1-19.

LÄ 3, 964-967.986-991 ('Lehren' usw.); 6, 1437-42 'Zwischenzeit, Erste'.

Anmerkungen zu Kapitel 9:

1 Otto, Äg 89
2 LÄ 6, 1439
3 AEL I 83
4 Otto, Äg 94
5 Otto, Äg 95
6 LÄ 4, 972, vgl. AEL I 86
7 AEL I 83-93
8 Brunner, AW 21
9 Anders in der älteren Lehre des Dschedefhor/Hordschedef; Brunner, AW 102-3
10 LÄ 3, 967f
11 Assmann, Vergeltung, 696
12 Brunner, AW 103, 31f
13 Brunner, AW 42f
14 Brunner, AW 102, 11f. vgl. 153, 301f
15 Assmann, In: *H.Tellenbach,* Das Vaterbild in Mythos und Geschichte, 1976, S. 28
16 LÄ 3, 1115
17 Brunner, AW 435
18 AEL I 76[6]
19 Assmann, Vergeltung, 691
20 Brunner, AW 433
21 Anders freilich Assmann, Zeit und Ewigkeit im alten Ägypten 1975: "mathematische Summe" ($^{c}h^{c}w$)

22 *E.Hornung*, Der Mensch als 'Bild Gottes' in Ägypten, in: O.Loretz, Die Ebenbildlichkeit des Menschen 1967, 123-56; *E.Otto,* Der Mensch als Geschöpf und Bild Gottes in Ägypten, Fs G.v.Rad: Probleme biblischer Theologie 1971, 335-48; *B.Ockinga*, Die Gottebenbildlichkeit im alten Ägypten und im Alten Testament 1985
23 Brunner, AW 106
24 Assmann, Äg 201-4
25 Hornung, EuV 38-48

10. Demokratisierung des Jenseitslebens. Abydosstelen und Sargtexte

10.1 Anschluß an Abydos als Gewähr für das selige Nachleben

"Das zentrale religionsgeschichtliche Ereignis des Mittleren Reiches ist die Ausbreitung des Osiriskultes ..., archäologisch faßbar in der geradezu explosionsartigen Ausdehnung eines 'die Treppe des großen Gottes' genannten Bezirks in Abydos"[1]. Die Schwächung der Zentralgewalt während der ersten Zwischenzeit verändert in der Religion vieler Ägypter ihre Auffassung über das künftige Nachleben stärker als diejenige über ihre Pflichten im Diesseits. Die Vorzugsstellung des abgeschiedenen Königs, der nach der jüngsten Schicht der Pyramidentexte mit Osiris als Herr der Unterwelt auf ewig vereinigt bleibt, wird mehr und mehr auch von gewöhnlichen Menschen in Anspruch genommen; damit geschieht ein Umschwung, der für alle folgenden Jahrhunderte bedeutsam sein wird. Ausschlaggebend für die Verallgemeinerung einer postmortalen Osirisgemeinschaft wird das Heiligtum von Abydos. Schon die Pyramidentexte haben gelegentlich hierhin die Herrschaftsseele des Osiris, seinen Sechem, versetzt (Pyr 754c; 1711d) und den dort weilenden Ersten der Westlichen, den Gott Chontamenti, zu einem Namen des Osiris erklärt (Pyr 1666 vgl. 2021). Seit dem Ende der ersten Zwischenzeit gilt vielen Privatleuten Abydos als das abgegrenztheilige Land (t^3 $dšr$), von dem allein aus eine wirkungsvolle Beziehung zum Unterweltsherren zu erlangen ist. Dazu ist ein Denkstein an dieser Stätte mit dem eigenen Namen und Bild und entsprechenden Formeln nützlich, wenn nicht nötig. Über Tausende solcher Stelen sind über die Museen der Welt zerstreut. Einst haben sie die Prozessionsstraße an der "Terrasse des erhabenen Gottes" (rd n ntr $šps$) geschmückt, womit entweder ein natürliches Hochplateau über der Nekropole von Abydos oder der dortige Osiristempel oder der gesamte Bezirk gemeint war. Solche Stelen werden möglichst schon während der Lebenszeit an dieser Stelle aufgerichtet. Königliche Beamte versuchen deshalb, während einer Dienstfahrt einen Umweg über Abydos zu nehmen und dort bis zur Fertigstellung des eigenen Grabsteines zu verweilen. Andere unternehmen eine besondere Pilgerfahrt zum selben Zweck. Wieder andere erhalten von den hinterbliebenen Angehörigen einen solchen Stein in Abydos gestiftet. Die Denkmäler einer Familie scheinen zumeist in einer Kapelle zusammengestellt gewesen zu sein, bisweilen wird auf einem Stein das Andenken mehrerer Familienmitglieder vereinigt.

Auf dem Denkmal läßt sich der Namensträger in der idealen Gestalt abbilden, in der er nach seinem Tode weiterleben möchte. Als Text gehört dazu stets die *Opferformel*, welche die auf dem Stein dargestellten Dauergaben in Worte faßt, bisweilen auch zu-sätzlich die einmaligen Gaben anläßlich der Bestattung. Im Laufe der Zeit tritt innerhalb der Opferformel Osiris stärker und stärker heraus. Während der 11. Dynastie kann sie noch so lauten, daß sie den hundeköpfigen, ursprünglich Königsschutzgott Wepwawet, den "Wegeöffner", als Ansprechpartner nennt oder Anubis, den Gott der Totensorge; erst an dritter Stelle mag Osiris folgen:

Abb. 40 Grabstein des Schatzmeisters Kai, aus Abydos (Berlin 1183)

> Ein Opfer, das der König gibt (und/an) Wepwawet und alle Götter der Nekropole, damit sie ein "stimmliches" Opfer (*prt ḥrw*) geben ... für NN.
> Ein Opfer, das der König gibt (und/an) Anubis auf seinem Berg ...
> Ein Opfer, das der König gibt (und/an) Osiris, den Herrn von Dschedu (Busiris), Chontamenti, den Herrn von Abydos[2].

Osiris und Chontamenti von Abydos stehen nah beieinander, scheinen aber noch nicht völlig verschmolzen zu sein, da der zuerst genannte Kultort des Osiris im Delta gesucht wird. In der jüngeren Fassung wird die für den Abgeschiedenen wichtige Bindung des Gottes an Abydos eindeutig:

> Ein Opfer, das der König gibt (und/an) Osiris-Chontamenti, großer Gott, Herr von Abydos,
> Damit er ein "stimmliches" Opfer gebe ... an die Ka-Seele des NN[3].

Auf dieser Stele wird von Osiris über die Nahrungsversorgung hinaus Verklärung und die Übereignung eines allseitigen Vermögens (*wsr*) erwartet.

In Folge solcher Gottesgaben wird der Abgeschiedene künftig ein *imachu* sein, das heißt ein wohlversorgter und zugleich anerkannter Seliger, der seinen irdischen Haupttitel weiter tragen wird[4]. Zu diesem alten Prädikat tritt als genauere Verankerung der Hoffnung der Zusatz "Imachu bei Osiris" oder "beim großen Gott"[5]. Damit verbindet sich als moralisches Urteil das Prädikat "gerechtfertigt" (m^{3c} $ḫrw$), das auf kaum einer Stele fehlt.

Wie auf den Stelen des Alten Reiches wird weiter eine kurze Autobiografie vorgetragen, welche besonders die Verdienste gegenüber dem König — soweit damals vorhanden — und den Gliedern der Familie hervorhebt, sowie eine Idealbiografie, nach welcher der Tote stets das Gute getan, allen Notleidenden beigestanden und sich nie an irgendjemand vergriffen hat. Solche Idealbiografien entsprechen dem Muster der Grabinschriften des Alten Reiches. Bemerkenswert aber ist, daß die Verdienst- und Unschuldsbekenntnisse jetzt auf den Osirisweg in Abydos hin ausgerichtet sind. Damit rückt Osiris zu einem Gott auf, zu dem nur reine und untadlige Menschen Zugang haben, und zu einer Macht, für die Reinheit ein ausschlaggebender Faktor ist, ohne daß ihm schon ein regelrechtes Totengericht (s.u.) zugeschrieben sein muß, wie es im Neuen Reich dann geschieht.

Neben diese herkömmlichen Textmuster tritt häufig ein neuartiger Abschnitt mit Jenseitswünschen für einen Friedenszustand im Lande des Osiris. Seit Kees wird er als *Abydos-(Toten-)Formel* bezeichnet[6]. An die Opferformel wird eine längere Wunschliste über den Zweck der Gaben angefügt:

> Daß ihm Opfergaben dargebracht würden an den Festen der Nekropole,
> Daß er mit dem großen Gott wandle bei der Überfahrt nach Poker,
> Daß ihm die Hand in der Neschmetbarke gereicht werde auf den Wegen des Westens,
> Daß er die Ruder in der Abendbarke rühre und in der Morgenbarke fahre,
> Daß ihm 'Willkommen in Frieden!' seitens der Großen von Abydos entboten werde,
> Daß er den Jubel am Anfang des thinitischen Gaues höre, am Fest Haker und in der Nacht der Nachtwache,
> Daß er an Opfern und Speisen Überfluß habe, wie man dem Osiris am Uag-Fest, am Thotfest, am Fest des Brandes, am ersten Tage des Jahres, dem großen Fest, dem großen Auszug und allen anderen Festtagen darbringt, die man dem großen Gott begeht[7].

In ausgeführter Form umfaßt die Abydos-Formel zwanzig solcher Sätze[8]. Im Mittelpunkt steht stets die Teilnahme an einer Bootsfahrt in der Osiris geweihten Neschmetbarke von Abydos hin nach Poker, dem mythischen Grabbezirk, und zurück zum Tempel am Morgen. Eine solche Fahrt geschieht anscheinend einmal jährlich am Hauptfest des Gottes. Zugleich wird die Teilnahme an den anderen Opferfesten erbeten und zwar als Anschluß an den Opferumlauf, also an die Gaben, die zuerst dem Gott vorgelegt werden und dann, nachdem sich dessen Ka-Seele gesättigt hat, an die Priester und übrigen Kultgenossen weitergereicht werden. Beides bewirkt einen Friedenszustand (ḥtp) nach dem Tode, der sich in Abydos eröffnet.

Solche Steinmale mit der Erwartung eines seligen Daseins durch die Beteiligung am Osiriskult in Abydos sind keineswegs nur an diesem Ort selbst aufgestellt. Die nachweislich ältesten stammen aus Theben. Auch in der heimischen Nekropole vermag also das Opfer im königlichen Auftrag mit Osiris, dem Herrn von Busiris und Abydos, zu verbinden und der Ka-Seele des Abgeschiedenen zu ermöglichen, sich künftig im Osirisland an der Fahrt der Neschmetbarke zu beteiligen, um dadurch jenseitigen Frieden zu finden. Das gleiche Ziel wird durch eine Ritualhandlung während des Bestattungszeremoniells erwirkt, nämlich durch eine *rituelle Abydos-(und Busiris-)Fahrt*, die mehrfach auf Grabwänden des Mittleren Reiches dargestellt wird. Die Mumie oder die Statue des Abgeschiedenen, oft auch die seiner Frau, werden unter priesterlicher Begleitung auf einer Barke symbolisch nach Abydos gefahren, um dort "die Erde zu küssen vor dem großen Gott ... beim großen Auszug" und dann auf einem zweiten Fahrzeug zurückzukehren "im Frieden aus Abydos"[9]. Eine solche Bootsfahrt wird zur "großen Heilsidee des gläubigen Volkes" (Kees). Dabei verschieben sich nicht nur die Orts-, sondern auch die Zeitgrenzen auf mythische Weise. Das Fest in Abydos hat gewiß nicht immer zum gleichen Zeitpunkt wie der jeweilige Bestattungsritus stattgefunden. Wird die Abydos-Fahrt als ein einmaliges Hin- und Zurückfahren des Abgeschiedenen verstanden? Oder bleibt einer seiner Personenbestandteile dort auf heiligem Boden, um regelmäßig am Opferumlauf teilzuhaben? Der Wunsch, fortan zum Gefolge des Gottes zu gehören, kann jedenfalls dahin präzisiert werden, daß die Verklärungsseele fortan im Abydostempel weilt[10].

Die Könige bedürfen ebenfalls einer Gewähr ihrer bleibenden Anwesenheit an der Osirisstätte. Für den Pharao wird dort keine Stele aufgerichtet, vielmehr wird er als mumifizierter Osiris schon zu Lebzeiten an einem Pfeiler innerhalb des Osiristempels abgebildet. Das geschieht darüber hinaus aber auch − z.B. bei Sesostris I. − in einem Tempel der Residenz in Lischt und im neu aufkommenden Zentralheiligtum von Theben[11].

10.2 Das geheimnisvolle Jahresfest

Was die privaten Denkmäler als "großen Auszug" oder "Prozession" (prt) in Abydos vermerken, wird durch die Inschriften des Schatzmeisters Ichernofret[12] und des Viehaufsehers Sehetepibre[13] deutlicher. Beide wirken als königliche Beauftragte in Vertretung ihres Herren als des "geliebten Sohnes" des Osiris und sind deshalb in Abydos "Meister der Geheimnisse", leiten Tempelarbeiten und Kultbegehungen. In diesem Zusammenhang werden erstmals "geheime"

Handlungen erwähnt, also Mysterien um Osiris, zu denen nur bestimmte Priester zugelassen waren. Über deren Inhalt durfte wohl zu Laien nicht geredet werden, infolgedessen fehlt in den Inschriften jeder Hinweis auf Tod oder Wiederbelebung des Gottes. Im Mittelpunkt steht eine Fahrt der Gottesstatue in der zu ihr gehörigen Neschmetbarke vom Tempel in Abydos zum dortigen Nekropolengebiet Poker und zurück. Bei Ichernofret heißt es:

> Ich veranstaltete den Auszug des Upuaut (Wepwawet), als er ging, um seinem Vater zu helfen.
> Ich schlug die zurück, die sich gegen die Neschmetbarke auflehnten und warf die Feinde des Osiris nieder.
> Ich veranstaltete den großen Auszug und begleitete den Gott auf seinem Gang.
> Ich ließ das Gottesschiff fahren, und Thot ließ die Fahrt gut vonstatten gehen.
> Ich versah die Barke 'Er erscheint in Wahrheit' des Herrn von Abydos mit einer Kajüte und legte ihm einen schönen Schmuck an, damit er nach dem Gebiet von Poker überfahre.
> Ich leitete die Wege des Gottes zu seinem Grab in Poker.
> Ich half Wennofre an jenem Tage des großen Kampfes und warf alle seine Feinde auf dem Gewässer von Nedit nieder.
> Ich ließ ihn in das Schiff einsteigen. Es trug seine Schönheit. Ich machte das Herz der Bewohner der Ostseite weit vor Freude und brachte Jubel in die Herzen der Bewohner der Westseite, als sie die Schönheit der Neschmetbarke sahen. Sie landete in Abydos und brachte Osiris-Chontamenti, den Herrn von Abydos, zu seinem Palaste[14].

Im Mittelpunkt steht der Zug des Gottes mit einer Barke zu seinem Grab. Ungenannte Feinde wollen es verhindern, werden aber von Wepwawet und den Beauftragten des irdischen Königs abgewehrt. Das Grab in Abydos gilt als der mythische, vordem in Unterägypten gesuchte Ort Nedit, an dem einst Osiris von Seth umgebracht worden war. Andere Quellen erwähnen ein nächtliches Hakerfest, das vielleicht nach einem Aufruf "Komm zu mir" (ḥak r[i]) benannt war und die Wiederbelebung des Gottes in seinem Grab oder seinem Tempel zum Inhalt hatte. Im Lande Poker muß jedenfalls entscheidendes vor sich gegangen sein, da die Rückkehr des Gottes von dort mit großen Jubel begleitet wird. Leider bleiben für uns wichtige Einzelheiten ungesagt, gehören zum Geheimnis. Auch der mehr als andere gesprächige Ichernofret nimmt Worte wie Tod oder Belebung im Blick auf Osiris nicht in den Mund. So schälen sich nur vier Rahmenhandlungen heraus[15]. Erstens ein Auszug des königlichen Schutzgottes Wepwawet, der Osiris zur Seite steht und dessen Feinde besiegt. Zweitens der "große Auszug" des Osiris selbst zu seinem Grabe, das nunmehr in das Friedhofsgelände Poker verlegt ist. Drittens ein nächtlicher Aufenthalt des

Gottes in seinem Grabe, vermutlich verbunden mit der Hakerzeremonie und einer Neubelebung. Viertens Rückkehr zum Tempel unter dem Jubel großer Öffentlichkeit.

Das Prozessionsfest findet einmal jährlich statt. Die mit Abydos verbundenen verstorbenen Ägypter nehmen auf ihre Weise daran teil. Hat es auch einen Besuch von Lebenden gegeben? Der von Ichernofret vermeldete große Jubel läßt die Anwesenheit einer großen Menge erwarten, also auf ein regelrechtes Wallfahrtsfest schließen. Vielleicht läßt sich daraus folgern, daß das Mitfeiern des "vom Gott vorgelebten Übergangs in eine jenseitige Unsterblichkeit" den Teilnehmern gleiche Unsterblichkeit vermittelt[16].

10.3 Osirishymnen und die Wende in der Jenseitserwartung

Die auf das durch Osiris gewährte Heil ausgerichteten Stelen können in Hymnen an diesen Gott einmünden, ja diese zum zentralen Inhalt des Textes erheben. Die neu aufkommende Art von Lobpreisung spricht dem Herrn von Abydos eine alle Götter überragende Stellung zu. Von der göttlichen Neunheit gerechtfertigt, gemäß der mythischen Überlieferung von On, gilt Osiris nicht nur als Herr der Unterweltlichen, sondern als "große Machtseele des Himmels", "Herrscher der Götter", Urgott. Auf Erden ist er an den großen Kultorten mit je einem anderen Personenbestandteil gegenwärtig. Ein häufig verwendetes Textmuster preist ihn[17]:

> Sei gegrüßt, Osiris, Sohn der Nut,
> Herr des Hörnerpaars, hoch in der Atefkrone,
> Dem die Wrrt-Krone gegeben wurde
> Und Herzensweite vor der Neunheit;
> Dessen Hoheit Atum geschaffen hat
> In den Herzen der Menschen, Götter,
> Verklärten und Toten;
>
> Dem die Herrschaft gegeben wurde in Heliopolis,
> Groß an Verkörperungen in Busiris;
> Herr der Furcht in Iati,
> Groß an Schrecken in Ra-Setau;
> Herr der Hoheit in Herakleopolis,
> Herr der Macht in Tjenenet;
> Groß an Beliebtheit auf Erden,
> Herr des guten Gedenkens im Gottespalast,
> Groß an Erscheinungen in Abydos;
>
> Dem Recht gegeben wurde vor der versammelten Neunheit,
> Dem ein Gemetzel geschaffen wurde
> In der großen Halle, die in Her-wer ist;

> Vor dem die großen Mächte in Schrecken sind,
> Vor dem sich die Ältesten von ihren Matten erheben;
> Vor dem Schu Furcht eingeflößt hat,
> Dessen Hoheit Tefnut geschaffen hat.
> Die beiden Landeskapellen sind zu ihm gekommen in Verneigungen,
> Weil die Furcht vor ihm so groß, seine Hoheit so gewaltig war.
> Ein solcher ist Osiris, der Herrscher der Götter,
> Die große Macht des Himmels,
> Der Fürst der Lebenden,
> Der König der Abgeschiedenen.

Dem Gesang eignet unverkennbar eine henotheistische Note. Wie kein anderer Gott besitzt Osiris die Fähigkeit, sich in verschiedenen Seelen- und Wirkgrößen aufzuspalten und dadurch überall im Lande den Verehrern zugänglich zu sein. Auch in den Herrschaftsbereich des Sonnengottes und dessen Kultstätte On dringt er auf diese Weise ein. Hauptort aber ist das zuletzt genannte Abydos.

War im Alten Reich ein Privatmann bestrebt, sein Grab als Wohnung für das Nachleben möglichst im Umkreis eines Königsgrabes anzulegen, so lockert sich nunmehr deutlich das Band zwischen totem König und totem Untertan. War es vordem das Bestreben, ein "versorgter Ehrwürdiger", *imachu*, vornehmlich beim ewig lebenden König zu werden, so wird stattdessen nun die Ehrwürdigkeit bei Osiris in Abydos und die Aufnahme in dessen Gefolge angestrebt. Zugleich verschwinden die Hinweise auf eine Fortsetzung der diesseitigen Existenz und irdischer Freuden im Lande der Abgeschiedenen. Eine Art "jenseitiger Weltflucht" scheint aus diesen Texten zu sprechen. Gelegentlich entnimmt man aus "der Abkehr von einer diesseitsorientierten Jenseitshoffnung die Enttäuschung über die irdischen Verhältnisse"[18]. Rätselhaft erscheint dann freilich, warum diese Enttäuschung gerade mit dem Aufschwung der politischen und wirtschaftlichen Verhältnisse im Mittleren Reiche hereinbricht.

Oben war dargelegt worden (Kap. 7), daß Osiris in Ägypten verhältnismäßig spät auftaucht und bei den ersten Erwähnungen noch nicht mit Abydos verbunden ist. Wie die durchweg gebräuchliche Voranstellung des Titels "Herr von Dschedu (Busiris)" vor dem anderen "(Chontamenti) Herr von Abydos" zeigt, war der Totenherrscher im unterägyptischen Busiris längst angesiedelt, ehe er den Weg nach Mittelägypten fand. Bevor Osiris in Abydos heimisch wurde, gab es hier einen großen Grabbezirk unter der Hut des hunde- oder schakalsköpfigen "Ersten der Westlichen", dem eine herausragende Bedeutung für das Nachleben der Pharaonen zukam, weshalb hier früh königliche Gräber oder Scheingräber angelegt worden waren. Für die Masse der ägyptischen Bevölkerung war Abydos jedoch ohne Bedeutung. Das ändert sich fast schlagartig mit dem Aufkommen des Mittleren Reiches. Nun wird ein alter, in der 6. Dynastie erneuerter Tempel für Chontamenti zum Palast des neuen Gottes, das Grab des Königs Dscher aus der 1. Dynastie zum Osirisgrab in Poker. Gab es Überlieferungen um den alten Pharao, die dazu anregten, ihn mit Osiris zu identifizieren? Helck vermutet, daß ein Begräbnisritual thinitischer Könige zum Muster für die Osirismysterien gewählt wurde. Danach hatte der Nachfolger den toten König zum Grab zu begleiten, dann dessen Statue durch Mundöffnung zu beleben und in einem Scheinpalast aufzustellen. Die Hakerzeremonie im Osirisfest läßt sich mit einem zu postulierenden Aufruf des Königsnachfolgers an seinen Vorgänger kombinieren: "Komm zu mir! ($h^3k\ rj$)".

In den Texten auf den Stelen spielen überraschenderweise die Motive eines Osirismythos, die sich sonst von der Pyramidenzeit an (oben S. 160) bis zu Plutarch weit gestreut belegen lassen, keine Rolle. Nicht nur Isis und Nephthys, auch Horus und Seth werden kaum mit Namen angeführt. Bei Osiris tritt die Königswürde in den Hintergrund. Gefeiert wird der Gott als "Stier des Westens", was später ermöglicht, ihn mit Stierkulten im Lande in Verbindung zu bringen. Häufig wird er als *wen(en)-nofer(u)* angerufen. Dieser Ausdruck war im Alten Reich als menschlicher Personenname gebraucht worden. Jetzt wird er zur Auszeichnung eines Gottes. In Osiris bündeln sich danach fortwährendes Dasein (*wen*) und schöne Vollkommenheit (*nfr*). Die reduplizierte Form (*wnn* part. impf.) schildert den Gott als "der dauernd vollkommen ist" (Otto) bzw. als "he-who-is-continually-happy".[19] Oder bezieht sich der zweite Teil des Namens auf die Zuwendung zu den Menschen, heißt er also "existierend an Güte"?[20]

Einer veränderten Zeit genügt die alte, durch das Beisetzungsritual erwirkte Verbundenheit von Mumie, Sarg und Grab offensichtlich nicht mehr als Gewähr unverbrüchlicher Dauer. Es bedarf für den Abgeschiedenen einer Anbindung an den Gott von Abydos und Busiris, damit das Nachleben gelingt. Das bedeutet eine fortwährende materielle Teilhabe an den für Osiris dargebrachten Opfergaben, aber auch eine spirituelle Teilnahme am großen jährlichen Prozessionsfest. Dabei erwartet der Privatmann noch nicht, wie der König des Alten Reiches, in Osiris eingekörpert, also ein Osiris-NN zu werden. Selten nur stellt er sich als "dein Sohn Horus" vor[21]. Es genügt, in das Gefolge des Unterweltherren und seine Barke aufgenommen zu sein. Dazu aber ist schon zu Lebzeiten eine Vorsorge zu treffen.

Die Abydosstelen verweisen wieder einmal auf ägyptische Menschen, die von der Präponderanz der postmortalen Existenz überzeugt sind. Doch das Jenseitsleben gewinnt um die Wende zum zweiten Jahrtausend offensichtlich sehr viel dynamischere Züge als im Jahrtausend zuvor. Dem Abgeschiedenen eröffnet sich eine Art persönliche Beziehung zu einer großen göttlichen Gestalt, die früheren Generationen völlig unbekannt war.

Wenn sich die Osirianisierung der königlichen Totensorge nun im Umkreis von Abydos auf der Ebene nichtköniglicher Menschen durchsetzt, geschieht das mit einer solchen Vehemenz, daß für die seit der 5. Dynastie übermächtig gewordenen Sonnenverehrung kein Raum mehr zu bleiben scheint. Der Gott Re taucht in den Abydostexten des Mittleren Reiches nur am Rande auf und spielt keine größere Rolle als Götter wie Harsaphes oder Schu. Der gegen Ende des Alten Reiches aufgebrochene Antagonismus zwischen solarem und funärem Götterkreis scheint für diese Leute zugunsten einer Einzigartigkeit des Unterweltsherrn eindeutig entschieden zu sein. Das gilt aber keineswegs, wie sich Kap. 11 zeigen wird, für alle Zeitgenossen im gleichen Maße.

10.4 Die Verklärung des Privatmanns zu königlichem Dasein durch die Sargtexte

Vermutlich seit der ersten Zwischenzeit, nachweisbar mit Anfang des Mittleren Reiches, beginnen nichtkönigliche Personen an einer ganzen Anzahl von ägyptischen Orten ihre Särge zu beschriften, um dadurch eine dem König ähnliche Verklärung zu erreichen. Anstoß dazu mögen Gaufürsten gegeben haben, die in der Zeit des Niedergangs königlicher Macht sich gewaltige Felsgräber anlegten, z.B. in Assuan, sich Pyramidentexte aneigneten und so das königliche Vorrecht, nach dem Tode in Osiris aufzugehen, auf sich bezogen hatten. Eine Stellung als verehrungswürdiges Wesen hatten sie teilweise schon zu Lebzeiten beansprucht, indem sie ihre Statue im Tempel der Gaugötter aufstellten.

Bald gewöhnen es sich auch andere nichtkönigliche Personen an, Pyramidensprüche in ihre Sargkammern zu übernehmen. Auf den Särgen selbst aber erscheint eine neue Art von Verklärungsliteratur, die Sargtexte (abgekürzt CT = Coffin texts), kurze Sprüche (sp = spells) meist zauberhafter Art, in denen entweder der Tote selbst das Wort ergreift oder die Totenpriester ihn bzw. die Götter ansprechen, um Kraft wirksamer Worte die Verklärung zum postmortalen Leben hervorzurufen. Die gleichen Gattungen wie in den Pyramidentexten werden benutzt, manche Sargsprüche sind nichts anderes als abgewandelte Pyramidentexte. Insgesamt 1200 solcher Sprüche sind erhalten, wenngleich nie sämtliche auf einem Sarg stehen. Über die Pyramidentexte hinaus wird es üblich, dem Text eine Zweckangabe voranzustellen wie "Verwandlung in einen Falken" oder "Verwandlung in Osiris, Sobek, Atum" und andere Götter. Oft heißt es auch "Spruch für das Herausgehen (des Abgeschiedenen aus dem Grab) am Tage" oder ähnlich. Meistens werden die Texte auf die Innenseite des Sarges geschrieben, so daß der Abgeschiedene sie lesen kann. Allmählich werden dann Sargdeckel, Grabwände, Stelen und beigegebene Papyri auf gleiche Weise beschriftet.

Auf den Böden der Särge von El-Bersche erscheint darüberhinaus ein "Zweiwegebuch" mit Sprüchen für einen Land- und einen Wasserweg der Sonnenbarke, der zweite verläuft durch eine Feuerinsel. Das Buch (= CT sp 1029-1185) liefert das erste Beispiel eines kosmografischen Unterweltbuches; eine Gattung, die dann im Neuen Reich ausgebaut wird.

Auf den Sargwänden taucht um die gleiche Zeit ein *Gerätefries* auf, welcher die Gegenstände des täglichen Bedarfs abmalt, die der Selige zum gelungenen Nachleben benötigt: Kleider, Schmuck, Waffen, Werkzeuge, Ritualgeräte, Amulette. Die wirksamen Bilder gewährleisten die Versorgung des Toten ebenso wie die Sprüche.

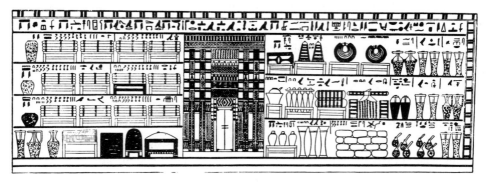

Abb. 41 Gerätefries aus einer Sargkammer mit Leinenballen (l.), Prunkscheintür, Schmuck und kosmetischen Mitteln (r.)

Texte wie Abbildung lassen erkennen, daß die damalige Zeit wie schon das Alte Reich auf eine Fortführung des diesseitigen Lebens, wenngleich unter besseren Bedingungen, im Jenseits hofft. Deshalb wünschen die Sprüche die gebräuchlichen Speisen und Getränke herbei, zielen auf Gliedergebrauch und Geschlechtsverkehr. Insofern besteht ein bemerkenswerter Unterschied zu den oben geschilderten zeitgleichen Abydostexten, bei denen die diesseitigen Freuden zurücktreten. Die Sargtexte sichern solche Bedürfnisse gern durch Abwehrzauber und bezeugen damit eine tiefgründige Angst, die den Ägypter vor dem Verlust des Jenseitslebens zu allen Zeiten bewegt hat. Dutzendweise wollen die Sprüche verhindern, daß der Abgeschiedene aus Hunger oder Durst zum Kotessen oder Harntrinken gezwungen wird oder Feinde ihn überwältigen. "Ich esse nicht den Unrat auf, der aus dem Hintern des Osiris kommt. (Denn): 'Iß', sagen sie zu mir"[22]. Dazu tritt die Furcht, den Kopf zu verlieren oder die Zaubermacht oder den Sarg. Auch muß das eigene Herz gehindert werden, gegen seinen Besitzer zu zeugen. Denn nur Reine haben Anteil am ewigen Fortleben. Am Leben dieser Erde und vor allem am Erlebnis des irdischen Sonnenscheins möchte der Tote weiter teilhaben. Deshalb gibt es die "Sprüche für das Herausgehen (aus dem Grabe) am Tage" oder "um menschliche Gestalt anzunehmen" (sp 105.107 z.B.). "Immer kreisen seine (des Toten) Wünsche um das irdische Leben", bedauert begreiflicherweise Kees[23].

Ein genußreiches Jenseitsleben haben nichtkönigliche Personen schon während des Alten Reiches angestrebt und sich deshalb im Umkreis einer Pyramide beisetzen lassen. Von der damaligen Abhängigkeit vom königlichen Dasein lösen sich jetzt die Untertanen. Sie streben eine ähnliche Seligkeit an wie der abgeschiedene König. Dazu gehört zunächst ein Himmelsaufstieg. Einst nur dem Pharao vorbehalten, wird er durch die Sargtexte jedem rituell Bestatteten in Aussicht gestellt. Deshalb soll er "sich in einen Falken verwandeln" oder in Ibis, Schwalbe, Gans (sp 147; 271; 278; 286). Von der Göttin Isis wird er dann begrüßt: "O Falke, mein Sohn Horus!", jubelnd darf er dann von sich bekennen: "Ich bin Horus, der Falke!" (sp 148 II 221-223). Auf solche Weise gelangt er zum Opfer-Friedens-Gefilde, wo er fortan von üppigen Früchten sich sättigen kann (sp 72 I 300-1; sp 173 III 55).

Die ehedem am königlichen Dasein exemplifizierte Anthropologie (Kap. 8) verallgemeinern die Sargtexte und sehen in ihr die Voraussetzungen für die Ausmalungen des Nachlebens. Wie in den Pyramidensprüchen bilden für die Sargtexte die verschiedenen *Außenseelen* einer Person den Anknüpfungspunkt für eine Vielfalt von Zugangsweisen in der Schilderung künftiger Existenz. Zur "Hauptformel" auf dem Sargdeckel gehört der Satz, daß der Totengott Osiris (oder Anubis) den Abgeschiedenen mit dessen Erhaltseele Ka zu reinen Sitzen im Himmel geleitet[24]. Der Ka bleibt Opferempfänger und Nahrungsvermittler, womit er die Gestalt künftig erhält. Auch eine Verklärungsseele tritt aus dem Toten hervor, so daß er von sich sagen kann: "Ich bin Ach und Herr der Ach-Seelen" oder "ein Ach des Gottes Horus" (sp 1042 VII 293; sp 317 IV 114). Sein Ach wie sein Ka weilen hinfort ebenso im Umkreis des Grabes wie am Himmel (sp 13; sp 310). Wichtiger noch für den Abgeschiedenen ist, daß seine Aktiv- und Bewegungsseele, der Ba, um ihn sein wird: "Ich habe meinen Ba geschaffen, der hinter mir ist" (sp 75 I 362), ja "ich habe Millionen von Bas vereinigt, die ich unter meine Genossen gesetzt habe" (sp 75 I 377). Der Ba befand sich zu Lebzeiten innerhalb des menschlichen Körpers, nunmehr wird er selbständiger, tritt heraus "aus den Ausflüssen meines Fleisches und dem Schweiß meines Kopfes" (sp 99 II 95). So wird diese Seelenmacht stärker als im Alten Reich schon auf den lebenden Menschen bezogen. Auch der Bewegungsradius des Ba wird nun als erheblich weiter vorausgesetzt. Während in den Pyramidentexten die Verklärungsseele im Himmel und die Leiche auf der Erde vorausgesetzt werden, kann es jetzt heißen "dein Ba ist im oberen Himmel ... deine Leiche in On" (sp 44 I 185). Die Aktivseele hält die Verbindung zum Diesseits, etwa zum heiligen Ort Abydos (sp 45 I 197-8). Daneben spielt die Schattenseele eine Rolle, sie weilt im Jenseits, während der Ba diesseitig agiert (sp 2 I 8). An weiteren anthropologischen Wirkgrößen gehört zur Ausstattung des Verklärten der Zauber, Heka, der seinen Leib erfüllt (sp 30 I 90). Vor ihm her wandelt das Heil, *was* (sp 65 I 279). Solche Außenkräfte körpern sich bisweilen in andern Wesen ein und haben jeweils besondere Gottesrelationen, unter Umständen sogar mehrere: "Mein Ba sind die drei (göttlichen) Widder (an verschiedenen Kultorten), meine Schattenseele sind die sechs Chnume" (sp 563 VI 162). Auch für die Sargtexte bleibt es also dabei, daß der Mensch ein polymorphes Wesen ist, ein Bündel von Fähigkeiten und Gliedern. Ihr Zusammenspiel ist so nötig wie die Betreuung jedes einzelnen Teiles. Die Abydos(?)-Inschrift des Sebekhotep verweist auf das Nebeneinander der Seelenmächte.

Seine Kapelle nennt er "Schattenplatz für meinen Ba und Ruheplatz für meine Schattenseele", die Gaben aber, welche die Vorübergehenden spenden, gehen an seinen Ka. Die drei Seelenarten müssen also je für sich befriedigt sein, wenn das Nachleben gelingen soll[25]. Von hohem Belang ist auch der *sechem,* die Machtseele des Abgeschiedenen; er ist zugleich *sechem* der Isis, das macht ihn kräftig und mehr *ach-* und *ba*-erfüllt als manche Götter (sp 45 I 194).

Zu Lebensüberhöhung im Jenseits und zur sicheren Abwehr aller drohenden Gefahren gehört darüberhinaus eine königliche *Stellung*. Sie kann, so die neue Botschaft der Sargtexte, jedermann nach dem Tod zuteil werden! "Du bist der Sohn des Königs, der Erbe" ruft sp 45 dem in den Sarg Gelegten zu, anscheinend unter Leugnung der Erbansprüche aller anderen. Als ein König von Oberägypten empfängt er die entsprechende Krone (sp 61 I 257). "Du bist Horus mit der weißen Krone" wird ihm zugerufen, oder es heißt in dritter Person: "NN hat die beiden Länder in Besitz genommen; du bist Horus, Herr der Maat" (sp 16-17 I 47-53). Manche Sprüche sind aus dem Königsritual genommen (sp 42-43; 313). Den Toten begleiten königliche Embleme wie Uräen und Geierkragen als Schmuck in das Grab, oder ein Schurz mit Uräenrand und Abbildungen beider Kronen.

Da der Pharao die einzige von Göttern legitimierte Monarchie im Kosmos darstellt, wird dem zum König verklärten Privatmann nicht bloß das Nilland in Aussicht gestellt, sondern ihm zugerufen: "Nimm Besitz vom Himmel, ererbe die Erde!" (sp 5 I 15). So gibt es denn einen "Spruch, König des Himmels zu werden" (sp 256 III 365), was freilich gleich im folgenden Abschnitt herabgemindert wird: "Ein Geehrter, *imachu* beim König zu werden" (sp 257 III 367). Zur königlichen Stellung gehört, daß man hinfort nicht mehr zur Arbeit verpflichtet werden kann, sondern dafür andere Gestalten zur Verfügung stehen (sp 210 III 164). Von nun an werden den Toten kleine Menschenfigürchen, die Uschebtis, beigegeben, auf denen der Name des Toten vermerkt ist, von jenen wird erwartet, daß sie den Frondienst im Jenseits leisten, für den Fall, daß NN dazu beordert wird[26]. Es überrascht, wie unverfroren der einzelne auf königliche Würden nach seinem Tode hofft. Obwohl das reale Königtum abgewirtschaftet hat, bleibt die Sehnsucht, einmal König zu werden, das höchste begehrenswerte Ziel. Dem modernen Betrachter fällt auf, daß dabei die Konkurrenz mit anderen verklärten Toten, die die jenseitige Königswürde schon erreicht haben, nirgends in Betracht gezogen wird. Beim Königtum geht es um eine Spitzenstellung, deshalb kann der jenseitige König nur eine einzige Person sein.

Dagegen mangelt es nicht an Beziehungen zu einer Vielzahl von bereits Verstorbenen aus der eigenen Familie. In den Sargtexten – anders als in den Pyramidensprüchen – wird damit gerechnet, daß der Verklärte im Totenreich seine Verwandten trifft. In der weiten Halle der Unterwelt trifft er seinen verklärten Vater (sp 38-40 I 157-167). Dieser wird vom Sohn um Fürsprache und Schutz angegangen, gleichzeitig wird ihm aber unmißverständlich klargemacht, daß er Würde und Machtseele nunmehr an den Neuankömmling abzutreten hat[27]. Es gibt einen Spruch, um "einem Mann die Familie im Totenreich zu übergeben"; dabei werden Kinder, Brüder, Vater, Mutter und Diener aufgezählt. Sie alle werden aus der Knechtschaft gegenüber Seth und anderen Göttern durch den Ankommenden befreit (sp 131-132 II 151-157). Wird jedoch verwehrt, den Familienzusammenhang wieder herzustellen, so werden die Götter selbst es bitter büßen (sp 146 II 180-205).

10.5 Der Bezug zu einzelnen Göttern und die Einung mit Re und Osiris

In den Sargtexten wird der althergebrachte Gott des irdischen Königs, *Horus*, der die Sohnespflicht an seinem Vater Osiris wahrzunehmen hat, zu einer Gestalt, mit der sich der Tote selbst vornehmlich identifiziert. Seine Verwandlung in einen Falken wiederholt die urzeitliche Geburt jenes Gottes (sp 286 IV 36-38). Isis selbst hatte ihn geboren, Sothis ihn gesäugt (sp 66 I 281). Eine Aktualisierung der Urzeitereignisse bewirkt das in den Sprüchen zutage tretende Ritual, das die Gerichtsverhandlung im Fürstenhaus zu On über die rivalisierenden Thronansprüche von Horus und Seth adaptiert. Der jetzt im Sarg Beigesetzte war es, der damals vor dem Göttertribunal erschien und legitimiert wurde. Deshalb ziert ihn die Feder der Maat, der Wahrheit-Gerechtigkeit (sp 8-9 I 24-33). Dadurch ist er zu einer Machtseele geworden und trägt den Titel "Wahr-gerechtfertigt durch Stimme" (m^{3c}-*ḫrw*). Seine männlichen und weiblichen Feinde werden während des Verklärungsvorgangs erledigt. Im Ritual wird begleitend zur Rezitation eine Wachsfigur des Feindes geformt und feierlich begraben (sp 37 I 157). Die großen Götter sind alle um ihn bemüht. Thot streckt ihm die Hand entgegen, Isis und Nephthys schreien seinetwegen, Anubis verbrennt für ihn Weihrauch, Wepwawet öffnet die Pfade vor ihm, Re öffnet ihm zusammen mit Nut und Geb die Pforten des Himmels und die von Abydos (sp 24 I 74-5). Das Aufgebot könnte nicht größer sein. Nach dem Urteil der Götter, das dem Osirisurteil in On entspricht, wird er von der Göttergesellschaft als einer der ihren begrüßt und besteigt den Thron des Geb (sp 11 I 37). Nicht nur König ist er geworden, sondern wahrhaft Gott: "Du bist *netscher* und wirst *netscher* sein" (sp 19 I 55). Durch eine Gliedervergottung wird jeder Körperteil vom Kopf bis zu den Fußzehen einem anderen Gott zugeordnet (sp 945 VII 159). Die göttliche Art des seliggewordenen Ägypters beschränkt sich nicht auf die Verschmelzung mit Horus. Dem Krokodilgott Sobek z.B. wird er ebenso gleich, dem "mit dem gierigen Gesicht"; deshalb vermag er hinfort seinen Gelüsten uneingeschränkt zu frönen (sp 285 IV 35). Sogar zum Nilwassergott wird er und sorgt für die Ernährung der Götter, die ihn dafür verehren (sp 317 IV 110-35).

Darüberhinaus geht er im *Sonnengott* auf. Zwar gibt es Sprüche, in denen der Verstorbene auf Abstand von Re geht: "Ich werde von Re nicht vertrieben ... der Sonnenschein hat keine Macht über mich" (sp 105 II 112); hier wird eine Abwehrhaltung spürbar. Doch es überwiegt die positive Zuordnung: "Es war Re, der mich als einen Sohn geschaffen ... der meine Gestalt über die Götter erhöht hat" (sp 317 IV 119f.). In frommer Haltung will er wie ein König "täglich Maat dem Re darbringen, damit dessen Leber gedeiht" (sp 165 III 6). Es fehlt nicht das stolze Bekenntnis: "Ich bin Atum, der Schöpfer" oder "Chepri, der Selbstentstandene" (sp 103 II 109; sp 402 V 175). Die Bindung an Re ergibt sich aus einer Seinsverwandtschaft, denn die Menschen sind aus Tränen im Auge des Sonnengottes entstanden (sp 714 VI 344). Auch die Erhalt- und Gestaltseele der Menschen stammt aus jenem Ursprung, denn der Einherr schickte sein Einauge aus, es kam aus einem Munde und legte seine Millionen von Kas um die Geschöpfe (sp 261 III 382-3). Wie Re jeden Morgen neu ersteht, soll es dem Verstorbenen hinfort im Totenreich ergehen.

Neben Re steht die Göttin *Hathor* als Ziel des Strebens. Mit ihr wird er in der Sonnenbarke fahren. Erscheint er als Re und Atum, wird er von Hathor gesalbt, die ihm täglich Leben gibt (sp 45 I 192). Die Austauschbarkeit der Seinsarten überspringt in diesem Falle die sonst schier unübersteigliche Grenze des Geschlechtes. Der Spruch 331 (IV 172-3) vermittelt das "Hathorwerden" und läßt den Toten proklamieren: "Ich bin Hathor", nämlich "die Urzeitliche, die Herrin des Alls, die von der Maat lebt".

Gemäß der seit Ende des Alten Reiches hervortretenden Doppelpoligkeit des religiösen Interesses strebt der Abgeschiedene jedoch mehr noch nach Verschmelzung mit der unterirdischen göttlichen Vormacht als mit der himmlischen. "Eine Entsprechung zu Osiris werden" ist Spruch 227 (III 260) überschrieben. Die Rezitation bewirkt, daß der Tote sagen kann: "Ich bin Osiris, Herr der Ka-Seelen, mit lebendiger Vorderseite, starker Hinterseite, steifem Phallos" (III 262). Auch der Privatmann wird so sehr zu einer Erstreckung des Königs der Unterwelt, daß er seinen Namen mit dem seinen verbindet und sich "Osiris-NN" betitelt. Insofern greift die *Verschmelzung mit Osiris* weiter als diejenige mit dem Sonnengott. Stärker noch als in den Pyramidentexten wird Osiris auch als Vegetationsgottheit begriffen und mit dem Korngott Neper in eins gesetzt. Der Tote stellt sich deshalb als Neper vor (sp 330 IV 166-9), als Lebenspflanze, die aus Osiris herauswächst und Menschen und Götter ernährt (sp 269 IV 6).

Daneben bleiben Aussagen stehen, die den Gott selbst von seiner neuen Erstreckung Osiris-NN unterscheiden. Der Westgöttin soll Osiris den Abgeschiedenen als gemeinsamen Sohn Horus anempfehlen (sp 32 I 104 vgl. Pyr

282-4). In umgekehrter Aktivität spendet der Verklärte als Nilgott dem Osiris Speise (sp 317 IV 113) und sorgt für dessen Erhalt (sp 75 I 349). Oft erscheint Osiris in passiver Rolle als "der Herzensmüde"; insofern steht er an menschlicher Art dem Toten näher als andere Götter. Zumeist wird eine stärkere Einheit mit Osiris als mit Re gesucht. Osiris ist in den Texten "die eigentliche zentrale Figur"[28].

Der religiöse Antagonismus, der mit dem Ende des Alten Reiches aufgebrochen war, die Spannung für den menschlichen Verehrer zwischen dem Kreis um den Sonnengott und dem des unterirdischen Osiris, kommt also auch in den Sargtexten zum Ausdruck. Der Tote will an beiden Bereichen teilhaben, ohne daß ein vollständiger Ausgleich erfolgt. Eine Möglichkeit dazu ist der Rückgriff auf die Gestalt des Atum, von dem beide großen Götter herstammen. In einem mit vielen Interpretamenten versehenen Spruch, der später zu einem wichtigen Teil des Totenbuches wird (s.u.), stellt sich der Tote als Atum vor in dessen verschiedenen Funktionen, welche sowohl die des Re wie die des Osiris einbegreifen (sp 335 IV 184-325). Auch die anthropologische Polymorphie ermöglicht, beide Relationen festzuhalten. Die Ba-Seele des Osiris-NN weilt im Himmel bei Re, sein Leichnam hingegen in On und dort wohl bei Osiris (sp 44 I 185). Osiris ist für ihn Herr der andauernden *dschet*-Ewigkeit, Re der Herr der in sich vielfältigen *neheh*-Ewigkeit, beide aber sind "großer Gott". Osiris ist das Gestern, Re das Morgen (sp 335 IV 190). Um beide Beziehungen in sich zu vereinen, kann der Tote von sich sagen "ich bin Zwillings-Ba", nämlich derjenige von Re wie der von Osiris (sp 335 IV 276). Oder er teilt sich auf: "Drei Teile von mir sind im Himmel mit Re, vier Teile auf der Erde mit Geb (sp 1011 VII 225). Hier bleibt Re die überlegene Gestalt. So kann es heißen: "Ich bin Osiris, Sohn des Geb, Nachfolger des Re" (sp 313 IV 93).

Überlieferungsgeschichtliche Brüche fehlen nicht. So ist Spruch 254 (III 357) überschrieben "ein Schreiber Res werden", der eigentliche Text hebt aber an: "Ich bin Kerkeru, der Schreiber des Osiris". Obgleich der Ausgleich weit stärker fortgeschritten ist als in den Pyramidentexten, wird über das Verhältnis Res zu Osiris kein Konsens erreicht. Auch die Sargtexte lassen einen "Zwiespalt im Jenseitsglauben" erkennen[29]. Zeitliche und regionale Unterschiede treten ebenso zutage. Während der Osiriskreis in der älteren Schicht der Sargtexte und durchweg in Oberägypten zurücktritt, rückt er in den jüngeren Texten und besonders auf den Särgen aus Saqqara in den Vordergrund[30].

10.6 Totengericht?

Die maßgebliche Ausgabe der Sargtexte beginnt mit einer Überschrift: "Buch für die Rechtfertigung eines Mannes in der Unterwelt". Die Sprüche eins bis neun handeln vom Göttergericht. Kennen also die Sargtexte ein Gericht "nach den Werken" für jeden Abgeschiedenen, wie es dann im Neuen Reich in der Überlieferung vom Abwägen der Taten der Toten unter der Aufsicht des Osiris und seines Gerichtskollegiums selbstverständlich wird (Grieshammer)? In der

Weisheitslehre für Merikare, die oben Kap. 9 angeführt war, herrschte die Erwartung, daß der Herrscher nach seinem Sterben vor einem Gerichtshof zu erscheinen hat, wo nicht nur gemäß der alten Osirismythe sein legitimer Nachfolgeanspruch bestätigt wird, sondern eher auf seine innere Berechtigung zum Weiterleben hin untersucht und geprüft wird, ob sein "Haufen" (oder: Summe) von Taten den Maßstäben der Maat genügt hat; nur dann wird ihm gestattet, in das Reich des Osiris einzugehen. Entsprechend eindeutige Aussagen fehlen in den Sargtexten im Blick auf das künftige Schicksal des gewöhnlichen Menschen. Zwar kann er nur weiterleben wenn, er "gerechtfertigt hinsichtlich der Stimme (m^{3c}-$ḥrw$) ist, aber dabei könnte einzig an einen Entscheid zwischen dem Anspruch des Verstorbenen und dem seiner Feinde gedacht sein (Spiegel)[31]; denn Spruch 45 (I 192) lautet: "O Osiris-NN, kein Gott rechtet mit dir, keine Göttin rechtet mit dir am Tage der Abrechnung der Schlafenden vor dem Gewaltigen, dem Herrn des Westens ... ich (Horus oder Anubis) bin es ja, der deinen Weg öffnet und dir deinen Feind niederwirft" (sp 45 I 192-3). Dem Toten wird zugesprochen, daß er in der Sonnenscheibe sitzt und wie Thot in der Barke des Re die Wahrheit-Gerechtigkeit abwägt (sp 47 I 209); aber es wird nicht gesagt, was er zu wiegen hat, und es liegt nicht nahe, daß er sich selbst auf die Waage legt. In Richtung auf ein Totengericht über die Rechtschaffenheit eines jeden weist vielleicht Spruch 44 (I 181): "Vertrieben wird dein Böses, ausgelöscht dein Verbrechen durch die, die mit der Waage wiegen am Tage der Abrechnung der Eigenschaften". Allerdings gilt hier das Abwägen der guten Taten mit der Tilgung der ihn belastenden Sphären von Übeltat Hand in Hand. Die zweite Handlung fehlt in späteren Aussagen über das Totengericht und macht dadurch erst die Abrechnung der Eigenschaften zu einem gefährlichen Durchgangsstadium für jeden Abgeschiedenen.

10.7 Der Atemgott als Lebensgarantie

Der Antagonismus zwischen Re mit seiner Sphäre des Seinigen und dem Gefolge des Osiris wird in einigen Sprüchen neutralisiert durch eine überragende Rolle, die dem Luftgott *Schu* eingeräumt wird. Dieser Gott, seit alters zu Neunheit gehörig als Sohn des Urgottes Atum, wird während des Alten und Mittleren Reiches außerhalb der Totenliteratur kaum je erwähnt. Für bestimmte Abschnitte der Sargtextsammlung wird er aber zur Urkraft schlechthin. Schon im Blick auf andere Lebewesen, auf Falken, Schakale, Schweine wird dem Gott das Selbstbekenntnis zugeschrieben: "Ich belebe sie durch diesen meinen Mund als das Leben, das in ihren Nasenlöchern ist" (sp 80 I 42-3). Die Spruchreihe 75-81 weist dem Abgeschiedenen die ausschlaggebende Stellung des Atemgottes zu, sie hebt an mit der Selbstvorstellung: "Ich bin eine Ba-Seele des Schu ...

ich bin stärker als alle Neunheiten" (I 314-20) und endet mit der Identifikation: "Ich bin Schu" (II 44). Es ist begreiflich, daß ein Mensch für die Zeit des erwarteten Nachlebens die Fähigkeit zum Atmen für besonders wichtig hält. Fällt doch bei einem Toten zuerst das Ende der Atmung auf. Wo also Atem für immer gewährleistet wird, ist die postmortale Existenz gesichert. Schu als Macht der lebensspendenen Luft wird deshalb als Herr des unendlichen Zeitrhythmus' ($nḥḥ$) gepriesen und seine Partnerin Tefnut als Herrin der dauernden Zeitenfülle (dt) (sp 80 I 28). Da Atem und Luft in eins gesetzt werden, wird Schu zur Schubkraft für den Himmelsaufstieg des Toten. Mit seiner Luftmenge erfüllt Schu nicht nur den Raum zwischen Himmel und Erde, sondern stützt ihn, setzt acht himmelsstützende Heh-Götter aus sich heraus, die den Bestand des Alls verbürgen (I 27-8). Indem der Tote diesem Schu gleich wird, erlangt er kosmische Dimensionen.

Nach der Lehre von On war Schu zusammen mit seiner Schwester und Gattin Tefnut die erste Generation, die der Urgott Atum durch Selbstbefriedigung und Selbstbegattung hervorgebracht hatte (Kap. 5). So ist der Atemgott in der Weltentstehung verwurzelt. Als erstes differenziertes, weil – zusammen mit Tefnut – duales Wesen, ist Schu der älteste gestalthafte Gott jenseits der undifferenzierten Einheit des Atum. Damit wird jener zum Vater der Götter und Tefnut zur Mutter der Neunheit (sp 79 II 23). Als mythische Substanz entströmt Schu allmorgendlich den Nasenlöchern des Atum und erhält ihn seinerseits wieder lebendig. Daraus schließt ein Sargtext auf eine geschlossene Götterdreiheit, die seit der Weltentstehung eng verbunden agiert: "Da sagte Atum: Tefnut ist meine lebendige Tochter, sie ist zusammen mit ihrem Bruder Schu. 'Leben' ist sein Name, 'Wahrgerechtigkeit' ($ma'at$) ist ihr Name ... indem ich dabei bin in ihrer Mitte, der eine an meinem Rücken, die andere an meinem Bauch" (sp 80 II 32-33). Dadurch, daß der Atemgott in den Mittelpunkt gestellt und für das Fortleben ausschlaggebend wird, treten die beiden Antipoden der kultischen Verehrung, Re und Osiris, ein Stück weit in den Hintergrund. Auch Osiris bedarf des Lebensodems, den ihm Schu vermacht. Erst durch Schu werden seine zerstreuten Glieder zusammengefügt (sp 76 II 38). Im Blick auf den Sonnengott kann es ähnlich heißen, daß es Schu war, von Atum geschaffen, der Re erst zur Existenz brachte (sp 76 II 3). Schu und Tefnut zusammen bilden die beiden Horusaugen, die Atum hervorgebracht hat und die mit der Nacht- und Tagesbarke des Sonnengottes identisch sind (sp 607 VI 220). Auch Re ist eine Ba-Seele des Schu (sp 333 IV 178).

Aus diesen Schu-Texten hat Assmann auf eine um 2000 aufbrechende Schöpfungstheologie geschlossen, welche die Lebenskraft als die Einheit des Alls auffaßt und sie in einem Gott verkörpert sieht, der mit dem Urgott wesenseins ist. "Diese Lebensgott-Theologie ist es, die in den folgenden Jahrhunderten das ägyptische Denken nicht loslassen wird". In ihr melde sich "die Frage nach der Einheit Gottes", die zum "roten Faden ägyptischer Theologie" werde[32]. Freilich wollen die so allumfassend klingenden Aussagen über die Dreiheit Atum-Schu-Tefnut im Rahmen der Sargtexte zunächst nur die Fortdauer des Toten dadurch verbürgen, daß sie ihn als "Aktivseele" einer Götterdreiheit und damit eines urzeitlich-einheitlichen Kraftfeldes verstehen. Insofern liegt das Interesse noch nicht an Weltauslegung. Die Schu-Sprüche wollen innerhalb einer Vielfalt von Zugangsweisen für die Jenseitserwartung einen mythologischen Schlüssel unter anderen darbieten. Dennoch zeigt die gleichzeitig in Theben aufkommende Amonverehrung, auf die im nächsten Kapitel einzugehen ist, die gleiche Neigung, einen entscheidenden Lebensgott herauszustreichen, in diesem Falle vor allem für die auf Erden Lebenden. Insofern macht sich das zweite vorchristliche Jahrtausend in Ägypten tatsächlich auf die Suche nach einem Lebensprinzip als hintergründiger Macht, die Menschen und Götter gleichermaßen betrifft.

10.8 Der Sonnengott als Schöpfer des menschlichen Herzens

Eine viel verhandelte Stelle im Zweiwegebuch behandelt die Gleichheit aller Glieder des menschlichen Geschlechtes, welche die Verallgemeinerung der königlichen Jenseitserwartung begründet, und führt sie auf den Willen des göttlichen Allherrn zurück, dessen Name geheim bleibt, der aber nach dem Zusammenhang kein anderer als der Sonnengott ist[33]. Der Besatzung seiner Barke hatte der Allherr einst mitgeteilt, was sich sein Herz ersonnen hatte, um das Unheil, *isefet*, zu mindern:

> Ich habe gemacht vier vollkommen-schöne Taten inmitten des Tores des (östlichen) Horizontes.
> Ich habe gemacht die vier (Atem-)Winde, daß jedermann atme zu seiner Zeit. Das ist eine Tat.
> Ich habe gemacht die große Überschwemmung, daß der Geringe mächtig sei durch sie wie der Große. Das ist eine Tat.
> Ich habe gemacht jeden Mann wie seinen Gefährten. Nicht befahl ich, daß sie Unrecht tun sollten. Ihre Herzen sind es, die verletzen, was ich gesagt habe. Das ist eine Tat.
> Ich habe gemacht, daß ihre Herzen unfähig sind, den Westen zu vergessen, damit Opfer (*ḥtpw*) gemacht werden den Gaugöttern. Das ist eine Tat.
> Ich habe geschaffen die Götter aus meinem Schweiß und die Menschen aus meinen Tränen.

Wie im Schlußhymnus der Lehre für Merikare (Kap. 9.5, oben S. 204) scheint die Welt um des Menschen willen eingerichtet zu sein, nur im letzte Abschnitt wird bestimmten Göttern ein Recht auch gegenüber Menschen zugestanden. Drei der vier urzeitlichen Setzungen funktionieren reibungslos. Atem, Luft und befruchtendes Wasser erhalten das menschliche Leben, und menschliche Gaben stärken die Gaugötter. Hingegen hat die dritte Schöpfungstat nur bedingten Erfolg gezeigt. Zwar ist "jedermann wie sein Gefährte", und das anscheinend durch die Einpflanzung der gleichen Art von Herz bei jedermann. Das soll zur Erkenntnis und zum Tun der Wahrgerechtigkeit befähigen, was aber weithin nicht geschieht. Die Menschen lehnen sich mit ihren Herzen wider den Gotteswillen auf.

In zweierlei Hinsicht hat der Abschnitt Aufmerksamkeit erregt. Die einen Gelehrten sehen hier ein Zeugnis für die grundsätzliche *Überwindung* aller *gesellschaftlichen Schranken* durch die ägyptische Religion. Nach Morenz[34] wird "in fast unglaublich-moderner Weise die Gleichheit des ägyptischen Menschen vor Gott" zum Ausdruck gebracht. Im Zusammenhang der Totenliteratur läßt sich jedoch der Satz auch eingeschränkter verstehen: Jedem ist es möglich, jene dem sozialen Stand angemessene Maat zu vollbringen, die für das Fortleben entscheidend wird; denn es gibt ein einheitliches Erkenntnis- und Gewissensorgan bei allen, eben das Herz. Was es mit sozialen Unterschieden auf sich hat, steht nicht zur Debatte.

Anderen Forschern erscheint bedeutsam, daß hier zum ersten Mal in Ägypten *menschliche Willensfreiheit* ausdrücklich formuliert und damit die schöpferische Gottesmacht von der Verantwortung für die Übel der Welt befreit wird. E. Otto[35] hat in diesem Spruch eine lösende Antwort auf jeden Vorwurf an den Schöpfergott gesehen, der in der sogenannten Auseinandersetzungsliteratur (s.u. Kap. 12) laut wird und die Ungerechtigkeit in der Welt nicht mehr mit der durch den Sonnengott angeblich garantierten Maat in Einklang bringen kann. Fecht[36] und Assmann haben sich dieser Deutung einer "Apologie des Schöpfers" angeschlossen. "Hier ist die Rede ... von dem einen, bestimmten Gott, der die Welt geschaffen und insofern zu verantworten hat, vor dem sich aber auch der zur Freiheit mit- oder gegenwirkenden Handelns berufene Mensch verantworten muß. Das Theodizee-Problem kreist um die Rechtfertigung 'Gottes', nicht der Götterwelt"[37]. Nun konnte Otto die These deshalb besonders überzeugend vertreten, weil er auch die vierte aufgezählte Gottestat in dieser Richtung gedeutet und übersetzt hatte: "Ich habe geschaffen, daß ihre Herzen den Westen *nicht* kennen". Wird der Satz jedoch wie heute üblich wiedergegeben: "Ich habe gemacht, daß ihre Herzen unfähig sind (*tm r*), den Westen zu vergessen", dann schränkt der Schlußsatz die Willensfreiheit des Herzens erheblich ein. Um der Angst vor dem Tode willen, die in den Herzen unauslöschlich eingebrannt ist, opfert jeder den lokalen Göttern und verwirklicht aus innerer Notwendigkeit heraus ein Stück Maat. Um Theodizee geht es auch deshalb nicht, weil der Zusammenhang des Zweiwegebuches den Toten mit jenem urzeitlich schöpferischen Gott gleichsetzt. Das Ende des Spruches lautet bezeichnenderweise:

> Jeder, der diese Zaubersprüche kennt, wird Re gleich sein im östlichen Lichtland und Osiris gleich in der Unterwelt. Er wird hinabsteigen in den Feuerkreis, ohne daß die Flamme ihn jemals berührt.

Wenn der Spruch sich so durchaus in die Anthropologie und Theologie des beginnenden Mittleren Reiches einfügt und nicht jene modernistischen Züge zeigt, die ihm gelegentlich zugeschrieben werden, so begründet er doch wie kein anderer vor ihm die Demokratisierung der Jenseitshoffnung, die Verallgemeinerung des Maatbewußtseins und die Generalisierung bis dahin königlicher Vorrechte. Insofern liefert er beispielhaft die gedanklichen Grundlagen für die Ausweitung des Osirisgeschickes auf jeden Landesbewohner, was den Tenor vieler Sargtexte bestimmt.

10.9 Wachsende Kluft zwischen Diesseits und Jenseits

Hat es schon bei den Verklärungssprüchen für den toten König im Alten Reich befremdet, wie sehr dort ein menschliches Wesen Macht und Verfügung über die höchsten Götter beansprucht, so befremdet der gleiche Omnipotenzanspruch bei Privatleuten in den Sargtexten noch mehr. Mit Horus, Re, Osiris und anderen göttlichen Mächten will der Tote eins werden. Dadurch soll die Wirkmächtigkeit seiner Ach- oder Ba-Seele selbst diejenige der südlichen und nördlichen Götter übertreffen (sp 45 I 194.199). Mehrfach als "Herr der Götter" angesprochen (sp 46-49), fühlt er sich älter als die Götter (sp 75 I 374f.), will nach Herzenslust Göttinnen schwängern (sp 75 I 366-7) und durch Re verehrt werden bei dessen Aufgehen (sp 48 I 213). Ja, er scheut sich nicht, dem Sonnengott zu drohen, daß er ihm Opfer entzieht und seinen Phallos verschlingt (sp 146 II 189; sp 548 VI 145), falls er sich nicht dem Toten willfährig zeigt. Sollte der Abgeschiedene am Weiterleben gehindert werden, wird der Kosmos zusammenbrechen, denn (sp 366 V 27):

> Die Stirn dieses NN wird durch Schu mit seiner Hand gestützt, mit der er die Nut (den Himmel) stützt.
> Wenn meine Stirn zu Boden fällt, fällt auch die Stirn der Nut auf die Erde.

Der Allheitsanspruch sterblicher Menschen läßt sich kaum höher steigern. Vor allem verblüfft, mit welcher Rücksichtslosigkeit selbst die höchsten Götter bedroht werden, damit sie dem Willen des kleinen Menschen sich fügen. Da es für den Ägypter die schlimmste Entwürdigung eines Mannes darstellt, zum Objekt einer Päderastie zu werden, wird der Urgott beschworen: "Atum hat keine Macht über mich, denn ich koitiere seinen Hintern"[38].

Derartige Äußerungen haben Kees dazu geführt, im Blick auf diese Texte von einem "Tiefstand der Dogmatik" zu sprechen und zu vermuten, daß niedere Priester die Oberhand gewonnen haben, "jene halbgebildete Schicht, die in den Nekropolen lebte und neben dem Totendienst ihr Einkommen sicher aus allerhand Zauberei fand"[39]. M. Lichtheim fällt vollends ein vernichtendes Urteil über die Sargtexte: "They show the human imagination at its most abstruse"[40]. Doch die Aussagen sind auf dem Hintergrund ägyptischer Sprache und ägyptischen Denkens zu begreifen. Entsprechende Vorstellungen waren schon in den Pyramidentexten vorgeprägt. Es ist nicht einzusehen, warum das, was einem toten König recht war, nicht verstorbenen Privatleuten billig sein sollte. Im Gegenteil, es läßt sich fragen, ob die Beseitigung königlicher Exklusivität – und sei es durch solch abseitige Äußerungen – nicht einen Fortschritt innerhalb der Religionsgeschichte darstellt.

Der Abgeschiedene begnügt sich nicht damit, König über seinesgleichen zu werden. Er strebt höher, nach Gewalt über die Götter allesamt. Keine andere Religion des Altertums hat so sehr wie die ägyptische des zweiten vorchristlichen Jahrtausends gewagt, dem menschlichen Traum, der Größte von allen und von allem zu werden, so sehr nachzugeben. Uns Nachgeborenen scheint das hybrider Wahnwitz. Für den Ägypter aber war es logische Folge einerseits eines unerschütterlichen Vertrauens in die wirksame Kraft des feierlich ausgesprochenen Ritualspruchs, andererseits seiner Auffassung von den gleitenden Übergängen und Verwandlungsmöglichkeiten, die es zwischen menschlicher und göttlicher Natur gibt. Zwar packt ihn immer wieder die Angst vor dem, was nach dem irdischen Tod an Gefahren auf den Menschen wartet. Diese Angst ist in den Sargtexten im Vergleich zu den Pyramidentexten noch ein gutes Stück gewachsen. Dennoch bleibt die Überzeugung stärker, daß es eine Austauschbarkeit der Seinsarten zwischen oben und unten gibt und damit die Möglichkeit der Verwandlung von Menschen in einen unangreifbaren göttlichen Bereich. Der in der Sprache vorausgesetzte fließende Charakter von Personenverschmelzung und -spaltung erlaubt zudem, von einer letzten Verabsolutierung – von der Behauptung: ich bin ein für allemal der Erste und Letzte –, Abstand zu halten. Eine Vielfalt der Zugangsweisen ist auch in diesen Texten vorauszusetzen. Keine einzelne Aussage will für sich genommen werden. Einerseits wird der Tote zu Osiris, andererseits gehört er nur zu seinem Gefolge oder repräsentiert eine seiner Ba-Seelen. Einerseits fühlt er sich als Re-Atum, andererseits will er nur in der Sonnenbarke mitfahren oder Schreiber des Sonnengottes werden. Solches Nebeneinander empfindet der Ägypter als notwendige dialektische Alternative innerhalb seines mythologischen Denksystems.

Mit dem (keineswegs glücklich gewählten) Begriff "Demokratisierung" bezeichnet die Religionswissenschaft die Übertragung ursprünglich königlicher religiöser Vorrechte auf nichtkönigliche Individuen. Eben das vollzieht sich auf breiter Front und mit Vehemenz in Ägypten um die Wende vom dritten zum zweiten vorchristlichen Jahrtausend. Darin äußert sich eine tiefgreifende Umwälzung im religiösen Denken. Seit der Verbreitung der Sargtexte stellt die postmortale Existenz für den Ägypter nicht mehr eine Verlängerung seiner sozialen Rolle im Erdenleben dar. Zwar gibt es auch im Jenseits eine hierarchische Ordnung, aber sie spiegelt nicht einfach diejenige der vorfindlichen irdischen Gesellschaft und die in ihr gültigen Abhängigkeitsverhältnisse. Der Pharao, für die Alltagswelt die Schaltstelle zwischen göttlichem und menschlichem Bereich und für das Bewußtsein des Alten Reiches auch für das Jenseits und in alle Ewigkeit, verliert seine Monopolstellung hinsichtlich des Nachlebens. So ist die Demokratisierung der in den Pyramidentexten auf den König beschränkten Jenseitserwartung, wie sie in den Abydosstelen und stärker noch in den Sargtexten zutage tritt, das Zeichen einer gedanklichen Befreiung aus den Zwängen vorfindlicher gesellschaftlicher Verhältnisse. "Wie mußten solche (Texte) einem Ägypter, der gewohnt war, seinem Herrn, dem König zu dienen ... beim Begräbnis in die Ohren klingen!"[41].

Im Wandel der Anschauung wirkt sich der Zusammenbruch königlicher Zentralgewalt während der ersten Zwischenzeit aus. Dennoch bleibt die Monarchie das einzig denkbare heilsame Ordnungsgefüge, auch über der Erde und ebenso unter ihr. Die Ohnmacht der königlichen Zentralgewalt hat das Königtum als notwendige Einrichtung nicht zweifelhaft werden lassen. Doch jetzt rüstet sich jeder Ägypter, der es sich leisten kann, nach dem Ableben die begehrte Königsrolle selbst zu übernehmen.

Darin äußert sich ein Stück unbewußten Protestes gegen die herrschende Gesellschaftsordnung. Was sich auf dieser Erde abspielt, ist nicht letzte Gerechtigkeit. Die Frucht der Maat, die von jedem Menschen gefordert wird, kommt erst zum Vorschein, wenn ein Mensch nach seinem Tode als Osiris und "gerechtfertigt durch Stimme" erscheint. Dennoch fehlt jedes revolutionäre Bewußtsein. Nirgendwo - auch nicht in dem oben behandelten Spruch 1130 - wird dem ungerechten Diesseits ein gerechtes Jenseits antithetisch entgegengesetzt. Diejenigen, die durch die Verklärungsriten zum Osiriskönig erhoben werden wollen, sind Mitglieder einer schmalen Oberschicht und profitieren ein Stück weit von den herrschenden gesellschaftlichen Verhältnissen. Doch der Kreis der Bevorzugten grenzt sich nicht aus, er hält sich nirgends für eine von den Göttern herausgehobene Klasse oder Rasse. Theoretisch steht jedem Bewohner des Niltals der Königsweg offen, wenn er die Aufwendungen für das ungeheuer minutiöse Ritual erschwingen kann.

Texte:

A.de Buck/A.Gardiner, The Egyptian Coffin Texts I-VII 1935-1961 (Textausgabe)

P.Barguet, Les textes des sarcophages Égyptiens du Moyen Empire, 1986 (franz. Übersetzung)

R.O.Faulkner, The Ancient Egyptian Coffin Texts I-III, 1973-1978 (engl. Übersetzung)

L.H.Lesko, The Ancient Egyptian Book of the Two Ways, 1972

B.Altenmüller, Synkretismus in den Sargtexten, GOF IV 7, 1975

H.Altenmüller, Bemerkungen zu Spruch 313 der Sargtexte, in: Form und Maß, Fs G. Fecht 1987, 1-17

R.Grieshammer, Das Jenseitsgericht in den Sargtexten, ÄA 20, 1970

W.Helck, Die Herkunft des abydenischen Osirisrituals, ArOr 20, 1952, 72-85

M.Lichtheim, Ancient Egyptian Autobiographies chiefly of the Middle Kingdom, OBO 84, 1988

H.W.Müller, Die Totendenksteine des Mittleren Reiches, ihre Genesis, ihre Darstellungen und ihre Komposition, MDAIK 4, 1933, 165-206

E.Otto, Die Anschauung vom B^3 nach Coffin Texts sp. 99-104; Miscellanea Gregoriana 1941, 151-160

Ders., Osiris und Amun 1966

H.Schäfer, Die Mysterien des Osiris in Abydos unter Sesostris III., UGAÄ 4, 1904 = 1964

W.K.Simpson, The Terrace of the Great God at Abydos: The Offering Chapels of Dynasties 12 and 13, 1974

J.Spiegel, Die Idee vom Totengericht in der ägyptischen Religion, LÄS 2, 1935

Ders., Die Götter von Abydos, GOF IV 1, 1973

J.Yoyotte, Les Pélerinages dans l'Égypte ancienne, Sources Or 3, 1960

Ders., Le judgement des morts dans l'Égypte ancienne. Sources Or 4, 1961.

Zu Osiris s. Literatur zu Kap. 7

RÄRG 2-4 'Abydos'; 669f. 'Sargtexte'; 882 'Zweiwegebuch'.

LÄ 1, 28-47 'Abydos, -fahrt'; 2, 929-931 'Hakerfest'; 5, 468-471 'Sargtexte', 5, 735-737 'Schu'; 6, 1430ff. 'Zweiwegebuch'.

H.Kees, TJ Kap. VII-XII.

Anmerkungen zu Kapitel 10:

1 Assmann, Äg 216
2 Nachty nach Lichtheim 1988, 67
3 Ameniseneb nach Lichtheim 1988, 81
4 z.B. Lichtheim 1988, 63.71.74.77
5 Lichtheim 1988, 60.64 - 61.63f.67
6 Dazu zuletzt Lichtheim 1988, 55-134
7 Antef von Achmim, Kees, TJ 231
8 Lichtheim 1988, 86f
9 LÄ 1, 45f
10 Sehetepibre, AEL I 127
11 Wildung, Sesostris und Amenemhet, 1984, 138f; s.u. Kap. 11, Abb. 44, S. 237
12 ANET 329-30; AEL I 123-5; Berlin 1204
13 Kairo 20538; ANET 431; Erman, Lit 120f; AEL I 125-9
14 Kees, TJ 237
15 Lichtheim 1988, 100
16 Assmann, Äg 218

17 zuerst bei Sobek-iri, Erman, Lit 192f, ÄHG Nr. 204; AEL I 202-4; HPEA 79f; vgl. weiter ÄHG Nr. 205.207-9 = HPEA Nr. 7-9
18 D.Wildung, Sesostris und Amenemhet, 1984, 224
19 Gardiner, Gramm 561
20 Kees, GG 114[1], ähnlich Griffiths
21 Amenemhet, ÄHG 205, 25
22 sp 173 III 48
23 Kees, TJ 204
24 Kees, TJ 180
25 Osiris-Kreuz-Halbmond, Katalog Mainz [4]1984 Abb. 96
26 LÄ 5, 469
27 Faulkner 31[1]
28 Altenmüller 1975, 42
29 Kees, TJ 180
30 Kees, TJ 226f
31 $m^{3c}\ hrw$ kann gen. subj. sein: "seine Aussage ist richtig befunden" (Wb II 15-8 vgl. Gardiner, Gram § 55), aber auch gen. obj.: "gerecht durch (richterlichen) Spruch"; so R.Anthes. JNES 13, 1954, 21-51; vgl. J. Assmann, Fs. M. Eliade, 1983, 345f. In jedem Fall verbindet sich damit Sieg und Triumph.
32 Assmann, Äg 214f
33 ANET 7-8; AEL I 131-3; TUAT II 507-10; Assmann, Äg 204-208; E.Otto, Coffin Texts Spell 1130, in: Fragen an die altägyptische Literatur, Gedenkschrift E.Otto 1977, 1-18
34 Morenz, Rel 58
35 Der Vorwurf an Gott. Vorträge der Orientalistischen Tagung in Marburg, Ägyptologie 1950/1, 3-15
36 Der Vorwurf an Gott in den "Mahnworten des Ipu-wer", AHAW 1972, 1
37 Assmann, Äg 208
38 Kees, TJ 202
39 Kees, TJ 160.215
40 AEL I 131
41 Kees, TJ 245

11. Wiederherstellung des Reiches und Heraufkunft des Amon

11.1 Die wiedererschienene Maat und das selbstbewußte, polymorphe und göttliche Pharaonentum

Nach rund 100 Jahren innerer Wirren wird um 2050 v. Chr. Ägypten wieder vereinigt als straff zentralistisches Staatswesen durch Gaufürsten aus dem oberägyptischen Theben. Ihre Stadt hatte vordem keine politisch belangreiche Rolle gespielt. Dem aus Theben nordwärts vorstoßenden Montuhotep II. Nebhepetre (auch als I. seines Namens gezählt) gelingt es, einen mächtigen Rivalen aus Herakleopolis zu besiegen. Zwei Nachfolger, ebenfalls mit dem Namen Montuhotep, behaupten die errungene Einheit, kommen aber an Tatkraft dem Vorgänger nicht gleich. So werden sie 1991 v. Chr. abgelöst durch Amenemhet I., den Begründer der 12. Dynastie. Deren Könige regieren über 200 Jahre und führen eine Glanzzeit herauf, die den meisten Ägyptologen als die klassische Zeit ägyptischer Literatur und Kunst schlechthin gilt.

Die neuen Herrscher legen ein Selbstbewußtsein an den Tag, das dasjenige ihrer Vorgänger aus dem Alten Reich in den Schatten stellt, obwohl diese vermutlich von ihren Fähigkeiten nicht gering dachten. Eigener Wille und also menschliche Entscheidungskraft werden stolz vom König herausgestrichen: "Ich habe die Grenzen meiner Kraft hinausgeschoben durch meine persönliche Kraft; alles, was ich befahl, war in Ordnung"[1]. Die Gesichter der Könige nehmen auf den Denkmälern entschlossene und porträthafte Züge an. Gern lassen sie sich als Löwensphinx in Siegespose darstellen, obwohl sie kaum auswärtige Kriege führen.

Besucht der Pharao eine Stadt, läßt er sich mit Hymnen wie einer der großen Götter begrüßen[2]. Als "Gott ohnegleichen" preist der Beamte Sinuhe seinen Herrn im syrischen Ausland wegen dessen unglaublichem Wissen und seiner Unbesiegbarkeit[3]. Anderthalb Jahrtausende später noch verbindet sich mit dem Namen Sesostris in hellenistischer Zeit die Mär von einem sagenhaften Weltherrscher, der nicht nur weite Teile von Afrika und Asien, sondern auch von Europa erobert hätte und zugleich ein Muster von Gerechtigkeit und Wohltätigkeit gewesen sei.

Den Neuanfang verbindet der Gründer der 12. Dynastie mit einem ausgesprochen *epochalen Bewußtsein*. Gleich in drei seiner Thronnamen stellt sich Amenemhet I. als "Wiederholung der Urgeburt, *wehem mesut*," vor[4]. Die Formel ist vorher nicht belegt, sie wird später für die monatliche Wiederkehr des

Abb. 42 Amenemhet III. als Sphinx

Mondes und in ptolemäischer Zeit auch für die tägliche Erneuerung des Sonnenlichts gebraucht[5]. Sie mag aber auf eine altüberkommene Redeweise von täglicher Geburt der Gestirne zurückgehen (Pyr 1435-8; 1688[6]). Dementsprechend sind nach langer Pause einer dunklen Geschichte der Gott Horus und die beiden Landesherrinnen wieder auf Erden im neuen Pharao erschienen. Einen so einschneidenden Neuanfang werden erst wieder ramessidische Könige für sich behaupten.

Eine zweite geradezu kosmischen "Neugeburt" war nötig, weil, wie rückblickend festgestellt wird, Kraft und Geltung der Ordnungsgöttin Maat aus Ägypten verschwunden waren. Amenemhets Regierungsantritt wird durch eine fingierte Weissagung legitimiert und interpretiert, welche Jahrhunderte vorher schon ein Priester der menschenfreundlichen Bastet, Neferti (früher Neferrehu gelesen), gekündet haben soll.

Neferti, so der Text, habe den Untergang aller moralischen und natürlichen Ordnung vorausgesagt. Ägypten geht unter, ohne daß "auch nur das Schwarze eines Fingernagels" entrinnt. Die Sonne verdunkelt sich, die Ströme werden wasserleer. Asiaten brechen ein, im Innern entbrennt Bürgerkrieg. "Re hat sich von den Menschen getrennt". Danach aber wird die Wende einsetzen (für den Schriftsteller, der das ganze im Nachhinein entwirft, hat sie bereits eingesetzt):

> Es wird aber ein König aus dem Süden kommen.
> Sein Name wird Ameni (=Amenemhet), der Triumphierende, lauten ...
> Er wird die weiße Krone empfangen und die rote Krone tragen!
> Er wird die beiden Mächtigen (die Kronen als Sechemseelen) vereinigen und die beiden Herren (Horus und Seth) mit dem zufriedenstellen, was sie wünschen.

Danach wird der Ehrenhafte wieder, wie es ihm zukommt, gedeihen, und der Böse umkommen. Die Asiaten werden verjagt. "Maat wird wieder an ihre Stelle zurückkommen und Frevelunheil *(isefet)* wird ausgetrieben[7]. Das beginnende Mittlere Reich schildert also die vergangene Zwischenzeit in dunkelsten Farben, damit das gegenwärtige Königsheil strahlend heraustritt.

In solchem Rückblick auf eine "kaiserlose, schreckliche Zeit" wird erstmals der Gedanke laut, daß es im ganzen Land lange Zeit hindurch keine Wahrgerechtigkeit mehr gegeben hat und damit die für das gesellschaftliche und natürliche Leben unentbehrliche numinose Ordnungsmacht fehlte. Die politische Wende erhält damit kosmische Dimensionen. Als der, "der sich an der Maat freut" oder "der die Maat erscheinen läßt" stellen sich Amenemhet I. und Sesostris II. in Thronnamen vor. Der Gaufürst Chnumhotep lobt den König, der das Frevelunheil, *isefet*, verjagt hat "wie Atum selbst"[8].

<small>Das paßt zu einem oben (Kap. 10) zitierten Sargtext, wo Atum selbst ausruft: "Tefnut ist meine lebende Tochter; und sie soll mit ihrem Bruder Schu zusammensein ... Maat ist ihr Name ... ich liege und lebe mit meiner Tochter Maat". In der Fortsetzung spricht der Urwassergott Nun zu Atum: "Küsse deine Tochter Maat, lege sie an deine Nase, damit dein Herz lebt, denn sie wird dann nicht fern von dir sein" (CT sp 80 II 32-5). Schon seit der 5. Dynastie wird Maat als eine Göttin verehrt, deren oberster Priester der Wesir als Gerichtsherr des Landes ist. Die Wahrheit-Gerechtigkeit wird nun mit dem Welterstling Atum so verbunden, daß sie als eine Grundkraft des Alls hervortritt, zugleich aber auch als lebensfördernder Stoff, dessen dieser Urgott selbst bedarf, der Maat aus sich herausgesetzt hatte. Im Unterschied zur späteren Maatverehrung bleibt zu bemerken, daß die Göttin im Mittleren Reich kaum je zum Sonnengott in Beziehung gesetzt wird, wie es später häufig geschieht. Nur Amenemhet III. trägt einen entsprechenden Namen: "Maat gehört zu Re". In den Sargtexten heißt es allenfalls, daß die Opfer in On, dem Kultort Res, täglich "Maat zu ihm emporsenden", die Opfergaben also eine Maatqualität materialisieren, oder daß der Tote Maat (Variante: Tefnut) zu Re emporbringt in die Sonnenbarke zum gemeinsamen Mahl. Re empfängt also Maat, aber er sie entspringt noch nicht (CT sp 165 III 5; sp 1033 VII 267-70) in ihm. Bindung der Maat an den König auf Erden ist hingegen ebenso selbstverständlich wie die Koppelung an die weisheitliche Lehrvermittlung[9].</small>

So selbstbewußt die Herrscher sich geben, so entschlossen der Gesichtsausdruck auf manchen Statuen erscheint, – sie bleiben dennoch auch im eigenen Verständnis polymorphe Wesen, mehr Kraftfelder als geschlossene Persönlichkeiten. Der König verkörpert zunächst Horus, ist "unser Horus" für seine Untertanen, sitzt auf dem Thron dieses Gottes[10]. Seine beiden Kronen sind Horusaugen, die sich von ihm enfernen können und sich dennoch nicht endgültig von ihm lösen, wenn sie stromauf oder stromab ziehen[11]. Oder sie durchstreifen gar das All vom Sonnenaufgang im Osten bis zum Untergang im Westen; ihnen werden dafür eigene Hymnen gesungen[12]. Doch dem König eignet nicht nur Horusnatur.

Über die vielfältigen Erstreckungen geben *Hymnen* für Sesostris III. Auskunft, die anläßlich seines Besuches in einer oberägyptischen Stadt gedichtet worden sind[13]. Der hohe Besuch wird eingangs mit seinem Horusnamen "göttlich an

Gestalt, *cheperu*," und in einer Art Refrain als "Horus, der seine Grenzen erweitert" begrüßt. Danach werden seine Handlungsweisen im einzelnen aufgeschlüsselt. Mit der oberägyptischen Krone besiegt er die Fremdländer, mit seinen riesigen Armen umschließt er fürsorglich das Land Ägypten. Von ihm strahlen *neru*-Schrecken und *sened*-Furcht todbringend auf die Bogenvölker, die traditionellen Feinde Ägyptens, welche die Kräfte seiner Aktivseelen (b^3w) nicht kennen. Eben dieser Neru-Schrecken macht die Landesbewohner fröhlich, die von seinen Aktivseelen Wachstum erwarten können. Die königliche Zunge und der entsprechende Befehl überwältigen die Fremden, während sein Herz die Untertanen schützt. Im Lied stehen Königsembleme wie Krone und Sichelschwert, andererseits Körperteile wie Arme, Zunge, Herz oder seelische Vermögen und Eigenschaften, die wir als abstrakt einzustufen pflegen, wie Schrecken und Furcht, gleichberechtigt als Strahlkräfte des Königs nebeneinander, als Wirkgrößen mit je eigener Dynamik. Erst die Bündelung dieser Größen macht den König zum König. Die Möglichkeit vielfältiger Erstreckung rührt aber von den Einwirkungen göttlicher Mächte auf seine Personensphäre her.

Wie sehr die unterschwellige Angst vor politisch-militärischen Gegnern virulent geblieben ist, zeigen die rituellen Verfluchungen, die sich als *Ächtungstexte und -figuren* erhalten haben. Im ägyptischen Kult gab es schon im Alten Reich ein regelmäßiges Zerbrechen von roten Krügen als magische Vernichtung der Gottesfeinde. Ausweislich von Funden hat sich daraus in der 12. Dynastie der Brauch entwickelt, daß der König oder sein Beauftragter im Rahmen einer feierlichen Begehung Töpfe oder Figuren zerschmetterte, auf denen die Namen fremder asiatischer und afrikanischer Länder und Völker, aber auch aufsässiger, u.U. sogar bereits toter, Ägypter aufgeschrieben waren, "die zu rebellieren planen, die zu kämpfen planen"[14]. So gefestigt die Königsmacht, realpolitisch gesehen, auch dagestanden hat, so war doch das Empfinden unfaßbarer Gefährdungen keineswegs verschwunden, sondern blieb ständig präsent und nötigte zur mythischen Abwehr.

Abb. 43 Zerstörte Tonfigur mit Nennung von Feinden

Der Pharao bleibt "Sohn" und heißt nun auch "Entsprechung" (*mjtj*) des Re. Die Königsauffassung des ausgehenden Alten Reiches wird also beibehalten. Neben diesem festen Titel geben die Herrscher der 12. und 13. Dynastie durchweg noch einem individuellen Re-Bezug in ihrem Doppelkönigsnamen Ausdruck. Anfangs verweist man gern auf die im König manifeste Erhalt- und Gestaltseele des Re: Cheper-Ka-Re, "entstanden ist der Ka des Re", heißt etwa Sesostris I. Später tritt die Machtseele der Sonnenmacht mehr hervor: Cha-Sechem-Re; "erschienen ist der Sechem des Re", heißt Neferhotep I. Der König weiß sich eines Leibes mit Re[15]. Deshalb erleuchtet er Ägypten heller als Sonnenstrahlen es vermögen[16]. Nach dem Tod fliegt der König zum Himmel und vereinigt sich so mit der Sonnenscheibe, daß "der Gottesleib sich vermischt mit seinem Erzeuger"[17]. Die numinosen Energien kommen auf verschiedene Weise dem irdischen Sonnensohn zu. In On läßt sich der König feiern als einer, der vom dort verehrten, morgendlich aufgehenden Horachte gezeugt, zum Hirten über das Land eingesetzt und dadurch zu einem erschienenen Horus geworden ist; das schließt allerdings nicht aus, daß sein Vater zugleich der Welterstling Atum ist. Aufgrund solcher Abstammung sind die wichtigsten Wirkgrößen des Sonnengottes, nämlich das Schöpferwort Hu und die Weisheitserkenntnis Sia, in ihm und um ihn[18]. Im Kult von Theben war inzwischen Re mit dem dortigen Lokalgott Amon verschmolzen worden. Von diesem Gott wird der König angeredet: "Du mein leiblicher Sohn Cheperkare, den Atum aus den Gliedern seiner Götterneunheit geschaffen"[19]. Nach wie vor tritt der Urgott Atum als die eigentlich gestaltende Macht für das königliche Dasein heraus; was jedoch aus diesem entstand, manifestiert sich dann als Ka-Seele des Re oder als Sohn des Amon.

Abb. 44 Osirispfeiler Sesostris' I. aus Karnak (Kairo)

Diese Züge, abgesehen von der thebanischen Besonderheit, entsprechen weithin der Königsauffassung des ausgehenden Alten Reiches (Kap. 6). Eine neu auftauchende Redeweise kündet eine *veränderte Relation zwischen Gott und König* an. Die Herrscher bekennen sich von jetzt ab häufig als "geliebt vom Sonnengott" und machen die Wendung zum Bestandteil der Titulatur[20]. Der typischen ägyptischen Vielfalt der Zugangsweisen entspricht es, daß sich die Herrscher in den jeweiligen Landesteilen von den dort bestimmenden Gottheiten ebenso "geliebt" wissen wie vom Sonnengott im allgemeinen[21]. Der Ausdruck "lieben" (*mrj*) meint die auswählende Zuneigung des Höhergestellten zum Niedrigen, ist also mit Erwählung gleichbedeutend. Insofern wird trotz aller königlichen Göttlichkeit eine Anstufung zwischen Oben und Unten festgestellt. Zugleich bricht gelegentlich die Überzeugung durch[22], daß der König Befehle des Sonnengottes auszuführen hat und darin seine wichtigste Aufgabe besteht[23]. Trotz des selbstsicheren Auftretens der Könige mit Namen Amenemhet oder Sesostris wird ihre "naturhafte" Verbindung mit dem Sonnenvater nicht mehr so innig gedacht wie in vergangenen Zeiten.

Während die nichtköniglichen Sargtexte der Zeit *Osiris* und seinen Kreis in das Zentrum frommer Zuwendung und Reflexion stellen, bevorzugen die Herrscher des Mittleren Reiches in ihren offiziellen Äußerungen den Rückgriff auf ihre besondere Beziehung zum Sonnengott und erwähnen den Unterweltsgott nur selten. Nur Inschriften aus dem Umkreis von Abydos ergeben ein anderes Bild. Da gilt der regierende Pharao als Sohn des Osiris oder des mit ihm verbundenen göttlichen Wegeöffners Wepwawet[24], wie denn auch der Hohepriester von Abydos den König vertritt als "dessen (des Osiris) geliebter Sohn"[25]. Im Heiligtum des mit Re verbundenen Amon von Karnak lassen sich die Herrscher schon zu Lebzeiten in Osirisform abbilden und aufstellen, ohne daß der mythische Bezug erläutert wird.

Die unterschiedlichen Kultpraktiken und Redeweisen lassen ahnen, daß auch im Mittleren Reich der am Ende des Alten Reiches aufgebrochene Antagonismus zwischen dem Sonnengottkreis und dem Osiriskreis noch keinen vollständigen Ausgleich erfahren hat.

11.2 Menschliches Dasein und göttliches Königtum nach den weisheitlichen Lehren

Die kulturellen Leistungen des Mittleren Reiches erwecken den Eindruck eines in sich ruhenden Staatswesens mit ausgeglichener Sozialstruktur. Im Gegensatz zu den Kunstdenkmälern lassen die Lehrschriften des Zeitraums aber erhebliche Spannungen erkennen, tiefes Mißtrauen zwischen Herrscher und Beherrschten, strenge Unterwerfungsansprüche seitens des Hofes. Der stolze Amenemhet I. ist in einem Aufstand umgekommen. Unter seinem Nachfolger wird in seinem Namen eine Lehrschrift, eine *sebajet*, des Toten als "Eröffnung" von Maat verfaßt, wo er den Sohn gleich eingangs anweist: "Erscheine als Gott ... nimm dich in acht vor Untergebenen!"[26]. In der sogenannten Loyalistischen Lehre wird den Beamten eingeschärft:

> Verehrt den König in eurem Innern, betet zu ihm in eurem Herzen ...
> Er ist die Erkenntnis dessen, was in den Herzen ist, seine Augen durchschauen alle Leiber[27].

Den gleichen Ton schlägt die "Lehre eines Mannes für seinen Sohn" an:

> Wende dein Herz nicht ab von dem Gott (hier gewiß: dem König), liebe ihn als sein Untertan.

> Glücklich macht er den, der seine Macht verkündet.
> Doch, wer ihn vernachlässigt, für den gibt es keinen Erfolg[28].

Das als Sitz von Vernunft und Entscheidung genannte Herz verbindet also Untertan und König und zwar so, daß der Monarch in überirdischer Weise jedes Herz seiner Untertanen durchschaut. Zur Pflicht gegenüber dem König gehört, daß die eigenen Untergebenen streng, aber gerecht behandelt werden. So entsteht Maat in den Augen Gottes[29]. Verhält sich der Untergebene in dieser Weise, erfährt er vom König eine Welle von Gunstbezeugung, *hesut*[30], die als eine Strahlkraft vom König auf die ihm zugetanen Untergebenen ausgeht. Regieren wird nicht als Verwaltung, sondern als Zuwendung übermenschlicher Lebensqualitäten an die Landesbewohner aufgefaßt.

Die heilsamen Kräfte der großen Götter werden dem niedrigstehenden Menschen nur durch Vermittlung seines königlichen Herren zugänglich. In dessen Maßnahmen und Wirkungen werden die Götter gleichsam sichtbar. Auf einem Denkstein in Abydos nimmt deshalb der treue Beamte einen Absatz aus der loyalistischen Lehre auf und schildert den Herrscher nicht nur als Re, der das Land erleuchtet, und als einen, der mehr Wachstum hervorbringt als der Gott der Nilüberschwemmung Hapi, sondern auch als die zentrale Ka-Seele seines Volkes, und weiter:

> Er ist (der Schöpfergott) Chnum in jedem Leib, der Erzeuger, der die Menschheit hervorbringt.
> Er ist (die menschenfreundliche Göttin) Bastet, welche die beiden Länder beschützt ...
> Er ist die (wilde, "löwenköpfige") Sachmet für jeden, der seinen Befehl übertritt[31].

Der Pharao erscheint wie ein Brennglas, das die unterschiedlichen göttlichen Mächtigkeiten einfängt und an Ägypten weitervermittelt. "Er ist Einer und zugleich Millionen"[32].

Die schmeichlerische Rede der Hofleute kann sich dahin steigern, daß sie zwar den Geburtsgöttinnen Renenutet und Mes'chenet zugestehen, die Lebensspanne für jeden Neugeborenen festzusetzen, doch zugleich fortfahren, daß allein durch den König die inhaltliche Füllung dieser Zeit erfolgt. Was dessen Gunsterweis, *hesut*, und seine Machtseele, *sechem*, dem Einzelnen zukommen lassen, wird in geradezu messianischen Farben ausgemalt:

> Er erreicht, daß der Kleine den Großen übertrifft, daß der Letzte der Erste ist.
> Wer nicht das Nötigste hatte, ist jetzt Herr eines Vermögens ..
> Er lehrt den Stummen sprechen und öffnet das Ohr des Tauben.

> Das alles ereignet sich innerhalb der Lebensspanne, unabhängig von der Renenutet,
> Mes'chenet kann nichts dagegen tun[33].

Nach der Loyalistischen Lehre ist das Verhältnis zum König sogar ausschlaggebend für einen gelungenen Übergang in das Nachleben:

> Es gibt kein Grab für den, der sich gegen seine Majestät empört,
> Seine Leiche wird ins Wasser geworfen ...
> Nach einer in Frieden verbrachten Lebenszeit
> Kann man eintreten in die Erde, die der König zuteilt, und ruhen in der Stätte für die Ewigkeit[34].

Aus gleichen Schreiberkreisen wie diese Lehren wird ein langer *Nilhymnus* stammen, der zwar die Form kultischen Gesangs aufnimmt, aber auf kultische und mythische Zusammenhänge kaum eingeht. Das Überschwemmungswasser, *hapi*, erscheint dieser naturkundlichen Sicht als Ursprung aller lebensnotwendigen Güter, nicht nur der Nahrung, auch der Kleidung, ja der Literatur – wegen des Papyrus –, selbst der Maat. Abschließend wird Hapi aufgefordert, dür seinen Sohn, den König – nur er wird als Partner genannt – reichlich wirksam zu werden[35].

Bedenkt man, daß in den gleichzeitigen Sargtexten, die oben verhandelt worden sind (Kap. 10), der irdische König kaum je vorkommt und alles am Ritus der Verklärungen hängt, treten die Widersprüche zutage, welche die Religion des Mittleren Reiches prägen. Bei Hofe scheint sich eine diesseitsbetonte, auf Erfolg versessene Stimmung breitgemacht zu haben, während draußen im Lande die Präponderanz des postmortalen Daseins bestimmend bleibt.

11.3 Aufstieg der Fruchtbarkeitsgötter Sobek und Min

Während des Mittleren Reiches werden einige, vordem nur regional belangreiche Götter zu landesweiten Garanten für Wachstum und Wohlfahrt. Zugleich rücken sie in die Nähe des Sonnengottes und werden mit ihm in Beziehung gesetzt. Sorge um Fruchtbarkeit weckt also ein Bedürfnis religiöser Art, das durch die überkommene Verehrung der landesweiten Götter, selbst des Sonnengottes Re, noch nicht genügend erfüllt schien. Zugleich äußert sich in diesem Vordringen der Vegetationsgottheiten ein uneingestandener Zweifel gegenüber der Allgewalt des Pharao über das jahreszeitliche Geschehen, wie sie das Alte Reich noch uneingeschränkt vorausgesetzt hatte.

Eine der aufstrebenden Gestalten ist *Sobek,* griechisch Suchos, der zumeist als Krokodil erscheint und mit der Hieroplyphe des Steinbildes (?) eines Krokodiles abgebildet wird . Sobek ist im Fajjum beheimatet, einer großen

Oase an einem Seitenarm des Nils, der in der Wüste versickert. Die Könige der
12. Dynastie erschließen durch Kanalanlagen und Deichbau das bis dahin
sumpfige Gebiet, in dem sich wohl besonders viel Krokodile aufgehalten hatten,
für landwirtschaftliche Nutzung. Dem dort beheimateten krokodilartigen Gott
bringen sie hohe Wertschätzung entgegen. Anbetung von lokalen Krokodilgöt-
tern hat es in Ägypten immer gegeben, sie mag zumeist der Furcht vor den
unheimlichen Raubtieren entsprungen sein. Bei der Verehrung eines Gottes
unter dem Namen Sobek herrschen jedoch die positiven Züge vor, vor allem
die Erwartung einer gesteigerten Produktivität des Bodens. Dabei spielt vermutlich mit, daß in Jahren mit großer Überschwemmung Krokodile zahlreicher als
sonst auftreten, wahrscheinlich auch der erstaunliche
Eifer dieser Reptilien bei der Paarung. Sobek erhält
in Schedet, der Hauptstadt des nunmehr ertragreichen
Fajjum, einen großen Tempel. In Hymnen wird er als
"begattender Stier", als "großer Männlicher" gepriesen,
dessen Begehren keine Göttin "ihren Leib entziehen"
kann; so erweist er sich als das eigentliche "Oberhaupt der beiden Länder" und "König von Ober- und
Unterägypten"[36]. Denn die Ägypter halten an der
Überzeugung fest, daß ohne königliche Mächtigkeit
der Boden nicht feucht und fruchtbar wird. So erweist
sich ihnen Sobek als eine Horusart, neben seiner
Krokodilerscheinung setzt man ihn als "Falken" unter
Austausch der Seinsart voraus und gelangt zur identifizierenden Namensrelationierung "Sobek von Schedet
— Horus, in Schedet wohnend". Das ermöglicht eine
Übertragung der Osirismythe auf diesen Gott. Sobek-

Abb. 45 Sobek

Horus hat nicht nur den Nil, sondern das Meer durchfurcht, um seinen Vater
Osiris zu suchen und das mit Erfolg: "Du hast ihn gefunden, hast ihn belebt
... du hast ihm den Mund geöffnet, du bist sein Sohn, den er liebt"[37]. Die
Wesensverwandtschaft des Fruchtbarkeitsgottes mit dem alten Königsgott Horus
veranlaßt viele Pharaonen der 13. Dynastie, sich in ihrem Thronnamen zu jenem
Gott zu bekennen; nicht weniger als achtmal wählen sie den Namen
Sobekhotep!

Als schaffende Urgewalt rückt der krokodilartige Gott dem Sonnengott nahe.
Analog zu Re wiederholt Sobek die Urgeburt (*wehem mesut*), wie es der König
Amenemhet I. seinerseits bei seinem Regierungsantritt als Sonnengott zu tun
behauptet. Gelegentlich wird aus einer göttlichen Zweiheit ein dreieiner "Sobek
von Schedet — Re — Horus, mächtiger Gott"[38]. Abgebildet wird Sobek gern

mit einer Sonnenscheibe, mit Federn und Widderhörnern, auch der Uräus fehlt nicht.

Im Blick auf Fruchtbarkeit von Mensch und Tier wird ein in den mittelägyptischen Stätten Achmim und Koptos verehrter Gott *Min* für das Mittlere Reich noch belangreicher. Sein typisches Bild stellt ihn als Mann dar mit steifem Geschlechtsglied, das von der linken Hand ergriffen ist, und mit erhobenem rechten Arm, der einen Wedel oder eine Geißel (gegen Angreifer?) schwingt. Auf dem Kopf ragen über einer Kappe zwei (Falken-) Federn steil empor. Neben seiner Gestalt wird oft ein Lattichfeld abgebildet, weil diese Pflanze als wirkungskräftiges Aphrodisiacum gilt.

Abb. 46 Min

Die Zeugungskraft des Gottes wird unübersehbar herausgestellt. Sein Phallos ist "seine Schönheit, deren er sich rühmt", er agiert als "Stier, der auf den Frauen ist und Same schafft den Göttern und Göttinnen"[39]. In Koptos wird ihm Isis als Gottesmutter beigesellt; Min begattet die, die ihn geboren hat[40]. Vielleicht wird ihm deshalb später der Titel Ka-mutef, "Stier seiner Mutter" beigelegt[41]. Dagegen fehlt dem gewaltig zeugenden Gott eine Gattin. Vielleicht deshalb, weil er um alle Frauen bemüht ist.

Der numinose Urgrund männlicher Potenz wird allmählich auch zum Urheber von Wachstum auf den Feldern und dadurch zu einer mit dem Pharao eng verbundenen Macht. Alljährlich wird ein Erntedankfest als "Auszug, *peret*, des Min" begangen. Dann wird seine Statue in einer Prozession umhergetragen. Ein weißer Stier läuft mit, der König wird in einer Sänfte getragen. Eine Erntesichel schwingt der Pharao, Min wird auf "seine Treppe" erhoben – Handlungen, über deren Zweck leider nichts gesagt wird. Doch erschließt das Fest dem König wie dem Lande offensichtlich neue Wachstumskraft. Die Erhalt- und Gestaltseele des Königs wird durch Min gekräftigt[42]. Auch die Unterirdischen haben an der Wirkung des Festes teil. Schon Grabsteine von Privatleuten des Alten Reiches wünschen deshalb, am Opferumlauf der Minfeier Anteil zu erhalten[43]. So ergibt es sich für ägyptisches Denken fast von selbst, daß der Gott von Koptos mit dem alten Königsgott in Namensrelationierung zu "Min-Horus" verschmilzt[44].

Da Koptos an einem alten, an wichtigen Steinbrüchen vorbeiführenden Handelsweg vom Niltal zum Roten Meer liegt, wird Min zum Herr der östlichen Wüste und des von dem Hafen am Meer aus erreichbaren "Gotteslandes", von wo wertvolle Pflanzen und Gold importiert werden. Weil in den Wüstenbergen die besten Steine für Sarg und Grab zu holen sind, wird Min auf den Stelen von

Abydos eine unterstützende Kraft für menschliches Nachleben zugetraut. Den Abgeschiedenen verhilft er, Lichtgeist am Himmel, Starker, *weser*, auf Erden und Gerechtfertigter, *ma'a heru*, in der Unterwelt zu werden[45].

Die männliche Potenz, die sich bei den einzelnen so unerklärlich unterschiedlich regt, wird von vielen Religionen als eine geheimnisvoll göttliche Mächtigkeit empfunden. Je nachdem, welches Gewicht die Sorge um das Überleben in einer Kultur beansprucht, treten entsprechende Riten im Kult mehr oder minder stark hervor. Das Ansehen, das Min als Personifikation der Zeugungskraft im Mittleren Reich gewinnt, scheint aber, so weit wir sehen, nicht in gesteigerten Ängsten um den Fortbestand des eigenen Volkes begründet zu sein. Eher könnte man die Ausweitung der Kompetenz des Min – wie des Sobek – für das ersehnte Gedeihen der Feldfrüchte, auf Erinnerungen an gefährliche Hungerperioden der ersten Zwischenzeit zurückführen.

Die wachsende Verehrung des vordem hauptsächlich an Achmim und Koptos gebundenen Gottes ist damit erklärt worden, daß während der ersten Zwischenzeit zeitweise Gaufürsten von Koptos ein oberägyptisches Königtum innegehabt hätten und dadurch der einheimische Hauptgott zu einem allüberragenden Landesgott geworden wäre, den auch die hernach siegreichen thebanischen Könige nicht mehr übersehen konnten[46]. Doch fehlt dafür bislang jeder Beleg.

Viel steiler noch als der Aufstieg des Sobek und Min ist derjenige eines dritten Gottes, der nicht nur mit Fruchtbarkeit, sondern auch mit herrscherlicher Autorität ausgestattet ist, nämlich der des Amon von Theben.

11.4 Amons und Thebens Emporkommen

Die das Reich wieder vereinigenden Könige der 11. Dynastie weihen sich zunächst dem Dienst des Gottes ihres Gaues, dem in Falkenart erscheinenden *Month*, bei dem insbesondere die aggressive Seite des Raubvogels hervortritt, und seiner Hauptstadt Hermonthis. Um der Nähe zum alten Königsgott Horus willen empfiehlt sich Month als Schirmherr der Dynastie. Mindestens drei ihrer Könige nennen sich Montuhotep. Mit jenem Gott wird der Gaugott nicht nur als Month-Horus in eins gesetzt, sondern, da der König wie schon im Alten Reich Sohn Res ist, auch als Month-Re verehrt und fortan mit Sonnenscheibe und Uräen über dem Falkenkopf dargestellt. Aus unbekannten Gründen wird jedoch Month beim Königshof von einem anderen Gott Amon bald überrundet. Month verschwindet freilich nicht völlig, sondern wird fortan zu einem für den König unentbehrlichen Kriegsgott und Begleiter bei Feldzügen.

Die Hälfte aller Könige der 12. Dynastie trägt als Geburtsnamen Amen-em-het "Amon steht an der Spitze". Damit taucht eine bis dahin unbedeutende Gottheit als ranghöchste oder urzeitlich erste auf. Mit ihr zusammen rückt zugleich das Heiligtum von Theben in das Zentrum ägyptischer Gottesverehrung. Im Laufe der Zeit wird dieses Theben nicht nur zur größten Stadt Oberägyptens, sondern zu einem mythischen Pfeiler der Königswürde, zu den "Thronen der beiden Länder" und sein Tempel zur "Zählerin der (Thron-?)

Stätten". Zur Bedeutung von Theben mag auch beigetragen haben, daß der Name des Ortes an den des Gaus angeglichen wird und dann *Waset* heißt, was an *Was*, das Glückszepter, anklingt und als "Glücksstadt" gedeutet werden kann.

Die Könige der 12. Dynastie unterstellen sich einem Neuling aus dem überirdischen Bereich, bei dem eine kultische Verehrung im vorausgehenden Jahrtausend nicht nachweisbar ist. Zugleich erheben sie eine Stätte zum *Reichsheiligtum*, an der bislang nur lokale Kulte gepflegt wurden. Ein Herrscher wie Sesostris I. führt seine Abstammung auf Amon zurück, versteht sich als "Sohn seines Leibes"[47]. Das Vorrücken Amons weist auf eine erstaunliche religionsgeschichtliche Umwälzung. Vielleicht haben die Könige der 11. Dynastie erst Amon nach Theben verpflanzt und ihm dort einen Kult eingerichtet. Von da ab wird aber die heilige Amonstätte zum großartigsten Heiligtum Ägyptens, vielleicht sogar des Altertums überhaupt. Mehr als tausend Jahre später erfüllt den Griechen Homer noch das Erstaunen über das sagenhafte hunderttorige Theben. Noch heute gibt der Platz dem Touristen einen Eindruck von ägyptischer Größe und Frömmigkeit, wie er ihn in solcher Stärke nirgends anders gewinnen kann.

Aus welchem Wurzelboden, welcher numinosen Erfahrung oder mythischen Spekulation stammt die Hochschätzung des plötzlich aufsteigenden Gottes? Aus dem Mittleren Reich, von dem sonst sehr viel Literatur erhalten ist, gibt es nur wenig Nachrichten über kultische Zusammenhänge. Insofern bleibt das Bild von den Vorgängen, die sich in Theben vollzogen haben, bruchstückhaft. Immerhin war Amon in den Pyramidentexten des Alten Reiches schon zwei- bis dreimal genannt worden. Pyr 446-7 lautet eine Darbringungsformel:

> Ihr habt eure Opferbrote, o Niu und Nenet, ... die ihr die Götter schützt mit eurem Schatten.
> Ihr habt eure Opferbrote, o Amon und Amaunet, die ihr die Götter schützt mit eurem Schatten.
> Ihr habt eure Opferbrote, o Atum und Ruti, die ihr selbst eure Gottheit schuft,
> O Schu und Tefnut, die ihr diese Götter machtet, sagt eurem Vater, daß der König euch Opferlaibe gegeben hat.

Ruti ist ein mit Schu und Tefnut identisches Löwenpaar aus der Gegend von On. Im letzten Absatz werden also die drei (zeitlich) ersten Götter der Mythologie der alten Sonnenstadt angeführt. Woher stammen die vier in den beiden ersten Zeilen genannten Wesen?

Sethe hat sie auf die Achtheit von Hermopolis zurückgeführt. Das waren (siehe oben Kap. 5, S. 120f) frosch- oder schlangenartige vorgöttliche Urpaare, die bei der Weltentstehung mitwirkten. Unter ihnen tauchen tatsächlich sowohl Niu und Nenet wie in späterer Zeit auch Amon und Amaunet auf[48]. Nach Sethe ruft der Pyramidenspruch uranfängliche Mächte an, die nach den Lehren von Hermopolis wie von On einst dem Urhügel entsprossen waren und mit ihren Schatten, nämlich ihren Federn, noch jetzt die Götter beschirmen. Im Zuge einer zu Beginn unseres Jahrhunderts üblichen politischen Deutungsweise, welche die Gestalten religiöser Mythen als Ausdruck jeweils zeitgeschichtlicher Machtverschiebungen anzusehen beliebte, hat Sethe das Überwechseln der angeblich hermopolitanischen Urmächte Amon und Amaunet in den Kult von Theben dadurch erklärt, daß eine aus Oberägypten hereinbrechende siegreiche Armee zu Beginn des Mittleren Reiches Hermopolis erobert und einen der dortigen göttlichen "Kontrahenten" sich angeeignet und zum Reichsgott in einer Kultstätte der Heimat erhoben hat. Diese Sicht findet bis heute Vertreter[49]. Dabei wird vorausgesetzt, daß Amon auf dem Wege von Hermopolis nach Theben in der Zwischenstation Koptos die Züge des dortigen Fruchtbarkeitsgottes Min sich angeeignet habe.

Drioton und Daumas halten es jedoch für unwahrscheinlich, daß ausgerechnet der Gott einer besiegten Stadt und noch nicht einmal deren höchster, sondern ein untergeordnetes Wesen Repräsentant gärender Urmaterie, zum Reichsgott erhoben worden sei. Sie weisen darauf hin, daß Amon erst seit dem 7. Jh.v.Chr. in der Mythologie von Schmun nachweisbar ist. Andererseits ist der Gottesname schon auf einer Stele des ersten Königs der 11. Dynastie vermerkt, zu einer Zeit, als Hermopolis noch gar nicht erobert war. Der angeführte Pyramidenspruch ordnet demnach nicht zwei, sondern drei Götterkreise parallel zueinander. Nachdem zwei hermopolitanische Urmächte genannt sind, werden zwei weitere aus der Gegend von Theben und zum Schluß drei aus On stammende Namen angefügt. Demnach läßt der Pyramidenspruch durchaus eine Herkunft Amons aus der Gegend von Theben als möglich erscheinen. Dazu fügt sich Pyr 1540, wo der abgeschiedene Pharao zu Re kommt "als Sohn des Geb auf dem Thron des Amon". Hier wird der Gott schon mit einem königlichen Thron verbunden und der Anspruch von Theben als "Throne beider Länder" vorweggenommen.

Wenn aber − gegen Sethe − Amon keine urweltliche Mächtigkeit repräsentiert hat, bevor er zum Reichsgott aufgestiegen war, was war dann sein Aufgabenbereich? Dem Wortverstand nach bedeutet der Ausdruck "der Verborgene", vielleicht sogar "der Unsichtbare". Was wird damit gekennzeichnet? Eine Reihe von Forschern schließen auf einen *Begriffsgott* und also ein Produkt religiöser Reflexion, auf einen für menschliches Begreifen undurchschaubaren Urgott, der hinter den wahrnehmbaren Gotteserscheinungen und den vielen Gottesnamen in seinem Wesen verborgen bleibt[50]. Dafür läßt sich anführen, daß Amon im Mittleren Reich mit keiner mythischen Konstellation verbunden wird. Andere setzen voraus, daß ohne konkretes Betätigungsfeld der Aufstieg des Gottes zur staatstragenden Macht undenkbar wäre. Da in jüngeren Liedern und Bildern seit dem Neuen Reich die Lebensluft, der Atem, auffällig oft auf diesen Gott zurückgeführt und er mit blauer Hautfarbe gemalt wird, hat man in ihm einen Luftgott vermutet oder einen alten *Windgott,* auf den die Bootsleute des Nils vertraut hatten[51].

Die frühesten bildlichen Darstellungen lassen keinen Zusammenhang mit solchen Ableitungen erkennen, sondern zeigen vornehmlich einen Gott, der dem König *Lebenskraft* überträgt.

Dabei stehen zwei typische Abbildungsweisen Sesostris' I. in Karnak nebeneinander. Auf der Wand eines Kultbildschreines wird viermal der König in Verehrung Amons vorgeführt. Dabei fallen an dem Gott zwei hohe Federn über einer abgeflachten Kappe auf, von der ein langes Band nach hinten herabhängt. In seiner linken Hand trägt er ein Lebenszeichen, in seiner rechten hält er dreimal ein *Was*-Zepter oder/und reicht ein Lebenszeichen an die Nase des Königs.

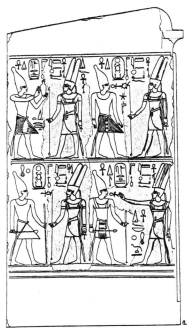

Abb. 47 Sesostris I. links viermal vor Amon (Schreinseite), rechts eingeführt von Atum (weiße Kapelle)

In der künstlerisch hervorragend ausgestatteten weißen Kapelle, die vermutlich anläßlich eines Jubiläumsfestes errichtet worden war, wird Amon überwiegend in gleicher Art wie sonst der Gott Min erfaßt. Auch hier trägt er Doppelfeder und Kappe mit Band. Doch sein Körper ist umgegliedert, aus ihm ragt stolz der erigierte Phallos. Mit der linken Hand schwingt er eine Geißel. Nach der Beischrift begrüßt Amon-Re den König als "Stier seiner Mutter", *kamutef,* und als "geliebter Sohn meines Leibes". Das Prädikat Kamutef läßt sich begreifen als Stierkraft, also Zeugungsmacht, "in seiner", nämlich des Königs, "Mutter". Das Pronomen läßt sich aber auch rückbezüglich verstehen: Stier seiner eigenen Mutter. Im zweiten Falle begattet der göttliche Vater seine eigene Mutter, zeugt sich also selbst immer wieder. Wechselnde Generationen sind nichts als Erscheinungsformen desselben Wesens. Der gezeugte Sohn-Vater ist aber nicht eigentlich der verborgene Gott selbst, sondern der ägyptische König. Vielleicht ist die Verbindung Ka-Mutef absichtlich mehrdeutig, zumal das Lexem für Stier, *ka,* lautlich dem Begriff für die Außenseele, welche Gestalt und Erhalt gewährleistet, entspricht. Was als begattender Stier tätig wird, ist dann letztlich die göttliche Ka-Seele, die für den Weiterbestand des Mannes in seinem Sohn sorgt, wie es auch die Ka-Seele des menschlichen Vaters tut.

Bei dem ithyphallischen Amon-Typ wird das Lebenszeichen übrigens von einem den König einführenden, Amon untergeordneten Gott, wie Atum oder Month, an seine Nase gehalten. Die Verwandtschaft dieser Darstellungsart mit der des Min (oben Abb. 46) wiedergegeben war, ist augenscheinlich. Wahrscheinlich hat Amon seine Qualität als Quelle königlicher männlicher Potenz der Minmythologie entlehnt. Doch Amons Funktion sprengt den engen

Rahmen, der beim anderen Gott vorgegeben war, und betrifft königliche Herrschaft und Autorität insgesamt.

Deshalb rückt der neue Gott von Theben dem seit der 5. Dynastie als Sonnen- und Königsgott verehrten Re nahe und verschmilzt mit ihm in Namensrelationierung zu *Amon-Re*. Während andere göttliche Aufsteiger im Mittleren Reich, wie Sobek und Min, vor allem mit Horus und nur zögernd mit Re geglichen werden, überspringt Amon – trotz seines Federschmucks – die Horus-Stufe und gilt alsbald als Sonnengottheit. Eine Brücke dazu mag eine Überlieferung von den verborgenen Namen des Re geboten haben, die nun im Namen des verborgenen Gottes ihre Bestätigung findet[52]. So wird die Sonnengottheit stärker als zuvor zu einer geheimnisvoll-hintergründigen Macht. Weiterhin werden ihr der Horus des morgendlichen Lichthorizontes wie der zur Abendsonne gewordene Urgott Atum beigeordnet, so daß bisweilen eine Vierheit Amon-Re-Horachte-Atum gepriesen wird. Der Gott von Theben erscheint als Inbegriff letzter umfassender Gottesmacht und steigt deshalb später zum "König der Götter" auf.

Während des Mittleren Reiches hält sich jedoch die Gleichsetzung von Amon und Re in Grenzen. Verschmelzung und Aufteilung auf zwei Personen stehen nebeneinander. Amons Stellung bleibt eingeschränkt. Nach der Wiedervereinigung Ägyptens bekennen sich die Herrscher der 11. bis 13. Dynastie allesamt in ihren Thronnamen zu Re, mit Vorliebe zu dessen Außenseele Ka. Auch in Inschriften und Papyri verstehen sich die Könige nur als Erscheinungsform des Re[53]. In einer Inschrift aus On preist Sesostris I. Horachte und Atum als seine Väter und nicht Amon[54]. Die Könige der 12. Dynastie bauen in On für Re einen großen Tempel, von dem heute noch ein Obelisk in einem Vorort von Kairo sichtbar ist. Die in jener Zeit entstandene Sinuhegeschichte stellt die herrschenden Götter bei einem Preis auf den König nebeneinander[55]:

> Es ist deine Ka-Seele, o vollkommen guter Gott, Herr der beiden Länder, den Re liebt und Month, der Herr von Theben, lobt und Amon, der Herr der Throne der beiden Länder, und Sobek-Re und Horus, Hathor und Atum mit seiner Neunheit ...

Re gilt also nach wie vor als der letzte Garant königlicher Würde, und Month als Herrscher von Theben folgt ihm im Range nach. Amon wird erst an dritter Stelle angeführt, hat es zwar schon mit den Thronen zu tun und gehört in den Kreis der Königsgötter, steht aber noch keineswegs zu oberst.

Wie Re seit jeher, so erhält auch Amon eine "Sphäre des Seinigen" um sich, d.h. er wirkt nicht als alleinige Kraft, sondern in Verschränkung mit anderen göttlichen Mächten. Durch die Sonnenhaftigkeit wird ihm die Umgebung des Sonnengottes aus On zum Erbe, nämlich die Neunheit der Götter. Sie wird freilich in Theben erweitert. Neben die altbekannten Gestalten Atum, Schu, Tefnut, Geb, Nut, Osiris, Isis, Seth und Nephthys werden die in der Umgebung wichtigen Mächte einbegriffen. Angeführt wird die thebanische *Neunheit* vom Gaugott Month(-Re) und beschlossen von dessen beiden Partnerinnen Tschenenet und Junit. Außerdem gehören Horus, Hathor und Sobek hinzu, so daß die Neunheit nunmehr fünfzehn Mitglieder zählt, wobei die numerische Unstimmigkeit keinen Ägypter stört. Amon selbst bleibt wie Re in On außerhalb der Körperschaft.

Anders als Re in On hat Amon mit seiner Neunheit keine genealogischen, sondern nur "dienstliche" Beziehungen. Die mit ihm in den Pyramidentexten genannte weibliche Entsprechung *Amaunet* taucht auch in Theben auf, spielt aber hier eine blasse Rolle und bleibt außerhalb der Neunheit. Überhaupt scheint Amons Beziehung zu Göttinnen wenig ausgeprägt. In der 12. Dynastie wird im Umkreis des Hofes eine Göttin *Wosret,* "die Mächtige", verehrt, als deren "Mann" sich die Könige mit Namen Sesostris (*sn wsrt*) bekennen, aber ihr Verhältnis zu Amon wird nicht geklärt. Wahrscheinlich handelt es sich um einen Beinamen der *Hathor*, die auf dem Westufer von Theben als Göttin verehrt wird. Sie erscheint ihren Verehrern dort als widerstandsfähige Wildkuh, die aus dem Gebirge heraustritt und auf geheimnisvolle Weise mit der Himmelskuh droben zusammengehört. Die verklärten Toten wollen dauernd sein wie diese Göttin[56]. Der Beistand der Hathor wird anscheinend auch von den Königen des Mittleren Reiches zu Lebzeit hoch geschätzt. Doch sie stellen sie mit Re und nicht mit Amon zusammen. Antef II. rühmt in einem Hymnus die "Herrin am Himmel", liebt ihre Schönheit und will ihrer Ka-Seele "millionenfach Musik" zuwenden[57]. In die Sinuheerzählung ist ein überschwenglicher Hymnus eingefügt, der Hathor als "Herrin des Alls", als "himmlisches Gold" preist, das Lebensluft an die Nase des Königs gelangen läßt[58].

Wieso die Herrscher des Mittleren Reiches darauf verfallen sind, einen bislang unbeachteten Gott Amon mehr als andere Götter zu feiern, und warum die Masse der ägyptischen Bevölkerungen ihnen darin bald gefolgt ist, läßt sich kaum zureichend erklären. Die Könige der neuen Zeit stammen aus der Gegend von Theben. Warum rücken sie nicht ihren Gaugott Month, der Kraft seiner Schlagkraft als Kriegsgott fernerhin unentbehrlich bleibt, an die erste Stelle? Wieso begnügt man sich nicht mit der Übermacht der alten Sonnenmacht des Re, die seit dem Alten Reich die Hauptrolle im Pantheon spielt? Bisweilen wird vermutet, daß die bisherigen Götter für die Wirren der ersten Zwischenzeit verantwortlich gemacht wurden, insbesondere Re als alt und entschlußunfähig verdächtigt wurde, und nunmehr ein Gott auf den Schild gehoben werden soll, der ohne belastende Vergangenheit ist[59]. Doch solche Verurteilung wird kaum alle großen Götter des Landes getroffen haben. Von anderer Seite werden realpolitische Nützlichkeitserwägungen in Anschlag gebracht. "Die Aufgabe, einen neuen Staat anstelle der Feudalherrschaften und nicht ohne ihre Unterstützung aufzubauen, erforderte neben der äußeren Macht genau wie einst bei der ersten Reichsgründung ... den vollen Einsatz der religiösen Kräfte, die im Volksboden verankert lagen ... Der Weitblick der Thebaner zeigt sich darin, daß die das neue Göttersystem nicht einfach an ihren Month von Hermonthis anschlossen, sondern ihm eine neue Stätte auf dem thebanischen Westufer schufen"[60]. "Diesen Gott aus der göttlichen Fülle der Möglichkeiten herauszugreifen und ihm in der neuen Stadt eine Kultstätte zu schaffen, war in der Tat ein genialer Zug"[61]. Solche Erklärungen passen jedoch eher in den Umkreis moderner säkularer Kulturen und ihrer Form von Religionspolitik. Für das Altertum bleibt zu bezweifeln, daß in bewußter Manipulation aus dem "religiösen Volksboden" diese oder jene Kraft herausgeschnitten und verabsolutiert werden konnte. So leuchtet eine religionsimmanente Erklärung noch eher ein: "Offenbar aber entsprach dieser unsichtbare Gott Amun allein der Glaubensforderung dieser skeptischen, neue Wege suchenden Zeit. Und etwas von der geheimnisvoll-gestaltlosen Unsichtbarkeit hat er durch die Jahrhunderte priesterlicher Spekulation und geschichtlicher Wandlungen immer behalten"[62]. Der Gott Re war im Alten Reich zwar schon nicht einfach mit dem sichtbaren Himmelsgestirn identisch, aber doch mit ihm räumlich untrennbar verbunden. Indem nun eine "verborgene" Gottheit mit seiner Person in eins gesetzt wird, reicht seine Lebensenergie und Göttlichkeit weit über den Bereich unmittelbarer Sonneneinstrahlungen hinaus. Das Bedürfnis, sich die große Gottheit am Himmel umfassender als bislang und tiefgründiger vorzustellen, entspricht vermutlich einer Ausweitung des kosmischen Gefühls.

Vielleicht verbindet sich mit diesem sich ausweitenden kosmischen Interesse zugleich die Befürchtung unbekannter Gefährdungen. Seit den Sargtexten ist die Anschauung zu belegen, daß ein Schlangenungeheuer *Apophis* die Sonnenbarke bedroht und versucht, die himmlischen Wasser aufzusaugen, um das Boot auf einer Sandbank festfahren zu lassen. Doch täglich vermag Re mit Hilfe seines Gefolges, vor allem der zauberreichen Isis und der Uräusschlange, das Untier abzuwehren und zu zerstückeln. Damit taucht die vordem unbekannte Befürchtung auf, daß auch der höchste Gott einen Gegner besitzt, der ihn ernsthaft bedrohen kann. Indem er täglich abgewehrt wird, werden nicht bloß der Lauf des Tagesgestirns gesichert, sondern die Gefährdungen des Lebens überhaupt beseitigt.

D.Arnold, Der Tempel des Königs Mentuhótep von Deir el-Bahari I-III, 1974-81

C.J.Bleeker, Die Geburt eines Gottes. Eine Studie über den ägyptischen Gott Min und sein Fest 1956

E.Blumenthal, Untersuchungen zum ägyptischen Königtum des Mittleren Reiches, ASAW 61.1, 1970

F.Daumas, L'origine d'Amon de Karnak, BIFAO 65, 1967, 201-214

E.Drioton, Les origenes du culte d'Amon Thébain, CHE 9, 1957, 11-18

H.Kees, Die weiße Kapelle Sesostris' I. in Karnak und das Sedfest, MDAIK 16, 1958, 194-213

E.Otto, Osiris und Amun 1966 (OuA)

G.Posener, Princes et pays d'Asie et de Nubie 1940

Ders., Littérature et politique dans l'Égypte de la XIIe dynastie, 1956

W.Schenkel, Amun-Re, SAK 1, 1974, 275-88

K.Sethe, Die Ächtung feindlicher Fürsten, Völker und Dinge auf ägyptischen Tongefäßscherben des mittleren Reiches, APAW 1926

Ders., Amun und die acht Urgötter von Hermopolis, APAW 1929, 4

RÄRG 31-7 'Amun'; 461-67 'Min'; 755-9 'Suchos';
LÄ 1, 67-9 'Ächtungstexte'; 1, 237-48 'Amun'; 4, 136-44 'Min', '-fest'; 5, 995-1031 'Sobek'; 6, 1389-96 'Zerbrechen der roten Töpfe'.

Anmerkungen zu Kapitel 11:

1 Amenemhet I. nach Scharff, Geschichte 97
2 Erman, Lit 179-82; AEL I 198-201; ÄHG Nr. 228-31
3 Sinuhe B 45-51; AOT 57; ANET 19; AEL I 225
4 Blumenthal 438
5 Wb 2, 141 mit Belegstellen Nr. 2-5
6 Morenz, RGÄ 220f
7 AOT 46-8; Erman, Lit 151-7; ANET 444-6; AEL I 139-145; TUAT II 102-10
8 Urk 7, 27, 9f; Blumenthal 438
9 z.B. AW 173, 4
10 Blumenthal 95.100
11 Sinuhe B 270ff.: Erman, Lit 54f.; ANET 22; AEL I 232
12 Erman, Lit 36bc; AEL I 201; HPEA 55-71
13 siehe oben Anm. 2
14 ANET 328-9; ANEP 593; zu möglichem Einfluß auf das Alte Testament: *K.Koch*, Amos, AOAT 30,1, 1976, 250-1; *O.Keel*, Die Welt der altorientalischen Bildsymbolik und das AT 1972=^{3}1984 Abb. 359-60 (oben wiedergegeben)
15 Blumenthal 63
16 Loyalistische Lehre; AW 179, 19-20
17 Sinuhe-Eingang; Erman, Lit 41; ANET 18; AEL I 223
18 pBerlin 3029; AEL I 116-7
19 Weiße Kapelle, Blumenthal 63
20 z.B. Sesostris III. AEL I 119
21 Blumenthal 67
22 Morenz, RGÄ 94-5
23 Sesostris I. AEL I 116
24 Blumenthal 97.104
25 Sehetepibre 3; Ichernofret 11; AEL I 124.127
26 AW 173
27 AW 179, 11-6
28 AW 189, 18-20

29 AW 183, 109-10
30 Blumenthal 313-9; Assmann, Zeit und Ewigkeit 60-4
31 Erman, Lit 120-1; ANET 431; AEL I 128 vgl. AW 179-81
32 ÄHG Nr. 230,2
33 AW 190, 39-49. Andererseits wirkt die Erscheinung des Königs auf Privatmänner niederschmetternd. Dem Beamten Sinuhe z.B. "widerfährt ... Auseinanderfallen der leiblichen Einheit, die das Bewußtsein stiftet, unter der Einwirkung der von der Gegenwart des Königs ausgehenden Strahlkräfte"; Assmann, LL 348[47]
34 AW 181, 56-66
35 ANET 372-3; AEL I 204-10; ÄHG Nr. 242; HPEA 493-501, vgl. LÄ 4, 488-96
36 ÄHG Nr. 203 A 16; B 8.31.134.147 = HPEA Nr. 126 I 13 II 47-8.62.127.136
37 ÄHG Nr. 203 B 13-23 = HPEA II 51-7
38 ÄHG Nr. 203 B 4-5 = HPEA Nr. 128 II 45-6
39 RÄRG 462
40 ÄHG Nr. 212, 15-6 = HPEA Nr. 107, 8
41 ÄHG S. 550
42 ÄHG Nr. 212, 6 = HPEA Nr. 107, 3-4
43 LHAEE § 130
44 ÄHG Nr. 211; HPEA Nr. 105
45 ÄHG Nr. 211, 16-18 = HPEA Nr. 105, 9-10
46 Sethe, Amun § 29; Kees, GG 338f; RÄRG 463f
47 Blumenthal 63
48 Kees, GG 345
49 Sethe, Amun §§ 248-54; RÄRG 32; Kees, GG 345
50 Otto, OuA 75f.; LÄ 1 238
51 Frankfort, AER 22; Morenz, Rel 23; Drioton 17f
52 CT sp 1130; AEL I 131
53 z.B. AEL I 199.220.230
54 AEL I 116
55 Sinuhe R 205ff; Erman, Lit 51; AEL I 230
56 vgl. CT sp 887 VII 99 oder sp 940 VII 152
57 AEL I 95
58 Sinuhe B 270ff; Erman, Lit 54; AEL I 232
59 Otto, OuA 76f
60 Kees, GG 344f
61 Otto, OuA 76
62 Otto, OuA 116

12. Entsetzen über die ungerechten Zustände im Land. Auseinandersetzungsliteratur

12.1 Neuartige Klagen

Während das Mittlere Reich anscheinend politisch und wirtschaftlich gefestigt dasteht, werden Klagelieder und -dialoge abgefaßt, in denen der Dichter gegenüber einem seiner eigenen Seelenteile oder gegenüber seinem König oder einem ungenannten Dritten die Zustände im Land als völlig zerrüttet und seine Bewohner als böse und ohnmächtig schildert. Die für den Bestand von Leben und Welt notwendige Wahrheit-Gerechtigkeit, Maat, so verlautet es, sei auf Erden nicht mehr zu finden. Daran schließt sich entweder eine Umkehrmahnung an die Zeitgenossen oder eine Voraussage der Wende zum Besseren oder auch ein trostvoller Ausblick auf das anders geartete selige Jenseitsleben.

Die Klagedialoge erwähnen selten die Götter und lassen Ausmalungen vom rituellen Übergang in eine postmortale Existenz vermissen. So erwecken sie ebenso den Anschein einer unmythologischen Welt wie die distanzierten Aussagen der (oben Kap. 9) charakterisierten Weisheitslehren. Die nur im Mittleren Reich nachweisbare *Auseinandersetzungsliteratur*, wie sie Ägyptologen die nennen, steht in Gedankenreichtum und gepflegtem Stil, auch in der Konzentration auf das individuelle Menschenlos, der Gattung der Lehre so nahe, daß der gleiche Urheberkreis zu mutmaßen ist. Durch die Verbindung von Lebensweisheit und Gesellschaftskritik sind die Klagedichtungen "vielleicht das Interessanteste, was die ägyptische Literatur bietet"[1].

Anders als die überkommenen Lehren lassen die Dialoge jedoch eine tiefe Krise im Lebensgefühl der intellektuellen Schicht erkennen. Von solcher Stimmung findet sich in den Dokumenten des Alten Reiches noch keine Spur. Aber auch in den jüngeren Texten des Neuen Reiches wird das kollektive wie individuelle Menschsein nicht mehr in gleicher Art mit einer letzten Sinnfrage konfrontiert wie hier. Die Ägyptologie hat deshalb früher die Abfassung der Schriften in die unruhigen politisch-ökonomischen Verhältnisse der ersten Zwischenzeit nach dem Zusammenbruch des Einheitsstaates zurückdatiert. Einer zeitgeschichtlich-politischen Verankerung ihrer Aussagen war man so sicher, daß man die Auseinandersetzungsliteratur mit ihren Unheilsschilderungen geradezu als Geschichtsquellen benutzt und von da aus die Zwischenzeit als Epoche blutiger Anarchie und häufiger Hungersnöte eingestuft hat: "Es ist eine Stimmung, wie sie nur durch die schwersten Schicksale bei einem Volke aufkommen kann"[2].

Nun beschreiben diese Texte tatsächlich die Zustände im Lande mit düstersten Farben. Doch die Sprache ist eindeutig die des Mittleren Reiches, wenn nicht noch später. Zweifelsfrei dokumentarische Quellen der ersten Zwischenzeit lassen zudem von so gewaltigen Katastrophen, wie sie diese Klagegesänge schildern, nichts erkennen. So hält man sich von einer Ansetzung in der Zwischenzeit zunehmend zurück. Die in diesen Texten vorherrschende Neigung zu drastischen Katastrophenschilderungen kann durchaus einem literarischen Motiv entspringen und aus dem unheimlichen Gefühl einer unabsehbaren Gefährdung des ungebrochenen Maat-Zustands entsprungen sein. Keine einzige dieser Dichtungen scheint zudem ohne Ausblick auf eine Wendung zum Besseren zu enden. Vergleichbar sind *kultische* Motivreihen, welche an herausragenden Festtagen in Ägypten diese als Neukonstituierung der Welt- und Gesellschaftsordnung feiern. Das gilt vor allem von königlichen Begehungen, bei denen ein vorausgegangenes Chaos ebenso drastisch wie rein mythisch ausgemalt wird. Demnach dürften die Chaosbeschreibungen nichts anderes sein als "rituelle Beschwörungen einer glücklich gebannten und ausgeschlossenen Gegenwelt"[3]. Bei einigen der Texte läßt sich vielleicht überlieferungsgeschichtlich auf einen Grundbestand zurückschließen, der in die Zwischenzeit zurückgehen mag.

12.2 Krise des persönlichen Geschicks. Klage des Bauern, Zwiegespräch des Lebensmüden

Die Auseinandersetzung um die Unzuverlässigkeit der äußeren und inneren Verhältnisse kündigt sich in der *Klage des beredten Bauern* an, einer Dichtung, deren Urgestalt vielleicht in die Zeit vor der Jahrtausendwende zurückgeht, obwohl der Name eines sonst ziemlich unbekannten Herrschers der 12. Dyn. genannt wird[4]. Die Rahmenerzählung schildert den Leidensweg eines Oasenbewohners, dem sein Esel und seine Warenlast von einem niederen Beamten entrissen werden. Der Geschädigte wendet sich an dessen Vorgesetzten und klagt wiederholt mit bewegten Worten das ihm angetane Unrecht, ohne anscheinend erhört zu werden. Doch hat insgeheim der Vorgesetzte inzwischen die Klage an den König weitergeleitet, und dieser entscheidet am Ende zugunsten des Klägers. In den Anklagereden wird nicht nur die Rechtschaffenheit des Vorgesetzten zunehmend in Frage gestellt: "Wer durch Gesetze herrschen sollte, befiehlt Dieben". Bisweilen werden auch die Verhältnisse im Staat insgesamt kritisiert:

> Diebe, Räuber und Plünderer sind die Beamten, die man zu solchen gemacht hat, die dem Unheil wehren sollen.
> Eine Zuflucht für den Angreifer sind die Beamten, die man doch zu solchen gemacht hat, dem Unheil zu wehren (B 1, 295ff.).

Dennoch bleibt der Mann aus der Oase vom unlöslichen Zusammenhang zwischen sittlich-qualifiziertem Tun und entsprechendem Ergehen überzeugt. Wer an Lüge reich ist, "hat keine Kinder" (B 2, 98-103). Anders sieht die Zukunft dessen aus, der sich der Wahrheit-Gerechtigkeit entschieden zugewendet hat:

> Tue Maat für den Herrn der Maat (den König? Re?), dessen Maat (Gerechtigkeit) Maat (Heil) beeinhaltet ... Halte dich fern von Tun des Unheils; denn gut ist das Gute eben des Guten.
> Maat dauert bis in Ewigkeit. Sie steigt mit dem, der sie übt in die Unterwelt hinab.
> Wenn er beerdigt und bestattet wird, so vergeht doch nicht sein Name auf Erden ...
> So will es die Ordnung des Gottesbefehls (B 1, 307-312).

Wer Maat hervorbringt in Relation zu der dafür entscheidenden Instanz, erwirkt sich also einen Heilsfaktor, der über dieses Leben hinaus wirksam bleibt. Wer die Ordnung im Lande stützt, legt sich seine Rechtschaffenheit wie einen wirksamen Schutzmantel so um sich selbst, daß sie zu einem den Tod überwindenden Faktor wird.

Die schließliche Überwindung des Unrechts, das dem Oasenbewohner angetan war, und die Hochschätzung seiner gewandten Redekunst passen durchaus schon zu älteren Weisheitslehren. Dennoch zeigt sich in dem durch die Erzählung ausgewiesenen langwährenden Widerspruch zwischen tatsächlicher Lage des Menschen und den Maatideal schon eine Erschütterung der Überzeugung von der unwandelbaren sittlichen und zugleich materiellen Ordnung dieser Welt.

Vom Verdruß an den diesseitigen Verhältnissen stärker durchdrungen ist das eigentümliche *Zwiegespräch eines Lebensmüden mit seinem Ba*, also mit seiner Aktivseele[5]. Sachkenner zählen es "zum Schönsten ägyptischer Poesie"[6]. Mehr noch als schon in den Sargtexten wird vorausgesetzt, daß ein Mensch sich von seiner Aktiv- und Bewegungsseele so unterscheiden kann, daß Rede und Gegenrede möglich werden. Das Gedicht gibt der Befürchtung Ausdruck, daß der Ba einen Menschen schon zu Lebzeiten und erst recht im Blick auf das Hernach verlassen könnte.

Ein verlorener Eingang hatte wohl geschildert, wie der Sprecher des Liedes in seine Lage geraten war, die ihn am Weiterleben auf Erden verzweifeln läßt: "Mein Name stinkt mehr als der Geruch von Aas an Sommertagen" (Z. 87). Auch die allgemeinen Verhältnisse sind tief verderbt. Betrug und Raub sind an der Tagesordnung, auf keinen Freund ist Verlaß: "Zu wem sollte ich heute noch sprechen? Es gibt keinen Gerechten. Die Erde ist denen, die Frevelunheil, *isefet*, tun, überlassen" (Z. 122). Weder ein noch aus wissend, wendet sich der Mensch an seinen, in dieser Stunde als Außenseele vorgestellten, Ba, bei dem er aber nicht sicher ist, ob auch er nicht ihn irreführen oder verlassen wird. Leider ist der Text an einigen Stellen für uns nicht mehr voll durchsichtig. Spielt der Klagende mit Selbstmordabsichten, womöglich durch Selbstverbrennung, während der Ba sich dem widersetzt? Oder ist vom Selbstmord gar nicht die Rede, nur vom erwünschten baldigen Abscheiden[7]? Droht der Ba, ihn wegen seines Gejammers zu verlassen?

Für die ägyptische Auffassung vom energiegeladenen Ba ist bezeichnend, daß diese Seelenart dem Sterbensverlangen widersteht. Der Ba wird zum Anwalt des diesseitigen Lebens. Er malt aus, welche Risiken das vom Menschen ersehnte Jenseitsleben in sich birgt. Denn die Dauer von Grab und Totensorge ist nie endgültig gewährleistet:

> Die aus Granit bauten, die eine Halle (?) in die Pyramiden mauerten,
> Die Schönes vollbrachten in dieser schönen Arbeit –
> Wenn die Bauherren zu Göttern geworden sind, so sind ihre Opfersteine leer.
> Wie die der Müden, die auf dem Uferdamm gestorben sind ohne einen Hinterbliebenen (Z. 63f.).

Für das ägyptische Menschenverständnis kann also durchaus eine seelische Dimension den Menschen zum diesseitigen Genießen aufrufen, während seine "körperliche" Seite auf alle materiellen Freuden asketisch verzichtet und nur nach dem Tode sich sehnt. Im Gedicht mahnt der Ba sogar: "Folge dem frohen (*nfr*) Tag, vergiß die Sorgen!" (Z. 68). Der Mensch jedoch läßt sich nicht umstimmen. Er trägt wieder und wieder niederschmetternde gesellschaftskritische Beobachtungen vor. "Das Unrecht, das das Land schlägt, nimmt keine Ende" (Z. 129f.). Angesichts so düsterer Betrachtung verzichtet die Aktivseele zuletzt auf Einwände. Darauf wendet sich der Klagende vom Ausdruck des Weltleids zu einer begeisterten Schau seligen Jenseitslebens (Z. 130ff.):

> Der Tod steht vor mir, wie wenn ein Kranker gesund wird, wie das Ausgehen nach der Krankheit.
> Der Tod steht vor mir, wie der Duft von Lotosblumen, wie das Sitzen auf dem Ufer der Trunkenheit.
> Der Tod steht vor mir, wie ein Mensch sein Haus wiederzusehen wünscht, nachdem er viele Jahre der Gefangenschaft verlebt hat.

Dort lockt enge Gemeinschaft mit dem Göttlichen, von dem im Blick auf das Diesseits nicht geredet werden kann:

> Wer dort ist, wird im Sonnenschiff stehen ...
> Wer dort ist, wird ein Wissender sein, dem nicht gewährt worden ist, und der Re bittet, wenn er spricht.

Darauf willigt die Aktivseele endlich ein. Sie wird beim Träger verharren, wie immer sich sein Lebensweg auch wendet:

> Liebe mich hier, wenn du den Westen noch für dich zurückweist,
> Geliebt aber auch, wenn du den Westen erreichst und dein Leib (dort) landet.
> Ich lasse mich (auf ihm) nieder, nachdem du müde geworden bist.
> Möchten wir doch einen gemeinsamen Ort haben.

Das Lied wird gelegentlich als Zeugnis einer Einstellung gedeutet, die Begräbnis und Totenkult in Frage stellt und zu unbekümmertem Lebensgenuß auffordert[8]. Nimmt man den Abschluß aber als das Ziel, das die Spannung löst, läßt das Lied eher erkennen, daß die Jenseitsgewißheit im Bewußtsein fester verankert war als die Überzeugung von einer Herrschaft der Maat im Diesseits. Wie weit Re gegenwärtig auf Erden sich durchsetzt und Freude schenken kann, bleibt offen. Daß dem Verklärten Seligkeit gewährt wird, steht außer Frage. Dennoch regt sich eine leise Stimme des Zweifels, wie sie frühere Jahrhunderte nicht gekannt hatten, auch wenn sie am Ende entschlossen verdrängt wird.

Während bei dem Zwiegespräch des Lebensmüden die Seligkeit des Nachlebens außer Frage steht, klingt es anders in einem berühmten Lied eines *Harfners*, das auf die Grabinschrift eines Königs *Antef* zurückgeführt wird[9]. Erst aus der Zeit des Neuen Reiches belegt, wird es gern älter eingestuft, weil der Königsname nur im Umkreis des Mittleren Reiches auftaucht. Nach dem Lied bleibt das Nachleben im Dunkeln: "Keiner kommt von dort, daß er sage, wie es um sie steht, daß er sage, was sie brauchen ... Mache dir einen vollkommen-schönen Tag, und werde dessen nicht müde!" Auf Grund der Quellenlage empfielt es sich jedoch nicht, das Lied ins Mittlere Reich zurückzudatieren (s.u. Kap. 18.5).

12.3 Klagen über die zerstörte Welt. Ipuwer

Zu Beginn des vorigen Kapitels war auf die fiktive Weissagung des Neferti verwiesen, die den Umschlag von einer grauenvollen Unheilszeit zu einer segensreichen Heilsepoche durch die Machtergreifung des ersten Königs der 12. Dynastie schildert. Was der sagenhafte Vorlesepriester der Bastet vor seinen Zuhörern ausmalt, als erschütterndes Bild von gesellschaftlichem Zusammenbruch, Eindringen fremder Völker und Versagen des Naturlaufs von Sonne und Nil, wird als Klagelied formuliert. Neferti wendet sich an ein Du, das nicht ausdrücklich gemacht wird, aber vom Unglück mitbetroffen sein wird; gemeint ist entweder durchweg das eigene Herz, dem der Sänger sich gegenüberstellt: "Rege dich, mein Herz, das Land zu beweinen", oder der zuhörende König.

Die gleiche Form der Klage an ein Du, das uns nicht sicher greifbar wird, verwenden *Mahnworte des Ipuwer*, das tiefschürfendste Dokument der Auseinandersetzungsliteratur[10]. Wieder werden die Zustände im Niltal in düsteren Farben gemalt. Felder werden nicht mehr bestellt. Wüste breitet sich aus.

Überall herrscht Hunger. Die Frauen empfangen nicht mehr. In den Nil werden Leichen geworfen, und sein Wasser ist rot gefärbt vom Blut Ermordeter. Die Toten werden in Mitleidenschaft gezogen. Die Nekropolen veröden und die Pyramiden werden geplündert:

> Siehe, Dinge werden getan, die niemals geschehen sind.
> Der König wird (im Grab?) von Bettlern beraubt ...
> Was die Pyramide barg, ist leer. Siehe, das Land ist des Königtums beraubt ... gestohlen ist die Krone des Re, welche die beiden Länder befriedet (VII 1ff.).

Hinzu tritt eine schaurige Umkehrung der Gesellschaftsordnung, die freilich nicht zum allgemeinen Unheil passen will, weil sie durchaus Besitztümer, wenngleich in falscher Hand, voraussetzt. Die Edlen sind verarmt, aber die Armen besitzen gewaltige Schätze. Während die Sklavinnen in Gold und Silber einhergehen, ihren Mund weit aufreißen, müssen die Herrinnen sich ducken. Selbst der Zauber wird unwirksam, weil Unberufene ihn kennen und benützen. Da kapitulieren sogar die Götter. So vermögen es Menschen, sich gegen die Uräusschlange aufzulehnen. Der Bildnergott Chnum weigert sich, weiterhin Menschenleiber zu bilden. Nur noch dem Namen nach wird Maat getan, in Wirklichkeit aber *isefet*, Frevel, Unheil (V 4). Statt (göttlicher oder königlicher) Kräfte wie Schöpfungswort, Weisheit und Maat, herrscht Umsturz im Lande (XII 12).

Die Schilderung dieses allgemeinen Zusammenbruchs hat Ausleger insbesondere zur zeitgeschichtlichen Ansetzung geführt, eben in die Wirren der ersten Zwischenzeit. Doch die Ausmalung des Elends übertrifft alles historisch Denkbare. Sie birgt zudem, wie erwähnt, gewisse Widersprüche in sich. So wird es sich bei diesem Werk eher um eine fiktive Art von Schwarzmalerei handeln, geboren aus unsäglicher Angst vor der Zukunft, getragen von der Absicht, mit der sprachlichen Darstellung gerade das zu vermeiden, was Inhalt der Aussage ist.

An einigen Stellen wird (werden) der (oder die) Angesprochene(n) für die Verhältnisse, wenngleich zurückhaltend, verantwortlich gemacht. Zugleich ergeht der Aufruf, die Lage zu ändern: "Zerstört die Feinde der herrlichen Residenz! ... Gedenkt des Räucherns mit Weihrauch ..., der Opferdarbringungen" und anderer kultischer, positiver Geschehnisse (in der Vergangenheit?). Wendet sich der Gesang also an den König (ANET), an Götter oder einen bestimmten Gott (Otto, Fecht) oder, der Klage des Lebensmüden vergleichbar, an das eigene Herz[11]? Ein Wechseln der Adressaten ist wegen des teilweise zerstörten Textes ebensowenig auszuschließen (AEL).

An einer berühmten Stelle bricht der Aufruf an die 2. Person ab. Über einen Dritten wird gehandelt, der der Hirte der Menschheit ist. Für die gegenwärtige Misere ist er zwar nicht vollständig, aber doch zu einem guten Teil verantwortlich (XII 1ff.):

> Man sagt: Er ist ein Hirte für jedermann, nichts Schlechtes ist in seinem Herzen. (Doch) dürftig ist seine Herde, obwohl er den Tag verbracht hat, sie zu hüten trotz des (?) Feuers in ihrem Herzen.
> Hätte er doch ihre Beschaffenheit erkannt in der ersten Generation! Dann hätte er das Unheil unterdrückt, den Arm ausgestreckt gegen sie! Dann hätte er vernichtet sein Vieh und ihre Erben ...
> Herzenshärte ist entstanden, Bedrängnis auf allen Wegen. Das bedeutet: Jenes ist nicht vergangen, solange diese Götter unter ihnen waren und Same hervorging aus Menschenfrauen ...
> Es gibt keinen Lotsen (oder: sie leisten keinen Lotsendienst) zu ihrer Stunde. Wo ist er denn heute? Schläft er etwa? Siehe, man sieht die Kräfte seiner Aktiv-Seele nicht!

Nach dieser Darstellung ist die Menschheit entartet, weil die Götter, insbesondere der große Hirt, nicht rechtzeitig eingegriffen hatten. Er hat nicht vermocht, die Herzen in seinem Sinne zu hüten und zu leiten. So ist Unheil auf Erden mehr und mehr gewachsen und unwiderruflich vorherrschend geworden. Es gibt kein Zurück mehr.

Die Ausleger sind uneins, ob der sonst in der Dichtung in der 2. Person Angesprochene mit der 3. Person im angeführten Abschnitt identisch ist. Es dürfte sich empfehlen, diesen Er-Abschnitt für sich zu betrachten. Seine Aussagen ähneln so sehr denjenigen der Weisheitslehre des Merikare über Gott als Hirt und die Menschen als sein Vieh (oben Kap. 9.5), daß hier vermutlich Gott im Mittelpunkt steht und nicht der König. Dafür spricht auch der Verweis auf die erste Generation, also die kosmologische Urzeit. Doch das Bild des göttlichen Waltens über die Menschheit ist dem bei Merikare entgegengesetzt und klingt noch erheblich düsterer als der Spruch 1130 der Sargtexte über das Übel schaffende menschliche Herz, dem die Gottheit nicht wehrt (oben Kap. 10.8). Der Gott, aller Wahrscheinlichkeit nach ist Re gemeint, hat sich zwar nach Kräften bemüht, seinen Geschöpfen Bestand zu geben, hat sie seit je gehütet. Doch ohne Erfolg. Denn er hat die Beschaffenheit des menschlichen Charakters nicht genügend durchschaut und das Ausmaß menschlicher Verderbtheit unterschätzt, das als Feuer in ihrem Herzen entsteht. Mittels der Kräfte seiner Aktiv-Seele (b^3w) hätte er die menschliche Geschichte steuern müssen, aber er hat es nicht vermocht. Auch die übrige Götterschaft hat versagt, indem sie die Fortzeugung menschlicher Wesen gefördert hat. Dadurch hat die Menschheitsgeschichte das Gefälle zunehmender Verschlechterung genommen, bis hin zum grenzenlosen Unheil der Gegenwart.

Mit solchen Überlegungen wird in der ägyptischen Religion erstmals das Thema einer *Theodizee* laut, ein Problem, das seit der abendländischen Neuzeit zum Kernpunkt philosophisch-theologischer Erörterungen geworden ist. In

Ägypten geschieht es hier in gewisser Weise zum ersten und zum letzten Mal; nie wird nochmals ein so direkter Vorwurf gegen den obersten Gott erhoben. Die Anklage zielt eher in Richtung einer Anthropodizee als einer Theodizee. Gott wird nicht beschuldigt, das Böse in der Welt geschaffen oder Leid in ihr zugelassen zu haben, sondern ihm wird die vorwurfsvolle Frage entgegengehalten, die zugleich einen selbstkritischen Unterton hat, warum er das Menschengeschlecht trotz seines notorischen Hanges zum Bösen nicht längst ausgemerzt hat. Die Erfahrung mangelnder Wahrheit-Gerechtigkeit wird also nicht direkt auf den Willen irgendeines Gottes, sondern den des Herzens im Menschen zurückgeführt. Erst in zweiter Linie wird ein bestimmter Gott hier dafür verantwortlich gemacht, derjenige, der solche Beschaffenheit seit Urzeiten kennt und aus – Menschenfreundlichkeit? – nichts dagegen unternommen hat.

E. Otto hat versucht, einen (oben S. 226 zitierten) Abschnitt aus den Sargtexten über das Walten des Sonnengottes bezüglich des menschlichen Herzens als Antwort auf das Problem aufzufassen, das Ipuwer formuliert. Dem hat sich Fecht[12] angeschlossen. Doch Ipuwer stellt wahrscheinlich ein Werk des ausgehenden Mittleren Reiches dar, während die entsprechenden Sargtexte wahrscheinlich schon vor dieser Epoche verfaßt worden sind. Es empfiehlt sich nicht, im älteren Text die Antwort auf die Frage des jüngeren zu suchen.

Leider ist der abschließende Text von Ipuwer an einigen Stellen zerstört, so daß unklar bleibt, wie dem Vorwurf an den urzeitlichen Gott und Weltenlenker entgegnet wurde. Der theoretischen Reflexion folgt ein Abschnitt, in dem friedvolle Verhältnisse geschildert werden:

> Es ist gut, wenn die Schiffe stromauf segeln ...
> Es ist gut, wenn Menschenhände Gräber bauen,
> Es ist gut, wenn Menschen trunken werden können ...
> Es ist gut, wenn Münder vor Freude brüllen.

Was ist das Verhältnis der Heilsschilderung zur vorangegangenen Gotteskritik? Wird hier nur ein irrealer Wunschzustand umrissen: Es wäre schön, wenn es so wäre? Oder mündet das Gedicht in die Weissagung einer besseren Zukunft? Wird womöglich auf eine Wende verwiesen, die der Gott hervorruft, und also die Rüge an dem fehlerhaften menschenhütenden Gott durch Ausblick auf eine bessere Zukunft relativiert? Der Ausgang bleibt leider undurchsichtig.

Der Staat steht in der 12. Dynastie so straff organisiert da wie nie zuvor. Gleichwohl hat sich das Geborgenheitsgefühl, das die Ägypter im dritten Jahrtausend erfüllt hatte, nicht wieder eingestellt. Gerade der rasche Wiederaufstieg von Königtum und Wirtschaft ruft anscheinend eine untergründige Sorge um den zukünftigen Bestand hervor, die man sich in diesen fiktiven Dichtungen von der Seele redet. Das Bewußtsein, daß die Lebens- und Weltordnung sich nicht von selbst versteht, nicht automatisch funktioniert, sondern jederzeit zerbrechlich bleibt, äußert sich in diesen Zeiten der Ruhe stärker als während der ungeklärten Verhältnisse der Zwischenzeit. (Zieht man vergleichsweise die deutsche Literatur heran, so war sie wohl nie wehleidiger als in unserem Jahrzehnt, obwohl die realen Verhältnisse der Gegenwart von allgemeiner Wohlfahrt bestimmt sind). Die Werke der Auseinandersetzungsliteratur wirken deshalb moderner als frühere oder spätere ägyptische Literaturwerke.

Bemerkenswert ist, daß in diesem Zusammenhang der *Vorwurf an Gott* ausdrücklich wird. In einer polytheistischen Religion, wie sie die ägyptische von Haus aus ist, verteilt sich die Verantwortung für den Gang der Verhältnisse auf sehr verschiedene numinose Mächte, die je ein anderes Verhalten zum Menschengeschick an den Tag legen. Insofern liegt es an sich fern, die Frage nach Theodizee aufzuwerfen. Wenn die Mahnworte des Ipuwer diesen Schritt dennoch tun, erweist dies eine Neigung, die im Mittleren Reich aufkommt, über die vielen göttlichen Einzelfiguren hinaus nach einem in sich einheitlichen Weltenlenker Ausschau zu halten. Dadurch entstehen aber für den menschlichen Geist Verständnisschwierigkeiten angesichts höchst widersprüchlicher Existenzverhältnisse. Sie werden in Ägypten im Blick auf den Sonnengott, dessen Name bezeichnenderweise in diesem Zusammenhang verschwiegen wird, geäußert, doch mehr als vorsichtige Fragen denn als selbstsichere Behauptungen.

12.4 Profetie in Ägypten?

Sowohl die Weissagung des Neferti wie die möglicherweise positiven Zukunftsausblicke in einigen Abschnitten des Ipuwer haben zu der Annahme geführt, es habe in Ägypten seit je eine religiöse Kündung von unheilvoller und nachfolgend heilvoller Zukunftswende durch gottbegnadete Profeten gegeben, nicht anders wie später im Nachbarland Palästina. Nun stehen freilich die beiden Werke des Neferti und Ipuwer ziemlich isoliert da. Eine Parallele bildet höchstens noch die Erzählung über die Ankündigung der göttlichen Geburt der drei ersten Könige der 5. Dynastie durch einen zauberkundigen Greis im Papyrus Westcar, die vielleicht auch in der Zeit der 12. Dynastie niedergeschrieben worden ist[13]. Läßt sich aus solchen Texten auf eine Institution profetischer Zukunftskündung schließen, einer Institution, die womöglich als Vorläufer der späteren israelitischen Bewegung vorauszusetzen wäre? Gelehrte wie E. Meyer[14] haben die Alternative positiv beantwortet, ein Sachkenner wie H. Bonnet[15] entschieden negativ; dies mit dem zusätzlichen Argument, daß weder von einer übernatürlichen Ergriffenheit der Sprecher noch überhaupt von einer göttlichen Eingebung als Ursprung der Rede gesprochen werden könne. Ein echtes Omen ist vor der Zeit des Neuen Reiches aus Ägypten nicht zu belegen. Bis dahin macht anscheinend die Magie jede Mantik überflüssig. Natürlich wird es, wie in allen Kulturen, gelegentlich erstaunliche Aussagen durch einzelne Personen gegeben haben, besonders durch Weise und Priester. Von Institutionalisierung zeigt sich jedoch keine Spur. Das ändert sich erst im 1. Jahrtausend, zu der Zeit, als dann auch in Israel Profeten auftreten; doch darüber ist noch nicht zu handeln. (Anmerkungsweise sei vermerkt, daß der in der ägyptologischen Literatur oft mit "Profet" übersetzte Priestertitel *hem netscher* eigentlich "Gottesdiener" meint und nicht ein profetisches Amt beinhaltet.)

J.Assmann, Fest des Augenblicks – Verheißung der Dauer. Die Kontroverse um die ägyptischen Harfnerlieder, FS. E.Otto 1977, 55-84

Ders., Königsdogma und Heilserwartung. Politische und kultische Chaosbeschreibungen in ägyptischen Texten, in: Apocalypticism in the Mediterranean World and the Near East, hg. D. Hellholm 1983, 345-77

W.Barta, Das Gespräch eines Mannes mit seinem Ba, MÄS 18, 1969

Ders., Das Gespräch des Ipuwer mit dem Schöpfergott, SAK 1, 1974, 19-33

G.Fecht, Der Vorwurf an Gott in den 'Mahnworten des Ipu-wer', AHAW 1972

Ders., Die erste Zwischenzeit im Spiegel der pessimistischen Literatur, JEOL 24, 1975/6, 50-61

S.Herrmann, Untersuchungen zur Überlieferungsgestalt mittelägyptischer Literaturwerke, VIO 33, 1957

Ders., Prophetie in Israel und Ägypten. Recht und Grenze eines Vergleichs, Supplements to Vetus Testamentum 9, 1963, 47-65

Ders., Die Auseinandersetzung mit dem Schöpfergott, in: Fragen an die altägyptische Literatur, Studien zum Gedenken an E.Otto 1977, 257-73

G.Lancskowski, Altägyptischer Prophetismus 1960

E.Otto, Der Vorwurf an Gott, Vorträge der orientalistischen Tagung in Marburg Fachgruppe Ägyptologie 1951

G.Wirz, Tod und Vergänglichkeit. Ein Beitrag zur Geisteshaltung der Ägypter von Ptahhotep bis Antef 1982

RÄRG 608-9 'Prophezeiung'

LÄ 1, 65-6 'Admonitions'; 1, 638-51 'Bauerngeschichte'; 2, 571-3 'Gespräch des Lebensmüden'; 2, 972-82 'Harfnerlied'; 4, 1122-5 'Prophetie'.

Anmerkungen zu Kapitel 12:

1 Erman, Lit 122
2 ebd.
3 Assmann, Königsdogma 346
4 Erman, Lit. 157-75; AOT 33f; ANET 407-10; AEL I 169-84; AW 358-67
5 Erman, Lit 122-9; AOT 25-8; ANET 405-7; AEL I 163-9
6 Brunner, Lit 35
7 AEL I 163
8 LÄ 2, 571-3
9 Erman, Lit 177f; AOT 28f; ANET 467; AEL I 194-7; vgl. Assmann 1977
10 Erman, Lit 130-48; AOT 51-5; ANET 441-4; AEL I 149-63
11 Brunner, Lit. 32-4
12 ähnlich Assmann, Äg 201-8
13 Erman, Lit 69-77; AEL I 220-2, vgl. LÄ 4, 744ff
14 GdA 1,2 §297
15 RÄRG 609

Neues Reich

13. Ägyptens und Amons Wiederaufstieg

13.1 Zweite Zwischenzeit, Hyksos und Aufkommen der 18. Dynastie

Als die ruhmreiche 12. Dynastie um 1780 von der Bühne der Geschichte abgetreten ist, beginnt in Ägypten – wieder aus nicht hinreichend geklärten Gründen – zum zweiten Mal ein weitreichender Zerfall der Zentralgewalt. Die Außenbesitzungen in Vorderasien und Nubien gehen schnell verloren. Aus den folgenden zwei Jahrhunderten ist wenig an Inschriften und Kulturdenkmälern erhalten; es fällt deshalb schwer, die geschichtliche Entwicklung genauer nachzuzeichnen. Um die Mitte des 17. Jahrhunderts widerfährt Ägypten zudem ein nie dagewesenes Unheil: Aus Asien dringt eine (westsemitische oder hurritische) Herrenschicht ins Delta ein und unterwirft das untere Niltal, zwingt das übrige Land bis weit hinein nach Nubien in die Vasallenschaft. Die neuen Oberherren regieren im Nordosten auch über einen Teil (Süd-)Palästinas und vielleicht sogar über Syrien. Von den Ägyptern werden sie "Herrscher der Fremdländer", *heqa' hasut*, später zu "Hyksos" gräzisiert, genannt und übernehmen diesen Titel selbst. Wie viele Eroberer der Weltgeschichte werden sie im Laufe der Zeit von der überlegenen Kultur und Religion der Unterworfenen erfaßt und passen sich ihr an. Die Könige tragen ägyptische Thronnamen, schreiben mit Hieroglyphen und lassen die politischen und kultischen Einrichtungen im Niltal weithin unangetastet. Nur mit der heiligen Stätte Theben und mit Amon, also den religiösen Stützen des vergangenen Mittleren Reiches, verbinden sie ihr Geschick nicht. Die Hyksoskönige der 15. Dynastie legen sich zwar mit Re gebildete Thronnamen zu, anerkennen also den ägyptischen Sonnengott. Doch sie errichten ihre Hauptstadt Awaris (Tell el Dab'a) weit im Norden, im östlichen Delta. Zum Entsetzen vieler Ägypter wenden sie ihre Verehrung vornehmlich *Seth* zu, weil sie in dem streitbaren Gott, der einerseits neben Horus einen Pfeiler des Königtums darstellt, andererseits der gewalttätige Gegner des Horus bleibt, eine Entsprechung zu ihrem aus Asien mitgebrachten Kriegsgott sehen, vermutlich einem semitischen Baal/Hadad. In Theben hält sich während dieser Zeit eine Dynastie von Unterkönigen, in deren Augen die Landesherren nicht nur Fremde, sondern Gottlose sind, die das Land regieren "ohne Re", wie es später Hatschepsut ausdrücken wird[1].

Von dieser Stadt des Gottes Amon aus erfolgt der Gegenschlag. Ein Fürst Kamose[2] und dann sein Bruder Ahmose[3], der Gründer der 18. Dynastie, kündigen den Gehorsam auf und werfen in rund zwanzigjährigem Kampf die Hyksos weiter und weiter nach Norden zurück, bis um 1540 v. Chr. Awaris fällt und Ägypten befreit ist. Die Hyksos verschwinden so schnell aus der Geschichte, wie sie gekommen waren. Doch nicht nur ihre Kriegstechnik mit der damals modernsten Waffe von Pferd und Streitwagen wird beibehalten, sondern auch der Kult einiger ihrer *aus Syrien importierten Götter,* welche kriegerische Qualitäten ausstrahlen, wie Räschäf und die Göttinnen Anat und Astarte, die mit ihrer kriegerischen Wucht alle in Ägypten bekannten Kriegsgottheiten übertreffen[4].

Mit der Vertreibung der Hyksos und der Wiederherstellung eines Einheitsstaates beginnt die glanzvolle Epoche des Neuen Reiches, das sich ein halbes Jahrtausend behauptet. Der politische Horizont hatte sich durch die "Herrscher der Fremdländer" gewaltig ausgeweitet, wie die nachfolgenden Jahrhunderte erweisen. Den sich zurückziehenden Fremden nach Nordosten nachstoßend, dringen tatkräftige Vertreter der 18. Dynastie, die meist den Namen Thutmose führen, im Norden bis zum Euphrat vor.

Mit der Dynastie aus Theben gelangt der dort verehrte Reichsgott Amon wieder zu Ansehen, ja seine Stellung wird höher eingeschätzt als je zuvor. Die Vertreter des neuen ägyptischen Staates berufen sich wie die Pharaonen des Mittleren Reiches auf Amon, jetzt aber werden seine Befehle noch klarer vernommen und ihm das Prädikat "König der Götter" beigelegt. Kamose vertreibt auf *Amons Befehl* hin die Hyksos, der Gott selbst hat ihm das Schwert gereicht[5]. Eine später ausgebaute Sage über die Auseinandersetzung zwischen dem Hyksoskönig Apophis und dem thebanischen Fürsten Seqenen-Re interpretiert den Kampf mit den fremdländischen Eindringlingen als Kampf zwischen Seth und Re, bei dem natürlich der letzte siegreich bleibt[6]. Als einer, der nunmehr über die Welt der Völker gebietet, legitimiert der Gott von Theben einen ägyptischen Imperialismus, der nach Norden bis tief nach Syrien und nach Süden bis hin zum vierten Nilkatarakt ausgreift. Die Königskrönung findet nunmehr in Theben statt.

Damit wächst die Macht des thebanischen Heiligtums und der dort ansässigen *Priesterschaft,* die sich jetzt als eigener Stand zu formieren beginnt und aus dem allgemeinen Beamtentum herauslöst. Der thebanische Tempel und einige andere Tempel großer Götter im Lande werden zu eigenständigen Wirtschaftszentren, denen von der ausländischen Beute beim Kriegszug jeweils ein Großteil zugewiesen wird. Manche Gelehrte vermuten, daß die kostspieligen Feldzüge der 18. Dynastie weitgehend aus den Tempelschätzen finanziert wurden. Jedenfalls hatten sie eine Rückwirkung auf die Tempel, die zu Hauptnutznießern der Eroberungszüge werden. So gewinnt der Gott der Hauptstadt in dieser Zeit nicht nur im mythischen Denken, sondern auch in der ökonomischen Realität einen hohen Rang, der weit über das hinausgeht, was schon die Könige des Mittleren Reiches an ihm geschätzt hatten.

13.2 Der Pharao als offenbares Ebenbild verborgener Sonnenmacht. Der Mythos von der göttlichen Geburt

Was hat den Gott Amon, nachdem er 200 Jahre auf regionale Bedeutung beschränkt war, erneut so gewaltig hervortreten lassen? Gewiß spielt der Tatbestand, daß die Wiederherstellung des Reiches abermals durch Fürsten aus dem thebanischen Gau vollbracht wurde, welche begreiflicherweise ihren heimischen Gott als besonders wichtig verehren, eine belangreiche Rolle. Es läßt sich aber fragen, ob den Thebanern Aufstand und Sieg geglückt wäre, wenn sie nicht vorgängig schon vom Rang ihres Gottes und seinem Anspruch auf beide Länder überzeugt gewesen wären. Die Könige der 18. Dynastie sehen sich hernach in einer so engen Wesensverwandtschaft zu diesem Gott, wie es ihren thebanischen Vorgängern in der 12. Dynastie noch nicht in den Sinn gekommen war. Neuartige Überlieferungen von Königsgeburt und Königserwählung geben dem Ausdruck.

Im Unterschied zu den Herrschern des Mittleren Reiches, die zwar von Theben aus ihre Macht aufbauen, aber nach Regierungsantritt in die Gegend von Memphis überwechseln, bleiben die Könige der 18. Dynastie mit dem Sitz ihrer Regierung für zwei Jahrhunderte in Theben. Die Stadt der "Throne der beiden Länder" gilt also nicht nur wie vordem als kultisches Zentrum, sondern auch als *Reichshauptstadt*. Aus strategischen oder administrativen Gründen läßt sich das kaum erklären, vielmehr scheinen hier "theologische" Erwägungen maßgeblich zu sein. Der König vermag seine politischen Funktionen erfolgreich nur dann auszuüben, wenn er dem Götterkönig unmittelbar nahe ist.

Deshalb errichten die Könige der Dynastie großartige Tempelbauten für Amon in Karnak und Luxor, wo die Überbleibsel noch heute zu bewundern sind. Sie schmücken sie mit gewaltigen Statuen ihrer eigenen Person. Auf dem Westufer errichtet jeder der Könige für sich einen Totentempel, der aber zuerst Weihestätte für Amon und erst in zweiter Linie Kultstätte für den Herrscher nach seinem Abscheiden sein soll.

In den königlichen Inschriften tritt der Bezug zu Amon-Re so ausschlaggebend heraus, daß andere Götter weithin nur Statistenrollen zu spielen scheinen. Jeder Herrscher rühmt sich selbstverständlich in seinem formellen Thronnamen als Sohn des Re, in ungebundener Rede aber häufiger noch als Sohn des Amon. Auf Grund solcher Abkunft verkörpert nunmehr der König das strahlende Ebenbild des Re oder Amon auf Erden[7]. Schon Hykos-Könige nannten sich "Bild (*twt*) des Re", thebanische Fürsten der 17. Dyn. lassen sich als dessen "Prozessionsstatue (*ḥntj*)", die Könige der 18. Dyn. als "Gleichbild (*tjt*)" des Amon-Re feiern. In dieser neuen Verhältnisbeschreibung zum maßgeblichen Gott meldet sich eine neue anthropologisch-kosmologische Konzeption. Die verborgene Sonnenmacht zeigt sich in der Sichtbarkeit in einem *Ebenbild*, und das ist der Pharao. Vom Gott selbst durchdrungen, wird er zu einer seiner Auskörperungen, nimmt Gestalten an wie die des Chepri, geht auf wie Horachte[8].

Amenophis III. weiß sich bereits in einer Präexistenz gezeugt, als Schu und Tefnut noch nicht entstanden waren[9]. Die göttliche Sohnschaft wird seit Beginn des Neuen Reiches so wörtlich genommen, daß sie in ihren einzelnen Stationen durch einen Reliefzyklus mit begleitenden Gottesworten dargeboten wird. Eine Vorstufe zu solcher Auffassung von der Geburt aus Re findet sich bereits in einer Wundererzählung über die Geburt der ersten drei Könige der 5. Dynastie; dabei ist aber noch nicht ausdrücklich von Zeugung durch Re die Rede[10]. Im Neuen Reich jedoch wird die Abkunft vom Götterkönig dramatisch und plastisch vorgeführt. Die Reste eines *Geburtszyklus* von 15 Reliefs sind zweimal in Amon-Tempeln des thebanischen Westufers (Der el Bahri, Ramesseum), und zweimal in Tempeln des Ostufers (Luxor und Mut-Tempel von Karnak) erhalten. Jedesmal befindet er sich an Stellen, welche der Öffentlichkeit nicht zugänglich waren. Beabsichtigt wird also keine Propaganda gegenüber dem Volk, vielmehr wird das eigene Selbstverständnis im Bekenntnis zum göttlichen Vater entfaltet.

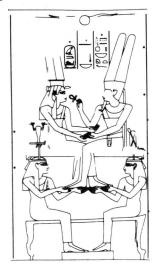

Abb. 48 Vereinigung von Amon (o. r.) und Königin (l.), unterstützt von Selket und Neith(?)

Die Szenen beginnen mit einem Prolog im Himmel, bei dem Amon seiner Göttergesellschaft den Plan vorlegt, mit einer menschlichen Mutter, der Gattin des regierenden Pharaos, einen neuen König zu zeugen. Thot verkündet das hohe Ereignis der Königin. Es folgen Vorbereitungen zur Geburt, diese selbst, Stillung durch Göttinnen, öffentliche Anerkennung durch den göttlichen Vater und zuletzt die Beschneidung. Eine so geschlossene narrative Folge wird bei keinem anderen ägyptischen Mythos in vorhellenistischer Zeit erkennbar. Die breite Entfaltung läßt ahnen, welche Schlüsselstellung dieses Geschehen für die Königsauffassung eingenommen hat. Zugleich werden durch Beischriften und Symbolzeichen die anthropologischen Bezüge einsichtig gemacht.

Neben Amon sind fast alle bedeutenden Gottheiten außer Osiris beteiligt. Durch eine dezent dargestellte Vereinigung mit der menschlichen Frau, bei der nur Hände und Knie sich berühren und zwei

Geburtsgöttinnen die Empfängnis befördern, gibt Amon seine göttliche Natur an den irdischen Gottmenschen weiter.

Amons Vaterschaft ist jedoch "auf der rein biologischen Ebene noch nicht im vollen Sinne gegeben"[11]. Als er, die Gestalt des königlichen Gatten annehmend, das Gemach der Königin betritt, entbrennen beide ob der gegenseitigen Schönheit in Liebe zueinander. Der Duft des Götterkönigs — von Sperma ist nicht die Rede — durchdringt die Glieder der Königin. Mit der Begattung geht die Aktivseele des Vaters, sein Ba, in das Embryo ein[12] und bleibt andererseits natürlich beim Erzeuger. Unterstützend treten wirksame Worte des Gottes hinzu; er weist seinem künftigen Sprößling Schutz, Leben, Dauer und Wohlfahrt, sowie Weltherrschaft und Millionen von Jahren auf dem Throne des Horus zu. Ähnliche Verheißungen wiederholen sich im Verlauf des Zyklus mehrfach. Nachdem der Geburtsvorgang beendet ist, tritt die königliche Sonnenmacht zum Neugeborenen und erkennt es an: "Dies ist mein Sohn (bzw. "meine Tochter" im Fall der Pharaonin Hatschepsut) aus meinem Leib". Danach heißt er das Kind "willkommen in Ḥetep", nimmt es also in jenen Frieden auf, der Göttern und Menschen erst gelungenes Leben gewährt.

Neben dem König sind andere übermenschliche Wesen zum gleichen Zweck tätig. Von der Ankündigung durch Thot war bereits die Rede. Chnum bildet den Leib des Kindes und zugleich den ihm gleichgestalteten Ka auf einem Töpfertisch und übermittelt ihm Leben, Wohlfahrt, Dauer, Herzensweite, Weltherrschaft und Nahrung. Wie andere göttliche Mächte hält er in den nachfolgenden Szenen dem Neugebildeten das Lebenszeichen entgegen.

Nach Ausmaß und Zahl der beteiligten Figuren steht die eigentliche Geburtsszene im Mittelpunkt.

Abb. 49 Chnum und Hathor mit Kind und Ka

Der Vorgang wird überaus dezent dargestellt. Zwei Hebammen halten zwar die Arme der Königin, die über ihrem Bett (Gebärstuhl?) sitzt; doch von Wehen und Krämpfen ist nichts zu merken. Das Neugeborene selbst wird nicht gezeigt, nur sein Ka-Doppelgänger als sitzender Knabe wandert rechts oben von einer Wärterin zur anderen. Unter dem "doppelstöckigen" Sitzmöbel der Königin sitzen oder stehen 18 hilfreiche Wesen. In der Mitte die zwei Götter der Unendlichkeit, Heh, die eine Rispe auf dem Kopf tragen, welche dem Säugling ungezählte Jahre verheißt. Rechts und links daneben stehen menschen- oder

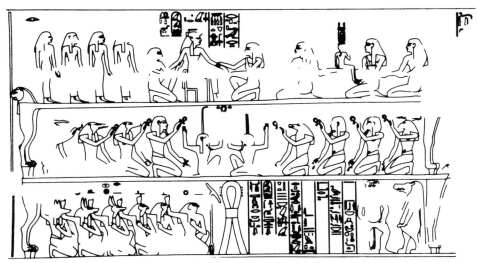

Abb. 50 Königsgeburt

tierköpfige Gestalten mit dem Lebens"kreuz". Im unteren Register wird die Mitte von einem gewaltigen Sa-Schutzzeichen eingenommen, links daneben steht ein Was-Zepter der Wohlfahrt. Unterstützt werden die Wirkungsgrößen links von den Ba-Seelen des oberägyptischen Nechen und des unterägyptischen Dep, rechts von dem zauberkräftigen Schutzdämon Bes und der oft mit ihm zusammen auftretenden nilpferdartigen Thoëris, die miteinander "alle Gesundheit und alle Herzensweite wie Re ewiglich" verbürgen.

Was also dem königlichen Säugling in der Stunde der Geburt Not tut, ist die mythische Substanz von Lebenskraft, die ihm nicht nur von einem Gott allein gewährt werden kann. Daneben bedarf er der Wirkungsgrößen Wohlfahrt und Gesundheit, einem alten Königswunsch entsprechend. In den göttlichen Sprüchen tritt die Dauer, *dschet*, daneben. Mit ihr erhält die Überwindung zeitlicher Vergänglichkeit einen besonderen Stellenwert. An das Ende der Reihe tritt meist "die Weite des Herzens", der lebensfördernde, unbeschwerte Frohsinn[13]. Alle solche Gaben gehen als wirksame Faktoren in den künftigen König ein. Abgehoben davon ist unten allein die Schutzzone Sa, welche die Götter nicht "geben", sondern um ihn herum bilden, ja täglich knüpfen[14].

Die königliche Vielgestaltigkeit, die schon das Kind zu einem polymorphen Bündel werden läßt, tritt später nicht nur darin zutage, daß sich der Thron neben oder unter ihm als Teil seiner Identität und doch von ihm unterschieden befindet, vor allem auch dadurch, daß die Gestalt- und Erhaltseele, der Ka, ihn seit Anbeginn begleitet. Beide, Mensch wie Ka, werden von Chnum geformt, dann geboren, gestillt, beschnitten; sie partizipieren an den Thronnamen und am Thron selbst. Nicht nur beim König läßt sich diese Gestaltseele vom Träger abheben. Auch die Götter haben jeweils ihre Kas bei sich und die entsprechenden weiblichen Gegenstücke, die Hemusut, die sich bei der Königsgeburt aktiv einschalten und bei der Stillung beteiligen.

Umstritten ist, ob dem Geburtszyklus ein kultischer Bezug zukommt. Steht das, was im Heiligtum wie ein Ritual abgebildet wird, mit einer Begehung in Zusammenhang, die diese Vorgänge dramatisch nachvollzieht, etwa anläßlich der Krönung (Morenz, Barta)? Oder handelt es sich um eine rein "theoretische" Darlegung königlicher Legitimität (Brunner, Helck)? Der Zweck der Anbringung im Heiligtum besteht zweifellos darin, daß Amon ständig an seinen Sohn (seine Tochter) erinnert bleiben soll.

Die Zeugung durch den Götterkönig dürfte eine mythische Ausdeutung seiner Eigenschaft als "Stier seiner Mutter", *Kamutef,* sein, wie er schon im Mittleren Reich benannt wird (Kap. 11.4). Indem Amon mit der königlichen Mutter sich selbst als Kind zeugt, bleibt die königliche Person als sein Ebenbild im gewissen Maße die gleiche, durch den Wechsel der Zeiten und der einzelnen Gestalten hindurch. Von da aus kann auch die Königin als Ausprägung einer immerwährenden Erscheinung in verschiedenen Rollen verstanden werden:

> Die Königsgemahlin und Schwester des Herrschers ...
> Die Königstochter und erlauchte Königsmutter,
> Die Kenntnisreiche, die für Ägypten sorgt[15].

Zumindest in der Königin werden also Generationen überspannt.

Im Geburtszyklus steht dem göttlichen Vater eine menschliche Mutter gegenüber. Doch im selben Heiligtum von Der el Bahri, wo Hatschepsut auf der mittleren Terrasse ihre Herkunft aus dem göttlichen Vater darstellt, läßt sie droben in der Kapelle der *Hathor* diese als ihre göttliche Mutter in Kuhgestalt erscheinen und der "geliebten Tochter" verbürgen, daß sie "Leben und Wohlfahrt" erhalten hat und durch Stillung mit Zauberkraft erfüllt worden ist. Wieder wird zeitliche Unbegrenztheit angeschlossen: "Ich bin gekommen, dein Schutz zu sein und dich von meiner Milch kosten zu lassen, auf daß du lebest und dauerst durch sie"[16].

Auch andere Könige der gleichen Dynastie scheuen sich nicht, sich als Säugling abbilden zu lassen, der an den Zitzen der Hathor saugt.

Hathor gelangt in die Rolle der Königsmutter durch ihre Verschmelzung mit Isis, die nach alter Überlieferung den königlichen Horus geboren hatte. Bezeichnenderweise bleibt aber während des Neuen Reiches in diesem Fall die Vaterschaft des Osiris unerwähnt. Im Amon-Geburtszyklus spielt Hathor zwar eine Rolle, sie erfüllt dort die Königsmutter mit glühender Liebe, steht dem Töpfergott Chnum bei der Gestaltung zur Seite, präsentiert das Neugeborene dem königlichen Vater; doch fehlt dort Hathor in der Stillungsszene, wird durch andere kuhartige Gottheiten ersetzt. Ihre Mutterschaft wird also im Geburtszyklus ausgeblendet, anders in der Hathorkapelle, wo Amon nun als Vater fehlt. Anderwärts kann Hatschepsut auch Isis oder Nut ihre Mütter nennen, da sie

Ägyptens und Amons Wiederaufstieg

Abb. 51 Amenophis II. von Hathor gestillt und vor ihr stehend

auch Res Mütter gewesen waren[17], was für uns die Verwirrung noch größer macht. Die typisch ägyptische Vielfalt der Zugangsweisen für grundlegende Daseinsprobleme tritt also im Blick auf die Herkunft des Königs während des Neuen Reiches deutlich zutage.

13.3 Göttliche Designation, Thronbesteigung und Regierung als Gottesdienst

Ein weiteres entscheidendes Geschehen, das dem Pharao göttliches Wesen mehrt und seinen Kontakt mit Amon noch enger werden läßt, ist der Ritus der Thronbesteigung. Nun wird der Herrscher von Amon-Re auf den Horusthron der Millionen Jahre gesetzt, auf die Throne der beiden Länder, den Thron des südlichen On (= Theben), ja auf Amons Thron selbst. An die Darstellung des Geburtsmythos schließt sich deshalb in Der el Bahri wie in Luxor ein Zyklus königlicher Krönung an.

Er beginnt mit einer Reinigung des Aspiranten durch eine oder zwei göttliche Mächte. Es folgt die Krönung mit der ober- und unterägyptischen Krone durch Horus und Seth, die ihm "die beiden Zaubermächtigen" zusammen mit der Uräusschlange aufsetzen und ihn dadurch unangreifbar werden lassen. Dann wird die urzeitliche Vereinigung der beiden Länder durch die gleichen Götter für den neuen König wiederholt. Danach schreibt der Weisheitgott Thot das Protokoll mit den fünf Thronnamen nieder und ritzt Millionen von Jahren in eine Jahresrispe ein. Das feierliche Geschehen endet vor dem thronenden Amon, der dem diesmal mit der blauen Krone bekleideten König die Hände auflegt und ihn damit endgültig legitimiert.

Zwischen Geburt und Regierungsantritt kann nun eine ausdrückliche göttliche *Designation* liegen, bei der Amon durch ein Orakel den künftigen Herrscher auserwählt. Insbesondere dann, wenn der Thron nicht selbstverständlich vom Vater auf den ältesten Sohn der Hauptfrau überging, wird in der 18. Dynastie ein solcher Akt göttlicher Erwählung durch ein öffentliches Orakel oder Traumgesicht notwendig. Wieder tritt Amon als eine unbedingt befehlende Willensmacht heraus. Darauf zu verweisen, hält insbesondere Hatschepsut für nötig, die als erste Frau den Pharaonenthron besteigt[18]. Ausführlich erzählt Thutmoses III. auf einer Inschrift in Karnak, wie bei einem festlichen Auszug die Barke des Amon sich ihm unerwartet zuneigte, der mit

Abb. 52 Amon krönt Hatschepsut

anderen Priestern das Spalier bildete: "Nicht gab es einen, der (vorher) es wußte". Darauf läßt Amon den erwählten Kandidaten "in den Himmel blicken". Visionär fährt er in den Himmel wie ein Falke. Dort versieht ihn der Allherr mit den zum Herrschen notwendigen Mächtigkeiten. "Er stellte fest meine Kronen, indem er selbst mir die Titulatur aufschrieb". Nicht nur die fünf Thronnamen werden droben festgelegt, sondern auch entsprechende Gestaltungen geschaffen. "Er hat alle meine Gestalten vereinigt in diesem Sohn des Re Thot-mose". Der derart Ausgezeichnete kehrt auf die Erde zurück, mit einer Ba-Seele versehen, die ihn allen anderen Menschen überlegen macht[19]. Nicht so dramatisch, aber ebenso aufschlußreich lautet der Bericht Thutmoses IV. Während einer Ruhepause auf einer Jagd (oder Wallfahrt) im Schatten des großen (männlichen) Sphinx von Gize, der dort heute noch zu bewundern ist, hört er plötzlich diesen zu sich reden: "Ich bin dein Vater Harmachis-Chepri-Re-Atum. Ich gebe dir das Königtum über die Erde an der Spitze der Lebenden. Dir gehört, was das Auge des Allherrn erleuchtet"[20]. Später wird Horemheb solch auszeichnende Erwählung erleben, als er mit der Statue seines "Vaters", des Gottes Horus, am Opetfest in Luxor teilnimmt. Zugleich erhält er den Schmuck des Re und eine Titulatur "wie die Majestät des Re". Das glückliche Ereignis versetzt "den Himmel ins Fest und die Erde in Freude"[21]. Anläßlich der Krönungsfeier war offenbar eine lange poetische Einsetzungsrede des Amon an sein neues Ebenbild auf Erden fällig[22]. Amon verleiht damit nicht nur weltweite Herrschaft, sondern auch die Fähigkeit zu Erscheinungsformen, die die Feinde, wie Uräusschlange, Krokodil, Löwe, Raubvogel, vernichten. Die für effektive Machtausübung nötige Vielgestalt kommt dem Pharao also noch nicht durch seine Geburt in ausreichendem Umfang zu. Mehr und mehr wird das wiederholte Wort des höchsten Gottes für erfolgreiches Regieren entscheidend.

Das Vertrauensverhältnis, das zwischen Gott und König notwendig erscheint, wird in der 18. Dynastie als gegenseitige *Liebe* beschrieben. Die Initiative geht von göttlicher Seite aus. Der Sohn-des-Re-Namen wird deshalb gern mit dem Zusatz versehen "geliebt von Amon", *meri-Amon*. Thutmoses III. weiß sich sogar von Amon "geliebt mehr als jeder König, der seit der Urzeit des Landes gewesen ist". Das beruht auf Gegenseitigkeit. Amenophis I. errichtet Bauten für Amon, "weil er ihn so sehr liebte, mehr als andere Götter"[23].

Solche Rede von Liebe und Erwählung zwischen Gott und König läßt sich als ideologische Fiktion und insbesondere das berufende Orakel als bewußt inszenierter "Staatsstreich" erklären. Freilich bleibt die Frage, ob man dadurch nicht zu schnell anachronistischer Rationalisierung verfällt[24]. Für eine fromme und ehrliche Überzeugung der Könige spricht jedenfalls, daß sie hernach bei gewichtigen Staatsaktionen den Entscheid des Karnak-Gottes einholen; sie beginnen keinen Feldzug, ehe er dazu nicht ja gesagt hat[25].

Wenigstens behaupten Thutmoses I. wie der III. dieses Namens, nur deshalb zu Feldzügen aufgebrochen zu sein, weil Amon befohlen hatte, die Grenzen Ägyptens auszuweiten. Gott selbst habe im Ausland dem König den Weg geöffnet. Da alle Fremdländer Amon unterstehen, hat er Wirkgrößen wie Furcht, Schrecken, Stärke, Ehrfurcht, aber auch die Königsnamen, vom König ausstrahlen und die Gegner niederschmettern lassen. So hat Amon den Feinden Ägyptens den Lebensatem aus der Nase gezogen, in Fesseln die Fürsten aller Länder für den Pharao zusammengebunden, damit er sie vernichte[26]. Die letzte Szene findet sichtbaren Ausdruck auf den Außenwänden der großen Tempel, wo der König, riesengroß abgebildet, die Vertreter der Fremdvölker vor sich mit der linken Hand am Schopf zusammenhält, um sie mit einer Keule in der rechten zu zerschlagen.

Amon-Re läßt seinen Sohn und sein irdisches Bild alles beherrschen, was Re erleuchtet, macht ihn zur Sonne für die Fremdvölker[27]. Das wird von diesen teilweise bewußt erkannt. Die Afrikaner, die zu Hatschepsut gebracht werden, begrüßen sie: "Heil dir ... weiblicher Sonnengott!" Als die Königin ihre Gaben empfängt, vermischt sich ihr Geruch mit dem des Gotteslandes, aus dem die exotischen Gäste kommen, die Haut der Königin wird von Gold wie bei einem Gott überzogen[28].

Doch die Könige wissen sich allezeit von der Macht des verborgenen Gottes in Karnak abhängig. Wo sie über ihre Taten auf Stelen berichten, bilden sie die geflügelte Sonnenscheibe am oberen Rand ab und stellen darunter sich selbst beim Opfer für Amon dar.

Abb. 53 Thutmosis III. schlägt Asiaten, im rechten Arm einst eine Keule (Karnak)

Zu den königlichen Aufgaben gehört vor allem ein kultischer Dienst für die verborgene Herrlichkeit des Sonnengottes. Der Pharao agiert als Sonnenpriester – vertreten durch einen Gottesdiener, einen Priester – und opfert Re jedesmal in der Morgenfrühe und von da an stündlich. Er sorgt für das Kultbild Amons im Tempel und die Ausrichtung der Jahresfeste, nicht zuletzt für den Erhalt des Tempels. In Theben-West baut jeder König ein eigenes Heiligtum für den Götterkönig und zugleich für die eigene Totensorge. Fast von selbst legt sich nahe, auch das Jubiläumsfest, die nach 30 Jahren, gelegentlich auch früher, vollzogene Erneuerung der königlichen Mächtigkeit, nach Theben und in den Bereich Amons zu verlegen.

Königliches Erscheinen und Regieren ist in allen Auskörperungen und Mächtigkeiten während der frühen 18. Dynastie auf Amon bezogen. Das soll freilich nicht den Blick dafür verstellen, daß nach wie vor eine Vielzahl göttlicher Mächte im Lande walten. Der Herrscher selbst übt sein Amt auf dem Thron des Horus aus, bleibt also dem uralten Gott der Königsmacht verbunden. Der Gott wirksamer Schrift, Thot, schreibt nunmehr die Königsnamen auf den heiligen Ischedbaum in On ein und die Vielzahl seiner Jahre mitsamt deren inhaltlicher Füllung als "Annalen" auf ein Kerbholz, die Jahresrispe, ein und macht dadurch beides unwiderruflich. Die zwei Kronengöttinnen und die

Abb. 54 Thutmosis III. unter der Flügelsonne vor Amon-Re (Karnak-Kairo)

Uräusschlange befinden sich auf dem Haupt des Pharao, Maat auf seiner Brust; beim Kriegszug fühlt er Month in seinen Gliedern und wird durch die syrischen Kriegsgötter Räschäf und Astarte unterstützt[29]. Die Götterneunheit hat Hatschepsut mit Leben, Herrschaft und Freude begabt, die Ba-Seelen von On, halbgöttliche Wesen, haben ihr Schönheit zugewandt[30]. Außerhalb von Theben, wo weniger Nachrichten erhalten sind, werden die anderen Gottheiten noch sehr viel häufiger dem Königtum zugeordnet gewesen sein als im Heiligtum des Amon selbst.

13.4 Hymnen für Re. Sonnenphasengesänge

Die engen Beziehungen, die die Herrscher zwischen sich und dem Sonnengott behaupten, wecken auf den ersten Blick den Eindruck einer besonderen, königsideologisch ausgerichteten Mythologie, sobald irgendwo von Re die Rede ist. Doch eine Vielzahl von Sonnenhymnen des Neuen Reiches, die zumeist von Privatleuten stammen, widerlegt die Vermutung solcher Engführung und läßt erahnen, in welchem Maße die Verehrung der hinter der sichtbaren Sonne verborgenen göttlichen Macht das Lebensgefühl breiter Bevölkerungsschichten geprägt hat. Die Aufmerksamkeit in den Liedern abseits vom Königskult richtet sich zunächst auf Re allein als die lebensschaffende Heilsmacht. Bald jedoch wird auch Amon auf privaten Inschriften einbezogen und verschmilzt im Blickwinkel anbetender Menschen mit dem althergebrachten Sonnengott zu einem einzigen Wesen, was die identifizierende Namensrelation Amon-Re auf den Begriff bringt.

Es ist, als ob sich mit dem Wiedererstehen des Reiches den Ägyptern die Zunge gelöst hätte. Plötzlich brechen sie in einen vielfältigen Jubel über den sonnenhaften Gott aus, wie es vordem unbekannt war. Zwar war Re bereits im Mittleren Reich zur Spitze der Götter aufgestiegen (Kap. 11); nun aber werden offenbar neue Seiten an ihm entdeckt. Den ganzen Tag über wird im Tempel für ihn gesungen, und bald gibt es kein Grab mehr, das nicht wenigstens einen Sonnenhymnus verzeichnet. In seinen "Sonnenhymnen in thebanischen Gräbern" hat J. Assmann 268 solcher Lieder gesammelt[31], von denen kaum eines dem andern gleicht. "Welche andere Kultur ... hätte im Laufe weniger Jahrhunderte eine derartige Fülle von Dichtungen zum Lobe der Gottheit hervorgebracht?"[32]. In der Entwicklung dieser Hymnik zeichnet sich ein Gefälle ab, das auf das herausragendste Ereignis der ägyptischen Religionsgeschichte, nämlich auf die Aton-Verehrung Echnatons, zuläuft. Insofern geben die Sonnenlieder gewissermaßen den Leitfaden für die Geschichte der ägyptischen Religion während des Neuen Reiches an die Hand. Auffälligerweise wird in den Liedern der Privatleute die politische Ebene kaum je angesprochen. Weder wird der Gott als Befreier Ägyptens von der Fremdherrschaft der Hyksos gefeiert, noch steht sein enges Verhältnis zum regierenden König im Brennpunkt. Den Sonnengott zu preisen, gibt es also am Eingang von Gräbern ebenso Anlaß wie im Ritual des Tempels und des Lebenshauses.

Zum letzten, dem liturgischen Brauch, zählt das *Stundenritual*[33], das abschnittsweise zu Beginn jeder Tages- und Nachtstunde im Tempel für Re durch Priester in Vertretung des Königs rezitiert wird. Es hebt die Stationen der Sonnenbahn durch die Ober- und Unterwelt hervor. Zur ersten Stunde singen die Priester:

> Geh doch auf, Re! Entstehe doch, Selbstentstandener ...
> Erscheine du in jenen deinen Geburten!
> Du trittst heil hervor in der Umarmung deiner Mutter ...
> Nimm in Anspruch dein Gefilde, küsse die Maat!
> Der König läßt die Maat aufsteigen zum Stier der Maat.
> Der König läßt die Maat einsteigen in die Barke des Re ...
> Gegrüßt seien jene deine sieben Umringlerschlangen, die deine Ka-Kräfte zusammenfassen,
> Die ein Gemetzel veranstalten unter deinen Feinden im Messersee[34].

Der König ist es also letztlich, der singt und die Maat darbringt, die Substanz von Wahrgerechtigkeit, welche sein Regieren hervorgebracht hat. Dadurch trägt er das Seine dazu bei, den Sonnenlauf in Gang zu halten. Die Maat des irdischen Königs wird zu einer Heilsmacht in der Barke des Re. Der als wirksames Wort ausgesprochene Hymnus stärkt zugleich die Erhalt- und Gestaltseelen des großen Gottes, damit sie die Gottes- und Lebensfeinde vernichten.

Neben solchen liturgischen Texten, die als geheim gelten und der Öffentlichkeit unbekannt bleiben, entstehen Sonnenlieder, die wohl auch von Laien rezitiert werden, jedenfalls einer breiten Öffentlichkeit bekannt sind. Von Privatleuten werden sie auf die *Eingangswände* ihrer *Gräber* übernommen, an jener Stelle aufgezeichnet, wo der Tote regelmäßig "herausgehen" und das Sonnenlicht schauen will; oder sie bilden den Anfang von Totenbuchpapyri, welche der Mumie beigegeben werden. Bei aller Variation im Einzelnen handelt es sich um *Tagesphasen*lieder, die sich entweder auf den Sonnenaufgang und eine nachfolgende Himmelsquerung oder auf den Sonnenuntergang beziehen. Ein verbreitetes Muster beginnt mit einer Grußformel, welche die beiden entscheidenden Phasen mit je einer Erstreckung des Gottes verbindet:

> Sei gegrüßt, Re, bei deinem Aufgang, Atum, bei deinem schönen Untergang zum Frieden (*ḥtp*)!

Danach folgt ein Du-Abschnitt, der den strahlenden morgendlichen Aufgang als erneuten Herrschaftsantritt über Götter und Welt rühmt:

> Du erscheinst, du erglänzt auf dem Rücken deiner Mutter, erschienen als König der Neunheit.
> Nut (die Himmelsgöttin) begrüßt dich mit *Nini*-(Huldigung), Maat (die Wahrgerechtigkeit) umarmt dich allezeit.
> Du durchziehst den Himmel weiten Herzens, der Messersee ist zur Ruhe gekommen.

Schließlich wird in der dritten Person der Gott gerühmt, weil seine Feinde vernichtet sind und damit zugleich die menschliche Angst vor einem möglichen Einbruch des Chaos gegenstandslos geworden ist:

> Der Rebell ist gefallen, seine Arme sind gebunden, das Messer hat seine Wirbel durchschnitten.
> Re beharrt im guten Segelwind, die *mesketet*-Barke hat den, der sie angriff, vernichtet.
> Die Südlichen und Nördlichen fliehen dich, die Westlichen und Östlichen beten dich an[35].

Der Tagesanbruch wird als Epiphanie einer Macht geschildert, die mit königlicher Autorität auftritt. Re kommt aus seiner Mutter, der Himmelsgöttin, hervor. Die Rede von einer Geburt wird hier vermieden, vielleicht deshalb, weil sie den Sonnengott als ein passives Wesen kennzeichnen würde. So wird einzig gesagt, daß die Mutter ihn trägt und, was nicht weniger wichtig ist, ihm akklamiert. Denn zum Königtum, ob unter Göttern oder Menschen, gehört öffentliche Anerkennung. In anderen Liedern wird außerdem eine Huldigung der östlichen Paviane genannt, jener Affenart, die sich besonders früh regt und deshalb als exemplarische Verehrer des Sonnenaufgangs angesehen wird. Von

der Tagesbahn über den Himmel verlautet nichts, nichts von einer Wirkung auf
Erde und Menschen. Bei der Überquerung wird einzig die Besiegung von
Götter- und Menschenfeinden ausführlich erwähnt. Die Besiegung der Unheilsmächte spielt also eine mindestens ebenso wichtige Rolle in der Sonnenmythologie wie die heilvollen Strahlenkräfte, die Re aussendet.

Ein entsprechender Gesang zum Sonnenuntergang lautet[36]:

> Sei gegrüßt, Re, wenn du in Lebensfülle dich zur Ruhe begibst (*ḥtp*),
> nachdem du dich vereint hast mit dem Lichtland des Himmels.
> Du bist erschienen auf der westlichen Seite, als Atum im Abendschein;
> gekommen in deiner Macht (*sḫm*) ohne einen, der sich dir widersetzt,
> nachdem du die Himmel beherrscht hast als Re ...
> Wie du in den Leib deiner Mutter Naunet hinabgestiegen bist, hat dein
> Vater Nun dich mit der *Nini*-Verehrung begrüßt.
> Die Götter des Westberges sind in Huldigung, die Bewohner der Unterwelt
> in Jubel, wenn sie ihren Herren sehen mit weitem Schritt, Amon-Re, den
> Herrn der Menschheit.

Auch dieser Hymnus streicht die aktiven Seiten des Gottes heraus. Re geht nicht in dem Sinne unter, daß seine Kraft erlischt, vielmehr begibt er sich zur Ruhe und damit zu einem harmonischen Dasein, *hetep*, ja findet beim abendlichen Abstieg erst zu Lebensfülle. Wie am Morgen geschieht eine Epiphanie, auf die hin ihm die Götter akklamieren. Von der Mutter, diesmal dem unterirdischen Gegenhimmel Naunet, wird er nicht verschluckt, sondern geht in sie ein. Auffälligerweise wird erst nach vollendetem Untergang der Gott Amon-Re genannt. War er in dieser Doppelerstreckung für die Unterirdischen belangreich, die bei diesem Anlaß ihn neben den Göttern preisen?

Die Wenden des Sonnenlaufs werden weitgehend durch Re bewirkt. Dennoch waltet er nicht allein. Für Morgen wie Abend spielen seine Mutter und akklamierende Gottwesen eine Rolle. Der Sonnenlauf wird nicht nach dem beschrieben, was das Auge sieht. Vielmehr wird die tägliche Wahrnehmung durchsichtig für mythische Konstellationen, die dem Geschehen allererst Sinn verleihen. Ein Ausgang vom Erlebnis des Morgen- und Abendhimmels ist zwar offenkundig. Doch die Sprache leitet zu Deutungen der Wahrnehmung an, die weit über das hinausgehen, was moderne Empirie zugestehen würde. Besonders deutlich wird das bei der Schilderung der Mittagsstunden, wo ein himmlischer Messersee von Re durchlaufen wird, in dem er gefährliche Gegner zu überwinden hat. Von dem, was ein Mensch real während dieser Stunden am Himmel sieht, verlautet nichts. Durch ein ausgeprägtes Beziehungsgefüge zu beistehenden und feindlichen überirdischen Mächten wird Res göttliche Macht begreifbar, ohne daß auch bei so überragenden Gottheit es notwendig wird, eine narrative Mythe auszubilden.

Ägyptens und Amons Wiederaufstieg 277

In einem zweiten vielbenutzten Muster des Tageslaufliedes, das zwar mit dem ersten zusammen in den Denkmälern auftaucht, aber doch vielleicht überlieferungsgeschichtlich jünger sein könnte, wird gleich anfangs Amon neben Re genannt. In der Grußformel gilt er mit diesem zusammen als Erleuchter der Länder:

> Sei gegrüßt, Re, bei deinem Aufgang, Amon, Sechemseele der Götter!
> Du gehst auf und hast die beiden Länder erleuchtet.

Auch in diesen Texten wird die Himmelsquerung einzig als Überwindung von Sonnenfeinden geschildert und danach der Untergang als Eingang in Leben und Frieden. Zum letzten tritt eine weitere Zweckbestimmung hinzu:

> Deine Majestät hat die Ehrwürdigkeit empfangen, indem die Arme deiner Mutter dich schützend umgeben.

Jener Zustand wohlversorgter Ehrwürdigkeit *imach*, den der menschliche Tote beim Gott, meist bei Osiris, erreichen will (Kap. 10), wird nun auch ein Ziel selbst für einen Gott. Dem Geschick des Gottes möchten sich dann die Sänger anschließen. Solche Lieder schließen mit dem Wunsch, Amon-Re schauen zu dürfen am Fest von dessen Barkenfahrt nach Theben-West, um sein Licht "auf meiner Brust" zu spüren, aber auch durch seine Gunst "zur Ruhe zu gehen (*htp*) in dem Haus, das ich gebaut habe". Der Sonnengott in seiner Erscheinungsform Amon eröffnet also dem Abgeschiedenen den Vorzug, im Nachleben mit belebendem Licht und einem beseligendem Friedenszustand ausgezeichnet zu werden[37].

13.5 Lieder auf den allbelebenden Welt- und Zeitgrund Amon-Re

Das angestrengte Nachdenken über den Gott Amon prägt in der zweiten Hälfte der 18. Dynastie die Sonnenhymnen tiefgreifend um und führt zu einer Betonung einerseits seiner Urgotterstreckung, andererseits eines direkten Verhältnisses der Sonnenmacht zum Einzelmenschen. So entsteht, was Assmann die Neue Sonnentheologie der 18. Dynastie nennt. Sie wird zunächst in einer Erweiterung der althergebrachten Opferformel durch eine *Eulogie* greifbar. Lautete die hergebrachte Aussage: "Ein Opfer, das der König gibt (an/und) Amon-Re, Herr der Throne der beiden Länder", so heißt es nunmehr:

> Ein Opfer, das der König gibt (an/und) Amon-Re ...
> Göttlicher Gott, der von selbst entstand, Höchster, der das Seiende schuf,
> Der hervorgeht aus dem Urwasser (Nun) und erscheint als Sonnenscheibe,
> Erstgott (*pa'uti*), Stier der Neunheit[38].

Der Text ist begrifflich außerordentlich gefüllt und abstrakt geworden. Die täglichen Wendepunkte der Sonne werden nicht erwähnt. Dafür erscheint Amon als "besonders göttlich", das heißt als eine Art Übergott, der die anderen göttlichen Mächte, vor allem die Sonnenscheibe, durch seine Strahlkräfte wirksam werden läßt. Dasselbe bedeutet wohl die häufige Rühmung Amons als "Herrschaftsseele", Sechem, oder der Titel "König der Götter", der jetzt im Neuen Reich aufkommt.

Eine ähnliche Änderung des Blickwinkels weisen einige Hymnen der jüngeren 18. Dynastie auf. Während auf der früheren Stufe der Re-Sonnenhymnen die Betroffenheit des einzelnen Menschen keine Rolle spielt und die Phasen von Morgen und Abend aus einer "objektiven" Betrachterrolle geschildert werden, wird das in jüngeren Liedern anders. Das berühmteste Beispiel bietet der *Kairener Amon-Hymnus* (Papyrus Boulaq 17), der zwar erst später niedergeschrieben ist, von dem aber Teile schon aus der 17. Dynastie belegt sind[39]:

> (5) Sei gegrüßt, Amon-Re, Herr des Thrones der Länder, Erster von Karnak, Stier seiner Mutter, *kamutef*, der seinen Gefilden vorsteht.
> Weitschreitender, Erster von Oberägypten, Herrscher der Nubier, Herrscher von Punt.
> (10) Großer des Himmels, Ältester der Erde, Herr des Seienden, bleibend an allen Dingen.
> Einzig in seiner Art unter den Göttern, schöner Stier (Erzeuger) der Neunheit, Oberhaupt aller Götter.
> Herr der Maat, Vater der Götter,
> (15) der die Menschen machte und das Vieh erschuf.
> Herr des Seienden, der das Lebensholz (die pflanzliche Nahrung) schuf, der das Futter machte und die Herden am Leben erhält.
> Vollkommen-schöne Machtseele, die Ptah gemacht hat, Jüngling, vollkommen-schön an Liebe,
> Dem die Götter Lobpreis spenden, der die Oberen und die Unteren macht, wenn er die beiden Länder erleuchtet,
> Der den Himmel quert in Frieden.
> König von Ober- und Unterägypten, Re, gerechtfertigt, Oberhaupt der beiden Länder,
> Gewaltig an Kraft und Herr der Gottheit,
> (25) der Höchste und Schöpfer der ganzen Erde.

Von Aufgang und Himmelsquerung wird nur noch beiläufig gesprochen. Der Blick schweift von der Nähe, vom Heiligtum in Karnak und Oberägypten, hinaus in die Weite, über die afrikanischen Nachbarländer bis hin zu Himmel und Erde und allen Dingen. Weltweit macht Amon-Res Herrschaft sich bemerkbar. Den Göttern allen ist Amon-Re übergeordnet, weil er allein im Stande war, Menschen und Tiere zu machen und zu erhalten. Lebensmacht konzentriert sich also in ihm, urzeitlich wie gegenwärtig. Der Verweis auf den Urschöpfer Ptah raubt dem besungenen Gott zwar ein Stück Eigenständigkeit; andererseits aber stellt er Amon-Re als die entscheidende Machtseele, *sechem*, im All heraus, die sich souverän bewegt und alle anderen Bewegungen zustande bringt.

Seine königliche Würde malt ein nachfolgendes zweites Lied im Hymnenzyklus (Z. 41-61), das den Gott als Min-Amon und damit als "Herr der unendlichen Wechselzeit, Schöpfer der unabsehbaren Dauerzeit" rühmt und seine Embleme aufzählt wie Kronen, Uräusschlangen, Zepter, Geißel und die Mekes-Schutzhülle für das Dokument zur Bestallung zur Herrschaft. Als Urbild des ägyptischen Pharao und von dessen vielseitigen Wirkweisen wird der Götterkönig zu einer Art Superpharao. So "monarchomorph" war vorher kein Gott in Ägypten beschrieben worden. Amon-Res Herrschaft schließt aber nicht strikte Unparteilichkeit und eine "objektive" Gerechtigkeit in sich, vielmehr beinhaltet sie gezielte Zuwendung zu denen, die ihm anhangen, zugleich aber auch vernichtende Abweisung jedes Feindes:

> (57) Der seine Hand reicht dem, den er liebhat, aber seine Feinde in Feuer verbrennt. Sein Auge ist es, das seine Widersacher niederwirft. Es steckt seinen Speer in den, der den Urozean aussaugt (die Apophisschlange) und läßt den Feind ausspeien, was er verschluckt hat.

An diese Königscharakteristik schließt sich im Kairener Hymnus ein weiteres Lied an, das die Titel der drei Gestalten, die der Sonnengott im Wechsel des lichten Tages einnimmt, nämlich den des Chepri am Morgen, des unter seinem Baldachin verborgenen Re am Mittag wie des Atum als Abendsonne, aufgreift. Dominierend steht Re voran:

> (62) Sei gegrüßt, Re, Herr der Maat, der seine Kapelle verbirgt, Herr der Götter.
> Chepri inmitten seiner Barke, der befiehlt, und es entstehen die Götter.
> Atum, der die Menschheit macht, ihre Wesensart unterscheidet und ihre Lebenskraft macht, ihre Hautfarben(?) unterscheidet, den einen vom anderen,
> Der das Flehen dessen hört, der in Bedrängnis ist, wohlgeneigten Herzens gegenüber dem, der zu ihm ruft.
> (71) Der den Furchtsamen errettet aus der Hand der Gewalttätigen, der richtet zwischen arm und reich.
> Herr der Erkenntnis (Sia), auf dessen Lippen das Schöpferwort (Hu) ist.
> Die Nilüberschwemmung kommt aus Liebe zu ihm, Herr der Zuneigung, groß an Liebe. Wenn er kommt, lebt die Menschheit.
> Der freien Weg gibt jedem Auge, das im Nun (Urgewässer) geschaffen wird.

Dessen Glanz es Licht werden läßt, über dessen Schönheit die Götter jubeln,
(81) Ihre Herzen leben auf, wenn sie ihn sehen.

Hier werden zwar die Titel der überkommenen Phasen im Lauf des Sonnengottes aufgegriffen. Doch das sichtbare Naturgeschehen interessiert wenig. Von der Re-Erstreckung wird einzig der Maatbesitz erwähnt. Der morgendliche Chepri wird zur Macht, die ständig durch ihr Wort schöpferisch tätig ist. Vor allem aber richtet sich das Interesse auf die spezifischen Beziehungen, die der Sonnengott als Atum zur bedürftigen Menschheit pflegt, die wiederum nichts anderes bedeutet als Erzeugung von Maat.

Die althergebrachte Überzeugung vom Leben als einer mythischen Qualität, die als Lebendigkeit ständig von überirdischen Quellen vornehmlich der Sonne gespeist werden muß, wird festgehalten. Doch daneben tritt im Blick auf die Sonnenmacht eine Fürsorge für jeden einzelnen Menschen. Damit wird ein bislang in Ägypten nicht vernommener Ton angeschlagen und eine neuartige, individuelle Füllung der Maatvorstellung erkennbar.

Die universale Weite und Alldurchdringung läßt Amon also nicht zu einer gleichgültigen Naturkraft werden, die über individuelles Geschick erhaben ist, sondern führt im Gegenteil zur Erwartung, der Gott kümmere sich um jeden einzelnen und achte auf ihn. Vor allem die in der menschlichen Gesellschaft Benachteiligten und Unterdrückten dürfen auf seinen Beistand hoffen. Damit wird auf den Gott übertragen, was bislang in Ägypten vornehmlich als Königstugend galt, nämlich die Fürsorge für die gesellschaftlich Schwachen, die von irdischen Herrschern offenbar nur beschränkt und mangelhaft verwirklicht wird. Beim Götterkönig hofft man jetzt auf wirksameres Walten.

Die Zuwendung Amon-Res zum Menschen wird aber nicht bloß im Blick auf den Stand sozial objektiv Benachteiligter gerühmt, sondern wird mit subjektiver Haltung in Beziehung gebracht. In den jüngeren Amon-Re-Hymnen der 18. Dynastie tauchen zum ersten Mal Elemente einer Religion als persönlich gewählter Verhaltensweise auf. Zwischen dem hohen Gott und dem einzelnen Bewohner des Niltals herrscht eine Beziehung von Herz zu Herz. Amon-Re ist nach dem Kairener Hymnus "wohlgeneigten Herzens" gegenüber jedem, der zu ihm ruft. In diesem Zusammenhang wird das Lexem "Liebe", *merut*, gern aufgegriffen. Früher war es für das Verhältnis des Pharao zur Gottheit gebraucht worden, jetzt wird es für die Zuwendung Gottes zum privaten Anhänger wie für die entsprechende menschliche Reaktion benutzt. Selbst der Begrabene gelobt noch, "daß ich deine Liebe (die Liebe zu dir, die dein Wesen hervorruft) verbreite durch die Länder"[40]. Man bedenke, daß Laien sich einer so innigen Beziehung zum Götterkönig rühmen, denen zu Lebzeiten niemals der Eintritt in einen Amon-Tempel gestattet war!

Die Liebe zu Amon ist bei Göttern und Menschen verbreitet, weil sie alle einst aus diesem Urgrund hervorgegangen sind. Deshalb ragt er in einzigartiger Weise über alle anderen Wesen hinaus:

> (107) Du bist der Eine, der alles Seiende geschaffen hat, der Eine Einsame, der schuf, was ist.
> Die Menschen gingen aus seinen Augen hervor, und die Götter entstanden aus seinem Mund ...
> Der dem, der im Ei ist, Luft gibt; der das Junge der Schlange am Leben erhält, der erschafft, wovon die Mücke lebt ...
> Sei gegrüßt, der dies alles erschaffen hat, der Eine Einzige mit seinen vielen Armen;
> Der die Nacht wachend verbringt, wenn alle Welt schläft, und sucht, was seiner Herde wohltut.
> Amon, bleibend in allen Dingen.

Der Name Amon geht, wie oben ausgeführt, auf ein Lexem "verborgen, unsichtbar sein" zurück. Dieser Zusammenhang ist dem Ägypter bewußt, er folgert daraus, daß der menschliche Geist die Größe des Gottes nie durchschauen wird. Amons Gestalt und Aussehen bleiben letztlich unerkannt. Selbst das göttliche Gefolge versteht ihn nicht; erst recht gilt von den Menschen: "wir erkennen dein Bild ... deinen Leib nicht"[41]. Daneben aber wird im Neuen Reich mehr und mehr der Gottesname mit einem ähnlich lautenden Lexem *men*, "bleiben", in Zusammenhang gebracht. Dadurch erscheint Amon-Re als Garant unübersehbarer Dauer, ja als Zeitengrund schlechthin. Die Sonne ruft nicht bloß die Tageszeiten, sondern den Rhythmus der Zeiten schlechthin hervor, so bekennt Amon-Re: "Ich bin es, der die Jahre scheidet und die Jahreszeiten schafft"[42]. Als der Urgott steht er selbstverständlich am Anfang der Zeit und herrscht von daher als König über den unübersehbaren Zeitenwechsel, *neheh*, und die unwandelbare Dauer, *dschet*, wie es das zweite Lied des Kairener Hymnus zum Ausdruck bringt[43].

In den Sonnenhymnen der 18. Dynastie, schon vor der Amarnazeit, tut sich also eine Auffächerung der Funktionen des Sonnengotts kund, welche die bisherige Auffassung von Re als der hinter der täglichen Sonnenbahn über dem Niltal stehenden Macht beträchtlich überbietet und in ihm den noch gegenwärtig schöpferischen Welterstling, aber auch den erdenweit innerhalb der Völkerwelt tätigen und den um den einzelnen Menschen besorgten Herren sieht. Im Unterschied zu früher tritt planvolles Erschaffen schon bei der Weltentstehung hervor. "Das hervorstechendste Merkmal dieses neuen Gottes ist sein Wille und die verwirrende Spontaneität und 'Virulenz', mit der er seinen Willen in die Tat umsetzt und in die Geschichte eingreift"[44]. Amon-Re überragt alle anderen Götter, faßt deren Walten in sich zusammen. Die Sonnenhymnen drücken das so aus, daß sie Amon als Machtseele, Sechem, der Götter feiern. Dem werden die anderen Seelenkräfte beigeordnet. So verbindet sich seine Aktivseele, Ba, vornehmlich mit der morgendlichen Erscheinungsform Re-Horachte[45]. Nur gelegentlich wird Amon-Re schon in dieser Zeit als "vollendeter Ba, ältester der Götter" gepriesen[46]; erst in ramessidischer Zeit wird diese Ba-Vorstellung zum entscheidenden Schlüssel des Verständnisses beim Sonnengott. Dem einzelnen Menschen tritt Amon-Re als Ka gegenüber, vermutlich im Kultbild[47]. Die Hymnen kennen neben dem Götterkönig andere hohe Mächte. Doch diese werden meist pauschal und nur selten mit Eigennamen angeführt. In der Zeit des beginnenden Neuen Reiches werden den übrigen Gottheiten keine vergleichbaren Hymnen gewidmet. Einzig Re-Horachte, also eine Art Abspaltung von Amon-Re, sind eine Anzahl solcher Gesänge gewidmet, die aber sehr viel weniger wortreich lauten. So meldet sich gerade in den Amon-Hymnen ein "Ringen um die begriffliche Artikulation der Einheit des Göttlichen" als ein "Prozeß von ungeheurer 'Popularität'", der damals weite Bevölkerungsschichten ergriffen hat[48]. In ihm vollzieht sich eine "kognitive Revolution" mit einer Abkehr von mythischen Bildern und einer Wendung zu naturphilosophischen Reflexionen, welche die nachfolgende Amarnazeit vorbereitet hat[49].

13.6 Maat als Sonnentochter und Sonnenspeise und der Weisheitsgott Thot

Die seit dem Mittleren Reich aufkommenden Sonnengesänge behalten zwar das Muster der mythischen Konstellationen für Aufgang und Untergang des Tagesgestirns bei, mindern jedoch das polytheistische Umfeld. Die dem Sonnengott zugeordneten Wesen, selbst seine Mutter Nut oder Naunet und sein Vater Nun, werden weitgehend auf die Aufgabe beschränkt, dem Lauf Res zu akklamieren. Dieser zieht als "der eine Einzige" im Grunde einsam seine Bahn. Nur eine Göttin bleibt ihm unentbehrlich, ja tritt nach der Sicht des Neuen Reiches beherrschender zutage als vordem: Maat, die numinose Verkörperung von Regel und Ordnung in Staat, Kosmos und Einzelleben. Noch in den Sargtexten des Mittleren Reiches allein Tochter des Welterstlings Atum, wird sie nunmehr als Tochter der Sonnenmacht selbst erkannt[50]. Von Amon-Re abkünftig, bleibt sie zugleich für ihn als Energiequelle unentbehrlich. Maat wird zum Auge des Re und zur Schlange, "die hervorkam aus seiner Stirn"[51].

Viele Hymnen feiern den wieder zum Reichsgott emporgestiegenen Amon-Re als Besitzer oder Herr (*neb*) von Maat im Blick auf sein schöpferisches Wirken[52]. Als "Stier der Maat" bleibt er ihr ständig nahe. Unter den Gottheiten der Tagesstunden ist sie deshalb die erste und wirkt auf das sich erneuernde Weltgeschehen ein[53]. Andererseits aber zehrt Amon-Re von der Kraft, die er aus sich entlassen hat. Gerade als "der eine Einzige ohne Gleichen" lebt er "von der Maat ... Tag für Tag"⁵⁴. In seiner Erscheinungsform als Horachte küßt er sie allmorgendlich⁵⁵. Deshalb läßt sich Maat auch als Gestalt- und Erhaltseele ihres Vaters einordnen; "Maat ist der Ka des Re" lautet einer der Thronnamen der Hatschepsut. Während der Fahrt des Sonnengottes in seiner Barke steht Maat (zusammen mit Hathor) am Bug und achtet auf die Richtung.

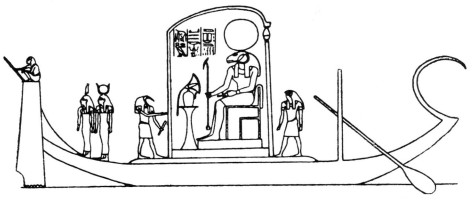

Abb. 55 Sonnenbarke mit Amon unter Baldachin, davor Thot, Hathor und Maat

Der Pharao als Ebenbild und Sohn Amon-Res hat auf Erden für die Pflege der Maat zu sorgen und sich als Besitzer von Maat zu erweisen. Zu jeder ersten Tagesstunde läßt er Maat als spirituelle Opfergabe emporsteigen, damit sie sich der Barke des Re zugeselle und ihr Kraft vermittelt, heißt es im oben zitierten Stundenritual⁵⁶. Was der König darbringt, sind die positiven Ergebnisse seiner Regierung, die sich zu einer einheitlichen, unsichtbaren Substanz zusammenschließen und so sehr verfestigen, daß sie an heiliger Stätte sich in einer Göttin auskörpern. Wie eine Schwester erscheint Maat hinter dem König, gleichwie Isis hinter dem Thron des Osiris⁵⁷. Königliche Herrschaft zielt, so jedenfalls der Anspruch, auf verläßliche Regelhaftigkeit und schöpferische Ordnungssetzung gegenüber den Untertanen. Sie hat ständig das Ziel, die negative Wirkgröße Isefet zu verbannen, womit Frevel und Unheil in einem bedeutet werden. Aus Maat des Königs erwächst nach der Auffassung vom unlöslichen Zusammenhang von Tun und Ergehen, wie insbesondere die Lebenslehren entfaltet hatten, Gedeihen und Bestand für den König selbst, für Hof und Land. Auch der König lebt von Maat. Zugleich aber widmet er die heilvollen Erträge seines wahrgerechten Waltens dem göttlichen Vater, der solcher Unterstützung bedarf. Deshalb bekennt Hatschepsut:

"Ich vergrößere die Maat, die er (Re) liebt, denn ich weiß, daß er von ihr lebt.
Sie ißt aber auch mein Brot, und ich schlucke ihren Geschmack⁵⁸."

Durch das Maatopfer weiß sich die Pharaonin wieder eines Leibes mit ihrem Vater Amon[59]. So wird Maat "die höchste, alles bewegende Kraft 'Gottes'" und damit zur unverzichtbaren Grundlage des Staates[60]. Wenn die numinose Mächtigkeit mit der der Sonne zugrundeliegenden Gottheit gekoppelt wird, erhält sie über den staatlichen Bereich hinaus die Kompetenz einer *Weltordnung*. Die Zuordnung dieser beiden göttlichen Mächte mußte einem Ägypter sich nahelegen. Da die Sonne Tag für Tag vom wolkenarmen ägyptischen Himmel mit anderer Zuverlässigkeit herabstrahlt als in unseren nördlichen Breiten, zudem Tag und Nacht klar trennt, bedarf es keiner großen Phantasie, um von der Beobachtung der Sonnenbahn auf eine allem anderen überlegene Norm von gleichmäßig-heilspendender Ordnung zu schließen.

Ausgegangen wird von einer fortlaufenden Zirkulation (Morenz) der Ordnungsgöttin. Vom sonnenhaften Himmel zum König herabkommend, "zerfließt" sie zur Voraussetzung königlichen Verhaltens, sammelt sich dann in dessen Ergebnissen wieder und wird zum Himmel emporgeschickt. Das für abendländisches Begreifen schwer erklärbare Ineinander von mythischer Substanz und ihrer Auskörperung in einer göttlichen Gestalt tritt bei Maat besonders deutlich zutage.

Daneben besteht ein zweiter, niederer Zirkulationskreis zwischen dem Herrscher und seinen Untertanen. Der Pharao gibt Maat täglich an seine Beamtenschaft weiter. Diese wiederum ist aufgerufen, durch loyale Pflichterfüllung Maat zu reproduzieren und "aufsteigen zu lassen zum Herrn der Maat", in diesem Fall zum König[61]. Der einzelne Ägypter bereitet sich auf Grund des auch für ihn gültigen Tun-Ergehen-Zusammenhangs selbst Wohlfahrt und Heil. Der Baumeister Suti vermag von sich zu bekennen: "Ich war einer, der Maat tat, wie du (Amon-Re) wünschst. Denn ich weiß, du bist befriedigt durch Maat. Du förderst den, der sie auf Erden tut. Ich tat sie und du fördertest mich"[62]. Allerdings löst sich schon in der 18. Dynastie die Maaterfüllung von einer engen Bindung an die königliche Vermittlung. Der Abgeschiedene vermag nunmehr seine Maat dem Sonnengott unmittelbar entgegenzutragen: "Ich bin zu dir (Atum) gekommen, die Arme voll Maat, Maat ausgebreitet auf meinen Fingern"[63]. In den Reden der Privatleute erscheint Maat nie als Göttin, sondern nur als wirksame Substanz.

Was abendländisches Denken als Eigenschaften eines menschlichen Subjekts und als abstraktes Werturteil einstuft und in Lexemen wie Gerechtigkeit, Wahrheit, Ordnung, Heil auszudrücken pflegt, erfaßt die ägyptische Sprache und der in ihren Bahnen denkende Mensch als eine einheitliche, Göttern wie Menschen vorgegebene dynamische und in gewissem Umfang räumlich bestimmbare Wirksubstanz, die zwischen oben und unten ständig zu zirkulieren hat, soll Leben gelingen. Maat als eine in diesen Zusammenhängen eigenständige Größe auszugrenzen, war dem Ägypter so wichtig, daß er sie von den sonst beliebten Verschmelzungen der Gottheit durch Namensrelationierung fast völlig freihält und ihr Wesen — abgesehen von Sonnenbarke und Totengericht — nicht in besondere mythische Konstellationen einbindet. Als in späterer Zeit eine allegorische Sage von Wahrheit und Lüge aufkommt[64], sind die beiden Akteure bezeichnenderweise Männer, nicht eine Göttin und ihre Widersacherin, *Isefet*.

Lockerer mit Amon-Re verbunden, obwohl gelegentlich als sein Sohn bezeichnet und für die Sonnenmacht durchaus notwendig, wird der Weisheits- und Mondgott *Thot*. Er erhält einen Rang, der zwar im Grundsätzlichen an den der Maat nicht heranreicht, in der kultischen Praxis aber die Göttin weit übertrifft. Auch Thot ist für Sonnengott und König und Menschenvolk unentbehrlich. Da er mehr weiß als alle anderen Wesen, rückt er zum Herrn der Gottesworte und Geheimnisse auf, die für das Funktionieren von Kult und damit für Natur und Gesellschaft grundlegend sind. Er wird zum Wesir des Götterkönigs Amon-Re, ja zum "Urgott" wie dieser. Als "König der Maat" unterstützt Thot die Wahrgerechtigkeit in der Sonnenbarke[65]. Der Geburtsname Thutmose bei vier Herrschern der 18. Dynastie macht deutlich, wie gewichtig dieser Gott für das Königtum gewesen ist.

Mit Maat und Thot rücken im beginnenden Neuen Reich zwei Gottheiten im religiösen Denken vor, von denen nicht mehr die Erfüllung elementarer Lebensbedürfnisse, sondern geistige und ethische, auch ideologische Impulse erwartet werden. Nichtsdestoweniger bleiben sie weit hinter dem zurück, was von der Sonnenmacht Amon-Re erwartet und gerühmt wird.

In seiner eingehenden Interpretation der Sonnenhymnen hat Assmann in ihnen eine "Krise des polytheistischen Weltbilds" im Neuen Reich sich anbahnen sehen und eine Voraussetzung für den nachfolgenden Umsturz durch Echnaton. "Das ist eine neue Sprache, in der sich eine neue Religion, oder eine neue religiöse Erfahrung, oder die Erfahrung eines neuen Gottes äußert"[66]. In der Tat treten im Lobpreis der Kompositgottheit Amon-Re ontologische und religiöse Dimensionen zutage, die man in der früheren ägyptischen Literatur vergeblich sucht. Ein Streben, die Einheit des Wirklichen zu erkennen und sich daran zu orientieren, ist unverkennbar. Freilich darf die kultische Realität dabei nicht übersehen werden. Nicht nur allüberall im Lande, sondern auch im Tempel zu Karnak wird vielen anderen Göttern neben Amon-Re geopfert und ihnen Lob gesungen. Echnaton bleibt trotz aller Ansätze, die sich in dieser frühen Zeit schon abzeichnen, darin revolutionär, daß er nicht nur die rühmenden Aussagen von der Einzigkeit auf den sichtbaren Sonnenball konzentriert, sondern die Aussagen wörtlich nimmt und die kultischen Verhältnisse deshalb gewaltsam verändert.

13.7 Der Tempel von Karnak. Amon und seine Begleitgötter

Schon während des Mittleren Reiches hatten Pharaonen begonnen, ihren Göttern repräsentative Tempel nicht nur im Nekropolenbereich, sondern im Niltal zu erbauen. Während vordem die königlichen Totentempel bei den Pyramiden oder die ebenfalls im Westen gelegenen Sonnenheiligtümer wohl auch Mittelpunkte für den öffentlichen Kult gewesen waren, wandert seit Beginn des 2. Jahrtausends die Verehrung der großen Götter mehr und mehr in das Kulturland. Von den Anlagen des Mittleren Reiches ist jedoch wenig erhalten. Erst mit dem Neuen Reich beginnen Tempelbauunternehmungen, deren Überreste bis heute sichtbar sind und uns einen Eindruck vom Zusammenhang zwischen Mythologie und Architektur vermitteln.

Abb. 56 Amonstatuette

Der größte und schönste Tempel jener Zeit ist der des Gottes Amon in Karnak, an dem jahrhundertelang gebaut worden ist. Die monumentale Anlage auf einem Gelände von ungefähr 300.000 m² gehört zu den großartigsten Sehenswürdigkeiten, die das Altertum hinterlassen hat. Hohe Säulenhallen ziehen noch heute den Besucher in ihren Bann und vermitteln den Eindruck einer hieratischen Feierlichkeit, mit der ägyptische Götter verehrt worden sind, aber auch einer unumgänglichen Mittlerrolle der Könige zwischen dem göttlichen und dem irdischen Bereich. Als Beispiel eines ägyptischen Heiligtums seien deshalb einige herausragende Kennzeichen des Karnaktempels festgehalten. Dabei wird hier von den späteren ramessidischen Bauten abgesehen, die heute dem Besucher, der den Bezirk betritt, zuerst mit Beschlag belegen, und nur der hintere Teil, der auf die 18. Dynastie zurückgeht, in Betracht gezogen.

Zu einem ägyptischen Heiligtum gehört eine Umfassungsmauer, die das Gelände gegen die Alltagswelt abschließt und den Laien den Zutritt verwehrt. Sie dürfen nur, nach vorbereitenden Riten, in einen gartenartigen Vorhof eintreten und anbeten. Der Zugang wird durch einen großen Tortempel, einen Pylon, repräsentiert. Durch einen breiten Gang zwischen Säulenhallen wird bei großen Festen der Gott auf einer Barke aus dem Heiligtum hinaus- und am Ende wieder hereingetragen. Dieser Gang mündet im Osten in eine besondere Kammer, wo das heilige Schiff des Gottes nach dem Festzug auf einem Sockel seine Ruhestätte findet. In einem dahinterliegenden, einstmals hölzernen, kastenartigen Naos war das Kultbild in einem abgeschlossenen, dunklen Raum aufgestellt. Ägyptische Gottheiten lieben es, wie später der alttestamentliche Gott, "im Dunkeln zu wohnen" (1.Buch der Könige 8, 12). Zwischen Barkensockel und Naos steht ein Speisetisch für tägliche Mahlopfer. Die ägyptischen *Kultstatuen,* so auch die von Karnak, hatten enttäuschend kleine Ausmaße. Ein solches Standbild beabsichtigt keine erschöpfende Darstellung der Gottesgestalt, unterscheidet sich auch in manchen Hinsichten von Darstellungen der Gottheiten auf den Reliefs im

Tempel, sondern läßt — entsprechend ägyptischer Vielfalt von Zugangsweisen — nur eine Erscheinungsform von vielen, ein *cheperu*, sichtbar werden. Ein Gott wie Amon west nicht nur in seinem irdischen Standbild; dieses aber ermöglicht Menschen den notwendigen Gottesdienst.

Die heilige *Barke,* auf der die Kultstatue bei Prozessionen unter einem verhüllten Baldachin transportiert wurde, war naturgemäß größer und vielleicht auch kunstvoller angefertigt als die Statue. Wie diese gilt sie als eigenständiges Wesen und empfängt Opfer, die in einem säulenbestandenen Vorhof vor dem Barken- und Statuenraum dargebracht werden. Nach Westen, also zum Eingang hin, wird der hochheilige Bezirk durch einen oder mehrere Tempeltürme abgeschlossen, sogenannte Pylone, die die Form der Hieroglyphe für Gebirge haben und den Bergsattel als Lichthorizont, *achet,* versinnbildlichen, hinter dem die Sonne im Osten auf- und im Westen untergeht. Zehn solcher Abschlußtürme sind im Laufe der Jahrhunderte in Karnak entstanden.

Abb. 57 Amonbarke, von Priestern getragen

Als eine Art Sperre haben die Pylone zugleich kultische Funktion. Sie markieren unübersehbar, daß ein Zugang nur nach rituellen Vorbereitungen möglich ist.

Wie viele andere ägyptische Tempel ist Karnak so angelegt, daß der Weg von außen nach innen vom Lichten ins Dunkle, vom Weiten in die Enge führt. Fenster und Dachluken werden in ihren Maßen kleiner, bis zuletzt der Naos völlig ohne Licht auskommt. Die Seiten des Mittelganges rücken näher zusammen, die Dächer werden niedriger, während der Boden leicht ansteigt, so daß sich der Raum zusehends verengt. Dadurch wird der Bereich der Gottheit zunehmend aus der Alltagswelt ausgegrenzt. Von innen her repräsentiert er aber das All. Die Säulenhallen, welche die Priester durchschreiten und die von der

Überschwemmung erreicht werden können, veranschaulichen den Sumpf, aus dem endlich der Urhügel aufragt, der am Endpunkt des Prozessionsweges erreicht wird. Der Naos bildet das Himmelsinnere ab, in dem die Gottheit wohnt. Ihn öffnen, heißt nichts weniger, als "die Türflügel des Himmels" auftun. Der Gesamtbau hat also kosmische Dimensionen, ob er allerdings das Abbild des Kosmos darstellt, wie häufig vermutet wird, bleibt fraglich. Das Bildprogramm auf den Wänden aber gibt "ein getreues Abbild des Kultbetriebs"[67] und das um so mehr, je näher man dem Allerheiligsten kommt.

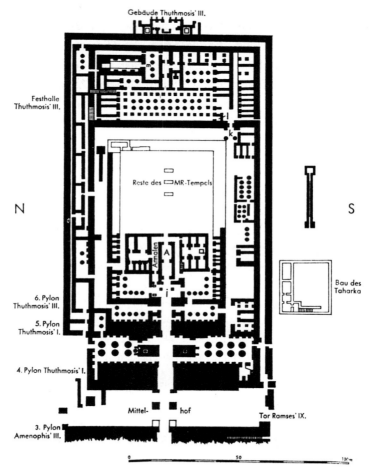

Abb. 58 Grundriß des Karnak-Tempels, hinterer Teil

Zu den Besonderheiten eines Tempels gehören die seit alters als Meisterwerke der Kunst bewunderten *Obelisken*, die von fremden Herrschern seit dem Altertum immer wieder aus Ägypten geraubt worden sind. Die hohen viereckigen Steinpfeiler weisen eine pyramidenförmige Spitze auf, die einst mit Elektron oder Kupfer verziert war. Zum Ruhme des Sonnengottes tragen sie

Inschriften, auf denen die Könige sich Amon oder Re weihen[63]. Mit ihrer Spitze ragen sie über das Tempeldach hinaus und fangen morgens die ersten Sonnenstrahlen ein, um deren Kraft König und Land zuzuführen.

Das Hauptgebäude mit der Zentralachse wird von zahlreichen Nebenkammern, Sakristeien und Kapellen umgeben. Seitlich von ihm liegt ein heiliger See für Reinigungen, aber auch für kultische Spiele. Um diesen herum liegen Priesterwohnungen und ein Lebenshaus, in dem die Schreiber walten und die notwendigen Texte lernen und tradieren.

Durch die riesige Anlage von Karnak wird der überragende Charakter des Amon als verborgene Macht hinter der Sonne und hinter dem Staat jedem sichtbar vor Augen geführt. Der Tempel heißt "Zählerin (oder Aufseherin) der (kultischen) Stätten in Theben" und erhält damit eine führende Rolle über alle anderen Heiligtümer. Neben Amon ist in jeder Abteilung des Tempels der König notwendig präsent. Fast alle Wände sind mit Reliefs oder Statuen geschmückt, die den König in Gebets- oder Opferhaltung darstellen. Auf den Außenwänden werden königliche Feldzüge und Siege verewigt und in Beischriften behauptet, daß der König sie nicht um seiner selbst willen, sondern um des Götterkönigs willen durchgeführt habe[69]. Das altüberkommene Motiv vom König, der die Feinde mit einer Hand zusammenhält und mit der Keule in der anderen sie erschlägt, wird großflächig auf Pylonen wiederholt. Eine Vielzahl von Königsstatuen vergegenwärtigen den Herrscher, auch wenn er leiblich abwesend ist.

Thutmoses III. hat im Osten hinter das Allerheiligste eine breit gelagerte, großartige Festhalle in der Art eines steinernen Zeltes bauen lassen, vielleicht aus Anlaß seines Jubiläumsfestes, und es "das Haus der Millionen Jahre" genannt. Der König läßt dort nicht nur seine syrischen Feldzüge abbilden, bis hin zu den besonderen Pflanzenarten, die er aus Asien mitgebracht hatte, sondern auch die Reihe der königlichen Vorgänger darstellen, derer in Gegenwart Amons kultisch gedacht werden soll.

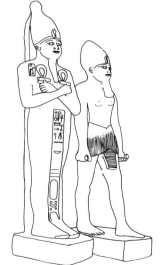

Abb. 59 Thutmosis III. vor dem 7. Pylon in Karnak

Amon ragt, wie die Baudenkmäler beweisen, über andere hinaus. Dennoch ist er nicht die einzige Gottheit, der in Karnak gehuldigt wird. Der riesige Tempel wird zwar durch die Längsachse strukturiert, welche auf Amons Allerheiligstes ausgerichtet ist. Doch die Könige der 18. Dynastie bauen daneben eine lange Seitenachse mit eigenen Pylonen, die auf einen Tempel der Göttin *Mut* zuläuft, und gestalten deren Bezirk großartig aus. Darüber hinaus werden, über das gesamte Gelände zerstreut, für andere göttliche Mächte Stätten geweiht. Dabei gibt es einmal göttliche Wesen, die im gleichen Tempel wie Amon verehrt werden und ihm also gleichsam einverleibt scheinen. Zum anderen finden sich eigene kleinere Tempel für bestimmte Götter innerhalb derselben Umwallung, also dem Gott beigeordnet. Drittens endlich gibt es angrenzende Anlagen mit eigener Umwallung für Mut und Chons. Schon die architektonischen Verhältnisse zeigen also den unterschiedlichen Bezug zum übergeordneten Reichs- und Sonnengott an.

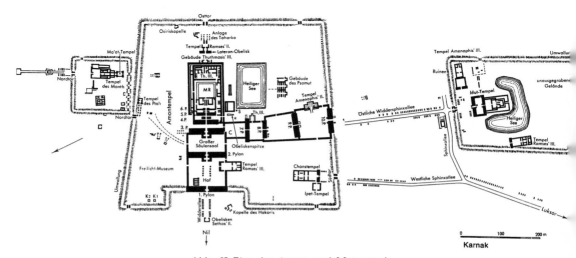

Abb. 60 Plan des Amon- und Muttempels

Eine weibliche Erscheinungsform *Amaunet* wird im Zentralgang neben Amon dargestellt; sie hat zwar eine eigene Priesterschaft, aber keine eigene Stellung, trägt bezeichnenderweise auch nur die unterägyptische Krone. In der Festhalle des Thutmoses III. gibt es eine Kapelle für den memphitischen Unterweltsgott Sokar und eine andere für Re; Re läßt sich also für sich nehmen, bleibt aber mit Amon im gleichen Tempel vereint (ähnliches zeigen die Re-Kapellen der Amontempel in Theben-West). Die Zweisamkeit des eigentlichen Sonnengottes und der verborgenen Kraft Amons ist also kultisch bedingt lösbar.

Weiter ab liegt ein Tempel des Mondgottes *Chons* im Südwesten. Chons, "der Herumwandler", war in Theben seit langem beheimatet. Nun wird er zum Sohn von Amon und Mut, rückt damit in die Stellung eines jugendlichen Gottes ein, der mit einer Kinderlocke abgebildet wird. Chons wird neben den Mondgott Thot gestellt. Beide teilen hinfort Königen und Menschen die Zeitfristen zu. Das Maß an überragender Weisheit, das Thot zugeschrieben wird, erreicht Chons aber nicht. Kommt es zu einem göttlichen Gericht zugunsten eines leidgeprüften Menschen, so verteidigt ihn zwar Chons, aber Thot übt das höhere Amt des Richters aus; Chons gilt als Schreiber der Maat, während Thot jenen der Maat gemäßen Kult in die Wege leitet, der die Götter zufriedenstellt[70].

Unmittelbar dem Chonstempel benachbart steht ein kleines Heiligtum für die nilpferdförmige Göttin *Ipet*. Ihr Charakter wird für das Neue Reich nicht durchsichtig. Sie nimmt eine Mutterrolle ein, "die die Götter gebar", wird als "Mutter des Kamutef" Amon vorgeordnet und war wohl in Theben eine Erscheinungsform der Hathor oder der Nut[71]. War sie einst auch Mutter des Chons?

Nördlich vom Haupttempel liegt ein Heiligtum des Handwerkergottes *Ptah* von Memphis, der dort mit seiner Gattin Sachmet und deren Sohn Nefertem als Triade verehrt wird. Als Schöpfergott wird er vielleicht ähnlich wie Ipet Amon "vorgeschaltet". Da Ptah der Hauptgott der früheren Reichshauptstadt gewesen war, wird er wohl um der Einheit des Staates willen nach Theben übernommen. Diesen Gottheiten war also Verehrung mit Amon selbst gewährt.

Eigenständiger ist die Göttin *Mut* ausweislich ihrer eigenen Anlage, auf die vom Amonbezirk her eine Seitenachse mit eigenen Pylonen zuläuft. Der Name der Göttin, ursprünglich wohl "Geier", kann ägyptisch auch als "Mutter" aufgefaßt werden. In Karnak gilt sie als eigentliche Partnerin Amons mit einer eigenen Residenz, in Analogie zu den ägyptischen Königinnen, die ihre eigene Funktion im Staat wahrnehmen und dabei die Geierhaube der Göttin tragen. Im Unterschied zu Amaunet trägt Mut eine Doppelkrone und heißt "Herrin der beiden Länder". Ihr Verhältnis zu Amon ist vielseitig; sie ist ihm nicht nur Gattin, sondern zugleich "die Tochter und Mutter, die ihren Erzeuger schuf"[72], erscheint also in "allen nur denkbaren Kombinationen von unnatürlichen Geschlechtsverbindungen" (Sethe). Zu einer echten Muttergöttin wird sie nicht. Ihre Weiblichkeit ist eher die der "alten weisen Frau". Auf ihr Geschlecht ist sie so wenig festgelegt, daß sie gelegentlich mit einem Phallos gezeigt werden kann. Als Auge des Re zeigt sie auch gefährliche Wirkungen und kann mit der memphitischen löwenköpfigen Sachmet gleichgesetzt werden. Die Emotionen dieser bedrohlichen Göttin können sich aber auch zum Positiven wenden, dann wirkt sie ebenso intensiv Heilung wie Vernichtung. Amenophis III. hat anläßlich einer Krankheit sich mit Nachdruck an Mut-Sachmet gewandt und ihr 547 Riesenstatuen geweiht, von denen sich noch 30 am Ort und die anderen in vielen Museen der Welt befinden.

Abb. 61 Mut-Sachmet mit Sonnenscheibe

Nördlich an den Bezirk des Amon grenzt derjenige des *Month* an, der ursprünglich wohl ebenso groß war wie das Areal des Amon[73]. Month war in Theben früher als Amon beheimatet, wie oben schon gesagt wurde. Den Königen bleibt er wegen seiner kriegerischen

Fähigkeiten wichtig. Gern verkörpert sich der Gott in einem weißen Stier, der später Buchis heißt. Er tritt falkengestaltig und deshalb als ein "Horus mit starkem Arm" auf. Als erster der Amon unterstellten Götterneunheit verschmilzt Month ein Stück weit mit der Sonne und trägt deshalb in bildlichen Darstellungen neben einem Falkenhaupt eine Sonnenscheibe und zwei aufragende Federn, wird als "Month-Re, der erschienen ist in Maat" gefeiert, gelegentlich sogar als Amon-Month-Re. Auffälligerweise befindet sich der Tempel der Maat auf seinem Gelände und nicht auf dem des Amon.

Der Preis der Einzigkeit Amons in den Liedern der 18. Dynastie besagt also nicht, daß die führenden Kreise keine anderen Götter mehr benötigt hätten. Selbst in Theben steht Amon nicht als alleinige göttliche Macht König und Menschheit gegenüber, sondern ist auf verschiedenartige Weise und in unterschiedlicher Abstufung mit anderen Göttern und Göttinnen verbunden. Was den kultischen Betrieb betrifft, erscheint Amon von monotheistischer Alleingeltung noch weit entfernt.

13.8 Die kultische Praxis in Karnak und Luxor

Der ägyptische Tempel ist die *Stätte der Begegnung*, wo Götter die Gaben des Landes aus der Hand des Königs als ihresgleichen entgegennehmen. Deshalb zieren die Wände des Innern zahlreiche Szenen, wo der Pharao Speis und Trank, aber auch Weihrauch opfernd herbeiträgt, um göttliche Partner zu befriedigen und zu beglücken (*ḥtp*). Vor dem Barkenraum befindet sich ein Opfersaal, in dem Tische für solche Darbringungen stehen, die nach einer gewissen Zeit dann im "Opferumlauf" an die Priester weitergegeben werden. Wie seit Beginn der geschichtlichen Zeit werden die verschiedenartigsten Gaben als Teile des "Horusauges" verstanden, das der Gottheit (zurück)gegeben werden muß, damit sie ihre Funktion ausüben kann. Andererseits gewährt die Gottheit an heiliger Stätte dem König alles an Lebenskraft (*ꜥnḫ*), Heil (*wꜣs*) und Dauerhaftigkeit (*ḏd*), was er zu heilvollem Regieren benötigt[74].

Das tägliche Ritual vollzieht sich im Amontempel vor allem im Allerheiligsten als Pflege des *Kultbildes*. Die Textvorlage ist erst aus späterer Zeit in einem Berliner Papyrus belegt, wird wohl aber schon zu Beginn des Neuen Reiches gegolten haben, und das nicht nur in Theben, sondern analog an zahlreichen anderen Heiligtümern des Landes. Nachweisbar ist sie ramessidisch für Abydos[75]. Sobald morgens die Sonne über dem Ostgebirge aufgegangen und die Gottheit durch Hymnen geweckt worden ist, schickt sich der Oberpriester als Vertreter des Pharaos an, die versiegelte Tür zum Naos aufzutun. Dort entkleidet er das Standbild des Amon (oder das des Ptah, des Horus oder der Isis), wäscht es, kleidet es wieder ein und legt ihm dann Speisen vor. Zuvor hatte der Priester sich selbst rituell gewaschen und das königliche Ornat angezogen, wobei er seine Untadeligkeit und Reinheit vor Eintritt in das Heiligtum zu bekennen hatte. Jede seiner Handlungen − allein der Bekleidungsritus umfaßt nicht weniger als

36 Akte! – wird von Räucherungen und Wasserspenden begleitet; er umwandert mehrmals das Gottesbild, wirft sich zu Boden, bis er nach Abschluß der langen Morgentoilette rückwärts gewandt den Raum ehrfürchtig verläßt.

Was hier bei Tagesanbruch im Allerheiligsten geschieht, sind für ägyptisches Bewußtsein mythische Vorgänge, die letztlich unter Göttern spielen, bei denen Menschen nur Handlanger sein können. Was Amon u.a. in dieser Stunde zugewendet wird, sei es Weihrauch, Salbe oder Speise, stellt nach uralter Opferauffassung das Auge des Gottes Horus dar, das einem anderen göttlichen Wesen die Lebenskraft zuführt: "Es leuchtet wie Re im Horizont ... vertreibt die Feinde des Re". Was dargebracht wird, ist zwar "ein Opfer, das der König gibt" (vgl. oben Kap. 5.8), doch die Aktion wird transparent als Handeln höherer Mächte: "Meine Arme sind an dir als Horus, meine Hände sind an dir als Thot, meine Finger sind ... Anubis"[76]. Hier findet beim Priester eine Art Gliedervergottung statt wie sonst im Totenkult. Die altgeheiligten Texte haben zauberische Kraft. Schiebt der Priester die Riegel vor dem Allerheiligsten zur Seite, legitimiert er es durch den Spruch: "Der Finger des Seth wird aus dem Horusauge gezogen, es ist schön ... Amon-Re, Herr von Karnak, empfange dir deine beiden Federn und deine weiße Krone aus dem Auge des Horus, die rechte aus dem rechten Auge, die linke aus dem linken Auge. Deine Schönheit gebührt dir, Amon-Re, Herr von Karnak"[77].

Nicht nur der durch die Türöffnung eingeleitete Ritus wird mit dem Auge des Horus verbunden, sondern alle wesentlichen Darbringungen. Wie der tote König im alten Totenopfer (Kap. 4) wird jetzt der Gott aufgefordert: "Nimm das Auge des Horus", wie dort kann eine Zweckbestimmung hinzutreten wie "damit du durch es siehst"[78]. Das Gegenüber ist in dieser Stunde mit Horus identisch, die überreichten Gaben stammen letztlich von ihm selbst: "Ich (der König/Priester) bin gekommen und habe dein Auge gebracht; Horus, dein Auge gehört dir"[79].

Dieses wichtigste "Körperteil" des Gottes wird zwar vom König herbeigebracht, ist aber selbst eine eigene Göttin, die den Seth in Stücke geschnitten hat[80]. Als solches Auge gelten Gewänder, Kronen, Doppelfeder und andere Insignien, aber auch Schminksalben. Dagegen treten die Speiseopfer auffällig zurück und werden nicht ausdrücklich mit dem Zentralbegriff verbunden. Hingegen kann das Opfer der Maat als udschat-Auge gelten, das Re von Thot gespendet wird[81]. Wie seit alter Zeit tritt das Bemühen hervor, durch die Handlung die Gottheit *hetep* zu stimmen (Kap. 5). Über dem Speiseopfertisch wird geräuchert, libiert und ausgerufen:

> Willkommen, du erwachst in Frieden (*ḥtp*), Gott NN!
> Der Weihrauch ist in *hetep*, das weiße Auge des Horus ist in *hetep*[82].

Nach der Handlung werden die Türen wieder sorgsam versiegelt. Der Gott bleibt also, neu eingekleidet in seinem Bild, mit seinem heilen Auge in einem dunklen Raum.

Es bleibt bislang unbestimmbar, wann der zentrale Opfergedanke des verminderten und wiederhergestellten göttlichen Auges aus dem Königstotenkult in den Tempelkult übergewechselt ist. Das wird vermutlich über die Gleichung des Horus mit dem Sonnengott gelaufen und danach erst auf andere größere Götter – wie Ptah in Abydos – angewendet worden sein. Auch die Verschiebung der Gewichtung von Nahrungsmitteln hin zur königlichen Ausstattung läßt sich von der Sonnenverehrung her begreifen, wo es vornehmlich auf die Unterstützung eines kosmischen Regierens ankommt.

Wo Könige opfern, wird meist durch eine *Göttergabenformel* die göttliche Reaktion ausdrücklich als Wort der Gottheit daneben vermerkt. Dem König versprochen werden die Wirkgrößen des Lebens, *anch*, des göttlichen Heils, *was*, der Dauerhaftigkeit, *dsched*, häufig auch der Gesundheit, *seneb*, der "Herzensbreite" als Lebensfreude, *wat-ib*, aber auch die Königsmacht des Re oder Atum, die Lebenszeit des Re, Millionen Sedfeste. Die notwendige Vielfalt der übereigneten Wirkgrößen entspricht der vorausgesetzten Polymorphie im menschlichen und göttlichen Wesen. Zugleich wird bei solchen göttlichen Stärkungen der Königsgestalt die Todesschwelle negiert: die Gaben dienen dem irdischen wie dem postmortalen Dasein. Für die Opfergaben des Königs und die daraufhin erfolgenden göttlichen Geschenke an den König gilt die Notwendigkeit zu mythischer Kumulation. So werden z.B. auf der Umfassungsmauer Ramses' II. in Karnak über 70 verschiedene Opfer an unterschiedliche Gottheiten abgebildet, auf die hin die Göttergabenformel den Reigen der übereigneten Wirkgrößen wieder und wieder zum Ausdruck bringt. Bei anderen Darstellungen eines einzigen Opferaktes kann die göttliche Reaktion mit der Zuteilung von *anch*, *was*, *dsched*, *seneb* u.U. siebenmal aufgeführt werden[83]. Zwischen Opfergabe und göttlicher Gegengabe besteht in der Regel keine erkennbare Entsprechung. Von einem wirklichen *do-ut-des*-Prinzip kann also bei der Opferauffassung des Neuen Reiches keine Rede sein.

Göttliches und menschliches Handeln greifen dabei so sehr ineinander, daß die menschlichen Akteure sich keiner Eigeninitiative bewußt werden, sondern sich als ausführende Organe der in ihnen wirkenden überirdischen Mächte verstehen. Amon-Re wird von andern Gottheiten unterstützt. Brennpunkt göttlicher Kooperation aber ist Karnak als, "Lichtland auf Erden, erhabener Hügel des Anbeginns", ja "heiliges Auge des Allherrn" selbst[84].

Vom täglichen Ritual ist das gewöhnliche Volk ausgeschlossen, soweit es sich nicht um die Mitglieder von Sängerchören handelt. Grundsätzlich haben Laien draußen vor der Umfassungsmauer Halt zu machen. Doch einmal im Jahr tritt Amon aus dem heiligen Bezirk heraus und weilt unter dem Volk. Begeistert beteiligen sich alle an diesem *Opetfest*, bei dem der verborgene Sonnengott aus seinem Tempel auf seiner Barke herausgetragen wird und sich zu dem drei Kilometer südlich gelegenen Luxortempel bewegt (in der Ramessidenzeit dann zusammen mit seiner Gemahlin Mut und seinem Sohn Chons). Auszug und Fahrt der prächtig ausgestatteten Götterbarken, die vom Nilufer aus sich stromaufwärts bewegen, auf denen auch ein Schrein der Göttin Maat mitgeführt wird und denen Boote für König und Königin folgen, werden von einer großen Menschenmenge auf dem Landwege begleitet. Sie tanzt während der Wallfahrt, opfert, musiziert, belustigt sich an Gauklern und akrobatischen Tänzerinnen. Beim Tempel in Luxor, einer Art Sommerresidenz für Amon, angekommen, werden die Barken mit den Götterbildern von Priestern wieder geschultert und in das Heiligtum hineingetragen, gefolgt von König und Königin, während das Volk draußen stehenbleibt. Nach einigen Tagen erfolgt dann eine nicht weniger spektakuläre Rückreise nach Karnak.

Was während der Tage des Festes im Luxortempel sich vollzieht, wird leider nicht audrücklich überliefert. In einer Seitenkapelle vor dem dortigen Barkenheiligtum wird in einer eindrucksvollen Relieffolge die Geburt und Thronbesteigung Amenophis' III. abgebildet nach der Art, die oben bereits geschildert war. Begonnen wird mit der Begegnung zwischen dem großen Gott und der menschlichen Königsmutter, fortgefahren mit der Erschaffung des Königskindes und seines Ka, der Geburt, der Säugung von König und Ka durch Göttinnen bis hin zur Übergabe beider an Amon und zur Reinigung des (nunmehr erwachsenen) Thronprätendenten und seiner Krönung durch Amon.

Da der alte Name des Luxortempels, Ipet oder Opet, mit der Bezeichnung des Festes gleichlautet und früher mit "Frauenhaus" übersetzt wurde, haben viele Ägyptologen in dem Luxortempel die Stätte einer jährlich vollzogenen Heiligen Hochzeit vermutet. Doch *ipet* heißt wohl nur "abgesondertes Allerheiligstes". Die Reliefs im Tempel stellen nicht das göttliche Paar, sondern den regierenden König in den Mittelpunkt und das unter besonderer Betonung seiner Erhalt- und Gestaltseele. Luxor wird gerühmt als die Stätte, "wo er wieder jung wird, der Palast, aus dem er in Freuden herausgeht zu seiner Erscheinung (als König), seine Erscheinungsformen in jedem Gesicht (=jedermann sichtbar)"[85]. Von einer heiligen Hochzeit, also einer rituell vollzogenen Begattung, die wohlmöglich durch irdische Repräsentanten von Gott und Göttin nachvollzogen wird, findet sich hier wie in der gesamten ägyptischen Religionsgeschichte keine sichere Spur. Vielmehr wird Zeugung und Einsetzung des Königs alljährlich sinnbildlich erneuert. So unterstreicht das Opetfest wohl nur die zentrale Rolle des Königs für das Gedeihen des Landes, die aus seiner Verbundenheit mit der Spitze der göttlichen Welt resultiert, und bringt zusätzlich zum Jubiläumsfest eine schon alljährlich wirksame Erneuerung der Königskraft durch Kontakt mit den hohen Göttern zum Ausdruck. – Über ein anderes Fest für Amon, an dem die Allgemeinheit ebenso teilnimmt, wird sogleich im Zusammenhang mit den Geschehnissen in Theben-West zu reden sein.

D.Arnold, Wandrelief und Raumfunktion in ägyptischen Tempeln des Neuen Reiches, MÄS 2, 1962

J.Assmann, Liturgische Lieder an den Sonnengott, MÄS 19, 1969

Ders., Der König als Sonnenpriester 1970

Ders., Die Zeugung des Sohnes, in: J.Assmann/W.Burkert/F.Stolz, Funktionen und Leistungen des Mythos, OBO 48, 1982, 13-61

Ders., Re und Amun, OBO 51, 1983

Ders., Sonnenhymnen in thebanischen Gräbern, Theben 1, 1983

Ders., Maat 1990

P.Barguet, Le temple de Amon-Re à Karnak, RAPH 21, 1962

W.Barta, Bemerkungen zur Existenz der Rituale für Geburt und Krönung, ZÄS 112, 1985, 1-13

J.v.Beckerath, Untersuchungen zur politischen Geschichte der zweiten Zwischenzeit in Ägypten, ÄF 23, 1964

L.Bell, Luxor Temple and the Cult of the Royal Ka, JNES 44, 1985, 251-94

C.J.Bleeker, Zur Bedeutung des Kultus im Alten Ägypten, in: Sehnsucht nach den Ursprüngen, Fs. M.Eliade 1983, 360-73

H.Brunner, Die Geburt des Gottkönigs, ÄA 10, 1964 = ^{2}1986 (s. auch LÄ 3, 531-3)

Ders., Die Sonnenbahn in ägyptischen Tempeln, FS K. Galling 1970 = ders., Das hörende Herz, OBO 80, 1988, 215-23

R.David, A Guide to the Religious Ritual at Abydos, 1981

J.Golvin/J.C.Goyon, Les bâttiseurs de Karnak 1987 = dt.: Karnak-Ägypten, Anatomie eines Tempels 1990

E.Graefe, Der "Sonnenaufgang zwischen den Pylontürmen", Orientalia Lovaniensia Periodica 14, 1983, 55-79

W.Helck, Die Ritualszenen auf der Umfassungsmauer Ramses'II. in Karnak, ÄA 18, 1968

E.Hornung, Maat – Gerechtigkeit für alle? Eranos-Jahrbuch 1987, 385-427

Ders., Geist der Pharaonenzeit 1989, VII: Der Tempel als Kosmos

H.Kees, Das Priestertum im ägyptischen Staat vom Neuen Reich bis zur Spätzeit, 1953

K.Mysliwiec, 18th Dynasty before the Amarna Period, Iconography of Religion XVI, 5, 1985

S.Morenz, Die Erwählung zwischen Gott und König, RGÄ 120-38

B.Ockinga, Die Gottebenbildlichkeit im Alten Ägypten und im Alten Testament, ÄAT 7, 1984

R.Stadelmann, Syrisch-palästinensische Gottheiten in Ägypten, PÄ 5, 1967

W.Wolf, Das schöne Fest von Opet 1931.

Zu 13.7: *Brunner*, Rel. Kap. IV: Tempel und -kult.

R̄ÄRG 140-4 'Chons'; 430-4 'Maat'; 491-4 'Mut'; 638-43 'Ritual'; 791-800 'Theben'.

LÄ 1, 960-3 'Chons'; 3, 93-103 'Hyksos'; 3, 341-52 'Karnak'; 3, 1103-7 'Luxor'; 3, 1110-9 'Maat'; 4, 246-51 'Mut; Mut-Tempel, Karnak'; 4, 574-9 'Opetfest'.

Anmerkungen zu Kapitel 13:

1 ANET 231
2 Karnak-Stele; ANET 554f; TUAT I 525-34
3 vgl. die Inschrift des Offiziers Ahmose Urk IV 1, 1-11; AEL II 12-5; ANET 233f
4 AEL II 42
5 ANET 554f; TUAT I 529.533
6 Erman, Lit. 214-6; ANET 231-2
7 AEL II 26.42.45 z.B.
8 AEL II 25-9; Urk IV 356-69

9 Urk IV 1675 vgl. Assmann, Äg 158, Anm. 51
10 pWestcar Erman, Lit. 69-77; AEL I 220f
11 Assmann, Mythos 45, Anm. 22
12 "Da sprach Amon-Re ...: 'Mein Ba gehört ihm'" (Brunner 46 vgl. 43)
13 Brunner, Geburt 97-9
14 Brunner, Geburt 44
15 Eulogie auf Ahmose; ÄHG Nr. 232, 110-2
16 Assmann, Mythos 37
17 AEL II 28
18 Assmann, Äg 225f
19 Roeder, KO 195-205; Urk der 18.Dyn. III 155-76
20 ANET 449
21 Urk IV 825, 2113-20; TUAT I 534
22 Thutmoses III.; ANET 373-5; ÄHG Nr. 233; AEL II 35-9; Urk IV 610-24. Amenophis II.; AEL II 46f
23 Morenz, RGÄ 129
24 Otto, Äg 146
25 Thutmoses IV.; Urk IV, 1545-8; TUAT II 111f
26 AEL II 30-6; ANET 234-8.373-5
27 AEL II 40.45
28 Breasted, Ancient Records Vol. II, 111
29 Amenophis III. AEL II 40-2
30 AEL II 26
31 Theben I, hg. J. Assmann 1983
32 Assmann, RuA 1
33 ÄHG Nr. 1-12
34 ÄHG Nr. 1 H 1-17
35 Assmann, Sonnenhymnen XX
36 Assmann, Sonnenhymnen XXII
37 Assmann, Sonnenhymnen XXIV
38 Cheruef-Grab; Assmann, Sonnenhymnen 255
39 ÄHG Nr. 87 A; HPEA Nr. 69; RTAT 40f; ANET 365-7; vgl. den Hymnus von Tura und den der Baumeister Suti und Hor ÄHG Nr. 88.89; ANET 367-8; AEL II 86-9
40 ÄHG Nr. 78, 9
41 ÄHG Nr. 22 D 29f; Assmann, RuA 101f
42 Assmann, RuA 117, Anm. 113
43 vgl. ÄHG Nr. 80, 1-3
44 Assmann, Äg 227
45 Assmann, RuA 155f
46 Antef; ÄHG Nr. 75, 22
47 ebd. Z. 25 vgl. ÄHG Nr. 81, 12
48 Assmann, RuA 3.12
49 Assmann, Äg 239
50 Morenz, RGÄ 107, Anm. 134
51 Assmann, Maat 1990, 161
52 so der Kairener Amonshymnus Z. 14; ÄHG Nr. 87 A 14
53 Stundenritual; ÄHG Nr. 1, 7.13
54 Kairener Amonshymnus; ÄHG Nr. 87 F 155-7
55 Stundenritual; ÄHG Nr. 1, 11
56 ÄHG Nr. 1, 16-7
57 Hornung 1987, 387
58 Speos-Artemidos-Inschrift; LÄ 3, 1113
59 Urk IV 384-5
60 LÄ 3, 1112
61 LÄ 3, 1115
62 AEL II 88; HPEA Nr. 68, 16ff
63 Assmann, Sonnenhymnen XXVI
64 AEL II 211-4

65 Cheru'ef, Roeder, UR 13-4; HPEA Nr. 96
66 Assman, Äg 232
67 Arnold 1962, 4
68 AEL II 25-28
69 Annalen Thutmoses III.; ANET 234-8; AEL II 29-35; Urk IV 645-67
70 Erman, Lit 123f
71 RÄRG 533f
72 Assmann, RuA 117, Anm. 113
73 UdK II 306
74 Zur Begegnung König–Amon mit Gabe und Gegengabe s. Das Wandbild von Deir el-bahri UdK II, Abb. 56
75 Roeder, KO 72-141; David 1981; Amonritual s. TUAT II 391-405
76 David ebd. Nr. 13; TUAT II, 400, Nr. 44
77 ANET 325; TUAT II 4, Nr. 9; David Nr. 398
78 TUAT II 404 Nr. 57
79 David Nr. 3; TUAT II 397, Nr. 7
80 David Nr. 29 vgl. 21; TUAT II 403, Nr. 54
81 Assmann, Maat 1990, 178
82 David Nr. 12
83 Vgl. Thutmosis III vor Amon-Re, Lange-Hirmer Taf. XVII
84 AEL II 27
85 JNES 44, 1985, 254

14. Der Sonnengott als Lebenskraft der Toten. Königsgräber, Totentempel, Amduat und Totenbuch

14.1 Das Reich der Toten im Gegenüber zum Amontempel

Den großen Tempeln von Karnak und Luxor auf dem Ostufer des Nils liegt im Westen der großartigste Friedhof der Welt gegenüber. Von weitem sehen die felsigen Abhänge am Westgebirge wie Bienenwaben aus, so sehr sind sie von Eingängen zu rund 500 Privatgräbern durchsetzt. Unterhalb davon ragen am Rande des Fruchtlandes Ruinen großer königlicher Totentempel auf, von denen derjenige der Pharaonin Hatschepsut in Der el Bahri der besterhaltene und eindrucksvollste ist. Am nördlichen Ende des Gräberbezirks schneidet das Königsgräbertal (*biban el-moluk*) nach Westen ins Gebirge ein, im Süden unterbricht ein kleines Tal mit den Königinnengräbern (*biban el-harim*) den Gebirgslauf. Überragt wird die Landschaft von einer kahlen Bergspitze, dem 'Horn' (*el-qorn*), die pyramidenartig emporragt und vielleicht als Gesamtpyramide einen pyramidalen Aufbau für die einzelnen Gräber überflüssig machte. Sie gilt als Thron einer "Herrin des Westens, die das Schweigen liebt" und wird mit der kuhköpfigen Göttin Hathor in Beziehung gesetzt. Wahrscheinlich war hier seit alters eine Göttin des Westlandes als Herrin über den Bereich der Seligen verehrt worden. Ihre Anziehungskraft wird den aus dieser Gegend stammenden König Montuhotep, der das Reich nach der ersten Zwischenzeit erneut einigte, um 2000 bewogen haben, an dieser Stelle sein Haus der Ewigkeit zu errichten.

Seine Nachfolger auf dem Thron hatten sich jedoch während des Mittleren Reiches wieder älterem Herkommen angeschlossen und ihre Grabanlagen als Pyramiden in der Gegend um Memphis oder im nördlich davon liegenden Fajjum anlegen lassen. Mit dem Aufkommen des Neuen Reiches kehren die Könige der 18. Dynastie nicht nur mit ihrer Residenz, sondern auch mit ihrer Grablege gegen Ende des 16. Jahrhunderts nach Theben zurück. Entgegen überliefertem Brauch wird fortan der Totentempel vom königlichen Grab getrennt. Jener wird am Rande des Kulturlandes errichtet, während Mumie und Sarg ihre letzten Ruhestätten in einem Felsengrab des weit abgelegenen Tales finden. Hier sind 34 Anlagen für die Herrscher des Neuen Reiches nachgewiesen, nur ausnahmsweise sind auch Königinnen oder hohe Beamte beigesetzt. Umgeben von steilen Klippen war das Königsgräbertal leicht zu bewachen, so daß bis zum Ende der 18. Dynastie kein Fall von Grabräuberei, wie er bei

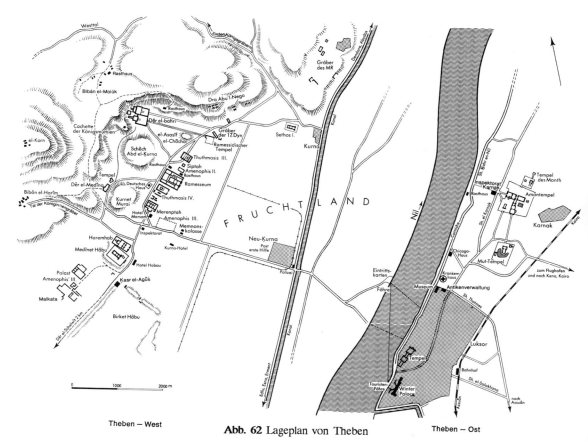

Theben – West   **Abb. 62** Lageplan von Theben   Theben – Ost

den Pyramiden im Norden öfter vorgefallen war, bezeugt ist. In späterer Zeit entdecken freilich schatzsuchende Diebe auch die nach der Bestattung sorgsam verschütteten Eingänge und plündern die Anlagen restlos aus. Die einzige berühmte Ausnahme stellt das Grab des Tutenchamon dar, dessen unwahrscheinlichen Reichtum die Archäologen unseres Jahrhunderts geborgen haben.

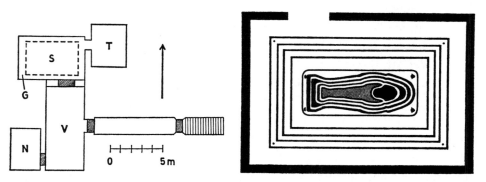

Abb. 63 Tutenchamongrab, Grundriß, rechts die Sargkammer mit vier ineinander geschachtelten Schreinen

Jedes Königsgrab führt abwärts in den ausgehauenen Berg durch einen bis zu 40 Meter langen "Gang des Gottes (Re)", durch Treppen und Korridore gegliedert und von einem Schacht unterbrochen, der auf dem gleichen tiefen Niveau wie danach die Sargkammer liegt. Der Gang läuft auf eine pfeilerbestandene Vorhalle (V) zu, von wo nochmals Treppe und Korridor im rechten Winkel abzweigen und hinab zur Sargkammer (S) führen. Daneben liegen eine kleine Schatzkammer (T) und bisweilen weitere Nebenräume (vgl. den Grundriß des Tutenchamongrabs Abb. 63).

Sargkammer, Vorhalle und Schacht werden farbenprächtig mit Jenseitstexten und -bildern ausgemalt, obwohl sie nach dem Begräbnis kein Menschenauge mehr zu sehen bekommt. Die Decken werden als blauer und gestirnter Himmel ausgemalt, die Wände der Sargkammer halten Unterweltstexte fest, so daß das Grab ein Weltall im kleinen abbildet. Auf den Pfeilern tritt im Bild der abgeschiedene Pharao den für das Totenreich wichtigen Gottheiten mit rituellen Gesten gegenüber, um von ihnen Leben und Auszeichnung zu empfangen. Angefüllt waren die Räume überdies mit Nahrungsmitteln, Möbeln zum Sitzen und Schlafen sowie Waffen, bei denen selbst der Streitwagen nicht fehlt. Dagegen tauchen hier überraschenderweise keine Kronen auf; wie denn auch Riten, die für den lebenden Herrscher zentral waren wie das Sedfest, in diesen Räumen nicht erwähnt werden.

Abb. 64 Sarkophag Amenophis II.

Unentbehrlich hingegen scheinen kleine Menschenstatuetten zu werden, Uschebtis genannt, zu deutsch wohl "Antworter"[1], magisch-belebte Wesen, die den König bei Feldarbeiten im Jenseits zu vertreten haben, zu denen der unterweltliche Gott aufruft und die der Abgeschiedene selbst nicht auszuführen wünscht. In der zentralen Sargkammer findet sich die Mumie innerhalb von mehreren ineinander geschachtelten Särgen, die ihrerseits ein Steinsarkophag umgibt, dessen Ausmaß im Laufe der Zeit größer wird und der zuletzt bis zu drei Meter hoch aufragt. Zum unentbehrlichen Schmuck und Schutz gehören auf den Schmalseiten die Figuren von Isis und Nephthys. Auf der Längsseite wird ein Augenpaar angedeutet, um den Ausblick des im Sarg Liegenden nach draußen zu ermöglichen.

Abseits vom Gräbertal besitzt jeder tote Pharao draußen am Rande des Niltals seinen eigenen Toten- und Verehrungstempel.

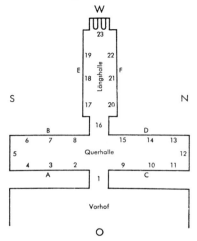

Abb. 65 Typ des Privatgrabes

Die Gräber der Privatleute, die sich vom heutigen Dra Abu'l-Nega bis Qurnet Murai erstrecken, richten sich nicht nach dem Königsgräbertal hin aus, sondern nach den Totentempeln. Die privaten Anlagen, jedes auf einem vom König gewährten Grundstück, werden ebenfalls in den Felsen hineingetrieben, weisen jedoch im Unterschied zum Königsgrab einen sichtbar bleibenden repräsentativen Eingang auf. Dahinter sind sie T-förmig angelegt, enthalten zunächst einen Breitraum, der der Totengedächtnisfeier dient, von der gleich zu reden ist, und dann einen längeren Gang, der auf die eigentliche Kultkammer zuläuft. Die Sargkammer befindet sich unterirdisch und unzugänglich darunter.

14.2 Königliche Totentempel und das Schöne Fest vom Wüstental

Vom hergebrachten Brauch weichen die Pharaonen des Neuen Reiches nicht nur dadurch ab, daß sie keine Pyramiden mehr bauen und ihre letzte Ruhestätte nach Theben auf das Westufer des Nils verlegen, sondern auch dadurch, daß sie Totentempel und Grab räumlich relativ weit voneinander trennen. Daraus spricht eine veränderte Auffassung vom Nachleben und von der Versorgung jenseitiger Könige. Die nach wie vor täglich notwendigen Opfergaben werden nicht mehr unmittelbar der Mumie und der bei ihr weilenden Aktivseele, also dem Ba, zugewandt, sondern den Statuen, die nunmehr dutzendfach und oft von kolossalem Ausmaß in einer Tempelanlage vor dem Gebirge aufgestellt sind. Das Herrscherbild, welches die Unsterblichkeit seines Leibes gewährleistet, befindet sich nicht mehr in einem abgeschlossenen Haus seiner Ka-Seele, sondern präsentiert sich einer kultischen Öffentlichkeit. Sprechendes Beispiel sind die beiden Riesendenkmäler Amenophis' III., die Memnons-Kolosse, die noch heute als Überreste seines Tempels trutzig-traurig aus dem Fruchtland aufragen. "Häuser der Millionen Jahre (des Königs)" werden solche Totentempel genannt.

Doch sie dienen nicht allein der Verehrung und Versorgung des verklärten Pharao, sondern sind nunmehr im Neuen Reich vor allem Heiligtümer für den Amon-Re des nahen Theben. Kultisch gesehen rückt der König gegenüber der Zeit der Pyramidentexte in ein zweites Glied. "Empfang des Amon und Darstellung seiner Vollkommenheit" lautet beispielsweise der Name des Totentempels von Amenophis III. Vom Nil her führt ein Aufweg heran, der die Achse des Bauwerks bestimmt. Von dorther tragen jährlich einmal am Schönen Fest des Wüstentals Priester die Barke des Gottes, der von Karnak herangereist ist, durch den Mittelgang des Tempels bis hinein ins Allerheiligste, das Barkensanktuar.

Die Verteilung der Räume im prächtigen Hatschepsut-Tempel von Der-el-Bahri ist für die Rangordnung der hier verehrten Wesen bezeichnend. Neben dem im Mittelfeld befindlichen Sanktuar für Amon-Re, also für den Reichsgott und die universelle Lebensenergie, gibt es im nordwestlichen Ende in einem offenen Hof einen Altar für Re-Harachte, für den allmorgendlich aufgehenden Sonnengott. Für die Königin selbst und ihren vergöttlichten Vater wird dementsprechend im Südwesten eine Opfer-

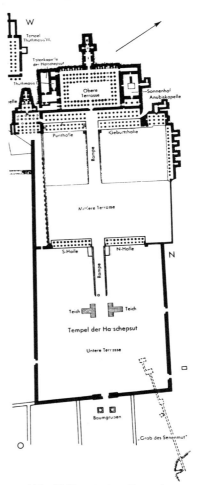

Abb. 66 Hatschepsut-Tempel

kapelle eingerichtet, in deren Nähe sich zusätzlich ein Hathorheiligtum befindet. Auf der Nordseite gegenüber steht eine kleine Anubis-Kapelle. Dagegen fehlt es an einer Stätte für den toten Herrscher Osiris; dieser erscheint nur in den Standbildern, die die Königin als eben diesen Osiris darstellen. Das Haus der

Millionen Jahre wird also eindeutig von einer Orientierung auf den komplexen Sonnen- und Reichsgott beherrscht.

Jährlich einmal erscheint Amon, um die "Götter des Westens" und die Verstorbenen zu besuchen. Im Idealjahr, wenn nicht durch die Kalenderzählung des Wandeljahres eine Verschiebung eintritt, wird nach der Ernte das *Schöne Fest vom Wüstental* mit der Ankunft des Gottes eröffnet. Die Barke mit dem verhüllten Schrein seines Bildes wird in einer feierlichen Prozession von der Anlegestelle ins Allerheiligste getragen. Der König weiht dann die Opfer mit vier Schlägen seines Zepters, legt ausgewählte Stücke auf ein Feuerbecken, damit der Rauch zur Sonne emporsteige, und verteilt die übrigen Gaben an Priester und Festgemeinde, die sie ihrerseits in den vielen Gräbern ringsum beim Opferschmaus verzehren. In diesen Anlagen haben sich die Angehörigen der Bestatteten, festlich geschmückt, versammelt. Mit Einbruch der Nacht beginnt im Vorraum jeder mit Lichtern erhellten Grabstätte ein rauschendes Fest, an dem die Abgeschiedenen ebenso fröhlich teilhaben wie die Lebenden. Trinksprüche werden den Toten zugerufen, und die Lebenden prosten sich zu. Sängerinnen und Tänzerinnen ziehen von einer Felsenhöhle zur anderen. Die lebhaften Darstellungen von Fest und Freude, die manche Gräber der 18. Dynastie berühmt gemacht haben, bilden nicht das alltägliche Leben ab, sondern das, was am Schönen Fest alljährlich in den Gräbern sich abspielt. Durch die Nähe der verborgenen Sonnenmacht Amons wird ungeheure Begeisterung und Lebensfreude geweckt; und dies paradoxerweise im Umkreis der Toten, die eben deshalb keine wirklich Toten sind.

14.3 Amduat als königliches Unterweltsbuch

1. In den Königsgräbern des thebanischen Westens werden auf die Wände der Sargkammer keine Sprüche mehr geschrieben, die sich wie einst die Pyramidentexte zauberhaft auf das Geschick des Abgeschiedenen beziehen. Vielmehr findet sich jetzt an dieser, für die Jenseitserwartung nach wie vor entscheidenden Stelle ein "Buch vom verborgenen Raum", *Amduat*, "Das, was in der Unterwelt ist", genannt. Beschrieben wird der ereignisreiche allnächtliche Lauf der Sonnenbarke durch die Unterwelt. Die Stufen der wunderhaften Verjüngung Res vom abendlichen Greis zum morgendlichen Kind samt den ungeheuren Gefahren, die ihm während dieser Zeit drohen, mehr aber noch die beglückenden Wirkungen, die von seiner Gestalt auf die Unterirdischen ausgehen, werden durch eine mythische Jenseitsgeografie illustriert. Sie wird so sehr mit einer wissenschaftlich anmutenden Detailfreude entworfen, daß selbst Entfernungsangaben nicht fehlen. Begleitet wird die Schilderung durch bildhafte Darstellungen, Vignetten genannt, die während der 18. Dynastie umrißhaft, aber mit bewundernswertem

Reiz auf die Wände gezeichnet werden. Eine Vorstufe zu dieser Art von Unterweltsbeschreibung mag das Zwei-Wege-Buch in den Privatgräbern des Mittleren Reiches gewesen sein (Kap. 10, oben S. 217).

In den Königsgrabkammern, die mit dieser Literaturgattung ausgestattet werden, gewinnt der *solare* Pol ägyptischer Religion für das *postmortale* Königsdasein eine über die Re-Schicht der Pyramidentexte hinausreichende Bedeutung. Allerdings wird der in seiner Barke widderköpfig abgebildete Gott Re oder "Fleisch des Re", gelegentlich Chepri (Skarabäus), aber nirgends Amon und auch nicht Atum genannt. Um durch die Unterwelt zu fahren, spaltet sich also Re, das heißt die in der Barke dahinfahrende Macht, von dem universellen Kompositwesen Amon-Re ab, das in den Königstotentempeln oder in Karnak verehrt wird. Dennoch fährt der unterweltliche Sonnengott nicht einsam dahin, sondern wird in ein eigenes Kraftfeld, eine Sphäre des Seinigen, eingezeichnet. So begleiten ihn der Wegeöffner Wepwawet am Bug, dahinter seine Weisheit Sia und sein Wirkwort Hu, dazu ein Horus als Steuermann und ein zweiter preisender Horus, die jeweilige Stundengöttin als Hathor-Erscheinung sowie zwei sonst weniger bekannte Mächte Nehes (Seth?) und "Stier der Maat" (Thot?). Gelegentlich steigt für die eine oder andere Stunde weiteres Gefolge ein, insbesondere Isis und Nephthys. Der zur Ruhe gebettete König erscheint nicht, er verschwindet hinter der allbedeutsamen Sonnengottheit. In der Barke findet der Herrscher – anders als in den Pyramidentexten – anscheinend keinen Platz mehr. Zwar betet der König am Eingang seiner Sargkammer in einem Buch der Anbetung des Re im Westen (Sonnenlitanei) zu Re: "Laßt mich mitfahren!". Doch das Amduat schweigt sich über die Realisierung des Wunsches aus. Natürlich wird das eigene Geschick trotz der theozentrischen Ausrichtung nicht völlig vergessen. Das Unterweltsbuch will den Sonnenlauf mit Hilfe des abgeschiedenen Königs rituell nachvollziehen und nicht nur beschreiben. Eingangs wird als Zweck herausgestellt: "Zu kennen die unterweltlichen Ba-Seelen ... zu kennen den Lauf der Stunden und ihrer Götter, zu kennen ihre Verklärungen für Re, zu kennen was er ihnen zuruft, zu kennen die Gedeihenden und die Vernichteten"[2]. Das Niederschreiben oder Aussprechen der geheimen Texte trägt also einerseits zur Verklärung Res bei, unterstützt andererseits dessen Rede an die Unterweltlichen in der positiven Wirkung. Durch den im Grabe festgehaltenen Wortlaut wird die Unterweltsfahrt der göttlichen Barke unterstützt, der König als ein Eingeweihter beteiligt, als einer, der an der Aktivseele des Sonnengottes teilhat. "Wer es (das Buch) kennt, ist eine von den Ba-Seelen des Re, eine mit Opfern versorgte Ach-Seele" hält eine Unterschrift fest[3].

Über diese Literatur haben frühere Generationen von Ägyptologen ihren Spott ausgegossen. "Was uns hier unverständlich bleibt, das gibt weder volkstümliche Vorstellungen wieder, noch enthält es tiefsinnige Spekulationen. Es sind

Hirngespinste einzelner Leute, und der ihnen die Gestalt gegeben hat ... war nichts besseres als ein Verfertiger von Zauberbüchern ... wer heute durch die ernsten Gänge dieser Riesengräber wandelt, auf den schauen von allen Seiten die Gestalten des Amduat hernieder, als hätten die alten Ägypter nichts besseres über das Leben nach dem Tod gedacht als diese Fratzen"[4]. Erst in den letzten Jahren hat sich durch die Forschungen von E. Hornung ein Umschwung angebahnt.

2. Das Amduat entspricht einem Bedürfnis des ägyptischen Neuen Reiches, sich nicht nur auf dem Erdkreis nach Norden und Süden hin intensiver zu orientieren als die Väter, sondern auch den *metaphysischen Horizont* ähnlich *auszuweiten*. Hinzu tritt die steigende Verehrung der Sonne, die zur Überzeugung führt, daß die hinter ihr stehende Gottesmacht auch nach dem Tode das selige Leben entscheidend gewährt. Da gemäß der polytheistischen und polymorphen Gottesauffassung kein Gott autark und allmächtig gedacht werden kann, sondern jeder in Kraftfelder eingebunden ist, bleibt es bedeutsam, den Lauf des großen Gottes in seiner Gefährdung zu kennen und nachzuvollziehen. Naturgegebenheiten des Niltals und ihre numinose Ausstrahlungen, werden deshalb in den unterirdischen Bereich projiziert und dabei mythisch stilisiert und überhöht. Sollten die unterirdischen Landschaften, in denen die Abgeschiedenen mit abgestuftem Geschick und in mancherlei Formen hausen, weniger Unterschiede aufweisen als diejenigen der Erdoberfläche? Den zwölf Nachtstunden, welche die Ägypter zählen, entsprechen im Amduat durch Tore genau abgegrenzte Regionen. Ein dem Nil vergleichbarer Untergrundstrom durchfließt sie.

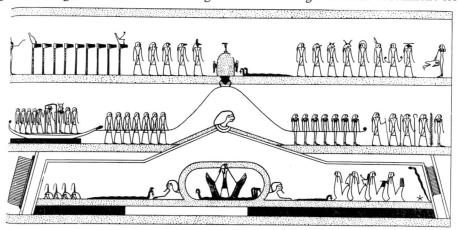

Abb. 67 Amduat, 5. Stunde

Auf ihm bewegt sich Re wie der Pharao bei Staatsaktionen auf dem Nil. Jedes dieser zwölf Gefilde hat eine eigentümliche Beschaffenheit und eine besondere Bewohnerschaft. Abspaltungen der großen Götter weilen darin, vor allem des

Horus, aber auch der Isis und des Osiris. Hinzu treten niedere Gottheiten, die nur unter der Erde vorhanden sind und seltsame Namen tragen wie "Doppelkopf", "Der die Erde behütet", "Den seine beiden Arme lieben"[5]. 741 solcher Wesen werden einmal zusammengezählt. Daneben gibt es abgeschiedene Menschen und eigenständige Verklärungsseelen, ein umfängliches Gefolge des Osiris, numinose Paviane, Löwen, Krokodile, Mengen von Schlangen, aber auch Wirkgrößen wie lebendige Zepter, Messer, Kronen, Udschat-Augen. Während der Durchfahrt weist Re solchen Wesen Äcker und Kleider zu. Hinzu kommen Mumien und Gräber, beides gar nicht besonders häufig erwähnt, aber auch geheimnisvolle Stätten wie der Feuersee und gefährliche Sandbänke. Jene dem gewöhnlichen Menschen unzugängliche Welt hat durchaus ihre von der Göttin Maat gestützte Ordnung und bildet nicht schlechthin einen Raum chaotischen Grauens. Maat steigt mit Re schon in der ersten Stunde hinab. Dennoch ist die Dat, der Bereich der Unterirdischen, weit mehr als die Oberwelt nicht nur zum Urgewässer, sondern auch zu dem hin offen, was der Ägypter das Nichtseiende nennt.

So zeigen Bild und Text zur fünften Nachtstunde, daß Res Barke "mit seiner lebendigen Ba-Seele" von göttlichen Dienern über eine gefährliche Sandbank hinweggezogen wird. Unterhalb des Sandberges befindet sich in einem ovalen Hohlraum eine gefährliche geflügelte, mehrköpfige Schlange, vielleicht der Überrest eines vorzeitlichen Chaos. Sie wird vom falkenköpfigen "Fleisch" des Gottes Sokar festgehalten und zusätzlich vom Erdgott Aker als einer Doppelsphinx behütet. Über der Sandbank ragt ein Kopf des "Fleisches" der Isis hervor, die an dieser gefährlichen Stelle ebenso Wache hält.

An dieser Stelle tritt einerseits deutlich zutage, wie gefährdet selbst der große Sonnengott während seiner Nachtfahrt ist. Andererseits wird das kumulative Zusammenspiel der Götter anschaulich, das es gemeinsam ermöglicht, kosmisches Unheil abzuwehren. Die großen Götter aber weilen nicht vollständig in der Unterwelt, sondern lassen dort eine ihrer Erstreckungen tätig sein.

Umgeben ist die Unterwelt wie die oberirdische Schöpfung von einer undurchdringlichen Urfinsternis, in die auch Re nicht hineingelangt und die das Nicht-Sein oder zutreffender das "Nichtend-Sein" darstellt, das für alles Bestehende bedrohlich bleibt.

Am Ende der Dat, in der elften Nachtstunde, zieht Re an sechs Feuergruben

Abb. 68 Amduat, aus der 11. Stunde: 6 feuergefüllte Strafgruben für 1. Feinde, 2. deren Leichname, 3. Bas, 4. Schatten, 5. Köpfe, 6. "auf den Kopf Gestellte"

einer Höllenregion vorbei. Dort weilen die Verdammten, die Osiris geschlagen haben, zu ewiger Pein, von Horus und strafenden Göttinnen bewacht, und zwar so, daß ihre Personenbestandteile für immer getrennt bleiben. In der ersten Grube befinden sich die Feinde an sich, danach gibt es Gruben für die Leichname, Ba-Seelen, Schatten-Seelen, Köpfe und "die auf den Kopf Gestellten".

Von den letzten heißt es: "Befohlen wird ihr Verderben, Tag für Tag, durch die Majestät des unterweltlichen Horus"[6]. Zum ersten Mal in der Religionsgeschichte taucht die Auffassung von einer unterirdischen *Stätte der Strafe für ewig Verdammte* auf. Im Unterschied zum postmortalen Jenseits, wo Verklärte sich aufhalten, liegt der Bereich der Verdammten jenseits der gottgeschaffenen und Maat-geordneten Welt. Die Verdammten gehören in die vorweltliche Urfinsternis. Für den Ägypter stellt es keinen Widerspruch dar, daß sie sich zugleich in Feuersee und Feuergruben befinden, die am Wege Res und also innerhalb der gestaltenden Welt liegen.

Wichtiger als die räumliche ist die zeitliche Einteilung der Dat. Zu jedem Teil der Unterwelt gehört eine Stundengöttin, deren Name gewichtiger ist als derjenige der Region. Sie steigt während der jeweiligen Stunde in die Sonnenbarke ein. Die Repräsentantin der zweiten Stunde heißt z.B. "Kluge, die ihren Herrn (Re) schützt", die der dritten "die, welche Ba-Seelen (der Gottesfeinde) zerscheidet", die der vierten "die groß ist in ihrer Macht".

Abb. 69 Amduat, aus der 11. Stunde, mit Nachtstunden (l.) und der Zeitgöttin auf Schlange (r.), die sie verschlingt

Die Stunden der Nacht, seit alters zwölf an der Zahl, aber je nach Jahreszeit von wechselnder Länge, werden also als göttliche Mächte im unterirdischen Bereich vorgestellt. Von ihrer Obhut hangt die Ordnung unter der Erde ab. Sie "lenken Re über ihre Ufer", obgleich er andererseits "Herr der Stunde" ist[7]. Die Stundengöttinnen ihrerseits entspringen einem Zeitgott oder einer Zeitgöttin, die als riesiges Seil oder als Schlange veranschaulicht wird, welche den Stunden Lebenszeit spendet. Die Schlange gebiert allnächtlich "ihre Bilder" in diesen Göttinnen und verschlingt sie wieder[8].

Da die Stunden allnächtlich in gleicher Folge aus der Zeitschlange hervorgehen, gibt es in der Unterwelt weder Zukunft noch Vergangenheit. "Die Gerichtetheit der Zeit ist im Totenreich aufgehoben, aber die Zeit selber ist in den Unterweltbüchern allgegenwärtig"[9].

3. Durch die zwölf Bereiche zieht also allnächtlich Re als "größter Gott". Wohin er gelangt, öffnen sich die jeweiligen Tore. Der gedämpfte Schein der Nachtsonne durchdringt das Gefilde und weckt Lebensregungen. Die "Bilder" der

Bewohner kommen hervor und empfangen von ihm Atem, Wasser und Brot. Die seligen Toten erwachen während der Vorbeifahrt, ihre Mumienbinden lösen sich, ihre getrennten Ba- und Schattenseelen vereinigen sich mit ihrer Leiche, die dadurch wieder zu einem Fleisch wird. So geschieht *zeitweilige Auferstehung*. Glück und Frieden (ḥtp) erfüllen Re, wenn er die Wesen mit Namen ruft, ihnen Opferspeisen gewährt – keine fleischlichen, Tötung von Vieh ist in seligen Bereichen nicht zulässig – und sie dadurch ihrerseits friedevoll (ḥtp) werden läßt. Zieht Re weiter, versinken die Unterweltlichen wieder in Todesstarre.

Die unterweltliche Fahrt vollzieht Re primär um seiner selbst willen. Als Ba-Seele, deshalb nunmehr widderköpfig, (das Wort für Widder lautet ebenfalls *ba*), dringt er in die Dat ein, um seinen eigenen Leichnam aufzusuchen, der in der Mitte der Unterwelt begraben liegt. Er trifft auf ihn in der sechsten Stunde und vereinigt sich für eben diese Stunde mit ihm: "Ich bin gekommen, daß ich mich beschenke mit mir, und daß ich meine Glieder atmen lasse, wenn sie erhoben sind"[10]. In die Tiefe taucht also die Sonnenmacht nicht nur deshalb ein, weil sie zur Rückkehr vom abendlichen Westen nach dem morgendlichen Osten gezwungen ist, sondern sie tut es ebenso um einer Stunde eigener Seligkeit willen, "um meine Leiche zu schauen, um mein Bild zu überprüfen, das in der Dat ist". Auch der Sonnengott erlebt nur allnächtlich einmal die Einheit seines Daseins. Viele Wesen, die Re unten antrifft, sind Ausgeburten seiner selbst, doch von ihrer Vereinigung mit ihm verlautet nichts.

Der *Zusammenschluß der Personenbestandteile des Sonnengottes* in der Mitte der Nacht und die Wiederherstellung seiner personalen Einheit weckt Hoffnung für den abgeschiedenen König auf Wiederherstellung auch seiner inneren Einheit. In gewisser Hinsicht gegenläufig dazu steht die Thematik der allmorgendlichen Neugeburt des Tagesgestirns. Dieser um des täglichen Sonnenscheins willen notwendige Blickwinkel führt dazu, den großen Gott in der zwölften und letzten Stunde an einer Höhle des "Endes der Urfinsternis" anlangen zu lassen. Hier ereignet sich unter dem Jubel göttlicher Begleiter die Wiedergeburt in Gestalt der Aufgangsmacht Chepri, die als Skarabäus die Entstehung aus dem Nichts manifestiert:

> Geboren wird dieser große Gott in seiner Erscheinungsform des Chepri bei dieser Höhle.
> Es treten in Erscheinung Nun und Naunet, Huh und Hauhet bei dieser Höhle,
> Zur Geburt dieses großen Gottes, daß er herausgehe aus der Dat, sich niederlasse in der Tagesbarke und aufgehe aus den Schenkeln der Nut[11].

Die urweltlichen Mächte aus der mythologischen Achtheit von Hermopolis, die das vorweltliche Gewässer und die Endlosigkeit verkörpern, treten als Geburtshelfer hinzu. Als Mutter erscheint wie früher die Himmelsgöttin Nut, obwohl der junge Sonnengott gar nicht aus dem Himmel, sondern aus der Unterwelt hervorkommt. Gemäß ägyptischer Vielfalt der Zugangsweisen tritt ein weiteres Modell der Regeneration Res hinzu. In der zwölften Stunde geht die Sonnenbarke in einen Schlangenleib, das "geheime Bild" schlechthin, ein. "Er tritt ein in ihren Schwanz und er kommt heraus aus ihrem Mund"[12]. Mit Re zugleich treten auf verborgene Weise alle ehrwürdig versorgten Toten, *imachu*, in den Schlangenleib ein und werden täglich verjüngt.

Es überrascht, wie sehr im Amduat die theozentrische Ausrichtung die Sorge um das menschliche Nachleben zurückdrängt. Die im Dat befindlichen abgeschiedenen Menschen werden kaum erwähnt. Selbst ober- und unterägyptische Könige treten zwar in der sechsten Nachtstunde auf, also in der Mitte der Nachtfahrt, in der Stunde, in der Re sich unmittelbar unterhalb des Niltals als der Mitte der Erde befindet, doch von einer Vorzugsstellung für sie wird wenig erkennbar.

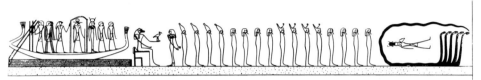

Abb. 70 Von links: Rebarke, thronender Thot; 15 Verklärte, darunter 8 Könige; von einer Schlange geschützte Leiche des Chepri

Der Sonnengott wendet sich an die Kronenträger:

> Euer Königtum gehört euch, Könige von Oberägypten – Möget ihr eure
> großweißen Kronen empfangen auf euch!
> Ihr seid zufrieden, mit Opfern Versorgte!
> Eure Rote Krone gehört euch, Könige von Unterägypten!
> Eure Verklärungsseelen (*achu*) gehören euch, ihr Achu,
> Eure Gottesopfer gehören euch, damit ihr zufrieden seid,
> Und ihr verfügt über eure Ba-Seelen, so daß ihr stark seid!
> Ihr seid König über eure Städte, ihr verweilt in euren Äckern.
> Ihr vereinigt euch mit dem Geheimnis in eurer Roten Krone,
> Ihr seid verklärt durch eure Zaubersprüche.
> Ihr seid es, die zufrieden sind mit den Opfern,
> Welche der Ausspruch der Götter euch gegeben hat.
> Ihr seid es, die mir huldigen auf Erden und den Apophis bestrafen[13].

Das ist alles, was den Königen zugesprochen wird. Von einer Familienbindung verlautet bei ihnen nichts, obwohl doch sehr viel mehr verklärte Könige im Dat weilen und die Angehörigen oberirdisch den Totendienst verrichten bzw. das Königsamt ausüben. Gegenüber diesem üblichen menschlichen Totendienst waltet anscheinend Skepsis.

4. Eine *veränderte Götter"psychologie"* läßt erkennen, in welcher Weise sich das menschliche Selbstverständnis im ägyptischen Neuen Reich gewandelt hat. Zwar gelten nach wie vor Götter wie Menschen als polymorphe Wesen, als Kräfte- und Willensbündel, die keine individuelle, räumlich festgelegte Geschlossenheit aufweisen, keine definierbare Seinsart ausmachen. Doch das Schwergewicht innerhalb der menschlichen und damit auch der göttlichen Spaltformen verlagert sich. Die Verklärungsseele Ach tritt mehr noch als in den Sargtexten zurück; ihr himmlisches Dasein unter den Sternen, wie es den Pyramidentexten vorschwebte, scheint vergessen; die Ach-Seelen befinden sich von nun an im unteren Reich der Toten. Dagegen ist die Bedeutung der Aktivseele gewachsen, so daß sie als eine Art Personkern bei Göttern und Menschen erscheint. Der widderköpfige Re fährt durch die Unterwelt als Auskörperung des Bas der Sonne und seines kosmischen Bewegungsradiuses. Seine Bahaftigkeit treibt die Barke voran. Als "großer Ba"[14] faßt er anscheinend die Aktivseelen aller Wesen in sich. Jedenfalls sind die unterweltlichen Götter aus jenem Ba hervorgegangen und empfangen von ihm täglich Licht, Luft und Nahrung, so daß sie zeitweise ihre Mumienbinden lösen und sich mit dem je eigenen Ba vereinen können. Ihr Ba lebt "durch Re", wie sie andererseits "für dessen Ba" leben[15]. Der Aktivseele des Sonnengottes kommt es darauf an, sich mit der Leiche Res, die als großes Mysterium in den unterirdischen Gefilden ruht, regelmäßig in der sechsten Stunde zu vereinen. Der Mumienleib des Gottes ist keine räumliche Einheit, sondern zerfällt in eine Anzahl von Erscheinungsformen wie die drei Teile eines Skarabäus: Hinterteil, Flügel und Kopf. Jeder davon ruht, von einer Schlange behütet, in einem eigenen Grab, vom Rumpf des Sonnengottes mit eigenem Skarabäuskopf räumlich getrennt.

Auch die anderen unterirdischen Wesen besitzen ihren Ba. Bisweilen scheint es, als ob ihre Aktivseele jeweils erst durch Res Ankunft entsteht. Der Sonnengott ruft nach ihnen, und sie antworten mit nicht-menschlicher Stimme. Eng damit verbunden ist die Schattenseele, die Re auf das Fleisch herabschweben läßt: "Ihre Ba-Seelen reden auf ihnen, ihre Schatten ver-

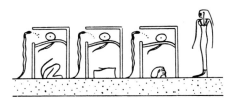

Abb. 71 Amduat, aus der 5. Stunde: Leichenteile Res

weilen auf ihnen, nachdem dieser große Gott ihnen zugerufen hat"[16]. Eine Ba-Seele kann aber auch verborgen und selbst die Leiche unsichtbar bleiben bei der Vorbeifahrt Res; dann tritt einzig das Bild des Trägers hervor[17]. Überhaupt spielen die Bilder der Wesen eine eigenständige Rolle. Selbst das Bild des Osiris bleibt in der Unterwelt zurück, sobald Re aus ihr heraussteigt[18]. Nur die für

Erhaltung und Gestaltung eines Menschen in sonstigen Grabtexten häufig genannte Ka-Seele wird im Amduat kaum erwähnt, wohl deshalb, weil Re selbst für alle Versorgung einsteht[19]. Die "Psychologie" dieser Texte ist also durchaus überlegt und folgerichtig und dient als Erklärungsgrund für die Verklammerung des Sonnenlaufs mit dem Geschick der Unterirdischen.

Nachdem die ägyptische Religion sich ein Jahrtausend lang zwischen dem Kreis um den Sonnengott als Lebensquelle dieser Erde und dem Bereich des Osiris als Garanten des Nachlebens unter der Erde hin- und herbewegt hatte, beweist das Amduat zu Beginn des Neuen Reiches einen klaren *Sieg des Sonnenprinzips*. Der Gott Re bietet auch für die Seligkeit in der Unterwelt die entscheidende Hilfe. Zwar war seine nächtliche Durchquerung der Dat seit langem selbstverständlich, doch sie galt bislang als eine Art Transitverkehr. Nunmehr wird das vom Sonnengott ausstrahlende Licht in den dunklen Regionen zur Hoffnung für Tote und unterirdische Wesen. Osiris mit seiner Autorität tritt in ein zweites Glied. Hornung mag Recht haben[20], wenn er ihn zu einer Form des Sonnengottes werden sieht, wenngleich ausdrückliche Zuordnungen selten bleiben. Damit bewegt sich ein einflußreicher Strang religiösen Denkens in gewisser Hinsicht schon auf die Reform Echnatons zu, der dann Osiris völlig streichen wird, freilich auch eine Unterweltsfahrt der Sonne nicht mehr berücksichtigt.

Falls man das Jenseitsbild des Amduat verallgemeinern darf, wird in ihm die Aussicht auf das postmortale Dasein gegenüber früheren Erwartungen erheblich zurückgeschraubt. Kein ungeschmälertes Dasein als Verklärungsseele oder gar omnipotenter Gott am Himmel, noch eine ungebrochene leibliche Unsterblichkeit als wohlversorgte Mumie gewährleistet an sich schon seliges Nachleben! Das Amduat weiß nur noch von einem zeitweiligen Wiederaufleben während einer Stunde der Nacht, in der Re vorbeifährt und sein Lichtstrahl die Toten trifft. So klingen die Worte, welche die Re-Begleitung beim Auszug aus der Unterwelt in der zwölften Stunde dem in der Finsternis verbleibenden Osiris zuruft, vermutlich resignativ:

> Lebe, du Lebendiger in seiner Finsternis!
> Lebe, du Großer in seiner Finsternis,
> Herr des Lebens und Herrscher des Westens, Osiris-Chontamenti!
> Und lebe, du Lebendiger in der Dat!

Die Kreise, welche um die Mitte des zweiten Jahrtausends das Amduat abfassen, scheinen also in der Einschätzung menschlicher Möglichkeiten im Blick auf Unsterblichkeit nüchterner geworden zu sein. Dennoch bleiben sie angestrengt bemüht, die Geheimnisse des Nachlebens zu entschlüsseln. Ihre wachsende, aus einer vertieften Empirie gewonnene, Verehrung einer komplexen Sonnenmacht führt auf Grund der logischen Notwendigkeit, mit einer Rückkehr der Sonne von West nach Ost durch die Unterwelt zu rechnen, paradoxerweise zu einem verstärkten Ausschweifen der Phantasie in die Geografie unterirdischer Bereiche.

Allerdings ist das Buch Amduat nicht das einzige zeitgenössische Werk über die Wesen der Unterwelt. Während das Amduat auf den Wänden der Sargkammer eines Pharaos wie Thutmoses III. festgehalten wird, wird auf das Leintuch, das seine Mumie einhüllt, ein anderer Jenseitstext geschrieben, das *Totenbuch*. Diese Schrift weiß mehr von postmortalem Geschick und von Verheißungen zu künden, die auf den Menschen nach dem Tode warten.

14.4 Frühthebanisches Totenbuch

1. Aufschlußreicher noch für die allgemeine Jenseitsauffassung des Neuen Reiches als das Amduat ist das Totenbuch. So lautet der Name, den die Ägyptologen einer Sammlung von Sprüchen gegeben haben, die seit etwa 1500 v. Chr. auf einem Papyrus, bisweilen auch auf dem Totenleintuch oder auf Sarg- und Grabwänden, niedergeschrieben wird. Die ägyptische Überschrift heißt *"Buch des Herausgehens* (aus dem Grab) *am Tage"*. Wie bei älteren Sargtexten werden Ritualsprüche aneinandergereiht, welche die Verklärung des Toten und seiner Personenbestandteile sowie sein dauerhaftes Dasein in himmlischen und irdischen Jenseitsgefilden samt der Bewegungsfreiheit seiner Ba-Seele zum Ziel haben. Das Totenbuch ist eines der berühmtesten Beispiele ägyptischer Literatur. Über anderthalb Jahrtausende wird es von nun an in zahllosen Gräbern verwendet. Sein Wortlaut erscheint also für das gelungene Nachleben unabdingbar. Zudem wird mehrfach der geheime Charakter der Kenntnis betont.

Das hat im 19. Jahrhundert unserer Zeitrechnung die Vermutung geweckt, bei dieser Papyrussammlung handle es sich um nicht weniger als die Bibel des alten Ägyptens und um esoterische Texte von Mysterienfeiern. Angesichts des breiten Spektrums religiöser Literatur aus Ägypten greift dieses Urteil zu hoch. Mahnungen zur Geheimhaltung der Sprüche setzen keine Mysterienkreise als Träger voraus. Vielmehr war, wie wir aus anderen Texten wissen, der Erwerb des Totenbuches jedem Ägypter für den Gegenwert von zwei Kühen möglich[21]. Der Hinweis auf den geheimen Charakter will nur die unvergleichliche Bedeutsamkeit des Inhalts herausstreichen. Trotz solcher Einschränkungen läßt sich der Stellenwert des Totenbuches für die Praxis des Totenkultes in der zweiten Hälfte der Religionsgeschichte des alten Ägypten kaum überschätzen.

Vielen Sprüchen werden in den meisten Handschriften der Totenbücher Bilder beigegeben, *Vignetten* genannt, welche ausschnittartig einen Einzelzug des Spruches nicht nur illustrieren, sondern zugleich auch ins Bild bannen und dadurch dauerhaft werden lassen. Auffälligerweise werden die Vignetten viel sorgfältiger ausgeführt als die Abschrift der Texte, wo sich bei zahlreichen Exemplaren offenkundige Fehler finden. An einer Reihe von Stellen wird die Anfertigung von Symbolen oder Bildern der im Text genannten Mächte gefordert und ihre rituelle Behandlung geregelt.

Die frühen Belege des Totenbuches fügen die einzelnen Sprüche sehr unterschiedlich aneinander und wählen meist eigenwillig einzelne Abschnitte aus einem offenbar größeren Bestand aus, der von den Schreibern des Lebenshauses gehütet wurde. Jahrhunderte später, in der Saïtenzeit, wird eine feste kanonische Reihenfolge üblich, die der Zählung von ungefähr 200 Kapiteln in den modernen Ausgaben zugrunde liegt; sie wird auch im folgenden benutzt. Schon die Exemplare, die nach der kultischen Revolution durch Echnaton in der Ramessidenzeit niedergeschrieben werden, lassen auf eine erweiterte Fassung schließen, vor allem durch Anfügung von Re- und Osirishymnen. Die Überlieferungsgeschichte des Totenbuches bezeugt wie nichts anderes das Ringen des ägyptischen Geistes um Gewißheit über die postmortale Existenz, und das sowohl in theoretischer wie in praktischer Hinsicht, sowohl in der Götterlehre wie in der Suche nach bleibenden wirksamen Worten für das Ritual. Das erreichte Ergebnis darf in gewissem Sinne als Inbegriff ägyptischer Jenseitserwartung angesehen werden.

Die populärwissenschaftliche Darstellung von Champdor formuliert nicht ohne Grund: "Das 'ägyptische Totenbuch' ist neben dem 'tibetanischen Totenbuch' das bedeutsamste Zeugnis der Menschheit über das Mysterium des Todes"[22]. Vorsichtiger und dennoch bewundernd urteilt E. Hornung: "Diese Totensprüche spiegeln die lebendige Seele der Menschen des 2. Jahrtausends v.Chr., und wir haben seitdem nicht viel dazugelernt. An der dunklen Mauer des Todes hat all unser Wissen und Können immer noch ein Ende, und niemand kann uns sagen, ob wir in diesen Sprüchen durch einen Spalt der Mauer blicken"[23].

2. Das Totenbuch will durch die Kraft zauberischen Spruches die Versorgung des Verstorbenen sicherstellen. Vier gewichtige Kapitel daraus werden oft nicht

Abb. 72 Knieender Toter vor der Baumgöttin, Totenbuch, Kap. 59

nur auf der Papyrusrolle niedergelegt, sondern zusätzlich an der Grabwand und auf der Opfertafel festgehalten. Danach erwartet am Eingang der unterirdischen Dat den Jenseitsreisenden nach Kap. 59 ein lebendiger Baum der Himmelsgöttin

Nut, eine Sykomore, die ihm und seiner ihn begleitenden Aktivseele Luft, Wasser und Opferspeise gewährt. Das entsprechende Bild (Abb. 72) wird oft gemalt.

Brot und Bier werden der Verklärungsseele nach Kap. 148 von sieben Kühen des Sonnengottes im Westen gewährt. Kap. 110 behauptet der Verklärte, im Opfer-Friedens-Gefilde (ḥtp) des Himmels verwurzelt und deshalb zum Essen, Trinken, Kopulieren und Herausgehen am Tage befähigt zu sein, ja "Hetep in seinem Feld" selbst zu verkörpern. Nicht nur, daß er von den himmlisch heilsamen Opfergaben lebt, er faßt sie in sich selbst zusammen samt ihrer beseligenden und dauerhaften Wirkung, vermag andere damit zu beschenken, "gibt Überfluß den Ka-Seelen der Verklärten"[24]. Im benachbarten Binsengefilde wächst das Getreide 3.50m hoch und wird von Ach-Seelen geerntet, die ihrerseits 4-5m hoch sind (Kap. 149).

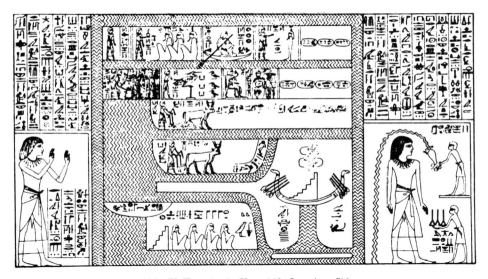

Abb. 73 Totenbuch, Kap. 110: Jenseitsgefilde

Zu solchem gelungenen Dasein gehört die *Vereinigung der Personenbestandteile*. Nicht nur der Körper ist wieder zusammengefügt, der Verklärte hat seine Aktivseele hinter sich, seine Erhaltseele vor sich und seine Zauberkraft bei sich (Kap. 110, 97-99)[25]. Zur Fülle des Heils gehört weiter königlicher Rang, deshalb trägt er die Weiße Krone, "daß ich die Oberen führe und die Unteren gedeihen lasse". Doch die Königswürde spielt nicht mehr die ausschlaggebende Rolle, die sie in den Sargtexten eingenommen hatte. Dagegen tritt nach wie vor das Bestreben zutage, die Verpflegung im Nachleben von der Totensorge der irdischen Hinterbliebenen möglichst unabhängig zu machen. Ebenso nehmen Schutzvorkehrungen gegen dämonische Bedrohungen einen großen Raum ein, etwa die Abwehr von Krokodilen und Schlangen (Kap. 31-37). Wie in den Sargtexten herrscht die Furcht, eines Tages zur Strafe auf dem Kopf gehen oder Kot verspeisen zu müssen mangels anderer Nahrung (Kap. 51-53). Die rituellen Stufen im Übergang vom Diesseits zum Jenseits werden ebenfalls vom Totenbuch unterstützt. Kap. 6 beschwört die Uschebtis, jene dem Grab beigegebenen kleinen Menschenfiguren, welche Stellvertretung bei Fronarbeit im Jenseits übernehmen sollen. Kap. 151 erweckt das Sehvermögen der Mumienmaske mittels einer Gliedervergottung[26]:

> Dein rechtes Auge ist die Nachtbarke, dein linkes Auge ist die Tagesbarke, und deine Augenbrauen sind die Götterneunheit.
> Dein Scheitel ist Anubis, dein Hinterkopf ist Horus, deine Finger sind Thot, deine Haarlocke ist Ptah-Sokar.

Weitere Texte wenden sich an die Kopfstütze, das Augenamulett oder eine Osirisstatuette (Kap. 166-168). Wieder andere wollen die Gestaltungen, *cheperu*, des Abgeschiedenen in Götter- und Wiedergeburtssymbolen erschaffen (Kap. 83-85) oder das künftige Heraustreten aus dem Grab nach Belieben des Abgeschiedenen fördern (Kap. 64-75). Wie schon in den Pyramidensprüchen wird der überirdische Fährmann beschworen, zu jenseitigen Ufern hinüberzuführen (Kap. 98-102). Dem kumulativen Bedürfnis mythisch-magischer Rede entsprechend wendet sich oft mehr als ein Spruch demselben Zweck zu, der durch begleitende Bilder nochmals unterstrichen wird.

3. Die meisten Kapitel des Totenbuches fußen auf älteren Vorstufen der *Sargtexte* (oben 10.4). Doch die *Überarbeitung* erscheint nicht nur auf einem anderen Schriftträger, dem Papyrus, sondern läßt auch auf eine "skeptische Abwertung der himmlischen Jenseitslehre"[27] schließen, wenngleich die seligen Gefilde droben und das Heil in Gemeinschaft der Sterne durchaus noch erwähnt werden.

Die (moderne) Ausgabe der Sargtexte hatte diese als "Buch der Rechtfertigung eines Mannes im Reiche des Todes" vorgestellt und zutreffend angezeigt, daß es den Sprüchen um ein dauerhaftes Fortleben im unterirdischen Reich gegangen war. Die Totenbuchpapyri, die mit der 18. Dynastie auftauchen, tragen hingegen die Überschrift "Anfang der Sprüche vom Herausgehen am Tage ... vom Ausgehen und Eingehen in die Unterwelt". Die Wendung taucht zwar schon gelegentlich bei Sprüchen in den Sargtexten auf, bleibt dort aber ein Zweck unter vielen anderen, während sie nunmehr das beherrschende Thema anzeigt. Nicht das Verbleiben in einer ewigen Ruhestätte, sondern das Vermögen, beweglich zu bleiben, heraus- und hineinzugehen aus der und in die Dat wird jetzt zum Ziel der Jenseitserwartung. Deshalb rückt begreiflicherweise, anthropologisch gesehen, die Aktivseele in den Vordergrund als diejenige

Spaltform der Person, die das Nachleben in dieser Form gewährleistet. Zugleich gewinnt der Sonnengott für das Jenseits eine Stellung, die über jene des Osiris hinausgeht, denn der Sonnengott ist ständig in Bewegung. Der untergehenden Sonne will der Tote sich anschließen, dies aber nicht um der Nachtfahrt willen, sondern wegen des damit verbundenen Vermögens zum Wiederaufgang. Ein mit dem Totenbuch mehrfach verbundener Text bietet dem um sein Nachleben besorgten Menschen:

> Eine Einweihung in die Mysterien des Totenreichs:
> Die Sonne sehen, wenn sie untergeht im Lebensland, im Westen,
> Wenn sie angebetet wird von den Göttern und Verklärten in der Unterwelt.
>
> Eine Verklärungsseele vortrefflich zu machen im Herzen des Re,
> Bewirken, daß er mächtig werde (sḫm) bei Atum,
> Ihn groß werden zu lassen bei Osiris ...
> Jede Verklärungsseele, der diese Schrift gemacht wird,
> Deren Aktivseele wird zusammensein mit den Menschen und Göttern,
> Sie wird herausgehen am Tage in jener Gestalt, in der sie herausgehen will[28].

Das Totenbuch führt also die Überlieferungsgeschichte der Sargtexte unter veränderten Umständen weiter. Weit weniger Verbindungslinien zeigen sich zum Amduat und seiner Unterweltsgeographie. Immerhin taucht auch in den Kapiteln 149.150 des Totenbuches, die häufig die Frühform des Totenbuches abschließen, eine Art Jenseitsgeographie auf. Doch fehlen der Sonnenlauf und seine Stunden. Stattdessen werden vierzehn Landschaften aufgezählt, die teils am Osthimmel liegen wie das Binsengefilde, teils in der unterirdischen Dat, aber auch im Niltal, wie der Hügel des Heiligtums Cheraha. Vierzehn Hügel im Westland sind vom Verstorbenen zu passieren, jeder von ihnen ist durch eine bedrohliche Macht besetzt; darunter sind gefährliche Schlangen von 35m Länge und andere Wesen, die sich auf die Vernichtung der Zauberkraft oder der Schattenseele spezialisiert haben. Kap. 145.146 unterteilen das Binsengefilde des Osiris, also die erste Landschaft der nachfolgenden Kapitel, in 21 Tordurchgänge. An den mehrfach gestaffelten Durchgängen stehen Wächter, begierig, die Ba-Seelen der Eintretenden einzuschlürfen oder ihre Leiber zu verschlingen, damit ihr zweiter und endgültiger Tod eintritt. Den Bas der trefflich Verklärten können sie aber nichts anhaben (Kap. 127). Diese Beschreibungen der Jenseitsregionen lassen sich mit denen des Amduat kaum in Beziehung setzen. Im Unterschied zum Amduat spielt Re in diesen Jenseitstexten keine ausschlaggebende Rolle.

Die Frage nach der Herkunft dieser neuen Redaktion von Jenseitssprüchen ist noch kaum geklärt. Die meisten Exemplare stammen aus thebanischen Gräbern, dennoch werden die typisch thebanischen Götter Month und Amon nur ein einziges Mal beiläufig in einem Ritualspruch erwähnt (Kap. 171). Die heilige Osirisstätte von Abydos wird zwar öfter erwähnt, doch ohne jede besondere Gewichtung. Dagegen treten die Auffassungen des unterägyptischen Sonnenheiligtums von On und des dort beheimateten Atum im Totenbuch stark hervor. Auch an einen Einfluß der mittelägyptischen Stadt Schmun-Hermopolis läßt sich denken, weil der da beheimatete Hauptgott Thot als Urheber von wirksam-geheimem Wissen häufig erwähnt wird, dazu die dortige Überlieferung von der Entstehung des Sonnengottes aus einer Lotosblume oder einem Urei[29].

4. Als Anfang oder unmittelbar hinter einem Eingangskapitel steht im frühthebanischen Totenbuch gern ein dogmatischer Traktat, der als Kap. 17 gezählt wird. In ihm präsentiert sich der Verstorbene als *Urgott Atum*, der von selbst entstand, die Götter aus sich hervorbrachte und sich deshalb wieder neu schaffen kann, zugleich aber sich in Re bei dessen morgendlichem Erscheinen verkörpert. Selbstbewußt tritt der Tote als Urgott vor das Richterkollegium, das Osiris umgibt, und stellt sich als Doppel-Aktiv-Seele des Re wie des Osiris vor. Der Grundbestand ist den Sargtexten des Mittleren Reiches wörtlich entnommen[30], wo schon jeder Abschnitt nach der Frage "Was bedeutet das?" mit einem Kommentar versehen war, der einen nach der Mythologie von On entworfenen Grundtext auf die ausschlaggebende Rolle der Antipoden Re und Osiris nachträglich bezogen hatte. Diesen Zug verstärkt das Totenbuch. In der Kommentierung bezieht es die in der Vorlage genannten Urgötter Atum oder Nun vornehmlich auf Re. Bereits in der Sargtext-Vorlage war ein omnipotenter Anspruch "Ich bin (oder: mir gehört) das Gestern, ich kenne das Morgen" angeführt und erläutert worden: "Was das 'Gestern' betrifft, Osiris ist es. Was das 'Morgen' betrifft, Re ist es". Schon dieser Kommentar hat die ursprünglich von einer zyklischen Wiederkehr des gleichen Urgottes bestimmte Zeitauffassung relativiert und offen gelassen, wie weit die Zukunft der Vergangenheit völlig entsprechen wird. Das Gewesene tritt als ein selbstwirksames Erbe zutage, das in Osiris beschlossen liegt und wirksam ist, es hebt sich vom Künftigen als der unübersehbaren, aber durch einen anderen Gott gefüllten Zeiterstreckung ab. Das Totenbuch führt diese Tendenz weiter. War in den Sargtexten die Aussage, "der seinen Namen schuf, der Herr der Neunheit" erklärt worden: "Atum ist es, der in seiner Sonnenscheibe ist", so wird jetzt diesem Kommentar in 17 § 3 ein klarer Verweis auf den Sonnengott vorangesetzt: "Re ist es, wenn er im Osthorizont des Himmels aufgeht". Das komplementäre Bestreben, Osiris in den Vordergrund zu rücken, tritt ebenso zutage. Die Vorlage des Mittleren Reiches hatte z.B. den Satz: "Ich wandle auf dem Weg, den ich kenne, der (seligen) Insel der Gerechten zu" ergänzt: "Das ist der Weg, auf dem mein Vater Atum gewandelt ist". Dem Totenbuch § 11 genügt das nicht, vielmehr wird darauf verwiesen, daß dieser Weg zu Osirisstätten führt und die Insel der Gerechten in Abydos zu finden ist. Am Ende setzt das Totenbuch in § 33 über die Sargtexte hinaus einen Abwehrspruch gegen Feinde des Toten hinzu,

darunter einen dämonischen Löwen "mit blitzendem Maul und flachem Kopf". Überraschenderweise wird der Löwe im Kommentar sowohl als Phallos des Osiris wie als Phallos des Re gedeutet (wobei das aufgerichtete männliche Glied als Angriffswaffe empfunden wird?). Im Zusammenhang des religiösen Systems wird also den beiden zentralen Gottheiten auch eine für den Toten bedrohliche Seite zugeschrieben.

Das Schwanken im Urteil, wie weit für das Geschick des Abgeschiedenen der Sonnengott, wie weit der Unterweltsherrscher ausschlaggebend ist, fällt im Totenbuch mehr noch auf als in früheren Dokumenten, weil, wie schon im Kap. 17 sichtbar, beides unausgeglichen nebeneinander gestellt werden kann. Die Vignette zu diesem Kapitel läßt den Toten und sein hinter ihm auf dem Grabeingang stehenden vogelartigen Ba in gleicher Weise den über Doppellöwen aufgehenden Re-Horachte wie den als König gekrönten Osiris verehren.

Abb. 74 Totenbuch, Kap. 17: Anbetung von Sonne (über den Löwen "Gestern" und "Morgen") und Osiris

So tritt zu Beginn des Neuen Reiches der seit dem Ende des Alten Reiches aufgekommene *Antagonismus* zwischen einem solar orientierten und einem osirianischen Pol ägyptischer Religion in eine weitere Phase. Natürlich bemühen sich die Gelehrten an verschiedenen Stellen um Ausgleich. Es war schon erwähnt, daß an einer Stelle, Kap. 17 § 21, die aus den Sargtexten übernommen ist, der Tote sich als Doppel-Aktiv-Seele "in seinem Doppel-Dschedpfeiler" vorstellt. "Osiris ist das, als er in Mendes eintrat, dort fand er den Ba des Re. Da umarmte einer den anderen, da wurden (sie) zu seinem Doppel-Ba". Indem der Tote mit dem heiligen Bock von Mendes gleichgesetzt wird, welcher ursprünglich als anonyme Ba-Verkörperung verehrt und dann sowohl mit Re wie mit Osiris in Beziehung gesetzt wurde, wird eine substantielle Beziehung zwischen den beiden hohen Gottheiten hergestellt, freilich keine volle Verschmelzung. Denn daß zwei unterschiedliche Wesen sich in ihrer Aktivseele, aber nur mit dieser Spaltform treffen, wußten schon die Pyramidentexte. Etwas näher werden die beiden Götter Kap. 180 aneinandergerückt, wo von einem "vereinigten Ba" geredet wird und die Ba-Seele des Re in der Unterwelt "im Leib seines (des Osiris?) Ba ruht" und die unterweltlichen Ba-Seelen in ihren Grüften aufleben läßt[31]. Die Aktivseele des Sonnengottes ist also auf diejenigen der Abgeschiedenen bezogen und scheint zeitweise mit ihnen zu verschmelzen, ähnlich der Vereinigung zwischen Re-Ba und Osiris-Ba.

Eine weitere Klammer um Re und Osiris baut das an das dogmatische Kapitel in einigen Handschriften angefügte Kap. 18. In ihm wird Thot angerufen, daß er Osiris, den Toten, über seine Feinde in sieben verschiedenen Tribunalen triumphieren lasse, die jeweils mit einem großen Heiligtum des Niltals verbunden sind. Zu jedem dieser Tribunale gehören sowohl Re wie Osiris. Doch das letzte Wort hat der Schriftgott Thot.

Die eigentümliche Stellung des *Thot* tritt ebenso in einem als Kapitel 1 gezählten Gebet zutage, das im frühthebanischen Totenbuch bisweilen vor Kap. 17 gestellt wird[32]:

> "O Stier des Westens", sagt Thot zum König der Ewigkeit (Osiris) –
> "Ich bin der große Gott der Schutzwache,
> ich habe für dich gekämpft.
> Ich bin einer von jenen Göttern des Tribunals,
> das Osiris über seine Feinde triumphieren läßt
> an jenem Tag des Gerichts.
> Ich gehöre zu deinen Leuten, Osiris."

Der Gott der Weisheit und des wirksamen Rituals stellt sich also vor. Ein Priester spricht, der im Begräbnisritual (den Toten selbst und) diesen Gott verkörpert. Er wendet sich an Osiris, mit dem der Tote wesenseins ist, denn dieser war eingangs Osiris-N.N. genannt. Thot rühmt ihn als König der gleichbleibenden Zeitdauer und versichert ihm seine Treue: "Ich gehöre zu deinen Leuten." Der Spruch findet sich in kürzerer Form schon in Sargtexten[33]; dort aber hatte der Tote sich noch direkt als Osiris geäußert, während Thot jetzt zum Sprecher wird und Osiris ein Stück weit in die Passivität rückt. Eine solche entscheidende Rolle des Thot als der wichtigsten geistigen Kraft unter den Göttern tritt im Totenbuch an vielen Stellen hervor. Dieser Gott hat die wirkungskräftigen Sprüche erfunden, das Buch verfaßt[34]. Damit wird Thot zur entscheidenden Macht für die Stunde des Überwechselns vom diesseitigen zum jenseitigen Leben, wie sehr auch vorher und nachher Re oder Osiris dominieren mögen.

Der Schluß von Kap. 1 führt über die Sargtextvorlage hinaus und ruft die Unterweltsmächte insgesamt an, unter Verweis auf einen bevorstehenden gerichtsprozessualen Wägeakt[35]. Nunmehr spricht der Verstorbene allein:

> O ihr, die ihr die Wege öffnet und die Pfade auftut
> den trefflichen Bas (im) Haus des Osiris,
> öffnet doch die Wege, tut auf die Pfade für meinen Ba bei euch,
> daß er eintrete ohne Unruhe zum Haus des Osiris
> und herausgehe in Frieden aus dem Haus des Osiris ...
> Ich bin hierher zu euch gegangen, daß ich verklärt sei mit euch.
> Man hat keinen Tadel an mir gefunden, so daß die Waage leer ist von meiner Schuld.

Der rituell bestattete, mit Osiris in Namenseinheit verschmolzene Mensch bedarf der Gunst der Unterirdischen. Sie öffnen die Zugänge zum Land der Seligen für den entscheidenden Bestandteil einer menschlichen Person, nämlich die Aktivseele. Sie will nicht nur in die Unterwelt als Haus des Osiris eintreten, sie will es auch wieder und wieder verlassen können. Doch der Eintritt in die Jenseitswelt vollzieht sich an einer Richtstätte vorbei, wo das Weiterleben schlechthin auf dem Spiel steht. Dieser Gedanke erhält im Totenbuch ein Gewicht, das die Sargtexte noch nicht kannten. Darauf wird einzugehen sein.

14.5 Das Totengericht im Totenbuch

Nichts hebt wohl das frühthebanische Totenbuch von der vorangehenden Unterwelts- und Jenseitsliteratur stärker ab als die große Rolle, die nunmehr ein Jenseitsgericht über den Toten spielt. Der einschlägige Text, später als Kap. 125 gezählt, steht oft unmittelbar hinter einem Sonnenhymnus am Anfang und taucht bisweilen am Ende in einer Parallelfassung noch einmal auf. Er enthält das Bekenntnis, das der Abgeschiedene bei seinem Eintritt in die Unterwelt in einer Halle der beiden Wahrheiten (oder der vollständigen Wahrheit?) abzulegen hat. Hier findet jenes denkwürdige Abwägen der Taten statt, welches zahlreiche Abbildungen festhalten, und das an spätere biblische Aussagen über das jüngste Gericht erinnert. Der Tote wird durch Anubis in eine Halle eingeführt, in der über sein weiteres Geschick entschieden wird. In ihrer Mitte steht eine Standwaage. Auf eine ihrer Schalen wird das Herz des Toten gelegt, das von der Summe seiner irdischen Taten besetzt ist. Auf der zweiten Waagschale steht eine Feder, welche die Göttin Maat symbolisiert. Daneben steht meist der Schreibergott Thot, der das Ergebnis notiert. Unter der Waage oder seitlich davon lauert ein gefährliches Mischwesen, begierig das Herz zu verschlingen, wenn es zu schwer befunden wird, wenn die Waagschale also, durch die Sündensubstanz beladen, auf dieser Seite herabsinkt. Dagegen gilt der Tote als gerechtfertigt, wenn Gleichgewicht zwischen seinem Herzen und dem leichten Gewicht der Maat herrscht. Das Geschehen wird vom thronenden Osiris als oberstem Richter überwacht, dem 42 Besitzer zur Seite stehen und dem der Gerechtfertigte hernach vorgeführt wird.

Mit dem Totenbuchpapyrus wird dem Begrabenen ein Text in den Sarg mitgegeben, den er in der unterirdischen Gerichtshalle vorzutragen hat, um seine Unschuld herauszustellen. Er wendet sich zuerst an Osiris, grüßt ihn als größten Gott, beteuert sein Wissen der Geheimnisse ebenso wie seine Rechtschaffenheit: "Ich kenne dich und kenne deine Namen ... ich bin zu dir gekommen, ich habe dir die Maat gebracht, ich habe für dich das Unrecht vertrieben". Dann folgt in 36 bzw. 42 Sätzen eine Rechtfertigung, die zuerst Unschuld gegenüber

Abb. 75 Totenbuch, Kap. 125: Gericht vor Osiris

jedem denkbaren Vergehen, dann die vollbrachten Tugenden beteuert:

> Ich habe kein Unrecht gegen Menschen begangen
> und ich habe keine Tiere mißhandelt.
> Ich habe nichts 'Krummes' anstelle von Recht getan.
> Ich kenne nicht, was es nicht gibt,
> und ich habe nichts Böses erblickt ...
> Ich habe keinen Gott beleidigt.
> Ich habe kein Waisenkind an seinem Eigentum geschädigt.
> Ich habe nicht getan, was die Götter verabscheuen.
> Ich habe keinen Diener bei seinem Vorgesetzten verleumdet.
> Ich habe nicht Schmerz zugefügt und (niemand) hungern lassen,
> ich habe keine Tränen verursacht.
> Ich habe nicht getötet
> und ich habe (auch) nicht zu töten befohlen.
> Niemandem habe ich ein Leid angetan.
> Ich habe die Opferspeisen in den Tempeln nicht vermindert
> und die Götterbrote nicht angetastet ...

> Seht ich bin zu euch gekommen –
> kein Unrecht, keine Schuld ist an mir,
> nichts Böses ist an mir, kein Zeugnis liegt gegen mich vor,
> und niemand gibt es, gegen den ich mich vergangen hätte.
> (Denn) ich lebe von der Wahrheit, *ma'at*, ich nähre mich von der Wahrheit.
> Ich habe getan, was die Menschen raten
> und womit die Götter zufrieden sind.
> Ich habe den Gott zufrieden gestellt mit dem, was er möchte:
> Brot gab ich dem Hungrigen,

> Wasser dem Dürstenden,
> Kleider dem Nackten, ein Fährboot dem Schifflosen.
> Gottesopfer habe ich den Göttern, Totenopfer den Verklärten dargebracht ...
>
> Ich habe Maat getan für den Herrn der Maat.
> Ich bin gereinigt, und meine Vorderseite ist rein,
> meine Hinterseite ist rein,
> meine Mitte ist ein Feld der Maat,
> kein Glied an mir ist frei von Maat[36].

Erstaunlicherweise erkennt das Richterkollegium solche Beteuerung vollkommener Untadeligkeit ohne Bedenken an. Ein nachfolgendes Verhör erstreckt sich nur auf das nötige geheime Wissen über Orte und Gestalten in der Unterwelt, wobei es in jedem Fall auf das Aussprechen des richtigen Namens ankommt. Nachdem das erfolgt ist, wird der Tote von Thot als Osiris anerkannt. Damit erhält das seit dem Mittleren Reich beliebte Prädikat "gerechtfertigt durch die Stimme" für jeden Verklärten eine konkrete Füllung. Das Kapitel endet mit der Versicherung für den, der die Buchrolle erworben und im Grabe bei sich hat: "Er kann nicht zurückgehalten werden von irgendeinem Tor des Westens, sondern wird hereingeführt zusammen mit dem König von Ober- und Unterägypten und wird im Gefolge des Osiris sein. Ein wahres Heilmittel, millionenmal (erprobt)."

Kap. 125 entfaltet wie kein anderer Text, was Maat als Forderung an den Einzelnen für das Bewußtsein des Neuen Reiches beinhaltet. Ein Ideal bürgerlicher Wohlanständigkeit wird ausgebreitet, das einen hohen Stand moralischer Reflexion widerspiegelt. Eine Reihe von Sätzen bringen Anforderungen, die sich mit den biblischen 10 Geboten nahezu decken, ja sie an Differenziertheit noch übertreffen.

Freilich gehören zur hier formulierten Maat neben sozialen nicht nur gleichrangig kultische Pflichten, sondern ebenso genaue Kenntnisse um zauberkräftige Namen, etwa diejenigen der schauerlichen Totenrichter wie Schattenverschlinger, Schreckgesicht, Knochenzerbrecher.

Überlieferungsgeschichtlich sind mehrere Wurzeln in Betracht zu ziehen. Dazu gehören die Idealbiografien auf den Totenstelen früherer Jahrhunderte ebenso wie die Reinheitsbeteuerungen, die ägyptische Priester regelmäßig beim Betreten des Tempels zu leisten hatten und die hier auf Laien übertragen werden, aber auch die steigende Wertschätzung von Geheimnissen über die unsichtbare Seite der Lebenswirklichkeit, insbesondere im Osiriskult. Ein Totengericht war in der Lehre für Merikare angeklungen (oben Kap. 9.5, S. 204); auch für die Sargtexte läßt sich eine solche Vorstellung vermuten, wenngleich eindeutige Formulierungen fehlen (oben Kap. 10.6, S. 217). In den noch älteren Pyramidentexten diente das Jenseitsgericht einer Abwehr der Feinde des Verklärten und war eine Sache des Sonnengottes Re, setzte also andere Aktanten voraus als nun im Totenbuch. Hier ist der Gott Osiris endgültig aus einem Objekt zum Subjekt des Göttergerichts geworden. Damit verbindet sich zweifellos eine Tendenz zur Ethisierung des funerären Bereiches. Nicht ohne Grund meint Breasted, daß man "dieselbe mahnende Stimme des Gewissens spürt, von der wir uns in unserem eigenen Leben beeinflußt fühlen ... So war der Osirisglaube zu einer großen Quelle des Guten im Volk geworden"[37].

Dennoch liefert das Kapitel keinen Beweis, daß Sittlichkeit zum Zentrum ägyptischer Religion geworden wäre. Der Text will magisch benutzt werden und keine subjektive Gewissensprüfung hervorrufen. Durch die überschwenglich positiven Aussagen, die über den vergangenen Lebenslauf gemacht werden, wird eine möglicherweise anders verlaufene Vergangenheit ausgelöscht. Die Fehler, die der Tote während seines Lebens gemacht hat, werden nicht nur korrigiert, sondern in Folge der wirksamen Kraft des Wortes durch der Maat gemäße Leistungen ersetzt. Nicht von ungefähr steht über Kap. 125 die Zweckbestimmung: "Den Verstorbenen von allen bösen Handlungen zu befreien, die er begangen hat". Indem der Verstorbene Osiris-N.N. sich als von Maat durchdrungen vorstellt, wird er durch diese Behauptung zu einer so beschaffenen Person. Es vollzieht sich also ein "Ritual der Sündenverleugnung"[38]. Deshalb fühlt sich der Verstorbene "nicht als anklagefähiger Vorgeforderter, sondern als von vornherein Freigesprochener"[39]. Im folgenden Kap. 126 werden 4 Paviane, die in der Sonnenbarke sitzen und von Maat leben, um Hilfe angerufen. Darauf gehen sie bereitwillig ein und tilgen göttlicherseits die Sünde: "Komm doch, wir haben dein Übel beseitigt und dein Unrecht zerstört ... Wir haben das Übel, das dir anhaftet, vertrieben." Mehr also als ein verfeinertes Verantwortungsbewußtsein tritt ein wachsendes Zutrauen in die Kraft der Magie zutage, ein "Eindringen magischer Praktiken in die Sphäre der sittlichen Werte", was es vorher noch nicht gab; das zwingt freilich keineswegs, mit Breasted auf "unwürdige Manipulationen einer unredlichen und gewinnsüchtigen Priesterschaft" zu schließen und im Totenbuch ein "Zeugnis sittlichen Verfalls" zu argwöhnen[40].

Wie sehr für das Totengericht die Überzeugung von der Wirksamkeit sprachlicher Beteuerungen dominiert, läßt auch Kap. 30 erkennen. Es ist ebenfalls mit dem Eingang des Toten in die Halle der Wahrheit verbunden und wird oft auf Herzskarabäen zusätzlich eingraviert, die der Mumie beigegeben werden als "Spruch, das Herz des N.N. sich nicht ihm widersetzen zu lassen im Totenreich". Es beginnt:

> Mein Herz meiner Mutter, mein Herz meiner Mutter,
>   mein Herz meiner wechselnden Formen (*ḫprw*)!
>   Stehe nicht auf gegen mich als Zeuge vor den 'Herren des Bedarfs'!
>   Sprich nicht gegen mich:
> "Er hat es tatsächlich getan", dem entsprechend, was ich getan habe,
>   laß keine Anklage gegen mich entstehen vor dem größten Gott, dem Herrn des Westens!

Das Herz speichert also die Erinnerung an die Summe des Erdenlebens. Es muß vor allzu ehrlicher Auskunft bewahrt werden.

Es scheint freilich so, als ob diese Überordnung der Magie über die Moral von späteren Jahrhunderten in Zweifel gezogen worden ist. Die ins einzelne gehenden Normen haben vielleicht auf die Dauer ihren Eindruck nicht verfehlt. Allerdings macht sich das frühestens gegen Ende des Neuen Reiches bemerkbar (s.u. Kap. 26.5).

Die Betonung der Gerichtsszene mit ihren kultischen und sozialen Forderungen in der Jenseitsmythologie des Totenbuches entspricht gewiß einer tiefgreifenden Erfahrung von Störungen in der Lebenswelt des Ägypters. Trotz des äußeren Glanzes eines wiederhergestellten Reiches ist die Welt nicht so, wie sie nach dem Willen der Göttin Maat sein sollte. Die Menschen handeln weithin böse. Deshalb bedarf es der Gegenmaßnahmen, nicht zuletzt magischer Art.

Wie weit eine solche Stimmung gestörter Welt gehen kann, zeigt das in einigen wenigen Exemplaren eingefügte Kap. 175. Hier beschwert sich der Urgott Atum gegenüber Thot über Aufruhr, Empörung und Gewalttat, welche die Kinder der Nut, also die jungen Götter, verursacht haben. Selbst die Götterwelt droht also aus den Bahnen der Maat zugeraten. Thot verspricht, die Dinge ins Lot zu bringen: "Ihre Jahre sollen verkürzt sein, ihre (letzten) Monate herankommen." Darauf klagt Osiris aus der Unterwelt vor Atum, daß auch seine Welt nicht in Ordnung ist: "Sie hat kein Wasser, sie hat keine Luft, sie ist ganz tief, ganz finster, ganz unendlich." Ihm wird der zweifelhafte Trost zuteil, daß ihm "Verklärtheit" gegeben sei "an Stelle von Wasser, Luft und Wollust; und Friede des Herzens an Stelle von Brot und Bier". Osiris und damit der Tote sollen sich also mit spiritueller Seligkeit zufrieden geben. Mehr noch beunruhigt eine mögliche Vergänglichkeit selbst im Jenseits in der Fortsetzung den Unterweltsherrscher: "Wie steht es mit der Lebenszeit, die dort verbracht wird?". In dieser Hinsicht beruhigt ihn der Urgott: Du wirst Millionen und Abermillionen (von Jahren verbringen), eine lange Zeit von Millionen (Jahren). Ich aber werde alles, was ich geschaffen habe, zerstören. Diese Welt wird wieder in das Urgewässer zurückkehren, in die Urflut wie bei ihrem Anbeginn. (Nur) ich bin es, der übrigbleibt zusammen mit Osiris, nachdem ich mich wieder in andere Schlangen verwandelt habe, welche die Menschen nicht kennen und die Götter nicht sehen.

Auch dieser Trost mag nur bedingt überzeugen. Zwar wird dem verklärten Toten Ewigkeit versprochen, aber skeptisch über die Zukunft des Weltgebäudes geurteilt. Zum ersten Mal taucht in der ägyptischen Literatur so etwas wie eine *eschatologische Begrenzung* von Welt und Geschichte auf. Die sonst bei Ägyptern übliche Betonung von unübersehbar dauerhafter Zeit wird eingeschränkt. Alles, was man Schöpfung heißen mag, löst sich wieder auf. Was nach dem Untergang kommt, steht dahin; von eschatologischer Welterneuerung verlautet nichts. Übrig werden Urgewässer und Urgott bleiben, aber auch der Gott Osiris und alle in ihm eingekörperten Toten. Nicht eine Theorie des Weltendes interessiert also, sondern das ewige Leben des mit dem Totengott vereinten Verklärten. Ihm wird gleichsam ein "außerweltlicher Status" zugesichert[41]. Die Omnipotenzsehnsucht früherer Texte des Totenrituals erfährt hier eine Zuspitzung, die über Zeit und Welt hinausreicht.

Vergleicht man das Totenbuch mit älteren Texten dieser Literaturart, so treten in ihm freilich Omnipotenzaussagen weniger hervor als in den Vorstufen. Auch hat sich das eigentliche Ziel der Jenseitssehnsucht geändert. Es besteht nicht mehr wie vordem in einem abwechslungslosen Dahinschweben in himmlischer Seligkeit als Verklärungsseele oder in einer ungestört andauernden Unsterblichkeit des Leibes in Sarg und Grab. Das Lebensgefühl trägt dynamischere Züge. Deshalb wünscht man sich für das postmortale Dasein ein allmorgendliches Wiederherausgehen aus dem Grab, parallel zum Aufgang der Sonne. Die Aktivseele des Verklärten soll auf Erden spazieren im Licht der Sonne in jeglicher Gestalt, die sie wünscht. In diesem Ideal von Verwandlung und Beweglichkeit spiegelt sich vermutlich eine neu gewonnene Mobilität der Aufstiegsschichten des Neuen Reiches. Die Kraft zu solcher Beweglichkeit im Nachleben schöpft der Tote freilich aus einer bleibenden Bindung an Osiris, zusammen mit der durch den unterirdischen Sonnenlauf allnächtlich hervorgerufenen Vereinigung von Ba und Leichnam. Hinzu tritt eine Problematisierung der moralischen Einlaßbedingungen in die Unterwelt und eine verstärkte Gewichtung des Herzens als anthropologisches Zentrum, welches Bewußtsein, Entscheidung zur Tat und die substantiellen Tatfolgen gemäß dem Zusammenhang von Tun und Ergehen in sich schließt. Das dürfte eine Folge des entwickelten Beamtenethos im Neuen Reich und der Lebenslehren seiner Schreiber sein.

Das Verhältnis zu den göttlichen Mächten bleibt insofern das gleiche wie im Mittleren Reich, als der verklärte Tote mit dem Unterweltsgott durch Namensrelationierung Osiris-NN verschmolzen wird, obwohl er andererseits von Osiris geschieden bleibt, wenn dieser etwa als Totenrichter amtiert. Auch dem Sonnengott Re wird der Abgeschiedene nahegerückt, bis hin zum situativen Ausruf: "Ich bin Re", aber ohne Namensidentifikation. Daneben stehen Gebete an Re, die den Gott vom Toten trennen. Gelegentlich kann der Verklärte sich sogar als Schutzherr und Befehlshaber gegenüber dem Sonnengott aufspielen, doch das geschieht seltener und zurückhaltender als in den Sargtexten oder gar den Pyramidentexten. Neben der Doppelpoligkeit der beiden großen Götter schlägt wieder und wieder der polytheistische Hintergrund ägyptischer Mythologie durch. Vor allem Thot wird zum unentbehrlichen Führer für den abgeschiedenen Menschen. Darüber hinaus stehen ihm viele andere Götter zur Seite, so lassen Anubis, Isis und Nephthys und die vier Horusgötter die Einbalsamierung erfolgreich werden (Kap. 151), Ptah öffnet der Mumie den Mund und läßt den Toten mit den Königsgöttinnen Sachmet und Wadschet, aber auch mit Isis-Sothis eins werden (Kap. 23). Doch Atum bzw. Re einerseits − die beiden werden auffallend selten als Re-Atum zusammengestellt − und Osiris andererseits treten weit mehr in den Vordergrund als alle anderen Götter. Da die Aussagen über die solare Macht bisweilen unvermittelt neben die über die funeräre gestellt werden (Kap. 17), wird es vom Totenbuch her begreiflich, daß die Frage nach der Priorität des einen oder anderen Pols in der 18. Dynastie die Gemüter bewegte und in der Reform Echnatons zu einer eindeutigen Entscheidung führte.

14.6 Einseitiges Osirislob

Während in den Königsgräbern Re durch das Amduat die aktive Rolle in der Unterwelt zugewiesen wird, zeigen die aus der 18. Dynastie erhaltenen Osirishymnen von Privatleuten die entgegengesetzte Tendenz. In ihnen wird selbst der irdische Bereich und menschliche Wohlfahrt auf das Wirken des Osiris zurückgeführt! Bemerkenswert ist der *Hymnus des Amenmose*, der die breiteste Schilderung der Osirismythe aus vorhellenistischer Zeit enthält, weil er vom Grabdenkmal eines Rindervorstehers des Amon, also einem thebanischen Beamten, herrührt[42]. Dieser Mann erwähnt den Gott Amon, dem er sein Leben lang gedient hat, im Hymnus überhaupt nicht und auch den Gott Re nur beiläufig gegen Schluß.

Hingegen wird Osiris gleich eingangs als "König der Götter" gepriesen. Wie bei den Osirishymnen des Mittleren Reiches gibt es ausführliche Kultstättenpreisungen durch Aufzählung der Heiligtümer, an denen der vielförmige Gott anwest. Die Abschnitte werden psychologisch unterschiedlich angereichert. In Busiris steht der Gott als "erlauchte Ka-Seele", was sich wohl auf das dort verehrte Kultbild bezieht, in Abydos waltet er als Herr der unübersehbaren Zeitdauer, in Herakleopolis gar als Ba-Seele des Re und dessen eigener Leib; ohne Osiris wäre also Re kultisch nicht wirklich präsent.

Daß Osiris Herrscher der Abgeschiedenen und der Unterwelt ist, wird zwar vorausgesetzt, durch das Prädikat "Kraftvollster Ach unter den Achseelen" angedeutet, aber nicht entfaltet. Ausführlich aber wird seine Macht über den Himmel geschildert, "dem der Himmel gehorcht mit seinen Sternen". Im Mittelpunkt aber steht Osiris als noch gegenwärtig wirkender "Urgott der beiden Länder". "Dieses Land ist in seiner Hand, sein Wasser, seine Luft, seine Pflanzen und all seine Tiere"[43]. So scheut der Gesang sich nicht, Osiris zuzuschreiben, was in königlichen Äußerungen der Zeit als Leistung des Sonnengottes gerühmt wird. Osiris war es, der die kosmischen Feinde gefällt und "die fernsten Grenzen des Bösen erobert" hat. Die Ordnungsmacht Maat hat er auf beiden Ufern festgesetzt und den gegenwärtigen Regenten als seinen Sohn auf den Thron erhoben. Ja Osiris "übergießt allmorgendlich die Länder mit Helligkeit wie die Sonnenscheibe". An Tatkraft, wenn vielleicht auch nicht an Autorität, übertrifft ihn höchstens seine Schwester Isis. Sie schützt ihn fortlaufend, nahm die Schwäche des "Ermüdeten" hinweg, gebar ihm den Sohn und sorgte dafür, daß dieser durch einen Gerichtsspruch der Götter zum Nachfolger des Vaters im

Nilland wurde. Weil Osiris eine so weitreichende Kompetenz zugeschrieben wird, begreift es sich, daß die Opferformel, die an den Hymnus angefügt wird, nach dem Ableben allein von Osiris das Vermögen erbittet, mit der Aktivseele hinfort aus dem Grabe heraus- und in es hineinzugehen.

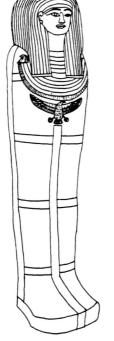

Die Aussagen dieser Stele stehen nicht für sich. Der Wesir Amenophis' III. scheut sich nicht, Osiris als *créateur universel* anzubeten, "dessen Existenz (*ḫprw*) existierte vor der Existenz (überhaupt)"[44]. Ein Vergleich zwischen den Amduattexten in den Königsgräbern und den Osirishymnen auf Adydosstelen belegt eindrucksvoll die religiöse Kluft, die sich im religiösen Denken der 18. Dynastie auftut.

Allein vom Osirisgedanken her wird jetzt der für das Weiterleben wichtige *Sarg* ausgestaltet. Mit dem Neuen Reich ändert sich in Theben die hergebrachte Form. Statt mehrerer Särge oder Sarkophage begnügt man sich oft mit einem einzigen, innen oft kostbar ausgestatteten mumienförmigen Sarkophag. Nicht mehr ein Haus wie in früherer Zeit, sondern ein weiterer Körper wird dem Toten dadurch bereitgestellt. Unter dem durch eine Perücke gerahmten Kopf liegt auf der Brust ein breiter Kragen, der in Falkenköpfen endet und auf die Horus-

Abb. 76 Sarg der frühen 18. Dynastie

natur weist. Darunter wird eine geflügelte Göttin gemalt, entweder Nut oder die oberägyptische Landesgöttin Wadschet, die sich schützend über dem Herz befindet. Auf den Schriftbändern wird der Abgeschiedene gerühmt als wohlversehrter Ehrwürdiger, *imachu*, vor Anubis und den vier Kanopengöttern, die bisweilen auch im Bild erscheinen. Am Kopf- und Fußende aber befinden sich, den gesamten Verklärten behütend, die Osirisgefährtinnen Nephthys und Isis. Diese ganze Ausstattung weist in der 18. Dynastie noch kein Symbol des Sonnengottes auf und will wahrscheinlich den Toten ganz und gar an Osiris angleichen[45].

Auch die Beigabe eines *Korn-Osiris-Modells* in das Grab, zuerst bei Königen, läßt eine steigende Wertschätzung des Totengottes erkennen. Es handelt sich

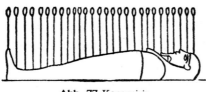

Abb. 77 Kornosiris

um Holzschalen mit einer aus Erde und Getreide geformten Osirismumie, die durch Befeuchten während der Bestattung oder bei alljährlichen Feiern zum Keimen gebracht wird und dadurch das Wiederaufleben des Gottes wie des Toten unterstützt. Auf den Wandpfeilern in den Gräbern der Könige stehen diese vor der "klassischen Dreiheit" der Totengottheiten[46] Osiris, Anubis und Hathor und empfangen das Anch-Leben von Ihnen. Insofern ist die Sonnenkraft keineswegs allein in der Unterwelt mächtig.

Texte:

E.Hornung, Amduat I-III 1963-1967 (Urtexte)
Ders., Ägyptische Unterweltsbücher 1972 (Übersetzung; =Hornung, UB)
Ders., Das Buch der Anbetung des Re im Westen, Aegyptica Helvetica 2+3, 1975. 6
P.Barguet, Le livre des morts des Anciens Egyptiens, 1967 (frz. Übersetzung)
T.G.Allen, The Book of the Dead or Going Forth by Day 1974 (engl. Übersetzung)
E.Hornung, Das Totenbuch der Ägypter 1979 (dt. Übersetzung; =Hornung, TB).

H.Altenmüller, Jenseitsbücher, -führer, HdO I 1,2 ²1970, 69-81
Ders., 'Messersee', 'gewundener Wasserlauf' und 'Flammensee', ZÄS 92, 1966, 86-95
J.H.Breasted, Die Geburt des Gewissens, dt. 1950, Kap. XIV Das Totengericht und die Magie
R.Grieshammer, Zum "Sitz im Leben" des negativen Sündenbekenntnisses, ZDMG.S 2, 1974, 19-25
E.Hornung, Altägyptische Höllenvorstellungen, ASAW 59,3, 1968
Ders., Tal der Könige 1982 (Tal)
Ders., Verfall und Regeneration der Schöpfung, Eranos-Jahrbuch 46, 1977, 411-49
Ders., Die Nachtfahrt der Sonne, 1991
H.Kees, Sargtexte und Totenbuch, HdO I 1,2 ²1970, 61-70
E.Lüddeckens, Alter und Einheitlichkeit der ägyptischen Vorstellung vom Totengericht, AAWLM 1953, 182-99
U.Rößler-Köhler, Kapitel 17 des ägyptischen Totenbuches, GOF IV 10, 1979
M.Saleh, Das Totenbuch in den thebanischen Beamtengräbern des Neuen Reiches, AV 46, 1984
S.Schott, Das Schöne Fest vom Wüstentale, AAWLM 1952, 11
Ders., Altägyptische Vorstellungen vom Weltende, AnBib 12, 1959, 319-30
Ders., Zum Weltbild der Jenseitsführer des neuen Reichs, Göttinger Vorträge, hg. S. Schott 1965, 185-97
Chr.Seeber, Untersuchungen zur Darstellung des Totengerichts im Alten Ägypten, MÄS 35, 1976
J.Spiegel, Die Idee vom Totengericht in der ägyptischen Religion 1935
R.Stadelmann, Totentempel und Millionenjahrhaus in Theben, MDAIK 35, 1979, 303-21
R.Ventura, Living in the City of the Dead, OBO 69, 1986
J.Yoyotte, Le jugement des morts dans l'Égypte ancienne, SourcesOr 4, 1961

RÄRG 17-20 'Amduat'; 334-41 'Jenseitsgericht'; 824-8 'Totenbuch'.
LÄ 1, 184-8 'Amduat'; 3, 496-526 'Königsgrab, -gräbertal'; 3, 744-6 'Korn-Osiris'; 6, 187-89 'Talfest'; 6, 642-3 'Totenbuch'.

Anmerkungen zu Kapitel 14:

1 LÄ 6, 897
2 Hornung, UB 59
3 Siebte Stunde; nach Hornung, UB 129
4 Erman, Rel 236f
5 Hornung, UB 173
6 Hornung, UB 181
7 Hornung, UB 223.245 (Pfortenbuch)
8 Hornung, UB 172-3
9 Hornung, UB 32
10 Hornung, UB 66
11 Hornung, UB 182
12 Hornung, UB 188
13 Hornung, UB 123f

14 Hornung, UB 60.78
15 Hornung, UB 67.79.80
16 Hornung, UB 85.127.141
17 Hornung, UB 84.141
18 Hornung, UB 193
19 Hornung, Tal 135
20 Hornung, UB 49
21 Hornung, Tb 24
22 A. Champdor, Das Ägyptische Totenbuch, dt. 1980, Umschlagseite
23 Hornung, Tb 38
24 Hornung, UB 211, 15.26
25 Zur Polymorphie des Toten: Hornung, Tal 135-6
26 Hornung, TB 318,8-319,14
27 Kees, HdO I 1,2,68
28 Assmann, LL 28.405
29 Barguet, 1967, 22
30 CT sp 335 IV 184-325
31 Hornung, TB 381, 29-30
32 Hornung, TB 41
33 CT sp 314 IV 94-6
34 vgl. Hornung, TB 97.390
35 Hornung, TB S. 44-5 Z. 57-67
36 Hornung, TB 233-41
37 Breasted 1950, 256f
38 Hornung, TB 492 nach Morenz
39 Morenz, RGÄ 196
40 Breasted 1950, 257-8
41 J. Assmann, Zeit und Ewigkeit 1975, 25
42 Erman, Lit. 187-92; AEL II 81-6; ÄHG Nr. 213; HPEA Nr. 11
43 ÄHG 213, 67-9
44 HPEA S. 97
45 RÄRG 660
46 Hornung, Tal 85

15. Zwei Jahrzehnte Monotheismus.
Der Reformator Echnaton und sein Scheitern

15.1 Abschied von Amon und Theben

Um 1365 v.Chr. besteigt ein junger König den Thron als Amenophis IV. (vielleicht zuerst als Mitregent seines gleichnamigen Vaters). Der Name bedeutet "Amon ist befriedigt und zufrieden" und will festhalten, daß Reichs-und Sonnengott vom Herrscher und seinem Land so verehrt werden, daß der Zustand des "*ḥetep*" vorwaltet. Bald jedoch stellt sich heraus, daß, so zufrieden auch Amon mit dem König sein mochte, dieser es gegenüber dem geheimnisvoll-hintergründigen Gott nicht geblieben ist. Der junge Pharao geriet nämlich zu der Überzeugung, daß allein der sichtbare Sonnenball, ägyptisch Aton genannt (gesprochen wohl Jati), im All die treibende Lebensmacht sei, und deshalb ihm allein kultische Verehrung gebühre. Der Sonnenball (nicht nur eine Sonnenscheibe, die betreffenden Reliefs weisen eine Wölbung nach der Mitte hin auf)[1] hatte seit langem als Erscheinungsform des Amon-Re gegolten, jedoch nur als ein *cheperu*, eine Wesensverwirklichung unter den vielen der weiträumigen, numinosen Sonnenenergie. Schon Amenophis III. hatte gelegentlich Aton kultische Referenz erwiesen. Nunmehr aber wird der Sonnenball zur einzigen wirklichen göttlichen Macht im All erklärt, mit der Menschen und insbesondere der Herrscher zu kommunizieren vermögen. Der täglich sichtbar werdende Aton, dessen Licht und Wärme jedermann wahrnimmt, erscheint als Quelle von Lebenskraft, von Anch, schlechthin. Wird Aton richtig und allein verehrt, so ermöglicht das, die heilsame Weltordnung der Maat im menschlichen Leben ungebrochen zu verwirklichen und dadurch heilvolles Tun und Ergehen bei den Menschen hervorzurufen. Dagegen mindern Darbringungen und Gebete an andere Götter, vor allem an den bisher hochgeschätzten hintergründigen Amon, diese heilsame Beziehung und geben einer zerstörenden Unordnung, *isefet*, auf Erden Raum. So setzt die neue Religion auf die Evidenz einer jedermann erfahrbaren numinosen Mächtigkeit und auf eine entsprechende Konzentration des kultischen Brauchtums.

Amenophis IV. wendet sich mehr und mehr von Amon und also dem Gott ab, nach dem er einst genannt worden war und dem seine Ahnen jahrhundertelang geopfert hatten. Östlich des Amonheiligtums in Karnak läßt er einen gewaltigen Atontempel errichten, der sich vom herkömmlichen Tempeltyp unterscheidet, auf überdachte Gemächer und dunkles Allerheiligstes verzichtet;

stattdessen wird den Sonnenstrahlen überall Zugang gewährt, wie es bisher nur bei Re-Horachte-Opferstätten üblich war. Der verehrte Gott wird mit einem genauen Titel umschrieben, auf den unten noch einzugehen ist und der in zwei Kartuschen wie ein Königsname eingeschlossen wird, um Aton als König des sichtbaren Alls herauszustreichen. Wie ein irdischer Herrscher erhält Aton von nun an Jubiläumsfeste und damit regelmäßige Wesenserneuerung.

Im vierten oder fünften Regierungsjahr läßt der König sogar den eigenen Geburtsnamen ändern, um sich als gehorsamer Jünger des strahlenden Gottes zu erweisen; ein in der Geschichte Ägyptens bislang einmaliger Vorgang, gilt dieser Name doch als göttliche Bestimmung und nicht als beliebige eigene Wahl. (Vielleicht findet die Änderung anläßlich eines Sedfestes auf Geheiß des nunmehr allwaltenden Gottes statt.) Fortan lautet sein Name Ach-n-aton, was entweder nominal als "(verklärter) Glanz-Geist (Ach) des Aton"[2] oder verbal-adjektivisch "wohlgefällig dem Aton" (so die deutschen Ägyptologen) zu übersetzen ist. Der König hieß vorher mit voller Titulatur:

Horus: Starker Stier, der mit der hohen Doppelfeder (wie Amon).
Die beiden Herrinnen: Mit großem Königtum in Karnak.
Goldhorus: Der die Kronen erhebt in Theben.
König von Ober- und Unterägypten: Vollkommen-schön sind die Erscheinungsformen des Re.
Sohn des Re: Amenophis, Gott-Herrscher von Theben.

Nunmehr lautet die neue und erweiterte Fassung:

Horus: Starker Stier, von Aton geliebt.
Die beiden Herrinnen: Mit großem Königtum in Achet-Aton (Amarna).
Goldhorus: Der den Namen des Aton erhebt.
König von Ober- und Unterägypten: Der von der Maat lebt, der Herr der beiden Länder. Vollkommen-schön sind die Erscheinungsformen des Re (wie oben!), der einzige des Re.
Sohn des Re: Der von der Maat lebt, der Herr der Erscheinungen: Ach-n-aton.

Mit dem Namenswechsel fällt also nicht nur jeder Bezug des Regenten zu Amon, sondern auch jedes Verhältnis zu Theben dahin. Da das Nebeneinander von alter und neuer Sonnenverehrung in Karnak-Theben auf die Dauer Verwirrung stiftet, beschließt Echnaton im sechsten Regierungsjahr auf Wink seines Gottes, der kultischen Revolution die politische folgen zu lassen. Hauptkultstätte und Hauptstadt werden an einen Ort verlegt, der in der Mitte zwischen den alten großen Heiligtümern von Memphis und Theben (für die damalige Zeit womöglich in der Mitte zwischen Delta und erstem Katarakt?)

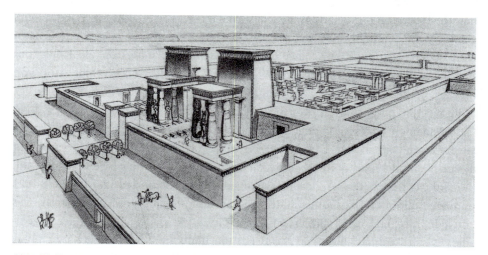

Abb. 78 Rekonstruktion des großen Atontempels von Amarna. Hinter dem Pylon die offenen Opferplätze

liegt und den die Ausgräber (Tell) el-Amarna zu nennen pflegen. Der König nennt ihn *Achet-Aton* "Lichtland (oder Aufgangshorizont) des Sonnenballs". Die Gegend wird gewählt, weil sie unbebaut ist und keinem Menschen oder Gott gehört. Neben solchen Erwägungen dürften mythische Gründe mitgespielt haben. Nach den am Ort aufgerichteten Grenzstelen handelt es sich nämlich um den "Platz der Schöpfung" selbst, wo die Sonne exemplarisch für die ganze Welt aufgeht, von wo aus Süd, Nord, West und Ost zu orten und zu bestimmen sind. Als der König in die Stadt einzieht, die mit einer atemberaubenden Geschwindigkeit aus dem Boden gestampft worden war, gelobt er, über ihre Gemarkung in Ewigkeit nicht wieder hinauszugehen[3]. In Amarna werden mehrere Heiligtümer errichtet. Der große Tempel, der wiederum kein schattenspendendes Dach kennt, enthält neben dem Hochaltar für das Königsopfer im innersten Bereich in den Vorhöfen eine Vielzahl von Altären für die Opfer der Vornehmen.

Selbst die Nekropole wird von Theben nach Amarna verlegt. Mit Amon fällt auch sein Gegenspieler Osiris. Der traditionelle Antagonismus der ägyptischen Religion, der Widerstreit zwischen einem Reich des Sonnengottes und einem Gottesreich unter der Erde, fällt dahin. Im neuen Hauptstadtbereich liegen die Gräber deshalb nicht mehr auf der Westseite des Nils, sondern im *östlichen* Gebirgsland, Richtung Sonnenaufgang. Die Totenopfer werden weiter vom König der Formel nach dargereicht; aber über ihm steht Aton als der, welcher Brot und Wasser an die Abgeschiedenen verteilt, deren Bewegungsseele Ba er regelmäßig sich mit den Leichen vereinen läßt und der ihr die Fähigkeit zum Heraus- und Hineinschreiten gewährt[4]. Gelegentlich wird jetzt die Sonnenscheibe auch Osiris genannt[5]. In den Anrufungen der Grabherren nehmen der König und seine Gemahlin einen Teil jener Rolle wahr, die vordem Osiris zugeschrieben wurde.

In Theben wurde, nach allem, was sich erheben läßt, der Amontempel geschlossen. Die zahlreiche Priesterschaft wurde wohl für andere Aufgaben eingesetzt, was sie dem Reformator nicht verzeihen wird, wie die nach Echnatons Tod einsetzende Reaktion erkennen läßt. Atonanbetungsstätten werden nicht nur in anderen Städten Ägyptens, sondern auch in Syrien und Nubien errichtet, doch steht der einzig wirkliche Tempel in Amarna. Echnaton zieht weitere Konsequenzen. Auf seinen Befehl hin bricht ein Bildersturm los, bei dem der König durch seine Beauftragten den Namen des Gottes Amon, den er in seiner Jugend selbst noch innig verehrt hatte, sowie den der Göttin Mut auf allen öffentlich zugänglichen Inschriften ausmeißeln läßt. Selbst der eigene frühere Name Amenophis wird getilgt, weil er den verfemten Gott nennt. Auch der Allgemeinbegriff *netscher*, den wir normalerweise "Gott" übersetzen, wird stellenweise gelöscht.

Restaurationsinschriften der Nachfolger Echnatons behaupten, in seiner Zeit seien sämtliche altgeheiligten Kulte im Lande verschwunden. Das nehmen manche Historiker als zutreffende Nachricht und schließen auf eine Revolution von oben, die "mit einer unerhörten Brutalität"[6] vorgegangen sei und überall im Lande die Kultstätten beseitigt hätte. Nun werden zwar in Karnak im Ptahtempel "Ptah" und "Hathor" ausgekratzt, im Festtempel Tutmosis' III. auch die Erwähnungen von Osiris, Isis, Horus, Aton, Month, Geb und Nechbet[7], doch fehlen Zeugnisse für eine Tilgung solcher Götternamen außerhalb von Theben oder gar für eine Zerstörung von deren Heiligtümern. Vielleicht wurde den Kultstätten nur die königliche Zuweisung entzogen, von der bisher Priester und Opfer gezehrt hatten. Vor Ort mag, in Memphis und Dendera und sonstwo, der kultische Brauch weiter geübt worden sein, ein ausdrückliches Verbot ist nicht erhalten. Doch in den Inschriften werden die Namen dieser Götter verschwiegen, und das ist die Weise, in der sie offiziell negiert werden.

Die Begeisterung für die neue Kultform wird gewiß nicht allgemein geteilt. Die bisherige Oberschicht in Theben scheint weitgehend passiven Widerstand geübt zu haben. So wird die Beamtenschaft ausgetauscht und weithin durch *homines novi* ersetzt. In Amarna umgibt sich der König mit Würdenträgern, die von sich bekennen:

> "Du Herrscher, der mich zum Menschen machte, der mich unter seine Gelobten versetzt ...
> der mich mächtig werden ließ, obwohl ich gering gewesen war"[8].

Die Refompolitik greift über den kultischen wie den politischen Bereich noch hinaus. In der Kunst kommt ein neuer empfindsamer Stil auf, die berühmte Amarnakunst. Die altmodisch gewordene Schriftsprache wird durch die Umgangssprache ersetzt; damit beginnt, was die Ägyptologen Neuägyptisch nennen. Bei solchem Eifer zur Umwälzung im Innern wird die Außenpolitik vernachlässigt, sträflich vernachlässigt sogar, wie manche Historiker meinen. Die Ausgräber haben die Akten des damaligen auswärtigen Amtes entdeckt, die sogenannte Amarna-Korrespondenz, ein diplomatischer Briefwechsel des Hofes mit den Kleinfürsten im ägyptisch besetzten Syrien und Palästina. Hunderte solcher Briefe richten Hilferufe an den Pharao. Die Vasallen bekriegen sich gegenseitig. In Palästina bedrohen marodierende Streifscharen, Chapiru (wohl = Hebräer), die Städte und Fürsten. Aber Echnaton scheint sich um die Verhältnisse draußen wenig gekümmert zu haben. Abgesehen von einem Nubienfeldzug interessieren ihn Rüstung und Kriegführung nicht. Dem unkriegerischen Gehabe entspricht die Amarnakunst insofern, als ihr Menschentyp ausgesprochen weiche Züge trägt und sich auch die Königsdarstellung zusehends vom Männlichkeitsideal vorhergehender Epochen entfernt.

15.2 Der Strahlenaton und der königliche Sonnensohn in der Hymnik

Die verwandelte Gottesauffassung führt in der Amarnakunst zu einer bestimmten Art Tafelrelief, von dem sich Beispiele in vielen Museen befinden. Sie zeigen jeweils oben im Mittelpunkt den mit einem Uräus geschmückten Sonnenball, der auf die Erde seine Strahlen sendet, die in segnende Hände auslaufen. Als eine Art Hausaltar haben solche Bilder in den Privathäusern von Amarna gestanden. Der Strahlenaton, wie man den Darstellungstyp zu nennen pflegt, greift eine ägyptische Hieroglyphe für Sonnenlicht auf und wandelt das Motiv der Flügelsonne ab, das auf früheren Reliefs Szenen der Königsanbetung oder Tempeleingänge überwölbt hat[9].

Aus dem starren Schweben der Flügelsonne früher ist eine aktive Zuwendung geworden. Statt der Flügel erscheinen vielstrebige Strahlen. Im Vordergrund sitzen oder stehen sich König und Königin, mit Uräus und oft mit Kronen geschmückt, gegenüber. Vor ihren Nasen enden die Strahlenhände in Anchzeichen; Aton strömt also nicht nur Licht, sondern auch Atemluft aus, aber das nur auf seinen irdischen Stellvertreter. Gelegentlich tritt auch ein Heilszepter *Was* aus den Strahlen hervor und läuft auf das Königspaar zu. Die Darstellung setzt voraus, daß das königliche Paar für die Erde das Lebenszentrum schlechthin abgibt. "Das Volk betet diese Trias an"[10]. Neben dem Pharao vermittelt die bildhübsche Nofretete Heil und Leben, eine der schönsten Frauen des Altertums, die stärker als je eine Königin vor ihr gleichrangig neben ihrem Gatten zu walten scheint. Vielleicht geht auf ihre Initiative ein erheblicher Teil der Reform zurück. (In den letzten Jahren von Amarna scheint es jedoch zu einem Zerwürfnis zwischen dem Paar gekommen zu sein, Nofretete verschwindet dann vom Schauplatz.) Auf dem Relief werden oft auch die Töchter den beiden zugesellt. Dann zeigt sich dem Betrachter ein munteres, zwangloses Familienleben, wie es bis dahin in der so feierlichen ägyptischen Kunst undenkbar

Abb. 79 Echnaton und Nofretete (Berlin Nr. 14145)

gewesen war. Vermutlich soll die ungezwungene Umgangsweise der durch Aton angestrahlten königlichen Familie sich auf die Untergebenen im Lande übertragen.

Eine sprechende Zusammenfassung der neuen Gotteslehre bieten der große und der kleine *Sonnenhymnus*, die sich in den Gräbern von Amarna gefunden haben. Zumindest der erste wird gern auf den König als Verfasser zurückgeführt. Er zählt zu den größten Dichtungen der Menschheit und schildert begeistert die Bahn der Sonne über den Tageshimmel und ihre Wirkung, die weit über das hinausreicht, was unmittelbar sichtbar und spürbar wird, ja den sinn- und heilvollen Zusammenhang des Alls unter Beweis stellt:

> (15) Schön erstrahlst du am Horizont, du lebender Aton, du Anfang des Lebens. Wenn du am östlichen Horizont aufgegangen bist, dann hast du jedes Land mit deiner Vollkommenheit (oder Schönheit) erfüllt. Du bist schön und groß, licht und hoch über jedem Lande, deine Strahlen umarmen die Lande bis hin zu alledem, was du geschaffen hast. Du bist Re und reichst bis an ihr Ende und bändigst sie für deinen geliebten Sohn (Echnaton). Bist du auch fern, so sind deine Strahlen doch auf Erden;

obwohl du in der Menschen Antlitz bist, kennt man doch deinen Gang nicht.

(27) Gehst du unter im westlichen Horizont, so liegt die Erde im Dunkel wie im Tode. Die Schläfer sind in den Kammern, die Häupter verhüllt, kein Auge sieht das andere. All ihre Habe unter ihren Köpfen mag gestohlen werden – sie merken es nicht. Alle Löwen sind aus ihren Höhlen gekommen, alles Gewürm beißt. Das Dunkel ist ein Grab, die Erde liegt im Schweigen, (denn) der sie schuf, ist in seinem Horizonte zur Ruhe gegangen.

(38) Hell wird die Erde: Du bist im Horizont aufgegangen. Du bist als Aton erstrahlt am Tage und hast das Dunkel vertrieben. Du spendest deine Strahlen, und die beiden Länder sind in Festesfreude. Die Sonnenmenschen sind erwacht und haben sich auf die Füße gestellt, du hast sie aufgerichtet. Sie waschen ihren Leib und nehmen die Kleider, ihre Arme beugen sich in Anbetung, weil du erscheinst. Das ganze Land geht an seine Arbeit. Alles Vieh freut sich über sein Futter, Bäume und Kräuter grünen. Die Vögel flattern in ihren Nestern, ihre Flügel erheben sich in Anbetung vor deinem Geist (deiner Erhaltseele Ka). Alle Lämmer hüpfen umher, die Vögel und alles, was flattert, sie leben, denn du bist aufgegangen für sie. Die Schiffe fahren stromab und auch stromauf, jeder Weg ist offen, weil du erscheinst. Die Fische im Strom springen vor deinem Angesicht, denn deine Strahlen dringen in die Tiefe des Meeres ...

(76) Wie mannigfaltig sind doch deine Werke! Sie sind verborgen vor dem Gesicht (der Menschen), du einziger Gott, außer dir es keinen mehr gibt! Du hast die Erde geschaffen nach deinem Herzen, du ganz allein, mit Menschen, Herden und allem Getier, was immer auf der Erde auf Füßen geht, was immer in der Höhe ist und mit seinen Flügeln fliegt, die Fremdländer, Syrien und Nubien und das Land Ägypten ...

(131) Wenn du wieder aufgehst, so läßt du jeden Arm sich rühren für den König, und Eile ist in jedem Bein, seit du die Erde gegründet hast. Du erhebst sie (die Geschöpfe) für deinen Sohn, der aus deinem Leibe gekommen ist, den König von Ober- und Unterägypten, der von der Ordnung (Maat) lebt ... Echnaton ... und die Große Königliche Gemahlin Nofretete[11].

Auf- und Untergang des Sonnengestirns werden wie in älteren Amonhymnen als Ursprung des Lebens auf Erden gepriesen. Bei Echnaton rückt die morgendliche Erscheinung in den Vordergrund, von ihr ist mit zwei Anläufen die Rede, während die Themen Untergang und Nacht kurz behandelt werden. Was an Lebensäußerung bei Menschen und Tieren zu beobachten ist, rührt vom Sonnenball und seinen umarmenden Strahlen her. Umgekehrt bewegt sich alles, was auf Erden sich regt, nur aus Begeisterung und zum Lob für die alldurchdringende Macht. In anschaulicher Naturschilderung wird es dichterisch großartig besungen.

Atons zielstrebiger und wohltätiger Einfluß reicht weit über das hinaus, was menschliche Sinne von der Sonne wahrnehmen. In einer eigenen Strophe wird die Enstehung und Entwicklung von menschlichen und tierischen Embryonen auf ihn zurückgeführt, der die nötige Luft spendet:

> Das Küken im Ei, das schon in der Schale spricht, dem gibst du Luft in seinem Inneren (Z.68-70).

Doch auch das lebensnotwendige Wasser hat in Aton seinen Ursprung. Den Nil hat er in der Unterwelt geschaffen und leitet ihn von dort nach Ägypten, den Fremdländern aber hat er "einen Nil an den Himmel gegeben, und er steigt für sie herab (als Regen)" (Z.90-7). Aton ist zwar Ursprung aller Dinge, aber nicht Schöpfer im Sinne einer christlichen Dogmatik, der sich von seiner Welt unterscheidet. Er bleibt immanent in allen Dingen, die er aus sich heraussetzt:

> Du machst Millionen von Gestalten aus dir, dem Einen,
> Städte und Dörfer, Äcker, Wege und den Strom (Z. 115-7).

Eine Vielfalt solcher *cheperu* auf Erden faßt dann der König in sich zusammen, der "vollkommen-schön sind die Gestaltungen des Re" heißt (Z.135).

Auch die Zeitrhythmen, die der Ägypter sich als unsichtbare, aber dinghafte Wesenheiten vorstellt, hat der Gott aus sich entlassen, weil er Abbild und Herr der unendlichen Zeitspanne ist, alle Lebensfristen für irdische Wesen hervorruft (Z.128) und dem König nicht nur Millionen von Jubiläen, sondern seine, des Gottes, eigene Lebensfrist und deshalb unendliche Dauer vermittelt[12]. Als Urgrund aller Wirklichkeit formte er sich selbst, ohne dazu einer mythischen Verankerung zu bedürfen, und ist jenseits sexueller Festlegung "Mutter und Vater" seiner Geschöpfe[13].

Trotz der täglich sichtbaren Gegenwart bleibt eine letzte Unerkennbarkeit für den menschlichen Geist: "Obwohl du in der Menschen Antlitz bist, kennt man doch deinen Gang nicht" (Z.26). Wenngleich der König ausgenommen wird: "Es gibt keinen, der dich kennt, außer deinem Sohn" (Z.121f), so ringt doch gerade dieser zeitlebens um ein angemessenes Verständnis, wie sein ständiges Bemühen um verbesserte lehrhafte Formulierungen zeigt, auf das noch einzugehen ist. Diese Einschränkung an letzter Erkenntnis selbst beim Gottessohn hindert jedoch nicht, daß der königliche Sakralabsolutismus in Ägypten mit Echnaton seinen Höhepunkt erreicht. Mit gutem Grund faßt Hornung dessen Religion zusammen: "Es ist kein Gott außer Aton, und Echnaton ist sein Prophet"[14].

Was im Gemüt des Reformators und seiner Anhänger vor sich geht, wenn sie das Sonnengestirn als schlechthin beseligende und begeisternde Epiphanie erleben und feiern, hat in anderen Religionen durchaus Analogien. Der Sonnenschein fasziniert die Menschen seit je und ruft numinose Empfindungen hervor. (Selbst der neuzeitliche Westler wird von solchen Empfindungen gelegentlich berührt, wenngleich er sich scheut, sie sich einzugestehen, und sie deshalb nur in trivialer oder poetischer Form zum Ausdruck bringt.) In Ägypten hatte die Verehrung der Sonne mit der 5. Dynastie entschieden eingesetzt. Doch erst unter Echnaton wird sie verabsolutiert und verdrängt jede andere religiöse Komponente. Das verbindet sich bei diesem Reformkönig mit einem für das Altertum erstaunlichen Naturgefühl, einem Mitempfinden mit Lebewesen überhaupt, das für Jahrhunderte seinesgleichen sucht. Dennoch taucht der Reformator in der ägyptischen Religionsgeschichte nicht einem Meteor gleich auf. Verbindungslinien laufen zu dem, was sich schon in der vorangehenden Epoche angebahnt hatte.

15.3 Das Ausmaß der mythologischen und kultischen Umwälzung

Die frühere Forschung hatte bei der Amarnareligion nur den tiefen Bruch gegenüber allen hergebrachten religiösen Anschauungen konstatiert. Durch Assmanns genauere Untersuchung der Sonnenlieder vor, während und nach der Amarnazeit tritt jedoch mehr und mehr hervor, wie sehr die Gotteslehre Echnatons gewisse Strömungen weitergeführt und radikalisiert hat, die im Begriff waren, auf ein heliozentrisch ausgerichtetes mythologisches Weltbild zuzulaufen. Vorstufen zur Vorstellung von der Einzigkeit Atons zeigen sich in Preisliedern wie dem Kairener Amonhymnus und dem Sonnengesang der Baumeister Suti und Hor[15]. Obwohl in diesen Hymnen noch nicht von Aton die Rede war, wurde in ihnen doch Amon-Re als Lebensgott gerühmt, der mit seinen Strahlen das All durchdringt. Über die ältere Sonnenhymnik hinaus war es zu Aussagen gekommen, die sich bei Echnaton ähnlich wiederfinden, und die deshalb nochmals herauszustellen sind:

a) Der Sonnengott ist "einzig in seiner Art unter den Göttern" und "der eine Einsame, der schuf, was ist"[16]. Allerdings wird aus der singulären Stellung des Sonnengottes vor Amarna noch keine Folgerung auf kultische Singularität und Exklusivität gezogen. Suti und Hor beispielsweise tragen keine Scheu, in ihrem Grabe auch andere Götter hymnisch anzurufen[17].

b) Nicht nur Licht verbreitet die Gottheit, ihre Strahlen bringen Lebensatem mit sich, bis hin zum Küken im Ei, und rufen das Nilwasser hervor[18].

c) Die Zeitrhythmen, insbesondere die Lebensfristen sind von ihm geschaffen[19].

d) Durch Doppelgeschlechtlichkeit hebt er sich von anderen Gottwesen ab, ist nicht nur Vater, sondern "wohltätige Mutter der Götter und Menschen"[20].

e) Trotz täglich sichtbarer Erscheinung bleibt letzte Unerkennbarkeit für den Menschen[21].

Die Heliozentrik dieser Lieder kehrt sich von der hergebrachten mythologischen Bilderwelt ab und wendet sich zur sichtbaren, empirischen Wirklichkeit. Assmann sieht darin "die Krise des polytheistischen Weltbildes"[22] schon vor Echnaton.

Ein Vergleich des großen Atonhymnus mit jenen Amon-Re-Hymnen einer thebanischen "Neuen Sonnentheologie" (Kap. 13.5) läßt zugleich aber den Umbruch erkennen, der mit den Aktionen Echnatons verbunden ist. "Neu an ihm ist nicht, was er sagt, sondern was er verschweigt"[23]. Einige wichtige Punkte seien herausgehoben:

a) Vor dem einen einzigen Aton treten die anderen Gottheiten nicht nur in den Hintergrund, sondern verschwinden völlig, einschließlich Chepri und Atum. Zwar besitzt auch der Re des Echnaton noch zahlreiche *cheperu*, doch sie sind anonym geworden oder zeigen sich in kosmischen Phänomenen.

b) Zwar besteht Aton seit jeher; auf mythische Weltentstehungskonstellationen aber wird nicht eingegangen. Von ihm heißt es nicht, daß er aus dem Nun geboren ist, oder sich durch sein Wort äußert; er west in einer Art ewiger Gegenwart als Licht schlechthin.

c) Die ständige Abwehr mythischer Feinde, etwa durch das Sonnenauge, erübrigt sich, da sich das All als ein geschlossener, harmonischer Kräftekosmos erweist.

d) Die Gottunmittelbarkeit des einzelnen Menschen, die in den Amon-Re-Hymnen schon persönliche Färbung angenommen hatte, wird durch die Atonlehre wieder ausgeblendet. Während der thebanische Amon sich dem einzelnen rettend zuwenden kann, der ihn anfleht, sind solche anthropomorphen Regungen Aton fremd. Er überläßt die Sorge für solche Beziehungen seinem Sohn, dem Pharao, dem "einzigen des Re", dem einzigen, "der ihn kennt". Der königliche Sakralabsolutismus erhält im Blick auf das Leben der Untergebenen eine letzte Steigerung. In den Wohnungen der Untergebenen stehen nun als Hausaltäre Reliefs des königlichen Paares, das seinerseits die Lebensstrahlen Atons auffängt.

e) Da Preis und Zauberspruch für den Sonnenlauf durch andere göttliche Mächte nicht mehr gewährt werden, erhalten irdisches Opfern und Singen einen bislang unbekannten Stellenwert. Es geschieht erdenweit durch "jedes Auge, jedes Gesicht" und greift über die Menschengesellschaft hinaus.

f) Die Nacht wird für die Anhänger des Aton zum Bereich der Gottesferne, während Amon-Re die Nacht "wachend" und ohne Arbeitsruhe verbracht hatte[24], um seinen Geschöpfen, in diesem Falle den Unterirdischen, auch während dieser Zeit Leben zu spenden. Mit der Nachtfahrt des Amon war vordem die Begegnung mit den Abgeschiedenen verbunden; damit war ein zentrales Anliegen der ägyptischen Frommen erfüllt. Für die Hoffnung auf Leben nach dem Tod und die Belebung wieder und wieder in der Unterwelt verfügt hingegen die Atonreligion über keine überzeugende Lösung, was wohl dann auch zu ihrem frühen Niedergang beigetragen hat.

Soweit die theoretischen Veränderungen. Sie erscheinen graduell. Ganz anders der Befund im Blick auf die kultische Praxis: Hier wird der Bruch prinzipiell und radikal, dazu gibt es keine Vorstufen.

15.4 Ursachen des religiösen Umsturzes

Über die auslösenden Faktoren jener tiefgreifenden kultischen Umorientierung, die Echnaton heraufgeführt hat, besteht in der Fachwelt keinerlei Einigkeit. War ein religiöses Urerlebnis des Menschen Amenophis IV. die letztlich irrational bleibende Ursache? Oder ist eine psychologische Erklärung angebracht? Der

Ketzerkönig war anscheinend von schmächtiger Figur, was manche Bilder mit Hängebauch und weiblich wirkender Brust drastisch darstellen. Strebte er aus Minderwertigkeitskomplexen heraus zum Ausgleich nach einer Omnipotenz, die im Schatten Amons nicht zu finden war? Steht womöglich hinter seinen Maßnahmen das kühle politische Kalkül einer Ideologie, die besser als die bisherige den absolutistischen Anspruch des Königs durchsetzen will[25]? Handelt es sich gar um einen akuten Klassenkampf, bei dem Echnaton sich auf die Seite der Ausgebeuteten schlägt und dafür eine geeignete Ideologie sucht? Oder stand er in seiner Jugend unter dem Einfluß der Priester aus dem unterägyptischen On, die ihre althergebrachte Re-Verehrung durch die modisch gewordene Synthese Amon-Re entstellt sahen? Alle diese Erklärungen sind versucht worden, keine läßt sich sicher beweisen. Am verbreitetsten ist die Annahme, daß das Anwachsen der wirtschaftlichen und geistigen Macht der Amonspriesterschaft in Theben das Königtum zu entmündigen drohte und deshalb einschneidende Maßnahmen gegen die klerikale Vorherrschaft angebracht waren, wollte der Pharao noch Pharao bleiben. Da jedoch der ägyptische König zu allen Zeiten und auch im 14. Jh.v.Chr. unumschränkte Verfügungsgewalt über den Tempelbesitz hatte, wird auch diese Erklärung zu modernistisch gedacht sein[26]. Reichen überhaupt monokausale Erklärungen zu?

Eine ambivalente Sicht findet sich neuerdings bei J.Assmann. Er betont zunächst den engen Zusammenhang mit der Lehre der vorangehenden Sonnenhymnen, insofern nimmt Echnaton nichts Anderes ein als "eine radikalisierte Position des theologischen Diskurses". Anderseits aber drängt der Pharao jene Tendenzen ab, die die Königsmacht auf Kosten des hintergründigen Sonnengottes mehr und mehr zu vermindern drohen: "Amun ist der sprechende Gott, der göttliche Wille, der in die Geschichte eingreift, der Gott, der vom einzelnen unmittelbar erfahren werden und dem sich der einzelne unmittelbar zuwenden kann, der Gott, der das 'Handlungsmonopol' des Königs in vielfacher Hinsicht einzuschränken droht". Genau dieser Tendenz wird nun entgegengetreten. In dieser Hinsicht hat die Aton-Alleinverehrung "entschieden restaurativen Charakter"[27].

Angesichts der Texte läßt sich kaum bestreiten, daß Echnaton von seiner Auffassung ehrlich überzeugt und von seiner religiösen Berufung durchdrungen war. Seine religiösen Erlebnisse haben also in jedem Falle eine Rolle gespielt, was immer an anderen Faktoren auch eingewirkt hat. Echnaton war einer der ganz großen Gottsucher in der Geschichte der Menschheit.

15.5 Neuägyptische Grenzen des Monotheismus

1) Oft ist Echnaton als erster Monotheist der Weltgeschichte gefeiert worden. In der Tat wird der eine, lebenspendende Gott, "außer dem es keinen gibt"[28], in einer Weise beschrieben, die die sonst so intensive mythologische Einbindung ägyptischer Gottheiten nahezu vergessen läßt. Der strahlende Sonnenball, der nun allein verehrt wird, stellt auch kein redendes, orakelspendendes Numen – wie Amon – mehr dar, obgleich gelegentlich noch das, was er geschaffen

hat, auf seinen Mund zurückgeführt wird[29]. Er erscheint ungeschlechtlich und wird durch keine Tiergestalt verkörpert. Weil allein Aton geopfert und nur noch zu ihm gebetet wird, legt sich der Begriff Monotheismus wie von selbst nahe.

Dennoch bleibt Aton ein ägyptisch gedachter Gott. Selbst ein von seiner Idee Besessener wie dieser Pharao kreiert keine Gottesvorstellung, die den Horizont des in seiner Sprache Denkmöglichen sprengt. Die Ontologie, welche dem Bedeutungssystem der ägyptischen Sprache zugrunde liegt, schließt, wie schon gelegentlich erwähnt, eine strikte Abgrenzung von Personen und Individuen als in sich geschlossen und von anderen grundsätzlich abgegrenzten Größen aus, sie rechnet vielmehr mit einer Austauschbarkeit von Seinsarten und einer gleichzeitigen Verkörperung in vielerlei Gestalten bei allen Machtträgern. Es ist deshalb zu fragen, ob der kultischen Ausschließlichkeit der Verehrung damals tatsächlich eine Theorie über ein einziges, personal gedachtes höchstes Wesen parallelgeht, ob also Monotheismus im strikt philosophischen Sinne vorliegt.

2) Neben Aton bleibt, wenngleich ihm eng verbunden, *Re*. Obwohl dem bislang führenden Amon-Re das Dasein bestritten wird, wird an dem altehrwürdigen Namen Re und damit an einer hintergründigen Sonnenenergie festgehalten. Was der Sonnenball als Inbegriff numinoser Macht bedeutet, wird in eine komplizierte Namensformel gefaßt, die als Versuch einer Gottesdefinition in der Religionsgeschichte ohne Vorläufer ist. Sie wird in zwei Kartuschen wie der Königsname geschrieben. In Amarna erfährt sie während der letzten Jahre Echnatons eine Abwandlung. Das beweist, wie der König fortgesetzt um genauere Erfassung dessen ringt, was er als die ihn unbedingt angehende Macht erfahren hat. Dabei scheint Re der Aton übergeordnete Begriff zu sein, der in der Anfangsepoche außerdem mit der morgendlichen Horuserscheinung verschmilzt. Denn in den ersten Jahren heißt es in der Atonkartusche:

> Es lebe (oder lebt) Re-Horachte, der im Lichtland ($^3 ḫt$) jubelt.
> In seinem Namen als (oder: in) Schu, der als (oder: in) Aton ist.

Unklar bleibt, ob *Schu* analog der Überlieferung von On einen Luftgott und Sohn des Re (-Atum) meint oder als "Sonnenlicht" zu übersetzen ist (Besteht womöglich ein Wortspielzusammenhang mit den kultischen Heiligtümern, die in Amarna als *Schut* des Re, als "Schattenseele des Re", abseits von den Atontempeln errichtet werden?). Aton wird hier mit Schu als ein (weiterer) Re-Name zusammengestellt. Ist demnach Re die übergeordnete Sphäre, in welche Aton als eine, wenngleich wesentliche, Erscheinungsform eingeordnet wurde? Dazu paßt, daß in Amarna ein Benben-Haus, also eine Darstellung des Urhügels (?) wie in On für Re, errichtet und ein Mnevisstier unterhalten wird, für den eine angemessene Begräbnisstätte vorgesehen ist. Neben Aton wird jedenfalls Re anerkannt. Einer Vorordnung Res scheint zu widersprechen, daß der Pharao gelegentlich näher an diesen als an Aton herangerückt wird: "Du bist Re, du bist Abbild des lebendigen Aton", oder "Wie Re, der auf dem Thron Atons"

Abb. 80 Frühe Atonkartuschen

erscheint[30]. Immerhin besitzt demnach der Pharao eine Re-Komponente, die sich von dem unterscheidet, was ihn mit Aton verbindet. Mit Aton wird er nie identifiziert. Echnatons ober- und unterägyptischer Doppelkönigsname erwähnt Aton nicht, sondern sieht im König "vollkommen-schöne Gestaltungen des Re", ja "den einzigen des Re"; während der entsprechende Titel bei der nachgeordneten Königin "vollkommen-schöne Gestaltungen des Aton" doch wohl auf die zweitrangige göttliche Macht verweist. Re und Aton sind also nicht völlig austauschbare Namen für ein homogenes Gottwesen, sondern bilden eine Art *Binität*. Morenz betrachtet sogar darüber hinaus Schu als eine dritte Größe und entnimmt der Kartusche "eine trinitarische Formel"[31].

3) Die von Echnaton verehrte Gottheit weist zudem eine *Horus*komponente auf. Der im Gottestitel als Lebenszentrum gepriesene "Re-Horus, der Horizontische" (oder: Horus der beiden Lichtländer) kann falkenköpfig dargestellt werden. Er rückt im Totenkult sogar an die Stelle der weiblichen Schutzgottheiten für den Kanopenschrein[32]. Noch in Amarna benennen Opferformeln ihn "König Re-Horachte-Aton", setzen also eine Dreiheit voraus[33]. In den späten Jahren erwachen bei Echnaton jedoch Bedenken. Der Gottestitel wird geändert und lautet nunmehr:

> Es lebe (lebt) der Herrscher, der Horizontische (oder: der der beiden Lichtländer), der im Lichtland jubelt.
> In seinem Namen als Re der Vater (oder: als Vater des Re), der in (als) Aton kommt.

Nicht nur der Verweis auf Horus, auch das mehrdeutige *schu* entfällt. (Freilich wird "Horus" und "Goldhorus" beim Königstitel beibehalten, wenngleich das nicht mehr ausgedeutet wird.) Der Name Re bleibt wichtig. Nunmehr stellt er anscheinend als Vater die größere, umgreifende Sphäre dar, innerhalb derer Aton für den irdischen Bereich zur epiphanen Gestalt "gerinnt". In ihm "kommt" die väterliche Kraft. Was ist gemeint? Bezieht sich der Satz auf die tägliche Erscheinung der Sonne (Fecht)? Oder bezieht er sich auf das Kommen der neuen Offenbarung, und hängt er mit dem Jubiläumsfest zusammen, das Echnaton für sich und für Aton feiert[34]?

4) Nicht nur Re und Aton bleiben unterschieden. In das göttliche Kräftefeld gehört weiter der *König* hinein oder gar das Königspaar. Echnaton wird als "guter Gott" angerufen[35]. Den Untertanen wird schon deshalb kein strikter Monotheismus verordnet. Die Hände des Königs sind "die Strahlen des Aton, du formst die Menschen und ihre Sinnesart"[36]. Andere Wesen mögen Gestalten und Verkörperungen, *cheperu*, des Aton sein, er allein ist dessen Abbild (*twt*), wie es dann auch sein Nachfolger von sich behauptet, der sich zuerst Tutanchaton genannt hat. Dabei wird vorausgesetzt, daß im Bild das Wesen des abgebildeten Selbst gegenwärtig ist, beide an der gleichen Seinsart Anteil haben. So sehr wird im König die schöpferische Macht des Urgottes präsent, daß er sich nackt ohne Genitalien darstellen läßt, das heißt jenseits mannweiblicher Polarität.

Abb. 81 (Ungeschlechtlicher) Echnaton-Koloss aus Karnak, Museum Kairo

Vom König als Personenträger wird seine Erhalt- und Gestaltseele, der *Ka*, unterschieden. Dieser ist gleichsam eine Idealform des Königs und darum gottmächtiger als der leibliche Repräsentant. Dieser "vollkommen-schöne Ka" erfüllt beide Länder und erschafft ihren Bedarf[37], erhebt die Geringen und macht sie zu Großen. Den rechtschaffenen Untertanen weist er Begräbnisstätten zu, und selbst Fremdländern spendet er Atemluft[38]. Als Gegenwert akklamieren die Weltenden diesem Ka[39] und vollbringen die Länder, was ihn zufrieden werden läßt; Millionen von Dingen werden dem Ka dargebracht, selbst die Toten beten ihn an[40]. Der Pharao seinerseits arbeitet für den Ka des Aton und verwaltet für diesen die Erde, macht Atons Herz *ḥetep* [41]; so schließt sich ein zweiter Kreis. Es verwundert deswegen nicht, daß dem König darüber hinaus eine Machtseele zugeschrieben wird (*sḫm*), die Angreifer zuschanden werden läßt, und seine Furcht von ihm als Strahlkraft ausgeht und in die Herzen der Feinde eindringt, um sie zu entmutigen[42]. Wie seit alters bleiben also König und Gott polymorph gedacht. Daneben wird die Königin göttlich aufgewertet; für die Toten tritt sie an die Stelle der Isis oder der vier Schutzgöttinnen um den Steinsarg[43].

5) Über Re, Aton und den göttlichen König hinaus bleiben andere substanzhaft aufgefaßte Wirkgrößen für Weltbild und Selbstverständnis unentbehrlich, auch wenn ihnen keine direkte kultische Verehrung widerfährt. Das trifft vor allem die *Maat* als heilsame Ordnungssubstanz. Zwar wird Aton zugeschrie-

ben, daß er von der Maat lebt, auch gilt der Atontempel als Stätte der Maat[44]. Doch nirgends wird vorausgesetzt, daß Aton in irdische Verhältnisse eingreift, um Maat durchzusetzen. Dies obliegt seinem irdischen Sohn und Abbild; auf ihn konzentriert sich, was wir Verantwortung und Gerechtigkeit zu nennen pflegen. Im Blick auf seine eigene Person wird Echnaton deshalb nicht müde, von Maat zu reden. Zwei seiner Thronnamen tragen den Zusatz "der von der Maat lebt". Die gesamte religiöse Revolution war seiner Ansicht nach nichts anderes als eine Aufrichtung dieser heilsamen Wahrheitsordnung. Die Lehre, die er verbreitet, ist sprachgewordene Maat. Von dieser Macht selbst durchdrungen, ist Echnaton "glücklich in Maat" und pflanzt sie in den Leib seiner Untertanen[45]. Auch in Amarna wird Maat (als Statue) dem schönen Gesicht des Aton dargebracht[46].

6) Unentbehrlich bleiben weiter schützende überirdische Mächte. Dazu gehört die Stirnschlange, der Uräus, für den König sowie die Königin − die oft auch ein Hathor-Kuhgehörn trägt − und für Aton droben (siehe die obige Abbildung des Strahlenatons). Da der König seine Zwei-Herrinnen-Namen beibehält, sich also weiterhin mit Wadschet und Nechbet identifiziert, wird die Stirnschlange noch immer als göttliche Erscheinung gegolten haben. Auch die niederen Abwehrgottheiten Bes und Thoëris tauchen weiter in Amarna auf. In den dortigen Gräbern finden sich Uschebtis und Herzskarabäen, wenngleich ihnen jetzt der Name Atons aufgeprägt wird.

Das alles zeigt, wie verflochten die eine göttliche Gestalt mit hintergründigen Wirkungsmächten bleibt, die ägyptisches Denken notwendig voraussetzt. Auch Aton behält eine "Sphäre des Seinigen". Unstreitig bleibt, daß die Vielfältigkeit der Götterwelt samt ihren therio- und anthropomorphen Emblemen wie auch ihrer mythischen Bildersprache verworfen wird. Das Ergebnis ist aber keine einfache materialistische Naturreligion, noch die Auffassung von einem höchsten Wesen in transzendentaler Abgeschlossenheit.

Von daher begreift es sich, daß bis heute strittig bleibt, wie dieser Umsturz innerhalb der ägyptischen Religionsgeschichte zu bewerten ist. Ältere Generationen von Ägyptologen pflegten darin den Höhepunkt schlechthin zu erblicken, die religiösen Einsichten Echnatons teilweise höher einzustufen als biblische Gottesideen, so J.H. Breasted unter dem bezeichnenden Titel "Die Geburt des Gewissens"[47]. Gegenwärtig schlägt das Pendel eher nach der anderen Seite aus. Echnatons Leugnung der Verborgenheit des Göttlichen und sein Beharren auf der sichtbaren Sonnenscheibe als einziger Epiphanie überirdischer Mächtigkeit wird als materialistische oder rationalistische Entartung angesehen. Schon für H. Kees war Echnaton "ein philosophierender Schwächling auf dem Pharaonenthron, der ein Weltreich beherrschen sollte ... der dabei ein Narr des Wahrheitsgedankens und ein religiöser Fanatiker war"[48]. Morenz verwendet in seiner Darstellung der ägyptischen Religion ganze zwei Seiten auf Echnaton und mißtraut seinen Anhängern: "Bekanntlich bestand die Oberschicht von Amarna aus Karrieristen, die sich Echnaton und seiner Lehre verschrieben hatten"[49]. Hornung sieht im König einen "konsequenten Rationalisten", der sein Vorgehen auf eine "sorgfältig planende Politik" hin ausrichtete[50]. Assmann spricht von einer "Zeit religiöser Intoleranz, Verfolgung und Polizeikontrolle"[51].

15.6 Der Rückschlag und Amons Wiederkehr

Die Atonreligion verschwindet so rasch, wie sie gekommen war. Wenn Jahrhunderte altes kultisches Brauchtum als frevelhaft gebrandmarkt und beseitigt worden war, so muß das bei vielen frommen Zeitgenossen einen tiefen Schock hervorgerufen haben. Das führt nach dem Tod des Reformators zur Reaktion. Schon Echnatons Mitregent und Schwiegersohn Semenchkare, der nicht lange nach ihm stirbt, läßt sich wieder in Theben begraben. Und der Nachfolger Tutanchaton, der als neunjähriges Kind antritt, läßt schon im zweiten Jahr den Namen ändern in Tutenchamon, mit dem Zusatz "Herrscher des oberägyptischen On", was Theben meint und wieder der alten heiligen Stätte die führende Stellung einräumt. In Theben findet Tutenchamon auch seine letzte Ruhestätte, in jenem Grab, das als einziges im Tal der Königsgräber nicht ausgeraubt worden ist und dessen Wiederentdeckung in unserem Jahrhundert ein archäologisches Ereignis ohne Gleichen gewesen ist. Unter den etwa 5000 Fundstücken aus diesem Schatz finden sich einige Stücke, die früh angefertigt waren und noch den Strahlenaton aufweisen. Die Masse aber unterscheidet sich nicht von dem, was vor der Amarnazeit zu einem thebanischen Grab gehörte. Die Gottheiten des Totenreichs und des herkömmlichen Sonnenlaufs sind sämtlich wieder da. Auf einer Wand der Grabkammer wird der Anfang des Amduat aufgezeichnet, und von der Rückwand blickt der abgeschiedene König wieder als Osiris herab.

Der Untergang der großen Vision vom Sonnenball als einziger epiphaner Gottheit vollzieht sich ohne Aufschrei. Für Aton stirbt niemand als Märtyrer. Die Amarnatempel werden nicht zerstört. Stellenweise werden die Namen Atons und Echnatons ausgemerzt, wie es vordem mit dem des Amon geschehen war. Die alten Heiligtümer werden wieder mit ihrer früheren Ausrüstung versehen. Echnatons Andenken aber wird ausgelöscht. Als Ketzer verfemt, taucht er in späteren Königslisten nicht mehr auf.

Im Amontempel von Karnak wird eine *Restaurationsstele Tutenchamons* aufgestellt, in der der jugendliche König die Wiederherstellung der alten Ordnung als Vertreibung von Isefet und Wiedereinsetzung der Maat ebenso überschwenglich feiert, wie Echnaton vorher den Umsturz als Großtat der Maat herausgestellt hatte. Von Elephantine bis zum Delta, so wird nun behauptet, waren die Tempel verlassen und mit Unkraut bewachsene Schutthügel. "Die Götter, sie kümmerten sich nicht um das Land". Selbst auf Gebete kamen sie nicht herbei, denn: "Ihre Herzen waren schwach in ihren Körpern, und sie hatten zu wirken aufgehört". Seine Majestät aber hat Kultbilder und Gotteshäuser wiederherstellen lassen, worauf die Gottheiten für ihr Wohlsein angewiesen sind. "Die Götter und Göttinnen in diesem Land, ihre Herzen freuen sich ... Heiterkeit durchzieht das Land und vollkommener Zustand ... jedes Heil und Leben von ihnen ist an der Nase des starken Königs". So ist der Pharao wieder in die festen Bezüge zu den vordem verehrten großen Mächten eingetreten und stellt sich vor als "geliebt" von Amon-Re, Atum-Re-Horachte, Ptah und Thot[52].

So vollkommen, wie Tutenchamon es rühmt, war die Restauration wohl doch nicht gelungen. Jedenfalls nimmt wenige Jahre nach seinem Tode der General *Horemheb* mit der Behauptung, durch Amon in Theben zum König erhoben zu sein, für sich in Anspruch, die eigentliche Wende heraufgeführt zu haben, mit der die Maat wieder Besitz vom Land ergriffen hat und die Unheilszeit beendet ist. "Vertrieben ist die Sünde, vernichtet ist die Lüge". Horemheb erläßt, und das ist etwas Neues, im Namen der Maat formulierte Gesetze über Abgaben und Rechtssprechung, um den wieder erreichten Zustand für alle Zukunft zu festigen. Die Amarnafrömmigkeit klingt jedoch verhalten nach. Von seinen Gliedern behauptet er, daß sie "die Erde erleuchten wie der Aton des Re"[53]. Doch die Stele bekrönend, schwebt oben nicht mehr ein Strahlenaton, sondern, wie auch bei der angeführten Stele Tutenchamons, wieder die alte Form der Flügelsonne. Mit Horemhebs Regierung kehrt die selige Urzeit wieder wie einst, als Re über Ägypten herrschte[54].

Über die Gründe des schnellen Verschwindens der "monotheistischen" Kultpraxis läßt sich rätseln. Außenpolitische Schwierigkeiten, insbesondere im syrisch-palästinischen Raum, mögen dazu geführt haben, daß man den Zorn der alten Götter witterte und reumütig zu ihnen zurückkehrte. Einschneidender wird sich ausgewirkt haben, daß der Atonglaube keine zureichende Hoffnung für das Leben nach dem Tod eröffnete, an dem von jeher den Ägyptern so viel lag. Übrigens hat es nicht den Anschein, als ob die Restauration ausschließlich von Theben und Amonverehrern ausgegangen wäre. Tutenchamon wie Horemheb berufen sich für ihr Vorgehen ebenso auf den Weisheitsgott Thot und auf Ptah von Memphis[55]. Auch wird die Residenz nicht nach Theben zurückverlegt, sondern nach Memphis. So gewinnt Amon zwar seinen überragenden Rang im göttlichen Bereich und der religiösen Theorie wieder zurück, ja er wird ihn hier noch, wie sich zeigen wird, in der Folge vergrößern. Doch auf der politischen Ebene bleibt sein Einfluß für Jahrhunderte beschränkt. Ebenso erleidet die sakrale Würde des Königtums Einbußen. Der Pharao wird nie mehr derart zum ausschlaggebenden Mittler zwischen göttlichem und menschlichem Dasein, wie es Echnaton von sich behauptet hat.

15.7 Echnaton, Mose und Jerusalem

Hat die in Ägypten schnell untergegangene Atonreligion anderswo, nämlich in Israel, Nachfolge gefunden? Seitdem die Archäologen Amarna und Echnaton wieder entdeckt haben, will der Verdacht nicht verstummen, daß die auf die ausschließliche Verehrung eines Gottes und Schöpfers ausgerichtet Religion der Bibel vom ägyptischen Ketzerkönig abkünftig sei. Der israelitische Monotheismus wird traditionell mit Mose verbunden. Wird dieser nicht als Offenbarer berufen, als er und seine Volksgenossen gerade in Ägypten sind? Trägt er nicht einen typisch ägyptischen Namen und soll von einer Pharaonentochter erzogen worden sein? "Mose" heißen viele Ägypter, das Wort meint "der vom Gott X Geborene", vergleiche Königsnamen wie Thutmose. – So verlockend eine solche Verbindung auf den ersten Blick erscheint, sie führt in die Irre. Mose kündet seinen Landsleuten einen Berggott aus der südlichen Wüste, den Jahwä von Sinai, als die allein entscheidende Macht; um die Sonnenscheibe und ihre belebende Wirkung kümmert er sich dabei nicht. Nichts, aber auch gar nichts in der biblischen Exodusüberlieferung weist Züge auf, die sich auch in der Religion Echnatons finden. Irgendein Übergang vom ägyptischen Ketzerkönig zum protoisraelitischen Charismatiker Mose ist historisch also nicht nachzuweisen.

Dennoch gibt es im Alten Testament eine jüngere Spur, die verblüffend an Echnaton erinnert. Das ist Psalm 104, ein Schöpfungshymnus aus Jerusalem, der damit beginnt, daß Jahwä als strahlend und voller Licht gerühmt wird. Dann bringt er Aussagen über das schöpferisch-erhaltende Wirken des Gottes Israels an Menschen, Tieren und Pflanzen, die sich fast wörtlich mit dem großen, oben angeführten Echnatonhymnus berühren. So wird die Nacht geschildert V. 19-21: "Die Sonne weiß, wann sie untergeht. Du sendest Finsternis und es wird Nacht ... die jungen Löwen brüllen nach Beute". Auch der Echnatongesang hatte Sonnenuntergang und Auftauchen von Löwen verbunden. Vom Morgen heißt es weiterhin im Psalm V. 22f: "Strahlt die Sonne auf ... so geht der Mensch hervor an sein Tagewerk, an seine Arbeit bis zum Abend". Obwohl im israelitischen Gesang die Sonne vom gepriesenen Gott unterschieden wird, ist dennoch die Verbindung von Sonnenaufgang und Arbeitsbeginn die gleiche. Auch der nachfolgende unterbrechende Ausruf im Psalm: "Wie zahlreich sind deine Werke, Jahwä ... voll ist die Erde von deinen Geschöpfen" V.24 steht im ägyptischen Hymnus an entsprechender Stelle[56]. Die Ähnlichkeit zwischen dem israelitischen und dem ägyptischen Text reicht so weit, daß eine Abhängigkeit bestehen muß, die nach Lage der Dinge nur auf israelitischer Seite liegen kann[57]. Allerdings ist nicht völlig ausgeschlossen, daß nicht ein Atonhymnus aus der Amarnazeit, sondern ein älterer Amonhymnus der "neuen Sonnentheologie", der uns nicht mehr erhalten ist, die Vorlage abgegeben hat. Denn in Kanaan gab es seit dem Mittleren Reich einen Amontempel[58]. Von da ist der Text vermutlich zu Israel gelangt, und zwar über das vorisraelitische Jerusalem. Dort hat Salomo seinen Tempel erbaut und dabei vermutlich eine ganze Reihe von örtlichen religiösen Traditionen übernommen. Das geschah Jahrhunderte nach Mose. Im salomonischen Jerusalem war die Monolatrie Jahwäs selbstverständlich. Um jedoch das Wirken des israelitischen Gottes im Naturzusammenhang zu veranschaulichen, werden hier (wie sonst im Psalter) Anregungen aus Nachbarkulturen aufgenommen. Nicht der Gedanke des *einen* Gottes, sondern derjenige einer mittels der Sonne lebensspendenden Gottheit eignet sich also die Jahwereligion auf fortgeschrittener Stufe aus kanaanisiertem ägyptischem Erbe an.

Großer Sonnenhymnus AOT 15-18; RTAT 43; ÄHG 215; AEL 2,96; ANET 369-71
Kleiner Sonnenhymnus ÄHG 213; AEL 2,90

C.Aldred, Echnaton, dt 1968
R.Anthes, Die Maat des Echnaton von Amarna, JAOS 19, 2, Suppl., 1952
J.Assmann, Die 'Häresie' des Echnaton, Saeculum 23,1972, 109-26
J.Assmann, Die 'loyalistische Lehre' Echnatons, SAK 8,1980, 1-32
G.Fecht, Amarna-Probleme (1-2), ZÄS 85,1960, 83-118
G.Fecht, Zur Frühform der Amarna-Theologie, ZÄS 94,1967, 25-50
E.Hornung, Monotheismus im pharaonischen Ägypten, in: Monotheismus im Alten Israel und seiner Umwelt, hg. *O.Keel* 1980, 83-98
K.Lange, König Echnaton und die Amarna-Zeit, 1951
D.B.Redford, Akhenaten: The Heretic King, 1984
J.Samson, Amarna City of Akhenaten and Nefertiti, 1928
H.A.Schlögl, Echnaton-Tutanchamun. Fakten und Texte, ²1985
H.A.Schlögl, Amenophis IV. Echnaton mit Selbstzeugnissen und Bilddokumenten, Rowohlts Monographien, 1986
R.Stadelmann, šwt-R^{c}w als Kultstätten des Sonnengottes im Neuen Reich, MDAIK 25, 1959, 159-78

Vergleich mit dem Alten Testament:
P.Auffret, Hymnes d'Égypte et d'Israël, OBO 34,1981, 279-310
E.v.Nordheim, Der große Hymnus des Echnaton und Ps 104, SAK 7,1979, 227-251

Amarna-Korrespondenz:
J.A.Knudtzon, Die El-Amarna-Tafeln, VAB 2, 1915 = 1964;
Les lettres d'el Amarna, trad. *W.L.Moran/V.Haas/G.Wilhelm/D.Collon/H.Cazelles,* 1987.

RÄRG 59-71 'Aton, -heiligtümer'.
LÄ 1, 526-49 'Aton'; 6, 309-19 'Tell el-Amarna'; 6, 812-6 'Tutanchamun'.

Anmerkungen zu Kapitel 15:

1 L.Kákosy, in: Studien zur Sprache und Religion Ägyptens, Fs. Westendorf 1984, 1057-64; Assmann, Äg 244
2 Aldred 201
3 So die Grenzstele AEL II 50; Schlögl 1983, 77
4 Roeder, UR 70-6.81; ÄHG Nr. 94, 20-6
5 HPEA 107
6 Assmann, Äg 233
7 Erman, Rel 117
8 Panehesi nach Roeder, UR 73; Schlögl 1983, 84
9 Siehe S. 135
10 Assmann, Äg 252.
11 Nach RTAT 43ff
12 Roeder UR 71.75; ÄHG Nr. 91, 10.52; Nr. 95, 22.55f
13 ÄHG Nr. 91, 16.21
14 EuV 245
15 Dazu oben Kap. 14
16 ÄHG Nr. 87 A 12; 87 E 1-2; Assmann, RuA 171
17 ÄHG 557
18 ÄHG Nr. 87 C 74; E 115 vgl. Nr. 22C 18-20; o. S. 339

19 ÄHG Nr. 91, 52; Nr. 92, 128
20 ÄHG Nr. 89, 42; Nr. 91, 21; Assmann, RuA 119f
21 ÄHG Nr. 89, 7.15f. vgl. Nr. 92, 26
22 Untertitel zu Assmann, RuA vgl. Assmann Äg 234-6
23 Aldred 207
24 ÄHG Nr. 89, 23f
25 LÄ 1,216
26 Aldred 211
27 Assmann, Äg 234.254
28 ÄHG Nr. 95, 5
29 Roeder, UR 80
30 Schlögl 1983, 81.84
31 Morenz, Rel 154
32 Aldred, Abb. 110
33 Roeder, UR 79.81
34 RÄRG 65: "eine neue *Weltzeit* begann."
35 Roeder, UR 80f; ÄHG Nr. 95,48
36 Schlögl 1983, 81
37 ÄHG Nr. 95, 36
38 Schlögl 1983, 81f,84f
39 ÄHG Nr. 95, 31
40 Roeder, UR 69.72.78
41 ÄHG Nr. 95, 18
42 Schlögl 1983, 81.85
43 Erman, Rel 126
44 ÄHG Nr. 95, 14; Nr. 91, 38
45 Vgl. Schlögl 1983, 82
46 Schlögl 1983, 82
47 The Dawn of Conscience 1933, dt. 1950
48 Kees, TJ 4
49 Morenz, Rel 115
50 Hornung, EuV 241f
51 Assmann, Äg 259
52 Roeder, ZJ 58; ANET 251f; Schlögl 1983, 85
53 Roeder, ZJ 90-112
54 Roeder, ZJ 84
55 Roeder, ZJ 85; ANET 250f. vgl. AEL II, 100-3
56 Weitere Nachweise RTAT 43
57 Assmann, Äg 247
58 Helck, Beziehungen 480

16. Der Eine, der sich zu Millionen machte.
Das ramessidische Zeitalter der persönlichen Frömmigkeit

16.1 Amon als alldurchdringende Lebensmacht

Nachdem die letzten Könige der 18. Dynastie die überragende Stellung Thebens und Amons wieder hergestellt hatten, verfolgen die 19. und 20. Dynastien dieselbe Bahn; sie werden vornehmlich durch Könige mit dem Namen Ramses ="Ramses hat (ihn) geboren" repräsentiert, weshalb man von Ramessidenzeit zu reden pflegt (ca 1300-1080). In diesen Jahrhunderten wird Ägypten wieder zur Großmacht, die weit nach Afrika und Syrien hin ausgreift. Dafür spielt die Legitimation des Königs durch den Sonnengott eine wichtige Rolle.

Nach Beseitigung der Atonverehrung gilt der in Theben verehrte Amon-Re unstreitig als König der Götter. Die Rückwendung zum alten Kult bedeutet jedoch nicht einfache Restauration der Verhältnisse, wie sie vor der Amarnazeit in Brauch waren. Die Kompetenzen der verborgenen Sonnenenergie werden umfassender erlebt und beschrieben als zuvor. Insbesondere J. Assmann hat aufgewiesen, daß nunmehr die Suche nach der Einheit des Göttlichen und Wirklichen aus der Amarnazeit aufgenommen, aber in anderer Weise beantwortet wird. Was an neuen Amonhymnen gedichtet wird, weist in der Motivfülle nicht nur über die Amarnareligion, sondern auch über die thebanische Mythologie der Zeit vorher hinaus.

Der umfänglichste dieser Gesänge ist der in Leiden aufbewahrte *Amonhymnus der "tausend" Lieder*, wobei allerdings nur die Einer, Zehner und Hunderter zählen, so daß es faktisch auf 28 Gesänge hinausläuft[1]. Er bietet eine Art Kompendium der erneuerten Amondogmatik[2]. An diesem Text läßt sich die neu entwickelte Gotteskonzeption anhand der zentralen Themen darlegen (die einzelnen Lieder werden mit L=Lied und Nummer zitiert).

1) Aton wird weiter als lebendiger Sonnenball betrachtet, aber zu einer Machtseele, Sechem, des eigentlichen Gottes zurückgestuft (L.50). Auch die Schilderungen vom lobenden Leben der Natur beim Aufgang der Sonne werden weitergeführt, doch nun mit dem hintergründig wirkenden Gott verbunden (L.90). Als Ursprung des Lebens zeigt sich der Gott in den drei entscheidenden Bereichen von *Licht, Lufthauch und Nilüberschwemmung*. Dabei gilt Licht als seine unmittelbare Erstreckung, der Luftgott Schu als seine Aktivseele und das Urgewässer als sein Leib (L.600).

2) Im Gegensatz zur Echnatonlehre wird dem hohen Gott auch belebende Wirkung für *Nacht und Unterwelt* zugeschrieben. Wenn alle schlafen, bleiben seine Augen wach (L.20), wie Himmel und Erde ist die Dat ihm untertan (L.700), er freut sich über nächtliche Gesänge und Feste, denn jede Stunde untersteht seiner Schattenseele (L.60).

3) Weil die dunklen Bereiche der Welt wieder einbezogen werden, anders als in der Atonlehre, wird die *Niederwerfung* von Gottesfeinden erneut zum wichtigen Thema. Gegenüber dem Feindbezwinger Amon und seiner Barke von Millionen Jahren hat Apophis keine Chance (L.30 vgl. 500). Als Sechemseele verbreitet der Gott Schrecken über das Fremdland, so daß sie alle reichlich Tribut nach Theben bringen (L.6).

4) Die Anbindung des universalen Gottes an den irdischen Bereich durch das Heiligtum von Theben erhält solches Gewicht, daß *Theben* als Göttin Waset erscheint, ja als weibliche Sonne (r'jt), als Auge des Re, zugleich als heilkräftiges Udschat-Auge (L.6.10). Mit Theben zusammen gewährleistet die Personifikation des Westufers Cheft-her-nebes den glücklichen Eingang der Sonnenmacht in die Unterwelt (L.800).

5) Um den hintergründig-umfassenden Charakter Amons herauszustreichen, wird auf die Mythologie der Zeit vor Amarna über den göttlichen *Welterstling* zurückgegriffen. Er, "der sich selbst bildete" (L.40), war anfangs ungeschlechtlich, ohne Vater und Mutter und doch Vater der Väter und Mutter der Mütter (L.100.400). Um durch eine Vielfalt von Zugangsweisen die Bedeutung des Ursprungs zu erläutern, werden Anleihen bei allen bedeutenden Mythologien großer Heiligtümer gemacht. Gemäß der Lehre von On wird gefolgert, daß er seinen Samen mit seinem Leib sich verbinden ließ und dadurch Chepri, der Entstehungsgott schlechthin, enstanden ist. Jedes Glied der daraus hervorgegangenen Neunheit ist "ein Abbild von dir, vereinigt mit deinem Leib" (L.90). Die vier Urgötterpaare der Achtheit nach der Lehre von Schmun hingegen waren die ihm nachfolgenden ersten Verkörperungen, *cheperu*, und sind hinfort seine Zehen (L.8.90). Auch in den memphitischen Erdgott Tatenen hat Amon sich verwandelt, um die Urgötter hervorzubringen (L.80). So gibt es nichts, was nicht aus Amon-Re hervorgegangen und weiterhin von ihm abhängig wäre.

Eine fortan viel gebrauchte Wendung feiert ihn deshalb als "der Eine, der sich zu Millionen macht(e)". Das Verständnis der Formel ist allerdings umstritten. Es läßt sich auf die Einheit des Gottes vor der Weltentstehung deuten, also auf das "Einer-Sein" als urweltliche Ungegliedertheit[3]. Man kann in ihr aber auch das Bewußtsein einer die Vielfalt übertreffenden, allgegenwärtigen, kosmischen Einheit vermuten. Die Fülle der Lebewesen entströmt dann "unaufhörlich der transzendenten Einheit Gottes"[4]. In Atonhymnen hatte es ähnlich gelautet: "Der du ein einziger bist, aber Millionen Leben sind in dir, um sie zu beleben"[5].

Demgegenüber wird jetzt behauptet, daß nicht aus dem vordergründigen Aton, sondern dem hintergründigen Amon die Vielheit emaniert.

6) Amon-Re steht nicht nur über und hinter den Dingen, sondern *durchdringt* mit seiner besonderen Wesensart *das All* und bleibt dennoch letztlich *unerkennbar*. Das 600. Lied schildert seine vielfältigen Beziehungen zu allem Seienden:

> Sia (Erkenntnis) ist sein Herz, Ḥu (Machtwort) sind seine Lippen.
> Sein Ka ist alles Seiende durch seine Zunge.
> Er dringt in die tiefsten Grüfte unter seinen Füßen.
> Der Nil kommt aus der innersten Höhle unter seinen Sohlen.
> Sein Ba ist Schu (Luft), sein Herz ist Tefnut (Feuchtigkeit).
> Er ist Horachte im Himmel.
> Sein rechtes Auge ist der Tag, sein linkes Auge ist die Nacht.
> Er ist es, der die 'Gesichter' führt auf allen Wegen.
> Sein Leib ist der Nun, was darin ist, ist der Nil.
> Der alles, was ist, hervorbringt, und alles Seiende am Leben hält.
> Sein Hauch ist Atemluft für jede Nase; Bestimmung und Gedeihen ist bei ihm für jedermann.
> Sein Weib ist der Acker, wenn er sie befruchtet.
> Sein Same sind die Nahrungspflanzen. Sein Ausfluß ist das Getreide[6].

Gern wird triadisch formuliert: "Seine Aktivseele Ba ist im Himmel, sein Leib im Westen (Unterwelt), sein Kultbild in On" (L.200) oder "Re ist sein Gesicht, Ptah sein Leib; was aus seinem Munde hervorgeht, ist Amon" (L.300).

Neben der Herrschaftsseele, welche die Gegner in Schach hält, spielen andere Außenseelen eine wichtige Rolle im Walten über das All. Die Erhaltseele Amon-Res ist durch den Spruch seiner Zunge allen Wesen gegenwärtig (L.600), was doch wohl heißt, daß jeder Ka bei Mensch und Tier eine Teilmenge des Amon-Ka bildet. Andererseits hat der Gott selbst seinen Ka vom Welterstling Atum erhalten (L.8). Zwischen den Eigenka des Gottes und den Ka der Geschöpfe können anderwärts – etwa bei den Inschriften von Abu Simbel – 14 Kas des Re treten, welche die Funktion der Erhaltseele und die Bereitstellung von Nahrung aufschlüsseln als Stärke, Gedeihen, Nahrung, Herrlichkeit, Ansehen, Tüchtigkeit, Dauer, Schöpferkraft (?), Hören, Erkennen, Ausspruch (ḥw) und Zauber[7].

In ramessidischer Zeit erhält die Aktivseele des Sonnengottes einen besonderen Vorrang. Der Leidener Hymnus läßt Amon die *Baseele* des Re sein, zugleich aber den Gott eigene Baseelen von sich aussenden, die in seinen Bildern beim Opetfest anwesen (L.8). Einer seiner Bas ist der Luftgott Schu (L.600). Andere ramessidische Texte feiern die Aktivseele des hohen Gottes als "geheimen" oder "erlauchten" (šps) urzeitlichen Ba[8]. Der Ba bleibt das bewegende, energische Prinzip eines Wesens, das sich zugleich in bestimmten sichtbaren Manifestationen auskörpern kann. Dabei gilt der Ba des Kompositgottes nicht als "der Ba eines Gottes, sondern der Ba schlechthin"[9]. Was von der Sonnenmacht zu erkennen ist, beschränkt sich auf diese "Bahaftigkeit". Dahinter verbirgt sich der Wesenskern selbst vor den Göttern: "Er ist ferner als der Himmel, tiefer als die Unterwelt, kein Gott kennt seine wahre Gestalt. ... Man fällt tot um auf der Stelle vor Entsetzen, wenn man seinen geheimen Namen wissentlich oder unwissentlich ausspricht" (L.200). Dennoch trägt jede Gottheit sein Abbild (*tjt*) an und in sich (L90).

7) Mit dem Sonnenlauf war seit dem Alten Reich der Kalender als eine nicht nur administrative, sondern auch religiöse Angelegenheit verbunden. In der Epoche nach Amarna wird das *Zeitbewußtsein* differenzierter. An den Gang des Amon als Horachte sind Tage, Nächte und Stunden gebunden, er verknüpft aber auch Monate und Jahre (L.20). Neben die kosmischen Zeiteinheiten treten die individuellen, die ebenfalls auf diesen Gott zurückgeführt werden. Jeder Mensch, insbesondere der König, besitzt einen begrenzten Vorrat von Lebenszeit, *acha'u*, der mit seiner Lebensenergie Anch zusammengehört. Darüber hinaus rechnet der Ägypter, wie schon eingangs erwähnt, mit zwei allumfassenden Zeiträumen, die als eigenständige Wirkgrößen gelten. Der Hang des ägyptischen Denkens zu dualen Konstituenten aller positiven Wirklichkeit wirkt sich auch im Zeitverständnis aus. Einerseits gibt es einen männlichen *neḥeḥ* als fortlaufenden Zeitwechsel, er gilt als eine rhythmisch bewegte und alles Seiende bewegende Größe. Daneben steht ein weibliches, gleichmäßig sich durchhaltendes Zeitkontinuum *dschet*. Für beides wird meist der abendländische Begriff "Ewigkeit" als Übersetzung benutzt; doch der Ägypter weiß von einer Zeitjenseitigkeit nichts, vielmehr wollen beide Ausdrücke die Zeitgesamtheit erfassen, innerhalb derer jede begrenzte Zeiteinheit ihren Platz findet. "Die Unendlichkeit des diskontinuierlichen, nach Einheiten zählbaren Aspekts der Zeit, das ist $nḥḥ$, die Unbegrenztheit des kontinuierlichen Aspekts der Zeit, das ist dt"[10]. Der verklärte König erwartet gemäß seines Omnipotenzanspruches, nach dem irdischen Tod in beide Zeitganzheiten einzugehen[11]. Nach dem Leidener Hymnus hat Amon bei der Weltentstehung schon das ägyptische Königtum mit *neḥeḥ* und *dschet* verknüpft, ebenso die Stadt Theben (L.90.8). Amon steht also letztlich über der Zeit, ist "König der unendlichen Zeit, Herrscher der unwandelbaren Dauer"[12]. Die Ewigkeit *dschet* "steht vor ihm wie der gestrige Tag, wenn er vergangen ist"[13]. Wie um die große Zeit kümmert sich der Gott um die kleine des einzelnen Menschen, verlängert oder verkürzt den *acha'u* (L.70), Schicksal und Gedeihen für jedermann sind in seiner Hand (L.600).

Das ramessidische Zeitalter entwickelte darüber hinaus das Bewußtsein eines Abstandes der gegenwärtigen Verhältnisse, also der geschichtlichen Jetztzeit, zu einer frühen, *seligen Urzeit*, als die Götter Könige über Ägypten waren. Von einer "Zeit des Re" oder "Zeit des Horus" am Weltanfang war schon im Alten Reich die Rede. Seit dem Aufkommen des Neuen Reiches wird ein Begriff für Urzeit, *pa'ut*, gebildet, der in der Zeit nach Amarna durch die gern gebrauchte Wendung vom "Ersten Mal" interpretiert wird. In Theben als dem Urhügel haben sich "beim Ersten Mal" (*sp tpj*) Wasser und Erde gebildet, und dadurch sind die Dinge entstanden (L.10). Die Theorie eines besseren Zustandes der Epoche des Ersten Mals regt die Sehnsucht nach Erneuerung. Seti I. kündet deshalb seine Regierung als "Wiederholung der Urgeburt" (*wḥm mswt*), wie das schon zu Beginn der 12. Dynastie behauptet worden war. Vielleicht darf man bezweifeln, daß ihm alle Untertanen in dieser Überzeugung gefolgt sind.

8) Neben seiner weltumspannenden Tätigkeit wendet sich Amon dem einzelnen Menschen zu. So wird er zum bevorzugten Partner der damals aufblühenden *persönlichen Frömmigkeit*. Als Leben und Lichtgott ist er jedem Menschen so nahe, daß jeder Leib mit seinem Strahlenglanz bekleidet ist (L.9), aber auch jeder dieser Nähe bewußt wird, und der Mensch sich deshalb auf die Schöpfermacht mehr als auf alles andere verlassen kann. Dem Hilfesuchenden wendet er sich gern zu, "er rettet, wen er will, wenn er auch schon in der Unterwelt" ist (L.70). Auf diesen Themenkreis ist noch einzugehen.

Trotz der gebräuchlichen identifizierenden Namensrelationierung stellt Amon-Re keine unlösliche Einheit dar. Als Horachte behält Re eigene Opferstätten und Hymnen, die thematisch viel eingeschränkter lauten[14]. Re kann aufgefordert werden, Amon zu schauen und dessen Opfer (im Umlauf) zu nehmen[15].

16.2 Gott ins Herz nehmen

Durch nichts hebt sich die Religion der Ramessidenzeit in der ägyptischen Religionsgeschichte so heraus wie durch die damals vorherrschende *persönliche Frömmigkeit*; so der Begriff, der seit Breasted[16] dafür in die Ägyptologie Eingang gefunden hat. Unabhängig vom Königshof entsteht bei Privatleuten ein Bewußtsein besonderer Nähe zwischen einem einzelnen Gott und bestimmten menschlichen Einzelnen. Auf zahlreichen Gebets- und Gelübdestelen preisen deshalb fromme Stifter je ihren Gott als "meinen Herrn", weil er schützt und aus allen Notlagen rettet. Es hat den Anschein, als ob damals der Bewohner des Niltals sich seinen persönlichen Schutzgott selbst wählen konnte. Es ist bisweilen der Ortsgott oder der Patron des Berufsstandes; mehr noch rücken große Götter wie Amon und Ptah, Mut und Chons, vergöttlichte frühere Könige wie Amenophis I. und Thutmoses III. oder gotterfüllte Kultgegenstände und Statuen in eine solche Rolle ein.

Der Verehrer bekennt sich als Diener dieses bestimmten Gottes, beteuert, daß er ihn "in sein Herz genommen" habe und nichts sehnlicher wünsche, als ihn zu schauen und ihm für seine Zukunft zu vertrauen: "Das Morgen steht in der

Abb. 82 Betender mit Sonnenhymnenstele (Berlin 2312)

Hand Gottes". Im vergangenen Leben des Beters hat der Gott seine Macht durch überraschende Eingriffe erwiesen; dafür wird gedankt. Insbesondere wird die Zuwendung zum sozial Schwachen gerühmt, der Gott hat Gebete der Klagenden erhört, speist die Hungernden, schafft Recht den Rechtlosen, wie es schon im Kairener Amonhymnus vor der Amarnazeit angeklungen war, dem vielleicht "älteste(n) Zeugnis"[17] dieser neuartigen Frömmigkeit. Durch den Atonkult war diese Bewegung während der Amarnazeit zurückgedrängt worden. Nunmehr kehrt sie verstärkt zurück. Als Beispiel solcher Anrufungen wird häufig eine thebanische Stele erwähnt, in der ein Vater rühmt, daß Amon seinen Sohn Nachtamon von Sünde und Übel befreit hat.

> Ich will Amon Lob spenden, ich will ihm Hymnen verfassen auf seinen Namen:
> Ich will ihm Lob spenden, so hoch der Himmel und so weit der Erdboden ist,
> ich will seine Machterweise künden dem, der stromauf und dem, der stromab zieht...
> Du bist Amon, der Herr des Schweigenden, der kommt auf die Stimme des Armen.
> Ich rief zu dir, als ich traurig war, und du bist gekommen, mich zu retten.
> Du gabst Luft dem, der im Gefängnis war und rettetest mich, da ich in Banden lag.
> Du bist Amon-Re, der Herr von Theben, du rettest den, der in der Unterwelt ist...
>
> Als er krank darniederlag am Rande des Todes,
> als er (der Sohn) in der Gewalt Amons war wegen jener seiner Kuh (die er widerrechtlich benutzt hatte),
> da fand ich, daß der Herr der Götter gekommen war als Nordwind, süßer Lufthauch ihm voraus;
> Er rettete den Schreiber des Amon...
> Er (der Schreiber) sagt: "War zwar dieser bereit, die Sünde zu tun, so ist doch der Herr bereit zur Gnade!
> Der Herr von Theben zürnt nicht einen ganzen Tag lang – wenn er zürnt, ist es einen Augenblick, und nichts bleibt zurück.

> Die Brise hat sich zu uns gewendet in Gnade, Amon kam gefahren mit seinem Lufthauch.
> So wahr dein Ka dauert, wirst du gnädig sein, und wir werden es nicht wieder tun![18]

Das Bewußtsein, Gott gegenüber gesündigt und dennoch Vergebung empfangen zu haben, kann Assmann als eine neue "Dimension der Gottesnähe" bezeichnen und "geradezu die Schlüsselerfahrung der Persönlichen Frömmigkeit" nennen[19]. Durch seine Strahlen wirkt der Sonnengott als Richter jedes einzelnen Menschen auf Erden wie im Totengericht, vor allem auch als himmlischer Wesir für die, die im menschlichen Gericht ungerecht behandelt worden sind[20].

Neu ist der Gedanke an eine göttliche Gnade, welche menschliche Sünden vergibt. Diese Auffassung ist den Ägyptern fremd, die sonst nur ein Befrieden von Gottheiten und Reinigung des Menschen durch Opfer, vor allem durch Weihrauch, kennen.

Das Aufkommen der Zuversicht, mit eigenem Gebet einen großen Gott unmittelbar zu erreichen, macht den Privatmann ein Stück weit unabhängig vom offiziellen Priesterdienst und von der sakralen Mittlerstellung des Pharao. Königtum und Priesterschaft tragen dem – notgedrungen? – Rechnung und erlauben fortan, in den Vorhöfen oder auf den Dächern der Tempel entsprechende Gebetsstellen zu errichten. Darüber hinaus werden Tempelfilialen errichtet, in denen die Gottheit eines heiligen Ortes mit ihrer Erscheinungsform "der die Gebete erhört" für Laien erreichbar wird. Die berühmteste Stätte dieser Art ist ein Bau im Osten des großen Amontempels in Karnak. Doch die persönliche Frömmigkeit schafft sich auch in Privathäusern Raum, wo nunmehr ein Gottesbild in einer Andachtsecke stehen kann.

16.3 Das Herz als Mitte der Gottesbeziehung in der Lehre des Amenemope

Auch in den Schreiberschulen wird jetzt persönliche Frömmigkeit gepflegt. Mehr als jede frühere Weisheitslehre wendet sich gegen Ende der Ramessidenzeit die Schrift des Ernteaufsehers Amenemope dem religiösen Hintergrund menschlichen Daseins zu[21]. Zwar geht es auch diesem Verfasser wie seinen Vorgängern um Normen des Beamtenlebens und um Mahnungen, im zwischenmenschlichen Verkehr Ehrlichkeit und Zuwendung zu achten. Überraschend taucht jedoch nicht mehr wie in den älteren Lehren äußerer gesellschaftlicher Erfolg als Lernziel auf, vielmehr wird bei Amenemope (wie schon ansatzweise in der wenig älteren Lehre des Ani[22]) zur Ergebung in die Rolle aufgefordert, welche das Leben dem einzelnen bereitstellt. "Besser Armut aus der Hand Gottes als Schätze im Vorratshaus" (9,5). Selbstbescheidung wird zum Ideal. Einzig der Schweiger, der nicht spontan gegen Unbill aufbegehrt und dem der Hitzige als abschreckendes Beispiel gegenübergestellt wird, lebt gemäß der Maat, der göttlichen Macht, die Ordnung und Heil gewährleistet.

Wie früheren Lehren geht es auch Amenemope um den innerweltlichen festen Tun-Ergehen-Zusammenhang. Sittlich qualifizierte Taten kristallisieren sich gleichsam am Täter an und wirken auf die Länge der Zeit an ihrem Verursacher sich heilsam oder unheilsam aus. "Wer Böses tut, den weist (beim Landeversuch) der Uferdamm ab" (4,12). Wo geraubtes Gut in einem Haus gehortet wird, frißt es sich ein Loch in den Boden oder wird leicht und fliegt davon (9,16-10,5). Der Hitzige ist wie ein Sturm für das ihn versengende Strohfeuer (5,15), er verliert vorschnell seine Blätter, während der Schweiger wie ein gesunder Baum dasteht (6,1.5). Noch die Nachkommen ernten die Frucht der Tatsphären (15,13-16). Deshalb lautet die Mahnung: "Tue das Gute und du wirst gedeihen!" (17,5). In dieser Hinsicht bekräftigt der Verfasser, was vorangehende Schreibergenerationen gelehrt hatten.

Für Amenemope ist jedoch der Mensch nicht mehr autark. Auf sich gestellt, vermag er nicht, sein Geschick allein zu entwerfen. Der althergebrachte Brauch weisheitlicher Lehrschriften, vom anonymen Gott als wichtigem Faktor für den individuellen Lebensweg und die Verwirklichung des Tun-Ergehen-Zusammenhangs in solchen Lehren zu reden, wird für Amenemope zu einem Horizont, in welchem die Gottheit als gewichtiges Kraftfeld erscheint, innerhalb dessen erst die Faktoren der Taten sich auswirken. Denn Gott "antwortet" dem Hitzigen und kehrt sein Lebensglück verdientermaßen um (5,15). Andererseits liebt Gott den, "der den Geringen achtet" (26,13). Wer sein Herz nicht von der Zunge trennt, also wahr redet, wird heil in der Hand Gottes (13,17-19). Doch Gott beschränkt sich nicht auf Reaktionen gegenüber menschlichen Verhaltensweisen. "Ein Ding sind die Gedanken, die der Mensch sagt, ein ander Ding, was der Gott tut" (19,16-7). Deshalb ziemt es sich, nicht nur in Beruf, in Staat und Kult sich zu betätigen, sondern sich im Blick auf die Zukunft göttlicher Schickung vertrauensvoll anheimzugeben: "Du kennst nicht die Pläne Gottes...setze dich in den Arm Gottes" (22,5-7; 23,8-10). Auf diese Weise erreicht man postmortal den Westen und ist dort heil in Gottes Hand (24,19-20).

Darf man Aussagen in der Art von "der Mensch denkt, aber Gott lenkt" gegen andere Abschnitte über das notwendige Umschlagen eines qualifizierten Lebenswandels in den entsprechenden Lebensweg ausspielen, wie das gelegentlich in der Sekundärliteratur geschieht? Die Tendenz Amenemopes zielt wohl eher darauf, mit kontingenten göttlichen Eingriffen zu rechnen, die über das von Menschen als gut oder böse Angelegte hinausreichen, aber das Umschlagen von menschlichem Tun in menschliches Ergehen nicht zu leugnen, sondern nur auf einen begrenzten Sektor des Lebens zu beschränken. Manche Ausleger sehen freilich in den entsprechenden Sentenzen eine grundsätzliche Überwindung der althergebrachten Überzeugung vom unlöslichen Zusammenhang von Tun und Ergehen im menschlichen Leben. "Nicht die Maat, sondern der freie Wille Gottes entscheidet über den Zusammenhang von Tun und Ergehen"[23]. Hat der Ägypter aber in solcher Antithese gedacht? Unzweifelhaft ist allein, daß die göttliche Initiative im Menschengeschick stärker heraustritt als je zuvor.

Die innere Schaltstelle, welche Pläne schmiedet und ihnen guten oder bösen Charakter verleiht, die auch das Gottesverhältnis formt, ist das *Herz*. Wie seit je im Ägyptischen wird darunter nicht Sitz des Gefühls, sondern der Vernunft verstanden. Die aufmerksam vernommene Weisheitslehre dient dazu, das Herz vom Bösen fortzulenken (1,10). Wer sie für Lebenslänge in sein Herz aufnimmt, dessen Leib wird heil bleiben (3,17-4,2). Hingegen wird der Hitzige, von bösen Taten besetzt, sein eigenes Herz schädigen (13,10). Neben dem Herzen ist für Amenemope die damit verbundene Zunge wichtig als das Sprachorgan, das in Einklang mit dem Denkzentrum stehen soll (13,17). Hingegen spielen die Außenseelen bei ihm keine nennenswerte Rolle.

Herz wie Zunge gehören zur menschlichen Veranlagung von Geburt an. Deshalb ist das Herz eine Gabe Gottes (24,4). "Die Zunge des Menschen ist (zwar) das Steuerruder des Schiffes, (doch) der Allherr ist sein Steuermann" (20,5). Deshalb ist rechtschaffenes Leben, sofern es gelingt, nicht eigentlich Verdienst des menschlichen Subjekts. "Die Maat (als Befähigung zum Tun des Guten), die große Traglast Gottes, die gibt er, wem er will" (21,5). Selbst äußerer Besitz und Zugehörigkeit zur Schicht der Reichen oder Armen sind "Bestimmung und Geschick" (*š3jt* und *rnnt*; 9,10-1; 21,15-17). Damit tauchen zwei Wirkungsgrößen im anthropologischen Bereich auf, die seit dieser Zeit mehr und mehr bedeutsam werden.

Ein moderner Leser erwartet, daß bei solchen prädestianisch klingenden Wendungen das Problem der Theodizee aufbricht, zumindest Unruhe entsteht angesichts der Behauptung, daß der Gute zum Heil gelangt und der Böse untergeht, weil ein Gott ihnen derartiges Tun und Geschick verordnet hat. Wenn Amenemope davon nicht beschwert wird, liegt das wohl an seiner polytheistischen Grundeinstellung. Mehr als andere Lehren erwähnt er neben dem allgemeinen *netscher* bestimmte Gottheiten und weist ihnen Spezialaufgaben zu. Chnum ist es, der die Herzen "knetet" (12,17). Aton verbreitet bei Sonnenaufgang Heil und Gesundheit (10,12-3). Thot aber als Mondgott oder Pavian läßt die Augen über die Menschen kreisen, um menschliches Verhalten zu registrieren, er stellt die Vergehen fest und legt die Bösen in die Hand Gottes (15; 4,19; 5,4). Die einzelnen Mächte läßt Amenemope nebeneinander bestehen; wie sie sich zu dem *netscher* verhalten, mit dem der Mensch es vornehmlich zu tun hat, wird nicht ersichtlich.

Einem Leser der Bibel klingen viele Sätze des Amenemope vertraut. In der Tat sind sie schon von biblischen Verfassern als Aussagen geachtet worden, die dem Gott des Alten Testaments und seinem Menschenverhältnis angemessen sind. Nur so läßt es sich nämlich erklären, daß die Eingangs- und Schlußzeilen der wichtigsten Kapitel ins Hebräische übersetzt und unter Tilgung von Verweisen auf Tempel und einzelne Götter dem Buch der Sprüche Salomos (22,17-24,22) einverleibt worden sind. Kein anderes heidnisches Werk des Altertums ist derart *wörtlich in die Bibel* aufgenommen worden. Was die israelitischen Weisheitslehrer sich zueignen, betrifft nicht irgendein Stück ägyptischer Literatur, sondern ein Werk, in dem Individualisierung und Ethisierung des Menschenverständnisses ohne mythologischen "Ballast" in einer Weise zur Sprache kommen wie nirgends sonst in Ägypten. Für Morenz zeigt Amenemope "die unüberbietbare Endposition einer Geschichte zwischen Gottheit und Weltordnung" die mit der "absolute(n) Verfügbarkeit der Maat in der Hand Gottes" endet[24]. Gelegentlich wird bezweifelt, daß solche Ideen der damaligen ägyptischen Gesellschaft hilfreich gewesen sind: "Der unberechenbare Wille Gottes tritt an die Stelle der lehr- und lernbaren M(aat), wodurch das Königtum seinen Sinn verliert, der Staat seine Ordnung und die Menschen jeden inneren Halt", urteilt Helck[25].

16.4 Herabkunft und Aufsteigen der Maat

Über die Bedeutung der Göttin Maat als Tochter Amon-Res in der Zeit vor Amarna war die Rede gewesen (Kap. 13, S. 282). Auch Echnaton hatte diese welterhaltende Substanzperson für unentbehrlich gehalten und sie in seinem Reformwerk verwirklicht gesehen. Als seine Nachfolger die Atonreligion zerschlagen und den Vorrang Amon-Res im Land wiederherstellten, behaupten

Abb. 83 Maat reicht Seti I. das Leben

sie von Tutenchamon bis Seti I., gerade dabei Maat durchzusetzen und die Unheilskraft Isefet zu vertreiben. Die Vorstellung dieser gestalthaften Auskörperung einer sittlich und naturhaft positiv wirkenden Substanz bleibt also unentbehrlich, wird jedoch in diesen Jahrhunderten wie nie zuvor oder danach umkämpft und unterschiedlich gedeutet. Jeder König schickt sich nunmehr an, in seiner Thronbesteigung einen Sieg der Maat zu sehen:

> Maat hat Isefet geschlagen, die Sünder sind auf ihr Angesicht gefallen[26].

Fortan lebt der Herrscher von dem sich aus seinem wahrgerechten Regieren ergebenden heilvollen Maatstoff. Der Thronname verbindet ihn oft mit der Maat des Re. Täglich gibt er dem Gestalt und bringt ein Figürchen der Göttin Maat dem Amon-Re als deren Herrn und eigentlichem Erzeuger im Opfer dar, was bald auch Privatleute nachtun. Die Darbringung der Maat wird derjenigen des "heilen" Udschatauges gleichgesetzt[27]. "Indem der Mensch, mit verhaltener Gebärde, den Göttern sichtbar die Maat vorweist, gibt er ein Zeichen, daß die Menschenwelt, daß alle die gefährdeten, zerbrechlichen Beziehungen und Bindungen, von denen sie lebt, in Ordnung sind, so sind, wie sie bei der Schöpfung waren. Das ist die Antwort, die die Götter brauchen[28].

Um die Kräfte der Maat im Land zu mehren, werden ihr eigene Tempel errichtet. Der Pharao selbst führt seine Lebenskraft auf die Zuneigung der Maat zurück, die ihm die Lebensschleife an die Nase hält. Überhaupt wird Atemluft jetzt eine der vorzüglichsten Gaben der Maat; zum Zeichen dafür wird sie nun geflügelt abgebildet[29]. Auch der Privatmann weiß sich in den Kreislauf der Maat einbegriffen:

Abb. 84 Seti I. opfert Maat

> O Re, der Maat hervorbringt, ihm bringt man die Maat dar.
> Gib du Maat in mein Herz, damit ich sie emporführe zu deinem Ka.
> Ich weiß ja, daß du von ihr lebst, du bist es, der ihren Leib geschaffen hat[30].

Allerdings werden zunehmend auch andere Gottheiten mit der Zirkulation von Maat verbunden. Horemheb feiert den Weisheitsgott Thot als den, der Maat festlegt und den er, der König, mit Maat befriedigt[31]. Ramses IV. bekennt Osiris gegenüber, daß er Maat in das Land gebracht hat, "denn ich wußte, du trauerst, wenn Maat aus Ägypten verschwindet"[32].

Wie sehr trotz aller Beteuerungen und Hochschätzung der Sinn von Maat in der Ramessidenzeit erstmals in der ägyptischen Geschichte ins Zwielicht geraten ist, verrät die damals entstandene "Erzählung von den Brüdern Wahrheit und Lüge"[33]. Der erste wird vom zweiten vor dem Göttergericht wegen eines Diebstahls verklagt; auf dessen Urteil hin wird Wahrheit geblendet! Erst Jahre später gelingt es einem inzwischen geborenen Sohn der Wahrheit, vor dem selben Gerichtshof den Vater zu rechtfertigen und Lüge mit Blendung strafen zu lassen. In Abwandlung des uralten Motivs von Horus und Seth vor dem Göttergericht spricht sich hier die Einsicht – oder die Furcht aus, daß Wahrheit und Gerechtigkeit auf Erden oft blind einhergehen und den betroffenen Menschen gegenüber nicht angemessen in Funktion treten[34]. Ein nachfolgendes Zeitalter hat freilich solche Zweifel bald wieder verbannt.

16.5 Die ägyptologische Auseinandersetzung über die transzendente Allgottheit[35]

1964 hat *S. Morenz* in einer programmatischen Darlegung "Die Heraufkunft des transzendenten Gottes in Ägypten" als einen jahrhundertelangen Prozeß geschildert, der im Neuen Reich sein Ende findet und in dessen Weisheitslehren, insbesondere bei Amenemope, seine letzte Ausdeutung erhält. Morenz will nachweisen, "daß der Heraufkunft des transzendenten Gottes eine Herabkunft des einst göttlichen Königtums exakt entspricht". Sein Ergebnis: "Zu Beginn des N(euen) R(eiches) haben individualistische und universalistische Tendenzen Lebenserfahrung und Weltbild der Ägypter tief verändert und finden sich in Übereinstimmung mit der gesteigerten Position Gottes, der soziale Bezogenheit und nationale Grenzen transzendiert." Durch die Ausformung persönlicher Frömmigkeit gewinnt "der Mensch als Individuum ein Verhältnis 'unmittelbar zu Gott'". Weiter konnte eine ritualistische Kultreligion wie die ägyptische nie mehr gelangen. Die Amarnareligion spiegelt nur eine wenig geglückte Abart der Endstufe. Dabei ist nicht zu leugnen, daß "die Heraufkunft des transzendenten Gottes an ihrem Teil den Verfall der ägyptischen Kultur sei es hervorruft, sei es sichtbar macht"[36].

Morenz hat den Unterschied der Amon-Theologie vor und nach Amarna in seine Betrachtung nicht einbezogen. Eben das hat dann in verschiedenen Veröffentlichungen *J. Assmann* getan und mit genauen Textinterpretationen verknüpft. Assmann findet die von Morenz allzu pauschal an den Beginn des Neuen Reiches verlegte Endstufe erst in der thebanischen Gotteslehre nach Echnatons Verschwinden. Erst die Antwort auf Amarna gelangt zu der Idee eines die Götterwelt transzendierenden Weltgottes. Die All-Einheit des göttlichen Wesens, "das zentrale theologische Problem des Neuen Reiches"[37], erhält nunmehr seine überzeugende Lösung. Amon überragt jetzt nicht nur gradweise, sondern grundsätzlich die übrigen Gottheiten, die nicht einmal in der Lage sind, ihn anzurufen. Himmel, Erde und Unterwelt, die drei kosmischen Stockwerke, werden von Amon "trinitarisch" erfaßt, wie es der Leidener Hymnus mit seiner Dreiheit von Ba, Leib und Bild des Gottes formuliert. Die Fülle der Lebewesen entströmt "unaufhörlich der transzendenten Einheit"[38]. Bis zum Ende der ägyptischen Religion bleibt dieser Gottesbegriff nicht nur "ziemlich unverändert", sondern ruft, nach außen wirksam, später im Hellenismus die pantheistische Allgott-Idee hervor. "Die Ramessidenzeit ist ... zu der epochemachenden Lösung durchgedrungen, die sich bis zur Christianisierung der antiken Welt als tragfähig erwiesen hat. Sie kehrt zum Polytheismus, d.h. zur Vorstellung von der Göttlichkeit der Welt als einer unaufhebbaren Wahrheit zurück, entwickelt aber mit ihrer pantheistischen Transzendenz-Theologie eine ganz neue Begrifflichkeit, die es ermöglicht, die Vielheit der Götter als den farbigen Abglanz einer verborgenen Einheit zu denken. Sie verehrt den Einen als den verborgenen Gott, den *deus absconditus et ineffabilis,* ...dessen Namen, Symbole, Emanationen, Manifestationen, Schatten und Bilder die vielen Götter sind"[39]. Nicht mit Echnaton also, wie bisher angenommen, war der monotheistische Höhepunkt erreicht, sondern erst seine Gegner haben nach ihm die bedeutsame Idee von dem alle Vielheit durchdringenden einen Gott entdeckt und ihr bleibenden Ausdruck gegeben.

Gegen Assmanns These hat am deutlichsten *E. Hornung* Bedenken erhoben. "Auf den ersten Blick könnte es scheinen, als würden Götter wie Re, Amun oder Ptah in der Vielzahl ihrer Namen und Erscheinungen mit allem Seienden gleichgesetzt. Untersucht man die Phänomene genauer, dann werden die Grenzen deutlich, die ein konsequentes Fortschreiten zum Pantheismus als Allvergöttlichung und 'Wesenseinheit Gottes mit allem, was ist' verhindert haben. Die Zahl der Erscheinungsformen ist begrenzt; Amun kann in den verschiedensten Formen erscheinen, doch nie als Mond, als Baum oder als Gewässer. Und in aller 'Verschmelzung' geben die ägyptischen Götter ihr selbstständiges Wesen nicht auf...Wenn also die ägyptische Religion in der Häufung von Erscheinungsformen und Götterverbindungen Phänomene hervorgebracht hat, die an Pantheismus erinnern, so ist diese Verwandtschaft eine zufällige und oberflächliche. Denn der Ägypter hat niemals den Wunsch und Willen zur Allvergöttlichung gehabt. Der ägyptische Schöpfergott offenbart sich auch in seiner Schöpfung, aber er geht nicht in ihr auf. Wenn sich sein Wesen durch neue Gestalten und Beinamen erweitert, so wird es doch nie identisch mit dem 'All', das für den Ägypter ohnehin Bereiche enthält, die nicht göttlich sind"[40]. Für die Zeit nach Amarna gibt Hornung zu bedenken: "Amun-Re hat niemals wieder die überragende Bedeutung zurückerlangt, die er vor Echnaton besaß." Schon daß Theben nie wieder königliche Hauptstadt wurde, ist in dieser Hinsicht ein wichtiges Indiz[41]. Versuche, die ägyptische Religion – abgesehen von Echnaton — monotheistisch oder pantheistisch zu deuten, verkennen die eigentümliche Weise ägyptischen Denkens. "Für den Ägypter kommt die Welt aus dem Einen, weil das Nichtsein Eines ist. Aber in seinem Werk differenziert der Schöpfer nicht nur die Welt, sondern auch sich selbst ... Indem Göttliches seiend wird, verliert es die absolute, ausschließliche Einheit des Anfangs. Aber überall dort, wo man sich ihm verehrend zuwendet, wo man es anruft und kultisch betreut, tritt es als *eine* fest umrissene Gestalt auf, die für einen Augenblick *alle* Göttlichkeit in sich vereinen kann und sie mit keinem andern Gott teilt. Auch der Mensch, der Gott begegnet, wird in der Begegnung zum Einen, der keinen mehr neben sich hat, sondern *alles* Menschsein verkörpert. Doch diese göttliche und menschliche Einheit bleibt stets eine relative, welche die wesenhafte Vielheit nicht ausschließt, die alle anderen Zugänge zum Wesen Gottes offen läßt"[42]. Hornungs Meinung wird von einem Sachkenner wie *H. Brunner* geteilt: "Ihrem Wesen nach ist die äg(yptische) Religion polytheistisch und mit dem M(onotheismus) unvereinbar"[43].

Gewiß sind die Aussagen über den ramessidischen Amon als den "Einen, der sich zu Millionen macht" nicht einfach eine Wiederaufnahme dessen, was das frühe Neue Reich gesagt und verehrt hatte. Der Zusammenhang mit den zur Amarnazeit geäußerten Ansichten ist nicht zu verkennen. Schließt das eine Weltgottidee mit der Stringenz ein, wie es Assmann vermutet? Das Urteil kann nicht allein auf den möglicherweise henotheistisch ausgerichteten Sonnenhymnen beruhen. Vielmehr bedürfen zwei weitere Fragen der grundsätzlichen Klärung. Zum einen: Sind die anderen religiösen Texte der Ramessidenzeit monotheistisch ausgerichtet? Dafür werden insbesondere Aussagen über die Götter Ptah und Osiris von Belang, die in dieser Zeit oft neben Amon genannt werden. Zum anderen: War die ramessidische Gottesauffassung tatsächlich das letzte ägyptische Wort zur Sache? Manche Belege, die Assmann zitiert, gehören in die Spätzeit. Spricht aus diesen Texten tatsächlich eine Auffassung, die schon ramessidisch vorauszusetzen ist, oder führen sie in der Gottesauffassung weiter?

J.Assmann, Primat und Transzendenz. Struktur und Genese der ägyptischen Vorstellung eines 'Höchsten Wesens', in: *W.Westendorf* (Hg), Aspekte der spätägyptischen Religion, GOF IV 9, 1979, 7-40

Ders., Die 'loyalistische Lehre' Echnatons, SAK 8, 1980, 1-32

H.Brunner, Der freie Wille Gottes in der ägyptischen Weisheit: Les sagesses du Proche-Orient ancien, Travaux du centre d' études supérieures ..., Strasbourg 1963, 103-20 = Das hörende Herz, OBO 80, 1988, 85-102

P.J.Frandsen, Trade and Cult, in: The Religion of the Ancient Egyptians, hg. *G.Englund*, 1987, 95-107 (zum Maatopfer)

G.Fecht, Literarische Texte zur 'persönlichen Frömmigkeit' in Ägypten, AHAW 1965

I.Grumach, Untersuchungen zur Lebenslehre des Amenope, MÄS 23, 1972

E.Hornung, Maat – Gerechtigkeit für alle? Eranos-Jahrbuch 1987, 385-427

B.Janowski, Rettungsgewißheit und Epiphanie des Heils. Das Motiv der Hilfe Gottes "am Morgen" im Alten Orient und im Alten Testament I, WMANT 59, 1989

H.O.Lange, Das Weisheitsbuch des Amenemope, 1925

J.Zandee, De Hymnen aan Amon van papyrus Leiden I 350, 1948

Zum Zeitverständnis:

J.Assmann, Zeit und Ewigkeit im alten Ägypten, AHAW 1975, 1

Ders., Das Doppelgesicht der Zeit im altägyptischen Denken, in: Die Zeit, hg. *J.Assmann*, 1983, 189-223

H.Brunner, Zum Zeitbegriff der Ägypter, Studium generale 8, 1955, 584-90 = *ders.*, Das hörende Herz, OBO 80, 1988, 327-38

Ders., Die Grenze von Zeit und Raum bei den Ägyptern, AfO 17, 1956, 141-5 = Das hörende Herz, OBO 80, 1988, 354-60

E.Hornung, Geist der Pharaonenzeit, 1989, Kap.IV

E.Otto, Altägyptische Zeitvorstellungen und -begriffe, Die Welt als Geschichte 14, 1954, 135-48

LÄ 3, 971-4 'Lehre des Amenemope'; 4, 951-63 'Persönliche Frömmigkeit'; 5, 128-46 'Ramsesstadt'; 6, 1140-2 'Wahrheit und Lüge'.

Anmerkungen zu Kapitel 16:

1 Leiden I 350; Roeder, GW 276-310; HPEA Nr. 72; Auszüge ÄHG Nr. 132-42.174; ANET 368f; RTAT 46-52
2 Ähnlich der Berliner Hymnus (3049) ÄHG Nr. 127; HPEA Nr. 81
3 Hornung, EuV 164
4 Assmann, Äg 278-9
5 Assmann, RuA 217
6 ÄHG Nr. 141
7 U. Schweitzer, Das Wesen des Ka 1956, 73-4
8 Sethe, Amun §232; Assmann, RuA 203-11
9 Assmann, Äg 277, vgl. Assmann 1979, 35
10 Assmann 1975, 11.
11 Pyr 412ab
12 ÄHG Nr. 76 vgl. 56
13 ÄHG Nr. 127B 82
14 Assmann, RuA 154
15 ÄHG Nr. 69, 18-29
16 Development of religion and thought in Ancient Egypt 1912
17 LÄ 4,953

18 ÄHG Nr. 148 B
19 Assmann, Äg 263
20 Fecht 44
21 ANET 421-5; AÄL II 146-63; RTAT 75-88; AW 243-56
22 AW196-214
23 Assmann, Fs Westendorf 1984, 698 vgl. H.Brunner 1963 = 1988
24 Morenz, RGÄ 107
25 LÄ 3, 1118
26 Merenptah, Erman Lit 346
27 Hornung, Eranos Jahrbuch, 1987, 401 vgl. 416f
28 Hornung, EuV 211
29 Hornung, Maat 387
30 Neferhotep, Assmann, Maat 1990, 191
31 AEL II 101
32 Handbuch der Religionswissenschaft I 395
33 AEL II 211-3; Brunner-Traut, Märchen 40-4
34 Analog dazu bezweifelt die Lehre des Ani, daß Maat lehrbar sei
35 Zum folgenden Koch, Wesen 77ff
36 Morenz, RGÄ 116f
37 Assmann, RuA 3
38 Assmann Äg 276
39 Ebd. 278f
40 Hornung, EuV 116f
41 Hornung in: Monotheismus im Alten Testament und seiner Umwelt, hg. O.Keel 1980, 95
42 Hornung, EuV 249
43 LÄ 4, 198f

17. Ramessidischer Polytheismus. Königtum und Bezug zu Ptah, Seth und den großen Göttinnen

17.1 Die Auffassung vom König und seinem göttlichen Hintergrund

Um die Gottesauffassung der zweiten Hälfte des Neuen Reiches allseitig zu beleuchten, empfiehlt es sich wieder, mit dem Gott zu beginnen, der sichtbar und im Lande ständig präsent war, also dem Pharao. Als um 1300 v.Chr. Ägypten wieder zu erstarken beginnt, feindliche Mächte wie die Libyer im Westen oder die Hethiter (und später die Seevölker) im Norden zurückgeworfen oder zumindest in ihrem Vorrücken aufgehalten sind, zeigt sich der Aufschwung von Handel und Wandel in einer regen Bautätigkeit, die vor allem in den großen Heiligtümern wie Karnak und Luxor ihre Spuren hinterlassen hat. Überall gehören nunmehr zur Tempelausstattung zahlreiche Statuen des regierenden Königs. Vor allem Ramses II. hat so viele Bilder seiner selbst hinterlassen wie kein anderer ägyptischer Pharao. Meist thront oder schreitet er gravitätisch in Überlebensgröße und dokumentiert damit, daß er mehr ist als ein gewöhnlicher Sterblicher.

Lieder auf Merenptah und Ramses IV.[1] werden von dem hohen Bewußtsein getragen, daß Re sich wieder Ägypten zugewandt hat und die Nilüberschwemmung höher steigt als je zuvor, daß Maat sich über das Land ausgebreitet hat und die Unordnung und der Frevel *isefet* geschlagen sind. Stunden und Monde treten wieder zum ordnungsgemäßen Zeitpunkt ein. Der König wird zur aufgehenden Sonne auf Erden und waltet hier kompetenter noch als sein göttlicher Vater: "Du vermagst besser zu sehen als die Sonne." Als Sohn von Amon, Chepri, dem Stier von On (Re) und Isis "stieg er hernieder aus dem Himmel und wurde in On geboren"[2]. Deshalb beherrscht er die Erde insgesamt; die neun Bogenvölker, Ägyptens herkömmliche Feinde, liegen unter seinen Füßen, und er setzt die Grenzen der Völker fest wie Re selbst[3].

Das königliche Regiment vollzieht sich nicht nur auf der Ebene von Befehlen und Anordnungen, sondern mehr noch auf der der Strahlkräfte und Wirkgrößen wie Furcht (*snd*) und Schrecken (*šꜥt*), die auf seine Gegner eindringen. Müssen sie aktiviert werden, wird der Pharao zum Löwen, Schakal, Falken, zur versengenden Flamme für die, die ihm entgegenstehen[4]. Zugleich umgeben heilsame Wirkgrößen wie Leben, Heil und Gesundheit seine polymorphe Erscheinung. Während eines Feldzugs erwacht z.B. Ramses II. morgens in Leben, Heil, Gesundheit; "in" diese drei Sphären kehrt er später zu seiner Residenz zurück[5].

Bedarf der Pharao zunächst solcher Mächtigkeiten für sich selbst, so kommen sie in zweiter Linie seinen Untertanen zugute, denen er zum Lebensodem für ihre Nase wird; selbst Fremdvölkern vermag er ihn nach Belieben zu gewähren oder zu versagen[6]. Leben, Heil und Gesundheit werden aber von den ehrerbietigen Untertanen ihm bei Erwähnung des königlichen Namens als Wunschformel zurückgereicht. Indem der König das Leben des Landes erhält und zugleich für das Wohlbefinden der Götter arbeitet, reproduziert er die Maat. Zu ihr gehört auch in ramessidischer Zeit, daß er sich insbesondere den schwachen Gliedern der Gesellschaft zuwendet. Seine Thronbesteigung, als frohe Botschaft über den Triumph des Horus im Land verkündet[7], verändert ihre Lage einschneidend: Die Hungrigen werden gesättigt, Nackte bekleidet, Gefangene frei, selbst die Dirnen jubeln[8]. Der König tritt Notleidenden gegenüber wie ein Gott, der sich für ihre persönliche Frömmigkeit anbietet. In dieser Hinsicht führen die Ramessiden Echnatons Anspruch durchaus weiter.

Angesichts eines so hohen Selbstbewußtseins verwundert es nicht, daß die Könige der 19. und 20. Dynastie nicht nur wie die Pharaonen seit jeher sich als *netscher* rühmen lassen, sonder sich sichtbar unter die größten Götter einreihen. Ramses II. läßt seine Statue zwischen den Göttern Re-Horachte, Amon-Re und Ptah im Allerheiligsten von Abu Simbel Platz nehmen.

Abb. 85 Ramses II. (2. v. rechts) und die drei großen Götter, Abu Simbel

Seti I. läßt im Abydostempel eine Kapelle für seine Person einrichten, von gleichem Ausmaß wie diejenige der sechs höchsten Landesgötter. Die Pharaonen beginnen weiter, eigene Tempel für den Kult ihrer Person einzurichten, vor allem in Nubien, bald aber auch im Nilland. Statuen mit Namen wie "Ptah" oder

"Atum des Königs NN" stellen weniger den Gott als den Pharao dar. "Der König erwählt einen Gott als seine Erscheinungsform"⁹. In ihren Tempeln vereinigen (*nnmt*) sie sich mit einer der für die Herrschaft zuständigen Gottheiten, so daß der Pharao als deren Hypostase erscheint (Morkot).

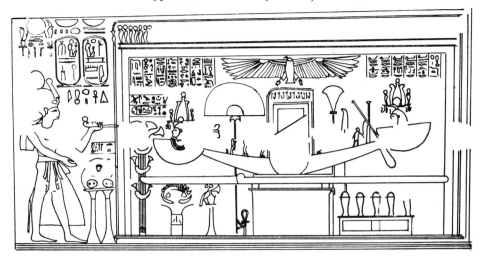

Abb. 86 Ramses II. opfert vor seiner Barke, Medinet Habu

Wie der König seine letzte Würde daraus ableitet, daß er das Bild des Sonnengottes auf Erden ist, so wird sein eigenes Bild zu einer göttlichen Manifestation überall da, wo es aufgestellt ist. *Königsstatuen* vertreten einerseits im Tempel den opfernden Pharao gegenüber einer Gottheit, andererseits werden Kapellen für Standbilder des Königs überall im Lande errichtet, damit die Untertanen zu ihm beten und ihn verehren können. Der numinose Charakter des Königtums wird ihnen anschaulicher vor Augen geführt als je zuvor. Da die königliche Ka-Seele in einer Statue reiner noch anwest als in der fleischlichen Gestalt, sieht sich der Herrscher genötigt, dem eigenen Abbild zu opfern und es dadurch als göttlichere Idealform anzuerkennen. Demnach werden auch die Untertanen in den entsprechenden Heiligtümern nicht den menschlichen Regenten selbst, sondern seine Erhalt- und Gestaltseele verehrt haben, die ihm als Ka von seinen königlichen Ahnen überkommen ist.

Trotz solcher Steigerung der Selbsteinschätzung und kultischer Anerkennung kündigt sich in den Texten der Zeit ein verwandeltes *Verantwortungsbewußtsein* der Herrscher gegenüber Wahrheit-Gerechtigkeit an. Ihre Regierung ist nicht einfach kraft magischer Ausstattung unerschütterlich, sondern vom Wiedererschaffen der Maat abhängig. Nur dann verbleibt ihnen göttliche Unterstützung. Nach dem Grundsatz: "Die Tat des Lügners hat keine Dauer, die Stärke eines Königs ist Maat" befindet die Götterneunheit der Gerichtshalle zu On auch über königliches Verhalten[10]. Der urzeitliche Prozeß über das Erbe des toten Osiris wird auf die Gegenwart ausgeweitet. Wer gegen Wahrheit-Gerechtigkeit handelt, und sei es ein gekröntes Haupt, wird dem Schlachthaus der Unterwelt überantwortet. Anläßlich eines Krieges verurteilt das Göttergericht einen Libyerfürsten und spricht dem Pharao eine Lebenszeit wie Re zu, damit er als Rächer auftrete[11]. Natürlich setzt jeder ägyptische König weiterhin voraus, daß er im Konfliktfall nach Maat gehandelt und seine Gegner Unrecht und Unheil hervorgerufen haben. Doch rechnen nun auch Untergebene mit einem möglichen Versagen des gekrönten Herrschers. Deshalb treten von nun an neben den Regenten für das Volk auch andere Mittler zwischen den menschlichen und göttlichen Bereich, frühere Könige oder sagenhafte Weise. "Das Königtum hat trotz aller Anstrengungen der frühen Ramessiden seine einstige Stellung und religiöse Bedeutung nicht wieder erreicht"[12].

Das Schwanken der ramessidischen Herrscher zwischen Allmachtsanspruch und der Bewußtheit möglichen Versagens findet ein Gegenstück in einer eigentümlich zwiespältigen Sicht von *Zeit und Geschichte*. Einerseits behaupten sie, daß nach einem langen Zeitraum chaotischen Niedergangs die Schöpfung wiederholt worden sei. Seti I. kündet seine Thronbesteigung als "Erneuerung der urzeitlichen Geburten" (*wḥm mswt*) an und als Neubeginn einer unendlichen *Neheh*-Wechselzeit wie einer unübersehbaren *Dschet*-Zeitenfülle[13]. Seinem Vater Ramses I. bescheinigt er, daß er das Königtum des Re hat wieder beginnen lassen, also die goldene Urzeit[14]. Ein so epochales Bewußtsein hatte vorher nur zu Beginn des Mittleren Reiches Amenemhet I. an den Tag gelegt. Andererseits aber reihen sich an kultischer Stätte die Pharaonen in die Reihe früherer Könige Ägyptens als Nachfolger ein, geben sich also als Glied einer Kette zu erkennen. Schon Thutmoses III. hatte zu Beginn des Neuen Reiches in seiner Festhalle in Karnak seinen legitimen Vorgänger mit Namen und Statuen für bleibende Verehrung festgehalten[15]. In der Königsgalerie des Abydostempels Setis I. wie im etwa gleichzeitigen Turiner Königspapyrus[16] werden eine Dynastie von Göttern, angefangen mit Ptah und Re, dann weitere von Verklärungsseelen (*ȝḫw*) und Horusgeleitern der mit Menes beginnenden Reihe menschgeborener Pharaonen vorangestellt. Darin äußert sich zweifellos ein steigendes Bewußtsein zeitlicher Kontinuität, eine "neuartige Geschichtstheologie"[17], die sogar die mythische Urzeit des "Ersten Mals" in eine Verlängerung menschlicher Geschichte einreiht und damit relativiert. Obwohl jeder Pharao weiterhin bei der Thronbesteigung "Millionen von Jahren auf dem Thron des Horus" geschenkt erhält, was eigentlich eine Sukzession von Herrschern erübrigt, ruft Seti I. in einem Dekret über eine kultische Stiftung "seine Väter, alle Götter von Ober- und Unterägypten" als Zeugen an und wendet sich zugleich an die künftigen Führer Ägyptens[18]. Wo die Vergangenheit derart als Vorgeschichte der eigenen Zeit begriffen wird, was vordem noch nicht der Fall war, wird zugleich die Idee eines Fortschritts möglich, welche die allgemein mythische Idee einer alles Künftige übertreffenden Urzeit überwindet. Von jetzt an berufen sich die Pharaonen auf den Auftrag zur "Erweiterung des Bestehenden". Deswegen ereignet sich unter ihrer Regierung "was bisher" oder "seit der Zeit der Götter ... nie geschehen" war, sei es eine Brunnenbohrung in der Wüste oder die Errichtung eines großartigen Bauwerkes, sei es ein Sieg über die Libyer[19].

Weniger noch als die Könige des Mittleren Reiches oder der frühen 18. Dynastie fühlen sich die ramessidischen Herrscher in ihrem göttlichen Vermögen autark. Ihrer Abhängigkeit von der Unterstützung durch große Götter geben sie häufig Ausdruck. Das zeigt sich deutlich bei den Kriegs- und Jagdszenen, die häufig auf den Außenwänden der Tempel dargestellt werden und einen wichtigen Teil königlicher Maatverwirklichung betreffen. Die Schlacht erscheint als eine rituelle Begehung, bei der es nur zwei Rollenträger gibt, den siegreichen König und den unterliegenden Feind, so daß "Pharao ... das Fest der Geschichte allein für sich feiert"[20]. Gerade bei solchen herausragenden Beispielen königlicher Tüchtigkeit zeigt sich aber die Abhängigkeit von einem größeren und überlegenen göttlichen Kraftfeld. Das wird besonders anschaulich in Bericht und Lied vom Sieg Ramses' II. über die Hethiter in der Schlacht bei Kadesch in Syrien[21].

Hier geht es nicht um militärisch-strategische Einzelheiten, sondern um die metahistorischen Hintergründe. Mit dem Hethiterkönig hat demnach der König als Einzelkämpfer gefochten: "Ich griff alle Länder an, ich allein." Die ägyptische Armee hatte feige ihren Oberbefehlshaber im Stich gelassen; dennoch wurde der Feind vernichtend geschlagen, weil die Götter um ihn und in ihm waren. Seine Rüstung war diejenige des Kriegsgottes Month, seine "Waffen des Sieges" hatte der Gott von Theben, Amon, ihm übergeben, der königliche Streitwagen setzte sich in allen seinen Bestandteilen aus göttlichen Mächten zusammen. Deshalb konnte der König gegen die gegnerischen Schlachtreihen anstürmen wie Seth in seiner Macht, Sachmet in ihrer Wut, Atum in seiner Gestalt, Baal zu seiner Stunde. Nach dem Sieg werden die feindlichen Könige zu ihrer Bestürzung gewahr, daß sie nicht einem menschlichen Gegner, sondern Seth und Baal in einer Person gegenüberstanden. Die eigenen Truppen aber akklamieren: "Du bist Amons Sohn, dessen Arm handelt."

Die Kadeschtexte lassen deutlich werden, daß der Pharao trotz vielfältiger Götterbeziehungen nur gegenüber Amon ein persönliches Vertrauensverhältnis besitzt. Obwohl ihn nämlich alle Götter stützen, betet Ramses II. mitten im Schlachtgetümmel allein zu Amon: "Was sind diese Asiaten für dich, die Gott nicht kennen?" Damit verbindet sich für ihn der Trostgrund: "Amon hilft mehr als eine Million Truppen." Solche Frömmigkeit läßt der große Gott von Theben nicht im Stich. Der König spürt, wie jener Gott aus seiner Stadt herbeieilt und ihm ins Angesicht versichert: "Ich bin mit dir ... ich bin der Herr des Sieges." Frühere Könige haben einer so unmittelbaren Gottesbeziehung nie Ausdruck gegeben. So gehört der Bericht über die Schlacht von Kadesch zu den Zeugnissen *persönlicher Frömmigkeit*, die aus dem Ägypten des Neues Reiches erhalten sind. Zugleich verweist er auf den überlegenen Rang, den Amon beim König gegenüber allen anderen Göttern einnimmt.

Wenn der König sich deshalb in seinem täglichen kultischen Handeln primär als Sonnenpriester versteht[22], dann steht dahinter sicher nicht nur persönliche Neigung, sondern auch eine Überzeugung vom Götterprimat dieses Gottes. Was bedeuten aber dann die anderen Götter? Sind sie nur Teilaspekte des thebanischen Amon-Re? Oder eignet ihnen dennoch eine eigenständige Existenz?

17.2 Ptah-Tatenen als erdverbundener Weltgott

Obwohl Theben als Kultort unter den Ramessiden großartiger geschmückt wird als unter jedem früheren Pharao und Amon-Re als der Eine Einsame gerühmt wird wie nie zuvor, wird doch die Reichshauptstadt nach Memphis verlagert, und das ist nicht nur politisch bedeutsam. Denn hier lassen die Könige sich krönen und feiern das Jubiläumsfest, hier wird dem Hauptgott Ptah ein großer Tempel gebaut. Weil aber vom Memphis des Altertums wenig übriggeblieben ist, vor allem an Inschriften, erhalten für die gegenwärtige Forschung die Überlieferungen aus Theben ein Gewicht, das ihnen historisch gesehen so vielleicht nicht zusteht. Immerhin wird der memphitische Ptah in einigen erhaltenen Texten mindestens ebenso hoch wie der Sonnengott, wenn nicht noch höher, eingestuft. Bezeichnend dafür ist der schon erwähnte Turiner Königspapyrus, ein Verzeichnis aller legitimen ägyptischen Pharaonen, das vor den menschgeborenen Königen eine Götterdynastie mit Kartuschennamen und Regierungszeiten über Ägypten herrschen läßt. Dabei spiegelt die Abfolge vermutlich auch die Rangordnung, sie lautet: Ptah, Re, Schu, Geb, Osiris, Seth, Horus, Thot, Maat[23]. Dem Re wird also Ptah vorangestellt, obwohl es sich um ein Dokument aus Theben handelt. Wo die Könige sich außerhalb von Theben auf Götter und ihren Beistand berufen, steht fast stets Ptah neben oder vor Amon. In der Osirisstadt Abydos errichtet Seti I. einen Tempel, in dem unter dem Eindruck nötiger Verehrung der Sonnenmacht eine zentrale Kultnische für Amon reserviert wird. Doch gleich große Räume werden rechts und links nicht nur der am Ort heimischen Dreiheit Osiris, Isis und Horus, sondern auch Horachte, Ptah und dem König selbst geweiht. Als Ptah-Sokar wird ihm darüber hinaus noch ein größerer Raum als den anderen zugewiesen. Später verteilt Ramses III. seine syrische Beute so, daß der Tempel in Theben zwar den Löwenanteil bekommt, aber auch die Re-Stadt On und der Ptahtempel von Memphis hinreichend berücksichtigt werden[24].

Selbst in den Heiligtümern des Sonnengottes findet Ptah einen gebührenden Platz. Im gewaltigen Felsentempel von Abu Simbel läßt Ramses II., wie erwähnt, sein eigenes Standbild zwischen Amon-Re und Re-Horachte aushauen, doch links daneben Ptah darstellen (Vgl. Abb. 85). Selbst thebanische Priester haben Ptah Tribut zu zollen. Innerhalb des Karnakheiligtums befindet sich ein "Haus des Ptah südlich seiner Mauer", welches Amon jährlich während einer Festprozession besucht. In welchem Maße der ramessidische König sich im Blick auf seine Regierungstätigkeit dem Hauptgott von Memphis verpflichtet weiß, läßt das *Ptah-Tatenen-Dekret* erkennen[25], das Ramses II. im Sonnentempel von Abu Simbel und Ramses III. in dem Amon gewidmeten Tempel von Medinet Habu haben aufzeichnen lassen. Trotz des am Ort verehrten Amon-Re führen die

Herrscher ihre Bestallung auf den memphitischen Gott zurück. Dieser war es, der in der Gestalt des Widders von Mendes – der in dieser Zeit als Ba-Seele des Ptah gilt, während er später in dieser Funktion Osiris zugeordnet wird – zur Königsmutter eingegangen war und den künftigen König gezeugt hatte. Infolgedessen ist der Leib des Ramses golden wie bei Göttern, seine Knochen aus Bronze, sein Arm aus Erz. "Ich versehe deine Glieder mit Leben und Glück" versichert ihm Ptah, aber auch "ich will dir große Nile geben", so daß sich Ober- und Unterägypten von den Speisen des Königs ernähren. Ptah-Tatenen erstreckt sich in allen Ländern und Leibern, allenthalben zugunsten des Königs wirksam: "Ich fessle die Herzen der Länder unter deinen Füßen, ich setze dein Ansehen in jedes Herz und die Liebe zu dir in jeden Leib, Schrecken vor dir in jedes Fremdland." Anderwärts gilt Ptah-Tatenen als Erhaltseele des Königs[26]. Deshalb gehört auch das Ausland der Ka-Seele des Königs "ewiglich". In einer Dankantwort bekennt der König: "Ich bin dein Sohn, du hast mich in deiner Erscheinung und deiner Gestalt geformt." Der göttliche Vater des Königs kann also gemäß der Vielfalt der Zugangsweisen in Re wie in Ptah gesehen werden. Doch der Sonnengott ist für diesen Text auch von Ptah-Tatenen erzeugt, der also der größere Schöpfer ist, wie denn alle Götter "aus deinem Leib entstanden sind, gemäß ihrer Farbe und ihrer Gestalt". Wie Ptah beim "Ersten Mal", will Pharao Ägypten neu schaffen.

Wie für Amon erklingen für Ptah rühmende Gesänge. Der Berliner *Ptah-Hymnus*[27] läuft auf weite Strecken im Preis dieses Gottes dem parallel, was der Leidener Amon-Hymnus vom thebanischen Hauptgott gekündet hat. Ein Vergleich der einschlägigen Motivkreise ist für Übereinstimmung und Differenz aufschlußreich. So gilt Ptah

1. als allgemeiner *Lebensgott* und Spender von Luft und Nilflut wie sonst Amon. "Keiner ist es, der ohne dich leben könnte, denn aus deinen Nasen geht die Luft hervor und aus deinem Munde die Flut." Die nähere Entfaltung weist aber in andere Richtung als die Aussagen über die verborgene Sonnenmacht; denn jetzt heißt es: "Du begrünst die Erde" (Z. 110). Mit Wasser und Pflanzen hat Ptah es häufig zu tun, faßt er doch das Urgewässer Nun und den Nil in sich und läßt das Meer entspringen "als Ausfluß seines Leibes" (Z. 39-42). Mit Licht hingegen hat Ptah es nur dann zu tun, wenn er dicht an Amon-Re heranrückt, ihm dessen Doppelfeder und Aufgang im Lichtland, auch dessen Querung des Himmels und der Unterwelt (Z. 11-6), zugeschrieben wird.

2. Auch als *Feindbezwinger* und Erdbeherrscher kann Ptah sich erweisen. Vor ihm zittern die Ba-Seelen aller Länder (Z. 56). Weit mehr als Wirkungen nach außen wird jedoch seine *ordnende* Tätigkeit im heimischen Land als "Herr der Maat" hervorgehoben, ein Prädikat, was auch sonst "das für Ptah eigentlich kennzeichnende"[28] ist.

3. Breiten Raum nimmt die Stellung als alldurchdringender *Welterstling* ein. Ptah wird in Zweieinigkeit mit einem seit dem Mittleren Reich allmählich aufgekommenen Erdgott Tatenen verbunden, der eigentlich "das sich erhebende Land" heißt und damit jene Urkraft beinhaltet, die zuerst aus dem Urgewässer aufgetaucht war und sich hernach in die verschiedenen Seinsarten entfaltet hatte. Deshalb wird Ptah herausgestellt als der "ohne Vater und Mutter", urtümlicher anscheinend noch als Amon, der schon in früheren Zeiten auf Ptah als dessen Schöpfung zurückgeführt worden war[29]. Da Ptah auch die Unterwelt gestaltet hat, traut ihm der Sänger zu, daß er allnächtlich auf einer Barke wie Re die Unterwelt durchschifft und die Leichname sich bei seinem Vorbeiziehen aus der Totenstarre lösen (Z. 168.126-145). Nicht weniger als Amon durchdringt Ptah leibhaft-riesig das All: "Deine Füße sind auf der Erde, dein Haupt ist im Himmel, in deiner Verkörperung dessen in der Unterwelt" (Z. 90-3).

4. Der *Bezug zu anderen Göttern* ist vielschichtig. Wo der Sonnenlauf nicht einfach als Wirksamkeit des Ptah selbst erscheint, wird Re als Sohn dieses Gottes angesprochen – nicht umgekehrt –, von dessen Mund gezeugt, durch dessen Hand geformt, "er (Re) geht auf auf deinem Haupt, er geht unter auf deinen Armen, du leuchtest ihm auf den geheimen Wegen" (Z. 84-89). "In seinem Namen Re" läßt Ptah den Sonnenball dahingleiten (Z.150-4). Das Verhältnis läßt sich so ausdrücken, daß Ptahs rechtes Auge die Sonne, sein linkes der Mond ist (Z. 123-4). Andere große Gottheiten stehen je nach dem näher oder ferner. Handwerker- und Schöpfergott, wie es Ptah ist, verschmilzt er mit dem Töpfergott Chnum, auch mit der göttergebärenden thebanischen Mut ungeachtet geschlechtlicher Differenz. Der Erdgott Geb liegt auf ihm, Ptah ist also dessen Urgrund; die Himmelsgöttin Nut wird von Ptah gestützt (Z. 33-37). Tatenen ist seine erste urzeitliche Erscheinungsform (Z. 72).

5. Auch *verborgenes* Wesen weiß der Hymnus bei Ptah zu entdecken: "Die Götter zittern vor ihm, sie heiligen sich auf seinen geheimen Namen" (Z. 275-6). Doch dieser Zug ist geborgt und ohne größere Bedeutung. Auffällig ist, daß die in Hymnen von Privatleuten an Ptah zum Ausdruck kommende Zuwendung des Gottes zum einzelnen[30] im Berliner Hymnus keine Erwähnung findet.

Vergleicht man den Ptah-Hymnus mit ramessidischen Amon-Hymnen, so reichen die Übereinstimmungen so weit, daß der moderne Betrachter sich fragt, warum überhaupt zwei verschiedene Gottheiten vorgestellt werden. Bei näherem Zusehen zeigen sich jedoch charakteristische Unterschiede. Amon erscheint hintergründiger, geistiger, universaler, vereint die Ba-Seelenhaftigkeit vornehmlich in sich; Ptah hingegen gilt als erdverbundener, leibhafter und primär als Ka-Seele. Nicht von ungefähr wird "Haus des Ka des Ptah" seit dem Neuen Reich zum Namen für die Stadt Memphis. Auf bildlichen Darstellungen hält Ptah ein dreifaches Zepter in den Händen mit Dauerhaftigkeit *Dsched*, Lebenskraft *Anch* und Heil *Was* (siehe Abb. 85), während Amon nur ein Anchzeichen bei sich trägt. So begreift sich, daß die ramessidischen Könige und Priester und wohl auch das Volk weder auf den einen noch den anderen verzichten können. Keiner wird dem anderen grundsätzlich übergeordnet. Für die Ägypter bestand offensichtlich die Möglichkeit, beide Gestalten als alldurchdringende Leiber nebeneinander zu denken, weil sie sich Leiblichkeit nicht als organisch-abgeschlossen vorstellen. Obwohl übereinstimmende Prädikate für beide eher gesucht als vermieden werden, kommt es dennoch zu keiner 'Bindestrich'-Gottheit Ptah-Amon. Die festgehaltene Parallelität von zwei Ur- und Herrschaftsgöttern beweist nochmals die Neigung des Ägypters zu einer Vielheit von Zugangsweisen, wenn tiefgehende Probleme von Welt und Mensch auftauchen. Das aber läßt an der These zweifeln, daß die Ramessidenzeit von der Leitidee eines einheitlichen Hintergrundes alles Göttlichen bestimmt war.

Überdies wird gelegentlich in ramessidischen mythischen Texten Re nicht nur zur Zeit der Abendsonne, sondern überhaupt als vergreist und schwach geschildert, so im Text über die Himmelskuh (s.u. S. 386) oder die List der Isis[31].

17.3 Erschaffung der Welt durch das göttliche Wort. Das Denkmal memphitischer Theologie

Aus der Reichshauptstadt der ersten Ramessidenkönige stammt vermutlich eine lehrhafte Abhandlung, von Ägyptologen "Denkmal memphitischer Theologie" genannt und als "aufschlußreichste Quelle für den inneren Gehalt ägyptischer Religion" angesehen[32]. Der Text preist nicht nur den Gott Ptah als Welterstling und Allgott, sondern läßt die Welt, die aus ihm hervorgeht, durch sein Wort geschaffen werden, wie wir es sonst fast nur vom biblischen Gott hören. Leider schwanken die Ansetzungen des Textes zwischen dem Beginn des 3. Jt. und etwa 700 v.Chr.! Erhalten ist er auf einer Steinplatte, welche der König Schabaka (712-698) nach einem alten, zerfressenen Papyrus beschriften ließ, wie er behauptet; jene wurde später als Mühlstein benutzt und ist deshalb nur teilweise leserlich. Was erhalten ist, berichtet zuerst vom Streit zwischen den Göttern Horus und Seth um den Königsthron und verlegt ihn nach Memphis. Danach wird in einer Art Preislied Ptah als vielgestaltiger Urgott und seine Ausdifferenzierung durch die Weltenstehung, wiederum von Memphis aus, gefeiert.

Da es sich um einen mythischen Nachweis – anläßlich einer Begehung vor einer Ptah-Statue? – für die Legitimation von Memphis als Stätte der Vereinigung der beiden Länder handelt, wurde das Denkmal früher zeitgeschichtlich gedeutet. Es wurde auf den Anfang des Alten Reiches zurückgeführt, als die Erinnerung an die Kämpfe um die Reichseinigung noch lebendig war (Sethe). Gegen eine so frühe Ansetzung haben sich in den letzten Jahren zunehmend Zweifel erhoben. Gleich eingangs wird nämlich der Hauptgott Ptah als König von Ober- und Unterägypten mit dem Erdgott Tatenen als "dieser Ptah, der mit seinem großen Namen Tatenen genannt wird"

(Z. 3) zusammengestellt. Eine identifizierende Namensrelationierung Ptah-Sokar-Osiris-Tatenen ist erst unter Seti I., die Zweierformel Ptah-Tatenen sogar erst unter Ramses II. zu belegen. Die letzte steht der im Denkmal gebrauchten ungewöhnlichen Verbindung Tatenen-Ptah (Z. 64) ziemlich nahe. So ist neuerdings das Pendel nach der entgegengesetzten Seite ausgeschlagen und behauptet worden, der Text sei eine Erfindung der Zeit Schabakas (Junge). Doch dieser König war als Vertreter der kuschitischen Dynastie ein leidenschaftlicher Amonverehrer, von Amon verlautet aber überraschenderweise im Denkmal kein einziges Wort. So scheint ein vermittelnder Vorschlag bedenkenswert, der das memphitische Denkmal in die Ramessidenzeit verlegt (Schlögl). Da die damaligen Könige Ptah einen besonderen Platz neben Amon und Re einräumen, läßt sich durchaus denken, daß ihre Priester in Memphis die Einzigkeit ihres Gottes über den thebanischen Rivalen gestellt haben.

Im ersten Teil erhält die alte heliopolitanische Überlieferung vom Götterprozeß im Fürstenhaus zu On einen memphitischen Rahmen. Vorangestellt wird der Verweis auf Ptah als Urkönig, der die beiden Länder vereinigt und als König von Unter- und Oberägypten erschienen ist sowie die Neunheit geboren hat. Danach erst wird vom Zwist innerhalb der Neunheit über die Nachfolge im Königtum des Osiris erzählt. Der Erdgott Geb hat als Gerichtspräsident nach dem Tod des Urkönigs Osiris das Land zunächst zwischen den beiden Rivalen Horus und Seth geteilt, dann aber in einem zweiten Akt das Erbe allein dem Erstgeborenen Horus zugesprochen: "Dieser ist der Vereiniger des Landes, verkündet in seinem großen Namen: Tatenen ... Herr der Ewigkeit" (Z. 13c). Horus und damit der von ihm abkünftige König verschmelzen also mit (Ptah und) Tatenen. An die Vereinigungsstätte in Memphis wird zugleich der Begräbnisplatz des ertränkten Osiris verlegt. Das urzeitliche Geschehen, bei dem nur Götter agieren, will zweifellos eine Ätiologie für den bleibenden Vorrang von Memphis vortragen.

Zu solcher in Ansätzen narrativen Mythe tritt im zweiten Teil eine Rückblende in eine noch frühere Urzeit, als es die Götter noch nicht gegeben hat. Damals gab es nur ein einziges Wesen, Ptah in vielfältiger Erstreckung (Z. 49a ff):

> Ptah-Der auf dem großen Thron ...
> Ptah-Nun, der Vater, der Atum erzeugte,
> Ptah-Naunet, die Mutter, die Atum gebar.
> Ptah-Der Große, dieser das Herz und die Zunge der Götter-Neunheit ...
> (Ptah) ... Nefertem an der Nase des Re Tag für Tag ...
> Es entstand etwas als/im Herz (oder: das Herz entstand) als Gestalt des Atum.
> Es entstand etwas als/auf der Zunge (oder: die Zunge entstand) als Gestalt des Atum.
> Der sehr Große ist Ptah, der Leben gibt allen Götter und ihren Ka-Seelen durch dieses Herz und durch diese Zunge.
> Aus ihm ist Horus hervorgekommen als/aus Ptah, aus ihr ist Thot hervorgekommen als/aus Ptah.

> Seine Neunheit ist vor ihm als Zähne und Lippen. Sie sind der Same und
> die Hände des Atum ... Doch die Neunheit sind die Zähne und Lippen im
> Munde, welche die Namen jedes Dinges aussprechen (so daß es entsteht),
> aus denen Schu und Tefnut hervorkamen.

Seit alters hat Ptah als Gott der Handwerker und Künstler als überlegener Planer gegolten, zugleich auch als unentbehrlicher Faktor für das Königtum. Er gehörte zu den wenigen Göttern, die seit je menschengestaltig abgebildet werden; ihm eignet also im besonderen Maße anthropomorphe Art. Revolutionär wird die Aussage dadurch, daß Ptah als der Anfang schlechthin mit pantheistischen Zügen beschrieben wird. Die Urgewässer Nun und Naunet waren nicht etwa außerhalb seiner, sondern gehören zu seinem allumfassenden Wesen, ohne daß er dadurch zu einer chaotischen Anfangsmacht herabsänke. Vielmehr befand er sich von je her auf seinem großen Thron, war also Wille und Herrschaft. Aus ihm ging Atum hervor, jener Urgott, der nach der Lehre von On als Erstling aus dem unpersönlich gedachten Nun-Wasser aufgestiegen war und dann, als seine Geschlechtskraft sich zu regen begann, mehr oder minder instinktiv eine Masturbation durchgeführt hatte, woraus dann das erste Götterpaar Schu und Tefnut entstanden sein soll. Von diesem Paar stammen dann durch reguläre Zeugungen die weiteren Göttergenerationen der Neunheit ab — so hatte man sich das dort vorgestellt. Die memphitische Priesterlehre verinnerlicht den Vorgang. Der Anfang aller Dinge war nicht eine männliche Kraft; denn das Männliche ist notwendig auf ein weibliches duales Komplement angewiesen. Deshalb war Ptah als der Anfängliche Vater und Mutter zugleich, männliches wie weibliches Urwasser sowie ein darüber aufragender Thron. Atum entstand in Ptah, zweifellos durch dessen Willen; und jener wird für diesen Gott zu Herz und Zunge. Atum ist also in den Leib eines größeren eingegliedert.

Die anthropologische Verwurzelung ägyptischer Mythologie wird an dieser Stelle beispielhaft durchsichtig. Gemäß den Lehren der früheren Weisheit gelten Herz und Zunge nicht nur als Körperteile, sondern als maßgebliche Seelen- und Willenskräfte. Im Herzen wird nicht das Gefühl, sondern das Denken geortet. Mit der Zunge aber wird die Sprachlichkeit in eins gesehen. Zugleich wird erkennbar, wie sehr ein König gesteigertes Menschsein verkörpert; denn die schöpferische Rolle von Gedanken und Wort wird nirgends so erfahrbar wie bei den Anordnungen des Monarchen. Sein Wort setzt sich bei ungezählten Untertanen durch. Eine solche Fähigkeit zeigt wunderhafte Züge; deshalb verbinden die Ägypter mit dem Auftreten ihres Königs zwei göttliche Wirkungsgrößen, nämlich Sia, die Erkenntnis, und Hu, das autoritative Wort; beides sind Götter, und göttlich wird durch sie jeder Akt, den der König oder Gott mit ihrer Hilfe vollbringt.

Sia und Hu sind nicht ausdrücklich genannt, aber mit Herz und Zunge deutlich gemeint. In On waren die zwei Letztgenannten ständige Begleiter des Sonnengottes Re-Atum. Dessen Platz nimmt der memphitische Ptah ein, aber so, daß Atum nicht mehr gleichrangig neben ihm steht, sondern in ihm als ein Teil von mehreren aufgeht. Ebenso werden Horus und Thot als Herz und Zunge und die Neunheit insgesamt in Ptah eingekörpert. Der umfassende Gott ist also in sich etwa folgendermaßen gegliedert, wobei im oberen Rahmen der göttliche Ursprungsbereich, im unteren der abhängige "irdische" Bereich zusammengefaßt werden:

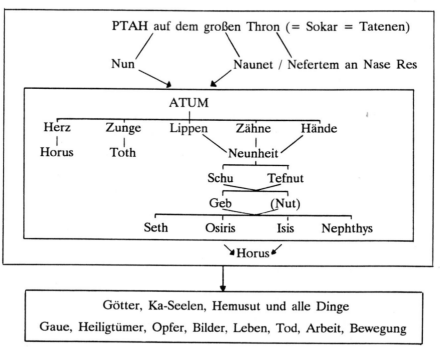

Ptah als Schöpfer wirkte nicht nur in der Anfangszeit. Was er hervorbringt, bleibt Bestandteil seines Wesens. Seine Herz-Zungen-Struktur findet sich in allen Lebewesen (Z. 54):

> Es haben bekommen Herz und Zunge Herrschaft über alle Glieder, um zu lehren, daß er (Ptah) voran in jedem Leibe und in jedem Mund anwest, bei allen Göttern, allen Menschen, allem Vieh, allem Gewürm und allem, was lebt.

Indem Sia und Hu nicht mehr allein dem König vorbehalten werden, wird die ältere Königsauffassung demokratisiert. (Das bedeutet vermutlich keine Leugnung von sozialen Abstufungen im Alltag.) In der Fortsetzung wird ausgeführt, daß die Einteilung der Erde und ihrer Institutionen dem wort- und erkenntnisgewaltigen Urgott zuzuschreiben ist. Er hat die Städte gegründet, die Gaue eingeteilt, die Heiligtümer, Opfer und Gottesbilder entstehen lassen.

Ptahs Wirken beschränkt sich jedoch nicht auf den kosmologischen Bereich, sondern zielt von Anfang an auch auf den sittlichen Ausgleich als integrierendes Moment seiner Schöpfung:

> So wurden auch die Kas (Erhalt- und Gestaltseelen) und die Hemusut-Seelen (die weiblichen Entsprechungen) bestimmt, daß sie hervorbringen alle Nahrung und alle Speise durch dieses Wort, daß sie hervorbringen, was gehaßt und geliebt wird. So wird Leben gegeben dem, der friedfertig ist, und Tod dem Verbrecher.

Nach herkömmlicher Ansicht haben der Ka und sein weibliches Gegenstück die Gestalt des Menschen festzuhalten und ihn mit Nahrung zu versorgen. Nunmehr wird beiden Seelenkräften zusätzlich aufgetragen, dort, wo ein Mensch frevlerisch handelt, sich von ihm zu trennen, ihn zu "hassen" und ihn dem Tod zu überliefern, während umgekehrt der Rechtschaffene "Geliebtes" erhalten soll. Der altüberkommene Ehrenname Ptahs "Herr der Maat", Bewahrer der Gerechtigkeitsordnung, bewahrheitete sich also schon in uranfänglichen Setzungen, die das Funktionieren des Tun-Ergehen-Zusammenhangs für alle Zeiten festsetzen.

Es gibt keinen anderen ägyptischen Text, in dem die Theogonie und Kosmogonie so sehr als einheitliches, kontinuierliches *Wortgeschehen* begriffen werden wie hier. Voran geht das Herz des Gottes mit seiner Planung, dann äußert sich die Zunge und das wirksame Wort. Auf diese Weise realisiert sich Ptah in einer geordneten Welt, die er Stufe um Stufe aus sich heraussetzt. Erst bei dieser memphitischen Lehre läßt sich von einer wirklichen Schöpfungsidee in Ägypten reden. Alles, was sonst in diesem Zusammenhang überliefert wird, zielt mehr auf Weltentstehung aus dumpfen Prozessen. Indem die hergebrachte Theogonie von On in eine Begriffswelt von Wort und Plan eingebaut wird, wird sie nicht nur vergeistigt, sondern auch notwendig entmythisiert. Für Junker zeigt sich darin "der erste nachgewiesene planmäßige Versuch ..., die Vielheit der Hauptgötter in einer Einheit zu überwinden"[33].

An keiner anderen Stelle reichen ägyptische Aussagen so sehr an das heran, was Jahrhunderte später in Israel als Schöpfung durch das Wort vorgetragen wird, etwa im ersten Kapitel der Bibel. Die Nähe fällt um so mehr auf, als ein Absatz endet: "So ruhte Ptah, nachdem er alle Dinge und alle Gottesworte gemacht hatte" (Z. 59; vgl. Gen 2,1). Vielleicht haben Ptah-Tempel im ägyptisch besetzten Palästina einen maßgeblichen Anstoß an die jüngere biblische Gedankenwelt vermittelt[34].

Innerhalb der ägyptischen Religionsgeschichte bleibt die Ausklammerung der *Sonnenreligion* auffällig und ohne Erklärung. Im memphitischen Denkmal verlautet kein einziges Wort von Amon, dem großen Gott von Theben! Re wird, obwohl in der Mythologie von On die wichtigste Gottheit, nur beiläufig erwähnt (Z. 63). Junker sieht deshalb[35] in diesem Text eine bewußte Antithese zur Sonnenreligion: "Schärfer und ausdrücklicher ist in der Geschichte der ägyptischen Religion nie eine Lehre der anderen entgegengetreten, abgesehen von der Auseinandersetzung zwischen Aton und Amon in der Amarnazeit." Tendenzen der Ramessidenzeit entspricht schon eher, wie das nächste Kapitel zeigen wird, daß Osiris einen breiten Raum einnimmt, weniger als Herrscher des Totenreiches, sondern als Urkönig, dessen Nachfolge geregelt werden muß.

Andere Texte des ausgehenden Neuen Reiches betonen die Weltentstehung aus Ptah ebenso wie das "Denkmal", sind dabei aber bestrebt, auch dem Sonnengott eine belangreiche Rolle einzuräumen, sei es als Sohn des Ptah wie im oben angeführten Berliner Ptah-Hymnus, sei es als dessen Nachfolger in der Götterdynastie wie im Turiner Königspapyrus. In einer aus der gleichen Zeit stammenden Erzählung über den Streit zwischen Horus und Seth tritt Re-Horachte zwar als Präsident der Götterversammlung auf, doch zugleich wie Osiris als Sohn des Ptah, der den Himmel geschaffen und den Sternen ihren Weg gewiesen hat[36]. Wo die Kompositfigur Ptah-Tatenen abgebildet wird, erhält sie als Attribute wie Amon Widdergehörn, Doppelstraußenfeder und Sonnenscheibe.

Abb. 87 Ptah-Tatenen

Falls ramessidische Kreise nach einem pantheistischen Weltgott gesucht haben, war sein Name nach diesem Text Ptah und gerade nicht Amon. Immerhin wird dem Rang des Sonnengottes sonst durchweg in dieser Zeit Rechnung getragen. So bleibt die Ansetzung des Denkmals memphitischer Theologie in der Ramessidenzeit hypothetisch.

Das Nebeneinander von Ptah und Amon-Re wird mancherorts durch eine triadische Konstruktion der höchsten Götter Amon + Re + Ptah gedanklich erklärt, worauf unten einzugehen ist. Zuvor aber ist von Göttern zu handeln, die neben diesen drei in der zweiten Hälfte des Neuen Reiches bedeutsam werden.

17.4 Seth als Gott der Gewalt

In einem Zeitalter, in dem die Pharaonen wieder kriegerisch nach Asien vordringen wollen, wird der Gott Seth (vielleicht *seteh* gesprochen), jener alte Rivale des Horus, der seit je ein Glied der Neunheit von On gebildet hatte, mit seiner ungestümen Kraft zu einem wichtigen Faktor neben Amon, Re und Ptah. Zwei Könige heißen nach ihm Seti.

Ramses II. verlegt seine Hauptstadt, die er fortan *Ramsesstadt* nennt, an den Platz der alten Hyksosmetropole Awaris. Diese war zugleich Heiligtum des Seth als des Gottes der östlichen Wüste und des asiatischen Fremdlandes in einer einem syrischen Hadad/Baal verwandten Gestalt. Neben strategischen Gründen sind es kultische, die den König diese Stadt zum Zentrum wählen lassen. In ihr werden künftig der Amon des Ramses, der Ptah des Ramses, der Re des Ramses und der Seth-Groß an Kraft-des Ramses verehrt. Je einem dieser Gottheiten werden auch die vier königlichen Armeekorps zugeordnet. In der neuen Hauptstadt läßt Ramses II. eine Stele zur 400-Jahr-Feier der Begründung des

Sethkultes aufstellen[37]. Er trägt also keine Bedenken, an die einst so verabscheute Hyksosüberlieferung anzuknüpfen. Seth gilt nun als die Macht, die im ägyptischen Interesse die Feinde verwirrt und besiegt.

Der Aufstieg Seths, bisher als Gottes- und Landesfeind beargwöhnt, zu einer eminent wichtigen Königskraft wird auch aus der schon erwähnten Erzählung vom Streit zwischen Horus und Seth erkennbar[38]. Sie schildert das Göttergericht zu On "in the spirit of Offenbach"[39]. So kann Horus in momentaner Verärgerung seiner Mutter Isis den Kopf abschlagen, der dann magisch erneuert werden muß. Und Seth scheut sich nicht, seine homosexuellen Gelüste zwischen den Schenkeln des Horus zu befriedigen. Nichtsdestoweniger wäre es verfehlt, daraus auf eine verächtliche Einschätzung dieser Götter zu schließen. Die Rangordnung im Götterpantheon wird durchaus ernstgenommen. Seth beansprucht die Nachfolge der Osirisherrschaft mit der Begründung: "Ich bin Seth, Größter an Stärke innerhalb der Neunheit. Denn ich schlage die Feinde von P-Re (mit neuägyptischem Artikel vor dem Gottesnamen) jeden Tag, am Bug der Barke der Millionen stehend, und kein anderer Gott vermag das." Der Sonnengott Re-Horachte, der zwar die Nummer 1 im Pantheon einnimmt, aber keineswegs allmächtig ist und sich bisweilen lächerlich benimmt, neigt während der Auseinandersetzung mehr Seth zu als Horus. Als ihn die Göttermehrheit zum Einlenken zwingt, urteilt er zwar zu Horus' Gunsten, befiehlt aber zugleich auf Fürsprache Ptahs "Laßt Seth, den Sohn der Nut, mit mir wohnen und mein Sohn sein. Er soll im Himmel donnern und gefürchtet sein." Als Ausgleich für das verlorene Königtum erhält er Anat und Astarte als Gefährtinnen zugesprochen, die Töchter des Re. Dabei handelt es sich um zwei aus Syrien übernommene Kampfgöttinnen, die anscheinend als besonders aggressiv und deshalb auf dem Schlachtfeld als zuverlässiger gelten als ägyptische Gottheiten. Ständig von zwei so leidenschaftlichen Frauen begleitet zu sein, bietet Seth anscheinend einen durchaus ausreichenden Ersatz für den Herrschaftsverzicht.

Abb. 88 Seth mit oberägyptischer Krone, zwei Lanzen und Schild

Dieser Aufstieg Seths, der dem solaren Kreis vordem relativ fern stand, läßt sich schwerlich aus monotheistischen Neigungen erklären. In der mythologischen Theorie verbleibt er freilich im zweiten Glied als Sohn der Himmelsgöttin Nut und des Re. Doch seine neue positive Einschätzung wird selbst auf den Himmel übertragen, wo er fortan in der Sonnenbarke zum Vorkämpfer gegen den Drachen Apophis wird.

17.5 Hathor als Macht der Musik, des Rausches, der Liebe und der Wut

Das persönlich werdende Verhältnis zu großen Göttern in der ramessidischen Zeit bezieht auch ein weibliches göttliches Wesen ein, nämlich Hathor. In Theben spielt sie seit langem eine wichtige Rolle als Wildkuh in den Höhen des westlichen Gebirges, wo sie die Gräber der Toten schützt. Für den König stellt Hathor eine wichtige Bezugsperson dar, als Herrin der Gesamtheit (der Erde) und als Gold (Inbegriff von Reichtum) gibt sie ihm besondere Lebenskräfte. Vor allem hat sie ihn schon in seinen Anfängen als göttliche Amme versorgt, ihm die überirdische Kuhmilch gegeben und Jahre der Ewigkeit sowie die Verklärungsseele, den Ach[40].

Ihr Hauptkultort ist Dendera. Dort wird ihr ein falkenköpfiger Gott Horus Behedeti als Gatte zugeordnet. Zu dessen Heiligtum in Edfu zieht sie in späterer Zeit mit einer Schiffsprozession einmal im Jahr. Als beider Kind gilt ein junger Horus, Horus der Landesvereiniger, Hor-Somtus. Der ägyptische Pharao und seine Gattin spiegeln auf Erden das Verhältnis des göttlichen Paares wider. So ist der große Tempel von Abu Simbel dem König und seinem Schutzgott Horus-des-Lichtlandes (Horachti) geweiht, der danebenstehende kleinere Tempel der Königin und ihrer Schutzmacht Hathor. Seit dem Mittleren Reich tragen die Königinnen mit Stolz die schwere Perücke der Hathor mit den weit herabfallenden Hathorlocken.

Abb. 89 Hathor mit Sonnenscheibe, in den Händen Sistrum und Menit, vor ihr ein weinspendender König

Von Anfang an war die Göttin nicht nur als Inbegriff von Schönheit verehrt worden, sondern als der göttliche Geist der Musik, insbesondere der sakralen. Dazu stehen den Priesterinnen der Hathor zwei Instrumente zur Verfügung. Einmal ein Rasselinstrument, das *Sistrum*. Sobald es an seinem Griff geschwungen wird, erklingen Drähte im Inneren und geben hohe Töne von sich. Bei den meisten erhaltenen Stücken befindet sich über dem Griff ein Hathorkopf; rechts und links vom Klangkörper befinden sich Spiralen, die wohl das Kuhgehörn stilisiert wiedergeben. Bei allen möglichen kultischen Anlässen wird das Sistrum zum Lobe der verschiedensten Götter benutzt, der Orgel im christlichen Gottesdienst vergleichbar. Anders als diese ist es jedoch Machtträger, enthält *sechem* in sich oder magischen Schutz *sa*. Hathors zweites Instrument ist das *Menit*. Es besteht aus parallelen Perlenschnüren, die an ihrem Ende zusammengefaßt werden und dort ein rechteckiges oder trapezförmiges Anhängsel haben, das ebenfalls gern Hathor oder ihren Kopf zeigt.

Als das Zeitalter persönlicher Frömmigkeit anbricht, gerät Hathor in ihr eigentliches Element. Ihrer Anziehungskraft entzieht sich kein Ägypter. Vielleicht schon in den Pyramidensprüchen (vgl. Pyr 562) hatte Hathor mit Liebe zu tun. Doch im späten Neuen Reich wird die Liebe zwischen Mann und Frau ihr eigentliches Tätigkeitsgebiet. Um diese Zeit entsteht in ägyptischen Schreiberschulen eine freizügige und bisweilen modern anmutende Liebesdichtung. Was immer als Auf und Ab der erotischen Erlebnisse besungen oder beweint wird, hat mit Hathor zu tun. Da seufzt das Mädchen:

> Der Geliebte verführt mein Herz mit seiner Stimme und läßt mich Krankheit befallen ...
> Geliebter, ach wäre ich dir anbefohlen vom Golde (der Göttin) der Frauen[41].

Bei Liebesangelegenheiten werden Hathor Gelübde gemacht und Erhörungen erlebt. Unerwartet kann die Göttin Liebesglut in die Herzen schütten und dann vermag kein junger Mann zu widerstehen. Selbst die Düfte der Nacht sind von der Göttin gewirkt und das Verlangen, das dadurch erwacht:

> Es sinkt der Himmel auf Luft, die ihn nicht trägt,
> und er bringt dir seinen Duft,
> einen betäubenden Geruch, der die trunken macht,
> die gegenwärtig sind.
> Siehe, die 'Goldene' überweist sie dir als Gabe, um dich dein Leben auskosten zu lassen[42].

Wo Menschen in Leidenschaft zueinander entbrennen, hat die Göttin ihre Hand im Spiel. Was in den Liebesliedern tändelnd vorgetragen wird, klingt ernsthafter, wenn verheiratete Frauen nach Dendera wallfahren, um für Empfängnis und Geburt zu beten. Denn Hathor macht die, die sie verehren, zeugungs- und gebärfähig. Dem Manne hingegen, der ihr den Dienst verweigert, wird angedroht, daß seine Zeugungsfähigkeit erlischt. Kommen die Frauen zum Tempel der Hathor, legen sie dort kleine, nackte weibliche Figürchen nieder; sie stellen wahrscheinlich nicht die Göttin dar, sondern die Beterin. Sie gibt zu erkennen, daß sie mit ganzem Herzen zum Beilager bereit ist, sich gleichsam schon ausgezogen hat. Um den Mann zeugungsfähig zu machen, wird der Göttin gelegentlich ein Phallos in Gold als Geschenkt überreicht.

Hathor liebt Ausgelassenheit und Fröhlichkeit. Bei ihren Festen in Dendera herrscht Musik und Tanz und Weingenuß. Sie freut sich über den Rausch der Menschen. "Dir lärmen die Trunkenen in der Nacht", heißt es in einem Lied. Das Hauptfest in Dendera ist eine Feier der Trunkenheit. Bei dieser Gelegenheit tanzt selbst der ägyptische König, spielt das Sistrum vor allem Volk und überreicht der Liebesgöttin einen Weinkrug[43].

Während bei den großen Göttern vorausgesetzt wird, daß sie allein im Niltal ihre eigentliche Wirkung ausüben, wird bei der Göttin der Liebe und des Rausches damit gerechnet, daß sie überall unter den Völkern anwest, denn Eros ist international. Überall entspringt das Neigen von Herz zu Herz und von Leib zu Leib ihrer numinosen Kraft. Hathor wohnt deshalb auch in Byblos an der phönikischen Küste oder bei sonst verachteten Nomaden in Libyen. Selbst Tiere lassen ihr Lobpreis zukommen, ja Himmel und Erde musizieren für die Göttin[44].

Weil Hathor impulsiv und ekstatisch ist, wird sie nicht nur geliebt, sondern bisweilen gefürchtet. Ihr emotionales Wesen kann in Zorn umschlagen, der keine Grenzen kennt. Denn Hathor treibt ihr Wesen nicht nur beim Verkehr der Geschlechter, sie ist auch – seit Jahrhunderten für die Ägypter – eine kosmische Macht und gehört in den Umkreis des Sonnengottes als die Goldene, als Auge des Re. Davon erzählt ein eigentümlicher Text, die *Mythe von der Himmelskuh*. Danach war der Sonnengott alt geworden. Seine Herrschaft übte er nur noch lässig aus. Die Menschen haben das gemerkt und sich empört. Um der Aufrührer Herr zu werden, läßt Re sein Auge los und läßt es "als Hathor zu ihnen herabsteigen", um das menschliche Geschlecht zu vernichten.

> Da kam diese Göttin (zurück), nachdem sie die Menschen in der Wüste getötet hatte (bei einem ersten Angriff, noch sind nach der Fortsetzung nicht alle ausgelöscht). Und die Majestät dieses Gottes (Re) sprach: "Willkommen in Frieden, Hathor, die dem Schöpfer geholfen hat, als ich zu ihr gekommen bin!"
> Darauf sagte diese Göttin: "So wahr du für mich lebst, als ich mich der Menschen bemächtigt habe, war es angenehm für mein Herz."

In der Fortsetzung bekommt Re Mitleid mit seinen menschlichen Geschöpfen. Um die weitere Angriffslust Hathors zu bremsen, wendet er eine List an. Sklavinnen brauen Bier aus Gerste, in das zerriebener Ocker gemischt wird, "so daß (es) wie Menschenblut war, und es wurden 7000 Krüge Bier zubereitet". Re läßt das Getränk über die Fluren ausschütten, so daß die Äcker vier Spannen hoch bedeckt sind. Am Morgen stürzt Hathor aufs neue los, erpicht auf Menschenblut; sie sieht die blutrote Flüssigkeit und trinkt sie begierig. Davon trunken, erkennt sie die Menschen nicht mehr. So wird ihr Geschlecht vor der blindwütigen Göttin gerettet. Re aber verzichtet fortan auf die Herrschaft über die Erde und läßt sich von der Himmelskuh Nut nach oben davontragen. Der Sonnengott gibt also nach dieser Erzählung freiwillig seine Herrschaft über die Welt preis.

Die Erzählung erhält eine überraschende Nutzanwendung. Was damals mit Hathor geschah, verdient Wiederholung:

Abb. 90 Himmelskuh und Sonnenbarke im Grab Setis I.

Die Majestät des Re sprach zu dieser Göttin:
"Schlaftrunke sollen für sie bereitet werden an den Jahresfesten, und sie sollen meinen (?) Dienerinnen anvertraut werden."
So entstand das Zubereiten der Schlaftrunke als Auftrag der Dienerinnen am Fest der Hathor[45].

Die Trunkenheit Hathors gilt also als Vorbild für Feiern der Menschen und zwar jeglicher sozialen Klasse.

Die Göttin der Liebe vermag sieben Gestalten aus sich herauszusetzen. *Sieben Hathoren* stehen den Wöchnerinnen bei der Geburt als eine Art Hebammen bei, bestimmen den Neugeborenen den Lebenslauf, indem sie ihr Schicksal voraussagen[46]. Doch können sie auch später noch auf Menschen einwirken. So werden sie im Liebeszauber genannt, wenn ein verzweifelter Liebhaber nicht wagt, sich an die Göttin selbst zu wenden[47].

Auch für den Bereich der Toten behält Hathor Bedeutung, da sie als Kuh das Land der Toten im Westen Thebens behütet. Der Tote hofft nunmehr, durch sie im Jenseits sein bisheriges Leben fortsetzen zu können und zwar so, daß er "Schönes sieht, Tänze und Getränke, Speise und Trank". Bezeichnenderweise hat Ramses II. in seinem Totentempel Liebeslieder niederschreiben lassen. Das Ägyptische Totenbuch enthält einen Zauberspruch (Kap. 103) mit der Abzweckung, "im Gefolge der Hathor zu sein". Hathor wird zudem mit einem schattigen und früchtereichen Baum im Lichtland des Westens gleichgesetzt, wo der Tote Brot und Bier und Korn findet (Totenbuch Kap. 82).

Während des ausgehenden Neuen Reiches nimmt Hathor unter den ägyptischen Göttinnen den wichtigsten Platz ein. Kaum eine andere Gottesgestalt wird so eng mit menschlichen Gefühlen und Stimmungen verbunden. Vermutlich spiegelt sich darin etwas von dem Eindruck, den die Ägypter damals von den weiblichen Mitgliedern ihrer Gesellschaft empfangen haben. Für einen männlichen Liebesgott besteht in Ägypten bezeichnenderweise kein Bedarf. Die unmittelbare Zuwendung der Liebenden an Hathor und der Göttin an sie, wie sie im Neuen Reich so vehement heraustritt, zeigt einen weiteren wichtigen Aspekt im Zeitalter der persönlichen Frömmigkeit.

Dennoch steht Hathor, die in dem politisch belanglosen Dendera aufgesucht wird, als weibliche Erscheinungsform unter den Göttinnen nicht allein. Im Neuen Reich spielen daneben zunehmend Göttinnen eine Rolle, welche dem jeweils leitenden Gott einer Residenz oder einer für den König bedeutsamen Kultstätte beigeordnet werden.

So steht in der Hauptstadt Memphis zwar seit dem 3. Jt. ein Tempel der Hathor; als "Herrin der südlichen Sykomore" verkörpert sie sich in einer Baumgöttin und bedeutet eine für die Regierungsmacht unentbehrliche weibliche Komponente. Den Pharaonen des Neuen Reiches genügt jedoch Hathor nicht mehr. Vielmehr wird jetzt Ptah eine göttliche Gemahlin zugeordnet, die in seinem Tempel verehrt wird und den Namen *Sachmet*, "die Mächtige", trägt. Sie wird meist löwenköpfig dargestellt. Zu beider Sohn wird der in Memphis seit langer Zeit beheimatete Gott mit der Lotosblume, der Gott des Wohlgeruchs Nefertem, erklärt. Sachmet repräsentiert die jäh zupackende Kraft, die vernichtende Gewalt. Daraus ergibt sich ein für ägyptische Verhältnisse erstaunlicher Charakter "von einer ungewöhnlichen Geschlossenheit"[48]. Den häufig in Kriege verstrickten Königen des Neuen Reiches wird sie zur unentbehrlichen Partnerin. Sie begleitet sie auf das Schlachtfeld und verbreitet Schrecken unter dem gegnerischen Heer. Die Pfeile des Königs fliegen hinter den Feinden her wie die der Sachmet[49]. Wenn die vordem den König beschützende Hathor agressiv wurde, war das spontane Regung. Sachmet jedoch ist von Haus aus grimmig und alle Zeit angriffslustig. Mit dieser Löwengöttin spaltet sich ein Kampf- und Kriegsaspekt von Hathor ab. Im Mythos von der Himmelskuh, auf den oben verwiesen war, wo Hathor als Sonnenauge ausgesandt wird, um die Menschen zu bestrafen, ensteht just bei dieser Gelegenheit Sachmet aus Hathor. Für die Fahrt der Barke des Sonnengottes wird sie künftig als Abwehrkraft unentbehrlich[50].

Nicht nur gegen äußere Feinde wendet sich Sachmet, sie sendet verderbenbringende Pfeile auch unter die ägyptische Bevölkerung. Dann entstehen Seuchen und Krankheit. Die Auffassung, daß Krankheiten durch unsichtbare Pfeile aus dämonischem Hintergrund hervorgerufen werden, findet sich im Altertum rings um das Mittelmeer. Doch bei Griechen und Syrern und Babyloniern sind es männliche Götter, die solche Pfeile schießen und Unheil verursachen, wie denn auch die Götter des Krieges männlichen Geschlechtes sind. Die Ägypter trauen der weiblichen Wut größere zerstörerische Wirkung zu. Zur Ehrenrettung der Sachmet ist hinzuzufügen, daß die Göttin nicht nur die krankmachenden Pfeile sendet, sondern auch für Heilung sorgt. Sie ist keine böswillige Macht, sondern wütet um der Weltordnung, um Maats willen. In Ägypten verstehen und organisieren sich deshalb die Ärzte als Priester der Sachmet. Nach dem Vorbild der Sachmet und in partieller Verschmelzung mit ihr nehmen auch mehrere andere Göttinnen löwenartiges Aussehen an, so die unterägyptische Kronengöttin Wadschet, die von Haus aus eine Schlange repräsentiert, die Tefnut von On und selbst die Hasengöttin von Schmun.

Als zu Beginn des Neuen Reiches die Hauptstadt in das oberägyptische Theben verlegt worden war, war auch der Gott Ptah mit seiner älteren Genossin Hathor nach Theben gewandert. Maßgebliche Göttin an diesem Ort war jedoch im Neuen Reich die Göttin *Mut* – der Name gleichlautend mit dem Lexem für "Mutter" – als Partnerin des Amon-Re. Während der Ramessidenzeit rückt Mut zum "Auge des Re" auf und damit an die populäre Liebesgöttin näher heran, wird zur "Hathor in Theben"[51]. Mut hat in Karnak ihren eigenen Tempel. Im Amontempel selbst hat der Gott als Gemahlin Amaunet neben sich, deren Gestalt jedoch blaß bleibt. Doch die ramessidischen Könige bedürfen, auch wenn sie sich in Theben aufhalten, darüber hinaus der Angriffsenergie der Sachmet. So wird sie auch in Theben eingeführt und mit Mut in identifizierende Namensrelation gesetzt. Eine mythische Notiz weiß davon zu berichten, daß sich einst das Sonnenauge im heiligen

Abb. 91 Statue aus dem Mut-Tempel Karnak

See von Karnak niedergelassen habe und als "Sachmet, Herrin der Länder", dort wohnen geblieben sei[52]. Mut erscheint nunmehr auch als Löwin und kümmert sich um die Heilkunst. Als Amenophis III. während einer schlimmen Krankheit zur Göttin fleht, weiht er 574 riesige Statuen der löwenköpfigen Sachmet-Mut, von denen einige bis heute in deren Tempel in Karnak stehengeblieben sind.

Um 1300 wird die Hauptstadt in die unterägyptische Ramsesstadt verlegt. Als bestimmende weibliche Macht tritt dort *Astarte* hervor, eine aus Syrien stammende Göttin. Angesichts zunehmender militärischer Verwicklungen mit dem syrisch-palästinischen Raum scheint den Königen der Beistand der Sachmet nicht zureichend gewesen zu sein, vielleicht war sie ihnen zu sehr an ägyptischen Boden gebunden. Die Ramsesstadt war an der Stätte errichtet worden, wo einst die Hyksoskönige residiert hatten. Diese Asiaten hatten den Streitwagen als moderne Waffe in das Niltal eingeführt und mit diesem Kampfmittel zugleich die damit verbundenen syrischen Gottheiten, nämlich den Gott Räschäf und seine Begleiterinnen Astarte und Anat. Auch entsprechende kanaanäische Mythen werden übersetzt und ägyptische adaptiert[53]. Bezeichnend für Ägypten mag sein, daß der männliche Kriegsgott bald in den Hintergrund tritt. Dafür aber wird Astarte als "Herrin des Streitwagens", mit und ohne ihre Genossin Anat zu einer von allen kriegerisch gesinnten Pharaonen hochgeschätzten Macht. Als Töchter des Ptah und wohl auch der Sachmet werden sie in das ägyptische Pantheon integriert. In der Ramsesstadt wird eins der vier Stadtviertel der Astarte geweiht. Gelegentlich können Astarte, Anat und eine dritte syrische Gestalt, die Qudschu, als Liebes- und Fruchtbarkeitsgöttinnen auf Reliefs erscheinen, doch dann dürfte es sich um Besonderheiten aus privater Verehrung handeln[54]. Die kultische Praxis des ausgehenden Neuen Reiches ist also von einer Vorliebe für weibliche Vertreter der göttlichen Welt bestimmt, die in dieser Form Ägypten vorher unbekannt war.

17.6 Göttertriaden

Die Vielfalt der Götterwelt und die damit verbundenen auseinanderlaufenden Tendenzen werden in der zweiten Hälfte des Neuen Reiches dadurch einer gewissen Ordnung unterworfen, daß Dreiergruppierungen zusammengestellt und oft miteinander angerufen werden. Das betrifft zuerst die Spitze des Pantheons und die Rivalität zwischen Amon-Re und Ptah, auf die oben verwiesen war. Der Leidener Amonshymnus gibt dafür eine berühmte Lösung im Lied 300[55]:

> Drei sind alle Götter: Amon, Re und Ptah.
> Verborgen ist sein (Singular!) Name als Amon, er ist Re als (oder: im) Gesicht, sein Leib ist Ptah.
> Ihre (Plural) Stätten auf Erden stehen fest für die Zeitfülle, Theben, On und Memphis bis in die Zeitdauer.

Die drei Götter an den drei wichtigsten Kultstätten des Landes gehören also so eng zusammen, daß sich theoretisch — nicht für den kultischen Verkehr — in der Einzahl von ihnen reden läßt. Ihre Differenz wird typisch ägyptisch durch drei Spaltformen anthropologischer Art erklärt. Der verborgene Gott Amon gibt nicht nur mit diesem Namen das Wesen des einen Gottes, sondern das der Dreiheit zu erkennen. Was als Re-Sonne sichtbar wird, verkörpert zunächst diesen einen, hängt aber auch mit der Lebenskraft der beiden anderen zusammen. Endlich ist der leibhafte Gott der Erde nicht nur er selbst, sondern ein Hort der Dreiheit insgesamt.

Ähnlich wird im 200. Lied von Amon gerühmt, daß Re mit seinem Leib vereinigt und zu ihm Tatenen gesagt wird, ihm also ein Ptah-Prädikat zukommt[56]:

> Seine Ba-Seele ist im Himmel, sein Leib ist im Westen, sein Bildnis im oberägyptischen On.
> Einzig ist Amon, der sich in ihnen verborgen hat.

Hier wird Re als Verkörperung der gewaltigsten göttlichen Aktivseele, Ptah als Leib und Amon als Kultbild eines verborgenen göttlichen Kraftfeldes aufgefaßt. Die ramessidische Königsauffassung stellt auch sonst die drei Personenkonstituenten Ba, Leib und Bild als die grundlegenden heraus. Das bietet die Möglichkeit, die oberen göttlichen Mächte als eine Dreifaltigkeit zu begreifen. In Karnak wird das königliche Maatopfer der Reichstriade dargebracht[57]. Daraus folgert Lied 80 auch verschiedene Stufen der mythischen Urzeit[58]:

> Die "Acht" (Urgötter) waren deine erste Verkörperung ...
> Geheim war dein Leib unter den Uralten, indem du dich verborgen
> hieltest als Amon an der Spitze der Götter.
> (Dann) hast du dich verwandelt in Tatenen,
> um die Urgötter hervorzubringen in deiner ersten Urzeit.
> Deine Schönheit (dein Phallos?) erhob sich als "Stier seiner Mutter",
> du entferntest dich zum Himmel, bleibend als Re.

Die verschiedenen kosmo- und theogonischen Modelle von Schmun, Memphis und On, über die oben gehandelt war, werden in Einklang gebracht, indem sie zeitlich hintereinander geordnet werden. Das erste Stadium der acht Urmächte im Urgewässer stellt noch keine Urzeit im eigentlichen Sinn dar, obwohl Amon verborgen schon anwesend ist. Diese beginnt erst mit dem Auftauchen des Kulturlands (eines Urhügels?), wo der "im Ortlosen treibende Gott Fuß" faßt[59] als Ptah-Tatenen, der dann die Urgötter (die Neunheit?) aus sich heraussetzt. Den nächsten entscheidenden Einschnitt bildet Re. Mit ihm beginnt das Königtum, wo der "Stier seiner Mutter" wieder und wieder neue Herrscher hervorbringt. Die Reichstriade wird also an dieser Stelle in ein Sukzessionsschema überführt.

Auch sonst werden die drei Götter nebeneinander gleichrangig vorgeführt, so in dem Heiligtum von Abu Simbel[60] oder in einem Hymnus Ramses III., wo nacheinander Amon-Re als König der Götter, Re-Atum, dessen Strahlen die

Verborgenheit durchdringen, und Ptah-Tatenen als "ältester Gott des Anbeginns" gefeiert werden[61].

Doch die Dreieinigkeit gibt es nicht nur im Nebeneinander der höchsten Götter. Jeder von ihnen läßt sich wieder in sich dreiteilen, etwa als Amon-Re-Month oder Re-Horachte-Atum oder Ptah-Sokar-Osiris. Beliebter noch wird die Ausbildung heiliger Familien. So werden in Memphis Ptah, Sachmet und Nefertem zusammengeordnet, in Theben Amon, Mut und Chons, ein jugendlicher Mondgott.

Abb. 92 Ramses III. opfert Amon, Mut und Chons (p Harris).

Hathor von Dendera wird mit Horus von Edfu ehelich verbunden und ihnen ein göttliches Kind "Horus-der-Landesvereiniger", Horsomtus, zur Seite gestellt. Seit dem ausgehenden Neuen Reich finden sich solche Triaden in jedem größeren Tempel[62]. Dreigliedrigkeiten treten mehr und mehr an die Stelle des bislang vorherrschenden Dualitätsprinzips. Auch das Wirkungsfeld einzelner Gottheiten kann dreifach bestimmt werden; so wird beispielsweise Amon als Lebensspender gefeiert:

    Du bist das Licht, das das Böse vertreibt ...
    Du bist die Luft, die die Täler atmen läßt ...
    Du bist die Nilüberschwemmung[63].

In der Tendenz, die Dreieinigkeit vor allem bei den größten Göttern herauszustreichen, sieht Assmann[64] den Beweis für einen impliziten Monotheismus der Ramessidenzeit und die jetzt aufgekommene Idee eines pantheistisch-tranzendenten Weltgottes. Die Betonung von drei nebeneinanderstehenden göttlichen Gestalten will gewiß den Verehrern das Bewußtsein einer einheitlichen heilvollen göttlichen Bestrebung vermitteln. Wird dadurch aber der Gedanke einer letzten

Ramessidischer Polytheismus

Einheit nicht eher ausgeschlossen als hervorgerufen? So jedenfalls urteilt Hornung[65]: "Amun-Re hat niemals wieder die überragende Bedeutung zurückerlangt, die er vor Echnaton besaß ... Die Spitze des Pantheons wird in Zukunft 'kollegial' durch drei Götter besetzt – Amun, Re und Ptah, zu denen noch Osiris oder Seth als vierter tritt, dazu ein Kreis von begleitenden Göttinnen oder Göttersöhnen". – Da auch für die Ramessidenzeit der Bezug zu den Götter des *postmortalen* Daseins wichtig bleibt, gilt es zu prüfen, wie sich Einheit und Verschiedenheit in darauf bezüglichen Texten darstellen.

D.Arnold, Wandrelief und Raumfunktion in ägyptischen Tempeln des Neuen Reichs, MÄS 2, 1962

J.Assmann, Der König als Sonnenpriester, ADAIK 7, 1970

Ders., Primat und Transzendenz. Struktur und Genese der ägyptischen Vorstellung eines 'Höchsten Wesens', in: W.Westendorf (Hg), Aspekte der spätägyptischen Religion, GOF IV 9, 1979, 7-40

Ders., Königsdogma und Heilserwartung, in: D.Hellholm (Hg), Apocalypticism in the Mediterranean World and in the Near East, 1983, 345-77

C.J.Bleeker, Egyptian Festivals, Studies in the History of Religions 13, 1967 (zum Sokarfest)

Ders., Hathor und Thoth, Studies in the History of Religions 26, 1973

H.Brunner, Die Statue 'Ramses-meri-Amun-der-Gott', MDAIK 37, 1981, 101-6 = Das hörende Herz, OBO 80, 1988, 288-95

J.G.Griffiths, Triune Conceptions of Deity in Ancient Egypt, ZÄS 100, 1974, 28-32

L.Habachi, Features of the Deification of Ramesses II, ADAIK 5, 1969

W.Helck, Zum Kult an Königsstatuen, JNES 25, 1966, 32-41

E.Hornung, Der ägyptische Mythos von der Himmelskuh, OBO 46, 1982

F.Junge, Zur Fehldatierung des sog. Denkmals memphitischer Theologie, oder Der Beitrag der ägyptischen Theologie zur Geistesgeschichte der Spätzeit, MDAIK 29, 1973, 195-204

H.Junker, Die Götterlehre von Memphis, APAW 23, 1939

Ders., Die politische Lehre von Memphis, APAW 6, 1941

K.Koch, Wort und Einheit des Schöpfergottes in Memphis und Jerusalem, ZThK 62, 1965, 251-93 = ders., Studien zur alttestamentlichen und altorientalischen Religionsgeschichte, 1987, 61-105

R.G.Morkot, NB-M^{3c}T-RE-United with Ptah, JNES 49, 1990, 323-37

M.Sandman-Holmberg, The God Ptah, 1946

H.A.Schlögl, Der Sonnengott auf der Blüte, 1977

Ders., Der Gott Tatenen, OBO 29, 1980

S.Schott, Altägyptische Liebeslieder, 1950

K.Sethe, Dramatische Texte in altägyptischen Mysterienspielen, 1928=1964

H.te Velde, Seth, God of Confusion, 1967 (^{2}1977)

Ders., Mut the Eye of Re, SAK.B 3, 1988, 385-403

D. Wildung, Ramses, Die große Sonne Ägyptens, ZÄS 99, 1973, 33-41

Ders., Göttlichkeitsstufen des Pharao, OLZ 68, 1973, 549-65

RÄRG 55-7. 'Astarte'; 80-2 'Bastet'; 277-82 'Hathor'; 450-1 'Menat'; 491-4 'Mut'; 614-9 'Ptah'; 643-6 'Sachmet'; 702-15 'Seth'; 716-20 'Sistrum'; 769f 'Tatenen'.

LÄ 1,499-509 'Astarte'; 1,628-30 'Bastet'; 1,1065-69 'Denkmal memphitischer Theologie'; 2,1024-33 'Hathor'; 4,246-8 'Mut'; 4,1177-80 'Ptah'; 5,323-33 'Sachmet'; 5,908-11 'Seth'; 6,238-40 'Tatenen'.

Anmerkungen zu Kapitel 17:

1 Erman, Lit 346-7; ANET 378-9; AOT 20-25
2 Erman, Lit 339
3 ebd. 338.324
4 Abu Simbel-Inschrift, Erman Lit 324
5 Kadesch-Bericht AEL II 60.64
6 Lied auf die Ramsesstadt, Erman Lit 338; AEL II 54 vgl. 74
7 Assmann, Äg 171-2
8 Lied auf Ramses IV., Erman Lit 347-8
9 Wildung, OLZ 68, 559
10 Wadi-Mia Inschrift AEL II 55

11 Israel-Stele AEL II 74-5
12 Hornung, in: Monotheismus im Alten Israel und seiner Umwelt, hg. O. Keel 1980, 95.
13 Otto, Äg 169
14 Assmann, Königsdogma 366
15 LHAEE Nr. 3
16 LÄ 6, 809f; LHAEE Nr. 1
17 Assmann, Äg 269
18 AEL II 54
19 AEL II 42.47.52.54.75
20 Hornung, Geschichte als Fest 1966, 23
21 ANET 255-8; AEL II 57-72
22 Assmann, König 68
23 LÄ 2, 678
24 ANET 260-1
25 Roeder, UR 158-63; Assmann in: J.Assmann/W.Burkert/F.Stolz, Funktionen und Leistungen des Mythos 1982, 34-7
26 Vgl. den Namen von Memphis als "Haus des Ka des Ptah", ḥikuptaḥ babylonisch, und Schlögl 1980, 62f
27 p Berlin 3048; ÄHG Nr. 143; HPEA Nr. 118
28 Kees, GG 294
29 p Boulaq 17; ÄHG Nr. 87A Z. 18
30 ÄHG Nr. 150
31 Roeder, UR 138-41; ANET 12-4
32 Junker 1936, 76: Übersetzter Text Roeder, UR 164-8; ANET 4-6; AEL I 51-7; RTAT 31-2
33 Junker, 1941, 19-20
34 Koch, Studien 104[93]
35 Junker, 1941, 62.
36 p Chester-Beatty 1; Roeder ML 25ff; AEL II 214-23; Brunner-Traut 93-7
37 ANET 252-3
38 s.o. S. 382
39 Assmann, Äg 168 nach Gardiner
40 Roeder, KO 345-6
41 Schott 39-40
42 ebd, 62
43 ebd, 76-7
44 ebd. 79-80
45 Zum Text Hornung 1982; Roeder, UR 142; AOT 182; ANET 10-1; AEL II 197-9; Brunner-Traut, Märchen 69-72
46 S.o. Abb. 49, S. 266
47 Schott 85
48 RÄRG 644
49 Erman, Lit 335
50 ÄHG Nr. 223
51 RÄRG 492
52 Kees, GG 353
53 Astarte-Papyrus ANET 17-18; Erman, Lit 218-20; Brunner-Traut, Märchen, 72-6
54 ANEP.S, Nr. 830
55 ANET 368; Roeder, GW 296; ÄHG Nr. 139; HPEA Nr. 72
56 ANET 367; Roeder, GW 295f; ÄHG Nr. 138 vgl. 98, 37-9; HPEA Nr. 72
57 Hornung, Eranos-Jahrbuch 1987, 396
58 Roeder, GW 293; ÄHG Nr. 135; HPEA Nr. 72
59 Assmann, RuA 223
60 S.o. Abb. 85
61 p Harris I ÄHG Nr. 197-9
62 TRE 1, 485 vgl. E. Hornung in: K.Rahner (Hg.), Der eine und der dreieine Gott 1983, 61f
63 Ramses III. ÄHG Nr. 108, 14-18; Assmann, Äg 277
64 Assmann 1979 und RuA 222-4
65 Hornung, Monotheismus 95

18. Zunehmendes Auseinandertreten zwischen Diesseits und Jenseits. Weitere königliche Jenseitsbücher und das ramessidische Totenbuch

18.1 Wiederauftauchen von Re und Osiris in Unterwelts- und Himmelsbüchern

Nachdem Echnatons Gottesverehrung als Irrweg und unheilbringende *isefet* beseitigt war, wird nicht nur Amon von Theben wieder in seinem Götterprimat über die Mächte von Natur und Gesellschaft anerkannt. Auch die Sorge für das Jenseitsleben tritt erneut mit einer Intensität zutage, als wären die entsprechenden Götter nie unterdrückt worden. Deshalb wird nicht nur der Karnaktempel wiederhergestellt und glanzvoll erweitert, sondern auch das thebanische Westufer als Zugang zur Unterwelt reicher ausgestattet als je zuvor. Wo der Tourist heutzutage staubige Pfade und verfallene Grabeingänge vorfindet, erstrecken sich in der zweiten Hälfte des Neuen Reiches Gärten, Teichanlagen, gepflegte Wege, farbenprächtige Portale zu einer stolzen Reihe königlicher Totentempel und zu Hunderten von kunstvoll errichteten Grabanlagen. Wie Inschriften und Bilder belegen, beschäftigt sich das religiöse Denken wie vor der Amarnazeit wieder rege mit der Nachtfahrt der Sonne durch die Unterwelt sowie mit der dort anwesenden Macht des Osiris. Die zahlreichen Grabausstattungsstücke, die z.B. nach dem Ende der Amarnaepoche Tutenchamon auf seine ewige Reise mitgegeben werden, entsprechen meist althergebrachten Motiven.

Doch in der Geschichte gibt es keine uneingeschränkte Rückkehr zu verlassenen Positionen. Obwohl von den Beteiligten vermutlich nicht beabsichtigt, ändert sich manches an Totenkult und Jenseitsreflexion. Das große Jahresfest der Voramarnazeit, die Barkenfahrt Amons vom Karnaktempel hinüber zu den Tempeln auf der Westseite wird zwar wieder aufgenommen, doch für ausgelassenes Feiern in den Gräbern beim Schönen Fest vom Wüstental gibt es keine Zeugnisse mehr. Von den Grabwänden verschwinden die Bilder von Musik und Tanz, wenngleich diejenigen vom Säen und Ernten in einem entsprechenden überhöhten Alltagsleben noch beibehalten werden. Die Welt der *dat* hebt sich mehr als zuvor vom Erdenleben ab, birgt zunehmend Geheimnisse und Gefahren.

Im Festkalender, der in Medinet Habu auf dem Westufer des Nils im Tempel für Amon und Ramses III. erhalten ist, tritt nunmehr das *Sokarfest* mehr als andere in den Vordergrund. Dabei handelt es sich um ein altes memphitisches

Fest, das wohl schon Thutmoses III. für seine Festhalle in Karnak übernommen hatte, das aber jetzt alle anderen Feste überragt und dem Kompositgott Ptah-Sokar-Osiris geweiht wird. Überraschenderweise wird nicht von Amon, dem Gott, dem der Tempel geweiht ist, der Zuspruch zahlreicher Jubiläumsfeste und einer unendlichen Lebenszeit an den König erwartet, sondern von einer Verschmelzung des erdhaften Urgottes Ptah mit dem Totenherrscher Sokar-Osiris. Damit wird erdhaft-unterirdischen Göttern mehr zugetraut als zuvor. In Privatgräbern wird für das Sokarfest zusätzlich der Ritus eines "Befeuchten des Getreides" in einem Osirisbett erwähnt[1], dessen Keimen das individuelle Wiederaufleben versinnbildlichen soll. Als zweitwichtigstes Fest erscheint in Medinet Habu das *Min-Fest*[2]. Auch dieser Gott wird nun mit Osiris in Beziehung gesetzt als dessen Sohn. In der Begehung wird die (Wieder-) Geburt des Gottes gefeiert, gewiß erneut als Abbild für das Wiederaufleben, das der König für sich erwartet. Beide Feste wollen vielleicht das Paradox der Göttlichkeit des Königs erklären und legitimieren. Einerseits menschlich wie seine Untertanen, steht er andererseits den größten Göttern gleich. "The idea of the Ruler as 'kingship' personified, an entity that never dies, would thus be contrasted with the mortal ruler who arose as Horus and was buried, as Osiris, in the Valley of the Kings"[3].

Von der Überzeugung, daß Amon-Re der Eine und Einzige sei, welche die gleichzeitigen Sonnenhymnen mit Blick auf die diesseitige Welt beflügelt, ist hinsichtlich des Jenseits nirgends die Rede, obwohl mancher Hymnus am Eingang des Grabes an jenen Gott gerichtet ist. Nach Gräbern und Totentexten steigt *Re allein* in die Unterwelt, niemals Amon. Neben Re tritt Osiris, wie sich gleich ergeben wird, eigenständiger hervor als in der Voramarnazeit. Die alte Doppelpoligkeit ägyptischer Religion, der solar-funeräre Antagonismus, bricht also am Ausgang des Neuen Reiches wieder durch.

Vorhalte gegen den vielfach behaupteten Widerstreit von Re- und Osirisaspekten hat J.Assmann erhoben. Für ihn ergibt sich aus der eigenartigen Dualität der für den Ägypter so bedeutsamen Begriffe für "unendliche Zeit" eine sinnvolle Klammer, die ein gewisses Nebeneinander der beiden Götterkreise begreiflich macht. Sowohl die "männliche" Zeit ständiger rhythmischer Wiederkehr, *neheh*, die sich vornehmlich mit "morgen" und Re verbindet, wie die "weibliche" Zeit andauernder Vollendung, *dschet*, die "gestern" und Osiris nahesteht, sind für den Bestand des Alls notwendig.

"Entscheidend ist nun, daß diese Götter keine Alternativen repräsentieren ... Re und Osiris bilden vielmehr ... eine Konstellation, sie sind nur im Bezug aufeinander, was sie sind. Erst beide zusammen ergeben die Wirklichkeit, und aus ihren Zusammenwirken entsteht die Komplexität von *Neheh* und *Djet*, ... eine sich periodisch vollziehende Vereinigung beider Aspekte, Wandel und Vollendung, aus der die Wirklichkeit als eine Art Lebenskontinuität des Kosmos hervorgeht." So ergeben Re und Osiris zusammen das Modell einer "Weltformel" für die kosmische Totalität[4].

Diese Erklärung läßt sich zwar als Tendenz aus einigen Texten entnehmen (z.B. Totenbuch Kap. 17), aber keineswegs aus allen. In zahlreichen Hymnen wird (Amon-)Re als Herr von *neheh* und *dschet* gerühmt, ebenso Ptah in anderen Liedern, aber auch Osiris. Ein Begriff wie Weltformel

Abb. 93 Neheh und Dschet als Himmelträger (Schrein Tutenchamons)

bleibt deshalb fragwürdig. Die Dualität der beiden Zeitunendlichkeiten erscheint den ägyptischen Verfassern "logischer" zu sein als die solar-funeräre Doppelpoligkeit.

Eine gegenüber der Amarna- wie der Voramarnazeit abgewandelte Sicht des Jenseits führt zu neuen *kosmografischen Beschreibungen* des Sonnengeschicks in der Unterwelt. Rund 150 Jahre lang hatten sich die Pharaonen der 18. Dynastie auf den Wänden ihrer Grabkammer mit der Schrift vom verborgenen Raum, Amduat, begnügt. Sie beabsichtigten damit, selbst am nächtlichen Lauf der Re-Barke durch die 12 Bezirke der Unterwelt teilzunehmen. Echnaton hatte diese Literatur verworfen; wie der Sonnenball nächtens von West nach Ost gelangt, wird von ihm nicht erörtert. Nach dem Verschwinden des Atonkultes kehren die Herrscher zwar zu einer mythischen Jenseitsgeografie, nicht aber unbedingt zum alten Buch zurück. Als Beschreibung der unterirdischen Sonnenbahn erscheint ab Horemheb bis zum Ende der Ramessidenzeit, also ungefähr 250 Jahre lang, das *Pfortenbuch*. Meistens wird das ältere Amduat außerdem beigeschrieben, verliert aber seine Vorzugsstellung in Königsgräbern und wird seit Ende der 19. Dynastie auch in Privatgräbern verwendet.

Die 20. Dynastie nimmt in die Königsgräber ein drittes Werk auf, das *Höhlenbuch*. Nicht genug davon, erscheint bei Ramses VI. noch ein *Buch der Erde (bzw. des Gottes Aker)*. Die neuen Werke bleiben königlicher Benutzung vorbehalten, erhalten also höheren Rang als das inzwischen in Seitenräume abgewanderte (und dann ab der 21. Dyn. demokratisierte) Amduat. Das Nebeneinander von mehreren abweichenden Beschreibungen der Unterweltsfahrt läßt die typische Vielfalt der Zugangsweisen bei grundlegenden Daseinsproblemen im ägyptischen Denken wieder einmal hervortreten.

Doch Unterweltsbücher reichen allein nicht mehr aus für die Orientierung abgeschiedener Könige. In ihren Gräbern fügen sie Himmelsbilder und Himmelsbücher hinzu. Dazu gehört das *Buch von der Himmelskuh*, auf das schon verwiesen war und das unten nochmals erörtert wird. Seit Seti I. ist außerdem ein Bild der Himmelsgöttin Nut üblich, die nicht nur die Sonnenbahn, sondern auch die Sterne umgibt, deren Nachtstunden am Himmel zunehmend wichtig werden. In seiner Sargkammer bildet Seti I. die wichtigsten Sternbilder des Himmels ab.

Abb. 94 Grab Setis I. Nordpolarsternbilder mit Begleitgöttern, rechts voran Isis und die vier Horussöhne

Von gleicher Zeit an wird ein *Buch von der Nacht* (am Himmel) eingeführt, nach dessen Schilderung Re allnächtlich durch den Leib der Himmelsgöttin dahinfährt und oben ähnliches erlebt wie in den Unterweltsregionen. Der Himmel gewinnt also für die Nachtzeit steigendes Interesse und mit ihm die entsprechende Göttin. Der verklärte Tote möchte auch am Gang der Sonne durch den Himmel beteiligt sein. Doch die Himmelsgefilde werden ähnlich hintergründig aufgefüllt wie die Unterwelt.

Obwohl die nächtliche Fahrt Res als Leitfaden beibehalten wird, verwandelt sich die Jenseitsgeografie. Im Unterschied zu den Himmelsbüchern, wo die Zwölfereinteilung grundlegend wird, werden die unterirdischen Bezirke nicht mehr so strikt geteilt. Zwar stellt das Pfortenbuch die Zwölfereinteilung der unterirdischen Bezirke noch anschaulich durch Tore dar, legt aber auf deren Namen weniger Gewicht als das Amduat. Das Höhlenbuch kennt nur noch sechs unterirdische Abteilungen, und das Akerbuch kümmert sich um die Grenzen der Bereiche nicht mehr.

Wichtiger erscheinen die Akzentverschiebungen in der Gottesauffassung. Wie in den Unterweltstexten vor Amarna, bleibt auch jetzt von der komplexen Gestalt des überweltlichen Götterkönigs Amon-Re der Amon-Teil der Unterwelt fern. Fast durchweg ist von Re allein die Rede. Erst am Ende der Epoche, unter Ramses VI., wird im Gebet am Grabeingang Amon-Re angerufen. Der Kompositgott stellt also unter dem Aspekt des Jenseits keine geschlossene Persönlichkeit dar. Aber auch Re bildet für sich keine Einheit. Als falkenköpfiger Re-Horachte wird er am Eingangskorridor des Königsgrabes angerufen, allerdings in Verbindung mit dem *Buch von der Anbetung des Re im Westen* (Sonnenlitanei), das sogleich auf 74 verschiedene Gestaltungen (*ḫprw*) des Gottes verweist. Für die Unterweltfahrt verschwindet in der Folge der Horusaspekt; der Sonnengott gilt höchstens noch als *Achti*, "der Horizontische"[5]. Für den oberirdischen Sonnengott wesentliche Personenkonstituenten sondern sich in der Unterwelt von ihm ab. Während der Nacht spaltet er sich in zahlreiche unterschiedliche Gestalten. Selbst Atum und Chepri werden selbständig und können dem "Re-Kern" des Sonnengottes anbetend gegenübertreten. Auch die Barkenbesatzung wird verändert. Von den zahlreichen göttlichen Begleitern, die das Amduat kennt, behält das Pfortenbuch nur Hu, das Machtwort, und Sia, den "Überverstand", bei. Dafür wird der Sonnengott nunmehr mit einer ihn schützenden Umringlerschlange "Schwanz im Mund", einer Vorgängerin der späteren Zeitgottheit Uroboros, abgebildet[6].

Abb. 95 Buch von der Erde. Der Erdgott Aker als Doppelsphinx trägt die Barke, in deren Mitte der widderköpfige Re von Atum (r.) und Chepri (l.) angebetet wird

In den Seitenkammern von fünf Königsgräbern findet sich das *Buch von der Himmelskuh* und das entsprechende Bild. Von ihm war im vorigen Kapitel im Zusammenhang mit einer steigenden Hathor-Verehrung die Rede (oben S. 386). Aus ihm spricht ebenso eine Tendenz zur Relativierung der Macht des Sonnengottes. Erzählt war, wie Re einst alt geworden, "seine Knochen waren Silber, seine Glieder waren Gold, seine Haare echter Lapislazuli". So lockerte sich seine Herrschaft; und die Menschen auf Erden begannen sich aufzulehnen. Nachdem, wie oben skizziert, der Aufstand mit Hilfe der Hathor niedergeworfen war, beschließt Re, sich von seinen Amtsgeschäften zurückzuziehen: "Mein Herz ist allzu müde, mit ihnen (den Menschen) zu sein." Sein Vater Nun forderte die Göttin Nut auf, sich in eine Kuh zu verwandeln. "Seine Majestät (Re) begab sich zu seinem (himmlischen) Palast auf dem Rücken dieser Kuh ... So war das Land nun in Finsternis." Die Zeit eines ewig lichten Tages ist vorüber, eine Weltzeit mit dem Wechsel von Tag und Nacht und Kennzeichen der Unvollkommenheit beginnt. Oben angelangt, wirft die Majestät des Gottes einen Blick ins Innere der Nut und stattet sie mit den Kennzeichen der himmlischen Welt aus, dem Opfer- und Friedensgefilde sowie den Sternen. Um sie zu stützen werden der Luftgott Schu und die Millionengötter, die Hehs, unter ihren Leib beordert. Auch der Erdgott Geb wird an seinen Platz verwiesen, Thot als Mondgott zum Stellvertreter des Götterkönigs auf Erden (während der Nacht) ernannt und die Ba-Seelen der Götter in den Himmel versetzt.

Bei der Beschreibung der Götter fällt auf, daß sich der Kreis um Re sichtlich ausgeweitet hat. Neben ihm befinden sich "Väter und Mütter" im Urwasser Nun (Z. 14-6). Dieser tritt klar umrissen und persönlicher als in früheren Texten heraus; er gilt Re gegenüber als gleichrangig, ja als "ältester" in gewisser Hinsicht ihm überlegen; Nun ist es, der die Menschen geschaffen hat (Z. 25f.), er präsidiert der Götterversammlung und wird von Re um Rat angegangen. Allerdings kann an anderer Stelle in typischer Vielfalt der Zugangsweisen Re "älter als die, die ihn geschaffen" (Z. 38) herausgestellt werden. Ein rätselhafter Herr der beiden unendlichen Zeiten *neheh* und *dschet* wird außerdem Re übergeordnet als "der du die Jahre der Götter vergehen läßt, in den Re hinabsteigt" (Z. 296-9). Eine besondere Rolle spielt der Zaubergott Heka; vor Re und aller Schöpfung entstanden, vermag er allein die gefährlichen Feinde der Sonne zu bannen (Z. 219-21; 293-5). Das kosmische Bewußtsein des Ägypters hat sich also ausgeweitet, neue, bislang fern gewähnte Größen werden in den Kreis der überirdischen Willenszentren einbezogen.

Nach wie vor stellen die Beziehungen der Götter zueinander nicht die von selbständigen Individuen dar. Rangniedere Gottheiten verkörpern jeweils die Bewegungs- und Aktivseele einer höherstehenden. Die Bas allesamt haben ihren Aufenthalt im Himmel, seit Re dorthingelangt ist. Um ihn weilen

— der Töpfergott Chnum als Ba des Luftgottes Schu,
— der Regen als Ba der unendlich wechselnden Zeit (*nḥḥ*),
— die Nacht als Ba der Finsternis,
— der Widder von Mendes als Ba des Osiris,
— die Krokodile als Ba des Sobek,
— die Schlangen als Ba jedes Gottes,
— der Zauber aber als Ba des Re, der durch die ganze Welt wirkt
  (Z. 275-95).

Die wachsende Rolle des Heka-Zaubers zeigt sich darin, daß er sich sogar im Leibe der Gegner der Sonne befindet (Z. 225). Von der Seelenauffassung her lassen sich also die tragenden kosmischen Mächte einander zuordnen, erscheinen sie als sich überlappende Kräftezentren. Der abgeschiedene König wird in diesen

Zusammenhang eigentümlich eingebunden; als (Teil des) Re gehört er, wohl wegen seiner Uräusschlange, zu einer Flamme, "die der Ba des Feuers" ist, wobei das Feuer als eine im Kosmos verbreitete, zusammenhängende mythische Substanz vorausgesetzt scheint (Z. 324-7). Die Aktivseele des Königs verbindet ihn mehr als anderes mit der Sonnenmacht: "Ich bin du, und du bist ich. Dein Ba ist mein Ba. Dein Lauf ist mein Lauf durch die Unterwelt" heißt es schon vor Amarna in der Sonnenlitanei[7].

Aufgrund der Eingangsszene wird das Buch von der Himmelskuh oft überschrieben "Die Vernichtung des Menschengeschlechts"[8] und mit der alttestamentlichen Erzählung von der Sintflut verglichen. Dadurch wird jedoch ein Abschnitt aus dem Eingangsteil isoliert, der zudem nicht in allen Fassungen wiedergegeben wird, und die Funktion des Textes im Königsgrab übersehen. "Wer diesen Text rezitiert, der bleibt lebendig im Totenreich." Es geht also um Analogiezauber, der dem abgeschiedenen Herrscher – wie immer es auch der Menschheit ergehen mag – jenen Aufstieg auf der Himmelskuh zum oberen Palast ermöglichen soll, den einst Re erfahren hatte[9].

Auf einen Aufruhr gegen den Sonnengott wurde während der Ersten Zwischenzeit in der Weisheitslehre des Merikare angespielt[10]. Das Motiv mag nach einer Erschütterung des Vertrauens in die ungebrochene Weltordnung beim Zusammenbruch des Alten Reichs entstanden sein. Der vorliegende Text läßt jedoch die Idee eines anfänglich goldenen Zeitalters, das durch menschliche Schuld zu Ende ging, als Wunschtraum nur noch verhalten nachklingen. Mehr Interesse haftet an einer mythischen Begründung der konstitutiven Mächte für die gegenwärtige Welt. In ihr spielt aber Re keine ausschlaggebende Rolle mehr. Insofern folgt der Text einer anderen Tendenz als die gleichzeitigen Sonnenhymnen.

Die ständige Produktion neuer Bücher über die Gestalt der Unterwelt oder des Himmels zeigt nicht nur eine zunehmende Ausweitung des mythologisch-kosmischen Horizontes, sondern zugleich eine erhebliche Unruhe und geistige Gärung im ramessidischen Zeitalter.

Von monotheistischen Tendenzen ist bei der Rolle Res in der Grabliteratur nichts zu bemerken. In jüngeren Schriften tritt häufig an die Stelle des widderköpfigen Gottes in

Abb. 96 Pfortenbuch fünfte Stunde. Thronender Osiris, Waageträger, neun Selige auf der Treppe, darüber Barke mit Seth-Apophis-Schwein

der Barke der Sonnenball, unter Umständen mit einem darin befindlichen Skarabäus. Diese betonte Erscheinungsform als Himmelskörper, die selbst für die Unterwelt beibehalten wird, erinnert nicht nur an die Atonverehrung von Amarna, sondern paßt zugleich zum Hervortreten der Gestirne in den Himmelsbildern der Zeit.

Der Totengott *Osiris* spielte im Amduat als Herrscher des Westens und als der Unterweltliche (*d³tj*) eine unentbehrliche, aber untergeordnete Rolle. In den ramessidischen Texten rückt er nach vorn, er greift selbständiger als früher in das Geschehen ein. Wie der thebanische Amon besucht Osiris nunmehr bei einem jährlichen Fest die Königstempel[11]. Wie der Sonnengott wird Osiris polymorph gesehen, mit mehreren Namen, Rollen und Gestalten[12]. Das Totengericht unter seiner Obhut wird im Pfortenbuch zu einer eigenen Szene zwischen der fünften und sechsten Nachtstunde und an der Rückwand des Grabes direkt über dem Sarkophag abgebildet.

Im Höhlenbuch wird ein überdimensionales Bild einer stehenden Osirisgestalt mit steifem Glied und Ba-Vogel auf dem Kopf eingefügt[13]. Im Akerbuch tritt Osiris mehrfach als der hervor, der die Sonnenfeinde bekämpft oder den Sonnenleichnam beschützt[14]. Unter den Göttern seines Kreises werden Isis und Nephthys bedeutsam. Neben ihm wirken im Akerbuch die erdgebundenen Gottheiten Geb, Tatenen und Aker an der Sonnenfahrt maßgeblich mit. "Die starke Betonung der Götter des Osiriskreises deutet auf eine Entstehung zu einer Zeit, in der die Auseinandersetzung zwischen solaren und osirianischen Jenseitsvorstellungen sich anbahnt"[15].

Einen plastischen Eindruck vom komplexen Weltbild der ramessidischen Jenseitsliteratur vermittelt das *Schlußbild des Pfortenbuches*. Die Sonnenbarke wird vom Gott

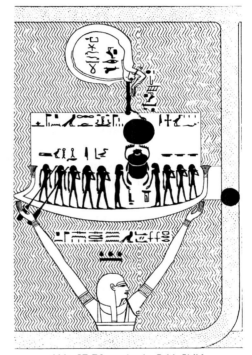

Abb. 97 Pfortenbuch, Schlußbild

des Urgewässers Nun emporgehoben und "fährt heraus" aus ihm. Der Sonnengott erscheint einmal als schwarzer Skarabäus und zum anderen als Sonnenball beim Übergang von der Nacht zum Morgen. Auf der gegenüberliegenden Seite nimmt die Himmelsgöttin Nut ihn am Abend in Empfang. Sie steht auf dem Haupt eines geringelten Osiris, "der die Dat umschließt", und läßt die Sonnenmacht in den Osirisbereich hineingleiten. So wird deutlich, wie sehr die Sonnenmacht auf die Unterstützung kosmischer Kräfte bezogen wird; Nun und Nut erhalten einen Rang, den sie vorher nicht hatten. Auch Osiris ist etwas anderes als nur eine Erscheinungsform des Re. In einem dieser Texte erscheint er sogar als Vater des Re, der ihn in seine Arme aufnimmt[16].

18.2 Die beiden konträren Götter von Theben-West und Abydos

Eine Bestattung im thebanischen Westen mit Trennung von *Grab und Totentempel* wird wie in der Zeit vor Amarna wieder selbstverständlich. Doch die Zahl und Funktion der jeweils dargestellten Gottheiten verschiebt sich. Waren vor Amarna in den Königsgräbern vor allem die drei Gottheiten Anubis, Osiris und Hathor, diese als Herrin des Westlandes, um den Toten besorgt, so nimmt nun der Kreis um Osiris breiteren Raum ein. Statt Hathor oder mit ihr verschmolzen taucht die Osirisgemahlin Isis auf. Der seit je mit der Totensorge verbundene Horus wird jetzt Horus-Sohn-der-Isis genannt, Harsiese. Um oder über Särgen und Kanopen stehen schützend vier Horussöhne und vier Göttinnen, nämlich Isis, Nephthys, Neith und Selket. Am Eingang der Sargkammer und des Grabes steht von jetzt an die geflügelte Wahr-Gerechtigkeit Maat, um den König sicher über die Schwellen des Jenseits zu geleiten, in ihrer Nähe der memphitische Urgott und "Herr der Maat" Ptah. Die wachsende Bedeutung dieser Instanz geht daraus hervor, daß die thebanische Nekropole nun "Stätte (*st*) der Maat" genannt wird[17]. Als Priester, mit Pantherfell bekleidet, tritt ein Junmutef ins Zentrum, "der Pfeiler seiner Mutter", der wohl Horus als Isissohn zu vertreten hat[18] und mit dem früheren Sempriester verschmilzt[19].

Die Totentempel bleiben nach wie vor Amonheiligtümer, der Barkenfahrt des Gottes beim großen Wüstenfest gewidmet und erst in zweiter Linie der Bewahrung des toten Königs als Glied des solaren Götterkreises. Doch in der Einzelausstattung treten neben der Verehrung des Amon andere Akzente hervor. Es bleibt wie früher bei einem Sonderheiligtum an der einen Seite für die Spaltform Re-Horachte des Sonnengottes, auf der anderen Seite für den jeweiligen königlichen Vater des Pharao. Doch im Ramesseum und in Medinet Habu wird darüber hinaus ein eigener Osiristrakt eingebaut, in dem eine unterweltliche Krönung des abgeschiedenen Königs vor Osiris abgebildet und also bewirkt wird. Erstrebt wird demnach vom König nicht nur, künftig an der Nachtfahrt der Sonne teilzunehmen und zugleich in Osiris einverleibt zu werden, sondern durch diesen darüber hinaus eine Krönung für die Ewigkeit zu erhalten. In den Gräbern seiner Söhne erhält Ramses III. deshalb die Insignien des Osiris im Austausch gegen die von ihm dargebotene Maatfigur[20]. Das Geschehen vor dem Gott der Unterwelt gewinnt also zusehends an Bedeutung.

Das ergibt sich auch aus dem Brauch, in *Abydos*, der heiligen Osirisstätte, ein Zweitgrab als Kenotaph anzulegen. In dem gut erhaltenen Seti I.-Komplex werden zwar im Kenotaph, dem sogenannten Osireion, Re-Unterweltfahrten auf den Wänden verzeichnet und im davor errichteten gewaltigen Tempel die mittlere (IV) von den sieben Kapellen Amon-Re eingeräumt; der verborgenen Sonnenmacht wird also ein gewisser Vorrang selbst in Abydos zugestanden; dennoch werden Osiris, Isis und Horus nicht nur jeweils gleich große Kapellen gewidmet, sondern zusätzliche Räume für geheime Rituale eingeweihter Priester, die für den Osiriszusammenhang nötiger sind als für den der Sonne. Auch Ptah erhält neben seiner Kapelle eine weitere große Ptah-Sokar-Halle.

Die Totensorge der zweiten Hälfte des Neuen Reiches weiß also von Amon selbst hinsichtlich des Jenseits nichts zu vermelden; sie sieht in dem bei oberirdischen Werken mit Amon verschmolzenen Re eine für das Nachleben unentbehrliche, dennoch mit Osiris ungefähr auf gleicher

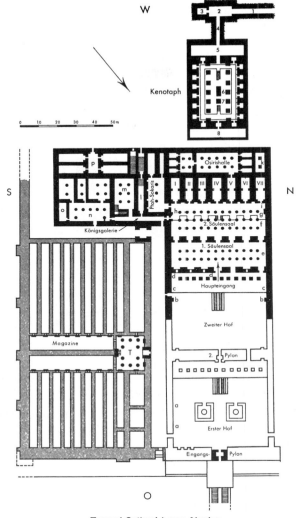

Tempel Sethos' I. von Abydos
Abb. 98 Abydos. Seti I.-Anlage

Ebene stehende Gestalt. Gewiß bleiben die Zuständigkeiten unterschiedlich, kommt es nicht zu einer identifizierenden Namensrelationierung Osiris-Re. Die beiden berühren sich aber in ihren Ausstrahlungen, ja verschmelzen allnächtlich in dem wichtigsten ihrer Personenbestandteile, in ihrer Aktivseele. Ein wichtiges Bild in der Grabkammer der Königin Nefertari stellt den Vereinigten Ba dar.

Ein mumienförmiger Osirisrumpf wird mit dem Widderkopf des nächtlichen Sonnengottes und einer Sonnenscheibe geschmückt und von Isis und Nephthys umsorgt: "Re ist dies, befriedet (oder ruhend, ḥtp) in Osiris" sowie auf der anderen Seite: "Osiris ist dies, befriedet (oder ruhend) in Re." Außerhalb der Totensorge wird die Verbindung der beiden Götter im Kult des Widders von

Abb. 99 Nefertari-Grab. Vereinigter Ba

Mendes dargestellt, der nunmehr den "vereinigten Ba des Re und Osiris" leibhaft verkörpert[21]. Dennoch bleibt zu bezweifeln, daß damit für die Ägypter die beiden antagonistischen Mächte zu einer vollen Einheit verschmolzen sind. Es ist allein ihr Ba, in dem sie sich treffen. Dies hat eminente Bedeutung für den hoffenden Menschen, der nach seinem Tod mit seiner Aktivseele sowohl mit der des Re wie der des Osiris eins werden möchte und das natürlich auch nur partiell erreicht. "Ich bin der Ba des Osiris und gehe in ihn ein" (Totenbuch 127, 51). Selbst jeder "Osiris König-NN" bleibt vom Gott Osiris, dem er anbetend-opfernd gegenübertreten kann, abgehoben und erst recht vom Sonnengott unterschieden. Auch das Verhältnis von Unterweltsgott und Sonnengott ist wohl ähnlich verschmolzen und dennoch getrennt gedacht. Durch die anthropologische Kategorie Ba erreicht die Ramessidenzeit aber einen gewissen Ausgleich zwischen dem funerären und dem solaren Götterkreis. Die Ausgewogenheit ist freilich, wie sich zeigen wird, nicht von langer Dauer gewesen.

Schon damals scheint es in Abydos Priester gegeben zu haben, die sich mit einem Gleichgewicht zwischen Amon und Osiris nicht begnügten. Ramses IV. hat an diesem Ort von einer Schrift Kenntnis erhalten, nach der Osiris schon vor Nut existiert habe, die nach der üblichen Ansicht doch ihn und Re allererst geboren hatte, und daß Osiris der Allgott gewesen sei, der sich in Götter, Menschen, Vierfüßler, Vögel und Fische geschieden habe[22]. Auch für das Gedeihen der Früchte gilt er bisweilen als Alleinverursacher, der Weizen und Gerste schafft, um die Götter zu ernähren "kein Gott und keine Göttin hat das je erfunden"[23].

18.3 Das Privatgrab als neue Stätte der Anbetung der Götter

Stärker noch als in den Königsgräbern tritt in den Grabstätten von Privatleuten in Theben-West der Wandel der Jenseitsauffassung gegenüber der Zeit vor Amarna hervor. Zwar spiegelt sich auch in ihnen die Rückkehr des verborgenen Sonnengottes in eine Stellung, die er in der Verehrung von Amarna eingenommen hatte. Das Geschick des Einzelnen wird sogar noch enger mit dem Sonnenlauf verbunden. Auf die Beziehung zu Re verweist vermutlich schon die Ziegelpyramide, die jetzt über dem Kultraum der Gräber aufragt.

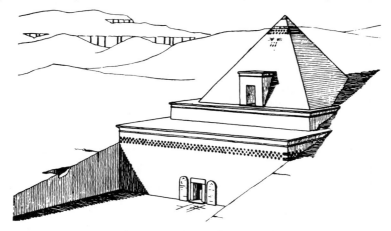

Abb. 100 Der el Medine, Ziegelpyramide

Der Brauch der Mundöffnung der Mumie durch Horus beziehungsweise den ihn vertretenden Priester endet mit einer Räucherung für Re-Horachte und dem Preis seiner Dauer und Leuchtkraft[24]. Auch darin äußert sich die bleibende Hoffnung auf den Bestand des Sonnengottes nach dem Tod. Zudem wird das vordem königliche Unterweltsbuch Amduat nun in private Gräber übernommen, um den Grabherren Teilnahme an den nächtlichen Sonnenfahrten zu ermöglichen. Seinen Weg durch 12 unterirdische Höhlen beschreibt eine Schrift, die hernach Totenbuch Kap. 168 wird (Piankoff). Dazu gehört ein Brettspiel, das er gewinnen muß, damit die Mehen-Schlange den Weg freigibt.

Wie in den Königsgräbern bekommt jedoch die Ausrichtung auf den Totengott zusätzliches Gewicht. Stand im frühen Neuen Reich beim Grabeingang auf der einen Seite ein Hymnus an die aufgehende Sonne als Re-Horachte und auf der anderen Seite ein Hymnus auf die untergehende Sonne als Atum, so tritt jetzt eine Osirishymne an die zweite Stelle. Nicht mehr Morgen und Abend, Osten und Westen als Phasen des Sonnenlaufes, sondern Re und Osiris, Sonnengott und Totengott stehen sich antithetisch gegenüber und dennoch vereint in der Gewährleistung von Leben für die Toten. "Auch in den Gräbern und Totenbüchern der Privatleute spielt Osiris jetzt eine ungleich größere Rolle als vorher

Abb. 101 Offizier Chai und Frau, oben Osiris und Isis verehrend, unten von eigenen Kindern verehrt (Berlin 7281)

und steht gleichbedeutend neben dem Sonnengott"[25].

Diese Wandlungen in der Akzentsetzung in Blick auf die beiden mächtigen Götterkreise sind jedoch nicht allein bemerkenswert. Wichtig für ein zunehmendes Selbständigkeitsbewußtsein der Privatleute, aber auch eine vertiefte Jenseitsauffassung ist, daß der Bildschmuck der Gräber sich völlig ändert. "Bis zum Beginn des Neuen Reiches werden Gottheiten im ägyptischen Privatgrab überhaupt nicht dargestellt. In der 19. Dyn. haben die religiösen Szenen alle anderen Themen fast vollständig verdrängt"[26]. Das Grab wird nunmehr über eine ewige Ruhestätte des Toten hinaus zu einer Verehrungsstätte für Götter – ähnlich königlichen Totentempeln – und zum Denkmal für die Aufnahme des Grabherrn in die Göttergemeinschaft. Die Abbildungen vom paradiesischen Schlaraffenland mit Tanz und Gelage verschwinden von den Wänden. Das vordem zentrale Relief mit dem Bild des Toten vor einem reich beladenen Opfertisch wird an eine zweitrangige Stelle verwiesen. In die Mitte tritt eine Anbetung von Göttern, vor allem des Osiris, durch den Abgeschiedenen.

Die Anbetungsszene erscheint zunächst über dem Eingangsarchitraph, dann als Ersatz für die Scheintür, die nach Jahrhunderten außer Gebrauch kommt, und zuletzt über der Statuennische in der Kultkammer. Der Tote wird also in einer Weise kultfähig, wie es vordem allein dem König zustand. Daneben wird gern die Speisung des Toten durch die Sykomorengöttin dargestellt[27]. "Das Leben nach dem Tode ruht jetzt nicht mehr auf dem gesicherten Genuß der aus der Totenstiftung gelieferten Gaben im Glanze der auf Erden erworbenen Würde, sondern hängt von göttlicher Gnade ab, um die sich der Mensch im Leben wie im Tode bemühen muß"[28]. An zentraler Stelle kann jetzt auch das Totengericht im Relief gezeigt werden. Gelungene Bestattung und Verklärung sind nicht mehr einfache Folge königlicher Anordnung, vielmehr "muß sich der Grabherr also jetzt dem göttlichen Gericht zur Verantwortung stellen"[29]. Anscheinend werden die ethisch-kultischen Anforderungen strenger genommen als bei früheren Hinweisen auf das Todesgericht, das magisch überwunden werden konnte. Optimistische Idealbiografien verschwinden von den Grabstelen. Stattdessen werden Szenen aus dem Erdenleben aufgenommen, bei denen der Grabherr vom König öffentlich für seine Loyalität ausgezeichnet worden ist oder bei denen er an einer kultischen Zeremonie des Königs teilgenommen hat, etwa der Niederschlagung von Feinden, dadurch Gunstbezeugungen erlebt hat, denen er auch für das Jenseits vertraut.

Weit weniger stark als der Grabschmuck ändert sich der Bildschmuck auf Särgen. Auf deren Deckeln kommt jedoch nun auch der Tote als anbetender Priester vor. Symbole der solaren Bezüge werden vermehrt. Ein gelber Sargtyp kommt auf, bei dem Skarabäuskäfer und Sonnenbarke abgebildet sind[30]. Am Kopf- und Fußende erscheinen nun – wie früher nur auf den Steinsarkophagen – Isis und Nephthys als entscheidende Schutzmächte. Isis erlebt überhaupt in dieser Zeit "einen ersten Höhepunkt" ihrer Verehrung[31], aber das noch weithin unabhängig von ihrer späteren engen Verbindung mit Osiris. Als einzigartig zauberreich ist sie allein in der Lage, lebensgefährdende Situationen wie einen Schlangenbiß unschädlich zu machen, und an Intelligenz ist sie selbst Re überlegen[32].

Weil der Mensch weiterhin vielgestaltig vorausgesetzt wird, läßt sich der Tote mit je einem Personenbestandteil verschiedenen Göttern zuordnen, er weilt als "verklärte Seele, *ach*," bei Re, als Herrschaftsseele, *sechem*, bei Atum, als Großer bei Osiris und als Heilvoller (*wsr*) bei Chontamenti[33]. Als eigenständige Außenkräfte wesen um ihn Ka-Seele, Opferstein, Grab, Schicksal, Lebenszeit, Geburtsstätte, Geschick, Bilder, Ba-Seele, Ach-Seele, Leichnam, Schatten "und alle seine Gestalten"[34]. Der Verklärte opfert seinem eigenen Ka und hofft auf die regelmäßige Vereinigung von Ba und Leichnam[35]. Die verwandelte Bilderwelt der Privatgräber läßt von einem emotionalen Bezug des Verstorbenen zu den Göttern selbst nichts erkennen, zeigt also nichts von den Kennzeichen der oben geschilderten, zeitgenössischen persönlichen Frömmigkeit. Was zutage tritt, ist ein neues Bewußtsein des Unterschiedes von Diesseits und Jenseits, also ein *gestiegenes Transzendenzbewußtsein*. Zugleich wird über die Magie hinaus, die nach wie vor benutzt wird, die Eigeninitiative der Götter wichtig, um die gebetet werden muß. Deshalb wird die individuelle Anbetung jeder einzelnen großen Gottheit durch die nicht-königlichen Menschen möglich und nötig. Nicht nur die Transzendentalisierung der Religion, sondern auch die Demokratisierung der Totensorge hat also einen erheblichen Schritt nach vorne getan.

18.4 Ramessidische Redaktionen des Totenbuchs

Den Privaten werden Totenbuchpapyri entweder zwischen den Mumienbinden oder in hohlen Götterstatuetten mitgegeben. Über das frühe Totenbuch des Neuen Reiches hinaus sind weitere Texte hinzugetreten, auch die Anordnung wird eine andere. Die Totenbuchhandschriften werden jetzt mit einem oder mehreren Sonnenhymnen eröffnet und mit Osirishymnen (z.B. Kap. 183) beschlossen[36]. Der anfängliche Sonnenhymnus (später als Kap. 15 gezählt) wird nicht wie die anderen Teile des Buches standardisiert, sondern von Grab zu Grab individuell abgewandelt, was für eine lebhafte geistige Auseinandersetzung um die Rolle des Sonnengottes spricht. In einer der schönsten Handschriften aus der 19. Dynastie, der des Ani[37], bekennt der Abgeschiedene vor Re:

> Ich bin zu dir gekommen und bleibe bei dir,
> um deine Sonnenscheibe zu schauen Tag für Tag.
> Möge ich nicht ausgesperrt und nicht behindert werden,
> möge sich mein Leib erneuern durch den Anblick deiner Schönheit (wie)
> bei all denen in deiner Gunst –
> denn ich bin einer von denen,
> die du (schon) auf Erden verherrlicht hast.
> Ich habe das Reich der Ewigkeit erreicht
> und mich mit dem Reich der ewigen Dauer vereint.
> Du aber bist es, der mir dies zugewiesen hat, du mein Herr!

Zum Inbegriff der Seligkeit wird also die Schau der Sonnenscheibe. Geschieht das, erneuert sich Tag um Tag der Leib, anläßlich der Durchfahrt der Sonne nämlich durch die Unterwelt. Dann lösen sich die Binden der Leiche, das Fleisch wird neu geboren, der Körper richtet sich auf und gelangt zu einer Art Auferstehung auf Zeit und wird zugleich zur Ach-Seele. Im Unterschied zu früheren Zeiten wird die Mumie nicht mehr als Garant der Unsterblichkeit begriffen, sondern als Schutzhülle für den langen gefahrvollen Transport ins Jenseits, die aber zur Fesselung wird, sobald Re vorbeizieht[38]. Dem Toten geht es darum, in jener Nachtstunde, wo in der geheimen Gruft "Re ruht (oder befriedet ist, ḥtp) in Osiris, Osiris ruht (befriedet ist) in Re", weil sich die Aktivseelen der beiden großen Götter vereint haben, mit seiner eigenen Aktivseele dabeizusein und ebenfalls zu ruhen (Totenbuch 182, 15-19[39]).

Wie wenig jedoch Re allein das Jenseitsleben bestimmt, zeigt sich darin, daß im Papyrus des Ani dem Sonnenhymnus ein Osirishymnus folgt, in dem auch dieser als eine die Zeitenfülle umspannende Macht gepriesen wird: "Osiris, das vollkommene Wesen, das ist in Abydos, der König der Ewigkeit, der Herr der Unendlichkeit, der Jahrmillionen seiner Lebensdauer durchzieht"[40].

Zwischen beiden Hymnen befindet sich eine Vignette, später als Kap. 16 gezählt. Sie zeigt Osiris als Dschedpfeiler, aus dem ein mit Händen versehenes Anchzeichen aufragt, welches die Hand nach der Sonnenscheibe ausstreckt. Diese wird von der anderen Seite her von den Armen einer sonst nur mit ihren Brüsten sichtbaren Göttin gehalten.

Das Bild ist doppeldeutig. Es läßt sich so lesen, daß Osiris die Macht ist, welche am Morgen der Sonnenscheibe die Kraft verleiht, die Unterwelt zu verlassen und sich zum Osthimmel emporzuheben, wo sie von Pavianen begrüßt wird, die als exemplarische Anbeter der Morgensonne gelten. Das Bild läßt sich aber auch umgekehrt so auffassen, daß es den gesamten täglichen Sonnenlauf versinnbildlicht; dann wird die morgens von der Himmelsgöttin entlassene Sonne am Abend vom lebenden Dschedpfeiler in den Bereich des Osiris herabgeholt. In beiden Fällen wird Re nicht als allein bestimmende Macht aufgefaßt.

Abb. 102 Totenbuch Kap. 16

Die Verfügungsgewalt über die Zeitenfülle scheint nun mehr Osiris als Re zugeschrieben zu werden. Als "Herr der unwandelbaren Dauer" kann Osiris sogar in einer seiner Erstreckungen ein Sonnenaspekt im Namen "We(ne)nofer-Horachte" beigelegt werden, woraus freilich kein Osiris-Re oder gar Osiris-Amon wird[41]. Sein Name wird ramessidisch gern statt wie vorher mit den Zeichen für Thron und Auge mit denjenigen für Thron und Sonnenscheibe geschrieben.

Als Symbol unverbrüchlicher zeitlicher Dauer taucht nun auch in Privatgräbern der *Dschedpfeiler* als Osirisemblem und als Heilszeichen sowie unentbehrliches Amulett auf. Von Haus aus handelt es sich um einen Pfeiler, der an seinen oberen Enden verbreitert ist und vier kreisförmige Ringe aufweist, die Pflanzengewinde darstellen. Wo die Farbe erhalten ist, unterscheiden sich meist ein grünes Oberteil von einem andersfarbigen Schaft. Demnach wird es sich um ein Pflanzen- oder Baumsymbol handeln. Die Sargtexte hatten bereits den Pfeiler mit Osiris verbunden (CT sp 338, IV 335). Mit der Errichtung eines Dsched hatte in Memphis das Tempelfest des Gottes Sokar, vielleicht als Veranschaulichung einer Wiederbelebung des Landwirtschaftsjahres, geendet. Oben war von der Darstellung des Sokarfestes in Medinet Habu die Rede, wo ein solcher Pfeiler feierlich an Seilen hochgezogen wurde und die künftige Stabilität der Königsherrschaft versinnbildlichte. Im Osiriskult wird der Ritus dann als "Aufrichten des von Osiris beherrschten Seth" oder des Osiris-Rückgrats verstanden (Totenbuch Kap. 155).

Neben dem stärkeren Hervortreten der beiden großen Götter spielen anscheinend Eigenverantwortung und Eigenwille des Toten im Totenbuch eine zunehmende Rolle. Den Eingangshymnen an Re und Osiris folgt bezeichnenderweise bei Ani ein Unschuldsbekenntnis vor dem Totengericht (später Kap. 125) und eine entsprechende Vignette. Wo der Hymnus (Kap. 183) am Ende steht, betont der Beter vor Osiris nochmals seine Rechtschaffenheit als Bedingung für den Eintritt in die Fortexistenz (183, 104-13):

> Ich bin zu dir gekommen, Maat in Händen, mein Herz ohne Lüge darin.
> (Ich) spende dir Maat vor deinem Angesicht, denn ich weiß, daß du von ihr lebst.
> Ich habe kein Unrecht begangen ...
> Ich bin Thot, ... der Schreiber der Maat.

Die Wahr-Gerechtigkeit als Heilssphäre bleibt also nach wie vor eine mythische Substanz, die der Mensch von sich geben und ein Gott in sich aufnehmen kann. Zugleich wird die Auffassung vom unlöslichen Tun-Ergehen-Zusammenhang erkennbar. Was rechtschaffenes Verhalten ist, erwirkt nicht nur eine geistige Hochschätzung bei den Göttern, sondern wirkt räumlich-stofflich als Heilskraft. In den Vignetten zum Totengericht treten nunmehr der thronende Osiris als Gerichtsherr, sowie die ihn stärkenden Schwestern Isis und Nephthys hinter ihm und die vier Horussöhne vor ihm beherrschend hervor.

Abb. 103 Totenbuch des Hunefer, Totengericht, rechts Osiris als Gerichtsherr

Angesichts der betonten Stellung des Totengerichts mag man fragen, ob die magische Beteuerung der Unschuld noch wie in den älteren Stadien der Totenbuchüberlieferung[42] als bedingungslos wirksam angesehen wird. Jedenfalls wird in den gleichzeitigen Unterweltsbüchern auf einen notwendig postmortal sich auswirkenden Tun-Ergehen-Zusammenhang verwiesen. Die Verdammten wenden sich dem Bösen zu, das sie selbst zu ihren Lebzeiten getan hatten; sie werden "ihrem ureigensten Element – dem Bösen – überantwortet"[43]. In der Unterwelt lauert ein doppelköpfiges Wesen, auf der einen Seite mit dem Gesicht der Maat, auf der anderen mit dem der Isefet, und gibt "Isefet dem, der sie tut, und Maat dem, der mit ihr kommt"[44].

Die zunehmende individuelle Eigenart, die den verklärten Toten zuerkannt wird, führt zu der Angst, daß sie imstande sein könnten, den Lebenden zu schaden. Die Schattenseele vermag, so die Furcht, von der Unterwelt auszugehen und Lebende zu schädigen[45]. Selbst eine Verklärungsseele, der Ach (oder bedeutet das nur einen Euphemismus?), wendet sich u.U. gegen die Hinterbliebenen auf Erden und verursacht Kopf- und Bauchkrankheiten. Deshalb werden feierliche Beschwörungen formuliert und benutzt[46]. Andererseits können Tote zur Hilfe gerufen, ja entsprechende Briefe geschrieben werden. Selbst bei Gerichtsprozessen werden sie u.U. beschworen.

18.5 Zweifel am Jenseitsleben? Das Harfnerlied des Antef

Zur Grabdekoration gehört seit dem Mittleren Reich gelegentlich die Abbildung eines Harfners, der ein Lied über das Geschick des Dahingeschiedenen vorträgt. In einem Grab der Amarnazeit erhält ein solches Lied erstmals einen unüberhörbar skeptischen Unterton, der so kraß sonst nirgends in der ägyptischen Literatur hinsichtlich postmortaler Existenz laut wird. Dennoch wird diese Fassung in acht ramessidische Gräber übernommen. Was drüben sich vollzieht, bleibt für den Sänger dunkel[47].

> Keiner kommt von dort, daß er ihren Zustand künde, daß er künde, was sie brauchen, und unser Herz beruhige, bis wir gelangen zu dem Ort, zu dem sie gegangen sind ...
> Folge deinem Herzen und dem, was dir gut ist ...
> Mache einen vollkommen-schönen Tag und werde dessen nicht müde!
> Sieh, niemand kann seine Sachen mit sich nehmen. Sieh, niemand kommt wieder, der fortgegangen ist!

Nach einer Papyrusabschrift soll der Gesang aus dem Grab eines Antef stammen. Das ist ein Name, den einige Könige der 11. und der 17. Dynastie getragen hatten. Deshalb wird der Text häufig in die Erste Zwischenzeit zurückdatiert oder mit der oben behandelten Auseinandersetzungsliteratur, die eine maatgemäße Weltordnung bezweifelt (Kap. 12), zusammengestellt. Doch die verfügbaren Belege stammen erst aus dem jüngeren Neuen Reich. Sie müssen also in der Toten- und Jenseitserwartung damals einen Platz eingenommen haben. Eine genauere Erklärung bleibt umstritten. Handelt es sich um Übernahme eines Liedes, das anläßlich "weltlicher" Feiern des Lebensgenusses gesungen wurde, in die Grabdarstellung? Oder weist der "vollkommen-schöne" (*nfr*) Tag auf ein Totengedächtnismahl beim schönen Fest vom Wüstental, das die Angehörigen mit dem Toten zu fröhlicher Gemeinschaft vereinigt (Lichtheim)? Zielt die Aufforderung, dem Herz zu folgen, auf puren Lebensgenuß? Oder wird mit dem Herz als Sitz geistiger Fähigkeiten zu gewissenhafter Lebensführung und zum Tun von Maat aufgerufen? Wie man auch entscheidet, die Aufnahme des Liedes in den Kontext von Grabinschriften, die sonst vom sicheren postmortalen Heil ausgehen, bleibt rätselhaft. Vielleicht wirkt in den gewissen Kreisen die Erschütterung der Amarnazeit und deren Negierung der Osiriswelt nach.

Zur Literatur zum Totenbuch s.o. S. 330

F.Abitz, Ramses III. in den Gräbern seiner Söhne, OBO 72, 1986

H.Altenmüller, Jenseitsbücher, Jenseitsführer, HdO I1,2, ²1970, 70-81

J.Assmann, Liturgische Lieder an den Sonnengott, 1969

Ders., Die Inschrift auf dem äußeren Sarkophagdeckel des Merenptah. Neith spricht als Mutter und Sarg, MDAIK 28, 1972, 47-73.115-39

Ders., Fest des Augenblicks – Verheißung der Dauer. Die Kontroverse der ägyptischen Harfnerlieder, Gedenkschrift E.Otto, 1977, 55-84

Ders., Harfnerlied und Horussöhne, JEA 65, 1979, 54-77

W.Barta, Die Bedeutung der Jenseitsbücher für den verstorbenen König, MÄS 42, 1985

E.Blumenthal, Hiob und die Harfnerlieder, Theol. Literaturzeitung 115, 1990, 721-30

H.Brunner, Das rechtliche Fortleben des Toten bei den Ägyptern, AfO 18, 1957, 52-61 = *Ders.*, Das hörende Herz, OBO 80, 1988, 299-308

A.u.A.Brack, Das Grab des Haremheb, 1980

R.David, A Guide to the Religious Ritual at Abydos, 1981

E.Dondelinger, Das Totenbuch des Schreibers Ani, 1987

G.A.Gabalua/K.A.Kitchen, The Festival of Sokar, Or 38, 1969, 1-76

R.Grieshammer, Zum 'Sitz im Leben' des negativen Sündenbekenntnisses, ZDMG.S 2, 1974, 19-25

J.C. Goyon, Rituels funéraires de l'ancienne Égypte, LAPRO 4, 1972

E. Hornung, Das Buch von den Pforten des Jenseits, I.II. Aegyptiaca Helvetica 7.8, 1979.1980;

Ders., Der ägyptische Mythos von der Himmelskuh, OBO 46, 1982

Ders., Vom Sinn der Mumifizierung, WO 14, 1983, 167-75

M.Lichtheim, The Songs of the Harpers, JNES 4, 1945, 178-212

S.Morenz, Totenaussagen im Dienste des Rechts, in: *ders.*, RGÄ 538-50

W.J.Murnane, United with Eternity. A Concise Guide to the Monuments of Medinet Habu, 1980

K.Mysliwiec, Die Parallele von Atum und Re-Harachte, SAK 10, 1983, 297-306

A.Piankoff, The Wandering of the Soul, Bollingen Series 40, 6, 1974

H.Schäfer, Altägyptische Bilder der auf- und untergehenden Sonne, ZÄS 71, 1935, 15-38

A.R.Schulman, Ceremonial Execution and Publik Rewards, OBO 75, 1988

J.Spiegel, Die Idee vom Totengericht in der ägyptischen Religion, 1935

Ders., Die Entwicklung der Opferszenen in den Thebanischen Gräbern, MDAIK 14, 1956, 190-207

R.Ventura, Living in a City of the Death, OBO 69, 1986

LÄ 1, 958-60 'Choiakfeste'; 2, 1230-1 'Höhlenbuch'; 3, 246-9 'Jenseitsführer'; 3, 252-67 'Jenseitsvorstellungen'; 3, 504-9 'Königsgrab'; 3, 837-8 'Kuhbuch'; 3, 1261-7 'Medinet Habu'; 4, 1015-6 'Pfortenbuch'; 5, 1074-5 'Sokarfest'.

Anmerkungen zu Kapitel 18:

1 Gaballa-Kitchen 37
2 s.o. S. 242
3 Murnane 39
4 Assmann, Äg 96; ders., Das Doppelgesicht der Zeit (vgl. die Literatur zu Kap. 16) 208
5 z.B. Pfortenbuch UB 201.203
6 Dazu E.Hornung, Eranos-Jahrbuch 1977, 436
7 Hornung, Tal 103
8 ANET 10; AEL II 197; RTAT 35
9 Hornung, Tal 172

10 s.o. S. 198, vgl. Hornung 1982, 90-5
11 E.Otto, Osiris und Amun 1966, 46
12 Assmann, LL 349[55]
13 UB 372.380
14 UB 460.430
15 Altenmüller, HdO 74
16 Beischrift zum Nut-Bild UB 485
17 Ventura 218
18 Hornung, Tal 93-5
19 RÄRG 325
20 Abitz 1986, 56
21 RÄRG 870
22 Kees, GG 4
23 Horus- und Setherzählung Roeder, ML 68; AEL II 221
24 Roeder, UR 297-305; Goyon, Rituels funéraires 1972
25 Assmann, ÄHG S.75
26 Assmann, Sonnenhymnen 1983, XVII
27 vgl. Abb. 72, o.S. 314
28 Spiegel, MDAIK 203
29 Spiegel ebd. 205
30 LÄ 5, 440
31 LÄ 3, 198
32 Erzählung von der List der Isis Roeder, UR 138-41, vgl. 87-91; ANET 12-4
33 Assmann, LL 405, 3-4
34 Otto, Rel 23
35 Hornung, Geist 191.197 (mit Abbildungen)
36 Assmann, Sonnenhymnen 1983 XV
37 UWB 57-8; vgl. Dondelinger
38 Hornung 1983
39 vgl. Assmann, LL 92-3; s.o. zu Nefertari S. 405
40 Dondelinger 1987, 49
41 ÄHG Nr. 33
42 S.o. S. 321
43 Höhlenbuch 36,1; Hornung, Höllenvorstellungen 10
44 Totenbuch 17, bei Spiegel 1935, 20; vgl. Pfortenbuch 7. Stunde, UB 252
45 Totenbuch 92, 23-4 vgl. LÄ 1, 963-4
46 p Leiden I 348; TUAT II 381-7
47 Erman, Lit 177-8; AOT 28-9; Schott, LL 54-5 vgl. 131-8; ANET 467; AEL I 194-7

Das letzte vorchristliche Jahrtausend

19. Der Gottesstaat von Theben und das Königtum in Tanis

19.1 Der Zusammenbruch des Großreichs und die Entstehung von zwei Machtzentren

Um die Wende zum ersten vorchristlichen Jahrtausend vollziehen sich einschneidende Wandlungen im Staatswesen, aber auch in der ägyptischen Kultübung und Mythologie. Nach Ramses XI., dem letzten König dieses Namens, sinkt die ägyptische Großmacht endgültig in sich zusammen. Die Vormacht über die Nachbargebiete, selbst über das Jahrhunderte zum Reich gehörige Nubien, geht verloren. Im Innern tritt an die Stelle der Zentralregierung ein Nebeneinander von königlicher Gewalt im Norden und priesterlicher Herrschaft im Süden.

Der Reichtum Ägyptens und seiner Tempel war unter den letzten Ramessiden rasch dahingesunken. Was den Niedergang verursachte, ob der damals sich vollziehende Übergang von der Bronze- zur Eisenzeit, wobei Ägypten das unentbehrlich werdende Eisen nur aus Einfuhren beziehen konnte, oder eine zunehmende Korruption des Staatsapparates, oder beides zusammen, oder dritte Faktoren, mag auf sich beruhen. Aus den Texten geht jedenfalls hervor, daß ein Jahrhundert lang Teuerungswelle über Teuerungswelle das Niltal erfaßte, so daß selbst die Versorgung von Hof und Tempel nicht immer gewährleistet war. Ein Bandenunwesen machte sich in vielen Landesteilen breit. Die Tugend der Maat und ihr übermenschlicher Ursprung schienen entkräftet zu verschwinden.

In Theben selbst führten die Versorgungsschwierigkeiten zu regelrechten Streiks in der Handwerkerstadt auf dem Westufer. Darüber hinaus brechen die Dämme der Furcht und der Scheu vor den Stätten der Toten. Einzelne Fälle von Grabräubereien hatte es in Ägypten schon immer gegeben. Jetzt aber werden nächtliche Einbrüche in unterirdische Gemächer und Plünderung von Särgen und Mumien, um sich Gold und Silber zum Broterwerb zu verschaffen, geradezu zur Mode. Wenn der moderne Tourist die gewaltigen Gräber im Tal der Könige und Königinnen völlig leer vorfindet, steht er vor den Folgen jener Plünderungen des 11./10. Jh.v.Chr. Wie konnte dergleichen bei einem so mythengläubigen Volk geschehen, wo zudem das Jenseitsleben eine so ungeheure Rolle spielte? Die Grabräuber waren vermutlich keine modernen Agnostiker. Vielmehr werden sie als getreue Kinder einer polytheistischen Zeit überzeugt gewesen sein, daß es zu jeder numinosen Macht auch entsprechende

Gegenmächte gibt. Wie sich die Pharaonen zu ihrer Verklärung der Zaubersprüche bedient hatten, so werden sich die Grabräuber entsprechende magische Riten zu eigen gemacht, sich also eines entsprechenden Gegenzaubers versichert haben. Zwar fehlen ausdrückliche Belege, doch gibt es eine Analogie in den Gerichtsdokumenten über den Haremsaufstand gegen Ramses III.; die Verschwörer haben sich damals vor ihrem Anschlag mit Zauber ausgerüstet[1]. Wenn so etwas schon beim Angriff auf einen lebenden Herrscher angebracht war, um wieviel mehr beim Angriff auf die viel mächtigeren Toten! Von Hunger und Not getrieben, wird diesen Menschen der Sinn der Totensorge fraglich und damit ein Herzstück der Religion überhaupt.

Die Würdenträger Ramses' XI. beginnen sich gegenseitig zu bekriegen. Der Hohepriester von Theben liegt mit dem Vizekönig von Kusch im Kampf. Dieser siegt, wird aber von einem General *Herihor* vertrieben, den der König als "ersten Gottesdiener des Amon-Re, Königs der Götter" in Theben einsetzt, also als Hohenpriester, und zugleich als Generalissimus von Ober- und Unterägypten, später sogar als Vizekönig von Kusch. Herihor, eine energische Person, verfolgt weitergreifende Pläne als sein Auftraggeber. Er befriedet nicht nur die thebanische Provinz, sondern schickt sich an, dem großen Gott in Theben endlich im gesamten Lande wieder das Ansehen zu verschaffen, das ihm gebührt und zum Schaden der Menschen vorenthalten wird. Auf einer Inschrift in Karnak rühmt sich Herihor, die beiden Länder Ober- und Unterägypten, seinem Herrn Amon befriedigt (*shtp*) und Theben wieder festlich gemacht zu haben. Dazu gehört nicht nur, daß die verfallenen riesigen Tempel wieder hergestellt werden und die Gräberstadt in Ordnung kommt. Unumgänglich scheint auch, daß die Rolle, die der Pharao an hohen Festen nach der Agende zu spielen hat und durch sein Residieren im Delta nicht wahrnehmen kann, vom Hohenpriester übernommen wird. Das führt dazu, daß Herihor seinen Namen als "Sohn des Amon" mit einem Königsring schreibt. Moderne Historiker unterstellen ihm, ein Königtum usurpiert zu haben, was strittig bleibt[2]. Faktisch übt er allerdings in der Thebais die staatliche und militärische Gewalt aus, auch wenn er nominell die Oberhoheit der Könige des Nordens anerkannt haben wird. Ob diesen eigenartigen Menschen tiefe Gottergebenheit oder vordergründige Eitelkeit zu seiner rastlosen Tätigkeit angetrieben hat, bleibt unerkennbar. Für das Verständnis des Laufes der Geschichte bleiben hier wie oft die individuellen Beweggründe unerheblich. Ins Gewicht fällt aber, daß das Volk sich ihm weithin anschließt und seiner Richtung drei Jahrhunderte lang gefolgt ist. Demnach entsprangen seine Ideen einer allgemeinen Überzeugung. Für Sprache und Denken der folgenden Generationen werden sie zum selbstverständlichen Bestandteil notwendiger Maat und Sittlichkeit.

Wie verbreitet trotz politischen und wirtschaftlichen Niedergangs die bleibende Hochschätzung des Götterkönigs Amon-Re geblieben war, zeigt das Verhalten der Herrscher, die als 21. bis 23. Dynastie im Norden residieren und den Königsnamen tragen. Als Hauptstadt wählen sie *Tanis*, nur wenige Kilometer vom Mittelmeer entfernt, bis dahin ein abgelegener Provinzort. Sie gestalten es als "nördliches Gegenstück zu Theben" großartig aus[3]. Ein dort vorhandener, von Ramses II. einst für den Gott Seth gebauter Tempel, wird zu einem Amonheiligtum umgebaut und ein entsprechender Tempel für Mut und Chons daneben errichtet. Der Pharao nennt sich fortan wie sein Untergebener in Theben "Erster Gottesdiener des Amon-Re". Die bisherige Residenz, die Ramsesstadt, aufzugeben, mag durch ein Versanden des dortigen Nilarmes notwendig geworden sein.

Kultisch bedeutet der Umzug des Königs eine Abkehr von dem in der Ramsesstadt hoch verehrten Gott Seth. Jene schillernde Figur der ägyptischen Göttergesellschaft, die seit alters als den Menschen gefährlich und dennoch für den Sieg des Königs im Kriege unentbehrlich gewesen und deshalb besonders von den Ramessiden geschätzt war, wird nunmehr im Zeichen einer allein heilsamen Macht des Amon zunehmend verabscheut. Bei militärischen Unternehmen wird künftig allein Amon vertraut. Für seinen Feldzug in Asien genügt es Scheschonk I., daß ihm Amon zugesagt hat: "Ich habe dir die Asiaten unterworfen[4]."

Wie die unterägyptische Hauptkultstätte des *Seth*, so verfällt von nun an auch das oberägyptische Gegenstück in Ombos. Das bedeutet nicht, daß Seth von nun an nicht mehr beachtet wird. Im Gegenteil, er wird eher häufiger erwähnt und gefürchtet als die Macht, die an gefährlichen Übergangsstellen der Zeitzyklen, beim Wechsel von Tag und Nacht oder bei den fünf überschüssigen Tagen (Epagomenen) zwischen den Jahren den Sonnengott bedroht. Die Angst vor entsprechenden Katastrophen nimmt erheblich zu und führt zu eigenartigen Beschwörungen:

> Weiche zurück, damit die Sonne sich nicht verfinstere auf der Sandbank
> des Zweimessersees! Damit der Himmel den Mond nicht verschlucke ...
> Damit nicht die vier Sprüche in Heliopolis bekannt werden und der
> Himmel herabstürzt, wenn er sie hört[5].

Erstmals taucht im ägyptischen Denken, das bis dahin noch keine personhafte Verkörperung des Bösen und des Unheils gekannt hatte — trotz der von Re befeindeten Apophisschlange —, ein dualistischer Zug auf. Der Thronname des Königs als Goldhorus wird dementsprechend künftig abgewandelt zu "Horus, der (siegreich ist) über den (Gott) von Ombos"[6].

In Theben geschieht die Nachfolge im hohenpriesterlichen Amt durch drei Jahrhunderte hindurch ohne größere Brüche. Anders steht es um die Thronfolge im Norden, bei den eigentlichen Königen. Hier wächst im Laufe der Zeit der Einfluß von Militärführern libyscher Abstammung, die stärkere Macht im Staat anstreben, um 950 nach der Krone zu greifen (22. Dyn.) und es erreichen, daß ihre Söhne in Theben als Hohepriester eingesetzt werden. Wachsende Auseinandersetzungen innerhalb der Königsfamilie und Rivalität anderer libyscher Stammeshäuptlinge führen von nun an mehrfach zum Bürgerkrieg, bis dann ab 800 v.Chr. für ein halbes Jahrhundert die Königsaspiranten sich gegenseitig bekämpfen (23. und 24. Dyn.) und das Land in Zerrissenheit versinkt.

Hinzu tritt das Aufkommen anderer Heiligtümer, die politische Ansprüche anmelden. Wie Theben als kultisch "reine" Stadt von politischer Machtausübung frei zu bleiben beansprucht, will Memphis mit seinem Hohenpriester als Stadt des Schöpfergottes Ptah für sich bleiben, aber auch Mendes, dessen Widder als "Leben des Re" gerühmt wird[7]. Weiter tritt Echnas-Herakliopolis hinzu, wo der Ortsgott Herischef (Harsaphes), "der über seinem (heiligen) See ist", ein widdergestaltiger Gott, seit dem Mittleren Reich mit Osiris in Beziehung gesetzt war, nun aber zusätzlich als Aktivseele oder Bild des Amon-Re aufgefaßt wird (da das Wort für Widder b^3 lautet) und deshalb mit Atefkrone des Osiris wie mit Sonnenscheibe zugleich dargestellt wird. Nach dem Totenbuch (175, 65) ist hier "Osiris als Re erschienen". Solche "geistlichen Fürstentümer" bilden sich also da, wo der Ortsgott als sprechende Erscheinungsform des Amon-Re gedeutet werden kann. Auch bei dieser politischen Entwicklung steht die Überzeugung vom unbedingten Vorrang des Sonnengottes Pate.

19.2 Staatslenkung durch Orakel

Das hierarchische Nebeneinander von geistlichem Zentrum in Theben und politischem Zentrum im Delta behauptet sich deshalb über rund drei Jahrhunderte, weil beide Seiten überzeugt sind, daß allein der höchste Gott Amon-Re letzte Autorität ist für politische Entscheidungen wie die Ernennung von Königen und Hohepriestern oder den Befehl zu Kriegsführung und Friedensschluß; auch alltägliche Rechtsstreitigkeiten werden dem Orakelgott zur Beurteilung vorgelegt und durch ihn entschieden. Auf diese Weise erhält die ägyptische Religion einen neuen Bezugspunkt. In den ersten eineinhalb Jahrtausenden ägyptischer Religionsgeschichte, soweit wir den Texten entnehmen können, hören wir von Orakeln kaum etwas. Die früheren Götter geben ihren Willen nicht auf solche Weise kund. Erst im Neuen Reich tauchen Inschriften auf, in denen Könige wie Thutmoses III. ihre Erwählung zum ersten Mann im Staat[8] auf eine Willenskundgabe des thebanischen Gottes zurückführen[9]. Ramses II. macht auch die Einsetzung eines Hohenpriesters in Theben von solchem Orakel abhängig[10]. Derartige spontane Eingriffe des Gottes in die Reichsangelegenheiten werden in der dritten Zwischenzeit zu unabdingbarer Notwendigkeit. Jeder König der 21. bis 23. Dynastie führt als Thronnamen den Titel "Erwählt (*stp*) von Amon (bzw. Re)"; viele von ihnen verbinden damit den Vordersatz "mächtig ist die Maat des Re" (wsr-$m^{3c}t$-r^c), sehen also in ihrer Einsetzung eine Auswirkung der durch die Sonne gestützten Heilsordnung. Nicht menschliche Planung und Zielsetzung gewährleistet also eine gedeihliche Regierung, nur der unberechenbare, aber gnädig sich offenbarende Gotteswille weiß um das, was für Land und König heilsam ist.

Der große Gott von Theben läßt sich von Menschen befragen, wenn bei Prozessionen seine verhüllte Statue auf einer Barke aus dem Allerheiligsten unter rhythmischem Schreiten der priesterlichen Träger nach draußen gebracht worden ist.

Das Ersuchen wird als Alternativfrage formuliert; je nach Schwanken der Barke antwortet der Gott mit Ja oder Nein. Das wird durch einen begleitenden Priester verdolmetscht. Die Griechen hatten deshalb später den ägyptischen Titel "Gottesdiener" (*ḥm nṯr*) mit "Profet" übersetzt.

In der Wendung zur Orakelreligion argwöhnt ein moderner, aufgeklärter Geist einen geschickten Schachzug der inzwischen zu einer eigenen Klasse verfestigten Priester. Manipulationen werden zweifellos vorgekommen sein, die Tempel und Priestertum zum Vorteil gereicht haben. Wenn sich jedoch die königlichen Herrscher jahrhundertelang widerspruchslos, soweit wir sehen, den Sprüchen des Gottes gefügt haben, lag Betrug – jedenfalls soweit er geschah – nicht offen zutage. Da zudem die Priester auch Rechtsangelegenheiten, die unter ihnen selbst strittig waren, ausweislich von Textdokumenten dem Orakelverfahren zur Klärung anheimstellten, läßt sich der Epoche schwerlich die Überzeugung absprechen, daß der verborgene Sonnengott, der das Weltall ausfüllt, zugleich den Dingen des öffentlichen und privaten Lebens so nahe steht, daß es für den Ägypter sinnvoll war, sich seinen Entscheidungen darüber zu fügen.

Wie umständlich ein solches Verfahren sich abspielte, und wie sehr ein König seine Autorität unter Umständen zurückstellte, zeigt eine Anfrage, die Psusennes II. um 950 betreffs seines Generals Scheschonk und dessen verstorbenen Vaters, eines aus Libyen eingewanderten Söldnerführers, in Theben vorgelegt hat[11]:

> (Seine Majestät sprach vor Amon, diesem gewaltigen Gott) ...
> (Willst du veranlassen, daß) der gewaltige Große der Großen Scheschonk, wahr an Stimme (oder: gerechtfertigt) ... auf dem Thron der Ach-Seelen bei seinem Vater (eingesetzt wird)?

Weitere Fragen gelten der Aufstellung einer Stele für den Vater, dem Lebensalter für den General, aber auch dessen Rolle in Stellvertretung des Königs bei Amonfesten. Die Antwort: "Da grüßte (zustimmend) dieser gewaltige Gott sehr, zweimal."

Amonorakel regeln nicht nur das Leben über, sondern auch unter der Erde. Um 1000 beruft sich der Hohepriester Pinodschem für seine Grablege und die seiner Frau auf eine eingehende Regelung durch Amon-Re[12]. Amon-Re hatte versprochen, beide in der Unterwelt zu vergotten, ihre Ba-Seelen und Ach-Seelen zu verklären. Der Gott wird dafür sorgen, daß die beiden die Belohnung für ihre guten Taten im Diesseits erhalten. Während ein Frevler zur Speise des Höllenhundes wird, wird dem Ach des Hohenpriesters keine Sünde angerechnet werden und die Machthaber beim Totengericht werden ihn nicht strafen[13]. Sogar die den beiden ins Grab mitgegebenen Uschebtis werden von Amon selbst verpflichtet, den stellvertretenden Arbeitsdienst pünktlich zu übernehmen. Nicht die magische Prozedur, die gewiß auch an diesen Figuren vorgenommen worden ist, sondern erst der Spruch des Amon macht solche "Arbeitsroboter" einsatzfähig.

Pinodschems Frau war vor ihm gestorben. Das Verhältnis der beiden war anscheinend nicht ungetrübt gewesen; jedenfalls befürchtet der zurückbleibende Gatte, die Tote könne ihm Schaden zufügen. Dafür stellt sich jedoch Amon schützend vor ihn. Der Gott wird das Herz der Frau unten umgeben, so daß sie zum Bösen unfähig wird, vielmehr dem Hinterbliebenen Gutes und lange Lebenszeit vermittelt.

Der Amon der dritten Zwischenzeit greift also tief in Bereiche ein, die vordem und später wieder – wie sich zeigen wird – höchstens Re oder dem Paar Osiris und Isis zugeschrieben werden. Der Vorrang des verborgenen Götterkönigs über dieses funeräre Götterpaar geht so weit, daß ein eigenes Dekret des Amon zugunsten des Osiris und seiner Familie festgehalten wird[14]:

> Ich vergöttliche den ehrwürdigen Ba des Osiris ... Wennofer, wahr an Stimme (=gerechtfertigt), ich mache trefflich seinen Leichnahm ... ich werde seine Statue trefflich machen in den beiden Ländern.

19.3 Theokratie

Die Ägypter des beginnenden ersten Jahrtausends haben es also nicht wie die vorausgegangenen Ramessiden bei henotheistischen Lobpreisungen des verborgenen und dennoch offenbaren Sonnengottes bewenden lassen, sondern daraus entschlossen politische Konsequenzen gezogen. Ist Amon-Re wirklich der König Ägyptens, darf an der Stelle, wo sein Orakel laut wird, kein irdischer Wille regieren. Theben, die Stätte seiner Erscheinung, wird deshalb als reine

Stätte aus dem übrigen Reich ausgegliedert. Ein im Norden regierender König kann sich rühmen[15]: "Ich beschirme Theben in seiner Enge und Breite als rein und ausgestattet für seinen Herrn; nicht betreten es Beamte des Königshauses, seine Bewohner sind allezeit beschirmt." Deshalb steht der Erste Gottesdiener in Theben einer Art Kirchenstaat vor, was wie ein Vorspiel zum Nebeneinander von geistlicher und weltlicher Gewalt im christlichen Mittelalter anmutet. "Der religiöse Aspekt des Königtums fällt an Gott zurück, und die irdischen Herrscher begnügen sich mit einer Statthalterschaft im Namen Gottes"[16]. E. Meyer[17] hat herausgearbeitet, daß es sich hier um den ersten Versuch handelt, "eine wirkliche Theokratie aufzurichten, den die Weltgeschichte kennt ... wie die älteste und ... konsequenteste Durchführung der Theokratie".

Die theokratische Bewegung hat nicht unvermittelt mit Herihor eingesetzt. Durch die Reaktion auf die Amarna-Ideen in der Ramessidenzeit ist die Weichenstellung vorbereitet. Erst jetzt aber "tritt das Königtum seine Verantwortung für den Lauf der Welt endgültig an Gott ab und krönt damit eine Entwicklung, die sich über die Amarna- und Ramessidenzeit fortlaufend verfolgen ließ"[18]. Selbst ein Grieche wie Hekataios von Abdera hat später seine Bewunderung nicht verhehlt. Über Ägypten berichtet er: "Die Könige sind keine unumschränkten Gewalthaber ... ständig stehen die Könige ... unter der Aufsicht der Priester. Jedoch empfinden sie das alles nicht als lästigen Zwang, sondern als die weiseste Einrichtung. Eben durch ihre treue Gesetzesbefolgung sind die ägyptischen Könige bei ihren Untertanen beliebter als irgendein anderer Machthaber auf der Welt"[19].

Ein Seitenverweis auf die Parallelen in der israelitischen Nachbarschaft liegt nahe. Dort entsteht um 1000 unter David und Salomo ein Staat, der nicht nur die gleichzeitige ägyptische Reichsorganisation nachzuahmen scheint[20], sondern von der Überzeugung getragen zu sein scheint, daß das Orakel des höchsten Gottes, in diesem Falle Jahwäs, jeder Staatsräson voranzugehen habe. Jedenfalls treten im nachsalomonischen nordisraelitischen Staat solche Anschauungen bei Profeten wie Ahija, Elija, Elisa zutage. Nicht umsonst entsteht mit dem Königtum in Israel zugleich auch das erste historisch greifbare Profetentum. Doch das Israel der Königszeit hat das Gottesorakel nicht an die Priester gebunden und sich überhaupt gehütet, der göttlichen Weisung zur alltäglichen Politik jene überragende Rolle einzuräumen, die ihm im gleichzeitigen Ägypten zugeschrieben wird.

In Ägypten bildet sich in diesen Jahrhunderten eine gesellschaftliche Struktur aus, von der offen bleibt, ob sie durch die Gedanken der Suprematie Amons zusammenhängt. Die meisten Berufe, vor allem Priestertum und Soldatentum, werden erblich und schließen sich fast kastenartig ab, was in früheren Jahrhunderten undenkbar gewesen war. Die Sonderstellung der religiösen Überlieferung wird dadurch unterstrichen, daß die Hieroglyphen von nun an nur noch für heilige Schriften benutzt werden. Für den juristischen und administrativen Gebrauch bildet sich eine eigene *demotische* Schrift aus.

Freilich hatte das theokratische Modell nach 200 Jahren seine Attraktion anscheinend verloren. Die unruhigen Verhältnisse mit vielen Thronprätendenten im beginnenden 7. Jh.v.Chr. lassen vermuten, daß das Orakel des Amon seine ausschlaggebende Rolle eingebüßt hat. Bis dahin jedoch nahm der Götterkönig, wie er in Theben verehrt wurde, eine so umfassende Stellung im ägyptischen Bewußtsein und Staatswesen ein wie nie zuvor.

19.4 Die allumfassende Sonnengottheit und die von ihm unlösliche Maat

Über die Rolle Amon-Res in der dritten Zwischenzeit gibt ein Hymnus in dem oben erwähnten Papyrus des Pinodschem Aufschluß[21]:

> Dieser erhabene Gott, der Herr aller Götter, Amon-Re, Herr von Karnak, Erster von Theben.
> Die erlauchte Ba-Seele, die am Anfang entstand, der große Gott, der von der Maat lebt, ...
> Der eine Einzige, der die Seienden schuf, der die Erde begründete am Anbeginn.
> Geheim an Geburten, reich an Verkörperungen, dessen Ursprung man nicht kennt.

Solcher Gottesruhm wird über 100 Zeilen weitergeführt. Der umfassende Charakter des Gottes wird anscheinend so überwältigend gegenwärtig erlebt, daß die sonst üblichen mythologischen Anspielungen auf ein Mininum reduziert werden und nur in knappen Hinweisen auf den Gott etwa als "wild blickenden Löwen, wenn er die beiden Udschat-Augen erhebt", auftauchen. Unermeßlichkeit in Raum und Zeit eignet ihm. So west er als Sonnenscheibe und erscheint – *multiplicity of approaches* – als rechtes Sonnenauge und linkes Sonnenauge, durchquert Himmel und Unterwelt. Seine Entstehung wird nicht mehr auf Nun zurückgeführt, vielmehr ist er nun selbst "Großes Urgewässer, das hervorquillt zu seiner Zeit". Zugleich beherrscht und gliedert er die Zeit schlechthin. "Die unendliche Zeit kommt unter die Last seiner Stärke", denn er ist "der Alternde und Sich-Verjüngende, der Unendliche, dessen Zeit kein Ende hat".

Die herkömmliche Gleichsetzung mit vielfältigen Göttergestalten entfällt. Stattdessen steht der allgemeine Satz: "Seine Gestalt eignet jedem Gott". Von der überlieferten Theogonie bleibt nur die spirituelle Vorstellung übrig, daß "die Götter aus dem Ausspruch seines Mundes" entstanden sind. In den Vordergrund treten Erscheinungsformen, welche auch für die menschlich-gesellschaftliche Existenz grundlegend sind. Amon-Re ist die erste und gewaltigste Bewegungsseele, Ba, die, mit der Maat verschmolzen, zahlreiche Verkörperungen wählt. Zugleich ist der Gott von Uranfang die prägende Machtseele, *sechem*, befehlend bringt er immer neue Gestalten hervor. Daher wird das grundlegende

Kennzeichen des Gottesstaates auf ihn zurückgeführt: "Der Gebote erläßt für Jahrmillionen ... mit feststehendem Orakelspruch, dem nichts mißlingt." Das eigentliche Medium sind also Wort und Sprache. "Er befiehlt und es geschieht." Nicht nur das Land Ägypten wird durch ihn begründet, sondern auch die Könige der Länder durch sein Gebot eingesetzt. Der Titel "Herr des Orakels (der wunderbaren Erscheinung ... der das kommende verkündet)" wird von nun an zu einer beliebten Gottesprädikation[22].

Wieder und wieder bekennt der fromme Dichter eine letzte Unerforschlichkeit Amon-Res. Eingangs schon heißt es, daß sein Ursprung unbekannt bleibt, und später wird überraschenderweise von seiner Sonnengestalt ausgesagt, daß "seine Strahlen seinen Leib verborgen halten". Selbst den Göttern bleibt sein eigentliches Wesen verborgen, sie alle stehen unter seiner Furcht.

Über die generelle Zuwendung zu Welt, Land und Volk hinaus kümmert er sich um jeden einzelnen. "Reich an Augen, groß an Ohren" gilt er als "ein guter Beschützer dem, der ihn in sein Herz gibt". Jeder Ägypter vermag also, die geheimnisvolle Gottesmacht in sich aufzunehmen. Hier wirkt das Zeitalter der persönlichen Frömmigkeit nach, wenngleich dessen Inbrunst nicht mehr erreicht wird.

Der Hymnus zählt zu den großartigsten religiösen Dichtungen Ägyptens. E. Meyer hat ihn als "Credo der Amonsreligion" eingestuft, als "der letzte und höchste Ausdruck, zu dem die religiöse Spekulation der Ägypter gelangt ist"[23]. Einem Monotheismus war der ägyptische Geist selten so nahe wie in dieser Epoche.

Erwähnung bedarf außerdem ein Maat-Hymnus aus dem zeitgenössischen Tempelritual. Bei der morgendlichen Darbringung einer Maatfigur gesungen, setzt er den höchsten Gott mit Gerechtigkeit und Weltordnung in einer Weise in eins, wie es sonst in Ägypten nicht zu belegen ist und kaum in irgendeiner anderen Religion des Altertums, abgesehen von der biblischen, eine Parallele findet. Für die Vielschichtigkeit der oft diskutierten ägyptischen Maat-Vorstellung ist kein anderer Text so aufschlußreich[24]. Eingangs wird Amon-Re bei seiner morgendlichen Erscheinung geschildert, "nachdem er die Höhlenbewohner erleuchtet hat". Amon wird also, was in ramessidischen Aussagen vermieden worden war, ausdrücklich mit der Unterweltfahrt verbunden. Auch die führenden Gottheiten der damaligen "geistlichen Fürstentümer" neben Theben werden ihm eingeordnet, denn Amon-Re ist (Z 12-15):

> Das erlauchte Kind der acht Urgötter (aus Schmun); du bist der befruchtende Stier, der in Memphis wohnt, der Widderköpfige, der in Herakleopolis wohnt, der für die gesamte Neunheit (in On) sorgt.

Leitendes Thema aber ist die Beziehung zwischen diesem Gott und seiner Tochter Maat. Dabei wird Maat als mythische Substanz erkennbar, die einerseits als Wirkungsgröße vom obersten Gott ausgeht, andererseits aber Produkt sittlichen Verhaltens werden will und überdies eine Göttin mit erotischer Attraktion darstellt. die nunmehr Hathor naherückt.

> Zu rezitieren: Ich bin zu dir gekommen, ich bin Thot, meine Arme sind gefüllt mit Maat ...
> Die Maat ist gekommen, um bei dir zu sein ...
> Deine Tochter ist Maat, du verjüngst dich bei ihrem Anblick, du lebst vom Duft ihres Taus. Als Udschat-Amulett ist dir Maat an den Hals gegeben ...
> Dein linkes Auge ist Maat, dein rechtes Auge ist Maat, dein Fleisch und deine Glieder sind Maat, die Atemluft deines Leibes, dein Herz ist Maat. Du ißt von Maat, du trinkst von Maat, dein Brot ist Maat, dein Bier ist Maat, du atmest Weihrauch ein als Maat, die Luft deiner Nase ist Maat; Atum kommt zu dir als Maat.
> Die Majestät des Re-Harachte erscheint, um dir Maat zu tun in deinen beiden großen Ländern. Thot bringt dir Maat dar, seine Hände tragen ihre Schönheit vor dein Angesicht ...
> So lange du existierst, so lange existiert Maat.

Was gegenüber der herkömmlichen Maat-Theorie auffällt, ist das Fehlen jeglichen Hinweises auf den irdischen Herrscher. Dennoch bleibt ihr dieser selbstverständlich verpflichtet. Noch im Grab tragen die Könige ein entsprechendes Pektoral.

Abb. 104 Maat vor Amon-Re in der Scheibe und diese außerdem von außen mit Hathor und Udschat-Augen schützend (Tanis-Pektoral)

Darüber hinaus trägt jetzt der Wesir eine Figur der Göttin als Halsband mit sich[25]. Die Götter gewährleisten das Tun von Maat im Himmel, auf Erden und sogar in der Unterwelt. Maat ist also eine weit verbreitete heilsame Substanz, die sich aber in der Nähe des höchsten Gottes zu einer weiblichen Person auskörpert. Amon-Re ist gleichsam in allen seinen Poren von Maat durchdrungen und dennoch ständig um sie bemüht. Wie er sie als Lebenselixier von anderen empfängt, gibt er sie als Gabe an die Schöpfung wieder weiter. Hier ist Maat zu so etwas wie der Weltordnung geworden, freilich nicht in einem statischen Sinn, sondern so, daß sie ständig von Göttern und Ländern zu reproduzieren ist.

Unsicher bleibt freilich, wieweit diese überschwängliche Verehrung Amons (und seiner Maat?) von allen im Lande geteilt worden ist. Selbst in Theben entstehen in der 22.-26. Dynastie etwa 20 kleinere Heiligtümer für Osiris. Dennoch bleibt der Amontempel überragend. Darf man also wirklich urteilen: "Within his own precincts, Amun was now overshadowed by the ubiquitous Osiris"[26]? Freilich wird Osiris in den folgenden Jahrhunderten auch in Theben immer stärker heraustreten.

19.5 Das Königsgrab im Tempelhof

Die Pharaonen des 3. und 2. Jt. v. Chr. sind durch nichts so berühmt geworden, wie durch ihre großartigen Grabanlagen, seien es die Pyramiden am Ausgang des Alten Reiches, seien es die tief in den Felsen getriebenen und mit Gemälden und Geräten ausgefüllten Königsgräber des Neuen Reiches. Der gewaltige wirtschaftliche Aufwand, der für diese Grabbauten aufgebracht worden war, beweist wie nichts anderes die Hochschätzung des postmortalen Weiterlebens im ägyptischen Bewußtsein. Doch mit der Wende zum 1. vorchristlichen Jahrtausend, mit Beginn der 3. Zwischenzeit, vollzieht sich eine auffällige und jähe Wende. Während noch die Ramessiden bedacht waren, unter dem Leitsatz der jedem König aufgegebenen "Erweiterung des Bestehenden" ihre Begräbnisstätten im Königsgräbertal und ihre Totentempel in Theben-West so auszustatten, daß die Anlagen der Vorgänger an dem einen oder anderen Punkt übertroffen werden, bricht dieser Brauch plötzlich ab. Weder die in Unterägypten residierenden Könige der 21. bis 23. Dynastie noch die königsähnlich amtierenden Hohenpriester in Theben lassen sich im berühmten Tal der Könige begraben, keiner errichtet mehr einen Amontempel als eigenen Totentempel. Stattdessen wird das *Tempelhofgrab* üblich, eine unterirdische Grabanlage mit darüber befindlichen oberirdischen Kulträumen in einem längst geweihten heiligen Bezirk. Es wird im Bezirk Amons in Tanis oder in ehemaligen Königstempeln in Theben-West (Medinet-Habu, Der-el-bahri) errichtet. Wie wenig die Fortexistenz noch mit einer besonderen Grabanlage als "Haus der Ewigkeit" verknüpft ist, zeigt sich darin, daß es zu Mehrfachbestattungen im gleichen

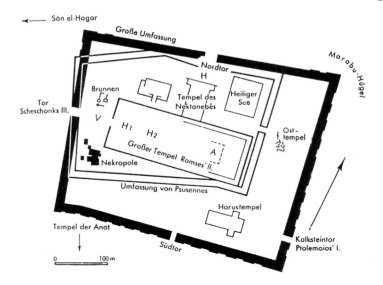

Abb. 105 Tanis. Amontempel und Nekropole

Königs- oder Priestergrab kommt. Die Entwicklung der Königsgräber läuft sogar auf "eine Verkleinerung des Unterbaus zu einer einfachen Gruft" hinaus[27]. Zur minderen Ausstattung der Gräber steht in gewaltigem Kontrast die prächtige Ausstattung der Särge, wie sie beispielsweise bei Psusennes I. erhalten ist.

Abb. 106 Goldene Totenmaske Psusennes' I.

Der Wandel gegenüber den vorangehenden Jahrtausenden erklärt sich also nicht aus wirtschaftlichen Zwangslagen, andernfalls wären die Särge auch ärmlicher ausgestattet. Es reicht auch kaum zu, den Übergang vom Felsengrab zum Tempelhofgrab der Könige nur aus einem gesteigerten Sicherheitsbedürfnis abzuleiten, damit die Anlage leichter vor Beschädigungen und Grabräubern geschützt werden könne. Vielmehr deutet der jähe Umschwung doch wohl auf einen Wandel im Weltbild. Nicht mehr in einem lokalisierbaren Westland, wo täglich die Sonne untergeht, muß der Abgeschiedene in einem eigenen Grab bestattet sein, um mit der nachtfahrenden Sonne wohlbehalten durch die Unterwelt fahren zu können oder von ihr in der Unterwelt zeitweise zum Leben erweckt zu werden. Nützlicher ist eine Grablege dort, wo ein mächtiger Gott ununterbrochen durch die Irdischen seine Verehrung erfährt und also präsent ist. Wie die gleich zu verhandelnden Texte aus Privatgräbern zeigen, ist an solchem Heiligtum auch die Beteiligung an der Fahrt der Sonnenbarke gewährleistet. Für den in der Unterwelt hausenden Personenteil wird Osiris nun ohne Sonnenbezug wichtig. Der im Gottesstaat in seiner Macht beschnittene Pharao wird auch Osiris gegenüber relativiert. Wie anderen Menschen droht ihm das Gericht dieses Gottes: die entsprechende Szene wird von jetzt ab auch in Königsgräbern abgebildet[28].

19.6 Die Entwertung des Privatgrabes und die solar ausgerichtete postmortale Existenz

Was sich an den Königsgräbern in Tanis beobachten läßt, zeigen ebenso die privaten Bestattungen in Theben. Mit Beginn der 21. Dynastie ändern sich die Grabanlagen so radikal, daß dahinter eine Verfügung durch die priesterliche Autorität zu vermuten ist. Fortan entfällt jede Bemalung der Grabwände sowie die Einrichtung einer oberirdischen Kultkammer für die Totensorge. Die Grabanlagen werden anscheinend auf die Amon-Totentempel früherer Könige hin ausgerichtet, vor allem in Der-el-bahri, wo nun vielleicht auch die Zeremonien zugunsten privater Toter statthaben. Statt des Grabes wird der übliche Doppelsarg sorgfältig bemalt. Es kommt zur "*culmination of the development of Egyptian coffins*"[29]. Jedem Toten werden zwei Papyrusrollen mitgegeben, von denen die eine gewöhnlich "Buch dessen, was in der Unterwelt ist", also Amduat (*md3t jmj d3t*), überschrieben ist und das zweite "Herausgehen am Tage" (*prj m hrw*), also dem entspricht,

Abb. 107 Toter vor Opfertisch und Osiris (Kairo 44)

was die moderne Forschung als Totenbuch bezeichnet. Die beiden Textrollen unterscheiden sich aber erheblich von den entsprechenden Vorlagen des Neuen Reiches. Vor allem das Totenbuch wird im Textteil stark zusammengestrichen, in der Bildsymbolik hingegen erweitert. Eine Bildredaktion des Totenbuches ensteht, mit rund einem Dutzend zentraler Motive statt hunderten von Zaubersprüchen. Dafür hat Piankoff den Begriff "mythological papyri" geprägt, der aber mißverständlich ist; ägyptische Totenpapyri sind zu allen Zeiten mythologisch, und die Abkunft von dem Amduat- oder Totenbuchtyp bleibt unverkennbar[30]. Höchstens kurze Anspielungen oder Überschriften aus dem überkommenen Totenbuchkapitel werden noch aufgenommen. Das geänderte Brauchtum wird oft auf einen wirtschaftlichen und geistigen Niedergang der Epoche zurückgeführt. Dem widerspricht aber die kunstvolle Sargkunst. So liegt der Grund eher in einer *Neuorientierung der Jenseitserwartung*. Zu ihr gehört, daß mehr als umfängliche Texte die bildlichen Darstellungen entscheidender Phasen des Übergangs vom Diesseits zum Jenseits amulettartig Begleiter des Toten sein sollen.

In den Bilderzyklen steht der Sonnenlauf beherrschend im Vordergrund. Auch in den privaten Gräbern zeigt sich also eine steigende Hochschätzung der Alleinwirksamkeit Amon-Res. Osiris hingegen und die vielfältigen Bereiche der Unterwelt treten gegenüber der ramessidischen Totensorge auffällig zurück.

Abb. 108 Osiris in der Sonnenbarke, vor ihm Isis, darunter die Sonnenscheibe (Chonsu-Renep-Papyrus)

Zwar wird die Gestalt des Osiris nicht übersehen. Die meisten Papyri beginnen mit einer Anbetung des als Herrscher vor dem Bereich des Nachlebens stehenden Totengottes.

In den nachfolgenden Szenen taucht der Totenherrscher jedoch nur noch gelegentlich auf. Die Totengerichtsszene wird zwar fast durchweg analog (Totenbuch Kap. 125) dargestellt, aber Osiris waltet dabei meist nicht mehr als Gerichtsherr. Vielmehr erscheint er als eine Gestalt der Unterwelt, in der sich Re zeitweise verkörpert, in die er eingeht (Totenbuch 168) und die er wieder verläßt. Osiris scheint seine eigenständige Rolle verloren zu haben; zum Gefolge des Sonnengottes gehört er so sehr, daß er in dessen Barke einherfahren kann.

In den Inschriften wird Osiris bisweilen als vierter großer Gott neben Amon-Re, Re-Horachte und Ptah angeführt, dann als Garant der doppelten unendlichen Zeit.

Der Gottesstaat von Theben und das Königtum in Tanis

> Es handeln für dich dein Stadtgott Amon-Re, Herr des Thrones der beiden
> Länder, der einzige Gott, von dem jedermann lebt ...
> Und Re-Horachte, der Strahlende, dessen Mehenet-Schlange leuchtet ...
> Und Ptah, der Große, der Herr der Maat, der alles Bestehende geschaffen hat,
> und Osiris, der Herr der Ewigkeit, der Herrscher der Unendlichkeit[31].

In einem Papyrus dieser Zeit taucht erstmals eine identifizierende Namensrelationierung Re-Osiris auf, aber nur im Zusammenhang mit der nächtlichen Einheit der Aktivseelen. Der Tote möchte eingegliedert werden in den "vereinigten (dmḏ) Ba des Re-Osiris"[32]. Mit der Zurücksetzung des Osiris wird die Vernachlässigung der Grabkunst zusammenhängen — die bedeutsam werdenden Särge wollen nicht nur eine letzte Ruhestätte bieten, sondern zeigen zusätzlich zum überkommenen Bild der Himmelsgöttin Nut auf dem Sargdeckel auf den Innenwänden gern den vom Luftgott (oder dem Gott Ha) gestützten Himmel, unter dem der Ba des Toten seinen Platz findet.

Abb. 109 Vogelartige Ba-Seelen unter dem Leib der Nut, darüber die Sonnenbarke

Der Sarg bildet demnach ein Weltall im kleinen ab. In dessen weiten Räumen will hinfort die Aktivseele des Toten sich zusammen mit der Sonnenbarke bewegen.

Die Inschriften der Zeit lassen erkennen, daß der verklärte Tote seinen zukünftigen Aufenthalt nicht nur im Sarg, sondern ebenso oder noch mehr durch eine Statue im Heiligtum seines Gottes gewährleistet sieht. Jeder Priester hat seine Statue, oft in der Form des Würfelhockers, im Tempel aufstellen lassen und west in ihr bei dem Gott an. Hier wird seine Ka-Seele täglich erneuert, seine Aktivseele täglich zum Altar gebracht, um am Opferumlauf Anteil zu gewinnen[33]. Zwar können nicht alle wie die Könige im Tempelbezirk auch eine Grabstätte finden. Doch die Anwesenheit am Heiligtum wird für das Nachleben in Theben genausohoch eingeschätzt wie in Tanis. Vom Tempel aus will man, nicht mehr von der Grabstätte im Westgebirge aus, an der Barkenfahrt des Sonnengottes teilhaben.

Mit der eindeutigen Dominanz der verborgenen Sonnenmacht, die die Aktivseele schlechthin im All ist, wird auch für jeden Toten die Aktivseele mehr als zuvor zum ausschlaggebenden Bestandteil der Person. Mit seinem Ba will der Verklärte hinfort nicht nur, wie in ramessidischer Zeit, jeden Tag aus dem Grab auf die Erde zurückkehren, sondern sich hinfort durch den Kosmos bewegen und mit der Sonne bei der Westgöttin zur Ruhe einkehren.

Auch die Auffassung vom Stellenwert menschlichen Verhaltens während des irdischen Lebens wird von dem solaren Zielgedanken her relativiert. Zwar wird nach wie vor von einem unverbrüchlichen Tun-Ergehen-Zusammenhang gesprochen: "Mein gutes Wesen war mein Bollwerk, das nicht wankt in Ewigkeit." Doch die gleiche Inschrift kann beteuern, daß im Einflußbereich der allwaltenden Sonnengottheit der Töpfergott Chnum "meinen Charakter besser als den (anderer) Leute machte". Was sich also als sittlich gutes Handeln erweist, geht auf göttliche Prädestination zurück. Und auch die Auswirkung solchen Tuns auf das eigene Geschick erfordert nochmal göttliches Eingreifen: "Gott handelt für den, dessen Herz treu ist"[34]. In den Inschriften wird von nun an gern auf den Lohn (jsw) verwiesen, den man vom großen Gott erwartet[35]. Bei den Totengerichtsbildern treten über die bisherigen Motive hinaus Sinnbilder der göttlichen Bestimmung zum Guten seit der Geburtsstunde hinzu, indem unter dem Waagebalken nun der personifizierte Geburtsziegel Mes'chenet, die Schicksalsmacht Schai und die Wachstumsgöttin Renenet auftauchen[36]. Wie die menschliche Gesellschaft gegenüber dem gebietenden Orakel des thebanischen Amon ihre Eigenverantwortlichkeit verliert, so geschieht das auch ein Stück weit hinsichtlich individueller Existenz. Der Mensch fühlt sich mehr als je zuvor von der Wiege bis zum Grab auf einem durch die Gottesmacht gebahnten Wege.

19.7 Bewertung der Spätzeit

Während die Ägyptologie früher die mit 1085/1070 anhebende Epoche ägyptischer Geschichte als Spätzeit bezeichnete und darunter das gesamte letzte vorchristliche Jahrtausend bis hinein in die Römerzeit einbegriffen hatte, neigt man heute auf Grund der Unterschiede, die sich zwischen einzelnen Zeitabschnitten mehr und mehr herausschälen, zu stärkerer Differenzierung. Deshalb wird für das anhebende 1. Jt.v.Chr. von "3. Zwischenzeit" gesprochen und darunter die Herrschaft der 21. bis 25. Dynastie, also bis etwa 650, verstanden. Religions- und vor allem kultgeschichtlich gesehen, liegt der Einschnitt freilich vor der 25., der sogenannten kuschitischen Dynastie. Deren Religionspolitik schlägt in vieler Hinsicht neue Wege ein, die dann von den Saïten der 26. Dynastie teilweise weitergeführt wurde, wie sich zeigen wird. Unter 3. Zwischenzeit wird also hier nur die Zeit bis zum Ausgang des 8. Jahrhunderts verstanden.

Nicht nur wegen des Rückganges der Grabkunst und der absonderlichen Neigung zur Tierverehrung, auch um der politischen Ohnmacht Ägyptens willen wird die Religion des letzten vorchristlichen Jahrtausends von den Fachgelehrten gering eingeschätzt und in vielen Abhandlungen über die ägyptische Religion kaum beachtet. Erman, der diesen Zeitraum einbezieht, tut das mit der bezeichnenden Überschrift "Die Zeit des Verfalls". Der Religionshistoriker sollte sich aber hüten, sein Urteil über eine Epoche von seinen subjektiven Wertmaßstäben herzuleiten. Trotz wirtschaftlichen und politischen Niedergangs gewinnt die ägyptische Religion gerade in diesen Jahrhunderten Weltgeltung. Zwar hatte sie schon lange vorher die Nachbarn in Kusch, in Libyen und Syrien beeinflußt. Doch seit dem Zusammenbruch der Großmacht üben ägyptische Kulte und Götter darüber hinaus eine Faszination auf Phöniker und Punier, auf Perserkönige, Griechen und später Römer aus. Eine derartige "missionarische" Wirkung in später Stunde erstaunt bei einer Religion, die wie kaum eine andere im Altertum auf das einheimische Königtum als den Kreuzungspunkt von Lebenswelt und Überwelt, von Irdischem und Göttlichem konzentriert war. Doch erst, nachdem das Pharaonentum verschwunden ist, werden die ägyptischen Götter lebendige Mächte für die Völker draußen. Eine religionsgeschichtliche Beschreibung steht vor der Aufgabe, diesem Paradox nachzugehen.

K.Jansen-Winkeln, Ägyptische Biographien der 22. und 23. Dynastie, 1-3 ÄAT 8, 1985

H.Kees, Herihor und die Aufrichtung des thebanischen Gottesstaates, NGWG NF 2,1, 1936

E.Meyer, Gottesstaat, Militärherrschaft und Ständewesen in Ägypten, 1928

A.Niwinski, 21th Dynasty Coffins from Thebes, Theben 5, 1989

Ders., Studies on the Illustrated Theban Funerary Papyri of the 11th and 10th Centuries B.C., OBO 86, 1989

E.Otto, Die biographischen Inschriften der ägyptischen Spätzeit, PÄ 2, 1954

A.Piankoff (/N.Rambova), Mythological Papyri, Bollingen Series 40, 3, 1957

A.A.F.Sadek, Contribution à l'étude de l'Amdouat, OBO 65, 1985

C.Seeber, Untersuchungen zur Darstellung des Totengerichts im Alten Ägypten, MÄS 35, 1976

R.Stadelmann, Das Grab im Tempelhof. Der Typus des Königsgrabes in der Spätzeit, MDAIK 27, 1971, 111-23

H.Stierlin/C.Ziegler, Tanis − Trésors des Pharaons 1987 = dt.: Tanis. Vergessene Schätze der Pharaonen, übers. von G.Wildung 1987

D.Wildung, Imhotep und Amenhotep, MÄS 36, 1977

LÄ 2, 822-3 'Gottesstaat'; 2, 1129-33 'Herihor'; 6, 194-209 'Tanis'; 6, 1448-51 '3. Zwischenzeit'

Anmerkungen zu Kapitel 19:

1 Meyer, GdA II, 1, 600
2 LÄ 2, 1246
3 LÄ 6, 196
4 ANET 263
5 Urk VI 122ff. Nach J.Assmann in: Apocalypticism ... [s. Literatur zu Kap. 17] 371
6 Gardiner, Gramm 73
7 Otto 1954, 149
8 AOT 99; ANET 446
9 S.o. S. 237
10 Roeder, KO 216.
11 Roeder, KO 223
12 Roeder, ZJ 288
13 ebd. 318-9
14 Roeder, KO 266
15 Meyer, GdA II, 2, 34 (Osorkon II.)
16 Otto, Äg 210
17 Meyer, GdA II, 2, 10f.28
18 Hornung, Gesch 115
19 Kienitz 1953 [s. Literatur zu Kapitel 21] 50
20 T.N.D. Mettinger, Solomonic State Officials 1971
21 Roeder, ZJ 293.8; ÄHG Nr. 131
22 Graefe, GOF IV 9, 53ff
23 GdA II 2, 24.28
24 p Berlin 3055 XX 2ff; ÄHG Nr. 125. Zu älteren und jüngeren Varianten vgl. Assmann, Ma'at 1990, 190[112].
25 Hornung, Eranos-Jahrbuch 1987, 399 vgl. 388-9
26 Gaballa-Kitchen, Or 38, 1969, 32
27 Stadelmann 117[36]
28 Hornung, Eranos-Jahrbuch 1987, 421
29 Niwinski 1989, 8
30 Niwinski 1989, 67-71.236
31 Neb-neteru nach Otto 1954, 137. Vgl. AEL III 18
32 Piankoff 1957, 89

33 Otto 1954, 137-8; AEL III 20-1
34 Dschet-Chonsefanch, Otto 1954, 132-4; AEL III 15-6
35 Otto 1954, 160
36 Seeber, 1976, 195-7

20. Kusch - das andere Ägypten

20.1 Das mittlere Niltal als frühere ägyptische Kolonie

Rund 250 Jahre lang hat sich das mehr oder minder ausgewogene dyarchische System mit einem Hohenpriester in Theben als Sprecher der obersten Staatsautorität, nämlich des Gottes Amon-Re, und einem in Unterägypten residierenden König behauptet. In der zweiten Hälfte des 8. Jh.v.Chr. kommt es zu einem tiefgreifenden Wandel, als zum ersten Mal in der ägyptischen Geschichte eine Invasion von Süden her erfolgt, die zur Eroberung des gesamten Landes und zur Herrschaft der 25., äthiopischen, oder besser kuschitischen, Dynastie führt. Die Eindringlinge verstehen sich freilich nicht als Fremde, sondern als bessere und frommere Ägypter; ihre Herrscher kleiden sich ägyptisch, sprechen Ägyptisch und verehren Amon-Re nicht weniger inbrünstig als die Priester in Theben.

Seit der Reichseinigung hatte Ägypten als Handelsmacht rege Verbindungen zu seinen weniger entwickelten Nachbarn, insbesondere in Vorderasien wie im oberen Niltal, dem heutigen Sudan. Dem waren oft genug militärische Operationen gefolgt. Es blieb nicht aus, daß der ägyptische Einfluß auch in Kultur und Religion der Völker spürbar wurde. Nirgends jedoch hat die ägyptische Art sich so tief eingeprägt wie im Niltal südlich von Assuan. Der riesige Landstrich zwischen dem ersten und dem sechsten Nilkatarakt wird Kusch ($k^3š$; entsprechend im Alten Testament) genannt. Die Griechen sprechen später von Nubien oder Äthiopien; da jedoch heutzutage unter Äthiopien gemeinhin Abessinien verstanden wird, was damals in unbekannter Ferne lag, empfiehlt es sich, der Eindeutigkeit wegen auf die ägyptische Bezeichnung zurückzugreifen.

Der erste Katarakt bei Assuan stellte zwar eine Grenze für die Schiffbarkeit des Nils dar, aber kein unüberwindbares Hindernis für Reisen in den Süden. Die Pharaonen haben schon im Alten Reich in diese Gegenden, wo das Niltal enger und die Besiedelung geringer wurde, Feldzüge unternommen. Denn Kusch lieferte wichtige Rohstoffe, Tierfelle, Elfenbein, Weihrauch und vor allem das Gold. Im Mittleren Reich wird der Raum zwischen dem ersten und zweiten Katarakt regelrecht unterworfen. In der 2. Zwischenzeit gehen die Eroberungen wieder verloren. Von der Gegend am ersten Katarakt aus breitet sich die sogenannte *Kerma-Kultur* unter einem einheimischen Herrschaftssystem wohl bis nach Assuan hin aus. Zu Beginn des Neuen Reiches aber werden die Gebiete schnell zurückerobert. Thutmosis I. dringt bis zum vierten Katarakt vor. Insbesondere die Gegend zwischen dem ersten und zweiten Katarakt, ägyptisch Wawat genannt, unterscheidet sich infolge zahlreicher Festungs- und Tempelbauten kaum mehr von den Kulturlandschaften in Ägypten selbst.

Da vor 3000 v.Chr. die kulturellen und ökonomischen Verhältnisse südlich von Assuan sich von denen in Oberägypten kaum grundsätzlich abgehoben haben, verwundert es nicht, daß die Religionen seit vorgeschichtlichen Zeiten Verwandtschaft zeigen. So sind in Kusch Gottheiten in Widdergestalt angebetet worden, wie es mit Amon in Theben geschieht. Auch die Königsauffassung ist vergleichbar. Ein Weihrauchgefäß aus dem Ende des 14. Jt. zeigt eine thronende Figur mit einer konisch zulaufenden Krone, die dann in Ägypten als typisch oberägyptisch gilt, sowie mit einem Falken über einem Palasttor wie bei der Schreibung des ägyptischen Horusnamens eines Königs.

Abb. 110 Weihrauchbrenner aus Qustol

Nach Meinung der Pharaonen sind die großen ägyptischen Götter selbstverständlich auch für das mittlere Niltal zuständig. Dafür gibt es darüber hinaus eine besondere Landesgottheit Dedwen (Dedun), die speziell für Weihrauch und die Himmelsrichtung Süden zuständig ist; aber sie war früh in den ägyptischen Götterkreis einbezogen und wird gelegentlich mit dem Horusfalken zusammengestellt. Insbesondere die verborgene Sonnengottheit Amon-Re, deren Glanz über die ganze Erde strahlt, wird im Neuen Reich ebenso in Kusch gesucht und gefunden. Ihr werden dort große Tempel errichtet. Aber auch Re-Horachte und Hathor, denen die heute noch sehenswerten Heiligtümer von Abu Simbel geweiht sind, sowie Ptah und nicht zuletzt die Könige selbst erhalten großartige Verehrungsstätten. Die Herrscher des Neuen Reiches beginnen zwar schon im ägyptischen Stammland, sich bereits zu Lebzeiten als Götter anrufen zu lassen und vor allem den eigenen Statuen Opfer darzubringen, doch sie bleiben dabei hinter den eigentlichen Göttern im zweiten Glied. In Kusch dagegen rücken Pharaonen wie Amenophis III. und Ramses II. den Kult ihrer eigenen Person so sehr in den Vordergrund, daß sie den großen Göttern völlig gleichrangig erscheinen.

Dennoch bleibt Kusch staatsrechtlich wie kultisch vom Schwarzen Land (*kmt*) Ägypten unterschieden. Im Neuen Reich wird für jene Region ein Vizekönig als *Königssohn von Kusch* eingesetzt, der dem Pharao unmittelbar unterstellt ist.

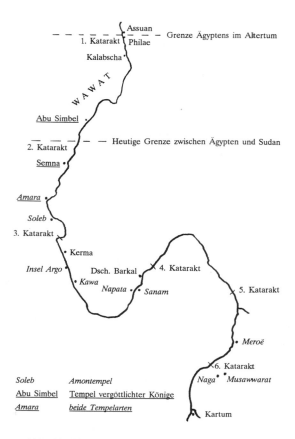

Abb. 111 Tempel ägyptischer Götter in Nubien

Obwohl oft nicht königlichen Geblüts, erhält er dennoch den Rang eines Sohnes, vielleicht deshalb, weil er den Monarchen bei kultischen Begehungen in dem kolonisierten Land zu vertreten hat. Mit dem Ausgang des Neuen Reiches und der Errichtung des thebanischen Gottesstaates verschwindet im 11. Jahrhundert allerdings das Amt des Königssohnes von Kusch und endet jede ägyptische Oberherrschaft über die Gebiete südlich von Assuan.

20.2 Die kuschitischen Könige der 25. Dynastie

Seit Thutmoses III. hatten die eroberten Pharaonen am 4. Katarakt an einem als besonders heilig geltenden Berg, dem heutigen Dschebel Barkal, nahe der Stadt *Napata*, ein Zweiteiligtum für Amon von Theben errichtet. Hier werden die gleichen Prozessionen gefeiert und der König der Götter in ebensolcher Weise angebetet wie in Karnak. Vielleicht spielte für die Wahl des Ortes mit, daß die Landesbewohner schon vorher einen Gott in Widdergestalt am Berge verehrt hatten, was zur *interpretatio aegyptiaca* reizt. Weniger wahrscheinlich wird sein, daß der thebanische Amon seine Widdererscheinung erst unter dem Einfluß von Napata angenommen hat[1].

Um Napata bildet sich im 9. Jh. ein einheimisches Staatswesen, dessen Könige sich nicht als Kuschiten, sondern als Ägypter fühlen und sich gehorsam dem Dienst Amons und anderer ägyptischer Götter verschreiben.

Napata gilt diesen Südländern als das eigentliche, bessere Theben. Der wahrhaft von Amon erwählte König wird hier gekrönt und nach seinem Ableben am Rande der Wüste bestattet. Die entsprechenden

Abb. 112 Pektorale aus El-Kurru. Der König als Horus vor Amon

Grabdenkmäler werden steiler und niedriger gebaut als im ägyptischen Alten Reich, weil sie sich nach dem Vorbild thebanischer Graboberbauten ausrichten. Im Laufe der Jahrhunderte wird die Anzahl der Pyramiden hier größer als im ägyptischen Kernland. Erwähnenswert ist, daß Königinnen in gleich großen

Abb. 113 Pyramiden bei Napata

Pyramiden wie ihre Männer beigesetzt werden. Bis hin zur Ausschmückung mit Totenbuchtexten reicht der Anschluß an das ägyptische Ritual.

Auch in Napata wird Amon-Re nicht nur König der Götter, sondern vornehmlich als Herr der beiden ägyptischen Länder gefeiert. Durchdrungen von der Überzeugung, die einzig echten Söhne dieses Gottes zu sein, erfüllt die kuschitischen Könige des 8. Jh. Abscheu über die "unreinen" Verhältnisse in Ägypten. Ihrer Meinung nach wird der große Gott dort in nicht angemessener Weise verehrt, trotz der Einrichtung eines Gottesstaates in Theben oder vielleicht gerade deshalb. So entschließen sie sich zu Kriegszügen, die unter Kaschta 750 v.Chr. und Pije (oder: Pianchi) 725 v.Chr. zur Neuordnung der ägyptischen Verhältnisse in der kultischen Zentrale führen. Als das auf Dauer keinen Erfolg zeitigt, macht sich ihr Nachfolger Schabaka daran, eine regelrechte Herrschaft über das religiöse Mutterland aufzurichten. Von da an regiert 50 Jahre lang die 25. kuschitische ("äthiopische") Dynastie von Napata aus auch über das nördliche Nilland.

Pije hat über seinen Zug eine aufschlußreiche Inschrift hinterlassen. Als "Bild Gottes", als Horus und mächtiger Stier fühlte er sich von seinem Vater Amon-Re auf den Weg geschickt. Sein Achten auf rituelle Reinheit übertrifft das der eigentlichen Ägypter bei weitem. Von den unterägyptischen Fürsten läßt er mit einer Ausnahme aus diesem Grunde keinen in sein Zelt, denn sie sind unbeschnitten und essen Fische, was beim strengen Amonverehrer Abscheu hervorruft. Seine Zuversicht in die Schattenseele Amons, die ihn schützend begleitet und "meine Taten nicht fehlschlagen läßt", ist so groß, daß er auf die üblichen strategischen Maßnahmen verzichtet und seinen Truppen befiehlt: "Greift den Feind nicht bei Nacht an nach Art der Glücksspieler. Ihr sollt kämpfen, wenn man euch sehen kann. Fordert ihn schon aus der Ferne zum Kampf"[2]. Seine Überzeugung wird nicht zuschanden. Pije dringt bis an das Mittelmeer vor. Seine Beute teilt er überwiegend dem Amontempel in Theben zu.

Seine Nachfolger regieren als Söhne des Amon-Re ein halbes Jahrhundert lang Ägypten und führen hier eine neue künstlerische Blüte herauf. Der bedeutendste unter ihnen, *Taharqa* (690-664), baut den Tempel in Karnak großartig aus. Bezeichnenderweise spielt für den Herrscher des nunmehr lang sich erstreckenden Nilandes dieser Strom eine besondere Rolle. So richtet er in Theben einen Kult für 10 Ba-Seelen des Amon ein, die wie Nilgötter dargestellt werden und verdeutlichen, wie der Sonnengott das Leben durch das Nilwasser spendet[3]. Die Herrscher rühmen sich, Maat endlich wieder im Lande inthronisiert zu haben; die Kraft dazu haben sie von Amon erhalten; zugleich lieben sie die Göttin der Wahr-Gerechtigkeit in ihrer persönlichen Auskörperung[4]. Als jedoch ab 670 die Assyrer in mehreren Feldzügen von Norden her in Ägypten einbrechen, müssen sich die Kuschiten auf ihr Heimatland zurückziehen und Ägypten den Assyrern bzw. deren unterägyptischen Vasallen, den Fürsten von Saïs, überlassen.

Mit theokratischen Gedanken versuchen die kuschitischen Herrscher auf ihre Weise Ernst zu machen. Pije gibt sich zwar als strenger Amonverehrer, erläßt aber seine Befehle noch selbstherrlich und räumt, soweit wir sehen, dem Orakel noch keine ausschlaggebende Rolle ein. Das wird bei den Nachfolgern anders. Bei ihnen entscheidet allein das Orakel des Amon über die Geschicke des Königs und des Staates. So berichtet der König Tanutamon, daß ihm der Gott in einem Traumgesicht begegnet sei und ihn zur (Wieder-)Eroberung Ägyptens aufgerufen habe[5]. Dem Orakelspruch beugen sich die Herrscher in ihren politischen Maßnahmen auch noch nach dem Verlust des ägyptischen Stammlandes. Sprechenden Ausdruck findet das im Denkstein über die Erwählung des

Abb. 114 Krönung Aspaltas vor seinem Mutter (r.) durch Amon und Mut, aus Napata

Königs *Aspalta* um 600 v.Chr.[6] Nach dem Tode des Vorgängers versammeln sich die Großen des Reiches im Tempel von Napata vor den "Profeten" und Hauptpriestern und bekennen: "Wir sind wie eine Herde, die keinen Hirten hat." Daraufhin sagt das Heer einmütig: "Es gibt aber diesen Gott Amon-Re, Herr der Throne der beiden Länder (Kultname von Karnak), wohnend auf dem Reinen Berge. Kommt, wir wollen zu ihm gehen. Wir wollen kein Gespräch veranstalten, ohne daß er es weiß. Nicht ist ein Gespräch schön, das abgehalten wird, ohne daß er es weiß ... er ist der Gott der Könige von Kusch seit der Zeit des Re. Er ist es, der uns leitet. Die Könige von Kusch sind in seine Hände gegeben und er hat (das Königtum) dem Sohn, den er liebte, gegeben." Nacheinander werden die Brüder des Verstorbenen vor das Barkenorakel geführt und sämtlich abgelehnt. Erst beim zweiten Durchgang wird einer bejaht und entpuppt sich damit als Sohn des Amon, Sohn der Nut, Sohn des Re und als lebender Horusfalke, damit auch als Sohn der Isis. Nach altem Brauch werden ihm fünf Thronnamen und von den Göttern Leben, Heil und Gesundheit verliehen. Wie es sich gebührt, bringt er der Maat, seiner göttlichen Herrin, das Opfer dar. Nach einer Nachricht Diodors (3,6) geht später bei den Kuschiten der Gehorsam gegen den Spruch des übermächtigen Gottes so weit, daß er selbst einem König zu sterben befehlen kann und dieser dem Spruch nachkommt.

So sehr man in Napata bemüht ist, ägytischer zu sein als die Ägypter, so behaupten sich andererseits doch auch einheimische Bräuche. Hierher gehört vor allem die politische und kultische Rolle der *Königsmutter*. Auf dem Aspaltastein (Abb. 114) zeigt das die Bildszene.

Noch in der neutestamentlichen Erzählung vom Kämmerer aus dem Morgenland gilt die Kandake, die Königsmutter, als politische Entscheidungsinstanz im Land Kusch (Apostelgeschichte 8).

20.3 Eine Gottesgemahlin für Amon in Theben

Nach kuschitischer Auffassung nehmen anscheinend nicht nur die Königsmutter, sondern Frauen aus königlichem Geblüt überhaupt im Kult des Götterkönigs eine besondere Rolle ein. So wenigstens ließe sich begreifen, daß der Kuschit Kaschta schon bei seinem ersten Vorstoß nach Ägypten seine eigene Tochter als Gottesgemahlin in Theben adoptieren läßt und damit den bis dahin ausschlaggebenden Hohenpriester als Sprecher der Gottesstimme entmachtet. Auch die folgenden Amtsinhaberinnen stammen aus dem Königshaus und nehmen am Ort die beherrschende Stellung ein. Mit kaum einer anderen Einrichtung haben die kuschitischen Pharaonen den künftigen Gang der ägyptischen Religion tiefgreifender beeinflußt.

Der Titel selbst war in Theben althergebracht. Als "Gottesgemahlin des Amon" mit der zusätzlichen Bestimmung "die Gotteshand" waren Königinnen, die einen Thronfolger geboren hatten, bestimmte kultische Aufgaben zugewiesen, die durch Priesterinnen stellvertretend ausgeführt wurden. Während des Neuen Reiches werden bisweilen Prinzessinnen mit der Aufgabe und dem Titel versehen. Wer immer ihn trug, konnte seinen Namen mit dem Königsring schreiben. Die Bubastiten hatten diesen Brauch noch im 8. Jh. fortgeführt und vielleicht schon dahin abgewandelt, daß die entsprechende Prinzessin hauptamtlich und lebenslang am Tempel Dienst zu tun hatte. Doch erst mit dem Einbruch der Kuschiten erhält die Gottesgemahlin eine überragende Stellung. Als "erste Haremsdame des Amon und Gottesanbeterin" kann sie keinem irdischen Manne mehr angehören und ist zu lebenslanger Jungfräulichkeit verpflichtet. Schön von Ansehen und musikalisch begabt soll sie den Gott zufrieden machen (*sḥtp*), damit sie "von Amon mehr geliebt als andere Götter" wird. In ihr erscheint die Göttin Mut. Darüber hinaus erhält sie administrativ die Verfügungsgewalt über den riesigen thebanischen Tempelbesitz. Statt des

Hohenpriesters nimmt nunmehr die Gottesgemahlin königliche Aufgaben bei den Begehungen wahr, opfert regelmäßig die Maat als Zeichen der Erfüllung göttlicher Ordnungen und leitet das Sedfest. Wie sehr sie königlichem Rang nahe kommt, zeigen ihre Darstellung als Sphinx.

Abb. 115 Gottesgemahlin Schepenwepet II. bringt als Sphinx ein Gefäß mit Widderkopf dar

Nicht nur als Gattin, sondern auch als Tochter Amons wird sie gepriesen. In dieser Beziehung gleicht sie der urzeitlichen Göttin der Feuchte bei der Weltentstehung, Tefnut. Anlaß dazu gibt der Titel *Gotteshand*, der auf die Bewegung hindeutet, mit der der Urgott durch Masturbation seinen Samen verbreitet und die ersten Götter hervorgebracht hat[7]. Als Vergegenwärtigung solcher Schöpfungskraft reicht ihr Einfluß weltweit, wird sie als "Herrscherin all dessen, was die Sonne umkreist" gepriesen[8]. Wie die Könige der zweiten Zwischenzeit erhält sie ein Tempelhofgrab (z.B. in Medinet Habu). Auf diese Weise gewinnt das weibliche Element in der ägyptischen Religion eine Bedeutung für das Heil der Erde, wie es sie nie zuvor besessen hatte. Indem aber die Gottesgemahlin allein Amon zugewandt ist und nicht mehr Mutter oder Gattin eines irdischen Königs wird, am heiligen Zentrum auf Erden ohne ihren Willen nichts geschieht, vertieft sich der Abstand zwischen Gottheit und Königtum sichtlich. Die Sonderstellung der Gottesgemahlin führt dazu, daß ihre Nachfolgerin nicht durch ein Amonorakel wie ein König oder ein Hoherpriester gekürt wird, sondern die Amtsinhaberin sie zu Lebzeiten adoptiert[9].

Als die kuschitische Dynastie durch die Assyrer aus Ägypten verdrängt worden ist, bleibt die Gottesgemahlin als religiöse Institution am Ort und wird zum ruhenden Pol in den Wirren der nachfolgenden Zeit. Auf Reliefs kann sie zusammen mit ihrem göttlichen Gatten in gleicher Größe und Ausstattung abgebildet werden; zärtlich legt sie den Arm um den Gott, der ihr seinerseits das Lebenszeichen an die Nase hält[10].

20.4 Thebanische nichtkönigliche Grabpaläste

Mit dem Aufkommen der 25. Dynastie ändert sich erneut abrupt Grabarchitektur und -ausstattung; die gewandelte Form behauptet sich von nun an bis zur Perserzeit. Hohe Würdenträger des 8. und 7. Jh.v.Chr. errichten auf dem thebanischen Westufer so gewaltige Grabanlagen, daß sie an Ausmaß die Gräber aller anderen Epochen, meist auch der königlichen Gräber, übertreffen. Das Grab des obersten Vorlesepriesters Petamenope z.B. weist einen ungefähr 90 m langen Mittelgang auf; das größte Königsgrab in Tanis, das des Psusennes I., nur eine Gesamtlänge von 20 m! Die Wände und Säulen werden wieder wie im 2. Jt. meist mit Bildern und Reliefs geschmückt. Diese nichtköniglichen Gräber liegen in der Nähe des Amon-Totentempels der Hatschepsut und sind auf ihn hin ausgerichtet, behalten also eine in der dritten Zwischenzeit aufkommende Sitte bei. Gegen Osten hin werden die neuen Gräber durch gewaltige Ziegelpylone abgeschlossen, ihre Orientierung am Sonnenaufgang ist also nicht zu verkennen. Der Eintritt erfolgt durch einen Seiteneingang im Norden und eine lange Treppenrampe hin zu einem unterirdischen Vorsaal, hinter dem sich ein nach oben offener Pfeilerhof, wohl eine Kultstätte für Re und Osiris, öffnet. Dahinter folgen mehrere Seitenräume und Korridore, an deren Ende sich dann die Grabkammer befindet[11]. Vielleicht dienen für solche Anlagen die ramessidischen Königstotentempel als Modell. In der Vorhalle wird gezeigt, wie der Abgeschiedene mit dem König des Totenreiches als Osiris-NN einsgeworden ist; damit ist er unter die Götter aufgenommen. Vielleicht will sogar die Gesamtanlage ein Osirisgrab nachahmen (Eigner). Doch die Verbindung mit der Sonne und die Fahrt in deren Barke bleibt ebenso wichtig: "Seine Ba-Seele steht auf unter den Göttern, er ist einer von ihnen geworden und strahlt künftig mit Re allmorgendlich auf"[12]. Dennoch wird die einseitige solare Ausrichtung aus der dritten Zwischenzeit nicht ungebrochen weitergeführt. Ein Zeichen dafür sind schon Ptah-Sokar-Osiris-Statuen, die nun als Auferstehungssymbol neben den Toten gestellt werden[13]. Hinzu kommt, daß statt der Totenpapyri mit Bilderfolge (*mythological papyri*) wieder die Kapitel des Totenbuches ausführlich niedergeschrieben und dem Toten beigegeben werden. Vielleicht schon während der kuschitischen[14], auf jeden Fall aber in der nachfolgenden saïtischen Zeit erhalten die Kapitel eine geprägte Textfassung und eine bindende Anordnung.

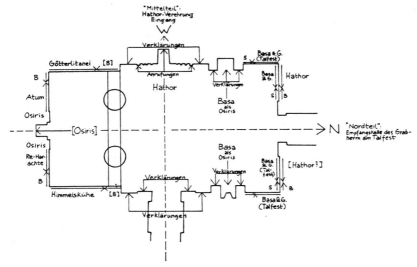

Abb. 116 Bildprogramm mit Grab des Basa (Theben 389) mit herausragenden Osiris-Bezügen

Genauere Untersuchungen zum Wandel der Auffassungen über das Jenseits im 1. Jt. fehlen. Wenn jedoch der Eindruck nicht allzusehr trügt, so gewinnt im Blick auf die postmortale Existenz Osiris und sein Bereich eine Eigenständigkeit zurück, wie er sie ähnlich gegen Ende der Ramessidenzeit besessen hatte, wenngleich im Kosmos nach wie vor Amon-Re die maßgebliche Rolle spielt. Es scheint, als ob man bemüht ist, die Seligkeit gleichmäßig auf den oberen und unteren Götterbereich zu verteilen: "Dein Stern ist im Himmel, (dein) Ba ist auf Erden, deine Mumie ist im Gottesgebiet (Nekropole), deine Stimme bleibt gerechtfertigt in der Unterwelt"[15].

20.5 Das napatäische Reich und Meroë

Als um die Mitte des 7. Jh. assyrische Heerscharen Theben erobern, ziehen sich die kuschitischen Könige aus Ägypten zurück und beschränken sich fortan auf die Herrschaft über ihre südliche Heimat, wenngleich sie ihren Anspruch nicht aufgeben und sich weiter als Könige von Ober- und Unterägypten anreden lassen. Die assyrische Eroberung der großen Kultstätte des geheimnisvoll verborgenen, allumfassenden Amon scheint der Verehrung dieses Gottes einen Schlag versetzt zu haben, von dem sich der Kult in Karnak nicht mehr erholt hat, wie noch zu erörtern ist.

Bei den Herrschern von Napata bleibt aber das Vertrauen in Amon-Re unerschüttert. Vermutlich hatten diese Nubier die Verwüstung des thebanischen Thrones der beiden Länder als gerechte Strafe für die Unreinheit der Bevölkerung im eigentlichen Ägypten und ihren Ungehorsam gegen den großen Gott und seinen königlichen Sohn gedeutet. Die Hauptstadt scheint bald weiter nach Süden, nach Meroë verlegt worden zu sein (oder befand sich dort schon längst das politische Zentrum?). Doch die Begräbnisstätte der Könige bleibt bis ca. 270 v. Chr. in der Nähe von Napata, Amons heiliger Stadt. So entsteht vielleicht im Süden ein ähnliches theokratisches Nebeneinander wie im unteren Niltal zwischen dem heiligen Theben und den Königsresidenzen im Delta.

Als das ägyptische Stammland in den folgenden Jahrhunderten von Persern, Makedonen und schließlich Römern erobert und beherrscht wurde, versuchten diese Invasoren alle, auch Kusch zu erobern, scheiterten aber mit ihren Plänen. Das wird die Verehrung des Amon-Re am heiligen Berg von Napata gestärkt haben. Hier, wo seine wahren Verehrer wohnten, behauptet er sich und bleibt nach wie vor die ausschlaggebende Macht. Weitere große Amontempel werden

Abb. 117 Meroitische Göttertrias, Sebjumeker (l.), widderköpfiger Amon, Arensnuphis

auf der Insel Argo, in Kawa, Sanam und anderwärts errichtet und ausgebaut. Mit dem 3. Jh. verschwindet die Kenntnis der ägyptischen Sprache, doch die ägyptische Religion und das theokratische Modell behaupten sich weiterhin. Eine abgewandelte Hieroglyphenschrift wird dazu benutzt, der eigenen meroitischen Sprache Ausdruck zu geben.

Als sich gegen Ende des Jahrtausends das kultische Schwergewicht in das Gebiet von Meroë verlagert, wird das ägyptische Pantheon um einheimische Götter vermehrt. Dazu gehören ein löwenköpfiger Kriegs- und Kronengott *Apedemak*, der bisweilen mit vier Armen wie indische Gottheiten ausgestattet wird, ein löwengestaltiger *Arensnuphis*, der als eine Form des Luftgottes Schu ausgegeben werden kann, und der mit der ägyptischen Doppelkrone geschmückte *Sebjumeker*, eine osirisähnliche Gestalt. Doch diese Götter werden etymologisierend ägyptisch gedeutet und selbstverständlich dem Kreis um Amon eingeordnet.

Die Grablage der Könige wird zwar von Napata nach Meroë verlagert, behält aber die Form der Pyramide, den davor liegenden nach Osten ausgerichteten Vereehrungstempel und den ägyptischen Bildschmuck bei.

Abb. 118 Meroë, Nordfriedhof, Grab des Königs Natakamani mit der Darstellung des Erschlagens der Feinde

Wie in Ägypten dringt im Laufe der folgenden Jahrhunderte auch in Nubien die Osiris- und Isisverehrung vor und drängt den Amonkult zurück. Jede Opfertafel beginnt dann: "O Isis, o Osiris". Sprechendes Zeugnis für die neue Bedeutung der Gottheiten des unterirdischen Bereiches ist der großartige Isistempel von Philä an der Grenze zwischen Ägypten und Kusch, von beiden Völkern gemeinsam bebaut und besucht, auf einem der Isis zugesprochenen neutralen Gebiet. Als Ägypten längst christianisiert ist, bleibt Philä "der letzte verlorene Posten der ägyptischen Religion"[16], aufrechterhalten vor allem von den Stämmen des Südens.

Der König gilt weiterhin als Sohn des Amon. Doch die Königsmutter wird zur Verkörperung der Isis. "Wenn Isis ihren Sohn empfängt, ist sie wie die Königsmutter, die sich mit ihrem Sohn vereinigt hat". Auch die Hathor von Dendera kann diese Stelle einnehmen[17].

Bis ins 4. nachchristliche Jahrhundert hinein, bis die letzten Könige von Kusch von Süden her unterworfen werden, hält sich der Vorrang der ägyptischen Götter im Lande. Die ägyptische Religion hat also "unter den Nubiern und Negern eine größere Macht, als sie sie je in ihrem eigenen Lande besessen hatte,"[18] gewonnen. Griechen wie Diodor (3,3) verfallen deshalb auf den Gedanken, die ägyptische Religion stamme eigentlich aus Nubien.

Ägypten und Kusch, hg. E.Endesfelder, K.H.Priese u.a., Schriften zur Geschichte und Kultur des Alten Orients 13, 1977

J.Assmann, Grabung im Asasif II. Das Grab des Basa (Nr 389) in der thebanischen Nekropole, AV 6, 1973

D.Eigner, Die monumentalen Grabbauten der Spätzeit in der thebanischen Nekropole, ÖAW 8, 1984

E.Graefe, Untersuchungen zur Verwaltung und Geschichte der Institution der Gottesgemahlin des Amun vom Beginn des Neuen Reiches bis zur Spätzeit I.II ÄA 37, 1981

F.u.U.Hintze, Alte Kulturen im Sudan, 1966

J.Leclant, La religion méroïtique, Histoire des Religions I, 1970, 141-53

C.E.Sander-Hansen, Das Gottesweib des Amun, 1940

P.Scholz, Kusch-Meroë-Nubien, Antike Welt 18, 1986 Sondernummer

S.Wenig, Struktur und Konzeption des Löwentempels von Musawwarat es Sufra und das Problem einer Klassifikation kuschitischer Sakralbauten, in: Tempel und Kult, hg. W.Helck, ÄA 46, 1987, 43-59.

RÄRG 505-6 'Napata'; 256-7 'Gottesweib';

LÄ 1, 335 'Apedemak'; 1, 424-5 'Arensnuphis'; 1, 1003-4 'Dedun'; 2, 792-815 'Gottesgemahlin/-hand'; 3, 409-11 'Kerma'; 3, 888-93 'Kusch'; 3, 893-901 'Kuschitenherrscher'; 3, 1177-9 'Mandulis'; 4, 96-107 'Meroë'; 4, 342-4 'Napata'; 5, 768 'Sebiumeker'.

Anmerkungen zu Kapitel 20:

1 LÄ 4, 343
2 TUAT I 557-85
3 Assmann, RuA 207
4 Hochwasserstele des Tarharqa TUAT I 591
5 Roeder, ZJ 373
6 Roeder, ZJ 380-91; im Auszug AOT 100-1; ANET 447-8
7 LÄ 2, 792
8 Sander-Hansen 30-1
9 TUAT I 594
10 Kairo 1053 vgl UdK III 139-41.
11 LÄ 2, 835
12 Assmann 1973, 44
13 LÄ 2, 842
14 Niwinski 1989 (s. oben S. 434) 238
15 Assmann 1973, 62f
16 Erman, Rel 357
17 TUAT I 594.587
18 Erman, Rel 353

21. Verlagerung des staatlichen und kultischen Schwergewichts nach Unterägypten. Die Saitenzeit

21.1 Der Assyrereinfall und seine Folgen

Von Eindringlingen, welche der ägyptischen Kultur und Religion feindlich gegenübertraten, war das Niltal Jahrtausende lang verschont geblieben, für die Landesbewohner ein schlagender Beweis der unüberwindlichen Macht ihrer angestammten Gottheiten. Die Kuschiten waren als fromme Verehrer ägyptischer Gottheiten gekommen. Einzig die Zeit der Hyksos als Herrscher der Fremdländer und Ägyptens im frühen 2. Jt.v.Chr. stellte eine gewisse Ausnahme dar, hatte aber das Lebens- und Überlegenheitsgefühl der ägyptischen Bevölkerung höchstens kurzfristig beeinträchtigt; denn die eingedrungenen Asiaten hatten sich bald ägyptischer Sitte und Religion angepaßt. Um die Mitte des 7. Jh.v.Chr. vollzieht sich jedoch eine umstürzende Veränderung. Mit dem Einmarsch assyrischer Armeen und der Verwüstung von Theben, der Stätte des verborgenen Götter- und Weltkönigs Amon-Re, erweisen sich "elende Asiaten" als siegreich, die sich um ägyptische Götter nicht scheren und sich dennoch überraschend schnell durchsetzen. Der politisch-militärische Zusammenbruch scheint tief auf Kult und Gottesverehrung gewirkt zu haben. Die Ägypter versuchen, auf höchst eigene Weise die Katastrophe zu überspielen, indem sie in ihren Überlieferungen den Einmarsch der fremden assyrischen Macht einfach nicht zur Kenntnis nehmen. Nur assyrische und griechische Quellen berichten darüber, und der alttestamentliche Prophet Nahum besingt (Nahum 3,8-10) den Fall des stolzen Thebens als exemplarisches Katastrophenereignis. Die ägyptischen Quellen schweigen sich völlig aus. Der weitere Verlauf ägyptischer Religionsgeschichte läßt aber deutlich werden, daß der Ruhm Thebens als kultische Mitte irdischen und kosmischen Lebens einen Schlag erhalten hat, von dem sich die Stadt und ihr Gott Amon nie wieder erholt haben.

Den politisch-militärischen Zusammenbruch derart aus dem eigenen ägyptischen Gedächtnis auszulöschen, war deshalb möglich, weil die Assyrer ihre Truppen bald wieder aus dem Lande abgezogen haben. Ein Fürst Psammetich aus Saïs im Delta, vermutlich Abkömmling libyscher Söldnerführer, hatte rechtzeitig die Partei der neuen Oberherren ergriffen und erreicht, daß ihn der assyrische Großkönig Assurbanipal um 660 als Vasallenkönig einsetzt. Psammetich darf sich König von Ober- und Unterägypten nennen und die herkömmlichen administrativen und kultischen Rechte eines Pharao im Niltal wahr-

Die Saitenzeit

nehmen. Seine Nachkommen haben als 26. Dynastie 140 Jahre lang das Land beherrscht. Wie weit sie die fremde Oberhoheit anzuerkennen und jährlich Tribute nach Assyrien zu senden hatten, entzieht sich unserer Kenntnis. Für die ägyptischen Untertanen setzen jedenfalls die Saïtenkönige – ähnlich wie die zeitgenössischen Davididen im benachbarten Juda – ein eingeborenes Königtum ungebrochen fort. Nach dem Untergang Assyriens um 610 haben Pharaonen der 26. Dynastie während der neubabylonischen Zeit für fast 70 Jahre unabhängig geherrscht. Eine zunehmend wichtige Rolle für die Machtbehauptung spielen griechische Söldner und griechische Händler, die über das Mittelmeer herüberwandern und denen in der Stadt Naukratis im Delta eine eigene Kolonie eingeräumt wird. Damit wird die Basis für spätere kultische Beziehungen zwischen Ägyptern und Griechen gelegt, die sich dann in der Ptolemäerzeit voll ausgewirkt haben.

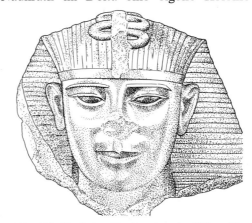

Die Vertreter der 26. Dynastie haben in nüchterner Einschätzung der weltpolitischen Lage auf den Traum eines völkerumspannenden Reiches der Amonverehrer, dem der Pharao vorsteht, wie es noch die kuschitische 25. Dynastie beansprucht hatte, anscheinend völlig

Abb. 119 Kopf des Königs Amasis (550 v.Chr.; Schlange und Königsnase von christlichen Bilderstürmern zerstört)

verzichtet. Bezeichnend dafür dürfte sein, daß der Pharao auf seinem Haupt fortan wieder nur eine, jetzt geringelte, Uräusschlange trägt, während die kuschitischen Pharaonen zwei dieser Schlangen für sich beansprucht hatten.

21.2 Memphis statt Theben

Die Saïtenkönige verdammen das Regiment ihrer Vorgänger und lassen deshalb deren Namen auf den Denkmälern ausmeißeln. Zugleich rücken sie von der Alleingeltung der verborgenen Sonnenmacht Amon-Re deutlich ab. Zwar setzt Psammetich I. es durch, daß seine Tochter Nitokris in Theben als Gottesgemahlin akzeptiert wird, wobei er ihr und ihrem Tempel zahlreiche Ländereien vermacht; mit Rücksicht auf die thebanische Priesterschaft wird auf der Schenkungsstele Amon als "größter der Götter" gefeiert und von ihm "ein Leben von Millionen Jahren" für den König erwartet[1]. Doch solche Äußerungen beschränken sich auf Theben. Eine überregionale Rolle von Amon wird sonst kaum sichtbar. Der in Theben durch zwei Lebensalter hindurch regierende Statthalter

Montemhet feiert zwar Amon noch als den, "der alles geschaffen ... der die Ewigkeit geschaffen" und rühmt seine "Gewalt über die Totenwelt"[2]. Doch dem stimmt keineswegs mehr die ganze Landesbevölkerung zu. Freilich bleibt Re mit seiner Sonnenmacht wichtig und wird weiter erwähnt, doch ohne das Komplement Amon. Es fragt sich, ob dort, wo nunmehr Re allein erwähnt wird, noch an eine feste kultische Verankerung dieser Macht auf Erden gedacht ist.

Seine eigene göttliche Legitimation bezieht der König aus Memphis. Dort, im Kultzentrum des Alten Reiches, finden Krönung und Regierungsantritt statt, dort wird Psammetich I. durch ein Orakel des Gottes Ptah, nicht des Amon, erwählt[3]. Neben dem Schöpfergott Ptah wird seine Manifestation im Stier Apis für die Herrschaft des Königs wichtig. Mit den Saïten beginnt der Brauch, verstorbene Apisstiere einzubalsamieren und feierlich in einem später Serapeum genannten Friedhofsgelände zu bestatten. Die steigende Verehrung des göttlichen Stieres steht im Zusammenhang mit einem gleichzeitigen Anwachsen der Stierkulte überhaupt, auf das unten eingegangen wird.

Der Rückgriff auf das aus dem Alten Reich berühmte Königsheiligtum von Memphis hat über die Königsinvestitur hinaus Bedeutung. Schon die Kuschiten hatten auf Motive des Alten Reiches zurückgegriffen, um der ihrer Meinung nach tief eingerissenen verderblichen Unreinheit im Lande zu wehren. Unter den Saïten wird der *Archaismus* geradezu zum Programm. Anscheinend dient er dazu, gewisse als "neumodisch" erscheinende Einrichtungen des thebanischen Reiches überflüssig werden zu lassen. Pyramidentexte werden in den Gräbern wieder abgeschrieben, Titel jener Epoche erneuert. Bis in die Haartracht hinein wird der Stil des 3. Jt. nachgeahmt. Memphis, die Waage der beiden Länder, die Stätte, wo Horus und Seth miteinander gestritten und der sagenhafte König Menes einst das Einheitsreich geschaffen hatte, wird zum Mittelpunkt einer nationalägyptisch ausgerichteten Bewegung.

Freilich tritt mit dem Zurückdrängen Amons der typisch ägyptische Antagonismus zwischen solaren und funerären göttlichen Mächten wieder stärker hervor. Bezeichnenderweise nehmen in Memphis jetzt Osiris und Isis eine gewichtige Rolle ein, insbesondere der Göttin wird in saïtischer Zeit ein großes Heiligtum errichtet[4], was über archaisierende Tendenzen weit hinausführt.

21.3 Der Vorrang der kriegerischen Göttermutter Neith und die wachsende Bedeutung von Urgöttern

Hauptstadt einer mit assyrischer Zustimmung wiederhergestellten ägyptischen Macht wird Saïs, wohl die Heimat Psammetichs I. Im ägyptischen Altertum schließt die Wahl einer Residenz neben einer politisch-strategischen immer auch eine kultische Entscheidung in sich. In Saïs steht nicht mehr wie in der Residenz

Die Saitenzeit

der Kuschiten oder der vorangegangen Pharaonen in Tanis ein Amontempel im Mittelpunkt. Zwar hat auch dieser Gott noch ein Heiligtum am Ort, aber es war und bleibt zweitrangig. Hingegen gilt seit vorgeschichtlicher Zeit Saïs als ein wichtiger Ort im Bestattungsritual, der seit Aufkommen der Osirisverehrung am Ende des Alten Reiches mit diesem Gott verbunden ist. In der Spätzeit besteht ein bedeutsames Heiligtum, in dem Osiris als "König des Himmels" gefeiert wird. Des Osiris Leiden werden alljährlich als Mysterium gefeiert, und ein großes Osirisgrab befindet sich mitten im Tempel der Neith[5].

Als wichtigste Gottheit war in Saïs aber seit jeher die kriegerische Neith verehrt worden, zu deren Emblem zwei gekreuzte Pfeile gehören. Ihr mit den Konsonanten *nt* geschriebener Name ließ sich mit dem (wohl anders vokalisierten) Lexem *nt* für "unterägyptische Krone" verbinden. Dadurch wird infolge der ägyptischen Überzeugung von Homo'usie bei Homonymie die Göttin zu einer Patronin für das unterägyptische Königtum[6].

Während Neith zwar im Alten Reich schon eine erhebliche Rolle spielte, im Mittleren und frühen Neuen Reich aber selten erwähnt war, hat ihr Ansehen seit ramessidischer Zeit wieder zugenommen. Sie wird zu einer der Schutzgöttinnen für Sarg und Kanopen neben Isis, Nephthys und Selket. Unter diesen vier kann sie als die mächtigste erscheinen. Ein Hymnus auf dem Sarg des Merenptah[7] feiert sie als androgyne Ur- und Schöpfergottheit, Mutter des Re wie des Osiris, und der aus der gleichen Zeit stammende Mythos vom Streit zwischen Horus und Seth rechnet mit ihr als einer autoritativen Instanz, wenn Götter sich streiten[8]. Mit ihr als mythischer Urkuh wird eine große Flut Mehet-Weret (Methyer) gleichgesetzt, "sie hat Re geboren und das Gebären begonnen", wozu dann auch Osiris als ein Kind gehört. Ihr Tempel in Saïs versinnbildlicht den "Himmel in seiner ganzen Art"[9].

Abb. 120 Neith mit Pfeil und Bogen, unterägyptischer Krone und Lebenszeichen

Die in Saïs residierenden Könige rühmen sich stolz als "Sohn der Neith" und legen sich damit den gleichen Ursprung bei wie der Sonnengott. Neith überwölbt dadurch den soeben erwähnten Antagonismus zwischen Re und seinem Kreis sonnenhafter Art und dem Kreis des Osiris in der Unterwelt, indem sie als Urmutter beider nicht nur in der Urzeit tätig war, sondern auch noch gegenwärtig deren Geschick bestimmt – und das des Königs dazu. Als ihre Bedeutung innerhalb der Götterwelt in solcher Weise zunimmt, wird sie bezeichnenderweise nicht zu einer umfassenden Muttergöttin, sondern gilt mehr und mehr als mannweiblich und übergeschlechtlich[10]. Als Welterstling in der Urzeit und hintergründige letzte Wirklichkeit in der Gegenwart wird Neith noch ein halbes Jahrtausend später in der Römerzeit gefeiert. Ihre Statue trägt dann (nach Plutarch und Proklos) die vielsagende Inschrift, die Schiller zur Ballade vom verschleierten Bild zu Saïs angeregt hat:

> Was ist und was sein wird und was war, bin ich; mein Gewand hat noch nie jemand gelüftet (zu geschlechtlichem Verkehr).

So verwundert nicht, daß Neith nun auch in Karnak einzieht und dort mit Amaunet und der "weiblichen Sonne der beiden Länder", *rat taui*, gleichgesetzt wird[11]. Mit Neith erlangen andere Gestalten mythischer Urzeit neue Wertschätzung. Weitere Urgötter werden neu entdeckt. In Theben-West wird im Totentempel Ramses' III. nun ein Grab des Amon verehrt, der der Vater des Ptah und dieser wiederum der Vater der hermopolitanischen Achtheit gewesen sein soll. Diese Achtheit selbst empfängt in Medinet Habu einen eigenen Kult. Amon findet hinfort in einer Schlange, "die ihre Frist vollendete", *kem-at-ef*, eine wesentliche Erscheinungsform.

Zur Hochschätzung der urzeitlichen Anfänge gehört wohl auch der hohe Rang, den nunmehr der schöpferische Töpfergott Chnum in Elefantine und im oberägyptischen Esna einnimmt, wo ihm statt der heimischen Göttin Menhit von jetzt an Neith als "Vater der Väter, Mutter der Mütter" beigesellt werden kann[12]. In der Zeit beschränkter staatlicher Macht besinnen sich die Ägypter also auf die urzeitliche Grundlegung der Welt durch ihre angestammten Gottheiten. Ähnlich wie im Israel der neubabylonischen Zeit, wo z.B. der Prophet Deutero-Jesaja nicht mehr die Volksgeschichte, wie bisher in Israel selbstverständlich, sondern die Schöpfung als den entscheidenden Ausweis seines Gottes Jahwä herausstellt, wählt auch der ägyptische Geist in dieser Epoche beim Nachdenken über Welt und Leben den Weg zurück zu Theorien über die Uranfänge. Allerdings wird dadurch die mythische Urzeit nicht zu einem isolierten *illum tempus* jenseits einer chronologisch begriffenen Zeit. Vielmehr wird eine durchlaufende Kontinuität zwischen Urzeit und Jetztzeit auf einer Metaebene gesucht, die durch "heilige Könige" repräsentiert wird. Halb vergessene Kulte früherer Könige werden wieder belebt oder für bestimmte Könige sogar neu eingeführt (Brunner). In Folge aber werden mehr noch als solche Herrscher zwei wundertätige Männer aus sagenhafter Vorzeit hochgeschätzt und um überirdische Hilfe angerufen.

21.4 Imhotep und Amenophis als Nothelfer des Volkes

Während noch zur Zeit des Gottesstaates der einzelne Ägypter sich in privaten Nöten häufig an den großen Amon gewandt hatte, werden solche Anrufungen seit der Zeit der Assyrer seltener. Stattdessen pilgern von nun an viele nach Memphis, um dort den vergöttlichten Imhotep als Nothelfer bei Kinderlosigkeit und Krankheit zu verehren. Imhotep war ursprünglich eine historische Gestalt. Als Hoherpriester von On hatte er die erste Pyramide erbaut, die berühmte Stufenpyramide in Saqqara. Seit dieser Zeit war er als ein Muster von Weisheit und Gerechtigkeit berühmt; er hatte, so schien es, in besonderer Weise Maat auf Erden verwirklicht. Schon Schreiber des Neuen Reiches verehren in ihm den Anfänger und das Vorbild ihrer Kunst. In der Saïtenzeit aber steigt er zu einem Wesen halbgöttlichen Ursprungs auf, das der Gott Ptah mit einer menschlichen Mutter gezeugt hatte und das für jeden im Land bedeutsam sein kann. Imhotep erhält einen eigenen Tempel und Kult und wird bisweilen als einer von acht großen Göttern angerufen, hinter Osiris, Isis, Nephthys, Horus und Anubis[13]. Zahlreiche Hausaltäre werden zu seinen Ehren aufgestellt. Bis nach Nubien hinein verbreitet sich der Ruhm seiner Heilkraft. Als jemand, der selbst ein Erdenleben durchkostet hat, steht Imhotep seinen notleidenden und hilfesuchenden Verehrern als göttlicher Arzt nahe. (In ptolemäischer Zeit wird dann sein Heiligtum zum Ziel zahlreicher Wallfahrer werden, die auch von außerhalb Ägyptens angereist kommen. Sein Name, zu Imutes zusammengezogen, wird dann gelegentlich mit dem griechischen Heilsgott Asklepios gleichgesetzt.)

Der Aufstieg einer nicht königlichen, wenn auch priesterlichen Gestalt zu göttlichen Ehren in diesem Zeitalter läßt erahnen, wie sehr der Anspruch der Pharaonen auf die einzigartige Vermittlung zwischen göttlichem und menschlichem Bereich zurückgenommen wird. Ersatzgestalten rücken vor. Der einzelne Ägypter empfängt hinfort die für sein Leben notwendigen numinosen Energien mehr und mehr abseits vom göttlichen Königtum.

In Theben wird neben Imhotep, der auch hier heimisch wird, Amenophis, der Sohn des Hapu, ein Wesir (?) und Baumeister Amenophis' III., in gleicher Weise kultisch als Heilsgott und als Sohn des Apisstieres verehrt[14].

21.5 Der Vormarsch der heilgen Tiere

Seit etwa 600 v. Chr. wächst in Ägypten die Überzeugung, daß die großen göttlichen Mächte besonders durch ihre Repräsentation in bestimmten Tieren den Menschen auf Erden, nicht zuletzt ihrem König, in besonderer Weise nahekommen. Auf fünf verschiedenen Ebenen realisieren das die hohen Mächte.

1) Das *Inkorporationstier*, das in einem Tempel gehalten wird, wie der Apisstier in Memphis oder der heilige Falke in Edfu, verkörpert als Einzelexemplar eine bestimmte wichtige Gottheit. Diese Einrichtung hatte es seit je gegeben. Sie rückt aber jetzt in den Vordergrund kultischer Begehungen, wie die feierlich werdenden Bestattungen des Apis in einem Serapeum belegen.

Abb. 121 Isis und Nephthys beklagen den toten Apis in einem Schiff (Berlin)

2) Neu ist der Brauch, *heilige Herden* im Tempelgelände zu halten und damit dem Inkorporationstier Artgenossen beizugesellen, die freilich dessen hohen kultischen Rang nicht erreichen. Immerhin werden verstorbene Herdentiere ebenfalls mumifiziert und in besonderen Friedhöfen bestattet.

3) Vordem unbekannt war die hinfort sich ausbreitende Sitte eines *privaten Fetischtieres*, das ein gewöhnlicher Ägypter in seinem Hause pflegt und verehrt und nach dem Ableben bestattet.

4) Das *Tierbild*, als Standarte, auf Stelen oder als Statue, hat es wie das Inkorporationstier in ägyptischen Heiligtümern stets gegeben. Ab saïtischer Zeit jedoch nehmen solche Darstellungen ungemein zu, zugleich ihre Ausschmückung mit prächtigen Attributen, vor allem der Sonnenscheibe.

5) Die *Tiermumie* wird nicht nur bestattet, sondern innerhalb der Friedhöfe werden Kultstätten für die toten Tier eingerichtet. Aus der 19. Dynastie stammt die früheste Erwähnung über die Bestattung eines Ibis, der Thot geheiligten Vogelart. Später wird in ptolemäischer Zeit jeder tote Ibis nach Hermopolis überführt und dementsprechend jeder tote Falke möglichst nach Buto, einer Horusstätte.

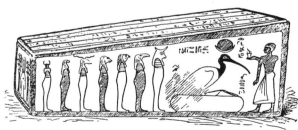

Abb. 122 Holzsarg eines Ibis mit Opferndem (Berlin)

Wie es zu diesem Aufschwung des Tierdienstes im 1. Jahrtausend kommt, ist ein viel verhandeltes, aber noch keineswegs geklärtes Problem der ägyptischen Religionsgeschichte. Um das Ausmaß der Veränderung zu ermessen, empfiehlt es sich, einen Exkurs über die Beziehungen zwischen Gott und Tier nach ägyptischer Überzeugung vor dem Umbruch zur Saïtenzeit einzublenden.

Bei der Schilderung der Ausprägungen ägyptischer Religion im Übergang von der vorgeschichtlichen zur geschichtlichen Zeit war oben (Kap. 5) darauf verwiesen worden, daß die Ägypter seit je eine enge Beziehung zwischen ihren Göttern und Tiergestalten voraussetzen. Beredtes Zeugnis dafür sind die bekannten Götterstatuen, bei denen Menschenkörper und Tierkopf künstlerisch so gelungen ineinander übergehen, daß dem Betrachter der Widerspruch einer Verbindung zwei verschiedenartiger Gattungen kaum bewußt wird. Entsprechend verwenden die Hieroglyphen solche Bilder von Mischwesen oder auch reine Tierzeichen, um einen Gott zu bedeuten, so den Falken für Horus, das Krokodil für Sobek. Als Determinativ für die Kennzeichnung der semantischen Klasse göttlicher Wesen dienen, wie oben angeführt, ein Vogel auf der Tragestange oder eine Schlange über einem (kultisch verwendeten) Korb. Als die Gaueinteilung zu Beginn des Alten Reiches durchgeführt wird, erhält jeder Gau seine Standarte mit dem Emblem einer dort beheimateten numinosen Mächtigkeit. Darunter befinden sich mehrere Tierbilder wie das von Häsin, Hündin, Schlange, Rind[15]. Gebete und Lieder feiern seit jeher hohe Götter mit ihren tierischen Erscheinungsformen, rühmen Horus als Falke, Sachmet als Löwin, Hathor als Kuh, Chnum als Widder, Sobek als Krokodil. Mehrfach wird ein und derselbe Gott durch mehrere Tiere dargestellt, so Amon durch Widder und Gans, Thot durch Pavian wie Ibis. Auf gleicher Ebene liegt es, wenn der Pharao sowohl als Löwensphinx wie als Stier erscheinen kann.

Dargelegt war oben, daß die Verbindung jenes Gottes mit dem entsprechenden Tier meist in vorgeschichtliche Zeit zurückreicht und in ihren Ursachen nicht mehr zu klären ist. In geschichtlicher Zeit wird der Tierbezug gerne dadurch rationalisiert, daß das betreffende Tier als eine Erscheinungsform (*ḫprw*) seiner Gottheit erklärt wird. An einigen wenigen Heiligtümern werden lebende Exemplare gehalten und mit Opfern verehrt. In Oberägypten gehört dazu der Buchisstier, mit schwarzem Fell und weißem Kopf, als *weḥem*, "Wiederholung" oder "Herold" des Kriegsgottes Month, in Unterägypten der schwarze Apisstier in Memphis als *weḥem* des schöpferischen Ptah, "der die Wahrheit hinaufträgt zu ihm", in Heliopolis der Mnevisstier als Erscheinung des Re, "der die Maat zu Atum aufsteigen läßt" und der Bock von Mendes als Bewegungsseele desselben Re. Solche Verkörperung von Gottesaspekten in lebenden Tieren erklärt sich ein Stück weit aus der für den ägyptischen Geist selbstverständlichen *Austauschbarkeit von Seinsarten*. Wie sich schon mehrfach gezeigt hat, gelten Lebewesen nicht nach Art und Gattung in der Weise festgeschrieben, wie es neuzeitliche Biologie voraussetzt. Insbesondere Götter und Könige lieben es, ihre Vielgestaltigkeit dadurch unter Beweis zu stellen, daß sie mit je einem Wesens- oder Seelenteil in mehreren Seinsarten gleichzeitig anwesen. Darüber hinaus gesteht der Ägypter bestimmten Tieren eine eigene Art des Gottesbezuges zu. Bezeichnendes Beispiel sind die Paviane, die als Sonnenaffen allmorgendlich den aufgehenden Sonnengott als erste begrüßen. Solche Zusammenhänge gelten zwar als selbstverständlich, werden aber bis zur Dritten Zwischenzeit kaum betont. Abgesehen von dem für das Königsritual wichtigen Apisstier finden heilige Tiere relativ selten Erwähnung. Mit der Saïtenzeit ändert sich überraschend das Bild.

Die Tierverehrung nimmt nun von Jahrhundert zu Jahrhundert mit erstaunlicher Schnelligkeit zu. An zahlreichen Heiligtümern, wenngleich nicht an allen, werden heilige Tiere gehalten und für die Kultbegehungen zum ausschlaggebenden Faktor. Aus Bildern in den Tempeln läßt sich nun eine rege Beschäftigung der Phantasie mit Tiermärchen und Fabeln erschließen: Tiere musizieren, feiern Feste, halten Gericht und benehmen sich nicht weniger menschlich als die Menschen. Befremdet nehmen Nichtägypter den wirtschaftlich sinnlosen Aufwand zur Kenntnis, der solchen Tieren zugewendet wird[16]. Denn sie erhalten ausgesuchte Speisen, werden regelmäßig gebadet, mit Räucherungen bedacht und kostbarem Schmuck, die schönsten Kebsweiber ihnen beigesellt. Ihre Einsetzung wird als Inthronisation zum König und zur Majestät begeistert gefeiert. Von dieser Stunde an werden ihre Regierungsjahre gezählt und Annalen geführt. Bei großen Jahresfesten werden sie von Götter und Königen besucht und zeigen sich dann huldvoll am Erscheinungsfenster. Heiliger noch als die lebenden scheinen die toten heiligen Tiere zu sein. Stirbt der Apisstier, herrscht für 70 Tage Landestrauer. Wie ein König wird er bestattet. "Seine Majestät (Psammetich I.) ließ ihm alles machen, was für einen Gott am Tage der Beerdigung zu machen ist, und alle Beamten taten ihre Pflicht. Der Leib ward mit Öl balsamiert, mit Binden aus feinstem Leinen und den Kleidern jedes Gottes. Seine Särge waren aus Kedholz, Merholz und Zedernholz und den erlesensten aller Hölzer"[17].

Wie erwähnt, kommt nunmehr die Überzeugung auf, daß nicht nur die Einzeltiere, die im Tempel selbst gehalten werden, mit Scheu zu verehren sind, sondern der entsprechenden Tierart insgesamt ein numinoser Charakter zukommt. Der Brauch entwickelt sich landschaftlich unterschiedlich. Im Gau des Bockes von Mendes werden fortan keine Ziegen mehr geopfert, in Theben keine Widder. Bei bestimmten Tierarten breitet sich die Achtung landesweit aus. Kühe werden durchweg als heilige Tiere der Isis betrachtet[18]. Jede gestorbene Katze wird einbalsamiert und nach Bubastis oder zu einer anderen Metropole der Katzengöttin gebracht. So sammeln sich im Laufe der Zeit in Beni Hassan hunderttausende von Katzenmumien an (die dann im 19. Jahrhundert die Fellachen zu Dünger verarbeitet haben). Hunde und Ichneumons werden zwar am jeweiligen Ort begraben, aber in ritueller Weise. Wer eines dieser Tiere umbringt, und sei es unabsichtlich, hat die Todesstrafe zu gewärtigen[19]. Andererseits erscheint es als ein seliger Tod für einen Menschen, wenn er durch den Biß eines Krokodils oder einer Schlange stirbt (Herodot II 90; vgl. den Freitod der letzten Kleopatra).

Unter den heiligen Tieren wendet sich den der Göttin Bastet verbundenen Katzen eine besondere Wertschätzung zu. Die in Vorderasien beheimatete Katze wird erst im 2. Jt. zu einem verbreiteten Haustier im Niltal und steigt erst um die Wende zum 1. Jt. zu religiöser Bedeutung auf. Bastet als Stadtgöttin von Bubastis war noch im Neuen Reich eine Sonderform der löwenköpfigen Sachmet, die ihren Hauptsitz in Memphis hatte. Die Könige der 22. Dynastie, in Bubastis beheimatete Militärbefehlshaber libyschen Ursprungs, wissen sich von Bastet als deren Söhne erwählt. Um diese Zeit wird das Wesen der Göttin mehr und mehr von der aggressiven Löwin Sachmet abgehoben und als das einer anschmiegsamen Hauskatze begriffen. "Zornig ist Hathor-Sachmet, fröhlich ist Bastet"[20]. Als Königsstadt hat Bubastis bald ausgedient. Doch die Göttin bleibt im ganzen Land populär und mit ihr werden alle Katzen geachtet. Im 5. Jh.

Die Saitenzeit 459

v. Chr. wird dann ihr Feiertag zum größten Fest der Ägypter, zu dem vor allem die Frauen in Massen herbeiströmen[21].

Abb. 123 Katzensarg und Katzenmumie (Berlin)

Nicht nur die kultische Praxis wendet tierischen Gestalten mehr Aufmerksamkeit zu, seien sie lebend oder mumifiziert oder künstlich, auch die religiöse Theorie beschäftigt sich immer intensiver mit ihnen. Schon im 2. Jt. hatte, wie erwähnt, die Auffassung von Korporationstieren als Bewegungs- und Aktivseele einer Gottheit Verbreitung gefunden. Sie haftet von Haus aus an heiligen Widdern, weil das Lexem b^3 für dieses Tier die gleiche Konsonantenfolge aufweist wie der Ausdruck als die Ba-Seele. Nun aber wird damit gerechnet, daß ein heiliges Tier nicht nur die Aktivseele einer Gottheit auskörpert, sondern mehrere göttliche Mächte sich in dieser seiner Seelenform vereinen. Schon der Mythos von der Himmelskuh (oben Kap. 18.1, S. 386) hat die Basis verbreitet, indem er zwar den Bock von Mendes als Ba des Osiris zählt, doch die Krokodile ihrer Mehrzahl als Ba-Seelen des Re und die Schlangen als "Ba von jedem Gott" preist. Bereits im Neuen Reich gilt jener Bock schon für die Ba-Seelen von vier Göttern. Später rühmt ihn der Pharao als "König von Ober- und Unterägypten, lebender Ba des Re, lebender Ba des Schu, lebender Ba des Geb, lebender Ba des Osiris, Bewegungsseele der Bewegungsseelen, Herrscher der Herrschenden", ebenso als "Erzeuger, Oberster der Frauen"[22]; er schwebt mit vierfachem Kopf zugleich am Himmel[23]. Bald manifestieren weibliche Falken die Ba-Seelen von Isis und Nephthys in einer einzigen Figur, durch männliche Falken lassen Horus, Ptah, Apis, Osiris, Geb und Schu ihre Aktivseelen auf Erden wesen[24]. Der Falke von Edfu verkörpert Horus und ist zugleich Ba des

Re. Nicht nur im Blick auf Götter nimmt er mehrere Funktionen wahr, sondern vor allem im Blick auf den irdischen König; er ist dessen Erhaltseele Ka, seine Zaubermacht Hike, sein Ptah, Schu und Thot[25]. Der in Philä verehrte Falke vereinigt in sich eine Bewegungsseele des Re, den Namen des Atum, das Amt des Schu, den Erben des Geb, das Königtum des Osiris und die Uräen des Horus[26]. Mit den heiligen Tieren der Spätzeit vermehrt sich also der vorher schon für heutige Betrachter so verwirrende "Synkretismus", das Spalten und Wiederverschmelzen von Götterfiguren, um ein beträchtliches. Zugleich eröffnet die Tiergleichung eine Fülle von Verbindungen innerhalb des wiederaufkommenden solaren und funerären Antagonismus; denn eine ganze Reihe von Tieren erhalten sowohl einen Bezug zu Re wie auch zu Osiris.

Was sind die Ursachen der sprunghaften Zunahme des religiösen Interesses am Tier? Gelegentlich ist erwogen worden, ob dahinter eine steigende Hochachtung vor dem Opfer stehe. Doch das Tieropfer, obwohl seit je üblich, hat in Ägypten nie die ausschlaggebende Rolle unter den kultischen Darbringungen gespielt, die es in anderen altorientalischen Religionen, etwa in Israel, eingenommen hat. Der Akt der Schlachtung war seit dem Alten Reich als aktualisierende Tötung des Götterfeindes Seth verstanden worden, was nicht ausgeschlossen hat, daß Menschen und Götter sich an dieser Speise laben. Doch dargebracht werden in der Regel nur Rinderschenkel und -herz für Götter und verklärte Tote; beides gilt dann wie Pflanzen, Blumen, Weihrauch und andere Gaben als Auge des Horus, das die Unversehrtheit des Beopferten gewährleistet. An diesen Vorstellungen ändert sich im 1. Jt. wenig. Die neuartige Tierverehrung wendet sich zudem auch Gattungen zu, die nie für das Opfer eine Bedeutung hatten.

Originell ist die Deutung von Frankfort[27] mit der Annahme, daß bei Tieren der Unterschied zwischen Individuum und Gattung verschwimme, die Tiere also in hervorragender Weise die Statik des Universums verkörpern und deshalb gottverwandt eingestuft werden. Er hat damit aber bislang keine Zustimmung gefunden. Auch an eine plötzlich aufkommende emotionale Zuwendung des ägyptischen Menschen zu den Tieren überhaupt hat man gedacht, aber "bei einer mumifizierten Ratte kann niemand mehr die Tierliebe oder die Tierverehrung" in Rechnung stellen[28].

Überaus verbreitet ist die Auffassung, daß hier ein Element unterschwelliger Volksfrömmigkeit zutage tritt, das schon die ägyptische Vorgeschichte geprägt hatte, dann aber jahrtausendelang von der herrschenden priesterlichen Schicht zurückgedrängt worden war und jetzt von unten her sich wieder Bahn bricht (Kees, Bonnet, Hornung). Insbesondere die starke Beteiligung von Frauen an dieser neuen Art von kultischer Verehrung wird dafür angeführt. Wenn der neu gekürte Apisstier zu Schiff nach Memphis überführt wird, heben am Ufer die Frauen ihre Röcke und bieten ihre Geschlechtsteile dar[29]. Vom Bock von Mendes weiß Herodot zu berichten (II 46), daß er einmal beim Fest eine Menschenfrau besprungen habe, was diese als hohe Auszeichnung und die Festteilnehmer als ein großes göttliches Wunder empfanden. Doch Kesslers eingehende, soziologisch orientierte Untersuchung zu den Institutionen, die in der 2. Hälfte des 1. Jt. die Tierverehrung tragen, führt zu dem überraschenden Ergebnis, daß diese Tiere vor allem dem Königtum zugeordnet werden, in königlichen Aufzugsstätten gehegt und durch entsprechende Nekropolenverwaltungen beigesetzt und kultisch versorgt werden. "Eine Tierverehrung durch den einfachen Gläubigen hat es nie gegeben"[30]; wiewohl dieser Satz vermutlich zu schroff urteilt — läßt sich das Vorhandensein von heiligen Haustieren in Privathäusern ganz bestreiten? — zieht er die Rückführung auf eine angebliche jahrtausendealte unterschwellige Volksfrömmigkeit wohl mit Recht in Zweifel.

Kessler hat darüber hinaus das Verdienst, auf die ausschlaggebende Rolle von Fest und Prozession für die Hochschätzung der Tiere verwiesen zu haben. In dieser Hinsicht kommt er zu Folgerungen, die eine eigentliche Göttlichkeit dieser Tiere letztlich bestreitet. "Kein einziges lebendiges heiliges Tier ist in Ägypten außerhalb der Festprozessionen jemals als 'Gott' bezeichnet oder von einem Gläubigen unmittelbar angebetet worden ... 'Gott' war allein das 'statische' Kultbild in Tiergestalt vor und mit dem die ägyptischen Kultformen abliefen, dem sich allein die Gläubigen zugewendet haben, unabhängig davon, ob es eine leblose Tiermumie oder ein Kultbild aus Stein war"[31]. So stimmt er dem Urteil von Morenz[32] zu: "Die Ägypter haben nicht Bilder und Tiere, sondern Götter verehrt." Ob solche Deutung sich halten läßt, hat künftige Forschung zu klären. Wo Tiere als Ba eines Gottes bezeichnet werden, und das geschieht überaus häufig, legt sich der Vergleich mit verklärten menschlichen Toten nahe, die ebenfalls als Ba einer Gottheit genannt werden können. Handelt es sich dabei auch nur um eine punktuelle Bahaftigkeit im Verlauf einer kultisch geprägten Aktion, etwa während der Fahrt der Sonnenbarke durch entsprechende Regionen der Unterwelt?

21.6 Die saïtische Endfassung des Totenbuchs

Während der 21. Dynastie wurden dem Abgeschiedenen mythologische Papyri mit vielen Bildern und wenig Text in das Grab gelegt. Aus der Zeit der 22.-25. Dynastie sind kaum Papyri erhalten, die den Toten beigegeben waren. Ab der 26. Dynastie wandelt sich der Befund wieder. Das Totenbuch wird erneut zu einer beliebten Grabbeigabe. Während es aber vordem eine je eigene Auswahl und Anordnung für diese feierlichen Äußerungen aus dem Begräbnisritual gegeben hatte, erhalten die Totenbücher von nun an eine strenge kanonische Ordnung, die sich bis zum Ende der ägyptischen Religion behauptet. In saïtischer Zeit kommt wenig neues Spruchmaterial hinzu. Doch der festen Anreihung liegt eine neue Thematik zugrunde. Nach Barguet werden vier Komplexe sinnvoll aneinandergefügt.

1) Kap. 1-16 folgten dem Gang der *Bestattungsriten* bis zur Grablege, wobei teils Totenpriester als Vertreter von Gottheiten, teils der Tote selbst das Wort ergreifen. Am Ende steht ein nach wie vor variabler Hymnus an Re oder/und an Osiris. Dieser Teil hat anscheinend vorbereitenden Charakter, er wird mit einer einzigen Vignette zusammengefaßt.

Die entscheidende Verklärung vollzieht sich für die Spätzeit anscheinend erst, nachdem die Mumie ihre ewige Ruhestätte gefunden hat.

2) Kap. 17-63 beschreiben und bewirken *Regeneration* und allgemeine Vergöttlichung. Nach einer überirdischen Reinigung treten Mund, Herz und Zunge wieder in Funktion, wirkungskräftiger als zuvor. Der Tote wird Herr der Götter (Kap. 47) und beseitigt die Gefahren, die ihn bedrohen, verfügt fortan über gesunde Ernährung, Luft, Wasser, Feuer. In diesem Teil steht er der Sonnenmacht und dem Unterweltsgott noch gegenüber, also den Göttern Re und Osiris.

Abb. 124 Vignette zum Eingang des Totenbuchs

3) Kap. 64-129 schildern die *Transfiguration* und das Eingehen in Osiris und Re. Dadurch erst wird das als Ausweis seliger Lebenserfüllung geltende Herausgehen am Tage in beliebiger Gestalt möglich. Der Tote erhält die Kleidung des Osiris, wandert dann nach On und wird in die Gestalten verwandelt, die Re während der zwölf Stunden des Tages annimmt. Seine Ba- und Schattenseelen begleiten ihn. Mit Re steigt er danach in die Unterwelt und trifft bei Osiris ein. In diesem Zusammenhang wird das Unschuldsbekenntnis vor den Totenrichtern (Kap. 125) hineingestellt. An dieser Stelle hat es nur noch die Bedeutung, darzustellen, wie der verklärte Tote an unterirdischen Richtern vorbeifährt. An eine echte Gerichtshandlung kann nicht mehr gedacht sein (Barguet). Hat der Tote sich doch schon längst vorgestellt "ich bin Osiris" und dadurch "ältester der Götter" (Kap. 69), aber auch "ich bin der (urzeitliche) Ba des Re" (Kap. 85). Wie der Sonnengott kann er stolz von sich behaupten: "Maat ist in meinem Leib" (Kap. 80).

4) Kap. 130-162 begleiten die *Fahrt in der Sonnenbarke* durch die Unterwelt. Der Tote gehört als Osiris-NN mit seinen drei wichtigen Seelenformen Ach, Ka und Ba zum Gefolge Res, nachdem er zuvor das Opfer der Maat dargebracht hat. Dieser Teil traut dem Verklärten Omnipotenz zu; er ist es, der den in der Barke sitzenden Sonnengott vor der gefährlichen Apophisschlange rettet, er läßt Maat vor der Barke heilbringend dahinziehen, ja er lenkt die Bahn Res am Morgen (Kap. 130). Innerhalb dieses Komplexes heißt es denn auch mehrfach "ich bin Re und Osiris" (Kap. 130) oder "Osiris-NN ist Re" (Kap. 133) oder "ich bin Re" (Kap. 136B). So gewinnen Re und Osiris "une égale importance"[33]. Der Tote steht beiden nahe, wenngleich seine Identifikation mit Osiris ein Stück weiter geführt wird. Verglichen mit der 3. Zwischenzeit bedeutet das aber, daß der Sonnengott an Gewicht verloren hat und die Bedeutung des Osiris wieder im Steigen begriffen ist. Das ergibt sich wohl auch aus der langen Liste von Osiriskultstätten, die in der späten Fassung um zahlreiche Namen vermehrt wird (Kap. 142). (Was ab Kap. 163 folgt, sind Zusatzsprüche, die nur sporadisch auftauchen und deshalb hier übergangen werden.)

An der saitischen Redaktion des Totenbuches überrascht, daß nicht nur Theben, sondern auch die von den damaligen Königen hochgeschätzten Heiligtümer von Saïs und Memphis mit den entsprechenden Gottheiten kaum irgendeine Rolle spielen. Häufig genannt wird hingegen die Sonne, aber nur als Re, und die Neunheit; ob daraus auf eine neue Wertschätzung von On zu schließen ist oder die Verehrung des Sonnengottes sich allmählich von einer bestimmten Kultstätte löst, bleibt offen. Bei Osiris hingegen werden viele Kultstätten betont; aber Prädikate, die häufig gebraucht werden, wie Chontamenti und Wen(en)-Nofer weisen vielleicht auf Abydos als Traditionszentrum[34]. Daneben treten Thot und die mit ihm verbundenen mythischen Motive von Schmun-Hermopolis mehr und mehr hervor.

Die saitische Epoche bietet also kein einheitliches Bild hinsichtlich Kult und Mythos. Was im Zeitalter des Gottesstaates zentralistisch auf die eine verborgene Sonnenmacht des Amon zugespitzt war, fällt wieder auseinander. Man bemüht sich, ein gewisses Gleichgewicht zwischen dem Re- und Osiriskreis herzustellen. Die auffällige Hervorhebung der Urzeit und ihrer Götter scheint mit dem Versuch einherzugehen, den erneut drohenden Antagonismus zwischen oben und unten in der ägyptischen Religion zu überbrücken.

J.Assmann, Die Inschrift auf dem äußeren Sarkophagdeckel des Merenptah – Neith spricht als Mutter und Sarg, MDAIK 28, 1972, 47-73.115-39

H.Brunner, Zum Verständnis der archaisierenden Tendenzen in der ägyptischen Spätzeit, Saeculum 21, 1970, 151-61 = *ders.*, Das hörende Herz, OBO 80,1988, 110-20

Th.Hopfner, Der Tierkult der alten Ägypter, 1913

E. Hornung, Die Bedeutung des Tieres im Alten Ägypten, Studium Generale 20, 1967, 69-84

Ders., Geist, 165-79: Göttliche Tiere

D.Kessler, Die heiligen Tiere und der König I, ÄAT 16, 1989

F.K.Kienitz, Die politische Geschichte Ägyptens vom 7. bis zum 4. Jahrhundert vor der Zeitwende, 1953

E.Otto, Die biographischen Inschriften der ägyptischen Spätzeit, PÄ 2, 1954

R.A.Parker, A Saite Oracle Papyrus from Thebes in the Brooklyn Museum, 1962

K.A.D.Smelik/E.A.Hemelrijk, 'Who knows not what monsters demented Egypt worships?', ANRW II 17,4 (1984), 1852-2000

S.Wildung, Imhotep und Amenhotep – Gottwerdung im alten Ägypten, MÄS 36, 1977.

Zum Totenbuch s. Kap. 14, oben S. 330

RÄRG 21-2 'Amenophis'; 512-7 'Neith'; 812-24 'Tierkult'; 322-4 'Imhotep'; 646-7 'Sais'.
LÄ 1, 386-95 'Archaismus'; 3, 145-8 'Imhotep'; 4, 392-4 'Neith'; 4, 1164-72 'Psammetichus I.II'; 5, 355-7 'Sais'; 6, 571-87 'Tierkult'.

Anmerkungen zu Kapitel 21:

1 TUAT I 194
2 Otto 158; AEL III 30-1
3 Herodot II 147ff
4 Herodot II 176
5 Herodot II 169-71
6 Vgl. Nektanebos I. AEL III 88
7 Assmann 1972
8 Roeder, ML 25ff; AEL II 214ff
9 TUAT I 606
10 TUAT I 607
11 RÄRG 514-5
12 RÄRG 515
13 Otto 190-4
14 AEL III 104-7
15 LÄ 2, 424
16 Diodor I 83-9 z.B. = Roeder KO 393
17 Erman, Rel 323-4
18 Herodot II 41
19 Herodot II 42-72 = Roeder, KO 390
20 Philae, RÄRG 81
21 Herodot IV 60 = Roeder GW 192
22 Roeder, GW 174 vgl. Totenbuch Kap. 17
23 Roeder, ebd 177
24 Kessler 1989, 13
25 Roeder, KO 381
26 RÄRG 817
27 Frankfort, Rel 13-4
28 Kessler 1989, 6
29 Diodor I 85 = Roeder, KO 394

30 Kessler 1989, 295
31 Kessler 1989, 10f
32 ZÄS 88, 1963, 47
33 Barguet 23
34 Zur Restauration in Abydos vgl. Otto 164-6; AEL III 33-6

22. Amon-Re als Beschützer der Fremdherrscher. Von der Perserzeit bis zu Alexander dem Großen

22.1 Persische Großkönige vor den Göttern Ägyptens

525 wird der letzte König der 26. Dynastie von eindringenden persischen Truppen an der Landesgrenze vernichtend geschlagen. Der Sieger Kambyses besetzt schnell und unblutig das ganze Land. Von nun an gehört Ägypten für 120 Jahre als eine Satrapie unter vielen zum achaimenidischen Weltreich. Zwar gelingt es um 400 einheimischen Aufständischen, die Perser für ein gutes halbes Jahrhundert aus dem Land zu vertreiben. Doch der Schatten des Großreichs bleibt bedrohlich über dem Niltal, bis 343 v.Chr. einem der letzten Perserkönige die Wiedereroberung gelingt. Nur zehn Jahre später befreit Alexander der Große mit seinen Truppen Ägypten von den persischen Herren, aber nur, um es hinfort einer auf die Dauer vielleicht noch strengeren griechisch-makedonischen Fremdherrschaft zu unterwerfen.

Obwohl Kambyses und seine Nachfolger sich im Niltal als Pharaonen gebärden und eine entsprechende Titulatur annehmen, wird der Sieg der Perser von vielen Ägyptern, dürfen wir griechischen Nachrichten trauen, als eine bislang unerhörte Katastrophe und ein Umsichgreifen chaotischer Unordnung empfunden. Die Eroberung Ägyptens durch die Assyrer 150 Jahre früher war gewiß furchtbar gewesen, aber sie war schnell vorbeigegangen. Die Perser aber bleiben. Die Abneigung gegenüber den fremden Herrschern verstärkt sich dadurch, daß sich nicht nur nationaler Stolz und ökonomische Interessen, sondern auch einander ausschließende religiöse Prinzipien gegenüberstehen. Für die Ägypter wesen die vielen ineinander verschlungenen und sich wieder auseinander entfaltenden Gottwesen in Tempeln, Statuen und Kultbarken der einzelnen Gaue so konkret an, daß dort Menschen sich ihnen zum Heil nähern können. Die iranische Religion der Achaimeniden hingegen lehnt Tempel und Bilder grundsätzlich ab, konzentriert die Verehrung auf einen weisen, allbestimmenden Himmelsgott Ahuramazda, der die arischen Völker als den Adel der Menschheit geschaffen hat und primär durch brennendes Feuer auf Erden verehrt wird. Der allweise Gott wird als Vertreter einer dynamischen Weltordnung begriffen, die er ständig gegen das Andringen von personenhaften Mächten des Bösen verteidigt und damit gegen Gestalten, welche die Völker fataler weise als Götter (*daevas*) verehren[1]. Das schafft ein ungünstiges Vorurteil für die Behandlung ägyptischer Kulte, wo Kultbauten und Bilder im Vordergrund stehen. Es erlaubt zugleich einschneidende Eingriffe zugunsten der persischen Staatskasse. Gelten Tempel als überflüssig für wahre Gottesverehrung, ist der Zugriff auf den riesigen Besitz an Ländereien des thebanischen Tempels und anderer großer Heiligtümer durchaus erlaubt und aus politischer Notwendigkeit geboten. Er wird für die Krone konfisziert, was zahlreiche ägyptische Priester, die darüber naturgemäß anders denken, zu Gegnern der Eindringlinge macht.

Dennoch stehen sich ägyptische und iranische Religion nicht nur gegensätzlich gegenüber. Der iranische Gott hat eine Rechtsordnung (altpersisch *arta*) als eine Art Erzengel neben sich – der ägyptischen Maat vergleichbar –; sie differenziert sich als Gesetz (*data*) je nach Volk und Land anders aus, was auch dem Herrscher zu achten geboten ist. Das führt zu einer eigentümlichen Kulttoleranz der Großkönige, die auch polytheistische Religion ein Stück weit duldet[2]. Kommt dieser Zug allen Völkern des Riesenreiches zugute, insbesondere auch dem zeitgenössischen Juda unter Esra und Nehemia, so ergeben sich darüber hinaus zu Ägypten besondere Beziehungen. Das betrifft einmal die Königsauffassung. Der Großkönig ist zwar nach achaimenidischer Überzeugung ein Geschöpf des Himmelsgottes wie andere. Von inhärenter Göttlichkeit und Gotteszeugung oder auch von kultischen Ehren des Monarchen – was Ägypter selbstverständlich voraussetzen – kann also nicht die Rede sein. Dennoch wissen die Großkönige, wie sie in zahlreichen Inschriften kundtun[3], sich vom Schöpfer zum Herrn aller Menschen erkoren, "der eine zum Herrscher der vielen". Das führt zu einem dem pharaonischen vergleichbaren Selbstbewußtsein, wenngleich mit anderer mythologischer Begründung. So wird es möglich, die persischen Großkönige auf zahlreichen Stelen in Ägypten als Pharaonen zu kleiden, ihre Namen mit dem Königsring zu umgeben, sie mit ägyptischen Wendungen zu verehren oder gar als Horusfalken abzubilden[4]. Hinzu tritt eine überraschende ikonografische Verwandtschaft bei der Darstellung des höchsten Gottes. Der Ahuramazda der Perser läßt sich zwar, wie er an sich ist, nicht abbilden; aber er duldet das ikonografische Emblem der geflügelten Sonnenscheibe als hinweisendes Symbol, wie es Dutzende von persischen Siegeln und Reliefs aus Persepolis belegen. Das Emblem stammt, religionsgeschichtlich betrachtet, letztlich aus Ägypten; von dort war es auf dem Umweg über Kleinasien und Assyrien in den Iran gelangt[5]. Den Achaimeniden war die Herkunft gewiß nicht mehr bewußt. Aber wenn sie nun dasselbe Motiv bei Ägyptern für deren König des Pantheon, für Amon, Re oder Horus, entdecken, legt das den Schluß nahe, daß der höchste Gott auf beiden Seiten letztlich identisch ist. Auf den Stelen, auf denen Dareios I. seinen Bau eines Kanals vom Mittelmeer zum Roten Meer, eines Vorläufers des Suezkanals, feiert, läßt er auf der einen Seite den ägyptischen Text von einer Behedeti-Flügelsonne gekrönt sein, der zwei Uräusschlangen in herkömmlicher Weise beigegeben sind, während auf der anderen Seite mit persischem Text die geflügelte Scheibe zuoberst mit unägyptischen Ranken und einem Vogelschwanz dargestellt wird; Schlangengestalten und damit der Hinweis auf zweitrangige Göttinnen werden also vermieden. Die Beziehung tritt nichtsdestoweniger zutage.

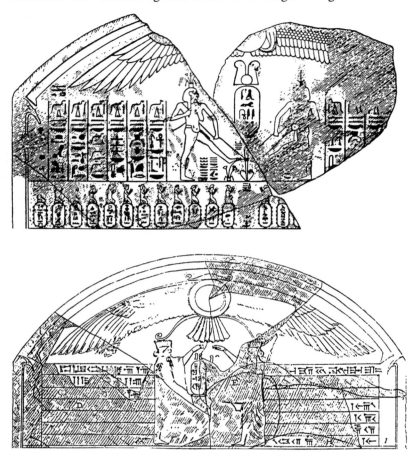

Abb. 125 Kanalstelen des Dareios mit "persischer" und "ägyptischer" Seite und unterschiedlichen Flügelsonnen

Von solchen Berührungen her begreift es sich, warum die Achaimeniden an keiner anderen Stelle ihres Riesenreiches sich der Religion fremdvölkischer Untertanen so sehr angeglichen haben wie in Ägypten. Aus dem Zweistromland gibt es keine Stele, die den persischen Oberherrn in babylonischer Tracht zeigt; aber es gibt solche in ägyptischer Fassung sogar am Palast der Hauptstadt Susa. Die Neigung, ägyptische ikonografische Motive zum Ausdruck eigener Überzeugung zu benutzen, ist bei den Achaimeniden lange vor der Eroberung Ägyptens nachzuweisen. Schon der große Kyros hat seine Residenz Pasargardae mit geflügelten Genien geschmückt, die eine erweiterte ägyptische Atef-Krone tragen, wenngleich unbekannt bleibt, wie solche Motive so früh in den Iran gelangt sind.

Die Begegnung zweier so verschiedener religiöser Welten wie der iranischen und ägyptischen stellt eine fesselnde Episode innerhalb der Religionsgeschichte des Altertums dar, die eingehender Bearbeitung noch harrt. Während der zwei Jahrhunderte persischer Vorherrschaft entwickeln sich beide Religionen ähnlich auch in Blick auf eine zunehmende Bedeutung von Zukunftsschau und Orakelkunde. Dabei wird ein Einfluß von dritter Seite leitend, nämlich der der chaldäischen Astrologie, die – begünstigt vom persischen Einheitsstaat – wie ein Sauerteig allmählich nicht nur diese beiden, sondern auch viele andere Religionssysteme durchdringt. Darüber wird unten (Kap. 24) zu handeln sein.

Begreiflicherweise fanden die achaimenidischen Neigungen zum pharaonischen Auftreten und zu begrenzter Verehrung bestimmter ägyptischer Götter auf der Seite einheimischer Bevölkerung keine einhellige Zustimmung. Die damals im Lande schon umherreisenden Griechen tun das ihre, um den Abscheu gegenüber den verhaßten Persern zu schüren. Insbesondere der Eroberer Kambyses gerät dadurch bei der Nachwelt in den Geruch eines den Göttern verhaßten Erzbösewichts. Ihm

Abb. 126 Statue aus Pasargardae (vor 530) mit (einstiger) Inschrift "Ich bin Kyros, der König, der Achaimenide", bekrönt mit einem Widdergehörn, das in zwei Uräen mit Sonnenscheiben endet.

wird zugeschrieben, den heiligen Apisstier eigenhändig erstochen und Theben geplündert, Tempel verwüstet und Götterbilder nach Asien abtransportiert zu haben; ein Feldzug gegen die Oase Siwa schließlich, bei dem das persische Heer im Sandsturm umkommt, soll er aus blindem Haß gegen die Amonverehrer unternommen haben (Herodot III 26-38; Diodor I 46). Doch das sind griechische Zerrbilder. Die zeitgenössischen Quellen ergeben ein anderes Bild. Zwar hat der Sieger bestimmte Tempel wie auch den des widderköpfigen Chnum auf der Insel Elefantine zerstört, während der dortige Jahwätempel judäischer Söldner unbehelligt bleibt[6]; der Apisstier in Memphis ist jedoch feierlich gepflegt und nach seinem Ableben auf großköniglichen Befehl hin rituell bestattet worden. Der Landbesitz von Tempeln wird tatsächlich beschlagnahmt; bezeichnenderweise aber bleiben drei davon ausgenommen; darunter der des Schöpfergottes Ptah in Memphis (sowie diejenigen des Re in On und des Weisheitsgottes Thot in Schmun?)[7]. Das Auswahlkriterium dürfte vom Wesen des iranischen "Weisen Herrn" her bestimmt sein; was sich an ägyptischen Göttern als verkleidete Abspaltung seines Wesens interpretieren läßt, bleibt anerkannt. Für das weitere Verhalten persischer Eroberer gegenüber ägyptischen Kulten spielt der ägyptische Admiral, Oberarzt und Hohepriester Udscha-Hor-

Resenet eine maßgebliche Rolle[8]. Er gibt dem siegreichen Kambyses die Thronnamen eines Pharao und legitimiert ihn damit für die ägyptischen Untertanen. Obwohl es für die Annahme einer göttlichen Urmutter in der iranischen Religion keinerlei Anhalt gibt, gelingt es dem gewandten Verehrer der Neith, deren Kult dem Kambyses schmackhaft zu machen. Der Großkönig läßt den Tempel in Saïs nach ägyptischem Brauch reinigen und begibt sich höchstpersönlich dorthin, um den Boden "vor ihrer übergroßen Majestät zu küssen" und ägyptische Thronnamen als Abkömmling des Re zu empfangen. Von nun an sind die achaimenidischen Oberherrn nicht nur politisch, sondern auch kultisch akzeptiert; in die lange Reihe ober- und unterägyptischer Könige ordnen sie sich als 27. (und 31.) Dynastie ein. Jede Opfergabe, nach uraltem Brauch nur als "Opfergabe des Königs" gegenüber einem Gott möglich, erscheint nun als Spende des in weiter Ferne residierenden Achaimeniden.

Weit stärker als Kambyses hat sich sein Nachfolger Dareios I. auf die ägyptische Weise der Gottesverehrung eingelassen. Während seines Aufenthaltes in Ägypten läßt er sich krönen und die Thronnamen verleihen, so etwa "Den Atum gezeugt hat, lebendes Abbild des Re, den er (Re) auf seinen (eigenen) Thron gesetzt hat, um zum guten Ende zu führen, was er (Re) auf Erden begonnen hatte"[9]. Sprechendes Beispiel der Angleichung an den ägyptischen Brauch sind einige Stelen, die der Großkönig in Ägypten hat anfertigen und, wie erwähnt, vor seinem Palast in Susa hat aufstellen lassen. Bei einer sind Inschriften in vier Sprachen erhalten[10]. Die elamische, persische und akkadische Version stellt je stolz die Einzigkeit Ahuramazdas heraus und dokumentiert die Unterwerfung des Niltals:

> "Ein großer Gott ist Ahuramazda, der diese Erde geschaffen, der jenen Himmel geschaffen ... den Dareios zum König gemacht hat. Dies ist die Statue ..., die der König Dareios in Ägypten zu machen empfohlen hat, damit in Zukunft jedem offenbar werde, daß der persische Mann Ägypten (in Besitz) hat."

Der ägyptische Text lautet ausführlicher. Gefeiert wird der Großkönig als Herr von Ober- und Unterägypten wie als "Guter Gott", "der sich an der Maat erfreut, gezeugt von Atum-heliopolitanischer Herr der beiden Länder – Re-Horachte, der an die Ka-Seele des Königs gedenkt". Auf andere ägyptische Götter wird verwiesen, nicht zuletzt auf Neith, die "ihm ihren eigenen Bogen gegeben, um alle seine Feinde niederzuwerfen, wie sie es für ihren Sohn Re beim ersten Mal (= in der Urzeit) getan hat". Wie einst der urzeitliche Sonnengott, so waltet nunmehr der Perser über alles, was die Sonnenscheibe umkreist. Wo im Persischen ein einziger, allwaltender Schöpfer die Szene beherrscht, läßt die ägyptische Version eine Mehrzahl göttlicher Gestalten tätig sein. Ein ähnliches Verwirrspiel bieten uns die verschiedenartigen Texte auf der oben genannten Kanalstele.

Den weiteren Gang ägyptischen religiösen Denkens beeinflußt Dareios tiefgreifend durch eine Verfügung, "die Weisen ... unter den Kriegern, Priestern, Schriftgelehrten Ägyptens zu versammeln, daß sie das frühere Recht Ägyptens aufschreiben". Über 15 Jahre ist die Kommission tätig, die vermutlich vor allem Rechte und Pflichten der Tempel und Priester niederlegt und die erste umfassende *Gesetzessammlung* in der ägyptischen Geschichte überhaupt erstellt. Jahrhunderte lang war in Ägypten Rechtsübung wie Kult im Namen der Maat staatlicherseits durchgeführt worden, ohne daß es dazu wie in altorientalischen Nachbarkulturen formulierter Gesetze bedurft hätte. Zur Maat gehörte deshalb in der profanen Gerichtsbarkeit ein charismatisches Element. Mit der Perserzeit ändert sich die Anschauung. In demotischen Schriften wird es üblich, sich sowohl für privatrechtliche Angelegenheiten wie für kultische Riten auf *hep*, das Gesetz (meist im Singular), zu berufen, das vom Schreibergott Thot gesetzt worden ist[11]. Unter persischem Einfluß ändert sich also allmählich die konkrete Bestimmung der Normen der Maat. Sie entfaltet sich allmählich als schriftlich niedergelegte, unverbrüchliche heilige Tradition. (Analog beginnt gleichzeitig in der israelitischen Religion das Gesetzt als verschriftete Tora in den Brennpunkt religiösen Denkens einzurücken.) Die Ägypter haben deshalb Dareios dankbar in Erinnerung behalten und noch zu Zeiten Diodors (I 95) den Achaimeniden als letzten Gesetzgeber ihres Landes gerühmt.

Auch den von der Masse der Bevölkerung hochgeschätzten Osiris respektiert der Achaimenide insoweit, als er ihm in Busiris einen großen Tempel bauen läßt. Ausweislich der vom König angeordneten Bauten hat er jedoch die *Amonverehrung* vor anderen begünstigt. Freilich suchen er und seine ägyptischen Zeitgenossen den verborgenen, allumfassenden Luft- und Sonnengott nicht mehr primär in Theben. Vielmehr west für sie der "Gott von Karnak" nun in den *Oasen* im Westen des Niltals. Ein Grund dafür mag in der Verwüstung Thebens durch die Assyrer (und Kambyses?) liegen. Ein anderer war gewiß die althergebrachte mythische Hochschätzung des westlichen Lichtlandes, wo seit je der Untergang der Sonne mit der Beseligung der Toten verbunden war. Vielleicht hat zudem eine für das ägyptische Denken naheliegende Wortbrücke vom Eigennamen *jmn*, "Amon", zum Lexem *jmnt*, "Westen", Hilfestellung geleistet. Jedenfalls wird in *Hibis*, dem Hauptort der größten Oase Charge, auf Befehl des Großkönigs ein mächtiger Amontempel errichtet und mit zahlreichen Reliefs verziert, die größtenteils noch erhalten sind. Eine Anzahl von ihnen zeigt den Perserkönig, ägyptischen Göttern opfernd, von ihnen umarmt, gestillt und mit Leben erfüllt. Im Allerheiligsten findet sich eine kultgeografische Liste, die nahezu alle Götter Ägyptens und heilige Tiere verzeichnet und sie Amon zuordnet. Amonhymnen stehen auf den Wänden. Der Großkönig wird von ihrem Inhalt wenig erfahren haben, denn er hat gewiß nicht Ägyptisch verstanden. Um so bezeichnender aber sind die Äußerungen für die priesterliche Richtung, die damals in Ägypten das Wort führte.

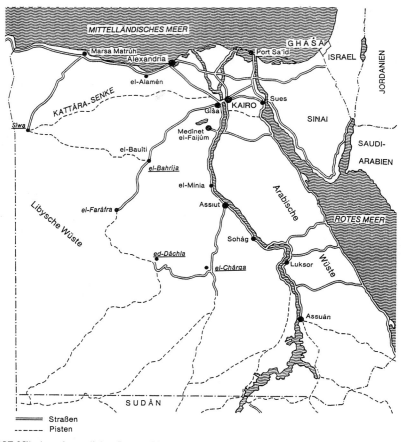

Abb. 127 Niltal und westliche Oasen. Unterstrichen sind Oasen mit Amon-Tempeln des 1.Jt.v.Chr.

22.2 Alleingeltung Amons im Westland

Der größte Tempel, den die Perserkönige in Ägypten errichten, liegt also weitab vom Niltal in Hibis in der Oase Charge. Er wird Amon-Re geweiht. Über die Religion der 26. Dynastie hinweg wird wieder an thebanische Tradition angeknüpft. Es überrascht, daß der Bau nicht in Theben errichtet wird; Opfer und Begehungen sind an einem so entfernten Ort viel schwerer zu organisieren als im Niltal. Die Verlagerung des Kultzentrums in den Westen wird, wie oben erwogen, mythologische Gründe haben.

Die Wände im Tempel von Hibis werden mit einer Vielzahl von Amonhymnen geschmückt, mehr als es sonst in einem Heiligtum gebräuchlich war. Auf der Südwand des Säulensaals finden sich drei Hymnen, von denen jede auf eine ältere Vorlage zurückgeht, die aber in ihrer Zusammenstellung vermutlich die Auffassung führender priesterlicher Kreise in der ägyptischen Perserzeit widerspiegeln und einer Tendenz zu einer pantheistischen Gottesauffassung wie kein früheres Beispiel dokumentieren[12]. Der längste dieser Hymnen läuft auf eine abschließende Rühmung zu, welche den Gott das Weltall erfüllen läßt[13]:

"Du bist der Himmel, du bist die Erde, du bist die Unterwelt, du bist das Wasser, du bist die Luft zwischen ihnen."

Das Bekenntnis zu dem einzigen Gott, "der sich zu Millionen machte"[14] verweist also spätestens in dieser Epoche nicht mehr nur auf eine ungegliederte, glücklich überwundene Einheit des Anfangs, sondern auf eine noch gegenwärtige, einheitlich strukturierte und die Lebenswelt durchwaltende Willensmacht. Der aus einem Wortspiel von "bleiben" (mn) und "Amon" (jmn) abgeleitete Gottesname "bleibend in allen Dingen", taucht mehrfach auf[15]. Die vielen Götter der kultischen Praxis und mythologischen Reflexion werden durch diesen Amon-Re nicht nur geeint, sondern verschmolzen: "Du bist Amon, du bist Atum, du bist Chepri, du bist Re! ... Tatenen, der am Anfang entstand ..."[16], "du bist Schu ... höher als alle Götter"[17]. Selbst die Achtheit der Urgötter kam erst hoch, als Amon-Re erschien und zu ihrem Vater wurde[18]. Seine Selbstentstehung beruht allein auf eigenem Entschluß, er hatte keinen Vater und keine Mutter[19]. Man wird in der Annahme nicht fehl gehen, daß damit die Neith-Hochschätzung der vorangegangenen Saïtenzeit und der zeitgenössischen saïtischen Priester von den Amonsverehrern zurückgewiesen wird.

Das allumfassende Wesen Amons wird in einem Gesang durch eine *Kulttopografie* begründet, welche alle wichtigen Heiligtümer und Gottheiten aufzählt und sie allesamt Amon eingliedert[20]. Auf dem Urhügel von Schmun ist der Urgott erstmals aufgetaucht. Von da hat er sich nach Echnas begeben, dann nach Mendes, Saïs, On, Memphis und zuletzt nach Theben. An jedem dieser von ihm erwählten Orte hat der verborgene, geheimnisvolle Sonnengott mit seiner Aktivseele sich niedergelassen, je verschieden manifestieren sich Gestalt, Bild, Thron und Namen (z.B. Harsaphes, Tatenen), bis zuletzt Herz, Zepter und Uräen in Karnak Ruhe fanden. Es verwundert, daß Hibis in diese Reihe nicht aufgenommen ist. Aber vielleicht wird vorausgesetzt, daß der Name Karnaks "Throne der beiden Länder" auf Hibis zu übertragen ist, wie früher auf Tanis oder Napata, obwohl es eine eigene Erscheinungsform Amon-von-Hibis gibt. Ein zweiter Gesang entfaltet, wie aus eben dem göttlichen Herzen anfangs ein umfassender Schöpfungsplan entstand, der sich danach in der Errichtung und

Einrichtung von Himmel und Erde, Menschen und Tieren, Ländern und Sprachen verwirklichte[21]. Besonders die Tiere spielen jetzt eine große Rolle. Der Gott ist "der Löwe mit lebendigem Antlitz ... der alle Wildtiere ausspeit ... Gott des Groß- und Kleinviehs ... Falke der Falken, Buntgefiederter ... Ba-Seele der Fische und Krokodile"[22].

Niemand, selbst die Götter nicht, kennt seine zahllosen Gestalten. Überhaupt sind "verborgen, geheim" gern gebrauchte Attribute für den Urgrund diesseitiger und jenseitiger Wirklichkeit[23]. Dennoch gehen die ägyptischen Götter auch in dieser späten Epoche nicht einfach in Amon auf. Die typische Vielfalt der Zugangsweisen wird insofern beibehalten, als die großen Götter sich an bestimmten Stellen von Amon-Re abheben und ihm handelnd gegenübertreten. Es bleibt also die ägyptische Art fortlaufender Götterverschmelzung und -spaltung in Brauch. Das gilt vor allem für *Osiris*. Zwar heißt es einmal von Amon-Re: "Du bist Osiris in Gestalt seines linken Auges ... seine Scheibe in der Nacht", wobei der Unterweltsgott traditionell mit dem Mond gleichgesetzt wird[24]; doch solche Identifizierung bleibt begrenzt. Anderswo heißt es, daß der durch die Unterwelt fahrende Amon-Re sich auf Osiris niederläßt oder Osiris auferweckt[25]. Für Osiris gibt es in Hibis einen eigenen Hymnus. Selbst Re kann abständig vom göttlichen Urgrund der Doppelgottheit begriffen und dann als ihre erste Verkörperung gerühmt werden[26].

Die Beziehungen des überragenden Hauptgottes zu Göttern und Menschen werden wie in vorangehenden Jahrhunderten (siehe 19.6, oben S. 432) *psychologisch* vor allem durch den Begriff der Aktivseele veranschaulicht. Als Ba schlechthin, damit als "das 'vitale Prinzip' des Kosmos"[27] west Amon-Re "geheim" und im Himmel[28]. Dieses wichtigste seiner Seelenvermögen wirkt zunächst "flammend" durch sein Sonnen- und Mondauge und erleuchtet die Länder[29], gewährt also das für Leben notwendige Licht. Zugleich aber befindet sich der Ba im Gott Schu und läßt die Winde und die für die Geschöpfe notwendige Luft entstehen[30]. Nicht genug damit, waltet der göttliche Ba auch im Urgewässer[31]. An verschiedenen großen Heiligtümern macht er die Kultgötter zu Auskörperungen seiner Aktivseele[32]. In Mendes weilt er vierfältig als Osiris, Geb, Schu und Re[33]. Der geheime Ba körpert sich letztlich in einem vielgliedrigen Leibe aus:

> Der geheime Ba mit widderförmigen Antlitzen,
>   mit vier Köpfen auf einem Hals, mit 777 Ohrenpaaren,
>   mit Millionen und Abermillionen Augen, mit 100000 Hörnern[34].

Gegenüber diesen überragenden Funktionen des Ba treten andere Außenseelen des Gottes zurück, ohne völlig zu fehlen. Als Verklärungsseele, Ach, läßt er den eigenen Leib Licht werden[35]. Seine Erhalt- und Gestaltseele nimmt Opfer und

Lobpreis entgegen, betätigt sich in aller Arbeit der Geschöpfe[36]. Als Machtseele, Sechem, ist er erfolgreich[37].

In den *kosmologischen* Beschreibungen treten zwei Züge des Gottes hervor, die in früheren Jahrhunderten ohne Gewicht gewesen waren. Das betrifft einmal die Rede von der Flammensphäre, die nicht nur – wie seit je – vom Gottesauge oder der Uräusschlange ausgeht, sondern die nunmehr sich zum Horizont des Alls weitet. Auf seinem Sitz ist Amon-Re von Flammen umgeben, seine Flammen umgeben alles Geschaffene[38]. In Zusammenhang damit werden seine Erscheinungsform im Mond als Einteiler der Zeiten betont und seine Lenkung der Gestirne[39]. Vielleicht erklärt sich dieser neue Zug aus der im Zweistromland und in Griechenland während der Perserzeit anwachsenden Wertschätzung der Astronomie, die bald in Ägypten großen Widerhall finden wird (dazu Kap. 24), und einer damit verbundenen Auffassung von den Gestirnen als Feuerwesen und ihren Sphären. Zum andern wandelt sich die überlieferte Rede von Amon-Re als Ursprung der Luft, indem mehr und mehr die Konkretion im Wind und also im Windgott Schu sowie die Entfaltung in vier besondere Winde herausgestellt wird[40]. Im Tempelschmuck folgender Jahrhunderte werden die vier Windwesen gern dargestellt.

Abb. 128 Widder- und baförmige Windgötter mit der Feder des Schu auf einem ptolemäischen Sarg

Auch dieser Zug dürfte mit Einflüssen des Zweistromlandes zusammenhängen und zusammen mit Astronomie und Astrologie von dort übernommen sein.

Die Amonhymnen von Hibis entwerfen ein für ägyptische Verhältnisse ungemein geschlossenes Weltbild mit einer einzigen göttlichen Hintergrundsmacht. So unmythologisch wie hier war noch nie über den hinter der Tagessonne und ihrem Lauf verborgenen Ur- und Altgott gehandelt worden. Das führt zu einer Gottesauffassung, die sich aufs beste zu den monotheistischen Bestrebungen innerhalb der Ahuramazda-Religion der persischen Besatzungsmacht fügt. Im Tempel von Hibis fehlt es bezeichnenderweise nicht an Szenen, welche Dareios I. opfernd vor Amon-Re abbildet. Dennoch fällt beim Vergleich mit den Aussagen über die Wirksamkeit Amon-Res während der Zeit des thebanischen Gottesstaates (oben Kap. 19) auf, daß die politischen Folgen der Alleingeltung dieses Gottes dahinfallen. Von Orakeln, die für staatliche Instanzen verpflichtend sind und eine Theokratie voraussetzen, kann begreiflicherweise hinsichtlich der nunmehr maßgeblichen Fremdherrschaft nicht mehr die Rede sein. Dagegen wird der Maat ein Hymnus gewidmet, der sie ähnlich universal werden läßt wie die verborgene Sonnenmacht. Sie gilt als Tochter von Amon-Re-Ptah wie von der Neunheit, erfüllt die Brust des Thot und einigt die streitenden Brüder Horus und Seth, sorgt für die Opfer der Götter und läßt den König — der seinerseits Maat opfert — ewig leben.[41] Anscheinend besteht eine Scheu, die zeitgenössischen sozialen und politischen Strukturen als unmittelbaren Ausfluß des verborgenen Sonnengottes auszugeben. Der Amon-Re dieser Hymnen wird zu einem kosmologischen Prinzip, das zwar grandios ausgewiesen wird als Ursache des Funktionierens von Sternen, Winden, Tageszeiten, Unterweltsmächten, aber sich in die Transzendenz entfernt. Statt seiner garantiert Maat den Bestand der Lebenswelt in einer Weise, die alle übrigen Götter nahezu überflüssig erscheinen läßt. Was thebanische Priester in der westlichen Oase künden, setzt das Ideal einer heilen Welt voraus, wie sie im Niltal spätestens seit der Zeit nicht mehr existiert, von der an Besatzungstruppen mit harten Zwangsauflagen regieren.

So begreift es sich, daß die Texte von Hibis die letzte große Rühmung Amon-Res innerhalb der ägyptischen Religionsgeschichte belegen. Nur kleinere thebanische Hymnen sind später noch belegt. Zwar bleibt der Gott weiterhin bekannt. In der noch weiter westlich gelegenen Oase Siwa wird er zu einer wichtigen Orakelinstitution und erhält unter Alexander dem Großen (dazu gleich) noch einmal eine unerhörte politische Bedeutung. Doch unter der ägyptischen Bevölkerung nimmt seine Hochschätzung von nun an rapide ab. Dabei spielt gewiß auch eine Rolle, daß die fremden Großkönige als seine legitimen Söhne angesehen werden müssen; denn wer die beiden Länder regiert, vermag dies nicht ohne Amons Beistand. Diese Großkönige kümmern sich aber wenig um seinen Kult, erscheinen nicht mehr wie frühere Pharaonen zu den wichtigen Begehungen, lassen sich im Niltal nicht begraben, so daß die Nachtfahrt der Barke ihnen nicht mehr zugute kommt. Der vorgeblich höchste Gott und seine Priesterschaft haben sich mit den Volksfeinden eng verbunden, die nicht einmal die geziemende Achtung für diesen Gott aufbringen. Das Volk im Land wendet sich deshalb mehr und mehr Osiris und Isis als entscheidenden Göttern nicht nur für das Nachleben, sondern auch für das diesseitige Leben im Niltal zu.

22.3 Wendung zu göttlichen Müttern. 28. bis 30. Dynastie

Um 405 gelingt es einem unterägyptischen, vielleicht libyschen Fürsten Amyrthaios aus Saïs mit Hilfe griechischer Söldner, das Land von den Persern zu befreien. Von den nachfolgenden Königen der 29. Dynastie ist über die Namen hinaus wenig bekannt; ausweislich erhaltener Bauwerke haben sie sich (vor allem Hakoris 393-380) vornehmlich nach Theben orientiert, versuchen anscheinend, an die hohe Zeit des Neuen Reiches und die Alleingeltung des Götterkönigs von Theben anzuknüpfen. Bei zwei länger regierenden Königen der 30. Dynastie, Nektanebos I. (378-60) und Nektanebos II. (359-41) ist dagegen von einer Bevorzugung Amons und Karnaks nichts mehr zu merken. Zwar setzen beide Könige in Hibis die Bautätigkeit der Perserkönige fort. Doch die Dynastie stammt aus Sebennytos, einer Kultstätte des Onuris, der mit dem Luftgott Schu gleichgesetzt wird. Auf eine vorzeitliche Königsherrschaft Schus und seines Vaters Re-Horachte werden denn auch die maßgeblichen Kultstätten im Lande zurückgeführt[42], nicht auf Amon wie in Hibis. Als Hauptstadt wird Saïs gewählt. Wie in den Zeiten vor dem Persereinbruch wird die Krönung im dortigen Tempel der Neith vollzogen. Unbeschadet eines "Sohn-des-Re-Namens" rühmt Nektanebos I. Neith, Herrin des Himmels, des Meeres und alles Seienden, als seine Mutter und Osiris als seinen Vater. Die Hochschätzung dieser Göttermutter zeigt sich auch darin, daß ihrem Tempel die bislang dem König zugeflossenen Zölle und Steuern aus der reichen Griechenkolonie Naukratis zugewiesen werden[43]. Der kritische Geschichtsrückblick in der jüngeren demotischen Chronik (siehe unten) wird deshalb Nektanebos I. vorwerfen: "Ptah, P-Re, Horsiese, welches die Herren des Herrscheramtes sind, du vergaßest sie"[44]. Die Dokumente der 30. Dynastie lassen erahnen, daß die Zeit der Alleingeltung des verborgenen Sonnengottes und Götterkönigs Amon trotz der hohen Verehrung seitens der persischen Herrscher – oder vielmehr deswegen? – vorüber ist. Dagegen wächst das Vertrauen auf den Schutz von Göttern der ersten Urzeit, darunter des Chnum von Elefantine und des Horus von Edfu, oder auf den Schutz weiblicher Gottheiten.

Nektanebos II. hat zudem besonders die Verehrung heiliger Stiere gefördert. Für Apis wird in Memphis ein neuer Tempel erbaut. In Hermonthis wird der erste heilige Buchisstier, genannt *ba ach*, also etwa "Aktiv- und Verklärungsseele in einem" bzw. "leuchtender Ba", oder auch "Herold (*wḥm*) des Re", als lebendes Tier am Heiligtum eingeführt, inthronisiert und nach seinem Tod rituell bestattet. Die Überzeugung von einer herausragenden Erscheinung und Auskörperung hintergründiger und göttlicher Mächte in tierischen Gestalten, die seit der Dritten Zwischenzeit um sich greift, spielt also eine immer größere Rolle.

In der Tempelarchitektur führt Nektanebos I. eine entscheidende Neuerung ein. Neben dem Haupttempel werden an Kultstätten berühmter Göttinnen von jetzt an *Geburtshäuser*, modern Mammisi genannt, errichtet. Bei ihrer Einrichtung wird der Mythos des Neues Reiches von der Geburt des jeweiligen Königs durch eine geschlechtliche Vereinigung zwischen Amon-Re und der Königsmutter aufgegriffen, doch mit eigenwilliger Umdeutung. Als Sproß der Verbindung gilt nicht mehr der regierende Pharao, sondern ein jugendlicher, am jeweiligen Ort verehrter Gott. An die Stelle der menschlichen Gattin tritt eine göttliche Mutter, diese wird sogar zur aktiven Mitte der göttlichen Trias des Heiligtums. Die ältesten erhaltenen Geburtshäuser finden sich in Dendera und Philä. Am ersten Ort empfängt die Liebesgöttin Hathor durch Amon und gebiert einen Gott Ihi, der schon immer die männliche Verkörperung der Macht von Musik und Spiel dargestellt hatte. Amon tritt gegenüber seiner überragenden Rolle in der thebanischen Fassung des Mythos hier in den Hintergrund, in begleitenden Hymnen[45] wird er zur zeugenden Lebensluft (und in ptolemäischer Zeit durch Horus von Edfu in seiner Vaterrolle abgelöst). Ihi erhält durch diesen Zusammenhang königliche Würde, gilt als Herrscher auf dem Thron seines Vaters Re und Abbild des Horachte, vor dem sich Ägypter und Fremdländer in Ehrfurcht neigen[46]. In Philä gilt Isis als entsprechende mütterliche Kraft, die einen königlichen Horus gebiert. In den Geburtshäusern findet jährlich eine Begehung zur Reaktivierung solcher urzeitlichen Geburt statt. Es ist bezeichnend, daß in Karnak kein solches Mammisi gebaut wird, obwohl dort auch eine Triade mit einem jugendlichen Gott Chons verehrt wird. Von Amon als Götterkönig und Karnak nehmen also diese ägyptischen Herrscher Abstand. Anders wird es sich in Unterägypten verhalten haben, wo es vermutlich gleichgeartete Geburtshäuser gegeben hat, vor allem in Saïs – doch da sind alle Spuren dieser Zeit verschwunden.

Über die Gründe für die Wiederbelebung und Neuinterpretation einer längst obsolet gewordenen mythischen Überlieferung lassen sich nur Vermutungen anstellen. War es das Auftreten persischer Fremdherrscher in der Rolle der Pharaonen, welche die Göttlichkeit des Herrschers für ägyptisches Bewußtsein relativiert hat? Indem Nektanebos und seine Nachfolger es nicht mehr wagen, für ihre eigene Person zur handfesten thebanischen mythischen Herleitung zurückzukehren, nehmen sie – trotz Selbstprädikation als *netscher* – Abstand von den eigentlichen Göttern. Gewiß wird sich jeder dieser Pharaonen mit dem jugendlichen männlichen Gott, dessen Geburt im Mammisi gefeiert wurde, in Beziehung gesetzt haben. Doch es wird selten deutlich, wie dies genauer begründet wurde.

Was gegenüber vorangehenden Jahrhunderten auffällt, ist die wachsende Bedeutung, welche von nun an *Göttinnen* in vielen Heiligtümern einnehmen, Isis, Hathor, aber auch Neith. Wie nie zuvor werden sie in ihrer Mutterrolle gefeiert und aus ihrer Mütterlichkeit Schutz für König und Land abgeleitet. Erst seit der 30. Dynastie läßt sich in Ägypten von eigentlichen Muttergöttinnen sprechen.

22.4 Die letzten großen ägyptischen Gräber

Nach einem Wiederbeginn von Grabkultur in der 25. und 26. Dynastie findet sie in der Perserzeit ihr für uns überraschendes Ende. Nicht, daß die Ägypter nicht mehr ihre Jenseitserwartung hochhalten, doch markante Grabbauten werden fortan zur Ausnahme. Eine der besten erhaltenen Anlagen ist — neben gleichzeitigen aus Saqqara — die des Petosiris und seiner Familie in Tuna-el-Gebel[47]. In den zahlreichen Reden der Bestatteten, die an den Wänden verzeichnet sind, zeichnet sich die Umschichtung der Gottesauffassung in der letzten Hälfte des ersten Jahrtausends ab.

Abb. 129 Petosirisgrab mit tempelartiger Fassade

Petosiris nennt sich Kultdiener mehrerer Gottheiten, darunter auch des Amon-Re. Abgesehen von diesem Titel spielt Amon keine Rolle mehr. Gelegentlich taucht Re für sich genommen auf, ihm hat der Hohepriester Petosiris in Schmun einen Tempel errichtet; dort verankert er ihn auch mythologisch, denn auf der Feuerinsel war "Re am Uranfang entstanden", hier "entstand alles Werden in ihm"[48]. Doch Re wird zum fernen Gott, der für die postmortale Existenz unwesentlich wird.

Da Petosiris Hoherpriester des Thot gewesen ist, stellt er begreiflicherweise den Rang dieses Gottes heraus. Damit aber entspricht er vermutlich der Tendenz weiter Bevölkerungsschichten, wie die *wachsende Rolle Thots* in den nachfolgenden Jahrhunderten zeigt. Nicht von ungefähr gilt der Hügel von Schmun-Hermopolis selbst in den Hymnen von Hibis als Stätte des Uranfangs. In den Inschriften wird Thot gefeiert als der, der Menschen nach dem Tod vergilt, was sie Gutes oder Schlechtes getan haben. Als Pavian sitzt er beim

Totengericht neben der Waage und berechnet die Summe der irdischen Taten. Doch der Gott begegnet dem einzelnen nicht erst am Lebensende. Vielmehr wirkt er mit seiner Gestalt- und Erhaltseele im Herzen des Menschen, der seinerseits den "Weg Gottes" in sein Herz gibt, dadurch seinen Charakter festigt und seine Lebenszeit verlängert, bis er das Land der Seligen zu zufriedener Ruhe, *hetep*, erreicht[49]. Neben Thot treten die Unterweltsmächte des Osiriskreises als bestimmende Größen hervor. Auf der zentralen Rückwand des Grabes beten die Angehörigen Osiris in Käfergestalt an, also als Verkörperung einer wesentlichen Erstreckung des Sonnengottes und als Inbegriff des Wiederauflebens. Schützend wird er von Göttinnen umringt, Isis, Nephthys, der Schlangen- und der Geiergöttin (s.u. Abb. 163).

In den Inschriften wird darüber hinaus Osiris-Ibis, Osiris-Pavian gepriesen, der Totengott also mit entscheidenden Erstreckungen des Thot verknüpft. Mehr noch als diesem wird Osiris die Hut über die Maat auf Erden zugetraut. Dem Unterweltgott gilt das Bekenntnis: "Ich tat, was sein Ka liebte. Ich übte Maat; ein Abscheu war für mich die Sünde, denn ich wußte, daß er von ihr (der Maat) lebt, daß er mit ihr zufrieden ist"[50]. Über die sich hier abzeichnende Umprägung der Jenseitserwartung wird unten (Kap. 26) näher zu handeln sein.

22.5 Amon offenbart sich als Vater Alexanders des Großen

Ende des Jahres 332 v.Chr. war der junge Makedonenkönig Alexander, den sie später den Großen nannten, auf seinem beispiellosen Rache- und Siegeszug gegen das Perserreich auf dem Landweg über Syrien bis nach Ägypten gelangt. In den ägyptischen Verhältnissen führt die neue Eroberung eine Umwälzung herauf, die noch einschneidendere Folgen zeitigt als der vorangegangene Einbruch der Perser. Die Aera des Hellenismus beginnt, welche zuerst die Wirtschaft, dann die Kultur und Sprache des Nillands von Grund auf verändert und schließlich die Religion − wenngleich auffällig spät − beeinflußt.

Vermutlich hat sich Alexander zuerst nach Memphis gewandt, dort dem Apisstier geopfert und sich zum Pharao krönen lassen. Entscheidender für ihn wie für die Nachwelt wird sein Zug in die westlichste der von den Ägyptern besuchten Oasen, nach *Siwa*. Das Unternehmen hat keinerlei strategische Bedeutung. Es geschieht einzig, um für den künftigen Lebensweg Alexanders ein Orakel des dort auch bei Griechen seit langem berühmten Gottes einzuholen. Anscheinend ein bangloser Abstecher auf den riesigen Fußmärschen, die der Eroberer zurücklegt, findet der Besuch des von den Griechen Ammoneion genannten Heiligtums im hellenischen öffentlichen Bewußtsein ein Echo, das dasjenige der glänzenden militärischen Siege des Makedonen bei Issos und Gaugamela weit übertrifft. Als Alexander im Begriff ist, auf das Heiligtum in

Siwa zuzuschreiben, so wird berichtet, begrüßt ihn der Hohepriester als Sohn des Zeus-Amon, geleitet ihn in das Heiligtum und teilt ihm dort geheimnisvolle Dinge mit. Alexander hat ihren Inhalt nie ausdrücklich kundgetan. Aber sein Selbstbewußtsein ist seit dieser Stunde gewaltig gesteigert. Von nun an hegt er die unerschütterliche Überzeugung, nicht nur wie andere griechische Könige vor ihm über seine Ahnen von einem Gott abzustammen, sondern unmittelbar der einzige Sohn des höchsten Gottes auf Erden zu sein. Um das, was ihm der erste Profet des Amon im Allerheiligsten als Spruch des Gottes mitgeteilt hat, ist viel gerätselt worden. Vermutlich hat Amon seinem irdischen Sohn Alexander die Weltherrschaft zugesprochen. So jedenfalls überliefern es klassische Autoren (Diodor, Plutarch), und dem entspricht das weitere Verhalten Alexanders. Vor der Schlacht von Gaugamela betet er ein Jahr später zu den Göttern um Sieg, falls er wirklich von Zeus abstamme. An den Küsten des Indischen Ozeans angelangt, die er für das Ende der bewohnten Erde hält, opfert er dem ägyptischen Amon. Auf Münzen läßt er seinen Kopf mit den Widderhörnern dieses Gottes schmücken.

Nach seinem Ableben, so ordnet Alexander an, will er bei seinem Vater Amon, also in Ägypten, begraben werden.

Für viele Zeitgenossen hat der Spruch des Gottes im abgelegenen Oasenheiligtum den König tatsächlich aus der Reihe der übrigen Menschen ausgesondert, zu göttergleichem Rang bestimmt und damit zu rechtmäßiger Weltherrschaft. Alexander hatte seit seiner Jugend den olympischen Göttern geopfert. In Kleinasien und Syrien hat er dann jeweils den einheimischen

Abb. 130 Alexander der Große mit Widderhorn, Silbermünze des Lysimachos

Kulten Verehrung erwiesen, wobei er sich meist an hellenische Götternamen hält, mit denen die Kultgötter belegt worden waren. Doch nirgendwo hatte für ihn eine Gottheit oder ein Heiligtum die herausragende Bedeutung gewonnen, die jetzt Amon und Siwa einnehmen. Dabei war der makedonische Heerführer keineswegs ein naives, mythengläubiges Gemüt. Vom größten Philosophen seiner Zeit, von niemand Geringerem als Aristoteles, erzogen, war er trotz gelegentlichen Überschwanges eine durchaus kritische Natur. Warum spielt dann der ehemalige ägyptische Reichsgott, der am Rande der damals bekannten Welt zum allgemeinen Zukunftskünder aufgestiegen war, für ihn die ausschlaggebende

Rolle? "Von jetzt an hat er sich vollen Ernstes für den Sohn des Zeus gehalten"[51].

Um den Vorgang zu erklären, hat man sich bewußt zu machen, daß die auf alles Barbarische geringschätzig herabsehenden Griechen hinsichtlich einiger fremdländischer Gottheiten eine bemerkenswerte Ausnahme machten. Insbesondere der Gott Amon von Siwa hatte bei ihnen längst einen beträchtlichen Ruf. Als griechische Kolonisten im 7. Jh.v.Chr. über das Mittelmeer hinüberwechselten und sich in der Kyrenaika ansiedelten, verehrten sie, nach Ausweis von Münzfunden, zuerst den Apoll der alten Heimat. Bald aber wechselten sie zum widderköpfigen Zeus-Ammon als ersten Landesgott über, wie Münzen belegen. (In griechischer Wiedergabe wird *ammon* mit doppeltem *m* geschrieben.)

Als der Dichter Pindar 462 v.Chr. Kyrene besucht, preist er fortan den dort verehrten, zukunftsweisenden Gott, der einst im ägyptischen Theben beheimatet war; ihm läßt er nach seiner Rückkehr im griechischen Theben einen Zweigkult einrichten. Um die gleiche Zeit gilt einem Herodot (II 55) selbst das altberühmte hellenische Orakelheiligtum unter den Eichen von Dodona als ein Ableger des thebanischen Amonkultes. Der Ruhm sicherer Zukunftsdeutung, der sich an den Oasengott wie an keinen anderen heftete, verbreitete sich rasch im griechischen Mutterland. Selbst Athen und Sparta beginnen, für grundlegende politische Entscheidungen nicht mehr in Delphi das Orakel zu befragen, sondern jenseits des Meeres in Siwa. Nicht nur sagenhafte Gestalten wie Perseus und Herakles, sondern berühmte Politiker wie Kroisos und Kimon sollen dort um Prognosen nachgesucht und tatsächlich die Wahrheit erfahren haben. Ein so kultkritischer Mann wie Platon sieht im Staatsentwurf seiner "Gesetze"[52] vor, daß künftig neben den Gottheiten von Delphi und Dodona nur noch diejenige von Siwa über staatliche Angelegenheiten befragt werden darf. Alexander kann sich also bei seiner Wallfahrt nach Siwa auf höchste philosophische Billigung berufen.

Warum aber wird nicht Karnak von Griechen und von Alexander aufgesucht, um den Wahrspruch des allumfassenden Amon als des zukunftskundigen Zeus zu erfahren? Jahrhundertelang war dieser Ort die entscheidende Stätte der Erscheinung und des Orakels Amon-Res gewesen. Die Wanderung des Gottes Richtung Westen in die Oasen hat sich aber schon lange angebahnt, wie oben erwähnt war. Seit dem Assyrereinfall hat die Kultstätte von Theben an Geltung verloren, nicht aber die Amonkonzeption in gleichem Maße. Aus Gründen, die undurchsichtig bleiben, wird ab der Perserzeit die eigentliche Präsenz des verborgenen Gottes nicht mehr im Niltal, sondern in den westlichen Oasen erfahren. Dort hat Dareios in Charge dem Gott seinen Tempel gebaut. Auch in anderen Oasen werden Amonheiligtümer errichtet[53].

In Siwa entstehen in der Zeit der 26. bis 30. Dynastie gleich zwei eindrucksvolle Kultstätten für Amon. Inschriften, Reliefs und Architektur entsprechen völlig dem Stil des zeitgenössischen Niltals. Politisch scheint sich in dieser Zeit in der Oase ein Gottesstaat wie in Theben ausgebildet zu haben[54]. Die von der älteren Forschung mehrfach vertretene Behauptung, das Siwaorakel gehe auf einen phönikischen Ba'al Hammom zurück, dessen Verehrung über Karthago in die libysche Wüste gelangt sei[55], entbehrt jeder Grundlage. Möglich bleibt vielleicht, daß ein uralter libyscher Oasengott die Übersiedlung des thebanischen Gottes erleichtert hat. Grundsätzlich dürfte Herodot im Recht sein, der die Abkunft des Kultes aus Theben behauptet (II 54-7). Im Umkreis Alexanders wird am Zusammenhang des Amon von Siwa mit Theben durchaus festgehalten. In Karnak wird im Allerheiligsten eine neue Bautätigkeit aufgenommen, die unter Philipp Arrhidaios zu Ende geführt wird. Noch heute erhaltene Reliefs auf den Seitenwänden veranschaulichen, wie der makedonische Thronfolger in Pharaonentracht von Amon geweiht wird.

Abb. 131 Karnak. Re-Horachte und Amon-Re führen Philipp Arrhidaios zur Krönung

Seltsamerweise war die Begegnung mit dem fortan göttergleichen Alexander nicht nur der höchste Triumph, den der ägyptische Amon in der langen Epoche seiner einzigartigen Verehrung als Götterkönig und verborgene Sonnenmacht erfahren hat, sondern auch dessen letzter. Mit Alexanders Tod endet der Massenzustrom von Orakelsuchern nach Siwa. Zwar behauptet sich das Heiligtum noch jahrhundertelang und erhält erst durch den Kaiser Justinian im 6. Jh. n. Chr. den Todesstoß. Zwischenzeitlich hat sich in der römischen Welt der Ruhm des Orakel gebenden Gottes und Amons als "Sonne der Toten" bis nach Germanien und Spanien ausgedehnt (Lipiński). Doch in Ägypten rückt Amon außerhalb von Theben zusehends in den Hintergrund. Für die demotische Erzählung über Setna Chaemwese wird Amon zu einem kuschitischen Gott, der Ägypten nicht wohlgesonnen ist[56].

Im Umkreis Alexanders hat die Amonverehrung allerdings noch ein bedeutsames Nachspiel. Nach seiner Rückkehr aus der Oase läßt der Makedone am Ufer des Mittelmeeres eine Stadt gründen, die Griechen und Ägypter mit je eigenem Stadtviertel zusammenbinden soll. Nach seinem eigenen Namen heißt sie fortan *Alexandrien*. Es ist die erste Städtegründung, für die der große Eroberer sich Zeit nimmt, und Ausgang für den Aufstieg einer der größten Metropolen des Altertums. Das äußere Aussehen der Gebäude und Straßen ist hellenistisch, der Grundplan von einem griechischen Baumeister entworfen. Anders verhält es sich mit dem bei Griechen und Makedonen für jede neugegründete Stadt notwendigen Spezialkult.

Neben die Verehrung des Städtegründers, also Alexanders selbst, tritt ein Numen in Schlangengestalt als überirdischer Herr der Neuanlage und als ihr guter Schutzgeist, griechisch *agathos daimon* genannt. Diesem wird in der Stadt eine Heroengedächtnisstätte errichtet. Das schließt zwar lose an griechische Sitte an, wo ein solcher Daimon als Beschützer des häuslichen Friedens seit langem verehrt wird[57], doch die politische Funktion des Daimon wie seine Verbindung mit Heroentum und damit wohl mit einem sagenhaften Tod in der Vorzeit waren in Hellas unbekannt. Benutzt Alexander einen griechischen Namen für eine Gestalt ägyptischer Herkunft, die dann mit Amon-Re zusammenhängen wird?

Tatsächlich wird der alexandrinische Stadtgott in griechischen Zauberpapyri als ebenso weltdurchdringend gerühmt wie der Amon in Hibis (s.o. S. 473):

> Du, dessen unermüdliche Augen Sonne und Mond sind,
> dessen Kopf der Himmel, dessen Leib die Luft, dessen Füße die Erde sind,
> das Wasser um dich herum aber ist der Ozean:
> Agathos Daimon,
> der alles Gute erzeugt und ernährt und vermehrt,
> die ganze bewohnte Erde und den ganzen Kosmos![58]

Verwunderlich freilich scheint die Schlangengestalt und das vorausgesetzte "Sterben" der Gottheit, das sie wohl zu einer Unterweltsmacht erhebt und vielleicht Osiris für die Totensorge überflüssig werden läßt. Doch in der folgenden ptolemäischen Zeit wird Amon tatsächlich in Gestalt einer Schlange *Kem-at-ef*, "der seine Zeit/seinen Augenblick vollendet hat", griechisch *knefis*, angerufen und in Theben, in Medinet Habu, als Vater der urzeitlichen Achtheit und der Sonne beopfert. Die Schlange kann auch vom Gott selbst abgespalten und als Wesen des Uranfangs aufgefaßt werden, aus dem sich der personhafte Amon und die Urgötter entwickelt haben. (Wie dem Totenbuch Kap. 175 zu entnehmen war, rechneten schon im Neuen Reich ägyptische Kreise mit einem Weltenende, bei dem sich alles Seiende in Amon und dieser in eine Urschlange zurückverwandeln soll, neben der nur Osiris noch übrig bleibt; s.o. Kap. 14.5.) Eine mit Amon eng verbundene Schlange wird in den letzten Jahrhunderten als Begleitung der Schicksalsmacht Schai eng mit Amon verbunden (Quaegebeur). Trifft die Nachricht vom Wunsch Alexanders, nach seinem Tode bei seinem Vater Amon beerdigt zu werden, zu, so hat er offensichtlich an Alexandrien und das dortige Heroon gedacht. Ptolemaios II. hat ihn jedenfalls dorthin überführt, also wohl vorausgesetzt, daß Amon eine besondere Beziehung zu Alexandrien besitzt.

Als geheimnisvolles Wesen in Schlangengestalt hat Amon auch in die griechische Alexanderlegende Eingang gefunden. Zwei Schlangen sollen dem Feldherrn den Weg zur Oase Siwa gewiesen haben. Vor allem wird seine Göttlichkeit daraus abgeleitet, daß der Gott in Schlangengestalt seiner Mutter Olympias beigewohnt habe (Plutarch, Leben Alexanders). Von anderen griechischen Schriftstellern wird diese Überlieferung im Alexanderroman dahin rationalisiert, daß sich der letzte Pharao der 30. Dynastie, Nektanebos II., als Amon verkleidet und auf diese Weise der Königsmutter beigewohnt habe.

Alexandrien hat den Charakter einer Stadt des Amon bald abgestreift. Das hängt mit einer Umorientierung der kultischen Praxis zusammen, die der Nachfolger Alexanders, Ptolemaios I., energisch eingeleitet hat und die vermutlich mindestens ebensosehr von ägyptischen wie von griechischen Vorbehalten gegenüber einem kosmisch waltenden und hinter der Sonnenenergie verborgenen Götterkönig bestimmt war.

N.de Garis Davies, The Temple of Hibis III, 1953

K.F.Kienitz, 1953 s. Kap. 21/20

G.Lefebvre, Le tombeau de Petosiris I-III, 1923-4

G.Posener, La première domination Perse en Égypte 1936

J.Yoyotte, Les inscriptions hiéroglyphiques de la statue de Darius à Suse, CahDAFI 4, 1974, 181-207

K.P.Kuhlmann, Das Ammoneion. Archäologie, Geschichte und Kultpraxis des Orakels von Siwa, 1988

E.Lipiński, Zeus Ammon et Baal-Hammon, Studia phoenicia IV, Collection d'études classiques I, 1986, 307-32

M.P.Nilsson, Geschichte der griechischen Religion II, Die hellenistische und die römische Zeit, ^{2}1961

H.W.Parke, The Oracles of Zeus, 1967 ch IX

J.Seibert, Alexander der Grosse, EdF 10, 1972, 109-26 (Lit)

W.W.Tarn, Alexander der Große, dt 1968, 670-88

H.v.Thiel, Leben und Taten Alexanders des Großen (Alexanderroman), Texte zur Forschung 13, 1974

RÄRG 23-5 'Ammonium'; 373-4 'Kematef'.

LÄ 1, 94 'Agathos Daimon'; 1, 131-3 'Alexander. "der Große"'; 1, 134-5 'Alexandria'; 1, 698-700 'Bentresch-Stele'; 2, 462-76 'Geburtshaus, -legende'; 2, 1181-2 'Hibis'; 3, 303-4 'Kambyses'; 3, 382-3 'Kematef'; 4, 450-3 'Nektanebos I.II.'; 4, 995-8 'Petosiris'; 5, 965-8 'Siwa'.

Anmerkungen zu Kapitel 22:

1 M.Boyce, A History of Zoroastrianism II; Under the Achaemenians, HdO I,8,1,2,2A, 1982
2 P.Frei/K.Koch, Reichsidee und Reichsorganisation im Perserreich, OBO 55, 1984
3 R.G.Kent, Old Persian, American Oriental Series 33, 1953
4 Erman, Rel 332
5 O.Eißfeldt, Kleine Schriften II, 1963, 416-9
6 AOT 450-2; ANET 491-2; TUAT I 254-5
7 Kienitz 1953, 59
8 Roeder, GW 75-86; AEL III 36-41; TUAT I 603-8
9 TUAT I 610
10 TUAT I 609-11
11 Nims, JNES 7, 1948, 243-60
12 ÄHG Nr. 128-130; HPEA Nr. (86-)88-90
13 HPEA Nr. 90, 41 = ÄHG 130, 205-6
14 HPEA Nr. 88, 14; 89, 1 = ÄHG 128, 60; 129, 3
15 HPEA Nr. 88, 42; 90, 4 = ÄHG 128, 132; 130, 21
16 HPEA Nr. 88, 13-5 = ÄHG 128, 58-61
17 HPEA Nr. 88, 85 = ÄHG 128, 104
18 HPEA Nr. 88, 19f = ÄHG 128, 67; HPEA Nr. 90 Titre
19 HPEA Nr. 89, 10; 90, 1f = ÄHG 129, 49-51; 130, 8
20 HPEA Nr. 90, 22-40 = ÄHG 130, 108-200
21 HPEA Nr. 89, 11-20 = ÄHG 129, 57-95
22 HPEA Nr. 88, 9-11 = ÄHG Nr. 128, 40-52
23 HPEA Nr. 88,2 89, 4.14.30; 90, 5.7-8.18 = ÄHG 128, 9; 129, 20.64.152; 130, 25.35.38.92
24 HPEA Nr. 88, 31 = ÄHG 128, 87-9
25 HPEA Nr. 88, 26; 90, 14-5 = ÄHG 128, 76-7; 130, 68-91. vgl. das Nebeneinander beider Götter HPEA Nr. 87, 17
26 HPEA Nr. 90, 1 = ÄHG 130, 3 vgl. 128, 84

27 Assmann, RuA 206
28 HPEA Nr. 89, 2.20-4 = ÄHG 129, 6.96-107
29 HPEA Nr. 88, 30.34-5; 90, 9 = ÄHG 128, 83.99; 129, 11; 130, 43
30 HPEA Nr. 88, 5.36.41 = ÄHG 128, 22.107.130
31 HPEA Nr. 88, 8 = ÄHG 128, 35-6
32 HPEA Nr. 90, 24.31 = ÄHG 130, 122-3.155-6
33 HPEA Nr. 90, 26-7 = ÄHG 130, 132
34 HPEA Nr. 89, 31 = ÄHG 129, 158-63
35 HPEA Nr. 89, 30 = ÄHG 129, 156
36 HPEA Nr. 90, 3.42 = ÄHG 130, 14.210
37 HPEA Nr. 89, 1^b = ÄHG 129, 4
38 HPEA Nr. 88, 7.21; 89, 4 = ÄHG 128, 31.69-70; 129, 18
39 HPEA Nr. 88, 34-5; 89, 5 = ÄHG 128, 99-101; 129, 25
40 HPEA Nr. 88, 36; 89, 29; 90, 5 = ÄHG 128, 105; 129, 146; 130, 26
41 HPEA Nr. 141
42 Naos aus el-Arisch Roeder, UR 150-6
43 Roeder, GW 86-94
44 Kienitz 1953, 124^2
45 HPEA Nr. 91; 93
46 Erman, Rel 373
47 Otto, Inschriften 174-84; AEL III 44-54
48 Otto 178
49 Otto 1954, 174.177-8.181
50 Inschrift 116, Otto 1944, 183
51 Nilsson 1961, 147
52 Parke 1967, 222
53 Siehe die Karte o.S. 472
54 Kuhlmann 1988, 104-7
55 RÄRG 23-25
56 Brunner-Traut, Märchen 192-214; AEL III (138-51) 144
57 Nilsson 1961, 213-8
58 Assmann Äg 281

23. Verbeugung griechisch-makedonischer Könige vor den Göttern Ägyptens. Die Ptolemäerzeit

23.1 Alexandrien und das Ägyptenbild der Griechen

Ehe Alexander der Große nach seinem kurzen Eroberungszug Ägypten verlassen hatte, hatte er am Westrand des Nillandes eine Hafenstadt angelegt, die bis heute den Namen des Gründers trägt. Dieses Alexandrien wird zur Hauptstadt der ägyptischen Diadochen, der 17 Könige aus dem Hause der Ptolemäer, Nachkommen des Generals Ptolemaios, die dessen Namen weitertragen. 250 Jahre lang regieren griechisch gebildete Makedonenabkömmlinge im Lande, bis die Römer die letzte Herrscherin absetzen, die berühmt-berüchtigte Kleopatra VII., und sich 30 v.Chr. Ägypten als Provinz einverleiben.

"Die Griechen kamen nach Ägypten, um reich zu werden"[1]. Sie richten ein zentralistisches Wirtschaftssystem auf, wie es in der alten Geschichte seinesgleichen sucht. Alles Kulturland wird zu königlichem Eigentum erklärt, die Abgaben in Naturalien und Münzen für jeden Untertan bis ins kleinste festgelegt[2]. Der Hof kontrolliert ebenso den auswärtigen Handel. Ptolemaios I. gelingt es, Alexandrien zum Hauptumschlagplatz des Welthandels zu machen und dadurch zum "größte(n) Getreidekaufmann, den die Welt je gekannt hat"[3], zu werden. Wenn der Begriff "Ausbeutung" für ein Herrschaftssystem des Altertums angebracht ist, dann für das ptolemäische.

Die Fäden der Verwaltung laufen in Alexandrien zusammen, das überwiegend von einwandernden Griechen besiedelt wird, wenngleich auch seit Anbeginn ein ausgedehntes ägyptisches (und judäisches) Stadtviertel zum Gemeinwesen gehören. Im Laufe der Zeit sammeln sich hier Vertreter verschiedenster Völkerschaften, ein buntes levantinisches Völkergemisch entsteht, so daß die Bevölkerung um die Zeitenwende auf rund 1/2 Mio. Einwohner anwächst und etwa 1/15 der ägyptischen Gesamtbevölkerung ausmacht. (Die Römer werden dann die Stadt vom Hinterland lösen und von Alexandrien *apud Aegyptum* reden.) Die bessergestellten Griechen wahren in der Stadt den Abstand und pflegen eine eigene Kultur. Denn die Könige sind nicht nur auf ökonomischen Gewinn und luxuriöses Leben bedacht, sondern darüber hinaus auf den Ruhm, unübertroffene Förderer von Künsten und Wissenschaften zu sein. Sie gründen in der Stadt ein Musenviertel mit einer Bibliothek, die zur größten und angesehensten des Altertums erhoben wird (bis sie in den Auseinandersetzungen mit Cäsar erstmals in Flammen aufgeht). Die berühmtesten griechischen Gelehrten werden in Dienst gestellt, Mathematiker wie Euklid, Geografen wie Eratosthenes, Mediziner, Astronomen, Dichter, Philosophen, so daß die Stadt bald dem verfallenden Athen den Rang abläuft und zum hellenistischen Bildungszentrum schlechthin aufsteigt. Wer dorthin nicht gelangt, blickt neidvoll auf die von den Ptolemäern ausgehaltenen Kollegen wie der skeptische Philosoph Timon:

"Zahlreich werden gefüttert im stämmereichen Ägypten
Bücherkritzler im Käfig der Musen"[4]

Wer hier im Dienst der Musen steht, preist auf griechische Weise die olympischen Götter, beispielsweise die Dichter Theokrit und Kallimachos, und schert sich wenig um ägyptische Verhältnisse. Liest man ihre Texte, entsteht der Eindruck, daß griechischer Geist sich schnell und vollständig durchgesetzt und die ägyptischen Überlieferungen in dieser Epoche verdrängt hat. Doch der Schein trügt. Sieht man aufs Ganze der graeco-ägyptischen Literatur, so ist der Einfluß der ägyptischen auf die griechischen Texte erheblich stärker als der umgekehrte[5]. Das gilt vornehmlich auf dem Gebiet der Religion.

Seit Jahrhunderten hatte sich nämlich hellenischer Geist schon mit dem seltsamen Land jenseits des Mittelmeeres beschäftigt. Der Zauber seines hohen Alters hatte die sonst so arroganten Griechen zu bescheideneren Urteilen über den einzigartigen Rang ihres Volkes gezwungen. Die großen ägyptischen Städte tragen bei den Hellenen seit langem griechische Namen und werden damit eigenen Verhältnissen vergleichbar. Bereits bei Homer (Ilias 4,406) wird das ägyptische "hunderttorige Theben" weit über das Gegenstück der Heimat, das böotische Theben, hinausgehoben (der Name lehnt sich an einen ägyptischen für einen Stadtteil *dscheme* an). Andere Städtenamen waren gräzisiert worden, indem der jeweilige Kultgott mit einem griechischen Gott gleichgesetzt und so etwa Heliopolis, Hermopolis, Herakleopolis benannt wurden. Gestalten der griechischen Sage waren schon längst mit Ägypten verkoppelt worden, so der argolische Ahnherr Epaphos, der mit dem Apis von Memphis zusammengeschaut wird (Herodot II 38), oder der vor Troja gefallene sagenhafte äthiopische König Memnon, dem die Standbilder aus dem Totentempel Amenophis' III. zugwiesen werden, die heute den Touristen noch als Memnonskolosse vorgeführt werden. Folgenreicher war noch, daß Herodot behauptet hatte (II 4.50), die Griechen hätten ihre Gottheiten insgesamt sowie die Kunst des Tempelbaus aus dem Nilland übernommen. Ähnlich hatten sich andere griechische Schriftsteller geäußert. Aischylos läßt in den "Schutzflehenden" den Eingangschor Ägypten als "das göttliche Land" dem eigenen gegenüberstellen, das einen solchen Rang nicht erreicht. Platon führt den Ursprung der Zivilisationsgüter auf die gleiche Weltgegend zurück (Phaidros 274). Später erzählt man von Platon selbst wie überhaupt von den "weisesten" Griechen, nämlich von Solon,

Thales, Eudoxos, Pythagoras, Demokrit und schließlich von Homer, daß sie bei ägyptischen Priestern in die Lehre gegangen waren[6]. Gebildete Griechen, die Alexanders Heer begleiten oder seiner Eroberung nachfolgen, betreten also das Land voller Respekt vor einem ehrwürdigen Alter, das die griechische Kultur um Jahrtausende übertrifft.

Andererseits aber hatte man von seltsamem kultischen Treiben der dortigen Bevölkerung gehört, von bizarren Götterfiguren, von einer unverständlichen Mumifizierung der Toten, vor allem aber von einer jedem Hellenen abartig erscheinenden, leidenschaftlichen Anbetung von Tieren. Der letzte Zug wird durch Jahrhunderte als besonders anstößig und abstoßend empfunden. Noch im 2. Jh. n. Chr. läßt der Spötter Lukian eine Person seines Dramas einen ägyptischen Gott höhnisch anreden:

> "Du aber, Hundsgesichtiger und in Leinen gekleideter Ägypter, wer bist du eigentlich, mein Bester? Wie kommst du Wauwau dazu, ein Gott sein zu wollen? Und was denkt sich erst dieser gescheckte Stier aus Memphis, der sich göttlich verehren läßt, Orakel erteilt und Profeten hat? Ich schäme mich ja, von Ibissen, Ziegenböcken und anderem noch viel Lächerlicheren zu sprechen, das – ich weiß nicht wie – aus Ägypten in den Himmel hineingeschleust wurde ... Oder du, Zeus, wie erträgst du es, wenn sie dir Widderhörner wachsen lassen?"[7]

Bei alexandrinischen Griechen mischen sich Hochachtung vor einem unglaublichen Altertum mit einer tiefen Verachtung vor den kultischen Erscheinungen der ägyptischen Gegenwart.

23.2 Sarapis und Aion

Einen für die Religionsgeschichte ungemein folgenreichen Schritt vollzieht vielleicht schon Alexander (Welles) dadurch, daß er den Kult eines Gottes Sarapis (lat. dann Serapis) in Memphis und Alexandrien einführt. Ptolemaios I. erhebt ihn zur offiziellen Staatsangelegenheit. Während früher der Name kleinasiatisch, babylonisch oder griechisch erklärt wurde, steht heutzutage fest, daß die Namensform von einem damals von den Ägyptern verehrten Osir(is)-Apis hergenommen ist, mit ungewöhnlicher Verkürzung der Vorsilbe, weil vielleicht das anlautende *o* als griechischer Artikel empfunden wurde. Als Oserapis wird der Gott im ältesten griechischen Papyrus aus Ägypten noch angerufen[8]. Das memphitische Heiligtum für die toten Apisstiere wird von den Ptolemäern als Sarapeion glänzend ausgebaut. Der Stier von Memphis erreicht als die wichtigste Auskörperung der Ba-Seele des Osiris in ganz Ägypten eine vordem nicht belegte Hoschschätzung. Auch in Alexandrien wird die Sarapisverehrung umgehend eingeführt und zum eigentlichen Stadtkult; ein Marmortempel wird im ägyptischen Stadtteil errichtet, dessen Schönheit weltberühmt wird. Im Königshaus und Staat der Ptolemäer nimmt Sarapis hinfort die Stelle ein, die unter Alexander dem Großen noch Amon besetzt hatte. Statt eines in der Sonne und der Luft verborgenen, im Orakel sich kundgebenden Hochgottes wird jetzt eine mit der Unterwelt verbundene Macht für Leben und Schicksal ausschlaggebend. Die Gewichtsverlagerung des religiösen Interesses erklärt sich eher aus ägyptischen als aus griechischen Tendenzen. Für die Masse der ägyptischen Bevölkerung war Amon schon seit der Assyrerzeit nicht mehr die wichtigste Bezugsgottheit, vielmehr hatte sie Osiris, den unterirdischen göttlichen Herrscher, mehr und mehr auch als die oberirdisch entscheidende Macht verehrt. Bezeichnenderweise sieht sich die eingewanderte fremdstämmige Dynastie genötigt, dieser Strömung unter den Einheimischen nachzugeben, obwohl sie durch die Verbindung mit einem Stierkult griechischem Geist erheblich anstößiger sein mußte als die frühere Verehrung eines allwaltenden, hintergründigen Zeus-Amon. Zwar führen die Ptolemäer gelegentlich noch Renovierungen im Amontempel in Karnak durch; eine Weihinschrift auf dem zweiten Pylon dort preist unter Ptolemaios VIII. Theben als ewige Stadt, universale Mutter und Inbegriff des Erdkreises; doch das bleibt lokale Tradition, die anderwärts kaum mehr beachtet wird.

Obwohl viele Griechen Sarapis nur für einen austauschbaren Namen des Osiris halten, treffen die beiden Ausdrücke zwei Gottheiten mit ähnlichen, aber nicht identischen Wirkweisen. Die Ägypter erwarten weiterhin, nach dem Tod allein in Osiris einzugehen, Osiris-NN zu werden. Sarapis wird zwar in der Osirisstätte Abydos allmählich zum Hauptgott[9]; doch Abydos wird bald vom Abaton bei Assuan überflügelt, und das gilt als reines

Abb. 132 Isis, Harpokrates, Sarapis und (halb sichtbar) Dionysos = Osiris

Osirisheiligtum. Sarapis wird nie mumienförmig abgebildet, seine Darstellungen ahmen vielmehr griechische Zeusbüsten nach.

Wofür steht dann aber Sarapis? Hervor tritt zunächst einmal eine enge Koppelung mit *Isis*. Auf Münzen erscheinen beide als Götterpaar in königlicher Pose und als Urbild des regierenden Herrscherpaares. Die enge Entsprechung zeigt sich im Titel "Heiland", *soter*. Das Götterpaar wird als *soteres* gepriesen[10]. Der Titel wird ebenso Ptolemaios I. beigelegt und gehört hinfort zu den offiziellen Thronnamen. Er stellt griechisch-makedonisches Erbe dar, war früher aber nur Menschen beigelegt worden, die sich durch bestimmte Wohltaten für ihre Vaterstadt ausgezeichnet hatten. Hinfort bezeichnet er einen göttlichen Rang. Außerdem erhalten die beiden Götter das Prädikat "besonders verehrungswürdige(r) Herr/Herrin", kyrios/kyria, welchen sich dann auch ptolemäische Könige beilegen, was wohl auf einen spätägyptischen Brauch zurückgeht, den Ausdruck "Herr" (*nb*) ohne weitere Beifügung für Gottheiten zu verwenden[11]. (Der Titel erhält dadurch eine besondere Nachwirkung, daß ihn die Septuaginta, die in Ägypten entstandene griechische Übersetzung des Alten Testaments, für die Wiedergabe des altestamentlichen Gottesnamens benutzt.) Auch jeder rechtsgültige Eid wird fortan im Nilland bei Isis und Sarapis samt dem Königspaar geschworen. Der Neigung zur Verehrung von Triaden folgend, werden bald Harpokrates auf der göttlichen und der Kronprinz auf der königlichen Ebene hinzugefügt. Erstaunlicherweise aber wird Isis nie ausdrücklich zur Gattin des Sarapis, wie sie es doch im Blick auf Osiris seit je gewesen war; vielmehr erscheint sie als überragende Schutzherrin des Partners, vor dem sie oft an erster Stelle angeführt wird.

Abgesehen von solchen staatstragenden Aufgaben wird Sarapis erstaunlicherweise von Einzelpersonen als Helfer und Heilsgott gerühmt. Berühmtestes Beispiel ist der Philosoph Demetrios von Phaleron, der Organisator der alexandrinischen Bibliothek und einer der führenden geistigen Köpfe der Zeit. In einem oft abgeschriebenen Preislied besingt er Sarapis, der ihn von Blindheit befreit hat. Demetrios bietet ein entsprechendes Beispiel dafür, daß die führenden Kreise Alexandriens in Sarapis kein religiöses Kunstprodukt, sondern eine entscheidende Lebensmacht gesehen haben. Jüngere griechische Texte aus Ägypten weisen häufig darauf hin, daß Sarapis von Notleidenden angerufen und diese von ihm erhört wurden; mehrfach hat Sarapis im Traum die Wendung zum Besseren zuvor versprochen.

In Memphis wird die Verehrung des Apisstieres als Erscheinung des Sarapis "vollends ins Maßlose gesteigert" mit gewaltigen königlichen Zuwendungen für Bestattung und Totenkult[12]. Ein spezielles Verhältnis entwickelt sich in Memphis zwischen dem Gott und Menschen verschiedenen Standes, die im Sarapeion durch ein Orakel aufgefordert auf Dauer Schutz suchen und sich dort als *katochen* dem Dienst des Gottes auf längere Zeit oder gar auf Lebenszeit widmen. Handelt es sich um Asylsuche bei gerichtlicher Verfolgung? Oder um Entrinnen aus unerträglichen wirtschaftlichen Verhältnissen? Oder gar um eine Vorform des Mönchtums? Sarapisheiligtümer werden in ganz Ägypten gebaut, für die römische Kaiserzeit werden einmal 42 einzeln aufgeführt, ohne daß jedoch die anderen dem Brauch der Schutzsuche gedient zu haben scheinen.

Schon antike Autoren sind sich über die Kompetenzen des Sarapis im unklaren und wissen nicht, welchem griechischen Gott sie ihn gleichen sollen. "Einige meinen, daß Osiris ist Sarapis, andere, daß er Dionysos oder Pluton (Unterweltsgott) oder Ammon, einige daß er Zeus ist, viele, daß er Pan ist. Und einige sagen, daß Sarapis ist der Gott, der bei den Griechen Pluton heißt" (Diodor I 25,2). Das Schwanken über den Charakter des Gottes dauert bis in die neuesten Untersuchungen an. Umstritten bleibt auch der Zweck, den Ptolemaios mit der Propagierung des Kultes verbindet. Soll die Gottheit Griechen und Ägypter im Lande zu einer religiösen Einheit verschmelzen (so wieder Morenz)? Oder sucht er im Gegenteil eine besondere Gottheit allein für die ansässigen Griechen (Fraser)? Oder geht es darum, außerhalb wohnende Griechen zur Wallfahrt nach Ägypten zu verlocken (Nilsson)? Abbildungen zeigen den Gott mehr in griechischer als in ägyptischer Art und machen ihn Zeus ähnlich.

Gern wird auf eine dreihundert Jahre später (bei Plutarch und Tacitus) aufgezeichnete *Kultlegende* zurückgegriffen. Demnach erschien Ptolemaios im Traum ein junger Gott und befahl, eine Kultstatue aus Sinope am Schwarzen Meer zu holen. Über den Sinn des Erlebnisses befragt, eröffneten ihm die beiden Berater in religiösen Angelegenheiten, ein Grieche Timotheos und ein Ägypter Manetho, daß der Gott Sarapis heiße und seinem Befehl nachzukommen sei; was dann auch geschah. Manche Historiker scheiden aus diesem Bereich die übernatürlich erscheinenden Züge aus und nehmen den Rest als Beweis, daß Ptolemaios unter Mitwirkung der Genannten einen Gott "aus der Retorte"[13] geschaffen habe. Die Behauptung will nicht überzeugen. Einerseits wäre es der einzig bekannte Fall in der gesamten Religionsgeschichte, daß ein derart konstruierter Gott Verehrer auf Dauer gefunden hätte, auch Verehrung in Ländern — worauf noch einzugehen ist —, die den Ptolemäern feindlich gesonnen waren. Zum anderen setzt die Nachricht offensichtlich voraus, daß den beiden Experten der Name Sarapis schon bekannt war, was die memphitischen Zeugnisse eines älteren Osir-Apis bestätigen. — Aus dem ersten Jahrhundert v.Chr. stammen Hinweise auf eine *Statue*, aus mehreren Metallen gefertigt, die im alexandrinischen Heiligtum stehen soll und auf den griechischen Bildhauer Bryaxis zurückgeführt wird. Durch Makrobius (5. Jh. n.Chr.) wird die Statue eingehend beschrieben. Demnach stellt sie einen Gott dar, der auf einem Thron sitzt, einen Kalathos (ein Getreidemaß als Zeichen der Fruchtbarkeit) auf dem Kopf und in der linken Hand ein Zepter trägt, und der mit der Sonne gleichgesetzt wird. Neben ihm steht ein dreiköpfiges Tier, das dem griechischen Kerberos ähnelt und von einer Schlange begleitet wird. Das Urteil über Alter und Zuverlässigkeit dieser Überlieferung variiert. Während Cumont[14] das geschilderte Denkmal tatsächlich auf Ptolemaios I. zurückführt und in ihm "eine der letzten göttlichen Schöpfungen des hellenischen Genius sieht", datieren andere das Bild erst in die Römerzeit und behaupten, daß die entsprechenden Attribute der frühptolemäischen Zeit noch fernlagen. Aus den Überlieferungen über das Kultbild läßt sich also kein sicherer Schluß ableiten.

Mehr Aufschluß ergeben wohl ägyptische Texte der Zeit. In biografischen Inschriften erscheint Apis-Osiris (in dieser Reihenfolge) als eigenständige Macht mit besonderem Aufgabenbereich neben Osiris und Isis. So beginnt der memphitische Hohepriester Psenptais (Pscherin-Ptah) auf seiner Totenstele das Gebet zu acht großen Göttern folgendermaßen:

> Osiris, großer Gott, Herr von Rasetau, erster des Westens, großer Gott
> ... Rede des Gottes: "Ich gebe dir ein schönes Begräbnis".
> Apis-Osiris, erster des Westens, König der Götter, Herr der Ewigkeit
> (*nḥḥ*), Herrscher der Ewigkeit (*dt*). Rede des Gottes: "Ich gebe dir alle
> guten Dinge des Gotteslandes".
> Isis, die Große, Göttermutter, Auge des Re, Herrin des Himmels. Rede
> der Göttin: "Ich gebe dir, daß dein Ba bei jeder Räucherung kommt."

Erst danach werden Nephthys, Horus in der Erscheinungsform Harendotes, Anubis, Imhotep und die Göttin des Westens angerufen. Hier fällt der höhere Rang auf, der Apis-Osiris vor dem vorher genannten Osiris eingeräumt wird. Dieser wird zwar als großer Gott angerufen, jener aber als Götterkönig und Herr der doppelten Ewigkeit. Isis steht durch den Titel "die Große" und "Göttermutter" einerseits Osiris, als "Herrin des Himmels" andererseits Apis-Osiris nahe[15].

Apis-Osiris wird als Herr der zwei unendlichen Zeiten gefeiert und überraschenderweise als König der Götter, was früher auf Amon-Re bezogen wurde. Die Zuweisung der Herrschaft über die unbegrenzte Zeit spielt in Tempelinschriften der Zeit eine große Rolle, wenngleich sie meist den Gottheiten des betreffenden Tempels zugeschrieben wird, so dem Horus in Edfu oder der Hathor in Dendera. Beide Formen von Ewigkeit gewähren solche "Herren von *Neḥeḥ und Dschet*" dem ptolemäischen König, der dadurch unvergänglich wird. Ägyptische Priester legen zunehmend Wert auf das "Über-der-Zeit-stehen der Gottheit" und setzen damit voraus, daß diese "vor und nach der Irdischkeit existiert"[16].

In griechischen Angaben über Sarapis spielt die Verbindung von unendlicher Zeit oder Ewigkeit und Königtum ebenso eine Rolle. So läßt im Alexanderroman das Amon-Orakel dem großen Makedonen künden:

> Wenn du unversehrt in Ewigkeit blühen willst, so gründe im Angesicht
> der Proteusinsel die ruhmreiche Stadt, derer der thronende Aion Plutonius
> selbst waltet, er, der vom fünfgipfeligen Berg die unendliche Welt bewegt[17].

Demnach bildet Alexandrien den Sitz eines Götterkönigs, der Zeit und Welt bewegt, und das von unterirdischen Gefilden aus, deshalb die Gleichstellung mit dem griechischen Pluton. Später wird Sarapis oft als Kosmokrator gepriesen. Christliche Autoren überliefern, daß in Alexandrien alljährlich die Geburt eines

Götterkindes Aion gefeiert worden war, das die Göttin Kore in einer unterirdischen Höhle geboren hatte. Kore ist für die Griechen Gemahlin des Pluton. Der väterliche ewige Sarapis hätte demnach einen jungen Aion gezeugt. Als weiteres Argument für Sarapis als zeitüberlegenen und zeitstiftenden Gott läßt sich das dreiköpfige Tier anführen, das auf der verlorenen alexandrinischen Kultstatue neben dem thronenden Gott gestanden haben soll und neben ihm auf den antiken Denkmälern erscheint.

Die drei Köpfe erscheinen als Hunde-, Löwen- und

Abb. 133 Thronender Sarapis, mit Canide

Wolfshaupt, auf den außerägyptischen Denkmälern jedoch rein hundeförmig. Hinter dem Kaniden als Begleitgott steckt ein Anubismotiv. Der Gott war seit dem Alten Reich mit Osiris zusammen für die Balsamierung zuständig. Die Dreizahl der Köpfe stammt wohl vom griechischen Unterweltshüter Kerberos. Bei Makrobius wird sie auf Gegenwart, Vergangenheit und Zukunft bezogen, das ganze Wesen also als Repräsentation der Zeit gedeutet. Hier spielt die Vorstellung von einem in sich differenzierten Aion herein. Als Zeitherr wird Sarapis vermutlich auch da aufgefaßt, wo Denkmäler ihm einen Sternenmantel beilegen, ihn mit dem Tierkreis umgeben oder von seinem Haupt sieben Strahlen (die Planeten) ausgehen lassen.

Auf einen göttlichen Zeitgrund verweist wohl auch die Schlange, die Sarapis auf Abbildungen begleitet; durch ihre Häutung erscheint sie als

Abb. 134 Gemme: Sarapis, umgeben von Planeten und Tierkreis

das gegebene Sinnbild einer sich wieder und wieder verjüngenden Zeit. Auch der alexandrinische Schlangen- und Schutzgott Agathos Daimon wird später als

Aion gefeiert[18]. In griechisch-ägyptischen Zauberpapyri wird auf einen "Aion der Aionen" verwiesen[19]; welch anderer Gott sollte gemeint sein als Sarapis?

Wieso aber liegt den neuen Herrschern Ägyptens ausgerechnet an einer Zeitgottheit? Die Ptolemäer bedürfen einer Rechtfertigung dafür, daß mit Alexander dem Großen und seinen ägyptischen Nachfolgern ein neues Zeitalter angebrochen ist, und das nicht nur aus dem Willen von Menschen, sondern aus dem der Götter. Zugleich erhebt Ptolemaios I. gegenüber seinen Rivalen den Anspruch, als einziger legitimer Erbe Alexanders zur Weltherrschaft berufen zu sein. Dabei legt sich nahe, auf den Vorrang des uralten Ägypten und der von hieraus waltenden übergreifenden Gottheiten zu pochen; deshalb die Berufung auf eine im Lande verehrte überirdische Macht, die Zeitalter verändert und grundlegende Wandlungen hervorruft. Vorausgesetzt wäre dann, daß der unbegrenzte und doch personhafte Zeitgrund aus sich begrenzte Zeitalter als Aione heraussetzt. Eine solche Personifizierung einer umfassenden neben einer abgeleiteten Zeit entspringt vermutlich weder ägyptischen noch griechischen Anstößen. Die Ägypter rechneten vielmehr seit je mit einer Dualität von zwei unabsehbaren Zeitganzheiten, *neḥeḥ* und *dschet*, worauf häufig verwiesen war. Die Griechen aber begreifen unter Aion eine unwandelbare Ewigkeit, die vielleicht Zeiten als *chronoi* aus sich heraussetzt, jedoch keine göttliche Gestalt annimmt oder gar kultischer Verehrung bedarf. Hingegen kennt die iranische Religion einen Zeit- und Allgott, den "unbegrenzten" Zurvan, der den Zurvan "der langen Herrschaft", d.h. des gegenwärtigen Weltalters, aus sich heraussetzt[20]. Vielleicht sind unter den Ptolemäern also Ideen aus dem Osten am Nil heimisch geworden.

An der Grenze zwischen Ägypten und "Äthiopien" findet der Zeitengott übrigens eine Entsprechung in dem in Kalabscha verehrten, ursprünglich aber gewiß nicht ägyptischen *Mandulis*. Wie der memphitisch-alexandrinische Sarapis erscheint er seinen Verehrern in Visionen und wird gepriesen als "Sonne, allsehender Herr, König von allem, Allmächtiger (*pantokrator*) Aion"[21]. Mandulis scheint freilich nicht der Grund der Aionen zu sein, sondern eine begrenzte Ausprägung, denn er gilt als Horus oder gar Horussohn, als Nachkomme einer grundlegenden Verbindung zwischen Isis und Osiris[22].

Auch Privatleute hat, wie oben vermerkt, der Gott Sarapis angezogen. Der Grund dazu mag in der in hellenistischer Zeit sich ausbreitenden Astrologie liegen, über die gleich zu handeln ist. Sie macht das Leben des einzelnen wie den Lauf der Welt von mathematisch begrenzten wie zugleich inhaltlich gefüllten Sinnabschnitten abhängig, die von einer Himmelsmacht gesteuert und hervorgerufen werden. Deshalb gewinnt ein Grund aller Zeiten, der hinter den Himmelskörpern und ihrem Lauf letztlich steht, eine ungemeine religiöse Bedeutung. Mit heilvollen oder unheilvollen Zeiten hat die umfassende Macht des Aion kosmisch wie individuell den Rahmen für Gesundheit und Krankheit, für Erfolg und Mißerfolg gesetzt. Wenn Sarapis ab dem 1. Jh.v.Chr. das Prädikat "Sonne" von seinen Anhängern erhält, steht dahinter vermutlich nicht nur eine Erinnerung an den ägyptischen Re, sondern auch die astrologisch-astronomische Entdeckung dieser Jahrzehnte, daß die Sonne in der Mitte der Planeten den Chorführer abgibt und die Himmelskörper letztlich bestimmt.

Jenseits der Landesgrenzen verbreitet sich die Verehrung des Sarapis so schnell wie diejenige keiner anderen ägyptischen Gottheit, sieht man von seiner Partnerin Isis ab. Obwohl eine Art Staatsgott und alexandrinischer Stadtgott, zieht Sarapis rings um das Mittelmeer mehr und mehr Anhänger in seinen Bann. Im 3. Jh.v.Chr. wird auf der Insel Delos ein Sarapisheiligtum durch einen memphitischen Priester gegründet. Bald danach entsteht ein ähnliches in Athen am Fuß der Akropolis. Hier wie andernorts mag die ptolemäische Vormacht ein entscheidendes Moment bei der Einführung der Kulte gewesen sein. Doch ägyptische Seefahrer und Händler verbreiten den Ruhm des Gottes auch in Ländern, die den Ptolemäern feindlich gegenüberstehen, bis hin nach Iran und Indien, nach Germanien und Britannien.

Im 2. Jh. n. Chr. wird der Kirchenvater Tertullian entsetzt ausrufen: "Die ganze Erde schwört jetzt beim Serapis!"[23] Wo Tempel für Sarapis gebaut werden, stehen ihnen Priesterklassen nach ägyptischem Brauch unter Führung eines Profeten vor. Bisweilen werden neben ihm nicht nur Isis, sondern auch Harpokrates und Anubis verehrt. Auch Dionysos kann als Entsprechung zu Osiris hinzutreten (vgl. die oben abgebildete Stele Abb. 132).

Im Ausland wird die Verehrung des Sarapis meist von Kultvereinen auf freiwilliger Basis durchgeführt. Das führt notwendig zu einer Verlagerung des religiösen Schwerpunktes. In den Vordergrund rückt der Gott, der den einzelnen rettet und von allen Krankheiten befreit, von dem Wundererzählungen überliefert werden. Hingegen tritt der Aion und Gestalter geschichtlicher Epochen in den Hintergrund. Außerhalb Ägyptens wird für die private Frömmigkeit der männliche Gott bald von seiner Partnerin Isis übertroffen, worüber unten noch zu schreiben ist.

23.3 Ptolemäischer Herrscherkult

Sarapis erhält zwar Kultstätten im ganzen Land, doch eine Aufnahme in Tempel der angestammten Götter bleibt ihm versagt. So stark ist jahrhundertelang die Widerstandskraft der Priester gegen einen mythologischen Synkretismus. Anders verhält es sich mit dem vergöttlichten König.

Über das Verhältnis der neuen Herren zu den ägyptischen Tempeln geben einige Inschriften Aufschluß. Von Ptolemaios I. ist die sog. Satrapenstele erhalten[24], eine Bestätigung von Schenkungen an das Heiligtum in Buto, von Ptolemaios II. gibt es eine Stele über die Verehrung des Bockes von Mendes[25], von Ptolemaios III. ein Dekret anläßlich der von ihm einberufenen Versammlung ägyptischer Priester nach Kanopos[26], von Ptolemaios V. den berühmten Stein von Rosetta, der vor 180 Jahren den Schlüssel zur Entzifferung der Hieroglyphen überhaupt lieferte und der von Haus aus eine Landessynode in Memphis zur Voraussetzung hat[27]. Sämtliche Denkmäler bezeugen eine weitgehende Entrechtung der ägyptischen Priesterschaft. Von den ungeheuren Wirtschaftsimperien der Tempel in früherer Zeit ist wenig übriggeblieben. Kein Priester denkt mehr daran, wie einst thebanische Hohepriester der Spätzeit, einem König durch Orakel Vorschriften für seine politischen Entscheidungen zu geben. Dennoch werden die Priester vor der weithin verarmten Landesbevölkerung ungemein bevorzugt und als Staatsbeamte eingeordnet. Die Unterschiede zwischen verschiedenen Priesterklassen verwischen sich; viele nennen sich nun Wabpriester, Gottesvater, Gottesdiener u.ä. zugleich. Ein schwunghafter, durch Verträge bekräftigter Handel mit priesterlichen Stellungen und Einkünften greift um sich. Als eine Art Lehen werden den Tempeln ausgedehnte Ländereien überlassen. Unter einem Minister werden alle Profeten, wie sie jetzt heißen, straff zusammengefaßt und einheitlich geleitet. Es gibt mehr Priester als je zuvor — Erman schätzt ihre Zahl auf über 100000[28] — und mehr Tempel als in früheren Zeiten. Soweit die politische und ökonomische Ebene.

In kultischer Hinsicht unterstellt sich die Dynastie jedoch vollständig dem Schutz ägyptischer Götter. Offizielle Denksteine zeigen zuoberst eine geflügelte Sonnenscheibe mit Uräen, die auf Behedeti, den Herrn des Himmels, gedeutet wird, nach dessen Willen sich alles vollzieht, was zu vermelden ist. Darunter zeigt ein Figurenband König und Königin und andere Mitglieder der Königsfamilie in ägyptischer Tracht und mit ägyptischen Kronen, hergebrachte Götter auf ägyptische Weise ehrend. Das Königspaar wird mit Thronnamen eingeführt, die in alter Weise in einen Königsring geschrieben werden. Die Namen sind voll und ganz ägyptisch gedacht. Ptolemaios II. scheut sich z.B. nicht, sich als "geliebt vom Bock von Mendes" und Arsinoë als "geliebt vom Bock" zu präsentieren — trotz des griechischen Abscheus vor Tierverehrung.

Abb. 135 Ptolemaios II. opfert dem Bock von Mendes

Überhaupt nimmt es Wunder, welche Aufmerksamkeit das Herrscherhaus heiligen Tieren zuwendet. Priesterversammlungen in Kanopos und Memphis heben den entsprechenden Eifer des Königspaares rühmend hervor. Wenn Ptolemaios II. sich als "wirklicher Sohn des begattenden Gottes" von Mendes feiern läßt und berichtet, daß er in der Prozession demütig hinter dem Tier einhergegangen sei und bekannt habe: "Du bist mehr als alle anderen Götter", läßt sich der Schluß kaum vermeiden, daß der Herrscher von der Heiligkeit des Tieres tatsächlich überzeugt war. Die erste ptolemäische Königin wird nach ihrem Tode in Widdergestalt in ägyptischen Tempeln abgebildet. Ptolemaios II. läßt seine Schwester Arsinoë nach ihrem Tod gemäß dem Ritual eines Begräbnisses für den Bock von Mendes verklären. Ermans Kopfschütteln ist begreiflich: "Es war doch ein unnatürliches Verhältnis, daß die gebildetsten Herrscher ihrer Zeit als Freunde heiliger Böcke und Ochsen auftraten"[29].

Wie schon zur Pyramidenzeit, fühlen die Könige sich weiter als Inkarnation des göttlichen Falken *Horus*. Dieser Gott wird jetzt als Krieger verstanden, der alle Feinde Ägyptens erledigt. Die Reliefs auf den Tempelwänden von Edfu verewigen solche Aktivität. Die Herrscher behaupten nicht nur, in der Schlacht gegen äußere Feinde wie Horus gewütet zu haben. Auch im Inneren werden entsprechende Maßnahmen mit der Erfülltheit durch diesen Gott begründet. Nach einem Ritus dieser Zeit scheinen alljährlich rituelle Verbrennungen von Typhoniern, Seth-Anhängern, durchgeführt worden zu sein. Dementsprechend läßt Ptolemaios II. Gallier auf einer Nilinsel verbrennen und Euergetes II. befiehlt gleiches für die rebellierende Jugend im Gymnasium von Alexandrien[30].

Im Umkreis von Alexandrien wird vor allem der Gott Dionysos verehrt, den schon Herodot (II 42) mit Osiris gleichgesetzt hatte. Die Ptolemäer führen ihre Abstammung mütterlicherseits auf ihn zurück, selbst der Volksahn Makedon wird auf diesen Ahn zurückgeführt (Diodor I 18). Dionysos wird vermutlich seiner Osirisähnlichkeit wegen in gräzisierten Kreisen bevorzugt.

Die Ptolemäer werden über die spezifischen Begründungen ägyptischer Gottesverehrung kaum genauere Kenntnis gehabt haben. Doch selbst in offiziellen Inschriften geben sie typisch ägyptischen Vorstellungsweisen Raum. Thronnamen feiern die Könige in einem Atemzug als Sohn des Osiris, des Atum, des Re oder des Bockes von Mendes, geben also auf ihre Weise Kunde von einer spezifisch ägyptischen Vielfalt der Zugangsweisen.

Moderne Historiker sind mit ihrem Urteil über die Beweggründe der ptolemäischen Könige schnell zur Hand: "Bei der Annahme der ägyptischen Religion als Staatsreligion sind natürlich für die Ptolemäer so gut wie ausschließlich Opportunitätsgründe, der Gedanke an die Sicherung ihrer Herrschaft, maßgebend gewesen"[31]. Verifizieren läßt sich eine so platte Einschätzung nicht. Jedenfalls steht die straffe zentralistische politische Absolutheit der Regierung in einem auffälligen Widerspruch zu dem Freiraum, den ägyptische Kulte erhalten. So kommt in ptolemäischer Zeit der Brauch auf, daß ein Angeklagter sich in einen Tempel flüchten darf, dort *Asyl* findet und dem Zugriff der staatlichen Gerichte entzogen ist. Trotz mancher Versuche des Hofes, die Einrichtung zu beseitigen, bleiben die Priester hartnäckig und haben das Volk auf ihrer Seite: "Die Macht des Königs endet an der Tempelmauer" (Tarn).

Die Ptolemäer gehören als Opferherren, gemäß der nach wie vor gültigen Formel über jedem Opfer "ein *ḥetep*, das der König gibt", zu jeder Begehung als handelndes Subjekt dazu. Die Tempelinschriften pflegen den Pharao als "Abbild" der großen Götter zu bezeichnen und ihn damit ein Stück weit von diesen abzurücken, ohne daß er dadurch als bloßer Mensch erschiene[32]. Die alexandrinischen Herrscher wollten aber mehr. Als Erben des vergöttlichten Alexanders legen sie sich selbst göttlichen Rang bei. Das haben zwar in- und ausländische Herrscher über Ägypten seit je getan; so überrascht denn auch nicht, daß die entsprechenden fünf Thronnamen weiterbenutzt werden oder häufige Rühmungen des Königs als Bild des Re oder des Atum auf dem Thron des Osiris, als "Ebenbild des Horus, Sohn der Isis und des Osiris", wie es z.B. auf dem Rosettastein lautet[33]. Doch die Ptolemäer gehen insofern über ihre Vorgänger im Niltal hinaus, als sie eine *eigene Priesterklasse für den Kult der Könige* einrichten. Schon Ptolemaios II. läßt sich nach dem Ableben seiner Schwester und Gattin Arsinoë, die mit ihrer Seele zum Himmel aufgestiegen war und dadurch "vereinigte ihr Leben mit dem, der sie geschaffen"[34], mit dieser zusammen als "Geschwistergötter" bereits zu Lebzeiten verehren. Die ägyptische Priesterschaft folgt jedoch nur eingeschränkt solchen Tendenzen der Herrscher. Nur die königlichen Ahnen werden als "Mit- oder Schutzgötter" (griech. *synnaoi*) neben den alten Gottheiten Gegenstand kultischer Verehrung in den Tempeln. Nie wird einem lebenden Ptolemäer als einem Gott in einem streng ägyptischen Tempel eine Darbringung gereicht (Winter). Indem namentlich bekannte, abgeschiedene Herrscher zu göttlichem Rang aufsteigen, wird gewissermaßen an einen längst ausgestorbenen Kult des mittleren und neueren Reiches angeknüpft. Doch die ptolemäischen Ahnen werden nicht mehr wie die Könige damals für den gemeinen Ägypter interessant. Allein im Blick auf die regierenden Nachkommen sind diese Ahnen tätig; ihnen übermitteln sie Amt und Königsmacht, ihnen schreiben sie unzählige Jahre auf die mythische Palmrispe, wie sonst der Mondgott Chons und andere himmlische Wesen zu tun pflegen.

23.4 Die welterhaltende Rolle des ägyptischen Tempels

Aus den Jahrhunderten um die Zeitenwende stammen die großen, heute noch bestaunenswerten Tempel in Oberägypten, in Dendera, Esna, Kom Ombo, Philä und nicht zuletzt Edfu, dem "besterhaltene(n) Tempel der antiken Welt"[35]. Ähnliche imponierende Heiligtümer waren damals in Mittel- und Unterägypten errichtet, sind aber nicht erhalten, so in Schmun-Hermopolis, Memphis, dem Iseion (Behbet el-Hagar). Was erhalten ist, wirkt in seinem Aussehen durch und durch ägyptisch. Auch im Ritual setzt sich an diesen Stätten die Religion des Niltals kontinuierlich fort. Einzig ägyptische Götternamen werden gebraucht, keine griechische Gleichsetzung taucht auf. Hingegen hegen die Priester von Memphis das stolze Gefühl, Zentrum von Geist und Weisheit schlechthin zu sein: hier habe Homer die Quellen für Ilias und Odyssee empfangen, habe der persische Weise Ostanes den ersten griechischen Philosophen Demokrit eingeweiht, der Mediziner Galen seine Rezepte entdeckt. Die regierenden Könige erscheinen in althergebrachter Pharaonentracht, obwohl sie sich als Griechen im politischen Leben geben, und bewegen sich nach überkommenem heiligen Brauch. Die Tempelbauten folgen dem althergebrachten Grundriß und Aufbau. So erweist sich die Ptolemäerzeit als ein "der altägyptischen Kunst wahrhaft zugehöriges Kapitel"[36].

An Neuerungen fehlt es gewiß nicht, aber sie entsprechen lang angebahnten Tendenzen. Die Tempelwände, früher mit einigen Reliefs und wenigen Inschriften geschmückt, werden jetzt über und über mit Bildern und allen möglichen rituellen, mythologischen, ja rechtlichen und wirtschaftlichen Texten gefüllt. Manches Geheimnis ägyptischer Mythologie wird dadurch für uns erst gelüftet. So wird in Edfu die schon in den Pyramidentexten vorausgesetzte, aber bis dahin nicht zusammenhängend dargebotene Horusmythe auf einer Umfassungsmauer im Westen vorgeführt. Auf den Wänden wird ein auf jeden Tempel abgestimmtes, besonderes Bildprogramm, eine ausgeklügelte *grammaire du temple* festgehalten, die erst teilweise erschlossen ist. Zwei weitere Bauwerke werden an großen Tempeln nötig, einmal eine Kapelle für Osiris auf dem Flachdach des Tempels zum anderen ein Geburtshaus für den jungen Gott des Orts, modern Mammisi genannt, als Nebengebäude. Das Hauptgebäude behält den bewährten Typ des Längsachsentempels mit Ausrichtung zum Sonnenaufgang hin bei (Ausnahmen: Edfu, Philä u.a.). Wie bei den Bauten des Neuen Reiches steigt der Boden vom Eingang zum Barkenheiligtum und zum Naos mit dem Kultbild stetig an. Zugleich verengen sich stufenweise Höhe und Breite des Mittelganges. Fenster und Durchlässe für das Außenlicht werden kleiner, bis daß der Weg im kleinen und völlig dunklen Allerheiligsten endet. Der abschließende Charakter des Gotteshauses (*ḥt ntr*) gegen alle Außenwelt ist nicht zu verkennen. Die Absicht zur Ausgrenzung war schon an den Außenmauern sichtbar, die vielfältiger noch als in früheren Jahrhunderten die Abwehr der Gottes- und Lebensfeinde durch den Gott des Tempels und dem ihm botmäßigen König demonstrieren.

Da die Pylone am Eingang mit ihren beiden Tempeltürmen eine Verbindung zu den Bergen des Sonnenaufgangs im östlichen Lichtland, *achet*, bisweilen auch Ost- und Westgebirge oder Isis und Nephthys, symbolisieren, und im Innern an den Decken die Himmelsgöttin mit den Gestirnen wiedergegeben wird, bildet das Heiligtum die tragenden Größen der göttlichen Oberwelt ab. Die vom Boden aufragenden Säulen hingegen, meist Papyrus, Lilie oder Schilfbündel, weisen auf eine Sumpflandschaft. Vergegenwärtigt man sich, daß der Weg durch

Säulenreihen ins Tempelinnere aufwärts führt bis hin zum "Großen Sitz" (*st wrt*) der Barkenkammer und des Sanktuars, läßt sich erschließen, daß ebenso der untere, vorgeschöpfliche Bereich der Erde festgehalten wird. Dazu passen die in ptolemäischer Zeit sich häufenden ätiologischen Mythen, welche die verschiedensten heiligen Stätten im Lande als die eine oder andere Form des Urhügels aus der Urzeit, dem ersten Mal der Weltentstehung preisen (q^3jt, h^ct). Das hat vermuten lassen, der ägyptische Tempel stelle ein Abbild der Welt, einen Mikrokosmos dar[37]. Ausdrücklich ist davon leider nirgends die Rede. Wäre dann nicht ein quadratischer oder runder statt eines rechteckigen Baus zu erwarten, denn der Himmel wird in dieser Zeit (vgl. das Deckenbild in Dendera unten S. 530f) wie die Erde[38] als Kreis aufgefaßt? Da Sumpf- und nicht Nutzpflanzen in den Säulenreihen dominieren, und sich auch sonst Kennzeichen von Sumpf- oder Urgewässern finden, vermutet neuerdings Finnestad, der Tempel bedeute einen nächtlichen "cosmos in the state of chaos"[39]. Läßt sich dann aber noch sinnvoll vom Kosmos reden?

In den Texten der hellenistischen Zeit tritt jedoch deutlicher zu Tage, daß die Tempel großer Götter den Himmel repräsentieren. Heliopolis heißt nunmehr "der Himmel Ägyptens" und Karnak "der Himmel auf dem Rücken der Erde"[40]. An die Tempeldecke werden Nut und sie Sterne gemalt. "Den Himmel stützen" wird eine wichtige Aufgabe des Tempelhauses und des Kultes. Nicht nur auf den 4 Ecken des Tempels, sondern über Säulen und Scheintüren, auf dem Untersatz von Barken und Schreinen wird abgebildet, wie der Gott "Unendlichkeit", Heh, oder der König als sein Vertreter über sich die Himmelsdecke tragen. Die Szene ersetzt das alte Motiv vom Luftgott Schu, der die Himmelsgöttin abstützt. Als Kultherr fordert der König häufig den Gott des Tempels auf, diesen als seinen Himmel zu betreten. Andererseits aber wird diesem Gottheiten, etwa Ptah, Horus, Chnum, Thot, Re-Horachte, zugetraut, daß sie sich ihrerseits an solcher Stützaktion beteiligen[41].

<small>Als Abbild des gestalteten Alls tritt übrigens deutlicher als der Tempel das neben ihm befindliche Lebenshaus, die Stätte der Schreiber, heraus. Hier können der Boden mit dem Erdgott Geb, die Decke mit Nut und die Wände ausdrücklich mit den vier Himmelsrichtungen gleichgesetzt werden[42].</small>

Wie immer es mit der Mikrokosmosidee bestellt gewesen sein mag, unstritig liegt für die Kultgenossen die kosmoserhaltende Rolle von Tempel und Ritus zutage. Über die Heiligtümer des Niltals pflegen die maßgeblichen Gottheiten die lebensnotwendigen Verbindungen zur Welt. "Ägypten ist die Kopie des Himmels, oder, genauer gesagt, der Ort, wo sich abspielen und abspiegeln hier unten alle Operationen, welche die himmlischen Mächte regieren und arbeiten lassen"[43]. So hegen die ägyptischen Priester das stolze Bewußtsein, daß von ihrem Dienst der Bestand der Erde abhängt. Denn nur in ihren Heiligtümern

Verbeugung griechisch-makedonischer Könige vor den Göttern Ägyptens

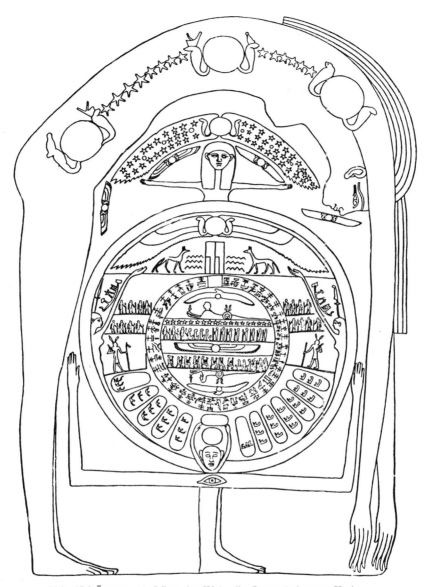

Abb. 136 Ägypten als Mitte der Welt, die Gaue als innerer Kreis

steigen die himmlischen Mächte mit ihren Aktivseelen, Ba, auf das Kultbild täglich und insbesondere festtäglich herab und vereinen sich darin mit der Herrschaftsseele, dem Sechem. Zudem west ihre Baseele hier in heiligen Tieren ständig an.

Die Bedeutung der Heiligtümer als Schaltstelle zwischen oben und unten, zwischen Himmel und Erde, wächst nun weit über alles hinaus, was frühere Jahrhunderte zu sagen wußten. Sprechender Ausdruck dafür sind Edfu-Texte, die den Tempel als eigene lebende Wesenheit herausstreichen, der durch Reinigung und Mundöffnung wie Statuen oder Toten Leben eingehaucht wird, ja dessen einzelne Teile *separate animate beings* sind[44]. Die Säulen im Pronaos dieses Tempels schließen die Gaue Ägyptens zum Horusgefolge zusammen[45]. Durch die morgendliche Epiphanie der Gottheit werden sogar die Wesensbestandteile des Pharao neu konstituiert, "dein Leib in Göttern und Göttinnen, die aus Horus entstanden/zu Horus geworden an deiner Seite"[46]. Vielerlei Mythen entstehen jetzt, die auf den Zusammenhang zwischen einem Tempel und seinen Gottheiten ätiologisch verweisen (s. unten).

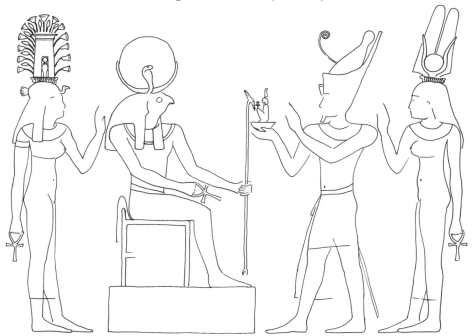

Abb. 137 Opfer der Maat auf dem Euergetes-Tor in Karnak

Mehr als in älteren Texten wird der Tempelkult nicht nur Empfangsstation, um göttliche Kräfte entgegenzunehmen, sondern Tauschplatz zwischen Götter- und Menschenwelt im Sinne einer Wechselwirkung von oben nach unten und von unten nach oben. Damit wird noch mehr als früher die zentrale Stellung des Königtums herausgestrichen. Nach wie vor bleibt der lebende Herrscher der einzige sakralabsolutistische Kultherr, allein als Gott unter Göttern zu wirksamem Ritus fähig und zur Einwirkung auf die hintergründigen Mächte. Als lebendes Bild der Gottheit und zentrale Erhalt- und Gestaltseele "an der Spitze der Ka-Seelen aller Lebenden"[47] sorgt er zugleich für die Erhalt- und Gestaltseelen der Götter in den Tempeln. Täglich und besonders am Fest "kommt" der König — obwohl körperlich weit entfernt — zur Tempelgottheit. Im Vordergrund steht seine Darbringung der Maat, die meist an der Wand hinter der

Gottesstatue abgebildet wird und der dort ein göttliches Versprechen korrespondiert, seinerseits Maat zu spenden. Der Maat bedarf nicht mehr nur ein bestimmter Gott, als 'Herr der Maat', sondern ihrer sind alle Gottheiten bedürftig. So bringt sie der König in Edfu nicht nur Horus, sondern Schu, Atum, Thot, Hu, Sia, Sechmet und der Göttin Maat selbst dar. Maat aber wird weniger moralisch begriffen, denn als Quelle kosmischer Ordnung zum Zweck überströmender Fruchtbarkeit. Bezeichnend dafür ist das Epitheton "Same des (göttlichen) Stieres", das ihr jetzt zuwächst, Wenn dem Horus von Edfu Maat dargebracht wird, dann mit dem Zusatz: "Dein Same für dich, Stier der Stiere ... dann befruchtest du die jungen Mädchen"[48].

Abb. 138 Königliche Darbringung von *anch, dsched, was* an die göttliche Triade (Philä)

Neben die althergebrachte Darbringung einer Maatfigur tritt ein Geschenk einer "Krone der Rechtfertigung" an die Gottheit, welche die siegreiche Überwindung denkbarer Gegner einschließt. Doch der König spendet darüber hinaus nach den Bildern auf den Tempelwänden – und das ist neu und hat keine Tradition – der Gottheit Leben, Dauer, Wohlfahrt, ja sogar Jahrmillionen (ʿnḫ, ḏd, wꜣs, ḥḥ)! Aus der letzten Wirkungsgröße rekrutieren sich die unsichtbaren Himmelsstützen, die konstitutiv für Zeit wie für Raum sind. In früheren Zeiten war der König einzig Empfänger für solche Größen. Jetzt wird er ebenso Geber. Der königliche Kult, das heißt praktisch die priesterliche Tätigkeit, hat also an magischer Qualität ungemein zugenommen. Das paßt zum Umsichgreifen von Magie in diesem Zeitalter überhaupt, worauf noch einzugehen ist.

23.5 Gottesauffassung und Mythologie

Wie erwähnt, beginnt mit dem ptolemäischen Zeitalter in Ägypten erst eigentlich die Ausbildung von narrativen Mythen. Darin treten ortsgebundenen Gottheiten in den Vordergrund. Dennoch sind die Konturen zwischen den einzelnen Gestalten für uns "in hohem Grade verwischt"[49]. Allmacht, Allwissenheit, Einzigartigkeit und Titel wie "König/Herr der Götter", "Herr des Himmels" werden mehreren Gestalten zugeschrieben. "Trotzdem ist die genannte Unterschiedslosigkeit nur scheinbar"[50], es bleiben genügend differente Bestimmungen. Nach den Mythen lieben es die Gottheiten allesamt, wieder und wieder ihre Gestalt zu verändern, meist von einer Tierart zur anderen. Aus der verwirrenden Vielfalt heben sich drei Themen, wie es scheint, landesweit hervor. Das ist einmal der Sonnenlauf und seine Hintergründe, zum anderen sind es vorzeitliche Götter, schließlich überragende weibliche Mächte. Den Überirdischen insgesamt wird eine Art dynamischer Immanenz zugeschrieben, indem das irdische Geschehen bis hin zur Nilüberschwemmung und den großen Zeitrhythmen von ihrem zyklischen "Erscheinen" abhängig gedacht wird. So ist die Welt "nicht eigentlich erfüllt vom göttlichen Wirken, sondern das jederzeitige, gestaltenreiche Wirken der Götter *ist* diese Welt ... es ist ihr Geheimnis, daß sie zugleich Einer und Viele sein können, daß sie Schöpfer sind und im Geschaffenen gegenwärtig"[51]. Während früher selbst Sachkenner wie Sethe im Blick auf die verwirrende Vielfalt der Mythen der Meinung waren, "daß die Ägypter der Spätzeit sich ... schlechterdings nichts dabei gedacht haben"[52], rühmen heutige Ägyptologen die "sehr beachtliche theologische Lebendigkeit dieser späten Epoche"[53].

Die althergebrachte Hochschätzung der in der Sonne manifestierten göttlichen Energie behauptet also weiterhin ihren Vorrang für Kult und Frömmigkeit. Von *Re* ist allerorts die Rede. Die ehemalige Gemeinsamkeit des Gottes mit Amon ist aber außerhalb Thebens vergessen. Als Einzelgestalt bleibt Re weiterhin mit Maat verbunden und vereinigt sich mit ihr stets aufs neue (Blackman-Fairman). An allen Heiligtümern wird sein morgendlicher Aufgang feierlich begangen. Die Götter der einzelnen Tempel im Lande bedürfen darüber hinaus jährlich eines Festes der "Vereinigung mit der Sonnenscheibe", mit der Ba-Seele des Re, wobei die Kultbilder auf das Tempeldach getragen und dort gleichsam vom Sonnenschein aufgeladen werden. Doch Re gilt weniger denn je als autarke Macht. Ihm wird kein aufwendiger Kult mehr dargebracht. Sein Hauptheiligtum in On zerfällt. Der tägliche Sonnenlauf wird mehr durch seinen Sohn Horus als durch ihn selbst repräsentiert. "Re geht auf und Horus erscheint" kann es nun heißen. Zeitweise oder ständig geschwächt, bedarf Re ausweislich der Texte von Edfu, Kom Ombo oder Esna der steten Verjüngung mittels anderer Götter[54]. Beliebt wird ein Mythos vom Auge des Re, das sich als Hathor oder Tefnut zornig von

Re nach Nubien entfernt und von Thot, Schu, Onuris oder Arensnuphis besänftigt und nach Ägypten zurückgeholt werden muß. Die Rückkehr, die das im Frühjahr kräftiger wirkende Sonnenlicht symbolisiert, wird an allen großen Tempeln gefeiert. Bezeichnenderweise war im älteren Mythos von der Himmelskuh (s.o. S. 386) es Re selbst, der von sich aus das Auge aussandte. Doch für Unterwelt und Jenseitsleben büßt Re nunmehr seine Bedeutung ein. Andererseits tragen große Götter wie Chnum-Re in Esna, Sobek-Re in Kom Ombo, Month-Re in Medamud ausweislich ihrer Namenskombination und ihrer Abbildung mit einer Sonnenscheibe über dem Haupt ein solares Element in sich. Wie es zu dieser starken Auffächerung der numinosen Sonnenenergie kommt, die es so stark vorher nicht gegeben hat, ist bislang ungeklärt.

Horus findet an den großen Kultorten je eine eigene Erscheinungsform, sei es als Behedeti mit der geflügelten Sonnenscheibe in Edfu, als Horus der Alte (oder Große), Haroëris, in Kom Ombo (wo er zugleich mit dem Luftgott Schu eins ist), oder als Horus der Landeseiniger, Harsomtus, in Dendera. Insbesondere die Horusgestalt in Edfu wird wegen des engen Bezugs zum Pharao für das ganze Land bedeutsam. Sie stellt Re-Horachte dar, als "großer Gott, der buntgefiederte, der aus dem Horizont kommt". Während jene Namenskombination in früheren Jahrhunderten den morgendlichen Horus für eine vorübergehende Erscheinungsform des Re erklärte, taucht nunmehr Re am Morgen als Aspekt des mächtigeren Horus auf. Als Flügelsonne ist dieser "der große Gott, Herr des Himmels" und besiegt den Aufruhr gegen Re in Nubien und hernach in den ägyptischen Gauen. Mit seinem Flügelsonnensymbol als "Horus der Horusse" ist jeder Denkstein und jeder Tempeleingang geziert (Fairman). Horus ist die strahlende Sonne mittags und im Sommer, Re die greise Sonne des Winters. Das Morgenlied im Tempel zu Edfu weckt Horus mit 26 seiner Namen, Gestalten, Rollen samt einer Vielzahl von Göttern, welche die Glieder und Organe seines Leibes bilden[55]. Die Einkörperung einer Gottheit in der anderen wird also wie seit eh und je vorausgesetzt.

Seit der 21. Dynastie taucht der Typ eines nackten, jugendlichen Gottes mit Sonnenscheibe auf, der dann in ptolemäischer Zeit ungemein populär wird, ägyptisch Horus-das-Kind (ḥr-p³-ḥrd) und von den Griechen *Harpokrates* genannt. Es wird zur verbreiteten Überzeugung, daß überall dort, wo an einem Kultort Triaden von Göttern als Vater-Mutter-erstgeborener Sohn zusammengehören, die jugendliche Gestalt eine Erscheinungsform dieses Horus darstelle und wie dieser *pa-chered* heiße. Der nunmehr als "le dieu des mammisis" verehrte Gott[56] taucht neben einem älteren Harsiese, "Horus, Sohn der Isis", auf, der vielleicht speziell mit dem ithyphallischen Amon von Theben als Vater verbunden war, oder ersetzt diesen gar. Der neue Kindgott, dessen Geburtstag am ersten Tag der Getreideernte gefeiert wird, gilt als Herr des Brotes und versorgende Macht.

Trotz seiner Knabenhaftigkeit werden ihm königliche Attribute beigelegt. Hinter ihm steht stützend und stärkend Isis, die häufig abgebildet wird, wie sie ihn auf ihrem Schoße säugt, als urbildliches Mutter-Kind-Verhältnis. Allein für sich taucht Horus-das-Kind auf sogenannten Horusstelen auf, wo er mit wilden Tieren zusammen abgebildet wird und als magisches Abwehrmittel vor allem gegen Schlangen und Skorpione gebraucht wird (Kap. 25).

Die Gestalt gilt auch als Muster für die ptolemäische Königsideologie. Die herrschende Familie begreift sich als göttliche Triade; der Herrscher selbst verkörpert Horus oder Osiris, die Königin Isis, der Kronprinz bleibt solange Harpokrates, bis er die Nachfolge seines Vaters antritt und dann (Osiris und) Horus wird. Der göttliche Charakter des Königtums wird also durchaus ägyptisch aufgefaßt. Von da aus begreift sich, daß der zweite Ptolemäer die für Griechen anstößige, für Ägypter aber hergebrachte Einrichtung königlicher Geschwisterehe erneuert und seine Schwester Arsinoë, die schon zwei abenteuerliche Ehen hinter sich hatte, zur Gattin und Göttin erhebt. Die beiden werden dann als Geschwistergötter (griechisch *theoi adelfoi*) in ganz Ägypten verehrt.

Re und Horus kennzeichnen die unverminderte Hochschätzung des Sonnenlaufs als Lebensachse des Alls. Daneben tritt nunmehr ein eigenes Gewicht der *Urzeitgötter*. Zu ihnen gehört in dieser Epoche gelegentlich Maat, die zur Zeit der Urgötter einst vom Himmel herabgestiegen war. In vier Tempeltexten wird damit ein Goldenes Zeitalter verbunden und die Gegenwart – trotz göttlichem König - als Zeit der Ungerechtigkeit begriffen:

> Maat war aus dem Himmel gekommen zu ihrer (der Urgötter) Zeit
> und vereinigte sich mit den Irdischen.
> Das Land war überschwemmt, die Leiber gefüllt.
> Es gab kein Hungerjahr in den beiden Ländern.
> Die Mauern fielen noch nicht ein, der Dorn stach noch nicht
> in der Zeit der Göttervorfahren.[57]

Zu Göttern, die älter sind als Re und darum noch hintergründiger als dieser, gehören der Schöpfergott Chnum, der in Esna seinen Hauptverehrungsort findet, auch Ptah-Tatenen, der in Edfu den Sitz des Re geschaffen und die Mundöffnung des Tempels vollzogen haben soll[58]. Bezeichnend für die Suche nach immer älteren Urgöttern ist die Rolle, die der thebanische Amon nunmehr spielt. Vermutlich in der Saïtenzeit waren die acht Urwesen aus Schmun (Kap. 5.6, oben S. 120) als Eltern des Sonnenkindes auch nach Medinet Habu in Theben-West verpflanzt worden. Als deren Vater gilt hier Ptah-Tatenen; Amon-Re aber rückt noch eine Generation weiter zurück und wird "Vater der Väter der Acht", also gleichsam der Urgroßvater des Sonnengotts! Als Kem-atef, "der seinen Augenblick vollendet hat", hatte er Schlangenform, ist aber verstorben und erhält am Tempel einen Totenkult (ähnlich in Esna)[59].

Eine Vielzahl der auf Tempelwänden verzeichneten Mythen handelt von Urgöttern und komplizierten Verflechtungen bei der Weltentstehung. Nur weniges davon ist veröffentlicht. Oft handeln sie davon, wie am entsprechenden Kultort, etwa in Esna, Edfu, Kom Ombo, ein Schilfhügel oder Erdhaufen aus der Urflut aufgetaucht sind, wie dann bestimmte Urwesen, ähnlich der Achtheit, Ptah oder Tatenen oder Re, hinzugekommen sind – über ihre Herkunft wird nichts näheres gesagt –, unheimliche Feinde vertrieben und dadurch die beziehungsreichen Namen der einzelnen Teile der Kultstätte hervorgerufen haben. Am Ende der Kosmo- und Theogonie steht meist das Königtum des Horus[60].

In den Ursprungsmythen spielt Osiris, soweit erkennbar, noch eine geringere Rolle als der schon wenig mächtige Re. In Ritualen aber treten beide stärker hervor. Gelegentlich kann vermeldet werden, daß Osiris als Aufrührer getötet, dann aber wieder erweckt und mit (seinem Vater?) Re vereinigt wurde, um die beiden Zeitmächte, *ḥeḥ* und *dschet*, zu repräsentieren und aufrechtzuerhalten[61].

Wichtig sind für die Mythen auch noch werden *große weibliche Mächte*. Hierher gehört *Hathor*, die jetzt mit Tefnut aus der Neunheit von On gleichgesetzt wird und deshalb als leidenschaftliche Tochter Res gilt. Sie garantiert von ihrem Kultort Dendera aus nicht nur weiterhin Eros und Mutterschaft im Lande, sondern wird zur *source de l'activité creatrice*, die aus Re entsteht und derer er wie die gesamte Schöpfung ständig bedarf[62]. Den göttlichen Vater hat sie einmal in zorniger Aufwallung verlassen. Doch Horus und Thot haben sie aus Nubien zurückgeholt und wieder zum strahlenden Auge des Re werden lassen. Ihre Rückkehr auf ägyptischen Boden wird vom südlichen Philä an nacheinander in den großen Heiligtümern gefeiert. In Dendera steht im Blick auf die Stützung der Sonnenmacht Isis mit ihr in einer nicht durchschaubaren Konkurrenz; auch diese gilt als Auge des Re, Herrin des Himmels, Herrin aller Götter[63]. (Auf die Bedeutung der Isis in Philä wird noch im Zusammenhang mit Osiris und dem Totenkult einzugehen sein.)

Eindeutig Mutter des Re und Vertreterin einer älteren Generation ist die in Esna verehrte *Neith*, deren Hauptort sich von Saïs nach Oberägypten verlagert hat. Als ihre Gestaltung gilt die hermopolitanische Achtheit, aber auch Re und dessen Erzfeind Apophis sind aus ihr entstandenen. Der als Töpfer schöpferische Chnum ist nicht nur ihr Partner, Sohn und Gatte zugleich, sondern Teil ihrer selbst. Mit ihm zusammen ist sie "Vater der Väter und Mutter der Mütter" und gebiert den Zaubergott Heka als Erhaltseele des Re.

23.6 Apokalyptisierende Opposition gegen die Fremdherrschaft

Wider das griechische Joch haben die Ägypter ebenso mehrmals aufbegehrt wie gegen das persische, wenngleich ihren Aufständen weniger Erfolg beschieden war als in früheren Zeiten. Den ideologischen Nährboden für Aufstände liefern Weissagungen, die auf die alten ägyptischen Götter zurückgeführt werden. In demotischer Sprache zirkulieren Orakel, in denen eine neuartige eschatologische Hoffnung sich mit einem politischen Umsturz verbindet.

Das bekannteste Dokument ist die *demotische Chronik* aus dem dritten Jh. v. Chr., ein Kommentar zu älteren Orakeln, die nun aktualisiert und politisiert werden. In verschlüsselten Sprüchen wird auf den Einbruch der Perser und Griechen ins Niltal und auf den nachfolgenden Niedergang der Gottesverehrung verwiesen, aber auch auf das Geschick ägyptischer Empörer, die sich als 28. bis 30. Dynastie zeitweise selbständig gemacht hatten. Auffälligerweise wird von diesen einheimischen Königen nur der erste, Amyrtaios, positiv beurteilt. Er hatte Ägypten befreit und dem Gesetz unterworfen. Seine Nachfolger aber verließen alsbald wieder "das Gesetz", *hep*; kein Wunder, das die fremden Truppen aufs neue die Oberhand gewannen. Insgeheim jedoch bereiten die Götter endgültige Rettung vor. Ein Priester des Gottes Harsaphes aus Herakleopolis wird von ihnen als König erweckt werden und sogar über die Fremdländer der Perser und Ionier herrschen. "Freue dich über den Herrscher, der sein wird, denn er wird das Gesetz nicht verlassen" (III 16). Unter den Göttern, welche die Wende zur Heilszeit heraufführen, spielt der Apis von Memphis eine umfassende Rolle. In seiner Person sind die drei höchsten Gottheiten eins: "Apis ist Ptah, Apis ist Re, Apis ist Harsiese (Horus)". Der memphitische Kultkreis, dem die Ptolemäer ihren Hofgott Sarapis beiordnen, wird also von Einheimischen antiptolemäisch verwendet.

Bemerkenswert ist die Hochschätzung des Gesetzes als leitender Maßstab für das Geschichtsverständnis. Da entspricht sich ein "Glaube an einen übernatürlichen Pragmatismus" (Meyer) aus, wie er sonst nur aus dem Alten Testament, insbesondere den deuteronomistischen Königsbüchern bekannt ist. Das Gesetz wird zur ausschlaggebenden, göttlich verfügten Größe, an der selbst Pharaonen zu messen sind. Die Idee ist kaum in Ägypten selbst entstanden, wo seit alters die Ordnung der Maat gilt, die sich letztlich in keinen Buchstaben pressen läßt. Die Überzeugung von einem Könige wie Untertanen gleichermaßen bindenden, göttlich sanktionierten Gesetz dürfte aus dem Iran stammen, wo die achaimenidischen Könige in ihren Inschriften immer wieder auf ein so umfassendes Gesetz (pers. *dat*) ihres Hochgottes verwiesen hatten[64].

Nicht minder antihellenistisch ist eine andere demotische Weissagung, der *Spruch des Lammes*[65] vor dem König Bokchoris, ausgerichtet. Ein mit Uräus und Straußenfedern geschmücktes Tier, vielleicht eine Erscheinungsform des Gottes Chnum, soll zur Zeit dieses Königs für Ägypten 900 Jahre Verwüstung geweissagt haben. Die Götter werden nach dem assyrischen Ninive abtransportiert, "Recht und Gesetz" beseitigt. Nach Ende der gesetzten Frist wird jedoch das Lamm als Herrscher Ägyptens wiederkehren und damit wieder Recht und Ordnung einkehren. Der Verlauf der ägyptischen Geschichte wird noch negativer beurteilt als in der demotischen Chronik. Bokchoris (718-12), den die spätere Überlieferung als Gesetzgeber vor dem Perserkönig Dareios einreiht, gilt als letzter König, unter dem von Maat noch die Rede sein konnte. Was danach kam, also die kuschitischen, assyrischen, persischen, griechischen (und vielleicht schon römischen) Machthaber finden beim Verfasser ebensowenig Gnade wie die ägyptischen Aufrührer. Der bevorstehende Wendepunkt liegt durch eine göttlich bestimmte Frist fest. Wieso die Zahl 900 die entscheidende Rolle spielt, bleibt bislang ungeklärt. Deutlich ist jedoch die eschatologische Färbung der Zukunftserwartung.

Jünger ist das nur in griechischer Übersetzung erhaltene *Töpferorakel*[66]. Danach hat sich der Gott Hermes = Thot einst durch einen Töpfer in einem Osiristempel an Pharao Amenophis III. gewandt. Ihm habe er das von Alexandrien ausgehende Unheil über das Land geweissagt. Die dort herrschenden Griechen gelten als barbarische Typhonier, das heißt als Anhänger des bösen Gottes Seth, und als "Gürtelträger", ein geheimnisvoller Ausdruck, der in iranischen Apokalypsen für die eschatologischen Feinde belegt ist, hier aber wohl von Gallierdarstellungen abgeleitet ist (Koenen). Das durch jene angerichtete Unheil hat kosmische Dimensionen. "Unglückliches Ägypten ... die Sonne wird hinschwinden, da sie nicht die Übel in Ägypten sehen will. Die Erde wird nicht mit den Saaten zusammenstimmen. Sie werden durch den Wind verdorben ... und dem Bauern wird für das, was er nicht gesät hat, Abgaben abverlangt werden." Doch die Wende steht bevor. Eine erste, vorübergehende Befreiung geht von Theben aus; vielleicht ist dabei an den Revolutionsführer Harsiese 131-129 v.Chr. gedacht. Später kehrt der große Hephaistos = Ptah in seine Stadt Memphis zurück. "Die Gürtelträger, die Typhonier werden sich selbst töten." Die heiligen Schlangen des Agathos Daimon und des Knef (= Kematef) wechseln von Alexandrien, das öde liegenbleibt, ebenso nach Memphis über. Für 55 Jahre herrscht ein heilbringender König, der aus der heiligen Stätte des Re, aus Heliopolis = On stammt, "eingesetzt von der sehr erhabenen Göttin Isis". Der Lauf der Natur wird wieder heilvoll. Das Ende der Weissagung ist leider weggebrochen. (Einige Motive des Töpferorakels kehren in der koptisch-christlichen Apokalypse des *Elias* wieder[67]. Diese Art Zukunftshoffnung hat also den Untergang der ägyptischen Religion überdauert.)

Schon im zweiten Jahrtausend hat Ägypten mit vorrübergehenden Zeiten gerechnet, in denen Maat am Boden liegt und statt ihrer Isefet vom vorgeblich als Pharao auftretenden Herrscher gefördert wird. Davon haben die Profetie des Neferti wie die offiziellen Verlautbarungen der Armanareform und der nachfolgenden Reaktion gesprochen. Doch nunmehr soll ein Unheilszustand Jahrhunderte dauern. Das ist neu. Es erinnert an das etwa gleichzeitige Aufkommen einer Apokalyptik im benachbarten Israel. In demotischen Texten beschränkt sich jedoch die Wende zum

Heil im wesentlichen auf die Wiederherstellung einer vergangenen goldenen Zeit in einem selbständigen Ägypten; von einem eigentlich eschatologischen Überstieg zu einem die bisherigen Bedingungen von Leben und Geschichte übertreffenden Zeitalter findet sich kaum etwas. Insofern lassen sich solche Texte apokalyptisierend nennen; von einer ausgebauten Apokalyptik, wie sie israelitisch, aber auch iranisch belegt ist, sind sie noch entfernt. Festzuhalten bleibt aber, daß die langfristige Erwartung, die Vertröstung auf ferne Tage für eine Heilszukunft, einen Umschlag im ägyptischen Königsbild markiert. "Das Dogma der verwirklichten Heilszeit ist umgeschlagen in eschatologische Heilserwartung" (Assmann).

Deutlichere eschatologische Züge treten erst in der jungen, koptisch und griechisch überlieferten *Apokalypse an Asklepios (=Imhotep)* zutage (2. Jh. n.Chr.?). In ihr kündet Hermes=Thot an, daß die ägyptischen Götter allesamt das Land wegen seiner Unreinheit verlassen und sich in den Himmel zurückziehen. Bedenkt man, daß sich bald danach in Ägypten der christliche Gott siegreich ausgebreitet hat, scheint sich das wirklich erfüllt zu haben. Die Asklepios-Apokalypse wurde von der christlichen Gemeinschaft, deren Bibliothek in Nag Hammadi entdeckt wurde, mit christlichen Schriften in einem Kodex zusammengestellt, bleibt also auch für Christen autoritativ.

Die langwährende Zurückhaltung ägyptischer Kreise gegen eschatologische Utopien mag darin begründet sein, daß Hoffnung auf ein gelungenes Leben sich nach wie vor vornehmlich an das individuelle Schicksal nach dem irdischen Tod und die damit verbundene Verklärung knüpft. Von daher werden die Verhältnisse im eigenen Land nur soweit wichtig, als sie für die Reproduktion von Maat auf dem Lebensweg des einzelnen notwendig sind. Da sich die Auffassung über das jenseitige Leben von der Bindung des Individuums an das zeitgenössische Königtum längst gelöst hat, wird dieses für das Einzelleben religiös zweitrangig. Dennoch gibt es Kreise, die hartnäckig an einem nationalen Königtum als Voraussetzung heilsamen Lebens festhalten.

23.7 Neige der Weisheit: Papyrus Insinger

Seit dem Alten Reich gab es in Ägypten Kreise, die sich an reflektierten moralischen Maximen erbauten, von einem dementsprechenden Leben Beglückung und Seligkeit erwarteten und deshalb die Literaturgattung der (Weisheits-) Lehre pflegten. Ihre betont moralisch ausgerichtete Frömmigkeit, die sich mehr an dem Gott allgemein als an besondere Götter einzelner Kultstätten orientiert, setzt sich in der demotischen Lehre des *Anchscheschonqi* fort, die aus der Perser- oder Ptolemäerzeit stammt[68]. In ihr führt ein Mann, der zu Unrecht im Gefängnis sitzt, sein Unglück darauf zurück, daß Re dem ganzen Land zürnt. Wie in der demotischen Chronik steht dabei ein absolutes "Gesetz" der Maat voran (Kol. 5):

> Wenn Re einem Land zürnt, dann mißachtet sein Herrscher das Gesetz.
> Wenn Re einem Land zürnt, dann läßt er darin das Gesetz aufhören.
> Wenn Re einem Land zürnt, dann läßt er darin die Reinheit aufhören.
> Wenn Re einem Land zürnt, dann läßt er darin die Maat aufhören.

Freilich gibt der Weise die Zuversicht auf die Wendung seines Geschickes nicht auf, denn "jede Tat fällt auf ihren Täter zurück. Gott sieht ins Herz" (Kap. 26.5).

In der Ptolemäerzeit entsteht die letzte größere Weisheitslehre, der demotische Papyrus *Insinger*[69]. Von den gewaltigen Umbrüchen des Zeitalters bleiben die Lebensregeln erstaunlich unberührt. Das Königtum spielt für das individuelle Geschick ebensowenig eine Rolle wie das oppositionelle Aufbegehren mancher Einheimischer gegen die Fremdherrschaft. Die hergebrachte dualistische Sicht der Gesellschaft, die Tun und Ergehen des Weisen den entsprechenden Aspekten des Toren gegenüberstellt, wird weiterhin gepflegt und läßt nationale oder soziale Gegensätze in den Hintergrund treten. Spuren einer fortgeschrittenen Zivilisation ergeben sich nur aus negativen Abgrenzungen. Der Weise ist nicht mehr hauptsächlich der große Schweiger wie in früherer Zeit, sondern wird als der Enthaltsame dem Toren gegenübergestellt, der beispielsweise seine Gefräßigkeit nicht im Zaum hält und Frauen nachjagt. Die ständige Verführung durch weibliche Reize spielt eine große Rolle. Seufzend stellt der Verfasser fest: "Man lernt nie das Herz einer Frau kennen, wie man niemals den Himmel kennen kann (12,22)". Deshalb mäßigt der Weise seinen Bauch und hält seinen Phallos in Zucht (7,12; 9,2), trägt ruhig seine Rede vor und zeigt sich überhaupt geduldig und freigiebig. Schon während seines Lebens ergibt sich dann ein untrennbarer Zusammenhang seines Tuns mit heilvollem Ergehen. Vor allem aber endet das Leben verdienterweise mit einem glücklichen Begräbnis (18,12). Da diese Weisheit in gehobenen Schichten gepflegt wird, fehlt es nicht an Anweisungen für den Umgang mit Untergebenen. "Den Lohn, der dem geringen Mann zukommt, lasse Essen und Stock sein ... ist der Stock fern von seinem Herrn, gehorcht der Diener nicht mehr" (14,11).

Dem über sein Leben nachsinnenden Menschen wird wie seit je in der Weisheit "der Gott" gegenübergestellt. Er weist dem hörwilligen den Weg durch die Lehre (29,9). Wer dieser gehorcht, begibt sich mit dem Herzen auf den Weg Gottes, nimmt die Größe Gottes in sein eigenes Herz hinein (12,1; 30,18). Selbst um Sündenvergebung läßt sich der Gott anrufen (35,4-5). Gelegentlich wird auf eine Mehrzahl von Göttern verwiesen, ohne daß sie für die Selbstvergewisserung des Autors bedeutsam wären. Es lautet dann: "Achte den kleinen Gott nicht gering, damit seine Vergeltung dich nicht treffe" (24,6). Im Blick auf eine Zeit des Elends, die vorübergehend auch Weise treffen kann, wird auf die großen Götter Re, Horus und Osiris verwiesen, die allesamt zeitweise Unglück und Erniedrigung zu erdulden hatten (20,16ff.). Einzig Thot, dem göttlichen Meister der Schreibkunst, wird eine besondere Funktion zugewiesen. Er läßt nicht nur den Stock für den Toren auf der Erde entstehen, sondern setzt genaue Maße für Gesellschaft und Umwelt und schreibt jedem seine Lebenslänge fest, schon in der Stunde der Geburt (9,6; 4,17; 18,3).

Stärker als in den früheren Lehren des Amenemope und des Anchscheschonqi schieben sich an zahlreichen Stellen *Schicksal und Glück* als eigene Wesenheiten zwischen Gott und den Menschen. Jede der 25 Belehrungen der Schrift, abgesehen von der letzten, schließt mit dem Kehrvers: "Glück ($š^3j$) und Schicksal ($šḥnj$), wie sie kommen, werden von Gott gesandt" oder "kommen, wann er es befiehlt". Daß Schicksal die Lebenszeit begrenzt (18,5), war schon früher ausgesprochen worden. Doch jetzt werden darüber hinaus die Wechselfälle des irdischen Lebens vom Schicksal abgeleitet. "Keiner kennt das Schicksal, das vor ihm liegt" (32,22). Gelegentlich zeigen sich Vorbehalte gegen eine launisch waltende, blinde Macht. Diese unerwartet eingreifende Macht begünstigt sogar bisweilen Toren und Übeltäter, ohne daß sich ein Weiser davon beirren läßt. "Segle nicht in der Bahn des Bösen, auch wenn das Schicksal ihn bevorzugt" (20,2). Selbst so wichtige Qualitäten wie Geduld oder Ungeduld entspringen letztlich dieser Quelle (21,23).

Der Verweis auf unvermutete Eingriffe von Schicksal und Glück erinnert an Ananke und Tyche als entsprechende Mächte für den zeitgenössischen Hellenismus. Wenn die Schicksalslenkung sogar Frevler begünstigt, hängt der Gedanke wohl mit dem Aufkommen astrologischer Gesichtspunkte zusammen (dazu unten). Auch in der Liste göttlicher Schöpfungen (31,24ff.) werden Merkmale aufgeführt, die auf eine verstärkte Orientierung am Lauf der Himmelskörper deuten. Zwischen überkommenen Motiven wie Licht und Finsternis, Erde und ihre Millionen Lebewesen, Nahrung, Süßwasser und Atem werden jetzt Größen genannt, die bisher in den Aufzählungen fehlten und sich aus einem Interesse an Zeiten und Himmelskörpern erklären wie etwa Tag, Monat und Jahr, vor allem aber Sommer und Winter durch die Wirkung des Sothissterns und das Erscheinen der Konstellationen. Was hier zum Ausdruck kommt, wird nicht nur in Ägypten wichtig genommen, sondern prägt bald das Lebensgefühl in allen Kulturen rings um das Mittelmeer.

M.Alliot, Le culte d'Horus à Edfou au temps des Ptolémées I.II BdE 20, 1954

Aspekte der spätägyptischen Religion, hg. W.Westendorf, GOF IV 9, 1979

A.M.Blackman/H.W.Fairman, The Consecration of an Egyptian Temple According to the Use of Edfu, JEA 32, 1946, 75-91

A.K.Bowman, Egypt after the Pharaohs 1986 = 1990

F.de Cenival, Les associations religieuses en Égypte d'apres les documents démotiques, BdE 46, 1972

P.Derchain, Le rôle du roi d'Égypte dans le maintien de l'ordre cosmique, in: Le Pouvoir et le sacré, Annales du Centre d' Étude des Religions I 1962, 61-73

Ders., La couronne de la justification, CdE 30, 1955, 225-87

Ders., Un manuel de géographie liturgique à Edfou, CdE 37, 1962, 31-65

Ders., Le Papyrus Salt 825 (B.M. 10051), rituel pour la conservation de la vie en Égypte, 1965

Ders., Hathor quadrifrons, 1972

M.T.Derchain-Urtel, Gott oder Mensch? SAK 3, 1975, 25-41

E.Drioton, Les dédicaces de Ptolémée Éuergète II sur le deuxième pylone de Karnak, ASAE 44, 1944, 111-62

Egypt and the Hellenistic World, ed. E.van'T.Tack, P.van Dessel u.a., StHell 27, 1983

H.W.Fairman, Worship and Festivals in an Egyptian Temple, BRL 37, 1954/5, 165-203

R.B.Finnestad, Image of the World and Symbol of the Creator. Studies in Oriental Religions 10, 1985

J.H.Johnson, The Role of the Egyptian Priesthood in Ptolemaic Egypt, in: Egyptological Studies in Honour of R.A.Parker 1986, 70-84

H.Junker, Der Auszug der Hathor-Tefnut aus Nubien, 1911

Ders., Die Onurislegende, DAWW 59, 1917

H.Junker/E.Winter, Das Geburtshaus des Tempels der Isis in Philae, 1965

E.Kießling, Die Götter von Memphis in griechisch-römischer Zeit, Archiv für Papyrusforschung 15, 1953, 7-45

D.Kurth, Den Himmel stützen. Rites égyptiens 2, 1975

Ders., Die Dekoration der Säulen im Pronaos des Tempels von Edfu, GOF IV 11,1983

Ders., Der kosmische Hintergrund des großen Horosmythos von Edfu, RdE 34, 1982/3, 71-5

Ders., 'Same des Stieres' und 'Same'. Zwei Bezeichnungen der Maat. Fs. W.Westendorf 1984, 273-81

Ders., Zu den Darstellungen Pepi I. im Hathortempel von Dendera, in: Tempel und Kult, hg. W.Helck, ÄA 46,1987, 1-23

H.W.Nelson, The Egyptian Temple, BA 7, 1944, 44-53

E.Otto, Gott und Mensch nach den ägyptischen Tempelinschriften der griechisch-römischen Zeit, AHAW 1964, 1

W.Otto, Priester und Tempel im hellenistischen Ägypten I.II, 1905.1908

J.Quaegebeur, Cultes Égyptiens et Grecs en Égypte Hellénistique, StHell 27, 1983, 303-24

Religions en Égypte Hellénistique et Romaine, Bibliothèque des Centres d'Études supérieures specialisés 1969

R.A.Parker/L.H.Lesko, The Khonsu Cosmology, in: Pyramid Studies and Other Essays Presented to I.E.S.Edwards, ed. J.Baines et al., London 1988, 168-75

S.Sauneron, Les fêtes religieuses d'Esna aux derniers siècles du paganisme, 1962

H.Sternberg, Die Geburt des göttlichen Kindes als mythisches Motiv in den Texten von Esna, GM 61, 1983, 31-48

Dies., Mythische Motive und Mythenbildung in den ägyptischen Tempeln und Papyri der griechisch-römischen Zeit, GOF IV 14, 1985

Studies on Ptolemaic Memphis, by D.J.Crawford, J.Quaegebeur, W.Clarysse, StHell 24, 1980

U.Wilcken (Hg.), Urkunden der Ptolemäerzeit I 1927, II 1957

E.Winter, Untersuchungen zu den ägyptischen Tempelreliefs der griechisch-römischen Zeit, DÖAW 98, 1968

Zu Sarapis, Memphis und Alexandrien:

F.Cumont, Orientalische Religionen, s. Kap. 24

P.M.Fraser, Ptolemaic Alexandria I-III, 1972

W.Hornbostel, Sarapis, EPRO 32, 1973

R.Pettazoni, Aion − (Kronos) Chronos in Egypt, in: Essays on the History of Religions, Suppl. to Numen I, 1954, 171-9

E.A.E.Reymonds, From the records of a Priestly Family from Memphis, ÄA 38, 1981

J.E.Stambaugh, Sarapis under the Early Ptolemies, EPRO 25, 1972

W.Tarn/G.T.Griffith, Die Kultur der hellenistischen Welt, dt. 1966

D.J.Thompsen, Memphis under the Ptolemies, 1988

C.B.Welles, The Discovery of Sarapis and the Foundation of Alexandria, Historia 11, 1962, 271-98

Zur apokalyptisierenden und weisheitlichen Literatur:

J.Assmann, Königsdogma und Heilserwartung. Politische und kultische Chaosbeschreibungen in ägyptischen Texten, Apocalypticism in the Mediterranean World and the Near East, ed. D.Hellholm, 1983, 345-77

F.Daumas, Littérature prophétique et exégétique égyptienne ... Mémorial A.Gelin, 1961, 203-21

Ders., Dendera et le temple d'Hathor, 1969

F.Dunand, L'oracle du potier: L'apocalyptique, EHR 3, 1977, 41ff

J.G.Griffiths, Apocalyptic in the Hellenistic Era: Apocalypticism in the Mediterranean World and the Near East, ed. D.Hellholm, 1983, 273-93

J.M.A.Janssen, Over Farao Bocchoris: Varia Historica, Fs. A.W.Byvanck, 1954, 17-29

L.Koenen, The Prophecies of a Potter: American Studies in Papyrology 7, 1970, 249-54

M.Krause, Ägytisches Gedankengut in der Apokalypse des Asclepius, ZDMG.S 1, 1969, 48-57

M.Lichtheim, Observations on Papyrus Insinger: Studien zu altägyptischen Lebenslehren, OBO 28, 1979, 283-305

E.Meyer, Ägyptische Dokumente aus der Perserzeit, SAB 1915, 16

W.Spiegelberg, Die sogenannte demotische Chronik des Pap. 215 der Bibliothèque Nationale zu Paris, 1914

K.T.Zauzich, Das Lamm des Bokchoris. Fs. zum 100jährigen Bestehen der Papyrussammlung der Österreichischen Nationalbibliothek, 1983, 165-74

Anmerkungen zu Kapitel 23:

1 Tarn, Kultur 239
2 ebd. 222-4
3 ebd. 225
4 F.Altheim, Weltgeschichte Asiens II, 1984, 138
5 LÄ 2, 873-8
6 Hopfner, Plutarch über Isis und Osiris II, 1941=1967, 85-90
7 nach Hornung, EuV 1
8 Wilcken, Urkunden 1

9 Helck, PRE.S 9,497
10 Theologisches Wörterbuch zum Neuen Testament 7, 1006-10
11 Theologisches Wörterbuch zum Neuen Testament 3, 1048-9; Wb 2, 230; zu p^3 nb als Göttlichkeitsprädikat des Königs, s. Wildung, OLZ 68, 1973, 558
12 Erman, Rel 386-9
13 Hornbostel 507
14 Cumont, Orientalische Religionen 71
15 Wildung, Imhotep 66 vgl. 68 und die Taimuthes-Stele AEL III 60
16 E.Otto, Gott und Mensch 92f
17 Leben und Taten Alexanders von Makedonien, hg. H.van Thiel 1974, 47
18 Nilsson II 503
19 Nilsson II 502
20 WM IV 478-81
21 Nilsson II 502
22 LÄ 3, 1178
23 Erman, Rel 438
24 Roeder, GW 97-106; TUAT I 613
25 Roeder GW 168-88
26 Roeder, KO 142-66
27 Roeder, KO 167-90
28 Erman, Rel 401
29 Erman, Rel 365
30 Koenen, StHell 27, 178-84
31 W.Otto II 264
32 Morenz, Rel 40; vgl. Derchain-Urtel 1975
33 Roeder, KO 177
34 Roeder, GW 181
35 Lange-Hirmer 172
36 Leclant, UdK III 10
37 So wieder Brunner, Rel 81-2
38 H.Schäfer, Weltgebäude der Alten Ägypter 1928, 86
39 Finnestad 11-13; vgl. Nelson 1944
40 Wb 1, 491
41 Kurth 1975
42 Papyrus Salt, Derchain 1965, 19
43 Asklepios-Apokalypse 24-5 nach Derchain, RHR 161, 1962, 188
44 Blackman-Fairman 1946, bes. S. 84
45 Kurth, 1983
46 Assmann, LL 349
47 Winter 1968, 63-8. 28
48 Kurth 1984, 278
49 Otto 1964, 86
50 Otto ebd. 87
51 Otto ebd. 89.91
52 Sethe, Untersuchungen 5, 3, 4
53 Winter 1968, 17
54 Sternberg, Motive 116
55 Assmann, LL 349
56 LÄ 2, 1005
57 Assmann, Ma'at 1990, 225
58 Blackman-Fairman 88
59 LÄ 3, 382-3
60 Siehe Sternberg 1985, 49f (Esna), 119.120 (Kom Ombo)
61 Derchain, Pap. Salt 825, S. 36-7
62 Derchain 1972, 48
63 Daumas 1969, 59
64 P.Frei/K.Koch, Reichsidee und Reichsorganisation im Perserreich, OBO 55, 1984, 60-5
65 AOT 48-9

66 AOT 49
67 Jüdische Schriften aus hellenistisch-römischer Zeit 5, 3, 216
68 AEL III 159-84; Brunner, AW 257-91. 483-91
69 AEL III 184-217; Brunner, AW 295-349

24. Die Entdeckung des in der Sternenwelt gründenden Schicksals. Die ägyptische Astrologie

24.1 Astrologische Offenbarungsliteratur

Wo im Morgen- wie Abendland nach der Zeitenwende Astrologie beliebt wird, werden die einschlägigen Lehrbücher mit Vorliebe auf ägyptische Verfasser zurückgeführt und ägyptische Gottheiten als Quelle astrologischer Kenntnisse angesehen. Das findet jedoch in der ägyptischen Religion bis hin zur Mitte des 1. Jt. v. Chr. keinen Anhalt; wo nach Zukunftsprognosen gefragt wird, hört man auf Orakel, meist des Amon, die mit einer Beobachtung von Gestirnsbahnen nichts zu tun haben. Das hat sich allerdings tiefgreifend in griechisch-römischer Zeit geändert. Damit stehen wir vor dem letzten großen Umbruch in der Geschichte der altägyptischen Religion.

Die Anstöße dazu sind von außen gekommen. Es ist das erste Mal in geschichtlicher Zeit, daß die religiöse Theorie im Niltal durch Einflüsse aus der Fremde tiefgreifend verwandelt wird. Umstritten ist gegenwärtig, ob sich dabei – im Unterschied zur sonstigen Ablehnung griechischer Gottesauffassung und Anthropologie in ägyptischen Dokumenten – auf diesem kosmologischen Gebiet ein hellenistischer Einbruch vollzogen hat oder ob die auslösenden Triebkräfte anderswo herrührten (nämlich aus dem iranisch-mesopotamischen Bereich).

Um 200 n. Chr. schildert der Kirchenlehrer Clemens von Alexandrien (Stromateis VI 4, 35,2-37,1) die Anforderungen, die an die Kenntnisse ägyptischer Priesterklassen gestellt werden. Die Stundenwächter oder Tempelastronomen, griechisch *horoskopoi* genannt, müssen vier Bücher mit Offenbarungen des großen Hermes (=Thot) über die Gestalt der Fixsterne, die Bahnen von Sonne, Mond und Planeten, die Konjunktionen und Lichtphasen von Sonne und Mond sowie die Aufgangszeiten der Sterne "auswendig kennen und stets im Munde führen". Die Gruppe der heiligen Schreiber oder Schriftgelehrten (*hierogrammateis*) hat sich mit zehn Büchern über Kosmografie und religiöse Landeskunde zu befassen. Die Sänger haben zwei, die Kleiderpriester oder Stolisten zehn und die Gottesdiener, jetzt Profeten genannt, weitere zehn Schriften im Gedächtnis zu behalten, so daß sich die höheren Priesterklassen mit insgesamt 36 hermetischen Schriften tagtäglich beschäftigen, 'welche die ganze Philosophie der Ägypter enthalten". Die Zahl fällt gewiß nicht von ungefähr mit derjenigen der 36 einflußreichen Gestirne (dazu unten) zusammen. Die Pastophoren, Träger der Gottesschreine, Heiligtumsdiener, die sich offiziell nicht

Priester nennen dürfen, prägen sich sechs weitere Bücher über Anatomie und Heilkunst ein. Demnach sind die ägyptischen Priester inzwischen allesamt zu Schriftgelehrten geworden. Zur ersten göttlichen Autorität ist für sie Thot aufgestiegen, den die Griechen Hermes nennen. Die wichtigsten seiner Offenbarungsbücher betreffen die Astrologie. Neben solchen kanonischen Schriften des Hermes-Thot laufen um diese Zeit schon zahlreiche andere unter seinem Namen um, die weitere astronomische oder mystische Lehren verbreiten. Hundert Jahre nach Clemens findet sich bei Jamblich eine Überlieferung, nach der Manetho 36.525 Bücher auf Hermes zurückgeführt habe![1]

Das Bild, das Clemens und Jamblich von der Schriftbeflissenheit ägyptischer Kultdiener entwerfen, paßt nicht zum pharaonischen, wohl aber zum ptolemäisch-römischen, vielleicht schon zum persischen Ägypten. Eine neue Art von Literatur in demotischer und zunehmend ägyptisch-griechischer Fassung wendet sich um die Zeitenwende astronomisch-astrologischen Inhalten zu. Auch das, was über Kosmografie und Heilkunde im Namen des ägyptischen Hermes niedergeschrieben wird, richtet sich an den himmlischen Kräften aus, in denen sich nun maßgebliche Gottheiten manifestieren. Ob griechischer oder ägyptischer Herkunft, wer im Nilland auf Ausweis von Bildung erpicht ist, wird vom gleichen Fieber gepackt.

Unter den tatsächlichen oder fiktiven Verfassern finden sich viele, deren Namen sich über die damalige Ökumene schnell verbreiten. Am bekanntesten wird der in der Römerzeit in Alexandrien wirkende Claudius Ptolemaios (100-178 n.Chr.), der nicht nur in seinem astronomischen Werk *Almagest* die für ein Jahrtausend maßgebliche Theorie über den Lauf der Gestirne und damit das berühmte ptolemäische Weltbild niedergelegt hat, sondern in einem *Tetrabiblos* oder *Apotelesmatika* betitelten Buch ein gleiches für das Gebiet astrologischer Zukunftsdeutung getan hat. Ptolemaios ist eher das Ende als der Anfang einer entsprechenden Geistesbeschäftigung in Ägypten.

Schon um 500 v.Chr. war ein Text über Eklipsen und Mondomina verfaßt worden, der auf babylonischen Vorlagen beruht und sie auf ägyptische Verhältnisse umlegt. Während die Ägypter sich zweieinhalb Jahrtausende lang um Sonnen- und Mondfinsternisse nicht geschert hatten, werden plötzlich deren Formen und Auftreten genau beobachtet:

> Wenn der Mond verfinstert wird im vierten Monat des Saatwachstums, der Monat gehört den Kretern, bedeutet es: Das genannte Land würde überaus glücklich sein ... Wenn der Mond verfinstert wird im zweiten Monat der Hitzezeit, der Monat gehört Ägypten, bedeutet es: Der Große des genannten Landes wird gefangengenommen. Das Heer aber fällt durch Kriegswaffen[2].

Hier wird ein babylonisches Zukunftsomen übernommen, vielleicht in aramäischer Übersetzung, und die herkömmliche babylonische Vierteilung der bewohnten Welt so gewendet, daß nunmehr als südliches Weltviertel Ägypten statt Akkad eingesetzt wird und als Westviertel statt Amurrn die Kreter. Ein weiteres Beispiel bietet der kosmologische Papyrus Carlsberg I, der überkommene ägyptische Himmelsanschauungen mit den aus dem Osten kommenden babylonischen Beobachtungen zu vereinen sucht. Wie sehr die Wendung zu den Gestirnen auch die sonst so konservative Ausschmückung der Tempel revolutioniert hat, zeigt astronomischer und astrologischer Deckenschmuck in Dendera, Edfu oder Athribis.

Auf die ägyptischen Namen als Verfasser später beliebter astronomischer Schriften ist schon hingewiesen worden. Grundlegend wird ein Doppelwerk, das die Namen *Nechepso* (gelegentlich Necho) und *Petosiris* trägt. Der erste betrifft einen sonst unbedeutenden König des 7. Jh. v. Chr., der zweite, ein geläufiger Personenname, ist durch das Grab eines so benannten Hohenpriesters in Hermopolis bekannt (oben Kap. 22.4, S. 479). Ob das nur in griechischen Fragmenten erhaltene Werk tatsächlich mit diesen beiden historischen Personen zusammenhängt, läßt sich nicht mehr klären. Es wird für die nachfolgenden Jahrhunderte die "eigentliche Astrologenbibel" (Boll). Wirksam wird aber ebenso eine unübersehbare anwachsende Offenbarungsliteratur, die auf Hermes Trismegistos, den dreimalgroßen Gott, wie die ägyptische Erscheinung im Unterschied zum hellenischen Namensvetter genannt wird, zurückgeführt wird.

Wie erklärt sich das vehemente Anwachsen astralisierender Neigungen in Priesterlehre und Frömmigkeit? Den nächtlichen Himmel haben zu allen Zeiten die Völker mit Staunen und Ehrfurcht betrachtet. Noch im achtzehnten nachchristlichen Jahrhundert weiß bekanntlich der aufgeklärte Philosoph Immanuel Kant, abgesehen von dem in ihm wohnenden moralischen Gesetz, nichts Verehrenswerteres als den gestirnten Himmel über sich. Mehr noch als in unseren Breiten, wo den Himmel oft Wolken bedecken und die Nachtkühle nicht zum Verweilen einlädt, wird das menschliche Gemüt im Niltal von der gleichmäßig strahlenden Sonne bei Tag und dem stillen Glanz der Gestirne bei Nacht beeindruckt. So wird seit alters den Himmelskörpern, insbesondere dem Sonnengott, religiöse Aufmerksamkeit zugewendet.

Dennoch wird die Wertung der Himmelskörper ab persisch-hellenistischer Zeit eine grundsätzlich andere. Plötzlich werden die astralen Bahnen zu einem festen System nach mathematischen Relationen zusammengeordnet. Auf Grund von überraschend sich auftuenden, harmonischen Beziehungen erscheinen die Gestirnsmächte nunmehr als Garanten der Weltordnung und zugleich als Erzeuger irdischen Schicksals. Wer die Gesetzmäßigkeit der Himmelsbahnen und den Einfluß der Gestirne auf die verschiedenen irdischen Größen beachtet und berechnet, vermag zukünftige Entwicklungen zu extrapolieren und begründete Weissagungen vorzutragen. Auf dieser Ebene entsteht eine enge Berührung im religiösen Erleben bei den Alteingesessenen und den eingewanderten Griechen. Vom gleichen Zauber angerührt, sucht man sich in entsprechenden Theorien zu übertreffen. Nicht von ungefähr wird der Begriff Horoskop um diese Zeit in Ägypten erfunden.

Die ägyptischen Stundenpriester, in früherer Zeit eine verhältnismäßig untergeordnete Zunft, werden nun zu hochgeschätzten Horoskopoi. Astrologie zieht in die Tempel ein. Im Ausland gerät Ägypten in den Ruf, unübertroffene Heimat der neuen Weisheit zu sein, deren Ergebnisse für jedermann von Belang sind. Bewundernd stellt bereits der weltläufige Herodot (II 82) fest: "Auch folgendes andere ist von den Ägyptern erfunden worden: Welchen von den Göttern jeder Monat und jeder Tag gehört und was jedem nach dem Tag seiner Geburt begegnet, wie er sterbe und von welcher Art er sein werde." Seit der Ptolemäerherrschaft beginnt der Ruhm ägyptischer Sterndeuter denjenigen babylonischer Chaldäer und iranischer Magier zu überstrahlen, die bis dahin als die Erfinder der Himmelsbeobachtung und astralen Schicksalsdeutung gefeiert worden waren. Ab der Zeitenwende ziehen römische Kaiser ägyptische Hofastrologen ihren chaldäischen Konkurrenten vor. Schon im 1. Jh.v.Chr. behauptet Diodor, die Babylonier hätten ihre Kunst bei ägyptischen Priestern gelernt, und stellt damit das tatsächliche historische Verhältnis auf den Kopf.

So sehr die astrale Orientierung der Religion innerhalb der ägyptischen Religionsgeschichte einen folgenreichen Umbruch darstellt, so wenig handelt es sich dabei nur um eine von außen heranrollende Überfremdung, welche die angestammten Formen von Mythologie und Kult unter sich begraben hätte. Es vollzieht sich kein "Synkretismus" im landläufigen Sinne einer unreflektierten Vermischung heterogener Strömungen. Vielmehr war im Gefälle der Geschichte des ägyptischen Denkens die Wendung zu einer verstärkten Verehrung der Gestirne in gewisser Weise angebahnt. Um den Prozeß der Auseinandersetzung und Verschmelzung in den letzten Jahrhunderten ägyptischer Religionsgeschichte zu begreifen, ist eine Rückblende auf die Rolle der Gestirne in früheren Jahrhunderten angebracht.

24.2 Gestirnsverehrung in vorpersischer Zeit

Astrologische Omina sind in Babylonien mindestens ein halbes Jahrtausend früher nachzuweisen. Das spricht dafür, Mesopotamien als Heimat der Astrologie anzusehen. Als jedoch aus dem Zweistromland sowohl mundane (auf Natur und Gesellschaft bezogene) wie individuale Astrologie in Ägypten bekannt werden, fallen sie wie fruchtbarer Same in bereitete Furchen und bringen eine Ernte hervor, von der die Kulturen rings um das Mittelmeer sich jahrhundertelang sättigen werden.

Auf die Bedeutung der Himmelsphänomene in Kult und Religion war oben häufig zu verweisen. Es empfiehlt sich, einige wesentliche Punkte zusammenfassend zu skizzieren.

Die Entdeckung des in der Sternenwelt gründenden Schicksals

a) Eine Beobachtung von Vorgängen am Himmel verbindet sich naturgemäß ständig mit dem einen Brennpunkt ägyptischer Religion, dem solaren Götterkreis. Seit der fünften Dynastie war der *Sonnengott* Re zur höchsten Gottheit aufgestiegen (Kap. 6); morgendlicher Aufgang, Querung des Himmels und abendlicher Untergang werden kultisch begangen und besungen. Doch die Verehrung des den Himmel beherrschenden Gestirns war so groß, daß Einzelbeobachtungen, etwa über wechselnde Horizontpunkte oder über den verschiedenartigen Bogen, der von der Sonne je nach der Jahreszeit über den Himmel gezogen wird, kein besonderes Interesse fanden.

b) In erheblichem Abstand dazu steht der silberne *Mond*, "Stellvertreter Res" in der Nacht. An ihm fesselt das schnelle Zu- und Abnehmen und die bis zur Unsichtbarkeit wechselnde Gestalt. Begriffen wird sie durch das Mythologem vom versehrten und wieder geheilten "Mondauge", einer den Himmel beherrschenden Horusfigur. Für sich genommen, erhält der Mond wenig Verehrung. Im zweiten und mehr noch im ersten Jahrtausend rückt er jedoch näher an den Schreiber- und Weisheitsgott Thot heran und wird zu einer seiner maßgeblichen Erscheinungsformen. Wohl infolge solcher Verbindung wird Thot zum "Herrn der Zeit und Rechner der Jahre", der Jahreskerben in überirdische Palmrispen zugunsten des Königs einschneidet, der überhaupt Zeitfristen festlegt, dies auch für den Privatmann, dem er das Todesdatum schon auf dem Geburtsstein vermerkt. Als sich gegen Ende des 1. Jt. das religiöse Denken zunehmend auf Zeit und Gestirnsbetrachtungen konzentriert, wird deshalb Thot wie von selbst zur göttlichen Quelle, aus der diesbezügliche Offenbarungen strömen.

Abb. 139 Zirkumpolarsterne, wie der Ägypter sie sieht. Der als "Rinderschenkel" aufgefaßte Große Bär z.B. wird zum Stier ergänzt. Grab Setis I.

c) Einen Himmelsaufstieg mit folgender *Versternung* des abgeschiedenen und rituell bestatteten Königs hatten schon die Pyramidentexte des 3. Jt. erwartet (Kap. 4). Als Verklärungsseele, Ach, steigt der verklärte Herrscher zum Himmel hinauf und reiht sich oben in die Reihe jener Fixsterne ein, die um den Himmelsnordpol liegen und deshalb jede Nacht des Jahres sichtbar sind, die "von keinem Untergang wissen".

Andere herausragende, wenngleich nicht allnächtlich vorhandene Sternbilder helfen bei jenem Aufstieg. So wird der mit Osiris verbundene *Sah* = Orion "ihm Bruder, der ihn am Arm" und die mit Isis zusammenhängende *Sopedet* = Sothis = Sirius "Schwester, die ihn an die Hand nimmt". Außerdem vereint Re den verklärten König mit dem Morgenstern und läßt ihn allmorgendlich über der Erde erscheinen. Seit der Demokratisierung der Begräbnisriten ab der ersten Zwischenzeit wird dieser Sternenbereich für jeden bedeutsam, der nach dem Tod verklärt hinübergeht. Eine

Notwendigkeit zur astronomischen Beobachtung der einschlägigen Gestirne ergibt sich daraus noch nicht.

d) Für die Arbeitsorganisation wie für die kultischen Feiern bedarf es des *Kalenders*, der von der Beachtung der Gestirnsbahnen geprägt wird. Im Unterschied zu vielen anderen Völkern geben in Ägypten dafür weder Sonne noch Mond den Ausschlag. Vielmehr wählt man den Anfang der Nilüberschwemmung und den um diese Zeit am Morgenhimmel heliakisch erscheinenden Sothis-Sirius als Zeichen für den Neujahrstermin. Um mit dem Sonnen- und Mondlauf auszugleichen, wird von da aus ein Jahr mit zwölf Monaten zu je dreißig Tagen sowie fünf zusätzlichen Tagen zwischen den Jahren, den sogenannten Epagomenen, gezählt. Dieser Ansatz ist zwar gegenüber dem realen Solarjahr um einen Vierteltag zu kurz, was im Laufe der Zeit dazu führt, daß sich das Neujahr allmählich vom Überschwemmungstermin im Juli löst und ein Wandeljahr entsteht, das erst nach (1456-)1461 Jahren wieder mit einem Neujahrstag bei tatsächlichem Sothisaufgang zusammenfällt. Trotz dieses Nachteils übertrifft der ägyptische Kalender alle anderen Systeme des Altertums. "The only intelligent calender which ever existed in human history"[3].

Um seiner praktischen Bedeutung willen bedarf der Kalender einer mythologischen Grundlegung. Jeder Monat erhält seinen göttlichen Patron, die Jahre gelten als "sich Erneuernde" (*rnpt*) der urzeitlichen Schöpfung. Insbesondere die Epagomenen, ägyptisch "über den Jahren Befindlichen", werden festlich begangen als Geburtstage von Osiris, älterem Horus (*Haroëris*), Seth, Isis und Nephthys. Was an diesen Tagen sich ereignet, gibt Vorbedeutung für das folgende Jahr. Für jahreszeitlich gebundene Feste, die sich nicht in ein Wandeljahr schicken, wird zwar ein eigener Mondkalender entwickelt, der jeweils mit dem Neumond nach den Überschwemmungen beginnt, jedoch die in der religiösen Theorie dominierende Rolle des Sothisjahres kaum beeinträchtigt.

Als astronomische Beobachtungen modern werden, stellt sich heraus, daß sich die 12 x 30 bzw. 365 Tage des ägyptischen Kalenders leichthin in ein astronomisches Jahr einzeichnen lassen. Das ägyptische Modell ist deshalb nach Zufügung von 4 Schaltjahren durch eine von Julius Caesar durchgeführte Reform nach Italien übertragen und damit zur Grundlage der Zeitrechnung geworden, nach der wir noch heute verfahren.

e) Monatstage werden nicht nur als chronometrische Einheiten angesehen, sondern ihnen wird eine inhaltliche Füllung beigelegt und zwar so, daß die Tage nach der Monatsnumerierung in drei Kategorien, gut, bedenklich und schlecht, eingeordnet werden. In späterer Zeit wird zusätzlich zwischen Morgen, Mittag und Abend jedes Tages unterschieden. Diese *Tagewählerei* wird mythisch aus Festterminen begründet und aus Geschehnissen um große oder kleine Götter, die sich zur entsprechenden Zeit zugetragen haben sollen. Daraus folgen Ratschläge für das Verhalten an den einzelnen Tagen, Opferdarbringung, Speisegenuß, Reisen, Beischlaf und vieles andere[4]. Es begreift sich, daß solche Tagewählerei, sobald astrologische Spekulationen sich mit ihr verbinden, einen wichtigen Rang im veränderten Lebensgefühl erlangt.

f) Die Stunden der Nachtfahrt des Sonnengottes Re, während derer seine Barke durch die dunkle Unterwelt schifft, geben weiteren Anlaß, sich mit Sternen zu beschäftigen, und zwar mit jenen, die während dieser Stunden am Himmel erscheinen. Weil abgründige Angst herrscht, dem Gott könne auf der unterirdischen Fahrt etwas zustoßen und damit der Fortgang des Lebens unterbrochen werden, begleiten Priester in den Tempeln des Niltals allnächtlich wachend und opfernd Res Fahrt. Der Ablauf des Rituals richtet sich nach den unterirdischen Bezirken, welche die Barke jeweils durchquert, und ändert sich deshalb von Stunde zu Stunde. Hier kommt es nun auf exakte zeitliche Beobachtung an. Dafür steht eine eigene Priesterklasse bereit, die *Wenut*, die Stundenbeobachter. Der Stundenkult wird dann auch auf den Tageslauf übertragen und so zu einem wichtigen Bestandteil der Sonnenverehrung. Die Stundenpriester wirken mit, die Zeit in Gang zu halten.

24.3 Stunden- oder Dekansterne

In der überkommenen ägyptischen Himmels- und Zeitbetrachtung gibt es einen bisher nicht genannten Faktor, der nicht nur für die Aufnahme der aus der Fremde einströmenden Astrologie prädisponiert, die Astrologische Weltsicht präzisiert und umgestaltet. Ein entscheidender Beitrag Ägyptens zum Ausbau des astronomisch-astrologischen Systems der Spätantike ist die Theorie von 36 den Jahreslauf prägenden Dekaden. Während des neuen Reiches werden 12 Unterweltsbereiche gezählt und demnach 12 Nachtstunden vorausgesetzt, die je nach der Jahreszeit länger oder kürzer sind. Für jede Stunde gibt es einen Stern, der über den Horizont emporsteigt und damit das Signal für die kultische Begehung auslöst. Gemäß der Geschwindigkeit, mit der sich Fixsterne scheinbar um die Erde drehen, kommt der betreffende Stern oder das Sternbild zehn Tage lang etwa an der gleichen Stelle hervor. Daraus ergeben sich für das Jahr 36 solcher Gestirne, griechisch Dekane genannt. Unter den Ägyptologen ist umstritten, ob die Beachtung der Dekansterne aus einer 10-Tage-Woche abgeleitet worden ist, die in Ägypten nie größere Bedeutung erlangt hatte, oder ob umgekehrt die Nachtstunden den Ausschlag gegeben haben für eine entsprechende Wocheneinteilung. Ägyptisch heißen diese Stundensterne *baku*, "die Arbeitenden"; sie zeigen demnach die Stunden- und Tagesrhythmen nicht nur an, sondern rufen sie als Aktivseelen hervor. Sie dienen nicht bloß den Stundenpriestern als Merkzeichen, sondern übernehmen infolge eines göttlichen Charakters nachts abwechselnd das Geleit für die Barke des Re. Seit der 18. Dynastie erhalten sie Eigennamen. Um die gleiche Zeit wird die Tätigkeit der Stundengötter auch auf den nächsten Tag ausgedehnt, der deshalb ebenfalls in 12 Stunden unterteilt und kultisch begangen wird[5]. Daraus entsteht später eine Tageseinteilung in 24 Stunden, die noch bei uns gebräuchlich ist. Die ägyptischen Sternuhren werden jedoch spätestens im 15. Jahrhundert angehalten, weils nämlich auf weiteren Ausgleich mit empirischen Beobachtungen verzichtet wird. Die Darstellungen in ramessidischen Gräbern entsprechen nicht den realen Himmelsphänomenen der Zeit, sondern sie sind zu amulettartigen Hieroglyphen geworden (Hornung).

Obwohl einige Dekane kein ganzes Sternbild umfassen, sondern z.B. bei Sach-Orion Ohr, Ober- und Unterarm, Gürtel und Bein je einen Dekan-Stern ausmachen, gelegentlich auch am Horizont die Beobachtungsstelle dunkel bleibt und deshalb mit unsichtbaren Vor- und Nachläufern gerechnet wird, gelten sie allesamt als göttlich. Weit über das hinaus, was an Sternpunkten sichtbar ist, werden in ihnen Gestalten erblickt, in vielen Fällen tierköpfig. Oft werden mehrere als Bewegungsseelen derselben hintergründigen Gottheit zugewiesen, besonders gern den vier Horussöhnen oder anderen Mitgliedern des Osiriskreises. Ihr Rang wird durch Diadem, Was-Zepter und Lebenszeichen kenntlich gemacht. Als eigenständige Gottheiten treten sie erst in der Spätzeit hervor. Durchweg werden sie von Sothis-Sirius angeführt, der Repräsentation der "Herrin des Jahres" Isis, die über allen Dekanen waltet. Sogleich können sie entsprechend der ägyptischen Vielfalt der Zugangsweisen als Spaltformen der Himmelsgöttin Nut angesehen werden, so daß die Vielzahl dieser göttlichen Mächte sich mit einem göttlichen Ursprung verbinden läßt.

Da infolge des Wandeljahres die Dekane der einzelnen Tage sich nicht auf Dauer zu festen Kalendertagen fügen, wird ständiges Korrigieren ihrer Folge notwendig. Erst durch die Verbindung mit astrologischen Theorien bilden sich feste Formen und Namen aus.

Für jeden Abgeschiedenen sind während der 70 Tage seiner Einbalsamierung Stundenwachen nötig; denn die Nächte gelten als gefährlich, weshalb priesterlichen Beistands nötig ist. Die Dekane begleiten in diesem Zeitraum den Toten hilfreich, weil jeder von ihnen ein ähnliches Schicksal durchmacht. Denn diese Sterne bleiben rund 70 Tage im Jahr völlig unter dem Horizont. Das heißt für die Ägypter, daß sie sich in der Dat, der Unterwelt, befinden, wo sie wie Verstorbene gereinigt und neu belebt werden. Ist die Balsamierungszeit vorbei, hofft der selige Tote in die Sonnenbarke aufgenommen zu werden, zumindest am unterirdischen Ort der vorbeifahrenden Sonne zur rechten Zeit gewahr zu werden. Auch dazu verhelfen die Stundengötter. Sie abzubilden, gehört deshalb zur Ausschmückung von Sargdeckeln wie Decken in der Totenkammer.

So sind die 36 Dekane bis zur Mitte des 1. vorchristlichen Jahrtausends göttliche Mächte, die für das irdische Leben belangreich sind, weit mehr aber für die postmortale Existenz. Die genaue Beobachtung dieser Stundengötter wird in ptolemäischer Zeit wieder aktiviert. Durch Zuordnung von je drei Dekanen zu den Tierkreiszeichen werden jene nämlich fortan zu gewaltigen Schicksalsgöttern und Zeitmächten.

24.4 Gestirnsdeutung in Babylonien

Um die erstaunliche Wende zur Astrologie in der ägyptischen Religion der letzten vorchristlichen Jahrhunderte zu begreifen, ist ein Seitenblick auf die Vorgeschichte dieser Geistesbeschäftigung im Zweistromland angebracht. Die babylonische Religion war anscheinend wie kaum eine andere von Angst vor unvorhersehbaren Umstürzen getrieben, deshalb auf Sicherung künftiger Lebensmöglichkeiten durch Vorzeichenkunde ausgerichtet. Das von den Göttern bestimmte Geschick der Erde, so war die Überzeugung, ließ sich durch induktive Mantik vor allem aus anormalen Erscheinungen wie Mißgeburt und Mondfinsternis oder auch aus der Leberschau beim Opfer ablesen. Seit Beginn des 1.Jahrtausends orientieren sich jedoch die einschlägigen Seherpriester mehr und mehr an den Bahnen der Himmelskörper. Im Zusammenhang damit stehen die Anfänge wissenschaftlicher Himmelsbeobachtung. Da Astronomie und Astrologie im Altertum stets zusammengehören, bilden sich Grundzüge jenes astrologischen Lehrgebäudes aus, das sich bis in die Horoskope unserer Tage behauptet hat. Damals liegt das Schwergewicht noch auf der Mundanastrologie, das heißt auf der Voraussage von Krieg und Frieden, fruchtbaren und unfruchtbaren Zeiten für Könige, Völker und Städte. Die Individualastrologie, die Suche nach dem Gefälle des Einzellebens, spielt eine zweitrangige Rolle.

Der entscheidende Durchbruch durch eine naiv mythologische Einschätzung der Macht und Ohnmacht der in alten Omina isoliert betrachteten Himmelskörper geschieht durch die Entdeckung des Tierkreisgürtels, heute Ekliptik genannt, wohl im 7./6. Jh.v.Chr. Babylonische Sternkundige stellen fest, daß die anscheinend willkürlichen Bahnen von Sonne, Mond und den fünf mit dem Auge sichtbaren "Böcken", griechisch Planeten, Irrläufer, genannt, über den gleichartig rotierenden Fixsternhimmel so beliebig nicht erfolgen, wie bis dahin vorausgesetzt. Vielmehr bewegen sie sich trotz unterschiedlicher Auf- und Untergänge innerhalb einer Kreisbahn am Himmel, welche durch 12 Sternbilder, die Zodiakalzeichen, in 12 nahezu gleiche Segmente geteilt wird. Seit dieser Entdeckung verlagert sich das Interesse der Mantiker mehr und mehr von den anormalen zu regelmäßigen Erscheinungen am Himmel. Die Zukunftsprognostik richtet sich an den Ergebnissen astronomischer Beobachtungen aus.

Wirkungen einzelner Himmelsköper auf das irdische Geschehen sind jedermann bekannt. Der Einfluß der Sonnenenergie ermöglicht Licht, Wärme und Wachstum; dem Mond kommt eine verursachende Kraft zu für die Meeresgezeiten, aber auch für die Somnambulen unter den Menschen. Nach Überzeugung der alten Völker ruft er ebenso die Nachtfeuchtigkeit hervor wie die monatliche Regel der Frau. Ähnliche Wirkung wird Planeten beigelegt, zum Beispiel dem Abendstern, mit dessen Aufgang die Zeit zum Lieben beginnt, oder dem rötlichen, unruhig blinkenden Mars, der an Blut und Krieg gemahnt.

Vor Entdeckung der Ekliptik blieb unerklärt, warum die Sonne jahreszeitlich eine so unterschiedliche Kraft hat, daß trotz gleichem Sonnenstand und gleicher Lichtintensität ihre Wirkung auf die Erde etwa im März eine andere ist als im September. Sobald die Tierkreiszeichen als Ordnungsfaktoren bestimmt werden, löst sich das Rätsel. Je nach deren Eigenart befördern oder bremsen sie die Energie der Sonne und analog auch diejenige der Planeten. Demnach erweisen sich die Zodiakalzeichen als eigenständige Kraftzentren, die mit den am Himmel bislang isoliert betrachteten 7 Planeten, zu denen auch Sonne und Mond gezählt werden, in Wechselwirkung stehen. So wird Geometrie am Himmel entdeckt. Ein Zwölftel des Tierkreises entspricht einem astronomischen Monat, der sich in 30 Tage gliedern läßt, was durch je ein Teilsegment am Himmel abgespiegelt wird. Da der gesamte Tag im Zweistromland in 12 Stunden, d.h. Doppelstunden nach ägyptischer und moderner Zählung, unterteilt war, ergibt sich für den Monat 30x12=360 Stunden, also eine wundersame Symmetrie mit dem Jahresrhythmus, die nicht zufällig anmutet und die Meinung befördert, daß auch größere Zeiträume nach dem Rhythmus von 12 oder 30 gegliedert sind.

Wie die Zeit erweist sich der irdische Raum den Babyloniern durch Zahlenrelationen bestimmt. Die ältere mesopotamische Einteilung der bewohnten Erde in vier Weltviertel wird zu einem Erdkreis mit 12 Zonen erweitert, was dem erweiterten Erfahrungshorizont einer neuen Zeit entspricht. Jede Zone steht mit einem Bild droben in besonderer Beziehung. So entspricht der Widder dem Iran, der Stier Babylonien[6]. Die Annahme einer himmlisch-irdischen Parallelität führt dazu, daß innerhalb des Erdkreises entsprechend der Planetenzahl 7 Klimazonen abgeteilt werden (was sich bis heute bewährt hat). Zudem wird jedem Planeten eine Farbe, ein Metall, eine Gesteinsart, eine Pflanzengruppe u.ä. zugeordnet. Da die harmonischen Zahlenverhältnisse am Himmel klar ersichtlich, im irdischen Bereich dagegen verwischt zutage treten, wird der Schluß gezogen, daß die himmlischen Entsprechungen urbildhaften und göttlichen Charakter haben und die irdischen Größen davon abhängig sind.

Eine nach den Maßstäben dieser Gestirnskunde verläßliche Voraussage ergibt sich durch ein Abwägen der Relationen innerhalb der jeweiligen Konstellationen, d.h. durch komplizierte mathematische Berechnungen. Für die Anwendung auf das mundane Geschehen werden die oben genannten himmlisch-irdischen Zahlenentsprechungen zugrundegelegt. Steht der Planet Mars im Sternbild des Widders, so bedeutet das, falls andere Konstellationen am gleichzeitigen Himmel nicht dagegensprechen, Krieg für Persien in dem Monat, in dem die Sonne im Widder aufgeht, verheerend besonders in einem Jahr, in dem Jupiter zugleich im Widder erscheint.

Sobald man zu einer solchen astralen Kraftfeldtheorie, zur Auffassung eines gesetzmäßigen Zusammenwirkens von Planeten, einschließlich Sonne und Mond, und Tierkreis gelangt, ergibt sich von selbst, daß ein Jahr nicht wie das andere verlaufen kann. Nimmt doch der Umlauf der Planeten um die Erde jeweils eine unterschiedliche Zeit in Anspruch, die mit dem Auf- und Untergang der Tierkreiszeichen nicht übereinstimmt. Es läßt sich jedoch eine Gesamtkonstellation denken, bei der sämtliche Planeten wieder in einem gesetzten Ausgangsdatum im Tierkreis sich versammeln. Das läßt auf ein großes Weltenjahr schließen. Sammeln sich die Planeten nach Jahrhunderttausenden wieder im Sternbild des Krebses, ruft das einen Weltbrand hervor, ein Versammeln im Steinbock hingegen eine Sintflut. So führen Theorien über ein Zusammenwirken von Zodiakalzeichen und Planeten für das Schicksal der Welt über kurz oder lang zu Aionenspekulationen. Vor allem aber ergibt sich daraus eine wissenschaftlich anmutende Prognostik. Welche Konstellationen für die nächsten Jahre und Jahrzehnte bedeutsam sind, läßt sich errechnen. Damit entsteht eine Zukunftsdeutung, die einen Anspruch auf Evidenz erheben kann wie keine andere Mantik zuvor.

Die induktive Mantik, insbesondere die astrologische, wird seit der Mitte des 1. Jt.v.Chr. in Babylonien vor allem durch die Priesterkaste der Chaldäer betrieben. Auch Privatleute wenden sich an sie und befragen sie im Blick auf das, was an Glück und Unglück, aber auch an Lebenszeit zu erwarten ist. Als die astrale Mantik bestimmend wird, wird für das Individuum eine Lebensvoraussage aus der Stellung der Zodiakalzeichen und Planeten in der Stunde der Geburt oder der Empfängnis möglich, also das, was die ägyptischen Griechen Horoskop nennen und in Babylonien seit dem Ende des 5. Jh.v.Chr. nachzuweisen ist. Nicht ganz sicher ist, ob die Chaldäer schon eine katarchische Astrologie betrieben haben, d.h. eine Voraussage günstiger oder ungünstiger Zeitpunkte für bestimmte Unternehmungen. Unter der Voraussetzung, daß bestimmte Himmelserscheinungen für bestimmte Tätigkeitsbereiche ausschlaggebend sind, etwa Venus für die Liebe und Mars für den Krieg und Merkur für den Handel, läßt sich für einen durch das Horoskop "eingestellten" Menschen zu gewissen Stunden durch Nichtstun Unerwünschtes vermeiden oder durch verstärkte Aktivität Ersehntes erreichen.

Vorzeichenkunde war im Zweistromland deshalb so mit Eifer betrieben worden, weil seine Einwohner in Leben und Weltlauf nicht Regelmäßigkeit, sondern Unregelmäßigkeit vorherrschend wähnten, was sie auf Willensentscheidungen der im Kosmos waltenden Götter zurückführten. Nach älterer Überzeugung treten sie regelmäßig zusammen und bestimmen ein je anderes Geschick, und das im Geheimen. Doch der kundige Wahrsagepriester entschlüsselt, was sie an Herrschaft und Aufruhr, Krieg oder Frieden, Fruchtbarkeit oder Dürre, Wohlfahrt oder Krankheit für König, Land oder Stadt verhängt haben. Die Entdeckung astronomischer Gesetzmäßigkeiten relativiert die Zuständigkeit und Entscheidungsmacht der einzelnen Gottheiten. Sie befördert die Überzeugung von einem planvollen himmlischen Lenker aller Geschicke, der über Götter und Kosmos waltet. Es ist begreiflich, daß der babylonische Hauptgott Marduk immer weniger mit seinem Eigennamen angerufen wird, sondern stattdessen als Bel, d.h. Herr der Götter schlechthin, umfassend wie der weite Himmel selbst, gerühmt wird, als der, "der die Schicksale aller Götter feststellt", und daß seine Gattin Sarpanitu als Belitja, "Herrin" und "Glänzendste der Sterne" mehr und mehr bestimmend heraustreten[7]. Damit tun sich Türen zu einer *kosmischen Religion* (van der Waerden) auf, die auf nationale und regionale Bindungen bei den Gottheiten verzichtet und den bestimmenden Himmelslenker unter den verschiedenartigsten Namen bei jedem Volk wiederfindet.

539 wird Babel von persischen Truppen eingenommen und von da an eine wichtige Verwaltungszentrale eines vom Indus bis zum Bosporos reichenden Großreiches. Eine Priesterkaste der

Besatzungstruppen, die Magier, eignen sich überraschend schnell die Elemente chaldäischer Astrologie an und verbreiten sie, vielleicht anhand aramäischer Übersetzungen einschlägiger Texte, im gesamten persischen Herrschaftsbereich. Dabei wird die babylonische Gestirnsweisheit durch Motive iranischer Anthropologie und Mythologie umgeprägt und erweitert. Dazu gehört einmal die Auffassung vom Menschen als *Mikrokosmos*, der das All im kleinen verkörpert. Für die maßgeblichen himmlischen Erscheinungen wird nicht nur mit Entsprechung auf Erden bei Ländern, Pflanzen und Gesteinen gerechnet, auch der menschliche Leib wird so aufgeteilt, daß 7 oder 12 entscheidende Körperteile mit je einem Himmelskörper in Zusammenhang gebracht werden. Weiter wird die iranische Überzeugung von einem *Himmelsaufstieg der tugendsamen Seele* in eine jenseitige Lichtwelt nach dem irdischen Tod astrologisch so gedeutet, daß der Aufstieg durch verschiedene Planetensphären erfolgt, was später für Mithrasmysterien und gnostische Systeme belangvoll wird. Auch die Auffassung von einer in sich geschlossenen, durch *saecula* gegliederte Weltzeit, dem Aion, wie sie im Sarapiskult ebenso wie in astrologischen Texten auftaucht und nicht ohne weiteres mit dem planetarischen Weltenjahr identisch ist, dürfte iranische Zutat zum chaldäischen Erbe sein. In dieser erweiterten Form gelangt das astrologische Deutungssystem nicht nur früh nach Hellas, sondern bald auch nach Ägypten.

Es bedarf noch näherer Untersuchungen, wieweit die für Ägypten typische Astrologie sich aus unmittelbarem chaldäisch-magischen Einfluß speist oder wieweit sie aus griechischer, über Alexandrien vermittelter Weisheit stammt. Aus Hellas dürfte die Betonung der Dreiecksverhältnisse (Trigona) bei der astrologischen Wertung des Tierkreises herrühren. Dafür gibt es vier Möglichkeiten, die sich den vier Elementen und den vier Himmelsrichtungen zuordnen lassen. Es verwundert deshalb nicht, daß sowohl die vier Winde wie die Reihung von Feuer, Wasser, Luft, Erde in ptolemäischer Zeit häufig erscheinen.

In jedem Falle erscheint es verfehlt, diese frühe Astrologie nach den Maßstäben unseres wissenschaftlichen Weltbildes zu beurteilen und sie in Bausch und Bogen als Aberglaube abzutun. Es ist doch wohl zu modernistisch geurteilt, wenn die Adaption der Astrologie im Nilland unter der Überschrift "The false sciences" abgehandelt wird[8]. Eher dürfte der Philosoph Cassirer im Recht sein, wenn er die Astrologie charakterisiert als "eine(n) der großartigsten Versuche systematisch-konstruktiver Weltbetrachtung, der je vom menschlichen Geiste gewagt wurde"[9].

Freilich bringt die Astrologie, die um die Zeitenwende alle ägyptischen Kulte zu durchdringen scheint wie der Sauerteig das Brotmehl, nicht nur eine ungemeine Ausweitung des geistigen Horizontes, sondern reduziert auch menschliche Verantwortlichkeit und Freiheit in dem Maße, in dem der Sternenlauf zur schicksalsentscheidenden Größe wird. Das systematische Ineinandergreifen festgelegter himmlischer Konstellationen erzeugt ein Schicksal, dem Völker und Menschen hilflos ausgesetzt zu sein scheinen. Blindwütendes Schicksal, von den ägyptischen Griechen als Heimarmene gefürchtet, bedeutet Tod für echte Religion.

Doch solche fatalistischen Tendenzen drohen nur dort, wo sich Astrologie mit griechischer Logik verbindet. Ihre chaldäischen Protagonisten pflegten den Betroffenen mit der Verkündung eines durch die Sterne gesetzten Heils oder Unheils zugleich Präventivmaßnahmen zu eröffnen. Weil trotz feststehender Zahlenrelationen die "Keilschrift des Himmels" durch Götter und damit durch lebendige Subjekte festgelegt ist und die Gestirne selbst als lebende Wesen gelten, war nicht nur Gebet zu solchen Mächten möglich und weiterhin sinnvoll, sondern ebenso Beschwörung. Besonders empfehlen sich Ableitungsriten, welche ein verhängtes Unheil vom primären Adressaten auf ein stellvertretendes Objekt übertragen, also die Drohung von Krankheit oder Tod für einen Menschen auf ein Tier oder ein Tonmodell. Die astrale Kausalkette schließt sich im Bewußtsein der Chaldäer nie so fest, daß nicht dem Individuum die Möglichkeit eines Entschlüpfens bliebe. Freilich bedarf es für solche Gegenmaßnahmen sachkundigen Wissens und geeigneter Stunden. So gehen Astrologie und Theurgie von Anfang an Hand in Hand, über beides gibt der Sachverständige

Bescheid. In Ägypten nehmen deshalb parallel zum Aufkommen der Astrologie Zauber und Magismus sichtlich zu (siehe das folgende Kapitel).

Abb. 140 Deckenausschnitt aus Dendera. Oben die Sternbilder Waage, Skorpion, Schütze als Kentaur sowie der Steinbock, dazwischen jeweils Begleitgötter. Darunter je drei Dekane. Das stellare Geschehen ist umgeben von der Himmelsgöttin Nut.

Als der alle irdische Zeit regelnde himmlische Gürtel mit seinen 12 Tierkreiszeichen und deren schicksalsbestimmender Rolle erkannt wird, lockt es ägyptische Gelehrte, die überkommene Lehre von den 36 Dekanen, denen in der eigenen Religion eine ähnliche Aufgabe zugeschrieben war, mit dem aus dem Zweistromland übernommenen System in Übereinstimmung zu bringen. Dafür legt es sich nahe, die 12 Segmente der Ekliptik in je drei Untersegmente zu teilen und diesen astrologische Merkmale zuzulegen. Es hat den Anschein, als ob für die Ägypter die Dekane die eigentlich entscheidenden Kräfte am Himmel bleiben und Tierkreiswesen und Planeten von ihnen abhängig gedacht werden[10].

Die ägyptisch verarbeiteten und erweiterten astrologischen Theorien sind nur noch in griechischer Sprache erhalten und diese Texte weitgehend in Alexandrien verfaßt. Doch lassen sich ältere demotische oder aramäische Vorlagen vermuten, weil anfangs der Gott Thot-Hermes als Offenbarungsquelle gilt oder auch – seit dem 3. Jh.v.Chr. in Ägypten belegt – der persische Profet Zoroaster. Das letzte läßt auf einen verlorenen "persisch-ägyptische(n) Grundstock" schließen, vielleicht von iranischen Priestern im Nilland verfaßt[11]. Die Auffüllung mit Motiven der Mythologie und des Weltbildes der eigenen Kultur wird in der Ptolemäerzeit eifrig betrieben. Neben den schon genannten Schriften unter dem Namen Nechepso und Petosiris spielen unter vielen anderen der berühmte alexandrinische Astronom Hipparch und ein gewisser Teukros aus (dem ägyptischen) Babylon eine wichtige Rolle[12].

Wie sehr die neue Lebens- und Weltauffassung sich ausbreitet, zeigen astronomische Darstellungen in den Eingängen und Vorhallen dieser Zeit, in Edfu, Kom Ombo, Esna. Im römerzeitlichen Pronaos von Dendera werden auf einem Deckenfries in einem oberen Register Zodiakalzeichen und sie begleitende "Paranatellonta", gleichzeitig mit ihnen aufgehende Gestirne, abgebildet, darunter die dazugehörigen, in einem Boot dahinziehenden Dekane, ganz unten die alles umgreifende Himmelsgöttin Nut.

Die für das astronomische Weltbild wichtigen Planeten, in Ägypten vordem wenig beachtet, werden nunmehr den Dekanen so zugeordnet, daß jeder von diesen zum Gesicht eines Planeten wird, so daß die Planeten mehrgesichtig

Die Entdeckung des in der Sternenwelt gründenden Schicksals   531

werden. Demnach hat der Dekan des Widders das Gesicht des Mars usw. Die babylonisch-griechische Zuordnung der Planeten zu je einer großen Gottheit (Ares, Aphrodite z.B.) entfällt, die meisten Planeten gelten als Erscheinungsformen des Horus.

Nicht nur im Bild, auch im Wort wird auf die Macht der Dekane verwiesen. Ein Architrav in Esna hält ihre schicksalsstiftende Art deutlich fest:

> Die, welche verkünden, was geschieht,
> die, welche am Leben erhalten und töten nach ihrem Willen,
> die, welche am Himmel aufleuchten und in Flammen erscheinen, vor deren Gaben alle Welt zittert.
> Die (Götter) der ersten Neunheit,
> die, welche auf seinem (des Sonnengottes) Weg täglich kreisen als lebende Seelen der Götter,
> die, welche dem Sonnengott dienen als Boten in den Städten und Gauen[13].

Abb. 141 Himmelsrund aus Dendera

Ein berühmtes Rundbild aus der Osiriskapelle auf dem Dach des Denderatempels spiegelt das neue Himmelsbild und läßt erkennen, daß die Sternenmächte auch für das Jenseitsleben entscheidend werden. In der Kreismitte stehen Bilder von Zirkumpolarsternen, so ein Rinderschenkel für den Großen Bären, daneben eine Nilpferdgöttin. Um sie herum bewegt sich in einem inneren Ring der Tierkreis, rechts von der Mitte z.B. die beiden Fische, darunter Widder und Stier, darüber Wassermann, Ziegenfisch und Schütze. Den äußeren Ring bilden die 36 Dekane. Hinzu treten Heh-Götter als Himmelsträger.

Die Tierkreisbilder belegen eindrucksvoll eine ägyptische Adaption der babylonischen Vorlagen. So wird z.B. das Bild des Wassergottes Ea zum Nilgott und später griechisch zum Wassermann.

Abb. 142 Ausschnitt aus dem Himmelsbild: Links babylonisches, rechts ägyptisches Tierkreiszeichen

Das babylonische Axiom der Entsprechung von Himmelsrund und Erdenrund wird übernommen und so auf das Dekansystem zugeschnitten, daß die Gaue Ägyptens auf 36 begrenzt und ihrer Zuständigkeit unterstellt werden; in jedem befindet sich fortan eine Reliquie des Osiris[14]. Nach einer Offenbarung des Hermes Trismegistos wird vorausgesetzt, daß auch die Erde sich insgesamt in 36 Zonen teilt. Das erlaubt, neuerschlossene Gebiete wie Britannien und Germanien den Himmelsmächten zuzuordnen[15].

Gewichtiger noch als die Mundanastrologie tritt in den Texten die Individualastrologie hervor, insbesondere die *Genethlialogie*, die Erstellung eines Horoskops nach der Geburtsstunde. Dabei kommt es auf den Aszendenten an, das Gestirn, das just dann über den Horizont emporsteigt. Nach griechisch-ägyptischen Texten[16] gilt die Regel: "Der erste Dekan im Aszendent waltet als Horoskopos über die (1) Geburt. Von ihm aus gezählt der 28. Dekan, der früh am Morgen in der Himmelsmitte steht, waltet über das (2) Leben. Der 25. Dekan, der am Mittag in der Himmelsmitte steht, waltet über die (3) Krankheit. Der 9., der im Ostwind später aufgeht, führt das Amt über die (4) Gebrechen. Der 17., der im Südwestwind aufgeht ... führt das Amt über (5) Ehe und Weiber. Der aber im Orte unter der Erde waltet über den (6) Tod." Das Zitat bringt eine weitere wichtige Thematik astrologischer Zukunftsermittlung zur Sprache, nämlich die von 6 (später 12) *Aspekten* oder *Loci*. Gemeint sind Grundbefindlichkeiten des menschlichen Daseins wie Lebenszeitlänge (im Zitat der 2., sonst der 1. Aspekt), Gesundheit und Krankheit (oben Nr. 3, üblicherweise 6), Ehe (5, sonst 7) und Tod (6, in jüngeren Tafeln 8). Die anthropologische Sechsheit oder Zwölfheit wird von den Astrologen auf eine eigene Kreisebene projiziert, die dann über den tatsächlichen Stand des Himmelskreises der Geburtsstunde "gelegt" wird und so die Schicksalsanteile in den einzelnen Bereichen ermitteln läßt. Auch in diese Beschäftigung dringt die Dekantheorie ein und vermehrt die Aspekte auf 36. Hier wie sonst wird also das von Chaldäern oder Magiern übernommene Erbe von ägyptischen Weisen feiner ausdifferenziert.

Völlig neu verbindet anscheinend Ägypten mit der Astrologie die Heilkunde. Daraus hat sich eine jahrhundertelang ungemein nachwirkende astrologische Medizin entwickelt, *Jatromathematik* genannt. Den Ausgangspunkt liefert die in Ägypten seit dem Alten Reich belegte Gliedervergottung. Da die Ägypter sich nicht als geschlossene Individuen verstehen können, sondern als ein Bündel von mehr oder minder lose verbundenen Körperteilen und Fähigkeiten, waren die einzelnen Glieder für den Übergang vom Tod zum Jenseits schon in den Pyramidentexten jeweils verschiedenen Göttern anbefohlen worden. Das hatte sich im Totenbuch fortgesetzt, wo im 22. Kapitel verschiedene Körperteile auf 19 Gottheiten verteilt werden und der Schlußsatz zusammenfaßt: "Kein Glied an mir ist ohne Gott, Thot ist der Schutz meines ganzen Körpers, Re bin ich allezeit." Ein Zauberpapyrus, vielleicht schon vor dem Neuen Reich verfaßt, zählt bereits 36 Körperteile[17], vielleicht in Anlehnung an die Dekane. Die chaldäisch-magische Astrologie ging von einer stehenden Relation zwischen einem siebenfältigen Menschenleib und den Planeten aus. Wurzel hierfür war wohl eine iranische Mikrokosmosidee. Bei den Ägyptern läßt sich das ebenfalls übernehmen: Saturn regiert Kopf und Hals, Jupiter Schulter und Brust, Venus natürlich die Geschlechtsteile[18]. Die griechisch *Melothesie* genannte Theorie der Verbindung zwischen Leibesgliedern und Himmelskörpern wird außerdem auf die 12 Tierkreiszeichen ausgedehnt; dann ist der Widder der Kopf des Kosmos, der Stier der Hals. Vor allem aber gilt das von den Dekanen: "Der erste Dekan der Jungfrau hat das Gesicht der Sonne. Sein Name ist Zamendres. Er macht Leibschmerzen. Er ist eine umgekehrte (zornig) zusammengesetzte Schlange. Sein Gesicht ist nach Ähnlichkeit des Mondes. Er herrscht über die Gegend Arabiens"[19]. Diese Sternenmächte versorgen also nicht nur das entsprechende Glied und füllen es mit Energie, sondern lassen ihm auch Krankheiten zukommen. (Ein Nachklang dieser Auffassung zeigt sich im heutigen Begriff Influenza, der eine bestimmte Krankheit auf einen Gestirnseinfluß zurückführt.) Die Dekane bedienen sich für den letzten Zweck unsichtbarer Helfer, nämlich der durch die Luft schwirrenden Dämonen. Näher besehen gibt es Dekane von guter, heilwirkender und von böser, krankmachender Art; manche sind eine Mischung aus beidem. Gegen schädlichen astralen Einfluß läßt sich entweder allopathisch vorgehen, indem man sich der Hilfe eines entgegengesetzten Dekans versichert und sich ein Amulett mit dessen Bild und Namen, aus seinem Stein oder seiner Pflanze gewonnen, beilegt, oder homöopathisch entsprechend einem griechischen Hermes-Dekanbuch: "Alle Leiden, welche den Menschen infolge des Fluidums der Götter zugesandt werden, werden durch diese geheilt"[20].

Korrekturen im ägyptischen Weltbild waren freilich beim Einbau des astrologischen Systems unumgänglich. Um dem Tierkreis zugeordnet zu werden, werden einige Dekane neu verortet und südlich der Ekliptik direkt parallel zu den Zodiakalzeichen gesucht. Da die vorausgesetzten Gestirne dort teilweise schwach ausgebildet oder dem irdischen Auge überhaupt nicht sichtbar sind, werden die entsprechenden Bilder immer phantastischer und weisen mit sichtbaren Sternen kaum noch Berührungen auf. Die Theorie überflügelt die Praxis. Einschneidender wird, daß Sirius-Sothis, das Gestirn der Isis, das sowieso auf Grund des Wandeljahres nur noch lose mit dem tatsächlichen Jahresanfang zusammenhängt, aus der Reihe der Dekane ausgegliedert und ihnen übergeordnet wird. Dadurch wird Isis zur "Herrin des Himmels, Herrin aller Götter". Diese Göttin, der seit je das größte Vermögen zu Zauberkraft zugetraut war, wird nun zur allüberlegenen Schicksalsmacht. Das hat, wie sich noch zeigen wird, weitreichende Wirkungen auch außerhalb der Grenzen Ägyptens.

Wohl schon durch die Babylonier war entdeckt worden, daß die Planeten in ganz bestimmten Elongationen von der Erde erscheinen und verschwinden. Daraus wurde eine besondere Stellung der Sonne abgeleitet, die später griechisch als "Chorführer im Reigen der Planeten" gefeiert wird[21]. Die herausragende Rolle des Tagesgestirns paßt zur Orientierung an dessen numinoser Qualität im Niltal seit alters. Sie wird nun aber weniger auf Re bezogen als vielmehr auf den mit der geflügelten Sonnenscheibe verbundenen Horus (Behedeti), der als Sohn der Isis und "Herr des Himmels" gerühmt wird. Horus erlangt eine so hohe Stellung, wie er sie seit Anfang des Alten Reiches nicht mehr besessen hatte.

Ägyptische wie griechische Bewohner des Niltals empfinden also ihr Leben mehr und mehr durch die in den maßgeblichen Gestirnen erscheinenden Götter gesteuert. Andere Götter der Tradition rücken in den Hintergrund. Gewiß kennen nur wenige im Lande die komplizierten astrologischen Theorien. Doch das veränderte Lebensgefühl erfaßt alle und bricht sich jenseits rationaler Erwägungen Bahn. Alle tragen jetzt entsprechende Amulette mit Bild und Namen und aus zauberkräftigem Material. Das Sternzeichen ✶ wird jetzt zur Hieroglyphe für *netscher*, Gott. In den gebildeten Schichten führt das zu einer Uminterpretation der mythischen Überlieferung. Die Allegorie wird zu einer selbstverständlichen Deutweise, wenigstens bei den im Lande ansässigen Griechen. So setzt Plutarch auf Grund dessen, was ihm Gewährsmänner berichtet haben, als selbstverständlich voraus (über Isis vgl. Kap. 11): "Wenn du also hörst, was die Ägypter erzählen, Irrfahrten, gliedweise Zerstückelungen und vieles derartige, so mußt du ... glauben, daß nichts davon als tatsächlich so geworden und getan erzählt wird," vielmehr würden physikalische und astronomische Phänomene dadurch symbolisch erfaßt. Außerhalb des Landes tätige Ägypter vertreten solche Auffassung noch entschiedener. Von dem im 1. Jh. n. Chr. am römischen Hof tätigen Chairemon wird berichtet: "Er bezog alle Mythen, die von dem Weltschöpfer, dem Sonnengott, erzählt werden, und auch die von Osiris und Isis, ferner alle hieratischen Mythen entweder auf die Sterne und deren Phasen, nämlich auf die Auf- und Untergänge oder auf die Bahn der Sonne, auf die nächtliche oder tägliche Himmelshalbkugel"[22].

24.5 Vom Mythos zur Metaphysik

Die aus Babylonien herüberwandernde Lehre von den alles Erdenleben bestimmenden Himmelskörpern, verbunden mit der systematischen Zuordnung der überkommenen Göttergesellschaft zu den sichtbaren himmlischen, feuerhaltigen Gestirnen, liefert ein bezeichnendes Beispiel dafür, wie zwei verschiedenartige religiöse Systeme aufeinandertreffen, sich durchdringen und in ihrer synthetisierten Form eine gesteigerte Anziehungskraft nach außen üben. Der letzte Umbruch in der ägyptischen Religion vor ihrem Untergang durch das Christentum wird nicht primär durch das Eindringen griechischer Geistigkeit herausgeführt, sondern durch die Auseinandersetzung mit einer chaldäisch-magischen Astralreligion.

Zwar haben nicht erst Astrologen die Bewohner des Niltals gelehrt, ihre Augen staunend und anbetend zum Himmel zu erheben. Der solare Götterkreis war immer einer der Pole numinoser Erfahrung, seit Anfang antagonistisch zu einem unterweltlichen Kreis. Dennoch werden jetzt erst die oberen Mächte als Gesamtheit mit der Lebenswelt in Beziehung gesetzt. Das verändert die Gottesauffassung. Die Eigenständigkeit der vielen göttlichen Wesen, die mit einem besonderen Kult angerufen werden und Eigennamen besitzen, denen aber in Ägypten kraft der ständig geübten Götterverschmelzung und -spaltung nie eine eindeutige Individualität zugestanden wurde, wird nun grundsätzlich eingeschränkt, weil ihre am Nachthimmel sichtbaren göttlichen Erscheinungsformen sich als ein durch feste Zahlenrelationen strukturiertes Kraftfeld offenbaren. Diese Himmelskräfte erlangen eine für ägyptische Verhältnisse ungewohnte Eindeutigkeit und Bestimmmtheit der Funktionen.

Moderne Wissenschaft pflegt alles, was je als Astrologie ausgebildet wurde, als krassen Aberglauben einzustufen, als "ein ungeheures Wahngebilde, einer Fata Morgana der syrischen Wüste vergleichbar"[23]. Gegenüber solchem Vorurteil sollte stutzig machen, daß die meisten spätantiken Philosophen, von den Stoikern bis hin zu den in Ägypten tätigen Neuplatonikern, sich von dieser Lehre überzeugen lassen und sie zur Grundlage des philosophischen Systems erheben. Die Menschen der damaligen Zeit haben also die astrologischen Entwürfe als einen siegreichen Vorstoß des menschlichen Geistes in vordem unbekannte Räume empfunden, zugleich als eine in sich stimmige Welterklärung, wie es sie bislang nicht gegeben hatte. "Die Astrologie war in der Tat die erste wissenschaftliche Theologie", selbst wenn man diesem zweiten Satz Cumonts[24] nicht beipflichtet, weil es vordem schon im fruchtbaren Halbmond und im Niltal intensives religiöses, in seiner Weise durchaus logisches Denken gegeben hat, so hat an dieser Stelle Cumont doch Recht, wenn er darin "ein System von unleugbarer Großartigkeit erblickt"[25].

Durch rationale Bewältigung wird der Kosmos als gesetzmäßige Einheit begreifbar, die von oben herab durch streng geregelte Mittelglieder das irdische Geschehen hervorruft. Die Ehrfurcht vor der Erhabenheit der in sich verketteten himmlischen Mächte fällt keineswegs dahin. Das Weltall wird nicht zur mechanischen Maschine. Vielmehr entsteht eine neue Ergriffenheit, die nicht selten zu hymnischen Preisungen der kosmischen Harmonie und ihres göttlichen Urgrundes führt. Ein willensbestimmter, geisthafter Ursprung der erstaunlichen kosmischen Harmonien gilt mehr als je für denknotwendig.

Die überlieferte Mythologie, obwohl sie in ptolemäisch-römischer Zeit weiterhin die Festzyklen in den Tempeln bestimmt, verliert durch die neue Welterkenntnis ihre autonome Geltung. Der Mythos weicht in Ägypten ein Stück weit dem Logos, wenngleich einem Astro-Logos. Anders gesprochen, aus Mythos wird Metaphysik, wenn man darunter eine zusammenhängende Lehre über die Hintergründe und die Zielsetzungen der Physis und menschlichen Lebenswelt versteht. Zwar bleiben mythische Restbestände, meist babylonischer Herkunft. So wird der Charakter einzelner Sterne und Sternbilder durch Identifikationen mit hergebrachten Mythen geprägt, wenn z.B. ein im Zeichen des Mars geborener Mensch notwendig aggressive Züge mitbekommt oder ein durch die Venus Bestimmter erotischer Vitalität ausgeliefert ist. Da jedoch solche Bestimmungen, sobald das Individuum an sie glaubt, durch eine Art *selffullfilling prophecy* bestätigt zu werden pflegt, wird der axiomatische Charakter solcher Voraussetzungen nicht erkannt.

Über dem irdisch-menschlichen Dasein stehen hinfort nicht nur die Sterne und Dämonen und Geister als vermittelnde Stufen des Seins sowie Horus und Isis als Herrin des Himmels, sondern auch ein alles verbindender Schicksalsbegriff. Seit dem Neuen Reich war *schai* eine nahezu persönliche Wirkungsgröße geworden. Nunmehr wird *pe-schai*, "der im Urwasser ist", zu einer maßgeblichen Erscheinungsform des Sonnengottes, zum "Sohn des Re"[26]. Zum ferngerückten stellaren Hintergrund läßt sich schlechter eine lebendige Beziehung herstellen als zu den Göttern der Tempel im Lande. Dominiert dann nicht ein unergründliches, ungerechtes und grausames Schicksal? Der mögliche

Zwangscharakter hat die Römer, welche ägyptisch-griechische Gestirnsweisheit übernehmen, in ungewöhnlichem Maße später beunruhigt. Im Niltal werden jedoch Stimmen solcher Furcht kaum erkennbar. Den Ägyptern bieten sich verschiedene Wege an, der Gewalt des astralen Schicksals zu entrinnen. Davon wird in den folgenden Kapiteln noch die Rede sein. Da ist einmal der Zauber, der im Magismus seine theoretische, der Astrologie durchaus gerechte Begründung findet. Zum anderen, und hier wird griechisches Erbe auch religiös entscheidend, beginnt man in gelehrten Kreisen selbst in Ägypten Leib und Seele, Körper und Geist dualistisch zu sehen mit dem Ergebnis, daß nur der körperliche, nicht aber der geistige Bereich den Gestirnen unterworfen sei. Solche Ansichten prägen die Hermetik. Drittens aber stützt man sich auf die Vormacht der Himmelskönigin Isis über alle Gewalten droben und alle Elemente unten und feiert sie in den Mysterien als *heimarmene*, wie die Griechen statt *schai* normalerweise sagen. Alle drei Richtungen sind in Ägypten vertreten und vermutlich sogar entstanden.

W.Barta, Funktion und Lokalisierung der Zirkumpolarsterne in den Pyramidentexten, ZÄS 107, 1980, 1-4

J.Bidez-F.Cumont, Les Mages hellénisés I.II ²1973

F.Boll-C.Bezold-W.Gundel, Sternglaube und Sterndeutung, ⁴1931; ⁵1966

H.Brunner, Zeichendeutung aus Sternen und Winden, in: Ders., Das hörende Herz, OBO 80, 1988, 224-9

F.Cumont, Die orientalischen Religionen im römischen Heidentum, ³1930 = ⁴1959

P.Derchain, Essai de classement chronologique des influences bayloniennes et héllenistiques sur l'astrologie égyptienne, in: La divination ..., 1966, 147-58

R.O.Faulkner, The King and the Star-religion in the Pyramid Texts, JNES 25, 1966, 153-61

W.Gundel, Dekane und Dekansternbilder, 1936; ²1969

W.und H.G.Gundel, Astrologumena. Sudhoffs Archiv Beiheft 6, 1966, 9-40

E.Hornung, Zur Bedeutung der ägyptischen Dekangestirne, GM 17, 1975, 35-7

H.O.Lange-O.Neugebauer, Ein hieratisch-demotischer kosmologischer Text, 1940

O.Neugebauer, Demotic Horoscopes, JAOS 63, 1943, 115-26

O.Neugebauer-R.A.Parker, Egyptian Astronomical Texts I-III, 1960-64

R.A.Parker, A Vienna Demotic Papyrus on Eclipse- and Lunar-Omina, 1959

R.A.Parker, Ancient Egyptian Astronomy, in: The Place of Astronomy in the Ancient World, 1974, 51-65

L.v.d.Waerden, Erwachende Wissenschaft, 2. Die Anfänge der Astronomie, 1968

RÄRG 153-5 'Dekane'; 749-51 'Sterne'; 753-5 'Stundengötter, -priester, -wachen';
LÄ 1, 511-4 'Astronomie und Astrologie'; 1, 1036-7 'Dekane'; 6, 11-4 'Stern'; 6, 100-6 'Stundeneinteilung, -beobachter, götter, -wachen'

Anmerkungen zu Kapitel 24:

1 Gundel 1966, 14
2 Parker 1959, 25-27
3 O.Neugebauer, The Exact Sciences in Antiquity ²1957, 81
4 Roeder, ZJ 126
5 ÄHG Nr. 1-12
6 Ägyptische Umformungen bei Gundel 1936, 312
7 ANET 331-2; TUAT II 213.216 (babylonisches Neujahrsritual)
8 Fraser (Kap. 23) I 434
9 E.Cassirer, Wesen und Wirkung des Symbolbegriffs, 1956, 35
10 Gundel 1969, 343-4
11 Gundel 1966, 62
12 Gundel ebd. 104-14
13 Gundel 1969, 16
14 Gundel 1969, 310
15 Gundel ebd. 312
16 Gundel 1969, 410
17 Roeder, UR 118
18 Boll-Bezold-Gundel 138-9
19 Gundel 1969, 381
20 Gundel 1969, 270
21 van der Warden 229-30
22 Gundel 1969, 342
23 Cumont, Orientalische Religion 149
24 ebd. 163
25 ebd.
26 RÄRG 671-2

25. Von Verklärung und Amulettgebrauch zum Magismus

25.1 Wachsende Wertschätzung des Zaubers in hellenistisch-römischer Zeit

Mit dem hellenistischen Zeitalter und dem sich international ausbreitenden griechischen Geist pflegt der gebildete Westler die Vorstellung von philosophischer Aufklärung und zunehmender Rationalität zu verbinden. Ausweislich der erhaltenen sprachlichen Denkmäler weist jedoch in Ägypten das geistige Gefälle unter ptolemäisch-römischer Herrschaft eher in entgegengesetzte Richtung. Was wir als Aberglaube zu bezeichnen pflegen, nimmt mehr und mehr zu. Amulett und Zauberspruch, in Ägypten seit jeher für unheilabwehrende oder auch lebenschaffende und totüberwindende Aktionen unentbehrlich, erhalten anscheinend eine inflationäre Verbreitung.

Auffälliges Kennzeichen dieser Tendenz sind neben einer zunehmenden Zahl von Amuletten für Lebende und Tote die *Horus-Heilungs-Stelen*, die in Tempeln, Privathäusern und Gräbern aufgestellt werden. Schon während des Neuen Reiches hatte die Gestalt eines Gottes *Sched*, "Retter", für die Lebensrisiken des gewöhnlichen Menschen Bedeutung erhalten. Vorher ein Ehrentitel zumeist für Horus, wird Sched nunmehr zu einem eigenen Gott, der von jedermann bei Schlangenbiß oder Skorpionenstich oder Krankheit angerufen werden kann und der Heilung verspricht. Vielleicht war die Ausbildung dieser früheren Jahrhunderten unbekannten Heilgottheit eine unter anderen Auswirkungen jener eigenartigen persönlichen Frömmigkeit, die oben (Kap. 16) beschrieben war. Ab dem 6. Jh.v.Chr. wird Sched wieder in Horus gleichsam zurückgenommen und zu einem bloßen Epitheton, und zwar jetzt eines jugendlichen Horusgottes, so daß eine Erscheinungsform des großen Landesgottes für Privatnöte bereitsteht. Horus-Heilungs-Stelen haben sich auch in Alexandrien gefunden, waren also selbst bei Griechen angesehen; sie verbreiten sich über die Landesgrenzen hinaus nach Italien ebenso wie nach Kusch-Meroë. Abgebildet wird der nackte Horusknabe mit Stirnlocke, der auf zwei Krokodilen steht und Schlangen wie andere wilde Tiere in den Händen gepackt hält. Neben ihm taucht der zwergenhafte Gott Bes auf, dem ebenfalls unheilabwehrende Kraft zugeschrieben wird. Seitwärts steht ein Lotosstengel, den Gott Nefertem symbolisierend, und ein weiterer Stengel mit Falkenkopf. Über solche Stelen wird Wasser gegossen und in einer dazugehörigen Steinmulde aufgefangen, das dann von Notleidenden äußerlich und innerlich angewendet wird. Vielleicht soll die Stele herannahende gefährliche Tiere abschrecken. Wird jemand durch Schlangen oder Skorpione

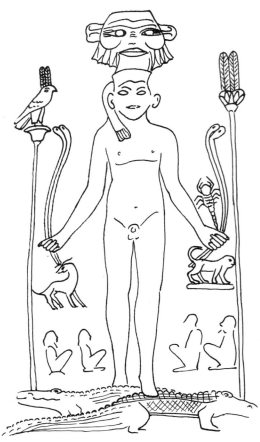

Abb. 143 Horus-Heilungs-Stele aus dem frühptolemäischen Alexandrien

verletzt, geschieht Heilung durch die Ausflüsse der von Horus unterworfenen Tiere nach einer allgemeinen magischen Maxime *similia similibus curantur*[1].

Das größte bisher bekannte Denkmal dieser Art ist die um 350 v. Chr. entstandene sogenannte *Metternichstele*[2]. Die Vorderseite zeigt das übliche Bild vom nackten Horus als Beherrscher gefährlicher Tiere. Daneben steht eine Beschwörung an die Apophisschlange: "Zurück, Apophis ... seine (Res) Flamme fährt in deine Bewegungsseele." Dem folgt ein mythischer Bericht, wie Re einst eine von einem Skorpion gestochene Katze, nämlich seine Tochter Bastet, geheilt hat, indem er ihre einzelnen Glieder vergottete, also mit dem entsprechenden Körperteil eines Großgottes gleichsetzte; daraus hat sich eine Machtkumulation ergeben, gegen die das schlimmste Gift nicht aufkommen kann. Die Rückseite zeigt einen von Flammen umgebenen Bes. Dazu tritt eine Erzählung, wie Isis einst einen Knaben vom Skorpionstich geheilt hat, aber auch, wie der von einem giftigen Tier gebissene Horusknabe durch Thots Beschwörung gesundete, wobei dieser sich der verborgenen Mächtigkeiten eben des Verletzten bediente: "Ich lese vor aus deinen Zaubern ... und beschwöre aus den Orten, die dein Herz erfunden." Die Rückseite ist vom Osiriskreis bestimmt wie die Vorderseite von der Sonnenmythologie; der überkommene Antagonismus der Gottesauffassung macht sich also auch hier bemerkbar. Zwischen Beschwörungen und Berichten stehen heilvolle Anreden an den Patienten, die aus der mythischen Urzeit in die Gegenwart überwechseln und meist anheben: "Fürchte dich nicht!" Die im Wortlaut festgehaltenen mythischen Präzedenzfälle verbürgen den Verehrern der Stele unbedingten Schutz bei Unglücksfällen.

Neben den Horusstelen wird anderen Steinbildern geheimnisvolle Ausstrahlung zugetraut. Die aus Karnak stammende *Bentresch-Stele*[3] erzählt von einem ausländischen Herrscher, der sich einst wegen schwerer Krankheit einer Prinzessin

Bentresch an Ramses II. gewandt hatte. Der Pharao läßt zwei Formen des Mondgottes Chons aufsuchen, einerseits Chons-in-Theben-Neferhotep ("vollkommen-schön an Frieden") als Orakelspender und Chons-pa-ir-secher (der Planende? der Versorger?) als Heilsgott. Die Statue des letzten wird ins Ausland gesendet und verbreitet dort ihre Schutzsphäre über die Kranke, die geheilt wird. Die ätiologische Erzählung läßt erkennen, daß der mit dem Lauf der Himmelskörper und damit dem astrologischen System verbundene Chons inzwischen für Zukunftserkundung wichtiger geworden ist als der thebanische Amon. Als Heilsgötter werden neben ihm in Karnak ebenso oft Imhotep und Amenophis, die vergöttlichten Beamten aus ägyptischer Vergangenheit, aufgesucht[4]. Die Asklepiosapokalypse (oben Kap. 23.6, S. 512) rühmt die ägyptischen Bilder als "ausgestattet mit Seele, bewußt, voller Lebensodem", sie vollbringen unendliche Wunder, sagen Zukunft voraus, "bringen die Krankheit und heilen sie"[5].

Neben Amuletten und Stelen werden Zauberbücher beliebt. Der Vorlesepriester im Lebenshaus hatte seit je neben kultischem und weisheitlichem Schrifttum auch zauberisch wirkende Texte abzuschreiben und zu rezitieren, vor allem zur Totenverklärung. Nun geraten aber die sachkundigen Priester in den Ruf, kosmischer Kräfte mächtig zu sein und sie gegebenenfalls und gegen Bezahlung jedem Notleidenden verfügbar zu machen. So entsteht eine umfangreiche Beschwörungsliteratur.

Ein relativ frühes Beispiel dieser Gattung ist das um 300 zusammengestellte *Apophisbuch*[6]. Der Grundstock ist dem täglichen Amonsritual in Theben entnommen. Doch Amon spielt in diesem Papyrus keine Rolle mehr, allein Re ist für die Sonnenbarke zuständig. Der mythische Vorfall, bei dem Re einst durch die Glut seines Horusauges den dämonischen Schlangenfeind unschädlich gemacht und insbesondere die Bewegungs- und die Schattenseele des Apophis getroffen hatte, wehrt bei Rezitation und entsprechender Begleithandlung auch für die Gegenwart Gewitter und Feuergefahren ab. Schon in dieser Schrift zeigt sich, wie die Zauberliteratur ihren weitreichenden Anspruch nun dadurch begründet, daß sie sich auf die Autorität eines Urgottes beruft. Der unheilabwehrende Re gibt sich in zwei Monologen als Gott Chepri, "Entstehung schlechthin", zu erkennen, der als erste Gestaltung aus sich den Zaubergott Heka herausgesetzt hatte. Die Tendenz, von einer uranfänglichen Einheit her die eigenen Aktionen zu begründen, meldet sich in diesem Schrifttum auch dann, wenn Re als Hauptgott in diesen Jahrhunderten an Gewicht verliert.

Wie sehr sich das Bedürfnis nach zauberischer Hilfe ausbreitet, zeigen Tempelinschriften der ptolemäischen Zeit. Auf den Wänden eines Heiligtums wie Edfu finden sich unter vielen anderen lange Abschriften von Papyri für den

Schutz des Schlafgemaches, des Jahreslaufes oder auch für die Abwehr des bösen Auges[7], alles zum Schutz der Gottheit.

Aus römischer Zeit stammt der demotische *London-Leidener Zauberpapyrus*[8]. Nunmehr werden nicht nur göttliche Sprüche aus mythischen Urzeitereignissen rezitiert. Vielmehr richtet sich das Bestreben darauf, Götter regelrecht herbeizuzaubern durch einen gewaltigen dramatischen Aufwand, bei dem die einzelnen Götter durch eintretende Personen mit Masken repräsentiert werden. Gelegentlich werden nur die einzelnen Schritte für das Herbeirufen einer Gottheit beschrieben, von Fragen, die ihnen gestellt werden sollen, verlautet nichts. Das Herbeizaubern übermenschlicher Mächte scheint also ein eigenes Gewicht zu erhalten[9]. Die Zauberpriester scheuen sich nicht, neben angestammten ägyptischen Gottheiten auch fremdländische aufzurufen, überraschenderweise besonders hebräische, obwohl – oder vielleicht gerade weil – die alttestamentliche Gottesverehrung sich vehement gegen den magischen Gebrauch sperrt (Exodus 20,7). Neben Osiris, der als Mischwesen mit Falkengesicht, Schlangenschwanz und Krokodilsrücken geschildert wird, werden Jahu, Saba'ot, Attona (Adonaj, "der Herr"?), Mistemu (=Mastema, eine hebräische Satansgestalt), Michael, Sabael herbeigerufen und daran der hundsgesichtige Anubis angeschlossen. Ihnen allen wird befohlen: "Verbirg die Finsternis in der Mitte und bring das Licht zu mir herein!".

Die größte Sammlung dieser Art stellt der *Pariser Zauberpapyrus* aus dem 4. Jh. n. Chr. dar[10] mit Beschwörungstexten und Litaneien in griechischer Sprache, doch mit altkoptischen Einsprengseln. Wieder scheut man sich nicht, beim Herbeizaubern neben Osiris und Anubis insbesondere hebräische Gottesnamen aufzuzählen. Obwohl die Mehrzahl der Zauberpapyri in griechischer Sprache vorliegen, dominiert ägyptisches Erbe; "the religious or mythological background and the methodology to be followed to ensure success may be purely Egyptian in origin"[11].

25.2 Die herkömmliche Rolle der Magie und ihre Erweiterung

Die ägyptische Sprache setzt voraus, daß es eine unsichtbare, übermächtige Zaubersubstanz *heka* gibt, die sich abgestuft in Göttern, Königen und gewissen Menschen vorfindet und sie zu außerordentlichen, normale Regeln überschreitenden Taten befähigt. Diese Wirkungsgröße ist für Kult und Totensorge, aber auch viele Bereiche des Alltagslebens unentbehrlich. Sie fördert Wachstum und Lebenserhaltung, wehrt apotropäisch menschliche, tierische und dämonische Gefahren ab, ist also grundsätzlich positiv zu werten. *Heka* konzentriert sich im Leib der Person, dringt womöglich durch die Extremitäten ein und füllt dann alle Glieder (Pyr 397b; CT 666, VI 294). Im göttlichen Welterstling hat sich *heka* früh als eigene Gestaltung ausgebildet und dadurch die chaotische Ureinheit beendet. In Göttern ist sie gegenwärtig, wenngleich in unterschiedlichem Maße und so, daß diese nicht nur Zauber ausüben, sondern zauberhaften Schutzes durch rituelle Formeln und Amulette auch bedürfen. Als "groß an Zauberkraft", *weret-hekau,* werden bestimmte Göttinnen gerühmt, im Alten Reich Kronen und Kronengöttinnen, während des Neuen Reiches Sachmet oder Mut und schließlich im 1. Jt.v.Chr. vor allem Isis oder der männliche Thot.

Auch bei begabten Menschen findet sich *heka*, vor allem im Herzen, also im Sitz des Bewußtseins, als geheimes Wissen um übernatürliche Namen und deren zweckvollen Gebrauch, aber auch um hintergründige Aktionen. Als Zauberer (hk^3w) kommen gelegentlich Laien vor, zumeist jedoch Mitglieder des Lebenshauses, Wab-Priester oder Ärzte (*swnw*), vor allem aber Vorlesepriester. Doch *heka* erfüllt auch erfolgreich verklärte Tote. In all diesen Fällen wird bei der betreffenden menschlichen Person vorausgesetzt, daß sie von einer Gottheit besetzt ist, die diesen Zauber ausstrahlt. Der *heka*-Mächtigkeit steht der Gebrauch der Verklärungskraft *achu* bei den Bestattungsriten nahe. Beidemal werden zauberische Analogiehandlungen wie beschwörende Sprüche einbegriffen, wobei die sprachlichen Handlungen stärker ins Gewicht fallen. Vom bevollmächtigten Sprecher geäußert, wird durch sie nicht nur eine Mitteilung an eine angesprochene Person weitergegeben, sondern unabhängig von dieser werden die referierten Dinge und Vorgänge durch das Aussprechen unmittelbar materialisiert. Das Wort schafft, was es besagt.

Gemäß ägyptischer Denkweise in mythischen Substanzen hat eine so bedeutsame Energie nicht nur eine raumhafte Art der Verbreitung im All, sondern auch eine zusätzliche Auskörperung in einem (männlichen) *Gott* Heka. Wo durchschlagende Zaubermacht vonnöten ist, weilt er in Person an. So in der Sonnenbarke des Re, die er vor feindlichen Angriffen schützt. Dort fährt er mit wie die schöpferische Wortmächtigkeit Hu oder die erfolgreich planende Einsicht Sia, mit beiden wird er häufig zusammen genannt.

Abb. 144 Pfortenbuch: Sonnenbarke mit widderköpfigem Re, Sia (vorn) und Heka (hinten)

Der ägyptische Befund läßt sich mit einer verbreiteten Ansicht der allgemeinen Religionsphänomenologie schwer in Einklang bringen, wonach *Magie und Religion* von Haus aus unterschiedliche Lebensbereiche betreffen sollen; dabei wird der Magie eine moralisch mehr oder minder neutrale "Automatik der Kraftwirkung" zugeschrieben, die "sich auf dem Boden des rein Dinglichen bewegt", während Religion auf den Umgang mit personhaften Wesen abziele[12]. Viele Darstellungen der ägyptischen Religion — selbst die neuere von Morenz[13] — lassen deshalb das Zauberwesen außer Betracht. Das führt jedoch zu einer einseitigen Betrachtungsweise und der Gefahr, die ägyptische Religion allzu harmlos-christlich zu deuten; "Denn in der Regel wird der Ägypter von magischen und religiösen Impulsen zugleich bewegt, seine Frömmigkeit gestaltet sich eben aus diesem Wechselspiel. Man kann darum nicht magische und religiöse Antriebe scheiden, wenn man nicht der Wirklichkeit Gewalt tun will"[14]. Von da aus ist die sprachlich vermittelte Wirklichkeit so sehr geprägt, daß das ägyptische Denken gelegentlich insgesamt als "magisch" klassifiziert wird[15]. Doch ist Heka nie eine typisch menschliche Weise der Weltbemächtigung, in Absetzung von göttlichem Wirken, wie es manche andere Kultur voraussetzt. Selbst wenn ein Ägypter — meist in königlicher Rolle — Götter magisch bedroht, vollzieht er nur etwas, was zwischen Göttern auch geschehen kann. Magie im strengen Sinn des gegenüber der Götterwelt sich autark gebärdenden Menschen läßt sich in Ägypten vor der Zeitenwende nicht nachweisen. Es fehlt deshalb bezeichnenderweise im Ägyptischen an Ausdrücken für Behexung, bösen Zauber, schwarze Magie.

In griechisch-römischer Zeit greift, wie gesagt, das Zauberwesen mehr und mehr um sich, bis aus der herkömmlichen Magie ein komplizierter und theoretisch untermauerter Magismus entsteht. Um das Ausmaß der Entwicklung begreiflich zu machen, ist eine Rückblende auf die wichtigsten magischen Komponenten der vorangehenden ägyptischen Religionsgeschichte angezeigt.

1) Des Zaubers bedarf der *regierende König* ständig, vor allem zur Abwehr von Feinden und Unheil. Dieser Wirkstoff konzentriert sich in Kronen und Uräusschlangen, die "groß an *heka*" sind. Hingegen wird gewöhnlichen königlichen Befehlen und Erlassen keine solche Zauberkraft beigelegt. Ein wachsendes Bedürfnis nach magischem Schutz führt dazu, daß am Ende des Neuen Reiches Heilsstelen zuerst für den Pharao errichtet werden. Eine Stele Ramses III. will den jagdliebenden König vor Schlangenbiß und Skorpionstich bewahren[16]. Die Inschrift redet das böse Tier an und hält ihm den Wahnwitz eines Anschlages vor Augen:

> Beiße nicht den Sohn des Re, denn er ist Re! ... Er ist der Große, dessen Gestalten (die Gestalt) jedes Gottes ist! Er ist der Löwe, der sich selbst schützt!
> ... Wer ihn beißen wird, bleibt nicht am Leben!

Das Ende der Inschrift verweist darauf, daß Re die Apophisschlange geschlachtet und ihre Bewegungs- und Schattenseele vernichtet habe. Solches würde sich für jedes Tier beim Angriff auf den Gottessohn wiederholen. Die göttlichen Qualitäten des Pharao feien ihn also gegen Anschläge, doch magisches Wort und magisches Symbol verstärken diese seine Immunität.

2) Im *Totenkult* setzt das komplizierte Ritual von Balsamierung, Verklärung und Bestattung seit eh und je voraus, daß Balsamierer wie Vorlesepriester mit *heka* begabt sind bzw. im rituellen Akt von diesem Gott durchdrungen werden. Wenn z.B. den Göttern für den Fall, daß sie den verstorbenen König nicht unter sich aufnehmen, der Nahrungsentzug angedroht wird, dann mit dem Zusatz: "Nicht ist es NN, der dieses zu euch sagt, Götter; der Gott Heka sagt dieses" (Pyr 1324). Ein Toter kann sich in Ausnahmefällen über Heka erheben: "Nicht gehorche ich dem Zauber, ich bin vor ihm entstanden" (CT I 372bc). Zauberkräftige Sprüche und Gegenstände bilden den Kern aller Hoffnung auf Unsterblichkeit. Oben war darauf verwiesen (Kap. 18), wie dadurch sogar eine magische "Ausflankierung des Totengerichts" (Morenz) möglich wird. Mit der Wende zum ersten Jahrtausend mehren sich die Amulette, die den Toten mitgegeben werden: Skarabäen, Dschedpfeilerchen, Lebenszeichen, Herzsymbole, geknotete Schnüre der Göttin Isis, gewöhnlich Isisblut genannt, Uschebtis als Stellvertreter für Frondienste im Jenseits u.a. Das

Totenbuch sieht für sie alle Initialsprüche vor, die den Kunstgegenstand auf Dauer lebendig sein lassen.

3) Auch der *Tempelkult* steht und fällt mit der Überzeugung von der lebensweltserhaltenden Rolle seiner Begehungen, und das heißt ihrer magischen Kraft. Löst beispielsweise in Karnak der Priester morgens Siegel und Riegel an der Tür zum Schrein des Amon-Re, begleitet er es mit den Worten: "Der Finger des Seth ist aus dem Auge des Horus gezogen: Es befindet sich wohl ... o Amon-Re ... du hast deine Beiden Federn und deine Weiße Krone durch das Auge des Horus empfangen ... Vollendeter, du bist vollendet"[17]. Die erste gottesdienstliche Handlung des Tages greift also abbildlich-zyklisch auf den mythischen Streit der göttlichen Geschwister Horus und Seth zurück, bei dem das Auge des ersten verletzt und durch Thot wiederhergestellt wurde. Der Vorgang wiederholt sich beim Aufgang Amon-Re-Horachtes allmorgendlich und gelangt dann erst ans Ziel, wenn nicht nur die Sonne über dem Osthorizont steht, sondern zugleich auch das Gottesbild aus seinem Schrein in die Tempelhalle hineinleuchtet. Nun erst ist das Gottesauge wieder heil. Dem aber werden Begleitwirkungen zugelegt. Das Horusauge wird sofort aktiv und bringt andere, für das tägliche Regiment unentbehrliche Insignien wie Federn und Kronen der Gottheit.

Diese Art von magischer Ritualauffassung prägt schon das Neue Reich. Der Priester als Vertreter des gottgleichen Königs bestimmt durch Analogiezauber das Geschick der hohen Gottheit. Allerdings wurzelt der zauberhafte Zug, der jeder *rite* vollzogenen gottesdienstlichen Handlung *ex opere operato* innewohnt, in einer numinosen Mächtigkeit, welche den beauftragten Menschen in solcher Stunde durchströmt und über das Menschenmaß hinaushebt.

In griechisch-römischer Zeit werden die Tempelbegehungen ungemein ausgebaut. Das führt zu einem Ritualismus, der die unterschiedlichen Priesterklassen zu Experten auf ihrem Sektor werden läßt. Die morgendliche Begrüßung des Gottes Horus in Edfu, die auf das tägliche Tempelritual des Neuen Reiches zurückgeht, vermehrt die dort üblichen rituellen Akte um ein Vielfaches. Nach umständlichen Vorbereitungsakten des Priesters weckt dieser 26 verschiedene Namen, Gestalten und Rollen des Gottes im Schrein, danach zehn Mitgötter und die Neunheit zu seinen beiden Seiten sowie Glieder und Organe als "deinen Leib in Götter und Göttinnen, die aus Horus entstanden/zu Horus geworden" sind, schließlich Kronen, Insignien und vieles andere[18].

4) Die Gelehrten des Lebenshauses stehen aber auch *Privatleuten* bei außerordentlichen Verletzungen oder Gefährdungen mit magischem Wissen bei. Wieder mehren sich entsprechende Texte seit dem ausgehenden Neuen Reich. So wird bei Schlangenbiß z.B. eine mythische Erzählung rezitiert von geheimen Namen des Re, die außer ihm keiner kannte, die aber Isis ihm entlockte, indem sie ihn von einer Schlange beißen und dann leiden ließ, bis er gegen Preisgabe des Namens von Isis geheilt worden ist. Der Text wird auf Leinen geschrieben und um den Hals des Patienten gelegt, ein zweites Exemplar wird zermahlen und mit Bier und Wein gemischt, wirkt dadurch "millionenfach erprobt"[19] die Zerstörung des Gifts. Ein anderer Papyrus gleicher Zeit enthält ausführliche Sprüche gegen Kopfschmerzen, Bauchleiden, Geburtsgefahren, aber auch Verbrennungen[20]. So wird das Leben des einzelnen magisch umhegt.

Der Rückblick zeigt, wie bei vier wesentlichen Bereichen des ägyptischen Lebens seit je Zauberhandlungen üblich gewesen sind. Solche Praktiken und die zugrundeliegenden Anschauungen, die gewiß von handfesten kommerziellen Handlungen begleitet waren, erscheinen uns abwegig, unsinnig und weit entfernt von echter Frömmigkeit. Vor so modernistischen Emotionen und Vorurteilen gilt es jedoch, auf der Hut zu sein. Denn von den Voraussetzungen ägyptischer Sprache und ägyptischen Denkens her lassen sich solche Zauber und die im Hintergrund stehende Gottheit als durchaus legitim, nötig, ja "logisch" begreifen.

Abb. 145 Holzplatte mit Spruch gegen bösen Blick, mit einer Schnur am Hals getragen

Das erklärt sich einmal aus der Überzeugung von der Kraft des Namens; jede Nennung macht den Namensträger präsent, verbunden mit der Auffassung von einer durchgängig "performativen" Wirkung des Sprechens. Wird ein Gottesname laut, wird die Mächtigkeit dieser Gottheit unbedingt herbeigerufen. Hinzu tritt weiter die in alten Kulturen verbreitete Auffassung, daß Bilder und Embleme, weil äußere Ähnlichkeit immer Wesensbeziehung voraussetzt, eine effektive Repräsentanz innehaben. Handlungen, die an ihnen durchgeführt werden, betreffen auf besondere Art immer auch das Repräsentierte. Ein drittes wesentliches Moment ist die in der Spätzeit zunehmend gebräuchlicher werdende mythische Erinnerung an eine alle positive Lebensordnungen gründende Urzeit, die vielleicht als Alternative zu der von Fremdherrschaft bestimmten Gegenwart hervorgehoben wird. Daraus erklärt sich der Gebrauch beschwörender Berufung auf mythische Präzedenzfälle, der in diesen Texten immer wieder auftaucht. Schließlich mag auch die für ägyptisches Denken bezeichnende Auffassung von einer potentiellen Austauschbarkeit der Seinsart, von der Relativität aller Grenzen von Arten und Gattungen des Seienden, eine Rolle spielen. Jedenfalls mehren sich mythische Nachrichten über die Lust der Gottheiten, sich ständig zu verwandeln, vor allem in alle möglichen Tiere[21]. Die ontologische Möglichkeit zur Metamorphose ist eine der Grundvoraussetzungen spätägyptischen Zauberwesens.

25.3 Zauberpraxis um die Zeitenwende

Über den rituellen Ablauf sachgerechter Beschwörungen geben einschlägige demotische und griechisch-ägyptische Papyri genaue Auskunft. Es versteht sich von selbst, daß für die Durchführung ein reiner Ort, oft ein dunkles Gemach, und eine durch astrologische Vorzeichen ausgewiesene günstige Zeit zu wählen sind. Der Priester bedarf einer außerordentlichen Reinheit, hat ohne Kleider und Schuhe aus tierischen Produkten und ohne Knoten und Ringe am Gewand anzutreten, nach Tagen der Enthaltung von Schweinefleisch und Hülsenfrüchten, aber auch vom Beischlaf. Eine im östlichen Mittelmeerraum sich ausbreitende spätantike Neigung zu asketischer Lebensführung erreicht um diese Zeit auch das Niltal und wirkt überraschenderweise bei der Ausbildung des Magismus besonders nach. Der Zauberer bedarf mannigfaltiger Amulette, um sich vor unerwartetem Angriff erboster Gestalten zu schützen, die er herbeibeschwören will und die sich gegen solchen Zwang vielleicht wehren. Die Handlung vollzieht sich nach festgelegtem Muster. Notwendig ist a) ein Räucheropfer von Dingen, die mit der *herbeizurufenden Macht* in einem inneren, sympathetischen Bezug stehen, meist sind das Harze oder Spezereien, wobei es für mit Planeten und Dekansternen verbundene Gottwesen genaue Listen gibt. Hinzu treten bestimmte Pflanzen und tierische Bestandteile wie Gehirne von Widdern, Haare von Pavianen, Blut von Fledermäusen, Pferdemist. Narkotisierende Dämpfe fehlen nicht, die den Zauberer in Trance versetzen. Danach wird b) die *Beschwörungsformel* vorgetragen. Der Sprecher legt dar, daß er den geheimen Namen der Kraft genau kennt, die er herbeizwingen will, einen Namen, der von landläufigen Gottesbezeichnungen unterschieden ist. Barbarische Namensformen bewirken mehr als ägyptische. Der ägyptische Seth wird mit dem griechischen Typhon gleichgesetzt, ihm kommt aber eigentlich ein hundertbuchstabiger Name zu, und Sarapis heißt in Wahrheit Αοιαοεοēy, wobei das anlautende a wie Wogenrollen zu sprechen ist. Danach beteuert der Beschwörer, daß er die geheimen Eigenschaften und sympathetischen Beziehungen der Gottheit kennt und verwenden wird. Ihm folgt seine Selbstvorstellung als ein anderer großer Gott, womöglich als eine Ausprägung mehrerer Gottheiten, mit oft gleichmäßiger Berücksichtigung der beiden althergebrachten ägyptischen Götterkreise: "Ich bin der von Abydos (Osiris) ... ich bin diese Gestalt des Re ... ich bin diese Gestalt des Horus"[22]. Es folgt c) die *Zauberhandlung* selbst, bei der Bilder, Amulette, Knoten hergestellt und entsprechend dem beabsichtigten Zweck behandelt werden. Der Ritus endet d) mit einer *Entlassung*, das heißt mit der Austilgung von Zeichnungen oder der Verbrennung von Düften, die dem herbeigerufenen Gott antipathetisch sind und dazu führen, daß er sich wieder entfernt.

Der Zauberer beschwört übermenschliche Mächte in der Regel nicht um seiner eigenen Person willen, sondern für seine Klienten. Als Beispiel mag ein Liebeszauber dienen, der nach dem London-Leidener-Papyrus die leidenschaftliche Zuneigung einer Frau unweigerlich hervorruft[23]. Als Materialien sind ein Stück Haut vom Kopf eines ermordeten Mannes sowie sieben Gerstenkörner aus einem Grab zu beschaffen, beides mit Apfelkernen gemischt und zerrieben, sowie Blut von einer Hundelaus und Blut vom zweiten linken Finger des Bittstellers samt seinem Sperma. Das alles wird in einen Becher mit Wein geschüttet, der der besagten Frau, die um die Zusammensetzung natürlich nicht weiß, als Trunk gereicht wird. Dann soll die Wirkung nicht ausbleiben.

Neben sympathetischen Stoffen spielen Bestandteile toter Menschen, insbesondere gewaltsam umgekommener, deshalb eine so große Rolle, weil ihren Ach-Seelen Haß auf die Lebenden zugetraut wird, der wachgerufen und auf die Spur einer zu bezaubernden Person gesetzt werden kann. Was einst als Verklärungsseele sich himmlischen Gefilden zubewegte, der Ach, wird jetzt mehr und mehr als gefährlicher Totengeist rings um das Grab empfunden.

25.4 Alchemie

Trotz ihrer komplizierten Rituale und ihrer im Lande weit verbreiteten Tätigkeit haben ägyptische Zauberer außerhalb des Niltals bei weitem nicht die internationale Anerkennung gefunden, die um die gleiche Zeit ihre Konkurrenten aus Vorderasien, die Chaldäer und Magier, im Mittelmeerraum finden. Nur eine Sparte ägyptischer Magie wird berühmt und wirkt mit ihren Voraussetzungen durch Jahrhunderte nach: das Vorhaben, unedle Metalle in Gold zu verwandeln und dadurch ein unfehlbar wirkendes Lebenselixier als Garant ewiger Dauer zu erhalten. Jene geheime Kunst, die dann in islamischen und christlichen Kulturen eifrige Nachfolger gefunden hat, beginnt anscheinend im ptolemäischen Ägypten. Ihre Wurzeln liegen im religiösen Bereich. Gold gilt als Ausstrahlung des Sonnengottes; auch die Himmelsgöttin Hathor heißt früh schon einfach "das Gold". Jeder Pharao waltet als Gold-Horus über dem Land. Dieses Metall ist eine Erscheinungsform der höchsten Götter, ja ihr "Fleisch". In der Totensorge spielt es ebenfalls eine erhebliche Rolle; die Künstlerwerkstatt für die Beigaben zur königlichen Grablege wird deshalb Goldhaus genannt. Die althergebrachte Überzeugung von einer potentiellen Austauschbarkeit der Seinsarten läßt Gold nicht als unveränderliche Metallsubstanz, sondern als eine "zufällige" Gestaltung unter vielen möglichen erscheinen. Die mit dem Hellenismus aufkommende Neigung zu technischen Experimenten weckt das Bestreben, über das hinaus, was in natürlichen Feldern als Gold gefunden wird, das Edelmetall durch Verwandlung unedler Stoffe herbeizuzaubern. Dabei bleibt in den ägyptischen

Anfängen der göttliche Beistand unentbehrlich. Später vielzitierte Handbücher werden auf den Weisheitsgott Thot oder auf Isis oder auf menschliche Verfasser zurückgeführt, die mit ihrer Vollmacht tätig waren, von dem im 2. Jh. v. Chr. lebenden *Bolos von Mendes* angefangen bis hin zu dem jahrhundertelang berühmten, im 4. Jh. n. Chr. in Alexandrien wirkenden Alchemisten *Zosimos*.

25.5 Theoretische Grundlagen des Magismus

Die Zunahme von Praktiken, welche der moderne Forscher als abergläubig einstuft, in einem Zeitalter, welches sonst ein angestrengtes rationales Bemühen auf den Bereichen der Ökonomie oder der Politik erkennen läßt, ruft nach Erklärung. Der Einfluß des hellenistischen Geistes, sonst als Motor von Aufklärung angesehen, scheint im Niltal eher das Vertrauen in geheimnisvolle Kräfte des Zaubers gestärkt zu haben.

Bislang werden die Gründe vornehmlich in einem zunehmenden Auseinanderklaffen von Priester- und Volksreligion gesucht. Selbst ein so vorsichtiger Forscher wie Bonnet[24] macht die "Theologisierung der offiziellen Religion" und die "Spiritualisierung der Kultbegriffe" dafür verantwortlich, weil sie dem Volk die alten Götter "entfremdet" und deshalb als Gegenreaktion das Zauberwesen hervorgerufen haben. Gegen die Erklärung spricht, daß in den entsprechenden Texten der späten Zeit keineswegs das niedere Volk zu Wort kommt, sondern hohe und höchste Priester des Landes einbegriffen sind. Erman[25] sieht hingegen in der Magie einen "wilde(n) Seitentrieb der Religion", der in der Spätzeit das ägyptische Denken aller Schichten aus unbekannten Gründen erfaßt hat. "Wo die Hemmung der Vernunft einmal nachläßt, treten auch in den höchsten Schichten eines gebildeten Volkes die größten Albernheiten wieder auf." So geschehe es hier. Wie sich zeigen läßt, läßt sich aber die Zauberliteratur in ihrer gehobenen Form nicht nur in Weltbild und religiöses Denken der Ägypter durchaus einordnen, sondern stellt in gewisser Weise eine konsequente Fortentwicklung längst bereitliegender Ansätze dar. Mit der Magie zusammen breiten sich nunmehr Mythen aus, und beides hat durchaus Vernunft in sich.

Ab der ptolemäischen Zeit lassen sich Grundsätze einer ausgebauten Zaubertheorie aufweisen, die man *Magismus* nennen mag, um sie vom älteren, weniger reflektierten Beschwörungs- und Verklärungswesen abzuheben. Tragendes Axiom ist dabei, wie es scheint, eine neu aufkommende Überzeugung von engen geheimnisvollen kosmischen Zusammenhängen, die jenseits der Sichtbarkeit liegen und normalen Menschen unzugänglich bleiben, die aber dem Wissenden zugänglich sind und ihm weitgreifende Manipulationen ermöglichen. Diese Verflechtung kosmischer Kraftfelder ist eine wesentliche Voraussetzung auch für die öffentlichen Kulte jener Zeit und die Einschätzung Ägyptens als eines numinosen Kraftzentrums des Kosmos (oben Kap. 23.4, S. 500). Die Griechen beginnen in jenem Zeitalter, von Sympathie und Antipathie zwischen göttlich-astralen Mächten einerseits und irdischen Gegebenheiten, insbesondere menschlichen Körper- und Seelenteilen, andererseits zu reden. Unter diesem Blickwinkel rücken Astrologie und Magismus nahe aneinander. Die zugrundeliegende Weltauffassung ist jedoch älter und teils ägyptischer, teils chaldäisch-iranischer

Herkunft. Die Parallelisierung menschlicher Glieder mit Erscheinungen am Himmel geht auf die ägyptische Anschauung von Gliedervergottungen zurück, von der seit der Pyramidenzeit häufig geredet wird. Im Zeitalter steigender Tiervergötterung legt sich ägyptischer Phantasie zudem nahe, die häufigsten Tierarten mit den hohen Gottheiten und ihrer scheinbaren Lust zu ständigen Metamorphosen zu verbinden. Aus der mythischen Überlieferung folgt, daß der Sonnengott in Falken, Skarabäen, Katzen und Löwen sich ausprägt; dem werden weitere Tierarten hinzugefügt unter der Voraussetzung, daß Re zu jeder Stunde die Gestalt eines anderen Sympathiewesens annimmt. Dem Mond, der mit Thot verschmilzt, werden zunächst Pavian und Isis zugesprochen, jetzt aber weitere Arten, bis insgesamt 28 Tiere seinem Zu- und Abnehmen entsprechen. Seth-Typhon dagegen verkörpert sich im Esel, auch antipathetische Tiere sind also präsent.

Über astrale Beziehungen der verschiedenen Pflanzenarten handelt das astrologische Grundlehrbuch von Nechepso-Petosiris (Kap. 24) ebenso wie eine Schrift über die 36 heiligen Dekanpflanzen des Hermes Trismegistos. Metalle und Mineralien werden nach der Beischrift auf dem Himmelsrelief von Dendera den 36 Dekanen zugeordnet. Demotische Texte setzen voraus, daß jede Gottheit als "Vorsteher" bestimmter Gattungen, aus den drei Naturbereichen Steine, Pflanzen und Tiere, wirksam ist. Da die Gottheiten zugleich mit den Zeitrhythmen von Stunden, Tagen, Monaten und Jahren verknüpft werden, ergeben sich wichtige Querverbindungen, sie machen wieder deutlich, wie sehr Astrologie und Magismus auf gleichen Voraussetzungen gründen. Als Lehre des ägyptischen Hermes-Trismegistos an Isis und Osiris wird später ein hermetischer Traktat Kore Kosmu (Kap. 28.2, unten S. 616) die entsprechenden Sympathien und Antipathien ausführlich entfalten.

Von den veränderten Voraussetzungen her verschieben sich die Gewichte im göttlichen Pantheon. Ein besonderer Zaubergott Heka wird eigentlich überflüssig. Seine Verehrung tritt deutlich zurück. Wo er festgehalten wird, wird er als Kind aufgefaßt und Horus nahegerückt, so in Esna als Sohn des Urgottes Chnum und seiner göttlichen Gattin Menhit. Oder er gilt als Gestalt- und Erhaltseele eines Urgottes[26]. Horus hingegen tritt als *Harpokrates*, als Horus-das Kind, in den Vordergrund allgemeiner Verehrung, wie zahlreiche Figürchen des göttlichen Knaben belegen. Er ist zugleich Sonnenkind, oft mit der Sonnenscheibe geziert, wie auch Sohn der Isis, der nunmehr zauberkräftigsten Gottheit, über die noch unten zu handeln sein wird, verbindet also in seiner Person die Kraft der beiden in Ägypten so oft antagonistisch gegenüberstehenden Götterkreise.

Als eine einflußreiche Kraft im Kosmos tritt nunmehr der greisenhafte Zwergengott *Bes* hervor. Von Haus aus ein schützender Dämon für das

Schlafzimmer und die damit zusammenhängenden Vorgänge von Geburt und Kinderpflege, wird er nun zu einer hochangesehenen Gottheit. Dargestellt wird er mit fratzenhaftem Gesicht, mit einem von einer Löwenmähne bedeckten Haupt, Tierohren, oft mit Flügeln und Federkrone, mit krummen Beinen, zwischen denen ein Tierschwanz oder ein langer Penis hervorlugt. In der Hand trägt er oft eine Sa-Schleife schützender Mächtigkeit.

Unter dem Beinamen *Hit* wird er zum göttlichen Vorbild für Musik und Tanz. Gelegentlich wird ihm eine weibliche Entsprechung Beset zur Seite gestellt. In identifizierender Namensrelationierung kann Bes in der Spätzeit mit Göttern wie Min, Amon, Nefertem und Schu verschmelzen, vor allem aber rückt er als sich verjüngender Sonnengreis dem jugendlichen Horus nahe. Seiner häßlichen Gestalt traut man zu, daß sie besonders wirksam Dämonen zurückschreckt. Die Wirkung bei den Ägyptern scheint so berühmt geworden zu sein,

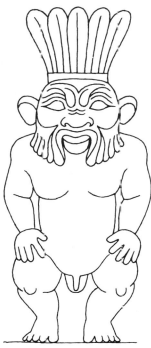

Abb. 146 Bes-Amulett

daß Bes so häufig wie kaum ein anderer Gott im außerägyptischen Bereich übernommen wird, bei Phönikern, Kleinasiaten, später den Römern.

In Ägypten aber wird er seiner Ungestalt wegen zugleich zu einer Erinnerung an den ungeordneten Uranfang. Da der Urgott in diesem Zeitalter mehr als in früheren in der ägyptischen Geschichte ständig präsent und als insgeheim das All durchwaltend betrachtet wird, kommt es zur Konzeption eines *Bes-pantheos*, der sieben verschiedene Köpfe und mehrere Flügelpaare bei sich hat, den Kosmos trägt und die geheime Mitte himmlischer Feuer bildet. Seine Beschreibung lautet dann:

> Der Bes mit sieben Köpfen: Er verkörpert die Ba's des Amon-Re,
> (...) des Herrn von Himmel, Erde, Unterwelt, des Wassers und der Berge.
> Der seinen Namen geheimhält vor den Göttern,
> des Riesen von Millionen Ellen,
> des Starken, der den Himmel festmachte auf seinem Haupt,
> (...) aus dessen Nase die Luft hervorgeht, um alle Nasen zu beleben,
> der als Sonne aufgeht, die Erde zu erhellen,
> aus den Ausflüssen dessen Leibes der Nil fließt, um jeden Mund zu beleben[27].

Für den Zauberer verkörpert also Bes die Göttervielfalt und verleiht Macht über sie, als die Aktivseele des wohl nunmehr als Urgott betrachteten Amon-Re wird er zur treibenden Kraft im All.

Abb. 147 Sogenannter Bes Pantheos im Flammenrund

Neben Bes wird nunmehr häufig die seit dem Neuen Reich immer beliebter werdende *Thoëris*, "die Große" (t^3 *wrt*), abgebildet, als aufrechtstehendes Mischwesen, schwanger, mit Krokodilsrücken, Menschenhänden, hängenden Brüsten und Löwenfüßen, das Schutzzeichen Sa bei sich führend. Sie ist bei der Entbindung von Frauen hilfreich, vertreibt aber auch durch ihre furchterregende Gestalt tierische und dämonische Gefahren. Auch Thoëris wird kosmisch verankert, erscheinend bisweilen als Spaltform der Hathor mit Gehörn und Sonnenscheibe und hat ihre Entsprechung in einem Sternbild am Himmel.

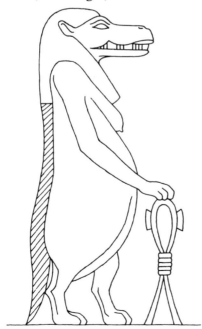

Abb. 148 Thoëris mit Schutzzeichen

Durch ein derart entworfenes engmaschiges Beziehungssystem von übereinanderliegenden Seinsschichten und den ihnen zugewiesenen göttlichen Wesen können durch entsprechende Manipulationen an irdischen Ansatzpunkten die gewaltigen kosmischen Kräfte gleichsam von unten her verändert werden. Voraussetzung ist, daß der menschliche Akteur eine unmittelbare Beziehung zu höheren Mächten besitzt, die durch die Kraft des magischen Wortes hergestellt wird. Der Nachweis solcher Fähigkeiten scheint den meisten Zeitgenossen zwingend, selbst spätantike Philosophen pflichten mit wenigen Ausnahmen diesen Theorien bei (Kap. 27).

So verspricht der Magismus für viele Lebensbereiche eine Hilfe, welche die einschränkende normale Verkettung von Ursache und Wirkung weit hinter sich läßt. Das reicht von primitiven Bedürfnissen wie Liebeszauber und Gesundbeten über öffentliche Angelegenheiten wie Krieg und Frieden oder Steigerung der Ernten bis hin zu hochgeistigen Bestrebungen wie die (neuplatonische) Erkenntnis höherer Welten oder die Befreiung der Seele vom Zwang des Schicksals, wie sie etwa in der sogenannten Mithras-Liturgie zutage tritt[28]. Im alltäglichen Bereich tummeln sich bald eine Unzahl von Gauklern und Betrügern, deren religiöse Bindung ebenso lax erscheint wie ihre Moral. Auf der anderen Seite stehen geistig hochstehende und sittenstrenge Vertreter, welche auf die niedrigstehenden "Goëten" verächtlich herabsehen. Auch nationale Abstufungen fehlen nicht, so sollen zum Beispiel ägyptische Zauberer erfolgreich gegen nubische kämpfen[29].

H.Altenmüller, Die Apotropaia und die Götter Mittelägyptens, Phil. Diss. München 1967

H.D.Betz, The Greek Magical Papyri in Translation, including the Demotic Spells I, 1986

J.Bidez/F.Cumont, Les Mages hellénisés I.II, 1938 = 1973

J.F.Borghouts, Ancient Egyptian Magical Texts, Nisaba 9, 1978

F.Daumas, La valeur de l'or dans la pensée égyptienne, RHR 149, 1956, 1-17

Ders., L'alchimie a-t-elle une origine égyptienne? In: Das römisch-byzantinische Ägypten 1983, 109-18

F.L.Griffith/H.Thompson, The Demotic Magical Papyrus of London and Leiden, 1904 = 1976

T.Hopfner, Griechisch-ägyptischer Offenbarungszauber, 1924

Ders., Mageia, PRE 14, 301-93

E.Jelinkova-Reymond, Les inscriptions de la statue guérisseuse de Djed-her-le-Sauveur, BdE 23, 1956

F.Lexa, La magie dans l'Égypte antique I-III, 1925

J.Linsday, The Origins of Alchemy in Graeco-Roman Egypt, 1970

M.Mertens, Une scène d'initiation alchimique: La 'lettre d'Isis à Horus', RHR 205, 1988, 3-23

K.Preisendanz, Papyri Graecae Magicae. Die griechischen Zauberpapyri I.II, ²1973.²1974

A.Roccati/L.Kákosy (Hg.), La magia in Egitto, 1988

C.E.Sander-Hansen, Die Texte der Metternichstele, 1956

S.Sauneron, Le monde du magicien égyptien. SourcesOr 7, 1966, 27-65

Ders., Le Papyrus Magique Illustré de Brooklyn, Wilbour Monographs 3, 1970

S.Schott, Altägyptische Vorstellungen vom Weltende, AnBibl12, 1959, 319-30

H.Sternberg-el-Hotabi, Die Götterdarstellungen der Metternichstele, GM 97, 1987, 25-70

V.Wilson, The Iconography of Bes with Particular Reference to the Cypriote Evidence, Levant 7, 1975, 77-103

RÄRG 101-9 'Bes'; 111-6 'Beschwörung'; 116-8 'Beset'; 273-5 'Harpokrates'; 530-5 'Nilpferdgöttin'
LÄ 1, 354-5 'Apophisbuch'; 1, 720-4 'Bes'; 2, 1108-1110 'Heka'; 3, 60-2 'Horusstele'; 3, 1137-64 'Magie, Magische Literatur, Magische Stelen'; 5, 547-9 'Sched'; 6, 494-7 'Thoeris'; 6, 1221-4 'Werethekau'; 6, 1320-55 'Zauber'

Anmerkungen zu Kapitel 25:

1 LÄ 3, 61
2 Roeder, UR 82-97; TUAT II, 358-80
3 ANET 29-31; Brunner-Traut, Märchen 163-7; AEL III, 90-4
4 AEL III, 104-7
5 Derchain, RHR 161, 1962, 186-7
6 Roeder, UR 98-115
7 LÄ 3, 1155 und Anmerkungen
8 Roeder, ZJ 185-213
9 C.K.Barrett-C.Colpe, Die Umwelt des Neuen Testaments, Ausgewählte Quellen 1959, 42-6
10 Roeder, ZJ 214-222
11 J.H.Johnson bei Betz I, LV
12 z.B. RGG 4, 599
13 Anders S.Morenz, Gott und Mensch im Alten Ägypten 1964, 144-55 = ²1984, 177-87
14 RÄRG 435
15 LÄ 3, 1139
16 Roeder, ZJ 145-59
17 TUAT II 398; ANET 325
18 Assmann, Liturgische Lieder, 349

19 Roeder, UR 138-41; ANET 12-4
20 TUAT II, 381-91
21 vgl. Papyrus Jumilhac, LÄ 4, 708-12
22 Roeder, ZJ 193
23 Roeder, ZJ 192
24 RÄRG 438
25 Erman, Rel. 295-6
26 Roeder, UR 109
27 Assmann, Äg 282
28 Leipoldt-Grundmann, Umwelt des Urchristentums II 1967, 98-101; Barrett-Colpe, Die Umwelt des Neuen Testaments 1959, 112-4
29 AEL III 142ff

26. Isis und Osiris als Mächte über Himmel und Erde, Leben und Tod. Das Ende des religiösen Antagonismus

26.1 Veränderungen der kultischen Landkarte

Als Herodot um die Mitte des 5. Jh.v.Chr. Ägypten bereist, fällt ihm die regionale Zersplitterung der Götterverehrung auf, von der sich nur das Paar Isis und Osiris abhebt. Die beiden scheinen ihm die einzigen Gottheiten zu sein, die von allen im Lande verehrt werden. Von einer überragenden Rolle des Sonnengottes als Amon oder Re, wie sie noch den damaligen Nachrichten über das Verhältnis der Perserkönige zu ägyptischen Kulten zu entnehmen ist, war dem griechischen Reisenden bei der Masse des Volkes nichts mehr erkennbar. Insofern hatten sich die Verhältnisse seit der Zeit ramessidischer persönlicher Frömmigkeit entscheidend gewandelt.

Die Gewichtsverlagerung innerhalb der Gottesauffassung, die sich hier abzeichnet, tritt in griechisch-römischer Zeit auch in den offiziellen Dokumenten und vor allem in den Sakralbauten zutage. Ein Blick auf die Verteilung der großen Heiligtümer im Lande gibt davon beredte Kunde, vor allem beim Vergleich mit den Verhältnissen im Jahrtausend zuvor.

Die heute noch erhaltenen ptolemäisch-römerzeitlichen Tempel bezeugen die weiterhin herrschende polytheistische Ausrichtung des Kultes. Dabei treten die drei oben (Kap. 23) erwähnten Schwerpunkte spätägyptischer Religion auch hier zutage; zum einen das Gewicht weiblicher Gottheiten etwa im Hathortempel zu Dendera, dann der Kontakt zu Urgottheiten wie dem Schöpfer Chnum und der Göttermutter Neith in Esna. Die Verlagerung der Sonnenverehrung von Re auf Horusgötter schließlich dokumentieren Tempel des Haroëris in Kom Ombo oder des Horus Behedeti in Edfu. In allen diesen Fällen handelt es sich um Gottheiten, die schon seit Jahrhunderten an der Kultstätte heimisch sind. Neu hingegen tauchen auf der kultischen Landkarte nunmehr zahlreiche Heiligtümer für das Paar Osiris-Isis auf.

Im Delta wird das Iseion (Behbet el Hagar) seit der 30.Dyn. zu einem vielbesuchten Wallfahrtsort. Nicht weit davon entfernt liegen in der Ptolemäerzeit Alexandrien und Kanopos, wo unter dem Namen Sarapis eine dem Osiris ähnliche Gestalt im Mittelpunkt des Tempeldienstes steht. Weiter östlich liegt landeinwärts Busiris, wo zu Zeiten Herodots (II 59) der größte Isistempel des Landes steht. In Bubastis wird die vor allem von Frauen begeistert verehrte, menschenfreundliche Bastet nunmehr als "Ba der Isis" erklärt. Oberhalb des

Deltas hat im altberühmten Memphis der mit Osiris verbundene Apisstier und damit Sarapis den alten Reichsgott Ptah in die mythologische Urzeit verwiesen. Der Name der Stadt wird nun als "Grab des Osiris" aufgefaßt[1] und das von den Ptolemäern prächtig aufgeführte Sarapïeion zum vielbesuchten Wallfahrtsheiligtum. Isis besitzt hier einen großartigen Tempel[2]. Am Ort aufgefundene Totenstelen rufen "Apis-Osiris-Chontamenti, König der Götter und Herr des unübersehbaren Zeitenwechsels und der bleibenden Zeitenfülle" an sowie "Isis, die Große, Mutter der Götter, Auge des Re, Herrin des Himmels" und erwähnen Sokar oder Ptah ohne volltönende Titel[3].

Wie sehr die Rolle Ptahs an Bedeutung verliert, zeigen die Inschriften der Hohenpriester von Memphis, die in ptolemäischer Zeit den höchsten Rang unter allen einheimischen Familien einnehmen und mit dem Königshaus verschwägert sind. Zwar führt der Stelleninhaber unter seinen zahlreichen Priestertiteln als zweiten zumeist "Diener des Ptah" (hinter dem ersten "Gottesvater"). Doch zu seinem Amt wird er in Rakotis-Alexandrien geweiht. Und zu seinen Obliegenheiten und Be-

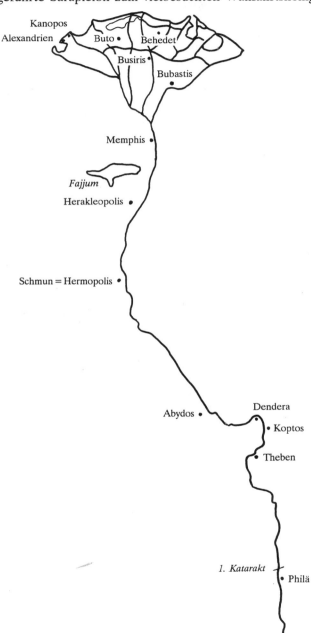

Abb. 149 Isis- und Osirisheiligtümer der Zeitenwende

sitztümern gehören neben dem Ptahtempel die memphitische Nekropole, das Osireion, Sarapïeion und Anubïeion sowie der Sarapistempel in Alexandrien[4].

In Schmun rühmt der Hohepriester des Thot nunmehr "Osiris-den Ibis, Osiris-den Pavian". In Herakleopolis wird der dortige Widdergott zum Osiris-Herischef erklärt und das Heiligtum zur Krönungsstätte des Osiris. In Dendera tritt Isis durch einen eigenen Tempel neben die dort heimische Hathor. Abydos, nunmehr primär Sarapisstätte, wird weiter von Wallfahrern fleißig besucht, wie zahlreiche Graffiti ergeben. Das in der Nähe gelegene Koptos steigt zu besonderem Ansehen auf und wird zum zweiten oberägyptischen Iseion, weil hier Isis als Mutter des Min-Horus anwest. Vielleicht wurde auch Medamud, eine alte Stätte des Month, zu "einer der Hauptkultstätten des Osiris"[5]. Der prächtigste Wallfahrtsort um die Zeitenwende aber wird die Insel Philä, wo jährlich Hunderttausende zu den Isisfesten herbeiströmen. Daneben liegt die Insel Bigge, der "reine Hügel", das Abaton, mit dem Grab des Osiris, das keiner betreten darf.

Mit solchen großen Heiligtümern nicht genug. In jedem der 42 Gaue befindet sich im zentralen Heiligtum ein Körperteil des Osiris, dorthin verschlagen nach Ermordung und Zerstückelung des göttlichen urzeitlichen Landeskönigs. Der jeweilige Gaugott wird mit diesem Osirisglied in eins gesetzt und alljährlich (?) eine Vereinigung der im Lande verteilten Osirisglieder als mythischer Zusammenschluß Ägyptens gefeiert. Bald gibt es überhaupt keinen angesehenen Tempel mehr ohne Osiriskapelle. Dort feiern meistens Priester unter Ausschluß der Öffentlichkeit Einbalsamierung, Bestattung und Wiederbelebung des Gottes.

Sprechendes Beispiel für die Umwälzung in der Wertschätzung der Gottheiten sind die Einbauten im Tempelbezirk von Karnak, der noch in der dritten Zwischenzeit der einzigartige Mittelpunkt des Sonnengottes auf Erden gewesen war. Schon in der 22.Dyn. wird auf einzelnen Statuen die ramessidische Triade Amon-Re-Ptah durch Osiris als vierte Gestalt ergänzt[6]. Der Amontempel wird allmählich auf allen Seiten von Gedenkstätten für den Gott der Unterwelt und ewigen Zeitenfülle umgeben wird. In Richtung Sonnenaufgang werden im 1. Jt.v.Chr. allein sechs Osirisheiligtümer errichtet, nach Norden hin drei weitere zwischen Haupttempel und Ptahheiligtum, im Süden hat schon der Kuschit Taharqa eine Osirisstätte angebaut[7].

Beim Chons-Tempel bauen die Ptolemäerkönige einen Tempel für die nilpferdartige Göttin Ipet (oder Opet); In ihm werden Amon-Re mit Osiris, Mut mit Isis, Chons mit Horus gleichgesetzt[8]. Auf dem 2. Pylon wird Theben als 'Grab des Osiris' gerühmt[9]. So scheint Amon auf seinem ureigensten Gelände in den Hintergrund zu rücken. Der kultische Schwerpunkt hatte sich in der 3. Zwischenzeit nach Medinet Habu auf dem Westufer verlagert, wohin "Amon von Opet" zu einem Dekadenfest zieht, um sich aus seinen urzeitlichen Formen zu erneuern, dann nach Karnak zurückzukehren und sich mit Re zu vereinigen. Doch dieser Kult scheint in spätptolemäischer Zeit aufgehört zu haben[10]. Es ist nur folgerichtig, wenn dann bei Diodor (III 3) überliefert wird, Theben sei durch Osiris gegründet!

Neben Isis und Osiris tritt *Horus* als ihr Sohn und ihre Verbindung zur politischen Welt und der Regierung des Pharao. Der alte falkengestaltige Landesgott erringt aufs neue eine herausragende Stellung, wie vor allem der großartige Edfutempel belegt. Hier befinden sich neben dem Allerheiligsten eine Kammer für Re, aber drei Kammern für (Sokar-)Osiris, "der in Edfu residiert und der hier wiedergeboren wird, um herauszugehen im Bild des Re"[11]. Auf der Innenseite der Westmauer wird in 11 Bildern der Kampf des Horus Behedeti, Sohn des Osiris wie des Re, gegen Seth als Verkörperung des Bösen dargestellt. Die Kraft zur Überwindung nimmt er aus den Zurufen der hinter ihm stehenden Isis.[12]

Abb. 150 Von Isis geführt, erstechen Horus und der von zwei Dämonen begleitete Pharao den (bewußt klein gezeichneten) Seth

Der Zusammenhang mit den Eltern wird dadurch unterstrichen, daß als neue Spaltform Horus-das Kind, griechisch *Harpokrates*, für den in den Geburtshäusern geborenen Gott auftaucht, so in Behbet el Hagar, Koptos, Philä. Er ist nicht nur wie seine Parallele Horus-Sohn der Isis, Harsiese, Hintergrund pharaonischer Herrschaft, sondern kommt als "unbelastetes" Kind auch jedem Privatmann nahe. Abgebildet wird Harpokrates als Sonnenkind in der Lotusblüte, mit der Sonnenscheibe auf dem Haupt oder in der Sonnenbarke fahrend. Tritt also auch die früher so heiß verehrte göttliche Sonnenenergie eines Amon-Re in den Hintergrund, bleibt doch die tagtäglich gleichmäßig dahinziehende Sonne für den Ägypter eine zur Verehrung zwingende Erfahrung.

Die veränderte Orientierung hinterläßt auch im nach wie vor blühenden *Tierkult* ihre Spuren. Heilige Tiere werden nun Osiris beigeordnet. Für Apis gilt das seit Beginn der Ptolemäerzeit, Plutarch kennt ihn nur noch als "Bild der Seele des Osiris"[13]. Der heilige Stier von Hermonthis wird seit der 30. Dynastie als Osiris-Buchis beigesetzt. Selbst der ehemalige Sonnenstier Mnevis aus On wird zu einem Osormnewis[14]. Die Kühe aber werden als Gattung insgesamt der Isis geweiht. Die Hesat-Kuh, eine Hathorverkörperung, fliegt künftig als "Ba-Seele der Majestät der Isis" zum Himmel[15]. Eine solche Veränderung in der Gewichtung der Kultstätten muß einen bedeutsamen Umbruch im religiösen Denken bei sich haben, bedenkt man, wie zäh Kultbräuche sich sonst zu halten pflegen, wie wenig sich etwa an gegenwärtigen katholischen Wallfahrtsorten im Laufe der Jahrhunderte geändert hat! Noch in der dritten Zwischenzeit, zu Beginn des ersten vorchristlichen Jahrtausends, hatte es den Anschein, als sei der altüberlieferte Antagonismus ägyptischer Gottesauffassung zwischen einem solaren Kreis und dem funerären Bereich um Osiris endgültig im Sinne einer Dominanz des ersten entschieden (Kap. 19). Denn Amon war damals nicht nur für Natur und Gesellschaft bei Tag zuständig, sondern auch für das Wiederaufleben der Abgeschiedenen und der Unterweltswesen bei Nacht. Mit der Ptolemäerzeit aber wandelt sich die Ausrichtung fast um 180 Grad. Früher waren die Heiligtümer für den Sonnengott am höchsten geachtet und baulich gefördert, die uralte Stätte in On, dann jahrhundertelang Theben, später die Ableger in der Ramsesstadt, in Tanis, schließlich in Hibis und Siwa. Höchstens der Tempel des Ptah in Memphis konnte damit noch Schritt halten. Das alles rückt in den Hintergrund. Zwar wird Re auch künftig nicht übersehen, der Sonnenlauf bleibt nach wie vor wichtig, aber seine Kulte werden zweitrangig.

Trotz der sich rasch ausbreitenden astrologischen Strömungen und dem damit neu geweckten Interesse am Lauf der Himmelskörper kehrt die Alleingeltung des zentralen Sonnengottes in Ägypten nicht zurück. Das mag daran liegen, daß die Sonne der Himmelsbeobachtung nur als Glied im himmlischen Kraftfeld erscheint, nicht mehr als die allein entscheidende Macht. Dafür wird jetzt Isis in Anspruch genommen als hintergründige "Herrin des Himmels", die nicht nur den Dekanen voransteht, sondern den gestirnten Himmel durchgängig bestimmt. Der ägyptische Pharao nennt sich auf Erden zwar weiter "Sohn des Re", aber sein Urbild findet er ebensosehr, wenn nicht weit mehr in Osiris als dem urzeitlichen König beider Länder, ja dem Kosmokrator, und in dessen die Feinde so vehement abwehrendem Sohn Horus.

26.2 Vorrücken der Osirisbegehungen. Chojakfest und Stundenwachen

"Osiris und Isis wurden offenbar in der Spätzeit von einer breiten Glaubensbewegung emporgetragen. Dies bedeutete den endgültigen Verzicht auf die solare lichtere Seite des ägyptischen Glaubens, ein erneutes Vordringen chthonischer Mächte, wie es sich bereits beim Sinken des A(lten) R(eiches) als Reaktion gegen die heliopolitanische Sonnenlehre einstellte. Gewiß liegt darin ein pessimistischer Zug, eine Absage an die Werte der Welt, so oft überragende Denker, auch Priester des Amun dagegen wandten. Das Jenseits überschattet mit seinen Geheimnissen das Leben der Erde". So urteilt H. Kees über die letzte große Wandlung ägyptischer Religion und verweist im gleichen Zusammenhang darauf, daß "seit der Ptolemäerzeit der Osiriskult für alle großen Tempel als notwendiges Zubehör" auftaucht[16].

Vorbei und längst in Vergessenheit geraten sind die großen Feiern des Neuen Reiches etwa in Theben, das Schöne Fest des Wüstentals, bei dem Amon mit Lebenden und Toten auf den Westufern des Nils feierte, oder seine von den Massen begleitete und bejubelte alljährliche Prozession zum Luxortempel (Kap. 13.8, oben S. 292). Das Sonnenjahr wird nunmehr vor allem mit dem Fest der Rückkehr des Sonnenauges begangen (Kap. 23.5), bei dem der alte Sonnengott Re in eine passive Rolle rückt. In den Mittelpunkt des Jahresfestkreises rückt jetzt eine Osirisfeier im Winter, im Monat Chojak, vom 12. bis 30. Tag. Davon kündet ein in Dendera erhaltenes *Ritual* mit dem Hinweis, daß das Fest in gleicher Form "in allen Gauen der sechzehn Gottesglieder" gefeiert wird, womit auf die Zerstückelung der Leichenteile des Osiris hingewiesen wird, von der oben die Rede war. Natürlich fehlen die alten Osiriskultorte Busiris, Abydos und Memphis (mit Osiris-Sokar) in diesem Zusammenhang nicht.[17] (Nach jüngeren Texten befinden sich Körperteile des Gottes in 36 Gauen – entsprechend der Zahl der himmlischen Dekane – oder gar in allen 42). Die Betonung des allerorts übereinstimmend durchgeführten Rituals zeigt, wie sehr sich die neue Gottesauffassung gleichmäßig im Lande verbreitet hat. Im Mittelpunkt der geschilderten Begehung stehen Riten um den Kornosiris (vgl. oben Abb. 77); in diesem Ritual sind es Figürchen des Chontamenti und des Sokar, die zusammen mit Sand und Gerste auf ein Holzbett gelegt und mit Wasser besprengt werden. Das Aufsprossen der Samen symbolisiert und bewirkt die jährliche Wiederauferstehung des Osiris. Sie wird am letzten Tag des Festes durch den althergebrachten Brauch der Aufrichtung eines Dsched-Pfeilers nochmals bekräftigt. Feierlich werden die Figuren (und Kornosirisbetten?) des alten Jahres mit den Statuetten aller großen Götter beerdigt. Zudem wird eine Fahrt auf dem jeweiligen heiligen Tempelsee mit 34 Papyrusnachen erwähnt; sie dürfte dem sonst bezeugten Suchen und Finden der Osirisglieder im Nilwasser entsprochen haben[18]. Es fällt auf, daß Osiris selbst wenig erwähnt wird, vielmehr als seine Spaltformen Chontamenti, der alte Abydosgott, sowie Sokar nebeneinander auftreten. Auch in dieser späten Zeit ist also ein Gott wie Osiris ein Bündel göttlicher Kräfte, das sich fallweise in eine Person verdichtet, aber ebensogut auch getrennt auftreten und getrennt behandelt werden kann. In Edfu werden in Opferlisten 17 Formen des Osiris unterschieden[19]. Er vereint nun Züge der Sonne wie des Mondes in sich.

Deutlich ist außerdem, daß Osiris nicht primär als Garant individueller postmortaler Existenz gefeiert wird, sondern als Inbegriff fruchtbarer Erde, deren segensreiche Mitte das Niltal ist. In großen Tempeln wie denen zu Dendera, Edfu und Philä pflegen die Priester in einem *Stundenritual* die Lebensphasen des Osiris zu begleiten. Niedergeschrieben und auch wohl begangen wird es in einer Wabet genannten Kammer, welche die urzeitliche Balsamierungsstätte des

Osiris im Tempel nachbildet. Die neue Regelung tritt an die Stelle des Brauches aus dem Neuen Reich, für den Sonnengott stündlich wechselnde Riten und Gesänge durchzuführen. Ein Vergleich der entsprechenden Texte läßt das Ausmaß der Umwertung in diesem Falle besonders klar erkennen. Im "Buch des Tages", einem kosmografischen Begleittext des Neuen Reiches, hatte es geheißen (s. Kap. 13.4, oben S. 273):

> (Die erste Stunde des Tages.) Die Majestät dieses Gottes (Re) tritt hervor zur Stunde "Die die Schönheit ihres Herrn zur Erscheinung bringt" ist ihr Name;
> das ist die Stunde dessen, den sie besänftigt hat.
> Re geht auf im Lande der Horizontbewohner;
> glückliche Fahrt, um das Leben der Menschen zu schaffen
> und jeglicher Tiere, jeglichen Gewürms, das er geschaffen hat.
> Sie (die Stunde) erhebt sich für Maat.
> König NN, er betet Re an:
> Geh doch auf, Re! Entstehe doch, Cheprer Selbstentstandener, Ruti (Atum) der aus der Dämmerung kommt[20].

Damals wurden also die stündlichen Stationen des Sonnenlaufes von den Priestern, die den König vertreten, beobachtet, staunend verfolgt, als sichtbare Demonstration von Maat empfunden und zugleich durch Aussprechen wirksamer Dichtung in der Regelmäßigkeit bestärkt. In griechisch-römischer Zeit hingegen beziehen sich die Texte zum maßgeblichen Stundenritual auf einen Osirisrhythmus[21].

> Die erste Stunde des Tages ... Re geht aus dem Grabe des Gottes hervor, und der Horus der Götter kommt, um Osiris zu opfern.
> Der Gott in dieser Stunde als Schutz dieses Gottes ist Amset (Horussohn und Beschützer der Eingeweidekrüge) ...
> Die zweite Stunde des Tages. Das ist die Stunde, in welcher Re über dem Gottesleibe aufgeht. Die Götter, die hinter der Bahre stehen, erweisen ihm Verehrung.
> Der Gott in dieser Stunde als Schutz dieses Gottes ist Hapi (ebenfalls Horussohn und Beschützer von Eingeweidekrügen).
> Rede des Cherheb (Vorlesepriesters) und des Sem. Leben und Heil wird gegeben, und der Gott vereinigt sich damit ...
> Rede: Ich bin Horus, ich, Horus, bin aus dem Horizont emporgestiegen; ich komme und bringe dem Fürsten (Osiris) Leben und Heil ... Die beiden mächtigen Geschwister, die Kinder des Atum erfrischen dich (?), sie verbinden dir deine Knochen, sie fügen dir dein Fleisch zusammen und sie vereinigen dir deine Glieder ... Du aber wirst gerechtfertigt, Osiris, Erster des Westens, du wirst gerechtfertigt! Hapi kommt, um dich zu schauen, er wirft dir die Feinde vor dir nieder.

Zwar hebt der Wortlaut noch mit Re an. Doch entscheidend wird bei diesem Gott seine jeweilige Stellung über dem Gottesleib des Osiris, wie denn auch nicht mehr Göttinnen über der Stunde walten, die dem Rekreis zugehören, sondern die mit dem Totenschicksal verbundenen Horussöhne, die jetzt den Osiris-Ka "verklären". Die Sonnenmacht des Re scheint aus Osiris hervorzugehen, wäre ohne diesen Gott nicht wirksam. Deshalb ist Re der erste, der diesem opfert. Der Zuwendung zu Osiris schließen sich die Priester als Vertreter des Horus und damit des regierenden Königs an. Den Gottesleib, der alle Toten in sich faßt und zugleich das Fruchtland verkörpert, gilt es immer wieder zusammenzufügen und zu rechtfertigen! Osiris gilt jetzt als "lebender Ba an der Spitze der Götter und Göttinnen". Sein Ka ist in ihm "an der Spitze der Kas der Lebendigen", und sein Bild im Tempel ist ein Sechemwesen[22]. Nicht mehr der Sonnengott, sondern Osiris wird jetzt zum Urgrund der unterschiedlichen Seelenteile. Der Umschlag in der kultischen Ausrichtung und die Neuorientierung im Pantheon, der sich in ptolemäischer Zeit vollzieht, tritt beim Vergleich dieser Texte anschaulich hervor.

26.3 Osiris und Isis am Ursprung der Nilüberschwemmung. Bigge und Philä

Südlich von Assuan liegen im Kataraktgebiet an der Grenze zu Nubien die beiden Inseln Bigge und Philä. Auf der ersten stand schon im Mittleren Reich ein Heiligtum des Chnum von Elefantine, dem man zusammen mit der Göttin Satis, der "Spenderin des kühlen Wassers", das Auslösen der Nilüberschwemmung zugeschrieben hat. Bald befindet sich hier auch eine Stätte der Hathor-Tefnut, die als wütendes Sonnenauge nach Nubien ausgewandert war und nun durch Onuris oder Thot versöhnt und nach Ägypten zurückgeholt wird. Doch in griechisch-römischer Zeit wird *Bigge* zur Osirisgedenkstätte, und zwar zur heiligsten auf Erden. Von seinen Körperteilen ruht ein Bein in einer Höhle der Insel, und daraus leiten nunmehr die Zeitgenossen die Nilüberschwemmung ab. Die Insel ist die "reine Stätte", *jat wabet*, woraus die Griechen *Abaton* gehört haben, "das Unbetretbare". Tatsächlich ist das Betreten der Insel jedem (gewöhnlichen) Menschen streng untersagt. Das wird durch Götterdekrete im benachbarten Philä festgehalten, die Thot aufgezeichnet und Re, Schu und Geb unterschrieben haben[23]. Die Flut entspringt in einem Gott, "von dessen Ausflüssen Götter und Menschen leben, der zu seiner Zeit kommt, zu seiner Stunde geboren wird, dessen Glieder sich alljährlich erneuern"[24]. Das Überschwemmungswasser, wie es von Bigge ausströmt, sammelt auf geheimnisvolle Weise die in Ägypten verteilten Osirisglieder ein und schließt sie wieder zum Leibe zusammen, so daß der Gott jährlich aufersteht. Zugleich gilt er als der "große

Nil, der das Korn schafft, mit dem Wasser, das in ihm ist, ... der die Bäume und Blumen durch seinen Schweiß hervorsprießen läßt"[25].

Neben dem Bein des Gottes weilt seine Bewegungs- und Aktivseele im heiligen Hain der Insel. Zu ihr kommt Isis durch ihr Bild alle zehn Tage von der Nachbarinsel unter Geleit der großen Götter herüber, um dem Gatten Milch zu spenden, die ihn lebendig macht.

Abb. 151 Osiris als Nil in der Höhle von Bigge, davor Isis, seinem Ba Milch spendend

Für jeden der 365 Tage des Jahres steht auf der Insel eine Opferschale, in die der diensthabende Priester jeweils Milch und Wasser gießt. Der Osiris-Ba ist vom Mond gekommen, Re selbst hat ihn nach Bigge gebracht. Dort ist er mit dem Phoenixvogel verschmolzen, den die Götter als Ba des Re aus On herbeigebracht hatten, und der von Bigge aus wieder zum Himmel hinaufschwebt. (Ähnliches wird von dem Gott in der Osiriskapelle zu Dendera gerühmt.) Osiris ist also zu einer schlechthinnigen Quelle aller Lebenskraft geworden, die keineswegs nur die Unterwelt, sondern auch die Erde, ja auch den Himmel erfaßt.

Dicht neben Bigge liegt die kleinere Insel *Philä*. Seit der kuschitischen 25. Dyn. stand hier wahrscheinlich ein Heiligtum für Amon. Seit Nektanebos I. und vollends unter den Ptolemäern wird hingegen Isis zur Hauptgottheit, ein weiterer Beweis für das unaufhaltsame Vordringen des Osiriskreises im ganzen Niltal während der letzten vorchristlichen Jahrhunderte. Um die Zeitenwende wird Philä zum berühmtesten Wallfahrtsheiligtum der Isis, das auch aus dem Süden bis hinunter nach Meroë Pilger anlockt. Aus der neuen Anziehungskraft der Göttin auf alle Volksschichten erklärt sich, daß Philä dann dasjenige ägyptische Heiligtum darstellt, das am längsten der Christianisierung widersteht. Erst um 535 wird es gewaltsam geschlossen und dann in eine Kirche verwandelt. (Durch den Bau des modernen Nilstaudamms hat eine ständige völlige Überflutung der Insel gedroht. Das hat dazu geführt, daß mit einem gewaltigen technischen Aufwand die meisten ihrer Gebäude auf eine 800 m nordwärts gelegene Insel Agilkia verlagert worden sind, wo sie maßstabgetreu wieder aufgebaut wurden.) Philä dokumentiert heute wie kein anderes Denkmal Ägyptens die ungemeine Bedeutung der Isisverehrung beim Ausgang des ägyptischen Heidentums.

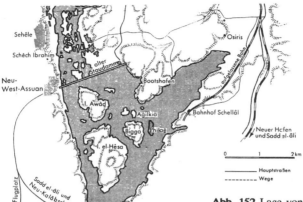

Abb. 152 Lage von Philä und Bigge

Über die mit der Gottheit verbundene Mythologie geben ungefähr zehn Isishymnen Auskunft, die auf den Tempelwänden erhalten sind. Damit wird der Göttin eine Weise der Verehrung zugewandt, wie sie vordem zwar für viele andere Götter, vor allem dem Sonnengott, bezeugt ist, aber für Isis nicht gebräuchlich war. Jetzt aber trägt der ptolemäische König einen einzigartigen Preis der Göttin vor, in jedem Hymnus unter anderem mythologischen Blickwinkel. Eines der Lieder im Allerheiligsten rühmt[26]:

> Isis, Geberin des Lebens, residierend im reinen Hügel (Abaton), (=)Satis, Herrin von Bigge.
> Sie ist diejenige, die die Hapiüberschwemmung ausgießt, was allen Menschen Leben und das Pflanzengrün entstehen (sḫpr) läßt.
> Die ḥetepu-Opfer für die Götter veranlaßt, Anrufungsopfer für die verklärten Seelen (ʾḫw).
> Weil sie die Herrin des Himmels ist, ist ihr Gatte Herr der Unterwelt, ihr Sohn ist Herr des Landes, ihr Gatte das reine Wasser, der sich in Bigge selbst erneuert zu seiner Zeit.
> Sie ist (eigentlich) die Herrin von Himmel, Erde, Unterwelt,
> indem sie hat entstehen lassen (sḫpr), was ihr Herz erdachte und ihre Arme erschafften.
> Ba-Seele ist sie in jeder Stadt, wachend über ihren Sohn Horus und ihren Bruder Osiris.

Die erste Strophe führt alle "Fruchtbarkeit" im Lande und die Erklärung selbst von Göttern und verklärten Toten auf Isis zurück. Die Nilüberschwemmung, sonst auf Chnum, Amon oder auch Osiris zurückgeführt, wird nunmehr zur Leistung der allsorgenden Göttin, die freilich ihr Wirken mit Hilfe des Gatten Osiris durchführt. In der zweiten Strophe gilt sie als weibliche Urkraft, die allererst Horus als Herr Ägyptens und Osiris als Herr im Totenreich denkbar macht. Die letzte Strophe zieht daraus die Folge, daß sie nicht nur Erhalterin sondern auch *Schöpferin* des Alls sein müsse. Wenn die Erzeugnisse ihres Herzens als Ursprung alles Werdens gepriesen werden, so erinnert das an Prädikate, die früher das Denkmal memphitischer Theologie dem Ptah zugeschrieben hatte (Kap. 17.3, oben S. 377). Andererseits wird in Philä Isis als die gefeiert, die "alle Götter geboren" hat, obgleich wenige Zeilen zuvor Nut als ihre Mutter genannt wird; insofern tritt der Urgottaspekt bei Isis nicht so deutlich zutage wie anderes. Auch wird sie als Schöpfergottheit nicht mehr als *ungestaltete* vorzeitliche Macht angesehen. Nicht von ungefähr steht ihr der Titel "Herrin des Himmels" voran. Denn als solche "regiert sie die Sterne, setzt alle Sterne auf ihren Umlauf"[27]. In der Gestalt der Isis lassen sich also ägyptische Mythologie und zeitgemäße Astrologie (Kap. 25) in einer höheren Einheit verklammern. Die hintergründige Göttin tritt dadurch als die mächtigste unter allen Kräften, die den Kosmos bewegen, hervor. Zugleich west Isis als bestimmende kultische Heilsmächtigkeit in allen Heiligtümern Ägyptens an. In ihnen weilt jeweils eine Erscheinungsform ihrer Baseele und läßt den Ort erst zum Segenszentrum werden. Ein anderer Hymnus schildert das in der Weise einer *kulttopografischen Aufzählung*:

> Mächtig in Theben, groß in Dendera, kräftig in Memphis,
> Gottesmutter in Koptos, erhaben in Achmim, Herrin (in) allen Gauen,
>   die ihre Befehle an die Neunheit gibt[28].

An allen Kultorten, an denen mächtige weibliche Gottheiten verehrt werden, steht für den Sänger eigentlich Isis im Hintergrund. Ähnlich können andererorts in solchen Aufzählungen die Hathor von Dendera oder die Neith von Esna als Hintergrundsgöttinnen für alle anderen gefeiert werden[29]. Allmählich rückt aber selbst in solche Heiligtümer Isis als überragende Gestalt ein, wird so in Dendera zur "Herrin in jedem Gau"[30]. Dabei gilt es zu bedenken, daß das die ägyptische Religion von Anfang an begleitende Wechselspiel von Götterspaltung und -einung, letzteres meist durch identifizierende Namensrelationierung, sich auch in dieser letzten Phase noch durchhält. Auch in Philä werden andere Göttinnen mit Isis teilweise eins, dann wieder von ihr getrennt, was vor allem für Hathor gilt, die bisweilen kleiner neben ihr steht.

Das für den Nichtägypter befremdliche Ineinanderfließen und Wiederauseinandertreten aller großer Gottheiten, daß sich besonders in Namenskombinationen ausdrückt und zu einer Eigenheit ägyptischer Sprache überhaupt zu gehören scheint[31], behält auch die Kultsprache von Philä bei. Die Göttin des Heiligtums ist triadisch mit Osiris und Horus verbunden, bildet aber auch eine Zweieinigkeit Hathor-Isis im Geburtshaus, wo alljährlich das göttliche Kind geboren wird. Der der Ortsgöttin zugehörige Hathoraspekt tritt jedoch auch selbständig zutage. In einem eigenen kleinen Tempel wird Hathor für sich verehrt. Ausgesöhnt kommt sie, vordem wütendes Sonnenauge, aus Nubien zurück, von Parfüm umduftet, mit dem Sechem-Sistrum in der Hand. Da freut sich ihr Vater Re, die Götterneunheit jubelt, die Sonnenaffen tanzen und die Hity-Geister (weibliche Besgestalten) beginnen zu musizieren. Anläßlich dieser zauberhaften Erscheinung am Feiertag bitten die Menschen sie um Liebe, sie, die "Herrin des Tanzes, die Große an Liebe, Herrin der Frauen", und die Sänger flehen um Gunst für den Römerkaiser als Pharao[32]. Als erotische Göttin läßt sich also Hathor von Isis trennen. Bei solcher Gelegenheit vereinigt sie sich dann mit anderen Göttinnen in ihren besonderen Fähigkeiten, sie gehört etwa mit der Krongöttin Wadschet, Neith von Saïs, Bastet und der weiblichen Sonnenmacht Rait zusammen.

Von Isis wird Hathor auch dort abgehoben, wo es um kriegerische Wirkung geht. Die Vernichtung der Feinde des regierenden Königs in diesem Heiligtum, das an der Grenze zu Kusch liegt, wird zur wichtigen Aufgabe der großen Göttin. Die seit alters bei Ägyptern herrschende Überzeugung, daß für den Beistand bei Feldzug und Schlacht weibliche Gottesmächte bei weitem wichtiger sind als männliche, obwohl die menschlichen Kämpfer doch Männer sind, hält sich noch in dieser Zeit durch. Aber gerade für militärische Belange scheint es offenbar wichtig, die Göttin aufzuspalten. Die Szene des Niederschlagens der Feinde durch den Pharao taucht auf dem Eingangspylon mehrfach auf. Der Ptolemäer erhält dabei seinen Beistand einmal von Isis, Hathor und dem Wüstengott Ha, das andere Mal von Isis, Horus, Hathor und Soped, ein drittes Mal von Isis, Hathor und Ha, wobei in diesem Falle Isis zugleich zur wütenden Sachmet wird[33].

Im Rahmen einer fortwährenden Aus- und Einverleibung der Gottheiten untereinander, wobei noch jetzt die Grenze des Geschlechts kaum je überschritten wird, erklären sich die *Suprematie*-Prädikationen, welche den ägyptischen Gottheiten an ihrem bestimmten Verehrungsort zugesprochen werden und die sich für unser Begreifen mit den gleichen Ansprüchen anderer Gottheiten an anderen Kultorten stoßen. So wird als "Herrin des Himmels" u.a. Hathor in Dendera, Isis in Philä, Neith in Esna gepriesen, obwohl doch nach unserem Begreifen nur eine die Gebieterin sein kann. Als König von Ober- und Unterägypten treten Atum, Geb, Re, Horus, Osiris hervor — wie vermag eine solche göttliche Vielregierung zu funktionieren? Mit solchen Beispielen ließe sich fortfahren. Sie erklären sich nicht nur aus dem begreiflichen Bestreben der Priesterschaften großer Heiligtümer, ihren Hauptgott henotheistisch als den wichtigsten von allen herauszustreichen. Vielmehr dürfte ebenso die Auffassung eine Rolle spielen, daß Gottheiten nicht in sich geschlossene Persönlichkeiten, sondern überschneidende Kraftfelder darstellen, so daß etwa die königliche Qualität mehrerer solcher Wesen in dem einen derzeit regierenden ägyptischen Herrscher kumulieren kann. Ähnlich verhält es sich wohl mit dem vielfältigen Herrentum über die Maat-Ordnung oder den mehrfachen mythologischen Ursachen der Nilüberschwemmung. In solchen Fällen setzt das Bedeutungsgefüge der ägyptischen Sprache keinen philosophischen Satz vom Widerspruch, sondern die Vielfalt der gedachten Zugangsweisen voraus.

So wenig wie seine Gottesmutter hat übrigens der in Philä verehrte *Horus* einen einheitlichen Charakter. Ein Isis-Hathor als Gottesmutter preisender Hymnus[34] widmet je eine Strophe an "Horus-mächtiger Stier-Schützer seines Vaters (Harendotes)" wie an Min-Horus, Horus-mächtiger Chonsu, Horus-mächtiger Stier-Erbauer der Tempel der Neunheit, Horus-starker Stier-Schützer Ägyptens. Auf dem ersten Pylon wird Harpokrates als jugendliche Figur neben Isis abgebildet. Hinter dem Isistempel hat der zuerst erwähnte Harendotes seinen eigenen Tempel. Vielleicht wird in Philä auch der für Nubien zuständige löwenartige Arensnuphis, der einen eigenen Tempel besitzt und dem Osiris als Vater, Isis als Mutter beigeordnet werden[35] als eine Horusabspaltung begriffen. Schließlich zählt auch der regierende Pharao zu den eigenständigen Erscheinungsformen des Horus. Seit dem Alten Reich waren gerade die Horusgötter oft mehr eine Gruppierung als eine Einzelgestalt; dieser Zug wird offenbar festgehalten. Solcher Zusammenhänge gilt es bewußt zu sein, um die Suprematie-Prädikate nicht zu hoch anzusetzen.

Wenn in Philä die besondere Beziehung zum Sonnengott für Isis behauptet wird, so geht das selten über vergleichbare Aussagen anderer Heiligtümer im Blick auf andere Göttinnen hinaus.[36] So trägt Isis als Zeichen einer solaren Komponente die Sonnenscheibe über ihrem Haupt, fährt in der Tag- und Nachtbarke Res mit, ist "Königsgemahlin des Re"[37], vertreibt Apophis und wird in der Römerzeit zur weiblichen Sonnengöttin Rait "im Kreis der Sonnenscheibe"[38]. Am Eingangspylon wird ein lebender Falke inthronisiert als Isissohn und zugleich "lebender Ba des Re". Isis hat also aktiven Anteil an der göttlichen Sonnenenergie. Das aber, wie gesagt, erscheint nicht unbedingt als außerordentlich. Einzigartig hingegen und keiner anderen Göttin zustehend ist ihr Mutterverhältnis zu Horus und damit zu dem in Ägypten regierenden König sowie der Bezug zu Osiris als dessen Vater. Den Beziehungen des göttlichen Paares ist ein eigener Hymnus gewidmet[39]:

> Preis dir, Isis, Große, Gottesmutter, Herrin des Himmels, Leiterin und Königin der Götter.
> Du bist die erste königliche Gemahlin des Wenennofer, des obersten Aufsehers der Goldenen (Götterbilder) in den Tempeln, des ältesten Sohns, ersten des Geb ...
> Du bist die erste königliche Gemahlin des Wenennofer, des Stiers, des Löwen, der alle seine Feinde besiegt, des Herrn und Herrschers der unbegrenzten Zeitenfülle (*dt*).
> Du bist die Ersterwählte des Wenennofer, des vollkommen-schönen Jünglings, der die Aufrührer in beiden Ländern schlachtet.
> Du bist die erste königliche Gemahlin des Wenennofer, die ihren Bruder beschützt und den Trägherzigen beschützt ...
> Du bist die erste königliche Gemahlin des Wenennofer, der sich verjüngenden Unbegrenztheit *Heh*, du bist mit ihm zusammen in Bigge.

Dem Text läßt sich zunächst einiges über die Hochschätzung des Osiris am Kultort der Isis entnehmen. Er gilt nicht nur wie früher als Herr der Unterwelt und damit als die alle verklärten Toten umgreifende Macht wie als Sohn des Erdgottes Geb, sondern faßt jetzt die Kraft des ägyptischen Kulturlandes in sich zusammenfaßt als der geborene König von Ober- und Unterägypten. "Wenn man die Osiris-Zeremonien vernachlässigt ... dann wird das Land seiner Gesetze beraubt sein"[40]. Zugleich wird er zur maßgeblichen Macht, die auf Erden Maat aufrichtet, wie es ein eigener Osirishymnus ausführlicher schildert[41]. Da nach wie vor der (ptolemäische) König in den Tempeln der großen Götter sakralabsolutistisch der einzige zum Kult berechtigte Akteur ist, rückt nunmehr Osiris als Urbild eines regierenden Herrschers in die Position des Kultherrn sämtlicher Heiligtümer des Landes ein. Zugleich verkörpert der Gott, der fort und fort aus seinem todähnlichen Zustand wieder aufersteht, die Gewähr unendlicher Zeitdauer schlechthin. Solche Ewigkeitsfunktionen werden keiner anderen Gottheit zugesprochen, selbst der Isis nicht. Dagegen wird die restlose Besiegung aller Feinde eher der göttlichen Gattin zugeschrieben. Selbstverständlich ist die weibliche Macht die eigentliche göttliche Hintergrundskraft, von der der göttliche Gatte abhängig ist. Ohne ihren ständigen Beistand, ihren ausgrenzenden Schutz könnte der Gott, der wieder und wieder trägherzig (*wrḏ-jb*) wird, was mut- und entschlußlos, zugleich ohnmächtig meint, die ungeheure Zeitspanne niemals überdauern.

Da Osiris für das Funktionieren der Natur und das Leben der Menschen schon mehr bedeutet als die anderen männlichen Götter, Isis aber ihn an zauberischer Kraft überragt, ist bei den Rühmungen der Isis eine Tendenz zu einer pantheistischen Allgottheit nicht zu verkennen. Zu einer solchen ist Isis in Ägypten selbst während der griechisch-römischen Epoche freilich nicht geworden. Wohl aber gelangt sie bisweilen zu einem solchen Rang außerhalb des Niltals (Kap. 28).

Der Grund für eine solche Orientierung an diesem Götterpaar mag in einer zunehmenden Neigung zu *Naturalisierung* innerhalb von Mythos und Kult liegen. Ein neues Wertlegen auf die Sicherung von Fruchtbarkeit und Ernährung führt dazu, Osiris und seinen Sohn Horus als Inbegriff der nährenden Erde und des samenhaltigen Wassers sowie Isis als die darüber waltende korrespondierende Himmelsmacht in den Vordergrund zu rücken. Soweit erkennbar, ist es also keine wachsende Zuwendung zur Totensorge, also kein gesteigertes Interesse an individueller postmortaler Existenz, das dem Paar Isis-Osiris ab der Ptolemäerzeit mythologisch und kultisch zur Dominanz verhilft, sondern ein mit elementaren menschlichen Bedürfnissen gekoppeltes, verändertes Naturempfinden. Der Gott der Unterwelt wird in erster Linie zur fruchtbringenden Kraft der Erde. Regeneration der Vegetation, aber auch von Maat und Königtum wird zum wichtigen Anliegen kultischer Begehungen. Das Königtum freilich verliert mehr und mehr seinen Bezug zum regierenden Herrscher und füllt bloß eine Leerstelle im irdischen Gegenüber zu den Göttern aus; so jedenfalls dürften sich die leeren Königskartuschen ohne konkreten Namen auf vielen Tempelreliefs am ehesten erklären. Das Dominieren der Himmelsherrin Isis gibt der ägyptischen Religionsgeschichte ihre letzte große Wendung. Sie wirkt sich freilich, wie sich zeigen wird, auch auf die Jenseitsauffassung alsbald einschneidend aus.

26.4 Ende der Grabkultur und Bemühung um postmortale Teilhabe am Tempelkult

Trotz der umfassenden Bedeutung, die das Götterpaar Osiris und Isis nun für die Fruchtbarkeit der Erde und die Erhaltung der Gesellschaft bekommen hat, bleibt es selbstverständlich ebenso für Bestattung und Übertritt ins Jenseits maßgeblich, ja gewinnt auch auf diesem Gebiet mehr und mehr eine vordem nicht gekannte Sonderstellung. Die durch den Kult an den großen Heiligtümern demonstrierte kosmoserhaltende Tätigkeit der Gottheiten stärkt die Hoffnung, gerade in diesem einzigartigen Paar die Gewähr für die Postexistenz zu finden. Doch in der Totensorge ändern sich Riten und Inventar in beträchtlicher Weise. Demnach scheint sich auch die diesbezügliche Auffassung verändert zu haben.

Schon ab in der 3. Zwischenzeit verringern sich die Ausmaße privater Gräber, in ihnen wird zudem mehr und mehr auf eine Bemalung der Wände verzichtet. In nichtköniglichen Anlagen setzt sich damit die gleiche Tendenz durch, die bereits an den Königsgräbern in Tanis erkennbar wurde (Kap. 19.6, S. 429). Während der 26. Dyn. entstehen in Theben und Saqqara nochmals beachtliche Anlagen. Doch das ist ein kurzes Aufbäumen gegen das geschichtliche Gefälle. Sonst werden Mehrfachbestattungen in einem Grab bis in höchste Kreise hinein üblich. Selbst Priester lassen ihre Mumien oder diejenigen ihrer Angehörigen in Seitenkammern von Vorgängern bestatten. Die Gesamtausstattung ist "von einer Rohheit und Ärmlichkeit, die in auffallendem Kontrast zu den vielen Titeln, aber auch zu den recht qualitätsvollen Würfelhockern steht, die einige ... in Karnak aufstellten"[42]. Das Bedürfnis nach individueller Grablege schwindet also. Immerhin werden in den Grabkammern nunmehr Gottesstatuen, vor allem von Osiris und Hathor, neben den Bildern des Grabherrn und seiner Gattin aufgestellt, was vordem nur bei Königen Sitte war; die Beziehung des Begrabenen zu Göttern der Totenwelt erhält also eine persönlichere Note.

Um die Mitte des ersten Jahrtausends hört der Bau von kunstvollen Grabanlagen in Theben, Saqqara und anderswo nahezu völlig auf[43]. Denkmäler in Schmun wie diejenigen des Petosiris (Kap. 22.4, S. 479) erscheinen wie letzte Ausläufer eines althergebrachten Brauchtums. Zwar tauchen später in Alexandrien nochmals Anlagen wie Kom esch-Schugafa oder Anfuschi auf, aber das sind wohl archaisierende Rekonstruktionen für eine Bevölkerung, die, schon stark hellenistisch beeinflußt, das Altertum romantisch verklärt. Ansonsten entstehen für den Totendienst kommunale, gemeinsame Grabkapellen für Astronomen, Träger, Sänger und andere Berufsstände[44].

Eine jahrtausendelang im Niltal mit unendlicher Hingabe, künstlerischer Sorgfalt und ungeheurem wirtschaftlichem Aufwand geübte Praxis von Grabbau und Grabpflege bricht also jäh ab. Da ein Grab als "Haus der Ewigkeit" früheren Generationen für das Weiterleben unentbehrlich erschienen war, läßt eine solche Wandlung auf eine tiefgreifende Änderung in der religiösen Einstellung schließen. Der Verzicht auf größere Grabbauten entspricht nicht etwa wirtschaftlicher Notlage, da stattdessen die Ausstattung von Sarg und Mumie in den folgenden Jahrhunderten immer feiner und kostspieliger wird. Mit dem je eigenen Grab treten aber notwendig die darauf bezogenen Bestattungsriten in den Hintergrund und werden unwichtiger. Vor allem aber wird dem Brauch der fortlaufenden Versorgung des Abgeschiedenen an der Opferstätte der Grabkammer der eindeutige Bezug auf einen bestimmten N.N. genommen.

Die auffallende Verlagerung des Interesses von Grab auf Mumie und Sarg hat nichts mit einem grundsätzlichen Nachlassen der ägyptischen Sehnsucht nach postmortalem Weiterleben zu tun. Im Gegenteil: "Auch die griechisch und aramäisch sprechenden Teile der Bevölkerung schlossen sich in steigendem Maße den ägyptischen Totenbräuchen an"[45]. Nach wie vor legt man größten Wert auf die Beisetzung in ägyptischer Erde. Jetzt sorgt sogar der ptolemäische Staat dafür, daß ein auswärts Verstorbener auf öffentliche Kosten in seinen Heimatort transportiert wird. Darüber gibt es regelrechte Aktenvorgänge bis hin zu Empfangsbestätigungen. Die Beerdigung mag dann aber in einer Sandkuhle erfolgen, wo alle Stände durcheinanderliegen, vom Priester bis hinab zum Zimmermann und Sklaven. Wird das Grab als abgesonderte Stätte deshalb belanglos, weil im Zuge der oben angesprochenen Naturalisierung der Osirisreligion das Niltal insgesamt zu heiligem Boden geworden ist?

Beibehalten wird die Aufstellung einer *Totenstele*. Doch Art und Schmuck wandeln sich. Auf zahlreichen Reliefs des vorangehenden Jahrtausends war der Tote, oft mit seiner Frau, am Speisetisch über der Opferstelle eingemeißelt gewesen mit der Absicht, durch das steinerne Abbild die Versorgung im Nachleben zu unterstützen. Ab etwa 700 v.Chr. werden die Stelen kleiner und kleiner, oft nur noch aus Holz gefertigt und nicht mehr draußen über der Opferplatte, sondern innen in der Sargkammer eingestellt. Die Opfertischszene verliert an Bedeutung. Wie in früheren Jahrhunderten erscheint sie zwar noch unter der abgerundeten Oberkante mit der geflügelten Sonnenscheibe, darunter wird aber nun der jenseitig Verklärte dargestellt, wie er Göttern opfert, anfangs meist dem falkenköpfigen Re-Horachte, später zunehmend Osiris und seinem Gefolge, in vielen Fällen beiden zugleich. Nicht mehr passiv-empfangend, sondern aktiv-handelnd und als eigener Kultherr wird also der Abgeschiedene begriffen. Versorgung durch den Totendienst der Lebenden spielt demgegenüber eine nachgeordnete Rolle. Unter dem Bildstreifen befindet sich meist ein Text, der aber nur in seltenen Fällen noch biografische Nachrichten und Bekenntnisse bringt, sondern meist stattdessen Hymnen und Gedichte.

Abb. 153 Oberer Teil einer Totenstele mit Flügelsonne und Einführung des Toten durch Thot bei Osiris

Bemerkenswert ist, daß meist ein Verweis auf den regierenden König fehlt (was die Datierung vieler Spätzeitstelen unsicher macht). Stattdessen wird gern auf die Majestät "des Königs von Ober- und Unterägypten Wen-Nofer", also auf Osiris als Landesherrscher, verwiesen. Für die Toten haben also die regierenden Pharaonen ihre Mittlerfunktion verloren; dieser Zweig der Religion löst sich von einer National- und Staatsgottheit, auch ein Amon wird kaum mehr genannt. Die Macht der Sonnengottheit verliert an Bedeutung für das Jenseitsleben, ohne jedoch völlig zu verschwinden.

Ähnliches zeigen Papyri und Inschriften mit neuartigen Büchern für das Jenseitsleben. Anstelle des Totenbuches, dessen Sprüche weithin nicht mehr verstanden werden, treten Schriftsammlungen mit schlichteren und wohl eingängigeren Darstellungen, die aber nach wie vor auf das Ziel ausgerichtet sind, dem Verklärten ein Nachleben in allen möglichen Gestalten, die er sich wünscht, zu ermöglichen. In den beiden *Büchern vom Atmen*, die vielleicht noch aus persischer Zeit stammen und Isis und Thot als Verfassern zugeschrieben werden, meldet sich nochmal ein thebanisches Bestreben, den unerläßlichen Beitrag Amons für das Jenseitsleben festzuhalten, indem er zur Quelle allen Lebensatems erklärt wird. Aber solche Versuche erreichen anscheinend keine breite Anerkennung mehr[46].

Stärker entspricht der allgemeinen Neigung eine von Ägyptologen irreführend *Buch vom Durchwandeln der Ewigkeit* genannte Schrift, genauer vielleicht "Buch vom Verbringen (*zbb*) der Neheh"[47]. Danach soll der Abgeschiedene den unablässigen Zeitrhythmus künftig so erleben, daß er an den einzelnen Heiligtümern des Landes jeweils zum Datum ihrer großen Feste unsichtbar anwesend sein darf. Hier meldet sich eine Auffassung, nach der die hohen Feiern in Theben, Philä und ähnlichen Stätten Lebende wie verklärte Tote mit den erscheinenden Gottheiten zu einer mystischen Gemeinschaft zusammenschweißen und darin der Gipfel menschlicher Seligkeit liegt, eine Ansicht, die früher an sich für das Schöne Fest vom Wüstental ähnlich gegolten haben mag (Kap. 14.2, oben S. 302). Die gleiche Überzeugung von der Bedeutung der großen Kulte für die Toten dürfte hinter dem Brauch stehen, sein Denkmal als Würfelhocker oder als sitzender oder kniender Mensch, möglichst einen Naophor mit einer Gottesstatue vor sich haltend, in einem Tempel auf Dauer aufzustellen.

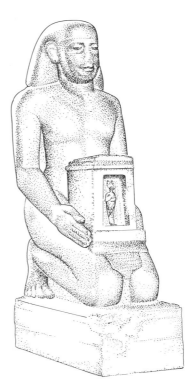

Abb. 154 Kniefigur mit Osiris-Naos

Ein Gutteil des Aufwands, den frühere Generationen auf die Grabausstattung verwendet hatten, wird jetzt, wie erwähnt, der Gestaltung des *Sarges* zugewandt. Manche Särge der Spätzeit sind "wahre Wunder von technischer Vollendung" (Erman). Oft werden die Mumien mit zwei bis vier Särgen schützend umgeben, von denen die inneren ebenfalls mumienförmig und über und über mit Inschriften bedeckt sind. Hineingelegt werden Papyri mit verklärenden Sprüchen oder mythologischen Prototypen. Die äußeren Steinsarkophage ruhen bei Vornehmen auf vier Eckpfosten, die jeweils in einer Horusfigur enden. Zu Häupten und zu Füßen wachen Isis und Nephthys. Der Sarg wird nun als "Bauch der Himmelgöttin Nut" bezeichnet und damit zum eigentlichen Schoß der Wiedergeburt.

Abb. 155 Gesichtsmasken römerzeitlicher Mumien in ihrer Mumienhülle

Gesteigerte Sorgfalt wird der Behandlung der *Mumien* zugewendet. "Zu keiner Zeit hat man sie mit einer solchen Vollendung in ihre Binden gewickelt und nie hat man ihre äußere Umhüllung so reich ausgestattet"[48]. Besonderer Wert wird auf eine Gesichtsmaske gelegt, die aus Stuck, Pappe, Leinwand oder Holz geformt wird und das Gesicht portraitähnlich abbildet, allerdings in jugendlich-idealisierter Form.

Die Aufschriften reden den Abgeschiedenen, wie seit zwei Jahrtausenden selbstverständlich, als Osiris-NN und einen Bestandteil des seltsamen unterirdischen Gottes an. Verklärt wird der Tote weiterhin zum "Gott", *netscher*, und als jenseitiger König mit Kronen versehen. Zugesprochen wird ihm das Vermögen zur freier Bewegung in allen Teilen des Alls:

He, Osiris, Erster der Westlichen, geöffnet ist dir der Himmel, geöffnet ist dir die Erde, geöffnet sind dir die Wege der Unterwelt. Du gehst ein und aus wie Re, und du schreitest frei wie die Götterneunheit ewiglich. Du empfängst die Opferbrote, welche dargebracht werden auf den Altären der Bas von On[49].

Nach wie vor treten solare Elemente von Bedeutung für das Jenseits-leben hervor; sie werden jedoch selten noch einem besonderen Sonnengott zugeordnet, sondern zu Kennzeichen mannigfaltiger Gottheiten, die mit dem Verklärten in Beziehung stehen. Die Sonnenscheibe als Kopfschmuck tragen nicht nur Isis und Hathor, sondern auch die vier Horussöhne und Anubis, ja selbst die gefährliche Fresserin, die bei der Totengerichtsszene auf Verdammte wartet, um sie zu verschlingen; darüber hinaus erscheint sie gelegentlich bei dem Verstorbenen selbst oder ihn begleitenden Sterngottheiten.

Im Zusammenhang mit dem neuen astronomischen Weltbild werden alte astrale Jenseitserwartungen, wie sie schon die Pyramidentexte kannte, reaktiviert.

Die Bedeutung der Unterwelt als Raum unter der Erde tritt zurück, Isis ist mehr noch Herrin "des Himmels" als der Erde.

Das Lichtelement, das mit der Sonne zusammenhängt, gilt also nicht mehr als Eigenbesitz einer einzigen Gottheit, sondern mehr als Fluidum, das in vielen Göttern west. Einheitliches göttliches Zentrum für das jenseitige und damit

Abb. 156 Bildstreifen eines Mumientuches: Einführung des Toten vor Osiris

eigentliche Leben wird mehr als je zuvor Osiris, "der einzige Gott, dessen Sein und Handeln für den Menschen eine schicksalhafte Bedeutung hat"[50]. Hinter ihm steht mächtiger noch als er und als Organ seiner Regeneration die weibliche Gottesmacht Isis. Aber zu ihr hat der Abgeschiedene längst nicht den Kontakt, den er zum männlichen Landes- und Totenherrscher hat.

Bemerkenswerterweise war man seit der Dritten Zwischenzeit stellenweise dazu übergegangen, weibliche Tote nicht mit Osiris zu verbinden, sondern als Hathor-NN zu verklären. Hier dringt also eine Ansicht durch, daß die für menschliches Dasein grundlegende geschlechtliche Differenz auch im nachtodlichen Dasein vorherrschend bleibe. Doch die Gottheit, die dann Ägypterinnen in sich aufnimmt und ihnen das Weiterleben gewährt, ist bezeichnenderweise nicht Isis, sondern Hathor! Isis scheint mehr eine abstrakte Mutterschaft zu verkörpern, die auf Grund logischer Entscheidungen ein Kind empfängt, doch ohne Liebe. Hathor ist eher Ausprägung des biologischen Eros und einer emotionalen Mutterschaft, deshalb ist sie zugleich die Hand des Weltschöpfers, Jusaʿas[51]. In griechisch-römischer Zeit tritt diese Art von identifizierender Namensrelationierung Hathor-NN wieder zurück, für postmortale Existenz wird also belanglos, ob jemand männlicher oder weiblicher Art ist, Osiris nimmt beides in sich auf. Allerdings kann bei weiblichen Toten das Motiv der posthumen Begattung des Isisvogels über der Osirismumie dahin abgewandelt werden, daß Osiris als ithyphallischer Bock von Mendes die Mumie "küßt", die dadurch aus dem zeugenden zum empfangenden Teil geworden ist.

Neben der Darstellung des Toten selbst auf der Oberseite treten auf den Seitenflächen von Särgen und Leichentüchern, mit denen jetzt die Mumien umwickelt werden, fast nur zwei Szenen beherrschend hervor, nämlich das Jenseitsgericht in der Halle der beiden Wahrgerechtigkeit-

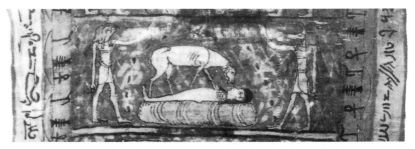

Abb. 157 Der Bock von Mendes über der weiblichen Mumie

Göttinnen und die Einführung des in diesem Gericht Gerechtfertigten vor dem thronenden Osiris. Diese Konzentration deutet auf eine Verlagerung des Gewichtes beim Übergang vom Diesseits zum Jenseits, auf die noch gesondert einzugehen ist.

26.5 Relativierung der Magie in der Totensorge. Die ausschlaggebende Bedeutung des irdischen Lebenswandels

Wie eben gesagt, treten Abbildungen des unterirdischen Gerichts über den Toten auf vielen Darstellungen heraus. Doch setzt sich ein abgewandelter Typ bei den Darstellungen durch, der im Theben der Dritten Zwischenzeit seine Vorläufer hatte[52]. Neben der Waage steht als Wiegemeister im unterirdischen Raum nicht mehr wie früher allein Anubis, sondern zusätzlich ein Horus; beide

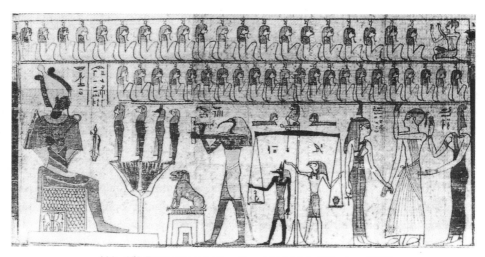

Abb. 158 Ptolemäisches Jenseitsgerichtsbild (p München BSB)

Götter greifen mit ihren Händen nach den Waagseilen, um ein positives Ergebnis zu befördern. Außerdem kauert die gefürchtete Fresserin, die bei negativem Ausgang das Herz zu verschlingen beabsichtigt, nicht mehr wie vordem lauernd unter der Waage, sondern ist Osiris zugewandt und thront über einem Schrein, ist also anscheinend zu einer richtigen Gottheit geworden. Der Verstorbene wird am Eingang der Gerichtshalle nunmehr von einer oder von zwei Maatgestalt(en) empfangen. Thot steht meist beherrschend in der Mitte und kündet dem Gerichtsherrn den Ausgang des Verfahrens.

Die Verschiebung der Motive läßt den Wägeakt in den Hintegrund treten. Anscheinend bedeutet schon der Eintritt in die Halle der beiden Wahrheiten und der Empfang durch die Herrin, die ihr vorsteht, daß die Maathaftigkeit des Abgeschiedenen erkannt und akzeptiert ist, ehe es zum Abwiegen kommt.

Die in früheren Jahrhunderten meist mit dem Wägeakt verbundene und auf ihn unmittelbar folgende Einführung des Gerechtfertigten vor dem Herrn der Unterwelt wird in den Särgen der späten Epoche gern als unabhängige Szene dargestellt. Unter Umständen geht ihr eine Reinigung (oder ein Übergießen mit Lebenswasser?) durch Horus voraus, der dann die Einführung des Verklärten zu Osiris (und Isis) durch Anubis folgt[53].

Auch die Verselbständigung der Einführungsszene läßt vermuten, daß das Abwägen des Herzens nicht mehr wie im Neuen Reich die ausschlaggebende Rolle für einen glücklichen Übergang ins Jenseitsleben spielt. Die entscheidende Rechtfertigung des Verstorbenen erfolgt anscheinend auf andere Weise. Wird sie durch das nach wie vor höchst umständliche Bestattungsritual zauberhaft gewährleistet? Das würde der Hochschätzung des Magismus in diesem Zeitalter durchaus entsprechen (Kap. 25). Es war schon der Zweck der Unschuldsbeteuerungen im Totenbuch Kap. 125 (Kap. 14.5, oben S. 321). Überraschenderweise läßt sich aber in griechisch-römischer Zeit von einer wachsenden Wertschätzung des Bestattungsrituals nichts feststellen. Im Gegenteil, die Taricheuten, wie die Balsamierer jetzt heißen, gelten — anders als der alte Stand der Ut — als ausgesprochen unrein, was gegen eine gesteigerte Kompetenz des Standes spricht. Darüber hinaus gibt es eine Reihe von Anzeichen, daß für maßgebliche Kreise in Ägypten nunmehr die tatsächliche Lebensführung des einzelnen ausschlaggebend wird im Blick auf die Aussichten für sein jenseitiges Geschick. Unschuldsbeteuerungen in der Art von Totenbuch Kap. 125 werden also nicht mehr als magisch-wirksame Äußerungen begriffen, die nachträglich hervorrufen, was sie als gewesen behaupten, sondern sie werden beim Wort genommen und als Kriterien auf einen tatsächlich vollbrachten Lebenslauf angewandt. Schon im Grab des Petosiris (Kap. 22.4) wird betont, daß nur der den Westen erreicht, dessen Herz tatsächlich Maat vollbracht hat. "Der Arme wird vom Reichen nicht unterschieden" auf der Gerichtswaage[54]. Die Totenstelen der Priester aus ptolemäischer Zeit lassen erkennen: "Das im Jenseits zu erwartende Wohlergehen basiert auf den bereits im Diesseits erworbenen Verdiensten"[55].

Ein besonders sprechendes Beispiel für die veränderte Einschätzung der Todesschwelle ist eine demotische Erzählung über *Setna-Chaëmwese*[56]. Der Hohepriester Chaëmwese und sein junges, aber geheimnisvoll erleuchtetes Söhnchen sehen eines Tages einen Leichenzug mit dem Sarg eines reichen Mannes auf der Straße vorbeiziehen, der mit großen Ehren und exakt gemäß dem Ritual zu Grabe getragen wird. Kurz darauf nehmen beide wahr, wie die Leiche eines Armen, die nur in eine Matte gehüllt ist, davongetragen wird. Darauf ruft der Vater: "Bei Ptah, dem großen Gott, wieviel glücklicher ist der reiche Mann, der geehrt wird mit dem (nötigen) Laut der Beweinung, als der arme Mann, der zum Friedhof getragen wird!" Das Söhnchen aber entgegnet ihm vielsagend: "Möge es dir in der Unterwelt ergehen wie dem armen Mann in der Unterwelt! Möge es dir nicht gehen wie dem Reichen in der Unterwelt!" Über die Antwort ist der Vater mehr als erstaunt, widerspricht sie doch allem, was er gemäß ägyptischer Überzeugung, die durch Jahrhunderte gegolten hat, für unumstößlich gehalten hatte.

Danach wird er vom Sohn in die Unterwelt geführt. Dort gelangen sie in die Hallen des Totengerichts, wo Angeklagte wie Gerechtfertigte stehen. Was nimmt der Priester zu seinem Entsetzen wahr? "Die Angel der Tür der Halle war eingelassen in das Auge des reichen Mannes, der lauthals klagte und schrie." Das aber war genau der Mann, dessen Begräbniszug sie beobachtet hatten. Die beiden schreiten weiter und gelangen in die siebte Halle der Unterwelt:

> "Setna sah die geheimnisvolle Gestalt des Osiris, des großen Gottes, sitzen auf seinem Thron aus feinstem Gold, gekrönt mit der Atef-Krone. Anubis, der große Gott, war auf seiner Linken, der große Gott Thot zu seiner Rechten, und die Götter des Gerichts für die Bewohner der Unterwelt standen zu seiner Linken und Rechten. Die Waage (für die Taten der Toten) stand in der Mitte vor ihnen, und sie wogen die guten Taten gegen die Missetaten ab."

Darauf sieht der Hohepriester einen Mann in königlichem Gewand dicht bei Osiris stehen. Der Sohn erklärt ihm: "Er ist der arme Mann, den du aus Memphis herausgetragen sahst, hinter dem keiner herzog und der in eine Matte gewickelt war ... sie (die Richter) fanden seine guten Taten zahlreicher als seine Missetaten im Verhältnis zu seiner Lebenszeit ... und zu seinem Glück auf Erden. So wurde von Osiris befohlen, daß ihm die Ausstattung des reichen Mannes zugewandt wurde, den du aus Memphis mit großen Ehrungen herausgetragen sahst." Damit verbinden sich lehrhafte Erörterungen über die Gruppierungen im Jenseits:

1) Wer mehr Missetaten als positive Ergebnisse aufweist, wird dem Fresser überantwortet. Er zerstört seinen Ba zusammen mit seinem Körper, ihm wird nicht weiter zu atmen verstattet.

2) Wer überwiegend gute Taten mit sich bringt, wird unter die Richtergötter der Unterwelt aufgenommen, sein Ba aber wandelt zum Himmel zu den Verklärungsseelen.

3) Wo beide Arten von Taten gleichgewichtig vertreten sind, bleibt der Betreffende unter den Ach-Seelen, die Sokar-Osiris in der Unterwelt dienen.

"Jetzt sind es allein die Taten des Menschen, die über sein Schicksal entscheiden; wer ein Sünder ist, dem nützen alle Särge und Amulette und Uschebtis nichts"[57]. Eine Relativierung des sonst ungemein verbreiteten und hochgeschätzten Magismus im Blick auf den Schritt vom Diesseits zum Jenseits ist nicht zu verkennen. Allerdings wird an der Wirksamkeit von Zeremonien dadurch festgehalten, daß dem armen Mann das am Reichen vollzogene Ritual zugewandt wird. Aber es ist nicht mehr strikt personenbezogen. Osiris als Herr der Maat wird in einer Weise ernstgenommen wie nie zuvor.

In der Bibel findet sich eine nahe Parallele zu dieser Gegenüberstellung des irdischen und des postmortalen Geschicks mit einer totalen Umwertung der sozialen Rangstufen im Gleichnis vom reichen Mann und armen Lazarus (Lukas 14). Der ägyptische Text gehört vermutlich in die Vorgeschichte des neutestamentlichen Evangeliums. Das Beispiel belegt nicht nur fortwährende Bezugnahmen zwischen israelitischer und ägyptischer Religion und umgekehrt (vgl. Kap. 25), sondern darüber hinaus eine Tendenz innerhalb der spätägyptischen Jenseitserwartungen, die parallel zur Entwicklung innerhalb der spätisraelitischen Religion verläuft und in gewisser Weise die christliche Mission vorbereitet, für die dann das Endgericht Gottes über die Werke der Menschen ein zentrales Motiv zur Bekehrungspredigt sein wird.

Die aufkommende Überzeugung von einem einwandfreien moralisch-kultischen Lebenswandel als unerläßlicher Voraussetzung für den Eingang in die Osirisherrlichkeit hat nach Diodor (I 92, 1-6) sogar rechtliche Folgen innerhalb der ägyptischen Ortsgerichtsbarkeiten. Nach ihm tritt bei einem Sterbefall ein Kollegium von 42 menschlichen Richtern zusammen, um Anklagen gegen die Lebensführung des Toten entgegenzunehmen. Werden solche erhoben und bestätigen sie sich, wird eine rituelle Bestattung verweigert, das Urteil der Unterweltgottheiten also auf Erden vorweggenommen.

Infolge der sich wandelnden Auffassung wird auch im göttlichen Bereich eine neue Gestalt notwendig. In demotischen Texten taucht eine Gottheit *Petbe*, "das Entgelt" oder "der Vergelter" auf, die vorwiegend für die Verfolgung böser Taten, insbesondere beim Übergang vom Diesseits zum Jenseits, zuständig wird; insofern ist er der griechischen Nemesis vergleichbar. Sein Aufkommen zeigt, daß die Relativierung der alten Auffassung vom unlöslichen Zusammenhang zwischen Tun und Ergehen im menschlichen Geschick, die zu Beginn des ersten vorchristlichen Jahrtausends, etwa in der Weisheitslehre des Amenemope, zur Sprache kam, durch die Voraussetzung eines frei setzenden Willens der Gottheit, nun wieder in den Hintergrund tritt und stattdessen die Unerbittlichkeit dieses Zusammenhangs erneut betont wird[58]. Auch im diesseitigen Leben sorgt

Abb. 159 Weihstele. Unter der Flügelsonne Petbe als Adlergreif mit Rad und Palme und die Heilgöttin Tutu als Sphinx

Petbe — selbst für Verehrer in Alexandrien — um gerechten Ausgleich, etwa indem er neben der Krankheit und Tod abwehrenden Sphinx Tutu, auch das eine neue Gottheit, für individuelle Genesung sorgt.

Vielleicht gehört auch eine sich abzeichnende Wandlung in der Rolle des *Anubis* in diesen Zusammenhang. Der schakalköpfig abgebildete Gott gehört zwar weiterhin zur Balsamierung und wacht über der Mumie. Aber der Gott, der nunmehr gern den Titel Heri-Scheta, "der über die Geheimnisse befindet", annimmt, taucht besonders in den Einführungsszenen auf und wird dabei zum Seelenbegleiter, griechisch Psychopomp, das heißt zu einer dem Toten gnädig zugewandten Macht, die ihn an den Fährlichkeiten des schwierigen Übergangs vorbeiführt. Bisweilen trägt er jetzt nach hellenistischem Brauch einen Schlüssel, mit dem er den Frommen das Jenseits aufschließt.

Freilich bleibt unklar, und das mag mit der zunehmenden Moralisierung des Jenseitsgeschickes als Kehrseite zusammenhängen, ob noch überall in Ägypten die Überzeugung vom postmortalen Fortleben so selbstverständlich war wie in früheren Generationen. So findet sich auf einem Sarg aus dem 1. Jh. v. Chr. in Memphis zwar noch die nötige Opferformel für den Ka der mit Osiris in Namensrelationierung genannten Dame, aber daneben wird die "longest and most explicit" aller bekannten ägyptischen Totenklagen vorgetragen[59]. Die Lehre des Anchscheschonqi äußert den Wunsch: "Möge doch dem Tod stets die

Abb. 160 Anubis geleitet Gerechtfertigte zum thronenden Osiris. Römischer Grabstein

Auferstehung folgen" und läßt dabei vielleicht einen zweifelnden Unterton erkennen[60]. Griechische Grabinschriften im Niltal können gar bündig vermelden: "Niemand ist unsterblich"[61]. E. Otto entdeckt in zahlreichen Inschriften die Idee einer "irdische(n) Unsterblichkeit ... die Verklärung besteht im Fortleben des guten Namens, in der Erinnerung der Nachwelt" und schließt daraus: "Der Tod triumphiert über die Hilfsmittel der Religion!"[62] Freilich steht dem entgegen, daß die Mumifizierung weiterhin eifrig betrieben wird.

26.6 Individuelle Fortexistenz und Eingang in das Osirisleben

Die Ausstattung der Mumien läßt einige Neuerungen erkennen, die auf eine stärkere Betonung der Eigenpersönlichkeit des Verstorbenen schließen lassen. Das tritt einmal bei den *Mumienportraits* zu Tage, die das Angesicht des Toten auf millimeterdünnen Holzplatten oder auf Leinwand festhalten. Sie finden sich vom 1.-4. Jh.n.Chr. vor allem Fajjum und werden über dem Kopfteil der Mumie in die Mumienhülle oder das Leichentuch mit eingewickelt. Dahinter steht wohl ein römischer Einfluß, da in Rom im 1. Jh.v.Chr. der Brauch entsteht, jedem Verstorbenen ein Grabportrait zukommen zu lassen. Manche der äygptischen Bildnisse wirken so lebensecht, daß sie wohl noch zu Lebzeiten des Dargestellten hergestellt worden sind und somit erweisen, wie sehr die Sorge um das künftige Nachleben die Ägypter auch jetzt noch zeitlebens umtreibt.

Statt der älteren Mumienhüllen werden jetzt *Leichentücher* üblich, in welche die balsamierten Verstorbenen eingewickelt werden. Auch sie sind mit Sinnbildern und Sprüchen geschmückt. Die oben genannte Einführungsszene vor Osiris hat auf solchen Tüchern eine besondere Ausprägung gefunden. In der Mitte wird der Verstorbene in lichter Gewandung gezeigt, rechts von ihm

Abb. 161 Leichentuch (Berlin) mit drei Figuren

Anubis, der ihn umarmt, links eine mit einer abgewandelten Atef-Krone geschmückte, aufrecht stehende Mumiengestalt, der die mittlere Figur eine Hand mit einer Krugspende entgegenstreckt.

In der Bildmitte befindet sich ein Strauß, den die mittlere Figur in ihrer Linken hält. Wahrscheinlich handelt es sich um die in ptolemäischer Zeit wichtig werdende "Krone" oder "Girlande" der Maat. Ursprünglich gehört sie in den Tempel- und Königskult. Der Pharao bringt diese, oft aus den Wappenpflanzen Ober- und Unterägyptens zusammengebundenen Kränze Horus oder einer verwandten Gottheit dar und erhält einen solchen Kranz von diesem gleichsam im Gegenzug auf sein Haupt zurück.

Wenn es zutrifft, daß auf dem Leichentuch der Tote eine entsprechende Krone in die Hand bekommt, wird seine moralisch-kultisch einwandfreie Lebensführung anschaulich bestätigt durch ein wirksames Maatsymbol, das als Ursache seines postmortalen Weiterlebens aufgefaßt wird.

Über die Zuordnung der drei Figuren hat es in den letzten Jahrzehnten eine Debatte gegeben. Noch immer wird wie ehedem der Name eines durch das Ritual hindurch gegangenen Abgeschiedenen in identifizierender Namensrelationierung mit dem Gott der Unterwelt als Osiris-NN verbunden; das weist auf eine Einverleibung in den Gott, der Tote wird gleichsam eine seiner Spaltformen. So jedenfalls war es für frühere Jahrhunderte anzunehmen. Auf den Tüchern aber scheint die mit sehr individuellen Gesichtszügen ausgestattete mittlere Figur, die eindeutig den Toten meint, von der linken Mumiengestalt, mit anderer Kopfform, abgesondert zu sein. Parlasca[63] hat daraus gefolgert, daß die linke Gestalt den Gott selbst meine und ihn absichtlich von der Person des Toten trenne. Der Mann in der Mitte ist mit eingeprägten Gesichtszügen so sehr herausgestellt, daß er allein das tatsächliche Abbild des Verklärten festhält. Der Name Osiris-NN würde demnach keine Identifikation mehr besagen, sondern nur einen Ehrentitel des mit dem Herrn der Unterwelt künftig wandelnden Toten festhalten. Kákosy hingegen[64] sieht in der Mitte wie links denselben Verklärten in zweierlei Gestalt. Er ist von dem Gott gerade nicht mehr getrennt, sondern in einer *unio mystica* mit ihm verschmolzen. Einen mittleren Weg hatte vorher Morenz eingeschlagen; der Verstorbene erscheint sowohl als Verklärter in der Mitte wie auch in der Osirisgestalt links, beides aber ist er selbst, wenngleich in einem gespaltenen Dasein. Kurth hat sich dem angeschlossen und auf ein anderes Leichentuch verwiesen, wo neben dem Kopf des Verklärten rechts und links je ein gekrönter Osiris erscheint, mit einer Beischrift beim ersten "Osiris, Erster der Westlichen", beim zweiten hingegen "Ba des Osiris-NN"[65]. Von da aus legt sich nahe, daß bei den dreifigurigen Bildern in der Mitte der Ba des Verklärten dargestellt wird, links aber seine mit Osiris vereinte Mumie.

Abb. 162 Philä. Der König bringt Horus und Isis eine Krone der Gerechtigkeit dar

Zur Erläuterung für eine solche Deutung des Leichentuchs läßt sich ein aus Theben überliefertes *Balsamierungsritual* heranziehen[66]. Es redet den Toten nicht nur als Osiris-NN, sondern einmal sogar absolut "o du Osiris" an. Die vorherrschende Namensrelationierung stellt also mehr als bloß ein schmückendes Beiwerk dar. Doch die beigegebenen Erläuterungen zu den verschiedenen Arten von Salbungen — nur davon handelt dieses Ritual — beziehen sich weniger auf die mit Osiris zusammengestellte Mumie als auf die Aktivseele des Abgeschiedenen, die sich nicht nur mit Osiris, sondern mit zahlreichen anderen Göttern vereinigt, so mit der Sonnenscheibe oder gar den acht Urgöttern. Die uneingeschränkten Bewegungsmöglichkeiten dieses Ba stehen im Mittelpunkt. 36 Salbenarten sind nötig, weil dieser Seelenteil mit 36 Göttern zum Himmel aufsteigen soll, den Göttern nämlich, die in den 36 Gauen mit Osirisgliedern beheimatet sind (7,10-1). Andererseits gehören diese Götter zu den 36 Sternen, unter denen der Ba künftig schweben will (8,13). Hier sind Dekane und astrologische Schicksalsmächte in das Jenseitsgeschick und die dafür zuständigen Gottheiten einbezogen. Dabei wird der Tote nicht nur mit Osiris eins, sondern durch Osiris zugleich ein Begleiter vieler Götter. Alte Omnipotenzsehnsüchte schlagen durch, wenn nicht nur die Einheit mit Osiris hervorgehoben wird, sondern dem Abgeschiedenen zugerufen wird: "Du bist Nun, der Älteste, der Vater der Götter" (7,21).

Der Osirissohn Horus reinigt diesen Ba in Abydos und übergibt ihm den Kranz der Rechtfertigung. Insofern wird auch im Ritual auf die Notwendigkeit von Maat für das Weiterleben verwiesen. Der mehrfach eingestreute Refrain: "Es kommt zu dir, was dir zukommt" mag auf den Zusammenhang von Tun und

Ergehen verweisen, der sich über den Tod hinaus erfüllt und dessen Funktionieren durch das Ritual bestätigt wird.

Morenz hat gelegentlich die für modernes Denken schwer begreifliche Einheit zwischen dem abgeschiedenen Ägypter und dem Unterweltsgott Osiris, die eigenartig mit einer Gegenüberstellung der beiden als getrennten Personen Hand in Hand geht, auf die biblische Lehre von der Einheit des Christen mit dem gestorbenen und auferstandenen Christus verwiesen, bei der ebenso beidseitige Selbständigkeit der Personen festgehalten wird[67]. In der Tat bietet die paulinische Lehre vom Leib Christi, der sich weltweit erstreckt und bei dem jeder Gläubige ein Glied darstellt, eine Analogie, selbst wenn die Einheit zum Erlöser christlich nie so eng gesehen wird, daß er und sein Anhänger ein und denselben Namen erhalten.

Aus den Texten um die Zeitenwende spricht eine anthropologische Umorientierung, die das Erscheinen des Toten in zwei Gestalten begreiflicher macht. Zwar kann auch jetzt noch wie in ramessidischer Zeit auf eine Dreiheit verwiesen werden: "Dein Ba ist im Himmel, deine Leiche in der Dat, deine Statuen sind im Tempel"[68]. Doch die Rolle des Ba greift sehr viel weiter aus als je zuvor. Diese Aktivseele wird abgesehen von der Reinigung der Mumie ihrerseits göttlich gereinigt, sie ist es, die den Kranz der Rechtfertigung erhält, also zum entscheidenden Lebenszentrum schlechthin wird. Zwar ist gelegentlich noch von der Erhaltseele und dem Herzen[69] als eigene Größen die Rede; doch beide treten in ihrer Bedeutung für das Gesamtleben zurück. Bezeichnenderweise malen einige Totengerichtsbilder nicht mehr ein Herz in der einen Waagschaale des Jenseitsgerichts, sondern stattdessen die Schattenseele oder die ganze menschliche Gestalt. Der Ka nimmt zwar noch Opfer entgegen, tut das aber als ein Aspekt des Ba[70]. Der Ach aber, einst jene Außenseele, die in Lichtgestalt zum Himmel emporgestiegen ist, wird entweder zum Inbegriff eines verklärten Toten, also eines Wesens mit Mumie und allbeweglichem Ba, oder aber zur Bezeichnung eines spukenden Totengeistes, der unsichtbar über die Erde streift und die Lebenden bedroht, insbesondere wenn es sich um einen im Totengericht Verdammten handelt[71].

So hat es den Anschein, als ob sich die mit der ägyptischen Sprache implizit gegebene Ontologie in griechisch-römischer Zeit weg von der alten polymorphen Auffassung des Menschen in Richtung einer Dichotomie bewegt, wie sie uns aus der griechischen Sprache und der philosophischen Wirkungsgeschichte geläufig sind. Dem Leib bzw. der Mumie steht jetzt als eigentliches Identitätszentrum die als Ba zusammengefaßte Außenseele gegenüber. Das bedeutet freilich keineswegs, daß Leiblichkeit wie im Platonismus grundsätzlich abgewertet und an eine Unsterblichkeit der Seele gedacht wird, die keine körperliche Basis mehr nötig hätte. Der Ba gehört zudem nach dem Abscheiden nicht in irgendeine Welt der Ideen, sondern streift als Wanderseele durch das sichtbare All. Er kehrt auch immer wieder zur Mumie zurück. Insofern wird an der altüberlieferten ganzheitlichen Auffassung des Menschen noch festgehalten. (Doch werden sich bald in der hermetischen Literatur, auf die noch einzugehen ist, Tendenzen melden, die unter griechischem Einfluß eine einzige Seele isolieren und absolut setzen, und dabei der Meinung sind, den Offenbarungen eines ägyptischen Gottes zu folgen.) Im Zuge jener Umorientierung ändert sich die Einschätzung des Jenseitslebens und seiner Kontinuität. Statt der Mumie wird ein verwandelter, verherrlichter Leib Träger der Weiterexistenz. Dieser aber ist mit dem solar gewordenen Osiris eine Einheit. Da die Sonnenbahn in Folge der astronomischen Erkenntnisse eine selbstverständliche Konstanz erhält, gleichmäßig die Erde umrundet und nicht mehr jede Nacht vom Untergang bedroht scheint, werden nicht mehr zahlreiche Verwandlungen vorausgesetzt (wie einst im Amduat), sondern der mit dem sonnenhaften Osiris gleichgestaltete Tote ist zu "unveränderlichem Gold" geworden. Das zentrale Bild im Grab des Petosiris

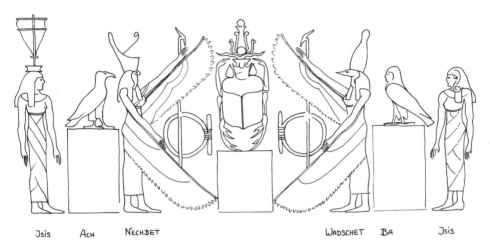

Abb. 163 Petosirisgrab: Der Tote als goldener gekrönter Skarabäus, umgeben von lebenspendenden Göttinnen sowie Ach (?) und Ba (je auf einem Podest)

veranschaulichte bereits die neue Hoffnung. Doch erst in der Römerzeit kommt es zu einer "Art Renaissance der astralen Jenseitsvorstellungen"; jetzt erscheinen in Abbildungen des Tierkreises astrologische Motive in den Gräbern, und der Aufstieg der Seele durch die einzelnen Himmelssphären ist "ein zentrales Motiv der kaiserzeitlichen Religion"[72]. Insofern läßt sich für das griechisch-römische Ägypten tatsächlich von einer Hoffnung auf *Auferstehung* und *Wiedergeburt* sprechen, während solche Begriffe für die ältere Zeit unangemessen sind[73].

H.Beinlich, Die 'Osirisreliqien', ÄA 42, 1984

S.Cauville, La théologie d'Osiris à Edfou, BdE 91, 1983

F.Daumas, La scène de la résurrection au tombeau de Pétosiris, BIFAO 59, 1960, 63-80

P.Derchain, La couronne de la justification, CdE 30, 1955, 225-86

M.T.Derchain-Urtel, Priester im Tempel. Die Rezeption der Theologie der Tempel von Edfu und Dendera in den Privatdokumenten aus ptolemäischer Zeit, GOF IV, 19, 1989

J.C.Goyon, Le cérémonial de glorification d'Osiris du papyrus du Louvre I. 3079, BIFAO 65, 1967, 89-156

Ders., Rituels funéraires de l'ancienne Égypte, LAPRO 4, 1972

G.Grimm, Die römischen Mumienmasken aus Ägypten 1974

F.Junge, Isis und die ägyptischen Mysterien, GOF IV,9, 1979, 99-101

H.Junker, Die Stundenwachen in den Osirismysterien, DAWW 54, 1910

Ders., Das Götterdekret über das Abaton, DAWW 56,4, 1913

L.Kákosy, Selige und Verdammte in der spätägyptischen Religion, ZÄS 97, 1971, 95-106

Ders., Osiris-Aion, OrAnt 3, 1964, 15ff.

Ders., Probleme der ägyptischen Jenseitsvorstellung in der Ptolemäer- und Römerzeit, in: Religions in Égypte hellénistique et romaine, Bibliothèque des Centres d'Études supérieures spécialisés 1969, 59-68

Kees, GG 401-10: Der Sieg des Osiris

D.Kurth, Der Sarg der Teüris. Eine Studie zum Totenglauben im römerzeitlichen Ägypten. Aegytiaca Treverensia 6, 1990

S.Morenz, Das Werden zu Osiris. Das Problem des Werdens zu Osiris in der griechisch-römischen Zeit Ägyptens, RGÄ 231-47.248-62. Anubis mit dem Schlüssel, ebd. 510-20

P.Munro, Die spätägyptischen Totenstelen, ÄF 25, 1973

K.Parlasca, Mumienportraits und verwandte Denkmäler, 1966

Ders., Osiris und -glaube in der Kaiserzeit, in: Les syncrétismes dans les religions gréque et romaine, BCES 5, 1973, 95-102

Ders., Bemerkungen zum ägyptischen Gräberwesen der griechisch-römischen Zeit, in: Ägypten - Dauer und Wandel, SDAIK 18, 1985, 97-103

E.Otto, Die biographischen Inschriften der ägyptischen Spätzeit, 1954, Kap. 3

S.Sauneron/H.Stierlin, Die letzten Tempel Ägyptens, Edfu und Philae, dt. 1978

C.Seeber, Untersuchungen zur Darstellung des Totengerichts im Alten Ägypten, MÄS 35, 1976

C.Traunecker/F.LeSaout/O.Masson, La chapelle d'Achôris à Karnak 1981

W.Wreszinski, Das Buch vom Durchwandern der Ewigkeit nach einer Stele im Vatikan, ZÄS 45, 1908, 111-22

L.V.Žabkar, Adaptation of Ancient Egyptian Texts to the Temple Ritual at Philae, JEA 66, 1980, 127-36

Ders., A Hymn to Osiris Pantocrator, ZÄS 108, 1981, 141-71

Ders., Hymns to Isis in her Temple at Philae, 1988

RÄRG 58-9 'Atmen, Buch vom'; 87 'Behbet el Hagar'; 118 'Bigge'; 273-5 'Harpokrates'; 326-32 'Isis'; 568-76 'Osiris'; 592-4 'Philae'.

LÄ 1, 792-3 'Bigge'; 1, 958-60 'Choiakfeste'; 2, 1003-11 'Harpokrates'; 3, 186-203 'Isis'; 3, 320-1 'Kanopes'; 4, 218-22 'Mumienportraits'; 4, 623-33 'Osiris'; 4, 1022-7 'Philae';

Anmerkungen zu Kapitel 26:

1 Plutarch, Über Isis 20
2 Herodot II 176
3 Taimhotep vgl. Wennofer, Otto, Inschriften 190 vgl. 194; AEL III, 60 vgl. 55
4 E.A.E.Reymond, From the Records of a Priestly Family from Memphis 1981, 133-4
5 LÄ 3, 1252
6 AEL III, 18.20
7 Zum Plan des Tempelbezirks von Karnak vgl. UdK II, Abb. 377
8 Otto, Gott und Mensch, 1964, 87
9 Drioton, ASAE 44, 111ff
10 Traunecker u.a., Chapelle, Conclusions
11 Cauville 1983, 1-8.197
12 Roeder, ML 90-154
13 Plutarch, Über Isis 20
14 Plutarch ebd. 33
15 Roeder, KO 349ff
16 Kees, GG 402.406
17 Zu Esna: S.Sauneron, Les fêtes religieuses d'Esna 1962, Kap. III
18 Plutarch, Über Isis 18
19 Cauville 7
20 ÄHG Nr.1
21 Roeder, UR 34-45; Junker 1910, 33-9
22 Junker 1910, 7
23 Roeder, UR 31-3
24 Zitat nach Kees, GG 409
25 Erman, Rel 379
26 Žabkar, Hymns 51
27 HPEA Nr.140, 13
28 HPEA Nr.140, 9-11
29 Žabkar, Hymns 108-13
30 LÄ 3, 198
31 Vgl. Kap. 2, oben S. 39; Koch, Wesen 24-5
32 HPEA Nr. 137-8
33 Žabkar, Hymns 63-4
34 Žabkar, Hymns 21-3
35 RÄRG 54-5
36 Vgl. aber Otto, Inschriften 18 zur Sonderstellung
37 Otto, Inschriften 23
38 Žabkar, Hymns 118-19.69 vgl. HPEA Nr. 140
39 Žabkar, Hymns 30-1
40 pJumilhac, Assmann, Ma'at 1990, 185
41 Žabkar, Hymns 34-5
42 Assmann, Das Grab des Basa 1973, 11-2
43 Vgl. die Übersicht Nekropolen, Late Period, LÄ 4,440-4
44 J.H.Johnson, in: Egyptological Studies in Honor of R.A.Parker, ed. L.Lesko 1986, 80-1
45 Kákosy, ZÄS 97, 95
46 Goyon, Rituels 185-317; LÄ 1,524-26
47 LÄ 2,54-5
48 Erman, Rel 411
49 Totenbahre Berlin bei Kurth, Teüris
50 Kurth, Teüris
51 Derchain, Hathor Quatrifrons 1972, 45
52 Seeber, Totengericht 48-51
53 vgl. dazu die Einführung eines Abgeschiedenen zu Osiris auf einem römischen Sarg bei Kurth, Teüris, Tafel IX
54 AEL III, 46; Otto, Biographische Schriften der Spätzeit 181
55 Derchain-Urtel 249

56 AEL III, 138-142
57 Erman, Rel 409
58 LÄ 4, 992-3
59 Taimhotep AEL III, 59; Otto, Biographische Inschriften 190-94
60 Brunner, AW 45
61 Erman, Rel 413
62 Die biographischen Inschriften der ägyptischen Spätzeit 1954, 64.51
63 Parlasca 1985
64 Kákosy 1971, 98
65 Kurth, Teüris; Abb. Parlasca, Mumienportraits Tafel 59,2
66 TUAT II 405-31; Goyon, Rituels 18-84
67 Morenz, RGÄ 208
68 Balsamierungsritual 10,20
69 Pa-nehem-ese-Inschrift: "Das Herz des Menschen ist sein eigener Gott. Mein Herz ist zufrieden über das, was ich getan habe. Es ist in meinem Leib, während ich (nun) ein Gott bin", Assmann, Ma'at, 1990, 120
70 Kurth, Teüris 80
71 Morenz, RGÄ 209-10
72 Kákosy 1969, 62.64
73 LÄ 6, 1246-61

27. Die Römer in Ägypten und die römische Göttin im Römerreich. Ausbreitung der Ismysterien

27.1 Ägypten unter den Cäsaren

Der siegreiche römische Feldherr Octavian, später Augustus genannt, erreicht 30 v.Chr. mit seinem Heer Ägypten. Die letzte Ptolemäerin, Kleopatra VII., nimmt sich das Leben. Von nun an gehört Ägypten für Jahrhunderte als kaiserliche Provinz zum Römerreich. Das hat nicht nur politisch und ökonomisch, sondern auf Dauer auch religiös weitreichende Folgen. Während die ptolemäischen Herrscher trotz griechischer Sprache und Bildung sich als Könige von Ägypten verstanden und im Niltal die Fundamente ihrer Herrschaft fanden, regiert jetzt ein Kaiser im fernen Rom, dessen Interesse am Land vor allem darin besteht, den fortlaufenden Nachschub an Getreide für die römischen Massen aus dem Niltal sicherzustellen. Eine erfolgreiche Unterwerfung Ägyptens wird durch zwei Maßnahmen sichergestellt. Zum einen wird parallel zur zivilen Verwaltung eine militärische eingerichtet, die direkt Rom untersteht. Über das Land verteilt werden Garnisonen eingerichtet, wo gut bezahlte Legionäre und Hilfstruppen angesiedelt und nach ihrem Ausscheiden aus dem Dienst ermuntert werden, sich auf Dauer ansässig zu machen. Hand in Hand mit dieser Verwaltungsmaßnahme wird ein neues Rechtssystem eingeführt. Innerhalb der Bevölkerung werden drei Klassen unterschieden und möglichst voneinander abgesondert, was bis zu "Apartheidsvorschriften" geht. An erster Stelle stehen römische Bürger, insbesondere die Legionäre und ansässig gewordene Veteranen, mit einem juristischen Sonderstatus und Steuerprivilegien. Als eine zweite Schicht werden von ihnen die griechischen Bürger unterschieden, die in den drei von den Ptolemäern mit Vorrechten ausgestatteten *poleis* Alexandrien, Naukratis und dem oberägyptischen Ptolemaïs wohnen, denen die inzwischen zahlreichen Judäer in den Städten nahezu gleichgestellt werden. Die Griechen behalten Privilegien im Blick auf Bildungsinstitutionen wie das Gymnasium und Berufswahl; Ihre Stellung wird jedoch gegenüber ptolemäischen Zeiten erheblich beschnitten, bis hin zum Verlust der Selbstverwaltung für eine Stadt wie Alexandrien. Als unterste Schicht werden die Ägypter eingestuft, sie sind meist als Fellachen mit Feldarbeit beschäftigt und werden verachtet und ausgebeutet, sinken so sehr zu einem nahezu rechtlosen Stand herab, daß sie z.B. nicht ohne behördliche Erlaubnis einen griechischen Eigennamen annehmen dürfen. Unter solche Ägypter werden auch die Griechen in der Provinz eingereiht, die dort als Nachkommen ptolemäischer Söldner wohnen.

In religiös-kultischer Hinsicht sind Augustus und seine Nachfolger allerdings so klug, daß sie das ptolemäische Vorbild übernehmen, sich im Niltal als Pharaonen abbilden lassen und sich auch ägyptische Thronnamen zuschreiben. Viele der von den Ptolemäern unterstützten Tempelbauten werden von den Kaisern weitergeführt, z.B. Dendera, Esna, Kalabscha. Die Cäsaren versäumen sogar nicht, Tempel ägyptischer Gottheiten außerhalb der unterworfenen Provinz zu unterstützen, bis hinauf nach Meroë. Bestimmte Gottheiten des Niltals beeindrucken die Besatzungsmacht so sehr, daß sie bald in Rom einen ungeahnten Aufstieg erfahren. Doch das ist nur eine, für das Niltal günstige Seite der religiösen Verhältnisse. In anderer Hinsicht unterscheidet sich die römische Praxis gegenüber ägyptischen Kulten völlig von der ptolemäischen. Als Augustus nach seiner Ankunft in Ägypten aufgefordert wurde, den Apis in Memphis zu besuchen, soll er geantwortet haben, daß er gewohnt sei, Götter zu verehren und nicht Haustiere[1]. Man halte daneben, welchen Eifer die Ptolemäer gegenüber den Tierkulten an den Tag gelegt hatten! Und die Priesterschaft, deren Zahl und Vermögen unter den hellenistischen Herrschern erstaunlich zugenommen hatten, werden in ihren Einkünften drastisch beschnitten und amtlicherseits so sehr auf den rein kultischen Dienst beschränkt, daß ihre Anzahl von nun an mehr und mehr abnimmt. Freilich bleibt ihre Stellung unvergleichlich viel besser als die der ägyptischen Volksmassen. Doch sie müssen sich nun strikt vom gewöhnlichen Volk separieren, haben bei der Weihe unter Eid zu geloben, daß sie kein Tier mehr schlachten, keine Waage bedienen, kein Land vermessen. All das würde sie verunreinigen, Askese ist ihnen auferlegt; "sie haben auf jede andere Tätigkeit und irdische Einkünfte verzichtet und ihr ganzes Leben der Erforschung und Schau des Göttlichen gewidmet"; das "befreit sie von jeder habgier, unterdrückt die Leidenschaften, erweckt das ganze Leben zum Verstehen (des Göttlichen)"[2]. Tempel für den Kult um das Bild des Kaisers werden nicht nur im Zusammenhang mit Heiligtümern ägyptischer Gottheiten eingerichtet, wie es die ptolemäische Praxis war, sondern daneben in besonderen Tempeln des römischen Juppiter Capitolinus, wie etwa in Arsinoë[3]. Bisweilen richten die Legionäre ihre speziellen Heiligtümer ohne Scheu im Tempel ägyptischer Gottheiten ein, wie etwa in Luxor, dessen heutiger Name noch an das römische *castra* an dieser Stelle erinnert.

Die religiösen Gemeinsamkeiten des Landes treten zunehmend zurück. Die einzelnen Gaue grenzen sich mit ihren religiösen Zentren und besonderen Göttern gegeneinander ab. Das findet seinen Ausdruck in der Auseinandersetzung um Heiligkeit oder Unreinheit von Tiergattungen, was mehrfach zu gewalttätigen Zusammenstößen führt. So wird das Krokodil z.B. in Koptos und

Kom Ombo als Erscheinung des Lebensspenders Sobek verehrt und mumifiziert, in Dendera und Edfu hingegen als Tier des Seth verabscheut und verfolgt (Traunecker).

Die harten Maßnahmen der neuen Besatzungsmacht haben nicht nur Ägypter, sondern auch landsässige Griechen betroffen. Das scheint vielerorts dazu geführt zu haben, daß angesichts des gemeinsamen Gegners alte Ressentiments zwischen Ägyptern und Griechen zurücktreten. Dies jedenfalls würde erklären, warum es in römischer Zeit — und erst jetzt auf breiter Front — zu einer wachsenden Verschmelzung ägyptischer und griechischer religiöser Motive und Gottesnamen kommt, während das in der Ptolemäerzeit nur sehr gebrochen zu beobachten war, damals in Seitenströmungen wie dem Sarapiskult oder dem Magismus und der Astrologie. Nunmehr wird es anscheinend auch für Ägypter üblich, ihre einheimischen Gottheiten mit denjenigen griechischen Namen anzurufen, welche die ptolemäischen Herren ihnen beigelegt hatten. Während der drei Jahrhunderte ptolemäischer Herrschaft sind Zeichen eines ägyptisch-griechischen Synkretismus in Texten und Heiligtümern erstaunlich selten. Ab Augustus ändert sich das. Der reiche Papyrusfund von Oxyrhynchos, der wie nichts anderes über die Verhältnisse der Römerzeit Aufschluß gibt, kennt nur griechische Götternamen für die Tempel der Stadt, während die dort tätigen Priester durchweg ägyptische Eigennamen tragen[4].

27.2 Isis und Serapis in der Hauptstadt

Schon bevor die Römer Ägypten eroberten, hatte die ägyptische Isis in der Weltmetropole Rom ihre Heimstätte gefunden. Die Verpflanzung wird von ägyptischen Einwanderern ausgegangen sein, die wie viele andere Orientalen in der Hauptstadt Italiens zusammengeströmt waren. Um 80 v.Chr. wird bereits eine "Vereinigung (*collegium*) der Isis" erwähnt, die auf dem Kapitol der Göttin einen Tempel erbaut. Um diese Zeit aber war das offizielle Rom fremden Kulten noch feindselig gesonnen. Im Eindringen der Isisverehrung muß man eine besondere Gefahr für das Staatswohl geargwöhnt haben. Jedenfalls läßt der Senat bald nach 80 und dann schnell hintereinander 58, 53, 50 und 48 v.Chr. den jedesmal wiederaufgebauten Tempel und seine Bildsäulen zerstören. Vergebens. Cäsar verbietet dem Kollegium der Isis jedes Betreten der Stadt. Doch bald danach lassen die Triumviren 43 v.Chr. einen Isistempel im staatlichen Auftrag erbauen. 19 n.Chr. läßt der Kaiser Tiberius ihn wieder einreißen, die Bildnisse der Göttin in den Tiber werfen, die Priester kreuzigen und tausend Gläubige nach Sardinien verbannen, was wie ein Vorspiel späterer Christenverfolgung anmutet. Auch das umsonst. "Die ägyptischen Mysterien liefern uns in Rom das erste Beispiel einer ... religiösen Bewegung, welche über den Widerstand der Obrigkeit und der offiziellen Priesterschaft triumphiert"[5]. Um 40 n.Chr. läßt Caligula der ägyptischen Göttin ein großartiges Heiligtum auf dem Marsfeld bauen. Von nun an wendet sich das Blatt und die Kaiser begünstigen mehr und mehr die Isisverehrung.

Das intellektuelle Rom hält sich zurück. Unter Augustus gibt der Dichter Vergil einer in seinen Kreisen verbreiteten Ansicht Ausdruck, wenn er in der Aeneïs (8, 698) die Götter des Niltals als "monströse Gestalten jeder Art, einschließlich des Kläffers Anubis" charakterisiert. Ein Jahrhundert später noch spottet Juvenal in seinen Satiren: "Wer weiß nicht, welche wahnwitzigen Ungeheuer Ägypten verehrt?" Doch bei der Masse der Bevölkerung verdrängt um die Mitte des ersten nachchristlichen Jahrhunderts Isis allmählich die bislang hochverehrte, aus Kleinasien stammende Magna Mater. In mehreren Stadtvierteln entstehen Tempel für Isis, aber auch für Serapis, wie Sarapis lateinisch lautet. Ägyptische Denkmäler, darunter Apisstiere, Sphingen und rund ein Dutzend Obelisken werden in der Stadt aufgestellt, so daß heute Rom "the most significant Egyptian archaeological centre outside Egypt" darstellt[6]. Vespasian (69-79 n.Chr.) zeigte sich besonders "fromm gegenüber den ägyptischen Göttern" und befragt bei Regierungsantritt das Orakel im alexandrinischen Sarapeion[7]. Domitian (81-96) gestaltet den Tempel auf dem Marsfeld für Isis und Serapis prunkvoll aus. "Seitdem genossen Isis und Serapis die Gunst aller kaiserlichen Dynastien"[8]. Trajan (98-117) fördert nicht nur zahlreiche Tempelbauten in Ägypten, sondern läßt sich dort mit seiner Frau in Dendera dem Paar Ihi und Hathor gleichsetzen[9]. Ein Höhepunkt erfährt die kaiserliche Zuneigung zu ägyptischen Gottheiten unter Hadrian (117-38). Im Tivoli bei Rom läßt er eine Villa im ägyptischen Stil, mit hieroglyphischen Inschriften, für sich errichten. Während einer Ägyptenreise besucht er mit Eifer alle großen Heiligtümer. Als sein Liebling Antinoos im Nil ertrinkt, nach damaliger ägyptischer Auffassung eine besonders selige Todesart, spricht er fortan von ihm als Osirantinoos und gründet am Nil eine Stadt Antino'upolis mit einem Tempel für den Verstorbenen, den er zum "Throngenossen der Götter von Ägypten" erklärt und damit zum Mittler zwischen den hohen Mächten und dem Kaiser.

So sind also die Römer der ägyptischen Menschen leicht Herr geworden, nicht aber der ägyptischen Götter. Von ihnen hat nach jahrhundertelangem Ringen vor allem Isis die stolzen Cäsaren in ihren Bann geschlagen. Um 200 n.Chr. kommt es unter den ersten Soldatenkaisern, Septimius Severus und Caracalla, zu einer neuen ägyptisierenden Strömung. Die beiden lassen sich wie viele ihrer Untertanen als Mysten in Isismysterien einweihen. Stärker noch tritt jetzt der männliche Partner Serapis hervor (Kap. 23), als *pantheos* und *kosmokrator*[10]. Um dem von Germanen im Norden und Parten im Osten bedrängten Vielvölkerstaat eine ideologische Einheitsklammer zu geben, wird nach einem Monarchen im Himmel gesucht, als dessen Abbild der eine Monarch auf Erden ausgegeben werden kann. Zu diesem Zweck wird Serapis in Rom, weit über alles in Ägypten übliche Maß hinaus, zu einem monotheistischen göttlichen Wesensgrund erhoben. Im Gefolge einer inzwischen aufgekommenen astrologischen Theorie von der Sonne als Chorführer am Himmel heißt er nun Heis Zeus Serapis oder Serapis-Jupiter-Sol invictus. Eine entsprechende Abbildfunktion des irdischen Monarchen läßt sich an solche Prädikate eines ägyptischen Gottes leicht anschließen, während die überkommenen römischen Gottheiten oder ihre griechischen Entsprechungen viel stärker polytheistisch festgelegt sind und damit dem Kaisertum nur bedingt Legitimation anbieten.

Während der Kaiserzeit übt also das unterjochte, von den Römern schmählich ausgebeutete Ägypten eine wachsende religiöse Anziehungskraft auf das neue Herrenvolk und seine staatliche Spitze aus. Ägypten liefert nicht nur das Getreide, ohne das die römischen Massen verhungern, es bietet darüber hinaus Ideen, welche den ideologischen Zusammenbruch des Kaiserreiches für einige Zeit zu verhindern scheinen, aber auch den von angestammten Kulten enttäuschten Römern, wie sich noch zeigen wird, in Mysterien eine neue Hoffnung vermitteln.

Seit der Mitte des 3. Jh.n.Chr. nimmt in der Reichshauptstadt die Hochschätzung der ägyptischen Göttin überraschend schnell ab. Die Kaiser vor allem wenden sich anderen Mysterien zu, etwa dem betont männlichen Mithras. Die Gründe für solchen Umschwung sind hier nicht zu verfolgen. Den endgültigen Garaus macht dann gut 100 Jahre später das Christentum den Mysterienvereinen der ägyptischen Götter, ohne daß es dazu noch großer Verfolgung oder gar der Kreuzigung wie unter Tiberius bedarf.

27.3 Ausbreitung der Isis als Allgöttin. Die Aretalogien

Längst ehe ägyptische Gottheiten in Rom bekannt wurden, ja bevor ptolemäische Könige sich ägyptischen Göttern unterstellten, hatte die zaubermächtige Isis im Mittelmeerraum Verehrer gefunden. In der Hafenstadt Piräus hatte sie seit 333/2 nachweislich eine Kultstätte[11]. Wo dann immer die Ptolemäer den Sarapiskult verbreiten, begleitet ihn Isis; ihre Anziehungskraft reicht meist über die des männlichen Partners hinaus, für den statt Sarapis auch Osiris eintreten kann. Als Diener gehört Anubis meist zum Götterpaar, und natürlich Horus als göttliches Kind, als Harpokrates oder, wie Griechen zu sagen lieben, Karpokrates in Anklang an die Spende von Frucht (*karpos*). Die ausländischen Verehrer sehen in ihr mehr noch als die Bewohner des Niltals nicht nur die zaubermächtige, sondern die "vielnamige" Gebieterin der Götter schlechthin, die zunehmend als Hintergrundmacht für alle anderen großen Göttinnen der Ökumene gefeiert wird.

So ergreift eine erste Welle von Isisbegeisterung in ptolemäischer Zeit die ganze griechisch sprechende Welt, zu der damals auch Süditalien zählt. In Pompeji gibt es bereits 100 v.Chr. ein Iseion, dessen leuchtende Fresken sich teilweise erhalten haben.

Abb. 164 Priester und Gemeinde im Isistempel von Pompeji

Eine zweite Woge erfaßt nach der römischen Eroberung Ägyptens auch die lateinisch sprechenden Länder bis nach Spanien und Britannien. Der Nonsberg bei Bozen wird ein Zentrum ihrer Verehrung, für christliche Schriftsteller "ein zweites Alexandrien, ... voll von der Raserei der Isis und dem Verschwinden des Serapis"[12]. Aus dieser Zeit häufen sich Nachrichten über die Mysterienvereine, in denen sich überzeugte Anhänger der Göttin (oder des Osiris) zu einem eigenen Kultverband zusammenschließen, dessen Vorsteher bisweilen *synagogeus* heißt, wie bei den rechtlich ähnlich verfaßten Judengemeinden. Über diese besondere Form der Isisverehrung ist unten weiter zu berichten. Im Unterschied zu anderen aus dem Orient eindringenden Mysterien hat aber Isis auch immer öffentliche Beachtung und Verehrung gefunden. Soweit Kultstätten erhalten sind, entsprechen sie einer hellenistisch-römischen Anlage. Auch Priester werden häufig aus den Männern des jeweiligen Ortes genommen. Allerdings schätzen es die Frommen, wenn sie stattdessen einen ägyptischen Fachmann gewinnen. Nach ägyptischer Weise tragen die Priester einen ge-

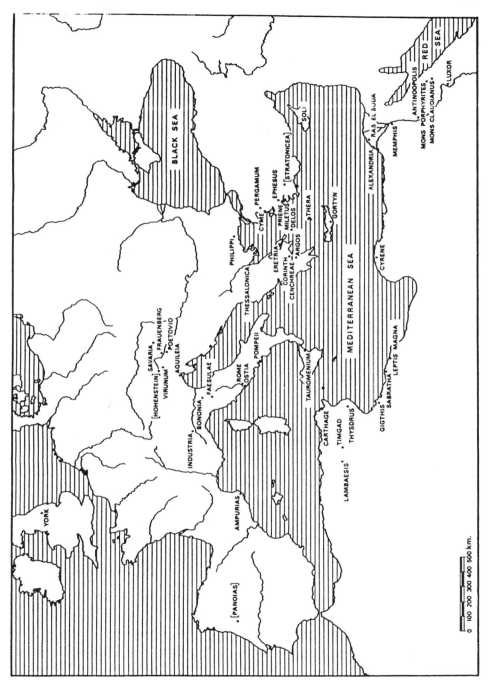

Abb. 165 Fundorte von Isis- und Sarapis-Heiligtümern

schorenen Kopf, unterteilt werden sie nach ägyptischem Vorbild in Hohepriester, Profeten, Pastophoren, welche Standbilder tragen, Stolisten, welche täglich die Statue der Göttin einkleiden, und andere mehr. Das Gedenken an die Göttin halten Statuen auf verschiedene Weise, doch durchweg im hellenisierenden Stil fest. Bisweilen wird sie sogar nackt dargestellt und der griechischen Aphrodite gleichgestellt. Stets jedoch trägt sie ein oder mehrere ägyptische Merkmale. Das können Kuhgehörn und Strahlenscheibe über dem Kopf, mit oder ohne Uräusschlange sein, vor allem aber als anscheinend besonders wirksames Schutzzeichen der Knoten über den Brüsten, die Isisschleife.

Im Iseion befinden sich heilige Schriften, wenn möglich in ägyptischer Sprache, auch wenn sie keiner lesen kann, daneben griechische Literatur, die damals auch in Ägypten schon im Isisdienst verbreitet war. Andere originale Gegenstände aus dem Niltal werden hochgeschätzt, Obelisken und Sistren, ja Krokodile und gemalte Nillandschaften.

Abb. 166 Isis im Stil einer Aphrodite oder mit Steuer und Füllhorn

In vielen Hafenstädten wird die ägyptische Göttin, wohl wegen ihrer Beziehung zur Astrologie, auf die noch einzugehen ist, zur Patronin der Seefahrt. Zu deren Eröffnung im Mittelmeer wird ein *navigium* der Isis im Frühjahr gefeiert. Wie das im Hafen von Korinth vor sich geht, hat Apuleius anschaulich geschildert. Eine Prozession zieht unter Begleitung einer großen Volksmenge zum Meer. Voran ziehen blumenstreuende Frauen. Es folgen Priester mit Gewandstücken der Göttin, ihrer Statue und derjenigen anderer tiergestaltiger Götter, einem goldenen Schiff, Altären, einer Kiste mit geheimnisvollem Inhalt, aber auch einer goldenen Getreideschwinge und einer milchspendenden Frauenbrust aus gleichem Material. Ein Krug mit Nilwasser fehlt nicht. Die Gemeinde trägt Fackeln und beteiligt sich mit heiligen Gesängen.

Anfangs ist der Isisdienst, sofern er nicht offiziell von Ptolemäern gestiftet war, wohl durch ägyptische Händler und Seefahrer verbreitet worden. Bald schließen sich zahlreiche nichtägyptische Verehrer an, quer durch alle sozialen Schichten, vom Adligen bis zum Sklaven, Männer sowohl wie Frauen. Selbst barbarische Germanenfürsten unterziehen sich ihrer geheimnisvollen Weihe[13]. Was erklärt diese erstaunliche Anziehungskraft einer weiblichen Gottheit aus einem abgelegenen Volk, eine Anziehung, die über fast fünf Jahrhunderte im Mittelmeerraum und darüber hinaus anhält? Eine zureichende Erklärung ist bislang noch nicht gefunden. Der exotische Schleier, der die Göttin aus dem rätselhaften Nilland für Außenstehende zweifellos umgibt, reicht zur Begründung einer solchen Missionskraft kaum aus. Trotz der Verbreitung der Isiskulte wissen wir von der Überzeugung ihrer Anhänger wenig. Die den Mysten auferlegte Arkandisziplin hat verhindert, daß ausführlichere Nachrichten schriftlich festgelegt worden sind.

Immerhin haben sich neben kurzen Weihinschriften gut ein Dutzend Stelen mit *Isis-Aretalogien* erhalten, Aufzählungen von bis zu 50 herausragenden Wundertaten (*aretai*) der Göttin, meist im Ich-bin-Stil göttlicher Selbstrühmung abgefaßt. Das älteste Exemplar, um 100 v. Chr., stammt aus Thrakien, andere Exemplare aus Griechenland, Kleinasien, Italien. Sie lassen sich auf eine gemeinsame Grundform zurückführen und bezeugen damit ein die Isisgemeinschaften global verbindendes "Glaubensbekenntnis ..., wie es keine andere Religion aufweisen kann"[14]. Nachdem eingangs die Stifter sich vorgestellt haben, kann der Stil unvermittelt zur Rede der Göttin selbst überwechseln:

> Demetrios ... und Thraseas ... richteten ein Gebet an Isis ...
> Isis bin ich, die Beherrscherin (*tyrannos*) des ganzen Landes[15].

Obwohl die Erhörung eines bestimmten privaten Gebetes Anlaß zur Stiftung der Stele gegeben hatte, wird im Text auf die Zuwendung zu den Individuen nicht eingegangen. Von einem Danklied innerhalb einer Mysterienreligion sollte man zudem eine Ausrichtung auf die geheime Unterweisung und das Seelenheil der Bekehrten erwarten. Auch davon verlautet nichts. Die Isis-Aretalogien betonen stattdessen die umfassende kosmische wie gesellschaftliche Kompetenz. Die beanspruchte Herrschaft über die ganze Erde wird durch einen Hinweis auf heilige hermetische Schriften erläutert und den Satz: "Ich habe den Menschen Gesetze gegeben und gesetzlich festgelegt, was keiner verändern kann." In der Folge werden jedoch zunächst nicht die der menschlichen Gesellschaft eingestifteten Ordnungen angeführt, sondern − nach Verweisen auf die verwandtschaftlichen göttlichen Beziehungen zu Kronos (=Geb), Osiris, Horus − auf das Funktionieren des Weltalls:

> Ich habe die Erde vom Himmel geschieden.
> Ich habe den Sternen den Weg gezeigt.
> Ich habe den Gang der Sonne und des Mondes geordnet.

Isis eignet sich hier Ruhmestaten zu, die nach ägyptischer Mythologie sonst großen männlichen Gottheiten zugeschrieben waren, dem Gott Schu oder Thot beispielsweise. Das weibliche Element schickt sich also an, im göttlichen Bereich das männliche zu verdrängen. Nachfolgende Sätze wenden sich dann menschlichen Verhältnissen zu. Sie beginnen bezeichnenderweise mit der Familie als besonderem Gegenstand göttlicher Fürsorge:

Ich habe Mann und Frau zusammengeführt ...
Ich habe gesetzlich festgelegt, daß die Eltern vom Kind geliebt werden.
Ich habe den lieblos gesinnten Eltern Strafe aufgelegt.

Weiter wird auf die kulturelle und moralische Entwicklung des Menschengeschlechts unter Beihilfe der Göttin verwiesen. Mit Hilfe des Osiris hat sie der Menschenfresserei ein Ende bereitet. Sie hat gelehrt, wie Götter zu verehren sind, hat den Völkern die Sprachen beigebracht, die Tyrannen beseitigt, die Unterscheidung von gut und böse sowie eine geordnete Strafverfolgung eingeführt. Obwohl sie Erbarmen gegenüber Schutzflehenden fordert und Gefangene befreit, ist sie doch andererseits Herrin des Krieges. Sie besänftigt das Meer, wühlt es aber auch wieder auf. Was immer in Natur und Gesellschaft an tragenden Ordnungen besteht, hangt am Walten der Göttin.

Vom ägyptischen Denken her gesehen, erinnern solche Aussagen an den Aufgabenbereich der Göttin Wahrheit-Gerechtigkeit, der *Maat*. Doch was Maat stetig zu bewahren sucht und durch die dauernde Erhaltung der Gesetzmäßigkeiten eines Tun-Ergehen-Zusammenhanges bei menschlichen Tätern zu jeweils heilvollem oder unheilvollem Reifen bringt, das nimmt in der Aretalogie im Blick auf Isis dynamischere Züge an. Der Sollens-Charakter für menschliches Dasein tritt stärker in den Vordergrund, vor allem aber auch die Notwendigkeit von Widerstreit zwischen erhaltenden und zerstörenden Kräften. Hinzu kommt die in den letzten vorchristlichen Jahrhunderten in Ägypten und auch sonst hervortretende Wertschätzung von göttlichen Gesetzen.

Auffälligerweise fehlt ein Hinweis auf die Beauftragung und Unterstützung von Pharaonen. Schlagen hier Vorbehalte durch, welche die nichtrömischen Isisverehrer gegen die Fremdherrschaft empfinden? Oder soll der Anspruch des offiziellen Staatskultes nicht tangiert werden, handelt es sich also umgekehrt um Vorsichtsmaßnahmen gegen eine unter Umständen bedenkliche Konkurrenz? Nach Apuleius (XI 17; zu ihm siehe unten) denken die Isispriester bei ihrem Gebet immer zuerst an die regierenden Herrscher; warum schweigt die Aretalogie darüber?

Erst in der Schlußzeile der Aretalogie tritt der menschliche Verehrer wieder zutage: "Sei gegrüßt, Ägypterin, die du mich erhalten hast!" Mit solcher Anrufung wird Isis als die gesammelte numinose Macht des geheimnisvollen Nillandes herausgestellt. In parallelen Texten wird im Stil hergebrachter Kulttopografien der Gesichtskreis noch weiter konkretisiert. Schon in Medinet Madi war weiter ausgeführt: "Die Syrer nennen dich Astarte-Artemis-Nanaia; die lykischen Stämme nennen dich Königin Leto; die Thraker nennen dich zu Recht Mutter der Götter; die Hellenen Mächtig-Thronende und Aphrodite und gute Hestia und Rhea und Demeter"[16]. Apuleius (XI 2.5) wird dann rühmen: "Sie ist die einheitliche Erscheinung der Götter und Göttinnen. Sie ist die Gottheit, die in vielfacher Gestalt doch ein und dieselbe ist. Und der ganze Erdkreis verehrt sie." Die in Ägypten seit alters herrschende Überzeugung von der Vielnamigkeit und Vielgestaltigkeit der großen Gottheiten wird anscheinend in einer Zeit begierig aufgenommen, die auf magisch wirksame Metamorphosen erpicht war, wie sie dann im Roman des Apuleius an vielen Stellen zum Ausdruck kommen.

Der Selbstruhm der Göttin kann mit dem triumphierenden Ausruf enden:

Ich besiege das Schicksal, mir gehorcht das Schicksal (*heimarmene*).

Damit wird das Stichwort aufgegriffen, das damals vielen Menschen im Mittelmeerraum Furcht einzuflößen pflegte. Heimarmene gilt als der durch die Sterne bestimmte unentrinnbare Verlauf irdischen Geschehens, sowohl im Einzelleben wie in den sozialen Verbänden; über das zugrundeliegende Weltbild war oben (Kap. 24) gehandelt. Der rasante Aufstieg der Astrologie um die Zeitenwende und die in diesem Zusammenhang aufkommende Überzeugung, daß die Konstellation von Planeten und Tierkreiszeichen jeweils in festen Relationen zu gesellschaftlichen und naturhaften Erscheinungen auf Erden stehen, führten zu jener Auffassung einer ehernen, geradezu mechanischen Kausalität, welche jede Freiheit des Menschen, ein Vermögen zur eigenen Gestaltung des Lebens, als Illusion zu entlarven schien.

Für diese Aporie empfiehlt sich anscheinend der Dienst der Isis. Ihr Wirken erweist sich dadurch als universal, daß sie einerseits das Sternenschicksal eingerichtet hat und also verhängt, andererseits aber als die Schöpferin jener kosmischen Gesetzmäßigkeiten in der Lage ist, diejenigen, die sich ihr anvertrauen, von eben solchem Verhältnis zu befreien. Die entsprechende doppelte Rolle der Göttin läßt sich von ägyptischen Voraussetzungen her ein gutes Stück weit erklären. Wo sich das astrologische System mit ägyptischer Mythologie verbindet, rückt Isis, wie oben schon erwähnt, mit Notwendigkeit an die Spitze der Himmelskörper. Denn in ihrer Erscheinung als Sothisstern stand sie von jeher dem Jahreslauf im ganzen und den Dekansternen voran. So wird sie in römischer Zeit zur Himmelsgöttin schlechthin (*regina coeli*) und löst damit die Überzeugung von einem männlichen Himmelsherrn ab, die auf mesopotamischer oder syrischer Stufe astralisierter Religion mit der Himmelsbeobachtung verbunden war. "Du drehst das Himmelgewölbe, erleuchtest die Sonne, regierst das Weltall und trittst auf den Tartarus. Dir antworten die Gestirne, zu dir kehren die Zeiten zurück, dich haben die Götter gern und dir dienen die Elemente. Durch deinen Hauch wehen die Winde, befeuchten die Wolken und sprossen die Samen" preist sie Apuleius (XI 25). Wird die Göttin vom verzückten Mysten erschaut, dann trägt sie einen mit Sternen geschmückten Mantel, über ihrem Haupt "strahlt ein flaches Rund ... als Abbild des Mondes ein helles Licht, rechts und links eingefaßt von Schlangen" (ebd. XI 3,4). Wie sehr die astrale Rolle der Isisfigur im Mittelpunkt des Kultus steht, läßt sich daraus entnehmen, daß ihre menschlichen Verehrer als "irdische Sterne der erhabenen Religion" gelten (ebd. XI 10,1). Alle Menschendinge werden durch die Vorsehung (*providentia*) der Isis gesteuert; durch ähnliche Horoskope verbindet sie gleichgestimmte Wesen (XI 1,2; 22,3). Alle Zeit und Geschichte gehen auf ihre schlechthinnige Überlegenheit zurück. Apuleius feiert sie: "Mutter der Gestirne, Hervorbringerin der Zeiten und Herrin des gesamten Weltkreises" und läßt sie selbst sich rühmen: "Hervorbringerin der Natur, Herrin aller Elemente, Anfangssproß der Zeitalter (*saecula*) ... die Erste der Himmlischen, die Erscheinung der Götter und Göttinnen in einer Gestalt" (ebd. XI 7,3; 5,1).

Stärker noch als die schicksals*erzeugende* Macht der Göttin tritt ihr schicksals-*abwendendes* Walten in den Vordergrund. Nicht die Begeisterung über ein völlig geschlossenes Weltbild erfüllt die Isisanhänger, sondern die Überzeugung, in Isis die einzige Macht gefunden zu haben, welche die gefährlichen Vorprägungen menschlicher Geschicke zu korrigieren vermag. Nach Apuleius wendet die Vorsehung der Isis das leidvolle Schicksal des einzelnen (*fatum*) und führt den Tag des Heils für ihn heraus, in diesem Falle mit Einweihung und Wiedergeburt. Isis vermag selbst die Lebensspanne zu verlängern, welche das Schicksal in den Gestirnen festgelegt hatte (XI 6.6). Mit Tränen in den Augen lobt der Gläubige nach vollzogener Weihe die heilige Retterin der Menschheit:

> Du drehst die unentwirrbar gewordenen Fäden der Schicksale wieder auf.
> Du beschwichtigst die Unwetter der (bösen) Fortuna und du hemmst den schädlichen Lauf der Gestirne.

An solcher Schicksalsmächtigkeit haftet mehr als an allem anderen das Interesse der Isisverehrer. Weil die Göttin aus ihrer Freiheit heraus ein engmaschiges Netz von gestirnten Notwendigkeiten gesetzt hat, deshalb vermag sie allein solchen kausalen Zwangsmechanismus abzuändern. Insofern wird ihr eine ähnliche Fähigkeit und Überlegenheit über alle irdischen Notwendigkeiten hinaus zugeschrieben wie später dem Schöpfergott in der christlichen Lehre. Vielen zeitgenössischen Philosophenschulen schien es damals denkunmöglich, die Heimarmene außer Kraft zu setzen[17]. Doch in der Fortentwicklung ägyptischer Überlieferung, wo das Herausgehen von Millionen aus dem einen Ursprung mit Selbstentstehung und nicht mit mechanischem Zwang zusammenhängt, öffnete sich ein Spalt, um den vom Fatalismus bedrängten Menschen des Zeitalters Erlösung zu künden.

Dennoch entzieht sich dieser Aufstieg einer weiblichen Gottheit zur einzigen schicksalsüberlegenen Macht einer letzten erschöpfenden Erklärung. Zwar geben die ägyptischen Überzeugungen von Isis als Gebieterin der Gestirne und als der Zauberreichen schlechthin gewisse Anhaltspunkte für eine so einzigartige Hochschätzung. Doch das stellt kaum die zureichende Ursache für eine so globale Wirkung dar. In den Aretalogien übernimmt die Göttin mit dem Schutz von Gesetz und Recht königliche Aufgaben, die im Nilland ihrem Gatten Osiris vorbehalten bleiben. Insofern geht ihre Wertschätzung außerhalb Ägyptens über das hinaus, was sie auf einheimischen Boden erfahren konnte.

Auch soziologisch greifbare Verhältnisse tragen wenig zur Erhellung bei. Weder in Ägypten noch sonst im Römerreich übernahm damals ein weiblicher Teil der Menschheit – trotz herausragender Persönlichkeiten wie Kleopatra – die Führung innerhalb der Gesellschaft. Vielleicht hat sich damals im religiösen Erleben weiter Kreise das Gefühl in den Vordergrund geschoben, daß der letzte Grund aller Wirklichkeit und sein für Menschen nie aufdeckbares Geheimnis eher im Bild der Frau und Mutter zu erfassen ist als in dem des Herrn und Vaters.

Die Aretalogien haben eine lebhafte Auseinandersetzung ausgelöst über die Frage, wieweit der außerägyptische Isiskult und zugleich die Isismysterien noch echt ägyptisches Erbe beinhalten, also noch ägyptischer Religionsgeschichte zuzurechnen seien. Das Problem betrifft das Ausmaß eines möglichen ägyptisch-griechischen Synkretismus überhaupt. Die Isis-Hymne zeigt, wie schon erwähnt, eine so weitgehende Übereinstimmung in weiten Teilen des Mittelmeerbeckens, daß eine gemeinsame Vorlage sowohl der "Ich-bin-Isis"-Texte wie der "Du-Isis"-Adressen anzunehmen ist. Die auffällige Übereinstimmung läßt auf einen ständigen literarischen Austausch zwischen dem Niltal und außerägyptischen Isisstätten schließen.

Da die Fassung aus Kyme vermerkt: "Abgeschrieben von der Stele in Memphis, welche im Hephästeion steht", setzen Harder (1944) und Bergman (1968) ein ägyptisches Original der Ptolemäerzeit voraus, das tatsächlich im Tempel des Ptah (=Hephaistos) in Memphis vorhanden war. Andere wie Festugière (1949) oder D.Müller (1961) haben entweder einen rein hellenistischen Ursprung der Dichtung verfochten oder nur lockere Bezüge zur ägyptischen Isisvorstellung in Anschlag gebracht. In der Tat läßt sich eine Herkunft aus Memphis nicht strikt beweisen; wenn sie dennoch zutrifft, mag sie auf eine dort aufgestellte *griechische* Stele zurückgehen. Weiter bleibt zu bedenken, daß "Ich-bin-Isis"-Hymnen in Ägypten bislang nicht aufgetaucht sind, wenngleich solche Selbstrühmungshymnen für andere ägyptische Gottheiten belegt sind[18]. Schließlich gibt es Motive, die deutlich auf griechische Mythen von Kulturheroen zurückgehen, wenn es etwa heißt: "Ich habe mit Hilfe meines Bruders Osiris der Menschenfresserei Einhalt geboten ... ich habe die Herrschaft der Tyrannen gestürzt." Das hat keinen ägyptischen Hintergrund. Anders mag es schon um Verweise auf Gesetzgebung oder Lenkung der Schiffahrt stehen; auch solche Aussagen sind zwar dem Nilland vor der Perserzeit unbekannt, fügen sich aber durchaus in die danach aufkommende Wertschätzung von schriftlichen Gesetzen und von astrologischen Theorien. So liegt doch wohl nahe, daß der Grundtext der Aretalogien aus dem ptolemäischen Memphis stammt.

Von einem ägyptischen Zentrum aus läßt sich die Verbreitung über das gesamte Römereich begreiflich machen. Über die Hochschätzung der Isis in Memphis gibt ein griechischer Papyrus Aufschluß, der von einer Vision des Nektanebos berichtet, der dort Isis auf ihrem Thron erblickte, während alle ägyptischen Götter ihr dienten[19]. Priester aus Memphis haben offenbar "für den Export" Isismythen um einige modische hellenistische Motive angereichert, ohne damit den vorherrschenden ägyptischen Charakter des Isisbildes zu beseitigen. Da bei der Folge der Sätze in den Aretalogien kein klares Aufbaumuster zu erkennen ist, ist wohl mit einer längeren Überlieferungsgeschichte zu rechnen. Eine einheitliche Ausrichtung der Aretalogien ergibt sich dennoch, sobald man einen durchgängigen, wenngleich verdeckten Bezug zum vorherrschenden astrologischen Weltbild voraussetzt. Das mag sich schon im einleitenden Hinweis auf die heiligen Schriften des Hermes verbergen, wird dann ausdrücklich im Verweis auf die Ordnung über den Weg der Himmelskörper und dann vor allem am Ende im Hinweis auf die überwundene Heimarmene.

Die Isis-Aretalogien geben dem Ausdruck, was der Öffentlichkeit vom Wirken der allmächtigen Göttin zu wissen nottut. Sie lassen erstaunlich wenig von den Vorgängen und Überzeugungen innerhalb der Mysterien erkennen. Nur ein einziger diesbezüglicher Satz taucht auf: "Ich habe den Menschen die Weihungen gelehrt". Sonst verlautet nichts über persönliche Zuwendung zum einzelnen (obwohl die betreffenden Stelen von Privatleuten aufgestellt sind, die ihre Lebenswende der Göttin verdanken). Auch fehlen Verankerungen ihres Verhaltens in den ägyptischen Verhältnissen; kein Wort verlautet von der Nilflut, und von den Tempeln im Lande wird einzig Bubastis genannt. Es ist schwer vorstellbar, daß alle diese Inhalte in den Isismysterien ausgeblendet waren. Aber was hier gelehrt und praktiziert wurde, unterlag anscheinend einer strengen Geheimhaltung.

Wie eine konsequent hellenistische Interpretation der Isisfigur im Unterschied zu diesen Aretaolgien ausschaut, zeigt das Buch des Platonikers *Plutarch* "Über Isis und Osiris", einer Isispriesterin an der altberühmten heiligen Stätte von Delphi um 100 n.Chr. gewidmet. Plutarch hat sich zwar umfassend unterrichtet und erwähnt zahlreiche ägyptische Motive für beide Gottheiten, deutet aber alles allegorisch im Sinne einer platonisierenden Philosophie. Demnach bedeutet Isis letztlich den empfangenden Teil der menschlichen Seele, Osiris den höheren Vernunftbestandteil. Daraus läßt sich dann leicht der Schluß ziehen, daß in Ägypten "die heiligen Gebräuche nichts unvernünftiges enthalten" hätten. Für Plutarch schließt das ein, daß die Ägypter nichts von dem, was sie in Mythen lehren als "tatsächlich passiert" aufgefaßt haben wollen. Obwohl Plutarch von "Unsagbarem" in der Isis-Osiris-Überlieferung weiß, scheint er dennoch seine Kenntnisse aus dem öffentlichen Kult ägyptische Priester und nicht aus Mysterienvereinen in seiner griechischen Heimat zu beziehen. Anders verhält es sich mit einer anderen philosophischen Quelle, mit dem Roman des *Apuleius* "Der goldene Esel", auch "Metamorphosen" genannt. Der Verfasser hat eine regelrechte Bekehrung erlebt und sich in die Mysterien einweihen lassen. So geben seine Ausführungen über die Bekehrung – auf Grund einer Erscheinung der Göttin – und die Einweihung seines Helden die einzigen konkreten Hinweise auf das, was die Mysten von der Göttin geglaubt hatten.

27.4 Mysterienfeiern

Mit der Römerzeit beginnen wohl auch in Ägypten, mehr noch in anderen Teilen des Reiches, sich Vereinigungen von Isiasten, Sarapiasten oder Osiriasten in den großen Städten zu bilden. In ihnen schließen sich begeisterte Anhänger der Gottheiten aus dem Niltal auf freiwilliger Basis zusammen, unterhalten eine eigene Priesterschaft und zelebrieren geheime Feiern zur Einweihung von Mysten. Nichts hat den einzigartigen Ruf des Götterpaares Isis-Osiris im Abendland so sehr befördert wie diese Mysterien.

Der private Zusammenschluß zu Mysterienverbänden hat eine doppelte Wurzel, eine hellenische und eine ägyptische. In Griechenland gab es von je her Einweihungsriten am Heiligtum von Eleusis, die mit der Vegetations- und Erdgöttin Demeter verbunden waren und dazu dienten, Frauen, Kinder und Sklaven dem auf bestimmte Familien beschränkten Kult einzugliedern. Stärker noch fällt ins Gewicht, daß seit dem 5. Jh.v.Chr. ein Kult des Gottes der wildwachsenden Natur, Dionysos, ebenfalls als Mysterienfeier ausgestaltet wurde, wo Männer und Frauen sich zum freiwilligen Dienst des Gottes weihten. Dazu wurden nächtliche Tänze veranstaltet, unter Umständen durch Weingenuß gesteigert, die bis zur Ekstase und damit zur rauschhaften Vereinigung mit dem Gotte führen sollten. Da Isis von ägyptischen Griechen mit Demeter gleichgesetzt wird, die ebenso für Fruchtbarkeit des Landes zuständig geworden war, und Dionysos in einer ganzen Anzahl seiner Charakterzüge an Osiris erinnert, wird begreiflich, daß die griechische Art der Mysterien auf die Kultbegehungen des Götterpaares im Niltal abfärben.

Doch die ägyptische Kultgeschichte hatte einer solchen Wendung der Isis-Osiris-Verehrung schon lange Vorschub geleistet. Seit dem Mittleren Reich gab es in Abydos geheime Riten, in denen sich die Priester in abgeschlossenen Räumen zugerüstet haben auf die nachfolgende große Festprozession des verstorbenen Osiris zu seinem Grab in Poker und des nach seinem Aufleben wieder zum Tempel zurückkehrenden Gottes (Kap. 10). Um die Mitte des 1. Jt.v.Chr. waren Feiern um Osiris im Monat Chojak schon im ganzen Land verbreitet; an vielen Kultstätten ranken sich darum Überlieferungen, welche die Priester geheimhalten, wie schon Herodot berichtet. Hinzu tritt, daß die Verfassung der Ptolemäerzeit den Untertanen das Recht zur Bildung eigener Kultvereine einräumt. Sobald solche Gruppen sich zusammenschließen, auch an die Katochoi am Sarapeion ist zu erinnern (Kap. 23), liegt eine Aufnahme der Mitglieder durch eigene Initiationsriten nahe. Sie ermöglichen vermutlich auch Laien jene hintergründige Vereinigung mit der Gottheit schon zu Lebzeiten zu erleben, die bislang nur Königen (und Priestern?) vor dem irdischen Tod zugestanden war.

Über den Anschluß an eine Isisgemeinde hat der Philosoph *Apuleius* einen Roman mit autografischen Zügen geschrieben. Der Held des Buches war durch unglückliche Umstände in einen Esel verwandelt worden und hatte als solcher durch Jahre hindurch zu leiden. Durch eine Begegnung mit Isis gewinnt er seine menschliche Gestalt wieder. Nun will er sich deren Verehrerkreis anschließen. Die dafür nötige Initiation beginnt zu einem von der Göttin durch Traumorakel festgelegten Zeitpunkt. Als erstes ist ein Bad nötig, bei dem ein Priester die Vergebung der Sünden verkündigt und durch Besprengung reinigt. Dann folgen zehn Tage strenger Enthaltung von Fleisch und Wein. Schließlich wird der Kandidat in das Allerheiligste geführt, wo ihm eine gewaltige Schau zuteil wird. Die hehre Göttin erscheint ihm nicht nur leibhaftig, sondern läßt ihn die Unterwelt schauen und den Tod durchleben:

> Ich bin bis an die Grenzen des Todes gekommen, ich betrat die Schwellen der Proserpina. Durch alle Elemente bin ich gefahren und dann zurückgekehrt. Mitten in der Nacht sah ich die Sonne mit weißem Licht strahlen. Den Göttern droben und drunten bin ich von Angesicht zu Angesicht genaht und habe sie aus nächster Nähe angebetet.

Das altägyptische Motiv von einer nächtlichen göttlichen Unterweltfahrt wird also aufgenommen, freilich nicht mehr auf den Sonnengott, sondern auf Isis als Lenkerin bezogen. Auch an dieser Stelle wird deutlich, wie sehr sich die Gewichte innerhalb der Mythologie verschoben haben. Am frühen Morgen tritt dann der Myste, in eine zwölfteilige Stola (als Abbild des Tierkreises?) gekleidet, mit einem Strahlenkranz auf dem Haupt und einer Fackel in der Hand (als Abbild des Sonnengottes?) vor die Gemeinde der bereits Eingeweihten. Drei Tage lang feiert sie seinen "Geburtstag". Dann spricht er ein feierliches Schlußgebet (XI 25).

> Du heilige ständige Retterin des Menschengeschlechts ...
> Kein Tag und keine Nacht Ruhe, nicht ein einziger Augenblick vergeht ohne deine Wohltaten, daß du ... deine hilfreiche Hand reichst, mit der du die unentrinnbar gedrehten Fäden des Verhängnisses (*fata*) wieder aufdrehst, die Unwetter des Schicksals (*fortuna*), beschwichtigst und den schädlichen Lauf der Gestirne hemmst. Dich ehren die Himmlischen, achten die Unterirdischen und du lässest das Himmelsgewölbe kreisen, die Sonne leuchten, lenkst die Welt ...
> Doch ich bin zu schwach an Geist, dein Lob zu singen ...
> Mir steht nicht die Fülle der Sprache zur Verfügung, um zu sagen, was ich über deine Herrlichkeit empfinde, auch nicht dein tausendfacher Mund und ebenso viele Zungen.

Wer solche Preislieder singt, hat die überwältigende Epiphanie einer heiligen Macht erlebt. Zeichen echter persönlicher Frömmigkeit sind unverkennbar. Angesichts der Sprödigkeit griechischer und römischer Kulte damaliger Zeit gegenüber einem individuell gefärbten Gottesverhältnis läßt sich begreifen, warum vor der allumfassenden Isisgestalt die einheimischen Göttinnen wie Athene, Aphrodite oder Juno, Minerva verblassen. Bemerkenswerterweise fehlt jedes Anzeichen einer sexuell gefärbten Beziehung des Mysten zur Göttin. Selbst von einer spirituellen heiligen Hochzeit wird nichts sichtbar. Der Myste verpflichtet sich zum heiligen Kriegsdienst (*sacramentum*) für die Angebetete. Doch damit werden ihr keine militärischen Absichten beigelegt, nur eine Bereitschaft zu unbedingtem Gehorsam wird unterstrichen.

Allerdings läßt sich bezweifeln, daß die Isis-Einweihungen auch andernorts die sexuellen Komponenten völlig vermissen ließen. Bei zeitgenössischen griechischen und römischen Schriftstellern finden sich nämlich widersprüchliche Urteile über die Moral der Isisanhänger. Nach Plutarch (Über Isis 2) fordert die ägyptische Göttin mehr als andere Gottheiten von ihren Anhängern Verzicht auf sinnliche Genüsse, sogar sexuelle Enthaltsamkeit. Nach römischen Quellen hingegen fördert Isis als himmlische "Kupplerin" (Juvenal) einen laxen Lebenswandel; nicht ohne Grund sind es berufsmäßige Liebesdienerinnen, die sie anrufen[20].

Merkelbach hat die interessante These aufgestellt, daß nicht nur die Schrift des Apuleius, sondern die Gattung des antiken Liebesromans überhaupt ihren Ursprung in den Isismysterien als einer Art Erbauungsliteratur habe. In der Darstellung der langwährenden Irrungen, denen das jeweils im Mittelpunkt stehende Liebespaar bis zur Erlösung durch die Gottheit unterworfen ist, bei Xenophon von Ephesos, Achilleus Tatios o.a. wird das Geschick der menschlichen Psyche veranschaulicht, die in innerweltlichen Bindungen verstrickt bleibt und leidet, bis sie zur Einweihung und Vereinigung mit dem wahrhaft Geliebten gelangt. Die bisweilen gewagt wirkenden erotischen Romanszenen haben aber nicht nur eine symbolische Bedeutung, sondern auch eine kultische Verankerung: "Unzweifelhafte Zeugnisse beweisen, daß zur Einweihung einer Novizin in den Kult der Isis die Liebesvereinigung mit dem Gott gehörte, dessen Rolle ein Priester spielte"[21].

27.5 Erlösung zur Unsterblichkeit in Osirismysterien?

Vor der Zeitenwende hat Isis in Ägypten vornehmlich zum Bereich um Tod und Grab und Weiterleben gehört. Gilt diese Zuständigkeit auch für die außerägyptischen Mysterien der Göttin? Bei den Auseinandersetzungen in der Forschung, ob ägyptische oder hellenistische Komponenten in den Isismysterien überwiegen, spielt diese Frage und damit das Urteil über das eigentliche Ziel der in den Mysterien erlangten Erlösung eine maßgebliche Rolle.

Für Cumont besteht kein Zweifel, daß die Sehnsucht nach Überwindung des Todesgeschickes für die Erfolge der Isismission schlechthin ausschlaggebend gewesen und damit also ein spezifisch ägyptisches Erbe vorherrschend geworden war. Für Nilsson lassen hingegen die Dokumente nirgends etwas von einer Unsterblichkeitserwartung erkennen; der Erfolg der Isismysterien erklärt sich demnach einzig daraus, daß sie auf das hellenistische Bedürfnis nach einer in sich stimmigen Kosmologie und einer alles in sich bergenden Muttergöttin eine überzeugende und anschauliche Antwort bieten.

Aus der dem Mysten auferlegten Arkandisziplin erklärt es sich, daß die textlichen und bildnerischen Dokumente keinen hinreichenden Aufschluß geben. Immerhin lassen sich einige Andeutungen heranziehen. Die *Aretalogien* schweigen sich über Tod und Unsterblichkeit völlig aus, was Nilsson zu dem Urteil veranlaßt, sie hätten diesen Aspekt nicht "übergehen können, wenn wirklich ein Glaube daran existierte"[22]. Dem läßt sich allerdings entgegenhalten, daß die betreffenden Stelen für die Öffentlichkeit bestimmt waren und deswegen vielleicht entscheidende Lehren nicht preisgeben. Auch Morenz stellt in den Mysterien einen tiefgreifenden Wandel gegenüber aller Isisverehrung in Ägypten fest: "In Ägypten war es der Tote, der geweiht, im Hellenismus ist es der

Lebende, der eingeweiht und damit aus der gegenwärtigen Weltangst herausgeholt wird"[23]. An solcher Sicht ist zweifellos richtig, daß die Betonung eines symbolischen Todes und eine gewisse Vordatierung der Wiedergeburt die Mysterienreligion von aller ägyptischer Vergangenheit unterscheidet. Die Befreiung von der astrologisch begriffenen Zwangsverkettung in diesen Weltzustand durch ein geistliches Absterben sowie die durch geheimnisvolle Riten vollzogene Neubelebung schieben sich in den Vordergrund. War das aber alles?

In der oben geschilderten Weihehandlung bei Apuleius wird diese als "freiwilliger Tod und durch Gnade gewährte Rettung" verstanden (XI 21,6). Der Myste bekennt, daß er an die Grenzen des Todes und an die Schwelle der Proserpina, also der Unterwelt, gelangt und danach wieder emporgestiegen sei. Daß läßt sich nur auf *symbolisches Sterben und Auferstehen* deuten, also als Erlösung aus den Schicksalszwängen dieser verderblichen Welt. Es besagt nicht notwendig etwas darüber, was als Überwindung einer endgültigen Todesschwelle erwartet wird. Immerhin weist der Priester bei der Weihe darauf hin, daß die Göttin "nach Ablauf der Lebenszeit die ... durch ihre Fürsorge gewissermaßen Wiedergeborenen zum Lauf eines neuen Daseins herstellt" (XI 21,6). Dazu treten bei Apuleius Hinweise auf Osiris als letzte Stufe der Erlösung. Der in die Isismysterien Eingeweihte empfängt später nämlich in Rom zwei weitere Einweihungen in Osiris, über deren Verlauf und Inhalt nichts gesagt wird und nichts gesagt werden darf, da sie wirklich *mysterion*, Geheimnis, bleiben müssen. Doch wird in diesem Zusammenhang Osiris als "höchster und größter Gott", welcher der Menschen Schicksal endgültig bestimmt, gerühmt (XI 27,2; 30,3). Das weckt den Anschein, daß Osirisweihen noch höhere Wirkung hervorbringen als das Isisritual. Das hier genannte Rom gilt auch sonst als Zentrum der Osirismysterien, wo die Gläubigen die Passion des Gottes nacherleben[24]. Worin anders soll die Höherschätzung der Osirisfeiern begründet sein als in der Aussicht auf postmortale Unsterblichkeit?

Auch Plutarch verweist im Schlußkapitel seines Buches, in dem sonst vornehmlich von Isis die Rede ist, auf Osiris als den größeren, von dem die Priester nur im Geheimnis reden dürfen. Osiris gebietet über die Toten. Die Menge versteht das vordergründig, nämlich so, daß er unter der Erde liegt, wo die Leichen wohnen. In Wahrheit aber ist "er selbst unendlich weit von der Erde (entfernt), unberührt, unbefleckt und rein von aller Wesenheit, die der Vernichtung und dem Tod zugänglich ist". Sobald menschliche Seelen ihrerseits aus der Verhaftung an Affekte und Leiblichkeit befreit sind − und das kann doch endgültig nur nach dem irdischen Sterben geschehen − "dann ist dieser Gott ihnen Führer und König, an dem sie die für Menschen unaussprechliche Schönheit ohne Sättigung schauen und begehren" (Über Isis 78).

Cumont führt einige weitere Indizien für seine These an. Es gibt Grabdenkmäler mit Büsten, die den Verstorbenen mit einem Serapiskopf versehen; mit dem eingemeißelten Wunsch: "Es gebe dir Osiris das frische Wasser", was doch wohl nur ein Wasser des Lebens und der Unsterblichkeit sein kann[25]. Als der Kaiser Hadrian seinen im Nil ertrunkenen Liebling zum Gott erhebt, feiert er ihn als Osiris-Antinoos, verschmilzt ihn also mit diesem Ewigkeitsgott[26]. Demnach haben die Isis-Osiris/Serapis-Kulte außerhalb Ägyptens zwar zunächst Erwartungen erfüllt, die mit einem symbolischen Tod zu Lebzeiten und der Befreiung von Schicksalszwängen abseits dessen lagen, was Ägypten einst mit diesen Göttern verbunden hatte, doch das ägyptische Erbe wirkt darin nach, daß neben der schicksalsüberwindenden Isis weiterhin Osiris oder Sarapis notwendig bleibt, und das doch wohl als todüberwindende und Ewigkeit gewährende Macht. So jedenfalls läßt sich erklären, warum um die Zeitenwende Tausenden von Menschen im Mittelmeerraum und darüber hinaus die mit dem Namen Isis und Osiris verbundenen religiösen Gehalte wahrer und überzeugender erschienen sind als alle angestammten religiösen Traditionen ihrer näheren Umgebung.

Aufstieg und Niedergang der römischen Welt II 17.3+4, hg. W.Haase, darin *M.Malaise*, La diffusion des cultes égyptiens dans les provinces européennes de l'Empire romaine, 1615-91; *J.Leclant*, Aegyptiaca et milieux isiaques, 1692-1709; *V.Tran Tam Tinh*, Etat des études iconographiques relatives à Isis, Sérapis et Sunnaois Theoi, 1710-38; *R.A.Wild*, The Known Isis-Sarapis-Sanctuaries from the Roman period, 1739-1851.

J.Bergman, Ich bin Isis. Studien zum memphitischen Hintergrund der griechischen Isis-Aretalogien, AUU 3, 1968

F.Cumont, Die orientalischen Religionen im römischen Heidentum, dt. ^{3}1931 = ^{4}1959 Kap. IV (OR)

F.Dunand, Syncrétismes dans la religion de l'Égypte romaine, in: Les syncrétismes dans les religions de l'antiquité, EPRO 46, 1975, 152-85

Ders., Le culte d'Isis dans le bassin orientale de la Méditerranée I-III, EPRO 26, 1973

A.J.Festugière, A prepos des arétalogies d'Isis, Harvard Theological Review 42, 1949, 209-34

H.Greßmann, Tod und Auferstehung des Osiris, AO 23,3, 1923

J.G.Griffiths, Plutarch's De Iside et Osiride, 1970

Ders., Apuleius of Manadros, The Isis-Book (Metamorphoses XI) EPRO 1975

R.Harder, Karpokrates von Chalkis und die memphitische Isispropaganda, APAW 1944

R.Helm, Apuleius. Metamorphosen oder der Goldene Esel, ^{5}1961, ^{6}1970

T.Hopfner, Plutarch über Isis und Osiris I-II, 1940=1967

F.Junge, Isis und die ägyptischen Mysterien, in: Aspekte der spätägyptischen Religion, GOF IV, 9, 1979, 93-115

N.Lewis, Life in Egypt under Roman Rule, 1983

R.Merkelbach, Roman und Mysterium in der Antike, 1962

Ders., Ein griechisch-römischer Priestereid und das Totenbuch, in: Religions en Égypte hellénistique et romaine, Bibliothèque des Centres d'Études supérieures spécialisés 1969, 69-73

S.Morenz, RGÄ 521-6: Ägyptische Nationalreligion und sogenannte Isismission

Nilsson, Griechische Religion II, 624-39 (GR)

D.Müller, Ägypten und die griechischen Isis-Aretalogien, ASAW 53,1, 1961

W.Peek, Der Isishymnus von Andros ... 1930

F.Solmsen, Isis among the Greeks and Romans, 1979

C.Traunecker, La revanche du crocodile de Coptos, Melanges A.Gutbub 1984, 219-29

L.Vidman, Isis und Sarapis bei den Griechen und Römern, RVV 29, 1970

Ders., Isis und Sarapis, in: Die orientalischen Religionen im Römerreich, hg. M.J.Vermaseren, EPRO 93, 1981 (OrRR), 121-56

R.E.Witt, Isis in the Graeco-Roman World, 1979

RÄRG 494-6 'Mysterien'

LÄ 4, 276-7 'Mysterien', 4, 1065-7 'Plutarch', 6, 67-8 'Strabo', 6, 920-69 'Verehrung ägyptischer Götter im Ausland'

Anmerkungen zu Kapitel 27:

1 Lewis 90
2 Chairemon, nach Merkelbach 1969, 72
3 Lewis 88
4 Lewis 87
5 Cumont, OR 75
6 LÄ 5, 300

7 LÄ 6, 1036
8 Cumont, OR 78
9 LÄ 6, 741f
10 LÄ 6, 934
11 Vidman, Isis 11
12 Erman, Rel 438
13 Erman, Rel 439
14 Nilsson, GR II 601
15 Kyme-Inschrift, Leipoldt-Grundmann, Umwelt des Urchristentums II, 96-8
16 Frazer, Ptolemaic Alexandria (s.o. Kap. 23) 671
17 KP 2, 972
18 LÄ 1, 425-34
19 Wilcken, UP I 370ff
20 Cumont, OR 83-5
21 Merkelbach, Roman 16 vgl. 144f
22 Nilsson, GR II 634^5
23 Morenz, Rel 265
24 LÄ 6, 940
25 Cumont, OR 74.250^{112} vgl. Vidman, Isis 13; LÄ 6, 939
26 Morenz, RÄG 252

28. Geheimlehren des Dreimal Großen Thot. Corpus Hermeticum und die Anfänge des ägyptischen Gnostizismus

28.1 Der Gott des Lebenshauses und seine heiligen Schriften

Das geschriebene Wort hat im ägyptischen Kult seit je eine größere Rolle gespielt als irgendwo anders im vorhellenistischen Altertum. Zwar vertritt Morenz die Ansicht, "daß die ägyptische Glaubenswelt an der jüdisch-christlichen Sonderentwicklung der Buchreligion keinen Anteil gehabt und auch eine Parallelentwicklung nicht gezeitigt hat"[1]. das Urteil trifft insofern zu, als es nie zu einer für ganz Ägypten verbindlichen kanonischen Sammlung gekommen ist. Dennoch nimmt in persischer und ptolemäischer Zeit, also im gleichen Zeitalter, in dem im benachbarten Israel die Berufung auf heilige Schriften anhebt, auch in Ägypten die Bedeutung heiliger Schriften ungemein zu. In römischer Zeit scheint es Kreise im Lande gegeben zu haben, die ihre Frömmigkeit vornehmlich darin ausüben, daß sie sich an der Lektüre geoffenbarter Texte, vielleicht in eigens dafür zusammentretenden Konventikeln, erbauen. So geschieht auch in dieser Hinsicht um die Zeitenwende ein belangreicher Umbruch. Die Weichen dafür waren jedoch in ägyptischer Religion schon lange gestellt.

Wie oben gezeigt, benutzen Astrologen und Zauberer gern Bücher, welche Thot oder Hermes, wie er griechisch genannt wird, geoffenbart haben soll. Früher schon rühmen sich ptolemäische Könige in ihren Inschriften, bei ihrem Verhalten gegenüber Tempeln und Göttern genau heiligen Schriften gefolgt zu sein[2]. Der erste Ptolemios will noch als Satrap nicht nur die Götterbilder, sondern auch die heiligen Schriften, die (Verkörperungen von) Ba-Seelen des Re, welche die Perser nach Asien verschleppt hatten, zurückgeführt haben[3]. Mag man die Historizität auch für die letzte Bemerkung bezweifeln – Welchen Gefallen sollten Perser am Abtransport ägyptischer heiliger Texte gefunden haben? – so erweist die Behauptung um so deutlicher, welche Wertschätzung religiöse Texte einzunehmen beginnen. Eine oben angeführte Nachricht des Clemens Alexandrinus[4] macht zudem deutlich, daß am Ausgang der ägyptischen Religionsgeschichte es sogar feste Zahlen für die maßgeblichen Schriften jeder Priesterordnung gibt. Damit hat sich fast ein Kanon heiliger Schriften gebildet. Sie gelten natürlich alle als uralt. Daraus ergibt sich zugleich eine propagandistische Wirkung; Alter und Wert ägyptischer Weisheit läßt sich Griechen und Römern durch nichts eindrucksvoller dokumentieren als durch solche Texte.

In Kult und Totenritual hat es, wie schon die Pyramidentexte beweisen, seit je liturgische Stücke zur Rezitation gegeben. Dafür hatte ein besonderer Stand, der des Vorlesepriesters, des Cheriheb, Sorge zu tragen. Doch er zählte zu den niederen Kultdienern. Bei den Texten, die er benutzte und denen bisweilen ausdrücklich göttlicher Ursprung zugeschrieben wurde[5], handelte es sich um Ritualsprüche oder Jenseitsbeschreibungen. Um die Zeitenwende wird Literatur für heilige Zwecke und von göttlicher Herkunft jedoch auf zahlreichen anderen Bereichen üblich, sie betrifft nun Himmelskunde und Omina, Zauber und Medizin, ja Gesteinskunde und nicht zuletzt mit dem gleich zu erörternden hermetischen Schrifttum auch eine Art religiöser Philosophie. Zugleich nimmt die Beschriftung der Tempelwände ungemein zu, alle möglichen rituellen, mythischen, juristischen oder ökonomischen Nachrichten werden festgehalten und durch den heiligen Platz mit göttlicher Würde umgeben. Der alte Stand der Vorlesepriester tritt in den Hintergrund und verschmilzt mit dem der Totenpriester zu dem der *Taricheuten*. Eine neue, einflußreichere Klasse taucht auf, die "Schreiber des Gotteshauses", die als Abzeichen eine Feder der Wahrheitsgöttin Maat im Haar tragen, von den Griechen deshalb *Pterophoren* genannt, und hinfort einen angesehenen priesterlichen Rang einnehmen. Neben ihnen stehen als *hierogrammateis* untergeordnete Schriftgelehrte. Die Umschichtung innerhalb der Priesterschaft läßt also ebenfalls die steigende Bedeutung nicht nur des Gebrauchs, sondern auch der Auslegung von Büchern in der Religion erkennen.

In gleichem Maße nimmt das Ansehen des *Thot* zu. Der Gott der Schreiber und der Weisheit, der im mittelägyptischen Schmun seinen kultischen Sitz hat, aber in jedem Lebenshaus als Patron von den Schreibern verehrt wird, gilt seit alters als Vorlesepriester der Götter, Schreiber der Gottesworte und Offenbarer himmlischer Geheimnisse[6], auch als Wesir des Götterkönigs Re. Mit dem Mond eng verbunden regelt er Stunden, Tage, Zeiten überhaupt, nicht zuletzt die Regierungsjahre des Königs; Eigenschaften, die ihn später zum Promotor der Astrologie werden lassen. Seit dem Neuen Reich wird Thot als "groß an Zaubermacht" gepriesen, deshalb erscheint er dann dem Magismus als der gegebene göttliche Gewährsmann. Auch der einzelne Ägypter hat zum Gott eine Beziehung, weil Thot im Totengericht das Abwägen des Herzens jedes Abgeschiedenen überwacht und das Ergebnis notiert; doch schon am Lebensanfang wirkt er entscheidend mit, indem er für jeden die Lebenszeit auf den Geburtsziegel schreibt, was wie eine Vorwegnahme späterer Horoskope wirkt. Aus der Verbindung solcher Aufgaben im individuellen Lebenslauf ergibt sich die Überzeugung, daß Thot für den Zusammenhang von Tun und Ergehen im Menschengeschick überhaupt sorgt, indem er "eine Tat aufstehen läßt gegen ihren Täter"[7]. In ptolemäischer Zeit wird Thot nun zum Kulturheros, Gesetzgeber, ja zum Schlichter von Konflikten unter den Göttern[8]. Schmun, jetzt Hermopolis genannt, wird zum geistigen Zentrum Ägyptens, abgesehen von Alexandrien[9]. Das Opfer der Maat wird beim Königsopfer an die Gaugötter in Edfu bezeichnenderweise allein dem (Gau des) Zweimal Großen Thot zugewendet[10].

Für die Gleichsetzung mit griechischen Göttern erweist sich Hermes als die beste Entsprechung, da er als Bote und Dolmetscher der olympischen Götter, aber auch als Geleiter verstorbener Seelen (Psychopomp) vergleichbare Aufgaben wahrzunehmen scheint. Jedoch bleibt nicht zu verkennen, daß der Aufgabenbereich Thots den der griechischen Entsprechung weit übertrifft. Deshalb hebt man den ägyptischen Gott als Dreimal Großen, Trismegistos, vom griechischen Kollegen ab und schreibt jenem zugleich eine Triade zu, in diesem Falle eine innergöttliche, was der Hochschätzung der Dreiheit im damaligen ägyptischen Denken entspricht und ihm zum höchsten der Götter aufrücken läßt. Vorstufen dazu sind das Lob Thots als des Fünfmal Großen in einem demotischen Papyrus oder des Zweimal Großen im Opet-Tempel zu Karnak als "das Herz des Re, die Zunge des Tatenen, die Kehle des mit verborgenem Namen (Amons)"[11]. In Schmun und Dendera ist dann von einem dreimal großen Thot die Rede[12]. Typisch ägyptisch erscheint es, daß gelegentlich von diesem Hermes wieder ein Sohn Tat = Thot abgespalten wird, der aber nur den ersten Ansprechpartner für die Offenbarungen des Dreimal Großen darstellt, bei denen offenbar die Dialogform wichtig ist.

Diesem Hermes Trismegistos werden einschlägige astrologische, magische, alchemistische und jatromathematische Texte zugeschrieben. Auf ihn berufen sich aber auch neuartige Heilslehren, die um die Zeitenwende aufkommen und im Zusammenhang mit aufblühenden Mysterienvereinen einen Weg zur Erlösung durch Erkenntnis höherer Welten lehren. Eine Gruppe solcher Schriften ist später unter der lateinischen Bezeichnung *Corpus Hermeticum* zusammengefaßt worden; sie geht auf eine Bewegung zurück, die man Hermetik zu nennen pflegt. Inhaltlich leiten sie zu einer meditativen Versenkung an, welche die Seele aus der Verknechtung unter Materie und Leib erlösen will. Solche Ideen werden vermutlich nicht von den Volksmassen hochgehalten, sondern von esoterischen Schreiberschulen vertreten, die mit ihren Erzeugnissen wohl gar keine breite Öffentlichkeit erreichen wollen. Jedoch – oder gerade deshalb – hat diese Hermetik bald jenseits der Landesgrenzen in Nordafrika, Syrien, aber auch in Rom Anhänger gefunden und bis in den Islam und die europäische Renaissance hinein kräftige Nachwirkungen gezeigt. Diese hermetischen Schriften stammen erst aus der römischen Zeit. Dem Inhalt nach lassen sie sich nur noch bedingt als ägyptische Religion einstufen. Dennoch darf eine Geschichte dieser Religion nicht über sie hinweggehen. Denn aus ihnen wird erkennbar, in welcher Weise in den Jahrhunderten nach der Zeitenwende nicht nur internationale religiöse Strömungen sich ineinander verflochten haben, sondern auch ein als ägyptisch ausgegebenes Erbe in bestimmten Kreisen so stark verändert und mit Anstößen von außen verschmolzen wurde, daß die Auflösung einer auf allgemeinem Konsens beruhenden Religion im Niltal nur noch eine Frage der Zeit zu sein scheint.

28.2 Erlösung der Seele aus den Zwängen der Materie: Poimandres und Kore Kosmu

Ihre Endfassung haben die hermetischen Traktate vermutlich im 2. Jh. n. Chr. bekommen. Griechisch oder koptisch abgefaßt, schwanken die einzelnen Texte zwischen pantheistischem oder dualistischem Weltverständnis und beziehen ägyptische Mythologie auf unterschiedliche Weise in einen Erlösungsweg ein, der durch geheimnisvoll offenbarte Erkenntnis geweckt und geleitet wird. Als Beispiel seien die beiden berühmtesten Traktate angeführt.

Der erste Traktat im Corpus Hermeticum wird nicht auf den Trismegistos, sondern auf einen sonst selten belegten Gott Poimandres zurückgeführt[13], was koptisch "die Erkenntnis des Re" (*p-eimi-n-re*) bedeutet, für griechische Leser an "Manneshirt" (*poimen andros*) anklingt. Sein erstes Attribut lautet "Erkenntnisgeist (*nus*) der sich selbst genügenden Macht". Im Zusammenhang einer Vision und Audition trägt er eine Lehre über die urzeitliche Weltentstehung als Ursache der gegenwärtigen unglücklichen Mischung von Geistigem und Materiellem vor. Dem folgt eine Anleitung zu einem möglichen Aufstieg der menschlichen Seele, die hienieden unter Dämonen versklavt ist; der menschliche Nus kann sich über die materiellen Niederungen erheben, wenn er sich Poimandres anschließt und mit ihm in das oberste Licht eingeht.

Die Welt ist einem uranfänglichen, ursprünglich einsamen, höchsten Erkenntnisgeist entsprungen. Dieser *Nus*, "der Licht und Leben ist, der Vater von allem", setzte aus sich den Poimandres als Logos und einen weiteren Nus als Demiurgen heraus; dieser hat die sieben Verwalter, offensichtlich die Planeten, und damit das Schicksal als Heimarmene sowie das tierische Leben erschaffen. Als dritter Sohn zeugte der erste Nus "einen ihm gleichen Menschen, den er liebte als seinen eigenen Sohn ... ihm übergab er seine ganze Schöpfung". Aus der Ureinheit entsteht also schließlich ein göttlicher Idealmensch. Dieser beugt sich herunter zur materiellen Natur und bewegt sich dabei durch die sieben Planetensphären, die ihm je eine negative Beimischung mitgeben. Unten verliebt er sich und vereinigt sich geschlechtlich mit der Natur. Dadurch werden sieben mannweibliche Wesen geboren. Als eine gewisse Frist verstrichen ist, trennt der höchste Gott diese zweigeschlechtlichen Wesen und läßt dadurch die Kette der

Zeugungen und Generationen entstehen. Diesen Geschöpfen gibt er den ausdrücklichen Befehl, sich zu vermehren. Zugleich verheißt er einigen von ihnen den Erkenntnisgeist, Nus, und beruft sie dadurch zur Unsterblichkeit. So ergibt sich eine Abfolge von Emanationen:

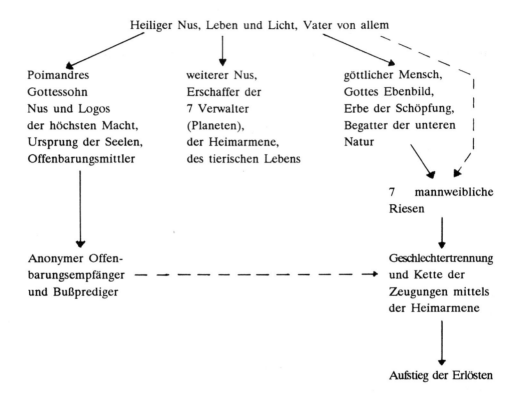

Die uranfängliche Berufung zur Unsterblichkeit wird jetzt durch den Dialogpartner des Poimandres, einen anonymen Profeten (oder gar den Gott Hermes?) als Bußruf erneuert. Wer darauf hört, steigt durch die sieben Planetensphären nach oben und wird der planetarischen Anhaftungen ledig. Von Stufe zu Stufe fällt eine weitere Belastung von ihm ab: "Dem ersten Kreis gibt er seine Kraft zurück ... dem siebten die Lüge" (§ 25). Er gelangt zu einer jenseitigen Achtheit und wird mit ihr eins, ehe die endgültige Verschmelzung mit dem Uranfang erfolgt.

Die Forschung ist sich darin einig, daß der Traktat wie andere seinesgleichen ein Produkt des Synkretismus der Römerzeit im Mittelmeerraum darstellt, also eine Vermischung verschiedener Religionssysteme vornimmt. Strittig ist jedoch nicht nur, welche Einflüsse dominieren, sondern vor allem, ob der Text einem vorchristlichen Gnostizismus zuzurechnen ist und damit einer neuen Form von Religiosität, die sich in den Jahrhunderten nach der Zeitenwende verbreitet.

Es liegt zutage, daß eine ägyptische Gottheit die maßgebliche Offenbarungsinstanz bildet und sich der Verfasserkreis in die Kontinuität ägyptischer Gottesverehrung hineinstellt. Der "Erkenntnisgeist des Sonnengottes" erinnert an Sia, die erfolgversprechende Übererkenntnis, die seit je als Gottwesen dem Re beigeordnet war, der seinerseits schon immer als Inbegriff von Licht und Leben gilt. Ebenso gehört der Ausgang bei einem mannweiblichen Urgott und dessen nachfolgenden Zeugungen zu den Überzeugungen des Niltals, man denke nur an das Denkmal memphitischer Theologie. Daneben wird im Poimandres eine spiralförmig geringelte Finsternis angeführt, "die mir wie eine Schlange erschien". Sie verwandelt sich in verworrene Feuchtigkeit, aus der Rauch wie von Feuer und eine Stimme des Feuers hervorgeht. Das klingt an die Urschlange Kematef an, die im ptolemäischen Theben mit einer Achtheit von Urwesen verbunden war, aus denen der Sonnengott hervorging. Diese ägyptischen Motive erhalten jedoch dadurch eine fremde Ordnung, daß der Urgott nicht mehr ungestalt, sondern geisthaft-bewußt vorgestellt wird, überdies Finsternis und Feuchte nicht als seine Ursprungselemente, sondern als antithetische Gegenwelt begriffen werden. Auch die herausragende Rolle des Feuers statt der sonst üblichen Rühmung des Lichtes läßt einen anderen Akzent vermuten. Wie die Weltentstehungsmythologie passen auch Grundzüge der Jenseitsvorstellung mit dem Himmelsaufstieg von Seelenkräften zu ägyptischem Denken. Doch an dieser Stelle wird die Abweichung vom Hergebrachten noch auffälliger, denn jetzt werden Leib und Seele im Blick auf das postmortale Dasein grundsätzlich getrennt. Das widerspricht zutiefst der im Niltal tief eingewurzelten Überzeugung von der potentiellen Unsterblichkeit des Leibes und der dazu gehörenden Leugnung jeder Möglichkeit von isoliertem Weiterleben eines Seelenteiles (Kap. 4.4). Da nun nur noch eine spirituelle Fortexistenz vorausgesetzt wird, werden Mumifizierung und Grabkult eigentlich überflüssig. So bleibt im Poimandres nur das äußere mythologische Gehäuse wirklich ägyptisch.

Die kosmologische und anthropologische Begrifflichkeit ist auf weite Strecken hin nicht nur griechisch ausgedrückt, sondern auch von griechischem Geist bestimmt. Hellenisch wirkt die Anschauung, daß der Urgott einen Demiurgen aus sich herausgesetzt hat, daß irdisches Sein durch die vier Elemente Erde, Wasser, Luft und Feuer bestimmt ist, daß der Mensch als dichotomisches Doppelwesen anzusehen ist, "sterblich durch den Körper, aber unsterblich durch den wesenhaften Menschen", dadurch, daß der Leib sich im Tode auflöst. Populärem Platonismus entstammt die Auffassung vom Erkenntnisgeist oder Bewußtsein, Nus, als wertvollstem Bestandteil menschlicher Psyche und dessen Gleichsetzung mit einer Weltvernunft. Auch der Ausgang von mehreren mannweiblichen Urwesen, die sich erst nachträglich geschlechtlich gespalten haben, gehört in diese Tradition.

Hinsichtlich der Menschenentstehung kreuzen sich die griechischen Gedanken aber mit *biblischen*. Das Alte Testament war seit dem 3. Jh. v. Chr. in Alexandrien übersetzt worden. Diese sogenannte Septuaginta hatte einen weitreichenden Einfluß über die organisierten Synagogengemeinden hinaus, die es über das Land verstreut im Niltal in beträchtlicher Anzahl gab. Schon der Magismus hatte auf dieses religiöse Erbe zurückgegriffen (Kap. 25). Im Poimandres erinnert nicht nur das geisterfüllte Gotteswort, das über den vermischten Größen Wasser und Erde anfänglich lag (§ 5) an die Genesis, sondern auch die Übereignung der Erde an die Menschen (§ 12) und der Befehl an sie: "Seid fruchtbar und mehret euch!" (§ 18). Auch der Aufruf zu Buße und Glaube als notwendige Voraussetzung zur Erlösung (§§ 28.32) wie der Preis des Vaters aller Dinge als eines "dreimal Heiligen" im Endhymnus weisen auf biblischen Einfluß.

Weder ägyptischer noch griechischer noch israelitischer, sondern wohl *iranisch-chaldäischer* Herkunft ist eine der Grundideen, nämlich die Erlösung als Aufstieg der Seele durch die Planetensphären. Sie ist durch die damals allerorten modische Astrologie und die mit ihr verbundene Überzeugung von einer durch die Gestirne gelenkten Schicksalsbestimmung, der Heimarmene, verbunden. Iranisch ist wohl auch die Vorstellung von einem jenseitigen Urmenschen, der hier gleichberechtigt neben den (usprünglich griechischen) Demiurg gestellt wird. Während aber die gängige astrologische Weltanschauung, wie sie sich z.B. bei Nechepso-Petosiris niederschlägt (Kap. 24), durch die Verkoppelung von Magismus und Theurgie (Kap. 25) eine optimistische Ausrichtung erhält, schlägt die Auffassung in der hermetischen Literatur ins Negative um. Die Heimarmene wird zum unerträglichen Schicksalszwang, dem man nur dadurch entgeht, daß man seine Beschränktheit auf materielle Daseinsverhältnisse erkennt und daß sich der sich seiner selbst bewußt werdende Nus aus ihr befreit, freilich unter Verzicht auf irdische Daseinsgenüsse. Diese Ausprägung eines Dualismus mit Verzicht auf innerweltliche Aktivitäten ist kaum mehr iranisch-chaldäischer Herkunft, sondern spiegelt eine Sonderentwicklung, die erst in Ägypten in Dokumenten greifbar wird und die wahrscheinlich mit dem aufkommenden Gnostizismus in Zusammenhang zu bringen ist.

Nicht weniger aufschlußreich ist der hermetische Traktat *Kore Kosmu*, "Weltpupille" oder "Weltjungfrau". Beherrschend ist auch hier ein ontologischer Dualismus zwischen Materiellem und Geistigem, zwischen Unten und Oben. Doch wird der ethische Dualismus ein Stück weit zurückgenommen im Vergleich zu Poimandres. Wieder wird das Leid der menschlichen Seele im Gefängnis des Körpers dargelegt und der Weg zum himmlischen Aufstieg gewiesen. Grundlage ist diesmal eine Belehrung des Hermes an seinen Sohn Tat, die auf jüngerer

Stufe eine Überarbeitung erfahren hat, nach der die eigentliche Erlösung durch Isis und Osiris erfolgt. In ägyptischer Weise wird ein mythischer Präzedenzfall zugrundegelegt. Isis hat ihrem Sohn Horus einst den Trank der Unsterblichkeit gegeben, den der Eingeweihte jetzt in gleicher Weise empfängt.

Die Heilslehre ist auch diesmal in einen kosmologischen Gesamtentwurf eingebaut. Der oberste Gott und "Monarch", der namenlos bleibt, hat zunächst einen Kreis allein von Göttern um sich. Darauf mischt er einen Teil seiner eigenen Geistessubstanz, des *pneuma*, mit Feuer und anderen Stoffen und schafft daraus 60 Ordnungen von Seelen, welche die Himmelsachse bewegen. Danach bildet er aus Wasser und Erde eine Substanz, aus deren einem Teil die Tierkreismächte hervorgehen. Die Zodiakalzeichen stehen also – typisch ägyptisch – im Rang unter höheren, den Himmel bewegenden Wesen, die jedoch nicht wie sonst als Dekane bezeichnet werden. Nach der Erschaffung der Wesen am und für den Himmel zieht der Schöpfer sich zurück. Gutartige Dämonen fahren mit der Füllung des Alls fort und lassen aus der vorhandenen Mischung aus Wasser und Erde Tiere entstehen, die einzelnen Klassen je nach zodiakalem Urbild.

Weil die himmlischen Seelen sich zu sündiger Neugier verlocken lassen, beschließt der Schöpfer, sie zu bestrafen. An Hermes ergeht der Auftrag, menschliche Leiber zu schaffen, um darin die Seelen einzukerkern. Dem kommt Hermes nach. Die sieben Planeten geben den Menschen von ihren Eigenschaften je einen Anteil, wobei einzig der des Hermes-Sternes heilsam ist und Weisheit, Besonnenheit, Überredung und Wahrheit vermittelt. Die Gaben der anderen Planeten sind negativ bestimmt. Die Menschen, die nunmehr entstehen, bilden keine in sich geschlossenen Wesen und stehen insofern den Tieren nach; sie bestehen aus einer Seele, die zeitweise in den Leib eingesetzt ist, der wiederum aus verschiedenen Gliedern und Elementen mehr oder minder lose zusammengesetzt ist. Aufgrund der unglücklichen Zusammensetzung schlagen die Menschen sich gegenseitig tot und verunreinigen den Kosmos. Das ruft die Klage der vier Elemente hervor, auf die hin der höchste Gott als Emanation aus seinem eigenen Selbst das Paar Isis-Osiris nach unten sendet. Beide eröffnen den Menschen die Gnosis des Hermes und ermöglichen ihnen, durch Mysterienweihe an höchster geistiger Seligkeit und göttlichem Leben mit ihrer Seele teilzuhaben. Zugleich jedoch lehren sie, und das überrascht in diesem Zusammenhang und erklärt sich aus der Macht der hergebrachten Auffassungen, auf Erden Gesittung und Lebenskunst, Kunst und Wissenschaft, Mantik, Medizin und Magie, richten Gerichtshöfe ein, lehren, Leichen zu mumifizieren und begründen das Amt des Profeten. Osiris schickt sich an, die Menschen nach ihren Taten schon auf Erden und dann erst recht im Totenreich zu richten. An dieser Stelle ist die Tendenz der Weltsicht keineswegs so eindeutig negativ wie im Poimandres.

Doch wie dort wird die alte Überzeugung aufgegeben, daß das Fortleben der Menschen nach dem Tode die Unsterblichkeit des Leibes in der Form der Mumie oder zumindest der Statue unbedingt voraussetze. Wie dort werden die seelischen Kräfte nicht mehr als vielfältig empfunden, als Nebeneinander von Bewegungs-, Erhalt- und Verklärungsseele, also als Ba, Ka und Ach, sondern in einer einheitlichen Psyche nach griechischer Weise zusammengeschaut und diese qualitativ weit über den Leib erhoben. Damit überwiegt auch im Kore Kosmu letztlich eine pessimistische Einschätzung des menschlichen Daseins, die dem vorhellenistischen Ägypten unbekannt war.

Die ausschlaggebenden göttlichen Figuren im Kore Kosmu tragen, anders als im Poimandres, unverkennbar ägyptische Züge. Das gilt für den Ausgang der Welt- und Daseinsentwicklung aus einem letztlich anonymen göttlichen Urgrund. Es zeigt sich aber auch in der zeitweisen Hilflosigkeit des Götterkönigs gegenüber den von ihm selbst geschaffenen menschlichen Wesen, wie sie schon im Buch von der Himmelskuh (oben S. 386) zutage getreten war. Ebenso gehören natürlich Thot-Hermes als Übermittler geheimer Weisheiten und Osiris-Isis als Garanten der Teilnahme am göttlich-ewigen Leben zum überkommenen Erbe des Landes.

Unägyptisch ist hier die negative Rolle der Planeten sowie das Pochen auf Erlösung allein der Seele, ebenso die Rolle von menschlichen und göttlichen Offenbarungsmittlern als Mystagogen. Im Unterschied zu späteren gnostischen Systemen werden aber Schöpfergott und irdische Elemente noch positiv eingeschätzt. Ein Weltbaumeister wird zwar vom Allgott unterschieden, aber nicht grundsätzlich unterschieden; "Das Pleroma aller Seienden ist eins in dem Einen" (CH XVI 4). Die Erlöserfiguren Isis und Osiris übermitteln nicht nur den geheimnisvollen Weg zur Seligkeit der Seele, sondern auch handfeste kulturelle Errungenschaften. So erweist sich Kore Kosmu als ein zwiespältiges Dokument des Übergangs.

Nilsson hat die Hermetik auf eine besondere "religiöse Erfahrung" zurückgeführt; ihre Lehren "sind aus griechischem Gedankengut zusammengeflickt, der Geist ist aber ... ungriechisch"[14]. Die Hermetik aber scheint das geeignete Eingangstor zu einer allgemeinen gnostischen Daseinserfahrung geboten zu haben.

Nun ist die hermetische Gedankenwelt, wie sich ergeben hat, zwar nicht einfach Ausdruck echt ägyptischer religiöser Tradition; aber läßt sie sich nicht durchaus als Absetzbewegung von ägyptischem Herkommen gerade im römerzeitlichen Niltal begreifen? Vorausgesetzt wäre dann, daß der Kult an den großen Tempeln wie auch das ausgedehnte Verklärungsritual für die Toten unter bestimmten intellektuellen Kreisen im Lande keine Resonanz mehr finden. Die Wirksamkeit der Opfer für die Erneuerung der Lebenskraft wie die Riten des Magismus begegnen beträchtlichen Zweifeln. Die im Lande längst religiös adaptierte Astrologie ruft deshalb einen Schicksalsbegriff hervor, der zwanghafte Angstgefühle erzeugen muß. In dieser Lage werden literarisch fixierte heilige Überlieferungen, vor allem solche im Namen des Thot, einer spiritualisierenden Interpretation unterworfen. Das führt zu einem grundsätzlich veränderten System von Heils- und Weltanschauung, das in den Erlebnissen esoterischer Zirkel seine Bestätigung findet. So eine denkbare hypothetische Erklärung.

Treffen solche Erwägungen zu, war der gänzliche Zusammenbruch der ägyptischen Kulte durch das sich ausbreitende Christentum in vielen Kreisen schon vorbereitet. Andererseits verwundert dann nicht, daß die hermetische und die vorchristlich-gnostische Literatur jahrhundertelang von Christen gepflegt und gelesen wurde (was freilich den führenden kirchlichen Theologen gerade in Ägypten zunehmend Schwierigkeiten bereiten wird).

28.3 Der philosophische Weg zur Erlösung. Der Neuplatonismus

Dreihundert Jahre lang war das ptolemäische Alexandrien ein Zentrum philosophischer Studien schlechthin, ohne daß sich die hier betriebene Philosophie mit ägyptischer Religion eingehender beschäftigt oder umgekehrt die ägyptische Priesterschaft sich mit dieser alexandrinischen Gelehrsamkeit abgegeben hätte. Das ändert sich um die Zeitenwende. Außerhalb Ägyptens lebende Platoniker beschäftigen sich nun eingehend mit ägyptischen Mythen, nachdem schon längst Gestalten wie Pythagoras und Platon mit der uralten ägyptischen Weisheit legendarisch verknüpft worden waren. Der platonisierende *Plutarch* (46-120), Priester zu Delphi, schildert in seinem großangelegten Werk "Über Isis und Osiris" den Osirismythos mit vielfältiger allegorischer Interpretation, was in der These gipfelt, daß das führende ägyptische Götterpaar nicht nur partiell Funktionen im Diesseits und Jenseits ausübe, sondern über dem Guten schlechthin, der höchsten aller platonischen Ideen, stehe und regiere. Darüber hinaus parallelisiert Plutarch den ägyptischen Mythos mit dem zoroastrischen Gegensatz von Licht und Finsternis (diese mit Seth = Typhon gleichgesetzt) und bringt damit einen Akzent herein, der an späteren gnostischen Dualismus erinnert.

Im dritten Jh.n.Chr. entsteht in Alexandrien durch *Ammonius Sakkas* und seinen großen Schüler *Plotin* (205-70) die letzte große Schule des vorchristlichen Altertums, der Neuplatonismus. Ausgehend von Platons Spätwerk Timaios wird untersucht, wie sich ein ewiges transzendentes "Übersein" — das Platon noch nicht kennt — als das schlechthin Eine *(hen)* über einen zunächst rein geistig entworfenen *kosmos noëtos* in die gegenwärtige materielle Welt entäußert hat. Das geschah durch eine Vielzahl von Mittelinstanzen, Hypostasen genannt, deren fortlaufendes Heraustreten *(proshodos)* aus den jeweiligen Vorstufen zu einer absteigenden Seinsordnung führt. Der Mensch hienieden kann durch asketische Lebensführung und philosophische Studien eine innere Rückwendung (*epistrofe*) vollziehen, die ihn in herausragenden Augenblicken zu einer Wesensschau des Urgrundes führt, deren anschauliches Abbild der Brauch der Gottesschau in den ägyptischen Tempeln ist.

Plotin, der später in Rom lehrt und dort eifrige Schüler findet, will Schüler Platons sein und nutzt ein hellenistisches Begriffsarsenal; obwohl ägyptischer Herkunft, beansprucht er, allgemein menschliche Lehren vorzutragen. Dennoch liegt die Nähe zur Hermetik des Niltals zutage. Der entstehende Neuplatonismus, der ebensosehr Wissenschaft wie Religion zu sein beansprucht, sich deshalb mit der Mythologie verschiedener Kulturen (vor allem aber der ägyptischen[15]) beschäftigt, übernimmt astrologische und magistische Theorien, wie sie besonders in Ägypten im Schwange waren. Eine ägyptische Komponente ist also nicht zu übersehen. Es überrascht nicht, daß die gnostischen Schriften von Nag Hammadi in manchen Aussagen an neuplatonische Begrifflichkeit erinnern.

Dennoch unterscheidet sich die neuplatonische Philosophie von hermetischen und gnostischen Bewegungen dadurch, daß sie auf Offenbarung und besondere göttliche Offenbarungsmittler verzichtet. Plotin setzt sich in Rom ausdrücklich von den Gnostikern ab. Erkenntnis der Seinsschichten und Umkehr erfolgt durch logische Überlegung und meditative Versenkung. Die menschliche Vernunft erlöst sich selbst. Dieses Zutrauen zur eigenen Befreiung aus Weltverhaftung hat griechische Wurzeln; schon Sokrates und Platon hatten es so gemeint. Doch die Voraussetzung einer transzendenten Alleinheit jenseits von Pneuma und Bewußtsein erinnert an die Lehre von dem Einen, der sich zu Millionen macht, wie es sie die Ägypter seit der Ramessidenzeit von ihrem Urgott rühmen. Insofern bleibt zwar unverkennbar, daß platonische Ideenschau und damit griechische Ideen (in mittelplatonischer Ausdeutung) das Grundmuster neuplatonischer Lehre bilden. Dennoch scheint hier zum ersten Mal ein guter Schuß von ägyptischem Erbe nachhaltig in der Philosophiegeschichte wirksam geworden zu sein; wahrscheinlich hat es auf diesem neuplatonischen Wege sogar auf die christliche Theologie nachfolgender Jahrhunderte abgefärbt.

Zur Gnosis allgemein:

J.M.Robinson (Hg.), The Nag Hammadi Library in English, ²1984

U.Bianchi (Hg.), Le Origini dello Gnosticismo, 1967

W.Bousset, Hauptprobleme der Gnosis, 1907 = 1973

C.Colpe, Die religionsgeschichtliche Schule. Darstellung und Kritik ihres Bildes vom gnostischen Erlösermythus, 1961

Ders., Art. Gnosis I, RGG³ 2, 1648-52

H.Jonas, Gnosis und spätantiker Geist I, 1934 = 1964

G.Quispel, Gnosis als Weltreligion, 1951

K.Rudolph (Hg.), Gnosis und Gnostizismus. Wege der Forschung 262, 1975

E.M.Yamauchi, Pre-Christian Gnosticism, 1973

Zur Hermetik:

W.Scott/A.S.Fergusson, Hermetica 1-4, 1924-36 (engl. Übs.)

A.J.Festugière/A.D.Nock, Corpus Hermeticum I-IV, 1938-54, ³1972-3 (franz. Übs.)

H.D.Betz, Schöpfung und Erlösung im hermetischen Fragment 'Kore Kosmu', ZThK 63, 1966, 160-87

P.Boylan, Thot, the Hermes of Egypt, 1922

W.Bousset, Die Himmelsreise der Seele, ARW 4, 1901, 229-73 = Neudruck 1960

P.Derchain, L'authenticité de l'inspiration égyptienne dans le 'Corpus Hermeticum', RHR 161, 1962, 175-98

A.J.Festugière, La révélation d'Hermès Trismégiste I-IV, 1944-54

Gnosticisme et Monde Hellénistique, Publications de l'Institute Orientaliste du Louvain 27, 1982, Section I Gnosticisme et Pensée religieuse égyptienne mit Beitrag von F.Daumas, Le fonds égyptien de l'hermétisme 3-25

A.González Blanco, Hermetism. A Bibliographical Approach, ANRW II 17.4, 2240-81

M.Nilsson, Geschichte der griechischen Religion II, 582-612

J.Quaegebeur, Sur la loi sacrée dans l'Égypte gréco-romaine, Ancient Society 11/12, 1980-1, 227-40

R.Reitzenstein/H.H.Schaeder, Studien zum Antiken Synkretismus aus Iran und Griechenland, 1926 = 1965, darin 3-37 zu Poimandres

P.K.Ritner, Hermes Pentamegistos, GM 49, 1981, 73-5

E.A.E.Reymond, From Ancient Hermetic Writings, MPSÖNB.NS XI,1977 (demot. Fragment)

Zum (Neu)Platonismus:

J.G.Griffith, Plutarch's De Iside et Osiride, 1970 (engl.Übs.)

Th.Hopfner, Plutarch über Isis und Osiris I.II, 1940 = 1967 (dt.Übs.)

R.Harder u.a., Plotin, Felix Meiners Philosophische Bibliothek, 1930ff. 1956ff. (dt.Übs.)

C.Zintzen (Hg.), Die Philosophie des Neuplatonismus, Wege der Forschung 186, 1977 (Bibliografie)

LÄ 3, 707-8 'Koptische Literatur, IX. Gnostische Schriften'; 4, 1061-5 'Plotin'; 4, 1065-7 'Plutarch'; 6, 497-523 'Thot'

Anmerkungen zu Kapitel 28:

1 Morenz, Rel 226
2 Mendes-Stele, Roeder, GW 180-3. 186
3 Roeder, GW 101; TUAT I 615
4 s.o. S. 519

5 Z.B. Totenbuch Kap.30B; 182
6 z.B. Roeder, UR 14
7 z.B. ÄHG Nr. 222,17
8 Roeder, UR 14 = HPEA NR. 96
9 Morenz, RGÄ 575
10 Derchain, CdE 37, 1936, 37; Beinlich, SAK 7, 1979, 20-1; Kurth, Dekoration (Kap 23) 1983, 133.
11 Morenz, Rel 152
12 TRE 18, 749
13 Deutsch bei C.K.Barrett/C.Colpe, Die Umwelt des Neuen Testaments 1959, 91-101
14 Griechische Religion II (588).598
15 Vgl. auch Jamblichs *De mysteriis Aegyptorum*

29. Ende und Neubeginn. Der Ausgang ägyptischer Religion und das Aufkommen koptischen Christentums

29.1 Christianisierung des Niltals

Als seit der Mitte des 1. Jahrhunderts nach der Zeitenwende die christliche Mission aus dem benachbarten Palästina eindringt, geht die jahrtausendealte ägyptische Religion überraschend schnell unter. Ägypten wird zu einem der ersten mehrheitlich christlichen Länder der Erde. Schon um 200 stellt der Kirchenlehrer Origenes erstaunt fest, daß in Ägypten die Christen verhältnismäßig zahlreicher sind als im Mutterland Jesu[1]. Bereits im 4. Jh. dürfte die überwiegende Anzahl der Bevölkerung christlich gesinnt gewesen sein. Die Anfänge lagen in Alexandrien und bei seiner griechischen Oberschicht. Hier soll nach einheimischer Überlieferung der Evangelist Markus die erste Gemeinde gegründet haben; aus den ersten anderthalb Jahrhunderten Christentum sind jedoch keine sicheren Dokumente erhalten. Um 200 aber ist für Alexandrien mit Demetrius I. nicht nur eine einflußreiche Patriarchengestalt bezeugt, sondern auch eine eigenartige christliche Hochschule, die erste der Geschichte, mit so berühmten Theologen wie Clemens Alexandrinus und Origenes. Das Christentum scheint also um diese Zeit in der Stadt schon etabliert zu sein. In den nachfolgenden zwei Jahrhunderten hat sich die koptisch sprechende Landbevölkerung dem neuen Glauben zugewandt, so daß das Christentum sich schließlich als eine Art Massenbewegung von unten her durchsetzt, während die griechischen Herren in Alexandrien zum letzten Rückhalt des Heidentums werden.

Das rasche Anwachsen der Zahl der Christen hat die römischen Behörden so beunruhigt, daß staatliche Christenverfolgungen, wie sie von einzelnen Caesaren im 3. Jh. befohlen werden, in Ägypten besonders grausam durchgeführt werden und Zehntausende von Opfern gefordert haben sollen. Der Regierungsantritt des letzten großen Christenverfolgers Diokletian wird zum Ausgang einer Märtyrerära als Zeitrechnung, welche die Kopten bis heute verwenden. Den Zwangsmaßnahmen war jedoch auf die Dauer kein Erfolg beschieden. Der Siegeszug der Kirche ist am Ende so vollständig, daß von ägyptischer Religion äußerlich nichts übrigbleibt, abgesehen von mächtigen Ruinen und einer Fülle sonderbarer Bild- und Schriftzeichen, bei denen keiner mehr weiß, was sie einst bedeuteten. Das Christentum schlägt im ägyptischen Boden so feste Wurzeln, daß es trotz jahrhundertelanger islamischer Herrschaft bis zur Gegenwart nicht verdrängt worden ist, weniger verdrängt als in den angrenzenden, arabisch beherrschten

Ländern. Die Christen nennen sich *Kopten*, wohl nach einer arabischen Abwandlung des griechischen *aigyptos*, und fühlen sich fortan als die wahren Ägypter.

Nachdem um 330 unter Konstantin das Kaisertum christlich geworden war, genießt die Kirche in Ägypten ein Jahrhundert lang erhebliche staatliche Förderung. Der Patriarch von Alexandrien als kirchliches Oberhaupt ernennt nicht nur alle Bischöfe im Lande, sondern wird auch politisch zur stärksten Figur, die gelegentlich sogar den Konflikt mit der Hauptstadt Byzanz riskiert. Es kommt zu spontanen Verfolgungen von Heiden und zu gewaltsamem Tempelsturm.

Trotz der bald aufgebauten bischöflichen Organisation haben sich neben der Großkirche im Niltal eine Fülle von nicht-orthodoxen christlichen Seitenströmungen ausgebildet. Dazu gehören die Vertreter des *Gnostizismus*, einer dualistisch-spekulativen Bewegung (Kap. 28.3), welche der herrschenden christlichen Theologie auf Jahrhunderte hinaus zu schaffen macht und die in Ägypten ihre berühmten und später verketzerten Lehrer wie Valentinus, Basileides, Karpokrates gefunden hat.

Die stärker hellenistisch orientierten, philosophisch geschulten *alexandrinischen Theologen* werden für zwei Jahrhunderte zur führenden ökumenischen Instanz bei der Ausbildung der christlichen Dogmen und zu Wortführern einer Orthodoxie, so vor allem der mächtige Athanasios, der 328 den Patriarchenthron in Alexandrien bestiegen hat. Auf dem allgemeinen christlichen Konzil von Chalkedon 451 kommt es dann freilich zu einem folgenschweren Bruch mit der griechisch und lateinisch sprechenden Großkirche. Nach jahrzehntelangen Auseinandersetzungen mit der vom Kaiserhof unterstützten Gegenpartei, die gegen die unbotmäßigen Ägypter mehrfach staatliche Zwangsmittel einzusetzen versuchten, spaltet sich die koptische Kirche von der Großkirche im Mittelmeerraum als eine in der Lehre monophysitisch ausgerichtete Nationalkirche ab, wozu unten noch einiges zu sagen ist. Von da ab residiert in Alexandrien über die beiden sich feindlich gegenüberstehenden Konfessionen jeweils ein eigener Patriarch. Die alexandrinische Theologie verliert fortan ihr gesamtkirchliches Ansehen. 651 erobern die Araber das Niltal, und der Islam dringt in Ägypten ein und findet seine Anhänger. Auch diese Religion findet ihre spezifisch ägyptische Form; doch das gehört zu einem anderen Kapitel ägyptischer Religionsgeschichte, das hier nicht zu erörtern ist.

Schon die kirchengeschichtlichen Vorgänge gehören als solche nicht mehr zum ägyptischen Altertum; sie verdienen aber in zweierlei Hinsicht Erwähnung. Einmal hangt mit ihnen das Ende der ägyptischen Kulte und Tempel und der dazugehörigen Mythologie ursächlich zusammen. Zum andern erhebt sich die Frage, ob nicht die spezifisch ägyptische Form von Kirchentum und Frömmigkeit das Erbe der alten Religion in gewisser Hinsicht weitergeführt hat. Da das Christentum nicht unter politischem Druck von oben durchgesetzt worden ist, sondern sich eher als eine Art unaufhaltsamer Oppositionsbewegung ausbreitete und dabei einen schnellen Erfolg zeitigte, bleibt zu überlegen, warum der christliche Glaube sich im Niltal durchgesetzt und die alte Religion nahezu restlos verdrängt hat. Dieser Tatbestand fällt um so mehr auf, als Ägypten sich vorher jahrhundertelang gegenüber hellenistischen oder lateinischen Kulten und Mythen ungemein spröde gezeigt hatte, obwohl es von Griechen oder Römern beherrscht war. Zwar hatten viele größere Städte griechische Namen mit entsprechenden Götterbezeichnungen erhalten, die wir noch heute benutzen, wie Heliopolis, Herakleopolis, Letopolis, Hermopolis. Eingesessene Ägypter hatten sich angewöhnt, griechische Namen zu tragen. Auch an den Heiligtümern wird bei der Verehrung der Götter im Laufe der Zeit die griechische Entsprechung verwendet, der Offenbarungsgott Thot also Hermes genannt, der Sonnengott Zeus oder Apollon. Doch solche identifizierenden Namensgleichungen bleiben äußerlich und befördern eher die Verehrung ägyptischer Gottheiten durch die Griechen, als daß sie – jedenfalls vor der Römerzeit – zu einer durchgreifenden Hellenisierung ägyptischer Mythen und Kulte führen. Selbst für griechische und teilweise römische Fremdherrscher wird der ägyptische Charakter solcher Gottheiten entscheidend, bis hin zu Sarapis oder der Allgöttin Isis. Gegenüber hellenistischen oder gar römischen Einflüssen hat also die einheimische Bevölkerung eine bemerkenswerte Reserve an den Tag gelegt, die gegenüber der eindringenden Christusbotschaft so nicht bestanden zu haben scheint. Jetzt werden der Kyrios Jesus Christus und der eine Schöpfergott zu unbestrittenen Zentren von Kult und Theologie. Die Bilder der bisher inbrünstig verehrten Götter werden vernichtet. Wo liegt der Grund zur schnellen Bekehrung? Verschwindet die alte Religion wirklich völlig, oder wirkt sie womöglich unterschwellig unter christlichem Gewand weiter? Ehe diesen Fragen nachgegangen wird, ist noch ein Blick auf das Ausmaß der Folgen des Religionswechsels zu werfen.

29.2 Kulturbruch

Mit dem Christentum gelangt nicht nur ein anderer Glaube in die Herzen der Menschen. Vielmehr verändern sich im Niltal in der Folge soziales Gefüge, Literatur, Sprache, Kunst, selbst das äußere Erscheinungsbild der Städte und Dörfer. Die gewaltigen Tempel, welche noch römische Kaiser durch Schenkungen geschmückt hatten – wie z.B. in Dendera noch heute sichtbar – werden nicht nur verlassen, sondern absichtlich zerstört. Auf Befehl des christlichen Kaisers Theodosius wird um 390 das berühmte alexandrinische Sarapeion in Schutt und Asche gelegt. In den folgenden Jahrzehnten läßt der einflußreiche Abt Schenute der Große durch seine Mönchsscharen die großen Isis- und

Horustempel stürmen. Als letztes wird der Isistempel zu Philä 535 geschlossen. So vollzieht sich im Niltal ein Bildersturm, wie er in solcher Heftigkeit sonst bei der Christianisierung des Mittelmeerraumes nicht zu belegen ist. Die Brücken zur altüberkommenen Religion werden also bewußt und gründlich beseitigt.

Mit dem Untergang der Heiligtümer werden ganze Berufsstände arbeitslos. Tausende von bislang priviligierten Priestern, aber auch von Tempel- und Nekropolenhandwerkern verlieren Anstellung und Brot. Zwar werden bald christliche Kirchen im Lande gebaut; doch sie beschränken sich auf Zweckbauten für die gottesdienstliche Versammlung der Gemeinde und lassen keinen Ehrgeiz erkennen, mit dem Glanz und ökonomischen Aufwand der heidnischen sakralen Kunst zu wetteifern.

In Sprache und Literatur vollzieht sich der Umbruch noch weitreichender. Das einheimisch werdende Christentum äußert sich in Umgang und Schrifttum mit Vorliebe auf *koptisch*. Damit wird ein Sprachzweig zur Literatursprache, der in den unteren Volksschichten wohl schon seit einigen Jahrhunderten gebraucht wurde und seit der Zeitenwende schon für die Niederschrift heidnischer Zaubertexte benutzt worden war. In diese Spätstufe ägyptischer Sprache werden zahlreiche griechische Lehnwörter aufgenommen. Ein eigenes Schriftsystem wird erfunden, daß sich an das griechische Alphabet anlehnt, dieses aber um sieben Zeichen der demotischen Schrift erweitert.

ⲁ	a	ⲓ	i, j	ⲣ	r	ϣ	š, sch
ⲃ	b	ⲕ	k	ⲥ	s	ϥ	f
ⲅ	g	ⲗ	l	ⲧ	t	ḫ, ẖ	ḫ, ch
ⲇ	d	ⲙ	m	ⲩ	u, w, y	ϩ	ḥ, ch
ⲉ	ĕ	ⲛ	n	ⲫ	ph	ϩ	h
ⲍ	z	ⲝ	ks, x	ⲭ	kh, ch	ϫ	č, tsch
ⲏ	ē, ê	ⲟ	ŏ	ⲯ	ps	ϭ	c, kj
ⲑ	th	ⲡ	p	ⲱ	ō, ô	ϯ	ti

Abb. 167 Koptisches Alphabet

Das Koptische war in Unterdialekte gespalten, die jeweils von den regionalen Kirchen für Liturgie und Bibelübersetzung gebraucht werden. Die beiden wichtigsten sind das Sahidische aus der Gegend um Memphis, das ab dem 5. Jh. zur Sprache der Orthodoxie wird, und das Bohairische aus dem westlichen Delta, das sich ab dem 11. Jh.n.Chr. als offizielle Kirchensprache durchsetzt und so bis heute, wenngleich nur eingeschränkt noch neben dem Arabischen, gebraucht wird.

Bei den christlichen Kopten entsteht ein reiches, überaus frommes Schrifttum. Ermöglicht wird die dadurch hervorgerufene intensive Ägyptisierung des Christentums durch die elastische Art der christlichen Buchreligion. Während andere Religionen, die sich auf heilige Schriften gründen, an der Unantastbarkeit der Ursprache festhalten und Übersetzungen im kultischen Raum nicht zulassen — so im Blick auf die Veden der Hinduismus, auf den Awesta der Parsismus, auf die Tora das Judentum oder auf den Koran der Islam — empfindet die christliche Religion keinerlei Bedenken, die Worte ihres Gottes und seines Buches in jede von der Mission erreichbare Sprache zu übertragen. Die grundsätzliche Übersetzbarkeit der Bibel hat gewiß zur schnellen Akkulturation des Christentums in Ägypten beigetragen, andererseits umgekehrt eine tiefgreifende Umprägung der hergebrachten Kultur befördert.

Weil die Ausbildung der neuen Literatursprache im Zusammenhang mit einer übersetzten heiligen Schrift steht, fallen bestimmte, bis dahin in der ägyptischen Sprache vorgegebene anthropologische und kosmologische Vorstellungen dahin zugunsten von Auffassungen, die der griechischen Bibel entsprungen sind. Die in der Römerzeit unter den Gebildeten bekannte hellenistische Popularphilosophie und die seit Jahrhunderten in Ägypten verbreitete griechische Fassung des Alten Testamentes hatten dem Vorschub geleistet. Zwar werden für die Weltansicht bedeutsame Lexeme wie der für die unlösliche Einheit von Wahrheit, Gerechtigkeit und Weltordnung gewichtige Begriff Maat (kopt. *me*) oder die überkommene Gottesbezeichnung *netscher* (kopt. *noute*) beibehalten. Doch für die "innerliche" Seite menschlichen Wesens wird hinfort der griechische Seelenbegriff *psyche* als Lehnwort üblich; die Vorstellung von einer Seelenvielfalt, die durch Worte wie *Ach, Ba, Ka* jahrhundertelang selbstverständlich festgehalten war, sinkt dahin. Anstelle der vielen niederen Götter und Wesen treten nunmehr Engel, mit dem griechischen Fremdwort *angelos* bezeichnet; sie nehmen in den koptischen Überlieferungen einen wichtigen Platz ein. Der ägyptische Christ begreift sich also, sobald er sich literarisch auf koptisch äußert, in vieler Hinsicht anders als seine heidnischen Väter.

Dennoch erhalten sich Spuren der dem Ägyptischen implizit eigenen Anthropologie und Ontologie. Es mag wenig besagen, wenn Monats- und Personennamen weiterhin nach ägyptischen Göttern benannt werden; selbst der Kirchenvater Origenes trägt den Namen "der von Horus Geborene". Solch Namensgebrauch mag aus nicht mehr reflektiertem Brauchtum stammen. Anders verhält es sich schon, wenn ägyptische Götterfiguren fortan dämonische Mächte bezeichnen; trotz grundsätzlicher Umwertung wird damit eine gewisse Anerkennung von Mächtigkeit verbunden. Für die verschiedenen Bereiche heilsamer und schädlicher Einflüsse auf Welt und Mensch bietet die koptische Sprache eine hohe Anzahl von Namen für Engel und Dämonen, je mit eigenem Bereich, und das weit stärker als es in anderen christlichen Kirchen üblich ist. So wird der Polytheismus zwar seiner kultischen Konsequenzen beraubt, behält aber abgewandelt für die Differenzierung der positiven und negativen Wirklichkeitserfahrungen eine gewisse Bedeutung.

Am stärksten zeigt sich der Beharrungszwang der Sprache auf dem Feld der *Magie*. Hier waren längst in den Sprüchen des Zauberwesens alttestamentliche und damit biblische Gottesbezeichnungen neben einer schier unübersehbaren Zahl ägyptischer und altkoptischer Namen einbezogen worden, weil die im Niltal verbreitete jüdische Diaspora mit ihrer Verehrung des biblischen Gottes die umgebende Bevölkerung beeindruckt hatte. Nach der Christianisierung werden die Zaubertexte inhaltlich wenig verändert, nur daß an die Stelle heidnischer Götter gern biblische Heilige treten[2].

Abb. 168 Mose auf einem Thron mit einem gepunkteten Kreuz und Gesetzestafel

Ob orthodox oder monophysitisch orientiert, die Literatur der christlichen Zeit verdrängt, was bis dahin an ägyptischer Literatur tradiert worden war und läßt die Kenntnis der Hieroglyphen endgültig in Vergessenheit geraten. Der tiefe Einschnitt, den die Christianisierung über den religiösen Bereich im engeren Sinne hinaus in Leben und Kultur bewirkt hat, tritt durch diesen Abbruch besonders sprechend zutage.

Ebenso ändert sich der Stil der Kunst. Zwar dringt das biblische Bilderverbot in der ägyptischen Kirche weit weniger durch als in anderen Bereichen der Alten Kirche. Doch die Bilder der Heiligen und die Stelen der Toten verzichten auf harmonische und idealisierte Formen, menschliche Gestalten werden nunmehr derb und in auffällig gedrungener Form dargestellt, ihre Wiedergaben werden irdischer und volkstümlicher.

29.3 Fortwirken ägyptischer Motive in Kirchenbau und christlichem Dogma

Trotz ausdrücklicher und entschiedener Verwerfung der überkommenen Landesreligion als Götzendienst und Aberglauben gibt es Anzeichen, daß auch im christlichen Ägypten das Erbe einer großen Vergangenheit sich nicht völlig verdrängen ließ. Religion läßt sich offensichtlich nicht aus der Seele der

Menschen löschen wie Kreide von einer Tafel. Auch eine subjektiv ehrliche und überzeugte Konversion läßt die vergangene Sprach-, Denk- und Erfahrungsebene nicht völlig hinter sich. Was für individuelle Bekehrung gilt, trifft in weit höherem Maße noch für diejenige einer ganzen Kultur zu.

Kontinuität zeigt sich zunächst an den heiligen Stätten. Die heidnischen Tempel werden zwar zerstört, doch danach Kirchen oder Klöster in sie hineingebaut, so beim Sarapeion in Alexandrien, bei den Tempeln in Karnak, Luxor, Der-el-Bahri und an vielen andern Orten. Moderne westliche Ausgräber haben – bis auf wenige rühmliche Ausnahmen, etwa in Dendera – bei ihrem Vorgehen die Spuren christlicher Gotteshäuser restlos abgeräumt, sind also auf ihre Weise nicht weniger gründlich vorgegangen als einst die Mönche des Schenute gegenüber altägyptischen Tempeln. Was führte dazu, an solchen Orten Kirchen zu bauen? Bleibt die Empfindung weiter wach, daß es sich um ausgezeichnete Erscheinungsstätten numinoser Mächtigkeiten handelt? Oder soll der Sieg des Christengottes gerade dort gefeiert werden, wo einst seine Widersacher ihre höchste Verehrung gefunden hatten? Vermutlich spielt beides eine Rolle. Ähnliches mag für die Vorliebe christlicher Mönche gelten, sich in Gräbern und Nekropolen einzunisten, obwohl dabei die dort dargestellten alten Götter meist als Dämonen verteufelt wurden, der Mönch also hier auf die Macht des Finsteren traf.

Abb. 169 Grabmonument eines Mönches aus Esne

In der kirchlichen Reliefkunst werden eine Reihe von Symbolen des alten Glaubens beibehalten. Als geheime Weissagung auf Jesus Christus wird vor allem das Lebenszeichen in der Form des "Henkelkreuzes", das Anchzeichen, gedeutet, das dem wichtigen christlichen Zeichen des Kreuzes verwandt zu sein scheint. Jenes taucht deshalb auf zahlreichen Kirchenwänden und christlichen Grabsteinen auf.

Auf die Bedeutung der christlichen Sepulkralkunst im religionsgeschichtlichen Zusammenhang ist unten näher einzugehen.

Hat ägyptischer Geist auch auf die in Ägypten sich ausbildende christliche Theologie und damit auf die bis heute grundlegenden *christlichen Dogmen* eingewirkt? Die im 3. und 4. Jh. florierende alexandrinische Theologie arbeitet mit griechischer Begrifflichkeit, aber das in einem Lande mit einer seit Jahrhunderten bestehenden Mischkultur. Sie liefert einen maßgeblichen Beitrag zur Ausbildung ökumenicher Lehrnormen, und das für viele folgende Jahrhunderte.

Das Christentum hatte in den ersten zwei Jahrhunderten seiner Entstehung keine Dogmen gekannt, d.h. definitorische Festlegung der wahren Lehren des Glaubens. Erst im 3. Jh. beginnen Versuche zur genauen Fixierung orthodoxer Lehre. Sie benutzen biblische Motive ebenso wie die Begrifflichkeit hellenistischer Popularphilosophie. Die ersten großen Lehrauseinandersetzungen beziehen sich auf die Person Jesu Christi als dem Mittler zwischen der jenseitigen und der diesseitigen Welt, auf die sogenannte *Christologie*. Wenn es nur einen Schöpfergott gibt, wie es die christlichen Missionare ihren Hörern einschärfen, welche Rolle kann dann einer Heilandsgestalt zukommen, von der sie ebenfalls predigen und die mit dem Titel "Gottessohn" biblisch belegt wird? Handelt es sich um ein Ehrenprädikat für einen außergewöhnlichen, nachtodlich verherrlichten religiösen Menschen? Oder hat sich Gott selbst einmal zeitweise in einer Menschengestalt verkleidet?

Seit Origenes spielt in der alexandrinischen Theologie der Gedanke einer (ewigen) *Zeugung des Sohnes* eine wesentliche Rolle für die Beziehung zwischen Christus und Schöpfer. Das hat zwar einen Anhalt in der Bibel (Psalm 2,6), wird aber erst in Ägypten zu einem zentralen christlichen Problem. Wirkt dabei der Mythos von der Zeugung eines jungen Gottes nach, wie er aus den Mammisi der großen Tempel im Niltal bekannt ist? Daneben wird für die Alexandriner das Verhältnis von Sonne und Strahl zu einer häufig verwandten Erklärung; Christus erscheint "wie der Glanz, der vom Licht erzeugt ist"[3], auch das erinnert an eine jedem Ägypter bekannte religiöse Aussageweise. Doch solche Erklärungen genügen auf die Dauer nicht. Nach langem Streit zwischen östlichen und westlichen Theologen einigt man sich schließlich auf die Formel einer Homo'usie, einer Wesenseinheit zwischen dem Schöpfergott und Christus; damit wird dieser gedanklich aus der Menschengemeinschaft herausgerückt und in die göttliche Sphäre unmittelbar eingerückt. Der zugrundeliegende Begriff *usia* betont in griechischer Weise eine die einer Seinsgattung zukommende spezifische und unveränderliche Wesensart, beruht also auf einem anderen Denkmuster als dem in Ägypten geläufigen von der Austauschbarkeit der Seinsarten

(Kap. 2). Dennoch wird durch solche vorausgesetzte gleiche Göttlichkeit die Eigenständigkeit von Vater und Sohn für die alexandrinischen Theologen nicht aufgehoben; beide erscheinen vielmehr — ähnlich wie Re und Atum oder Osiris und Sokar in früheren Zeiten — als unterschiedliche Erscheinungsformen des gleichen Gottwesens (vergleiche die altägyptischen *cheperu*). Der große Athanasios verteidigt die Homo'usie von Gott-Vater und Gott-Sohn mit der aufschlußreichen Begründung, daß nur so die volle Vergottung unserer menschlichen Natur gewährleistet sei, indem durch die Anbindung an Christus nicht nur unser Geist, sondern auch unser Fleisch mit göttlicher Unverweslichkeit durchdrungen werde. Steht hier nicht das uralte ägyptische Beharren auf einer Unsterblichkeit des Leibes und auf der notwendigen Verklärung eines Toten zu einem wahrhaft göttlichen Wesen im Hintergrund? Solche Vermutungen bestärken Aussagen beim großen Kirchenvater wie die: "Wie die Sonne vom Westen zum Osten zurückkehrt, so ist auch der Herr von den Tiefen des Hades zum Himmel der Himmel aufgestiegen"[4]. Der Sonnenlauf als das große Erlebnis des ägyptischen Alltags verfehlt also nach wie vor seinen Eindruck nicht, wird jetzt aber zur Abschattung der heilsamen Wanderung, die dem neuen Heiland nach seinem Tod widerfahren ist. So hat es den Anschein, als ob die altägyptische Religion einen gewichtigen Baustein zur Ausformulierung des ersten christlichen Dogmas geliefert hätte.

Eine zweite Stufe christlicher Dogmenbildung führt dann zur Lehre von der *Trinität*, der Dreieinigkeit von Vater, Sohn und Heiligem Geist. Athanasios bezieht seit 362 das Prädikat der göttlichen Homo'usie auch auf den Heiligen Geist und vertritt damit eine in der Bibel noch nicht ausdrücklich belegte differenzierte Gottesidee. Allerdings wird die genauere Ausprägung in begrifflicher Unterscheidung zwischen einheitlicher göttlicher *usia* und drei eigenständigen "Personen", *hypostaseis*, erst in Kleinasien vorgenommen. So bleibt eine mögliche Beziehung zu ägyptischen Vorstellungen offen, obwohl von modernen Forschern mehrfach auf ägyptische Auffassungen von Göttertriaden als Vergleich hingewiesen worden ist, etwa auf die bekannte Anrufung von Amon-Re-Ptah oder auf die Triade Osiris-Isis-Horus. In Ägypten werden solche Götterdreiheiten, die sich gelegentlich auch in anderen orientalischen Religionen finden, nicht nur wie dort geneologisch miteinander verknüpft, sondern können als drei Erscheinungsweisen einer einzigen Gestalt aufgefaßt werden, weshalb in hellenistischer Zeit die Griechen ägyptische Gottheiten als *trimorphos*, dreigestaltig, bezeichnet haben. So läßt sich für das trinitarische Dogma die Möglichkeit ägyptischer Anregung nicht ausschließen, obwohl die verbindenden Linien zu dessen endgültiger Fixierung undeutlich bleiben.

Neben die Anrufung von Gott-Vater und Christus als Sohn ist in Ägypten die *Marienverehrung* früh verbreitet. Hat das Vorbild der Allmutter Isis auf die

Erhebung der Gestalt Marias eingewirkt? Ein ägyptischer Patriarch, Dioskur, und seine Mönchshaufen sind es, welche auf einer Synode in Ephesus 449 die Aufnahme des Titels *theotokos*, der schon seit 325 in Alexandrien bezeugt ist[5], in die offizielle christliche Lehre gegen den Widerstand griechischer Theologen erzwingen und so einen Beitrag zur allgemeinen Dogmengeschichte liefern. Der Titel gilt als gleichbedeutend mit "Gottesmutter", ein Epitheton, das zu Isis gehörte[6]. Vielleicht vollzieht sich eine ähnliche Entlehnung durch die christlichen Kunst. In der griechisch-römischen Zeit war Isis auf Reliefs häufig mit dem Horusknaben abgebildet, dem sie die Brust reicht. In der christlichen Kunst findet sich das Bild einer stillenden Maria zuerst in Ägypten und ist lange nur dort verbreitet[7]. Zwar klafft zwischen den letzten erhaltenen Isisdarstellungen und den ersten Bildern der Madonna mit dem Jesuskind eine Lücke von einigen Jahrhunderten, dennoch ist die Verwandtschaft des Motivs so verblüffend, daß eine Abhängigkeit wahrscheinlich bleibt.

Abb. 170 Isis und Horus   **Abb. 171** Stillende Maria

Ein unstrittiges Vermächtnis des vorchristlichen Ägyptens an die Weltkirche ist die Feier des Dreikönigstages oder Epiphanienfestes am 6. Januar. Das Datum ist zuerst in Ägypten als Geburtstag Christi gefeiert worden. Dieser 6. Januar war aber vordem wohl der Feiertag des Sarapissohnes Aion, der mit Osiris gleichgesetzt werden konnte (vgl. Kap. 23). Die Übereinstimmung des Datums beim neuaufkommenden christlichen Fest wird nicht zufällig sein. Da mit Christus nach dem Neuen Testament eine neue Weltzeit angebrochen ist, scheint es den alexandrinischen Christen durchaus folgerichtig, ihn mit der Geburt des Aion in ihrer Stadt in Verbindung zu bringen, wobei jedoch jede Beziehung zu Sarapis entfallen muß.

29.4 Häretischer christlicher Dualismus. Gnostizismus

Ein zwiespältiges Vermächtnis Ägyptens an die Christenheit stellt vermutlich der Gnostizismus dar, eine seit dem 1. Jh. n. Chr. belegbare religiöse Bewegung, die ihren Ursprung vielleicht in judäischen Kreisen im Niltal hatte. Sie erfaßt bald weite christliche Kreise und wirkt auch in anderen Religionen des Orients noch Jahrhunderte nach. In einer Nekropole beim mittelägyptischen Nag Hammadi wurden seit 1945 Papyri mit 51 koptischen oder griechischen Texten gefunden, deren erhaltene Abschrift aus dem 4. Jh. n. Chr. stammt, deren Urfassung aber hundert bis zweihundert Jahre älter sein dürfte. Unter diesen Texten, teils christlicher, teils nichtchristlicher Herkunft, aber durchweg von einer dualistischen Weltflüchtigkeit geprägt, befinden sich auch drei hermetische Schriften. Im übrigen dokumentiert der Fund die älteste original gnosti(zisti)sche Literatur, die bisher entdeckt worden ist.

Der Begriff Gnostizismus dient der Forschung als Sammelbezeichnung für eine religiöse Bewegung, die sich in den Jahrhunderten nach der Zeitenwende rings um das Mittelmeer und im Nahen Osten ausbreitet.

Im Mittelpunkt steht eine nur den Eingeweihten mitgeteilte, ansonsten geheime religiöse Erkenntnis, griechisch *Gnosis* genannt. Sie verbindet sich mit einer dualistischen Sicht von Welt und Mensch. Demnach gehört die Erde in den Bereich von Materie, Finsternis, Begierde und Unwissenheit. Hingegen gibt es droben ein Reich des Geistes, des Lichtes und der Freiheit. Von allgemein christlicher Auffassung hebt sich diese Gottes- und Weltansicht dadurch ab, daß der Schöpfer dieser Welt, Demiurg genannt, dem höchsten Gott, dem Vater des Lichtes und der geistigen Kräfte, entgegengesetzt wird. Funken von dessen lichtem Geist, dem *pneuma*, sind infolge eines urzeitlichen Falls von Zwischenwesen in die irdischen Menschenleiber eingekerkert worden und lechzen seither nach Befreiung. Nach Ablauf von Aionen hat der Vater des Lichtes sich ihrer erbarmt und einen Erleuchter und Offenbarer herabgesandt, der die Sperren durchbrochen hat, welche die Dämonen um die Erde gelegt hatten, die durch die Gestirnsmächtige waltende Heimamene besiegt sowie und, der *Kyle*, den Erwählten die Gnosis als Heilmittel gebracht hat. Seitdem sind die, die an den Offenbarer glauben, aus den Fesseln der Materie befreit und zu höherem geistigen Dasein emporgeführt. Dort vereinigt sich das individuelle *pneuma* mit dem transzendenten ewigen Geistwesen. Der von oben herabgekommene wird mit Sophia, der Weisheit, aber auch mit alttestamentlichen Figuren wie Seth, dem Vertreter einer zweiten Generation nach Adam, oder Melchisedek in Beziehung gesetzt, in den christlich stärker geprägten Schriften aber vor allem mit dem Jesus der Evangelien. Nach gnostischer Auffassung wurde dieser Jesus nur scheinbar (doketisch) gekreuzigt, um die Dämonen zu täuschen; seiner unsterblichen Geistnatur konnten die unteren Mächte in Wahrheit nichts anhaben. Wer sich in die Geheimlehre der Gnosis einweihen läßt, wird als Pneumatiker seiner Erlösung teilhaft schließt sich mit Gleichgesinnten zu einem esoterischen Kreis zusammen und ist schon auf Erden zum ewigen Leben auferweckt.

Jahrhundertelang war diese Bewegung nur aus polemischen Äußerungen von Kirchenvätern bekannt und galt als innerchristliche Sektenerscheinung. Erst nachdem zu Beginn unseres Jahrhunderts, insbesondere durch den Neutestamentler W.Bousset und den Altphilologen R.Reitzenstein, die These eines vorchristlichen Ursprungs dieser Heilsgnosis aufgestellt wurde, hat eine intensive Erforschung dieser Strömung eingesetzt, deren Bedeutung vor allem unter Theologen bis heute heftig umstritten ist, weil vor allem unter dem Einfluß von R.Bultmann mehr und mehr neutestamentliche Ideen von einigen Exegeten auf gnostische oder bewußt antignostische Anstöße zurückgeführt wurden[8].

Bis heute ist der Heimatboden der Bewegung ungeklärt. Manche Religionshistoriker bestreiten nach wie vor, daß es je einen vorchristlichen oder sogar vorjüdischen Gnostizismus gegeben habe. Seit Bousset wird von anderen immer wieder eine (babylonisch-)iranische Mischreligion als Quelle vermutet. Philosophiegeschichtler sehen in ihr gern einen Auswuchs spätantiken Platonismus', und viele halten die Entstehung für "nicht erklärbar"[9]. Chronologisch gesehen, sind die ersten ausgebildeten gnostischen Systeme aus Ägypten bezeugt. Von dort stammen, nämlich aus Nag Hammadi, auch die ersten außerchristlichen gnostischen Dokumente. Darüber hinaus ist nicht zu verkennen, daß die Traktate des Corpus Hermeticum wesentliche Motive und Ansichten des späteren Gnostizismus vorwegnehmen, wie oben gezeigt. Deshalb bleibt zu erwägen, ob diese Weltanschauung, die sich (nachher) über Syrien, Kleinasien bis hin zum Iran und nach Rom ausbreitet, nicht im Niltal kurz nach der Zeitenwende ihre ersten Vertreter und Propagandisten gefunden hat.

Diese strikt dualistische Weltsicht und die damit gekoppelte Konzeption von Gott und Gegengott, mit der sich häufig auch eine dualistische Ethik verbindet, ist ebensowenig wie die Auffassung vom bloßen Scheinleib des Erlösers ägyptisch gedacht. Sie ist ihrer Herkunft nach auch nicht biblisch; insofern bleiben die Wurzeln des Gnostizismus ungeklärt. Dennoch tritt an zahlreichen Stellen in gnostischen Schriften eine gewisse Nähe zum Neuplatonismus, zu den Geheimlehren der hermetischen Literatur oder gar zu ägyptischen Zaubertexten zutage. Wenn die Räume des Schreckens geschildert werden, welche der Erleuchter-Erlöser und nachher die ihm folgenden Gläubigen zu durchmessen haben, so erinnert das an gefährliche Bereiche, die der Sonnengott nach den alten Unterweltsbüchern zu durchfahren hatte. Die Wahl Seths als Name des Offenbarers richtet sich zwar an einer alttestamentlichen Überlieferung aus (Genesis 4;5), könnte aber zugleich dem Bestreben entspringen, den gleichnamigen bösen Gott der ägyptischen Spätzeit in einer Art "schwarzer Messe" als positive

Macht anzurufen, ähnlich wie die Bewohner von Sodom und Gomorrha aus dem Buch Genesis zu Vertretern der wahren Gnosis uminterpretiert werden können. Auffällig ist auch die Rolle der Wahrheit als mythischer Substanz. Sie erinnert bisweilen an die ägyptische Maat. Nach dem "Evangelium der Wahrheit" aus Nag Hammadi ist der Gott des Lichtes der Vater der Wahrheit. Von ihm heißt es (I 3,26f): "Wahrheit ist im Munde des Vaters; seine Zunge ist der heilige Geist. Wer mit der Wahrheit vereinigt ist, ist mit dem Munde des Vaters vereint." Die Weise, Wahrheit als eine Art Person zu fassen, mit der man sich vereinigen kann, sie aber auch andererseits als Stoff darzustellen, den der höchste Gott in den Mund nehmen kann, charakterisierte einst die ägyptische Redeweise von Maat und von mythischen Substanzen überhaupt.

Die Beziehungen des christlichen Gnostizismus zu ägyptischen Überlieferungen sind, so weit ich sehe, bislang kaum untersucht. Eine Klärung des Verhältnisses wird wegen mangelnder Quellen schwierig, da die aus Alexandrien vordringende Orthodoxie bald alle abweichlerischen und vor allem gnostischen Neigungen im Lande unterdrückt hat. Dennoch dürften gerade auf solche Seitenströmungen die Denkmuster ägyptischer Sprache abgefärbt haben.

29.5 Nichtreligiöse und religiöse Ursachen für den Untergang der alten Religion

Der schnelle Wechsel eines sonst auf Brauchtum und Beharrung ausgerichteten Volkes wie des ägyptischen zu einer fremden Religion wird zwar in der Literatur öfter vermerkt, hat aber noch wenig eingehende Untersuchungen über die Ursachen hervorgerufen. Dabei ist das Aufgeben einer Religion, in der ein Mensch aufgewachsen ist, die Bekehrung zu einer anderen Weise der Gottesverehrung, in jedem Falle ein umwälzender Entschluß. Erlebt und interpretiert wird er als Überwältigtsein von einer neuen Wahrheit. Dennoch sind für den Historiker, der die Zusammenhänge im Nachhinein betrachtet in der Regel eine ganze Reihe von Faktoren im Spiel. Die Bekehrung von Stadtgemeinden und Landschaften, wie sie sich in Ägypten vollzog, ist nicht in jedem Falle nach gleichem Muster erfolgt. Die Einzelheiten gehören in die Christentumsgeschichte. Um aber den Untergang der ägyptischen Religion begreiflich zu machen, sind zwei bzw. drei Faktoren zu erwähnen, die vermutlich eine größere Rolle gespielt haben, ohne daß damit Anspruch auf Vollständigkeit erhoben wird. Die Faktoren sind sowohl äußerer, politisch-sozialer wie auch religiöskultischer Art.

Zur politischen Ebene gehört, daß die althergebrachten Kulte in der Zeit römischer Oberherrschaft wirtschaftlich eng mit der Fremdherrschaft verflochten waren, die durch ein raffiniertes System aus der Kornkammer Ägypten soviel wie möglich herauszupressen versuchte, um den Massen in der Hauptstadt Rom *panem et circenses* zu bieten. Dadurch waren die Priester zu einer priviligierten Klasse erhoben, die von den Volksmassen getrennt war. Die Tempel wurden mehr von den Kaisern erhalten und gefördert und die darin sich vollziehenden Begehungen exklusiver als je zuvor. Mußte der gemeine Mann sich nicht mehr und mehr von solchen Gottheiten der Tempel und ihren Dienern durch eine tiefe Kluft getrennt fühlen? Da konnte die aus Palästina eindringende frohe Botschaft von einem Gott, der ein einfacher Mensch vom Lande geworden war, den Armen das Reich versprochen und dem römischen Kaiser jeden religiösen Rang aberkannt hatte, in den ägyptischen Ohren nur verlockend klingen. Zudem verlangte dieser Gott keine aufwendigen Abgaben für Priester und Heiligtümer, sondern letztlich Hingabe und gläubiges Vertrauen. So ist der Übertritt zur christlichen Kirche vermutlich in vielen Fällen Ausdruck auch einer sozialen und politischen Opposition. Freilich fällt es schwer, diesem Aspekt die ausschlaggebende Rolle zuzuweisen. Denn auch das Evangelium kommt im griechischen Gewand, also der Sprache der Bedrücker; während der Römerzeit war dies die Amtssprache geblieben. Zudem gibt es bald christliche Kaiser, unter denen Ägypten kaum weniger ausgebeutet wird als zuvor unter den heidnischen. Neben dem Aufbegehren gegen die Herrschaft der Fremden muß es also noch andere Gründe für die Bekehrung gegeben haben.

Vorbereitet war die Wendung zum neuen Glauben gewiß durch die ausgedehnte *judäische Diaspora im Niltal* und ihre Mission in vorangegangenen Jahrhunderten. Nicht nur in Alexandrien, wo ein ganzer Stadtteil von Judäern bewohnt war und diese ein Drittel oder ein Viertel der Bevölkerung bildeten, sondern in ganz Ägypten gibt es Synagogen. Der Philosoph Philon[10] rechnet mit einer Million Judäern in Ägypten. Diese hohe Zahl läßt sich kaum aus fortlaufenden Einwanderungen von Palästina her erklären, sondern rührt vermutlich zu einem großen Teil aus Bekehrungen von einheimischen Ägyptern als Proselyten zu der nach Jerusalem ausgerichteten Religionsgemeinschaft. Die Diasporasynagogen waren längst zu griechischer Sprache übergegangen und benutzten eine entsprechende Übersetzung der Bibel, die Septuaginta; so vermochte jeder gebildete Ägypter sich einen Begriff von dieser Religion zu machen, die für die Verehrung eines einzigen Gottes eifert, der Schöpfer und Weltenlenker in einem ist. Welche Wertschätzung die alttestamentliche Religion schon in vorchristlicher Zeit bei heidnischen Ägyptern gehabt hat, lassen die Zauberpapyri erkennen, die neben vielen ägyptischen Göttern und obskuren Dämonen auch Jahwe, Sabaot, Adonaj und andere Titel des biblischen Gottes wieder und wieder im magischen Kontext benutzen. Doch das national begrenzte Erwählungsbewußtsein Israels und die dadurch bedingte strikte Abschließung gegen heidnische Völker wie auch die Tendenz zu ritueller Kasuistik in der zunehmend auf Gesetzesgehorsam ausgerichteten judäischen Religion haben Massenkonversionen verhindert.

Als nun das Christentum auftaucht, bringt es alles mit sich, was viele Nichtjuden an den heiligen Schriften des Alten Testamentes fasziniert hatte: Glaube an einen Gott als Weltschöpfer und Lenker der Geschichte, eine verständliche heilige Schrift, nicht zuletzt ein Versprechen der Unsterblichkeit der Seele, das in der Septuaginta deutlicher ausgesprochen wird als im hebräischen Urtext. Die christliche Mission verzichtet darüber hinaus auf einen nationalen Exklusivitätsanspruch der religiösen Gemeinschaft und kündet einen alle Völker umspannenden Gottesbund. Sie verzichtet auf gesetzliche Kasuistik und verkündet einen leibhaften Heiland, dessen Wirken einfachen Menschen nahe kommt. Sie bietet zudem wirkungskräftige Sakramente an, die jedem Gläubigen die Aufnahme in die Heilsgemeinde ermöglichen. Diese Vorstellungen zu übernehmen, war zweifellos durch die verbreitete Kenntnis der Diasporasynagogen und ihrer Praktiken vorbereitet. Deren alttestamentliche Religion wird wie anderwärts im Mittelmeerraum zum Steigbügelhalter für die aufstrebende christliche Kirche. In der gegenwärtigen christlichen Forschung wird deshalb betont, daß die frühe ägyptische Christenheit im wesentlichen judenchristlich ausgerichtet war. Dieser Faktor sollte jedoch nicht zu hoch gewertet werden. Denn nach einem blutigen Aufstand in Alexandrien 115 n. Chr. wird dem dortigen Judäertum die politische Grundlage seiner Existenz und damit den Synagogen in ganz Ägypten der Rückhalt genommen. Die eigentlichen Erfolge christlicher Mission im Lande liegen aber erst erheblich später.

Historisch gesehen erscheint es deshalb angebracht, nach spezifisch innerägyptischen religiösen Gründen für die Bekehrung zu suchen. Während der drei Jahrtausende des vorchristlichen Ägyptens war das religiöse Interesse, wie sich wieder und wieder gezeigt hatte, vorwiegend auf zwei Bereiche ausgerichtet. Das war zum ersten der Lebensraum des Niltals als der von den Göttern bevorzugte Mittelpunkt des Alls und die damit zusammenhängende, vom Sonnengott gewährleistete Weltordnung. Zum andern aber spielt in Bauten und Riten die Sorge für die postmortale Existenz des Menschen eine außergewöhnliche Rolle. In diesem zweiten Bereich zeigen sich die auffälligsten Zeichen von Kontinuität. Im Koptentum nehmen die Fragen des individuellen Weiterlebens nach dem Tod einen breiten Raum ein. Sollte für diese urägyptische Sehnsucht gerade die christliche Mission eine Lösung angeboten haben, welche die Bewohner des Niltals in römischer Zeit stärker zu überzeugen vermochte als der damalige Osiris- und Isiskult?

29.6 Ägyptische und christliche Unsterblichkeitshoffnung

Nach den archäologisch erkennbaren Hinterlassenschaften bleibt die koptische Kunst – wie die altägyptische seit Jahrtausenden – vor allem dem funerären Bereich zugewandt. Die Mumifizierung wird unter Christen bis ins 7. Jh. weitergeübt, nur daß auf den Mumienbinden die Symbole ägyptischer Götter verschwinden und stattdessen ein Kreuz erscheint. Bei den erhaltenen Gesichtsportraits von Abgeschiedenen läßt sich häufig nicht entscheiden, ob sie vorchristlicher oder christlicher Herkunft sind, so ungebrochen setzt sich das Brauchtum fort. Auf Särgen und Grabsteinen wird das hieroglyphische Lebenszeichen *Anch* ornamental verwendet, das nach einer mittelalterlichen Legende einst dem Urvater Adam von Engeln offenbart und nachher vom Stammvater der Ägypter zu magischen Zwecken mißbraucht worden war, bis jetzt die christliche Lehre die wahre Bedeutung wieder auf das Schild gehoben hat. Grabstelen behalten nicht nur die Form der oben abgerundeten Orthostaten bei, sondern stellen den Verstorbenen in jugendlicher, wenn auch nicht mehr idealer Form dar, freilich nicht mehr als Verehrer eines ägyptischen Gottes, sondern in demütiger Haltung gegenüber dem unsichtbaren Gott. Sie sind ebenfalls mit einem Kreuz geziert und bisweilen zusätzlich mit einem ebenso spätägyptischen wie christlichen "Kranz der Rechtfertigung" in der rechten Hand.

Abb. 172 Grabstele aus Antinoupolis (4. Jh.)

Die Inschriften auf den Grabdenkmälern rufen nicht nur in althergebrachter Weise den Vorübergehenden an: "Gedenke meiner" mit der Fortsetzung, "daß Gott meiner Seele Ruhe gebe", sondern sie klagen über die Trennung vom Toten und bitten für die beschwerliche Fahrt, bei der er von Dämonen angefeindet wird, bevor er ins Paradies gelangt[11]. Die hellenistische wie gemeinchristliche Anschauung, daß nach dem Tode sich Leib und Seele trennen, wird zwar als selbstverständlich vorausgesetzt und nicht mehr eine altägyptische Mehrzahl von Außenseelen, aber das Abscheiden wird ähnlich wie bei den Vorfahren umschrieben: "Mein Leib liegt zwar an diesem Ort, mein

Geist/Seele aber ist bei Gott"[12], wobei die Unsicherheit, ob hier Geist (*pneuma*) oder Seele (*psyche*) einzusetzen sei, von der Schwierigkeit herrühren mag, die altägyptischen Seelenvorstellungen auf eine griechisch gedachte Einheit hin einzugrenzen. Wie sehr die altüberkommene Jenseitserwartung und die typisch ägyptische Hoffnung auf die Unsterblichkeit des Leibes in der christlichen Verkündigung aufgenommen werden, läßt eine Predigt Schenute des Großen, der wie kaum ein anderer das koptische Christentum geprägt hat, an seine Mönche erkennen[13]:

> Selbst wenn man dir die Augen ausreißt – wirst du dich nicht bei der Auferstehung wieder mit deinen Augen erheben? Laß es dir genügen, daß man dich vor den Engeln Gottes anerkennt ...
> Auch wenn man dir den Kopf abschlägt, wirst du wieder mit ihm auferstehen, ohne daß dir auch nur der kleine Finger deiner Hand oder die kleine Zehe deines Fußes fehlt. Du wirst auferstehen als geistlicher Leib.

Die Wiederherstellung des Abgeschiedenen nach seiner Verklärung und zwar so, daß seine Körperglieder wieder versammelt werden, wird also auch vom christlichen Theologen behauptet, aber nicht mehr mit dem wirksamen Bestattungsritual verbunden, sondern mit einer eschatologisch begriffenen Auferstehung.

Zu einer verbreiteten koptischen Gattung wird die *Märtyrerlegende*, die nach einem festen Muster von den Helden des Glaubens und ihrem seligen Ende erzählt. Dazu gehörte regelmäßig eine Wiederherstellung ihres unversehrten Leichnams – meist durch den Erzengel Michael (anstelle des heidnischen Thot?) – nach Folterung und Tötung eine feierliche Bestattung der Reliquien an einer Stätte, die hinfort zum Wallfahrtsort wird. Hier zeigt sich deutlich "Kontinuität im ägyptischen Denken" (Baumeister).

Ein anderer wichtiger Zweig koptischer Literatur beschreibt *Heiligenleben*. Dabei wird das Sterben der Glaubenshelden ausführlich geschildert. Wieder wird mannigfaltig an ältere ägyptische Rede von Tod und Weiterleben angeknüpft. Vom Mönchsvater Pachom wird beispielsweise berichtet, daß er kurz vor seinem Tode ein Unschuldsbekenntnis vorgetragen hat, das trotz des anderslautenden Anfangs mehr an das Totenbuchkapitel 115 erinnert als an christliche Demut[14]:

> Ihr kennt ja meinen Lebenswandel.
> Ich habe mein ganzes Leben unter euch in Demut zugebracht.
> Ihr wißt auch, daß ich an keinem Punkte mehr Bequemlichkeit in Anspruch genommen habe, als einem von euch zugestanden war ...
> Ich habe auch keinerlei Anstoß erregt, weder vor Gott noch vor den Menschen ...
> Ich habe niemals Böses mit Bösem vergolten.
> Ich habe niemals einen (wieder) beleidigt, der mich durch Ungeduld oder Zorn beleidigt hatte, sondern ich unterwies ihn mit Geduld, damit er nicht

mehr gegen Gott sündige, und ich sagte ihm: "Magst du gegen mich (ruhig) sündigen, der ich ein Mensch bin wie du, aber hüte dich, gegen Gott zu sündigen, der dich geschaffen hat."
Niemals habe ich mich empört, wenn mir jemand einen ernsten Vorwurf machte, selbst wenn es ein kleiner (Mann) war, der mir Vorwürfe machte, im Gegenteil, ich habe seine Tadel um Gottes willen angenommen, wie wenn Gott (selbst) mir die Vorwürfe gemacht hätte.

Auf dem, was den Menschen nach seinem Tod erwartet, liegt also vor wie nach der Christianisierung stärkstes Gewicht. Warum sich die Ägypter von ihrer angestammten Jenseitserwartung abgewandt und der christlichen zugewandt haben, wird in den uns erhaltenen Zeugnissen nicht ausdrücklich begründet. Aber einiges läßt sich begründet vermuten.

Die Botschaft vom gestorbenen und auferstandenen Jesus Christus hat in vieler Hinsicht an das Osirisgeschick erinnert. Wie der Unterweltsgott wird Jesus hinterhältig umgebracht und wieder erweckt. Doch die Evangelien setzen an die Stelle der in unbestimmter Zeit spielenden Mythe den Bericht über einen der nahen historischen Vergangenheit angehörigen Mann von Fleisch und Blut. Anstelle eines Königs, dem trotz aller Macht die letzte Macht zur Selbstbehauptung fehlt und der auf die Zaubermacht seiner Gattin Isis angewiesen ist, tritt ein armer Wanderprediger, dem alle Macht im Himmel und auf Erden vom Schöpfer gegeben ist, der also die Funktionen von Osiris und Isis in sich vereint. Um ihm nachzufolgen und mit ihm aufzuerstehen, bedarf es keiner geheimen Mysterien, zu denen nur Eingeweihte Zutritt haben, zur Christusgemeinschaft sind vielmehr gerade Unwissende, Arme, Mühselige und Beladene gerufen. An die Stelle eines Gottwesens, das sich für seine Fortexistenz im Erdboden verkörpert und auflöst und nur in rhythmischer Folge aufersteht, wird einer, der aus dem Grab ein- für allemal siegreich hervorgegangen und gen Himmel gefahren ist. Die Gestalt eines kosmischen Christus vereint zudem, was für frühere ägyptische Epochen schwer zusammenzudenken war und dennoch irgendwie zusammengehören muß, das Osirisgeschick und den die Verklärung verbürgenden Sonnenlauf. Hinzu kommt, daß das Jenseitsgericht am Jüngsten Tag zwar wie das altägyptische den Toten zwar genau auf seine Rechtschaffenheit hin überprüft, aber Christus als Weltenrichter kein Kollegium um sich braucht und vor allem nicht nur zum Urteil über die guten oder bösen menschlichen Werke bereitsteht, sondern vor allem zur Begnadigung durch sein Blut. Liegt es von daher nicht zutage, daß der auferstandene Christus, der seine Gläubigen in sich und seinen Leib aufnimmt, mit anderer Klarheit ewige Seligkeit verbürgt als der in vieler Hinsicht "herzensmüde" Osiris? So dürfte vor allem in der Jenseitserwartung ein gewichtiger Grund dafür liegen, daß die Bewohner des Niltals sich dem Christentum zugewandt und von Osiris wie Isis abgewandt haben. Der Name des größten ägyptischen Theologen Athanasios, "der Unsterbliche", steht so sinnbildhaft für das, was beim Übergang von der alten zur neuen Religion im Zentrum des religiösen Interesses stand.

29.7 Die Trennung des koptischen Christentums von der Großkirche

In der dritten Epoche christlicher Dogmenbildung steht erneut die Christologie im Mittelpunkt der Auseinandersetzung, diesmal aber das Verhältnis von göttlicher und menschlicher Art innerhalb der Person Christi selbst. Seine göttliche *usia* war inzwischen unstrittig. Wie aber verhält es sich mit seiner menschlichen Natur, ist sie in der göttlichen aufgegangen? Oder äußern sich göttliche und menschliche Willensregungen nebeneinander? Hundert Jahre nach Athanasios wird die definitorische Festlegung innerhalb der Person Christi zum Anlaß für die Abspaltung der koptischen Christenheit von der griechisch-lateinischen Großkirche. In Alexandrien werden nämlich die Formeln eines gesamtkirchlichen Konzils von Chalkedon 451 abgelehnt, wonach der göttliche und der menschliche Anteil in Jesus Christus zwar "ungetrennt", aber doch auch "unvermischt" nebeneinander bestünden (sogenannte Zweinaturenlehre). In der Sicht der alexandrinischen Theologen führt diese mit den Kategorien des Aristoteles gewonnene Auskunft zur grotesken Vorstellung von Jesus als einer Art Zwitterwesen. Den Ägyptern erscheint als Resultat einer Inkarnation nur eine Verschmelzung von göttlicher und menschlicher Art, also ein gottmenschlicher Monophysitismus in der Person Jesu – und von da aus, eschatolgisch gedacht, bei allen Gläubigen – die einzig sachgemäße Lösung. Bei den anschließenden harten Auseinandersetzungen haben zweifellos nationalägyptische Opposition gegen die byzantischen Kaiser und persönliche Auseinandersetzungen zwischen Bischöfen und Patriarchen, vor allem eine Rivalität Alexandriens mit dem Stuhl von Rom, den Konflikt erheblich verschärft. Doch sollte man nicht übersehen, daß nach der Formulierung von J.Wilson[15] die Tendenz zum *Monophysitismus* seit Beginn der geschichtlichen Zeit ein hervorstechendes Kennzeichen ägyptischer Sprache gewesen ist. Während es für jeden Griechen und Abendländer selbstverständlich erscheint, daß alles, was es in der Welt an Seiendem gibt, sich nach Gattung und Art unterscheidet und die entsprechenden Grenzen unübersteigbar sind, so daß z.B. niemand wirklich ein Tier oder ein Gott werden kann, wenigstens unter normalen Bedingungen irdischen Daseins, hat Ägypten von vornherein mit der Metamorphose, mit dem Übergang von "Entstehen" und "Sich Verwandeln" (*cheper*) bei allen Daseinsformen gerechnet. Genau diese Anschauung scheint hier, sozusagen nach Torschluß, im ägyptischen Denken wieder beherrschend aufzutauchen.

Die geschichtlichen Vorgänge beim Übergang von der altägyptischen zur christlichen Religion bedürfen noch der Erforschung. Erkennbar erscheint jedoch schon jetzt, daß nicht nur Abbruch, sondern auch Kontinuität festzustellen ist. Eine Religion verschwindet nicht sang- und klanglos. Andererseits herrscht in der sich ausbildenden christlichen Kirche in Ägypten kein Synkretismus vor im Sinne einer Verbindung heterogener religiöser Elemente, vielmehr wirkt die koptische Frömmigkeit bis heute überaus echt und geschlossen. Vielleicht darf man daraus auf eine gewisse untergründige Verwandtschaft in numinoser Erfahrung, ethischer Wertung und Jenseitshoffnung zwischen altägyptischer Mythologie und christlicher Heilsgeschichte und Gottesauffassung schließen. Doch die Frage nach dem Weiterwirken religiöser ägyptischer Motive stellt sich nicht nur für die spätere Form des koptischen Christentums, sondern schon für die frühe Epoche, in der die alexandrinische Theologie die allgemein christliche Lehrbildung entscheidend beeinflußt. Es hat den Anschein, daß auch in dieser Hinsicht Ägypten einen nicht unbedeutenden Beitrag zur Entwicklung christlicher Religion geleistet hat. Dann aber bietet die ägyptische Religion nicht nur ein abständiges, exotisches Beispiel von Ritual, Mythologie und sakraler Kunst, sondern weist auf einen verborgenen Bestandteil unseres eigenen geschichtlichen Erbes.

T.*Baumeister*, Martyr invictus, 1972

E.*Brunner-Traut*, Die Kopten. Leben und Lehre der frühen Christen in Ägypten, 1982

M.*Cramer*, Die Totenklage bei den Kopten, AAWW 219,2, 1941

Ders., Das altägyptische Lebenszeichen im christlichen (koptischen) Ägypten, ²1943

J.*Doresse*, Des hiéroglyphes à la croix, PINS VII, 1960

G.*Giamberardini*, Il culto mariano in egitto, Vol. 1, Sec. I-VI, 1975

A.v.*Harnack*, Die Mission und Ausbreitung des Christentums in den ersten drei Jahrhunderten, ⁴1924

A.M.*Kropp*, Ausgewählte koptische Zaubertexte I-III, 1930/31

Morenz, Rel 270-273

Ders., RGÄ 563ff.: III Das koptische Ägypten

C.D.G.*Müller*, Ägypten V (kirchengeschichtlich), Theologische Realenzyklopädie I 1977, 512-33

Ders., Die Engellehre der koptischen Kirche, 1959

Ders., Grundzüge des christlich-islamischen Ägypten, 1969

H.W.*Müller*, Isis mit dem Horuskinde, Münchner Jahrbuch der bildenden Kunst 3,14, 1963, 7-38

B.A.*Pearson*/J.E.*Goehring* (Ed.), The Roots of Egyptian Christianity, 1986

C.H.*Roberts*, Manuscripts, Society and Belief in Early Christian Egypt, 1979

J.M.*Robinson* (Hg), The Nag Hammadi Library in English, ²1984 (Texte)

E.*Stauffer*, Antike Madonnenreligionen, ANRW II 17,3, 1984, 1425-99

LÄ 3, 694-728.731-737 'Koptische Literatur, Koptische Sprache'

Anmerkungen zu Kapitel 29:

1 Harnack II 706²
2 Roeder, ZJ 223-32
3 sicut splendor generator ex luce; Origenes, De Principiis I 2.4
4 J.P.Migne, Patrologia ... Graeca 27, 303D
5 RGG³ 4, 763
6 LThK 4, 1126-7
7 Lexikon der christlichen Ikonographie III, 1971, 158; vgl. die koptische Rede von Isis-Harpokrates, ThZ 8, 1952, 434-43
8 Übersicht TRE 13, 519-50
9 Colpe, RGG³ 2, 1649
10 Gegen Flaccus 43
11 Cramer 1941, 56.72f
12 ebd., 28.31
13 Brunner-Traut 1982, 149
14 Brunner-Traut 126f.
15 In: Alter Orient - Mythos und Wirklichkeit, 75f.; s. Koch, Wesen, 63.

Schlußbetrachtung

Nachdem das Ende der ägyptischen Religion in Blick gekommen ist, legen sich einige – beim gegenwärtigen Forschungsstand notgedrungen vorläufige – Erwägungen nahe über das Verhältnis von Konstanz und Veränderung in der Geschichte dieser Religion (A) und über mögliche fortschreitende Tendenzen bei der sich wandelnden Einstellung zu den göttlichen Mächten (B). Das Ende von altägyptischem Kult und Mythos durch die christliche Missionierung läßt schließlich nach Gemeinsamkeiten und Verschiedenheiten im Vergleich zur biblischen Religion fragen (C).

A) *Versuch eines zusammenfassenden Rückblicks.* Drei Jahrtausende einer Religionsgeschichte in einem einzigen Band zu schildern – das konnte nur umrißhaft geschehen. Aus der Fülle der Phänomene wurde eine Auswahl nötig, die zahlreiche Details beiseite ließ. Andere Forscher werden an vielen Stellen andere Akzente setzen. Im Kern unstrittig dürfte jedoch die Behauptung von drei durchgängig festzustellenden Brennpunkten in Kult und Mythologie sein, nämlich die besondere Ausrichtung 1. auf das lebenspendende solare Geschehen, 2. auf die Toten- und Jenseitssorge und 3. auf die mit beidem mehr oder minder verbundene sakralabsolutistische Stellung des irdischen Monarchen. Diese drei Bereiche nehmen von Anfang bis Ausgang der ägyptischen Religion eine besondere Stellung in Texten und Bildern ein; sie sind es, die den Eindruck eines erstaunlichen Beharrungsvermögens in der Religion des Niltals hervorrufen. Dennoch wechselt bei genauer Betrachtung das Neben- und Ineinander dieser drei Bereiche. Durch die unterschiedliche Gewichtung und Abgrenzung erhält die ägyptische Religionsgeschichte ihren spannungsreichen Verlauf.

1. Seitdem in der 5. Dynastie der Sonnengott Re als Mittelpunkt religiöser Verehrung sich nahe gelegt hatte, sind Anbetung und Reflexion jahrhundertelang mit der *Epiphanie des Heiligen in Sonnenaufgang und Sonnenuntergang* beschäftigt. Von Re und der "Sphäre des Seinigen" samt den göttlichen Begleitern wird mehr als von anderen Gottheiten die Erneuerung jener Lebenssubstanz erwartet, die keinem Wesen ein- für allemal gegeben ist, sondern wieder und wieder als göttliches Geschenk empfunden wird. Im zweiten Jahrtausend wird Re mit dem "verborgenen" Amon der Reichshauptstadt Theben gekoppelt. Das hinter der sichtbaren Sonnenscheibe wirksame göttliche Kraftfeld erscheint dadurch zusätzlich als Ursprung von Luft und Wasser, aber auch als Ursprung der komplexen Göttin Maat, welche die mythische Erhaltungssubstanz von Natur und Gesellschaft sowie den moralischen Appell zu Wahrheit und Gerechtigkeit an jeden einzelnen Menschen verkörpert. Der Maat sich einzu-

fügen, sie am je eigenen Ort zu reproduzieren, um zur Erhaltung von Königtum und Welt beizutragen, wird zur herausragenden politischen und religiösen Pflicht. Unter dem Namen Amon erweist sich die göttliche Sonnenenergie als ein letzter, geheimnisvoller, selbst Göttern unzugänglicher Bereich. Paradoxerweise wird gerade diejenige Gottheit, deren Erscheinen in der Welt am sichtbarsten zu demonstrieren ist, zum Inbegriff letzter Unerkennbarkeit. Aus der betrachtenden Versenkung in das hinter dem Tagesgestirn liegende, verborgene göttliche Willenszentrum erschließt sich dem Ägypter ein unter den Gegebenheiten des Niltals evidentes Weltbild. Zugleich eröffnet sich ihm von daher eine Lichtung von Sinn für das individuelle wie das kollektive Leben. Deshalb werden auf Altären landauf, landab der Sonnengottheit Opfer dargebracht und ihre Einzigartigkeit mit einem unvergleichlichen Reichtum an hymnischen Gesängen gepriesen. Wie könnte das Heilige sich sichtbarer und spürbarer den Menschen manifestieren? Im Gefolge solcher Erfahrungen kommt es dann in der Mitte der uns überschaubaren Geschichte der ägyptischen Religion zur konsequenten Zuspitzung der Sonnenverehrung im kultrevolutionären "Monotheismus" des Sonderlings Amenophis IV. – Echnaton.

2. Sein Experiment ist schnell gescheitert. Unter mancherlei Ursachen für den Zusammenbruch spielt nicht zuletzt die Stärke eines anderen Stranges von Kult und Mythos für Hof und Volk eine entscheidende Rolle. Neben der Orientierung am solaren Geschehen, ja schon bevor dieses eine wesentliche Rolle zu spielen begonnen hat, nimmt die selbstverständliche Überzeugung von einer potentiellen Unsterblichkeit des menschlichen Leibes und die daraus resultierende Sorge für die postmortale Existenz in Alltag und Ritual einen breiten Raum ein. Seit der 6. Dynastie knüpft sich die Totensorge an die Gestalt eines *göttlichen Unterweltherrschers Osiris*. Durch ein langwieriges Ritual in seinen Leib verwandelt, mit seinem Namen belegt zu werden und dadurch ewigen Frieden zu erlangen, erscheint erst für den König, dann für die Privatleute mindestens ebenso entscheidend, wenn nicht gar entscheidender, als ein glückvolles, von der Sonne bestrahltes Dasein auf Erden. Wie Re hat Osiris eine "Sphäre des Seinigen" um sich; er wäre ohne Hilfe von Partnern wie Isis und Anubis in seinem unterirdischen Bereich noch weniger mächtig als der Sonnengott in dem seinen. Auch um Osiris, um seinen gewaltsamen Tod und sein Wiedererstehen, rankt sich ein für Menschen undurchdringliches Geheimnis. In diesem Fall ist das Geheimnis nicht nur – wie bei Amon-Re – vom Menschen gedanklich zu respektieren, sondern darüber hinaus von Priestern kultisch zu begehen.

Der aus dem zwiespältigen religiösen Interesse sich ergebende Antagonismus zwischen einem solaren und einem osirianischen Pol der Gottesauffassung führte anscheinend zu fortwährendem geistigen Ringen über das Verhältnis und die Abgrenzung der beiden Bereiche und zu einem wechselvollen und spannungsreichen Hinüber und Herüber in Kult und Mythologie. Im Neuen Reich mochte es vor der Amarnazeit so scheinen, als ob der als unvergleichliche Gottheit und einzige Schöpferkraft gerühmte Amon-Re den verklärten Toten drunten und selbst Osiris Licht, Leben, Luft und Bewegung in einzigartiger Weise vermittelt, seine nächtliche Barkenfahrt die Unterwelt und ihre Bewohner also ähnlich beglückt wie seine Himmelsquerung bei Tage die Oberwelt. Echnaton schaltet sogar Osiris völlig aus und erklärt den Sonnenball zur einzigen Gottheit, die Verehrung verdient, weil daher alles Leben rühre. Nach dem Scheitern des Ketzerkönigs kehrt zwar die Verehrung des Osiris als des Patrons der seligen Toten überall wieder, bleibt aber noch lange im Schatten eines auch in der Unterwelt übermächtig erscheinenden Sonnengottes, dessen kosmische Kompetenzen und Formen immer weiter auszugreifen scheinen und aus dem sogar Luft und Wasser strömen.

Erst um die Mitte des letzten vorchristlichen Jahrtausends wendet sich überraschend das Blatt. Im Zusammenhang einer durch Astrologie und Astronomie veränderten Weltsicht steigt die Göttin *Isis* zur Himmelsherrin und Allherrin empor, die schließlich in der Römerzeit den Wirkungskreis des solaren Re ebenso maßgeblich bestimmt wie den des unterweltlichen Osiris und denjenigen ihres auf Erden wirkenden Sohnes Horus. Isis prägt nunmehr für das Einzelleben wie für Natur und Gesellschaft das jeweils ausschlaggebende Schicksal. Sie erhält deshalb nicht nur an vielen Stätten des Niltals eine herausragende kultische Verehrung, sondern auch in zahlreichen Mysterienvereinigungen rings um das Mittelmeer. Die bleibende ägyptische Sehnsucht nach Überwindung der Todesschranke für sterbliche Menschen führt dazu, daß neben der mächtigen Göttin ihrem Gatten Osiris weiterhin eine besondere Zuständigkeit eingeräumt wird. Schon seit dem 2. Jahrtausend war sein Verhalten mit einer besonderen Fürsorge für Gerechtigkeit und Ordnung im unterweltlichen Bereich verknüpft worden. Daraus folgt dann für die Sterbenden, daß sie nach dem Abscheiden vor einem Osirisgericht Rechenschaft über ihre Lebensführung abzulegen haben. Als moralische Instanz und Herr der Maat scheint Osiris gegen Ende des 1. Jahrtausends mehr Furcht und Achtung geweckt zu haben als Re. Von dieser Gerichtsvorstellung her empfangen Dasein und Handeln auf Erden Ziel und Sinn. Deshalb wird der Gott in den Osirismysterien eine noch höhere Achtung genossen haben als Isis, obwohl diese zweifellos als die zauberkräftigere Macht gilt.

Die Probleme des Lebensendes und des Überschreitens in ein anderes, verklärtes Dasein sowie die gemutmaßten Verhältnisse der Unterwelt beschäftigen also Denken und Handeln im Niltal von den geschichtlichen Anfängen an bis zum Ausgang der altägyptischen Religion. Kein anderes Volk der Erde hat sich jemals mit solcher Inbrunst nach postmortaler Existenz gesehnt, darüber so angestrengt durch lange Zeiten meditiert, dafür einen so hohen ökonomischen Aufwand betrieben, wie es das ägyptische getan hat. Der durch die Jahrhunderte im Auf und Ab zu verfolgende Antagonismus zwischen Sonnengottheit und Unterweltgöttern endet mit dem Sieg der letzten in Gestalt des Paares Isis-Osiris.

3. Zwischen der Sonnengottheit, die täglich im Osten erscheint und im Westen sich zur Ruhe wendet, sowie Osiris, der unter der Erde waltet, wirken viele größere und kleinere Gottheiten, die in ihrer Bedeutsamkeit je nach Landschaft oder Epoche unterschiedlich eingeschätzt werden. Im irdischen Bereich steht jedoch unübersehbar als Mittler zwischen den Menschen und den göttlichen Wesen insgesamt *der Pharao* im Vordergrund. Als Gott, wie er zu allen Zeiten gerühmt wird, ist er zugleich der einzige Vertreter der Menschheit, der zu Gottesdienst fähig ist, denn die Götter nehmen nur Anbetung und Opfergaben von ihresgleichen entgegen. Zwar geschieht der tatsächliche Götterkult in Tempeln und Gräbern durch Priester und andere Kultdiener, aber diese begreifen sich als der verlängerte Arm eines sakralabsolutistischen Königs. Die dynamisch vorgestellte Art des Weltalls, an dessen Grenzen das Nicht-Sein ständig Einfluß zu gewinnen droht, macht die unablässige Willensanstrengung numinoser Mächte nötig. Dazu gehören Re und Osiris je zu ihrem Teil, aber ebenso der im Zentrum der geschaffenen Welt regierende und durch seinen Kult das Weltall mit erhaltende Pharao.

Der seltsame Befund, daß die ägyptische Religion, obwohl durch und durch königszentriert, den Untergang des einheimischen Pharaonentums anscheinend ohne große Schwierigkeiten überstanden hat, erklärt sich daraus, daß die persischen, griechischen und römischen Fremdherrscher einfach in die kultische Rolle des Gottkönigs eingerückt sind; die Priester handeln ohne Umschweife fortan in ihrem Namen. Das führt allerdings zu einer fortschreitenden Entleerung der den Kult tragenden mythologischen Anschauung. Zudem treten Alltagswelt und sakrale Welt immer weiter auseinander. Was die Priester hinter den Tempelmauern treiben, wird den gewöhnlichen Landesbewohnern immer unverständlicher. Der Kult des mit dem ägyptischen Thronnamen versehenen ausländischen Großkönigs wird mehr und mehr zu einer leeren Schale, die endgültig in sich zusammensinkt, als sich der römische Herrscher über Ägypten zum Christentum bekehrt und von sich aus einer unpolitischen Christusfigur die alleinige Gottessohnschaft und die Vermittlung zwischen Menschheit und Gottheit zuzuschreiben beginnt.

Die mythologischen Modelle um den solaren und den funerären Götterkreis, aber auch um den irdischen Herrscher, behaupten sich also durch drei Jahrtausende, verändern sich aber in ihrem Verhältnis zueinander wie auch je in sich. Das *geschichtliche Gefälle* tritt am deutlichsten im Blick auf die Stellung des Königs hervor. Hier bleibt vom frühgeschichtlichen, auf Erden dominierenden Gottkönig am Ende, wie angedeutet, nur eine nominelle Hülle übrig, so sehr es innerhalb einzelner Epochen ein bewegtes Auf und Ab in der Einschätzung königlicher Göttlichkeit gibt. Noch weniger einlinig verläuft die Geschichte der Verehrung der Sonne. Sie gewinnt zusehends, wenn auch stufenartig, an Ansehen bis zur Epoche Echnatons und bleibt dann in abgewandelter Weise während der Ramessidenzeit in den Jahrzehnten des thebanischen Gottesstaates die überragende Gottheit. Von da an aber büßt sie fortschreitend an Bedeutung ein. Zwar bleibt der Sonnenlauf bis zuletzt für ägyptisches Bewußtsein ein den Kosmos tragendes Geschehen; doch die astronomisch-astrologische Erkenntnis der Gesetzmäßigkeiten am Himmel verbindet in griechisch-römischer Zeit die altüberkommene Gestalt des Re mehr und mehr mit der Energie der Sternenmächte überhaupt, läßt seinen Einfluß auf eine unterirdische Welt der Toten schwinden und unterstellt die Sonnengottheiten wie alle anderen einer allumspannenden Himmelsherrin Isis. Mit ihr zugleich gewinnt Osiris als Garant individuellen Nachlebens, aber auch als Garant der für den Bestand der Welt lebenswichtigen Vegetation im Niltal, gesteigerte Verehrung.

Die ägyptische Religion ist von Anfang an polytheistisch. Das schließt die unterschiedliche Zuständigkeit von vielen Gottheiten und von Götterkreisen notwendig in sich. Doch der mit den drei Brennpunkten verbundene ägyptische Polytheismus unterscheidet sich von vergleichbaren Göttersystemen in anderen Kulturen. Beim Verweis auf göttliche Gestalten treten immer wieder Überschneidungen nicht nur der Zuständigkeit, sondern auch der Wesenseinheit zutage. Das führt zu Aussagen, die dem westlichen Betrachter höchst widersprüchlich erscheinen. Re wie Osiris beispielsweise gelten als "König der Götter", beide sind zudem "König von Ober- und Unterägypten", wie es ebenso der Pharao ist. Die Aktivseelen von Re wie von Osiris verschmelzen allnächtlich in der Unterwelt ineinander und sind zudem in Gestalten wie dem Heiligen Bock von Mendes auf Dauer eins. Der Pharao wird Sohn von Re wie Sohn von Osiris, ihm wohnen zudem eine ganze Anzahl weiterer Gottheiten ein. Aus dieser Auffassung von fließenden Grenzen zwischen königlichen und göttlichen Personen erklärt sich ein henotheistischer Zug, der in der ägyptischen Religionsgeschichte immer wieder und seit dem Neuen Reich zunehmend hervortritt, der dann jede andere Gottheit zum Abbild des den Kosmos erfüllenden Sonnengottes erklärt oder um die Zeitenwende jede Göttin der vielnamigen Isis eingliedert. Dennoch gibt es keinen konsequenten Durchbruch zum Monotheismus, wenn wir von der Episode Echnaton einmal absehen. Angesichts der vielfältigen Götterverschmelzungen und solcher henotheistischer Aussagen verwundert der hartnäckig festgehaltene Polytheismus. Warum haben die

Ägypter an den Kulten der unterschiedlichen, vielen Gottheiten festgehalten, wo das doch nicht nur ein geistiges, sondern auch ein eminentes ökonomisches Problem bei sich hatte?

Die in den obigen Kapiteln gegebene Erklärung geht aus von einer der ägyptischen Sprache eingewurzelten *Anthropologie und Ontologie*, welche diesen religionsgeschichtlichen Tatbestand ein Stück weit verständlich macht. Danach rechnet der Ägypter mit keinen personalen Subjekten im strengen Sinne, keinen in sich geschlossenen Bewußtseinszentren, sondern setzt in einer mehr impressionistischen Sicht Götter oder Menschen als Bündel von Körperteilen und unsichtbaren seelisch-geistigen Faktoren, von Außenseelen und Strahlkräften voraus, begreift sie also nicht als Persönlichkeiten, sondern als ein Komplex von Personenkonstituenten, die als einzelne mit den Konstituenten anderer "Personen" verkoppelt sein können. Daraus ergibt sich eine *Polymorphie*, die es Göttern, aber auch Pharaonen ermöglicht, in mehreren sichtbaren Gestalten gleichzeitig mit voller Ichidentität anwesend zu sein oder sich aus der einen in die andere zu verwandeln, weil keine starren Grenzen zwischen Seinsarten und -klassen anerkannt werden. Das erlaubt es, den einen Großgott in vielen Göttern und Wesen vorhanden zu denken und zugleich umgekehrt die vielen als Konstituenten in dem einen vorzufinden. Daraus ergibt sich eine mögliche Vielfalt der Zugangsweisen für die Beantwortung wesentlicher Daseinsprobleme, welche abweichende Lösungen unverbunden nebeneinander stehen läßt. Das erklärt zugleich, warum die oben erwähnten drei Brennpunkte des Göttlichen so lange nebeneinander gedacht und verehrt werden konnten. In dieser Hinsicht scheint Ägypten ein sprechendes Gegenmodell zur binären abendländischen Logik zu bieten, für die nach dem Axiom des Satzes vom Widerspruch "A" niemals zugleich "Nicht-A" sein darf.

Dennoch zeigt das wechselnde Gewicht von solarem oder funerärem Götterkreis, daß die Vielfalt der Betrachtungsweisen auch für den ägyptischen Geist Grenzen hatte. Als sich die ägyptische Religion ihrem Ende zuneigt und durch die zunehmende Beobachtung der Himmelskörper ein astronomisch-astrologisches System für das Weltverständnis grundlegend wird, löst sich deshalb der solar-funeräre Antagonismus in der Konzeption einer allwaltenden Himmelsherrin Isis auf, die dann sowohl als Gemahlin des Re wie des Osiris vorgestellt wird. Soweit der Versuch einer knappen Zusammenfassung der zentralen Bereiche von Kult und Mythos.

B) *Fortschreitende Tendenzen*. Trotz eines vordergründigen Eindrucks von einem zeitüberlegenen, ungemeinen Beharrungsvermögen der religiösen Äußerungen des Niltals im Altertum, tut sich bei genauerem Hinblick eine dramatische Geschichte dieser Religion auf, bei der sich die Theorie vielleicht bisweilen schneller und konfliktreicher gewandelt hat als die Praxis in Tempeln und Gräbern. Lassen sich dabei durchlaufende Tendenzen erkennen? Wenn ja, was waren die möglichen Triebkräfte für Umbruch oder Weiterentwicklung? Zumindest drei zunehmende Tendenzen zeichnen sich meines Erachtens deutlich ab.

Als erstes läßt sich ein in der Folge der Jahrhunderte immer weiter *ausgreifender Horizont von Welterfahrung* und, damit verbunden, eine zunehmend intensivere *kosmologische Spekulation* wahrnehmen. In der Vorzeit seiner Geschichte beschränkt sich das ägyptische Denken auf das eigene Land, den Landesgott Horus, den Pharao. Dann beginnt der Sonnenlauf die Aufmerksamkeit auf sich zu ziehen und also der fernere Himmel. Später folgt ein Nachdenken über die unterirdischen Bereiche und über die dafür vorauszusetzende Geografie, über den dort angesiedelten Gott Osiris, aber auch die gefährliche Fahrt der Sonne während der Stationen der Nacht. Nachdem dann das Neue Reich auswärtige Länder und Völker in das Walten der Sonnenmacht einbegriffen hatte, rechnet das letzte vorchristliche Jahrtausend nicht nur mit der Bevollmächtigung von Fremdherrschern durch ägyptische Götter und die von ihnen gesetzte Maat, sondern vollzieht darüber hinaus die Übernahme von Astrologie, Zeitalterspekulationen und vielem anderen. Das ruft eine Systematisierung des Weltverständnisses hervor, die im Verweis auf die vielnamige und allein schicksalsmächtige Himmelsherrin Isis ihre religiöse Zentrierung gewinnt, welche auch unzählige Nichtägypter beeindruckt. Dazu bilden sich ab dem Neuen Reich mehr und mehr erklärende Mythen aus, denen dann in hellenistisch-römischer Zeit metaphysische Entwürfe bis hin zu Hermetik und Gnosis folgen.

Die Geschichte der altägyptischen Religion ist weiter eine Geschichte *zunehmender Eigenständigkeit und religiöser Kompetenz* des einzelnen Ägypters. Zwar wird bis zur Christianisierung der äußere Schein des Königs als des allein berechtigten menschlich-göttlichen Kultherrn gewahrt. Doch hinter dieser Fassade geht die Beziehung des Individuums zum göttlichen Heil zunehmend eigene Wege. Die ersten Anzeichen finden sich bei der "Demokratisierung" der osirianischen Jenseitserwartung in den Sargtexten um 2000 v.Chr. Dem noch auf Erden lebenden Menschen eröffnet dann die Persönliche Frömmigkeit des jüngeren Neuen Reiches den Zugang zu Ohr und Hilfe der großen Götter. Eine weitere Steigerung individueller Gottesnähe findet sich rund 1000 Jahre später bei den freiwilligen kultischen Zusammenschlüssen an den Tempeln griechisch-römischer Zeit. Das letzte vorchristliche Jahrtausend stellt zudem die individuelle Maat-Verantwortung im Blick auf ein bevorstehendes Jenseitsgericht vor Osiris heraus, dem nicht mehr nur durch magische Rituale Genüge getan werden kann. Die Verantwortung des einzelnen nimmt also der Theorie nach weiteren Raum ein. Die Kehrseite solcher Freigabe zeigt sich zur gleichen Zeit in einer kaum mehr zu überbietenden Zuversicht auf die Möglichkeiten individueller magischer Weltbemächtigung; sie läßt einen eigenartigen Omnipotenzwahn, den die Ägypter schon lange im Blick auf das Jenseitsleben pflegen, nun schon zeitweise für das diesseitige Leben gelten. Das Gefälle zu größerer individueller Verantwortung und zu engerer Gottesbeziehung betrifft ebenso Männer wie Frauen. Es hebt aber den Vorrang der Priesterschaft nicht auf, die vielmehr den Anspruch, zu den Geheimnissen der Götter allein Zugang zu besitzen, immer mehr hervorkehrt.

Damit ist schon eine dritte Linie berührt, die sich im Laufe der Zeit deutlicher hervorhebt, nämlich ein steigender *Ritualismus* und ein zunehmendes *Ausweichen auf Magie*. Schon die Ausbildung eines besonderen Priesterstandes seit dem Neuen Reich fördert diese Entwicklung. Sie wird durch dessen Priviligierung in der Zeit der späteren Fremdherren über das Niltal verstärkt. Die Priester schotten sich mehr und mehr durch zahlreiche Reinheitsbestimmungen vom gewöhnlichen Volk ab. Dementsprechend werden die Tempelrituale ausführlicher. Aber auch dem frommen Laien wird zunehmend die Beachtung von Zauber und Reinheit auferlegt. Eine solche Einengung des individuellen Handlungsspielraums wird durch Astrologie und Magismus sogar metaphysisch gerechtfertigt. Vielleicht macht dies begreiflich, daß schließlich die Ägypter das Christentum als "Befreiung vom Gesetz" so lebhaft begrüßt und damit den Ritualismus hintan gesetzt haben.

C) *Vergleich mit der biblischen Religion*. Durch die isolierte Lage des Niltals entwickelt sich die ägyptische Religion zweieinhalb Jahrtausende lang relativ unabhängig von äußeren Einflüssen. In den letzten 500 Jahren vor der Zeitenwende aber dringen iranische, chaldäische und hellenistische Mythologeme, Bräuche und Gottesprädikate ein. Sie werden nicht einfach synkretistisch mit dem einheimischen Erbe vermengt, sondern in intensiver Auseinandersetzung geistig so verarbeitet, daß hinfort Astrologie, Magismus, vielleicht auch Gnostizismus, selbst Nichtägyptern als Bestandteile ägyptischer Religion erscheinen.

Mit der biblischen Religion verhält es sich ähnlich. Zwar hat sie durch den monotheistischen Eifer ihrer Nachfolgereligionen Judentum und Christentum den Anschein erhalten, dereinst durch Mose am Berg Sinai in sich abgerundet und unabhängig begründet worden zu sein, sich von da an unverändert behauptet zu haben, bis sie — so wenigstens die christliche Lesart — durch Jesus von Nazareth auf eine höhere Stufe gehoben worden ist. Doch die Religionsforschung hat aufgewiesen, daß die israelitische Religion in ihren Anfängen in vielerlei Hinsicht mit anderen Religionen des syrisch-palästinischen Raums vernetzt waren. Ihre Entwicklung in der Zeit vor dem babylonischen Exil war ein Stück weit beeinflußt durch Anstöße aus dem Niltal, etwa im Blick auf die Weisheitsliteratur und die Königsideologie, und dem Zweistromland, vor allem durch Astralkulte, was dann die Profeten heftig bekämpften. In den letzten 500 Jahren v. Chr. haben ebenso iranische, chaldäische, hellenistische Wellen Israel erreicht wie Ägypten; sie sind dort – man vergleiche die Begleitumstände des Makkabäeraufstandes – wie hier heiß diskutiert, wenn auch in Israel stärker abgelehnt worden.

So verwundert nicht, daß sich Parallelentwicklungen auf beiden Seiten feststellen lassen. Die oben angesprochenen drei herausragenden und durchlaufenden Tendenzen in der ägyptischen Religionsgeschichte haben im Gefälle der biblischen Religion gewisse Entsprechungen. Das gilt zunächst für die zunehmende Ausweitung des kosmologischen und ontologischen Horizontes. Die Literatur des Alten Testamentes beschränkt sich in den älteren Schriften auf die Geschichte des eigenen Volkes und sieht in Jahwä einen Nationalgott. Die Profeten weiten Gottes Kompetenz auf die Völkerwelt aus, und die Apokalyptik begreift später die geheimen Räume von Himmel und Unterwelt, aber auch das Jenseitsleben mit Weltgericht und Auferstehung der Toten in den Bereich göttlicher Macht ein, die dem Menschen umfassenden Sinn eröffnet. Dabei werden astrologische Thesen vom Einfluß der Weltelemente noch im Neuen Testament ein Stück weit anerkannt, aber vom biblischen Gott und seinem Christus dabei eine befreiende Macht erwartet (Gal 4,3; Kol 2,8), die weit über das hinausgeht, was Isis als Herrin der Heimarmene ihren Anhängern eröffnet.

Im biblischen Schrifttum ist ähnlich wie in Ägypten eine fortschreitende Betonung von individueller Verantwortung und Gottesunmittelbarkeit festzustellen, die schließlich im Judentum und Christentum, weit über Ägypten hinaus, ein Priestertum als Vermittlungsinstanz zweitrangig werden läßt.

Die dritte Tendenz allerdings, die in Ägypten zu beobachten war, die wachsende Wertschätzung von Zauber, Reinheitsforderungen und Ritualismus, findet keine gleichlaufende Entsprechung in der biblischen Religionsgeschichte. Zwar betont das nachexilische Israel und dann der Pharisäismus mehr und mehr notwendige Reinheitsregeln. Rituale am Zweiten Jerusalemer Tempel werden, wie noch die Mischna erkennen läßt, ähnlich ägyptischen Parallelen immer detaillierter. Dennoch hat die früh in Israel einsetzende Verwerfung allen Zaubers eine Ausweitung dieser Bereiche auf die grundlegende Beziehung des Menschen zu Gott einen Riegel vorgeschoben, weshalb die jüdische und christliche Religion die Zerstörung des Jerusalemer Tempels ohne großen Schaden überstehen konnte. In Abweichung vom Nachbarn im Niltal hat Israel das Verhältnis des Einen zu den Vielen in der Gottesauffassung von Anfang an anders gewichtet. Die biblische Religion kennt zwar in ihren Anfängen noch keinen Monotheismus, aber sie hat früh zur Monolatrie gefunden, zur kultischen Alleinverehrung des für seine Anhänger allein mächtigen Gottes Jahwä. Nach damaliger Auffassung west dieser Gott zwar nicht in abstrakter Transzendenz, sondern manifestiert sich als "Jahwä der Heerscharen" auch in dienenden Wesen und läßt Wirkgrößen wie Heiligkeit und gemeinschaftsgebundenes Heil (*ṣädäq*) ausstrahlen, die dann auf Erden sich entfalten, das bringt einen pantheistischen Zug in das Gottesbild. Dennoch wird der Gott als Willenszentrum zu einer einheitlichen Person für menschliche Ansprechpartner. Diese Konzentration wird mehr und mehr zu einer religiösen Grundvoraussetzung (etwa im Sch^{e}ma Deut 6,4, dem jüdischen Grundbekenntnis) und führt in der Zeit nach dem babylonischen Exil in einer gewissen Folgerichtigkeit zum ausgebildeten Monotheismus. Durch diese eindeutig personale Mitte von Schöpfung und Sinnorientierung erweist sich schließlich die biblische Religion in ihrer christlichen Umformung nicht nur der ägyptischen, sondern allen Religionen des europäisch-vorderasiatischen Altertums als schlechthin überlegen.

Paradoxerweise mußte jedoch die christliche Lehre, um die göttliche Einheit nicht in unendliche und unbegreifliche Fernen verschwimmen zu lassen, nachdem alle ritualistischen Schranken gefallen waren, in der Figur Jesu Christi einen Offenbarungsmittler so sehr zu einem zweiten Brennpunkt der Verehrung erklären, daß der Monotheismus gefährdet schien. Diese Gefahr wird durch das Dogma von den zwei "Naturen" Christi und der Trinität Gottes überwunden. Haben wir oben recht vermutet, so bricht bei dieser Lösung eines christlich-theologischen Grundproblems eine ägyptische Zuordnung von Einheit und Vielheit sich nochmals in gewissen Grenzen Bahn. Durch das Christentum geschieht nicht nur eine Aufhebung der ägyptischen Religion, sondern auch eine gewisse Weiterführung.

Wie immer man auch das Verhältnis der ägyptischen zur biblischen Religion beurteilen mag, in jedem Fall zeigt das Beispiel Ägypten ein intensives Bemühen um das Verständnis von Mensch, Gott und Welt, das Respekt abnötigt. Es liefert darüber hinaus einen sprechenden Beweis für die Geschichtlichkeit alles Denkens und Redens, für die Geschichtlichkeit von Wahrheit und Vernunft.

Abkürzungsverzeichnis

In diesem Verzeichnis werden alle Abkürzungen von Zeitschriften, Reihen und Sammelwerken aufgeschlüsselt, die in den Literaturangaben am Ende der einzelnen Kapitel verwendet wurden.

AA	Archäologischer Anzeiger
AAB	Annuaire de l'académie r. de Belgique
AAWLM	Abhandlungen der Akademie der Wissenschaften und Literatur in Mainz
ADAIK	Abhandlungen des Deutschen Archäologischen Instituts Kairo
ÄA	Ägyptologische Abhandlungen
ÄF	Ägyptologische Forschungen
AfO	Archiv für Orientforschung
AHAW	Abhandlungen der Heidelberger Akademie der Wissenschaften
AnBib	Analecta Biblica
AnOr	Analecta Orientalia
ANRW	Aufstieg und Niedergang der römischen Welt
AO	Der Alte Orient
APAW	Abhandlungen der Preußischen Akademie der Wissenschaften
ArOr	Archiv Orientalni
ARW	Archiv für Religionswissenschaft
ASAW	Abhandlungen der sächsischen Akademie der Wissenschaften
BA	Biblical Archaeologist
BCES	Bulletin du comité des études compagnie de Saint-Sulpice
BdE	Bibliothèque d'Etude
BIFAO	Bulletin de l'Institut Francais d'Archéologie Orientale
BRL	Bulletin of the John Rylands Library
CdE	Chronique d'Égypte
CHE	Cahiers d'Histoire Égyptienne
CahDAFI	Cahiers de la délégation Archeologique Francaise en Iran
DAWW	Denkschrift der Kaiserlichen Akademie der Wissenschaften in Wien
DÖAW	Denkschriften. Österreichische Akademie der Wissenschaften
EdF	Erträge der Forschung
EPRO	Études Préliminaires aux Religions Orientales dans l'Empire Romain
GM	Göttinger Miscellen
GOF	Göttinger Orientforschungen
HdO	Handbuch der Orientalistik
JAOS	Journal of the American Oriental Society
JEA	Journal of Egyptian Archaeology
JEOL	Jaarbericht van het Vooraziatisch-Egyptisch Genootschap "Ex Oriente Lux"
JNES	Journal of Near Eastern Studies
LÄ	Lexikon der Ägyptologie

LAPRO	Littératures anciennes du Proche Orient
MÄS	Münchener Ägyptologische Studien
MDAIK	Mitteilungen des Deutschen Archäologischen Instituts, Abteilung Kairo
MVÄG	Mitteilungen der Vorderasiatisch(-Ägyptisch)en Gesellschaft
NAWG	Nachrichten von der Gesellschaft der Wissenschaften zu Göttingen, Neue Folge
OBO	Orbis Biblicus et Orientalis
ÖAW	Österreichische Akademie der Wissenschaften
OLZ	Orientalistische Literaturzeitung
Or	Orientalia
PÄ	Probleme der Ägyptolgie
PINS	Publications de l'Institit historique et arcéologique néerlandais de Stamboul
PRE	Paulys Real-Encyclopädie der classischen Altertumswissenschaft
RAPH	Recherches d'archéologie, de philologie et d'histoire
RdE	Revue d'Egyptologie
RHR	Revue de l'Histoire de Religions
RVV	Religionsgeschichtliche Versuche und Vorarbeiten
SAK	Studien zur Altägyptischen Kultur
SAOK	Studies in Ancient Oriental Civilisation
SBAW	Sitzungsberichte der Bayrischen Akademie der Wissenschaften
SDAIK	Sonderschriften des Deutschen Archäologischen Instituts, Abteilung Kairo
SHAW	Sitzungsberichte der Heidelberger Akademie der Wissenschaften
Sources Or	Sources Orientales
SSAW	Sitzungsberichte der Sächsischen Akademie der Wissenschaften
StHell	Studia Hellenistica
THLZ	Theologische Literaturzeitung
ThZ	Theologische Zeitschrift
UGAÄ	Untersuchungen zur Geschichte und Altertumskunde Ägyptens
Urk	Urkunden des aegyptischen Altertums
VAB	Vorderasiatische Bibliothek
VIO	Deutsche Akademie der Wissenschaften zu Berlin, Institut für Orientforschung, Veröffentlichungen
WdO	Die Welt des Orients
WMANT	Wissenschaftliche Monographien zum Alten und Neuen Testament
ZÄS	Zeitschrift für Ägyptische Sprache
ZDMG	Zeitschrift der Deutschen Morgenländischen Gesellschaft
ZThK	Zeitschrift für Theologie und Kirche

Verzeichnis abgekürzt zitierter Standardwerke

Stellenangaben mit bloßen Verfassernamen und eventueller Jahreszahlen beziehen sich auf die Literaturangabe zum betreffenden Kapitel, in dem der Verweis vorgenommen wird. Hingegen werden Verfasserangaben mit abgekürzter Titelangabe oder Abkürzungen für Sammelwerke ohne Verfassername in diesem Teil aufgeschlüssel. Wo verläßliche Übersetzungen in leicht zugänglicher Sekundärliteratur vorliegen, werden diese zitiert. Die Originalpublikationen sind dort verzeichnet.

AEL	M. Lichtheim, Ancient Egyptian Literature I-III 1975-1980
ÄHG	J. Assmann, Ägyptische Hymnen und Gebete, 1975
ANEP	The Ancient Near East in Pictures relating to the Old Testament, hg. J.B. Pritchard, ^{2}1969
ANET	Ancient Near Eastern Texts relating to the Old Testament, hg. J.B. Pritchard, ^{3}1969
AOT	H. Greßmann, Altorientalische Texte zum Alten Testament ^{2}1926
Assmann, Äg	J. Assmann, Ägypten. Theologie und Frömmigkeit einer frühen Hochkultur, Urban-Taschenbücher 366, 1984
Assmann, RuA	Ders., Re und Amun, OBO 51, 1983
Brunner, Rel	H. Brunner, Grundzüge der ägyptischen Religion 1983
Brunner, AW	H. Brunner, Altägyptische Weisheit 1988
Brunner-Traut, Äg	E. Brunner-Traut, Ägypten. Kohlhammer Kunst- und Reiseführer ^{4}1982
Brunner-Traut	E. Brunner-Traut, Altägyptische Märchen, ^{8}1989 (zitiert nach ^{2}1965)
CT	R.O. Faulkner, The Ancient Egyptian Coffin Texts I-III, 1973-1978, zitiert nach spells
Erman, Rel	A. Erman, Die Religion der Ägypter, 1934 = 1968
Erman, Lit	Ders., Die Literatur der Ägypter, 1923
Eggebrecht	A. Eggebrecht, Das alte Ägypten ^{2}1988
Frankfort, AER	H. Frankfort, Ancient Egyptian Religion, 1948 = 1961
Gardiner, Gram	A. Gardiner, Egyptian Grammar ^{3}1957
HPEA	A. Barucq/F. Daumas, Hymnes et prières de l'Égypte Ancienne 1980
Hornung, Geist	E. Hornung, Geist der Pharaonenzeit 1989
Hornung, EuV	E. Hornung, Der Eine und die Vielen 1971, ^{3}1983
Hornung, Gesch	E. Hornung, Grundzüge der altägyptischen Geschichte, Grundzüge 3, ^{2}1978
Kees, GG	H. Kees, Der Götterglaube im Alten Ägypten 1956 = ^{5}1983
Kees, TJ	Ders., Totenglauben und Jenseitsvorstellungen der alten Ägypter 1956 = ^{5}1983

Koch, Wesen	K. Koch, Das Wesen altägyptischer Religion im Spiegel ägyptologischer Forschung 1989
LÄ	Lexikon der Ägyptologie I-IV, hg. W. Helck/E. Otto/W. Westendorf, 1975-1986
Lange-Hirmer (LH)	K. Lange/M. Hirmer, Ägypten, ^{4}1967
LHAEE	A. Roccati, La littérature historique sous l'Ancien empire égyptien 1982
Morenz, RGÄ	S. Morenz, Religion und Geschichte des alten Ägypten 1975
Morenz, Rel	Ders., Ägyptische Religion 1960, ^{2}1977
Otto, Äg	E. Otto, Ägypten, Der Weg des Pharaonenreiches, Urban-Taschenbücher 4, 1953, ^{5}1979
Otto, Rel	Ders., Die Religion der alten Ägypter, Handbuch der Orientalistik I 8,1.1 1964
PKG	Propyläen Kunstgeschichte 17, Das Alte Ägypten, hg. C. Vandersleyen, 1985
Pyr	vgl. R.O. Faulkner, The Ancient Egyptian Pyramid Texts 1969 (zitiert nach Paragrafen, nicht nach Sprucheinheiten)
QAO	Quellen des Alten Orients, Schöpfungsmythen I, hg. M. Eliade, 1964
RÄRG	H. Bonnet, Reallexikon der ägyptischen Religionsgeschichte 1952
Roeder, GW	G. Roeder, Die ägyptische Götterwelt 1959
Roeder, KO	Ders., Kulte und Orakel und Naturverehrung im alten Ägypten 1960
Roeder, ML	Ders., Ägyptische Mythen und Legenden – Mythen und Legenden um ägyptische Gottheiten und Pharaonen, 1960
Roeder, UR	Ders., Urkunden zur Religion des Alten Ägypten, 1915
Roeder, ZJ	Ders., Zauberei und Jenseitsglauben im alten Ägypten – Der Ausklang der ägyptischen Religion mit Reformation, Zauberei und Jenseitsglauben, 1961
RTAT	Religionsgeschichtliches Textbuch zum Alten Testament, hg. W. Beyerlin 1975
Schott, LL	S. Schott, Altägyptische Liebeslieder ^{2}1950
Sethe, Amun	K. Sethe, Amun und die acht Urgötter von Hermopolis, 1929
TB	E. Hornung, Das Totenbuch der Ägypter 1979
TbRg	E. Lehmann/H. Haas, Textbuch zur Religionsgeschichte ^{2}1922
TUAT	Texte aus der Umwelt des Alten Testaments, hg. O. Kaiser, 1982ff
UWB	E. Hornung, Ägyptische Unterweltsbücher 1972
UdK	Universum der Kunst, Ägypten I-III, hg. J. Leclant 1979-81
Wb	A. Erman/H. Grapow, Wörterbuch der ägyptischen Sprache I-VI, 1926-1950
WM	Wörterbuch der Mythologie I, Götter und Mythen im Vorderen Orient, hg. W. Haussig, 1965

Abbildungsverzeichnis und Bildnachweis

Umschlagbild, aus: Nofretari. Eine Dokumentation der Wandgemälde ihres Grabes, 1971, Abb. 41. © Akademische Druck- und Verlagsanstalt, Graz

Frontispiz, aus: E. Dondelinger, Das Totenbuch des Schreibers Ani, 1987, Bild 1. © Akademische Druck- und Verlagsanstalt, Graz

Abb. 1 Frühgeschichtliches Ägypten, nach Reclams Bibellexikon, S. 23. © 1978, 1987 Philipp Reclam jun., Stuttgart

Abb. 2 Tutenchamun und sein Ka, aus: Ch. Desroches-Noblecourt, Tutankhamen, 1963, Abb. 150. Courtesy of the Oriental Institute of the University of Chicago

Abb. 3 Die fünf Titel mit Beinamen für Ramses II., aus: H. Strelocke, Ägypten und Sinai, DuMont Kunstreiseführer, ^{15}1988, S. 93. © DuMont Buchverlag GmbH & Co., Köln

Abb. 4 Abydos: Seti I. vor Ptah-Sokar und Sokar allein, aus: Kurt Lange und Max Hirmer, Ägypten, S. 225. © HIRMER FOTOARCHIV MÜNCHEN

Abb. 5 Die Kornmaße als Horusauge, nach: A. Gardiner, Egyptian Grammar, ^{3}1957, S. 197. © Griffith Institute Ashmolean Museum, Oxford

Abb. 6 Der König als siegreicher Stier (prädynastisch), aus: J. Leclant, Ägypten, Bd. 1, 1979, Abb. 58. © Editions Gallimard, Paris

Abb. 7 Narmer-Palette, aus: s. Abb. 3; a.a.O., S. 14

Abb. 8 Statue des Chefren (Kairo), aus: s. Abb. 4; a.a.O., Taf. IV

Abb. 9 Machtsphären des Königs. © Klaus Koch, Hamburg

Abb. 10 Frühgeschichtlicher Kamm, aus: H. Bonnet, Reallexikon der ägyptischen Religionsgeschichte, Abb. 28. © Walter de Gruyter & Co., Berlin

Abb. 11 Horus, aus: s. Abb. 10; a.a.O., Abb. 78

Abb. 12 Nechbet und Uto über den Wappenpflanzen mit *Was*-Zepter, aus: A. Erman, Die Religion der Ägypter, Abb. 17. © Walter de Gruyter & Co., Berlin

Abb. 13 Wepwawet-Standarte, aus: W.M. Petrie, The Royal Tombs II, 1901, (Egypt Exploration Fund 21), Plate XV, 108

Abb. 14 Pharao inmitten göttlicher Kraftfelder. © Klaus Koch, Hamburg

Abb. 15 Saqqara. Kultlauf des Dschoser, aus: s. Abb. 4; a.a.O., S. 15

Abb. 16 Mastaba des Schepses-Kaf (4. Dyn.), aus: s. Abb. 10; a.a.O., Abb. 109

Abb. 17 Scheintür (Berlin 1108), aus: s. Abb. 12; a.a.O., Abb. 96

Abb. 18 Opferstein aus dem Neuen Reich, aus: s. Abb. 12; a.a.O., Abb. 91

Abb. 19 Grabbild aus Daschur (6. Dyn.), aus: H. Kees, Totenglauben und Jenseitsvorstellungen der alten Ägypter, Abb. 2. © Library of the Egyptian Museum, Kairo

Abb. 20 Vertrocknete "natürliche" Mumie, aus: C. Andrews, Egyptian Mummies, British Museum Publications, 1984, Abb. 1

Abb. 21 Nischengrab der 1. Dyn., aus: s. Abb. 4; a.a.O., S. 46, Abb. 3 (nach J.-P. Lauer)

Abb. 22 Rekonstruktion und Plan von König Dschosers Grabbezirk mit Stufenpyramide in Saqqara, aus: E. Brunner-Traut, Ägypten, ^{6}1988, S. 482f.

Abb. 23 Totentempel und Taltempel des Königs Chefren, aus: s. Abb. 4; a.a.O., S. 57, Abb. 13

Abb. 24 Unterägyptischer Hapi, aus: s. Abb. 10; a.a.O., Abb. 130

Abb. 25 Rekonstruiertes Weltbild, nach: E. Dondelinger, Das Totenbuch des Schreibers Ani, 1987, S. 41. © Akademische Druck- und Verlagsanstalt, Graz

Abb. 26 Der Himmel als Frau von Schu getragen (Grab Ramses' IV.), aus: s. Abb. 12; a.a.O., Abb. 3

Abb. 27 Opferplatte, aus: s. Abb. 10; a.a.O., Abb. 138

Abbildungsverzeichnis und Bildnachweis 659

Abb. 28 Skarabäus, aus: Lexikon der Ägyptologie, Band V, Sp. 981. © Otto Harrassowitz Verlag, Wiesbaden
Abb. 29 Schu hebt Nut hoch, unten liegt Geb. (Berlin 8), aus: s. Abb. 12; a.a.O., Abb. 42
Abb. 30 Ost- und Westgöttin lassen auf ihren Armen den widderköpfigen Re von einer Barke zur anderen gleiten, aus: s. Abb. 10; a.a.O., Abb. 177
Abb. 31 Tag- und Nachtfahrt der Sonne, nach: s. Abb. 28; a.a.O., Sp. 1088
Abb. 32 Das Sonnenheiligtum von Abu Gurab (Rekonstruktion), aus: s. Abb. 10; a.a.O., Abb. 175
Abb. 33 Flügelsonne, aus: s. Abb. 10; a.a.O., Abb. 27
Abb. 34 Thronender Osiris, aus: s. Abb. 10; a.a.O., Abb. 141
Abb. 35 Der Vorlesepriester sagt: "Bringen von 12 Qeni-Lätzen" (Dramatischer Ramesseumspapyrus, Bild 22), aus: K. Sethe, Dramatische Texte zu altägyptischen Mysterienspielen II (UGAÄ 10) 1929=1964, Taf. 20. © Library of the Egyptian Museum, Kairo
Abb. 36 Götterkreise am Ende des Alten Reiches. © Klaus Koch, Hamburg
Abb. 37 Ka des Hor (Mittleres Reich), aus: s. Abb. 4; a.a.O., S. 121
Abb. 38 Personenkonstituenten. © Klaus Koch, Hamburg
Abb. 39 Schreiber (5. Dynastie), aus: s. Abb. 4; a.a.O., S. 60
Abb. 40 Grabstein des Schatzmeisters Kai, aus Abydos (Berlin 1183), aus: s. Abb. 12; a.a.O., Abb. 102
Abb. 41 Gerätefries, aus: s. Abb. 10; a.a.O., Abb. 63
Abb. 42 Amenemhet III. als Sphinx, aus: s. Abb. 4; a.a.O., S. 117
Abb. 43 Zerstörte Tonfigur mit Nennung von Feinden, aus: O. Keel, Die Welt der altorientalischen Bildsymbolik und das Alte Testament, ³1984, Abb. 360. © 1972 by Benziger Verlag AG Zürich
Abb. 44 Osirispfeiler Sesostris' I. aus Karnak (Kairo), aus: Propyläen Kunstgeschichte. Das Alte Ägypten, Abb. 153. © Egyptian Museum Archives, Kairo
Abb. 45 Sobek, aus: s. Abb. 12; a.a.O., Abb. 34
Abb. 46 Min, aus: s. Abb. 12; a.a.O., Abb. 22
Abb. 47 Sesostris I. (weiße Kapelle), aus: D. Wildung, Sesostris und Amenemhet, 1984, Abb. 56; Propyläen Kunstgeschichte. Das Alte Ägypten, Abb. 270a. © Hirmer Verlag, München
Abb. 48 Vereinigung von Amon und Königin, aus: J. Assmann u.a., Funktionen und Leistung des Mythos (OBO 48), 1982, Abb. 4. © Jan Assmann, Heidelberg
Abb. 49 Chnum und Hathor mit Kind und Ka, aus: J. Pritchard, The Ancient Near East in Pictures Relating to the Old Testament, 1954, Abb. 569. © 1969 by Princeton University Press
Abb. 50 Königsgeburt, aus: s. Abb. 48; a.a.O., Abb. 9
Abb. 51 Amenophis II. von Hathor gestillt und vor ihr stehend, aus: s. Abb. 49; a.a.O., Abb. 389
Abb. 52 Amon krönt Hatschepsut, aus: s. Abb. 4; a.a.O., S. 134
Abb. 53 Thutmosis III. schlägt Asiaten (Karnak), aus: s. Abb. 4; a.a.O., S. 139
Abb. 54 Thutmosis III. vor Amon-Re (Karnak-Kairo), aus: s. Abb. 4; a.a.O., S. 145
Abb. 55 Sonnenbarke mit Amon unter Baldachin, aus: s. Abb. 10; a.a.O., Abb. 176
Abb. 56 Amonstatuette. © Klaus Koch, Hamburg
Abb. 57 Amonbarke, von Priestern getragen, aus: G. Roeder, Kulte, Orakel und Naturverehrung im alten Ägypten, 1960, Abb. 42. © Artemis & Winkler Verlag, Zürich
Abb. 58 Grundriß des Karnak-Tempels, hinterer Teil, aus: s. Abb. 22; a.a.O., S. 609
Abb. 59 Thutmosis III. vor 7. Pylon in Karnak. © Klaus Koch, Hamburg
Abb. 60 Plan des Amon- und Muttempels, aus: s. Abb. 22; a.a.O., S. 602f.
Abb. 61 Mut-Sachmet mit Sonnenscheibe. © Klaus Koch, Hamburg
Abb. 62 Lageplan von Theben, aus: s. Abb. 22; a.a.O., S. 590f.
Abb. 63 Tutenchamongrab, Grundriß, aus: s. Abb. 4; a.a.O., S. 115, Abb. 42. 43

Abb. 64 Sarkophag Amenophis II., aus: P. Vandenberg, Nofretete, Echnaton und ihre Zeit, 1976, Abb. 23. © Scherz Verlag GmbH, München
Abb. 65 Typ des Privatgrabes, aus: s. Abb. 22; a.a.O., S. 654
Abb. 66 Hatschepsut-Tempel, aus: s. Abb. 22; a.a.O., S. 635
Abb. 67 Amduat, 5. Stunde, nach: E. Hornung, Das Amduat I, 1963, Vignette zur 5. Stunde. © Otto Harrassowitz Verlag, Wiesbaden
Abb. 68 Amduat, aus der 11. Stunde, nach: E. Hornung (s. Abb. 67), Vignette zur 11. Stunde. © s. Abb. 67
Abb. 69 Amduat, aus der 11. Stunde, mit Nachtstunden und der Zeitgöttin, aus: E. Hornung, Tal der Könige, S. 141, oben links. © 1982 Artemis Verlag, Zürich und München; 3., erw. Auflage 1985
Abb. 70 Rebarke, thronender Thot, nach: E. Hornung (s. Abb. 67), Vignette zur 6. Stunde. © s. Abb. 67
Abb. 71 Amduat, aus der 6. Stunde, aus: E.Hornung (s. Abb. 67), Vignette zur 6. Stunde. © s. Abb. 67
Abb. 72 Knieender Toter vor der Baumgöttin, Totenbuch, Kap. 59, aus: E. Hornung, Das Totenbuch der Ägypter, 1979, Abb. 31. © Artemis Verlag, Zürich
Abb. 73 Totenbuch, Kap. 110: Jenseitsgefilde, aus: G. Kolpaktchy, Ägyptisches Totenbuch (dt.), ^{3}1973, zu Kap. 110. © (Otto-Wilhelm-Barth Verlag) Scherz Verlag AG, Bern
Abb. 74 Totenbuch, Kap. 17: Anbetung von Sonne und Osiris, aus: s. Abb. 73; a.a.O., Abb. 6
Abb. 75 Totenbuch, Kap. 125: Gericht vor Osiris, aus: P. Barguet, Le Livre des Morts 1967, Vignette zu Kap. 125, S. 159 (Les Éditions du Cerf)
Abb. 76 Sarg der frühen 18. Dynastie, nach: s. Abb. 28; a.a.O., Sp. 435, Abb. 3
Abb. 77 Kornosiris, aus: s. Abb. 10; a.a.O., Abb. 99
Abb. 78 Rekonstruktion des großen Atontempels von Amarna, aus: s. Abb. 4; a.a.O., S. 102, Abb. 39 (nach J.D.S. Pendlebury)
Abb. 79 Echnaton und Nofretete (Berlin Nr. 14145), aus: s. Abb. 4; a.a.O., S. 184
Abb. 80 Frühe Atonkartuschen, aus: A. Schlögl, Amenophis IV. Echnaton, 1986 (Rowohlts Monographien), S. 65. © Bildarchiv Preußischer Kulturbesitz – Ägyptisches Museum, Berlin
Abb. 81 (Ungeschlechtlicher) Echnaton-Koloss aus Karnak, Museum Kairo, aus: C. Aldred, Echnaton, 1968, Abb. 2. © Gustav Lübbe Verlag GmbH, Bergisch Gladbach
Abb. 82 Betender mit Sonnenhymnenstele (Berlin 2312), aus: A. Scharff, Aegyptische Sonnenlieder, 1921, Abb. 8
Abb. 83 Seti I. opfert Maat, aus: s. Abb. 43; a.a.O., Abb. 379
Abb. 84 Maat reicht Seti I. das Leben, aus: s. Abb. 4; a.a.O., S. 219
Abb. 85 Ramses II. und die drei großen Götter, Abu Simbel, aus: G. Roeder, Zauberei und Jenseitsglaube, 1961, Abb. 37. © Artemis Verlag, Zürich
Abb. 86 Ramses II. opfert vor seinr Barke, Medinet Habu, aus: L. Habachi, Features of the Deification of Ramses II, 1969, Plate IIa. © Deutsches Archäologisches Institut Kairo
Abb. 87 Ptah-Tatenen, aus: A. Schlögl, Der Gott Tatenen, OBO 29, 1980, Taf. 13. © Éditions Universitaires Fribourg, Suisse
Abb. 88 Seth mit oberägyptischer Krone, zwei Lanzen und Schild, aus: G. Roeder, Die ägyptische Götterwelt, 1959, Abb. 24. © Artemis Verlag, Zürich
Abb. 89 Hathor mit Sonnenscheibe, aus: s. Abb. 88; a.a.O., Abb. 42
Abb. 90 Himmelskuh und Sonnenbarke im Grab Setis I., aus: E. Hornung, Der ägyptische Mythos von der Himmelskuh, OBO 46, 1982, S. 82, Abb. 4. © s. Abb. 86
Abb. 91 Statue aus dem Mut-Tempel Karnak. © Klaus Koch, Hamburg
Abb. 92 Ramses III. opfert Amon, Mut und Chons (p Harris), aus: s. Abb. 12; a.a.O., Tafel 1

Abbildungsverzeichnis und Bildnachweis 661

Abb. 93 Neheh und Dschet als Himmelträger (Schrein Tutenchamons), aus: A. Piankoff / N. Rambova, The Shrines of Tut-Ankh-Amon, 1955, Abb. 47. © (renewed 1983) by Princeton University Press
Abb. 94 Grab Setis I. Nordpolarsternbilder mit Begleitgöttern, aus: s. Abb. 4; a.a.O., S. 220
Abb. 95 Buch von der Erde. Der Erdgott Aker als Doppelsphinx trägt die Barke, aus: E. Hornung, Ägyptische Unterweltsbücher, 1972, Abb. 83. © Artemis Verlag, Zürich
Abb. 96 Pfortenbuch fünfte Stunde. Thronender Osiris, Waageträger, aus: s. Abb. 95; a.a.O., Abb. 34
Abb. 97 Pfortenbuch, Schlußbild, aus: s. Abb. 43; a.a.O., Abb. 37
Abb. 98 Abydos. Seti I. Anlage, aus: s. Abb. 22; a.a.O., S. 575
Abb. 99 Nefertari-Grab. Vereinigter Ba, aus: s. Abb. 69; a.a.O., S. 184
Abb. 100 Der el Medine, Ziegelpyramide, aus: s. Abb. 69; a.a.O., S. 57
Abb. 101 Offizier Chai und Frau, (Berlin 7281), aus: s. Abb. 12; a.a.O., Abb. 103
Abb. 102 Totenbuch Kap. 16, aus: s. Abb. 69; a.a.O., S. 105
Abb. 103 Totenbuch des Hunefer, Totengericht, aus: s. Abb. 69; a.a.O., S. 149
Abb. 104 Maat vor Amon-Re in der Scheibe (Tanis-Pektoral), aus: O. Keel, Die Weisheit spielt vor Gott, 1974, Abb. 27. © Othmar Keel, Fribourg
Abb. 105 Tanis. Amontempel und Nekropole, aus: s. Abb. 22; a.a.O., S. 329
Abb. 106 Goldene Totenmaske Psusennes' I. © Klaus Koch, Hamburg
Abb. 107 Toter vor Opfertisch und Osiris (Kairo 44), aus: A. Niwinski, Studies on the Illustrated Theban Funerary Papyri of the 11th and 10th centuries B.C., OBO 86, 1989, Plate 11a. © s. Abb. 87
Abb. 108 Osiris in der Sonnenbarke (Chonsu-Renep-Papyrus), aus: A. Piankoff, Mythological Papyri, 1957, Abb. 49. © s. Abb. 93
Abb. 109 Vogelartige Ba-Seelen unter dem Leib der Nut, aus: s. Abb. 107; a.a.O., Fig. 2. © s. Abb. 87
Abb. 110 Weihrauchbrenner aus Qustol, aus: Antike Welt I 18, Kusch-Meroë-Nubien, 1986, Abb. 28. © (Nubica & Bibliotheca Nubica) Piotr Schulz
Abb. 111 Tempel ägyptischer Götter in Nubien. © Klaus Koch, Hamburg
Abb. 112 Pektorale aus El-Kurru, aus: s. Abb. 110; a.a.O., Abb. 85
Abb. 113 Pyramiden bei Napata, aus: s. Abb. 110; a.a.O., Abb. 53
Abb. 114 Krönung Aspaltas, aus Napata, aus: s. Abb. 85; a.a.O., Abb. 41
Abb. 115 Gottesgemahlin Schepenwepet II. bringt als Sphinx ein Gefäß mit Widderkopf dar. © Klaus Koch, Hamburg
Abb. 116 Bildprogramm mit Grab des Basa (Theben 389), aus: J. Assmann, Grabungen im Asasif II, Das Grab des Basa (Nr. 389) in der thebanischen Nekropole, 1973, Abb. 14. © Jan Assmann, Heidelberg
Abb. 117 Meroitische Göttertrias. © Klaus Koch, Hamburg
Abb. 118 Meroë, Nordfriedhof. © Klaus Koch, Hamburg
Abb. 119 Kopf des Königs Amasis, nach: W. Wolf, Die Kunst Ägyptens, 1957, Abb. 640
Abb. 120 Neith mit Pfeil und Bogen, aus: s. Abb. 10; a.a.O., Abb. 128
Abb. 121 Isis und Nephthys beklagen den toten Apis in einem Schiff (Berlin), aus: s. Abb. 12; a.a.O., Abb. 133
Abb. 122 Holzsarg eines Ibis mit Opferndem (Berlin), aus: s. Abb. 12; a.a.O., Abb. 135
Abb. 123 Katzensarg und Katzenmumie (Berlin); aus: s. Abb. 12; a.a.O., Abb. 142. 141
Abb. 124 Vignette zum Eingang des Totenbuchs, aus: s. Abb. 72; a.a.O., Abb. 1b
Abb. 125 Kanalstelen des Dareios, zusammengesetzt aus: W. Hinz, Darius und die Perser I, 1967, Bild 50 und 51. © Weltbild Verlag GmbH, Augsburg

Abb. 126 Statue aus Pasargardae, aus: P. Amiet u.a. (Hg.), Handbuch der Formen und Stilelemente – Antike, 1981, Nr. 34

Abb. 127 Niltal und westliche Oasen, nach: s. Abb. 22; a.a.O., S. 773

Abb. 128 Widder- und baförmige Windgötter, aus: O. Keel, Jahwe-Visionen und Siegelkunst, Stuttgarter Bibelstudien 84/85, 1977, Abb. 250. © Verlag Katholisches Bibelwerk, Stuttgart 1977

Abb. 129 Petosirisgrab, aus: s. Abb. 44; a.a.O., Abb. 95

Abb. 130 Alexander der Große, aus: W. Hinz, Darius und die Perser II, 1979, Bild 42. © s. Abb. 125

Abb. 131 Karnak. Re-Horachte und Amon-Re führen Philipp Arrhidaios zur Krönung. © Klaus Koch, Hamburg

Abb. 132 Isis, Harpokrates, Sarapis und Dionysos = Osiris, aus: W. Hornbostel, Sarapis, EPRO 32, 1973, Abb. 160. © E.J. Brill Publishers, Leiden

Abb. 133 Thronender Sarapis, aus: s. Abb. 132; a.a.O., Abb. 23

Abb. 134 Gemme: Sarapis, umgeben von Planeten und Tierkreis, aus: s. Abb. 132; a.a.O., Abb. 79

Abb. 135 Ptolemaios II. opfert dem Bock von Mendes, aus: s. Abb. 88; a.a.O., Abb. 26

Abb. 136 Ägypten als Mitte der Welt, aus: H. Schäfer, Weltgebäude der alten Ägypter, 1928, Abb. 2. © Walter de Gruyter & Co., Berlin

Abb. 137 Opfer der Maat auf dem Euergetes-Tor in Karnak. © Klaus Koch, Hamburg

Abb. 138 Königliche Darbringung von *anch, dsched, was* an die göttliche Triade (Philä), aus: E. Winter, Untersuchungen zu den ägyptischen Tempelreliefs der griechisch-römischen Zeit, DÖAW 98, 1968, Taf. IV

Abb. 139 Zirkumpolarsterne, wie der Ägypter sie sieht, aus: G. Roeder, Mythen und Legenden um ägyptische Gottheiten und Pharaonen, 1960, Abb. 33. © Artemis Verlag, Zürich

Abb. 140 Deckenausschnitt aus Dendera, aus: B.L. v.d. Waerden, Erwachende Wissenschaft, Bd. 2. Die Anfänge der Astronomie, 1968, Abb. 3. © Birkhäuser Verlag AG, Basel

Abb. 141 Himmelsrund aus Dendera, aus: s. Abb. 140; a.a.O., Abb. 13

Abb. 142 Ausschnitt aus dem Himmelsbild: Links babylonisches, rechts ägyptisches Tierkreiszeichen, aus: F. Boll / C.Bezold / W.Gundel, Sternglaube und Sterndeutung, [6]1974, Taf. I, 2ab. © Verlag B.G. Teubner, Stuttgart

Abb. 143 Horus-Heilungs-Stele aus dem frühptolemäischen Alexandrien. © Klaus Koch, Hamburg

Abb. 144 Pfortenbuch: Sonnenbarke mit widderköpfigem Re, Sia (vorn) und Heka (hinten), aus: s. Abb. 95; a.a.O., Abb. 16

Abb. 145 Holzplatte mit Spruch gegen bösen Blick, mit einer Schnur am Hals getragen, aus: s. Abb. 85; a.a.O., Taf. 13b

Abb. 146 Bes-Amulett, aus: E. Brunner-Traut, Die alten Ägypter, 1974, Abb. 11

Abb. 147 Sogenannter Bes Pantheos im Flammenrund, aus: J. Assmann, Ägypten, 1984, Umschlag Vorderseite. © Jan Assmann, Heidelberg

Abb. 148 Thoëris mit Schutzzeichen, aus: s. Abb. 146; a.a.O., Abb. 10

Abb. 149 Isis- und Osirisheiligtümer der Zeitenwende. © Klaus Koch, Hamburg

Abb. 150 Horus und der Pharao erstechen Seth, aus: s. Abb. 139; a.a.O., Abb. 129

Abb. 151 Osiris als Nil in der Höhle von Bigge, aus: s. Abb. 12; a.a.O., Abb. 155

Abb. 152 Lage von Philä und Bigge, aus: s. Abb. 22; a.a.O., S. 717

Abb. 153 Totenstele mit Flügelsonne, aus: P. Munro, Die spätägyptischen Totenstelen, ÄF 25, 1973, Abb. 32. © Verlag J.J. Augustin, Glückstadt

Abb. 154 Kniefigur mit Osiris-Naos, nach: W. Wolf, Die Kunst Ägyptens, 1957, Abb. 643

Abb. 155 Gesichtsmasken römerzeitlicher Mumien, aus: s. Abb. 12; a.a.O., Abb. 175

Abbildungsverzeichnis und Bildnachweis

Abb. 156 Bildstreifen eines Mumientuches, aus: Osiris – Kreuz – Halbmond, Katalog, Hg. E. Brunner-Traut / H.Brunner / J.Zick-Nissen, ⁴1984, Abb. 130. © Kestner-Museum Hannover / Kunsthistorisches Museum Wien

Abb. 157 Der Bock von Mendes über der weiblichen Mumie, aus: K. Parlasca, Bemerkungen zum ägyptischen Gräberwesen der griechisch-römischen Zeit, in: Ägypten – Dauer und Wandel, SDAIK 18, 1985, 97-103, Taf. 4,2. © Deutsches Archäologisches Institut Kairo

Abb. 158 Ptolemäisches Jenseitsgerichtsbild (p München BSB), aus: C. Seeber, Untersuchungen zur Darstellung des Totengerichts im alten Ägypten, 1976, Abb. 24. © Deutscher Kunstverlag GmbH, München

Abb. 159 Weihstele, aus: s. Abb. 156; a.a.O., Abb. 135, © Kunsthistorisches Museum Wien

Abb. 160 Anubis geleitet Gerechtfertigte zum thronenden Osiris, aus: s. Abb. 12; a.a.O., Abb. 173

Abb. 161 Leichentuch (Berlin) mit drei Figuren, aus: S. Morenz, Religion und Geschichte der alten Ägypter, 1975, Abb. 3. © Verlag Hermann Böhlaus Nachfolger, Weimar, 1975.

Abb. 162 Philä. Der König bringt Horus und Isis eine Krone der Gerechtigkeit dar, aus: P. Derchain, La couronne de la justification, in: CdE XXX, 1955, 225ff, S. 263. © Fondation Égyptologique Reine Elisabeth, Bruxelles

Abb. 163 Petosirisgrab: Der Tote als goldener gekrönter Skarabäus. © Klaus Koch, Hamburg

Abb. 164 Priester und Gemeinde im Isistempel von Pompeji, aus: s. Abb. 12; a.a.O., 181

Abb. 165 Fundorte von Isis- und Osiris- Heiligtümern, nach ANRW II, 17.4 (vgl. die Literatur zu Kap. 27), S. 1754, Abb. 1. © Walter de Gruyter & Co., Berlin

Abb. 166 Isis mit Steuer und Füllhorn, aus: s. Abb. 12; a.a.O., 159

Abb. 167 Koptisches Alphabet, aus: W. Till, Koptische Grammatik, 1955, S. 40. © Otto Harrassowitz Verlag, Wiesbaden

Abb. 168 Mose auf einem Thron, aus: s. Abb. 156; a.a.O., Abb. 163

Abb. 169 Grabmonument eines Mönches aus Esne, aus: M. Cramer, Das altägyptische Lebenszeichen, 1943, Abb. 37. © s. Abb. 167

Abb. 170 Isis und Horus, nach: W. Wolf, Die Kunst Ägyptens, 1957, Abb 649

Abb. 171 Stillende Maria auf einem Grabstein, aus: G. Schiller, Ikonographie der christlichen Kunst 4,2, 1980, Abb. 419

Abb. 172 Grabstele aus Antinoupolis (4. Jh.). © Klaus Koch, Hamburg

Register ägyptischer Lexeme

acha'u = ꜥḥꜥ.w, Lebenszeit 44, 184, 356
achet = ꜣḫ.t, horizontisches Lichtland 186
anch = ꜥnḫ, Lebenskraft 43, 60, 73, 129, 145, 183, 332, 336, 376, 411
b³ > Ba
cheper = ḫpr 115, 146, 147, 316, 332, 339, 340, 345, 354, 400, 457, 631
dsched = ḏd, Symbol der Dauer 44, 68, 108, 319, 376, 411, 544, 561
dschet = ḏt, unendliche Zeit 33, 38, 184, 223, 225, 267, 281, 356, 372, 401, 494, 496, 509
dsr 51
dšr 102, 209
hemuset 100, 177, 268
hesut 239
heka = ḥkꜣ 180
hem = ḥm 58
hetep = ḥtp 81, 83, 98, 99, 125, 142, 160, 212, 219, 226, 275, 292, 309, 315, 345, 405, 410, 500, 565
hu = ḥw 181
imachu = jmꜣḫw, wohlversorgter Toter 84, 94, 103, 210, 215, 220, 310, 328
isefet = jsft, Sünde, Unheil 44, 69, 113, 226, 235, 254, 257, 413, 511
kematef = kem-at-ef 113, 454, 485, 508, 511, 615
ma'at = mꜣꜥt > Ma'at
ma'a heru = mꜣꜥ ḫrw, gerechtfertigt 211, 221, 224, 230, 243
mehet-weret = mḥt wrt 113, 453
merut = mrwt 44

mrj 237
nefer = nfr 29, 216
neheh = nḥḥ, unendliche Zeitenwechsel 33, 184, 223, 225, 281, 356, 372, 401, 494, 496, 509
neru 236
netscher = nṯr, Gott 49, 73, 179, 188, 203, 205, 221, 335, 574
pa'ut = pꜣwt 357
prt 212
peret heru = prt ḥrw, Anrufungsopfer 86, 242
sa = sꜣ, Schutz 267, 384
sach = sꜣḥ, Edler 79, 85
schai, schait = šꜣj, šꜣjt, Schicksal(sgott) 44, 361, 432, 485, 514, 536
schat = šꜥt 181, 190, 369
schut = šwt 179
sebajet = sbꜣjt 196, 238
sened = snd 44, 236, 369
shm > Sechem
shnj 514
sp tpj 357
tꜣ dšr 209
twt 345
was = wꜣs, Götterkraft 219, 244, 246, 336, 377
was-Zepter 57, 68, 110, 267
wedscha = wḏꜣ 43
wedschat = wḏꜣt > Udschatauge
wehem mesut = wḥm mswt 233, 372
wen = wn 216
weser = wsr 44, 210, 243

Register der Götter-, Orts- und Personennamen

Abaton 491
Abu Simbel 355, 370, 374, 384, 391, 437
Abydos 23, 40, 50, 62, 78, 89, 152, 153, 160, 167, 168, 187, 209, 212, 214-216, 219, 221, 238, 239, 243, 318, 327, 370, 372, 374, 404, 410, 463, 491, 558, 561, 583, 603
Achmim 242, 243, 567
agathos daimon 484, 496, 511
Ahuramazda 466, 475
Aischylos 489
Aker 112, 307, 403
Alexander der Große 466, 476, 480, 488

Alexandrien 484, 488, 494, 499, 511, 556, 589, 619, 623-625, 636
Amarna 334, 335, 364
Amaunet 244, 248, 290, 389, 454
Amenemhet 238, 243
Amenemhet I. 233, 235, 238, 241, 372
Amenemhet III. 235
Amenemope 18, 359, 364, 579
Amenmose 327
Amenophis 455, 541
Amenophis I. 271, 357
Amenophis II. 301
Amenophis III. 265, 291, 295, 303, 332, 437

Register der Götter-, Orts- und Personennamen

Amenophis IV. 332
Amon 120, 226, 237, 243-245, 247, 262, 263, 269, 271, 281, 287, 289, 305, 332, 335, 355, 357, 373, 376, 378, 390, 396, 397, 418, 441, 453, 455, 457, 471, 477, 478, 491, 493, 494, 506, 541, 545, 551, 566, 572, 631
Amon von Karnak 238
Amon von Siwa 482
Amon-Re 16, 41, 264, 271, 276-279, 282, 285, 293, 332, 340-342, 348, 353, 363, 374, 393, 397, 399, 405, 419, 420, 424, 427, 430, 437, 440, 441, 445, 446, 450, 451, 472, 474, 475, 479, 482, 508, 556, 557
Amon-Re-Ptah 476
Amyrthaios 477, 510
Anchscheschonqi 512
Anchtifi 195
Anedschti 153
Anfuschi 571
Ani 359, 410, 412
Antef II. 248
Antinoʻupolis 592
Anubis 78, 83, 94, 108, 160, 165, 168, 210, 219, 221, 224, 293, 303, 321, 326, 328, 404, 455, 494, 495, 497, 542, 574, 576, 580, 582, 593
Anuket 107
Apedemak 446
Aphrodite 596, 598
Apis 195, 452, 456, 459, 477, 489, 510, 559, 590
Apis-Osiris 494
Apollon 625
Apophis 249, 310, 354, 383, 419, 540, 568
Apuleius 596, 598, 602, 603
Arensnuphis 446, 568
Argo 446
Aristoteles 481
Arsinoë 499, 500, 508, 590
Aspalta 441
Assyrer 440, 444, 445, 450, 455, 471
Astarte 263, 273, 383, 390
Athanasios 641
Athen 496
Athribis 521
Aton 274, 332, 333, 335, 338, 339, 341, 343, 344, 347, 353, 355
Atum 42, 115, 118, 120, 130, 146, 186, 214, 217, 222-225, 228, 235, 237, 244, 246-248, 275, 276, 279, 280, 282, 305, 317, 318, 325, 326, 340, 355, 357, 373, 378, 379, 400, 457, 473, 499, 500, 505, 567, 631
Atum-Chepri 131

Augustus 589
Awaris 262, 263, 382

Baʻal 373
Baʻal Hammom 483
Babylonien 521, 522, 527, 532, 535
Bastet 234, 239, 458, 540, 567
Bat 55, 66
Behbet el Hagar 559
Behedeti 61, 135, 384, 467, 498, 507, 534
Benben 115, 130, 134, 143, 343
Bes 267, 346, 539, 550
Bes-pantheos 551
Bigge 558, 563
Bokchoris 511
Bolos von Mendes 549
Bozen 594
Britannien 497, 594
Bubastis 458, 556
Buchis 292
Busiris 153, 160, 168, 210, 212, 214-216, 327, 471, 556, 561
Buto 84, 160, 161, 456, 497
Byzanz 624

Caligula 592
Caracalla 592
Cäsar 591
Chairemon 535
Chaldäer 522, 529, 530, 533, 549, 616
Chalkedon 624, 641
Chefren 56, 92
Cheft-her-nebes 354
Chem 116
Chemmis 118
Chenti-irti 62
Cheops 92, 166
Chepri/Cheprer 42, 115, 131, 141, 147, 222, 279, 280, 309, 340, 354, 400, 473, 541
Cheraha 317
Chnum 29, 107, 113, 219, 239, 257, 266-268, 361, 376, 401, 432, 454, 457, 469, 477, 502, 507, 508, 510, 550, 563, 566
Chojak 561
Chons 40, 290, 295, 357, 392, 419, 500, 541, 558, 568
Chontamenti 41, 78, 89, 153, 160, 165, 209, 210, 215, 409, 463, 561
Clemens von Alexandrien 519, 610, 623

Dachschur 94
Dareios I 467, 470, 482

Dedwen 437
Delos 496
Delphi 602
Demeter 603
Demetrios von Phaleron 492
Dendera 384, 385, 447, 478, 500, 507, 521, 531, 550, 558, 564, 566, 590, 612
Dep 63
Der el- Bahri 268, 269, 299, 303, 427, 629
Diodor 448, 471, 481, 522, 558, 579
Diokletian 623
Dionysos 493, 497, 499, 603
Dioskur 632
Domitian 592
Dschoser 51, 67, 90

Earu, himmlischer Bereich 99
Echnas 194, 420
Echnaton (s. auch Amenophis IV.) 18, 274, 312, 314, 332, 337, 338, 342, 344, 347, 393, 398
Edfu 61, 135, 384, 459, 500, 501, 504, 505, 507-509, 521, 531, 541, 545, 559
El-Bersche 217
Elefantine 454, 469
Eleusis 603
Elkâb 15
Esna 454, 500, 507-509, 531, 550, 590
Esra 467

Fajjum 240

Geb 112, 116, 118, 119, 132, 157, 167, 168, 186, 221, 223, 245, 248, 335, 374, 376, 378, 403, 459, 502, 563, 567, 569
Germanen, Germanien 497, 597
Gize 92
Griechenland, Griechen 451, 511, 596

Ha 109, 187, 567
Hadrian 607
Hapi 111, 221, 240
Harendotes 494, 568
Harmachis 270
Haroëris 507
Harpokrates 492, 497, 507, 508, 550, 559, 568, 593
Harsiese 404, 511, 559
Hathor 15, 40, 55, 65, 108, 116, 136, 146, 222, 247, 248, 268, 299, 305, 335, 346, 384, 392, 400, 404, 437, 447, 457, 478, 548, 552, 563, 566, 567, 574, 575, 592

Hatschepsut 262, 266, 268, 270, 283, 299, 303, 444
Heh, Heh-Götter 120, 225, 266, 401, 502, 532
Hasengöttin 389
Heka (s. auch Zauber) 58, 133, 186, 219, 401, 509, 541-544, 550
Hekataios 423
Heliopolis 214, 489, 502, 511
Hellas 71
Herakleopolis 214, 233, 327, 425, 489, 558
Herchuf 50
Herihor 418
Herischef/Harsaphes 216, 420, 473, 510, 558
Hermes 520, 602, 610, 617, 625
Hermes Trismegistos 521, 532, 550
Hermes = Thot 511, 512
Hermonthis 249, 477, 559
Hermopolis 244, 456, 463, 489
Herodot 77, 482, 489, 522, 556
Hesat (-Kuh) 195, 559
Hethiter 373
Hibis 471-473, 475, 477, 484, 560
Hipparch 531
Hit 551
Hor-achti 62, 135, 146
Hor-Somtus 384, 507
Horachte 40, 139, 168, 237, 247, 355-357, 374, 478, 545
Horemheb 270, 348, 363, 398
Horus 23, 34, 38, 42, 56, 60, 62, 63, 66, 67, 72, 94, 108, 119, 129, 135, 136, 146, 155, 158, 164, 166, 168, 187, 188, 216, 219-222, 224, 228, 234, 235, 241, 243, 247, 248, 268-270, 272, 292, 305, 307, 308, 316, 335, 344, 374, 378, 379, 383, 397, 405, 441, 455, 457, 459, 460, 477, 496, 499, 500, 502, 505, 507-509, 513, 531, 534, 540, 545, 550, 551, 558, 565, 567, 568, 576, 583, 631
Horus von Edfu 392
Horus-der-Landesvereiniger (s. auch Hor-Somtus) 392
Horus-Sohn-der-Isis > Harsiese
Hu 58, 116, 132, 146, 186, 237, 305, 355, 380, 400, 505, 543
Hyksos 262, 274, 383, 390

Ichernofret 212, 213
Ihi 478, 592
Imhotep 90, 455, 494, 541
Imutes 455

Indien 497
Ipet 290, 558
Ipuwer 256
Iran 497, 510, 529, 549, 616
Iseion 556, 596
Isis 34, 64, 108, 118, 151, 152, 156, 164, 165, 168, 216, 218, 220, 221, 242, 248, 249, 268, 302, 305, 307, 326-328, 335, 374, 383, 403-405, 409, 412, 422, 452, 453, 455, 458, 459, 476, 478, 480, 492, 494, 497, 500, 501, 508, 511, 534, 535, 540, 543, 544, 549, 556, 560, 567, 570, 573-575, 591, 593, 617, 625, 631, 637, 640
Isis und Nephthys 156, 158
Isis-Sothis 326
Israel 423, 454, 460, 471
Italien 597

Jahwä 349, 423, 454
Jamblich 520
Jerusalem 349
Jesus Christus 625, 630, 634, 640
Juda 467
Judäer 589
Juden 594
Junit 248
Junmutef 404
Juppiter Capitolinus 590
Jusa'as 116, 136
Juvenal 592

Ka-mutef > Kamutef
Kadesch 373
Kalabscha 496, 590
Kallimachos 489
Kambyses 466, 469
Kamutef, Stier seiner Mutter 246, 268, 278, 485
Kanaan 349
Kanopos 497, 498, 556
Karnak 245, 271, 278, 332, 347, 397, 454, 482, 502, 541, 545, 556, 612, 629
Karpokrates 593
Kaschta 440, 442
Kawa 446
Kerberos 495
Kleinasien 597
Kleopatra VII. 488, 589
knefis > Kamutef
Kom esch-Schugafa 571
Kom Ombo 500, 507, 509, 531
Koptos 242, 243, 245, 558, 559, 566
Kore 496

Korinth 596
Kusch 418, 436, 437, 441
Kyme 601

Lukian 490
Luxor 295, 560, 629

Magna Mater 592
Makrobius 493, 495
Mandulis 496
Manetho 25, 493
Markus 622
Mechenti-en-irti 62
Medinet Habu 374, 396, 404, 411, 427, 443, 454, 485, 508
Medinet Madi 598
Memnon 489
Memphis 23, 24, 51, 66, 107, 138, 154, 160, 348, 374, 377, 378, 388, 390, 391, 396, 411, 420, 425, 451, 455, 463, 469, 480, 489, 490, 492, 493, 497, 498, 510, 511, 557, 560, 561, 566, 580, 601
Mendes 107, 375, 401, 406, 420, 457-460, 474, 575
Menhit 454, 550
Merenptah 369, 453
Merikare 196, 197, 224, 226, 323, 402
Meroë 445, 564, 590
Mes'chenet 239, 240, 432
Michael 639
Min 187, 240, 242, 243, 245, 246, 551, 558
Min-Amon 279
Min-Horus 568
Min-Re 146
Mithras 553, 593
Mnevis, Mnevisstier 107, 343, 457, 559
Momemphis 62
Montemhet 452
Month 243, 246-249, 273, 291, 335, 373, 392, 457, 507
Month-Re 292
Montuhotep 233, 243, 299
Mose 348, 349
Mut 290, 291, 295, 335, 357, 376, 389, 392, 419, 442, 543, 558
Muu 84
Mykerinos 92

Nachtamon 358
Nag Hammadi 512, 633
Nahum 450
Napata 438, 439, 441, 445, 473
Narmer 54

Naukratis 451, 589
Naunet 276
Nechbet 34, 63, 67, 335, 346
Necheb 50, 63
Nechen-Hierakonpolis 23, 50, 61, 63, 99, 102, 140, 189
Nechepso 521, 531
Nechepso-Petosiris 550, 616
Nedit 162, 213
Nefertari 405
Nefertem 121, 134, 378, 388, 392, 539, 551
Neferti 234, 256, 511
Neheb-Ka'u 187
Nehemia 467
Neith 108, 109, 404, 452, 454, 470, 473, 477, 478, 566, 567
Nektanebos I. 477, 564, 601
Nektanebos II. 477, 485
Nenet 244
Neper, Nepre 195, 222
Nephthys 34, 118, 151, 152, 156, 163-165, 168, 216, 221, 248, 302, 305, 326, 328, 403-405, 409, 412, 453, 455, 459, 480, 494, 501, 573
Nepre > Neper
Neschmet-Barke 160, 211-213
Nitokris 451
Niu 244
Niuserre 143
Nofretete 336, 338
Nun 112-114, 120, 235, 276, 277, 318, 355, 378, 400, 403, 424, 583
Nut 99, 114, 116-119, 132, 142, 146, 157, 163, 167, 168, 186, 214, 221, 228, 248, 268, 275, 309, 315, 325, 328, 376, 383, 386, 399, 400, 403, 406, 431, 441, 502, 525f, 531, 566, 573

Ombos 419
On 24, 35, 62, 84, 107, 114, 117, 119, 129, 130, 135, 141, 143, 144, 146, 153, 155, 158, 160, 163, 168, 186, 187, 189, 214, 215, 219, 221, 223, 225, 237, 244, 248, 272, 318, 343, 354, 355, 374, 378, 381, 383, 390, 391, 462, 560, 564
Onuris 477, 563
Opet 612
Origenes 623
Osiris 16, 17, 34, 38, 41, 42, 95, 117, 118, 120, 122, 151, 154, 157, 158, 160, 162, 164, 166, 167, 169, 181, 186, 188, 203, 209-213, 215-217, 219, 221-225, 227-229, 238, 248, 268, 303, 307, 308, 311, 312, 314, 317-321, 323, 326, 327, 334, 335, 347, 363, 366, 374, 378, 381, 382, 393, 396, 397, 403-405, 410, 411, 420, 422, 427, 429, 444, 445, 452, 453, 455, 459, 461, 462, 463, 471, 474, 476, 477, 480, 485, 491, 493, 499, 500, 508, 509, 513, 535, 542, 556, 558, 560, 562-565, 567, 570, 572, 574-575, 602, 606, 617, 631, 637, 640
Osiris-Chontamenti 312
Osiris-NN 222, 326, 444
Oxyrhynchos 591

Pachom 639
Pan 493
Pasargardae 468
Pe-Buto 23, 62, 63, 99, 102, 189
Pepi I. 72
Pepi II. 151, 158
Petamenope 444
Petbe 579
Petosiris 479, 521, 531, 570, 577
Philä 447, 460, 478, 500, 558, 559, 563, 564, 568, 573, 626
Pije 440
Pindar 482
Pinodschem 422, 424
Piräus 593
Platon 482, 489, 619, 620
Plotin 619
Plutarch 122, 162, 481, 485, 559, 602, 606, 619
Pluton 493, 495
Poimandres 613
Pompeji 594
Psammetich I. 450, 452, 458
Psenptais 494
Psusennes I. 444
Psusennes II. 421
Ptah 38, 40, 68, 108, 109, 278, 291, 326, 335, 348, 355, 357, 366, 374, 383, 390, 404, 420, 430, 437, 452, 454, 455, 457, 459, 502, 509, 511, 566, 631
Ptah-Sokar 316, 374, 405
Ptah-Sokar-Osiris 397, 444
Ptah-Tatenen 391, 508
Ptahhotep 196, 197
Claudius Ptolemaios 520
Ptolemaios I. 488, 490, 492, 493, 497, 610
Ptolemaios II. (Euergetes) 497-500, 508
Ptolemaios III. 497
Ptolemaios V. 497
Pythagoras 619

Qudschu 390

Ra-Setau 154, 214
Rait, *rat taui*, weibliche Sonnengöttin 354, 567, 568
Ramses II. 294, 373, 374, 378, 382, 387, 421, 437
Ramses III. 374, 391, 404, 418
Ramses IV. 152, 369, 406
Ramses VI. 400
Ramses XI. 418
Räschäf 273, 390
rat taui > Rait
Re 38, 41, 95, 132, 135, 139, 141, 143, 145, 146, 152, 167, 168, 186, 188, 203, 216, 221-225, 227, 228, 235-237, 239-241, 243, 247-249, 267, 269, 271, 278, 279, 290, 304, 305, 307, 308, 310, 312, 318, 319, 323, 326, 337, 343, 355, 357, 374-376, 383, 387, 390, 391, 396, 397, 399, 400-402, 405, 409, 422, 430, 441, 444, 452, 457, 459, 461, 462, 473, 478, 479, 496, 499, 500, 506, 507, 509, 511-513, 523, 537, 540, 541, 544, 550, 563, 567, 615, 631
Re-Atum 141, 169, 229, 379
Re-Horachte 282, 319, 343, 348, 374, 382, 383, 400, 404, 430, 437, 470, 477, 502, 507, 572
Re-Horachte-Atum 392
Renenet, Renenutet 239, 240, 432
Ro-Setau > Ra-Setau
Rom 581, 591
Ruti 244

Sachmet 239, 291, 326, 373, 388, 389, 392, 457, 458, 543, 567
Saïs 83, 108, 440, 450, 452, 453, 463, 470, 477, 478
Salomo 349
Sanam 446
Saqqara 23, 89, 90, 94, 223, 455, 570
Sarapis 490, 547, 591, 592, 625
Satet, Satis 107, 563
Schabaka 377, 440
Sched 539
Schedet 241
Schenute 625, 627, 639
Scheschonk I. 419
Schmun 112, 113, 120, 121, 134, 160, 245, 318, 354, 389, 391, 425, 463, 479, 558, 611, 612
Schu 114-116, 118, 120, 121, 132, 136, 215, 216, 224, 225, 228, 244, 248, 265, 343, 353, 355, 374, 379, 401, 459, 473, 474, 477, 505, 551, 563, 597
Sebekhotep 219
Sebennytos 477
Sebjumeker 447
Sechmet, s. auch Sachmet 505
Sehetepibre 212
Selket 404, 453
Semenchkare 347
Septimius Severus 592
Seqenen-Re 263
Sesostris I. 148, 237, 244, 245, 247
Sesostris II. 235
Sesostris III. 59, 235
Seth 34, 62, 63, 66, 118, 119, 122, 136, 140, 158, 160, 162, 164, 168, 187, 213, 216, 221, 248, 262, 269, 293, 373, 374, 378, 382, 393, 411, 419, 460, 499, 511, 547, 550, 619, 634
Seti I. 370, 372, 374, 378, 399, 404
Setna-Chaëmwese 484, 578
Sia 58, 116, 133, 141, 146, 181, 186, 237, 305, 355, 380, 400, 505, 543, 615
Sinuhe 72, 233, 247, 248
Siwa 469, 476, 480, 482-485, 560
Snofru 94
Sobek 40, 217, 221, 240, 248, 401, 457, 507
Sobek-Re 146, 247
Sokar 40, 89, 154, 165, 187, 290, 307, 411, 561, 631
Sokar-Osiris 392, 579
Sokrates 620
Soped 567
Sothis 25, 40, 99, 221, 523, 525f, 534, 599
Spanien 594
Suchos 240
Susa 468, 470
Suti 284
Suti und Hor 340

Taharqa 440
Tait 195
Tanis 417, 419, 427, 444, 473, 560
Tanutamon 441
Tatenen 113, 354, 376, 377, 391, 403, 473, 509
Tefnut 115, 116, 118, 120, 136, 215, 225, 235, 244, 248, 265, 355, 379, 389, 443, 563
Tell el-Belamun 61
Tertullian 497
Teti 141
Teukros 531

Theben 16, 35, 64, 194, 212, 226, 243, 262, 263, 269, 317, 335, 342, 347, 348, 354, 356, 358, 374, 390, 422, 439, 442, 445, 450, 451, 458, 469, 471, 472, 477, 489, 491, 506, 560, 566, 570, 571, 576, 583
Theben-West 272, 277, 396, 404, 407, 427
Theodosius 625
Theokrit 489
Thoëris 267, 346, 552
Thot 29, 38, 102, 103, 110, 121, 133, 140, 146, 155, 157, 165, 168, 187, 221, 224, 265, 269, 272, 285, 290, 293, 310, 316, 318, 320, 321, 325, 326, 348, 361, 363, 374, 379, 401, 426, 456, 457, 460, 463, 471, 476, 479, 502, 505, 513, 520, 523, 531, 534, 543, 549, 550, 558, 563, 573, 577, 597, 610, 625, 639
Thot-Hermes 618
Thrakien 597
Thutmoses I. 271
Thutmoses III. 270, 271, 289, 290, 420, 438
Thutmoses IV. 270
Tiberius 592
Tivoli 592
Trajan 592
Tschenenet 248
Tuna-el-Gebel 479
Tutanchaton 345, 347

Tutenchamon 300, 347, 396
Tutmosis III. 357, 372, 397
Tutu 580
Typhon 547, 550

Udscha-Hor-Resenet 469
Unas 94, 151, 166
Uroboros 400

Vergil 592
Vespasian 592

Wadschet 34, 63, 67, 84, 326, 328, 346, 389, 567
Waset 354
We(ne)nofer 213, 216, 411, 463
Weni 50
Wenis 94, 151
Wennofre > Wen(en)-nofer
Wepwawet 64, 68, 210, 213, 221, 238, 305
Wosret 248

Zeus 481, 493, 625
Zoroaster 531
Zosimos 549
Zurvan 496

Sachregister

Abbild 344, 345
Abydos-(Toten-)Formel 211
Abydos-(und Busiris-)Fahrt 212
Ach, Verklärungsseele 85, 86, 98, 100, 101, 117, 139, 142, 154, 160, 164, 168, 175, 186, 187, 189, 212, 219, 220, 228, 305, 310f, 315, 327, 384, 409, 410, 413, 421, 422, 462, 474, 523, 543, 548, 579, 584
Achom 179
Achtheit 121, 309, 354, 454, 473, 614
achu > Ach
Ächtungstexte und -figuren 236
Aion 490, 494-496, 632
Akerbuch 398, 399, 403
Aktivseele > Ba
Alchemie 548
Alexandrinische Theologie 630, 642
Allegorie 535
Altes Testament 542, 616, 637
Amarnazeit 353, 358
Amduat 304, 306, 312, 317, 327, 347, 398, 400, 407, 429

Amulett 30, 539, 544, 547
Anat 383, 390
Anruf an die Lebenden 81
Antagonismus 153, 167, 169, 216, 223, 224, 319, 334, 397, 406, 452, 453, 460, 463, 5439f, 560
Anthropologie 18, 174, 219, 390, 584
Antipathie 548
Apisstier 68, 107, 457, 458, 460, 469, 480, 492, 557, 592
Apokalypse an Asklepios > Asklepiosapokalypse
Apokalypse des Elias 511
Apokalyptik 511
Apophisbuch 541
Apophisschlange 544
Apostelgeschichte 442
Aretalogien 600f, 605
Arzt 389
Askese 546
Asklepiosapokalypse 512, 541
Aspekte/Loci 533

Sachregister

Aspektive 29
Astrologie 469, 475, 496, 514, 519, 541, 547, 549, 560, 566, 591, 593, 596, 599, 602, 606, 611, 616, 620
Asyl 499
Atefkrone 214
Auferstehung 410
Auge, s. auch Horusauge und Sonnenauge 376, 426
Auseinandersetzungsliteratur 194, 195, 227, 413
Austauschbarkeit der Seinsarten 148, 149, 182, 222, 229, 343, 457, 546, 548, 630
Außenseele 89, 97, 178, 219
Autobiografie 211

Ba, Aktiv und Bewegungsseele, 42, 62, 80, 89, 99, 101, 102, 135, 140, 142, 157, 163-164, 177, 186-188, 202, 219, 220, 223-225, 228, 229, 236, 254, 266, 267, 273, 282, 302, 305, 307-311, 313, 315-319, 326, 353, 355, 375, 376, 391, 401, 403, 405f, 409f, 422, 424, 431, 432, 444, 445, 459, 461, 462, 473f, 503, 506, 526, 551, 563-565, 568, 578, 583, 584, 610
Balsamierungsritual 583
Barke 169, 224, 225, 275, 277, 283, 287, 295, 376, 383, 388, 396, 400, 402, 404, 421, 432, 524, 525f, 541
   Barken des Re 146, 398
   Barkenorakel 441
Begriffsgötter 43, 115
Bentresch-Stele 539
Benu-Reiher, Phoinix 115, 130
Beschwörungsformel 547
Beset 551
Bewegungsseele 80, 86, 457, 540, 564
Bibel 18, 50, 121, 196, 205, 346, 348, 361, 377, 381, 450, 471, 492, 510, 511, 579, 584, 616, 636
Bild 391, 409, 500, 562
Biografie 82
   Idealbiografie 195, 211, 323
Bock von Mendes 319, 497, 499, 576
Buch der Anbetung des Re 305
Buch der Erde 398
Buch des Tages 562
Buch vom Durchwandeln der Ewigkeit 573
Buch von der Anbetung des Re im Westen 400
Buch von der Himmelskuh 399, 400
Buch von der Nacht 399
Bücher vom Atmen 572

Buchisstier 457, 477

Cheops und der Zauberer 178, 180
Cheriheb, Vorlesepriester 83, 102
Christentum 25
Corpus Hermeticum 610, 612, 634

Dat, Totenbereich, Unterwelt 140, 152, 163, 307, 309, 312, 314, 316, 354, 396, 403, 527
Dekansterne 524, 531-533, 550, 560, 599
Demiurg 654, 633
Demokratisierung 205, 209, 228, 229, 409
demotische Chronik 477, 510
demotische Schrift 423
Denkmal memphitischer Theologie 161, 377, 382, 566, 615
Diadem 66
Doppelkrone 179, 291
Dramatischer Ramesseumspapyrus 161
Dschedefhor 201
Dschedu 210, 215
Dscher 215
Dualität 34, 57, 89, 111, 120, 225, 356, 392, 496, 616

Ebenbild 268, 283
Einheit Gottes 225
Einwohnung 41
Engel 627
Epagomenen 164, 524
Epiphanienfest 632
Erhaltseele > Ka
Erscheinung 138
Erstes Mal 357, 372, 375
Erwählung 270, 271
Eschatologie 325
Ethik 598
Exodus 541

Falke 456
Falkengötter 61
Familie 220
Fest des Erdaufhackens 154
Festkalender 396
Fetischismus 110
Feuer 402
Feuersee 308
Finsternis 614
Flammeninsel 121
Flügelsonne 61, 507
Friedhof 51
Frömmigkeit > persönliche Frömmigkeit

Furcht 369
Fürstenhalle, -haus zu On 162, 378

Gau, Gaue 64, 108, 112, 457, 532
Gaufürsten 194, 217
Gaugötter 457, 504
Geburtsgeist 100
Geburtsmythos 269
Geburtsziegel 611
Geburtszyklus 265
Gelübde 385
Genesis 121, 205, 381, 635
Gerätefries 217
gerechtfertigt, s. auch $m^{3c}\ hrw$ 221, 578
Gerichtshalle 371
Geschichtsverständnis 372
Gesetz 348, 471, 512, 598
Gestaltseele > Ka
Gliedervergottung 120, 189, 221, 316, 533, 550
Gnostizismus 610, 615, 616, 624
Goldhaus 547
Goldhorus 419
Gott > *netscher*
 Bild Gottes 440
 Unerkennbarkeit Gottes 339
Gottebenbildlichkeit 205
Götterbedrohung 140, 544
Göttergericht 223
Götterspaltung 566
Gottesdiener, *hem netscher* 260, 421
Gottesgemahlin 442, 451
Gotteshand 443
Gottesstaat 417, 455, 463
Gottesstatue 213
Grab 78, 79, 429, 570, 571
Grabinschriften 195
Grabräuber 417

Haker/Hakerfest 211-216
Halle der Wahrheiten 321
Harfnerlied des Antef 413
heilige Hochzeit 295, 604
Heiligenleben 639
Heimarmene 529f, 537, 599-602, 613, 616
Hellenismus 480
Henu-Barke 154
Hermetik 612, 620
Hermetische Literatur 586, 597
Herr der Maat 375
Herrschaftsseele > Sechem
Herz 183, 201, 203, 218, 226, 321, 326, 361, 363, 544, 584

Herzskarabäus 324
Hieroglyphen 24, 26, 30
Himmel 502
Himmelfahrt 139, 142, 163
Himmelsaufstieg 218, 225, 528, 615, 616
Himmelsbücher 396
Himmelsgöttin > Nut
Himmelskuh 248, 377, 386, 399, 400, 618
Hohepriester 418
Höhlenbuch 398, 399, 403
Hor-Endotes 61
Horoskop 522, 529
Horus-Heilungs-Stele 539
Horusauge 64, 102, 119, 122, 136, 151, 156, 160, 183, 188, 190, 225, 235, 292, 293, 460, 545
Horusgeleit 64
Horusgötter 326
Horusname 15, 30, 89, 176, 188, 190, 235
Horussöhne 143, 168, 404, 412, 525f, 562, 563, 574
Horusstele 508
Hymnen 214, 235, 241, 340, 424, 461, 473, 565
 Amonhymnen 473, 475
 Sonnenhymnen 273
Hypostase 45

Ibis 456, 457, 480
Idealbiografie 70, 82, 195, 211, 323, 409
Ilias 489
Imi-ut 102
Inthronisation 458
Ischedbaum 272
Isis-Aretalogien 597
Isisblut 544
List der Isis 377
Isisschleife 596

Jahresrispe 269, 272
Jatromathematik 533
Jenseitsgericht 203, 211, 223, 321, 323, 403, 408, 412, 422, 429, 430, 432, 462, 480, 544, 575, 584, 611
Jenseitsleben 209
Jubiläumsfest 90, 333, 397

Ka, Erhalt- und Gestaltseele 30, 42, 51, 57, 81, 86, 90, 97, 98, 100, 101, 116, 125, 138, 140, 148, 176, 184, 186-188, 202, 219, 222, 237, 239, 246-248, 266, 267, 282, 283, 295, 302, 312, 315, 327, 338, 345, 355, 359,

363, 375, 376, 378, 409, 431, 460, 462, 470, 474, 480, 504, 509, 563, 578, 584
   Ka des Re 138, 355
Kairener Amon-Hymnus 278, 358
Kaiserkult 590
Kalender 164, 356, 523
Kanon 610
Kanopen 79, 143, 168, 453
Kanopengötter 328
Katochoi 602
Kenotaph 89, 404
Kirchen 626, 629
Klage des beredten Bauern 253
König 117, 118, 126, 137, 138, 152, 168, 174, 188, 200, 205, 212, 220, 310, 345, 397, 423, 437, 569
   Inthronisation 458
Königsauffassung 174, 467
Königserwählung 264
Königsgeburt 264
Königsgrab 301
Königsideologie 508
Königsmutter 442, 447
Königsnamen > Name
Königsornat 58
Königssohn von Kusch 437
Königsstatuen 93, 371
Königstitulatur > Name
Königstotentempel 444
Königtum 205, 220, 230
Kopten, koptisch 623, 626
Kore Kosmu 550, 613, 616
Kornosiris 561
Körper 182
Krone 34, 55, 57-58, 63-64, 66, 98, 101, 116, 119, 139, 154, 169, 180, 279, 293, 307, 310, 336, 437, 453, 498, 544, 574
   Doppelkrone 179, 291
   Weiße Krone 315
Krone der Rechtfertigung 505
Kultbild 179, 286, 461, 503, 506
Kultkammer 408
Kultmonopol 52
Kultstatue 286
Kulttopografie 473
Kultvereine 497
Kunst 29, 335, 628
kuschitische Dynastie 436, 440

Leben, s. auch *anch* 46, 60
Leben, Heil und Gesundheit 369, 505
Lebensatem 271
Lebenshaus 289, 313, 502, 611

Lebenszeichen 246
Lehre 195-197, 205
Lehre für Merikare 323, 402
Leib 182, 391
Leichentücher 581
Leichnam 223
Leidener Amonshymnus 390
Libyer 372
Lichtgeist 139, 243
Lichtland im Westen 78, 82
Liebe 271, 280, 281
Liebeszauber 548
List der Isis 377
London-Leidener-Zauberpapyrus 541, 547
Löwensphinx 233, 457
loyalistische Lehre 238

Ma'at, Gerechtigkeit, Wahrheit, Weltordnung 28, 38, 44, 51, 68, 70, 71, 133, 144, 169, 181, 187, 198, 203, 205, 220-222, 224, 225, 227, 230, 234, 235, 239, 252, 253, 254, 257, 274, 275, 278-280, 282, 290, 292, 295, 307, 321, 322-325, 327, 332, 345, 347, 348, 360-362, 370, 371, 373, 374, 404, 412, 413, 421, 424, 425, 440, 442, 457, 462, 467, 470, 471, 476, 480, 505, 506, 508, 511, 512, 562, 568, 569, 577, 578, 582, 583, 598, 611
   Opfer der Maat 462
Machtseele, s. auch Sechem 117, 160, 164, 220, 221, 237, 239, 475
Magie 17, 36, 324, 543, 628
Magier 522, 529, 533
Magismus 539, 549, 577, 579, 591
Mammisi 478, 501, 630
Mastaba 79
Menit 384
Menschenverständnis 43
Messersee 276
Metaphysik 535
Metternichstele 540
Mikrokosmos 431, 529, 534
Min-Fest 397
Mithrasmysterien 529
Monatstage 524
Mönchtum 493
Mond 523, 611
Mondauge 63, 523
Mondfinsternis 520
Monophysitismus 148, 641
Monotheismus 35, 205, 342, 348, 366, 402, 425, 593

Multiplicity of approaches > Vielfalt der Zugangsweisen
Mumie 78, 101, 410, 445, 574, 638
Mumienmaske 79
Mumienportraits 580
Mundöffnung 84, 98, 143, 183
Münzen 481
Musik 66, 384
Muttergöttin 605
Muttergöttinnen 478
Mysterien 213, 313, 453, 593, 602, 603
Mysterienvereine 612
Mysterienweihe 617
Mythologie 17, 121, 122, 135, 147, 169, 326, 501, 537
Mythologische Papyri 430, 444, 461
Mythos 121, 161, 166, 265, 506
   mythische Konstellation 122, 161
   mythische Kumulation 85, 99
   mythische Substanz 28, 43, 180, 199, 284, 412, 426
   Mythisierung der Rituale 160

Name 36, 58, 181, 190, 201, 390
   identifizierende Namensrelationierung 39, 61, 64, 67, 130, 146, 170, 405, 431, 566, 582, 624
   Königstitulatur 129, 137
   Namensformel 38, 168
   Thronname, Königsname, s. auch Thron 37, 54, 66, 129, 137, 182, 269, 270, 421, 441, 498
Naos 286, 292
Narmer-Palette 54, 57, 64
Nekropole 82, 94, 103, 134
Neuägyptisch 335
Neue Sonnentheologie 340, 349
Neunheit 118-120, 130, 135, 146, 153, 155, 187, 214, 225, 247, 248, 275, 277, 278, 318, 378, 379, 391, 463, 566
Neuplatonismus 619-620
Nil 339, 355
Nilgott 223
Nilgötter 63
Nilüberschwemmung 22, 155, 523, 563
Nubien 455
Nus 613, 615

Obelisk 130, 288, 592, 596
Omnipotenz 72, 100, 142, 144, 183, 195, 228, 326, 462, 583
Opetfest 270, 294, 295, 355
Opfer 95, 123, 283, 284, 293, 363, 460, 500

Anrufungsopfer 86
Ausgießopfer 125
Opferformel 210, 328, 500
Opfergefilde 84, 125, 315, 401
Opferliste 80
Opfermonopol 24, 94, 123
Opferplatte 81, 85
Opfertisch 80, 408
Opferumlauf 125, 211, 242, 292, 431
Räucheropfer 547
Räucherungen 125
Opfer-Friedens-Gefilde > Opfergefilde
Orakel 270, 271, 420, 425, 441, 452, 475
Orion 99, 163, 187, 523, 525f
Osirianisierung 152, 155, 159, 165
Osirismythe 216
Osirisreliquie 532

Palermostein 166
Pansakralität 51
Pantheismus 365, 366, 569
Papyrus Carlsberg I 521
Papyrus Insinger 513
Pariser Zauberpapyrus 542
Patriarch 624
Pavian 324, 411, 457
Persönliche Frömmigkeit 357, 385, 425, 604
Pfortenbuch 398-400, 403
Pharao 24, 50, 56, 369, 457, 558
Phoinix, s. auch Benu 115, 131, 564
Planeten 527, 531, 599, 613, 616-618
Pneuma 617, 639
Poker 160, 211, 213, 215
Polymorphie 30, 60, 139, 156, 188, 191, 219, 223, 235, 267, 311, 345, 369, 507, 533, 567, 584
Polytheismus 191, 365
postmortale Existenz 200, 206
Präexistenz 72
Priester 141, 144, 155, 156, 164, 175, 228, 335, 342, 421, 423, 519, 543, 547, 590, 594, 636
Priestertum 423
Privatgrab 444
Profet, Profetie 260, 421
Prozession 421
Psalmen 349
psyche 627, 639
Psychopomp 612
Ptah-Hymnus 375, 382
Ptah-Tatenen-Dekret 374
Pterophoren 611
Ptolemäer 25, 488

Sachregister

Pyramiden 50, 92, 132, 138, 143, 299, 439
  Ziegelpyramide 407
Pyramidensprüche 115, 162, 219, 220
Pyramidentexte 17, 33, 154, 159, 165, 175, 217, 223, 229, 244, 452, 501, 611

Ramesseum 404
Ramessiden 427
Ramessidenzeit 353, 359
Ramsesstadt 382, 390, 419
Räucheropfer 547
Re
  Auge des Re 136, 386
  Barke des Re 146, 398, 525-527
  Ka des Re 355
Reinheit 440
Reinheitsbeteuerung 323
Roman 605
Rosettastein 497, 500

Sakralabsolutismus 49, 52, 339, 341, 504
Sarapieion, Sarapeum 490, 493, 557, 625, 629
Sarg 78, 157, 328, 409, 429, 573
Sargtexte 120, 178, 209, 217-220, 223, 229, 230, 235, 240, 282, 316, 318, 320, 411
Sarkophag 79
Satrapenstele 497
Schattenseele 101, 187, 219, 308-309, 311, 409, 413, 440, 462, 541, 584
Scheintür 79, 80, 85, 93, 179
Schicksal 409
Schlange 317, 485, 495
Schminkpalette 54
Schönes Fest vom Wüstental 303, 304, 396, 561, 573
Schöpfung, Schöpfer 113, 325, 338, 349, 600
Schreiber 196
Schweiger 359, 360
Sechem 57, 62, 98, 110, 117, 164, 167, 168, 179, 187, 209, 220, 237, 239, 277-279, 282, 353, 354f, 384, 409, 424, 475, 503, 563
Sed-Fest 67
Seefahrt 596
Seele 614
Sem 404
Sempriester 94
Septuaginta 492, 616, 636, 637
Serapeum > Sarapieion
Serdab 81, 90
Sirius, äg. Sopedet 163
Sistrum 384, 386, 596
Skarabäus 131, 147, 309, 311, 402, 403, 409, 544

Herzskarabäus 324, 346
Sohn Gottes 137
Sokarfest 396
Sonne, s. auch Re 534, 575
  geflügelte Sonnenscheibe 272, 467, 498, 507, 534
Sonnenauge 35, 136, 137, 341, 386, 388, 424
Sonnenbarke 132, 133, 136, 141, 163, 165, 167, 229, 304, 308, 310, 403, 409, 429, 462, 527, 541
Sonnengott 16, 110, 167, 206, 310, 312, 315, 317, 568
Sonnenheiligtum 134, 143
Sonnenhymnus 273, 337, 410
Sonnenlitanei 147, 305, 400
Sonnentheologie 340
  Neue Sonnentheologie 349
Spaltform 189, 191, 390
Speisetisch 286
Sphäre des Seinigen 181, 185, 191
Sphinx 56, 270, 443, 592
Sprache 584
Spruch des Lammes 510
Sprüche Salomos 362
Stadtgott 108, 109
Statuen 302, 369, 389, 493
Statue des Königs 179
Statuenkammer 176
Stele 209, 211, 214, 230, 358, 359, 571
Stier seiner Mutter, s. auch Kamutef 391
Strahlkräfte 44f, 55, 180, 184, 190, 236, 239
Streit zwischen Horus und Seth 382, 383, 453
Stufenpyramide 90
Stundengötter 525-527
Stundengöttin 305, 308
Stundenpriester 522, 524
Stundenritual 274, 283, 561
Sykomore 315
Sykomorengöttin 408
Sympathie 549
Synagoge 636
synagogeus 594
Synkretismus 497, 614

Tagewählerei 524
Tal der Könige 397
Taltempel 93
Taricheuten 577, 611
Tekenu 84
Tempel 51, 285
  Tempelhofgrab 427, 443
  Tempelritual 425
  Tempelsymbolik 501

Totentempel 299, 302
Verehrungstempel 302
Tun-Ergehen-Zusammenhang 69, 181, 199-201, 203, 254, 283, 284, 326, 360, 381, 412, 432, 513, 579, 583, 598, 611
Theodizee 227, 258, 260
Theogonie 119, 424
Theokratie 422, 441, 446, 475
Theriomorphie 109
Thron 56, 69, 119, 153, 159, 168, 169, 181, 267, 272
Thronbesteigung 269, 370
Thronname, s. auch Name 37, 54, 66, 182, 269, 270, 421, 441, 498-500
Tier 55, 461
   tiergestaltig 53, 108, 109
     Tierkult 455, 490, 498, 559
     Tiervergötterung 550
Tierkreis/Ekliptik 526, 531, 532, 534, 599
Tod, zweiter Tod 88
Töpferorakel 511
Totemismus 109
Totenbuch 223, 313, 396, 410, 429, 444, 461, 577
Totenpriester 177
Totensorge 17, 77, 119, 152, 201, 255, 570
Totenstele 494
Totentempel 93, 134, 299, 302, 396, 404
Transzendenz 191, 364-5
Triade 390, 492, 508, 567, 612
Trias 478
Trinität 18, 631
Turiner Königskanon 167
Turiner Königspapyrus 372, 374, 382

Uag-Fest 211
Udschat 354, 363, 426
Udschat-Auge 307
Umringlerschlange 400
Unendlichkeit 410
Unerkennbarkeit Gottes 339
Unsterblichkeit des Leibes 87, 326, 618
Uräus 56-58, 64, 135, 136, 139, 460
Uräusschlange 249, 269, 271, 273, 279, 346, 451, 467, 544
Urgott 35, 36, 113, 115, 142, 147, 245, 285, 318, 325, 380, 508, 551
Urhügel 112, 113, 147, 244
Urmensch 616
Urzeit 356, 546
Uschebti 220, 301, 316, 346, 422
Ut, Balsamierungspriester 83, 102, 576

Verborgenheit 425
Verehrungstempel 93, 302
Vereinigung der beiden Länder 66
Verklärung 85, 317
   Verklärung zum König 220
   Verklärungskraft 543
   Verklärungsriten 176
   Verklärungsseele, s. auch Ach 85, 117, 152, 165, 219, 317, 474, 548
Vermenschlichung der Mächte 110, 111
Vielfalt der Zugangsweisen, *multiplicity of approaches* 85, 99, 116, 141, 163, 170, 185, 203, 219, 229, 269, 287, 354, 377, 398, 401, 424, 474, 568
Vielförmigkeit 73
Vignette 313
Volksfrömmigkeit 460
Vorlesepriester 155, 162, 611
Vorwurf an den Schöpfergott 227
Vorwurf gegen Gott 259, 260

Wahrgerechtigkeit > Ma'at
Weisheit 196, 238
Weisheitslehre 195, 205, 359, 512
Weisheitslehre für Merikare 224, 226
Weissagung 234
Weltansicht 18, 29
Weltenjahr 527f
Weltentstehung 35
Welterstling 113, 120, 147, 354, 355, 376, 377, 453, 542
Wenut 524
Wesir 427
Westgöttin 222, 494
Widder 438, 459
Widder von Mendes 375, 401, 406, 457-460
Wind 475
Wirkgröße 43, 58, 60, 140, 185, 199, 236, 307, 369
Würfelhocker 431, 573

Zauber, s. auch *heka* 36, 58, 133, 140, 205, 219, 315, 401, 460, 538f, 442f, 599f
Zauberpapyri 484, 636
Zeit 143, 339, 599
Zeitenfülle 411
Zeitgott 308
Zeitverständnis 166
Zepter 57, 179, 279, 376
Zirkumpolarsterne 531f
Zweiwegebuch 217, 226, 227, 305
Zwiegespräch eines Lebensmüden mit seinem Ba 254